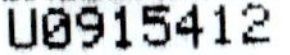

2003年6月1日，中共中央政治局常委、国务院总理温家宝（右一）视察抚顺西露天矿。

抚顺矿业集团西露天矿。

抚顺市社会科学院
中共抚顺市委党史研究室
抚顺市人民政府地方志办公室
抚顺市社会科学界联合会

院领导在研究抚顺棚户区改造课题。

党组书记、院长傅波（中），副院长王宝铼（左二），副院长潘怀（右二），副院长张炯（左一），秘书长李涛（右一）。

2005年，在市委、市政府的领导下，市社科院在社科研究、学术交流、课题规划、方志编纂、党史编研、科普咨询、社团管理、期刊编辑、社科成果评奖等方面，都取得了可喜的成绩。

全院紧紧围绕我市社会经济发展的热点、难点、疑点问题开展科研攻关，完成了一批质量较高的研究课题。如《抚顺由资源型城市向资源深加工城市转型的研究》、《抚顺人才发展战略》、《抚顺市提升传统产业研究》、《抚顺县域经济发展战略研究》、《劳动保障与和谐社会》、《抚顺城市精神研究》、《抚顺棚户区改造问题研究》等，受到市领导和有关方面的好评。

充分依托本地特有的文化资源，积极开展国际学术交流活动。成功举办了纪念抗日战争胜利60周年暨辽东抗战国际学术研讨会、中国·抚顺第五届国际满学研讨会、首届平顶山惨案国际学术研讨会，在国内外学术界产生了较大的影响，扩大了知名度，提高了城市的文化品味。全年接待来访的美国、日本、韩国、俄罗斯和我国台湾、香港等地区的专家16批，就清史研究、满族文化研究、满铁史研究、战犯改造研究、抚顺市情研究等方面问题进行了学术交流。

党史工作成绩突出。组织撰写出版了《心中的丰碑》一书；配合“一所两馆”改造工程，开展了文物、文献资料的征集工作；举办了中国·抚顺“抗联之旅”启动仪式。

修志工作成果显著。编纂出版了《抚顺市志·市情要览卷》（200万字）、2005《抚顺年鉴》（100万字）、《抚顺8·13水灾志》（30万字）；续修志工作进展顺利，《抚顺市志·政治卷》和《抚顺市志·科教文卫卷》按计划完成组稿工作。在市地方志办公室的统一部署和指导下，各县区续修志工作正在有条不紊地进行。

社科联工作卓有成效。开展了第20届社科成果的评奖工作，出版了《2005年社科规划成果课题集》，在全市广泛开展了社会科学普及活动。

组建雷锋精神研究所并开展了系列活动。与《辽沈晚报》编辑部共同举办了“寻找身边的雷锋”大型公益活动。编辑《中国雷锋精神研究》刊物。

《抚顺社会科学》的编辑、出版创新力度较大；《社科信息》越办越好。科研管理工作及情报资料工作在服务科研的同时不断探索，又有新突破、新举措。

2005年，抚顺市社会科学院付出的是辛勤和汗水，收获的是成就和果实，面对的将是更加灿烂的明天和未来。

中国石油抚顺石化公司隶属于中国境内最大的原油、天然气生产、供应商和最大的炼油、化工产品生产、供应商——中国石油天然气股份有限公司，是集“油、化、塑、洗”为一体的大型石油化工联合企业，是我国炼油工业的“摇篮”，是中国石油股份公司最大的炼化生产企业。先后为全国各地输送了7 000多名优秀管理和技术人才。现有员工近万人，工程技术管理人员2 800多人，资产过百亿，年销售收入300亿元。企业致力于生产一流产品，创造优良业绩，成就完美人生，构建和谐社会，切实履行所承担的经济责任、政治责任和社会责任。公司原油一次和二次加工能力均为1000万吨/年，主要生产装置68套，年产汽、煤、柴油600万吨以上，蜡72万吨（液蜡30万吨、石蜡42万吨），其中石蜡单地产量和贸易量居世界第一。主要原料为大庆原油、沈北原油和进口原油。汽油和柴油的产品质量均达到欧洲Ⅲ号排放标准。公司化工生产能力88万吨/年，其中烷基苯20万吨，世界单地产量第一；脂肪醇5万吨，乙烯17.5万吨，聚苯乙烯6万吨，丁苯透明抗冲树脂5 000吨。生产装置装备和技术大部分从国外引进，所需资源基本自给，产品独具特色。公司生产150余种石油化工产品，其中56种产品获国家、省（部）级优质产品荣誉称号；产品采标率达到70%，出厂合格率始终保持100%。产品远销世界50多个国家和地区，石蜡出口占全国35%，石蜡被美国等商检认证为免检产品；烷基苯国内市场占有率50%以上。公司坚持“诚信双赢”的经营宗旨，欢迎海内外各界朋友前来交流与合作。公司现有石蜡、石油炼制、临氢催化、表面活性剂、树脂等5个专业研究所，近年来，完成科研成果202项，替代进口20余项，其中有10项获国家级奖励，25项获省部级奖励，并拥有专利30多项。公司整体通过了质量、环境、职业安全健康管理体系认证；致力于建设节约型企业，实现能源与环境相互和谐，经济与社会协调发展，持续满足社会需要。公司先后荣获全国“五一劳动奖状”、中央企业先进集体、全国首批重合同守信用先进单位、全国质量效益型企业、辽宁省先进党委等多项荣誉称号。按照中国石油天然气集团公司的整体发展战略，本着“炼油做精，化工做强”的原则，充分挖掘大庆、沈北原油资源潜力，实现炼油大而有特色，化工专又有规模，全力打造“千万吨炼油，百万吨乙烯”世界级炼化生产基地，“十一五”期间将完成“1145”目标，即：1000万吨炼油，100万吨乙烯，四个世界级石油化工原料生产基地（石蜡年产60万吨、润滑油基础油年产50万吨、烷基苯年产30万吨、合成树脂年产140万吨），销售收入达到500亿元以上。

成品油通过营口鲅鱼圈码头下海外运。

旭日中的塔林。

机关办公楼。

主控室。

乙烯夜景。

抚顺矿业集团有限责任公司

董事长、总经理：尹亮

抚顺矿业集团有限责任公司是由原抚顺矿务局改制而成的国有独资公司，是辽宁省重点扶持企业之一。公司现有所属单位41个，在籍员工34 932人，离退休员工48 122人，资产总额68.89亿元。自2002年以来，抚矿集团公司在以董事长兼总经理尹亮同志为首的领导班子带领下，广大干部员工励精图治，艰苦创业，深化改革，精细管理，加快发展，不断打破计划经济思维定式，企业生产经营逐步走出低谷，而且年年都有新发展，年年都上新台阶。2004年，公司通过深入开展“经营管理年”和“安全质量最佳年”活动，经营管理水平进一步得到提高，经济运行质量明显改善，全年公司经营总收入同比增加6.7亿元，上缴利税2.94亿元，员工年人均收入同比提高3 694元。面对新世纪、新时期、新挑战，作为以煤炭生产为主导的抚矿集团公司，以稳定煤炭产量为依托，以调整产业结构、实施战略转移为主线，围绕油母页岩的综合利用，狠抓“一矿一厂”（东露天矿恢复工程、页岩炼油厂扩建工程）转产骨干项目的组织实施，逐步发展成以煤炭、油母页岩综合利用、煤层气、机加工、建筑建材五大产业为支柱的综合性企业集团。

▲地方党史研究室

▲地方修志办公室

▲社科联工作办公室

▲经济研究所

▲社会学研究所

▲刊物编辑室

▲科技情报室

▲雷锋精神研究所

▲办公室

立足地方　侧重应用

为经济建设出谋
为社会发展献策
为历史明鉴写真
为当代立言示绩

倾力打造精品社科成果

抚顺市华东建筑安装工程有限公司

董事长：赵剑平

总经理：赵俭峡

抚顺市华东建筑安装工程有限公司创建于1983年5月，设有8个处室，2个分公司，8个项目经理部。各种高、中、初级工程技术人员108人，弹性用工800多名，大型机械设备齐全，年施工能力达3 000多万元。多年来，共完成各类工程1 916项，如：近年来施工的新抚区十一道街公安局干警住宅楼，十一道街十九方块住宅楼，南台四十方块住宅楼，城东新区A# 住宅楼及十四方块等住宅楼均为市优质工程。市星阳机械有限公司跨度24米厂房及设备安装工程，市化塑厂厂房，乙烯化工厂厂房，市自来水公司南台、丰泽水厂厂房及丰泽水厂的滤池安装工程，抚顺发电厂两台6 000千瓦的发电机组安装工程，抚顺石化公司一厂新区大型给排水管线安装工程，40万吨/年酮苯装置系统配套厂际管线工程，一厂东蒸馏装置拆除及改造工程，石油二厂至三厂蜡油管线安装工程，石油二厂河西大型消防管线安装工程，以及市工商银行、矿务局宾馆、裕民商城装饰、消防等工程项目，均以优异的质量、完善的管理、较快的施工速度，受到了社会各界的好评，树立了良好的企业形象。公司近年来通过了ISO9001:2000体系认证，并被国家经济调查部评为“东北市场信誉企业”、辽宁省质量万里行的“辽宁市场跟踪单位”、抚顺市“守合同、重信用单位”和顺城区“先进企业”及“优秀纳税企业”。公司全体员工愿以“勤奋、务实、拼搏”的精神，同各界朋友携手并进，为城市建设做出卓越贡献。

抚顺年鉴

2005

抚 顺 市 社 会 科 学 院
抚顺市人民政府地方志办公室 编

辽宁民族出版社
2005年·沈阳

图书在版编目（CIP）数据

抚顺年鉴．2005/抚顺市社会科学院，抚顺市人民政府地方志办公室编．—沈阳：辽宁民族出版社，2005.12
ISBN 7-80722-137-2

Ⅰ．抚… Ⅱ．①抚… ②抚… Ⅲ．抚顺市-2005-年鉴
Ⅳ．Z523.13

中国版本图书馆 CIP 数据核字（2005）第 156762 号

出版发行者：辽宁民族出版社
（地址：沈阳市和平区十一纬路 25 号　邮编：110003）
印　刷　者：辽宁印刷集团新华印刷厂
幅面尺寸：889×1194　1/16
印　　张：28.5
字　　数：1 000 千字
插　　页：164
印　　数：1—1 000
出版时间：2005 年 12 月第 1 版
印刷时间：2005 年 12 月第 1 次印刷
责任编辑：权春哲
封面、版式设计：张　炯
彩页设计：张　普
责任校对：王玉军

定　　价：130.00 元
联系电话：024-23284348
邮购热线：024-23284335
E-mail：lnmz@mail.lnpgc.com.cn

抚顺市修志工作领导小组

组　　长　刘　强　抚顺市人民政府市长

副 组 长　马克猛　中共抚顺市委常委　宣传部部长

　　　　　刘　诗　抚顺市人民政府副市长

　　　　　宋庆延　抚顺市人民政府秘书长

　　　　　傅　波　抚顺市社会科学院党组书记　院长

成　　员　关庆福　抚顺市人民政府副秘书长　办公厅主任

　　　　　解玉平　中共抚顺市委副秘书长　办公厅主任

　　　　　王振民　抚顺市人民政府副秘书长

　　　　　于景森　抚顺市统计局局长

　　　　　王宝铼　抚顺市社会科学院副院长

　　　　　潘　怀　抚顺市社会科学院副院长

　　　　　张　炯　抚顺市社会科学院副院长

　　　　　李　涛　抚顺市社会科学院秘书长

《抚顺年鉴》编纂机构

总 编 辑　刘　诗

执行总编辑　傅　波

常务副总编　张　炯

副总编辑　宋庆延　关庆福　王振民

　　　　　王玉军　张　普

责任编辑　边佐卿　关　晶

特邀编辑　王玉哲　王志友　张　军

　　　　　杨　威　崔家博

编 辑 说 明

一、2005《抚顺年鉴》是由抚顺市人民政府主办，抚顺市社会科学院、抚顺市人民政府地方志办公室承编的大型综合性、资料性市情书。该书全面、系统、翔实地展示了2004年抚顺地区各项事业的基本面貌、发展进程及其特色。

二、2005《抚顺年鉴》立足于为地方的两个文明建设服务，努力扩大信息含量，增强实用性，特别是在专栏中突出反映了抚顺地区的大事、要事。

三、2005《抚顺年鉴》采取分类编辑法，共设28个栏目，以栏目为单元，由类目、分目和条目组成。条目是信息的主要载体。

四、该书书稿由全市各有关单位提供，各单位领导审核把关；经市保密局等相关部门审阅。

五、2005《抚顺年鉴》的业务分工是：傅波负责此书的组织领导和审定出版工作；张炯主管此项工作，并负责实际的组织编纂和此书的组织彩页、审定出版工作及封面、版式设计；王玉军具体负责年鉴工作，对全书进行了通纂、组织编校和征集彩页及总校对，并分编了中共抚顺市委、市人大、市政协、大事记要栏目的稿件；张普具体主抓年鉴工作，负责此书的组稿、框架设计、总纂、总校对、专栏选题、彩页的征集和彩版设计，并撰写了7～12月份的大事记要，分编专栏、工业、地方文献、彩页栏目；边佐卿分编交通·邮电、财政·税务·金融、社会保障栏目的稿件，并同关晶参加了全书的责任编校工作；关晶分编抚顺市人民政府、法制、自然科学·社会科学、社会生活栏目，组织征集、编校了风采录栏目，撰写了1～6月份的大事记要，并对全书数字进行了核校；王玉哲分编对外经济贸易、国内商贸、经济管理栏目；王志友分编民主党派·工商联、农业·林业·水利、城建·环保栏目；张军分编军事、卫生·体育、县区栏目；杨威分编教育、文化·新闻·旅游、统计资料栏目；崔家博分编概况、群众团体栏目。

六、2005《抚顺年鉴》是全市各部门、各单位的领导和广大年鉴作者、编纂人员及工作人员共同努力的结晶。辽宁民族出版社对此书的出版给予了大力的帮助，在此一并致以谢意。

《抚顺年鉴》编辑部

目　　录

专　栏

特　载

抚顺市第十三届人民代表大会第三次会议 …… 1
2004 中国（抚顺）满族风情旅游节 …… 2
清永陵被列入《世界遗产名录》 …… 3

专　题

中共抚顺市委追授赵景顺同志为“模范践行‘三个代表’重要思想的党支部书记” …… 4
国务院振兴东北办等有关部门来抚调研 …… 5
抚顺市国企改革工作稳步进行 …… 5
中共抚顺市委下发《关于进一步繁荣发展哲学社会科学的实施意见》 …… 7
抚顺市政府采购工作健康发展 …… 8
抚顺市确定实施 25 项农业产业化重点项目 …… 8
抚顺市帮扶青海省循化撒拉族自治县脱贫成效明显 …… 9

专　文

执政能力首先是领导改革发展的能力
中共抚顺市委书记　周忠轩 …… 10
回顾抚顺政协的光辉历程
市政协主席　陈家洱 …… 11
进一步强化质量意识　加大力度实施名牌发展战略
副市长　王　宁 …… 12
依靠新科技　发展农业食品深加工产业
副市长　赵家绪 …… 13

调查报告

关于“十一五”时期抚顺加快经济发展若干问题的思考 …… 14
关于在农村中实施“三向培养”工程的实践与思考 …… 16
充分发挥比较优势　在向资源深加工型城市转变中振兴抚顺经济 …… 18
抚顺工业产业结构调整　转型的调查 …… 22
资源枯竭城市下岗职工生活以及再就业障碍分析 …… 23

光 荣 榜

抚顺市 2004 年荣获全国　省五一劳动奖状　奖章名单 …… 26
2003 年度享受抚顺市政府特殊津贴人员名单 …… 27
抚顺市荣记 2003 年度省公务员一等功市公务员二等功人员名单 …… 28
抚顺市发展民营经济先进集体先进个人名单 …… 28
抚顺市 2003—2004 年度诚信单位 …… 29
抚顺市第六届职工职业道德建设十佳单位十佳标兵　十佳班组 …… 29
2003—2004 年度抚顺市最佳旅游经营单位 …… 30

人　物

全国五一劳动奖章获得者事迹简介 …… 31
逝世人物 …… 31

大 事 记

2004 年抚顺大事记要 …… 32

概　况

自然状况

·地理　地质·

基本情况 …… 69
地形地貌特征 …… 69
地质构造特征 …… 69
煤田地质特征 …… 69

·地区气候·

气候特点 …… 69
四季气候 …… 69

·水资源·

降水量 …… 70
地表水资源 …… 70
出入境水量 …… 70
蓄水动态 …… 70
地下水资源量 …… 70
地下水水位动态 …… 70
水资源总量 …… 70
取水许可管理 …… 70
供水量 …… 70
用水量 …… 70
耗水量 …… 70
用水分析 …… 70

·矿产资源·

资源储量 …… 70
开发利用 …… 71

·民 族·

基本情况 …… 71
民族工作机构 …… 73
少数民族干部 …… 73
民族文化教育 …… 73
民族社团 …… 73

·人 口·

基本情况 …… 73
人口规模变动 …… 73
非农业人口状况 …… 73

·人民生活·

城市居民生活 …… 73
农村居民生活 …… 75

抚顺市2004年国民经济和社会发展情况

基本情况 …… 75
农业和农村经济 …… 75
工 业 …… 76
建筑和房地产开发业 …… 76
固定资产投资和城市建设 …… 76
交通运输和邮电通讯业 …… 76
国内贸易和市场物价 …… 76
对外经济贸易和旅游业 …… 77
财政金融和社会保险业 …… 77
科技 教育 文化 卫生 体育 …… 77
人口与就业 …… 77
人民生活与社会保障 …… 77
环境保护和治理 …… 78

经济开发区

·抚顺经济开发区·

基本情况 …… 78
招商引资 …… 78
盘整工作 …… 78
园区规划开发 …… 78
基础设施配套建设 …… 78
农村和社会事业 …… 78

·抚顺胜利经济开发区·

主要指标完成情况 …… 79
园区建设 …… 79
招商引资 …… 79
再就业工作 …… 79
改善投资环境 …… 79
社会事业 …… 79

行政区划

区划调整 …… 79
地名管理 …… 80
附：抚顺市行政区划简表 …… 80

市级机构及法院 检察院 军分区主要领导人

中共抚顺市委员会 …… 80
抚顺市人民代表大会常务委员会 …… 80
抚顺市人民政府 …… 81
中国人民政治协商会议抚顺市委员会 …… 81
中共抚顺市纪律检查委员会 …… 81
抚顺市中级人民法院 …… 81
抚顺市人民检察院 …… 81
抚顺军分区 …… 81

市直党政机关 大型及重点企业领导人

市直党政机关领导人（正职）名单 …… 81
大型及重点企业党政领导人（正职）名单 … 82

中共抚顺市委

重要会议

市委常委（扩大）会议 …… 84

全市领导干部会议 …………………………… 84
全市民营经济工作会议 ………………………… 84
全市贯彻党的十六届四中全会精神大会 …… 84
全市国有企业改革工作会议 ………………… 84
市委九届七次全会 …………………………… 84

重要活动

创建国家卫生城市活动 ……………………… 84
解决突出信访问题　化解社会矛盾纠纷专项治理活动 …………………………… 84
开展立党为公　执政为民教育活动 ………… 85
大规模培训干部活动 ………………………… 85
重点工作绩效督查考核活动 ………………… 85
加强和改进未成年人思想道德建设活动 …… 85

重要决定　通知

关于在全市农村实施“三向培养”工程的意见 ………………………………… 85
关于振兴抚顺老工业基地　开展大规模培训干部工作的实施意见 ……………… 85
关于深入学习贯彻《中国共产党党内监督条例（试行）》的实施意见 ………… 85
关于加强和改进未成年人思想道德建设的实施意见 ………………………… 85
关于实施人才强市战略的意见 ……………… 85
关于认真学习贯彻党的十六届四中全会精神的通知 ……………………………… 85
关于加快民营经济发展的意见 ……………… 85
关于加强人大工作的决定 …………………… 85
关于加强新时期人民政协工作的意见 ……… 86
附：2004 年中共抚顺市委　市委办公厅文件总目 ……………………………… 86

纪检　监察

领导干部廉洁自律工作 ……………………… 88
案件查办 ……………………………………… 89
软环境建设 …………………………………… 89
纠风工作 ……………………………………… 89
执法和行政效能监察 ………………………… 89
预防和治理腐败 ……………………………… 89
落实党风廉政建设责任制 …………………… 89
党内监督 ……………………………………… 89

督　查

基本情况 ……………………………………… 90
市委书记批示件督办 ………………………… 90
市委书记办公会议定事项督查 ……………… 90
全市主要工作督查 …………………………… 90
政协提案督办 ………………………………… 90
督查专报 ……………………………………… 90

组　织

干部教育培训 ………………………………… 90
领导班子建设 ………………………………… 90
干部人事制度改革 …………………………… 90
人才工作 ……………………………………… 91
基层组织建设 ………………………………… 91

宣　传

基本情况 ……………………………………… 91
兴起“三大热潮” …………………………… 91
组织“三大战役” …………………………… 91
深化“三大创建” …………………………… 91
实现“三个突破” …………………………… 92

精神文明创建活动

深化学雷锋活动 ……………………………… 92
文明城市创建活动 …………………………… 92
市容环境综合整治 …………………………… 92
文明社区创建 ………………………………… 92
实施“道德信贷”工程 ……………………… 92
开展“生态富民”工程 ……………………… 92
创建“文明景观带”工程 …………………… 92
开展“共铸诚信”活动 ……………………… 92
软环境建设 …………………………………… 92
未成年人思想道德建设 ……………………… 92

统一战线

民主党派工作 ………………………………… 93
经济统战 ……………………………………… 93
统战宣传 ……………………………………… 93
基层统战 ……………………………………… 93

对　台

对台经济工作 ………………………………… 93
对台交流 ……………………………………… 93
对台宣传 ……………………………………… 93
队伍建设 ……………………………………… 94

党校教育

干部培训 ……………………………………… 94
教学改革 ……………………………………… 94
学员管理 ……………………………………… 94
科研工作 ……………………………………… 94
基层业务指导 ………………………………… 94
函授教育和成人教育 ………………………… 94
扶贫帮困 ……………………………………… 94

党史工作

党史征集 …… 94
党史研究 …… 95
党史宣传 …… 95
交流与交往 …… 95

政策调研

基本情况 …… 95
调查研究工作 …… 95
拓展工作职能 …… 96

机关党建

营造理论学习氛围 …… 96
组织开展“大讨论” …… 96
强化理论学习 …… 96
党建工作目标管理 …… 96
落实机关工作制度 …… 96
发挥工会和共青团作用 …… 96
开展党员教育活动 …… 97
作风整顿 …… 97
党风廉政建设与反腐败 …… 97
精神文明创建活动 …… 97

离休干部管理

思想建设 …… 97
探索离休干部党建运行机制 …… 97
举办支部书记培训班 …… 97
发挥老干部余热 …… 97
举办党建成果展 …… 98
企事业单位离休干部医疗保障机制启动 …… 98
落实离休干部生活待遇 …… 98
宣传信息工作 …… 98
关工委工作 …… 98
活动室建设 …… 98
老干部文体活动 …… 98
老干部大学 …… 98

抚顺市人民代表大会常务委员会

重要会议

抚顺市十三届人民代表大会第二次会议 …… 99
市十三届人大常委会第八次会议 …… 99
市十三届人大常委会第九次会议 …… 99
市十三届人大常委会第十次会议 …… 99
市十三届人大常委会第十一次会议 …… 100
市十三届人大常委会第十二次会议 …… 100
市十三届人大常委会第十三次会议 …… 100

重要决议 决定

关于任命刘强为市人民政府副市长代理市长的决定 …… 100
关于接受王大平辞去市人民政府市长职务的决定 …… 100
关于加强市人民代表大会代表工作的决定 …… 100
关于进一步促进民营经济快速发展的决定 …… 100
关于加强城市供热工作的决定 …… 100
关于接受王运凡辞职的决定 …… 100
关于推行编制部门预算改革的决定 …… 100
附：2004 年市人大决议 决定总目录 …… 101

工作监督

软环境建设监督 …… 101
重点难点工作监督 …… 101

人大代表工作

完善规范代表工作 …… 102
落实代表建议办理工作 …… 102

人事任免

市十三届人大常委会第九次会议任免名单 …… 102
市十三届人大常委会第十次会议任免名单 …… 102
市十三届人大常委会第十一次会议任免名单 …… 102
市十三届人大常委会第十二次会议任免名单 …… 102
市十三届人大常委会第十三次会议任免名单 …… 102

抚顺市人民政府

重要会议 活动

全市经济工作会议 …… 103
全市项目工作暨对外开放工作会议 …… 103
大规模义务植树活动 …… 103
全市软环境建设工作会议 …… 103
“安全生产月”活动 …… 103
2004 中国（抚顺）满族风情旅游节 …… 103
全市增收节支工作会议 …… 103
全市依法行政工作会议 …… 103
市政府第十二次常务会议 …… 103
市政府第十三次常务会议 …… 103

市政府第十四次常务会议 …… 103
市政府第十五次常务会议 …… 103
市政府第十六次常务会议 …… 104
市政府第十八次常务会议 …… 104
市政府第十九次常务会议 …… 104

重要通知

关于支持驻军后勤保障社会化的实施意见 …… 104
印发抚顺市民营经济五年发展规划的通知 …… 104
印发市级预算单位银行账户管理暂行办法的通知 …… 104
关于扶持农业产业化重点龙头企业发展的若干意见 …… 104
关于抚顺市突发公共事件总体应急预案的通知 …… 105
印发抚顺市综合整治非法开采矿产资源行为实施方案的通知 …… 105
转发关于加强非公有制企业安全生产监督管理工作意见的通知 …… 105
转发关于进一步加强薄弱学校改造推进城区义务教育均衡发展指导意见的通知 …… 105
关于印发抚顺市防治高致病性禽流感应急预案的通知 …… 105
关于加强农村公路养护管理工作的通知 …… 105
关于印发抚顺市整顿规范建筑市场秩序工作方案的通知 …… 105
关于印发抚顺市非法采供血液专项整治工作方案的通知 …… 105
关于印发抚顺市食品安全专项整治工作方案的通知 …… 106
转发关于加强全市国有资产收益管理工作意见的通知 …… 106
关于印发抚顺市深化农村税费改革工作方案的通知 …… 106
关于印发抚顺市政府部门行政首长问责暂行办法的通知 …… 106
转发关于开展服务对象监督投诉公务员工作意见的通知 …… 106
转发关于城镇消防和公共消防设施建设达标工作实施意见的通知 …… 106
附：2004年抚顺市政府　市政府办公厅文件总目 …… 106
抚顺市保留的市本级实施行政许可主体和行政许可项目 …… 109
抚顺市保留的非行政许可类行政审批事项目录 …… 112

政务督查

基本情况 …… 114
市政府领导指示落实情况的督查 …… 114
市政府重点工作督查 …… 114
市领导批示交办事项专项督查 …… 114
省市领导对群众来信批示的调研督查 …… 114
省政府转交事项督查 …… 114

市长联络员

基本情况 …… 114
联络员换届 …… 114
发挥信息员作用 …… 114
解决具体问题 …… 114
调研反馈 …… 114

人民群众来信来访

基本情况 …… 114
加大信访工作力度 …… 115
重点信访案件办理 …… 115
越级访的控制劝返 …… 115
整顿信访秩序 …… 115
化解矛盾大调解工作 …… 115
实行“双向”追究机制 …… 115

市长公开电话工作

基本情况 …… 115
受话调度 …… 115
协调督办 …… 115
社情民意信息反映 …… 115
强化监督职能 …… 115
发挥新闻媒体作用 …… 116
局长值班制 …… 116
工作网络管理 …… 116
理论研讨 …… 116

监　察

行政监察 …… 116
纠风专项治理 …… 116
预防和治理腐败 …… 116

外事　侨务

基本情况 …… 117
对外交往 …… 117
强化管理　高效服务 …… 117
侨务工作 …… 118

驻外联络

劳务输出 …… 118
对外联络 …… 118
协助信访工作 …… 118
接待服务 …… 118

民族工作

民族经济 …… 118
扶贫工作 …… 119
民族文化与教育 …… 119
民族社团 …… 119
民族政法 …… 119

宗教事务

干部培训 …… 119
爱国主义与法规教育 …… 120
依法管理 …… 120
组织建设 …… 120
落实宗教政策 …… 120

人事编制管理

高层次人才队伍建设 …… 120
博士后工作又有新突破 …… 120
引智工作 …… 120
大中专毕业生安置 …… 120
一村一名大学生计划 …… 120
拓宽职称工作领域 …… 120
人才市场服务 …… 120
政府机构改革 …… 120
事业单位机构和人事制度改革 …… 120
行政审批事项清理和改革 …… 121
公务员队伍建设 …… 121
职称评审 …… 121
人事编制宏观管理调控 …… 121
机关事业单位离退休干部管理服务 …… 121

人口与计划生育

基本情况 …… 121
行政执法检查 …… 121
技术服务 …… 121
开展新型生育文化活动 …… 121
基层网络建设 …… 121
优质服务 …… 122
流动人口计划生育管理 …… 122
计划生育协会活动 …… 122

修　志

完成《抚顺市志·市情要览卷》编写工作…… 122
续修志工作 …… 122
指导基层修志 …… 122
机关作风建设 …… 122
2004《抚顺年鉴》出版 …… 122
用志工作 …… 122
旧志整理 …… 122
工作研究 …… 122
办好《抚顺方志动态》 …… 122

档　案

档案法制建设 …… 122
接待服务 …… 123
管理工作 …… 123
信息化建设和人才培训 …… 123

药品监督管理

执法监督 …… 123
农村“两网”建设 …… 123
GMP　GSP 认证工作 …… 123
贯彻《行政许可法》 …… 123

民　政

基本情况 …… 123
社会救助 …… 124
基层政权和社区建设 …… 124
优抚工作 …… 124
退役士兵安置 …… 124
社会福利 …… 124
殡葬改革 …… 124
民间组织管理 …… 124
区划地名 …… 124

无线电管理

承办全国无线电监测技术演练赛第二组竞赛 …… 124
基础设施建设 …… 124
特殊监测 …… 125

金融工作

银　行 …… 125
保　险 …… 125
证　券 …… 125
企业上市 …… 125
农村信用社改革 …… 125
市重点工程建设债券兑付 …… 125

城市管理综合执法

基本情况 …… 125
专项整治 …… 125
队伍建设 …… 126

信息产业管理

基本情况 …… 126
电子信息产品制造业 …… 126
软件产业 …… 126

通信业 …… 126
信息化推进工作 …… 126

抚顺市政协

重要会议

十届二次全委会议 …… 127
十届六次常委会议 …… 127
十届七次常委会议 …… 127
十届八次常委会议 …… 127
十届九次常委会议 …… 127
庆祝人民政协成立55周年座谈会 …… 127

重要工作

建设学习型政协 …… 128
举办委员论坛活动 …… 128
开展专题研讨 …… 128
了解和反映社情民意 …… 128
专家组工作 …… 128
项目推介 …… 128
创业　就业培训 …… 129
联系　指导县区政协工作 …… 129
交流与合作 …… 129

专题调研

名牌产品与支柱产业问题调研 …… 129
教育改革与发展问题调研 …… 129
人口资源环境可持续发展问题调研 …… 129
民间资本参与国企改革问题调研 …… 129

专项视察

贯彻落实《民族区域自治法》 …… 130
视察望花区大气环境污染整治情况 …… 130
“世界环保碑林”提案落实跟踪视察 …… 130
视察北方农科所 …… 130
其他专项视察 …… 130

提案办理

办理情况 …… 130
主要内容 …… 130

文史征集

出版发行《抚顺煤矿百年》 …… 130
史料征集 …… 130

民主党派　工商联

民革抚顺市委员会

参政议政 …… 131
组织建设 …… 131
开展“四个一”活动 …… 131

民盟抚顺市委员会

参政议政 …… 131
自身建设 …… 131
开展“四个一”活动 …… 131

民建抚顺市委员会

参政议政 …… 132
调查研究 …… 132
特约参政 …… 132
开展各项活动 …… 132
组织建设 …… 132
思想建设 …… 132

民进抚顺市委员会

参政议政 …… 132
自身建设 …… 132
社会服务 …… 133

农工党抚顺市委员会

参政议政 …… 133
自身建设 …… 133
组织建设 …… 133
社会服务 …… 133

九三学社抚顺市委员会

参政议政 …… 133
自身建设 …… 133
组织建设 …… 133
开展“四个一”活动 …… 133

致公党抚顺市委员会

招商引资 …… 134
引人引智 …… 134
调查研究 …… 134
扶贫帮困 …… 134
队伍建设 …… 134

抚顺市工商业联合会

参政议政 …… 134

经济服务及对外交流 …… 135
召开“3·15”任务部署动员大会 …… 135
基层组织建设 …… 135

群众团体

市总工会

技术创新活动 …… 136
职工素质教育 …… 136
开展向王海班学习活动 …… 136
劳模管理 …… 136
非公企业建会和再就业 …… 136
送温暖活动 …… 136
依法维权 …… 136
构建劳动关系协调机制 …… 136
基层民主管理 …… 137
劳动保护监督检查 …… 137
工会达标活动 …… 137
工会干部培训 …… 137
召开抚顺市工会第十六次代表大会 …… 137
机关建设 …… 137

团市委

青少年思想政治教育 …… 137
形势任务教育 …… 137
未成年人思想道德建设 …… 137
学雷锋和青年志愿者活动 …… 137
青年再就业工作 …… 137
青年创业建功活动 …… 138
开发青年人力资源 …… 138
扶贫解困送温暖活动 …… 138
组织建设 …… 138
召开共青团抚顺市第十三次代表大会 …… 138
理论研究 …… 138
团属事业 …… 139

市妇联

引导妇女创业 …… 139
再就业服务 …… 139
思想道德建设 …… 139
维权工作 …… 139
政策宣传 …… 139
自身建设 …… 139
召开抚顺市妇女第十二次代表大会 …… 140

市科协

农民科技增收工程 …… 140
“创新杯”竞赛活动 …… 140
“讲比”竞赛活动 …… 140
“金桥工程” …… 140
继续教育 …… 140
“厂会协作”工作 …… 140
第十六届“科普之冬”暨第十一届农村实用技术大普训活动 …… 140
科普示范基地建设 …… 140
创建科普文明社区 …… 140
未成年人思想道德建设 …… 140
举办第十九届抚顺市青少年科技创新大赛 …… 140
举办大型科普展览 …… 140
兴建社区科普画廊 …… 141
举办“科技活动周” …… 141
学术交流 …… 141
对外交流与合作 …… 141
办好科技工作者之家 …… 141
老专家科技服务团 …… 141
建立民营企业科协 …… 141
自身建设 …… 141

市社科联

学术交流 …… 141
学会管理 …… 141
科研管理 …… 142
评奖工作 …… 142

市文联

舞　蹈 …… 142
摄　影 …… 142
曲　艺 …… 142
文　学 …… 142
戏　剧 …… 142
美术　书法 …… 142
人才培养 …… 142

市侨联

招商引资 …… 143
海外联谊 …… 143
为归侨侨眷服务 …… 143
参政议政 …… 143

市台联

对外联谊 …… 143
为台商服务 …… 143
理论学习 …… 143
自身建设 …… 143

市残联

组织建设 …… 143

召开市残联四届主席团二次会议 …………… 144
残疾人就业保障金收缴 …………………… 144
残疾人康复训练与服务 …………………… 144

市黄埔军校同学会

黄埔军校 80 周年校庆 ……………………… 144
对台工作 ……………………………………… 144
组织建设 ……………………………………… 144
参政议政 ……………………………………… 144

军　　事

驻抚部队

·抚顺军分区·

思想政治建设 ………………………………… 145
军事训练 ……………………………………… 145
体制编制调整 ………………………………… 145
组织建设 ……………………………………… 146
民兵参建和“双拥”工作 ………………… 146
国防教育 ……………………………………… 146

·雷 锋 团·

基本情况 ……………………………………… 146
圆满完成赴利“维和”任务 ……………… 146
参加“火力—2004”演习 ………………… 147
学雷锋活动 …………………………………… 147

武警支队

基本情况 ……………………………………… 147
组织建设 ……………………………………… 147
思想政治工作 ………………………………… 147
执勤正规化建设 ……………………………… 147
后勤管理 ……………………………………… 147
新兵授衔仪式 ………………………………… 148
市领导到支队现场办公 …………………… 148
落实支队机关办公楼设计方案 …………… 148

人民防空

民防改革 ……………………………………… 148
工程建设和管理 ……………………………… 148
人防工程开发和利用 ………………………… 149
通信　警报建设 ……………………………… 149
宣传教育 ……………………………………… 149
“准军事化”文明机关建设 ………………… 149

法　　制

概　述

地方法制建设

·立　法·

人大立法 ……………………………………… 151
行政立法 ……………………………………… 151

·地方性法规　规章·

市人大发布的地方性法规 ………………… 152
市政府制定的政府规章 …………………… 152
市政府废止的政府规章 …………………… 152

·法律监督·

人大法律监督 ………………………………… 152
行政复议与行政应诉 ……………………… 152

检　察

·反腐败检察·

基本情况 ……………………………………… 153
落实服务措施 ………………………………… 153
查办大案要案 ………………………………… 153
职务犯罪预防工作 ………………………… 153

·刑事检察·

基本情况 ……………………………………… 153
打击严重刑事犯罪 ………………………… 153
健全“严打”经常性工作机制 …………… 153
强化检察环节社会治安综合治理 ……… 153

·诉讼监督·

侦查监督 ……………………………………… 153
刑事审判监督 ………………………………… 153
刑罚执行监督 ………………………………… 153
民事行政审判监督 ………………………… 154
控告申诉检察监督 ………………………… 154

·队伍建设·

思想政治建设 ………………………………… 154
开展教育及岗位练兵活动 ………………… 154
接受社会监督 ………………………………… 154

审　判

·综　述·

·刑事审判·

基本情况 …… 154
审结刑事大要案 …… 154
审判涉黑犯罪 …… 154
参与社会治安综合治理 …… 154
减刑假释工作 …… 154

·民商　行政审判·

民商审判 …… 155
行政审判 …… 155

·执行工作·

基本情况 …… 155
制裁拒不执行行为 …… 155
组织打击拒执罪宣传活动 …… 155

·审判质量和效率·

提高审判质量和效率 …… 155
加大诉讼调节力度 …… 155

·软环境建设·

解决涉诉上访问题 …… 155
调查评议反馈 …… 155
便民服务 …… 155
接受监督 …… 155

·队伍建设·

廉政建设 …… 155
表彰先进 …… 155
基层审判成果 …… 155
苇子峪法庭办公楼落成 …… 156
岗位练兵和岗位培训 …… 156

·典型案例·

吕绍闻非法吸收公众存款被判刑九年案 …… 156
本市首例编造虚假恐怖信息罪案 …… 156
原抚顺矿山液压配件厂厂长刘成良虚开增值税专用发票触犯刑律案 …… 156

公　安

·综　述·

·国内安全·

打击邪教违法犯罪活动 …… 157
民族宗教保卫工作 …… 157

·治安管理·

公共娱乐场所和行业管理 …… 157
危爆物品管理 …… 157
社会治安管理 …… 157
安全警卫 …… 157

·刑事侦察·

命案侦破会战 …… 157
强化刑侦手段 …… 157

·交通管理·

整治交通秩序 …… 157
宣传工作 …… 158
软环境建设 …… 158

·消防管理·

整治隐患 …… 158
城市公共消防设施建设 …… 158
消防宣传 …… 158
消防基础建设 …… 158

·户政管理·

户籍管理 …… 158
制发居民身份证 …… 158
公益岗位安置 …… 158

·出入境管理·

审批　管理 …… 158
打击涉外违法犯罪 …… 158

·经济文化保卫·

企事业单位安全保卫 …… 159
金融系统安全防范 …… 159
计算机安全管理 …… 159

·基层基础工作·

规范派出所等级达标考核评比 …… 159
统一派出所外观标识 …… 159
派出所改扩建工作 …… 159

·保安服务·

队伍建设 …… 159
拓展保安业务 …… 159
清理整顿保安市场 …… 159

·队伍建设·

警务改革 …… 159

实施素质强警工程 …… 159
宣传和典型选树 …… 160

·科技强警·

完成市局指挥中心更新改造 …… 160
完成视频会议系统建设 …… 160
完善公安信息网络基础设施 …… 160
优化配置系统资源 …… 160

司法行政

·监所工作·

基本情况 …… 160
省级达标 …… 160
市劳动教养院更名 …… 160
教育转化“法轮功”人员 …… 160

·律师工作·

全年办理各类案件2 310件 …… 160
星级律师所　A级律师评选揭晓 …… 160

·公证工作·

全年办理各类公证67 558件 …… 160
市公证处被授予“全国公证行业文明公证处”称号 …… 160

·法律援助·

承办法律援助案件132件 …… 160
成立市老年人法律援助工作站 …… 161
参与信访工作 …… 161

·人民调解·

基本情况 …… 161
开展大调解工作 …… 161
3个司法所获省优秀司法所称号 …… 161

·普法　依法治市·

基本情况 …… 161
召开依法治市领导小组会议 …… 161
法律进社区 …… 161
16个村获省级“民主法治示范村” …… 161

·队伍建设·

从严治警 …… 161
软环境建设 …… 161
到基层挂职锻炼 …… 162

社会治安综合治理

落实措施 …… 162
凶杀案件专项整治 …… 162
调解工作 …… 162
安全创建活动 …… 162
宣传教育 …… 162

工　业

概　述

工业主要行业经济分析

基本情况 …… 165
石油化学工业 …… 165
冶金工业 …… 166
装备制造业 …… 166
电子及通信设备制造业 …… 166
建材工业 …… 166
煤水电气业 …… 166
纺织　服装工业 …… 166
饮食　医药加工业 …… 166
轻工业（小轻工） …… 166
工业经济发展的主要特点 …… 166
存在的主要问题及原因 …… 168

石　化

·中国石油抚顺石化分公司·

基本情况 …… 168
主要经济技术指标 …… 169
安全生产与整体优化 …… 169
技术进步与发展规划 …… 169
经营与挖潜增效 …… 169
科学管理与队伍建设 …… 169

·中国石油抚顺石油化工公司·

基本情况 …… 170
主要经济技术指标 …… 170
安全生产 …… 170
市场开拓 …… 170
产业化发展 …… 170
企业改革与稳定 …… 170
人才工程 …… 171

煤　炭

基本情况 …… 171
非煤产值比重上升 …… 171
企业管理 …… 171
职业技能鉴定和培训 …… 172

安全生产 …… 172

电　力

·辽　电·

主要指标完成情况 …… 172
安全生产 …… 172
经营管理 …… 173
多种经营 …… 173
技改工程 …… 173

·辽宁能港·

安全生产 …… 173
发电生产 …… 173
设备治理 …… 173
竞价上网 …… 173

·抚顺发电·

安全生产 …… 173
经营管理 …… 173
三期扩建工程 …… 174
企业改革 …… 174

·抚顺供电·

基本情况 …… 174
电网建设 …… 174
辽电三期送出工程 …… 174
电力设施保护 …… 174
社会用电 …… 174
供电市场整顿 …… 174
双向选择　竞聘上岗 …… 174
科技成果 …… 174
依法治企 …… 174
基础管理 …… 174
安全管理 …… 174
营销管理 …… 175
供电服务 …… 175

重工国有资产经营

主要指标完成情况 …… 175
主要特点 …… 175
国企改制 …… 175
招商盘活和重点项目 …… 176
工业经济 …… 176
职工并轨和再就业 …… 176
来信来访 …… 176
存在的主要问题 …… 176

轻工国有资产经营

改革转制 …… 176
招商引资　盘活资产 …… 176
信访工作 …… 176

部分企业

东北特殊钢集团有限责任公司抚顺特殊钢股份有限公司 …… 176
抚顺新抚钢有限责任公司 …… 177
抚顺铝厂 …… 177
抚顺红透山铜矿 …… 178
抚顺煤矿电机厂 …… 178
抚顺煤矿安全仪器总厂 …… 178
抚顺石油机械有限责任公司 …… 179
辽宁海信电子有限公司 …… 179
抚顺挖掘机制造有限责任公司 …… 179
抚顺炭素有限责任公司 …… 180
抚顺华泰电瓷电气制造有限公司 …… 180
抚顺水泥股份有限公司 …… 181
抚顺大伙房水泥有限责任公司 …… 181
抚顺天湖啤酒有限公司 …… 181

民营经济

基本情况 …… 182
全市民营经济工作会议 …… 182
市委　市政府出台关于加快民营经济发展的意见 …… 182
扶持重点民营企业 …… 182
固定资产投资 …… 182
新增营业收入超亿元企业 10 家 …… 182
招商引资　项目建设 …… 182
园区建设 …… 182
企业改革　盘活资产 …… 183
带动效应显著 …… 183
附：抚顺市纳税超百万元民营企业一览表 …… 183

农业　林业　水利

农　业

·综　述·

·粮食作物生产·

生产情况 …… 186
政策扶持 …… 186
气象条件相对有利 …… 186
各种投入增加 …… 186
粮食作物内部结构优化 …… 186

科技下乡活动 …… 186

·蔬菜生产·

生产情况 …… 186
蔬菜销售价格增加 …… 187
示范区基地建设 …… 187
市场建设 …… 187
加工企业 …… 187

·畜牧　兽医·

饲养量　产量 …… 187
畜产品收入与结构 …… 187
畜牧业产业结构调整 …… 187
退耕还草及草场保护工程 …… 187
良种繁育与推广 …… 188
种畜禽管理 …… 188
国家无规定动物疫病区示范区缓冲区项目建设 …… 188
乡镇标准化畜牧兽医站建设 …… 188
畜禽防检疫 …… 188
依法行政 …… 188

·多种经营·

总产值 7.38 亿元 …… 188
果　树 …… 188
中药材 …… 188
食用菌 …… 188
山野菜 …… 188
林　蛙 …… 188
蚕　业 …… 189
鹿　业 …… 189
花　卉 …… 189

·农　垦·

基本情况 …… 189
农　业 …… 189
水果及人参 …… 189
林　业 …… 189
牧　业 …… 189
农垦生产 …… 189
改革　调整 …… 189
农垦管理 …… 189

·农业机械·

机械化 …… 189
作业总量 …… 190
管　理 …… 190
科　技 …… 190
培训与推广 …… 190
监　理 …… 190
修造企业 …… 190

·农牧业科技·

粮食直补和良种补贴 …… 190
农产品加工业 …… 190
特色　绿色产业化项目 …… 190
科技推广 …… 191
农业科研 …… 191
科技示范区建设 …… 191

·扶贫开发·

整村推进开发式扶贫 …… 191
移民扶贫和危房改造 …… 191
扩大小额信贷规模 …… 191
对口帮扶贫困村 …… 191

·农业综合开发·

基本情况 …… 191
区域布局 …… 192
开发重点 …… 192
主要成效 …… 192

·农村合作经济·

基本情况 …… 192
收支情况 …… 192

·农业产业化·

农业产业化提速年 …… 193
粮食生产订单面积达到 4.08 万公顷 …… 193
附：2004 年抚顺市农业产业化重点项目 …… 193
2004 年抚顺县农业产业化重点项目 …… 193
2004 年清原满族自治县农业产业化重点项目 …… 194
2004 年新宾满族自治县农业产业化重点项目 …… 194
2004 年顺城区农业产业化重点项目 …… 195
2004 年抚顺经济开发区农业产业化重点项目 …… 195

林　业

·综　述·

·森林资源·

森林资源总量 …… 196
森林面积划分 …… 196
森林总蓄积量 …… 197

·造林绿化·

植树造林 197
封山育林 198
退耕还林 198
种苗产业 198
环城林带建设 198

·森林经营与资源保护·

森林经营 198
森林防火 198
森林资源管理 199
森林管护队伍 199
森林病虫害防治 199
突出事件处置 199
森林资源二类清查工作 199

·林业产业·

林地种植业 199
木制品加工业 199
森林旅游业 199
依托森林资源的养殖业 199
小流域开发 200

·林业改革·

法规制度建设 200
集体林业改革 200
国营林场改革 200
非公有制林业 200

水 利

·综 述·

·抗 旱·

旱 情 200
抗旱节水 201

·防 汛·

雨 情 201
防汛准备 201
防汛特点 201
汛末水库蓄水情况 201

·水利重点工程·

关山水库收尾工程 201
城市防洪工程 202
农田基本建设 202

·河道整治与管理·

城东防洪堤工程全部完工 202
堤防整治绿化 202
执法宣传 202

·水土保持·

前期工作 202
编制实施方案 202
水土流失治理 202

·依法治水 依法行政·

健全执法机构 203
执法宣传 203
清理行政许可项目 203
制定下发规范性文件 203
培训 审验 203

·水产养殖·

渔业生产 203
水产品养殖 203
水产养殖管理 203
病害与科技服务 204
水产科研 204

·水利产权制度改革·

基本情况 204
改革措施 204
改革见成效 204

·大伙房水库·

除险加固工程 204
安全度汛 204
供水 水费收缴 204
环境工程建设 205

附：2004年抚顺市水利建设项目资金投入情况统计表 205
2004年抚顺市水土流失综合治理情况表 206
2004年抚顺市 县(区)属国营林场资源统计表 206
2004年抚顺市大型私营林场基本情况表 207
2004年抚顺市大型木材加工企业名录 207

国内商贸

概 述

商业贸易资产经营

工作目标完成情况 …… 209
产权制度改革 …… 210
招商引资　开发培育市场 …… 210
国有资产管理 …… 210
企业和职工队伍稳定工作 …… 210

日用工业品

基本情况 …… 210
家用电器 …… 210
服装鞋帽 …… 211
针纺织品 …… 211
首　饰 …… 211
化妆品 …… 211
文体用品 …… 211
家　具 …… 211

副食品

基本情况 …… 211
蔬菜经销 …… 212
肉食市场 …… 212
盐业经销 …… 212
糖酒经销 …… 212

餐饮　服务　批发零售贸易

基本情况 …… 213
主要特点 …… 213

粮油购销

粮食购销 …… 213
企业改革 …… 213
安全体系建设 …… 214
行政执法 …… 214
扭亏增盈 …… 214

烟草专卖

基本情况 …… 214
卷烟销售网络建设 …… 214
行政执法 …… 214
体制改革 …… 214

供销合作

基本情况 …… 214
企业改革 …… 214
市场建设 …… 215
为农服务 …… 215
土产日杂 …… 215
物资回收 …… 215
农资供应 …… 215

个体私营商业企业

基本情况 …… 215
发展特点 …… 216

集贸市场

基本情况 …… 216
主要特点 …… 216
附：2004年抚顺市综合消费品市场成交情况统计表 …… 217
2004年抚顺市日用工业品专业市场成交情况统计表 …… 217

对外经济贸易

概　述

对外贸易

基本情况 …… 218
进口总额增加 …… 218
五家国有大中型企业出口额 …… 218
对重点市场出口额增加 …… 219
外贸主体增多 …… 219
出口鼓励政策落实基本到位 …… 219
机电产品出口大幅增长 …… 219

利用外资

基本情况 …… 219
销售收入稳步增长 …… 219
上缴税金与上年持平 …… 219
利用外资有所下降 …… 219

经济合作

基本情况 …… 219
外派劳务 …… 219
新签对外工程承包项目 …… 219
获无偿援助款45 530美元 …… 219

招商引资

基本情况 …… 220
招商洽谈 …… 220
经贸考察 …… 220
重点项目签约 …… 220
中国抚顺精细化工园区揭牌 …… 220

对外经贸促进活动

2004 中国·抚顺国际经贸洽谈会 …………… 220
抚顺经贸代表团赴马来西亚开展经贸活动 … 220
附：2004 年抚顺市拥有进出口经营权企业名单 …………………………… 221
2004 年抚顺市出口创汇型外商投资企业名单 …………………………… 222
2004 年抚顺市新批外商投资企业名单 ……… 223
2004 年抚顺市拥有对外劳务合作和工程承包经营权企业名单 ………………… 225
2004 年抚顺市境外企业名单 ……………… 225

外汇监管

基本情况 ………………………………… 225
创新管理方式 …………………………… 225
规范外汇管理工作 ……………………… 226
创新服务手段 …………………………… 226

出入境检验检疫

基本情况 ………………………………… 226
检验检疫业务 …………………………… 226
为老工业基地振兴服务 ………………… 227
促进农产品扩大出口 …………………… 227
内部管理 ………………………………… 227

海关业务

基本情况 ………………………………… 228
业务基础工作 …………………………… 228
通关工作 ………………………………… 228
监管工作 ………………………………… 228
统计工作 ………………………………… 228
便民服务 ………………………………… 228
信息和新闻宣传 ………………………… 228
队伍建设 ………………………………… 228

城建 环保

城 建

·综 述·

·城市规划·

编制完成《城东新区 21、22 方块详细规划》 ………………………………… 230
编制完成《抚顺市 2005 年棚户区改造规划》 ………………………………… 230
编制完成《千金路南改造规划》 ………… 230
编制完成《抚顺西出口沿线景观规划》 …… 230
编制完成《抚顺市红色旅游规划》 ……… 230
编制完成《高湾经济区控制性详细规划》 … 230
编制完成《抚顺市高湾现代农业基地土地利用总体规划》 ………………… 230
编制完成《抚顺市高湾农业加工产业区控制性详细规划》 ………………… 230
《抚顺精细化工园区近期建设规划（2004—2010 年）》得到批复……………… 230

·投资工程管理·

前期咨询 ………………………………… 230
投资评审 ………………………………… 231
招标代理 ………………………………… 231
项目代建 ………………………………… 231

·城建投资管理·

国家开发银行贷款及时到位 …………… 231
望花区机修西北平棚户区改造一期工程按时完工 ………………………… 231
城市公厕建设 …………………………… 232

·重点工程建设·

保全重点工程国有资产 ………………… 232
清收不良债务 …………………………… 232
资产经营 ………………………………… 232
中小债权的清收工作 …………………… 232

·城市交通重点工程建设·

浑河南路续建工程 ……………………… 232
新建工程 ………………………………… 232
三宝综合立交桥工程 …………………… 232

·市政设施维修与养护·

道路　桥梁养护 ………………………… 232
排水养护 ………………………………… 232
地下管网设施维护 ……………………… 232
路灯养护 ………………………………… 233

·城市供水·

主要指标完成情况 ……………………… 233
水质管理 ………………………………… 233
供水设施 ………………………………… 233
供水服务 ………………………………… 233
企业改革 ………………………………… 233

·城市供热·

分户改造工程 …………………………… 233

设备设施“三修”工程 …… 233
热费收缴 …… 233
供暖服务 …… 234
新东供暖 …… 234

·城市燃气·

主要经济指标 …… 234
企业管理 …… 234
安全生产管理 …… 234
拓展营销区域 …… 234
拓宽经营渠道 …… 234
调整销售价格 …… 234
修订《管理办法》 …… 234
优质服务 …… 235

·公共交通·

指标完成情况 …… 235
运营生产 …… 235
安全管理 …… 235
企业改革 …… 235
企业管理 …… 235

·市容市貌管理·

城市防涝 …… 235
露天集贸市场治理 …… 235
户外广告清理整治 …… 235
挖掘道路管理 …… 235

·园林与绿化·

落实绿化考核指标 …… 235
园林绿化检查考核 …… 235
城市公共绿地管理 …… 235
抗旱及病虫害防治 …… 236
山林防火 …… 236
制定创建省级园林城市方案 …… 236

·环境卫生·

达标竞赛活动 …… 236
垃圾处理 …… 236
改善环卫设施 …… 236

·房地产开发·

城市居民人均居住面积有所提高 …… 236
房屋拆迁保证适度规模 …… 236
棚户区改造得到国家和省的高度关注 …… 236
住宅小区环境得到改善 …… 236
房地产企业整体素质提高 …… 236

·房产管理·

房屋状况 …… 236
房屋交易量及其税费收入再创新高 …… 236
第三届房产交易会取得可喜成果 …… 236
市直管公房得到维修 …… 236
住房制度改革继续深化 …… 236

·勘察设计·

整顿行业 …… 237
规范市场 …… 237
施工图审查机构管理 …… 237
教育培训 …… 237
企业转制 …… 237

·建筑企业生产管理·

清理拖欠工程款 …… 237
企业改革 …… 237
资质管理 …… 237
行业综合统计 …… 237
项目经理管理 …… 237

·建筑市场管理·

严格施工许可证制度 …… 237
执法工作 …… 237
首创“提前介入工作方法” …… 237

·工程建设监理·

净化市场环境 …… 237
优化行业结构 …… 238
拓展监理范围 …… 238

·测 绘·

全市测绘管理工作会议 …… 238
学术交流与区域合作 …… 238
专项检查 …… 238
测绘成果保密检查 …… 238
《测绘法》宣传 …… 238
资质复审换证工作 …… 238
全市私房地籍测绘 …… 238

·村镇建设·

村镇建设投资 …… 238
村镇建设项目投资补贴方式调整 …… 238
争取补贴资金 …… 238
总体规划编制 …… 239

附：2004 年抚顺市城乡建设重点项目计划安排明细表 …… 239

环境保护

·综 述·

·环境污染治理·

污染物排放总量实现控制目标 …………… 241
城市环境综合整治 ………………………… 241
编制“创建国家环保模范城市规划” ……… 241
机动车污染防治 …………………………… 241

·监督管理与执法·

控制新污染源 ……………………………… 241
清理整顿专项活动 ………………………… 241
排污费征收使用 …………………………… 242
提案信访 …………………………………… 242

·基础建设·

生态保护和建设 …………………………… 242
环境监测 …………………………………… 242
环境科技 …………………………………… 242

·队伍建设·

作风整顿 …………………………………… 242
规范行政行为 ……………………………… 242

·宣传教育·

环保宣传活动 ……………………………… 242
“6·5”世界环境日纪念活动 ……………… 242
环境教育 …………………………………… 242

·环境质量状况·

空气环境质量状况 ………………………… 242
水环境质量状况 …………………………… 243
噪声环境质量状况 ………………………… 243

交通　邮电

交　通

·公　路·

高速公路 …………………………………… 244
普通公路 …………………………………… 244
工程质量 …………………………………… 244
重点项目 …………………………………… 244
公路养护与管理 …………………………… 244
公路运输 …………………………………… 244
行业管理 …………………………………… 244
行政执法 …………………………………… 244
安全生产 …………………………………… 244
交通改革 …………………………………… 244
信息化建设 ………………………………… 244
廉政建设 …………………………………… 245

·铁　路·

大官屯站 …………………………………… 245
大官屯车辆段 ……………………………… 245
抚顺工务段 ………………………………… 245

·电　铁·

经济技术指标完成情况 …………………… 245
安全生产 …………………………………… 246
优质服务 …………………………………… 246
经营管理 …………………………………… 246
设备改造 …………………………………… 246

邮　电

·邮政　通信·

基本情况 …………………………………… 246
邮政局所及设备 …………………………… 246
邮　路 ……………………………………… 246
函　件 ……………………………………… 246
包　件 ……………………………………… 246
汇　票 ……………………………………… 246
特快专递 …………………………………… 246
报刊发行 …………………………………… 246
邮政储蓄 …………………………………… 246
集　邮 ……………………………………… 246
基建投资 …………………………………… 246

·网　通·

基本情况 …………………………………… 247
经营工作 …………………………………… 247
通信建设 …………………………………… 247
优质服务 …………………………………… 247

·电　信·

基本情况 …………………………………… 247
经营工作 …………………………………… 247
通信建设 …………………………………… 247
优质服务 …………………………………… 247

·移动通信·

经营服务 …………………………………… 247
网络建设 …………………………………… 247
制度管理 …………………………………… 247

·联　通·

基本情况 …………………………………… 248

经营管理 …… 248
优质服务 …… 248
网络建设 …… 248
公益活动 …… 248

·铁　通·

基本情况 …… 248
市场营销 …… 248
网络建设 …… 248
客服系统 …… 248

财政　税务　金融

财　政

·综　述·

·财政预算执行情况·

预算收入 …… 249
预算支出 …… 249
收支平衡情况 …… 249

·财政改革·

部门预算改革 …… 249
调整内部机构职能 …… 249
企业债券兑付 …… 249

·财政管理·

账户清理 …… 249
清理财政往来账款 …… 249
行政事业单位国有资产清查 …… 249
国企减债 …… 250
小额担保贷款 …… 250
落实“三农”政策 …… 250
筹措城市建设资金 …… 250

·财政监督·

《会计法》执行情况检查 …… 250
举报案件的核查处理 …… 250
分税监察 …… 250
办理《纳税入库级次证》 …… 250
其他检查 …… 250

·政府采购·

采购资金 …… 250
采购管理 …… 250
完善评标制度 …… 250
协议采购 …… 250
规范采购行为 …… 250
监督检查 …… 250
《政府采购法》宣传 …… 251

·收费资金管理·

基本情况 …… 251
非税收入情况调查 …… 251
票据管理 …… 251
增收节支 …… 251
专项检查 …… 251

·住房公积金管理·

基本情况 …… 251
住房公积金归集和提取 …… 251
住房公积金贷款和回笼 …… 251
超额储备存款运作 …… 251
增值收益 …… 251

税　务

·国　税·

税收收入 …… 251
税收政策 …… 251
征管基础建设 …… 251
行政执法 …… 252
基层建设 …… 252
制度管理 …… 252
队伍建设 …… 252

·地　税·

税费收入 …… 252
税收监管 …… 252
党风廉政建设 …… 252
税收征管 …… 252
社会保险费征收 …… 252
依法治税 …… 252

金　融

·综　述·

·中国人民银行抚顺市中心支行·

金融监管 …… 253
调查研究与信息反馈 …… 254
发挥货币政策作用 …… 254
建立经济金融信息平台 …… 254
外汇管理 …… 254

金融服务 …… 254
规范化管理 …… 254
精神文明建设 …… 254

·中国银行业监督管理委员会抚顺监管分局·

抚顺监管分局挂牌成立 …… 254
机构设置与主要职能 …… 254
确保金融稳定 …… 254
信贷风险管理 …… 255
风险处置 …… 255
农村信用社改革 …… 255
不良贷款抓降工作 …… 255

·中国农业发展银行抚顺市分行·

基本情况 …… 255
收购资金的供应与管理 …… 255
帮助企业搞活经营 …… 255
完善制度 …… 255
财务会计 …… 255
稽核审计 …… 255

·中国工商银行抚顺市分行·

基本情况 …… 255
存款工作 …… 256
贷款营销 …… 256
资产质量 …… 256
收息工作 …… 256
中间业务 …… 256

·中国农业银行抚顺市分行·

基本情况 …… 256
个人业务 …… 256
公司业务 …… 256
机构业务 …… 256
银行卡业务 …… 256
信贷管理 …… 256
风险资产管理 …… 256
会计工作 …… 257
审计工作 …… 257

·中国银行抚顺分行·

基本情况 …… 257
贷　款 …… 257
零售贷款 …… 257
储蓄存款 …… 257
企业存款 …… 257
结算业务 …… 257
票据业务 …… 257
外汇宝业务 …… 257
银行卡业务 …… 257
核销划转 …… 257
清产核资 …… 257
内控管理 …… 257
机构管理 …… 257
信息科技 …… 258

·中国建设银行抚顺市分行·

基本情况 …… 258
集约经营 …… 258
内控管理 …… 258
改　革 …… 258
筹　资 …… 258
信　贷 …… 258
管　理 …… 258
中间业务 …… 258
精神文明建设 …… 258

·交通银行抚顺分行·

基本情况 …… 259
筹资工作 …… 259
信贷业务 …… 259
中间业务 …… 259
国际业务 …… 259
资产质量 …… 259
电子化建设 …… 259

·中信实业银行抚顺支行·

基本情况 …… 259
本部搬迁 …… 259
公司业务 …… 259
零售业务 …… 259
国际业务 …… 259
中间业务 …… 259

·抚顺市农村信用社·

基本情况 …… 259
支农服务 …… 259
信贷管理 …… 259
财务管理 …… 260
安全保卫 …… 260
深化改革 …… 260

·抚顺市商业银行·

基本情况 …… 260
存　款 …… 260
信　贷 …… 260
管理工作 …… 260
稽核与监督 …… 260

引入计算机系统 …… 260

·财政证券投资资产经营管理·

清欠证券回购资金 …… 260
清欠遗留债权 …… 260
债券发行　兑付 …… 260

经济管理

计　划

宏观调控 …… 261
项目工作 …… 261
协调服务 …… 261

工　商

基本情况 …… 261
首创并实施集中年检 …… 262
扶持争创名优品牌工作 …… 262
为项目兴市及企业发展服务 …… 262
实行 12315 局长值周　处长值日制度 …… 262
改革协会工作体制 …… 262
监管执法 …… 262

物　价

理顺部分公用及服务价格 …… 262
规范收费管理 …… 263
价格监测 …… 263
价格认证 …… 263
价调基金征收 …… 263
价格监督检查 …… 263
受理价格投诉 …… 263
价格法制建设 …… 263

审　计

基本情况 …… 263
财政审计 …… 263
专项资金审计 …… 263
重点建设项目及固定资产投资审计 …… 263
经济责任审计 …… 264
金融机构审计 …… 264
效益审计 …… 264

统　计

全国第一次经济普查 …… 264
年报工作全省考核第一名 …… 264
优质服务 …… 264
统计调研 …… 264
法制建设 …… 264
信息化建设 …… 264

质量技术监督

质量工作 …… 264
“打假”执法 …… 264
标准化工作 …… 264
计量工作 …… 265
特种设备安全监察 …… 265
技术机构建设 …… 265
科技工作 …… 265
软环境建设 …… 265

劳动和社会保障

社会保险 …… 265
就业　再就业 …… 266
职业培训 …… 266
法制建设及执法 …… 266
规划工资 …… 266
劳动争议仲裁及信访 …… 266

国有资产管理

成立市国有资产监督管理委员会 …… 266
主要工作 …… 267
党建工作 …… 267
抚顺市国资委监管的 106 户企业 …… 267

气　象

业务现代化建设 …… 268
气象服务 …… 268

自然科学　社会科学

自然科学

·综　述·

·科技计划工作·

计划进展与执行 …… 269
主要成效 …… 270

·科技成果与技术市场·

贯彻国家《促进科技成果转化法》 …… 271
科技成果管理网络化 …… 271
完善技术市场体系 …… 271

建立“持证上岗”制度 …… 271

·工业科技与高新技术·

与中科院沈阳分院科技合作 …… 272
与国内院校科技合作 …… 272
组织参加“东博会” …… 272

·知识产权工作·

召开抚顺市知识产权研讨会 …… 272
提出《抚顺市 1985——2004 年专利申请量情况分析报告》 …… 272
开展中小学科技创新活动 …… 272

·国际合作与交流·

选派赴日本技术研修生 …… 272
组织参加中国海外学子辽宁“创业周”活动 …… 272
智力人才引进 …… 272
国际科技合作 …… 272
附：2004 年度抚顺市获辽宁省科技进步奖项目 … 273
2004 年度抚顺市科技进步奖项目 …… 273

·科技研究·

石油化工研究 …… 273
冶金研究 …… 274
煤炭研究 …… 274
环保研究 …… 275
石化设备检测监理研究 …… 275
农业研究 …… 276
林业研究 …… 276
园艺研究 …… 276
电子技术研究 …… 277
煤矿设计 …… 277
石油化工设计 …… 277
建筑设计 …… 278

·农业科技·

科技扶贫 …… 278
科技进山增效示范工程 …… 278

·科技咨询·

网站建设和网络平台维护 …… 279
信息服务 …… 279
科技监测预测 …… 279
科技培训 …… 279
发挥信息协会作用 …… 279
完成涉密系统资质认证 …… 280
信息咨询 …… 280

·地震监测·

基本情况 …… 280
防震减灾技术系统建设 …… 280
观测资料质量和分析预报 …… 280
城市防震减灾 …… 280
地震科技研究 …… 280

·人才市场·

人才招聘 …… 280
社会化服务 …… 280
资源开发 …… 281
信息化建设 …… 281
软环境建设 …… 281

社会科学

·综　述·

·学术活动·

学术交流与科普活动 …… 281
学会活动 …… 282
学会管理 …… 282

·学术研究·

宏观经济研究 …… 283
经济科技研究 …… 283
财政金融研究 …… 283
社会学研究 …… 284
法学研究 …… 284
方志　年鉴研究 …… 285
党史研究 …… 285
党建研究 …… 286
社科情报研究 …… 286

·课题规划·

实施情况 …… 287
规划制定 …… 287
课题论证 …… 287
课题应用 …… 287

·评奖活动·

评奖情况 …… 287
评奖特点 …… 287

·抚顺市社会科学院·

基本情况 …… 287
科研机构调整 …… 287
科研成果 …… 288

学术活动 …………………………………… 288
科研管理 …………………………………… 288
附：抚顺市第十九届社会科学优秀成果获奖表 … 289

教 育

概 述

高等教育

基本情况 …………………………………… 291
地方高校申办本科工作 ……………………… 292
整合教育资源 ……………………………… 292
教育教学质量管理 ………………………… 292
大中专招生和毕业生就业安置 ……………… 292
辽宁石油化工大学 ………………………… 292
抚顺师范高等专科学校 ……………………… 292
抚顺职业技术学院 ………………………… 292

中等教育

基本情况 …………………………………… 293
骨干示范学校建设 ………………………… 293
提升部分重点中专办学层次 ………………… 293
中等职业学校省级示范专业评估 …………… 293

基础教育

基本情况 …………………………………… 293
发展农村教育 ……………………………… 293
启动新课改 ………………………………… 293
控辍保学 …………………………………… 293
开展质量认定 ……………………………… 293
开展示范性高中建设 ……………………… 293
扩张优质教育资源 ………………………… 294
高中教研工作 ……………………………… 294
学前教育 …………………………………… 294
特殊教育 …………………………………… 294
民族教育 …………………………………… 294
职业教育与成人教育 ……………………… 294
民办教育 …………………………………… 294

师资队伍

实施青年教师素质工程 ……………………… 294
教师继续教育 ……………………………… 294
师德建设 …………………………………… 294

基本建设

基本情况 …………………………………… 294
校舍维修 …………………………………… 295
农村中小学危房改造 ……………………… 295

体育 卫生

体育新课标扩大试点 ……………………… 295
学校卫生安全工作责任制 ………………… 295
国防教育 …………………………………… 295

招生考试

基本情况 …………………………………… 295
加强领导 …………………………………… 295
创造优良的备考和考试环境 ……………… 295
考务和考风考纪管理 ……………………… 295
普通高校招生 ……………………………… 295
普通中等学校招生 ………………………… 295
成人高校招生 ……………………………… 295
高等教育自学考试 ………………………… 295
研究生招生考试 …………………………… 295
附：2004年抚顺市大中专学校基本
情况统计表 ………………………… 295
辽宁省2004年普通高校招生录取控制
分数线 ……………………………… 296
抚顺市2004年省重点高中 中师及五年制
师范类专业招生建档最低控制分数线 … 296
2004年抚顺市获国家 省级表奖的教师及
教育工作者名单 ……………………… 296

文化 新闻 旅游

文 化

·文学艺术·

舞 蹈 …………………………………… 297
摄 影 …………………………………… 297
曲 艺 …………………………………… 297
文 学 …………………………………… 297
戏 剧 …………………………………… 297
美术 书法 ………………………………… 297
人才培养 …………………………………… 297
专业艺术团体 ……………………………… 297
剧目展演 …………………………………… 297
《劳动者之歌》大型文艺晚会 ………………… 297
公益演出 …………………………………… 297
获奖剧目 …………………………………… 298
儿童剧创作 ………………………………… 298
理论研讨 …………………………………… 298

抚顺市歌舞话剧院 …… 298

·群众文化·

基本情况 …… 298
群众文化活动 …… 298
社会文化 …… 299
文化广场及设施建设 …… 299

·文化市场·

基本情况 …… 299
“网吧”管理 …… 299
音像市场 …… 300
演出市场 …… 300
娱乐市场 …… 300
举报受理 …… 300
行政许可审批 …… 300
稽查管理规范化 …… 300

·图　书·

基础业务建设 …… 300
读者服务 …… 301
管理工作 …… 301

·文物考古·

文物基础工作 …… 301
加强保护本市长城工作 …… 301
成功申报清永陵为世界文化遗产 …… 302
文物展览 …… 302
平顶山惨案遗址遗骸保护 …… 302

·出版　印刷　发行·

新闻出版 …… 302
印刷业 …… 302
发　行 …… 302
版　权 …… 302
“扫黄打非”工作 …… 303

报　刊

·抚顺报业发展中心·(抚顺日报社)

基本情况 …… 303
全员竞聘上岗 …… 303
经营管理 …… 303

·《抚顺日报》·

深化改革　竞争上岗 …… 303
围绕中心　关注热点 …… 303
服务社会　贴近生活 …… 304
加强建设　创新理念 …… 304

·其他报刊·

《抚顺晚报》 …… 304
《抚顺矿工报》 …… 305
《少年科普报》 …… 305
《故事报》 …… 306
《抚顺广播电视报》 …… 306
《辽宁石油化工大学学报》　《石油化工高等学校学报》 …… 306
《抚顺社会科学》 …… 307

广播　电视

·综　述·

·广　播·

基本情况 …… 308
典型宣传 …… 309
对外宣传 …… 309
大型社会活动 …… 309
技术装备 …… 309
获奖情况 …… 309
学习培训 …… 309
新闻广播 …… 309
交通广播 …… 309
文艺广播 …… 309

·电　视·

新闻宣传突出主线 …… 309
坚持以人为本 …… 310
更新管理体制 …… 310
试行市场化运作 …… 310
组建通联部 …… 310
频道和节目的策划与包装 …… 310
收视率调查 …… 310
广告经营 …… 310

·有线电视·

网络建设改造 …… 310
网络增值业务 …… 310
优质服务 …… 310
稽　查 …… 310

旅　游

基本情况 …… 310
旅游产品开发 …… 310
综合效益 …… 311
拓展市场 …… 311
促销和专项活动 …… 311

旅游合作 …… 311
基础工作 …… 311
节庆活动 …… 311

卫生　体育

卫　生

·综　述·

·医政管理·

医院管理 …… 313
贯彻《中华人民共和国献血法》 …… 314
整顿医疗服务市场 …… 314
医疗安全管理 …… 314
城市社区卫生服务 …… 314
医疗扶贫和卫生下乡 …… 314
医疗卫生体制改革 …… 314
中医医政 …… 314
政府指令性医疗保障工作 …… 314
医政工作各项指标 …… 314

·公共卫生·

公共卫生 …… 314
突发公共卫生事件的预警建设 …… 314

·疾病预防与控制·

传染病疫情 …… 315
重大传染病防治 …… 315
计划免疫 …… 315
消毒消杀及虫媒监测 …… 315
艾滋病防治 …… 315
卫生监测 …… 315
死亡统计 …… 315
结核病防治 …… 315
肿瘤病防治 …… 316
基础设施建设 …… 316

·地方病防治·

防病措施 …… 316
布鲁氏菌病防治 …… 316
克山病防治 …… 316
大骨节病防治 …… 316
肺吸虫病防治 …… 316
碘缺乏病防治 …… 316
碘盐监测 …… 316

·卫生科技·

召开市卫生科技表彰大会 …… 316
科技成果 …… 316

·农村卫生工作·

召开全市农村卫生工作会议 …… 316
编制《抚顺市农村卫生服务体系发展规划》 …… 316

·卫生监督·

食品安全专项整治 …… 316
食品药品放心工程专项检查 …… 317
节日期间卫生监督 …… 317
学校卫生监督 …… 317
职业卫生　放射卫生 …… 317
查处劣质奶粉 …… 317
散装食品清理整顿 …… 317
食品加工的监督检查 …… 317
经常性卫生监督 …… 317
县区卫生监督机构体制改革 …… 317
软环境建设 …… 317

·妇幼保健·

制度建设 …… 317
新生儿听力筛查 …… 317
爱婴医院督导及助产技术执法检查 …… 317
创建产科建设示范院 …… 317
出生缺陷预防和高危贫困孕产妇救助 …… 317

·健康教育·

围绕创建国家卫生城开展健康教育 …… 318
贯彻健康教育工作规范 …… 318
卫生整治系列活动 …… 318

·卫生行风建设·

行风软环境建设“双评”工作 …… 318
职业道德教育 …… 318
规范服务行为 …… 318
专项治理整顿 …… 318
建设诚信医院活动 …… 319
舆论宣传 …… 319
全方位接受监督 …… 319

·爱国卫生·

基本情况 …… 319
春季爱国卫生清洁月活动 …… 319
交通整治活动 …… 319
铁路沿线和公路沿线的环境整治月 …… 319
除“四害”灭鼠　灭蟑 …… 320

农村改厕 …… 320

体　育

·综　述·

·群众体育·

全民健身活动 …… 320
学生体育 …… 320
农村体育 …… 320
老年体育 …… 320

·竞技体育·

竞技体育改革 …… 321
调整项目　整合资源 …… 321
体育学校通过评估 …… 321
体育传统项目学校建设 …… 321

·业余训练·

落实目标责任制 …… 321
参赛情况 …… 321

·体育竞赛·

承办赛事 …… 321
举办赛事 …… 321
裁判员队伍建设 …… 321

·体育协会·

完善制度 …… 321
活动开展 …… 321

·体育产业·

出台管理条例 …… 321
体育场所经营 …… 321

社会保障体系

民　政

·社会救助·

提高“低保”标准 …… 322
扶贫帮困 …… 322
救灾　救济 …… 322

·优抚　安置·

双拥优抚 …… 322
退役士兵安置 …… 322

·社会福利·

居家养老 …… 322
民办公助养老 …… 322
社会福利院 …… 322
第三批“星光计划” …… 322
启动“明天计划” …… 322
福利彩票 …… 322

·残疾人工作·

扶贫解困 …… 322
“无白内障障碍市”光明行动 …… 323
开展“爱耳日”“爱眼日”“碘缺乏症防治日”活动 …… 323
教育救助 …… 323
残疾人就业 …… 323
职业技能培训 …… 323
宣传文化活动 …… 323
残疾人体育 …… 323

社会保障

·劳动保障·

养老保险 …… 323
失业保险 …… 323
医疗保险 …… 324
工伤保险 …… 324
生育保险 …… 324
主要问题 …… 324

·就业　再就业·

基本情况 …… 324
劳动保障平台建设 …… 324
劳动力市场 …… 324
就业培训 …… 324
就业岗位开发 …… 324
再就业扶持政策落实 …… 324

·社会保险·

社会保险基金收缴拨付 …… 324
个人账户基础管理 …… 325
社会保障信息网络建设 …… 325
社会化管理服务 …… 325
县区社会保险基金收缴拨付 …… 325
软环境及队伍建设 …… 325

商业保险

·人保财险·

基本情况 …… 325
经营管理 …… 326
业务经营 …… 326

·人寿保险·

基本情况 …… 326
业务经营 …… 326
经营管理 …… 326
客户服务 …… 326
教育培训 …… 327

·太平洋财险·

基本情况 …… 327
业　务 …… 327
管　理 …… 327

·太平洋寿险·

基本情况 …… 327
业务经营 …… 327
经营管理 …… 327

·平安财险·

基本情况 …… 327
经营管理 …… 327
销售管理 …… 327
两核工作 …… 328

·平安人寿·

基本情况 …… 328
业务经营 …… 328
培训工作 …… 328
企业管理 …… 328
企业文化 …… 328

·泰康人寿·

基本情况 …… 328
通过 ISO9001 质量体系认证 …… 328
资产管理 …… 328

老龄工作

基本情况 …… 328
调查研究 …… 328
敬老活动 …… 328
老年协会 …… 328
维护老年人合法权益 …… 328

妇女儿童合法权益

妇女建功创业活动 …… 329
科技文化素质培训 …… 329
妇女再就业 …… 329
开展多种妇女活动 …… 329
家庭教育 …… 329
维权工作 …… 329
信访网络建设 …… 329
"春蕾助学"活动 …… 329
男女平等基本国策宣传 …… 329
完善基层组织 …… 329

县　区

抚顺县

·综　述·

·政　治·

党建工作 …… 330
廉政建设 …… 330
精神文明建设 …… 330
民主与法制建设 …… 330
劳动就业与社会保障 …… 331

·经　济·

农　业 …… 331
林　业 …… 331
畜牧业 …… 331

·工　业·

工业企业 …… 332
建筑业 …… 332
旅游业 …… 332

·县镇建设·

村镇建设 …… 332
公路建设 …… 332
有线电视及电信建设 …… 332
环境保护建设 …… 333

·教育　科技　文化　卫生　体育·

教　育 …… 333
科　技 …… 333
文　化 …… 333
卫　生 …… 333
体　育 …… 334

附：抚顺县主要领导人名单 …… 334

清原满族自治县

·综　述·

·政　治·

理论学习和宣传 …… 334
党建工作 …… 335
精神文明建设 …… 335
党风廉政建设 …… 335
社会保障 …… 335

·经　济·

农业和农村经济 …… 335
工业和建筑业 …… 336
国内贸易和市场物价 …… 336
对外经济贸易和旅游业 …… 336
财政金融 …… 336

·县乡建设·

固定资产投资 …… 336
城乡建设 …… 336

·社会各项事业·

交通运输 …… 336
邮电通信业 …… 336
科技　教育　文化　卫生　体育 …… 336
人口与人民生活 …… 336
环境保护与治理 …… 336
附：清原满族自治县主要领导人名单 …… 336

新宾满族自治县

·综　述·

·政　治·

党建工作 …… 337
精神文明建设 …… 337
廉政建设 …… 337
民主法制及社会治安 …… 337
社会保障和再就业 …… 337

·县乡经济·

农　业 …… 337
林　业 …… 337
工　业 …… 338
商贸流通 …… 338

·县乡建设·

基础设施建设 …… 338
交　通 …… 338
环　保 …… 338
网通　邮政 …… 338

·教育　科技　文化　卫生·

教育　体育 …… 338
科　技 …… 338
文　化 …… 339
广播电视 …… 339
旅　游 …… 339
卫　生 …… 339
附：新宾满族自治县主要领导人名单 …… 339

新抚区

·综　述·

·政　治·

党建工作 …… 339
精神文明和民主法制建设 …… 340
社会稳定工作 …… 340
街政建设 …… 340
人大政协建议　提案办理 …… 340

·区域经济·

工业经济及国企改制 …… 340
民营经济及第三产业 …… 340
招商引资及项目建设 …… 340
财税建设 …… 340

·社会事业·

城区建设及城市管理 …… 341
各项社会事业 …… 341
政府建设 …… 341
附：新抚区主要领导人名单 …… 341
新抚区部分区属企业名录 …… 341

望花区

·综　述·

·政　治·

基层组织建设 …… 342
行政执法 …… 342
社会治安综合治理 …… 342

·经　济·

招商引资项目建设 …… 342
农村经济 …… 342

企业体制改革 …… 342

·社会保障·

社保　救助 …… 343
就业安置 …… 343

·城乡建设·

道路建设 …… 343
城区环境治理 …… 343
环境保护 …… 343

·文化　教育　卫生·

文　化 …… 343
教　育 …… 343
卫　生 …… 344
附：望花区主要领导人名单 …… 344
望花区部分区属企业名录 …… 344
望花区部分民营企业名录 …… 345

东洲区

·综　述·

·政　治·

党建工作 …… 346
精神文明建设 …… 346
廉政建设 …… 346

·经　济·

农牧业 …… 346
农田水利建设 …… 346
工业园区建设 …… 346
民营经济 …… 346
招商引资 …… 346
第三产业 …… 346

·改　革·

企业产权制度改革 …… 346
社会事业改革 …… 347

·社会保障·

再就业工程 …… 347
扶贫解困 …… 347
城市低保 …… 347
社会福利 …… 347

·法　制·

依法治区 …… 347
民主与法制建设 …… 347
办理建议　提案 …… 347
信访工作 …… 347
综合治理 …… 347
基层政权 …… 347

·城区建设·

基础设施建设 …… 347
社区建设 …… 347
城市管理 …… 347
集体土地管理和村镇建设 …… 347
区划地名 …… 348

·社会事业·

教　育 …… 348
科技兴区 …… 348
文化　体育 …… 348
卫　生 …… 348
人　口 …… 348
附：东洲区主要领导人名单 …… 348
东洲区部分区属企业名录 …… 348

顺城区

·综　述·

·政　治·

司法监督 …… 349
司法审判 …… 350
党建工作 …… 350
精神文明建设 …… 350
社会稳定 …… 350

·经　济·

农　业 …… 350
工　业 …… 350
第三产业 …… 350
重点项目 …… 350
招商引资 …… 351

·改　革·

国有企业改革 …… 351
教育改革 …… 351
医疗体制改革 …… 351
行政审批许可制度改革 …… 351
农村改革 …… 351

·社会保障·

发放保障金 2 400 万元 …… 351
扶贫帮困 …… 351

·城乡建设·

新区建设 …… 351
硬化绿化 …… 351
环境治理 …… 351
路网建设 …… 351

·社会事业·

科　技 …… 351
教　育 …… 351
文　化 …… 351
体　育 …… 352
卫　生 …… 352
广播　电视 …… 352
附：顺城区主要领导人名单 …… 352

社 会 生 活

就业政策

下岗职工和失业人员从事社区服务业的有关政策 …… 353
国有企业下岗职工再就业政策补充规定 …… 353
外来劳动力在本市就业的规定 …… 354

就　医

抚顺市中心医院 …… 354
抚顺矿务局总医院 …… 355
抚顺市中医院 …… 355
抚顺市第二医院 …… 355
抚顺市第三医院 …… 356
抚顺市第四医院 …… 356
抚顺市第五医院 …… 356
抚顺市眼病医院 …… 356
抚顺市传染病医院 …… 357

育　才

辽宁石油化工大学 …… 357
抚顺师范高等专科学校 …… 357
抚顺职业技术学院 …… 357
抚顺市卫生学校 …… 357
抚顺市第一中等职业技术专业学校 …… 357
抚顺市第一中学 …… 358
抚顺市第二中学 …… 358
抚顺市第十中学 …… 358
抚顺市第十二中学 …… 358
抚顺县高级中学 …… 358
清原满族自治县高级中学 …… 358
新宾满族自治县高级中学 …… 359
抚顺市第五十中学 …… 359
抚顺市实验小学 …… 359
抚顺市新抚区北台小学 …… 359
抚顺市教师进修学院附属小学校 …… 360
抚顺市特殊教育学校 …… 360

购　物

大商抚顺集团 …… 360
抚顺百货大楼 …… 361
抚顺商业城 …… 361
抚顺新玛特 …… 361
抚顺商贸大厦 …… 362
抚顺罕王商场 …… 362
抚顺市裕民商城 …… 362
抚顺商海大厦 …… 363

宾馆　酒店

抚顺友谊宾馆 …… 363
抚顺宾馆 …… 364
抚顺煤都宾馆 …… 364
抚顺大酒店 …… 364
抚顺石化宾馆 …… 365
抚顺远航宾馆 …… 365

风景名胜

雷锋纪念馆 …… 365
雷锋体育场 …… 365
抚顺战犯管理所旧址陈列馆 …… 365
平顶山惨案遗址纪念馆 …… 366
萨尔浒风景区 …… 366
元帅林国家森林公园 …… 366
清永陵 …… 366
赫图阿拉城 …… 367
罗台山庄 …… 367
浑河源森林公园 …… 367
高尔山公园 …… 367
劳动公园 …… 368
浑河公园 …… 368
三块石国家森林公园 …… 368
猴石国家森林公园 …… 368
红河峡谷风景区 …… 369
夏湖风景区 …… 369
烟筒山 …… 369
钢　山 …… 369
铁背山 …… 369
抚顺旅游线路推介 …… 370
抚顺五条特色旅游线路 …… 370

附：抚顺市区 县邮政编码表 …………………… 370
抚顺市中客营运线路表 ……………………… 370
抚顺市公共汽车总公司大公交营运线路表 … 371

地方文献

抚住机遇 坚定信心 开拓进取 加快抚顺的振兴和发展
在中共抚顺市委九届七次全体（扩大）会议上的报告（摘要）（2004年12月8日）
中共抚顺市委书记 周忠轩 …………… 374
政府工作报告
在抚顺市第十三届人民代表大会第二次会议上的报告（摘要）（2004年1月13日）
抚顺市市长 王大平 ……………………… 377
政府工作报告
在抚顺市第十三届人民代表大会第三次会议上的报告（摘要）（2005年1月17日）
抚顺市代市长 刘 强 ………………… 380

统计资料

国民经济和社会发展主要指标 ……………… 383
国民经济和社会发展主要结构指标 ………… 385
地区生产总值 ……………………………… 385
按支出法计算的地区生产总值 ……………… 386
最终消费 …………………………………… 386
户数与人口 ………………………………… 387
在岗职工人数 ……………………………… 387
规模以上工业总产值 ……………………… 388
固定资产投资完成情况 …………………… 389
社会消费品零售总额 ……………………… 391
居民消费价格指数 ………………………… 391
财政一般预算收入 ………………………… 392
城市住户基本情况 ………………………… 392
农村住户基本情况 ………………………… 392

2005《抚顺年鉴》彩页目录

（以下单位排名顺序不分先后）

中国石油天然气股份有限公司抚顺石化分公司 ………… 封面、前封
抚顺矿业集团有限责任公司 ………… 前封
抚顺市社会科学院
中共抚顺市委党史研究室
抚顺市人民政府地方志办公室
抚顺市社会科学界联合会
抚顺市华东建筑安装工程有限公司
抚顺供电公司 ………… 封底、后封
抚顺盛华房地产开发有限公司 ………… 后封

抚顺罕王集团 ………… 1
抚顺市华东建筑安装工程有限公司 ………… 2～3
清原满族自治县 ………… 4
新宾满族自治县 ………… 5
抚顺市顺城区 ………… 6
抚顺市城乡建设委员会 ………… 7
抚顺市国土资源局 ………… 8
抚顺市交通局 ………… 9
抚顺市粮食局 ………… 10
抚顺市教育局 ………… 11
抚顺市经济委员会 ………… 12
抚顺市统计局 ………… 12
抚顺市质量技术监督局 ………… 12
中共抚顺市委党校 ………… 13
抚顺市药品监督管理局 ………… 13
抚顺市城市管理综合行政执法局 ………… 13
抚顺经济开发区 ………… 14～15
抚顺市公安局 ………… 16～17
抚顺市人民检察院 ………… 18
抚顺市中级人民法院 ………… 19
抚顺市国家税务局 ………… 20～21
抚顺市中心医院 ………… 22～23
辽宁石油化工大学 ………… 24～25
抚顺职业技术学院 ………… 26～27
抚顺市公路管理处 ………… 28～29
抚顺友谊宾馆 ………… 30
抚顺铝厂 ………… 31
中国电力投资集团公司辽宁发电厂 ………… 32～33
抚顺乙烯化工有限公司 ………… 34～35
抚顺水泥股份有限公司 ………… 36～37
辽宁移动通信有限责任公司抚顺分公司 ………… 38～39
中国联通抚顺分公司 ………… 40
抚顺市自来水公司 ………… 41
抚顺市热力有限公司 ………… 42
抚顺正通科工贸有限责任公司 ………… 43
抚顺诚信石化工程建设监理有限公司 ………… 44
抚顺市红透山金鼎铜业有限责任公司 ………… 45
沈阳铁路局大官屯站 ………… 46～47
辽宁纬恒科技发展有限公司 ………… 48
抚顺市供销合作社联合社 ………… 49
共青团抚顺市委员会 ………… 49
抚顺市社会福利有奖募捐委员会办公室 ………… 49
抚顺市住房公积金管理中心 ………… 50～51
抚顺市建设工程招标投标造价管理办公室 ………… 52
抚顺市城市道路改造指挥部办公室 ………… 53
抚顺市劳动就业管理局 ………… 54
抚顺市招生考试委员会办公室 ………… 55
抚顺市公安局交通巡逻警察支队 ………… 56～57
抚顺市卫生监督所 ………… 58
抚顺市财政证券投资资产经营管理处 ………… 58
抚顺市采煤沉陷搬迁办公室 ………… 59
抚顺市市容环境卫生管理处 ………… 59
抚顺市城市客运交通管理处 ………… 60
抚顺市煤气总公司 ………… 60
抚顺市城东新区开发局 ………… 61
抚顺矿务局总医院 ………… 62～63
抚顺市中医院 ………… 64
抚顺市第五医院 ………… 64
抚顺市社会福利院 ………… 64
抚顺市第二医院 ………… 65
抚顺经济开发区高湾经济区 ………… 66～67
中国电信集团公司辽宁省抚顺市电信分公司 ………… 68
中国铁通抚顺分公司 ………… 69
东北特殊钢集团抚顺特殊钢股份有限公司 ………… 70～71
抚顺新钢铁有限责任公司 ………… 72～73
抚顺挖掘机制造有限责任公司 ………… 74～75
中国石油抚顺化工销售公司 ………… 76～77
抚顺石油化工公司腈纶化工厂 ………… 78
抚顺矿业集团有限责任公司电力机车工厂 ………… 79
抚顺红透山铜矿 ………… 80

抚顺市经行化纤有限责任公司 …… 80
抚顺市中心血站 …… 81
中国工商银行抚顺市分行 …… 82～83
中国农业银行抚顺市分行 …… 84
中国银行抚顺分行 …… 85
中国建设银行抚顺市分行 …… 86～87
交通银行抚顺分行 …… 88～89
抚顺市农村信用社 …… 90
中国农业发展银行抚顺市分行 …… 91
抚顺市保险行业协会 …… 91
中国人民财产保险股份有限公司抚顺市分公司 …… 92
中国人寿保险股份有限公司抚顺分公司 …… 92
中国太平洋财产保险股份有限公司抚顺中心支公司 …… 92
中国太平洋人寿保险股份有限公司抚顺中心支公司 …… 93
中国平安财产保险股份有限公司抚顺中心支公司 …… 93
中国平安人寿保险股份有限公司抚顺中心支公司 …… 93
泰康人寿保险股份有限公司抚顺中心支公司 …… 94
太平人寿保险有限公司抚顺中心支公司 …… 94
中华联合财产保险公司抚顺中心支公司 …… 94
民生人寿保险股份有限公司抚顺营销服务部 …… 95
永安财产保险股份有限公司抚顺中心支公司 …… 95
天安保险股份有限公司抚顺中心支公司 …… 95
辽宁金昌新材料有限公司 …… 96
抚顺市公共汽车总公司 …… 97
抚顺市第二中学 …… 98
抚顺市第一中学 …… 99
抚顺县高级中学 …… 99
抚顺市第一中等职业技术专业学校 …… 99
抚顺市朝鲜族第一中学 …… 100
抚顺市东洲高中 …… 100
清原满族自治县高级中学 …… 101
抚顺市第五十中学 …… 101
抚顺市第七中学 …… 101
抚顺市第四中学 …… 102
抚顺玉成中学 …… 102
抚顺市第五中学 …… 103
抚顺市新抚区民主小学 …… 103
抚顺市新抚区北台小学 …… 104
抚顺市实验小学 …… 105
抚顺市顺城区中心小学 …… 105
抚顺市矿区人民检察院 …… 106
抚顺市长途客运有限公司 …… 106
抚顺市官铁自备车修理有限公司 …… 107
抚顺市工人养老院 …… 107
辽宁有色抚顺地质勘查院 …… 108～109
辽宁有色一〇一勘测工程公司 …… 110
抚顺市顺城区交通局 …… 110
中国石油东北销售抚顺分公司 …… 111
中国卫星通信集团公司抚顺分公司 …… 111
抚顺石化北天远大公司 …… 112
抚顺石化经济技术开发实业总公司 …… 113
抚顺县农电局 …… 114～115
沈阳铁路局苏家屯车辆段大官屯综合车间 …… 116～117
抚顺大自然房地产开发有限公司 …… 118～119
抚顺矿务局总医院西露天分院 …… 120
抚顺矿务局总医院老虎台分院 …… 121
抚顺市新抚区卫生局 …… 122
清原满族自治县农村信用社联合社 …… 122
抚顺华源房地产开发有限公司
抚顺华源建筑安装工程有限公司 …… 123
抚顺市顺达房地产开发有限公司 …… 124
抚顺市广安建筑有限公司 …… 125
抚顺市天德房地产开发有限公司 …… 126
辽宁金磊房地产开发有限公司 …… 127
抚顺泰和煤炭开发有限公司 …… 127
抚顺市养老院 …… 127
抚顺卓伦机材实业有限公司 …… 128
抚顺创亿汽贸有限公司 …… 129
抚顺市北方亚飞汽车销售有限公司 …… 129
抚顺市顺城区经贸局 …… 130
抚顺市顺城区信用联社 …… 131
抚顺市工商局顺城分局 …… 132
抚顺市顺城区发展和改革局 …… 132
辽宁中华信会计事务所有限公司 …… 133
抚顺市抚铝宾馆 …… 133
抚顺市白云穆斯林餐饮有限责任公司 …… 134
抚顺市秀林北海宫宾馆餐饮洗浴中心 …… 135
抚顺县汤图满族乡 …… 136
抚顺经济开发区李石经济区北厚村 …… 136
风采录 …… 137～144

抚顺罕王集团

抚顺罕王集团董事长杨敏在位于沈阳中街商业区的罕王百货0101流行馆开业庆典仪式上讲话。

罕王商场开业庆典。

抚顺罕王实业集团有限公司成立于1992年，是抚顺市第一家非公有制经济成份组成的股份制企业集团，共有员工4 500余人。集团以矿业、冶金、商业、公用事业为四大主业，截至2005年末，集团总资产18亿元，实现销售收入20亿元，上缴税金1.75亿元。罕王集团2003年度进入全国民营企业500强，列409位；在2003年度全省纳税50强民营企业中排名第9名；被国家劳动和社会保障部评为“就业和社会保障先进民营企业”。董事局主席杨敏也当选为第十届辽宁省人大代表、辽宁省总商会民营矿业商会会长，并荣获全国劳动模范、全国三八红旗手、全国百名优秀中国特色社会主义建设者等荣誉称号。

几年来，罕王集团不断发展壮大。目前集团在抚顺、本溪、辽阳、鞍山等地拥有9家中小型铁矿采选企业，具有年处理原矿400万吨、年生产铁精粉200万吨的能力，产品主要销往抚顺、本溪、鞍山及河北省等地的钢铁企业，是辽宁省最大的民营铁矿生产集团。

罕王集团增资入股北营钢铁签字仪式。

集团在对矿业加大投资力度的同时，对非矿产业也进行了选择性的投资行动，2001年罕王集团出资1.4亿元购买了抚顺商场主楼资产及相关联的土地使用权，将抚顺商场更名为罕王商场，并投入3 500万元对其进行装修改造。重新装修后的商场经营面积达34 000平方米，安置就业人员1 400多人。经过三年多的商业运做，罕王商场已达到了抚顺商界一流水平。同时，集团规划在罕王商场周边进行房地产开发，使站前16--19方块形成两座大型商场，并与罕王商场相连，构成抚顺站前商业中心区单体面积最大的购物中心。集团商业还成功地向中心商业城市沈阳迈进，2004年7月集团与沈阳市供销社签署了转制盘活位于沈阳市中街商业区的沈阳北方贸易大厦资产的协议，2005年11月，投资9 600万元的罕王百货0101流行馆如期开业，在沈阳首开全新业态主题百货店的先河。

罕王集团办公楼。

2004年1月19日，集团以5 335万元成功竞拍获得抚顺市东城供热有限公司全部资产，成为我市第一家入主公用事业行业的民营企业。

抚顺市华东建筑安装工程有限公司

FUSHUNSHIHUADONGJIANZHUANZHUANGGONGCHENGYOUXIANGONGSI

董事长赵剑平（中）、总经理赵俭峡（右四）等公司领导参加压力管道联审会议。

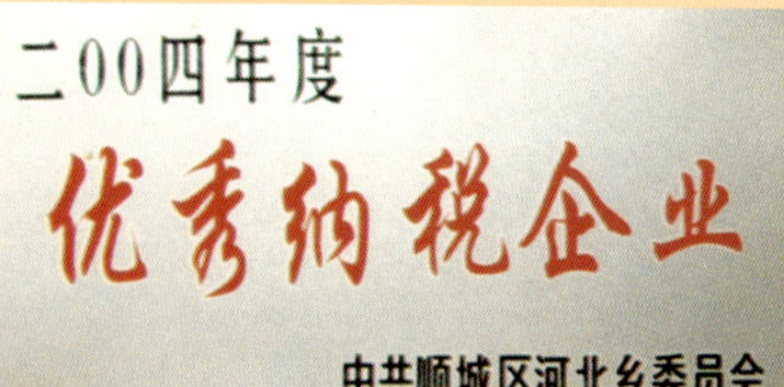

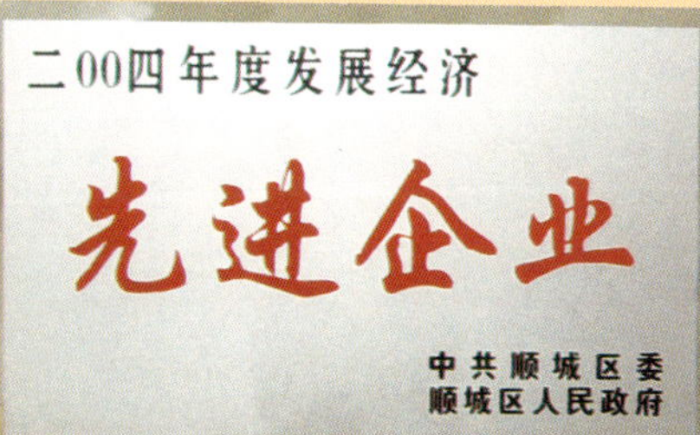

2003年度
纳税先进企业
中共顺城区委员会
顺城区人民政府
二00四年二月

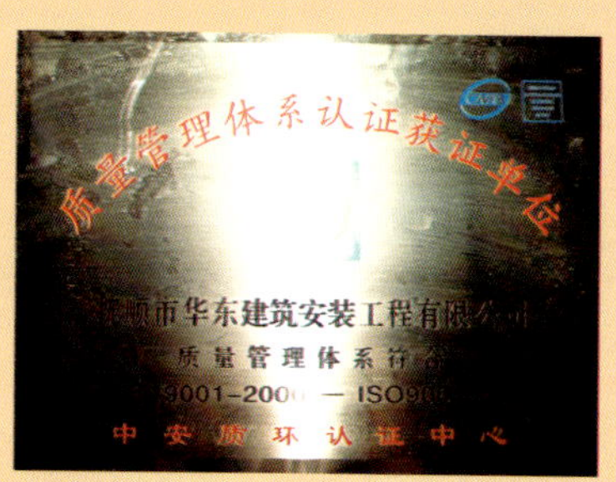

公司承建的石化公司40万吨/年酮苯装置配套厂际管线安装工程。

办公室主任：赵荣

公司承建的南台40方块住宅楼。

公司办公楼。

抚顺市华东建筑安装工程有限公司

FUSHUNSHIHUADONGJIANZHUANZHUANGGONGCHENGYOUXIANGONGSI

清原满族自治县

县长：封福高

清原满族自治县位于辽宁东部山区，1925年建县，1989年经国务院批准成立满族自治县。全县总面积3 921平方公里，耕地46万亩，下辖14个乡镇1个开发区。境内聚居着满族、汉族、朝鲜族、回族等13个民族35万人口，其中农业人口25万人，少数民族占全县总人口的56%左右。境内山峦重叠，河流密布，水源充沛，地上地下各种资源丰富，具有良好的自然生态环境。2004年，全县国内生产总值实现29.74亿元，财政一般预算收入8 616万元，农民人均纯收入2 945元。

近年来，县委、县政府坚持把农业结构调整作为农村工作的主线，依托自身资源优势，“打生态牌，念绿色经”，不断推进主导产业向优势产业聚集，山野菜、食用菌、绿化苗木、中药材、优质米、蛙、鹿养殖等几大主导和优势产业已经成为农民增收的重要来源和山区特色经济发展的主渠道；坚持走工业兴县道路，目前县域工业生产门类齐全，已形成了冶金、采矿、化工、建材、农产品深加工等20多个行业，主要产品400余种，形成了金鼎铜业、国美彩印、新源化纤等一批初具现代企业规模的企业群体；积极开发生态旅游业，以红河峡谷漂流、红河谷国家级森林公园、浑河源省级保护区为重点的旅游业已经成为县域经济增长的新亮点。

被称为中国东北第一漂的红河峡谷漂流。

千聚海酒业生产的系列产品。

轻舟已过鸡冠山。

城镇风貌。

新宾满族自治县

县长：栾德翔

小城镇建设方兴未艾。

新宾满族自治县地处辽宁东部山区，位于长白山余脉和辽吉两省交界处。全县辖15个乡镇、255个行政村，总人口30万人。全县总面积4 284.8平方公里。新宾是满族的故乡、清王朝的发祥地，是经国务院批准成立的全国第一个满族自治县。

2004年新宾县委、县政府全面推进了具有山区特色小康社会的建设步伐。

一、加快经济结构调整，着力推进产业升级，国民经济快速增长。全县生产总值实现33亿元，增长15%。财政一般预算收入实现8 257万元，同比增长12%。全县粮食产量达到15.6万吨，同比增长17.3%；农业增加值实现6.5亿元，同比增长10%。工业经济发展势头良好，全县第二产业增加值完成15.7亿元，同比增长16.9%。“哥俩好”荣获辽宁名牌和中国驰名商标。服务业进一步拓展，第三产业增加值完成10.8亿元，同比增长15.4%。清永陵申报世界遗产获得圆满成功。

二、大力推进对外开放，不断优化发展环境，发展活力明显增强。全年完成招商引资2.6亿元，同比增长37.7%。全县民营企业和个体工商户发展到13 800户，民营经济实现增加值20亿元。

三、加快基础设施建设，不断改善城乡环境，区位优势进一步提升。全年完成固定资产投资6.6亿元，同比增长20%。全县城镇管理水平进一步提高。公路建设取得新发展，解决了36个行政村通油路问题，连续7年荣获全省公路建设文明县称号。

四、优先发展科技教育，繁荣各项社会事业，经济与社会协调发展。深化教育教学改革，全面推进了素质教育。全面启动和实施了新一轮“普九”规划，职业教育进一步发展，学校布局调整取得新进展。人口与计划生育工作不断巩固。广播电视“村村通”工程建设成绩显著，有线电视村普及率达100%。

五、坚持以民为本，切实加强民主法制和政府自身建设，执政为民水平有新提高。城镇居民人均可支配收入和农民人均纯收入分别达到6 568元和3 187元。居民储蓄存款余额达19亿元。城镇居民人均住房使用面积和农民人均住房居住面积分别达到16和21平方米。社会保障体系不断完善，全县有31 000人参加了养老保险，11 000人参加了医疗保险。全年安置就业9 600人次。

哥俩好集团生产的绿色环保装饰胶。

被列入世界遗产名录的清永陵。

清朝始祖努尔哈赤称汗的赫图阿拉城。

抚顺市顺城区

区委书记：张家春

区长：邢恩先

区政府西侧广场。

2004年，顺城区委、区政府紧紧抓住抚顺老工业基地振兴的历史机遇，以结构调整为主线，以改革开放和科技进步为动力，以重点项目为支撑，以建设工业强区、商贸新区、农业示范区、绿色城区为目标，解放思想，开拓进取，圆满完成了全年的目标计划，实现了国民经济和社会事业快速、健康、协调发展，为全面建设小康社会奠定了坚实基础。全年本区生产总值实现362 500万元，比上年增长17.7%。其中一、二、三产业增加值分别实现22 900万元、161 800万元和174 800万元，分别增长9.7%、16.6%、20.1%；地方财政收入实现13 579万元，增长23.7%；社会商品零售额（集体以上）实现22 000万元，增长19.2%；固定资产投资额完成50 000万元，增长31.6%；实际利用外资完成689万美元，增长18.8%；外贸出口供货值完成26 000万元，增长12.6%；农村人均纯收入实现4 882元，增长5%，城市居民人均可支配收入实现7 000元。

顺城风貌。

区政府办公楼。

抚顺市城乡建设委员会

主任：朱向前

抚顺市城乡建设委员会是负责全市城市建设、村镇建设、工程建设、建筑业、装饰装修业、勘察设计咨询业、供水、燃气、供热行业的政府管理部门。

2004年，抚顺市建委坚持“人民城市人民建”的方针，围绕城市建设投资体制、竞争机制、管理模式等方面开展了创新性工作，实行管网与道路改造同步实施，强力推进了城市建设。2004年道桥项目投资比上年增长91%。同时，调动了望花、顺城、新抚、东洲区的积极性，筹措建设资金3 442万元，进行道路建设。改扩建道路116条，桥梁8座，其中109条道路比概算节省7 000万元。更新“三供”管网14.6公里，更新排水管网55公里，维修和新设路灯760盏，新建和改造道路比上年增长141%，道路竣工面积是前两年之和的3倍。市建委加大了对城市道路与桥梁建设力度，并进一步延伸道路建设的辐射作用，进行了居住小区环境建设民心工程。经过建设，基本达到了修建一条道路、美化一方环境、服务一方百姓的目标，从而使我市面貌有了较大改观，为建设和谐抚顺、振兴抚顺老工业基地做出了贡献。2002–2003年度被省建设厅评为创建文明行业优秀组织单位，2003年度被省委、省政府评为文明单位，2004年被评为市级文明单位。

重建后的永安桥夜景。

新扩建的临江路。

横贯市区的浑河南路。

宽敞的长春街。

抚顺市国土资源局

局长：李立生

近年来，市国土资源局认真贯彻“十分珍惜和合理利用土地，切实保护耕地”的基本国策，不断深化土地使用制度改革，较好地完成了预定的工作目标。从2003年开始，共收缴土地出让金3.88亿元，实现地方财政纯收益1.56亿元，争取省、部项目资金9 083万元，并在全省率先实行土地租赁制度，收取土地年租金1 700万元。

2005年是全面推进抚顺老工业基地振兴的关键一年，国土资源工作要以科学发展观为统领，着力搞好宏观调控，推进改革开放，千方百计保障抚顺振兴的资源需求。市国土资源局将在进一步巩固土地市场治理整顿和宏观调控成果的基础上，深入开展土地法律、法规学习教育活动，以全面落实《国务院关于深化改革严格土地管理的决定》为契机，严格土地管理，大力推进土地管理的规范化、制度化和法制化建设；加强耕地保护特别是基本农田保护，大力推进土地市场建设，立足挖潜，盘活存量；加强和完善征地补偿安置工作，加快推进失地农民社会保障体系建设，从根本上解决被征地农民的生产和生活问题。

土地出让“招、拍、挂”制度的实施，促使我市出现了格林山庄、台南嘉苑等一大批精品楼盘。加快了城东新区开发建设的步伐，随着大自然城市家园、银河湾等近20个项目的开发完成，城东新区已成为21世纪抚顺最具发展潜力的区域之一。

局领导在研究工作（左起：副局长闵怀仁、局长李立生、副局长刘大勇）。

城东新区街景。

精品楼盘格林山庄。

抚顺市交通局

抚顺市交通局是负责抚顺地区交通基础设施建设、交通行业管理和水上安全监督的职能部门。近年来，本市交通事业发展步伐进一步加快，全地区公路覆盖面显著扩大，路网结构趋向合理；客货运输能力增强，运输装备得到改善，专业化水平不断提高；城市公交的车辆结构调整加快，线网密度得到提高，城市公交网络通达能力不断加强，全市交通行业取得了物质文明建设和精神文明建设的双丰收。先后获“省文明行业”、市先进党委、市“领导班子创新奖”、市“行业形象万人评”活动优胜行业、市文明机关、市软环境建设先进单位等荣誉。

局长：佟泽宾

近年来，公路建设更是取得了飞速的发展。到2005年底，全市公路总里程从2002年底（2003年开始实施农村公路网建设）的3 203公里增加到3 639公里，新增公路里程436公里；黑色路面从2002年底的1 326公里增加到2 041公里，新增黑色路面里程715公里；黑色路面比从2002年底的41.4%增加到56.1%；公路密度从2002年底的28.48公里/百平方公里增加到33.45公里/百平方公里。行业管理一直处于良好的发展态势。开展了整治机动三轮车、人力三轮车和两轮摩托车非法营运工作，加大打“黑”治“窜”的工作力度，规范了客货运输市场秩序。全市17个出租汽车企业、4 543台出租车，2005年全部完成了双颜色改造；全市共5个公交企业，包括公汽总公司、通恒公司、永驰公司、恒信公司、展域公司，公交车辆1 195台。在坚持公交行业“品牌线路”创建活动中，逐渐实现创建工作由线的延伸到面的拓展。

交通局办公楼

召开202国道建设工作会议。

获交通部十佳养护工程的东南公路。

市委书记周忠轩调研交通工作。

原交通部领导视察抚顺交通工作。

市长刘强视察交通工作。

抚顺市粮食局

局长：刘英伟

抚顺市粮食局始建于1954年，现位于抚顺市顺城区新城路中段31号天丰大厦内。市粮食局机关现有人员编制33人，为局级建制，是主管全市粮食流通行业的市政府工作部门。主要职责是履行对全社会粮食流通监管，做好国有粮食购销企业改革的协调、监督、检查和指导工作。下辖三县一区粮食局。市本级粮食系统共有国有粮食企业10家、事业单位2家，市本级粮食系统职工总数为591人。全系统5 799名职工实现了平稳并轨，占职工总数的92%；15.5万吨老粮全部销售完，财务挂账清理工作正在有序进行；市政府投资1 000万元的市储库扩建工程已全部竣工，为抚顺市粮食储备结构调整、粮食安全和粮食经济可持续发展奠定了坚实基础；市面粉总厂同中国粮油总公司沈阳东大面粉公司签定了设备租赁协议；市油脂厂与锦州华强生物技术有限公司签定了10年的租赁协议；市元雪米业有限公司与清原满族自治县粮食局合作组建了股份制米业公司，生产的元雪牌大米被评为中国粮食行业协会“放心粮油”品牌；新创建8家“家乐连锁快餐店”为抚顺市民早餐快餐业做出了贡献，深受市民喜爱；粮食购销企业实现了扭亏为盈。

市家乐粮油有限公司“家乐快餐连锁店”。

市第二粮油储运公司烘干塔。

抚顺市中心粮库。

▶抚顺市面粉总厂面粉车间。

抚顺市教育局

党委书记：周继祥

局长：刘永生

局领导班子成员：党委书记周继祥（右四），局长刘永生（左四），副书记张利民（左三），副局长吴焕亮（右二）、张树和（右三）、白雪松（左二）、吕长珂（右一），纪委书记郑慧明（左一）。

抚顺市经济委员会

党组书记、主任：孙晓明

抚顺市经委是组织贯彻落实国家产业政策，提出优化工业产业结构、所有制结构和企业组织结构的政策建议，组织拟定工业综合性经济法规和政策，负责全市工业经济运行、调控，主抓全市中小企业、集体企业、乡镇企业和民营经济发展工作的市政府综合部门。经委的具体职能是：研究分析全市工业经济形势和发展趋势，负责日常工业经济运行的调控；拟定工业行业发展规划和政策；依法行使全市电力行政管理职能，协调解决电力运营中的有关问题；规划全市工业布局和工业重大项目并组织实施；拟定企业技术进步政策，编制工业产业技术发展规划；推进可持续发展战略，组织实施资源节约综合利用规划，大力发展循环经济；贯彻国家和省有关发展中小企业、乡镇企业和民营经济、城镇集体经济的法律法规和方针政策；指导全市中小企业的改革发展。全力推进抚顺工业经济的振兴。

领导班子在研究工作。

抚顺市统计局

局长：于景森

抚顺市统计局是按照国家规定，由政府设立的独立的统计机构，负责组织领导和协调全地区统计工作。自成立以来，有效、科学地组织了我市统计工作的开展，保障了统计资料的准确性和及时性，充分发挥统计在了解国情国力、指导国民经济和社会发展中的作用，对促进地区经济和社会发展做出了重要贡献。统计局的基本职责是对国民经济和社会发展情况进行统计调查、统计分析，提供统计资料和统计咨询意见，并实行统计监督。主要任务是(1)拟定全市统计工作的法规、统计改革、统计现代化建设规划及统计普查、统计计划；组织领导和监督检查各地区、各部门的统计和国民经济核算工作；监督检查统计法律、法规的实施。(2)制定全市基本统计制度、统计标准，建立健全全市国民经济核算体系和统计指标体系；审定部门统计标准；组织管理全市统计调查项目；审批各地区、各部门的统计调查方案。(3)组织和实施全市国情国力普查和重大项目调查；统一组织全市各地区、各部门的社会经济调查，汇总、整理和分析全市的基本统计资料。(4)统一核定和管理全市性的基本统计资料；对全市经济社会发展情况进行统计分析、统计预测和统计监督。(5)建立健全和管理全市统计信息自动化系统和数据库体系，制定全市各地区、各部门统计数据库网络的基本标准和运行规则。(6)代国家、省统计部门管理市城市社会经济调查队、农村社会经济调查队和企业调查队。

抚顺市质量技术监督局

局长：姜洋海

抚顺市质量技术监督局全面履行和发挥技术监督综合管理和行政执法职能作用，为推动区域经济发展做出了应有的贡献。2000年2月机构上划隶属辽宁省质量技术监督局，实行省局以下垂直管理，于2002年2月5日，更名为抚顺市质量技术监督局。下属4个县区局（分局）：顺城分局、清原县局、新宾县局、抚顺县局；一个执法队：抚顺市质量技术监督稽查队；6个直属技术机构：国家大容量第一计量站、市产品质量监督检验所、市计量测试所、市锅炉压力容器检验研究所、市特种设备监督检验所、市技术监督研究所。几年来，全局系统积极推进自身建设，抓执法促形象、抓队伍促行风、抓管理促发展，为规范管理与执法行为，市局机关在全省系统率先通过ISO9001：2000质量管理体系认证；2004年全局技术机构为增强检测能力和竞争实力，加大技术和设备投入，已有5家技术机构取得国家实验室的认可证书，综合实力在省内名列前茅。

召开全市质量技术监督工作会议。

中共抚顺市委党校

常务副校长：谭俊章

抚顺市委党校是市委直接领导下培养党员干部和理论骨干的学校，是市委直属单位，正局级建制。抚顺市委党校成立于1951年6月，1995年由抚顺县章党乡石门岭村迁入顺城区长春街4号。1995年3月开始兼办行政学院和团校。市委党校是学习、研究、宣传马列主义、毛泽东思想、邓小平理论、“三个代表”思想的重要阵地和干部党性锻炼的熔炉，是培训、轮训党政领导干部的主渠道，是有中国特色社会主义教育事业的重要组成部分，对于提高全市领导干部的政治素质和理论素养具有不可替代的作用。目前党校占地面积65亩，建筑面积2.8万平方米。教室16间。建有10兆的校园网，有105台计算机，以及120平方米的计算机房。图书管理实行数据化，藏书量达5万册。市委党校现设基础教研室、政经教研室、经济管理教研室等7个教研部室，有科研处、教务处等共26个职能部门。现在岗职工166人，教学人员40人，其中教授2人，副教授31人。市委党校每年要举办局级干部进修班、中青年后备干部培训班、女干部培训班、县处级干部培训班、公务员任职前培训班、中高级知识分子进修班等，年培训、轮训人数在2 000人以上。

市委副书记兼市委党校校长郭平（右一）参加党校工作会议。

抚顺市药品监督管理局

局长：宋华

2004年，抚顺市药品监督管理局坚持“以监督为中心，监、帮、促相结合”的工作方针，认真贯彻《行政许可法》等法律法规，不断转变职能、创新机制，推进药品监督管理各项工作向纵深发展，维护了人民群众用药的安全有效，促进了我市医药事业的健康发展。市、县药监部门进一步深入开展“药品放心工程”，不断加大医药市场的整治力度。全年共出动执法人员6 800多人次，检查药品、医疗器械生产、经营、使用单位3 416家（次），覆盖率100%。查处各类违法案件765件。累计查处假药、假医疗器械141种、劣药385种，没收假劣药品货值23.8万元，取缔无证经营药品、医疗器械单位24家，捣毁制售假劣药品、医疗器械窝点7个。基本完成了我市农村“两网”建设任务，在全市50个乡镇、627个行政村中有8个乡镇卫生院实行了药品代购，26个乡（镇）实现了药品直配，16个乡（镇）通过建立药品配送站、点实现了药品间接配送，并在供药网络相对稀少的地区建立起14个村级连锁店。市辖8个乡（镇）中2个乡实现了药品代购，6个乡实行药品直配。农村药品供应网络覆盖率达到了100%。积极稳妥作好GMP认证的推进工作。对市区218家连锁、批发和单体零售药房实施了GSP认证。

局领导班子成员。

抚顺市城市管理综合行政执法局

党组书记、局长王飞在抚顺电台“行风热线”直播间接受市民咨询。

在2004年城市管理工作中，市执法局先后组织大型集中整治活动40余次。依法强制拆除台东花园、辉南路市场、将军商场北侧、长春街道抚挖社区等违章建筑3.9万平方米，配合市区道路改造拆除违章建筑1 000余户；对站前中央大街、东西一路、浑河南路等20余条主要街路的2 028处各种违章占道经营进行了集中清理整顿，12个占道市场通过治理和规范全部实现退路进厅，规范、拆除各类违章广告、牌匾3 000余块；先后对30余所中小学校周边环境进行了集中整治。有效地解决了群众关心、政府关注的重大难点和热点问题，全年受理各类投诉电话、市转办件达3 700余件（次），办结率达100%。此外，市执法局还出色地完成了市委、市政府临时交办的迎接国家、省领导视察及全市各项重大活动服务等各种急、难、险、重任务。一年来全局无一例违法、违纪案件发生，收到当事人锦旗11面、表扬信10余封，5位同志被省市评为各类先进个人，全局先后4次被省检察协会、市委、市政府授予先进单位称号。

抚顺经济开发区

管委会主任：马昕

抚顺经济开发区认真贯彻党的十六届三中、四中全会精神和“三个代表”重要思想，以发展和盘整为主导，以招商引资为主线，以建设精细化工园区为重点，坚持富民、富企、富能人的工作方针，经济和社会事业得到持续、快速、协调、健康发展。2004年全年完成地区生产总值28亿元，同比增长21.6%；规模工业增加值完成4.37亿元，同比增长31.2%；规模工业产品销售收入完成19.5亿元，同比增长39.7%；各项税收收入完成3.68亿元，同比增长22.8%；地方财政一般预算收入完成1.4亿元，同比增长34.3%；固定资产投资完成9.92亿元，同比增长36.8%；招商引资项目实际到位资金9 153万美元，同比持平，其中实际直接利用外资额1 001万美元，同比增长3.4倍。招商引资及项目建设方面，全年新建重点项目9个，投资总额7.1亿元，项目单体平均投资额达到8 000万元。共有11家企业增资，增资总额达2.02亿元。完成续建项目5个，投资总额2.24亿元；建成投产项目18个，净增工业产值4.9亿元。盘整方面，一是盘整土地资源，通过重组、收购、出售、嫁接等办法，共盘活土地20多宗，面积达1 600多亩；二是盘活存量资产，共收回和盘活企业厂房、宿舍、办公楼等建筑物15处，总建筑面积5万余平方米，资产总额5 000多万元；三是理清债权、债务，全年清欠土地出让金6 726万元，当年偿还陈欠债务近6 000万元；四是使基础性工作得到加强，建立了重大事项的决策论证制度，健全政府采购制度。开发建设和基础设施建设方面，加快抚顺精细化工园区和高湾现代农产品示范园区建设。对基本农田进行重新划定，完成了3 000亩造地任务。全区财政直接投资基础设施建设资金6 500万元，同比增长84.1%。“三农”工作及社会事业建设方面，向农民发放粮食补贴资金46万元，发放水稻良种补贴资金13万元。农民人均负担由改革前的110元减为25元。全年投入资金141万元，改善了办学条件。全区安排各类就业人员5 826人次，新组建社区6个。开发区市民投诉中心全年受理投诉案件330件，反馈率和结案率列全市第一。

落户抚顺经济开发区的鲁洲生物科技（辽宁）有限公司。

落户抚顺经济开发区的辽宁美亚制药有限公司。

落户抚顺经济开发区的沈阳理工大学实用技术学校。

抚顺经济开发区国税办事大厅。

全区小学运动大会。

开发区管委会办公楼。

抚顺市公安局

抚顺市副市长兼市公安局党组书记、局长：关飞

2004年，全市各级公安机关和广大干警，在市委、市政府的正确领导下，紧紧围绕服从服务于经济建设这个中心，认真履行职责，完成了各项工作任务，为抚顺政治安定、社会稳定和经济发展做出了新的贡献。公安机关以开展命案侦破会战为载体，对各类刑事犯罪继续保持高压打击态势，确保了全市治安大局平稳。进一步加强了情报信息工作，对影响稳定的重大问题做到了超前预警。进一步深化警务改革，交警巡警合一，经侦、税侦合一，切实提高为改革开放和经济建设服务水平。2004年完成了指挥中心的接警处警、通讯调度、屏幕显示、地理信息等9个系统的全面升级改造。GPS卫星定位系统建设一期工程基本完成。完成了公安三、四级网络的铺设工作，在全局范围内实现了540个IP站点联网。刑事犯罪信息实现了全局联网，全市指纹倒查系统全部建成，完成了GSM移动通信技术侦控系统一期工程。大力强化各级领导班子建设和队伍教育管理工作，有力地推动了各项公安工作的开展。

始终保持对刑事犯罪的高压打击态势，确保了全市治安大局持续稳定。全年共侦破刑事案件7 603起。严厉打击经济犯罪活动，有效促进了市场经济秩序的进一步规范。加强治安管理和公共安全防范，集中整治了一批突出问题和不安全隐患。对全市公共娱乐和服务场所定期开展清理整顿。切实加强了对全市重点企业、党政机关和涉及国计民生的水、电、煤气等重点要害部位的安全检查。深入开展“治爆缉枪”和收缴化学危险品专项行动。大力整治交通、火灾事故隐患。全面加强巡逻防控和治安群防群治工作，社会治安秩序实现了持续平稳。强化指挥调度工作。重组整合警力资源，加大社会面巡逻警力的投入。实行警务改革。一是从市区两级机关抽调200名警力充实到22个城区派出所，进行为期一年半的顶岗锻炼，现城区派出所警力占分局总警力的71.49%。二是深化交巡警改革，在交警、巡警合并的基础上，顺利完成区大队下沉城区4个分局的人员机构划归工作。三是在经侦、税侦合并的基础上，调整了经税、刑侦和预审的机构和人员。四是完成了企业公安体制改革工作。五是成立警令部，下辖原市局办公室、指挥中心、档案处、计通处。实施素质强警工程。按照公安部和省厅的部署，年内全局开展了大练兵活动。成立了练兵活动领导小组和办公室，召开了千人誓师动员大会，制定了练兵实施方案。投资60万元改造建设了民警教育培训基地。年内已开办6期培训班，培训实战技能教员400多名。科技强警，优化配置系统资源。完成了市局指挥中心更新改造。将110与122完全合一，119远程接入，改造后的指挥中心既是全局信息的交汇点，又是公用信息的发布平台。完成视频会议系统建设。积极开发办公自动化应用系统功能。完成了加入全省人安移动通信虚拟网工作。完成应急通信指挥车改造工作。召开全系统2003年度表彰大会，对233个集体、772名民警进行了表彰，评选出15名“全市最佳女民警”。

关飞局长（中）在全市公安机关深化大练兵活动再动员电视电话会议上讲话。

市领导到市公安局视察工作。

市公安局开展练兵擂台赛。

全市刑侦工作会议。

社会治安巡逻防控暨交通整治出警誓师大会。

公安干警开展大练兵活动。

公安民警严阵以待。

公安民警整装待发。

抚顺市人民检察院

检察长：隋振林

2004年，抚顺市两级检察院在市委和上级院领导下，以邓小平理论、“三个代表”重要思想为指导，认真贯彻党的十六大和十六届三中、四中全会精神，紧紧围绕振兴抚顺老工业基地主题，牢固树立“立检为公、执法为民”宗旨，切实履行法律监督职能，各项检察工作取得了新的成绩。市两级检察院坚持打防并举、综合治理腐败问题的工作方针，把查办和预防职务犯罪摆在检察工作的重要位置，纳入全市反腐倡廉系统工程，集中力量查办职务犯罪大案要案，深化职务犯罪预防工作，努力为抚顺老工业基地振兴服务。全年共受理初查贪污、贿赂、渎职等职务犯罪案件168件，立案侦查117件。通过办案，为国家、集体挽回经济损失4 000余万元。两级检察院认真落实市委和上级检察院关于维护社会稳定的总体部署，充分认识新形势下维护稳定的极端重要性，把“严打”作为维护社会稳定的首要任务，依法从重从快打击了各种严重刑事犯罪活动。

院领导走访贫困户。

定期开展法律咨询活动。

重温入党誓言，牢记党的宗旨，全心全意为人民服务。

检察长隋振林在动员大会上讲话。

市院领导向省检察院汇报工作。

抚顺市中级人民法院

2004年，市法院全年受理各类案件3 402件，结案3 282件，审判质量和效率进一步提高，诉讼调解力度进一步加大，各项基础建设取得新进展，审判流程管理机制基本形成，局域网工程投入使用，档案管理晋升为省特级先进单位。进一步加大涉诉访工作力度，涉诉访工作取得了阶段性成果，全国“两会”和十六届四中全会期间，上访者劝返工作取得新进展，市法院被上级法院推荐为国家信访局信访工作先进单位。牢固树立“人民代表为人民，让人民群众满意，首先要让人大代表满意”的观念，进一步加强与人大代表的联络，畅通监督渠道，邀请人大代表视察法院工作，旁听案件审理，对法院纪律作风情况明查暗访，为人大代表对法院工作的监督创造条件。大力加强队伍建设，以开展“司法公正树形象”和“作风建设年”活动为载体，先后组织开展了“防骄破满找差距、再接再厉建新功”、“学习任长霞、蒋庆、宋鱼水、赵景顺同志事迹”等活动。提出了创建学习型法院的目标，开展了“拔尖子、选能手、树标兵”活动，队伍建设取得新成绩，涌现出了以望花区法院、新宾县法院红升法庭和李善香等为代表的一大批先进集体和先进个人典型，树立了人民法院和人民法官的良好形象。

党组书记、院长：李东昌

市法院公开审理民商案件。

市法院组织法官开展“为您服务”活动。

市法院档案管理晋升省特级评审会。

市法院法警支队开展大练兵活动。

抚顺市国家税务局

党组书记、局长：
李润时

市国税局领导班子在研究工作（前排左起：李景义、李润时、马克和，后排左起：王晶、王元辉）。

抚顺市国税局完善税收管理，规范税收执法行为。图为辽宁省国家税务局局长董树奎（左一）到抚顺国税基层税务所了解税收征管情况。

抚顺市国家税务局担负着全市3万余户企事业单位和私营个体工商业户的国税征收管理工作，现有干部职工1 300余人。2004年，该局全口径税收收入累计完成324 203万元，同比增长15.7%，增收44 052万元。按照省局考核指标计算，全年各项收入为298 731万元，完成省局计划的137.98%，超收82 231万元，同比增长13.5%，增收35 440万元。按照抚顺市年度预算口径计算，共组织市本级收入25 010万元，为计划的101.8%，超收444万元，同比增长13.4%，增收2 953万元，为抚顺地方提供财力达到了50%以上。无论是收入的绝对额，还是相对增长幅度，均为该局历史上最好水平。同时，该局积极贯彻落实各项税收优惠政策，全年共办理减免抵退税收收入超过76 600万元，有力地扶持了相关企业的持续经营和发展。该局在全市开展的“双评”活动中被评为最佳单位。有15个基层局被评为市级文明单位，1个办税服务厅被评为文明窗口，7个基层局被评为省级文明单位，3人被评为省以上先进个人，望花区国税局被评为全国税务系统文明单位，全系统被评为省级市级文明行业（连续三届）。

抚顺市国税局采取积极措施增进税企关系，加强征纳双方的了解与配合。图为直属分局召开座谈会，了解纳税人的需求。

国家税务总局副局长崔俊慧（右二）、辽宁省国税局局长董树奎（右二）等同志到基层税收征管单位开展调查，并慰问基层国税干部。

抚顺市国税局大力开展税收宣传，定期召开税收的政策发布会，提高纳税人依法纳税的意识。图为税收政策发布会现场。

抚顺市国税局不断加强税收征管，大力组织税收，促进地方经济发展，受到市委、市政府的充分肯定。图为市委书记周忠轩（左一）、市长刘强（左二）到市国税局看望国税干部。

抚顺市国税局不断加大科技投入，加强税收征管信息设施建设。图为辽宁省国税局副局长王学东（左二）了解、观看抚顺“数字国税”系统运行情况。

市国税局办公楼。

抚顺市中心医院

院长：董爱民

2004年，市中心医院经济收入首次突破1.48亿元大关，居抚顺市医疗卫生单位之首，跃居辽宁省市级中心医院的前几位。完成全年计划134%，比去年同期增长8.1%。收支节余达1 637万元，净资产总额增加5 000万元。1.加大科研投入，推动技术创新。一是医院加大了对新技术的投入和开发，在设备上投入资金12 000多万元，购入先进仪器，增添了腹腔镜、宫腔镜、间盘镜、胆道镜、鼻腔内窥镜、胸腔镜、放大型胃镜及治疗型十二指肠镜等全方位、高档次的腔窥镜系统，为中心医院成立腔窥镜治疗中心奠定了基础。本年还购入了化学发光免疫分析仪、免疫浊度分析仪等百余台设备；建立了现代化的层流洁净手术室，配备了进口无影灯及全新的手术床。二是下发了《抚顺市中心医院对科技成果和有突出贡献科技人员奖励的暂行办法》，极大地调动了医务人员的科技创新的积极性。创新技术上，开展肝移植3例、心脏不停跳下冠状动脉搭桥手术13例，腹主动脉瘤切除人工血管转流术、无名动脉支架、重度脊柱侧弯矫正术等填补了省、市空白。全年新技术、新业务23项，申报市科研立项6项。三是召开了新世纪科技大会，医院拿出20万元表彰了2001—2003年度优质技术、优秀科研成果和为医院发展作出突出贡献的科技工作者21名。在抚顺市卫生科技工作表彰大会上，市中心医院荣获了市科技工作突出贡献单位奖。在全市评出的十大名医中，本院5名专家榜上有名。在表彰的科技成果奖和新技术奖、优秀论著、论文奖以及抚顺市技术竞赛状元奖等奖项中，本院获奖人员达58%以上。2.实施人才战略，完善教学工作。本年制定了《抚顺市中心医院人才培养五年发展规划》，一次性投入120万元开办了第一期研究生班。在通过率达50%的优异成绩基础上，2004年又投入100万元举办了第二期研究生班。对7名硕士研究生导师进行了首次培训，提高了研究生的带教能力，使本院硕、博研究生达到80名。全年共选派20人到国内、国外专项学习，有7名护士到大连医科大学脱产参加护理本科学习。3.不断加大对医院环境建设的投入，努力创造优雅、整洁、舒适的就医环境。一是2003年开工建设的病房大楼，于2004年6月份投入使用；二是投入1 330多万元，对儿科、外科楼进行装修和消防改造以及新住院大楼内部设施配套工作。三是本年8月份开工投资4 000万元建设了2万平方米17层的新门诊办公大楼，实现了当年申报、当年招标、当年立项审批、当年施工，计划2005年10月份完工。

本年，市中心医院荣获辽宁省“五一奖状”、“文明标兵单位”、省厅“优质服务杯竞赛标兵单位”、省“厂务公开先进单位”，市“诚信单位”、“抚顺市最受尊敬企业”等称号，干部病房被谁荐为全国巾帼示范先进科室。

院领导班子成员在研究工作。

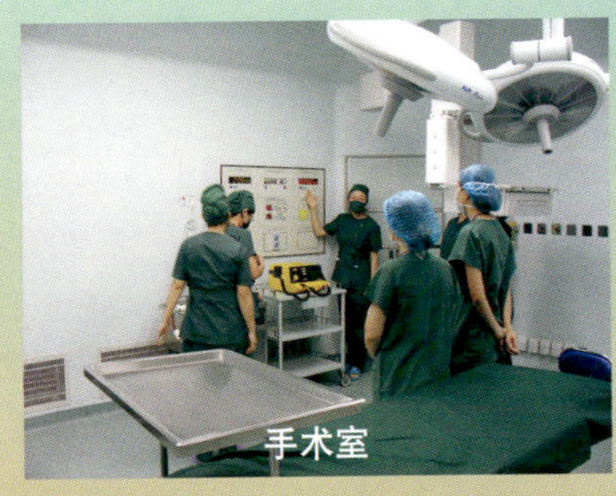
手术室

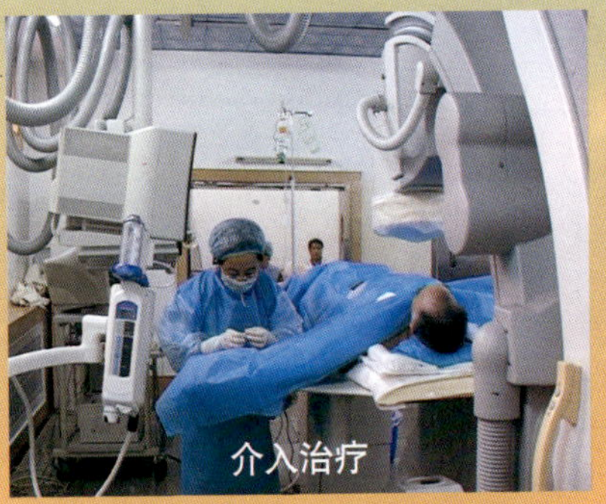
介入治疗

门诊大厅

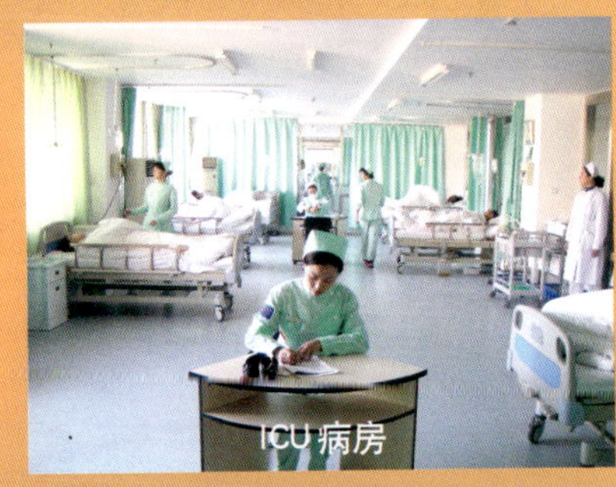
ICU 病房

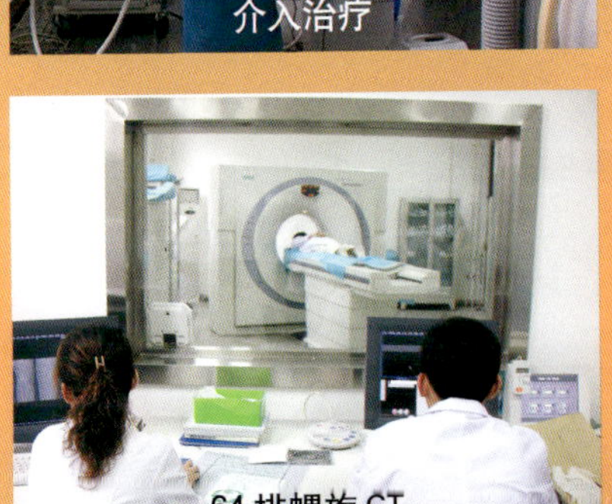
64 排螺旋 CT

遼寧石油化工大學

LIAONING UNIVERSITY OF PETROLEUM & CHEMICAL TECHNOLOGY

校长、党委副书记：李平

研究生教学楼。

辽宁石油化工大学坐落在辽宁省抚顺市，始建于1950年，原隶属于中国石油化工集团公司，2000年2月划转到辽宁省人民政府，实行“中央与地方共建，以地方管理为主”的管理体制。建校50多年来，学校已发展成为以工科为主，以石油石化为特色，工、理、经、管、文、法、教等七大学科协调发展的多科性大学，是国家和地方石油石化等行业高级人才的培养基地。学校占地2 013亩，建筑面积55.2万平方米，藏书175万册，资产总值7.4亿元。投资6.5亿元的新校区2005年底将全部建成。学校现有学生19 200人，其中研究生830人，本科生13 700人。全校1 473名教职工中有专任教师823人，教授、副教授占47%，具有博士和硕士学位者占45%，有博士生导师和硕士生导师138人。学校设有11个学院和研究生部，拥有5个省部级重点学科，4个省级重点实验室和工程技术研究中心。现有2个博士点、18个硕士点、7个工程硕士领域、3个第二学士学位专业、38个本科专业、16个高职专业，并具有以同等学历申请硕士学位的权力和招收留学生的资格。近5年来承担各级各类科研项目643项，获国家和省部级科研成果奖84项。

党委书记：秦世家

▲毕业生在放飞心情。

◀聘任英国爱丁堡皇家科学院院士瑞斯先生为学校特聘教授。

▼第九届全国大学生羽毛球锦标赛在辽宁石油化工大学体育馆举行。

抚顺职业技术学院

市长刘强（中）到学校视察。

辽宁省教育厅助理巡视员闫崇民视察学院数控基地。

抚顺职业技术学院创办于1983年。1997年被辽宁省教委推荐为全省唯一建设全国示范性职业大学试点单位。2003年被辽宁省政府授予"辽宁省职业教育先进单位"称号。2004年被教育部、国防科工委和国家机械工业联合会等七部委确定为"数控技术应用专业领域技能型紧缺人才培养培训工程"指定院校。学院占地13万平方米，建筑面积7万多平方米，总资产1.2亿元。现有10个教学系部，开设26个专业，其中计算机应用与维护、电算化会计和人物形象设计等3个专业为辽宁省高职教育改革试点专业。学院设有国家职业技能鉴定站、市职业技能鉴定站。由辽宁省教育厅主办的《辽宁高职学报》中心编辑部也设在该院。目前，学院在校生总数为6 120人，其中全日制在校生为2 519人。学院在职教职工457人，专职教师210人，其中副高级职称以上的有117人、中级职称的165人。学院与韩国德成职业技术学院、比利时EHB大学等国外教育机构加强了交流合作，向国外派遣教师进修访问、组织学生留学深造。应届毕业生就业率在全省同类院校中名列前茅。

2004年，抚顺职业技术学院在院党委领导下，坚持以服务为宗旨、以就业为导向，走产学研相结合道路，各项工作取得了显著成绩。学院圆满地完成了教育厅对学院的高职人才培养水平评估。学院被教育厅、国防科工委和国家机械工业联合会确定为"数控技术应用专业领域技能型紧缺人才培养培训工程"指定院校。学院投入100多万元资金，建设了数控加工仿真实训基地。学院申办了楼宇智能、建筑监理和多媒体技术等3个新专业。确定了人物形象设计等4个院级高职试点专业，其中人物形象设计经省教育厅专家遴选，被确定为高职教育教学省级试点专业。至此，学院已有3个高职教育教学试点专业。2004年，学院机电系郑红副教授的"Master Cam"课程被评为省级精品课。学院在市政府和市教育局指导帮助下，同辽宁石油化工大学达成协议，借助辽宁石油化工大学从2005年开始招收化学工程、市场营销两个高职专升本专业，开展本科教育试点。

学院加强了与行业、企业的结合，实现了"订单式"人才培养，先后与辽宁东富消防设备有限公司和高科电瓷电气制造有限公司签署了"订单式"人才培养意向，2004年7月，学院与华泰电瓷电器制造有限公司签署了"订单式"人才培养协议，当年为其培养电瓷制造和高压测试专业学生22人。学院加强了教学督导和质量控制，促进了人才培养质量提高。学院组建了教学督导室，开展教学评估、评价和教师教学考核等工作，促进了人才培养质量的提高。04届汽车运用与维护专业毕业生王林、张德义在毕业前考取了汽车维修高级工职业资格证书，02级机电一体化专业王继业同学参加"全国首届数控大赛辽宁赛区比赛"，取得第八名的好成绩。学院进一步加强了大学生思想政治工作。2004年，共评选省三好学生5人、省优秀学生干部3人和省优秀毕业生9人及一批市、学院学生先进典型，全年共颁发各类奖金268 800多元。同时，认真做好贫困学生学费减免工作，全年减免学费183 600多元。学院认真做好招生、毕业生就业工作。全年招收各类学生1 868人。学院毕业生年终就业率为90.06%，高于全国高职毕业生平均就业率20个百分点，位于省内同类院校前茅。其中人物形象设计、机械电子、市场营销和建筑装饰等专业毕业生就业率达100%。

辽宁石油化工大学抚顺理工学院揭牌仪式。

与韩国浦项1大学合作办学签字仪式。

与联通公司联合办学签字仪式。

参加辽宁省首届大学生文艺汇演。

芬兰克克拉大学托高博士来学院讲学。

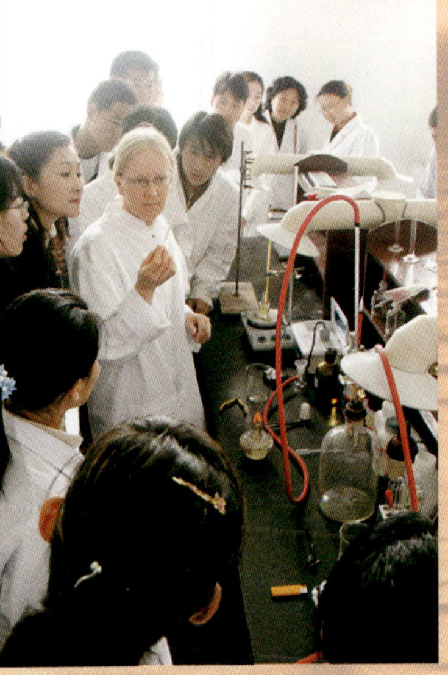

外教在实验室为学生讲解。

抚顺市公路管理处

市委书记周忠轩（中）视察公路建设。

市长刘强(右一)陪同交通部、省厅领导视察抚顺农村公路网建设。

宣传公路法。

抚顺市公路管理处隶属抚顺市交通局，为正县级事业单位，负责全地区公路建养管收工作，全行业共有职工2981人，其中党员456人。公路管理处始终坚持“修建一条公路，带动一线文明，推动一方经济”的工作思路，以“岗位学雷峰，行业树新风”为主线，以文明创建为载体，把争创全国文明单位作为目标，不断加强自身建设，为我市公路事业发展做出了突出贡献。连续7年为抚顺市赢得省公路建设文明市称号，同时荣获省文明单位、文明标兵单位、思想政治工作先进单位、行风建设先进单位、公路建设先进集体和市先进集体、学雷锋先进单位等荣誉称号，2002年被评为全国精神文明创建工作先进单位，所属单位也多次受到省交通部门的表彰。公路建设成绩卓著，通行能力和通达深度进一步提高。近年来，先后完成了前甸通道主体工程、红河漂流旅游路和202线施南段大修改造工程，东南公路成为全国十条优秀养护工程之一。2004年农村公路网建设完成黑色路面工程526.3公里，实施路基工程410公里，超额完成了省、市计划，创历史最高纪录；到2004年底，全市公路总里程达到3 440公里，等级路达到3 423公里，其中黑色路面里程达到1 886公里，通公路行政村达到1 061个，通油路行政村达698个，分别占总数的96.5%和63.5%。桥梁总数达1 320座，39 289.6米。公路养护又上新水平，进一步树立交通良好形象。目前完成道路翻浆处治23.2万平方米；完成黑色路面中修70.8公里，维修改造病危桥梁45座，安装钢板防撞护栏8.17万延米，公路整体通行安全和通行环境极大改善。完成了《辽宁省东部山区公路植物生态环境研究》等科研课题，公路科技含量在不断上升，科技工作成果显著。路政管理登新台阶，进一步确立了文明执法行为。2004年以来，共清理违建3 327处，路产案件27起，结案率100%；划制标线4万平方米，安装安保标志414块；全年收取路产赔偿费81.9万元。处理超限车辆307台，卸载70台，卸货578吨，收取超限罚款216万元，取得了明显的治理效果。文明景观带创建成果显著，以路带村，全民共建落到实处，全面打造畅、洁、绿、养、安的和谐农村交通环境。创建完成文明景观带9条、400公里。全市标准化路累计已达1 000公里，帮助农村加强了文明村建设，为我市拉动地方经济建设做出了贡献。

市重点工程天湖大桥。

横穿清原、新宾两县的省级公路彰桓线。

抚顺施南线。

改造后的抚白线县级公路。

全国文明样板路国道 202 线。

公路安保工程。

抚白线鸽子村。

农村公路网建设。

202 国道文明景观带建设成果之一。

通往红河漂流风景区的旅游道路。

抚顺友谊宾馆

FRIENDSHIP HOTEL FUSHUN

总经理：姜志彬

抚顺友谊宾馆为我市唯一一家四星级旅游涉外宾馆，坐落在市中心美丽的琥珀山上，南邻劳动公园，北靠浑河岸边，依山傍水，气势宏伟，环境优雅，景色绮丽，颇有一览众山小之势，中西合璧的建筑坐落其上，更为周边景致平添意趣。宾馆占地面积3.75万平方米，建筑面积2.9万平方米，172间客房风格迥异、高雅舒适。房内备有中央空调、电话直播、卫星电视接收、国际互联网接入、酒店视频网络服务系统、贵重物品保险箱等。每个细节尽显心思，24小时服务随时配合客房所需。风格各异的中、西、韩餐厅及17间豪华宴会厅可同时接纳千人就餐。名厨主理，倾情奉献辽、粤、川、鲁、韩式料理及西式菜肴。商务中心提供各项通讯、上网及秘书服务，确保商务活动高效快捷。多种规模的会议室，配以先进的视听设备，满足了商洽会晤的特别需求。福禄寿茶园茶香沁人，购物中心货品琳琅满目。游泳馆、保龄球馆、台球室、网球场、洗浴中心、娱乐城等，为顾客提供最佳休闲环境，消除商旅疲惫，带来完美享受。宾馆以其高效管理和优质服务享誉省内外，先后被评为辽宁省综合实力明星饭店、省文明单位标兵、省最佳星级饭店、全国百家优秀星级饭店。

2004年5月通过ISO9000质量管理体系和ISO14000环境管理体系认证，并于2005年3月18日加入世界金钥匙酒店联盟，现拥有6把金钥匙。

抚顺铝厂

厂长：田福泉

党委书记：周新哲

抚顺铝厂始建于1936年，是中国第一家轻、稀有色金属综合性大型冶炼加工企业，是中国铝、镁、硅、钛工业的摇篮，被誉为“有色的鞍钢”。铝和镁是“一五”期间国家156项重点工程中的两项。抚顺铝厂研制和生产的新型金属材料和高纯金属材料广泛应用于航天工业、国防军事工业和科研尖端领域，为我国人造卫星、运载火箭、洲际导弹和“神州五号”飞船的发射成功做出了重要贡献，多次受到党中央、国务院和中央军委的通令嘉奖。毛泽东、邓小平、江泽民、朱德、董必武、陈云、薄一波、朱镕基、吴邦国、曾庆红等30多位党和国家领导人先后视察过抚顺铝厂。

抚顺铝厂占地面积158万平方米，建筑面积120万平方米。目前铝年生产能力15万吨、铝合金7.5万吨、铝型材1.5万吨、铝板卷1万吨、电工圆铝杆1万吨、海绵钛1 500吨。

抚顺铝厂是国家重点联系扶持的512户国有大型企业之一，曾先后被评为全国用户满意企业、全国守合同重信用企业、全国先进基层党组织、全国模范“职工之家”。

抚顺铝厂2004年共生产铝16.3万吨，创历史最好水平。实现现价工业总产值22.37亿元，实现销售收入21.54亿元，出口创汇2 729万美元，成为抚顺市第三大出口创汇户。

抚顺铝厂发展的基本思路是：坚持一个中心，完成两项任务，达到三个目标，实现四个突破。通过改造、改制、资本重组和进行产品结构调整，突出做大做强主体铝业，把抚顺铝厂建成管理科学、环境清洁、结构合理、竞争力强，集科工贸一体的现代化大型铝冶炼加工企业。

厂区一角。

普通铝锭。

电解铝车间厂房。

厂办大楼。

中国电力投资集团公司辽宁发电厂

厂长、党委书记：宋延春

厂领导班子成员（左起：总工程师谢争先，党委副书记兼纪委书记刘少山，副厂长任玉才，厂长、党委书记宋延春，副厂长黄启虎，副厂长郑志涛，工会主席刘革新）。

辽宁发电厂隶属中国电力投资集团公司，现有5万千瓦火电机组6台，其中退役机组2台；1.6万千瓦水电机组2台，全部退役，总容量3.2万千瓦。辽宁发电厂始建于1957年，是国家“二五”计划重点工程。到1966年11月底，辽宁发电厂一期13台5万千瓦火电机组全部建成投产。这期间2台1.6万千瓦水电机组也建成投产。根据原国家经贸委关于停拆火电机组的有关指示，辽宁发电厂目前已有7台5万千瓦火电机组停拆。辽宁发电厂二期工程（B厂）兴建于1988年6月，由辽宁省政府、华能发电公司和原东北电力集团公司（现已退出）共同投资。到1990年末，二期2台20万千瓦机组全部建成投产，并委托原东北电力集团公司（辽宁发电厂）管理。1999年1月1日，这两台机组在辽宁能源总公司(B厂)的运作下，成立辽宁能港发电有限公司独立运营（隶属辽宁能源总公司）。辽宁发电厂目前仍为该公司代管职工842人，并负责其设备的维护、检修。辽宁发电厂老机组替代改造工程项目于1991年初开始运作，2001年4月，在辽宁省电力有限公司的指导、支持下，工程项目

厂区全貌

成立了辽宁发电厂老机组替代改造工程筹建处，加大了运作力度。2002年8月14日此项目正式获得国务院批准；2002年10月15日工程正式开挖。该工程由辽宁省电力有限公司所属辽宁电力经济开发有限公司、辽宁电力开发有限公司、辽宁电能发展有限公司及辽宁发电厂所属的抚顺新亚电力有限公司共同投资。规模为两台350MW国产燃煤机组。2005年2月2日＃1机组通过168小时试运行，＃2机组于2005年5月份通过168小时试运行。2005年6月8日，基建正式移交生产。随着主业发电能力的萎缩，辽宁发电厂在积极促成技改的同时，还大力发展多种经营。2001年12月初成立了抚顺新亚电力有限公司，对全厂原有20多个多经实体进行改制，主营火力发电、汽车运输、氧气生产等。所属萨尔浒饮品有限公司的“萨尔浒”饮品标识已成为辽宁省著名商标。辽宁发电厂是全国电力系统首批达标火电厂之一。近年来，辽宁发电厂曾先后荣获辽宁省信誉优秀企业，辽宁省建家创优标兵单位，辽宁省新型生育文化建设示范单位，辽宁省科协工作先进集体，辽宁省信访举报工作先进集体，辽宁省“五一”劳动奖状获得单位等荣誉称号。

厂领导带领中层干部深入生产现场。

举行“关爱生命、关注安全、远离伤害、遏制事故”千人签字、升旗仪式。

辽宁发电厂“大干120天综合治理活动”总结表彰暨确保安全生产提高经营绩效动员大会。

1号发电机穿转子。

350MW亚临界汽轮发电机组集控室。

6×50MW发电机组。

抚顺乙烯化工有限公司

党委书记、总经理：刘岩

抚顺乙烯化工有限公司是国家“七五”跨“八五”期间重点建设项目，由辽宁省政府和原中国石化总公司共同投资兴建，双方各持股50%。1985年8月国家计委正式批复，1986年11月得到国务院批准正式立项，企业占地面积92.4万平方米。1989年11月工程开工奠基，1991年基本建成，同年12月乙烯装置投料试车一次成功，1992年7月打通联合装置全流程。1998年中国石油和中国石化重组后，由原中石化划转中国石油天然气集团公司管理。1999年10月按照中国石油天然气集团公司重组改制的总体要求，原抚顺乙烯化工有限公司分立为抚顺乙烯化工有限公司（股份公司）和抚顺塑料化工厂（未上市公司）。现有资产38.81亿元，2004年纳税4.2亿元。抚顺乙烯化工有限公司现有六套生产装置，分别从加拿大、法国、意大利、日本、荷兰等国家成套引进，生产能力为14万吨/年乙烯裂解装置、8万吨/年聚乙烯装置、9万吨/年聚丙烯装置、6.5万吨/年环氧乙烷/乙二醇装置、1万吨/年丁烯-1装置、1.5万吨/年丁二烯装置。其中，乙烯装置采用美国鲁姆斯专利技术、聚乙烯装置采用加拿大杜邦公司的溶液法专利技术、丁烯装置采用日本瑞翁技术和法国IFP技术、聚丙烯装置采用意大利海蒙特公司技术、环氧乙烷/乙二醇装置采用荷兰壳牌公司技术。主营生产塑料化工产品，包括全密度聚乙烯、聚丙烯、乙二醇、环氧乙烷、二乙二醇、丁二烯等。抚顺乙烯现有员工1 066名，平均年龄35岁。其中，大中专以上学历705人，占总人数的62%；初、中、高级技术职称的512人，占总人数的46%；技术工人580人，占总人数的52%。1993年，在全国乙烯行业技术大比武中，取得团体第一名，个人第一、第二名的好成绩。2000年，在全国石油石化行业职业技能竞赛中，取得了个人第二名和第四名的好成绩。

控制手段先进的乙烯装置中心控制室。

贮运罐区夜景。

乙烯化工有限公司装置夜景。

乙烯化工厂办公楼。

年产14万吨乙烯联合装置。

抚顺水泥股份有限公司

董事长：程绍洛

抚顺水泥股份有限公司前身为抚顺水泥厂，始建于1934年，是全国建材行业重点大二型企业，是全国最大的特种水泥生产基地之一。1993年经省政府批准以定向募集方式转制为股份有限公司。2001年，成功地实现了债转股，正式成为金融机构法人参股的多元化股份制企业。公司在省内同行业中始终处于排头兵地位，连续多年创造盈利纪录，并荣获全国500家经济效益最佳企业之一，在抚顺地方经济中占有重要地位。公司现有总资产41 694万元，员工总数1 362人，年人均收入10 176元。

公司主要以发展特种水泥为主，其他品种水泥为辅。两大系统特种水泥（油井和水工）年生产能力达60万吨，在国家特种水泥生产厂家中排名第三位，是建设部联合推荐的第一批建材产品企业。公司主导产品浑河牌水泥，1999年顺利通过ISO9001国际质量体系认证，2002年荣获国家质量免检产品资格，2003年公司油井水泥通过美国API标准认证。公司产品广泛应用于国家各类重点项目，在市场中享有盛誉，产销率100%。

优良的生产设备、先进的生产技术、雄厚的技术力量和经验优势以及完善健全的质量检验、监督、管理和三大保证体系是企业获得效益的最大保障。多年来，公司坚持以新技术应用为先导，以产品创新为基础，不断依靠工艺技术的新突破来持续增强企业的自身技术实力。新开发的# 525抗冲耐磨硅酸盐水泥、加砂水泥等新品种填补了国内空白。

总经理：于飞

质量管理体系认证证书

兹证明

抚顺水泥股份有限公司

辽宁省抚顺市新抚区华山街二号

建立的质量管理体系符合标准：

ISO9001:2000

通过认证范围如下：

32.5强度等级低热矿渣硅酸盐水泥、42.5强度等级中热硅酸盐水泥、复合硅酸盐水泥、普通硅酸盐水泥、#525中抗硫硅酸盐水泥及油井水泥的开发、生产和服务

主任：李怀林

Signed by: Li huailin

中国质量认证中心

A 0032476

产品质量免检证书

CERTIFICATE FOR PRODUCT EXEMPTION FROM QUALITY SURVEILLANCE INSPECTION

经审查

抚顺水泥股份有限公司

浑河牌425低热矿渣硅酸盐、525中热硅酸盐、G级油井(MSR)水泥符合《产品免于质量监督检查管理办法》规定，批准免检，特此证明。

免检有效期：2002 年 3 月 至 2005 年 3 月

证书编号：（2002）国免字（ 2100825 ）号

中华人民共和国

国家质量监督检验检疫总局

STATE GENERAL ADMINISTRATION OF THE PEOPLE'S REPUBLIC OF CHINA FOR QUALITY SUPERVISION AND INSPECTION AND QUARANTINE

American Petroleum Institute

Certificate of Authority to use the Official API Monogram

License Number: 10A-0077 ORIGINAL

The American Petroleum Institute hereby grants to

FUSHUN CEMENT CO. LTD.
No. 2, Huashan Street, Xinfu District
Fushun, Liaoning
People's Republic of China

the right to use the Official API Monogram® on manufactured products under the conditions in the official publications of the American Petroleum Institute entitled API Spec Q1® and API Spec 10A and in accordance with the provisions of the License Agreement.

In all cases where the Official API Monogram is applied, the API Monogram should be used in conjunction with this certificate number: 10A-0077

The American Petroleum Institute reserves the right to revoke this authorization to use the Official API Monogram for any reason satisfactory to the Board of Directors of the American Petroleum Institute.

The scope of this license includes the following product: API Well Cement Class A, Type O; API Well Cement Class G, Type MSR, HSR

Effective Date: FEBRUARY 2, 2004
Expiration Date: FEBRUARY 2, 2007

American Petroleum Institute

Director of Certification Programs

抚顺水泥股份有限公司

辽宁移动通信有限责任公司抚顺分公司

总经理：马险峰

辽宁移动通信有限责任公司抚顺分公司是中国移动通信集团公司所属的地区性分公司。1999年移动重组，正式独立运营，2000年11月在美国纽约和香港境外成功上市，成为外资独资企业。抚顺公司现有员工300多名，拥有18个综合营业网点、400余个代办网点，与多家银行的130多个储蓄网点实现联网交费。固定资产超7亿元，拥有2个交换局、330多个基站，实现了市区900M和1800M双频网络深层次远缝覆盖，农村乡乡通和主要村屯通移动电话，公路沿线和旅游景点达到连续覆盖。除提供基本话音业务外，还提供传真、数据、IP电话、信息点播、手机银行、GPRS等多种增值业务，拥有“全球通”、“神州行”、“动感地带”等著名服务品牌和“139、138、137、136、135”等家喻户晓的网号。多年来，抚顺分公司坚持两个文明建设协调发展，连年完成省公司下达的各项指标，连续三届荣获省级精神文明单位、诚信单位，市级先进单位、思想政治工作先进单位等荣誉称号。

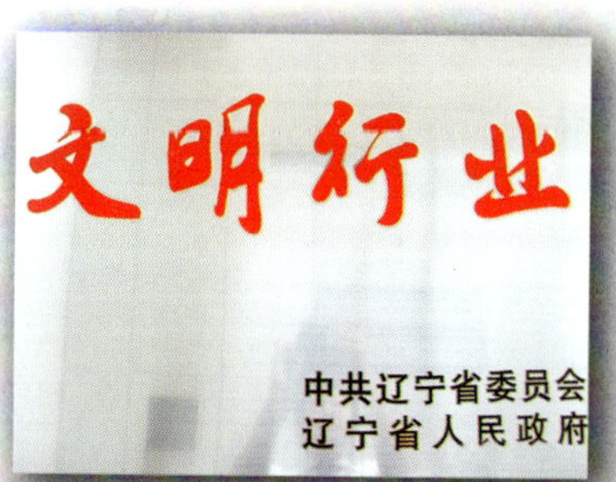

2004年度为经济建设服务
最佳单位
中共抚顺市委员会
抚顺市人民政府
二00五年二月

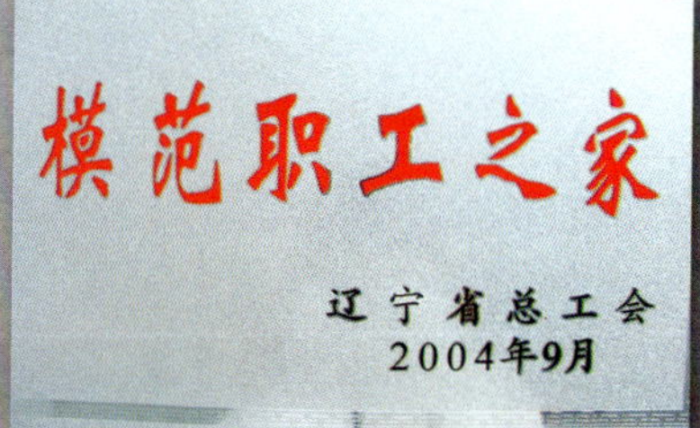

省文明行业颁匾仪式。

温馨服务。

以抚顺电视台《浑河淘金》节目为载体，宣传公司整体形象。

2005 年 2 月 18 日交换机割接。

中国联通 CHINA UNICOM 抚顺分公司

总经理：程建新

公司领导参加党代会。

中国联通有限公司是我国唯一经营综合电信业务的国有控股大型境内、外三地上市企业。中国联通抚顺分公司（简称抚顺联通）是中国联通在抚顺地区的分支机构，承担抚顺地区联通电信网的建设、运营与管理。抚顺联通1998年2月成立，1999年4月开业运营。公司坚持实施建立新机制、建设新网络、采用高新技术、实现高增长、大力发展综合业务的“两新、两高、一综合”的发展战略，按照现代企业制度的管理模式，不断强化管理，开拓市场，提升服务，网络规模迅猛扩大，通信能力持续增强，经济效益成倍增长，企业实现了超常规、跨越式的发展，打造出“技术领先、覆盖领先、服务领先”的品牌形象。

抚顺联通开业以来，已由成立之初的GSM数字移动电话业务迅速发展到经营GSM130、131、132、CDMA133数字移动电话、国际互联网、长途电话、IP电话等五大类综合通信业务，在为广大用户提供移动电话、无线商话、无线公话、193长途电话、17910/17911IP电话等语音通信的同时，还提供16500国际互联网、远程接入、数据专线直联、可视电话、语音短信、宽带网线通以及联通无限（彩E、互动视界、掌中宽带、神奇宝典、定位之星、联通在信）等特色数据通信业务，“世界风”G、C网双模手机，使G网手机用户也能同时享受到C网数据业务带来的全新体验，实现真正的意义上的全球漫游。满足了社会各界人士和广大消费者的通信需求，使消费者感受到联通更为全面、快捷、便利、有特色的通信服务。

抚顺联通以“用户满意是联通人最大的追求”为服务宗旨，在电信业务经营创造了以市场方式运作的新观念、新方法。在抚顺通信业率先推出一系列服务新举措：低柜台站立式服务、高效的“首问负责制”、“一台清”服务，使用户体会到宾至如归的规范化的服务。首家设立方便用户查询话费触摸屏，开办免费打印、邮寄话费详单业务，让消费者实现了明明白白消费；与中国银行、农业银行、交通银行、工商银行和邮政联办遍布抚顺城乡的200多处交费点，方便了用户就近交费；24小时1001咨询热线，用户心中的“空中营业厅”，让用户足不出户享受到抚顺联通提供的业务咨询、夜间补卡、暂时开机等全天候和全方位的业务服务。根据集团用户需求进行量身定制，提供语音交费提醒、短信、电话受理预约服务及融亲情与服务于一体的生日祝福服务。为VIP用户开设了代办各种业务的绿色通道和实行一对一的专责服务等服务项目，开创了电信服务的全新模式。在2004年4月15日公司开业五周年之际，全省系统内面积最大、功能最全、服务项目最多的客户俱乐部开业，为抚顺联通服务大众提供了更为广阔的平台。

服务台。

中层干部竞聘上岗大会。

营业大厅。

服务台。

抚顺市自来水公司

总经理：王金华

抚顺市自来水公司是一家集自来水生产、销售及给水工程设计、施工，水表安装和房地产开发等为一体的综合性国有大型一档企业。公司拥有净资产6亿元，职工2 353人，下设4个供水分公司和7个辅业单位，日供水能力为110.7万吨，直径75毫米以上供水管网总长度为1 141公里，供水面积84平方公里，供给全市40万户企事业单位和居民的生产生活用水，供水普及率99%，管网压力合格率99%，维修及时率100%，水质综合合格率99.9%。

随着市场经济的快速发展和城市建设的加快，全面提升供水的技术含量和服务水平已成为企业发展的首要任务。为保证全市百万人民的用水畅通，公司从强化管理入手，采取有效措施，提出了“转变经营理念，创新供水服务机制，用诚信全力打造供水服务品牌，确保全市安全平稳供水”的经营理念。公司成立了抚顺市城市供水监测站，严格按照国家饮用水标准，执行三级检测制度，强化供水水质的管理、化验和监测工作，水质综合合格率均达到国家标准；参与制定并出台了《抚顺市城市供水用水管理条例》，实施同用户签订《供用水合同》措施，加强了供水市场的法制化建设。公司非常重视供水基础设施建设，积极筹措资金，2004年完成了供水源头取水塔、东公园水厂清水池及厂房改造项目，配合市道改工程，完成直径100毫米至700毫米管线改造维修加固工程15公里，完成了高湾、胜利两个经济开发区供水管网铺设；完成了和平水厂续建工程直径800毫米输水管线铺设17公里，改造了50年以上老化管网86公里，加强供水管网及设施建设的同时也拓宽了供水市场。公司认真落实诚信服务，保障供水服务承诺，秉承“诚信服务，有报必修”的服务思想，成立了客户服务中心，并下设各供水分公司区域客户服务中心，对跑、冒、漏及吃水难投诉集中统一管理，全年受理市民投诉5 664件，处理率达到95%以上。

2004年公司以“做精主业、做强辅业”为目标，先后进行了一系列的人事、分配制度和机构设置等方面的改革，定岗定员，以岗定薪，制定了干部责任追究制度，强化责任意识，完成了丰泽供水有限公司国有资本的转换重组，进一步明晰产权，形成了制水、供水、售水相分离的区域化供水格局；成立了供水实业公司，广泛调动了经营者和生产者的积极性，全力实现了当期扭亏。公司被全国总工会评为“模范职工之家”，荣获省级文明单位、省思想政治工作先进单位、省建设厅文明服务十佳单位、抚顺市最受尊敬企业和抚顺市依法纳税先进单位等荣誉称号。

走上街头宣传。

客户服务中心工作人员接听市民热线。

净水人员正在进行巡检。

公司办公楼。

抚顺市热力有限公司

董事长、总经理：吕兰军

党委书记：张文超

公司领导在研究工作。

抚顺市热力有限公司作为抚顺市的供热主体单位，承担着抚顺市中部地区企事业单位和城市居民的集中供热，供暖面积达600万平方米，占全市供暖面积的四分之一。从1983年至今20余年的风雨历程，企业有了长足的发展，特别是近4年来，公司相继投资1.1亿元对480万平方米居民住宅实施了分户控制改造，为供热走向市场奠定了基础。改造后经济效益和社会效益明显提高，收费率由过去的60%提高到95%；通过分户改造，使室内外管网得到了更新。为加强企业管理，公司对供热站进行了自动化控制改造，实现了供热站无人值守，实施了收费微机联网，提高科学管理水平和劳动生产率，降低了生产经营成本，并荣获辽宁省供暖20强企业称号。从2004年起根据上级有关公用企业改制的指示，并结合企业的实际，拟定了企业产权制度改革方案，确定了企业的改制模式；《企业改制方案》和《职工安置方案》经职工代表大会讨论通过；改制申请、改制方案经市改制领导小组讨论通过、国资委批复；企业章程经股东代表大会讨论通过；有限公司的董事会、监事会、经理层组成人员已被市委组织部、国资委党委正式批复，抚顺市热力有限公司于2005年11月挂牌营业。目前，企业生产经营状况有了明显的改观，并逐步走出低谷，步入良性循环的轨道。

抚顺市热力有限公司揭牌庆典仪式。

抚顺正通科工贸有限责任公司

东洲区副区长、正通公司总经理：耿长利

公司领导班子在研究工作。

抚顺正通科工贸有限责任公司成立于1998年，现有职工1 600人，主要承担着龙凤地区企事业单位和经营业户的供热、供水、房地产管理等公用事业服务工作，是东洲区政府下属的大型企业。近年来，公司围绕改革、发展、稳定这个主题，坚持改革，强化企业管理，克服各种困难，保证了龙凤地区公用事业正常运转，促进了地区的稳定。公司创建以来，先后被授予市、区先进集体，安全生产先进单位，先进党委等荣誉称号。

党委召开表彰大会。

公司有线电视台。

公司供热厂房。

丰富多彩的职工文体活动。

抚顺诚信石化工程建设监理有限公司

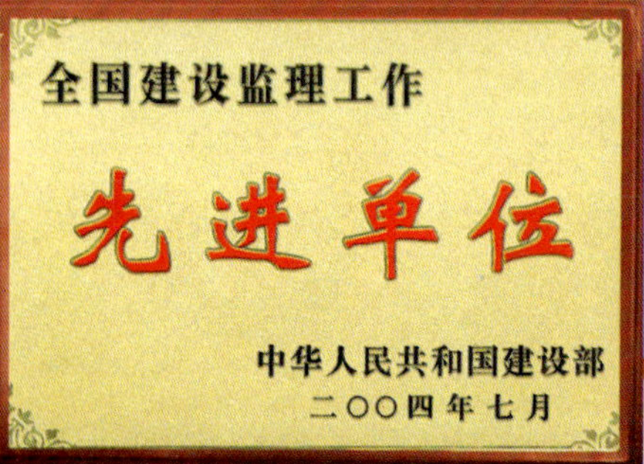

辽宁省优质工程奖杯。

NAC

质量管理体系认证证书

兹证明

抚顺诚信石化工程建设监理有限公司

质量管理体系符合

GB/T 19001-2000 idt ISO 9001:2000 标准

该体系覆盖范围为

石油化工及其配套工程、工业与民用建筑工程及配套工程的监理服务

东北认证有限公司

日期：2005.6.10

CNAB　IAF

公司负责监理的市中心医院大楼。

公司负责监理的市交通大厦。

公司负责监理的石化工程。

抚顺诚信石化工程建设监理有限公司成立于1994年1月，是抚顺地区成立较早，具有较高信誉和技术实力，专门从事工程监理、技术、工程造价咨询服务的监理企业。公司资质等级为甲级。公司成立以来，先后承担了231项工程监理业务，总建筑面积129万平方米，总投资989 538万元，其中石油化工重点工程112项，总投资814 050万元。民用建筑工程项目获省、市优质工程36项。

该公司是一支年轻化、高素质、高智能的监理队伍。几年来，公司在社会和行业各部门中具有较高的信誉，是抚顺地区实力较为雄厚的一家监理公司。自1999年以来，连续被抚顺市政府授予先进监理单位和重合同守信誉单位称号，2004年被评为辽宁信誉知名企业，2004年被国家建设部评为全国工程监理先进单位，2005年被评为辽宁省先进建设监理单位。

抚顺市红透山金鼎铜业有限责任公司

董事长、总经理：谭志光

抚顺市红透山金鼎铜业有限责任公司位于清原满族自治县红透山镇境内。该企业是在原抚顺市红透山冰铜冶炼厂的基础上，于2001年10月扩建而成。原厂始建于1998年10月，主要产品为冰铜和阳极板，由浙江省宁波人谭志光负责创办，是红透山镇最大的招商引资民营企业。企业总占地面积25.68亩，总建筑面积5 480平方米，固定资产822万元，现有职工110余人，其中当地农村剩余劳动力占88%。目前，企业已建成冰铜冶炼和阳极板生产线两个项目，具备了年产冰铜5 000吨、阳极板9 000吨的生产规模。冰铜生产主要以铜矿石或含铜废渣作原料，经科学配比冶炼而成，可提高粗铜冶炼的炉温和粗铜品位，市场供不应求；阳极板则以粗铜、紫杂铜和废杂铜为原料，经反射炉氧化还原而成，是电解铜的中间产品，市场前景十分看好。

企业自创建以来，经济效益年年提高。2000—2002年连续被评为抚顺市优秀明星企业，2001年获清原满族自治县纳税大户称号，2002年获资信评定“AAA”级企业。2004年董事长兼总经理谭志光荣获辽宁省优秀民营企业家称号。

冰铜厂精炼车间。

冰铜厂外景。

公司办公楼。

正在建设的5万吨电解铜厂房。

沈阳铁路局大官屯站

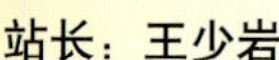

站长：王少岩

书记：郭连旭

大官屯站位于抚顺市新抚区千金路56号，车站职工441人。车站中心线位于苏抚线50公里966米处，是铁路与抚顺矿务局专用铁路接轨的联轨站。车站按业务性质分为客货运站，按技术作业分为区段站，按工作量分为一等站。主要担负抚顺市煤炭、石油、钢铁、化工、水泥等工业产品及原材料运输任务，以及大官屯站区职工通勤、短途旅客乘降等客运任务。车站设有到达场、调车场、出发场3个车场，属横列式车站。有正线1条，站线23条，专用线2条，牵出线2条，道岔109组，信号机83架。车站使用JD−IA型微机联锁设备，由信号楼集中操纵，设简易驼峰一座，采用微机信息管理系统控制，7条线路铺设减速顶，动态电子轨道衡1台，无线对讲设备103台，灯桥2座，照明塔6座，配属调车机2台，拥有固定资产733.2万元。

2004年，是大官屯站全面实施铁路跨越式发展，加快改革、创新发展的一年。面对各种困难和挑战，全站上下团结一心，拼搏实干，抓改革、严管理、保安全、正路风、增效益、保稳定，较好地完成了八届四次职代会确定的各项重点工作及各项工作任务，取得了良好的成绩。车站先后荣获了路局综合治理先进单位、路局纪检监察先进单位、分局文明单位、分局安全生产先进单位、抚顺市精神文明单位等光荣称号。军事运输工作还被沈阳军区评为“军交正规化建设先进单位”。

站领导在研究工作。

货运中心服务大厅。

调度室。

辽宁纬恒科技发展有限公司

公司董事长：张巍

公司与清华大学签订科技合作项目。

辽宁纬恒科技发展有限公司成立于1997年，是专门从事互联网信息服务、网站建设、有线电视宽带网改造、数据库开发、计算机软硬件、网络产品、防盗报警、监控设备、多媒体教学、光纤光缆工程、装饰装修工程及其相关产品开发、生产、服务的多元化大型系统集成企业和国家“双软”认证企业、高新技术企业，已通过ISO9000认证。

公司充分利用技术力量和科学管理的优势，在IT界成为一个技术实力强、资金雄厚的明星企业。公司先后与抚顺教育学院合作承办抚顺教育信息网，与清华大学合作在辽宁地区独家推广中国远程教育信息网等，同国内多家科研院校形成了紧密的战略伙伴关系。公司独立开发的“NewSchool系统软件”在教育领域得到普遍应用，办公自动化软件、CAD图文管理系统、电子政务系统等广泛应用于社会各个行业和领域，并在辽宁及周边地区先后完成了多个网络工程和多领域的软件开发项目。

公司现有员工45人，其中博士2人、硕士4人，本科以上学历占公司员工的93%，公司董事长张巍为抚顺市软件协会副理事长。

几年来，公司始终坚持“求实、创新、优质、高效”的经营理念和“以客户为中心”的服务思想，“以市场为导向、以产品质量为生命、以信为本、以诚待人”是公司始终恪守的诺言。公司将努力建立完善的法人治理结构，大力开发拥有自主知识产权的产品，积极拓展海外市场，不断壮大公司实力，以实力和诚信为客户提供全新的服务。

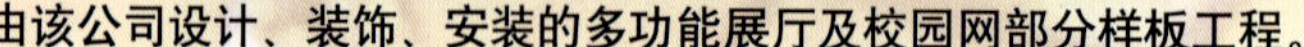

由该公司设计、装饰、安装的多功能展厅及校园网部分样板工程。

专　栏

特　载

抚顺市第十三届人民代表大会第三次会议

抚顺市第十三届人民代表大会第三次会议于2005年1月17日至20日在抚顺剧院召开。市十三届人大共有代表328人，出席会议的代表314人。在抚顺的第十届全国人大代表、省人大代表，不是市人大代表的市级领导，不是市人大代表的政府组成人员，没有市人大代表的市直局级单位负责人，民主党派、群众团体负责人，在我市的中、省直有关部门、驻抚新闻单位负责人列席了会议；部分市级离退休领导也应邀列席了会议。

这次会议是在全市“三个文明”建设取得明显成果的形势下召开的，对推动抚顺振兴发展，建设和谐抚顺具有重要的意义。这次会议的指导思想是：以邓小平理论和“三个代表”重要思想为指导，深入贯彻党的十六大和十六届三中、四中全会精神，按照宪法和地方组织法赋予人民代表大会的各项职责，紧紧围绕加快抚顺老工业基地振兴这个主题，动员全市各族人民，进一步解放思想，振奋精神，抢抓机遇，扎实苦干，为加快抚顺老工业基地振兴的步伐，推动全市经济和社会全面发展而努力奋斗。

会议听取了代市长刘强所作的政府工作报告。报告总结了2004年工作：国企改革稳步推进，工业经济增速加快；农业产业化建设提速，农村经济全面发展；外贸出口持续增长，招商引资势头趋好；城市建设步伐加快，市容市貌大有改观；民营经济迅速壮大，第三产业稳步发展；社会保障体系逐步完善，就业再就业工作取得新进展；社会事业全面进步，社会大局基本稳定；民主法制建设进一步加强，经济发展软环境得到改善。报告同时也指出，抚顺作为老工业基地和资源型城市，既有加快发展的良好基础，也面临一些突出的矛盾和问题：机制性和结构性矛盾依然突出，贫困人口比例偏大，财政收支矛盾异常尖锐，机关作风还有较大差距，这些问题需要采取有效措施认真加以解决。

关于2005年工作，报告分析了抚顺面临的形势和发展的优势，提出了政府工作总体要求、主要预期目标、重点把握的原则。2005年市政府要突出抓好九项工作：（一）加快工业结构调整和优化升级，大力发展资源精深加工产业。深化国企产权改革，做大做强优势基础产业，加快资源精深加工步伐，加快矿区战略转型。（二）努力提高对外开放水平，务求招商引资取得突破。强力推进招商引资，扩大出口和加强对外合作，突出县区、开发区和企业的招商引资主体作用。（三）加大扶持引导力度，促进民营经济快速发展。支持鼓励有潜力的民营企业做强做大，为民营经济发展提供优质高效服务。（四）大力发展县域经济，努力增加农民收入。做大做强县区经济，大力发展农业产业化，加强农业基础和生态建设，深化农村各项改革。（五）切实加强城市规划、建设、管理和经营，提升城市的功能和形象。高起点规划，高标准建设，高效能管理，高水平经营城市，保护和改善生态环境，加快发展第三产业。（六）改善群众生活，确保社会稳定。千方百计扩大就业，完善社会保障体系，关心贫困人群生活，确保社会大局稳定。（七）认真做好财税金融工作，努力增强宏观调控能力。努力增加财政收入，调整优化财政支出结构，进一步发挥金融支持地方经济发展的作用。（八）发挥科技人才作用，促进社会事业协调发展。实施人才强市战略，推进科技与经济的紧密结合，积极发展各项社会事业，进一步加强精神文明建设。（九）建设人民满意政府，创造良好发展环境。优化发展环境，切实转变职能，严格依法行政。

会议审查批准了抚顺市2005年国民经济和社会发展计划和市发展和改革委员会主任闫茂龙所作的报告；审查批准了抚顺市2005年市本级财政预算和市财政局局长钱程广所作的报告；听取审议了市人大常委会主任尹文所作的抚顺市人大常委会工作报告、市中级人民法院院长李东昌所作的抚顺市中级人民法院工作报告、市人民检察院检察长隋振林所作的抚顺市人民检察院工作报告。会议对上述各项报告、计划、财政预算分别作出了相应的决议。

会议补选刘强为抚顺市人民政府市长，补选马崇利、王福林、刘国强、杜鑫为抚顺市第十三届人大常委会委员，通过了有关专门委员会副主任委员、委员的人选。

会议期间，代表们认真履行职责，积极献言献策，共收到10名以上代表联名提出的议案10件。经审查，谢月华等10名代表联名提出的《关于进一步完善我市医疗保险制度的议案》，根据法律规定，构成议案，交市人大财经委审议，列入下一次市人民代表大会会议或市人大常委会会议议程。其余不构成议案，但属代表十分关注的重点问题，经与提案人协商同意作为代表建议提出，由市人大常委会督促有关部门认真办理。对会议期间代表提出的297件建议、批评和意见，将根据《抚顺市人民代表大会议事规则》规定，由市人大常委会办事机构交有关部门研究处理，并负责答复代表。

（赵恒春）

2004中国（抚顺）满族风情旅游节

2004中国（抚顺）满族风情旅游节于8月27日在北站广场隆重开幕，历时一个月，9月27日在抚顺剧院胜利闭幕。这届满族风情旅游节由中共抚顺市委、抚顺市人民政府主办，并专门成立了由市政府代市长刘强为主任的2004中国（抚顺）满族风情旅游节组委会，由市旅游局、文化局、体育局等牵头单位共同负责各项主体活动的方案设计和组织实施。

一、活动内容。

2004年中国（抚顺）满族风情旅游节是集旅游、经贸、文化、体育于一体的大型综合性节庆活动，概括起来是一个主题、四大载体、两大展演和十项活动。

一个主题是以清永陵成功申报世界文化遗产，充分展示满族风情为主题，开展系列庆祝活动。四大载体：（1）抚顺市经贸招商洽谈会；（2）全国百家旅游社总经理启运之旅——抚顺行；（3）2004中国（抚顺）百姓生活游；（4）世界文化遗产——清永陵揭碑仪式。两大展演：（1）2004中国（抚顺）满族风情旅游节开幕式专场文艺晚会——《满情、满韵》；（2）满族歌舞大型展演。十项活动：（1）抚顺市旅游资源产品说明会暨旅游摄影作品展；（2）抚顺市旅游商品设计大赛暨展销活动；（3）满族同胞寻根问祖游；（4）满族姓氏谱牒国际学术研讨会；（5）“抚顺日报杯”满乡特色美食展；（6）爱家乡、爱抚顺“邮政杯”征文大赛；（7）振兴抚顺老工业基地大型图片展；（8）抚顺农民健身周；（9）皮划艇表演；（10）全市群众文化活动。

二、主要收获与成果。

1．宣传效果明显。坚持“群众性、广泛性、参与性”和“务实、效益”的原则策划，运作了2004中国（抚顺）满族风情旅游节。重点邀请了国内外客商、旅行商及新闻媒介记者。来自美国、法国、奥地利、荷兰、韩国、新加坡及港澳台等14个国家和地区的客商180人、国内旅行商近百人、海内外满族知名人士50人及知名学者60多人参加了节庆活动，开展经济文化交流和旅游、经贸洽谈。节庆活动期间，参与活动的来宾和游客达30万人，极大地提高了抚顺知名度和吸引力。广大市民也积极关注节庆活动，纷纷融入“百姓生活游”的旅游热潮，参与各项群众文化体育活动，振奋了精神，凝聚了力量。与沈阳清文化节组委在北京召开了风情节新闻发布会、旅游项目推介会及满族名人座谈会，中央电视台、人民日报、新华社等25家媒体对此进行了全方位报道，使风情节在举办前即赢得了国内外广泛关注。同时中央电视台、中国日报、光明日报、中国旅游报、工人日报、香港大公报、香港文汇报及省内各市电视台、报社等32家媒体50名记者应邀来抚，对旅游节和抚顺经济振兴进行全方位的宣传报道，在全国产生了较强的宣传效应，有效地提高了抚顺的关注度和吸引力，起到了让世界了解抚顺、让抚顺走向世界的推动作用。这次节庆活动还得到了国家旅游局、省政府的高度重视和省旅游局的大力支持，国家旅游局副局长张希钦、副省长李佳到会并讲话，使全市上下倍受鼓舞，更加坚定了加快旅游业发展和促进全市经济发展与繁荣的信念。

2．经济效益显著。2004中国（抚顺）满族风情旅游节是集旅游、经贸、文化、体育于一体的大型综合性节庆活动，其宗旨就是要通过旅游、文化搭台，实现经济唱戏的目的。节庆活动期间，举办了抚顺国际经贸洽谈会、抚顺旅游资源说明会，来自世界14个国家的180多个客商参加了“国有企业产权转让、工业园区招商暨蜡业发展国际推介会、经贸合作项目签约仪式、项目对接洽谈活动，与外商共签订23项投资合作协议，合同利用外资额4 290万美元，国内投资总额3.8亿元，对外贸易额2 800万美元。充分利用清永陵成功申报世界文化遗产的契机，大力推介清前史迹和满族风情旅游产品，使清永陵、赫图阿拉城等景点两个月接待量相当于过去全年接待量，与去年同期相比，经济效益提高近10倍。全国百家旅行社总经理参加了抚顺旅游资源说明会，考察了清永陵、红河峡谷漂流、三块石等重点旅游项目和10条精品旅游路线，与本市43家重点景区（点）和旅行社进行对接，建立了输送游客的合作关系，签定输送和互换游客10余万人次的协议。特别是红河峡谷漂流和清永陵项目，得到了旅行社总经理的认可，有50多家旅行社与清原、新宾达成输送游客的意向。

3．充分展示了抚顺人民的良好形象。这届风情节不仅精心策划开展了经贸活动，而且开展了丰富多彩的文化交流与群众文体活动，实现了经济效益、文化效益的双赢。举办了抚顺市旅游摄影大赛及旅游摄影作品展，征集到旅游摄影作品720幅，展出80幅，充分反映了抚顺的自然景观和人文景观。中国摄影家协会副主席王玉文、省摄影家协会副秘书长鲁义等省内外摄影专家观看了摄影展，给予了高度评价。组织了抚顺市旅游商品设计大赛暨展销活动，全市8个县区、58家旅游商品生产企业的76类502种商品参加评选和展销活动，展销会当日交易额近20万元，促进了本市旅游商品开发工作，为实现旅游商品的规模化、系列化，提高旅游业规模效益，扩大旅游就业，实现旅游富民迈出了重要一步；举办了为期3天的“抚顺日报杯”满乡特色美食展活动，省内61家餐饮企业的300多种具有东北风味、满族特色、贴近百姓生活的大众美食与市民见面，每天参观群众和消费者达1万多人，参展期间营业额近40万元，为满族特色饮食的丰富与推广奠定了基础；举办了满族姓氏谱牒国际学术研讨会，吸引了俄罗斯、丹麦、日本及国内60多位专家、学者汇集抚顺，对满族姓氏与谱牒、满族历史进行了广泛研讨，进一步丰富了满族历史文化；同时还开展了最佳旅游经营单位评比活动、“邮政杯”征文大赛、振兴老工业基地大型图片展、农民健身周、北京秧歌及民间秧歌表演、象棋县区对抗赛、社区文化等丰富多彩的群众文化体育活动。通过这些活动，进一步振奋精神、凝聚人心，形成文明向上的社会风气，为老工业基地振兴营造良好的氛围。

三、主要特点。

1．全力打造了节庆活动品牌。采取城市互动，扩大节庆活动的影响力，打造区域旅游经济。充分借助沈阳中心城市的知名度和影响力，与沈阳清文化节组委会共同打造节庆活动品牌，共同推介“一宫三陵”旅游品牌，先后多次与沈阳市委、市政府相关部门沟通对接。在时间安排上，与沈阳清文化节相衔接，成功引进了满族形象大使及满族格格大赛获奖格格参加开幕式，并将满族同胞寻根问祖游延伸到抚顺。同时借永陵成功申报世界文化遗产的契机，联手推介“一宫三陵”旅游品牌，借助沈阳在国内外的影响力和宽泛的客源市场，提高活动的影响力，不仅有利于抚顺满族风情旅游节做大做强，打造成知名节庆活动品牌，促进旅游经济的发展，而且为我市发展区域经济，打造环沈阳经济圈起到了积极的示范作用。

2．节庆活动逐步实现市场化运作。为使满族风情旅游节全面走向市场，节庆活动首次在社会公开招标，全市30多家金融、教育、房地产、医院、宾馆、美容院及大中型企业参与了活动，吸引社会资金近30万元。采取市场化运作方式，设立了宣传挂旗3 000多面，彩虹门40多个，飘球50多个，彩旗600多面，宣传条幅100多条，制作了《抚顺旅游指南》1万册、印发了《抚顺饮食》满族风情旅游节满族饮食专刊等。市场化运作取得了可喜的成果。

3．节庆活动推动了旅游经济的发展。“全国百家旅行社总经理启运之旅——抚顺行”活动策划运作中，招徕域外20多家旅行社总经理带游客千余人来抚观光旅游，并组织市内旅行社与域外旅行社进行深层次对接，大力推介本市精品特色旅游路线，吸引了外地游客，使本市主要景区（点）接待游客数量迅速增长，旅游收入明显增加。

4．节庆活动的参与性明显提高。在2004中国（抚顺）满族风情旅游节活动全过程策划中，始终把“提高活动的参与度，让市民高兴”作为一个重要原则，主要活动地点设在露天广场，让市民都能看到和体会到节日气氛，组织了“百姓生活游”活动，推出全市主要景区（点）对市民限量免票，各界代表免票旅游等项优惠措施，真正体现让老百姓过节、让老百姓高兴，增加城市凝聚力，为老工业基地振兴营造良好氛围。

5．开展了旅游业评比竞赛活动，进一步规范活跃了旅游市场。在这次满族风情旅游节中，清永陵、雷锋纪念馆、三块石国家森林公园、赫图阿拉城四家景区景点，抚顺友谊宾馆、罗台山庄、石化宾馆、天宝大厦、抚顺宾馆五家星级宾馆，抚顺中国国际旅行社等六家旅行社被评为最佳旅游经营单位。石砚松蘑（昆仑石制品工艺厂）等14件旅游商品获得最佳旅游商品设计大赛一、二等奖。《萨尔浒牧歌》等8个摄影作品获得旅游摄影大赛一、二等奖。

（张国舟）

清永陵被列入《世界遗产名录》

2004年7月1日，在中国苏州同里召开的联合国第28届世界遗产大会上，抚顺清永陵作为“中国明清皇家陵寝”的扩展项目“盛京三陵”建筑群之一，被世界遗产委员会确定为世界文化遗产。

清永陵，位于辽宁省抚顺市新宾满族自治县永陵镇西，地理坐标为北纬41°20′37″～41°20′55″、东经124°49′18″～124°49′30″，占地11 000平方米，北靠启运山，南临苏子河，与烟筒山隔河相望。群山拱卫，众水朝宗，山圣水色，钟灵毓秀。红墙璧瓦掩映于绿树林荫之中，给人以神秘、深邃、庄严、古朴的感觉。当年，清太祖努尔哈赤选定这片平阔之地为其祖辈修筑陵寝，也是相中了其独特的灵山胜水。启运山共有12座山峰，与清朝12代皇帝的任时及境遇恰好吻合。

有一首诗是这样描绘清永陵的：

清初塞外第一陵，虎踞龙盘兆帝京。
金瓦红墙依典律，坐龙五彩享尊荣。
仰吸启运山滴翠，俯饮南苏水湛清。
龙脉尤言十二岭，浮沉造化冥冥功。

作为世界文化遗产的清永陵是清代皇室的祖陵，始建于明朝晚期，最初的陵寝只是几座简陋的坟地。清朝定都北京后，于1653年（顺治十年）由顺治皇帝下令，开始对这处家族墓地按皇家陵寝的格局进行改扩建，至1676年（康熙十五年）建成。在古代，陵寝规制是十分严格的，按等级分为陵、林、家、墓、坟。帝王的坟墓才能称之为陵，圣人称为林、王公将相称为冢、大小官员叫做墓、老百姓称之为坟。清永陵埋葬的是努尔哈赤的4位祖先，他们是六世祖孟特穆的衣冠和曾祖福满、祖父觉昌安、父亲塔克世的火葬墓，还有努尔哈赤的伯父礼敦郡王和叔父塔察篇古贝勒的陪葬墓。他们本身没有做过帝王，但因对清朝历代皇帝有繁衍之功，他们也被嘉封为皇帝。因而永陵的门前没有列兽石象生、大牌坊、环陵城堡、明楼和角楼，启运殿前的月台没有汉白玉勾栏，神路石阶中央的丹陛石上素面而无云龙浮雕等等。

清永陵在吸收了南京明孝陵开创的前有方形院落，后有圆形宝城的基础上，开创了昭穆相间的兆葬之制，即长辈葬东、晚辈葬西的制度。沈阳努尔哈赤的福陵、皇太极的昭陵以及清东陵和清西陵的设置，都起源于永陵的建陵规制。清永陵的建陵规制对清朝的帝陵制度产生了久远的影响。

同时，清永陵还是中国皇家陵寝中微缩的精品。清永陵把努尔哈赤的4位祖皇帝和两座陪葬墓安葬在一座陵寝中，形成帝系子孙共葬一陵和君臣共葬一陵，使其成为祖孙相守、充满家族骨肉亲情的陵园。与此对应的是4座皇帝的神功圣德碑亭在陵寝前院呈一条直线排列，一改中国皇家陵寝惟我独尊、皇帝一人独占陵寝的传统做法，这种特殊的建陵规制在中国明清皇家陵寝中是独一无二的。

清永陵的陵寝建筑具有独特的风格，保持着浓郁的满族及其先世女真文化和民俗的特征。陵宫由下马碑、前宫院、方城、宝城、省牲所、冰窖、果楼等部分组成。周围有红色缭墙，在陵宫正门一公里的地方，左右分立下马碑，碑上用满、蒙、汉、藏、维5种文字刻着“诸王以下官员人等至此下马”的字样。下马碑往北，一条笔直的大道通向陵宫的正门。这是一座明暗3间、硬山式琉璃瓦顶的建筑，装有6扇朱漆木栅栏门。清永陵的木栅栏门，是满族先世“树栅为寨”的民俗遗风，为中国皇家陵寝所仅见。进入正红门，由东向西，面南坐北并列4座神功圣德碑，用满、蒙、汉三种文字合璧刻写，成为清朝帝陵加以继承的传统。历清朝至今，永陵的宝顶土坟上还保持着安插“佛陀妈妈”的满族祭俗。清代皇室把永陵视为“兆基帝业钦龙兴”之地，对其精心维护。先后有康熙、乾隆、道光、嘉庆4位皇帝9次前来祭祖。

清永陵代表着清初皇家建筑的艺术成就，其人文建筑和自然环境高度和谐统一，达到了“天人合一”的境界。悠久的历史使其具有独特的价值，影响深远，其中包融着深刻的东方少数民族文化内涵，是我国古代建筑艺术的伟大杰作，是中国传统文化的综合体现。解放后又经中华人民共和国各级政府半个多世纪的精心保护和管理，使历经四百多年的清永陵虽遭风雨雷电及水灾的侵损和清末战乱，但陵寝格局得到了完整保存，所有主要建筑均未受到人为损毁，地下墓室完好如初。由于各级政府重视永陵的环境保护，永陵的保护区内始终没有进行工农业项目建设和城镇建设，环境风貌得到有效保护而无改变。从而，清永陵有了申报“世界文化遗产”的条件与机遇。

1986年，国家文物局将清永陵作为“盛京三陵”（抚顺永陵、沈阳东陵和北陵）建筑群列入中国的《世界遗产预备清单》。鉴于中国目前已有29个世界文化遗产，而且，申报世界文化遗产的难度越来越大，因此，“盛京三陵”的申报战略是将“盛京三陵”作为已经成为世界文化遗产的“中国明清皇家陵寝”（明显陵、明孝陵、明十三陵、清东陵、清西陵）的扩展项目申报，以此增加成功申报的概率。

2001年6月，辽宁省政府下发了启动辽宁申报世界文化遗产的工作通知。之后，抚顺市政府致函省政府，表达了本市积极参与申报工作的态度。2001年6月4日，市政府召开清永陵申报世界文化遗产第一次工作会议，成立了申报工作领导小组。

2003年3月21日，省文化厅召集抚顺、沈阳两市文化局长和“盛京三陵”申报工作的负责人，听取了世界文化遗产委员会代表大卫·米其姆先生对文本起草的指导和申报工作时间表。至此，申报工作进入倒计时的工作阶段。

申报的全部任务有4项内容：

1．文本起草；2．编制规划；3．专项立法；4．环境整治。

文本起草和制订规划由市文化局负责。专项立法由新宾满族自治县人大常委会负责。环境整治由新宾满族自治县政府负责，市文化局配合。

按国家文物局的要求，申报文本要于2002年4月15日完成初稿。在时间紧、任务重的情况下，新宾满族自治县政府出动了大量的工作人员，对文本中涉及的108个问题提供了相关数据和资料，只用了短短的十几天，文本的编制工作就初步完成。在历经各级部门审查、翻译后，2003年2月1日，清永陵和清福陵、清昭陵3个文本合成为《盛京三陵——明清皇家陵寝扩展项目》的申报文本报送联合国世界文化遗产委员会，经审查合格，通过了预审。清永陵的文本包括《遗产的辨认》、《列入的理由》、《描述》、《管理》、《影响遗产的因素》、《监测》、《文献》等7个章节组成，全文52 000字。《清永陵保护规划》也先后通过省级专家论证和市政府的批准。《清永陵文物保护条例》2003年5月27日送省人大审议批准。

申报工作的重中之重是环境整治工作。为使清永陵的环境符合历史原貌，达到世界文化遗产的标准，有关部门首先对架设在永陵上空的各种电讯线路进行隐蔽性处理。这是一项庞大的工程，经过市政府两次协调会，2003年6月，电信、联通、移动、广播电视、农电、国防等6条架空线路全部埋入地下。

同时对永陵进行大面积的维修。陵园内排水、各殿殿顶大修、墙面维修、恢复省牲所垂花门、库房改造、下马碑加固、恢复东西红门的栅栏门、陵内铺设仿古地面砖、清除古建筑水泥勾缝和青灰罩面、移建陵前厕所等各项工程也如期完成。同时将保护范围内的75户民居全部迁走，拆除建筑面积5 138平方米。征用收回甬路两侧文物保护用地61亩，林场苗地17亩，农用耕地44亩。为使清永陵保护区内形成一定规律的绿化带，栽植了云杉、沙地柏、白榆、水腊、杨树等，绿化面积达228亩。完成了各种航拍片、电视片、图片集、幻灯片等配套要件。并建立了各类档案511卷，其中文书档案276卷、照片档案45卷2 220张、图纸档案60卷484张，记录档案130卷。

申报期间，国家文化部、文物局领导多次率专家视察永陵，对本市清永陵的申报工作给予了高度评价。

2003年9月11日，世界古迹遗址理事会专家稻叶信子女士受联合国教科文组织的委托，对本市清永陵申报世界文化遗产情况进行了考察评估。稻叶信子女士肯定清永陵保持了遗产的真实性和完整性；对清永陵的保护区建设控制地带的保护管理总体比较满意。同时，本市有关部门又遵照稻叶信子女士的建议，增设了一套先进的防火设施，配备了专用消防车，解决了消防水源问题，并增设了一套监控报警防盗监控系统，这也为清永陵的“申遗”最后成功奠定了基础。

2004年7月1日，联合国第28届世界文化遗产大会对辽宁的“一宫三陵”进行审议。晚8时，世界遗产委员会主席一槌定音，宣布中国辽宁的“盛京三陵”作为明清皇家陵寝扩展项目列入《世界遗产名录》。

（边吉烁）

专　题

中共抚顺市委追授赵景顺同志为“模范践行‘三个代表’重要思想的党支部书记”

2004年10月20日上午，中共抚顺市委追授赵景顺荣誉称号暨赵景顺事迹报告会在抚顺剧院隆重召开。辽宁省委宣传部、组织部有关领导，市主要领导及全市县处级以上领导干部1 000余人参加了大会。市委副书记张敏主持了会议。会上，赵景顺的妻子吴清香怀着无限的深情和思念讲诉了赵景顺作为一个好干部、好丈夫、好父亲、好儿子的感人事迹。赵景顺事迹报告团讲诉了赵景顺在任12年间为改变小甘河村贫困落后面貌而呕心沥血、死而后已、感人至深、催人泪下的生动事迹。市委副书记、市纪检委书记陈雍代表市委宣布了关于开展向赵景顺同志学习的决定。市委书记周忠轩作重要讲话。

周忠轩指出，听了赵景顺的事迹报告，使我们受到一次党的理想、信念和宗旨的深刻教育，净化了我们的心灵，鼓舞了我们的斗志。赵景顺同志英年早逝，让我们深感痛惜的同时，也让我们为抚顺大地又出现了这样一位模范共产党员而倍感骄傲和自豪。

在谈到今后一个时期如何深入开展学习赵景顺同志先进事迹时，周忠轩提出：

一、要充分认识在贯彻落实党的十六届四中全会精神、加快振兴抚顺老工业基地的进程中，开展学习赵景顺同志活动的重要意义。赵景顺同志是在改革开放和发展社会主义市场经济新时期涌现出的先进典型，是我市党员干部中忠诚践行“三个代表”重要思想的一面旗帜。开展学习赵景顺同志活动，是贯彻党的十六届四中全会精神，加强党的执政能力建设、永葆党的先进性的一项重要措施，是动员和鼓励全市广大党员干部振奋精神、真抓实干，加快推进抚顺老工业基地振兴发展的迫切需要。

二、各级领导干部要把开展学习赵景顺同志活动与解决事关我市党建和改革发展稳定全局的重大问题结合起来，率先垂范，全力以赴。学习赵景顺，就要像赵景顺那样，树立强烈的责任意识，对党、对人民无比忠诚，把“为官一任、造福一方”的口号，落到实实在在的行动和政绩上；树立强烈的发展欲望，在振兴抚顺、重铸辉煌的奋斗中，全力以赴，建功立业；为党的事业、人民的权益，不惜牺牲个人的利益，关键时刻能够舍得出去、豁得出来；牢固树立全心全意为人民服务的宗旨意识，为人民群众呕心沥血，鞠躬尽瘁；把清正廉洁视为自己的生命，从严律己，防微杜渐，在利欲面前经得住诱惑、守得住节操，树立和保护共产党人本色和形象。

三、全市各级党委（党组）要精心组织，领导干部要以身作则，切实推动学习赵景顺同志活动的蓬勃发展。深入开展学习赵景顺活动，既是近期市委开展的政治教育方面的一个重要活动，也是即将开始的全国性的保持共产党员先进性教育活动的前奏曲。全市各级党组织和广大党员干部，都要站在努力实践“三个代表”重要思想、加快抚顺老工业基地振兴的高度，认认真真地把学习赵景顺活动开展起来。

市委副书记张敏就贯彻落实本次会议精神提出具体要求。他要求各单位要及时传达、认真贯彻这次会议精神。要召开干部会议、党员会议，传达市委的决定，结合本单位的实际，研究制定学习赵景顺的方案和措施，迅速掀起学习赵景顺同志的热潮。领导干部要带头学习赵景顺事迹，弘扬赵景顺精神。在学习过程中，要坚持集中学习和分散学习相结合，要把学习赵景顺同志事迹同学习贯彻十六届四中全会精神相结合，对照中央要求，对照赵景顺的事迹找找自己在思想、作风等方面的差距，加紧改进和提高。要把学习赵景顺的活动同振兴老工业基地的伟大事业结合起来，通过开展学习活动，促进各项任务的完成。

（边吉烁）

国务院振兴东北办等有关部门来抚调研

2004年10月11日至12日，国务院振兴东北办副主任宋晓梧率国务院调研组来抚，在市委书记周忠轩，市委副书记、代市长刘强，市委常委、秘书长袁方，常务副市长孟凌斌，副市长乇绍华、王宁，市政府秘书长钱程广等领导的陪同下，深入到棚户区和采煤沉陷区进行了工作调研，并较全面地了解了我市经济社会的情况。全国政协的两位同志参加了调研。

调研组先后视察了西露天矿和东洲区莫地沟、青草沟、栗子沟、虎中社区、茨沟等地的棚户区；察看了采煤沉陷区情况；视察了正在建设的采煤沉陷区居民搬迁安置小区和部分企业，召开了棚户区居民代表座谈会；听取了市委副书记、代市长刘强的汇报和抚顺矿业集团、抚顺矿业集团集体局的情况汇报。

本着实事求是反映问题，争取国家支持，切实解决本市目前经济发展中存在困难的态度，刘强代市长汇报了本市棚户区改造情况；采煤沉陷区综合治理情况；抚顺的经济社会发展情况和存在的主要问题。他在汇报中谈到，虽然抚顺的振兴实现了良好的开局，但作为老工业基地和煤炭资源枯竭叠加的城市，由于长期以来受计划经济的影响较深，使得结构性和机制性矛盾突出，历史包袱和各种欠账过重，老工业基地的共性问题和煤炭资源枯竭型城市的个性问题非常严重且互相交织，严重影响了全市的改革和经济社会发展进程。对存在的问题，市委、市政府正采取各种措施尽力解决，但有些困难和问题仅靠抚顺自己的力量难以做到，因此恳请国家给予必要的支持和帮助。刘强代市长表示，当前我们既面临困难和压力，更拥有巨大的优势和潜力。我们有决心，有信心，抓住机遇，苦干实干，把抚顺的事情办好。如果国家和省再帮我们一把，我们就一定能够使抚顺早日摆脱困境，实现振兴，向党和人民交上一份满意的答卷。

调研组的同志在经过深入调研并听取了市委、市政府的汇报后，表示要把这次调研的情况和有关建议如实地向上反映，争取在政策上和资金上给予抚顺市支持和帮助。国务院振兴东北办副主任宋晓梧最后代表国务院调研组作了总结发言，他说，这次来抚调研虽然时间短，但抚顺市委、市政府做到了使调研活动真实、公开，我们了解了真实的情况，感受很深，思想触动很大。他指出，振兴东北要落实科学的发展观，要让全社会的人合理分享经济发展的成果。对抚顺的情况他表示要进行深入分析，认真研究，提出解决问题的具体意见和建议。

陪同调研的辽宁省副省长许卫国在各位领导的表态后说，要把这次调研活动作为老工业基地振兴的动力和契机，作为解决问题的起点，力争尽快解决问题，做好改革、发展、稳定、社会扶贫保障体系等大文章，为广大人民群众谋利益、办实事。

市委书记周忠轩代表全市人民对调研组表示衷心的感谢。他表示要尽最大努力把发展的问题谋划好，把人民群众的困难解决好。他指出，我们应该让为共和国做出贡献的人民群众一起享受到改革开放带来的成果，在党中央、国务院的支持帮助下尽快解决目前存在的问题，使抚顺早日重振雄风、再铸辉煌。

市人大常委会主任尹文、市政协主席陈家洱及本市有关部门的负责同志出席了汇报会和交换意见会。

（边吉烁）

抚顺市国企改革工作稳步进行

近几年来，抚顺市的国企改革工作，在市委、市政府的领导下，取得了一定的成绩，一些企业改革后，体制和运行机制都发生了明显的变化。据对7户已改制的重点企业调查，改制后投入技术改造资金和流动资金达6亿多元，企业活力明显增强。本市的国企改革虽然取得了一定的成绩，但从总体上看，改革的步伐不快，进展缓慢。国企改革的任务还相当艰巨，难度也相当大，不仅有思想观念上的阻力，而且更重要的是改革的成本难以支付。抚顺是个典型的重工业城市，同时也是资源枯竭型城市，国有企业数量多，国有经济比重大，国有企业改革的进程如何，直接关系到抚顺经济的振兴，关系到国家振兴东北老工业基地战略部署的实施。正是在这样一个历史背景下，市委、市政府果断做出决策，进一步加快国有企业改革步伐，本着国有经济有进有退、有所为有所不为的方针，将首批48户企业推向市场，进行股份制和多种形式的产权制度改革。

在这些企业中，有相当一些是在地方经济发展中举足轻重、有很大影响力的企业。

把这些企业推向市场，在进行股份制和多种形式的产权制度改革时始终坚持四条基本原则。

一是国有资产保值增值的原则。无论国有企业采取何种形式的改革，都要坚持依法办事，对企业的清产核资、财务审计、资产评估严格把关，涉及国有股权、产权转让的，都要坚持挂牌上市交易，提高改革的公开性和透明度，确保国有资产不流失，债务不悬空。

二是做大做强的原则。就是要通过建立新体制和新机制，来构建企业快速发展的动力机制。在投资者的选择上，选择那些已经完成资本积累、有雄厚资金实力的投资者，拒绝淘金和投机炒作者。在改制方式和方案的选择上，注重改制后可使企业快速发展，做大经济总量，增加财政收入。

三是促进就业的原则。在国有企业的改革方案和组织实施中，都要明确改革后的企业要优先录用原企业职工，并且通过发展生产，扩大规模，不断增加就业岗位。

四是保持社会稳定的原则。正确处理好改革、发展、稳定的关系，在改革过程中要按现行政策，认真测算改革成本，并认真落实。改革成本按支付时间分为两项，即近期成本和远期成本。近期成本是指解除职工劳动合同的经济补偿金（或破产企业的职工安置费）；拖欠的各种费用，如工资、集资、医药费等；欠缴的各项社会保险费。这三项费用属于一次性费用，是企业改革后首先要支付的。远期成本是指企业改革后，按政策应继续支付的各类人员发生的费用。如离退休人员取暖费、医药费等费用，确保职工利益不受侵犯，保持大局的稳定。

把企业通过新闻媒体向社会公布，一是体现了市委、市政府对国企改革的决心和力度；二是为了广泛吸引社会各界关注和积极参与国企改革，为本市的经济发展注入新的生机和活力，振兴抚顺老工业基地。因此，对参与者不受经济性质、区域、国藉等限制。但是，由于改革涉及到国有企业股权转让、产权的出售等问题，因此，对受让方的资质、商业信誉、经营情况、财务状况、管理能力、资产规模等，需要提出必要的受让条件。主要有：具有良好的财务状况和支付能力；具有良好的商业信用；受让方为自然人的，应当具有完全民事行为能力；受让方为外国及中国香港特别行政区、澳门特别行政区、台湾地区的法人、自然人或者其他组织的。受让企业国有产权应当符合国务院公布的《指导外商投资方向规定》及其他有关规定。

国有企业改革是一项政策性很强的工作，涉及出资人、债权人、企业和职工多方面的利益，既要积极探索，又要规范有序。这方面，国务院第378号令《企业国有资产监督管理暂行条例》、国办发［2003］96号文件《国务院办公厅转发国务院国有资产监督管理委员会关于规范国有企业改革工作意见的通知》以及国资委2003年第3号令《企业国有产权转让管理暂行办法》都有明确的规定。结合本市的国有企业实际，国企改革要遵循下列程序：

一、企业改革的决策。

国有企业改革无论是采取重组、联合、兼并、合资、股份制和转让国有企业产权等何种形式，都要按企业决策程序决策。即召开总经理办公会（国有独资企业）或董事会（国有独资公司或控股公司）进行可行性研究，形成书面决议。

二、国有企业改革的确定和组织实施。

在企业决策的基础上，由企业的主管部门提出意见，报市国有企业改革领导小组办公室（以下简称改革办）审核，并提交市国有企业改革领导小组（以下简称领导小组）审查通过后，纳入改革计划，统一部署，企业主管部门负责组织实施。

三、国有企业改革的基础工作。

凡列入改革计划的国有企业，都要在主管部门的组织下严格做好基础工作。①清产核资。对改制的决议形成后，企业要在同级清产核资办公室的组织下，全面开展清产核资工作。核对账目，核实各项资产、负债，核实和界定国有资本金及权益，认定和核销各项资产损失。②财务审计。在清产核资的基础上，由企业主管部门聘请具备资格的会计师事务所进行财务审计。如果改制为非国有控股的企业，还要对法人代表进行离任审计。③资产评估。在清产核资和财务审计的基础上，由企业主管部门聘请具备相关资质的评估机构，进行资产评估和土地使用权的评估。资产评估结果经同级财政部门核准生效。

四、企业主管部门对改革方案的初审。

在做好各项基础工作的同时，企业要在企业主管部门的组织下制订改革方案，企业主管部门对企业的改革方案要召开专题会议进行初审，初审通过后上报市改革办。同时要求改革方案需提交职工代表大会或职工大会审议，充分听取职工意见，其中职工安置方案要经职工代表大会或职工大会审议通过。

五、改革方案的论证。

改革办对企业改革方案的论证采取论证会方式进行，即由领导小组的成员单位（以下简称成员单位）及相关部门参加的专题会议。各成员单位代表各部门，对改革方案涉及到的问题依各部门的职能进行审查，并由单位主要领导签署意见后，以书面形式反馈改革办。

六、改革方案的审定。

由改革办将论证会通过的改革方案报领导小组，领导小组例会对改革方案涉及到的改革方式、职工安置、偿还内欠、接续社会保险及改革后企业的发展等重要问题进行研究和审定。

七、改革方案及转让产权的批准及实施。

经领导小组审定的方案报同级人民政府批准。对经政府批准的改革方案，由企业主管部门负责组织实施；各相关职能部门负责落实应由本部门办理的事项；对于不按方案及时落实的事项，由国企改革办公室负责催办；经催办仍不落实的，由市政府督查办负责督办。

八、上市交易。

对经政府批准的改单企业，凡涉及到国有股权、产权转让的事项，都要按资产评估价格公开上市交易，交易信息按规定进行公告。如交易价格高于评估价90%则直接成交，否则要停止交易，由政府重新研究确定底价再上市交易。

产权转让信息应当包括下列内容：转让标的的基本情况；转让标的企业的产权构成情况；产权转让行为的内部决策及批准情况；转让标的企业近期经审计的主要财务指标数据；转让标的企业资产评估核准或者备案情况；受让方应当具备的基本条件；其他需披露的事项。成交后企业凭政府的批准手续办理产权和各种登记的变更手续。

上述国有企业改革工作程序中的各个环节的具体操作和应具备的各种法律要件，要严格按《企业国有资产监督管理暂行条例》（国务院令第378号）、《国务院办公厅转发国务院国有资产监督管理委员会关于规范国有企业改革工作意见的通知》（国办发［2003］96号）、《企业国有产权转让管理暂行办法》（国资委2003年第3号）、《国有企业清产核资办法》（国资委2003年第1号令）的有关规定执行。

（边吉烁）

中共抚顺市委下发《关于进一步繁荣发展哲学社会科学的实施意见》

2004年11月，中共抚顺市委下发《关于进一步繁荣发展哲学社会科学的实施意见》(以下简称意见)，提出要认真贯彻落实中央、省委关于繁荣发展哲学社会科学的要求，在振兴抚顺老工业基地的伟大实践中，实现哲学社会科学事业的振兴。

《意见》分六部分：一、充分认识哲学社会科学的重要地位和作用；二、繁荣发展我市哲学社会科学的指导思想和基本任务；三、建立健全适应新形势需要的哲学社会科学管理体制和工作机制；四、采取切实措施，加大对哲学社会科学的投入，拓展发展空间；五、加强哲学社会科学队伍建设；六、加强领导，为哲学社会科学繁荣和发展提供强有力的保障。

《意见》指出，哲学社会科学是推动历史发展和社会进步的重要力量，承担着认识世界、传承文明、创新理论、咨政育人、服务社会的重要功能。繁荣发展哲学社会科学，事关党和国家事业发展的全局，事关我市改革开放和“三个文明”建设的全局。哲学社会科学的研究能力和成果是我市综合实力的重要组成部分。在建设中国特色社会主义和振兴抚顺老工业基地的进程中，哲学社会科学具有不可替代的重要作用。因此，一定要从我市经济社会发展的全局高度，增强责任感和使命感，把繁荣发展哲学社会科学作为一项重大而紧迫的战略任务切实抓紧抓好，在振兴抚顺老工业基地的伟大实践中把我市哲学社会科学事业推向新阶段。

《意见》指出，繁荣发展我市哲学社会科学必须坚持马克思主义的指导地位不动摇，坚持以马列主义、毛泽东思想、邓小平理论和“三个代表”重要思想统领哲学社会科学工作，把马克思主义的立场、观点和方法贯穿到哲学社会科学工作中，用发展着的马克思主义指导哲学社会科学。要遵循哲学社会科学发展规律，坚持“二为”方向和“双百”方针，坚持“一个中心，三个着眼于”，解放思想、实事求是、与时俱进，着力研究、回答抚顺改革发展中的重大理论问题和实际问题，推进我市物质文明、政治文明、精神文明协调发展及人的全面发展，为实现我市全面建设小康社会的宏伟目标提供强有力的思想保证、精神动力和智力支持。

《意见》确定了繁荣发展我市哲学社会科学的主要任务：深入推进马克思主义理论研究，用发展着的马克思主义指导新的实践；紧密联系抚顺改革开放和现代化建设实际，从理论与实际的结合上找出认识有深度、实践操作性强的对策措施，为振兴抚顺老工业基地提供强有力的理论支撑；积极推进哲学社会科学工作的体制创新和机制创新；重点建设好一些优势学科和具有地方特色的学科；适应振兴抚顺老工业基地、全面建设小康社会的需要，造就一支高水平的哲学社会科学工作队伍；加强哲学社会科学的宣传和普及工作，加快推进哲学社会科学信息化建设；不断地提高全市人民的哲学社会科学素质。

《意见》指出，要深化哲学社会科学管理体制改革。适应社会主义市场经济要求和当代哲学社会科学整体化、综合化的发展趋势，整合哲学社会科学研究资源，优化资源配置，促进优势学科和重点项目的建设，逐步形成由市委、市政府统一领导，科研单位、党校系统、高等院校和实际工作部门相互配合、分工负责、运转协调的管理体制。要坚持“立足地方、侧重应用”的原则，着重围绕抚顺地区经济社会发展的实际，开展应用对策研究，逐步实行课题研究招标制，形成以项目为纽带、以课题负责人为龙头的研究机制。要深化哲学社会科学教学改革，改革教学内容和教学方法，积极推进教学手段的现代化。要深化哲学社会科学规划体制改革。加快建立科学规范的课题立项规划引导机制，发挥好哲学社会科学研究项目经费的扶持和引导作用，把哲学社会科学研究引导到为党委和政府决策服务、为社会主义现代化建设服务上来。要按照透明、公正、竞争的原则，改革市哲学社会科学研究基金项目评审制度，重点支持涉及抚顺地区改革开放和经济社会发展的重大理论和现实问题研究项目。要强化和规范哲学社会科学科研规划管理，着重做好哲学社会科学科研课题的申报、立项、检查督促、课题论证、成果评估、成果运用和转化等工作，保证我市哲学社会科学科研工作走上科学化、规范化、程序化的轨道。要建立和完善我市哲学社会科学学术成果评价机制和奖励制度。积极推进哲学社会科学研究成果的转化，依法保护哲学社会科学成果的知识产权。

《意见》强调，要加大对哲学社会科学事业的投入，加大对哲学社会科学单位特别是抚顺市社会科学院的财政支持。逐步建立完善哲学社会科学发展的多渠道融资投资体制。保证我市哲学社会科学事业的经费和哲学社会科学研究资金逐年递增。加强哲学社会科学科研基地建设。广泛应用电子信息等现代科学技术，加快实现我市哲学社会科学研究手段的现代化。

《意见》指出，要加强哲学社会科学人才队伍建设。下大力气培养和造就一批理论功底扎实、勇于开拓创新的学科带头人，培养和造就一批年富力强、政治和业务素质高、勇于进取的中青年理论骨干。要深化哲学社会科学人事制度改革。

建立既能体现哲学社会科学特点，又能发挥市场作用的开放、灵活的人才配置机制，鼓励人才合理流动，改革、完善职称评聘体制，加快实行聘用制的步伐。要加强哲学社会科学队伍思想道德和学风建设，在全市哲学社会科学工作者中倡导并形成崇尚诚实劳动、鼓励科研创新、遵循学术道德、保护知识产权的良好氛围。

《意见》强调，要加强党对哲学社会科学工作的领导，各级党委和政府要高度重视哲学社会科学工作，全面贯彻落实中央和省委的有关方针政策，努力把握和认真遵循哲学社会科学发展规律，改革领导方式，提高领导水平，为繁荣我市哲学社会科学创造良好的政治环境。《意见》要求，各级领导干部要带头学习和运用哲学社会科学，要建立哲学社会科学部门和专家参与决策的制度，定期听取社科部门和社科专家对经济社会发展的咨询意见，把哲学社会科学优秀成果运用于各项决策中，使哲学社会科学界真正成为党和政府工作的“思想库”和“智囊团”。

《意见》指出，要坚持党管干部、管人才的原则，加强哲学社会科学单位的领导班子建设，注意发现和培养忠于马克思主义，政治素质和理论素质高的中青年干部。要进一步加强哲学社会科学群众团体和学术性社团的组织建设，大力加强对哲学社会科学的宣传，充分发挥哲学社会科学的社会作用。

《意见》最后指出，各级党委和政府要全面落实党的知识分子政策，团结一切可以团结的力量，充分发挥广大哲学社会科学工作者的积极性、主动性和创造性，引导他们始终坚持正确的政治方向。要与社会科学工作者广交朋友，关心他们的学习、工作和生活，尊重他们的劳动，虚心听取他们的意见，帮助他们解决一些实际困难，鼓励他们为繁荣发展我市哲学社会科学事业辛勤探索，努力工作，不辜负时代赋予的光荣使命，为振兴抚顺老工业基地做出应有的贡献。

（边吉烁）

抚顺市政府采购工作健康发展

几年来，抚顺市政府采购工作在市委、市政府的正确领导下，在相关部门的积极支持和配合下，勇于探索，开拓进取，与时俱进，创造性地开展工作，逐步扩大政府采购规模，不断提高管理水平，取得了显著的经济和社会效益。尤其是2003年《政府采购法》的颁布实施，使政府采购工作日益走向制度化、法制化。2003年是《政府采购法》实施的第一年，抚顺市财政局紧紧抓住这一机遇，以贯彻实施《政府采购法》为契机，在采购预算和计划滞后、财政资金紧张、采购规模增长缓慢的情况下，千方百计采取措施，扩大采购规模，规范运作，开创了政府采购工作新局面。

1．组建机构，确定职能。1999年，按照国家财政部体制改革总体要求，抚顺市成立了政府采购管理办公室和抚顺市政府采购中心，标志着我市政府采购工作开始正式运行。政府采购管理办公室的主要职责是：负责政府采购预算和计划的编制、下达；负责政府采购的资金拨付，负责政府采购工作管理。政府采购中心的职责是：按采购计划具体组织实施政府采购。

2003年，经省财政厅审核，抚顺市工程管理中心和抚顺市建兴工程招标有限公司为我省及我市政府采购代理机构。

2．建章健制，规范运作。为使政府采购工作规范有效地开展，市政府、市监察局、市财政局相继出台了各项政府采购规定和管理办法，主要包括《抚顺市政府采购管理办法》、《关于进一步加强政府采购工作的意见》、《加强政府采购管理的意见》、《抚顺市违反政府采购法行为的党纪政纪处分和行政处罚暂行规定》、《政府采购预算编制的方法》、《财政局政府采购内部运作程序》、《政府采购招投标代理业务的通知》等。

3．实施采购，成效显著。5年来，我市共实施政府采购近1 000个项目，累计完成采购额40 483万元。其中：本级完成31 675万元，县区完成8 807万元；工程采购完成18 738万元，货物采购完成20 557万元，服务采购完成706万元。累计节约资金2 428万元。

4．宣传培训，提高认识。2000年和2001年，市政府连续两年召开全市政府采购工作大会。2001年组织全市财政系统政府采购业务培训。2002年政府采购法实施前夕邀请省财政厅主管政府采购工作的领导来我市作采购法专题讲座。2003年，组织全市机关、事业单位的《政府采购法》知识辅导，参加全省政府采购“雪弗兰”杯竞赛，获得优秀组织奖。

5．加强监管，措施到位。1999年下半年，开展了对各预算单位、采购办、采购中心政府采购项目的专项检查。1999年以来编报政府采购计划，按确定的政府采购方式规范采购，招投标采购，纪检、监察部门全过程参与监督；对大宗的涉及面广的采购项目邀请公证处、技术监督部门参加，提供各种保证质量的数据和资料，保证了采购的公开透明。

（边吉烁）

抚顺市确定实施25项农业产业化重点项目

党中央、国务院明确提出“扶持农业产业化就是扶持农业，扶持龙头企业就是扶持农民”，为把农业产业化发展做为促进农村经济发展的大战略，农业部等八部委制定了《关于扶持农业产业化重点龙头企业的意见》，从财政、税收、信贷、外贸等方面制定了扶持政策。省委、省政府做出决定，把2004年确定为全面推进农业产业化年，以加速产业化进程，促进农民增收来统领2004年的农业和农村工作。据此，抚顺市提出了2004年农业产业化重点项目的指导原则和基本思路。即：抓好农业产业化重点项目，必须紧紧围绕农业和农村经济结构的战略性调整，坚持以市场为导向，以提高农产品市场竞争力，提高农业效益水平，增加农民收入为目标，以产业化基地和农业园区为依托，以公司加基地加农户为纽带，采取政府扶持、多渠道筹集资金的方式，按照“扶优、扶强、扶大”的原则，重点培育一批产业关联度大、技术装备水平高、经济实力雄厚、带动能力强的龙头企业和企业集团，实现农产品由初级加工向精深加工的转变，并创出一批具有本地特色的优质农产品品牌，占据国内外市场更大的份额，通过产业化项目牵动，真正形成我市独具特色的农业产业化体系。

按照上述指导原则和基本思路，本市2004年的农业产业化经营要以项目建设和产业链对接为切入点，按照“五个一”的工作模式，推进龙型经济的发展。即：围绕区域特色主导产业，配套建设一个核心龙头企业或专业批发市场，一个农业科技示范园区，一个无公害标准化生产基地，一个产品质量检测中心，一个专业合作经济组织。通过实施这种工作模式，把农业主导产业做大做强，增强龙头企业对产业发展的牵动作用，带动十万户以上农户参与产业化链条运转，并拉动相关产业的发展，使更多的农民从第一产业转移到第二、三产业就业，转移劳动力万人以上。产业化重点的整体推进，可使农民从中得到更多实惠，农业产业化经营收入每年可占到农民人均收入增长的80%。通过加速推进产业化重点龙头企业建设，全面提高农产品深加工水平和商品率。全市粮食加工率要达到60%，蔬菜加工率达到30%，山野菜、中药材、食用菌加工率均达到60%，畜产品加工率达到65%，农产品综合加工率达到60%以上。通过农产品为原料的加工业产值达到46亿元，经过精深加工的农产品批量进入市场的比重达到70%以上。

经过至下而上认真筛选，反复会商论证，我市确定2004年农业产业化重点项目25项，计划总投资141 962万元，其中2004年计划投资69 575万元。

按建设项目分：在25项重点项目中，新建项目12项，总投资额为66 735万元，其中2004年计划投资额为39 835万元；续建项目9项，总投资额为65 860万元，其中2004年计划投资额为22 900万元；扩建项目4项，总投资额为9 367万元，其中

2004年计划投资额为6 840万元。

按产业项目分：这25项农业产业化项目，涵盖了我市中药材、畜禽、山野菜、优质米、食用菌、果品以及木制品深加工七大主导产业。

1. 中药材深加工项目9项，总投资额44 865万元，其中2004年计划投资31 741万元；

2. 畜禽产品深加工项目4项，总投资额15 600万元，其中2004年计划投资6 200万元；

3. 山野菜（包括蔬菜）深加工项目3项，总投资额6 400万元，其中2004年计划投资3 100万元；

4. 食用菌深加工项目2项，总投资额5 634万元，其中2004年计划投资3 034万元；

5. 食品加工项目2项，总投资额7 063万元，其中2004年计划投资4 000万元；

6. 优质米深加工项目1项，总投资额5 000万元，其中2004年计划投资800万元；

7. 粮食加工项目1项，总投资额20 000万元，其中2004年计划投资4 000万元；

8. 果品加工项目1项，总投资额18 800万元，其中2004年计划投资2 000万元；

9. 木制品深加工项目1项，总投资额14 600万元，其中2004年计划投资8 000万元；

10. 种奶牛繁育中心项目1项，总投资额4 000万元，其中2004年计划投资4 000万元。

按投资主体分：在2004年产业化重点项目投资6.96亿元资金总额中，来自外地资本5.16亿元，占投资总额的74.2%；金融部门投资1.1亿元，占投资总额的15.8%；民间资本投入0.7亿元，占投资总额的10%。

在抓好2004年的全市农业产业化重点项目中，重点突出了5个方面的工作。一是抓领导到位。市县乡各级政府成立产业化重点项目领导和组织机构，制定联席会议制度，明确职责，简化办事程序，为龙头企业发展壮大营造良好的环境。二是把龙头企业做强。对纳入产业化扶持的龙头企业，不分所有制形式，在资金、税收、用地等方面给予优惠。同时鼓励龙头企业内部机制创新，加强企业改革和技术改造，提高核心竞争力。三是建立多渠道筹集资金的投资机制。确定产业化重点龙头企业为投资主体，政府给予适当的资金扶持，用于企业引进先进技术、引进设备和产品开发。企业可采取多种方式融通资金，用于项目投资和企业技术改造。四是合理规划产业化重点项目。围绕发展农业产业化经营，推进农业产业结构调整，搞好科学规划，优先发展农产品流通、深加工和农业高新技术应用项目。五是加强项目监督和管理。要制定相关的农业产业化重点项目管理办法及项目资金管理办法，明确责、权、利关系，建立项目进度、资金拨付、项目审计和年终考核等制度，使产业化项目管理更趋制度化、科学化、系统化、规范化。

（边吉烁）

抚顺市帮扶青海省循化撒拉族自治县脱贫成效明显

为了缩小我国东西部地区经济和社会发展的差距，国家组织东部发达省市对口支援西部省区。抚顺市在省委省政府的安排下接受了帮扶青海省循化撒拉族自治县脱贫的工作任务。市委市政府站在促进国家稳定、民族团结、共同发展的政治高度，动员组织起全市各界的力量，在经济十分困难的情况下给予青海省循化撒拉族自治县人力、物力、财力上的支持和帮助。从1997年初开始到2004年，帮扶工作已历经8年。由于我市的帮助，推动了青海省循化县脱贫解困的进程和经济与社会的发展，在青海省循化县的发展史上我市用兄弟友情和爱心写下了辉煌的一章。我市在帮扶工作中发生的感人故事，反映出了我们和兄弟民族之间的骨肉亲情。

海东地区是青海东部一颗璀璨的明珠。早在新石器时代，这里就留下了人类先祖的足迹，自古有“山川毓秀，物华天宝”之誉。然而，由于受历史和自然条件等诸多因素的影响，在全区八县中，有五个是国家贫困县；全区210万人口中，还有近40万人未能解决温饱问题。贫困县之一的循化撒拉族自治县总人口11.03万人，其中撒拉族占60.31%、藏族占23.25%、回族占8.69%。由于地理位置偏僻，自然条件恶劣，资源缺乏，人多地少，文化教育落后，经济及社会各项事业发展长期处于徘徊状态。1997年全县实现国内生产总值仅1.08亿元，农牧民人均收入仅620元，有近三分之一的人口处在贫困线以下。

1997年初，辽宁省委、省政府决定由抚顺市对口帮扶循化撒拉族自治县。接受任务后，市委、市政府十分重视这项工作，多次召开专门会议进行研究部署。成立了抚顺市帮扶循化县领导小组，分管市长挂帅并指定市计委牵头组织具体实施。市委、市政府派有关人员深入循化县的贫困乡镇和贫困村，走访了贫困户家庭和企事业单位，写出了翔实、准确的考察报告供市委、市政府在制定帮扶措施时参考。根据这个报告，抚顺市和当地政府共同确定了帮扶工作的思路，决定组织动员全社会力量，充分发挥我市经济、科技优势，以开发促扶贫，先输血再造血，大力发展“两高一优”农业，扶持县乡工业、社会事业，力争三年内帮扶循化县解决温饱问题。要帮助循化县解决农牧民温饱问题，重点扶持发展农牧业；脱贫先治愚，优先扶持发展教育事业；增加农牧民收入，帮助和指导发展县乡工业。根据这一思路，抚顺市政府与循化县政府签署了帮扶协议书。协议书上明确了抚顺市从发展农牧业方面、发展教育卫生事业方面、发展县乡工业方面给予循化县全方位的经济、技术援助的具体内容。

帮扶工作展开之后，抚顺市的几任市级主要领导多次去循化县检查帮扶工作，全市有十几个部门多次到循化县对口单位研究帮扶项目，市计委领导多次往返两地落实帮扶项目资金，全市人民为兄弟民族献出物力、财力毫不吝惜。

据统计，8年来，抚顺市帮扶循化县总投入达1 200万元，同时，投入人力、物力，采取多种形式帮助循化县谋求发展，实现从输血到造血的根本性转变。如今的循化县人均收入从1995年的420元递增到现在的900余元，GDP也由不到1个亿提高到世纪末的3亿元，这个数字的诞生，与抚顺市的帮扶有着千丝万缕的联系。

为解决循化县农牧民生活困难，抚顺市组织支援循化县粮食60吨，其中大米20吨、玉米40吨；支援购买救灾粮款80万元，帮助移民调庄100户；组织全市人民共捐棉衣棉被等生活物品30万余件。孟达山6 000亩节水灌溉工程是循化县一项枢纽性重点农业工程，投资很大，但经济效益可观，我市及时支援工程款300万元，加快了该工程的施工进度，保证了工程质量。为支持循化县种植结构调整，发展“两高一优”农业，我市支援“4225”小麦建设良种基地20万元，使农产品得到优化，每亩增产15%。为积极推进循化县特色农业发展，建设两椒一果基地和绒山羊生产基地，我市先后送去绒山羊100只和配套费用10万元。为帮助循化县发展现代农业，我市每年支援优质高效复合化肥近百吨，支援资金建设柴胡基地、“辽宁红南果梨”示范园30亩，60亩云杉苗圃一处，9 000亩果园改造等等。这些项目都为循化县经济发展发挥了巨大的经济效益和社会效益。

基于循化县的实际，我市把提高循化县教育水平放在整个帮扶工作的重中之重。1997年，我市出资60万元援建西滩希望小学、尕楞中心小学等3所小学校，并出配套设备资金10万元，经过4个月的建设投入使用，解决了当地农牧民儿童上学难的问题。适龄儿童升学率由62%提高到89%，尤其是女童的入学率显著提高。当年，我市又出资20万元，作为教育资金赠与循化县政府，以帮扶更多的失学和辍学儿童上学，并决定每年援助30万元教育扶贫资金，救助失学儿童460名，每人每年补助120元，救助范围达10个乡镇学校和县女子学校。此外，我市还帮助解决了县女中和藏文中学的危房改造等项目，接受了培养培训循化县医疗卫生人员，支援一定数量的医疗设备装备农村卫生院的任务，促进了循化县的文教卫生事业的快速发展。

市政府每年为循环县代培50名高中生，仅此一项工作，我市前3年内已出资164万元，另外还有校舍改造和其他费用开支，总投资达到300多万元。第一批学生于1997年正式来我市学习。迄今先后已有174名循化县撒拉、回、藏、土家族学生来抚在市第五中学读高中。他们毕业后，90%以上考上了大学，有的同学考上了北方交大、西安交大等名牌大学。此事轰动了整个循化县，成为循化县历史上破天荒的大事。为积极鼓励循化县领导和企业按开发大市场的经济规律办事，把循化县特产品推向外地，1997年，我市以优惠条件帮助循化县在抚顺最大的商场——百货大楼和抚顺商场设专柜，营销该地区生产的牦牛毛衫，在很短的时间内，就取得了可观的经济效益。

随着国家西部开发战略的逐步实施，抚顺市对循化县的支援帮扶工作也在逐年深入。近年来，市计委积极协调有关部门研究支援帮扶的新方向和新项目，初步确定要在短时间内，帮助循化县加快实现信息现代化，建立一个沟通外部世界的农业信息网，发挥广播电视和信息化在现代经济工作中的作用，通过网络推动循化县走出青海，走向全国。

（边吉烁）

专 文

执政能力首先是领导改革发展的能力

中共抚顺市委书记 周忠轩

一、认清形势，统一思想，切实增强打好打胜国企改革攻坚战的紧迫感和责任感。

党的十六届四中全会做出决定，要切实加强党的执政能力建设。加强党的执政能力建设，体现在我们党领导发展的能力上，具体体现在我们领导国企改革的能力上。抚顺既是老工业基地，又是资源枯竭型城市，在建立社会主义市场经济体制的过程中，我们面临的矛盾和困难是叠加的，这些矛盾和问题，最核心、最本质，也是最迫切需要解决的，就是所有制结构单一，国有经济比重过大，特别是国有企业的经营机制不灵活甚至极端落后。抚顺老工业基地要想获得新生，必须忍受体制转轨和经济转型带来的阵痛，痛下决心，坚定不移地推进国有企业改革。

可以说，当前我们抚顺的发展既有国家和省里的支持，又有全市广大干部群众求发展、盼振兴的浓厚氛围，机遇确实是千载难逢。但是，越是在机遇好、条件优的情况下，我们越要保持清醒的头脑。党的十六届三中全会明确提出要用新思路、新体制、新机制、新方式走出老工业基地振兴的新路子，如果我们仍然守着旧的体制和机制不放，就不可能争取到更多的政策、资金和项目支持，再好的机遇也会白白错失。我们常讲抚顺的发展要“内生动力，外借助力”。这个动力不仅体现在我们具有振兴抚顺老工业基地的信心和决心上，更要体现在通过体制转换加快形成抚顺发展振兴的内在驱动力上，体现在企业活力增强、市场竞争能力提高上。从这个意义上讲，进一步深化国有企业改革，着力推进体制和机制创新，消除不利于经济发展的体制和机制性障碍，从而不断增强老工业基地调整改造的内在活力，是实现抚顺发展振兴的关键环节和重要前提。

当前，大力推进国企改革，打好打胜这场攻坚战，我们正面临着难得的历史机遇。这主要表现在：一是国企改革的政治环境越来越宽松。二是外部发展环境对我们越来越有利。三是国家的各种政策和投入支持比较到位。四是多年的改革使我们积累了丰富的经验。五是上下认识比较一致。当然，综合分析各方面情况，当前强力推进国企改革，对我市可以说是既有紧迫性又有艰巨性。从紧迫性上看，一是各地以国有资本退出和理顺劳动关系为标志的企业改革已进入尾声或已基本完成，同处省内的大连、沈阳、营口等城市也已经领先我们一步。二是国家给予国企改革中契税方面的优惠政策在2005年12月底以前将到期，这实际上已经明确了国家支持国企改革的最后时限。三是《破产法》正进行最后阶段的修改和审议，经过修订后的《破产法》增加了保护债权人的相关条款，企业进入破产程序的难度也将加大。四是未改制的企业多数处于停产或半停产状态，改革每拖一年，安置成本就将增加一块。从艰巨性上看，主要体现在我市国企改制的推进速度仍比较缓慢，还有大量的工作需要我们去完成。对此，全市上下特别是各级领导干部必须有一个充分的认识，从而以更大的信心和决心，以更强有力的措施和办法，切实加快国有企业改制步伐。

二、统筹兼顾，科学谋划，整体推进改制工作。

对于各级领导干部来讲，能否深入开展好国有企业改制工作，既是对大家的一次严峻考验，也是一个难得的锻炼机会；是对同志们党性修养的一次大锤炼，更是对党的十六届四中全会提出的增强党的执政能力建设的一次大练兵。各级领导干部一定要在思想上高度重视这次国企改制工作，在具体工作中切实加强对改制工作的领导，进一步加大组织协调和推进力度，努力推动企业改制工作的顺利进行。各级党委及组织、人事部门，也要把企业改制工作作为考核领导干部工作能力和领导水平的一个试金石，对那些不关心企业改制、不积极参与企业改制、不下真功夫抓企业改制、抓不好企业改制的领导干部，要坚决进行调整，绝不能让这些人影响我们的工作。将来对参与国企改革的负责人的安置，要看其参与和支持改革的积极性。

1. 要坚定国企改制的决心和信心不动摇，确保全市改制目标的实现。年初制定的改制66户企业的目标不变，一定要把能改的、能活起来的企业改到位、改彻底。只要我们拿出破釜沉舟的勇气和“不破楼兰终不还”的决心，我相信，抚顺的企业改制工作一定能成功。

2. 要加大工作推进力度，保证上下贯通，政令畅通。首先必须保证市委、市政府的决策不折不扣地贯彻执行，要切实提高改制领导小组的权威性，在企业改制这个问题上，绝对不允许出现“中梗阻”。其次要进一步集中时间和力量，一级抓一级，一级带一级，各部门、各企业尤其是各级领导干部要各负其责、各尽其职，科学调度，靠前指挥，面对面指导工作，面对面解决问题。第三要善于总结经验，指导工作，创造性地破解国企改革的难题。第四要进一步加强对改制工作的监督，确保改制工作有序进行。

3. 要认真研究影响国有企业改制的制约因素，加大力度破解难题。要强调分散突围、分类指导、一企一策、灵活多样地制定改制计划，根据企业的具体情况，采取不同的改制措施。要坚持公开、透明，主动接受社会监督。要兼顾经济效益和社会效益，坚持从搞活企业、搞活资产的大局出发，研究改制企业职工安置办法，拿出切实可行的措施，尽量避免负效应，从而给社会增加不安定因素。待改制的企业也要不等不靠，在政府提供的改制成本有限的前提下，多想办法，多找出路，在重重困难中找到活的办法。

4. 要进一步优化改制环境，千方百计排除干扰。希望各有关方面，包括中省直部门，能够进一步增强“三个有利于”的观念，从振兴老工业基地的大局出发，强化服务意识，主动出击，到企业去看看到底有什么难题，需要我们干什么，在政策规定和企业的实际需要中找出结合点来，帮助企业破解难题，尽快实现改制。市政府要多进行协调指导，特别是要帮助企业加强与国家和省里的沟通，争取资金，争取支持。

5. 要加强指导和协调，保证改制工作的进度和质量。一是要千方百计保障职工合法权益，尽最大努力安置好职工。二是要保证国有资产的保值增值。三是要保证国退民进，进退有序，不要有太多的随意性。四是要注重改革效率和改制效果，防止一改了之。改制工作核心问题是要使改制后的企业成为具有明显活力的新的经济增长点，确保我市的国有企业改制工作真正收到预期的效果。

三、以学习贯彻党的十六届四中全会精神为动力，全力以赴抓好当前的各项工作。

一是要认真做好项目工作。规划项目要讲求科学性，既要符合国家的产业政策，又要充分体现我市的资源优势，保证项目质量，避免出现“垃圾项目”。要进一步加大在建重点工程项目的组织实施力度，明确进度，全过程跟踪推进、确保项目建设达到预期的形象进度。这里，我再突出强调，各级政府以及计委等部门，要抓紧落实到2010年实现GDP和固定资产投资均达到“双千亿”目标的方案，并切实加强对中直、省直、市属和民营企业信息的沟通和协调；要深化对项目工作的研究；要高效率、高质量地完成好在建项目，规划好发展项目。

二是要强力推进对外开放和招商引资工作。各承担指标单位要抓紧落实全市对外开放及招商引资工作会议精神，特别是各单位在会上承诺完成的任务，要坚持以项目为支撑，强力加以推进。两个省级开发区要进一步更新招商观念，全力打造招商“龙头”。要帮助有条件的民营企业面向国际市场，扩大招商引资。

三是要认真组织好财税收入。税务部门要依法加大税收征缴力度，做到应收尽收，确保完成今年的目标。要认真分析财政收入和到期债务的结构，严格控制支出，避免财源流失。同时，要积极向上级争取资金支持，化解债务风险。

四是要进一步优化发展环境。软环境建设要在今年以来大力整治并已取得初步成果的基础上，继续采取有效措施，强力加以推进，要进一步加强城市硬环境建设。今年在建的建设工程项目，要加快进度，抓紧收尾，确保冬季不影响居民的生产生活。

五是关心群众生活，确保社会大局稳定。当前，尤其要抓紧研究我市冬季取暖问题，做到早准备、早部署、早落实。要进一步加大就业再就业和社会保障工作力度，切实加强信访和社会治安综合治理，确保年底前特别是元旦、春节及两会的稳定。要加快推进采沉区、棚户区的搬迁、改造和治理力度，保证按计划完成预定的工作目标。要继续关注弱势群体的生活，在努力做好自身工作的同时，积极向上争取政策和资金，切实解决好低保户、三方面人员及其他低收入群众的生活问题。要进一步强化安全生产，创造一个安定和稳定的社会环境。

（此文为2004年10月14日在全市国企改革工作会议上的讲话）

回顾抚顺政协的光辉历程

市政协主席　陈家洱

55年前的今天，中国共产党同各民主党派、各人民团体、无党派民主人士和各族各界代表，隆重举行了具有伟大历史意义的中国人民政治协商会议第一届全体会议。55年来，人民政协伴随着共和国前进的步伐，风雨兼程，和衷共济，走过了一条光辉的道路。抚顺市政协作为中国人民政治协商会议的地方组织，同样走过了曲折而不平凡的历程。1949年11月26日召开抚顺市各界人民代表会议协商委员会第一届第一次会议。当时的各界人民代表会议协商委员会，既是人民民主统一战线组织，又代行市人民代表大会常设机构的职能，对组建市人民政府，团结各族各界人士实行民主改革，恢复和发展国民经济，巩固人民政权，扩大统一战线等方面发挥了重要作用。1955年5月10日，在我市第一届人民代表大会第一次会议召开后，市各界人民代表会议协商委员会完成代行人民代表大会职能的使命，召开了中国人民政治协商会议抚顺市第一届第一次全体委员会议，宣告抚顺市政协正式成立。1966年5月到1976年10月的“文革”动乱时期，市政协被迫停止工作。1978年11月6日市政协恢复后，协助市委、市政府拨乱反自，落实党的各项统战政策，在社会上产生了深远的影响。随着我国改革开放和市场经济的深入发展，我市政协组织不断发展壮大，参政议政渠道不断拓展和延伸。委员总数由第一届的45人发展到现在第十届的447人，30个界别。政协办事机构由第一届的2个部门发展到现在的8个部门。20世纪80年代初，我市三县四区也先后成立了基层政协组织。在新的历史时期，我市政协工作在中共抚顺市委的领导下，紧密围绕全市大局和经济建设这个中心，充分发挥政协组织联系广泛、人才荟萃等方面的特点和优势，全面履行政治协商、民主监督和参政议政职能。积极对我市政治、经济、文化和社会生活中的重要问题以及人民群众普遍关心的问题开展调查研究，组织委员视察，反映社情民意，进行协商讨论。通过调研报告、提案、建议案和其他各种形式，向党和政府提出意见、建议。对促进我市经济发展和社会进步，扩大爱国统一战线等方面，发挥出重要作用，谱写了我市政协工作的新篇章。

回顾人民政协55年的光辉历史，积累了许多丰富的经验，这些经验是我们在充满挑战的21世纪不断开拓进取，创造政协工作新局面的宝贵财富。一是必须坚持中国共产党的领导。这是人民政协在我国政治生活中有效发挥作用的必然要求和根本前提。人民政协必须牢牢把握的这一根本政治方向不能动摇。二是必须坚持团结和民主两大主题。人民政协是由各民主党派、无党派人士、人民团体、少数民族人士和各界爱国人士参加的最广泛的爱国统一战线组织。55年来，人民政协始终把团结和民主作为首要任务，实现了中国共产党领导的各党派、各族、各界、各阶层人士的大团结和大联合，巩固和扩大了爱国统一战线，为建立和巩固人民民主政权奠定了广泛坚实的群众基础。在社会主义现代化建设的新时期，面对各种新矛盾和新情况，坚持团结和民主两大主题显得更为重要。三是必须坚持围绕中心服务大局履行职能。这是人民政协工作的基本原则，也是抚顺历届政协在履行职能中的基本经验。55年来，市政协紧密围绕全市工作中心，服从服务于全市工作大局，积极献计献策，建言立论。截止到2003年底，历届委员提案15 234件，开展调研视察600多次，不同时期的内容涉及政治、经济、社会和人民生活的各个领域和各个方面。许多意见和建议被吸收和采纳，推进了我市社会主义物质文明、政治文明和精神文明的协调发展。四是必须发挥政协委员主体作用。政协委员的积极性、创造性是政协工作活力的源泉，也是在新形势和新任务下，实现政协工作开拓创新、与时俱进的必然要求。55年来，人民政协所取得的丰硕成果，凝聚着一届又一届政协委员的心血和智慧，与共和国的历史一道闪耀着灿烂的光辉。

在我国全面建设小康社会的伟大实践中，我市各级政协组织和广大政协委员，一定要继承和发扬政协的好传统、好作风，再接再厉，继往开来。一要把自我学习和自我教育的好传统发扬光大。当前，要认真学习宣传和贯彻落实党的十六届四中全会精神和胡锦涛总书记在庆祝中国人民政治协商会议成立55周年大会上的讲话；学习新修订的政协章程，进一步提高政协履行职能的制度化、规范化和程序化水平，增强广大政协委员履行权利义务的责任感和使命感，推动人民政协的各项工作不断有新的发展、新的提高。二要把促进发展作为政协履行职能的第一要务。坚持以经济建设为中心，结合我市老工业基地振兴战略的实施，自觉地把促进经济社会发展作为政协履行职能的第一要务。按照促进发展要有新思路、履行职能要有新水平的要求，更加积极主动、富有成效地开展参政议政活动，进一步提高建言献策的质量和水平。三要把维护人民群众的根本利益作为政协工作的出发点和落脚点。坚持以人为本，争取把维护群众利益的工作做得更实更好。各级政协组织要广泛关注广大群众的生产生活问题，时刻把人民的安危冷暖放在心上，深怀爱民之心，多办利民之事，积极协助党和政府解决群众的实际困难和问题，力所能及地为群众多办实事，多办好事。四要把增进团结和维护稳定作为政协履行职能的重要任务。这是政协组织的特点和优势。要充分利用好政协代表性强、包容面广的优势，努力做好联系人、团结人的工作，按照新政协章程提出的要求，最大限度地把全体社会主义劳动者、社会主义事业的建设者、拥护社会主义的爱国者和拥护祖国统一的爱国者都团结起来，把方方面面的智慧和力量凝聚到全面建设小康社会的伟大事业中来。要经常深入基层、深入群众、多做协调关系、化解矛盾的工作，多做解疑释惑、团结鼓劲的工作，为我市老工业基地振兴和发展创造一个良好的政治环境。

进一步强化质量意识　加大力度实施名牌发展战略

副市长　王　宁

自1978年9月全国开展“质量月”活动以来，产品质量和质量管理工作得到了各级政府的高度重视和全社会的普遍关注，广大企业和职工积极坚持“质量第一”的方针，质量意识不断增强，优质、名牌产品深受广大消费者的欢迎。根据国务院颁布的《质量振兴纲要》的要求，最近，中共中央宣传部、国家质量监督检验检疫总局、国家发展和改革委员会、中华全国总工会、共青团中央联合印发了《关于开展2004年全国“质量月”活动的通知》。根据《通知》要求，今年质量月活动的主题是：“人人创造质量，人人享受质量。”质量就是效益，质量就是企业的生命，已成为全社会的共识。

一、认真实践“三个代表”重要思想，大力实施名牌战略。

党的十六大提出了振奋人心的宏伟奋斗目标，即全面建设小康社会，实现中华民族的伟大复兴。建设小康社会，需要全国人民的共同努力奋斗，关键问题是加快经济发展的步伐。经济要发展，离不开质量，在这方面有大量的工作需要我们去完成，我们肩负的任务艰巨、责任重大。

发展名牌产品，壮大名牌企业，是各企业、各地区乃至世界促进经济发展所采取的一个普遍战略。改革开放的总设计师邓小平同志明确指出：“我们应该有自己的拳头产品，创出我们中国自己的名牌，否则就要受人欺负”。江泽民同志也指出：“我们的企业就要敢于参与国际市场竞争，在国际市场打响中华民族的优秀名牌”。市政府2001年34号文件《关于印发抚顺市进一步加强产品质量工作实施意见的通知》明确提出：大力实施名牌战略，集中培育和发展技术含量高、产品质量好、具有良好信誉的名牌产品，尽快形成规模经营，增强竞争力，扩大市场占有率，形成一批代表抚顺形象的名牌产品并打入国际市场。

关心质量就是关心自己。我们必须进一步提高认识，充分认识实施名牌战略，推动质量兴市的重要意义，采取有效措施，积极推进名牌战略。名牌是优质的代名词，是企业赢得发展的效益载体和生命之源，是消费者所熟知、所认可、所赞誉的无形价值，是维护一个地区实力的重要体现。在激烈的市场竞争中，名牌是走向成功的法宝，谁拥有了众多名牌，谁就赢得了更多的市场份额，青岛就因为有了“海尔”而闻名中外。目前，我市广大企业市场意识不断增强，涌现出一大批省、市名牌产品，成为我市经济发展的主力军。但我们也应看到，我市创名牌产品工作还存在一些不足：一是创名牌的意识不强，一些企业由于生产经营困难，企业领导忙于应付生存危机，管理水平出现滑坡；二是名牌产品档次不高，粗加工产品多，深加工产品少，传统技术产品多，高新技术产品少，至今还没有国家名牌产品；三是名牌产品的企业规模小，缺乏像海尔、长虹等对地方经济发展有巨大牵动作用的企业。因此，我们要加大对名牌战略实施的力度，采取多种形式，进行强强联合。各企业应对现有的产品进行认真的分析，落实名牌战略发展规划，把支柱产业、优势产业的拳头产品列为名牌培植的重点，创出在国内外有较大影响的名牌产品来。走集约化的道路，把我市产品做强做大，促进抚顺经济健康发展。

二、树立现代管理理念，增强名牌、创新和竞争意识。

“卓越的表现源于优秀的思想”，我们有些企业在这方面的意识是很薄弱的。比如有些产品虽然被评为名牌产品，但在产品的标识中没有名牌标记，不注意树立企业形象和产品形象，对今后的发展缺乏科学的规则，没有借鉴和采用先进的管理模式和方法，使企业难以发展，产品难以保持领先优势。培育一个品牌需要一代甚至几代人的努力，而有些企业经营者只顾眼前利益，忽视长远利益，必然会影响名牌的培育和发展后劲。因此，广大企业，尤其是企业领导者应牢固树立“以人为本”的思想，学习一切先进的经营管理知识，用先进的思想来武装头脑。授予名牌产品称号，是对企业已有产品的一种肯定，获奖企业应该借助这个优势，扩大名牌效应，把企业做强做大。

三、采用先进质量管理方法，坚持持续不断地改进创新。

引导和推动企业深入开展全面质量管理、质量改进和减废降耗活动，借鉴国外先进企业科学的质量管理方法，认真贯彻ISO9000标准，推行“零缺陷”和可靠性管理，坚持走“质量效益型”道路，在创新中求发展，在发展中求创新。要保持企业在消费者心目中的地位，就在于不断推出新产品，满足消费者新的需求。广大企业应不断根据市场的变化和消费者需求的变化，积极开发新产品、开拓新领域，始终保持旺盛的创造力和生命力。世界优秀企业的成功实践告诉我们，只有那些适应市场变化，不断将顾客需求转化成新产品的企业，才能立于不败之地。

四、坚持不懈地开展“打假保名牌”活动。

“放任假冒伪劣，中国就没有前途。”我们必须坚持“规范市场、扶优治劣、引导消费、服务企业”的工作原则，有针对性地开展“打假保名牌”活动，扶植名牌企业做大做强。各级政府要层层建立质量工作和打假工作责任制，实行目标管理。市质量技术监督局要会同有关部门对各县区政府的责任落实情况进行认真检查。对质量工作领导或监督不力，致使制假售假问题严重或出现重大质量事故的要追究有关负责人及责任人失察、失职和渎职的责任。

五、大力加强质量宣传工作。

要充分发挥舆论新闻的宣传作用，提高我市名牌产品的知名度，扩大影响力，引导全社会重视并支持质量工作，积极宣传质量工作成绩突出的单位和个人，对制售假冒伪劣的案件要及时予以曝光，形成强有力的舆论监督氛围。

依靠新科技　发展农业食品深加工产业

副市长　赵家绪

科技工作在地方经济发展中具有举足轻重的作用，可以说科学技术在人们的生活中就像空气一样无处不在。而如何创造重视科技的氛围，让全社会真正认识科技，了解科技，运用科技，重要的就是搞科技工作要体现其在地方经济发展中的贡献份额，真正按照‘科学技术是第一生产力’的科学论断抓好落实”。

抚顺农村经济同全省一样正处于加强发展，调整结构，提高效益的重要时间。依靠科学技术的进步和提高农业劳动者的整体素质，是实现现代化农业发展宏伟目标的有效途径。

一、得天独厚的农业资源和山区自然资源优势，为发展农业食品深加工业奠定了坚实基础。

抚顺地处长白山南麓，水资源丰富，年降雨量在700～850毫米；森林覆盖率67.6%；农业资源和山区自然资源异常丰富。现有清原马鹿和梅花鹿2万头，年产鲜鹿茸50吨；林蛙年产1亿只；有中草药803种，年产量达4 400吨；食用菌年产5万吨；园参年产2 407吨；山野菜、山野果、名优新特蔬菜如异型胡萝卜、甜糯玉米、鲜毛豆、特种西红柿等有100多种。全市890万亩土地全部经过绿色食品基地环境检测评价，现已开发绿色食品基地7万亩，生产各种绿色食品18万吨。充裕的资源基础，鲜明的地理气候非常有利于我市农业特色产业的发展。

二、做好农业食品深加工这篇文章，抚顺农业发展就是一盘“活棋”。

农业资源如此丰富，如何充分保护和利用好这些宝贵的资源，使它真正变成产品、商品，打进国内、国际市场，变成地区的财富？关键就是要培育龙头企业，依靠科技把农副产品转化成高档的工业产品，进入国际大市场。抚顺现在不单是要“科技兴农”的问题，更要“科技强农”，要把农业食品深加工产业作为抚顺特别是三县的支柱农业和财政收入的重要支撑点来抓。这一点在中央实施新的农业政策后尤为重要。辽宁省在老工业基地振兴的规划中也提出要重点发展农产品加工业。因为抚顺的土地资源有限，所以在农产品深加工中要选好主攻方向，那就是重点发展绿色食品和功能食品。我们现有农业业产品几乎都是食品的好原料，所以要充分发掘抚顺农业特色资源优势，以农业食品深加工为主导农业，培育龙头企业，带动农业种植（养殖）业发展。做好这篇文章，抚顺的农业发展就是一盘“活棋”，就会使抚顺成为辽宁乃至全国的农业食品加工基地。目前重要的是要选好项目，做好项目的包装，引进先进技术和管理理念，引进外部企业和资金。

三、利用农业特色资源，引入现代化科学技术，发展农业食品深加工产业。

农业食品深加工原料是蔬菜、山野菜、食用菌、中药材及特色粮食作物。其中蔬菜、山野菜和食用菌可以开发绿色食品，同时和中药材或生物技术结合可以开发具有某种保健作用的功能蔬菜食品；中药材则可以开发功能食品，当然也可开发中成药；蔬菜除鲜菜加工上市外还可以利用北方常见的蔬菜如胡萝卜、南瓜、冬瓜、茄子等，采用细胞破壁技术，加工成蔬菜汁、蔬菜泥、蔬菜果、蔬菜粉等高档食品；抚顺还有特色蔬菜如异型胡萝卜、优质西红柿、优质鲜食甜糯玉米、优质鲜食毛豆以及山野菜等近百种，经过保鲜加工可以直接上超市；山野果资源如猕猴桃、山里红、榛子、山核桃、板栗、山楂等都可以进行深加工制成高档食品，这些领域的技术是成熟的。利用中药材提取物及中药材制品加工高档功能食品和利用生物技术开发农业生物食品。抚顺的中药材能够形成规模的约有20种，利用一些中药材提取物及中药材制品可以加工高档功能食品。如强化人参皂甙Rg3可做保健食品（胶囊、口服液），主要用于防治高血压、抗癌保健食品；强化人参皂甙Rg2（胶囊、口服液），可提高记忆力、治高血压、抗老年痴呆症等。还有五味子、黄芪、淫羊藿等都已经有提取的产品进入市场。目前正利用中药材开发功能葡萄酒和白酒。动物食品加工技术如马鹿和梅花鹿的鹿茸、鹿血和鹿胎盘等经过深加工，可以形成鹿食品产业。林蛙卵磷脂、林蛙油胶囊等均是高档的功能食品。关键是要有较大体量的龙头企业促其形成产业规模，打造名牌产品，提高市场占有率。抚顺现已有十多个企业正在按此操作，相信在不久的将来一定会形成比较可观的农业食品深加工产业。利用生物技术开发农业生物食品，市场前景非常看好。我市在这方面比较成熟的技术有：

1. 高活性大豆异黄酮（Daidzein）。被称为植物雌激素，具有促进性激系、生长因子的分泌，改善妇女绝经期综合症，预防骨质疏松和癌症等活性。现在市场上的产品97%都是异黄酮甙，有效异黄酮只有2~3%。本技术通过生物转化将异黄酮甙都变成异黄酮，活性提高了30倍，成本明显降低，可做胶囊和口服液，也可以做食品添加剂。

2. 大豆低聚糖。以加工大豆制品的副产品为原料提取制备的，具有低热能、稳定、安全无毒等特点。主要生理功能是促进人体肠道内双歧杆菌的增殖，提高机体免疫力，有益于婴幼儿的生长发育，对中、老年有防病、抗病和延年益寿的作用，是一种理想的保健品和功能性食品的添加剂。已在日本和欧美一些国家正式生产与广泛应用，我国也正在大力开发。

3. 新型抗血栓纳豆激酶生物食品。是从日本大众已食用1000多年的健康食品“纳豆”中提取出来的，是一类具有很强溶血栓能力的蛋白酶。安全无毒，可制成口服制剂大规模生产。

4. 新一代食用调味品骨味素系列产品。产品是纯天然产物，从鲜畜禽骨中提取分离有效成份，利用现代生物工程技术精制而成的。该产品研发科技含量高，附加值高，是味精、鸡精替代产品，具有天然、营养、补钙、调味和功能食品等作用，该产品已在抚顺形成规模，急需扩产。

实现农业科技目标的五项具体措施。抚顺农业必须依靠科技“实现规模型农业向效益型农业的转变”，由过去那种靠政府号召农民经营的方式（政府行为）转向重点培育龙头企业，再由企业按市场行情与农民签订单（市场行为）的农业管理方式，不能单纯强调农业规模，更要强调农业经济效益。具体措施有：

①引入工业化农业的管理理念。即经营企业化、生产机械化、产品标准化，把农业产品转化为工业产品，这样才能实现农业产业化、带动农业工业化，进而实现农村城镇化。

②重点抓好“三个头”。即品种抓源头，企业抓好龙头，农民抓好（示范）带头。

③加强科技普及和典型示范。提高农民的科技意识，使其学懂会用。

④加强农业产业链的衔接。步骤是抓好资源优势，选择好突破口，培育好龙头企业，打造好地方名牌，形成规模产业，最终目的是实现富企、富民、富县、富乡、富村的目标。

⑤加强软环境建设。在对外招商的同时，还要依靠科技扶商、壮商和富商，树立“你发财我发展”的观念，使企业能够招得来、留得住、长得大。

调查报告

关于“十一五”时期抚顺加快经济发展若干问题的思考

“十一五”时期，是抚顺由资源型工业城市向资源深加工型工业城市转折的重要时期。一方面，改革处于攻坚阶段，长期积累下来的煤炭资源枯竭问题、生活环境治理问题、就业和再就业问题、债务问题、财政收支矛盾问题、城市综合竞争力弱化等各种矛盾将集中显现；另一方面，抚顺经济正处于良好的发展机遇期，全国经济处于加快发展时期，在国家支持下，东北地区正成为经济发展的热点。为此，要认清形势，把握机遇，明确思路，渡过难关，实现抚顺老工业基地的全面振兴。

一、关于目前制约抚顺经济发展的主要问题。

(一) 劳动力过剩，就业压力大。据统计，1999—2003年本市单位从业人数以9.48%的速度逐年减少；在岗职工人数以9.52%的速度逐年减少，2003年城镇登记失业率高达8%。

（二）税收增长缓慢，财政收入明显不足。据统计，2001—2003年全市税收以2.6%的平均速度增长，同期沈阳、大连、鞍山分别以16.2%、14.4%、16.6%的平均速度增长；2001—2003年全市财政收入以0.7%的平均速度下降，同期沈阳、大连、鞍山分别以3.1%、7.5%、6.6%的平均速度增长；1999—2003年我市预算内财政收入以2.9%的平均速度增长，同期预算内财政支出以7%的平均速度增长，其中社保、工资等刚性支出不断上涨，财政用于发展和宏观调控的支出不断下降。

（三）城市建设和改造的任务繁重。抚顺是一个具有百年历史的老工业城市，同时又是一个资源枯竭型城市，目前城市正处于转型期。在此时期内，城市建设除需耗费较大经济成本外，陈旧的基础设施改造任务十分繁重，治理煤炭开采造成的地质灾害问题和重工业带来的生活环境恶化问题等迫在眉睫，这将给我市财政收入不足的现状带来沉重压力。

（四）举债经营风险日益加大。截至2003年底，我市政府债务累计近20亿元，这种沉重的债务负担以及微弱的偿还能力，已对抚顺可持续发展构成了较大的风险。

本市存在的上述问题很多是历史遗留问题积淀的结果，由于我市经济发展不够快，地方财力不足，使遗留的历史问题尖锐化。所以，“十一五”时期只有加快经济发展，提高经济实力，才能使现有问题得到根本性解决。根据我们对抚顺投资、消费者和出口需求以及全国城市综合竞争力的分析，我们认为，合理确定经济发展速度和正确选择经济发展方向应是“十一五”时期加快我市经济发展的关键性问题。

二、关于“十一五”时期抚顺加快经济发展的速度问题。

（一）经济增长速度分析。

1．从解决城市竞争力问题来考虑经济增长速度。据2003年全国城市综合竞争力排名，抚顺列为第132位，居辽宁省11个城市的第8位，与我市“九五”时期竞争力排名相比，明显后移；同年省内经济增长速度超过抚顺的城市有7个，平均增长速度为16%，而且上升趋势十分明显。我市若要缩小与先进城市的差距和增强城市竞争力，在“十一五”时期经济平均增长速度至少应达到16%以上，如考虑部分城市在这一时期将有所突破，经济增长速度应确定在17%～19%之间。

2．从解决就业问题来考虑经济增长速度。根据全省2010年城镇登记失业率控制在5%以内的目标，我市城镇登记失业率应下降3个百分点，按照“奥肯定律”理论（经济增长速度每提高2个百分点，失业率下降一个百分点），“十一五”时期我市登记失业率若要控制在5%以下，地区生产总值增长速度需提高6个百分点，即由2003年的12.4%提高到18%以上。

3．从解决财政收入问题来考虑经济增长速度。1999—2003年我市预算内财政支出的平均增长速度为7%，按此计算2010年的财政支出大约在52亿元以上，相应需50亿元左右的预算内财政收入作为经济发展的支撑。按照1999—2003年预算内财政收入占地区生产总值的平均比重5.6%计算，2010年我市预算内财政收入要达到52亿元，地区生产总值至少要达到930亿元，即“十一五”时期年均增长速度要达到17%。

4．从政府可支配财力考虑经济增长速度。按照2003—2010年平均经济增长速度18%计算，“十一五”末期地区生产总值将达到1 000亿元左右，财政收入预计达到56亿元，由于财政非生产性支出弹性较小，届时将约有30亿元左右的资金可用于支持地区经济发展和城市建设。

（二）固定资产投资增长速度分析。

1．全社会固定资产投资增长速度。2003—2010年地方生产总值按年均增长速度18%计算，到2010年我市生产总值将达到1 003亿元，为实现这一目标，累计全社会固定资产投资总量相应要达到1 300亿元左右，投资率应在30%左右。其中，“十一五”时期累计经济增长速度总量为1 008亿元，全社会固定资产投资年均增长速度为20%。

2．存量、增量固定资产投资增长速度。通过对我市存量（地区生产总值自身增长所能形成的投资额）和增量（净投资额）投资两组数据的分析和预测：2003—2010年累计存量投资额为421.3亿元，累计增量投资额为872.1亿元；其中，“十一五”时期累计存量投资额为323亿元，累计增量投资额为685亿元；存量投资年均增长速度为18%，增量投资年均增长速度为21%。

根据经济增长速度和固定资产投资增长速度分析，我们认为，抚顺若要加快经济发展，“十一五”时期的经济增长速度和全社会固定资产投资增长速度应分别确定为18%和20%。即：“十一五”末期地区生产总值达到1 000亿元，“十一五”时期累计全社会固定资产投资总量达到1 000亿元。考虑“十一五”时期我市经济增长方式仍将是投资拉动型，所以，全社会固定资产投资年均增长速度将决定地区生产总值年均增长速度。且在全社会固定资产投资中，要应以增量投资为主，在加大吸引国内外资金投资抚顺工作力度的同时，鼓励现有企业通过提高效益，增加资本积累，扩大投资规模。

三、关于“十一五”时期抚顺加快经济发展的方向问题。

（一）我国产业发展趋势。

目前，我国人均生产总值已达到1 000美元，处于消费结构升级时期，汽车、住房等耐用消费品比重快速上升，同时带动石化、冶金、机械、建材、能源等产业发展，我国产业结构调整正向重化工业方向发展。为此，“十一五”时期我国产业发展趋势，将十分有利于我市以重工业为主的产业结构发展。

（二）经济区域布局的方向。

我市地处辽宁中部城市群，历史形成了各具特色的产业布局，其中我市的石化工业具有比较优势，冶金、机械、能源等产业也占有较重要地位，而电子、轻纺工业等较弱。抚顺临近辽宁中心城市——沈阳，受到的经济辐射力度较强，特别是机械装备制造、商贸流通服务等行业已成为东北地区的重要基地或集散地，它将对促进我市经济发展有着十分重要的作用。为此，“十一五”时我市要借助沈阳中心城市以及辽宁中部其他城市的力量，发挥我市的产业优势，在更大的经济区域内实现经济互补。

（三）产业发展的方向。

多年来，我市在产业结构优化中，第二产业始终以较大的优势占据着经济发展的主要位置。其中，工业增加值占地区生产总值的比重一直在50%以上，而农业所占比重逐年下降，服务业的发展仅限于满足本市居民消费需要，这种产业格局仍将在国家和地区产业布局的框架下继续存在。因此，“十一五”时期我市仍将是一个以工业为主的工业城市。

（四）工业发展的方向。

按我市工业中的资源型（原材料开采业）和资源加工型（制造业）两大部类行业分析：近年来，资源加工型行业增加值的比重一直都在90%左右，而资源型行业仅占10%左右；资源加工型行业增加值贡献率在84.4%～87.9%之间，资源型行业增加值贡献率在12.1%～15.6%之间。因此，“十一五”时期抚顺工业发展的方向，必然是资源加工型行业。而资源加工型行业的发展，应重点选择那些工业增加值贡献率较高的行业作为重点发展扶持的对象，并积极推动重点企业延长加工链和提高科技水平上。

按全市工业内部行业分析：我们采用区位商（产品输出能力）、需求收入弹性（社会需求变化）、资本增加值率（产出效益）、产值增加值率（中间消耗）等指标对我市工业内部行业进行了综合分析。其中，比较优势行业有：木材加工及木竹藤棕草制品业、石油加工及炼焦业、有色金属矿采选业、煤炭采选业、黑（有）色金属压延加工业、普通（专用）设备制造业等。由于煤、金属矿和林木资源有限，因此，在我们最终选择中予以剔出。通过对比较优势行业的分析，“十一五”时期我市应以发展石化、冶金和装备制造业等为重点。其中石化、冶金业延长加工链和增加高科技含量应是重中之重。

通过对我国产业发展趋势、经济区域布局方向、产业发展方向和行业发展方向的分析，“十一五”时期我市加快经济发展的方向应是：以发展工业为主，以石油化工为基础，以发展精细化工、表面活性剂、日用化学品、蜡制品为重点，建成深加工体系。做强做大传统优势产业，包括油、电、钢、铝等传统重工业，与此同时，形成新的优势产业，包括石油化工的下游产业，钢铁、铝材等冶金产业，机械加工和装备制造业。实现抚顺由资源型城市向资源深加工型城市的转变。

四、关于“十一五”时期抚顺加快经济发展的主要目标及思路。

（一）主要目标。

鉴于目前抚顺经济的发展水平和所处的发展阶段，“十一五”时期大力发展工业是不能动摇的，而核心的任务应是扩大固定资产投资，同时不断优化投资结构，提高投资效率与效益，增强城市竞争力，实现抚顺老工业基地的振兴。“十一五”时期的主要目标如下：

1．2006—2010年累计固定资产投资达到1 000亿元。其中，利用外资达到25%。

2．到2010年地区生产总值达到1 000亿元，年均增长18%；三次产业增加值分别为第一产业60亿元，第二产业590亿元，第三产业350亿元。

3．到2010年，全市预算内财政收入达到56亿元，年均增长21%。

4．到2010年，全市城镇登记失业率控制在5%以内。

（二）发展思路。

根据我市经济发展的实际状况和研究结果，“十一五”时期，我市加快经济发展的基本思路应是：

1．以工业为主调整经济结构。以发展石油化工为主导，做强做大冶金、机械、建材等传统优势产业，大力发展深加工体系，完成国企改革任务，积极扶持民营经济发展，不断提高民营经济在全市经济中的比重。

2．千方百计扩大固定资产投资。继续实施项目牵动战略，重点抓好对全市有牵动作用大项目，如80万吨乙烯，精细化工园区、南站搬迁改造等；扩展对外开放的领域，实现利用外资的新突破；重视和强化对南方发达省市民营经济的招商引资，迎接“南资北移”。

3．加快与工业体系相配套的城市建设，增强城市功能。加强城市生态治理，着手解决地质灾害问题；完成采煤沉陷区搬迁和棚户区改造；改造高山路，扩展城市发展空间。

4．大力发展服务业。要围绕工业发展和城市居民需要，加快服务业发展。重点发展商贸流通业、社区服务和旅游业等。

5．加快发展社会事业。加快社会事业体制改革和经济机制的转变，通过产业化经营、市场化运作、企业化管理、多元化投资，尽快提高社会事业发展水平。

（课题组成员：李明彩　祖轶群　孙衍秋
王翠霞　陈嘉铂　苗　虹
李　岩
执　笔　人：祖轶群）

关于在农村中实施“三向培养”工程的实践与思考

2003年以来，抚顺市委根据农村基层组织建设的实际情况，在全市农村深入实施了旨在把致富能手培养成党员、把党员培养成致富能手、把党员致富能手培养成村干部的“三向培养”工程，有力地推动了农村党的基层组织建设，促进了农村经济和社会发展。

一、动　因。

在新的历史时期，党在农村的中心任务是围绕全面建设小康社会的目标来发展经济，富裕农民。为实现这个目标提供有力的组织保证与人才支撑，是各级党组织不容回避、必须担起的历史责任。多年的实践反复证明：农村要致富，关键在干部；农村要发财，必须抓人才。选准一个干部，可以改变一个村；用好一个人才，可以闯出一条路。近些年，各级党组织为此也投入了许多心血和精力。但在实践中，总感到力不从心、人不可心。尤其是在党员队伍中，每到关键时刻，叫硬的时候，可供挑选、可以放心的人选不多。在一些地方，一方面，“两委”班子成员的综合素质不适应社会主义市场经济要求，“双带”能力不强，一部分党员缺少致富本领，先锋模范作用体现不出来；另一方面，农村现有一些致富能人由于缺乏必要的教育和引导，还没有被吸纳到党组织中来，也没有得到可以充分发挥才干的舞台。这个带有普遍性的问题，实际上也正是困扰农业和农村经济发展以及基层组织建设的一大难题。

为解决困扰农业和农村经济发展以及基层组织建设中的这一难题，逐步提高党在农村的执政能力，抚顺市委从实施农村“三向培养”工程入手夯实党在农村的执政基础，在经过两年试点的基础上，2004年年初制发了《关于在全市农村实施“三向培养”工程的意见》，提出用三年左右的时间，培养3 000名政治素质高、双带能力强的小康社会带头人，其中拟向党员培养的致富能手1 500名，拟向致富能手培养的党员900名，拟向村组干部培养的党员致富能手600名。

“三向培养”是抚顺市农村基层党建中的一个重点，也是一个创新点。“三向培养”的主要宗旨是按照“党员、致富能手、村干部”三个培养方向，在农村挑选、培养出一批既是党员又是致富能手的高素质人才。我们之所以提出“三向培养”理念并把它作为全市农村基层党建的统领性工作来抓，主要是基于四点考虑：其一，“三向培养”是保证和强化党的先进性的需要。其二，“三向培养”是农业和农村经济发展的需要。其三，“三向培养”是加强农村基层组织建设的需要。其四，“三向培养”是党建工作围绕并服务于经济发展的一个有效的切入点和融合点。

二、做　法。

经过两年的实践，抚顺市在农村实施的“三向培养”工程工作中，探索出一套比较成型的好的做法和经验。在具体工作中，注重“挑、扶、帮、管、创”。

“挑”，即精心挑选并确定“三向培养”对象。在挑选和确定“三向培养”对象工作中，一是坚持标准。拟培养成党员的致富能手至少有一个稳定的致富项目，家庭年人均纯收入5 0000元以上；拟培养成致富能手的党员，家庭年人均纯收入在3 000元以下，没有稳定的致富项目、或虽有致富项目，但尚处在起步阶段；拟培养成村组干部的“三向培养”对象，除达到党员致富能手的基本条件外还需具备一定的领导潜力。二是坚持程序。严格按照“预告、民主推荐、初选、审批、公示、上报、发证”七个步骤，坚持公开、公正、民主、透明的原则选拔培养对象并建立档案，防止村干部简单从事，遗留后患。三是建立梯队。各县区和乡镇还比照市里的选拔办法和培养模式，组建了各自的“三向培养”队伍，形成梯队式结构。第一批次，全市从10 584名备选对象中，共选出市级“三向培养”对象1 039名、县区级培养对象998名、乡镇级培养对象1 491名。

“扶”，即对“三向培养”对象在知识、资金、政治等方面进行扶持。一是在知识上扶。全市共为“三向培养”对象办班进行各类培训209期，培训6 085人次，组织到域外学习考察257次。与此同时，通过《简报》的形式定期向培养对象发布致富信息3 054条，还为每位培养对象赠送一套《新农业》杂志》、一本相应的致富书籍和实用技术光盘等，使“三向培养”对象增长了知识，开阔了视野，掌握了致富本领。二是在资金上扶。与市信用合作社联合下发《农村“三向培养”对象办理信用贷款实施意见》，用党组织的信誉担保，为有项目无资金或资金不足的“三向培养”对象，提供不用抵押、不用联户担保的1万元以内信用贷款，并给予一定额度的贷款贴息。与市农业局、扶贫办协调，在农村科技项目下摆和资金配套时向“三向培养”对象进行倾斜。共为“三向培养”对象筹集资金2 677.8万元，其中协调信誉贷款819.4万元、贷款847.3万元。三是在政治上扶。解决个别地方人才受压抑、能人入党难等问题，对培养对象在政治成长进步方面提出了明确要求。

“帮”，即对“三向培养”对象进行结对帮扶。一是结固定对子。按照帮扶人员的特长与培养对象的发展方向配套吻合的原则，采取一帮一、多帮一和一帮多等形式结成固定帮扶对子。挑选党性强、善于做思想政治工作的党员与拟培养成党员的致富能手结成帮扶对子。全市3 946名县乡村干部与培养对象结成固定帮扶对子。二是结“活”对子。按照培养对象的需求，各级党组织协调把涉农部门的分管领导和乡镇站所的技术干部分别集中起来，将其姓名、职务、特长及联络方式印成联系卡，下发到3 528名培养对象手里，组成“活”的对子，“三向培养”对象在发展项目中遇到困难时，可直接用联系卡与帮扶人联系，随时得到服务和帮助。通过上述两种方式，帮扶人对“三向培养”作了大量工作。据统计，一年来，共为“三向培养”对象提供各种技术服务5 262人次，解决实际问题2 040件，在全市“三向培养”对象新上和扩大2 822个的致富项目中，1 693个是在帮扶人的帮助下确定的，市级“三向培养”对象新上和扩大的928个项目中，有752个是在帮扶人帮助下选定的。

“管”，即各级党组织对“三向培养”工作及培养对象高度重视，真抓实管。市委把“三向培养”工程作为全市农村党建工作重要内容，制定计划，严格管理。市委组织部分管部长亲自挂帅，定期深入基层检查指导工作，全年共走访了38个乡镇，及时发现工作中存在的问题，个别问题个别指导，涉及面广的问题由市委组织部相关工作人员制发工作问答，进行全面指导。在对培养对象的管理中具体做到了“三管”。

“创”，即在“三向培养”工作中，注重创新，并用不断创新的实践经验，指导具体工作。面对“三向培养”这一创新性工作，各级党组织在实践中研究、在研究中探索、在探索中创新，积累了许多成功经验。市委组织部树立了相信基层、依靠基层，指导基层的思想，对抚顺县制作联系卡、新宾县为每个培养对象配备一书一盘一卡一刊、清原县大苏河乡党委走访培养对象、土口子乡把“三向培养”对象安排进党团领富联合会，并建立党支部。抚顺县兰山乡建立同业联谊会以及上马乡制定结对帮扶考核办法等创新做法进行了充实完善，及时推广。为更好地推动工作，还采取拉练观看学习的方式，实地考察了26个培养对象的产业项目。通过推广经验、实地学习等方式，使各县区、各乡镇以及“三向培养”对象“学有榜样、赶有方向、超有目标”，有力地促进了“三向培养”工作的开展。

三、成　效。

两年来，经过全市各级党组织和有关部门的共同努力，全市“三向培养”工作取得了阶段性成果，主要表现在：一是党组织的凝聚力和战斗力进一步增强，共产党员的先进性有了新提高。“三向培养”工程的实施，直接吸纳了一批能人入党，培养了一批党员致富，使农村党员队伍的结构得到优化，素质得到提高。目前，经过党组织的培养和帮助，全市市县乡三级培养对象3 351名发生了变化，其中2 680名变化明显。仅市级向致富能手方向培养的党员，家庭年人均增收1 000至3 000元的有513人，增收3 000至5 000元的有195人，增收5 000元以上的有210人；507名向党员方向培养的致富能手，已有163人加入了党组织，306人列入入党积极分子。同时它使更多的人切实感受到党的力量，积极地向党组织靠拢。新宾县北四平乡冯家村以前每年申请入党的不超过5人，且年龄偏大，开展“三向培养”以来，村民看到培养对象的变化，申请入党的一下子增加了26人。据初步统计，2004年，全市农村新提出入党申请的青年农民比去年增加了578人。

二是加快了结构调整和产业化进程，农业和农村经济有了新发展。“三向培养”工程的实施，形成了以市场为导向，有效整合资金，合理利用资源，发展专业生产，调整优化结构的局面，推动了农村经济的发展。仅今年以来，培养对象新上和扩大项目928个，总投资2 300多万元，通过他们的带动，4 937户农户新上1 656个致富项目，有力地拉动了农业结构调整和农村经济发展步伐。尤其是培养对象中的致富能手，通过“三向培养”做大做强了自身的致富项目，有的还成为产业发展带头人。抚顺县兰山乡五味村的养鹿专业户佟永斌是市级“三向培养”对象，现存栏梅花鹿40余只，年纯收入8万余元，在20余年的养鹿生涯中，积累了丰富的梅花鹿饲养技术和经验。成为“三向培养”对象后，佟永斌思想境界不断提高，先后帮助张新志等10多户农民从事养鹿生产。其他村民见养鹿致富迅速，也都纷纷向他讨教养鹿经验，他总是有求必应，村里的养鹿户不断增多，在他的带动下兰山乡逐渐发展起养鹿专业区。在全市“三向培养”对象的积极参与和带动下，全市以香菇为主的食用菌产业、以辽细辛为主的中药材产业、以刺嫩芽为主的山野菜产业、以绿色水稻为主的绿色粮食产业、以清原马鹿为主的畜牧产业等五大基地规模不断壮大，农业产业格局已经形成，有力地带动了全市农业和农村经济的发展。今年全市农民人均纯收入达到3 580元，比去年增加8.2%。

三是推进了乡土人才成长进程，农村人才队伍数量有了新增长。通过政治理论、致富技能培训以及学习实践，培养对象的政治素质和致富能力明显增强，懂经营、善管理的“土专家”和“田秀才”层出不穷。清原县清原镇镇东村的村民陈彦民，是拟向致富能手培养的党员，一直发展棚菜生产，由于缺乏技术经验，年产量不高。列入“三向培养”对象以后，积极参加镇党委举办的各种培训班，参观了县域外先进典型，又通过镇里多次专题培训，使他的生产技术有了较大提高。现在，他已经熟练掌握了立体栽培、套种、兼种技术，三栋大棚一年可增加1.4万元，成为棚菜生产的专家。在“三向培养”对象的积极参与和带动下，全市农村形成了学技术、比致富的热潮，农民群众通过参加专业职业技术培训、绿色证书培训、农业科技院校在职教育以及在实践中向“三向培养”对象、“土专家”“田秀才”学习等形式，提高技术水平和致富能力。目前，全市农村实用人才已达到2.8万人，其中种养能手1.2万人。

四是改善了领导方式和工作方法，乡村干部工作作风有了新变化：“三向培养”工程的实施使乡村干部从“春抓种、秋抓收、年底抓税收”的直接管理中解脱出来，改变了过去只靠传达文件、会议部署、电话碰头、材料总结指导生产的工作方法。市县领导干部，特别是乡村干部经常深入到“三向培养”对象身边，掌握实情，及时发现和解决问题，形成了“干部围着培养对象转、培养对象围着发展项目转”的良好格局。清原县英额门镇党委书记李兴明，为了帮助幸福村“三向培养”对象王洪礼投资养牛，毅然拿自己的身份证到农行以个人工资为其担保贷款1万元，在他的带动下，又有四名机关干部效仿，使王洪礼很快贷齐了5万元投入资金。清原县南山城镇组织委员姚惠，一年来多次走访全镇35名“三向培养”对象，对每位对象的情况都做到了如指掌，无论谁有困难她都会想方设法帮助尽快解决。一年来，全市乡村干部共为“三向培养”对象做好事、实事2 8800多件。党员干部的作风转变，拉近了同农民群众的距离，密切了党群干群关系，出现了“想致富找干部、有难题请干部、有好事想干部”的良好局面，与此同时“干部先干一步，党员吃苦在前”已成为广大农民群众的共识。

四、启 示。

“三向培养”工程的实施，吸引大批能人靠近和加入了党组织，培养了大批党员致富能手，为村干部队伍储备了人才，并使大批党员致富能手进入了两委班子，农村基层组织“双带”能力明显增强，得到了广大党员干部和群众广泛认同和一致欢迎。在振兴老工业基地的新形势下，如何更好的发挥农村基层组织的领导核心作用，保持并发扬共产党员的先进性，这一探索实践，无疑给我们带来了深刻的启示。

1. 共产党是由先进分子组成的群体，共产党员必须走在社会发展进步的最前沿。

2. 抓党建从经济出发、抓经济从党建入手是新时期党建工作的指导思想，农村基层党建工作必须紧紧围绕农村经济发展、增加农民收入这个中心来进行。

3. 农民需要组织，农民需要致富带头人，农村基层党组织建设必须充分挖掘人才，使更多的党员干部成为引领农民致富的骨干。

4. 带头富是业务素质，带领富是政治素质，做好农村基层组织建设工作必须坚持两种素质一起抓，切实发挥农村党员干部在促进农业和农村经济发展中的双带作用。

（课题组组长：崔小为
课题组副组长：邹玉龙
课题组成员：李劲夫 赵津禾 周晓牧）

充分发挥比较优势 在向资源深加工型城市转变中振兴抚顺经济

一、抚顺经济的比较优势。

比较优势是指经济发展中某些方面相对占有的优势。在市场经济条件下，每个地区或经济主体都应该清醒认识自己的相对比较优势，通过利用、创造和转换这种相对比较优势来发挥自己的长处，形成市场竞争优势，获得比较经济利益，并以此带动地区经济的快速发展。近年来，抚顺经济虽然受到煤炭资源枯竭等因素的严重影响，但经济发展仍具有较强的实力和潜力，具有相当的产业、资源、成本、区位和人文自然景观等相对比较优势。

（一）工业经济比较优势。

抚顺具有较强的工业经济比较优势，抚顺作为以工业为主的重工业城市，有着比较完善的综合性工业格局和基础设施。全市工业资产总额530亿元，规模以上工业企业395家，其中大型企业6户，资产总额340亿元。主要工业产品有成品油、石蜡、润滑油、烷基苯、合成树脂、化纤、钢及钢材、铝、煤炭、电等5 000余种，在全省乃至全国有着比较重要的地位和相对优势，有着比较强的产业延伸和发展条件及相互配套基础，为抚顺由资源型城市向资源深加工型城市转变提供了广阔的发展空间。

1. 石油化工主导产业比较优势突出。一是石油化工主导产业规模大、产值高。2003年，全市石油化工行业产值245亿元，占全市规模以上工业总产值的56.9%，占全省石化工业产值的14%；资产总额190亿元，占全市的35.9%。可以说是中国北方规模较大的石化工业基地，并被列为中国精细化工基地和催化剂基地，全地区已初步形成了石油化工、精细化工及其深加工相互衔接的产业体系。拥有自主知识产权的HCC重油催化裂解制乙烯技术和以此建设的大乙烯项目，并由此带来的相关产业发展，将构筑世界级石化基础。二是借石油化工主导产业比较优势可以创造后发优势并产业集聚效应。首先，中小企业可依托优势创造新的优势。抚顺有中油集团和抚顺石化公司这些大船，是抚顺众多大中小石油精细化工企业建立和发展的根基和依托，也是众多其他产业可以从中找到发展机遇的希望所在。其次，石油化工产业有振兴辽宁老工业基地战略部署的政策支持优势。其三，有大批石油化工人才队伍比较优势。

2. 传统产业通过调整改造具备发展壮大的后发比较优势。一是“两钢一铝”优势明显。2003年，全市冶金工业实现工业总产值88.6亿元，占全市规模以上工业总产值的20.5%，资产总额144亿元，占全市的27%。抚顺特钢“九五”以来建成的两台50吨电炉及配套设备和齿轮钢、模具钢生产线，在特钢行业的工艺水平和规模位居前列，在通过与大连、黑龙江两家特钢厂联合重组形成的东北特钢集团，更使抚顺特钢进入新的更快的发展时期。新抚钢公司近年来通过自筹资金对全部装备进行了更新改造，生产规模和效益成倍翻番，达到国内同行业的中上游水平。抚顺铝厂环保综合治理改造工程全部完成，国家批准的12.5万吨的改造建设项目对发挥抚顺铝厂的后发比较优势具有重要意义。二是机械工业素有较好的基础优势。抚顺华泰电瓷有限公司、抚顺机械制造有限公司、抚顺石油机械有限公司等是我国电力工业和石油化工装备制造业重点企业，具有很大比较优势。三是电力工业基础雄厚。2003年，抚顺电力工业实现产值23.7亿元，占全市规模以上工业的5.5%，资产总额69.6亿元，占全市的13.1%。辽宁发电厂、抚顺发电厂和能港热电等热电企业具有较强的电网区位比较优势和技术优势，具备快速发展的潜力。

（二）自然资源比较优势。

1．矿产资源丰富和煤炭工业转型具有同类城市中更加优越的后发比较优势。一是矿产资源具有一定的比较优势。抚顺矿产资源十分丰富，并且矿种齐全。现有煤炭、油母页岩、铜、铁、菱镁矿、耐火粘土、水泥灰岩、花岗岩等各类矿山企业近300余家，已发现52种矿产，开发利用24种。截止2002年底，煤炭资源储量7.2亿吨，油母页岩资源储量38.86亿吨，铁矿石资源储量0.71亿吨，煤层气储量66亿立方米，铜矿石（金属量）资源储量17.86万吨，铌钽（金属量）资源储量31吨，菱镁矿资源储量236.2万吨，泥炭资源储量134.9万吨，水泥用灰岩资源储量0.54亿吨。二是煤炭工业转型具有同类城市中更加优越的后发比较优势。抚顺矿区有三种资源可成为转产的比较优势，首先，是储量36亿立方米的油母页岩，相当一亿吨储量的石油。其次，是已探明89亿立方米煤层气，相当2 000万吨标准煤。其三，是城下压煤和矿井煤柱有1.5～2亿吨煤储量。这三种资源能量仍相当于建国以来抚顺已开采的煤炭能量总和。通过从采煤向采气、炼油和地下煤气的转化，将形成新型资源开发的后发比较优势。

2．森林生态资源独具优势。抚顺市是辽宁省重要的林区，2003年全市林业用地84万公顷，占全市总面积的74.5%，现有森林面积74万公顷，森林覆盖率为67.5%，高于全省平均水平35个百分占，居全省第二位。林木蓄积量5 300万立方米，占全省总量的28%，居全省首位。有林地面积73.3万公顷，占全省总量的16%，居全省第二位。抚顺森林资源有如此的比较优势，对于发展林木加工和林下种植业、养殖业、森林旅游业、小流域开发，及保持生态平衡，涵养水资源，促进可持继发展，都具有重要意义。目前，林下经济已成为抚顺既能保持生态平衡，又能使农民致富的重要资源开发项目体系，推动着抚顺农村经济的迅速发展。

3．水及水利设施资源比较优势。抚顺地区降水充沛。抚顺年降水量在750～850毫米之间，全地区较大河流有浑河、清河、柴河、太子河、辉发河、富尔江等6条较大河流，最大的河流为浑河，全长415公里。建国以来全市兴建大中小型水库220座，市区东部的大伙房水库是全市惟一的大型水库，最大蓄水量21亿立方米。充裕的水及水利设施资源为抚顺农业生产用水、工业和民用用水，以及沈阳市民用、工业用水提供了保障，成为经济发展基础的支撑点。充分利用和保护好水资源，可以为抚顺的经济建设创造更加优越的发展条件。

4．农村种养业资源开发比较优势。抚顺农业由于有丰富的森林和水等自然资源的滋养，使农村种养业资源的开发有了先天的基础条件。目前，抚顺农村已建立起和正在形成的有以林蛙为主的野生动物繁育及其精深加工体系；有以山野菜和野生食用菌，及棚室、露地香菇等农业资源的培植及加工体系；有以东部山区广阔草场和丰富的秸秆等基础资源为依托，发展起来的牛、马、鹿、羊、鸵鸟等节粮低成本的畜牧业及加工体系；有以肥沃的阔叶林为依托，形成的以人参、龙胆草、辽细辛、贝母、辽五味、地龙骨、玉竹等林下中草药及加工体系；有足以自给并不断向外省市拓展市场的粮食、蔬菜、干鲜果品、生猪、鸡鸭、黄烟、柞蚕、鱼蟹等绿色农业基础资源开发及加工体系；还有近年来迅速发展起来的从全国各地引进的特种种养品种，也形成了一个新的资源开发补充，并创造了可观的经济价值。这些农业种养业资源的比较优势，特别是良好生态环境下形成的绿色种养业资源开发及加工体系，成为开拓市场，踏进北京等大中城市的重要竞争实力的体现。

（三）经济低成本比较优势。

1．劳动力工资低成本比较优势。劳动力工资影响成本和价格，影响竞争。目前，全市共有职工53.2万人，其中在岗职工29.2万人。2003年全市社会平均工资为6 970元，比全省平均工资水平低3 213元。抚顺地区最低工资标准为400元，低于沈阳平均水平50元。从某种角度讲，应算是一种降低本地产品成本增加产品竞争力和对外劳务输出的相对比较优势。

2．水电及土地低成本比较优势。抚顺除拥有价格较低的工业用地及矿山废弃地外，工业用电和工业用水成本也低于全省平均水平。工业用地平均地价只有沈阳的50%左右，工业用电每度低于全省平均水平0.01元，工业用水每吨平均低于全省平均水平0.16元，其中自来水每吨低于全省平均水平0.28元。这些都有利于降低企业创业成本、产品成本和管理成本。

3．购销低成本比较优势。本地便利的能源、原材料供应和交通运输条件，可以有效地降低企业的购销成本和管理成本。总之，这些经济低成本优势为沈阳等地的企业向抚顺转移和发展创造了条件，有利于增强招商引资的吸引力。

（四）抚顺人文和自然景观比较优势。

抚顺是沈阳旅游资源集合区中四个重要组成部分之一。一是有以雷锋纪念馆、抚顺战犯管理所和平顶山惨案遗址等为代表的“爱国主义教育游”。二是有以元帅林、猴石国家森林公园和浑河源、红河谷、和睦、钢山等省级森林公园及三块石、龙岗山自然保护区等为代表的“自然生态游”。三是有以清永陵、赫图阿拉城等为代表的清前史迹“启运游”。这三大特色旅游黄金线路，奠定了抚顺人文和自然景观比较优势的基础。中央大力倡导和支持的“红色景区建设”项目，使抚顺独特的爱国主义教育基地更具特色。抚顺森林覆盖率为67.5%，高于全省平均水平35个百分点。十余处国家级、省级和市级森林公园，凸现了抚顺“自然生态旅游”的比较优势。清永陵“申遗”获得成功，使清前史迹的“启运游”更增添无穷的魅力。2004年沈阳市在筹办“清文化节”时，沈阳市委副书记刘迎初、副市长王玲带队到抚顺商谈清关外三陵旅游一条线的问题，提出怎样把沈阳的游客引向抚顺永陵等地，先进的理念给我们很大的启示。以此为契机，通过旅游这座桥梁，我们策划了沈阳－抚顺－本溪－鞍山－丹东等旅游黄金线路。这种主动寻求融入沈阳经济区的尝试，不仅实现了区内各市“多赢”的效果，也为发挥抚顺区位比较优势，接受沈阳中心城市的辐射积累了经验。此外，还有各类小型公园、景观带、遗址遗迹、森林公园等辅助景区景点几十处，使抚顺三条特色黄金旅游线路的内容更加丰富。2000年，抚顺市被国家旅游局评为优秀旅游城市。抚顺旅游资源类型不仅丰富，而且主题形象也很突出，呈点、线、片格局。这些旅游资源比较优势为抚顺旅游产业的快速发展创造了良好的前提条件。

（五）区位比较优势。

交通区位对经济发展的影响非常大，地理位置、运输成本影响竞争。大家知道，目前上海的投资已进入相对饱和期，对投资的挑剔和高创业成本的压力，已使许多项目不得不向其周边的江、浙次发达地区进行辐射，形成了“长三角”经济区。而广州、深圳等城市的发展也带动了顺德、东莞等城市的发展，形成“珠三角”经济区。同样，沈阳与抚顺城区最近处只有几公里，浑河南北两条铁路相联，从抚顺南站乘火车到沈阳北站不到40分钟。城区间高速公路不过十几分钟的车程。由于抚顺房价较低，居住地在抚顺，而上班到沈阳的人会越来越多。由于大伙房水库是沈、抚两地的水源地，浑河把两个城市紧紧地连在一起。从历史上看，两个城市同处一个文明区域，都是满族文化的发祥地。同时，抚顺丰富的能源、原材料资源和较强的工业加工能力，与以沈阳为中心的中部城市大经济圈具有很强的互补性。抚顺东部山区为其构筑了绿色屏障，可形成旅游、绿色农业等产业的跨地区联合发展比较优势，可共同打造区域经济发展中的一个重要经济增长点。因此说，沈阳对抚顺的经济辐射，抚顺应当最先受益。

二、影响抚顺比较优势发挥的因素分析。

（一）抚顺与发达地区形成的软环境差距是全方位影响抚顺比较优势发挥的根本原因。

1. 影响软环境建设最重要的因素是我市居民缺乏现代市场经济的各种先进理念。

2. 计划经济体制下形成的制度安排难以适应市场经济发展的要求。

3. 抚顺城市的知名度和影响力还很有限，也在一定程度上影响了招商引资工作。

（二）国有企业缺乏活力，影响了国有存量企业潜在比较优势的发挥。

1. 企业经营机制转换缓慢，国企缺乏适应市场经济竞争的活力。到2003年底，全市虽然已改制117户国有企业，但仍有344户国有企业未完成改制，其中市本级84户，县区260户。这种在大多数国有企业仍未转换为适应市场经济竞争的经营机制的情况下，很难有效地发挥国有企业存量资源的潜在比较优势。

2. 企业采用高新技术和先进适用技术改造传统产业的步伐不大，影响了企业产品的市场竞争力。

（三）影响抚顺自然资源比较优势发挥的原因。

1. 部分矿种尚无开采价值。

2. 缺乏对矿产资源的深加工。

3. 环境恶化，自然灾害，及人为破坏等使森林、水等自然资源蓄积状况正日益萎缩。

4. 农村种养业缺乏产业化龙头企业的引领。

（四）影响经济低成本比较优势发挥的原因。

1. 劳动力素质低是影响劳动力工资低成本比较优势发挥的主要因素。

2. 企业购销低成本等比较优势的发挥，也有待于软硬环境的改善，从而促使大量新企业不断建立和老企业焕发活力来加以利用和发挥。

（五）影响抚顺旅游业比较优势发挥的因素。

1. 抚顺旅游业对沈阳经济区的开发与主动融入不够。

2. 产业规模小，整体形象有待完善。

3. 景点缺乏独特吸引力。

4. 景区景点少而分散难以激起游客游兴。

5. 旅游景点特色模糊。

6. 旅游整体环境不能满足游客需求。

7. 宣传促销滞后，力度不够。

8. 旅游特色商品还比较缺乏。

（六）影响抚顺区位比较优势发挥的因素。

从沈阳对抚顺经济发展的辐射方面上讲，抚顺由于受沈阳的发展高潮期吸纳投资和消费能力极强的影响，反使抚顺这方面的区位优势难以在短时间内迅速发挥，甚至还要把抚顺的投资和消费吸引过去。

三、发挥抚顺比较优势的对策。

（一）利用现有比较优势，加速向资源深加工型城市的转变。

1. 利用石油化工和精细化工的存量比较优势，通过向资源深加工型城市的转变，创造竞争优势。一是要利用石油化工和精细化工的现有比较优势搞好深加工。依托高新技术，加快技术改造和配套建设，推进产业的相互衔接和延伸，形成集“石油化工——精细化工——精深加工”为一体的产业格局。首先，是利用石油化工产业的比较优势。以中油股份抚顺分公司为重点，充分依托国家原油加工基地的优势，坚持“油改化、液改固、液改气”的发展方向，在炼油规模达到1 200万吨基础上，以轻油接触制乙烯和重油接触制乙烯（HCC技术）项目为龙头，通过大规模、低成本、短流程、差别化、专业化的系列改造，进一步优化资源配置，降低生产成本，提高技术装备水平，努力实现炼油主导型向化工主导型的转变，全面提升我市石化产业的集约化和产业化水平。其次，是做好精细加工。发挥地区石化资源比较优势，大力扶持抚顺石化公司、华丰集团、哥俩好集团等一批化工骨干企业，不断整合地方化工资源，鼓励民间资本建设精细化工中小企业群。其三，是做好精深加工。面向终端产品，延伸产业链条，形成系列化精深加工体系。大力扶持中小企业和千家万户的微型企业，依托合成树脂资源，大力发展新型材料与高附加值产品，开创塑料制品产业化发展局面。依托石蜡资源，以扩展规模和提高水平为重点，大力推进石蜡深加工，形成地区蜡制品的开发、生产、销售一条龙体系。依托腈纶、丙烯腈以及腈氯纶等化纤资源，开发系列化化纤产品。依托脂肪醇、醇醚等表面活性剂原料资源，大力开发油田助剂、工业用清洗剂、民用清洗剂、混凝土添加剂等深加工产品。二是利用精细化工园区的比较优势平台，承接世界制造业和发达地区制造业的大转移，提高石化产业的深加工能力。抚顺经济开发区作为石油化工产业的发展平台，可以充分利用其在引进技术、吸收外资、辐射影响等方面的有利条件，加快其基础设施建设，以与新加坡胜科公司合作为契机，全力建设具有国际影响力的精细化工园区。三是充分利用石油化工与精细化工领域的技术人才比较优势。

2. 充分利用农、林、水及生态资源比较优势，搞好资源深加工。一是要利用农业资源大力发展农产品精深加工业，推进农业产业化和农村工业化进程。落实好国家、省扶持龙头企业的政策措施，发展壮大农产品加工或经贸龙头企业，扩大农产品深加工，延伸农产品加工链，增强龙头企业的带动能力和市场竞争力。同时，有机农产品（绿色食品）已成为国内外市场上食物消费的时尚。我们要充分发挥得天独厚的生态优势，大力发展有机农业。二是充分利用林业资源比较优势，发展林木种植和精深加工产业及林下经济。三是利用水利资源比较优势。在保证工农业和居民饮用水需求的基础上，特别要通过市场方式为沈阳等下游城市提供好工农业和居民饮用水，发挥水利资源的比较优势，同时还要向高附加值的水产养殖业深度开发进军，创造更大的资源开发效益。四是利用生态比较优势。在改善居住和投资环境的基础上，发展生态经济，并向上争取生态保护补偿费用，促进生态的可持续发展。

3. 充分利用经济低成本比较优势，为资源深加工型企业的建立和发展及劳动就业创造良好条件。一是利用购销低成本等优势，吸引内外资金的投入。二是利用劳动力工资低成本比较优势，搞好劳动密集型加工企业的发展和劳务输出。首先，要强力推动中小国有集体经济向民营经济转型，在盘活存量过程中充分利用好劳动力资源。其次，要大力发展新型工农业深加工制造企业，在创造新的就业岗位的过程中的利用好劳动力资源。其三，要有效地拓展第三产业的发展空间，在充分挖掘就业潜力的过程中利用好劳动力资源。其四，在努力扩大对外劳务输出的过程中，利用好我市劳动力的比较优势。其五，在加快小城镇建设过程中，发挥城乡劳动力资源比较优势。

4. 利用人文和自然景观比较优势，通过对旅游资源的包装宣传等“深加工”形式加快发展抚顺旅游产业。一是要明确指导思想。树立“大旅游、大产业、大市场”观念，以市场需求为导向，以丰富的旅游资源和抚顺旅游新形象战略为依托，以各处旅游景区的旅游项目集中开发为重点，形成名牌精品效应，围绕经济效益这个核心，进行全面的高立意创新规划，设计出点、线、面结合，有较高吸引力和特色的各个景区项目群，完善旅游基础设施和接待娱乐设施，加大营销促销力度，把抚顺建成辽宁省著名的旅游城市和生态旅游大市，形成抚顺旅游经济的完整体系。二是要实现抚顺与沈阳经济区旅游资源的全方位对接，打造抚顺与沈阳、鞍山、丹东、本溪等地既融为一体，又各具特色的无障碍旅游网络。三是要抓好大环境建设，促进旅游政策、生态和社会环境全面优化。四是要周密策划，打造抚顺旅游新形象。五是加大旅游商品开发创新的力度。六是要加大旅游景区营销宣传力度。七是要加强各旅游景区景点的定位布局和规划设计工作。八是要完善旅游服务设施和基础设施的配套。

5. 利用区位比较优势，接受来自沈阳、大连、鞍山等发达城市的辐射，加速抚顺向资源深加工型城市的转变。目前，除了沈阳五爱小商品市场的有如绢花装饰品、手工工艺编织等大批劳动密集型产品，已因我市劳动力工资低成本优势而向抚顺转移外，还有诸如房地产、旅游、机械汽车零配件等产业和项目，也已开始向抚顺辐射。区位优势引发的目前这种辐射现象，显示了发挥抚顺区位后发优势的广阔前景。对此，我们应积极主动地创造条件，尽快形成沈阳与抚顺之间投资和消费的更高层次的互动。一是要强力推进装备制造业、汽车产业、钢铁产业、石化产业、建材产业、制药产业等“六大产业”的整合和互动。二是要积极接受沈阳中心城市对我市提供的功能性、基础性服务，借以拉动抚顺经济。三是要迅速启动与沈阳等地的区域合作的规划、环保、交通、人才、旅游、流通、招商和信息等八大工作，并在“优势互补、资源共享、互惠互利、共同发展”中实现多边“共赢”的效果，激发抚顺经济的活力。

(二) 创造新的比较优势，加大向资源深加工型城市转变的力度。

1. 强化软环境建设，为向资源深加工型城市转变创造更加良好的环境和政策比较优势。东南沿海发达地区的快速崛起，在很大程度上是因为他们创造了投资与发展的良好软环境，也即良好的软环境和制度创新等本身就是一种尚未被人们充分认识和理解的比较优势。为此，一是更新观念。二是要做好制度安排。三是要加快制订和修改适应市场经济体制要求，并促进经济快速发展的地方法规及政策措施，营造一个宽松且富有吸引力的法规政策及人文社会环境。四是要加大抚顺城市知名度和影响力的宣传力度，增强抚顺招商引资的吸引力。五是建立软环境监督制度。六是健全各项规章制度。

2. 推动民营经济实现超常规、跨越式发展，在创造新的比较优势过程中促进向资源深加工城市的转变。一是要鼓励民营企业参与国企改革，大力盘活闲置国有资产。二是要发挥民营企业机制灵活和市场反应能力强的特点，加速工农业及自然资源的深度开发和精深加工。

3. 加快园区建设步伐，积极为资源深加工型企业提供发展平台，提升经济发展的集聚带动作用。多年来，抚顺李石经济开发区、胜利经济开发区、高湾经济开发区，及各专业性的经济开发园区，不仅在抚顺经济发展中起到了重要的领头羊作用，而且在促进资源深加工型企业的发展中也起到了重要的集聚平台作用。对此，我们必须认清这种创造比较优势方式的重要意义，在通过认真调查研究和科学规划布局的前提下，依靠各种资源条件，在各县区也要确定具有不同特色的工业、商贸、科技园区。通过园区规模发展和集聚效应，使之成为招商引资的重要载体和发展平台，吸引资金、人才及各类企业入园，创造多个经济增长点。

(三) 转换比较优势，营造向资源深加工型城市转变的良好环境。

1. 在国企转制中使企业原来僵化经营机制的劣势，转换为机制灵活，适应市场竞争的比较优势，为向资源深加工型城市转变提供高效的经营机制环境。

2. 利用高新技术和先进适用技术改造抚顺传统产业，使企业由技术装备方面的劣势，转换成技术装备水平先进的比较优势，为向资源深加工型城市转变提供先进的技术优势环境。采用高新技术和先进适用技术改造抚顺落后陈旧的传统产业和产品，不仅是提升抚顺市产品市场竞争力的需要，而且也是把抚顺市技术装备的劣势转换成技术装备先进的比较优势的客观要求。为此，一是冶金工业要以“两钢一铝”为核心，在现有比较优势的基础上，重点开发精品化、专业化、特殊化新产品。二是机械、电力和建材工业要依托现有产业基础，积极采用先进技术搞好深加工，提高产品档次和生产规模，增强市场竞争力。首先，机电工业要以挖掘机制造公司、石油机械制造公司、机械制造公司、华泰电瓷公司、辽宁海信公司为骨干，采用精密化、高效化、自动化、柔性化、集成化的先进制造工艺技术，推进工程机械、石油机械、电瓷电器等三大传统产品的更新换代和升级改造。以全省大力建设装备制造业基地为契机，大力开发交通运输、成套设备、军事装备等零部件制造业。其次，电力工业以节能降耗、提高技术装备水平为重点，抓好辽宁发电厂两台35万千瓦机组和两台60万千瓦机组，抚顺发电厂两台30万千瓦机组，抚顺经济开发区57万千瓦机组等项目建设。其三，建材工业要积极采用新技术，实现传统产业升级。提高高标号特种水泥的比重，抓好水泥厂扩建项目。三是轻工业要树立大轻工观念，立足地区资源，面向消费市场，大力发展精深加工产品，将我市的资源优势转化成经济优势和市场优势。首先，可重点围绕不锈钢资源、铝及铝合金资源、地区纸业资源、地区优质水资源、木材资源、东部山区资源等开发各具特色的轻工产品，并大力发展以彩电为主的电子系列产品和以服装为主的中、高档轻工消费品。其次，以美亚制药、汇龙达药业、青松药业、安格药业、兴京制药等为骨干企业，培育抚顺制药产业。如青松药业公司的深加工能力就能将新宾等地的辽五味、辽细辛等特种中草药全部消化，并使当地农民平均增收200元。

3. 通过发展煤炭工业的接续产业和替代产业，使其转换成新的比较优势，为煤炭资源深加工提供广阔的产业和可持续发展空间环境。一是大力发展循环经济，实现可持续发展。二是市、矿结合，促进产业结构由劣势向优势转换。

4. 通过加大培训力度，使企业各层次人员落后的知识技能劣势，转换成具有先进知识技能的人才比较优势，为向资源深加工型城市转变提供宽松的人才环境。

（课题组成员：傅　波　王玉哲　王楤有
杨　威　崔家博
执　笔　人：王楤有）

抚顺工业产业结构调整　转型的调查

一、抚顺工业产业结构的特点及调整的原则和目标。

抚顺现有的工业产业结构是上个世纪80年代后期形成的。其主要特点是：①能源、原材料产业的产值、资产、销售收入、利税额分别占全市规模以上工业产值、资产、销售收入、利税额的89.7%、90.1%、91%、91.1%。其中石化业产值占52.2%，冶金业产值占14.4%。其他工业产业产值的比重没有超过两位数的。②全市规模以上工业产值的90%以上是直接依赖消费近九百万吨原油和近800万吨原煤获得的。③全市规模以上工业资产总量530多亿元，全部从业人员人均占有资产34万元，资本有机构成比较高。从上述特点可以把抚顺的工业产业结构状况概括为：是能源、原材料型、一业独大型、不可再生自然资源依赖型和资本密集型的工业产业结构。

由于抚顺工业在三次产业中的比重接近60%，所以，抚顺工业产业结构的上述特点对抚顺经济和社会发展有决定性影响，是抚顺经济发展升幅小、速度低、国企改制难、非公有制经济发展慢、环保和就业及社会保障压力大等一系列问题的深层次根源之一。

针对抚顺工业产业结构的上述特点，抚顺工业产业结构调整的原则和目标应确定为：

1. 在不过分扩大直接利用原油规模的前提下做强石化产业，同时提升能源、冶金、装备制造和特色农产品加工业，使各产业趋于均衡发展。

2. 充分利用现有优势资源，做好深加工的文章，延伸石化、冶金、特色农产品的产业链，逐步实现由自然资源依赖型的能源原材料为主的产业模式向以利用人工资源和可再生自然资源的加工、深加工为主的产业模式的转变。

3. 产业结构调整和促进转型的过程中，在兼顾发展资本密集型和劳动密集型不同生产要素结构类型产业（企业）的同时，注重劳动密集型产业（企业）的发展。在兼顾大项目和小项目的引进和发展的同时，注重小项目的引进和发展。

这样经过若干年的调整和发展，在抚顺形成以石油化工及深加工产业链为主干，以冶金及深加工产业、装备制造业、煤矿接续产业、特色农产品加工业为侧枝的“一主四辅”工业产业结构。

二、发展深加工产业的主要方向和着重要抓好的项目。

1. 依托石蜡资源优势，发展蜡制品业。我市年产石蜡35～40万吨，是全国重要的石蜡生产基地。目前年加工蜡制品能力3万吨，尚有待深加工的石蜡资源30万吨以上。石蜡是蜡制品的重要原料，蜡制品产业具有品种多、单体小、发展空间大、效益可观的特点，适于小规模、集群化生产。建议在顺城区选址建立抚顺蜡制品工业园，地方政府搞好园区基础建设，鼓励和吸引商家投资蜡制品业，形成蜡制品开发、生产、销售齐全的企业集群，成为影响全国的蜡制品集散地。

2. 依托表面活性剂资源优势，发展各类清洁洗涤用品及化妆品业。抚顺是全国重要的表面活性剂生产基地，年产烷基苯20万吨、脂肪醇5万吨、环氧乙烷8万吨、a-烯烃2.5万吨。这些都是可用于生产工业和生活用洗涤用品及化妆品的基础原料。目前，我市加工利用不足20%。我们认为应该充分利用这些资源，搞深加工，延伸产业链。利用我市东部闲置的工业用地，建设一个以工业和生活用清洁洗涤用品及化妆品为主要产品的精细化工园区。市、区两级政府要创造出完善的招商建企业的条件，要面向境外、域外和市内的企业、团体、个人等一切投资者招商。使园区形成企业群，成为省内规模较大的洗涤剂生产基地。

3. 依托合成树脂资源优势，大力发展塑料深加工业。我市现有各种可进行塑料制品加工的原料近30万吨，如中石化80万吨乙烯项目能最终落户抚顺，可进行塑料制品深加工的资源可达百万吨。这为我市发展塑料制品深加工提供了得天独厚的条件。为此，建议依托上述资源，在开发区或其他合适的地方，搞一个塑料制品园区，整合和盘活现有的化工和塑料制品企业。把已有的2.5万吨/年BOPP膜、还有近万吨/年PP抽丝编织、各种管材如PP-R管、铝塑管和中空容器、电缆料生产能力通过整合、优化，做大做强，形成相当规模的塑料终端产品产业。

4. 依托铝资源优势，发展铝材、铝制品加工业。冶金是我市工业的第二大产业，主要产品是建筑用钢、特钢、粗铜和电解铝。我们在调研中了解到，两钢一铜的产品暂时还不具备发展深加工产业的条件，而电解铝则有一定的可供发展深加工产业的条件。现有年产17.5万吨电解铝的生产能力。2003年实际生产电解铝12万吨，2004年预计生产电解铝16.2万吨。抚铝年自身深加工5万吨左右，仍有约10万吨的电解铝可供深加工。铝板卷、铝型材的附加值每吨在千元左右，合金、铝板锭、电工圆铝杆每吨附加值200～380元之间，汽车用铝轮毂每吨附加值达5 000元以上，而且市场前景较好。为此，建议在望花地区依托抚顺铝厂的优质铝资源，相对集中的建设一批铝制品加工企业，大力发展铝深加工项目。另悉，抚顺铝厂12万吨电解铝环保改造项目已被国家批准，建成达产后将会使铝深加工产业有更大的发展空间。

5. 依托油母页岩资源储量优势，发展煤矿接续产业。抚顺煤炭可采储量已近枯竭，但尚有油母页岩地质储量35亿吨，其含油率达到7%，相当于在抚顺拥有一座1亿吨储量的中型油田。利用高新技术在现有页岩炼油厂的基础上扩大规模，提高利用率，延伸产业链。把油变成深加工的资源，走化工、精细化工之路。还要利用废弃页岩做主要原料，发展新型建材产业，形成以水泥制品、防水材料、新型砖瓦等系列产品。同时要探索城下压煤和煤层气的开发利用。

6. 利用机械加工业的历史优势，发展与沈阳补充配套的装备制造业。本市机械加工业历史上有一定的基础，现有规模以上装备制造业企业80多户，资产总量占全市规模以上工业资产总值的5.5%，产值占4.9%。现有工程机械（含起重设备）生产能力8 800多吨，有铸、锻造加工能力近2.4万吨。在数百种产品中，石油炼化设备、工程机械、压力容器、高压输电设备在省内占有重要地位。要依托这些基础和优势，借势沈阳发展装备制造业的良机，找准与沈阳补充、配套的定位，把抚顺的这一产业进一步提升和发展，在规模以上工业产值中力争达到10%以上。

7．利用东部山区种、养殖业特色产品资源，发展食品、药品加工业。本市种、养殖业产品资源比较丰富，搞好深加工，对于解决“三农”问题特别是解决农民增收问题，具有重要意义。适用深加工的资源主要有：年产食用菌3.75万吨、中药材2.16万吨、鲜果5.4万吨（其中抚顺县产葡萄4.5万吨）、山野菜2 400吨及绿色有机粮菜、林蛙、鹿茸、肉牛、牛奶、山羊绒等。这些资源种类多、分布广，但以县为单位计量其数量规模较小。为此，发展上述资源的深加工需要在抚顺地区或更大的地域范围搞好资源整合，形成达效益规模。清原、新宾要着力发展食用菌、中药材、山野菜、绿色有机粮菜及加工业；抚顺县要着力发展食用菌、葡萄、绿色有机粮菜及加工业。各县（区）依据本地资源状况同时可发展绒山羊、林蛙、肉牛、奶制品、果品、鹿茸加工业及生物工艺品、畜产品产业。近期要全力发展食用菌、山野菜、绿色有机粮菜的储藏、运输、包装初加工，到2010年初加工率要从现在的20%提高到80%以上。使季节性产品形成全年经常性市场，进而提高经济效益。对中药材、葡萄、林蛙、山羊绒、肉牛要尽快形成精深加工的规模产业。种、养殖业产品深加工是劳动密集型的微利产业，政府必须在产业政策和财力上给予支持。要加强资源的市场管理，避免新的产品价格“剪刀差”，保护种养业和加工业双方特别是农民的利益。发展种、养殖业产品深加工要多条腿走路，要以一定规模企业为骨干，家庭作坊式小企业为基础，发展与资源规模相适应、有山区特色的种、养殖业产品深加工产业。

上述七项深加工项目可以说是我市近期进行工业产业结构调整，实现工业产业转型的主要项目和工作目标。

三、推动我市工业产业转型的主要措施。

1．加强发展战略研究，抓紧制定抚顺全地区工业产业结构调整、转型的发展规划。要进一步明确发展思路、总体目标、重点任务和保障措施，组织力量对发展资源深加工，延伸产业链条进行具体研究，有针对性地做好项目论证、筛选，评审规划包装。要寻求与国内外知名院校联合开发、策划和包装项目。市科技三项费用应重点用于高水平项目。规划要打破所有制界限，打破行业间的藩篱，特别要打破行政隶属关系上的条块分割，按产业、产品、资源、生产要素的关联度，做好全地区产业链延伸的发展安排。目前，要投入力量尽快将市政协专家组、石油化工大学、石油化工研究院等单位已经提出的一些利用现有资源发展精细化工的项目进行包装和推介。特别要做好围绕80万吨乙烯下游产业招商引资的准备工作。

2．实施产业集群战略，尽快形成具有竞争力的产业链。为尽快实现产业集群，要加快开发区精细化工园区建设，各县区也要从自身资源和基础条件出发加快有自己特色的工业园区，引导企业向工业园区集聚，尽快把工业园区建设成为吸引外资、发展非公有制经济的平台；要引导并组织企业建立民间行业协会，为产业集聚创造产业技术流动的条件，集群内企业按专业化分工协作的要求建立多种联合和协作关系，实行信息和资源共享；要围绕延伸产业链，依据抚顺精细化工产业及产品的特点、优势以及进一步发展的需要规划和培育商品市场，建设精细化工产品交易集散地；要充分发挥龙头企业的作用，带动相关配套企业，形成块状经济，鼓励和支持围绕资源深加工，延伸产业链发展非公有制经济中小企业群，形成一街一村一品、一镇一区一业的发展格局。

3．整合资源，实现生产要素的合理流动和优化配置。一是统筹产业经济资源。根据资源深加工的内在规律和现实要求，打破行政隶属界限、打破所有制界限，整合全地区各级各类企业的资产、设备等生产能力，整合可供深加工的资源，使现有的有效资源实现优化配置。二是统筹土地资源。土地是最重要的生产要素，是产业转型的重要载体。要进一步建立健全土地储备制度，通过对收回、收购、置换、征用等方式取得的土地进行前期开发、整理、予以储备。三是整合科技资源。四是整合人才、劳动力资源。在产业转型和经济发展中，我市最缺乏的是顶尖的科技人才和技术工人，国民教育和职工培训必须抓住这两头，尤其是大量的技术工人的培养和培训。同时，要加大人才招聘、引进与培训力度，以满足我市石化延伸产业大发展的需要。

4．切实加强领导，尽快把我市工业产业转型工作落到实处。一是建议市政府在做好规划和项目论证的前提下，围绕重点工程和项目成立推介组，由相关部门主要领导牵头，明确指标和形象进度，把责任落实到人。二是建立有效的协调机制，加大与中省直企业的协调、沟通力度，充分发挥他们的带动和辐射作用。三是要抓紧研究和制定切合抚顺实际的产业政策，以促进我市由资源型向资源深加工型转变。四是要加大环境建设的力度，为我市产业转型创造条件。五是在各项经济工作的摆布上要统筹兼顾，系统安排。

（课题组：张　波、周秀云、石国龙
闫质新、徐建华）

资源枯竭城市下岗职工生活以及再就业障碍分析

抚顺是一座因煤而兴的城市，有“煤都”之称，经过百年开采，资源趋向枯竭。一些矿井减产、关闭，与之配套的企业也逐渐萎缩。这一现象带来许多社会问题，其中最主要的问题之一，就是下岗职工日渐增多，就业压力沉重。到2003年底，抚顺市累计有下岗职工32.9万人。其中，国有企业下岗17.94万人，集体企业下岗14.96万人。尽管中共抚顺市委、市政府千方百计广辟就业渠道，全市已有20.6万下岗职工实现了就业、再就业，扣除无劳动能力和无就业愿望的4.21万人，抚顺市尚有8.09万名有就业能力和就业愿望的下岗职工未实现充分就业和未就业，在这些未就业的人员中70%是女性。为了全面了解资源枯竭城市下岗职工再就业难的问题，抚顺市社会科学院的科研人员就这个问题进行了专门的调查。调查采用三种方式：

1．座谈式。召开了抚顺市负责劳动与就业工作同志的座谈会、下岗职工比较集中的企业领导的座谈会、下岗职工代表座谈会，听取了下岗职工居住比较集中的街道、社区负责同志对下岗职工生活和再就业情况的介绍。

2．访谈式。走访了特困企业，听取了企业领导和职工代表的意见；走访了一些再就业困难的街道，例如：东州区的龙凤街道、搭连街道、华山街道；望花区的古城子街道、五老街道等，了解下岗职工再就业的困难和生活中亟需解决的问题。

3．开展问卷调查。问卷共分66个方面，涉及335个问题，全面了解下岗职工的再就业与生活状况。问卷以社区为单位，由下岗职工自己填写，共收回有效问卷261份。

一、下岗职工的基本情况分析。

虽然被调查者仅占抚顺市下岗职工的一部分，但他们来自全市的16个行业，代表着中央直属企业、省属企业、市属企业及区街企业的下岗职工，有相当的代表性。调查的基本情况如下：

（一）自然情况。

1．年龄多在30～50岁之间。被调查的下岗职工中有245人是这个年龄，占被调查总人数的93.87%。在被调查的261人中，已婚的223人，占被调查总人数的85%以上。

2．下岗职工及其配偶文化程度不高。在被调查的下岗职工中，有234人是高中以下学历，占被调查总人数的89.66%。被调查的下岗职工的配偶有225人是高中以下学历，占被调查总人数的86.2%。

3．被调查的下岗职工下岗前，主要工作在集体企业与国有企业，多为企业的生产服务人员。在被调查的261名下岗职工中，有138人来自集体企业，占被调查总人数的52.88%；有111人来自国有企业，占被调查总人数的42.53%。这些下岗职工下岗前有172人是企业的生产服务人员，占被调查总人数的65.9%，而企业的专业技术人员仅17人，占被调查总人数的0.65%。

4．在被调查的下岗职工中，以汉族为主。绝大多数是在上个世纪90年代中期开始下岗的，主要来自制造业、采掘业、建筑业及其他行业，平均每人有1.98次下岗经历。

5．下岗原因。根据调查问卷设计的10个原因，被调查的下岗职工将其下岗原因主要归结为：(1) 企业经营管理原因；(2) 因企业人员过剩而减人增效；(3) 因资金短缺而开工不足；(4) 因市场变化产品没销路等方面。

被调查的下岗职工具有以下共同的特点：

1．大多是已婚的中年下岗职工，文化程度偏低，缺乏适应新岗位的知识结构。

2．劳动技能单一，大多数下岗职工在下岗前从事简单劳动，应用面窄。

（二）生活状况。

这些被调查的下岗职工，在下岗前的月平均工资是374.96元，下岗后从关系所在单位领到的平均工资或生活费，每月是人均47.30元。有90%以上的人在原单位享受不到住房补贴，不能报销医药费，单位不给缴纳失业保险金和养老保险金，80%的人在原单位没有任何待遇。

从调查资料不难看出：

1．被调查的下岗职工大部分没有稳定的工作及稳定的收入。

2．被调查的下岗职工生活水平低。消费支出仅是解决温饱。2002年全市人均消费支出4 792.56元，而被调查的下岗职工在2002年的人均消费支出是2 412.6元，低于全市平均水平2 379.96元。

3．由于被调查的下岗职工生活水平低，带来一系列社会问题。住房面积小、环境不好，缺乏子女教育经费，下岗职工家庭有的孩子已辍学，形成问题少年，影响城市的社会治安和稳定。

（三）再就业情况。

1．下岗职工下岗后找工作情况。下岗职工下岗后，多数人是一直在找工作。有70%的下岗职工下岗后曾经到劳动部门或下岗再就业中心登记求职，登记求职后，有40%的下岗职工被有关部门安排工作。但仅有31%下岗职工接受了，并工作至今。有63人当时接受了，后来又不干了。占被调查总人数的24.14%。有96人当时就未接受，占被调查下岗职工总人数的36.78%。

2．工作不适应的主要原因。(1) 有89人认为收入水平太低，占被调查总人数的34%；(2) 有39人认为工作地点离家太远、交通不便，占被调查总人数的15%；(3) 有100人认为专业不对口个人没兴趣、工作条件不好及其他，占被调查总人数的38.3%。

3．政府及有关部门在安置下岗职工中的作用。在了解下岗职工在找工作的过程中，你认为谁对你帮助最大时，被调查的下岗职工认为：(1) 原单位；(2) 政府有关部门；(3) 市场职业介绍部门；(4) 社会救助组织；(5) 亲友。

通过对调查资料的初步分析，可以看出：

这些下岗职工大多数是积极找工作希望重新就业，但也有一些人对找工作并不积极，以至有关部门给安排工作未接受。未接受的原因是多方面的，客观上是有些用人单位不能按国家的有关政策、条例，给重新就业的下岗职工以合法权益，劳动力的使用价值与劳动力的价格不等，重新就业的下岗职工领到的工资还不能维持简单的生活。尽管劳动力市场对劳动力所从事的工种有参考价格，但一些雇主在雇佣劳动力时并不执行。还有一些职能部门，对国家给下岗职工再就业的优惠政策置若罔闻，给需要重新就业的下岗职工设置人为的障碍，影响了下岗职工的就业积极性。

二、下岗职工再就业的难点与障碍。

从我们这次调查结果看，大多数下岗职工自身素质（条件）与择业心态（意向），已成为影响下岗职工再就业的最大困难与障碍。

（一）自身素质是影响下岗职工再就业的最大困难。

1．无专业技术、年龄大、身体弱、文化素质较低占多数。这次调查，我们列举了10种至今尚未找到工作的主要原因，从汇总结果看，无专业技术的占调查总人数的比例最高，为23.3%，“年龄偏大或身体不好”的占20.8%，“工作岗位不合适”的占15.4%，“文化素质较低”的占11.7%，“因为是女性，用人单位不要”的占8.4%，“劳动环境不适合”的占7.2%，“嫌工资待遇低”的和“体力无法适应”的各占6.6%。

2．没有参加再就业培训的占多数。对于文化偏低、技能单一的下岗职工来说，参加再就业培训，不失为提高自身素质，实现再就业的有效途径。但调查资料显示，占调查总数90%的下岗职工并没有参加过各类再就业培训。这些人的文化水平、知识结构、劳动技能还停留在下岗前的低水平上，显然不能适应当今社会的普遍就业要求。

（二）择业心态是影响下岗职工再就业的无形障碍。

1．“坐等”心理依然存在。一方面是旧体制下形成的就业观念一时还难以更新，另一方面是下岗职工多数没有参加再就业培训，缺乏再就业的竞争能力，因而较为留恋过去的工作环境，偏重回原单位工作，这必然成为他们实现重新就业的无形障碍。

2．不愿“低就”的择业意向。根据下岗职工的实际状况，调查问卷设计了一组简单劳动岗位（环卫清洁工、家政工、勤杂餐饮工、搬运工）供下岗职工“选择”，虽然大部分人下岗后感到精神负担重，生活压力大，迫切要求再就业，但回答“不愿意从事以上工作”的却占调查总人数的44.4%。

3．“故土难离”的就近择业观。国有企业制度下造成绝大多数职工，既不愿外出就业，也没有勇气走出去就业。心理承受力低，放不下家庭、害怕陌生环境等心态严重。

三、资源枯竭城市再就业应采取的措施。

1．建立阶段性就业制度，发展弹性就业形式。阶段性就业是指劳动者在其职业生活中，自愿退出社会劳动一段时间之后，再次参加社会劳动的一种就业形式。阶段性就业是在现实的劳动力市场状况和家庭经济条件下，劳动者为追求自身福利最大化作出的理性选择，是一种自愿行为。阶段性就业并不必然对劳动者的收入和生活带来不利影响。在市场经济条件下，人们选择阶段性就业通常有以下几种情况：①为了接受进一步的教育、培训，提升自身的人力资本，以便更好地适应劳动力市场和社会经济发展的需要。②劳动者基于自身身体或生理方面的原因，选择暂时退出社会劳动。③随着社会经济的发展和收入分配渠道的多元化，一部分人将变得非常富有，为了享受更多的闲暇，部分劳动者自愿选择从劳动力市场暂时或永久退出。在抚顺市实施阶段性就业，除了市场经济建立的过程中要求就业形式多样化以外，最主要的原因是劳动力供大于求的局面，将在较长一段时间内存在。

发展弹性就业的好处是：①拓宽就业渠道，扩大就业总量。由于抚顺市劳动力资源丰富，且劳动力素质不高，传统的吸纳劳动力的主渠道国有企业已难以继承承担重任，促进再就业的主攻方向，已逐步转移到第三产业，特别是社区服务业上。服务业就业和第一、二产业的不同之处在于，劳动者创造的不是产品，是劳务，而对劳务的需要往往有网点多、面广，时间不固定等特点。②发展弹性就业形式，可以满足社会需求多样化的要求，开发和利用服务业中蕴藏的潜力，便民利民、以服务供给拉动社会需求。③发展弹性就业形式，有利于劳动力资源的合理配置，也有利于降低劳动力的成本。同时，因为弹性就业的门槛较低，可以使更多年龄偏大、技能较差的下岗职工实现再就业。

2．推行劳动预备制度，提高就业者素质。劳动预备制度是国家为了提高青年劳动者素质，培养劳动后备军而建立和推行的一项新型的劳动制度。抚顺市是劳动力资源比较丰富的城市，但从整体上看，目前抚顺市劳动力素质还比较低。城镇企业职工中，技术工人只占一半。在向非农转移和进城找工作的农村劳动力中，有70%以上仅有初中以下的文化程度。据测算，抚顺城乡每年新增劳动力近3万人，未经培训直接进入劳动力市场的占到总数的30%以上，不仅影响青年劳动者队伍的整体素质，也影响产品质量和劳动生产率。在抚顺市推行劳动预备制度，对未能升学的青年劳动者普遍追加1～3年的职业培训，对社会而言，可以起到调节劳动力供求关系，减缓目前的就业压力，平稳渡过新一轮就业高峰的作用；对劳动者来说，可以取得相应的职业技能，增强他们在劳动力市场上的就业竞争能力，减低失业的风险。劳动预备制度的培训对象是：有劳动能力和就业愿望的城镇未能升学的初、高中毕业生以及农村未能继续升学并准备从事非农产业工作或进城找工作的初、高中毕业生。培训机构要根据经济发展和劳动力市场需求，依据国家职业分类，调整优化专业结构，开设符合就业需求的培训专业。劳动力就业服务机构要对抚顺城乡劳动力资源和用人单位用工需求进行调查，及时发布职业需求预测信息，指导培训机构合理设置培训专业。

3．发展非正规就业，提倡创业式就业。非正规部门指依法设立的法人单位（企事业、政府机构和社会团体、社会组织）之外的规模很小的经营单位。其特点：一是“小”。大多数非正规部门就业属个体经营和微型企业，资本金少，工人数量少；二是“无固定”。无固定劳动关系、无固定雇主、服务对象，有些还没有固定的地点。在非正规部门的许多活动中，如家政服务、分包合同等，也有一定的劳动关系；三是“不稳定”。大多数非正规部门就业者收入很不稳定，没有纳入社会保障；四是“活”。大多属于自谋职业和生产自救型。

非正规部门的就业从形式上看，属于灵活的就业方式，从经济组织类型上看，多数为个体私营经济。非正规部门的就业是扩大就业的有效形式。第一，非正规部门就业具有相当广泛的涵盖范围，对不同年龄、性别、文化、技术水平的求职者都有着适应性，对促进就业起着重要作用。第二，在正规部门就业容量下降的背景下，非正规部门的发展接收了从正规部门转移出来的人员。

创业式就业属于自谋职业的范畴，但它又不同于一般的自谋职业，它是自谋职业中干出成就的尖子户，是自谋职业人员中的大有作为者。从就业方式来看，创业式就业有以下几个明显的特征：①自主性。所谓的自主性，就是劳动者自己能够掌握自己的命运，自己能够按照自己的意志确定发展方向，不受外界左右。②成就性。创业式就业，最初是为了解决自己的就业问题，但它的最终目的，是干一番事业，得到社会的认可。一般的自谋职业者，小打小闹，只能维持自己的生存，有的略有节余，而创业式就业者是创业的能手，是企业家。③风险性。创业式就业面对激烈的市场竞争，如果方向把握不准，管理不善，就会得不偿失。相对来讲，一般在市场上求职的劳动者，只要符合用人单位招用条件即可上岗，就是被用工单位解雇了，他本人的损失也不会太大，而创业式就业需要资金投入，一旦破产，就会造成难以挽回的损失。④艰巨性。在市场经济条件下，要成就一番事业，不可能是一帆风顺的，要遇到各种各样的阻力，要克服方方面面的困难。

4．实行灵活工时制。灵活工时制是相对于常规工作时间设置而言的一种能够对工作时间进行灵活安排的工时制度。灵活工时制作为一种新的就业形式，可包括以下三种：①随叫随到制。即劳动者可以根据用户或用人单位的要求，随叫随到，随时工作。这种工时制，一方面方便了客户，另一方面也创造了大量新的就业机会；②计时工制。即每小时报酬固定；③压缩工作周。即减少每周的工作天数，但不减完全按工作时间支付的工资。这种工作形式通常时间比较短，内容比较简单，当工作最大时可以增加计时工数，工作量小时则相应减少，这样既能提高工作效率，又能降低人力成本，满足雇主和计时工双方的需要。

四、下岗职工实现再就业的对策。

1．依靠社会各方力量，共同关心和帮助下岗职工。要建立和完善市场就业机制，实行在国家政策指导下，劳动者自主择业、市场调节就业和政府促进就业的方针，按照科学化、规范化、现代化的要求，大力加强劳动力市场建设，建立灵敏高效的就业信息网络，为下岗职工提供信息咨询和就业指导。大力开展再就业培训，根据下岗职工特点和社会需要，突出培训的实用性和有效性，提高下岗职工的再就业能力。解决下岗职工再就业问题，关键是要真正建立健全适应职工流动和下岗再就业的社会保障机制，进一步扩大养老、失业、大病统筹覆盖面，加快建立城市居民最低生活保障制度，使下岗职工家庭的基本生活得到保证。要重视发挥工、青、妇等群众团体在再就业中的作用，他们可以配合政府，协助企业做很多工作，如宣传、教育、培训、提供中介服务、开拓再就业场所等。城镇区街比较熟悉下岗职工的情况，要充分发挥他们的作用，一方面积极为下岗职工提供就业登记和介绍，另一方面通过发展区街经济和社区服务，扩大下岗职工的就业门路。此外，舆论部门和新闻媒介要引导全社会关心下岗职工，还要引导下岗职工端正就业观念。

2. 下岗职工要转变择业观念，自立自强，走出困境。作为下岗职工，就其自身来说，要走出当前的困境，首先必须转变计划经济条件下形成的“就业靠国家，安置等企业”的过分依赖思想，要以改革的精神面貌，面对现实，自立自强。其次要改变那种贵贱之分，挑肥拣瘦的陈腐择业观念，走出再就业的观念误区。要转变只有进入国有、集体企业才算就业的思想，树立无论何种所有制企业（包括民营企业），无论安置就业还是自谋职业都是就业的新观念；转变将合同工、临时工、钟点工视为非正式就业的思想，树立只要从事社会劳动，获得合法经济收入就是就业的新观念。据专家分析，现代发达社会的职业构成是“两头小，中间大”，即直接从事工业产品生产和农产品生产的，因生产现代化，用人少，而第三产业和服务性行业空前膨胀，人员最多。再次，下岗职工要适应新的形势，主动接受新的挑战。现代社会的发展，单靠卖力气吃饭的活不多了，需要量多的是技能型操作工和复合型专业人才，眼下大量下岗职工存在技能素质单一和技能等级偏低问题，明显不能适应社会的需求，因而，要树立竞争和风险意识，积极参加各种相关的再就业培训，尽快掌握新知识和新技能，以求得在再就业安置上的主动权。

3. 开展再就业援助行动。就是要对再就业困难的下岗职工和失业人员，通过上门指导、贴近服务、专项扶持、社会保险接续等援助措施，使他们在基本生活保障、再就业和社会保险等方面得到及时有效的服务和帮助。开展再就业援助行动的目标，是使那些困难群体人员，凡是需要了解政策的，都能得到及时的咨询和解答；凡是有就业培训愿望的，都能得到适合的岗位信息和培训机会；凡是需要保持社会保险关系的，都能及时接续；凡是需要生活保障的，都能得到及时救助。

4. 建立社区劳动和社会保障体系，将它隶属于劳动部门或政府某个独立机构，以便较好地执行政府的就业政策，从而有利于促进困难群体的就业。经费来源主要由国家和地方财政拨款，对下岗职工提供免费服务。这个服务应注重提供“一站式”服务和“个性化”服务。“一站式”服务是指求职登记、职业指导、培训申请、鉴定申请、档案管理、职业介绍、社会保险接续、申领失业金等一系列相关服务在一个办公地点就可以完成。这种综合性服务可使下岗职工倍感方便。“个性化”服务是指根据不同求职者和雇主的需要，提供不同方式的服务。如对年龄较大、技能老化、下岗时间超过半年的求职者，提供面对面的服务，对下岗超过一年的长期失业者、残疾人或其他特困群体提供一对一的跟踪服务等。

5. 加强劳动力市场建设，增加再就业培训基地。一是要加强劳动力市场的信息服务网络建设，及时收集和提供各种就业信息。二是要跟踪劳动力市场的需求，有针对性地开展再就业的技能培训，不断提高下岗职工的职业技能。三是创造条件，通过职业介绍、职业指导等多种形式，为下岗职工自谋职业、自主创业提供全面服务，为下岗职工求职登记、档案管理、社会保障接续提供全面服务。

6. 要认真落实下岗职工再就业的各种优惠政策，包括工商登记、场地安排、税费减免、资金信贷等。

7. 建议设立再就业基金。市政府及有关部门应采取多样灵活的方式，向社会、企业和个人筹集资金，政府再投入一部分。这些资金用于对特困下岗职工的帮助，可作为他们的生活补贴；也可向特困下岗职工提供贴息贷款；或用这些资金向银行担保为下岗职工再就业提供财务援助。同时，还要不断完善城市最低保障制度，让那些特困下岗职工真正得到国家和社会的帮助。

（课题组组长：曹 阳
课题组成员：李伟民 孙 晶 朴熙荣 张 军 芦 颖
执　　笔：曹 阳 孙 晶 朴熙荣）

光 荣 榜

抚顺市2004年荣获全国 省五一劳动奖状 奖章名单

2004年“五一”国际劳动者前夕，中华全国总工会及中共辽宁省委、省政府分别表彰了一批在改革开放、经济建设和社会主义各项事业中做出突出贡献的先进集体和模范人物，本市有1个集体获全国五一劳动奖状、3人获全国五一劳动奖章；有3个集体获辽宁省五一劳动奖状、22人获辽宁省五一劳动奖章。

荣获全国五一劳动奖状 奖章名单

荣获奖状单位：中国石油抚顺石油化工公司

荣获奖章者：刘 强 中国石油抚顺石化分公司总经理
尹 亮 抚顺矿业集团有限公司总经理
金竹花 抚顺经济开发区李石寨朝鲜小学校长

荣获辽宁省五一劳动奖状 奖章名单

荣获奖状单位：辽宁发电厂　　抚顺天湖啤酒有限公司

抚顺市中心医院

荣获奖章者：徐　瑜　辽宁发电厂厂长

耿承辉　中国石油抚顺石油化工公司总经理

刘兴明　抚顺新抚钢有限责任公司总经理

马崇利　中国建设银行抚顺市分行行长

高炳岩　抚顺特殊钢股份有限公司采购管理部部长

方　威　抚顺炭素有限责任公司（民营）董事长

杨　勇　辽宁电力有限公司抚顺供电公司总经理

杨树堂　辽宁省通讯公司抚顺市分公司总经理、党委书记

张连哲　抚顺市东洲煤业总公司总经理

奚利维　抚顺市金色阳光美食广场（民营）经理

刘宇志　中国石油天然气第八建设有限公司工人

董柏祥　抚顺矿业集团有限责任公司老虎台矿普采队队长

贺永久　抚顺中通建设（集团）有限公司安装分公司经理

梁琪林　抚顺市国家税务局直属一分局信息科科员

李佰进　抚顺市自来水公司东洲分公司班长

王　铎　抚顺市市政建设（集团）有限公司第一工程处筑路一队队长

黄祥生　中国人民解放军6409工厂建机公司钳工班班长

余　萍　抚顺县宏业养猪场（民营）场长

于明环　清原满族自治县水务局水土保持监督部部长

曹玉香　新宾满族自治县曹玉香商行（个体）经理

张　杰　抚顺市望花区环卫处工农所所长

郝志锋　抚顺市顺城区抚顺城环卫所班长

2003年度享受抚顺市政府特殊津贴人员名单

2004年12月24日，中共抚顺市委、市政府举行评选享受政府特殊津贴人员新闻发布会，本市27名在全市经济建设和社会发展中做出突出贡献的优秀人才受到了表彰。

序号	姓　名	工作单位及职务	职　称
1	王继锋	中石化抚顺石化研究院副总工程师	研究员级高级工程师
2	李长录	煤炭科学研究总院抚顺分院副院长	研究员
3	李　力	中国石油抚顺石化分公司洗涤剂化工厂副厂长	高级工程师
4	崔德强	中国石油抚顺石化公司催化剂厂副厂长	高级工程师
5	李国宏	抚顺矿业集团老虎台矿总工程师	高级工程师
6	王田立	辽煤实业集团公司董事，抚顺煤矿电机厂厂长	高级经济师
7	崔　仪	辽宁发电厂副厂长兼总工程师	教授级高级工程师
8	宋天民	辽宁石油化工大学副校长	教　授
9	曹福顺	抚顺特殊钢股份有限公司副总工程师	高级工程师
10	王　维	抚顺石油机械有限责任公司副总经理、总工程师	教授级高级工程师
11	于　萍	清原满族自治县农业技术推广中心主任	高级农艺师
12	王立新	市园艺所所长	高级农艺师
13	程德礼	市林业科学研究所所长	高级工程师
14	叶永恒	市环保研究所所长	研究员级高级工程师
15	汤亚良	市歌舞话剧院院长	二级艺术指导
16	李备军	抚顺日报社总编辑	高级编辑
17	张　捷	抚顺电视台文艺中心制片人	一级编导
18	薛　振	市体育训练教育科研中心主任助理	高级教练
19	杜成安	抚顺师范高等专科学校	教　授

续 表

序号	姓 名	工作单位及职务	职 称
20	马中华	市教师进修学院教研部主任	中学高级教师
21	季 霞	抚顺二中党委书记兼副校长	中学高级教师
22	尹姝勤	抚顺县高级中学校长	中学高级教师
23	屠文生	新抚区民主小学校长	小学中学高级教师
24	董爱民	市中心医院院长	副主任医师
25	陈 辉	市中心医院口腔科主任	主任医师
26	解 聪	市眼病医院院长	主任医师
27	陈 旭	市中医院骨科主任	主任医师

抚顺市荣记2003年度省公务员一等功　市公务员二等功人员名单

2004年我市有5名国家公务员被省政府荣记一等功，有31名国家公务员被市政府荣记二等功。为了弘扬他们的事迹，市政府13次常务会议决定，对这36名公务员进行表彰。

抚顺市2003年度省公务员一等功人员名单

闫茂龙　市计划委员会主任
李　萍　市劳动社会保障局保险处处长
徐海清　顺城区科技局局长
栾德翔　新宾满族自治县县长
孙天宇　市公安局经济开发区公安分局刑警队队长

抚顺市2003年度市公务员二等功人员名单

序号	姓 名	工作单位及职务	序号	姓 名	工作单位及职务
1	朱宝山	市经贸委投资规划处处长	17	姜惠君	清原满族自治县交通局股长
2	王宝畅	市财政局教科文处处长	18	王 杰	新抚区福民街道主任
3	王克江	市水务局财务处处长	19	王 岩	新抚区城建局局长
4	马兴伟	市农业局农业处处长	20	卢 军	望花区和平街道办事处主任
5	马 平	市林业局林业资源管理处处长	21	侯广歧	望花区交通局局长
6	张文革	市交通局办公室副主任（主持工作）	22	张达儒	顺城区交通局局长
7	黄治学	市教育局人事处主任科员	23	朱绍清	顺城区卫生局局长
8	邵希默	市公安局东洲公安分局局长	24	耿顺堂	东洲区章党街道工委书记
9	姜 波	市计委综合处处长	25	杜焕杰	东洲区教育局局长
10	黄成仁	市审计局经济责任审计处副处长	26	于永清	中共抚顺市委办公厅综合处处长
11	刘丽萍	市旅游局办公室副主任	27	黄北辰	中共抚顺市委组织部副处级调研员
12	付 平	抚顺县水务局局长	28	王玉君	中共抚顺市委宣传部主任科员
13	王淑芬	抚顺县卫生局局长	29	王永林	市检察院反贪局侦察一处处长
14	赵晓日	新宾满族自治县发展计划局局长	30	郭智顺	市中级人民法院立案庭庭长
15	李智新	新宾满族自治县新宾镇党委书记	31	邸彩珍	抚顺市政法委教育转化处处长
16	韩玉鹏	清原满族自治县南山城镇党委书记			

抚顺市发展民营经济先进集体　先进个人名单

2004年8月5日，抚顺市民营经济工作会议在市政府大会议室召开，会上表彰了发展民营经济先进县区3个、杰出民营企业家13人、优秀民营企业家23人、发展民营经济先进工作者106人。

发展民营经济先进县区

新宾满族自治县人民政府
抚顺县人民政府
顺城区人民政府

杰出民营企业家

杨　敏　董事长　抚顺罕王集团
陈德文　董事长　抚顺海德集团
刘忠礼　董事长　抚顺市顺大建筑工程有限责任公司
方　威　董事长　抚顺炭素有限责任公司
邢新鹏　董事长　抚顺鑫隆硅镁铬有限公司
余大论　董事长　抚顺恒安心相印纸制品有限公司
初祥利　董事长　辽宁美亚制药有限公司
姜铁军　董事长　抚顺哥俩好集团
赵　斌　董事长　抚顺泰和煤炭开发有限公司
孙兆林　董事长　抚顺永茂工程机械有限公司
胡玉信　总经理　抚顺大自然房地产开发有限公司
李壮志　总经理　恒安（抚顺）卫生用品有限公司
胡　杰　总经理　抚顺惠友化工有限公司

优秀民营企业家

肖子善　总经理　抚顺亲亲食品工业发展有限公司
王健宇　总经理　德州市天宇房地产开发有限公司抚顺分公司
钟宝申　董事长　抚顺隆基磁电设备有限公司
杨德权　总经理　清原绿源长久有限公司
杨世川　董事长　抚顺市大公房地产开发有限公司
孙海涛　厂　长　抚顺金利石化炭素厂
李家跃　董事长　抚顺市弘升房地产开发有限公司
董　新　总经理　抚顺东信化工有限公司
李　伟　厂　长　抚顺市五一厂
顾学亚　总经理　抚顺纵横房地产有限责任公司
邓连权　总经理　抚顺双兴矿业有限公司
毛德庆　总经理　抚顺市鲁洲淀粉糖制品有限公司
孙兆坤　董事长　抚顺市顺达房地产开发有限公司
刘晓东　董事长　抚顺汇龙达药业有限公司
王　波　董事长　抚顺市建工房地产开发有限公司
吴庆省　总经理　抚顺南方食品工业有限责任公司
谭志光　董事长　抚顺市红透山金鼎铜业有限公司
潘国强　董事长　辽宁鑫和钢铁有限责任公司
张社良　总经理　抚顺世堃建设有限公司
张　军　董事长　抚顺市金丰园餐饮集团有限公司
李乃鹤　董事长　抚顺山源散热器有限公司
王斗天　董事长　抚顺金新化工有限责任公司
肖　杉　董事长　抚顺绿都乳业有限公司

发展民营经济先进工作者

抚顺县：
姚　启　孙连贵　张玉良　郭铁英　朱良才
佟长辉　申世惠　王化轩　齐永葆　杨伟言
马龙波

清原满族自治县：
周国尧　王庆坤　胡志伟　王清新　韩玉鹏
卢贵财　杨建国　李左海

新宾满族自治县：
祝建平　栾德翔　王树志　邓智辉　刘东伟
安喜明　赵庆斌　李智新

新抚区：
祖铁才　侯玉林　李维家　张桂芬　刘兆鹏

望花区：
王　栋　汤庆华　刘铁秋　费姝玲　刘建华
高福贵　王　彬　杨春晓　霍玉成

东洲区：
胡乃涛　武　宏　王惠忠　田广荣　康福生
赵明亮　李远文　张凌高

顺城区：
张家春　于扬福　李家义　王家奎　刘述安
张永来　郑永利　方　岢　冯恩祥　姚　伟
邱　伟　戴来军

经济开发区：
宁　纯　李　宏　赵洪刚　梁顺杰　时宝山
石胜学　朴东日　于跃民　金龙哲

胜利开发区：
刘志才　程金传　李　岩　张弘越　刘殿峰

市直机关：
孙晓明　赵乐华　孟昭方　李树民　范丽萍
吕忠清　张克明　张铁坚　赵小平　李连成
刘　岩　马克和　仲远东　张福宝　姜永和
周国跃　赵恩来　郑　丹　王佐玉　梁春雨
迟钟岩　鲁　波　陈　洁　马国明　邵　枫
梁旭东　程万新　牟晓晖　解振伦　丁宝岭
张德鹏

抚顺市2003—2004年度诚信单位

抚顺市精神文明建设委员会深入贯彻《公民道德建设实施纲要》，全面落实《中央文明办、全国市场经济整顿规范办公室、国家税务总局、国家工商总局、国家质检总局等五部委联合开展“共铸诚信”活动的通知》精神，在全市广泛深入地开展了“共铸诚信”活动。全市各企事业单位踊跃争创诚信单位，牢固树立诚信意识，大力倡导和弘扬诚信兴业的良好风尚，在整顿和规范市场经济秩序、提高公民的思想道德素质、提升城市的文明程度、塑造城市的良好形象上发挥了积极的作用，并涌现出了一大批具有鲜明特点的诚信单位。为了鼓励先进，发挥典型的示范辐射作用，在全社会营造宣传诚信、实践诚信、共铸诚信的良好氛围，经市“共铸诚信”活动办公室考核，市文明委审查，决定授予以下31个单位为抚顺市2003—2004年度诚信单位。

抚顺诚信房屋维修有限责任公司
抚顺市塑胶有限公司
抚顺市解放路地下商场
抚顺汇龙家电广场
鸿兴泰（抚顺）饮食文化有限公司
抚顺市中兴化妆品广场
抚顺市新世界美食广场
抚顺市自家小厨酒店
抚顺山海楼大酒店
抚顺市白云穆斯林餐饮有限责任公司
抚顺起亮食品有限公司
抚顺肥牛府
抚顺市洪发肉制品厂
抚顺天赐副食品厂
抚顺金信水业有限公司
中国石油天然气股份公司抚顺分公司
抚顺市新抚钢有限责任公司
抚顺石油销售分公司
抚顺石化宾馆
抚顺中国国际旅行社
抚顺市友谊宾馆旅行社
抚矿集团供电部
抚矿集团神经精神病医院
辽宁省通信公司抚顺市分公司
大商集团抚顺百货大楼有限公司
大商集团抚顺商业城有限公司
抚顺市罗台山庄疗养院
抚顺县农村信用合作社联合社
新宾满族自治县兴京宾馆
新宾满族自治县赫城宾馆
抚顺市广宇加油站

抚顺市第六届职工职业道德建设十佳单位　十佳标兵　十佳班组

抚顺市总工会、中共抚顺市委宣传部、抚顺市经济贸易委员会、抚顺市精神文明建设委员会办公室、抚顺市监察局、抚顺市人民政府纠正行业不正之风办公室联合在全市企业开展了评选抚顺市第六届职工职业道德建设十佳单位、十佳标兵、十佳班组活动，并于2004年4月30日在《抚顺日报》上予以公布。

抚顺市第六届职工职业道德建设十佳单位

抚顺石化分公司石油二厂
抚顺新抚钢有限责任公司
抚顺市邮政局
抚顺市第三医院
抚顺市肉类联合加工厂
抚顺煤矿神经精神病医院
抚顺师范高等专科学校
中国人民财产保险股份有限公司抚顺市分公司
抚顺市河务管理办公室
抚顺市望花菜果批发市场

抚顺市第六届职工职业道德建设十佳标兵

尹晓明　王　艳（女）　陈玉庆　刘国权　李淑艳（女）　王振武
窦永来　谢淑清（女）　刘国民　赵　红（女）

抚顺市第六届职工职业道德建设十佳班组

抚顺矿业集团公司暖气厂西公园锅炉班
中国石油抚顺石油化工公司塑料化工厂 BOPP 二车间丙班
抚顺铝厂第三电解铝厂维修工段钳工班
抚顺中天建设（集团）有限公司混凝土配送分公司维修班
抚顺市中医院骨科
抚顺市自来水公司新抚营业所
抚顺天湖啤酒有限公司制酒车间糖化班
抚顺市房产经营总公司永安公司下水班
清原满族自治县人民医院内科
抚顺市顺城区环境卫生管理处抚顺城环卫所

2003—2004年度抚顺市最佳旅游经营单位

旅游景区点

清永陵
赫图阿拉城
雷锋纪念馆
三块石国家森林公园

星级宾馆

友谊宾馆
罗台山庄
石化宾馆
天宝大厦
抚顺宾馆

旅行社

山水旅行社
友谊宾馆旅行社
中国国际旅行社
神州行旅行社
天马旅行社
金虹旅行社

人　物

全国五一劳动奖章获得者事迹简介

刘　强　中国石油抚顺石化分公司总经理。他带领一班人把全部心思倾注在企业技术进步和创业发展上，使曾累计亏损30多亿元的企业走出困境，结束了7年亏损的历史，连续4年创平均销售额突破200亿元纪录，经济效益位居中石化炼化企业第一位。他矢志不渝，先后组织90多项重大技术改造和技术创新，与人合著的《乙烯生产与管理》一书已成为全国乙烯生产操作的必备工具书。他带领科技人员共同研制开发的APC系统，年增效益2 000万元。目前，公司原油加工居中国石油第一位，石蜡生产居世界第一位，烷基苯生产居亚洲第一位，润滑油基础油生产能力居国内第一位。

尹　亮　抚顺矿业集团有限公司总经理。由于抚顺煤炭可采储量日趋枯竭，再加上人员多、包袱重，因此振兴抚顺矿区举步维艰。在生存与发展艰难抉择的关键时刻，他肩负起了振兴抚顺矿区的重任。他带领全矿职工围绕加快产业结构调整，依托煤炭产业，着眼于资源综合开发利用，确定“一矿一厂一气”的转产思路，年可创收达千万元以上。为了维护主辅分离后大批离岗职工利益，他在全省率先开展下岗职工生活保障失业保险并轨工作。仅2003年就确定27个再就业项目，形成八大再就业基地，安置5 200多人实现再就业。

金竹花　抚顺经济开发区李石寨朝鲜小学校长。她以其先进科学的办学思想、卓有成效的兴教实践，以及高尚的人格魅力，在从事教育工作35年的历史进程中留下了一串串闪光的足迹。多年来，他创造总结的“六带两比较”和“句型教学法”已成为朝鲜族小学汉语教学的科学方法，从1982年起在东北三省全面推广。几年来，上级奖励她本人的几万元奖金，全部被她用在学校教育资金和助学济困上，在教育事业上她成绩斐然，在社会上她更受群众的敬佩和爱戴。

逝世人物

赵景顺　生前是清原满族自治县大孤家镇小甘河村党支书记，2004年5月21日因病逝世，年仅48岁。他1992年担任小甘河村党支部书记以来，全身心扑在了带领群众脱贫致富上，对工作认真负责，对群众满腔热情，对自己严格要求，表现出一名农村基层干部全心全意为人民服务的高尚情操和崇高品格。他勇挑重担，不怕困难，使外债多达37万余元的小甘河村发生了巨大的变化，人均纯收入从1992年的400元增加到2003年的3 050元，是群众信赖的好带头人。他对群众怀有深厚感情，时刻把群众冷暖挂在心上，即使牺牲个人利益也要帮助贫困户找项目、跑贷款、做担保，直至生命的最后时刻还嘱咐家人卖掉房子偿还外债，不要向组织提任何要求，是与群众亲如一家的贴心人。他虽身患绝症，但他克服了常人难以想象的困难，带领群众完成了自来水工程改造，铺建了12条柏油路面，建设了900平方米的文化广场。直至他去世前几天，仍然拖着病躯带领干部出外为村里追讨欠款，是群众真心敬仰的硬汉子。赵景顺勤奋敬业、廉洁奉公、心系群众的实际行动，赢得了广大党员、群众的由衷信任和爱戴，先后被推选为中央清原县第十届、第十一届党代会代表和中共抚顺市第九届党代会代表，并获得清原满族自治县劳动模范、清原满族自治县优秀共产党员、清原满族自治县模范党支部书记和抚顺市劳动模范、抚顺市优秀共产党员等荣誉称号。2004年12月15日，中共辽宁省委发出关于授予赵景顺、李茂丰同志“为民务实清廉的优秀农村基层干部”荣誉称号，并开展向赵景顺、李茂丰同志学习活动的决定。2004年10月20日，中共抚顺市委发出关于追授赵景顺同志“模范践行‘三个代表’重要思想的党支部书记”荣誉称号和开展向赵景顺同志学习活动的决定。

朱　军　原抚顺市副市长朱军因病医治无效，不幸于2004年9月29日6时50分在辽宁省抚顺市病逝，终年67岁。朱军山东省临朐县人，1937年9月28日出生，1952年7月参加工作。1973年6月9日加入中国共产党。1988年2月任抚顺市财政局局长，1992年5月任抚顺市副市长。他长期在财贸战线上工作，勤奋努力，兢兢业业，恪尽职守，不仅积累了丰富的工作阅历和经验，而且切实做到了两袖清风、一尘不染。他在担任副市长期间，胸怀大局，务实创新，积极为抚顺的发展出谋献力，倾注了大量的智慧与汗水，为抚顺经济和社会发展做出了重要贡献。他于1998年退休以后，仍然十分关心党和国家的事业，心系抚顺的建设与发展，体现出一名共产党员对革命事业孜孜不倦的追求精神。

大 事 记

2004年抚顺大事记要

一 月

1月5日

• 市委、市政府召开全市经济工作会议。市长王大平就2004年经济发展的预期目标、确定依据及主要措施进行了分析和部署，市委书记周银校作重要讲话。会议由市委副书记杨桂荣主持，市领导尹文、张敏、郭平、魏东平、李荣春、陈松扬、毛绍华、王宁、刘诗等出席了会议。

• 为深入开展“我靠抚顺发展，抚顺靠我振兴”大讨论活动，进一步在全市营造人人关心、人人支持、人人参与振兴抚顺老工业基地的良好氛围，根据市委、市政府统一安排，市委宣传部、抚顺日报社、抚顺通信公司联合在全市开展“小灵通杯”“我为抚顺老工业基地振兴建言献策”有奖征集活动。

1月6日

• 市十三届人大常委会举行第七次会议。上午市人大常委会主任尹文主持了第一次全体会议。会上，首先通过了会议议程和日程。市人大常委会副主任兼秘书长崔树森作了《抚顺市人民代表大会常务委员会工作报告》（草案）的说明；市人大常委会人事工委主任张雅茹作了《代表资格审查委员会关于补选代表的代表资格审查报告》，并通过了这个报告；市人大常委会副主任周庆久作了《关于抚顺市第十三届人民代表大会第二次会议主席团和秘书长名单》（草案）等事项的说明；市中级人民法院代院长李东昌作了人事事项的说明；被提请任命的市人大常委会副秘书长同常委会组成人员见了面。

下午第二次全体会议由市人大常委会副主任李荣春主持。会议通过了《抚顺市人民代表大会常务委员会工作报告》，通过了《抚顺市第十三届人民代表大会第二次会议议程》（草案）；通过了《抚顺市第十三届人民代表大会第二次会议主席团和秘书长名单》（草案），决定提请市十三届人大二次会议预备会议审议通过；通过了《抚顺市第十三届人民代表大会第二次主席团常务主席建议名单》，决定提请市十三届人大二次会议主席团第一次会议审议通过。通过了《抚顺市第十三届人民代表大会第二次会议各代表团召集人名单》；会议还通过了人事事项并颁发了任命书。

1月7日

• 市工商局举行新闻发布会，正式公布了新近制定的《为地区经济发展服务十大举措》。市工商局党组书记、局长郭峰向出席新闻发布会的市委、市人大、市政府、市政协、市纪检委有关领导及省、市各新闻媒体的记者通报了“十大举措”的具体内容，并恳请社会各界对工商行政机关贯彻落实“十大举措”的有关情况进行监督。

1月8日

• 市政协在十届二次会议期间举行第五次常委会议。会议由市政协主席陈家洱主持。常委会议分别审议通过了《补选市政协十届委员会常委候选人名单》（草案）、《选举办法》（草案）、《市政协十届二次会议提案审查情况报告》（草案）、《市政协十届二次会议决议》（草案）。

• 市政府召开全市安全生产工作会议。副市长王宁代表市政府对全市的安全生产工作做了安排。

1月9日

• 历时四天的市政协十届二次会议于本日闭幕。400余位委员出席了本次会议。会议听取了市长王大平作的《关于2003年政府工作情况和2004年安排意见的说明》、常务副市长魏东平作的《抚顺市老工业基地调整改造振兴规划》（草案）的说明、市计委主任闫茂龙作的《抚顺市2003年国民经济和社会发展计划执行情况和2004年计划》（草案）的说明、市财政局局长傅琦作的《关于抚顺市2003年财政预算执行情况和2004年财政预算（草案）报告》的说明。经全体委员举手表决，增补邢转顺、李广瑞、肖汉、吴胜华、张建中、郭膺为常务委员。会议讨论通过了《十届二次会议提案审查情况的报告》（草案），会上还通过了市政协十届二次会议决议。

• 由市政府牵线搭台的抚顺市优质农产品农商对接会取得了可喜的成果，73家来自市内外的采购商和农产品生产商，共签订协议或意向性协议12项，合同金额达到215万元。

1月11日

• 全市迎新春“长城卡杯”速度滑冰比赛在浑河北岸永安桥东冰场举行。来自本市6个滑冰协会的160多名选手分别参加了500米、1 000米等12个组别的比赛。

1月12日

• 市公安局交巡警支队举行加强机动车驾驶员交通违章记分管理考核工作新闻发布会，其中心内容是认真贯彻执行1999年公安部第45号令，在全市机动车驾驶员中正式实施《交通违章记分考核办法》。此次考核实行累积记分管理办法。实施范围是全市（包括三县）所有的机动车驾驶员；正式实施时间是2004年3月1日。

• 市委、市政府召开全市扶贫帮困工作会议。市政府副秘书长、市扶贫帮困领导小组办公室主任、市民政局局长杜晓航在会上对本市2004年春节前开展对城乡困难群众救助及走访慰问活动进行了全面部署和详细安排。2004年春节前，全市将筹集扶贫帮困款物1 450万元，开展一次大规模的临时救助活动。市委常委、常务副市长魏东平主持会议并讲话。

1月16日

• 历时四天的市十三届人大二次会议本日闭幕。来自全市各条战线的300余名人大代表参加了大会。此次人代会选举了市第十三届人民代表大会常务委员会副主任、秘书长、委员，市中级人民法院院长、市人民检察院检察长。会议通过了《关于政府工作报告的决议》、《关于抚顺市老工业基地调整发展改造振兴规划的决议》、《关于抚顺市2003年国民经济和社会发展计划执行情况与2004年计划的决议》、《关于抚顺市2003年财政预算执行情况和2004年财政预算的决议》、《关于市人大常委会工作报告的决议》、《关于市中级人民法院工作报告的决议》、《关于市人民检察院工作报告的决议》，通过了市十三届人大有关专门委员会组成人员名单。

• 下午，本市召开迎新春新闻工作者座谈会，来自全市各新闻单位的主要负责人以及中央、省驻抚新闻单位的领导出席了座谈会。市委常委、宣传部长马克猛主持座谈会并讲话。市委副书记张敏、市长王大平参加座谈会，并作重要讲话。

• 团市委举行第十二届六次全委会议。在全面总结过去一年来的工作经验后，团市委向全市各级团组织和团员青年发出了投身抚顺老工业基地调整、改造和振兴的伟大实践中，谱写共青团新篇章的号召。市委副书记张敏参加会议并讲话。

• 市总工会举行十五届七次全委会议。会上，市委常委、市总工会主席冯作良全面总结了过去一年工会工作所取得的成绩，并对新一年的工会工作做出部署。

• 团市委与清原满族自治县和新抚区等7个县区的青年再就业中心分别签订了2004年青年再就业责任状，将团组织全年培训6 000人、安置3 000人、劳务输出1 300人的再就业任务层层分解，落实到位。

1月18日

• 市委书记周银校，市委常委、常务副市长魏东平，副市长孟凌斌在有关部门领导和新抚区主要负责人的陪同下，走访慰问了劳动模范和特困户。

1月19日

• 本市首届青少年美术书法大展在市图书馆开展。市委宣传部、市文化局、抚顺日报社及市文联的有关领导为开幕式剪彩，千余人参加了开幕典礼。这次由辽宁省青年美术家协会、抚顺市文联、抚顺日报社联合主办，市图书馆承办的首届青少年美术书法大展，有500多名青少年儿童报名参加，提供作品500多幅，入展作品300多幅。入选作品还被印制成书画集，于开展当日发行。

1月21日

• 市委、市政府举行春节团拜会。市委书记周银校致辞，市长王大平主持团拜会。

1月31日

• 《抚顺市矿山生态环境恢复整治与土地复垦规划》通过国家级专家评审。该规划是以市域为单元进行矿山生态环境整治恢复的总体规划，属国内首创。来自中国工程院、国土资源部、国家环保总局、中国煤炭协会等国家、省有关部门和单位的专家对该规划评论很高。评审会由省国土资源厅厅长王大操主持，市长王大平、政协主席陈家洱等领导参加了评审会。当天上午，中国煤炭协会会长、中科院院士范维唐，国土资源部环境司司长姜建军等专家和领导在副市长魏东平等市领导陪同下，先后到现场视察了抚顺西露天矿西排土场土地复垦、西露天矿北帮环境治理示范工程、采煤沉陷区城内森林建设情况。

△1月

• 市环保局建立了“蓝天白云行动”督察制度，“蓝天白云行动”督察员将重点督察各企业是否按照市创建国家环保模范城领导小组会议精神办事，对确定的“蓝天白云”工程项目是否任务明确、责任清晰、奖金到位，制定的各项措施是否合理，现有的污染治理装置运行是否正常等方面的工作进行督察。对各项工程进展情况，监督员将定期向市“创模”领导小组汇报督察的结果，确保2004年7月1日望花地区环境空气质量达到国家三级标准。

• 市房产产权管理处推出一项重大便民措施，正式开通抚顺房产信息网，全面向电子化办公迈进，服务比以往更快捷、更准确。

• 在中共辽宁省委宣传部召开的省第九届精神文明建设“五个一工程”表彰会上，由中共抚顺市委宣传部、抚顺人民广播电台联合录制的广播剧《再生之路》荣获全国第九届“五个一工程”入选作品奖和省第九届“五个一工程”优秀作品奖，同时，抚顺市歌舞话剧院创作的话剧《点灯的人》、市文联报送的歌曲《郝姨》、抚顺电视台录制的理论文献电视片《一条河的述说》获得省第九届“五个一工程”入选作品奖，中共抚顺市委宣传部获得“组织工作奖”。

二　月

2月1日

• 从本日起，央视12频道推出东北宣传月活动，本市被列为重点宣传城市之一，2月5日为“抚顺宣传日”。在央视大规模、集中宣传抚顺，这在本市宣传史上尚属首次。

2月2日

• 本市召开宣传思想工作会议。会议学习传达了全国、全省宣传思想工作会议精神，总结了2003年全市宣传思想工作，部署了当前和今后一个时期全市宣传思想工作任务。市委宣传部常务副部长许志主持了会议。市委常委、宣传部部长马克猛在会上作总结，市委书记周银校在会上作重要讲话。

2月4日

• 1月30日至本日，历时6天的第十四届全国基层小学“中国移动通信幼苗杯”乒乓球比赛于本日在辽宁石油化工大学体育馆落幕。该比赛由国家体育总局乒羽运动管理中心、中国乒乓球协会少年委员会、全国基层小学“幼苗杯”执委会主办，抚顺市教育局、体育局、抚顺市教师进修学院附属小学校联合承办，来自全国38个基层单位160个代表队的600多名运动员经过1 874场的激烈争夺，最后获得男子甲、乙、丙组团体第一名的是：抚顺教师进修学院附属小学校、锦州凌河解放路小学、抚顺教师进修学院附属小学校；女子甲、乙、丙组团体第一名是：河南郑州铁路学校、河北保定喜来小学校、鞍山立山区沙河中心小学。本届比赛创造了历次全国少儿乒乓球赛参加单位和人数之最。

2月7日

• 市政府召开全市防治高致病禽流感紧急工作会议。会议要求落实各项措施，确保全市畜牧业生产和人民生命安全。会议强调市长、县（区）长都是防疫工作的第一责任人，要以对党、对人民高度负责的精神，切实抓好高致病禽流感防疫工作。

2月9日

• 市政府与抚顺矿业集团公司项目对接会在市政府18楼会议室召开。市长王大平、常务副市长魏东平、副市长王宁率市计委、规划和国土资源局、环保局等单位的领导同矿业集团公司董事长兼总经理尹亮等就产业转型的发展互通情况、交流思想、出谋划策、共商大计。

• 市委政研室、市社科院、抚顺日报社、市广播电视局组织的以主动融入沈阳经济区为主题的“融入沈阳经济区论策会”召开。市委书记周银校、市委副书记杨桂荣到会并讲话。

2月10日

• 市委、市政府召开项目工作暨对外开放会议。会议总结了上年工作，部署了2004年的工作。市长王大平、市政协主席陈家湃等领导出席了会议。会议由常务副市长魏东平主持。会上还表彰了项目建设先进单位。市领导向获奖单位颁发了奖牌。抚顺县等4个县区被评为项目建设先进县区，抚顺石化公司等17个单位被评为项目建设先进单位，东洲区等5个县区为项目建设单项评比先进县区，这些单位还获得了不同额度的资金奖励，其中抚顺县获奖金40万元。

2月12日

• 本市召开全市统战工作会议。会上，市政协副主席、市委统战部部长王淑雅总结了2003年工作，部署了2004年工作。会议确定开展“建绿都献良策，促振兴做贡献”主题活动。市委副书记张敏，市委常委、宣传部部长马克猛参加会议并讲话。

• 本市召开全市信访工作会议。市委常委、常务副市长魏东平在会上通报了2003年度全市信访工作目标完成情况及2004年全市信访工作目标管理考核办法，并代表市委、市政府与各县区和有关单位签订了2004年信访工作目标管理责任状。

• 市人大常委会举行新闻发布会，就2004年软环境建设评议工作进行新闻发布。市人大常委会秘书长、新闻发言人王新传在发布会上宣布，软环境建设评议工作是市人大常委会2004年的一项重要任务，市人大常委会组成7个评议组，将用2个月的时间，对“一府两院”的软环境建设工作进行评议。并公布了市人大常委会软环境建设调查评议热线电话。

2月13日

• 全市精神文明创建工作会议在市委召开。会议对2003年全市精神文明创建工作进行了总结，推荐了2002—2003年度省、市级文明单位，并公布了2004年全市精神文明创建工作要点（征求意见稿）。

• 由市社会治安综合治理委员会办公室和市委宣传部联合举办的首届抚顺市维护社会治安见义勇为好新闻作品奖颁奖仪式于本日举行。抚顺日报社记者齐九鹏采写的《一场正义与邪恶的角逐》获最高奖项，抚顺晚报社获抚顺市维护社会治安见义勇为好新闻组织奖。

2月14日

• 副市长陈松扬在市友谊宾馆会见了韩国STX（株）副会长、抚顺鹰霸机械有限公司董事长李明基及韩兆株式会社社长金胜在、SNW社长郑和燮、世进产业株式会社社长尹泰文、大信株式会社社长朴秀根等韩国客人。

2月16日

• 市政府同新加坡胜科公司举行峰会。市长王大平率抚顺精细化工园区领导小组成员同来访的新加坡胜科工业集团常务副总裁、执行董事徐礼信，胜科工程公司总裁黄显辉一行，就园区建设进行深入磋商，在关键问题上达成共识，确立了实施方案。抚顺精细化工园区建设开始全速推进。

• 全市纪检监察系统在市委召开了振兴抚顺老工业基地报告会，市委讲师团团长于金廷在报告会上做了关于党的十六届三中全会决议的讲解。市委副书记、市纪委书记杨桂荣在报告会上讲话。

2月18日

• 全市组织工作会议在市政府举行。会议就做好2004年度的党建和组织工作，围绕振兴抚顺老工业基地过程中切实发挥好领导干部作用进行了部署。市委常委、组织部部长汤毅在会上总结了本市2003年组织工作。市委书记周银校出席会议并讲话。

• 市纪律检查委员会第四次全体（扩大）会议召开。市委副书记、市纪委书记杨桂荣代表市纪委常委会向会议作工作报告，市委书记周银校作了重要讲话，市纪委常务副书记祁玉霞主持会议。省纪委党风室副主任孙莉专程来抚出席了会议。

2月25日

• 抚顺合乐化工有限公司工业粘合剂、工业用胶商品上的“‘哥俩好’GELIAHAO”及图注商标被国家工商行政管理商标局认定为驰名商标。这是本市第一家企业获得的驰名商标。

2月29日

• 市长王大平、副市长毛绍华及市建委、城建局、交通局、城建投资有限公司等有关部门领导一同视察了正在建设中的三宝综合立交桥、浑河南路快速干道和前甸通道等重点建设项目。

△2月

• 由市质量技术监督局牵头，抚顺商检局、市公安局、市农牧局、市商业局、抚顺海关、市工商局等部门联合对本市禽类产品生产加工场所、存放冷库和集贸市场进行全面清理检查，以防禽流感的发生。

• 本市在市劳动公园内举办“抚顺市2004迎春灯会”，本年灯会是近20年来规模最大的一次。本年灯会采取以社会参与为主、政府投入为辅的方式进行。元宵节当晚，有近三万市民观看了灯展。

• 市南花园监狱创建省级现代化文明监狱工作历时8年，于本月通过了省级验收。从此，本市有了一座集军营式、校园式、花园式为一体的现代化省级文明监狱。

• 市社科联被评为全国先进学术团体。

三　月

3月1日

• 市党政领导为赴京参加全国人大十届二次会议的代表送行。本市出席全国人大十届二次会议的代表是：市人大常委会主任尹文、市长王大平、抚顺石化公司总经理耿承辉、抚顺经济开发区李石朝鲜族小学校长金竹花、抚顺哥俩好集团董事长姜铁军。

• 东立矿业有限公司在承担原国企全部债务、聘用原国企所有员工的情况下收购晶花公司的协议在望花区政府会议室正式签署。副市长王宁和望花区主要领导出席签字仪式。晶花公司的前身是产业用布厂。这是一个当年投资1亿元进口国外先进设备的国有大二型纺织企业，从1997到2002年晶花公司经历过两次转制。这一次是由国有向民营的转制：职工退出国有身份；国有企业债务被民营企业全部承担。在转制签字仪式上，东立矿业有限公司做出了承诺，转制后东立矿业有限责任公司对原国有企业——晶花公司的领导成员全员聘用，全体员工全员聘用。

3月2日

• 省委宣传部、省文明委在本市召开“弘扬雷锋精神，振兴辽宁老工业基地”座谈会。会上，本市的辽宁特钢(集团)抚顺特殊钢有限公司第一炼钢厂一号电炉、抚顺学雷锋出租车队、建行抚顺分行等11家单位被省文明委授予“雷锋号”荣誉称号。张淑芬、王海、朱春静等9人被省文明委授予“雷锋奖章”。省委宣传部副部长周连科就如何与时俱进开展学雷锋活动发表了讲话。省军区政治部副主任刘崇荣，市委常委、抚顺军分区政委张祥，市委常委、市委秘书长袁方等省市有关部门的领导，受表彰的学雷锋典型代表及省市历年来部分学雷锋典型近150人参加了座谈会。会后，与会人员来到建行抚顺分行，举行了“弘扬雷锋精神，携手并肩，为振兴辽宁老工业基地建功立业”活动启动仪式。刚刚荣获“雷锋号”的建行抚顺分行代表全省的学雷锋典型向全省人民发出“弘扬雷锋精神，携手并肩，为振兴辽宁老工业基地建功立业”倡议书。

3月3日

• 由中共抚顺市委宣传部、市精神文明建设办公室、市文化局、中国工商银行抚顺分行联合主办的纪念毛泽东等老一辈无产阶级革命家为雷锋同志题词发表41周年大会暨“学习雷锋好榜样·振兴抚顺老工业基地”大型主题文艺晚会在抚顺剧院举行。市领导及有关单位的负责人出席了主题文艺晚会。抚顺市学雷锋先进典型及抚顺市工商银行、抚顺市建设银行等200余家企事业单位的代表及雷锋生前的战友乔安山也应邀出席了晚会。市委副书记张敏在晚会上讲话。晚会节目由市歌舞话剧院演出。

• 共青团辽宁省委与省武警总队联合在雷锋纪念馆举行了学雷锋座谈会。会上，来自省武警总队系统的30名学雷锋先进集体和先进个人代表与应邀出席的雷锋生前战友乔安山交流了学雷锋经验。会后，与会代表同市武警支队300余名新战士一道向雷锋墓敬献了花圈。

• 本市召开全市劳动社会保障监察会议。会议总结了2003年工作，确定了2004年任务。

3月4日

• 由市文明办，新抚区委、区政府，抚顺晚报社，联通抚顺分公司，中信银行抚顺支行联合开展的“万朵鲜花送给身边的雷锋”活动在新抚区政府门前举行了敬送鲜花仪式。此项活动于2月24日启动，截至本日，新抚区首批推荐的身边雷锋典型已达301人。在送鲜花仪式中，有81名“雷锋”获赠鲜花。

• 来自太原、石家庄、沈阳、铁岭、本溪、辽阳及抚顺雷锋出租车队出租车司机近百人自发来到抚顺雷锋纪念馆，拉开了全国部分城市出租车驾驶员情缘雷锋城——“雷锋在我们心中，我们与雷锋同行”主题活动的序幕。抚顺雷锋出租车队向太原出租车队、石家庄出租车队赠送“雷锋在我们心中，我们与雷锋同行”牌匾，并向全国同行发出携手并肩与雷锋同行的倡议书。出租车队还来到雷锋生前所在团、抚顺光荣院进行慰问。

• 市总工会举行女劳动模范庆“三八”座谈会，本市全国、省、市女劳模参加了座谈会。市委常委、市总工会主席冯作良主持了座谈会。市委副书记张敏在座谈会上讲话。

3月5日

• 市政协召开十届六次常委会议。市政协常务副主席杨福田主持了会议。会议通过了市政协常委会2004年工作要点；通过了市政协专门委员会组成人员调整名单；通过了政协抚顺市委员会关于发挥委员作用的若干意见和有关人事任免事项。副主席孙雅忠宣读了市政协关于表彰十届二次会议优秀大会发言的决定。市政协副主席徐泽林在会上讲话。

• 副省长闫丰到抚顺县救兵乡，就本市村委会换届选举工作进行调研。副市长刘诗一同参加了调研。

• 雷锋学校工程举行奠基仪式。新建成的市雷锋学校将成为教学环境美、教学设施全、教学质量高的从幼儿园到高中教育一贯制的省内名校。该校总投资7 000余万元，占地面积4.5万多平方米，工程计划于本年9月正式投入使用。

• 市公安局出台《保护外商合法权益暂行办法》，并成立了保护外商合法权益委员会，为来本市经商的外籍客人提供优质的司法服务。

3月6日

• 本市举行纪念三八国际劳动妇女节94周年暨总结表彰大会。市妇联主席张卓、市委副书记张敏分别在会上讲话。会上表彰了王骁等50名“最佳女政法干警”、冯玉祯等10名市“巾帼建功”标兵、侯小霞等10名市“农村妇女科技致富带头人”；会上还授予市起亮肉制品加工厂等10个单位、抚顺县峡河乡胜子村等10个村妇代会和新抚街道安居社区等10个社区妇联为“巾帼文明模范岗”、“红旗妇代会”和“红旗社区妇联”的光荣称号。

3月9日

• 本市召开市直机关党建工作会议。会议对上年市直机关党建工作和“机关作风建设年”活动进行了总结，命名市水务局秘书处等50个处室为作风建设先进处室，阎茂龙等27人为勤廉兼优领导干部，李树成等33人为优秀组织者，于化柱等91人为作风建设最佳工作人员。市委副书记杨桂荣代表市委、市政府充分肯定了市直机关党建工作和“机关作风建设年”活动，对2004年机关党建工作提出了具体要求。

3月10日

• 市政协书画家联谊会举行成立大会。会上，宣读了《抚顺市政协书画家联谊会章程》，并选举陈家洱为该联谊会会长、杨福田为副会长。

3月11日

• 市青联举行十届二次常委（扩大）会议。市委副书记张敏出席会议并讲话。

3月12日

• 由国务院台湾事务办公室、国务院新闻办公室统一制作的《台湾问题图片展》巡回展来抚首展式在抚顺职业技术学院体育馆举行。《台湾问题图片展》共展出500多幅图片。

• 主管科技的副市长赵家绪向来自全市各县、区及抚顺经济开发区分管科技工作的副县（区）长、科技局长等科技管理干部做科技项目推介专题报告。市领导张敏、张庆华、杨福田、董树兴等参加了报告会。

3月13日

• 本市举行欢迎会，欢迎参加全国政协会议后返抚的全国政协委员、市政协副主席刘全芳。市政协主席陈家洱主持了欢迎会。

• 3月1日至本日，市质量技术监督局先后对本市各县区18家生产和经销农药、化肥、种子的企业进行了质量监督检查，打假扶优，确保农民在春耕时用上合格的农药、化肥、种子等农资。

3月15日

• 市工商局、市消费者协会在本市东西四路举办“3·15”消费者权益日“诚信维权、名牌展销”活动。全市136家企业、单位参加了这次活动，展销产品149种，现场销售88万元。活动现场展示了本市首枚中国驰名商标“哥俩好”商标一件，展示省著名商标15件，市著名商标51件。

• 市委副书记张敏在市妇联领导的陪同下，来到刚刚获得全国、省三八红旗手荣誉称号的罕王集团董事长杨敏、市财政局长傅琦和抚顺日报总编辑李备军的工作岗位，带着鲜花和礼物为她们颁发了奖章、证书，并为全国三八红旗集体、中国建设银行抚顺分行公园支行经营部授匾。

• 108名新录用的本市机关工作人员和国家公务员在行政学院接受为期两周的上岗前培训。当天下午，他们又专程来到雷锋纪念馆进行了任职前的宣誓。举行宣誓仪式和进行革命传统教育，这是本市推行公务员制度10年以来，首次在公务员教育培训工作中推出的重要举措。根据要求，本市今后凡新录用的国家公务员，都必须举行宣誓仪式，并接受革命传统教育。

• 经市政府同意，从本日开始，本市城市污水生活垃圾处理费征收所正式成立，并实行两费集中统一征收。

• 3月14日至本日，抚顺广播电台新闻台在东四路步行街开展诚信维权“3·15”特别行动，新闻台《行风热线》、《质量监督岗》、《抚顺新闻》等8个重点栏目的30余位编采人员和参与相关重点栏目制作、播出的市质量监督局、市工商局、市卫生监督所的5位执法人员及辽宁红叶律师事务所、锁阳律师事务所的3位律师，现场向老百姓提供消费维权服务和法律咨询。

• 市青少年教育保护委员会召开青少年教育保护工作会议。市委副书记张敏在会上做2004年工作部署。

3月16日

• 省人事厅、省外国专家局的领导受国家外国专家局委托，专程来到本市，将“国家引进国外智力成果示范单位”的一尊永久雕塑送到抚顺特殊钢公司。2002年，该公司被省批准为“省工业引智成果示范基地”。此殊荣在全国仅有9家，在辽宁省是惟一的一家。

3月18日

• 本市召开传达贯彻全国“两会”精神大会。会上，全国人大代表、市人大常委会主任尹文，全国政协委员、市政协副主席刘全芳先后在会上传达了十届全国人大二次会议和全国政协十届二次会议精神。市委、市人大、市政府、市政协、市纪委、抚顺军分区以及市直各委办局，各县区和部分大中型企业的主要领导参加了会议。

3月19日

• 市委宣传部、市妇联、市教育局和家庭教育学会联合成立了市家庭教育报告团。抚顺师专心理教研室主任王铁石、市电视台记者张晓然等10人被聘为首批报告团成员。

3月22日

• 本市“扫黄打非”会议在市图书馆举行。会议总结回顾两年来本市“扫黄打非”工作成果，对在2003年全市“扫黄打非”行动中做出突出贡献的10个先进集体、12名先进个人予以表彰。市委副书记、市“扫黄打非”工作领导小组组长张敏安排部署了2004年工作任务。

• 抚顺石化公司设备监理研究中心正式挂牌成立。该公司由原抚顺石油化工公司设备研究所和抚顺石油化工公司石油三厂设备所合并成立。

3月23日

• 市委宣传部副部长罗璇、市文明办主任周淑泉等受市委市政府委托来到沈阳军区202医院，看望了正在接受治疗的全国拥军模范胡玉萍，并向202医院领导、医护人员对胡妈妈长期以来周到的治疗表示感谢，同时把两面锦旗敬赠给202医院。

3月24日

• 省委副书记王万宾、省委组织部副部长金阳等领导，分别参加抚顺市委常委扩大会和全市领导干部大会。金阳宣布了省委关于调整抚顺市党政主要领导的决定。决定任命周忠轩为中共抚顺市委委员、常委、书记；任命刘强为中共抚顺市委副书记。免去周银校中共抚顺市委书记、常委、委员职务，调省直工作。免去王大平中共抚顺市委副书记、常委、委员，抚顺市人民政府市长职务，调省直工作。省委副书记王万宾在会上作重要讲话。

• 副市长孟凌斌在友谊宾馆会见了日本新华侨华人会“东北振兴支援委员

会”一行3人。应辽宁省外事办公室的邀请，日本新华侨华人会“东北振兴支援委员会”一行25人于3月24日至25日来我省考察。24日，考察团3名成员到抚顺经济开发区和抚顺市科技成果推介服务中心考察，详细了解本市对外招商引资和项目合作情况。会见后，日本新华侨华人会“东北振兴支援委员会”向抚顺市政府赠送了写有“春呼东北，情溢东瀛”的牌匾。

3月25日

• 本市召开精神文明建设“五个一工程”工作会议暨2002—2003年度文艺成果表彰大会。会议总结了本市两年来“五个一工程”工作和文艺创作生产工作，表彰了在抚顺文艺创作、表演方面取得优异成绩，在文艺创作生产组织工作上做出突出贡献的单位和个人。

• 本市召开全市依法治市领导小组工作会议，并就本市依法治市存在的问题及下一步工作进行了研讨。市委组织部、宣传部、市司法局等27个领导小组成员单位的负责人参加了会议。

• 省委副书记王万宾，就振兴老工业基地在本市对抚顺新抚钢有限责任公司、辽宁特钢集团抚顺股份公司和抚顺铝厂进行了调研。

• 副市长刘诗在市政府会议室会见了前来访问的斐济共和国兰巴萨市市长希恩。双方就经济、贸易等多领域的合作问题进行了交流，并签订了中华人民共和国抚顺市和斐济共和国兰巴萨市建立友好伙伴城市关系意向书。

3月26日

• 市十三届人大常委会举行第八次会议。市人大常委会主任尹文主持了第一、第二次全体会议。第一次全体会议首先通过了会议议程和日程；市委副书记郭平作了人事事项的说明；会上，被提请任命的副市长、代市长刘强同市人大常委会组成人员见面并作供职发言。在第二次全体会议上，通过了关于王大平辞去市长职务的决定，决定任命刘强为副市长、代市长。

• 本市召开2004年全市绿化建设工作会议。会议确定今年全市绿化工作的目标是建设城市生态绿地系统。

• 2004年“中国(抚顺)百姓生活游”系列活动在抚顺百货大楼门前正式启动。在启动仪式上，副市长刘诗宣布该活动正式启动。来自全市的县区旅游局、旅行社、景点(区)、旅游农庄和度假村向市民分发了上万份宣传资料；新宾满族歌舞团表演了满族歌舞；市老年自行车旅行团和友谊宾馆健骑队身披宣传绶带从百货大楼门前出发出游。本次活动为市民提供了100多个理想去处、60余条最简便的旅游线路。同时各县(区)、各旅游景区(点)、旅游农庄和度假村都相应推出了一系列旅游活动项目和优惠政策，为方便市民出门旅行创造了优越条件。

• 抚顺剧院，举行了抚顺市“大商杯”青年歌手大奖赛决赛在抚顺剧院举行。来自四区三县的百余名歌手参加了决赛。这次由市文化局主办，市群众艺术馆承办的抚顺市“大商杯”青年歌手大奖赛，是近十年来本市首次由政府部门举办的歌唱比赛。经过激烈的角逐，有15人进入决赛，其中郭刚、李博、曲星陆分获美声、民族、通俗唱法金奖。

• 市直机关召开“我靠抚顺发展，抚顺靠我振兴”大讨论活动成果汇报会。市中级人民法院、市林业局、市国税局、市农业局、市外经贸局、市政府办公厅、市财政局、市劳动和社会保障局在会上作了经验介绍。

3月27日

• 市政府召开全市粮食工作会议，副市长孟凌斌传达了中央及省粮食工作会议精神。

3月28日

• 辽宁绿色食品开发公司与新宾满族自治县特色产业对接新闻发布会在新宾满族自治县政府礼堂举行。省老领导孙奇、陈素芝，市有关部门领导、专家参加了会议。辽宁绿色食品开发有限公司与新宾满族自治县签订合同，从本年5月至12月底，对口收购新宾满族自治县有机保鲜香菇480吨、有机干菇150吨、有机菜菇720吨、有机山野菜1 000吨、有机林蛙40万只、有机中草药500吨。收购金额超亿元，80%以上产品销往国外。

3月30日

• 本市召开2004年普通中等学校招生报名工作会议。今年本市将采用全省最先进的普通中等学校招生考试信息管理系统。

3月31日

• 全市农牧业工作会议召开。会议提出，2004年全市农牧业工作的重点是以农民增收为中心，提升农牧业发展水平。市委副书记郭平在会上讲话，副市长孟凌斌出席会议，分管科技工作的副市长赵家绪在会上谈了科技兴农等问题。

• 全市旅游发展工作会议召开。会议确定2004年本市将着力建设4个品牌旅游区域和10条精品旅游路线，加大旅游宣传力度，办好2004年中国（抚顺）满族风情旅游节暨清永陵成功申报世界文化遗产等庆典活动，并建立和完善4个旅游商品市场。

• 抚顺矿业集团所属的老虎台矿医院正式加盟抚顺矿业集团总医院，并举行了抚矿总医院老虎台分院揭牌仪式。

• 在全省社会治安综合治理工作会议上，清原满族自治县的袁凤祥、张志辉被评为2003年度全省维护社会治安见义勇为勇士，并受到省政府嘉奖。

△3月

• 辽特集团抚顺特殊钢股份公司成功研制出特大型涡轮盘用钢，不但填补了国内空白，而且每年可为公司创造经济效益200万元。

• 由抚顺市社会科学院编著的《丰碑》一书出版。市委副书记、中共抚顺市委党史工作领导小组组长郭平为该书撰写序言。

• 市消费者协会围绕国家消费者协会确定的“诚信·维权”年的主题，在全市开展了“诚信单位”评选活动。经评选，本市共有134家单位榜上有名。

• 由抚顺市社会科学院、抚顺市人民政府地方志办公室编纂的《抚顺市志·工业卷》一书，由辽宁民族出版社出版发行。该书180万字，概述了抚顺工业发展的基本脉络和主要特点，重点记述了抚顺地区从1901年近代工业的兴起，到1985年改革开放以后抚顺地区工业发展的基本情况。

• 在全省质量技术监督局计量知识与技能竞赛中，抚顺市计量测试所从省内14个代表队中胜出，在长度、热工、力学、电磁学等6大专业中全部获奖，其中高级工程师吴晶获得工作用玻璃液体温度计实际操作个人第一名，计量测试所获得6个专业9个项目的团体第二名。这是市计量测试所近20年来在全省质量技术监督系统组织的各项技术大比武中取得的最好成绩。

• 辽宁足球队成功获得中超资格后，将2004年中超联赛主场确定为抚顺雷锋体育场，并与抚顺签订了3年主场协议。

四　月

4月1日

• 由市体育局组织的2004年抚顺市老年人体育工作会议在市政府会议室召开。本市各县区体育部门负责人及各体育协会的代表参加了会议。市老年体育协会执行副主席张书贯传达了省领导的讲话精神。市老年体育协会主席郑顺在会上作了2003年体育工作总结及2004年体育工作部署。

• 抚顺特殊钢股份有限公司与无锡东方环保所正式签约，实施抚顺蓝天白云行动的重点工程—50吨电炉除尘改造工程，这标志着抚顺特殊钢股份有限公司蓝天白云行动工程全面开始。这项工程总投资660万元，工期3个月，工程竣工后将使除尘系统集尘效率达到95%以上，除尘效率达到98%以上，每年减少粉尘排放500多吨。

• 全市组织系统调研信息宣传工作会议召开。市委常委、组织部长汤毅参加会议并讲话。

4月2日

• 全市水务工作会议召开。会议确定了2004年全市水务工作任务。副市长孟凌斌对当前抗旱保春耕和春季生态水利建设提出了要求。

4月3日

• 市委书记周忠轩率市委副书记、市纪检委书记杨桂荣，市委副书记张敏、郭平，市委常委、市委秘书长袁方，副市长赵家绪等领导赴抚顺铝厂调研。

• 市国税局和市地税局联合开展大规模税法宣传活动。1 000余名税务干部在市区繁华商业街及农村主要集贸市场宣传税法。

• 由鸿兴泰饮食文化有限公司主办的2004第三届“抚顺·鸿兴泰绿茶节”活动，在百货大楼举行。来自省内外及本市各界人士参加了开幕式。

4月4日

• 市党政军领导及各界群众在雷锋纪念馆举行祭扫雷锋烈士墓活动。市委副书记郭平等领导以及雷锋生前战友乔安山、市学雷锋联谊会会长邓凤兰，雷锋生前所在团、市武警支队、预备役四团部分官兵，雷锋纪念馆全体同志，雷锋中学、雷锋小学的师生代表及各界群众2 000多人参加了祭扫活动。

• 抚沈高速公路抚顺段征地动迁投资包干协议签订仪式在友谊宾馆举行。这一仪式的举行，标志着这项筹备了5年的重大工程进入了具体实施阶段。抚沈高速公路总长76.67公里，总投资25.9亿元，其中抚顺段61公里，总投资20亿元。途经高湾经济区、抚顺县、顺城区、东洲区，达新宾满族自治县南杂木镇，预计2006年9月竣工通车。代市长刘强主持了签字仪式。省交通厅、省高建局的主要领导及工程技术人员，市委书记周忠轩，市人大主任尹文，市政协主席陈家洱，市委副书记、市纪检委书记杨桂荣，及有关县区主要领导、市直相关部门主要领导出席了签字仪式。

4月6日

• 全国劳动模范邓凤兰、全国五四奖章获得者王辉、雷锋生前战友乔安山和“全国十大杰出青年自愿者”李强等创业代表与来自全市医疗、学校、企业、武警部队等单位的青年代表共500余人齐聚雷锋纪念馆，参加了由市委宣传部、市总工会、团市委联合组织的“传承创业精神，加快抚顺振兴”的火炬传递仪式。市委副书记张敏为乔安山点燃了火炬。从本日起，火炬将从雷锋纪念馆陆续传递到辽宁石油化工大学、望花区等学校、县区和企业单位。

• 在市爱国卫生委员会组织下，全市举行了统一除老鼠、蟑螂、苍蝇和蚊子四害行动。在这次除四害行动中，本市35个街道的312个社区统一开展了熏杀越冬蚊蝇和灭鼠投药活动。

4月7日

• 市城市绿化主管部门对城内森林正在建设的1平方公里示范区内的景观林种植进行公开招标，来自省内的9家具有三级资质的绿化施工单位参与了竞标。市园林绿化工程处和市松杉绿化公司夺标，并将进入施工现场。这标志着本市春季植树造林活动已经拉开了序幕。

4月8日

• 市城市绿化主管部门对6个区下达绿化任务。本市在去年市区15条重点街路绿化的基础上，今年再由市政府投资200万元，选择市区内10条重点街路实施绿化。

4月9日

• 望花区召开望花地区维护社会治安见义勇为表彰大会，17名见义勇为的出租车司机受到望花区委、区政府和交通部门的表彰和奖励。

• 市纪委、市监察局召开全市重点建设项目派驻纪检监察员工作会议。会上就进一步推进建设项目的勤政廉政建设作出了重要部署。市纪委副书记、监察局局长王建国参加会议并讲话。会上，市建委、市城建局领导代表建设主管部门、建设单位、施工单位和监理单位就建设工程项目签订了廉政勤政承诺书。

• 市劳动就业管理局、抚顺日报社、抚顺广播电视局在市劳动力市场举行2004年春季劳动力交流洽谈暨再就业援助大会。全市115家用工单位为前来求职的7 000余名下岗失业人员提供了1 820个就业岗位，10家再就业培训单位为下岗失业人员开办的培训班涉及30个专业技能。同时，洽谈会还为下岗失业人员提供了160个创业小项目。

• 市文化局、市工商局、市公安局、市教育局、市文明办、团市委等单位，联合举办了抚顺市“网吧”等互联网上网服务营业场所专项治理工作会议。会议决定从2004年3月至8月，在全市范围内开展“网吧”等互联网上网服务营业场所专项整治工作。

4月10日

• 省长张文岳率省政府秘书长冯韧、省委副秘书长潘国利及省政府17个部门的领导来到本市，在本市党政领导陪同下，视察了本市部分国有大型企业的重点项目，对关系到本市国计民生的大事进行了调研。

• 来自机关、企业、学校等的志愿者代表在全国文明村——抚顺县石文镇毛公村植下了1万棵落叶松树苗，拉开了辽宁省及本市营建“保护母亲河——

安利青少年世纪林”系列活动的序幕。

4月11日

• 清原红河谷漂流服务区工程正式破土动工，它标志着本市重点旅游项目——“中国北方第一漂”工程已进入冲刺阶段。红河谷漂流全长12.8公里，起点为大苏河乡三十道河村沙河子自然屯，终点至该村腰站沟沟口。该段河流集湾甸子镇、大苏河乡、敖家堡乡3个乡镇的水流于一体，整个流域积雨总面积800多平方公里。红河谷漂流工程由三大部分组成，总投资达5 124万元。工程自2003年6月开工。该工程是红河谷国家级森林公园建设的重要组成部分，服务区总建筑面积1 500余平方米。整个工程预计6月20日竣工，“七一”将正式向海内外游客开放。

• 4月10日至本日，中共中央候补委员、国家体育总局党组书记、中华全国体育总会主席李志坚等领导在省政府副秘书长李宝忠、省体育局局长孙永言等人的陪同下，来到本市调研体育工作。市委副书记张敏、副市长刘诗等领导一同参加了调研。

• 4月10日至本日，本市开展本年以来的第一次大型义务植树活动。此次大型植树活动由市直机关工委和市城市绿化主管部门联合发起，包括市委、市人大、市政府、市政协以及市直、区直各部门机关干部在内共有3万多人参加了义务植树活动，两天时间共栽植辽杏、山杏、垂榆等景观树和大树3万多株；水腊、丁香、火炬等灌木5万多株；刺槐树木30万株。

4月13日

• 市委召开常委（扩大）会议，深入贯彻落实省长张文岳来抚调研时的讲话精神，市委书记周忠轩作重要讲话。市委副书记、代市长刘强传达了张文岳及省政府有关部门领导来抚调研时的讲话。市五大机关的领导，部分市直部门的领导、县区委书记参加了会议。

• 本市举行“我的创业点子”表彰仪式。对由市总工会、抚顺晚报、市劳动就业管理局联合开展的“我的创业点子”征集评选活动评出的“创业点子”进行了表彰。本次活动共评出一、二等奖各1名，三等奖2名，优秀奖25名，共奖励资金9 500元。市委副书记张敏参加会议并讲话。

4月14日

• 市委宣传部、市委讲师团、市社会科学院联合举办“我靠抚顺发展，抚顺靠我振兴”理论研讨会。

• 以德国格拉德贝克市市长艾克哈德史威豪夫先生为团长的经济代表团一行8人来抚访问。代市长刘强和副市长陈松扬等接见了代表团。艾克哈德史威豪夫代表格拉德贝克市授予本市外事办公室主任魏素杰该市荣誉勋章一枚，以表彰其为发展两市友谊所做出的贡献。

• 市十三届人大常委会举行第九次会议。会议传达了十届全国人大二次会议精神；审议了《抚顺市节约能源条例（草案修改稿）》；审议了《抚顺市志愿服务条例（草案修改稿）》；听取和审议了《抚顺市中级人民法院关于执行工作情况的报告》；审议了《抚顺市人大常委会关于加强市人民代表大会代表工作的决定（草案）》；通过了人事事项。市人大常委会主任尹文、副主任李荣春分别主持了第一次全体会议和第二次全体会议。

• 市政府在友谊宾馆召开“整顿非法营运机动三轮车听证会”，广泛征求社会各界对清理并最终取缔非法营运机动三轮车问题的意见和建议。来自全市各行业的部分人大代表、政协委员、出租车行业协会负责人、出租车司机和机动三轮车车主代表以及市政府相关部门的领导共70余人参加了听证会。会上，市公安局、交通局分别通报了近年来本市机动三轮车非法营运和交通肇事情况以及给全市交通秩序所带来的巨大冲击与影响；市政府副秘书长张春印宣布了《抚顺市人民政府关于市区机动三轮车管理的通告》。

4月15日

• 市委书记周忠轩在市友谊宾馆接见了以市长艾克哈德史威豪夫为团长的德国格拉德贝克市经济代表团一行8人。

• 省政协副主席徐文才率由部分省政协常委、委员组成的调研组来抚，在市政协副主席杨福田的陪同下，围绕省政协九届七次常委会环境建设议题，就法院的审判工作进行了调研。

• 市中级人民法院审结了本市最大一起共同犯罪案件，对刘斌等19名被告人故意杀人、故意伤害、窝藏一案进行公开宣判。

• 全市教育工作会议召开。会上，市教育局对今后三年的教育工作做出了阶段性计划，内容包括《抚顺市高水平高质量发展城区基础教育推进计划》、《抚顺市职业教育振兴计划》、《抚顺市农村跨越式发展计划》。

4月16日

• 市政府在抚顺市建筑市场会议室召开抚顺市城市道路改造扩建工程动员会议，拉开了区域整体治理攻坚战的序幕。市政府决定用两年时间对全市城市400余条道路进行维修、改造和扩建。首批63个项目、7条主路在当天的动员会上举行了施工合同的签字仪式。

• 太平人寿保险有限公司落户抚顺，开业新闻发布会在抚顺友谊宾馆举行。

• 市工商局邀请部分市人大代表、政协委员和市纪委、市人大法制办、顺城区人民法院等有关部门领导，对抚顺市长青防水有限公司办理变更登记提供虚假证明文件增加注册资本一案的处理，进行了公开审议，得到了参与该案公开审议的市人大代表、政协委员和有关部门领导的一致好评。

• “百万农民上网工程信息活动”在本市启动。9位农民代表全市152名养殖大户在友谊宾馆分别从省、市领导手中接过一台品牌电脑。2002年末，省信息产业厅与农业厅等四部门联合启动了“百万农民上网工程”，至2003年底，全省拥有电脑并可上网的农户达到4万户。

• 4月15日至本日，市领导与市爱委办带领各有关部门负责人对本市开展爱国卫生清洁月以来各城区对卫生环境的整治情况以抽查的方式进行了阶段性验收检查。

4月17日

• 市直机关工委与市爱卫办共同举办全市第二次清理整治环境卫生义务劳动。来自市直机关的86个单位近7 000人参加了此次义务劳动。

• 省环保志愿者联合会组织300多位环保志愿者来到本市高湾经济区，在雁鸣湖附近的荒山上栽下了1万棵树苗，由此拉开了“绿色辽宁”环保行动序幕。

• 市旅游局率本市40余家景点和旅行社的负责人赴沈阳，参加省旅游资源推荐洽谈会，当场发放1 500份景点宣传单。

4月18日

• 市房产局斥资200万元，委托市

房产经营公司为全市142栋房屋总计44万平方米建筑面积实施屋面防水工程，该工程预计到6月25日结束。

4月19日

• 市委书记周忠轩、市人大常委会主任尹文、代市长刘强等领导，在友谊宾馆会见了前来参加中国抚顺精细化工园区揭牌暨中胜热电项目签约仪式的新加坡胜科公用事业公司总裁邓健辉、中国电力投资集团公司领导汪先纯、东北分公司总经理杨金光等客人。

• 市委书记周忠轩、市人大常委会主任尹文、代市长刘强等领导在友谊宾馆会见了以新加坡——辽宁经贸理事会主席、教育部部长尚达曼先生为首的新加坡政府及工商企业界的朋友。

• 市委书记周忠轩、代市长刘强在友谊宾馆会见了新加坡胜科工业集团执行副总裁徐礼信先生、新加坡胜科工程建筑私人有限公司总裁兼CFO黄显辉先生。刘强代表市政府聘请徐礼信、黄显辉为市政府高级经济顾问。

• 由市委宣传部、市委讲师团等部门组织的市振兴老工业基地专题宣教百名理论工作者队伍正式组建。这支由全市各行业的专兼职理论工作者、精神文明宣传员、科普工作者组成的理论工作者队伍，肩负着把党的路线方针政策和有关振兴老工业基地的理论更迅速、更及时、更广泛地宣传到广大群众中去的重要使命。市委副书记张敏向这支刚刚组建的队伍表示了祝贺和鼓励。

4月20日

• 本市开展的为经济建设服务最佳和较差单位暨重点岗位最佳和较差工作人员评比结果，于本日在市委、市政府召开的全市软环境建设工作会议上揭晓。市消防局、市审计局、市地税局、市国税局、市交通局、市司法局；市财政局、市劳动和社会保障局、市外经贸局、市人事局；抚顺通信分公司、中国银行抚顺分行、抚顺供电公司、中国工商银行抚顺分行、中国建设银行抚顺分行等分别被评为3个类组的为经济建设服务最佳单位；在执法执纪和综合管理2个类组中有6个未达标单位，有2个部门被评为较差单位。张克伟等23人被评为最佳工作人员。市委常委、常务副市长魏东平主持会议，市委副书记、市纪委书记杨桂荣就如何加强2004年本市经济发展软环境建设工作作了重要讲话。

• 市经委、市文联、市文化局联合举办的以“扬正气、求振兴”为主题的书画展在市图书馆开展。这次书画展共展出全市专职书画家、各级领导干部、离退休老同志和纪检监察战线的干部创作的作品120幅。

4月21日

• 本市紧急召开全市第二次森林防火工作会议。市人大常委会副主任王运凡、副市长孟凌斌以及市监察局、市政府相关部门、各县区主管副县区长、林业局局长参加了会议。

• 市民政局举行全市退役士兵安置工作形势教育报告会。由于部队精简，本市今年共接收退役士兵1 100人（含县区），其中进藏、进疆兵有197人。会上公布：自谋职业的退役士兵将享受到一定的优惠政策。

4月22日

• 市公安局召开全市电信行业安全保卫工作会议。在会上，市公安局电信保卫侦查大队正式成立。

• 市政府采购工作会议召开。会上总结2004年全地区完成采购额9 246万元，比上年增长43.6%，节约资金481.8万元，节支率5.2%。会上还对2005年市政府采购工作做出了安排。

4月23日

• 市政府召开第一次经济普查工作动员会，对即将全面展开的第一次经济普查工作进行了总体安排和动员。此次经济普查范围涉及全市第二、第三产业的9万个单位和个体户，2 000多个指标，是一项重大的国情国力调查。市经济普查领导小组组长常务副市长魏东平在动员会上讲话。会后，市领导与各县区签订了经济普查目标责任状。

• 市总工会邀请部分全国、省、市劳模，举行以传承创业精神、加快抚顺振兴为主题的座谈会。座谈之前，劳模们参观了抚顺新抚钢有限责任公司的连轧车间、抚顺石油三厂的“全国百佳先进班组”分子筛脱蜡车间王海班组。

• 市委书记周忠轩、代市长刘强等领导在友谊宾馆会见了中科院沈阳分院领导，就本市与中科院沈阳分院在科技开发和科技成果转化等领域的合作进行了深入探讨和磋商。会上还专门成立了市、院合作领导小组，以衔接科研院所和企业的关系，并将具体项目落实到相关部门。

• 4月21日至本日，市人大副主任张庆华率部分市人大教科文卫委员会委员和市人大代表组成的检查组，对全市近年来贯彻执行《中华人民共和国档案法》情况进行了检查。

• 4月22日至本日，来自全国各地的部分两院院士、国家级专业部门学者教授等十余位专家来到本市，对市政协专家组与广东慧之海科技发展有限公司合作制订的《抚顺精细化工发展规划》进行研讨评审。市委副书记杨桂荣到会并代表市委、市政府祝贺《抚顺精细化工发展规划》通过论证。

4月24日

• 本日是全国《道路交通安全法》集中宣传日，本市城乡开展了形式多样的宣传活动。在抚顺站广场，新抚二校、东洲一校、法库小学的200多名少年交警表演了交通民警指挥手势韵律操，广场上还进行了青少年百米《道路交通安全法》宣传长卷书法表演；市交巡警支队在市区及三县主要街路设咨询台播放、散发宣传单，还开出流动咨询车，深入社区为居民提供咨询。

4月26日

• 在本日召开的广电宽带网开通新闻发布会上，市广播电视局局长李孝良宣布市广播电视宽带网开始运行。市委副书记张敏、市人大副主任张庆华、副市长赵家绪、市政协副主席杨福田及有关部门的领导到会祝贺。

• 4月23日至本日，市旅游局分别组成三个检查组，对旅行社、重点旅游景点和星级饭店进行了旅游市场秩序和黄金周旅游安全工作重点检查。

4月27日

• 市委、市政府召开全市精神文明建设工作会议。会议表彰了2002—2003年度文明标兵单位、文明单位、文明窗口、文明机关、文明社区、文明村和精神文明建设先进个人。市委副书记张敏就新时期大力推进群众性精神文明创建活动，争创省级文明城市作了讲话。市委常委、宣传部长马克猛总结了全市精神文明建设工作，部署了全市精神文明建设工作任务。

• 市委、市政府召开民营企业家座谈会。本市17位民营企业家代表应邀出席座谈会，并就改善民营经济发展软环境和提高政府办事效率等问题提出了各自的建议和意见。市委副书记、市民营经济发展领导小组组长郭平出席会议并讲话。代市长刘强就民营经济发展问题发表重要讲话。

• 本市与沈阳联手组织“满族同胞寻根游”暨“紫气东来观光游”活动正式启动。本次活动推出了盛京一日游、皇陵二日游等7条旅游线路。

• 由全国“互联网上网服务营业场所专项整治”协调小组督察组组长窦恩富带队的全国督察小组，到本市视察互联网上网服务营业场所专项整治工作情况。

• 市直机关青年工作会议召开。市委副书记杨桂荣参加会议并讲话。市委常委、市委秘书长袁方主持了会议。

4月28日

• 为期12天的“第一届抚顺之春图书展销会”活动于本日在抚顺友谊公司开幕。

• 作为中国石油和辽宁省头号重点工程项目的抚顺石化100万吨/年乙烯技术改造项目，本日通过了国家发改委委托的中国国际咨询公司专家组的评估。中国国际咨询公司副总经理肖凤桐一行15人的专家组在抚顺石化进行了为期3天的调研评估，在常务副省长许卫国、中国石油股份公司化工与销售分公司副总经理杨继钢、市委书记周忠轩、市长刘强及抚顺石化两大公司领导的陪同下，深入该改造工程进行实地考察，听取了抚顺石化公司总经理、党委书记李若平的工作汇报。该工程投产后，抚顺石化将实现“1145”发展目标，即1 000万吨炼油、100万吨乙烯、4个世界级石油化工原料生产基地，销售收入达到500亿元以上。

4月29日

• 市委书记周忠轩，市委常委、市总工会主席冯作良等领导，来到市劳模服务中心，看望在这里就业的劳动模范，并在此召开座谈会。2000年4月成立的劳模服务中心是市总工会为解决劳模生活困难，安排劳模下岗后实行再就业采取的具体措施。现已担负了市劳动公园环境、抚顺发电厂厂区和部分住宅区的卫生保洁工作。冯作良主持了座谈会。周忠轩在座谈会上讲话，并代表市委、市政府、市总工会向劳模赠送了慰问金和慰问品。

• 市人大常委会主任尹文、副主任李永立率市民政局、市财政局、市司法局、市规划局、市国土资源局、市建委、市房产管理局的负责同志来到顺城区，视察了棚户区改造工作情况。

4月30日

• 市总工会、市民政局与市福彩中心联合召开市第三次“爱心献劳模”座谈会。来自工厂、矿山、交通、教育、卫生等各条战线的劳模参加了座谈会。市委常委、市总工会主席冯作良在会上讲话，市委副书记张敏出席了座谈会。

• 本市社科界举行学习《关于进一步繁荣发展哲学社会科学的意见》座谈会。市委副书记张敏参加座谈会并讲话。

△4月

• 抚顺出入境检验检疫局出台《抚顺地区出口商品（轻工、纺织品、运输包装）分类管理办法》。新的检验检疫监管办法将大大减少出口企业的检验检疫频次，加快检验检疫放行速度。

• 市民营企业维权服务中心正式挂牌成立。该中心设在市工商联，其主要职责是为民营企业对相关部门的投诉提供服务。

• 市防灾救援专家咨询委员会在市民防办宣告成立。专家委员会是市民防指挥部领导下的松散型议事机构。其主要任务是：平时为做好全市防灾救援准备工作提出意见和建议；一旦重大灾害事故发生时，为市民防指挥部科学决策和组织指挥救援行动当好参谋助手，起到“智囊团”作用。

• 本市出台并实施《抚顺市录用机关工作人员和国家公务员面试考官管理暂行办法》。

• 香港嘉道理慈善基金会捐赠援助资金29．8万元，为市残联就业培训中心购置了培训所需的7台电动缝纫机、1台干洗机、19台电脑以及先进的按摩穴位模型。

• 市纪委、市妇联在全市领导干部家庭中开展“争当贤内助、共树好形象”活动。活动期间，各级纪委和妇联将按照干部管理权限，不定期地向领导干部家属发放有关助廉方面的教育资料。活动中，各级纪委、妇联将自下而上地开展“廉内助”评选活动。

• 由市城建局永昌市政工程有限公司承建的鞍山路道路改造工程破土动工。此次鞍山路改造工程起点位于青台子路道口，终点位于望花新生桥，全长8 432米，道路宽16米，两侧各为2米宽的人行道。该工程计划于6月30日完工。

• 在共青团辽宁省委、省综治办等12个单位联合开展的辽宁省首届“杰出（优秀）青少年维权岗”创建活动中，市法律援助中心、市工商行政管理局消费者权益保护处两家单位获得“杰出青少年维权岗”称号；新抚区人民法院少年案件审判庭、市社会福利院等4家单位获得“优秀青少年维权岗”称号；共青团抚顺市委员会权益部等3家单位获得辽宁省首届“杰出（优秀）青少年维权岗”创建活动组织奖。

• 本市重点绿化工程“世博园”，于本月下旬开始施工，预计8月底完工。

五　月

5月1日

• 省委书记闻世震，省委常委、组织部长骆琳，副省长刘国强，省委秘书长曾雄，省总工会主席王俊莲等领导赴本市走访慰问。市委书记周忠轩，代市长刘强，市委常委、市委秘书长袁方，副市长王宁等领导陪同闻世震一行，先后来到建设中的抚顺石油化工公司催化剂厂、新抚钢公司、抚顺铝厂、改造中的棚户区西北平小区、采煤沉陷区的居民安置小区、中油抚顺石化分公司石油一厂新区，看望了节日期间坚守岗位的干部职工。

• 市总工会在市劳动公园举行大型游园活动。早上，市委副书记张敏，市委常委、市总工会主席冯作良与副市长刘诗在劳动公园入口处，迎候劳模与职工代表。来自全市的各级劳模1 000余人及各条战线的职工代表近2 000人参加了游园活动。

• 本市在北站广场隆重举行消防、交通安全宣传进社会启动仪式。在仪式上，消防战士为群众进行了灭火表演；市领导和社会各界代表共同在“遵守《道路交通安全法》、争做遵守交通法规好市民”长卷上签名。

5月9日

• 市委召开学习贯彻《党风监督条例》暨机关作风建设会议。会议由市委常委、常务副市长魏东平主持。市委常委、市直机关工委书记袁方宣读了《抚顺市进一步严肃党政机关工作人员若干纪律的规定》；市委副书记杨桂荣在会上作重要讲话。市委、市人大、市政府、市纪委、市政协的主要领导和各县区党政领导出席了会议。

• 市妇联、平安人寿抚顺中心支公司在市政府会议室举行首届“十佳母亲”事迹报告会。

5月10日

• 副省长闫丰带领有关部门负责人到本市督察凶杀案件专项整治工作。闫丰副省长听取了本市凶杀案件专项整治工作情况汇报后，又深入抚顺县法院等基层单位，并对新抚区、顺城区等县区的凶杀案件专项整治情况进行调研。

5月11日

• 市委书记周忠轩，代市长刘强，市委常委、市委秘书长袁方，副市长王宁等领导率市计委、市经委负责人来到辽宁发电厂，对辽宁发电厂正在进行的老机组替代改造工程项目进展情况进行了调研。

• 市政协与望花区政协组织部分政协委员，在市政协主席陈家洱的带领下，针对改善本市西部地区空气环境质量为目的的望花地区大气污染综合整治方案（简称蓝天白云行动）实施情况，对抚顺铝厂、抚顺特钢集团抚顺新抚钢集团等重点企业的烟尘治理工作进行了视察。

• 本市举行纪念5·12国际护士节大会。闫锦萍等14人被评为优秀护理管理者，李爽等55人获得优秀护士称号。副市长、市卫生局局长刘诗参加了大会。

• 国防教育委员会会议召开。会议部署了2004年工作。市委副书记张敏参加会议并讲话。

5月12日

• 全市社会治安综合治理会议召开。会议通报了副省长闫丰近日来抚督察凶杀案件专项整治工作情况、全市见义勇为情况和一季度治安状况。市委副书记张敏参加会议并讲话。会上，张敏代表市委、市政府同各县区和市综合治理成员单位签定了《2004年维护社会稳定和社会治安综合治理责任书》。

• 5月11日至本日，市人大常委会副主任孙德成率由部分市人大内务司法委员会委员和省市人大代表组成的检查团，对本市监狱贯彻执行《监狱法》的情况进行了执法检查。

5月13日

• 由市妇联、市文明办、抚顺晚报社联合举办的“春蕾助学”结对仪式在市委303会议室召开。会上150名生活在贫困家庭的女童与她们的资助人签下了助学协议。市委副书记张敏在仪式上发表讲话，代表市委、市政府向救助贫困女童的单位和个人表示感谢。

5月14日

• 本市在抚顺友谊宾馆举行纪念五四运动八十五周年青年典型座谈会。本市各行各业的60余名杰出青年代表和共青团先进集体代表参加了座谈会。会上，市委副书记张敏首先代表市委、市政府宣读了表彰决定。于飞、王宇、田卢峰、关辉、关明坤、吴遵运、周航、张庆民、郑明财、郭辉等10人荣获“五四奖章”；新抚区、望花区等10家单位获得“共青团工作先进集体”称号；王三立、李备军等十人获得“支持共青团工作先进个人”荣誉称号；于立东、张晋宇等10人获得“模范团干部”荣誉称号。同时，会上对刚刚评选出的市十大杰出青年企业家、十大杰出青年创业集体也进行了表彰。

5月15日

• 全市党员干部收看电视直播报告会。市委、市人大、市政府、市政协、市纪委的主要领导和市委所属部门负责人，各群众团体、各民主党派、市法院、市检察院、武警及省直属单位的班子成员在主会场，市人大、市政府、市政协、市纪委的所属部门，各县区、各企事业单位的党员干部分别在分会场收看了电视现场直播的由国家监察部副部长屈万祥所作的全省学习贯彻《中国共产党党内监督条例（试行）》报告会。

5月16日

抚顺人才市场举办非公有制企业人才招聘洽谈会。抚顺市辉达木业有限公司、沈阳金德管业集团等69家市内外的非公有制企业，为本市各类人才提供了990个就业机会，涉及72个专业岗位，吸引了本市3 000余位前来应聘的专业人才。当天，有近2 800名求职者与招聘单位达成用工意向。为非公有制企业举办专场招聘洽谈会在本市这是第一次。

5月18日

• 中国足球超级联赛抚顺赛区组委会在市政府召开第一次会议，就超级联赛抚顺赛区的各项组织工作进行了贯彻和落实。市体育局、公安局、电业局、卫生局、城建局、综合执法局及辽足俱乐部等有关部门的负责人参加了会议。副市长刘诗出席会议并讲话。

• 2004中国辽宁引进外国专家项目洽谈会暨高新技术展开幕，抚顺红透山铜矿与俄罗斯托姆斯科理工大学签订合作协议。红透山铜矿以租赁形式从俄方引进矿井岩爆综合测试设备和技术，用以改善井下安全监测工作。常务副市长魏东平和市人事局及外国专家局等有关部门领导出席了签字仪式。

5月19日

• 国家体育总局群体司领导在省体育局群体处、省教育厅以及本市有关领导的陪同下，来到本市教师进修学院附属小学进行体育传统项目的调研。

5月20日

• 以韩国东部制钢（株）牙山湾工场钢板副社长金昌秀为团长的韩国标准协会成员单位及涉及汽车配套业、化工、冶金、蜡制品的12位企业家代表团来抚考察。他们应邀参观了本市经济开发区的恒安纸业股份有限公司、顺华铝轮毂制造有限公司，并与本市进行了经贸洽谈。副市长陈松扬出席了洽谈会。

• 本市与俄罗斯圣彼得堡农业专家代表团在就农林项目进行了友好磋商，并签订意向性协议4项。本市有关领导向俄方介绍了本市农林发展现状及发展规划。各县区代表也将自己的项目、技术与俄方进行了交流。

• 抚顺市社会科学院组织召开“纪念辽宁省辽金契丹女真史研究会成立二十周年学术研讨会”，来自省及各市的史学专家学者参加会议。副市长刘诗参加会议并讲话。

• 5月19日至本日，市人大常委会副主任孙德成率市人大代表团检查全市《人民防空法》贯彻落实情况。听取了市人防办主任郭子原的专题汇报，检查了市属人防工程，新抚、顺城、望花区和清原满族自治县人防工程及相关基础设施建设。

5月21日

• 辽宁（武汉）商品展洽会在武汉开幕。本市与湖北荆州市建立经济技术协作关系协议正式签约。王宁副市长和荆州市副市长李祖新代表双方政府签字。

• 中国石油抚顺石化分公司3 000多吨国内最高等级汽油——98号汽油，投放到北京市场，这是中国石油首次在国内市场推出的最高等级的汽油产品。

• 为纪念毛泽东同志《在延安文艺座谈会上的讲话》发表62周年，本市著名书画家、摄影家汤文奇、路民、于鹤忱、王文心、李家田、曲宝宏、李诚等，由市文联副主席李九龄、翟怀恩带队赴新宾开展采风笔会活动。

5月22日

• 代市长刘强、副市长陈松扬等领导在友谊宾馆会见了以韩国经济联合会副会长、三宝集团会长李龙兑为首的韩国工商企业界朋友。

• 韩国劳总富川支部一行6人在议长金炅侠先生的带领下来到本市，对市总工会进行友好访问。

• 2004年退役士兵文化考试在石化教培中心举行。637名市内的待安置士兵分成两个考区共21个考场，进行了数学、语文、物理、化学4个科目的笔试。

5月25日

• 市委书记周忠轩、代市长刘强同前来本市调研的省科技厅厅长魏文铎一行座谈，就如何树立科学的发展观，将“科技是第一生产力”理论落实到振兴老工业基地实践中，进行探讨。魏文铎一行在副市长赵家绪，市政协副主席、市科技局局长董树兴等领导的陪同下，先后考察了抚顺精细化工园区、辽宁美亚制药、电瓷制造有限公司等单位，听取了市、县区领导的汇报。

• 市委、市政府、抚顺军分区召开全市国防教育工作会议。市委副书记张敏在会上讲话，市委常委、军分区政委张祥总结了2003年全市国防教育工作，部署了2004年国防教育工作任务。

• 中国石油天然气股份有限公司抚顺石化分公司洗涤剂化工厂生产的迪源牌直链烷基苯、抚顺石化北天集团隆发电控设备厂生产的隆发牌低压柜成套开关设备、中国石油公司抚顺石油化工公司腈纶化工厂生产的顺邦牌工业用丙烯腈、中国石油抚顺石油化工公司催化剂厂生产的三环牌加氢裂化系列催化剂、抚顺市塑胶有限公司生产的双鹿牌建筑用食品卫生级冷热水PP—R管材、管件及抚顺市独凤轩食品有限公司生产的独凤轩牌骨髓浸膏6种产品，荣获2003年度辽宁名牌产品，有效期为3年。当天，获得省名牌产品的6家企业和抚顺特殊钢股份有限公司等32家获得2003年度市名牌产品的企业，及抚顺友谊宾馆等4家获得2003年度质量管理奖的单位，受到了市政府的表彰。

• 全国第一套采用双提升管、双沉降器、双分馏塔工艺技术的催化汽油降烯烃技术改造装置——抚顺石油二厂150万吨/年的重油催化装置于本日一次开汽成功，并于当日产出合格产品。

• 市道路运输协会成立。

5月26日

• 代市长刘强等领导在友谊宾馆会见了以韩国C&S公司总裁徐承模为代表的韩国朋友。

• 全市人才工作会议召开。市委常委、组织部部长汤毅在会上宣读了市委、市政府《关于实施人才强市战略的实施意见》（征求意见稿），并对本市当前和今后一个时期的人才工作提出了具体要求。

• 全市招生考试工作会议召开。市政府就今年高、中考工作向本市有关部门提出了具体要求。

• 本市举办“关爱贫困母亲、关爱贫困女孩、关注生殖健康”活动启动仪式。这项活动是计划生育工作的延伸和拓宽，是扶贫开发与计划生育相结合的有效载体。

5月27日

• 本市第一次全国经济普查试点工作动员大会召开。会议确定在新抚区进行经济普查试点工作。

• 市中级人民法院召开新闻发布会，宣布自本日起，市中级人民法院、市人民检察院和市公安局将依法打击拒不执行人民法院判决、裁定的犯罪行为，以切实解决“执行难”问题。

5月28日

• 5月27日至本日，原全国政协副主席、中国工程院院士钱正英率中国工程院“东北水资源”项目组，在省政协副主席徐文才等领导的陪同下，赴本市就城市供水、农业节水、农业现代化示范、城郊农业、水环境污染、资源型城市的可持续发展等项目进行调研。市委书记周忠轩陪同调研，代市长刘强代表市委、市政府向调研组作了汇报。

• 市委副书记张敏、市政协副主席王淑雅等市领导在市委宣传部、市文明办、市妇联、市教育局、市民政局等部门领导的陪同下，带着慰问金和慰问品到市特殊教育学校、市社会福利院等单位看望少年儿童。市人大副主任张庆华、副市长刘诗及有关部门的负责人到新华朝鲜族小学、市工读学校走访慰问。

• 历时3天的2004年全国民营企业参与东北老工业基地振兴合作交流会在沈阳结束。这次“民交会”由全国工商联和国家发展与改革委员会主办，沈阳市政府承办。包括香港、澳门在内，来自全国各地的上千家民营企业参加了这次盛会。本市派出了由副市长王宁带队的100多人的庞大队伍参加会议，带去了69个招商项目。本市在这次会上签订合资合作协议9项，合同引资额达5 000万元。

• 市委、市政府召开全市生态与绿化建设总结表彰大会。会议全面总结了去年以来全市生态与绿化建设工作的主要成果及存在的问题，安排部署了今年的生态与绿化建设任务，同时表彰了一批在生态与绿化建设工作中涌现出来的先进单位、先进集体和先进个人。市委副书记张敏出席会议并讲话。

• 抚顺县首届生态旅游节于本日，以在抚顺剧院举办的一台文艺晚会圆满结束。为期3个月的抚顺县首届生态旅游节，共接待游人2.89万人，其中沈阳游客占43%。

• 由市委宣传部、市文化局联合主办，市群众艺术馆承办，天湖啤酒有限公司独家赞助的“天湖之韵”2004年广场文化活动在雷锋体育场休闲广场举行。由罕王古泉食品有限公司赞助的“罕王古泉献爱心百场电影进社区”活动也同时举行。今年的文化广场活动计划月月有主题，周周有活动。全年的广场文化活动将达到1 700余场，到10月1日结束。

• 以辽宁信息产业厅招商顾问、台商陈志伟为首的台湾商贸团来到本市，副市长王宁及信息产业局的有关领导详细介绍了本市情况及相关企业的发展态势，积极争取合作机会。

5月29日

• 本市在抚顺剧院举行庆“六一”暨儿童少年工作表彰会。会上，授予郭耀昆等17人“市关心儿童少年工作特殊贡献奖”、市教育局等40个单位“市儿童少年工作先进集体”光荣称号，授予韩佳景等10名同学“十佳小标兵”荣誉称号。会上还对市统计局等50个单位、王铁石等185人进行了表彰。

• 5月27日至本日，全国学习环境建设与教学方式变革研讨会在本市举行。国家教育部基础教育司、全国教育科学规划领导小组、中央经验科学研究所的领导以及来自全国各地的近百名课题组组长参加了研讨会。市教师进修学院于2000年11月承担了《青少年科技活动资源开发》子课题的研究任务，全市34所学校参加了课题研究。

• 美国凯西儿童基金会主席格林·费尔勃恩先生、美国希望基金会主席保罗·库克先生及美国沃森集团董事长林恩·沃森先生等一行14人来到市福利院参观并看望了福利院的孩子。从2000年开始，市社会福利院积极开展了儿童涉外家庭收养工作和家庭寄养工作，现已有21名孤残儿童被国外家庭收养。

5月30日

• 由市委宣传部、市教育局、市文化局联合主办的“幸福童年”迎“六一”系列活动，在抚顺剧院进行首场文艺调演。“幸福童年”迎“六一”系列活动除文艺演出外，还将举办少儿电影专场、少儿音乐舞蹈大赛等，同时选拔优秀作品参加省级比赛。

• 副市长王宁在友谊宾馆会见了以温州总商会领导祁定标为团长的温州企业家代表团。

5月31日

• 本日是世界卫生组织发起的第十七个世界无烟日。市精神文明办、市爱卫会等6个部门共同组织开展了形式多样的控烟宣传活动。当天，全市各中小学都在校内举行了“拒吸第一支烟，做不吸烟的新一代”签名活动。

• 省关工委顾问沈显惠、高继中、郭大维及辽宁少儿出版社的朋友在市委副书记、市关工委主任郭平，市关工委党委副主任郭耀昆，执行副主任郑顺、田敬祥、朱淑君等陪同下，和雷锋小学师生共庆节日。省、市关工委领导，学校的校外辅导员代表，学校的教师和部分家长们通过购买义卖品、品尝美食、观看节目、参加游戏等形式捐资助学。这次活动共集资5 700余元，这些钱将捐给和雷锋小学结对子的青海和云南的两所贫困学校及望花区的贫困学生。

• 市委书记周忠轩、代市长刘强率市委常委、市委秘书长袁方，市政府秘书长钱程广等领导赴煤炭科学研究总院抚顺分院调研。

△5月

• 由共青团抚顺市委、市青年企业家协会、抚顺日报社共同举办的首届“抚顺市十大杰出（优秀）青年企业家”和“抚顺市十大杰出青年创业集体”评选活动揭晓。本次评选活动共有60个集体和个人申报相应的评选项目，最终获得首届“抚顺市十大杰出青年企业家”称号的是：毛克平、王维林、刘雪清、陈德文、杨继野、张军、赵宇、鄂宏、韩放、曾庆柱；获得首届“抚顺市十大优秀青年企业家”称号的是：王波、王宇、孙海涛、宋照义、吴伟、肖彬、张军、郑亚兴、赵凤羚、钟宝申；获得首届“抚顺市十大杰出青年创业集体”称号的集体是：抚顺兄弟音像超级视听广场、抚顺装饰城有限责任公司、市建工房地产开发有限公司、市金丰园餐饮集团有限责任公司、市回民艺术幼儿园、中国建设银行市望花支行、抚顺博格环保科技有限公司、抚顺东源开泰化工有限公司、张俭化妆品批发商行、市鸿运加油站。

• 由市教育局、团市委、市教师进修学院联合举办的抚顺市2004年青年教师基本功竞赛在市第二高级中学举行。全市各县区和市直学校选送的204名选手参加了板书、教案、说课、微机操作和演讲5个项目的角逐。最后，有9名教师获二等奖，20名教师获优秀奖。

• 历时近5个月的市第八届村民委员会换届选举工作已基本结束。截止到本月，全市已有560个村顺利完成了村委会换届选举工作，占总数的97%。

• 本市创业行动全面启动。此次创业行动指标为实现创业培训800人，扶持创业带头人450人，带动就业4 500人。

• 从本月至明年6月，市检察院开展查办国家机关工作人员利用职权侵犯人权犯罪案件的专项活动。

• 纠风办网络工作平台——民心网于本月正式开通。市民只要在地址栏中输入www.mxwz.com.cn网址，便可通过纠风网络平台——“民心网”进行医药、交通、教育等行业的问题投诉和反映，并可及时了解本市纠风工作的新闻及进展情况。

• 本市借鉴其他省市的有效经验，从本月初开始投入使用电话语音追呼系统——俗称“呼死你”设备后收效显著，许多小广告的张贴者“主动”到执法局写出不再乱贴广告的书面保证，接受行政处罚。

六　月

6月1日

• 副省长鲁昕率省政府副秘书长都本伟、省政府办公厅副主任吴文康及省教育厅、省财政厅、团省委、省妇联、省编委办、省文明办、省综治办等部门的负责人来本市走访视察少年儿童工作。在到抚顺县哈达乡中心小学、顺城区新阜一校慰问少年儿童之后，当日下午，鲁昕副省长一行听取了副市长毛绍华关于本市农村基础教育和职业教育工作的汇报。市委书记周忠轩、代市长刘强出席了汇报会。

• 市人大常委会召开理论研究暨新闻宣传工作座谈会。会上，市人大常委会副主任周庆久总结了过去一年人大理论研究和新闻宣传工作，对今年本市人大新闻宣传和理论研究工作进行了部署。会议对2003年度人大理论研究优秀论文和宣传人大制度好新闻、市十三届人大二次会议好新闻进行了表彰，其中优秀论文39篇、宣传人大制度好新闻16篇、市十三届人大二次会议好新闻16篇。

6月2日

• 市委召开常委扩大会。市级班子、

各有关部门和县区主要领导，共同分析了全市经济发展形势。会议讨论了市计委主任阎茂龙所作的《关于当前全市经济形势和下一步经济工作措施建议》的报告，代市长刘强作中心发言。周忠轩作总结讲话。

• 省建设厅城市规划监督检查组一行8人来抚，对本市的城市总体规划进行为期2天的检查指导，重点检查严重影响城市规划的违法建设项目、违反规划审批使用土地和项目建设的行政行为，查处违法设计、违法施工的单位和责任人。

• 市残联邀请市眼病医院的医生们先后来到市特殊教育学校、市光荣院为残疾儿童和老军人义诊。

6月3日

• 全市本年参加高考的11 971名考生签下《考生诚信承诺书》,内容包括《国家教育部考试违规处理办法》(节选)、《学生守则》,这是本市首次采用这种方式,要求考生对自己的诚信做出承诺。

• 市委书记周忠轩主持召开市委常委扩大会，听取市人大关于本市软环境建设调查评议情况报告，讨论加强软环境建设工作。市委常委和人大、政府、纪检等领导参加了会议。会议决定，将市人大的这份报告以市委的名义加按语转发到各部门，以此拉开综合整治的序幕。

• 市委书记周忠轩，市委常委、市委秘书长袁方，副市长王宁及市委办公厅、市小企业局、市规划和国土资源局的负责人到望花区进行调研。

• 清原满族自治县北美乔松良种基地建设通过了省专家组的论证，专家们一致认为，抚顺是北美乔松的理想繁育基地。

6月4日

• 市政协召开研讨会，部分委员就搞好诚信体系建设、打造“诚信抚顺”作了专题研讨。市委常委、宣传部部长马克猛，市政协常务副主席王斌参加研讨会并讲话。

• 全市养老保险扩面工作会议召开。会议确定，今年本市将对辖区内未参加养老保险的私营企业、民营企业、联营企业、股份制企业、股份合作企业、外商和港澳台商投资企业（中方员工）、农垦企业、民办非企业单位及其职工、用人单位的临时工（含机关事业单位招用的临时工），进行强化养老保险费的征缴，进一步扩大养老保险覆盖面。

• 顺城区广场文化活动在北站广场拉开序幕。由顺城区委、区政府组织的每年一次的广场文化活动，从6月至9月的每周五均有一台文艺演出奉献给广大群众。开幕式上，顺城区文体局特邀辽宁人民艺术剧院的演员为广大市民作了专场演出。

6月5日

• 团市委、市青联、市青年企业家协会、市大众网络科技有限责任公司共同举办的首届“青春与振兴同行”人才招聘会在抚顺剧院举行，3 000余人进场求职、应聘。

• 新抚区和中华爱心基金会“千金路南棚户区改造工程项目”合作签约仪式在北京中国大饭店会务中心举行。中华爱心基金会会长、原中央统战部副部长田鹤年，抚顺市常务副市长魏东平、新抚区区委书记李德明分别在签约仪式上讲话。千金路南棚户区占地面积11.1万平方米。改造项目分两期进行，总投资将达3.6亿元人民币。前期投入的8 000万元于本周内到抚，工程于6月中旬破土动工，需要回迁的居民年底前有望全部回迁。

6月7日

• 本日是高考的第一天，市领导周忠轩、刘强等在市教育局领导的陪同下，视察了本市部分高考考点。

6月9日

• 市政府召开社会保障和就业工作座谈会。各县区政府及部分企事业单位、机关团体的代表参加了座谈会。代市长刘强参加座谈会并讲话。

• 全市领导干部会议召开。市委书记周忠轩、代市长刘强在会上作重要讲话。这次会议是新一届市领导班子上任以来召开的第一个大型会议。会议总结了今年前5个月的工作，对今后一个时期的工作进行了安排部署。会议由市委副书记杨桂荣主持。市委、市人大、市政府、市政协、市纪检委的主要领导，全市副局级以上的领导干部、部分企业的领导、重点民营企业的负责人共500多人出席了会议。

• 市政府东侧新建跨浑河大桥冠名权以180万元的竞拍价格，落户抚顺天湖啤酒有限公司，该公司成为我省第一家用企业名号或简称、品牌名称为大桥冠名的企业。该桥位于抚顺市政府东1 000米浑河河段上，为前甸通道工程之一。结构为双索面自锚式混凝土吊桥。长476.2米，主跨160米，宽41米，为双向6车道，设计行车时速每小时60公里，在同类桥梁结构中属亚洲最大跨度钢筋混凝土自锚式悬索桥。该桥将被冠名为“天湖大桥”，冠名权使用期为20年。

6月10日

• 代市长刘强在友谊宾馆会见了马来西亚驻华大使马吉德。副市长陈松扬参加了会见。

• 国家民政部社会福利和社会事务司的有关领导及联合国儿童基金会的有关人士在省民政厅副厅长周志敏的陪同下，就城市流浪儿童救助管理教育工作在本市进行了为期一天的调研。

6月11日

• 6月6日至本日，根据国家发改委《关于2004年全国节能宣传周活动安排意见的通知》精神，市经贸委在全市举办节能宣传周活动，并将这次活动的主题确定为“节约用电，缓解瓶颈制约”。

• 本市与中科院沈阳分院科技合作协议暨项目签约仪式在友谊宾馆举行。市委书记周忠轩、代市长刘强等领导出席了签约仪式。签约仪式上，本市与沈阳分院共签署了“联合共建辽宁省林业可持续发展研究与示范基地”、“六轴电瓷喷釉机器人生产线制造”、“珍稀苗木繁育基地”等8个项目的合作合同。同时双方领导还为“辽宁抚顺中科高技术产业园”、“辽宁省林业可持续发展研究与示范基地”举行了揭牌仪式。

• 省政协主席郭廷标、省政协秘书长宁培秀一行来到本市，在市政协主席陈家洱、市委副书记郭平、副市长王宁、市政协副主席徐泽林等陪同下进行调研和考察。在听取了陈家洱对本市政协工作的汇报后，郭廷标一行视察了抚顺石油一厂新区二酮苯车间石蜡加氢项目、石油二厂重催车间hcc工业实验项目，抚顺石化公司石化二厂甲乙酮项目；听取了代市长刘强所作的《关于石化行业发展规划》的汇报，并与本市有关部门的负责人进行了座谈。

6月12日

• 本市开展违章广告专项整治行动。全市各界群众近万人在各区、各部门的统一指挥下，走上街头，大规模地清理道路两侧建筑物和公共设施上的“涂鸦”和“牛皮癣”。市委副书记张敏带领市违章广告专项整治行动领导小组及市有关部门领导，对全市集中清理情况进行了巡回检查。

6月13日

• 根据全国“安全生产月”活动总体安排，本日为安全生产宣传咨询日，本市各县区及企事业单位开展了丰富多彩的活动。王宁副市长率市安全生产监督局及有关部门负责人到抚顺矿业集团及老虎台矿，就安全生产宣传日活动进行现场视察。当日，本市还专门开设了安全生产咨询电话—2600000。

• 东北三省首届“黑马杯”公路自行车赛（抚顺赛区）于本日在雷锋体育场门前举行了开赛仪式。本市经选拔有53人进入正式比赛。

6月16日

• 市委、市政府在全国爱国主义教育基地——雷锋纪念馆举行全市加强和改进未成年人思想道德建设启动仪式。启动仪式由市委常委、市委秘书长袁方主持，市委书记周忠轩，市委副书记张敏，市委常委、军分区政委张祥，市人大副主任王运凡、市长陈松扬、政协副主席王斌出席了启动仪式；各县区党政主要负责人、市直各部门的主要领导、社会各界代表、学生代表、学生家长代表参加了启动仪式。副市长陈松扬代表市委、市政府宣读了《中共抚顺市委、抚顺市人民政府关于加强和改进未成年人思想道德建设的实施意见》。市委副书记、市文明委主任张敏就加强和改进本市未成年人思想道德建设工作发表了重要讲话。

• 市委、市人大、市政府、市政协领导和有关部门的负责人分成两组，就加强和改进本市未成年人思想道德建设工作，营造良好的社会环境问题深入到本市部分文化市场、学校、街道和社区进行了视察。

• 本市召开学习常香玉同志做德艺双馨文艺工作者座谈会。市委宣传部、市文化局、市文联、市戏曲家协会、市美术家协会、市摄影家协会、市作家协会、市歌舞话剧院、市爱乐乐团等有关领导和同志参加了座谈会并发言。市委宣传部常务副部长许志参加会议并讲话。

• 本市举行纪念黄埔军校建校80周年大会，市委副书记张敏代表市委、市政府讲话，抚顺军分区、市各民主党派、工商联、台联、侨联的代表到会祝贺。

• 国家环境保护总局和辽宁省环保局在北京共同组织有关专家，对《抚顺市创建国家环境保护模范城市规划》进行了评审。专家组听取了关于《规划》的汇报，经评审通过了该《规划》。《规划》的通过，是抚顺创模进程的一件大事，在今后的工作中，抚顺将根据《规划》组织开展工作。

6月17日

• 水利部部长汪恕成率国家防汛抗旱检查组，在副省长胡晓华等领导的陪同下，赴本市检查城市防洪工作。抚顺是国家重要的防洪城市和辽宁省水利工作的一面红旗，此次是作为全省各市的代表接受国家的检查。代市长刘强、市委副书记杨桂荣、副市长孟凌斌陪同检查组先后检查了大伙房水库、城东防洪堤。副市长孟凌斌向检查组汇报了本市城市防洪工作。

• 代市长刘强等领导在抚顺开发区会见了以韩国SK化工集团公司赵昌默部长为代表的韩国朋友。作为韩国第三大集团公司的SK化工集团公司，此次到东北的主要目的是希望能够寻找到合适的合作伙伴，投资建设一批以生产生物杀虫防腐剂、防冻液、水处理剂等为主要产品的企业。

• “省残疾人特殊艺术定点学校”的挂牌仪式在市特殊教育学校的多功能厅举行。省残联副理事长任志伟为市特殊教育学校挂牌揭匾。全省共有11家学校被省残联、省教育厅评为省残疾人特殊艺术定点学校，本市仅有市特殊教育学校一家获此殊荣。

6月18日

• 全国人大常委会常委、新合作商贸连锁股份有限公司董事长王如珍，省供销社主任肖洪昌一行来抚，就本市加盟全国供销总社新合作商贸连锁有限公司的问题进行了考察。副市长孟凌斌和市供销社负责人陪同考察。代市长刘强、副市长孟凌斌参加了汇报会。

• 以林钏世为团长的韩国竝川青年会议所青年代表团一行6人来本市进行友好访问，并与市青联缔结了友好关系。在缔结友好关系仪式上，竝川青年会议所法制室长金泰皓还向本市希望工程捐赠了5万元人民币。市委副书记张敏会见了竝川青年会议所代表团。

• 在第八届中国戏剧节上，本市小剧场话剧《带陌生女人回家》获金奖。第八届中国戏剧节于5月26日在北京开幕，全国共有14个专业院团进京演出。抚顺市歌舞话剧院演出的小剧场话剧《带陌生女人回家》获优秀剧目奖（金奖），并同时获得优秀编剧奖、优秀导演奖、优秀舞美设计奖、优秀灯光设计奖、优秀表演奖、优秀组织奖等8项大奖。这是本市专业艺术团体自成立以来首次获得如此殊荣。

6月19日

• 代市长刘强检查了本市的防洪设施建设情况并听取了防洪工作汇报。

• 市政府法制办组织市政府各部门及各县区政府部门从事行政许可的900多名工作人员，参加了抚顺市第一次《行政许可法》基本知识考试。

• 本市举办“建行杯”萨尔浒长跑邀请赛。来自沈抚两市的360名长跑运动爱好者参加了比赛。本市选手佟强荣获冠军。第二、三、四名也被本市选手摘取。

6月23日

• 代市长刘强主持召开市政府第12次常务会议。常务副市长魏东平、副市长孟凌斌、陈松扬、毛绍华、刘诗，市政府秘书长钱程广参加了会议。政协副主席徐泽林应邀列席了会议。会议原则通过了《关于我市民营经济发展情况的报告》等报告，《〈抚顺市森林资源保护条例〉、〈抚顺市畜禽及其产品检疫监督条例〉、〈抚顺市河道管理条例〉、〈抚顺市拍卖管理条例〉地方性法规修正案（草案）》以及《废止〈抚顺市劳动力市场管理条例〉、〈抚顺市医疗机构管理条例〉地方性法规》，提请市人大常委会审议。会议还通过了《抚顺市人民政府关于废止〈抚顺市城市供热管理办法〉等4件规章的决定》。

• 本市召开防汛工作会议，全面部

署防汛工作。

• 本市召开2004年普通中等学校招生考试考务工作会议。今年本市将有19 485名学生参加考试，全市8个考区的30个考点、656个考场已安排就绪。

• 市公安局在北站广场举行治安巡逻防控暨交通秩序整治出警誓师大会。市委副书记张敏，市委常委、常务副市长魏东平等领导出席了誓师大会。

6月24日

• 在中共中央组织部、中国科学院、中国社会科学院、中国工程院组织开展的“院士专家东北行”活动中，中国建材科学研究院技术顾问、中国工程院院士顾真安，华中科技大学教授、中国工程院院士刘广润，煤炭科学研究总院院长、研究员王金华本日来抚，就振兴老工业基地中的重大问题进行决策咨询、项目论证、考察指导。专家组一行3人参加了在友谊宾馆组织的专题汇报会。汇报会由市委书记周忠轩主持。

• 市各大机关的领导，各县区、市直各部委办局和大型企业的领导干部1 200余人在抚顺剧院观看了由纪委、市文化局、市建行联合主办的《清风颂》文艺演出。这台文艺演出是本市今年开展党风廉政教育文化系列活动的一项重要内容，是进一步深化党风廉政教育和反腐败工作的重要举措。这台文艺演出主要面对全市各级领导干部，将连续演出3天。

• 省政协副主席、省委统战部部长张传庆率省委统战部机关干部来本市开展学习实践活动。市委书记周忠轩、市政协主席陈家洱会见张传庆一行，市委副书记张敏，市政协副主席、市委统战部部长王淑雅陪同省委统战部机关干部调研。

• 由省人大、省总工会的有关成员共同组成的检查团来到本市，对本市贯彻落实《工会法》的有关情况进行了检查。

• 6月23日至本日，辽宁省建设厅安全生产检查组来抚，对本市建筑工地、公用设施及市政设施进行专项安全检查。检查组听取了市建委、交通局、自来水公司等多家单位的工作汇报，并深入到有关建筑工地进行现场检查。

6月25日

• 代市长刘强主持召开市政府第13次常务会议。常务副市长魏东平，副市长孟凌斌、陈松扬、刘诗、赵家绪，市长助理王新鹏，市政府秘书长钱程广参加了会议。市政协副主席刘全芳应邀出席了会议。会议原则通过了《关于2003年度抚顺市国家公务员记二等功情况报告》、《关于新抚区增设千金、南阳两个街道办事处并调整部分街道管辖范围的报告》、《关于加强危害社会秩序的特困精神病人防治管理办法》（试行）、《关于公布第四批市级文物保护单位保护范围及建设控制地带的请示》。会议还通报了全省近期安全工作的严峻形势以及加强安全工作的一系列措施。

• 沈阳农业大学实用技术学院与抚顺市农业特产学校在友谊宾馆举办联办高职专业协议签字仪式。市委副书记郭平、市人大常委会副主任王运凡等领导及沈阳农业大学的主要领导参加了签字仪式。

• 全市禁毒工作会议召开。市委常委、常务副市长、市禁毒工作领导小组组长魏东平参加会议并讲话。

• 本日是我国第十个“全国土地日”。由省人大常委会委员、省人大环资城建副主任委员宋旭东为团长、全国及省内新闻媒体组成的2004年“中华环保世纪行在辽宁”和纪念全国土地日新闻采访团本日来抚。市人大常委会副主任王运凡及市规划和国土资源局、市环保局负责人陪同了视察。新闻采访团还听取了本市关于土地资源保护和利用情况的汇报。

6月26日

• 市委、市政府在友谊宾馆举行聘请顾问仪式。市委书记周忠轩先后为24日抵抚视察的三位院士颁发了抚顺市经济顾问聘书。随后召开了地质灾害防治工程论证会，专门听取来抚视察的三位院士专家的考察意见。

• 市委副书记张敏、副市长毛绍华等领导对本市中考考点准备情况进行了检查。

6月28日

• 市十三届人大常委会第十次会议举行第一次全体会议。会议由市人大常委会主任尹文主持。会上通过了会议议程和日程。市人大常委会副主任崔树森在会上传达了省委书记、省人大常委会主任闻世震对抚顺市人大常委会党组《关于我市软环境建设调查评议情况的报告》的重要批示和市委常委（扩大）会议精神。会议听取了副市长毛绍华所作的关于人事事项的说明；听取了市中级人民法院院长李东昌所作的关于人事事项的说明；听取了市人民检察院副院长李东辉所作的人事事项的说明。会上，被提请任命的市政府组成人员同常委会组成人员见面并做了供职发言。

6月29日

• 市十三届人大常委会第十次会议举行第二次全体会议。历时两天的市十三届人大常委会第十次会议闭幕。第二次全体会议由市人大常委会副主任张庆华主持。会上，市人大法制委员会主任委员魏宝强作了抚顺市人大法制委员会关于市人民政府提请的4件法规修正案（草案）和2件法规废止议案审议结果的报告。会议通过了关于进一步促进民营经济快速发展的决定。市人大常委会主任尹文就下半年市人大常委会加强对“一府两院”软环境建设整改工作的监督及其要抓好的几项具体工作提出了具体意见。

△6月

• 团市委、市希望工程办公室正式启动“希望工程——让孩子们都上学”2004年抚顺市爱心助学行动。此次活动将公布近千名需救助的贫困学生和6所需新建或改扩建的农村危旧学校详细情况，并开辟专栏对社会各界的捐助情况进行跟踪采访。

• 在全省法院系统2003年度表彰大会上，本市望花区法院连续第三年被授予人民满意法院称号，并在建院49年来第一次荣立集体一等功，院长王吉祥荣记个人一等功。

• 本市李向东、张硒赢、韩放、邢礼贵、关明华、汪玉卿6人被省侨办、省归国华侨联合会共同授予“省归侨侨眷先进个人”荣誉称号。

• 按照公安部的部署，全市公安系统开展了大练兵活动。大练兵的内容分为公共科目和专业科目。

• 市公安局、国税局、地税局、工商局和人民银行抚顺市中心支行联合召开新闻发布会，宣布本市印章治安管理信息系统正式启动运行。各单位更换新型防伪印章，一律至所在地的县（区）公安局办理审批登记和入网手续，严禁越区办理。

• 在山东省荣城市举行的，由国家文化部、中华爱国联合会举办的“爱我中华首届大都市中老年合唱邀请赛”上，本市老干部合唱团荣获“牡丹杯”比赛的金奖。在这一次活动中，来自全国20多个城市的24个演出团参加了比赛。

七　月

7月10日

• 为进一步加强和改进未成年人思想道德建设工作，市青少年宫郑重向社会承诺要为未成年人办好十件实事：一是市青少年宫模型活动中心每周三、周五下午免费向全市中小学生开放；二是市青少年宫儿童智能训练馆免费为未成年人检测；三是组建市少儿智障及心理咨询、康复训练营，构筑交流网络，提供相关信息，并针对特殊少儿义务诊断；四是建立市青少年宫网站，进行未成年人教育与保护和特长培训工作的咨询讲座；五是设立市青少年宫培训教学开放日（每月最后一周的周六，全天各科教学免费开放）；六是聘请国家及省市未成年人教育专家、学者举办专题讲座，陶冶情操，提高品位；七是成立抚顺市特长少年家长学校，开展家庭教育培养经验交流论坛；八是成立抚顺市少儿艺术团，举办市春节少儿电视专场文艺晚会，并定期组织开展下乡、进校、进社区义演活动；九是创作征集并推荐10首优秀少儿歌曲；十是举办中小学生科技艺术节。

7月15日

• 市人大常委会主任尹文，副主任王运凡等领导深入基层视察本市土地复垦工作。市人大领导先后深入抚顺县的后安镇前安村、汤图满族乡鲍家村，新宾满族自治县上夹河镇古楼村的国家、省、市级投资土地复垦项目和西露天矿北帮治理项目现场，实地考察了土地的复垦情况。

• 市委书记周忠轩等领导在友谊宾馆亲切会见了以韩国佑林贸易株式会社社长张景焕为首的韩国客人。张景焕先生是辽宁省人民政府的经济顾问，在韩国政界、工商企业界都有着很强的影响力，是辽宁引进三宝电脑公司、合资建设庄河港等项目的接洽人、推介人。这次他是第二次来到抚顺，张景焕先生还重点就本市新抚钢公司、抚顺铝厂的一些项目听取了市委、市政府对外国企业投资的有关意见。

• 为大力弘扬福彩“扶老、助残、救孤、济困”的宗旨，帮助贫困大学生圆大学梦，抚顺市“福彩助学子行动”于日前启动。这次“福彩助学子行动”的资助资金共计40万元，按照省民政厅要求，从福利彩票筹集的福利资金中支出，将对100名于今年考入省本科以上（含二本）普通高等院校的本市城市低保户和农村特困家庭的学生提供资助，每名学生将得到一次性资助4 000元。将通过捐赠仪式和送钱到家两种方式送到贫困学生手中。

• 来抚参加全国雷锋小学大联盟“相约雷锋城”夏令营暨“雷锋精神与未成年人思想道德建设”研讨会的团中央《辅导员》杂志社主编、全国青少年辅导专家柯英，为望花区中小学干部教师作了一场题为“把握内涵、创新形式，深化民族精神代代传”的教育报告会。战士作家高玉宝、电影《英雄儿女》中英雄人物王成的扮演者刘世龙、雷锋班第四任班长徐建文、雷锋班第十八任班长赵红光、雷锋战友乔安山等人到会听取了报告。

7月16日

• 于6月28日开始举办的“抚顺最受尊敬企业”评选活动，于本日在友谊宾馆举行2003—2004年度“抚顺最受尊敬企业”授匾仪式暨抚顺企业经济论坛峰会，38家企业被评为“抚顺最受尊敬企业”。会上，市委书记周忠轩，市人大常委会主任尹文，市委常委、宣传部部长马克猛等领导分别为中油抚顺石化分公司等38家获此殊荣的企业颁发了牌匾。市委书记周忠轩和市人大常委会主任尹文为新成立的抚顺企业经济论坛研究会揭牌。由市经济贸易委员会、市中小企业局、抚顺日报社主办，辽宁移动通信有限责任公司抚顺分公司协办的“抚顺最受尊敬企业”评选活动，在本市尚属首次，评选办公室共收到读者选票23 000多张。

• 市妇联与市中心医院共同主办成立了本市首家女性健康俱乐部。该俱乐部旨在关爱女性健康，宣传医学保健知识，提高女性生活质量，成立后将举行健康讲座、疾病咨询、保健沙龙等专题活动，每年为会员提供一次妇科体检，并建立妇科健康档案等。

• 美国友谊鸿基国际投资管理有限公司董事会主席任世静，副主席、投资银行家米尔斯·罗杰斯等4名美国客商来抚，重点考察洽谈抚顺矿业集团公司的煤层气开发利用、东露天矿恢复工程和页岩炼油厂改扩建3个项目，同时参观考察冶金等其他方面的合作项目。当天上午，副市长王宁等领导在友谊宾馆亲切会见了美国客商。

• 新加坡中华总商会常委、果蔬协会会长郑谦木，新加坡中华总商会秘书长林三顺一行来抚，就本市的蔬菜、水果及山野菜、山野果等农副产品进行了广泛深入的考察。副市长陈松扬、赵家绪等领导在友谊宾馆亲切会见了新加坡客商。

• 参加全国雷锋小学大联盟“相约雷锋城”夏令营暨“雷锋精神与未成年人思想道德建设”研讨会的专家和成员单位代表，在望花区大会议室进行了专题理论研讨。

• 由市劳动就业管理局、市人才交流中心联合主办，市教育局、抚顺日报、抚顺晚报、抚顺电台和抚顺电视台协办的2004年大中专毕业生就业专场招聘洽谈会今日召开。

7月18日

• 市委常委、市总工会主席冯作良和东洲区党政领导欢送30名首批赴山西朔煤集团创业的技术工人踏上行程，这标志着本市开展的促进再就业“十大帮扶行动”取得了又一阶段性成果。

7月19日

• 今天是中国联通成立十周年纪念日。抚顺联通专门举行了新闻发布会。截至7月12日，中国联通抚顺分公司GSM130、131、132和CDMA133手机用户总数突破三十万户，中国联通手机用户超过一亿户！目前，抚顺联通手机用户总数在全省联通系统内排第四位；已经建成的2 000多公里的基础通讯骨干传输网已遍布抚顺城乡大地。并已成为年收入总额近两亿元的大型国有综合性通信企业。至今年年底，联通在抚顺的总投资将接近7亿元。

7月20日

• 中共抚顺市纪律检查委员会、抚

顺市监察局为加强对行政机关及其执法执纪人员的监督，促进依法行政、依法办事，保护投资者、纳税人和企业的合法权益，为振兴抚顺老工业基地创造良好的经济发展软环境，结合本市实际，特制定“六条禁令”。规定凡违反“六条禁令”者，情节较轻的，给予通报批评，暂扣行政执法证并责令离岗培训；情节较重的，除调离现岗位外，还要视情节等给予相应的党纪政纪处分。

7月23日

• 由美国加州华人社团捐资的木奇镇牛松林健华图书馆在新宾满族自治县木奇镇中心小学举行开馆仪式。在致公党抚顺市委的积极努力下，美国加州中华文化协会健华社共向木奇镇捐赠了4 000美元，用于该镇的图书馆建设。在木奇镇牛松林健华图书馆开馆仪式上，致公党抚顺市委与木奇镇结成了帮贫解困对子，并向图书馆捐赠了20个书架、150余册图书。

• 各县区在主要街道开展了“关爱夕阳”为老人服务一条街活动，共有3 000余名老龄工作者和为老人服务自愿者走上街头，为老人进行义务剪发、修鞋、义诊、法律宣传咨询、保健知识讲座等服务，从而拉开了本市“关爱老人、关爱明天”行动的序幕。此次行动以老年人最为关心、关注的问题为切入点，以开展“关爱夕阳”万名老年人问卷调查、免费咨询和义务服务为主要形式。

7月25日

• 市招考办按照招生计划和考生报考志愿及考试成绩，从高分到低分确定了市重点高中及以下批次建档最低控制分数线，至此普通高中录取工作基本结束。

7月26日

• 市委书记周忠轩等领导在友谊宾馆亲切会见了以韩国STX集团副会长、ENPACO董事长李明基为首的韩国客商。李明基此次来抚主要是为了与市委、市政府就2004年度在抚3 000万美元追加投资进行进一步协商，同时，李明基还就为STX集团配套企业进驻抚顺而组成的考察团所需准备的具体工作与周忠轩交换了意见。

7月27日

• 市教育局决定从现在开始到本年年底，对在职教师有偿家教进行专项治理。这次专项治理行动的工作重点是：在职教师从事有偿家教问题；在职教师在社会力量办学单位任教问题；社会力量办学单位超范围超项目办学等行为；公办学校违规补课、办班问题。在专项治理行动期间，市教育局设立3部举报电话。

7月29日

• 市委召开常委扩大会议，中心议题是全面贯彻省委九届七次会议精神，加速推进抚顺老工业基地振兴。市委书记周忠轩在会上强调，市委、市政府将以经济工作为主体实施对全市工作目标管理，通过发展的业绩考核干部。市委副书记、代市长刘强传达了省委九届七次全会及相关专题会议的主要精神。

7月30日

• 市委、市政府、抚顺军分区隆重召开全市再创全国“双拥模范城”动员大会。市委副书记张敏在讲话中提出了今后一个时期本市双拥工作的主要任务。大会表奖了全市双拥工作先进集体和先进个人，市地税局、石油一厂、65639部队介绍了双拥工作经验。在此之前，本市曾3次荣获国家级双拥模范城市。

7月30日

• 市非公有制经济发展论坛在市委会议室举行。市委政策研究室、抚顺日报社、市社科联、市小企业局、市广电局5家单位联合邀请了市理论界、社科界、民营企业界的部分学者、专家、企业代表及部分县区的主要领导，就目前本市非公有制经济发展的现状和发展对策进行研讨。

• 市网吧专项整治协调工作组召集各成员单位分管领导及业务处长、抚顺互联网接入七大运营商及有关单位人员召开会议，对8月1日全市网吧营业场所实行“零点切线”工作进行安排部署。行动前，市文化局将获得《网络文化经营许可证》的网吧经营场所名单提交给各互联网接入单位，互联网接入单位根据文化部门提供的名单，从8月1日开始执行每天早8时开通互联网信号、晚24时切断制度。名单以外的“黑网吧”不再给予开通互联网信号。

7月31日

市党、政、军领导周忠轩、尹文、刘强、王万鹏等到市武警支队参加“一日兵”国防教育活动。在市武警支队5中队，周忠轩等市领导参观了荣誉室及内务建设情况。在市武警支队教导队，武警官兵为参加“一日兵”活动的市领导进行了擒敌、越障、棍术、擒拿格斗和捕歼战斗等精彩的军事科目表演，充分展示了武警官兵良好的精神风貌和过硬的军事本领，受到在场领导的充分肯定和好评。

△7月

• 为进一步规范本市执法执纪和有关工作人员廉洁从政行为，优化本市经济发展软环境，市纪委、市监察局对查处的抚顺市公安局交巡警支队电子警察大队队员张国平勒卡汽车司机钱物；市爱卫会服务中心副主任史建海只收费不服务等6起典型案件情况进行了通报。

• 为使患者了解本市三级医院医疗消费的基本信息，市卫生局于7月上旬对市中心医院、抚顺矿业集团总医院、市中医院、市第二医院、市第三医院的2004年上半年门诊医疗消费情况及部分病种进行了调查，并将有关信息进行了公示。

八　月

8月1日

• 位于抚顺市顺城区的新城路，今日开工改扩建，它是本市河北地区东西向交通的主干道，西起葛布前街，东至长春街，途经将军街、宁远街、新华街、站东街等，全长6 992米，红线宽度40米。改扩建后，将成为本市第一条最具特色的景观路。新城路改扩建竣工后，道路红线宽度为40~42米，双向8车道，非机动车道为3.5米，人行步道砖铺至建筑物边缘，修建设施带1.2米，全线开设公交港湾车站；主要交通路口分别设置机动车及行人信号灯、视频监控及闯红灯拍照系统，交通、街路标志全部更新，沿线排水设施及地下管网设施同时进行翻建、改造，地上所有杆线全部下卧，路灯照明全部更新，同时对新城桥进行加宽扩建。计划工期 3 个月，10 月底竣工。

8月2日

• 辽宁省法院系统“公正司法树形象”先进事迹报告团首赴本市，为全市法官传经送宝。辽宁省法院系统“公正司法树形象”先进事迹报告团，是全省法院系统先进典型的代表，集中展示了新时期我省法院队伍建设的良好精神风貌。

• 为严厉打击各种形式的非法行医，整顿和规范医疗服务市场秩序，保障人民群众身体健康和生命安全，7 月 28 日至本日，市卫生监督执法人员对本市的医疗市场进行了重点集中整治。这次整治的重点是非法行医和医疗机构聘用非卫生技术人员行医、“出租科室”、“外包科室”。通过清理整顿、整改督查和总结验收 3 个阶段，本市的医疗市场秩序将得到有效净化。

8月3日

• 下午，市委书记周忠轩等领导在抚顺友谊宾馆会见了中华海外博士联合会常务副会长、美国赫德森电气公司董事长兼总裁杨成凡博士。杨成凡博士毕业于清华大学，1972 年赴美深造、定居，在欧美地区颇有影响。他除了担任美国赫德森电气公司董事长兼总裁外，还是美国黑马集团国际召集人。市委书记周忠轩向杨成凡详细介绍了本市情况。

8月4日

• 市预防职务犯罪工作小组召开会议，研究部署当前和今后一个时期本市预防职务犯罪任务。市预防职务犯罪领导小组成员单位和市领导张敏、魏东平、吴光参加会议。

• 从即日起，市局级以上领导开始分期分批到辽宁石油化工大学参加由市委组织部主办、辽宁石油化工大学协办的专业知识培训。市委副书记郭平在全市第一期领导干部专业知识培训班开班典礼上讲话。来自本市各条战线的 30 余名局级以上的领导干部参加了第一期专业知识培训班。他们将在这里进行为期一个月的半脱产学习。

• 本市有 5 名考生通过 5 月 23 日全国计算机技术与软件专业技术资格（水平）考试，其中 4 人没有相应的专业职称，是跨门槛取得的证书。从今年起全国计算机与软件专业职称考试不再进行相应的专业技术职务任职资格的评审工作，无论报考何种级别，都不再需要学历、资历条件，只要达到相应的技术水平，就有资格报考应试，这在很大程度上降低了考试门槛。

• 市公安局召开打击淫秽色情网站专项行动会议，对打击淫秽网站作了具体部署。从现在起至 10 月 1 日，在全市范围内开展打击淫秽色情网站专项行动。

8月5日

• 2004 中国辽宁 • 东亚国际旅游博览会，上午在大连星海会展中心拉开了帷幕。本市副市长刘诗和市旅游局局长金雅兰带领 100 多名旅游业人士参加了东博会。会展中本市代表参展了 15 个展台。本市的红河峡谷漂流、清永陵、雷锋纪念馆、三块石森林公园和元帅林受到来宾的普遍关注，纷纷咨询景区（点）的情况。本市代表队带来的 30 多种材料和宣传品共计85 000份，全部发放出去，接待来宾咨询近万人。本市的 11 家旅游社和一些城市的旅行社签定了旅游合作协议，其中本市与中国国际旅行社和大连铁道国际旅行社签定的合作协议，初步定为每年将与本市互换游客 5 万人次。本届东博会共设 4 个展区，800 个展台。有来自日本、韩国、马来西亚、德国、埃及、土耳其、澳大利亚、新西兰、俄罗斯等 22 个国家和地区的旅游机构及数千家境内外旅游商参展。国内北京、海南、吉林、广东、山西、上海、广西等 20 多个省、市、自治区也派来强大阵容参展。此次辽宁省 14 个市全部参展，展台数量达 229 个，是有史以来辽宁旅游资源最全面的展示。

• 为做好全国第一次经济普查工作，本市召开经济普查宣传工作会议，对市经济普查宣传工作进行了全面部署。此次经济普查的标准时点为 2004 年 12 月 31 日，整个普查工作分为准备（2004 年 12 月 31 日之前）、登记（2005 年 1 月 5 日）、资料开发应用（2005 年 10 月至 2006 年）等阶段进行。普查对象共涉及本市境内从事第二、三产业的所有企业、机关行政事业单位和个体经营户约 10 万户，普查范围包括了除农业以外的 19 个国民经济行业门类、90 个行业大类、378 个行业中类和 875 个行业小类，其涉及范围之广、参与部门之多、普查技术要求之高、工作难度之大，都是以往各项普查所没有的。

• 本市召开对外开放招商引资工作会议，会议就目前本市对外开放相对滞后的状况听取了相关人员的汇报，市领导要求各县区、各部门领导，必须树立大局和发展意识，以强烈的紧迫感和求真务实的精神，尽快扭转本市利用外资的被动局面，努力扩大利用外资的规模和总量。

8月6日

• 香港嘉道理慈善基金会大陆项目主任李建民在中国残疾人联合会国际部主任刘桂荣、辽宁省残疾人联合会副理事长任志伟等人的陪同下，来到市残联就嘉道理慈善基金会在抚顺投资的残疾人职业教育培训项目进行参观考察。

• “满族八旗系列千台春启运酒专家鉴评会”在抚顺煤都宾馆举行。《中国酒》杂志社、辽宁白酒工业协会等与会专家，对满族八旗系列千台春启运酒独有的满族酿造工艺、内在质量和外在的文化包装等进行了多方面的研讨、论证，并最终得出专家结论：千台春启运酒为中国满族第一酒。白酒专家认为满族八旗系列千台春启运酒浓、清、酱三香俱备，风格独特，就内在的质量和独有的满族工艺而言，完全达到了国家名白酒水平。整个鉴评会在抚顺法律公证处人员的全程监督下进行，并对会议结论做了现场公证。

8月8日

• 市公安局为即将赴科索沃执行维和任务的民警郭辉举行欢送仪式。今年 36 岁的郭辉现任抚顺市公安局出入境管理处副处长，2001 年 10 月曾赴联合国波黑任务区执行维和民事警察任务，2002 年 10 月圆满完成任务，获得联合国维和勋章，得到联合国官员的好评。今年 7 月初，联合国官员到中国访问，在京进行维和训练的郭辉被公安部推荐参加座谈，再次被联合国官员挑选为赴科索沃担任维和任务的民事警察。

• 代市长刘强主持召开市政府第 14 次常务会议。常务副市长魏东平，副市长孟凌斌、陈松扬、毛绍华、刘诗、赵家绪，市长助理王新鹏，市政府秘书长钱程广参加了会议。市政协副主席徐泽林应邀列席了会议。

8月9日

• 一年一度的“中华环保世纪行在抚顺”宣传活动正式启动，各类媒体的相关记者将深入到各县区、部门和企业进行采访报道。此次环保世纪行活动的主题为“珍惜土地资源，保护生态环境”。

8月10日

• 市政协在清原满族自治县召开县区政协工作座谈会。市政协主席陈家湃就下一步如何做好全市政协工作，提出了四点意见。清原满族自治县等七县区政协在会上交流了工作经验。

• 在邓小平同志诞辰100周年即将来临之际，市社科界召开纪念邓小平同志诞辰100周年学术研讨会。来自本市的从事社会科学研究的部分专家、学者对邓小平同志的理论贡献及他对中国革命建设的历史功绩进行了探讨和回顾，以此来缅怀、纪念伟人。会上，对数十篇关于邓小平生平和思想的研讨论文进行了评比和表彰。

8月11日

• 代市长刘强、副市长王宁等有关领导在天宝大厦会见了第二次来抚考察的美国鸿基国际投资公司董事会主席任世静、波特马可资本顾问LLC公司总裁米尔斯·罗杰斯和第一次来抚考察的世界级石油煤气专家、技术发明人哈飞里先生等美商考察团成员。考察团一行6人，在为期3天的考察中，主要考察项目为抚矿集团公司的油母页岩开采，东露天矿的开发及煤层气的开发。

• 经过紧张的筹备，深受市大中型企业欢迎的运输形式——中铁快速运输在本市正式开通。本日，中铁快运有限公司抚顺分公司正式宣告成立。中铁快运有限公司是经国家计委和铁道部批准于1993年9月1日成立的在国家工商局注册的大型快递企业，注册资金3亿元。它主要以铁路旅客列车行李车为主要运输工具，辅以公路及航空运输，提供全国性、网络化的快递服务。

8月12日

• 在市政府大会议室，来自市直机关的500多名干部，倾听了清原满族自治县大孤家镇小甘河村党支部书记、村主任赵景顺生前的感人事迹。市委常委、市委组织部部长汤毅，市委常委、市委秘书长、市直机关工委书记袁方，副市长孟凌斌与机关干部一起听取了赵景顺事迹报告会。

• 由市委副书记郭平，市人大副主任孙德成，市政协副主席徐泽林，市政府副秘书长、市民政局局长杜晓航等一行20余人组成的抚顺市慰问团，驱车前往大连，慰问正在那里进行紧张驻训的雷锋生前所在团的官兵们。抚顺市慰问团在大连受到了雷锋生前所在团官兵们的热烈欢迎。

8月13日

• 抚顺市城市道路改造扩建工程指挥部在市政府召开工作会议，代市长刘强主持会议并作重要讲话。会上，市政府副秘书长、抚顺市城市道路改扩建工程指挥部副主任、市建委主任朱向前汇报了2004年本市城市道路改扩建情况。

• 代市长刘强、副市长陈松扬等有关领导，在抚顺友谊宾馆会见了新加坡国际企业局东北及西北区第一任主任蔡启川和现继任主任许俊平。

8月14日

• 本市首家生态园——大奥生态园正式开业。该园坐落于顺城区河北乡西葛联社，是本市90年代初的全国劳动模范、西葛联社农民左在田同几位农民合资兴建的，总投资160万元，总建筑面积2 000平方米。这家生态园一次性安置联社剩余劳动力及城市下岗职工近百人。

8月15日

• 本市56名大学生志愿者启程赴辽西北进行为期两年的志愿服务。出发前，团市委在辽宁石油化工大学举行了简短热烈的欢送仪式。按照团省委和省项目办的安排，7月27日，本市结束了2004年大学生志愿服务辽西北计划工作，但仍有许多没有被录用的优秀大学生强烈要求参加辽西北计划。鉴于这种情况，团市委、市辽西北计划项目办公室又积极与团省委和省辽西北计划项目办公室沟通协调，最终这56名大学生幸运地成为了辽西北计划的志愿者。

• 代市长刘强主持召开市政府第15次常务会议。常务副市长魏东平，副市长孟凌斌、陈松扬、毛绍华、刘诗、赵家绪，市长助理王新鹏，市政府秘书长钱程广参加了会议。市政协副主席钱光浒应邀列席了会议。

8月17日

• 本市100多名老知青欢聚一堂，纪念抚顺知青赴昭盟插队30周年。30年前的今天，本市有201名应届中学毕业生响应毛泽东主席“知识青年到农村去”的伟大号召，意气风发、豪情满怀地奔赴昭乌达盟上山下乡，接受贫下中农的再教育，从而带动了1975、1976届4 000余名应届毕业生大规模地奔赴昭乌达盟插队。纪念大会上发行了大型纪实书《我们的昭盟岁月》。

8月18日

• 市党风廉政建设责任制工作领导小组召开扩大会议。会上，市委书记周忠轩就领导干部要切实增强廉洁自律意识，坚决刹住收送钱物歪风问题，代表市委常委班子全体同志及本人向全市党员干部群众做出四项郑重承诺。会议主要是总结交流上半年本市落实党风廉政建设责任制工作情况，结合贯彻吴官正同志的重要讲话精神，研究部署今后一个时期贯彻落实责任制、领导干部廉洁自律和加强党内监督等项工作。市委副书记、市纪委书记杨桂荣主持会议并传达了中纪委书记吴官正重要讲话；市党风廉政建设责任制工作领导小组办公室主任、市纪委副书记祁玉霞传达了在省党风廉政建设和反腐败工作会议上省委书记闻世震的讲话精神；各县区、部分省市直部门和国有大企业主要领导就落实贯彻党风廉政建设责任制工作进行了交流汇报。

• 市疾控中心在有关部门的配合下，举行了本市预防霍乱等肠道传染病的实战拉练演习。此次拉练演习共考核了四区、三县共9支防疫队和7支由中医院、矿务局总医院等7家医疗单位组成的抢救队。

• 位于永济路的中旅新抚区旧机动车交易市场宣告成立。该市场可容纳300多台车辆进场天天交易，免收入场费，并且实行“一站式”服务。这将为活跃本市汽车交易市场、拉动地区经济发展起到积极的推动作用。

8月19日

• 根据国家原发展计划委员会《政

府价格决策听证办法》的要求和辽宁省物价局《关于公布辽宁省省级第一批听证目录的通知》规定，抚顺市物价局在市广播电视局八楼会议室召开抚顺市有线电视收费标准价格决策听证会。

• 省委副书记王万宾，省委常委、宣传部部长焦利，省委副秘书长李怀亮，省委宣传部副部长周连科，省文明办主任张仁地等一行8人来到本市，就今年省委、省政府为加强和改进未成年人思想道德建设确定的办好十件实事之一，抓好爱国主义教育基地的情况进行实地考察和调研。王万宾一行先后视察了世界文化遗产清永陵、赫图阿拉城、汗宫大衙门、满族历史文化长廊、满族民俗博物馆、塔克世故居、抚顺石化分公司石油二厂重油催化裂化项目、乙烯厂总控室、抚顺石化公司BOPP项目、抚顺市平顶山惨案遗址纪念馆、抚顺战犯管理所。王万宾对本市重视历史文化资源和爱国主义教育基地的保护、开发和利用给予了高度的评价。

• 8月18日至本日，市人大常委会组织部分市人大代表对本市贯彻实施《中华人民共和国促进科技成果转化法》情况进行了执法检查。执法检查组先后深入到本市一些科研院所、大专院校、国有大型企业、科技型民营企业、技术中介服务机构和农村科研基地进行了检查，听取了市科技局贯彻实施《促进科技成果转化法》情况的汇报，召开了部分科技专家和学者参加的座谈会。

8月20日

• 在王楠荣获第28届奥运会乒乓球女子双打冠军后，省委书记闻世震、省长张文岳委托有关人员专程到王楠家中送去了祝贺的花篮。省体育局局长宋凯、市委副书记张敏、副市长刘诗昨晚赶到王楠家中表示祝贺。省体育局局长宋凯代表省委、省政府对王楠再次荣获奥运会女双冠军，向王楠的父母表示祝贺，并表示在奥运会结束后，省政府还将召开庆功会，以表彰在雅典奥运会上为祖国争光的辽宁籍运动员。

• 抚顺县县委书记姚启、市体育局局长李文智等一行人来到抚顺县下哈达镇下哈达村，亲切看望了荣获雅典奥运会女子柔道48公斤级季军的抚顺籍选手高峰的父母及家人。高峰十年前踏上了柔道运动的征程，从市、省到国家队一路挥洒辛勤汗水，练就了坚强的意志和良好的技战术水平。她在本次奥运会获得的铜牌，是我国在世界柔道小级别比赛中取得的最高奖。抚顺县委和市体育局领导代表市委、市政府为高峰的父母送去了冰箱、彩电、洗衣机等慰问品，感谢他们培养出的女儿为国家和家乡人民赢得了荣誉。

• 市民政部门举行抚顺市“福彩助学子行动”捐赠仪式。仪式上，全市共有100名“金榜题名”的贫困学子得到了由福彩资助的每位4 000元的助学资金。“福彩助学子行动”是一次全省性的对特困大学生的爱心资助活动。

• 抚顺市人民政府决定从2004年9月1日开始，禁止机动三轮车在全市城区主要范围内行驶。机动三轮车包括电动三轮车和非法改装的其他机动三轮车。凡违反市政府《公告》规定，在城区范围内继续行驶的机动三轮车辆，执勤民警和其他执法人员将依照《中华人民共和国道德交通安全法》及其他有关法律、法规的规定予以处罚。

• 市政协主席陈家洱、副主席徐泽林带领部分市政协常委和省、市政协委员深入到本市部分实现转制的国有企业进行视察。视察组先后来到抚顺炭素有限责任公司、抚顺挖掘机制造有限公司、抚顺石油机械有限责任公司、抚顺市永茂工程机械有限责任公司、抚顺起重机制造有限公司等转制成功的企业进行了视察。

• 2004年新式“辽宁公安警官证”，从即日起在本市公安机关的民警中正式启用。2004年新式“辽宁公安警官证”是经公安部批准，由辽宁省公安厅统一设计，是全省在编在职并已经授衔的正式民警在执行职务或其他公务需要时，专门用于证明民警身份的有效证件。新式警官证封面印有彩色警徽和“警察”及“POLICE”英文字母，正面有姓名、职务、警衔、警号、工作单位及身份证号码，证面呈亚白色并印有“POLICE”及条状底纹和仿伪标记。为便于使用，新式警官证还配备皮夹和胸卡。

8月21日

• 在雅典奥运会进行的女子赛艇八人单桨有舵手决赛中，抚顺籍运动员高艳华（队长）与队友奋力拼搏，以6分21秒71夺得该项第四名的好成绩。高艳华是本市水上运动学校走出去的一名优秀运动员。本次比赛获得第四名，是国家女队水上项目历年来取得的最好成绩。

8月22日

• 市政府召开2004中国抚顺国际经贸洽谈会筹备工作会议，各县区、开发区和有关部门的负责人参加会议，代市长刘强主持会议并作了重要讲话。会上，经贸洽谈会组委会办公室主任、市政府副秘书长、市外经局局长王咏首先就会议筹备情况及各单位准备工作任务进行了分工。

8月23日

• 全国无线电监测技术演练初赛第二组竞赛经过激烈的角逐，在新宾赫图阿拉城落下帷幕。辽宁省、天津市及黑龙江省三支代表队以优异的成绩进入决赛。无线电监测技术演练活动是为了强化监测技术人员的基础理论水平、设备操作技能以及抗各种干扰的分析判断和迅速排查技术，不断提升应对突发事件的能力，选拔优秀的无线电监测技术能手。参加在赫图阿拉城举办的第二组竞赛的有辽宁省、北京市、天津市、黑龙江省、吉林省、内蒙古自治区6支代表队，约200多人。竞赛项目包括使用无线电监测车进行监测、测向，使用便携式无线电测向设备进行徒步测向及考核。

• 市政府、市农业局在清原满族自治县夏家堡镇金家窝棚村举办全市推广地菇冷棚生产技术现场会。冷棚地菇栽培模式是该村青年农民刘兴斌经过两年的试验和辛勤努力于2003年试栽成功的，其价格是陆地香菇的2倍。据市、县农业和食用菌专家介绍，冷棚地菇具有多种陆地香菇无法比拟的优点，是对陆地香菇栽培模式的一次重大改革，具有极大的推广价值。抚顺三县主管农业的副县长、农业局长及多种经营部门负责人，及各县食用菌生产销售龙头企业老板、农村食用菌生产专业户等参加了现场会。

8月25日

• 副市长王宁在友谊宾馆会见并宴请了韩国非铁金属协同组合联合会代表团一行5人。韩国非铁金属协同组合联合会成立于1962年，到今年8月，会员单位已发展到了381个，各会员社的主要产品是铝制品及相关产品，2003年铝型材、铝加工制品、铝厨房用品、铝合金制品等创产值130多亿元。此次韩商来访的目的是，借助抚顺国际经贸洽谈会进一步了解抚顺铝厂及国家对抚顺的相关政策，建立长期合作关系，确保韩国组合业主的生产原料的供给，同时在铝业加工制造等方面寻求长期合作共同发展。

• 市人大常委会主任尹文、副市长陈松扬等市领导在友谊宾馆会见了来本市参加经贸洽谈会的韩国漆谷郡议会代表团。

• 市政协主席陈家洱、副市长孟凌斌等市领导在友谊宾馆会见以菲华工商总会名誉理事长、美丰信托保险公司董事长胡柄南为首的菲律宾菲华商总会代表团一行9人。

• 代市长刘强、市委副书记郭平等市领导在友谊宾馆多功能厅会见了以美国沃尔玛中国高级顾问王铁民为首的经贸考察团。

• 代市长刘强、副市长赵家绪等市领导在石化宾馆多功能厅会见了以厦门金宾士房地产开发有限公司董事长许文悌为首的厦门台商协会代表团。代表团将主要针对望花滩、南站、辽宁石油化工大学等城市规划建设方面的项目进行考察、洽谈。代市长刘强代表抚顺市政府对他们的到来表示欢迎，并详细介绍了抚顺的情况。

• 市十三届人大常委会第十一次会议举行第一次全体会议。会议由市人大常委会主任尹文主持。

8月26日

• 以安益淳为团长的韩国富川市议会代表团拜会了市人大常委会。市人大常委会主任尹文对安益淳一行的到来表示热烈欢迎。

• 上午，代市长刘强、副市长王宁等市领导在友谊宾馆亲切会见并宴请了中华海外博士联合会常务副会长杨成凡博士及欧盟辽宁办欧方主任乌夫拉姆·施瓦德一行4人。

• 下午，代市长刘强、副市长陈松扬等市领导在友谊宾馆会议室会见了马来西亚大使马吉德、马来西亚BSA公司代表团。

• 上午，市委常委、常务副市长魏东平，市长助理王新鹏在市友谊宾馆会见并宴请了韩国韩亚银行沈阳分行行长池圣圭等韩国客人，双方就加强双边合作等问题进行了洽谈。

• 上午，孟凌斌副市长在友谊宾馆会见了韩国中小企业联合会代表团的黄奎周先生和魏风秀先生，宾主双方在热情友好的气氛中进行了交流。

• 中午，市政协主席陈家洱在市友谊宾馆会见并宴请了新加坡国企局大连办事处主任许俊平率领的新加坡国企局及企业代表团一行六人，双方在友好的气氛中进行了谈话。

• 上午，副市长赵家绪在天宝大厦会见了日本驻沈阳领事馆经济专员杉崎利香，在日中国律师联合会副会长、日本新华侨华人会理事张玉人和日本名古屋经济大学讲师韩晓非。日本领事馆官员来抚主要是考察我市的市场环境，以便向日本欲向外投资者推介项目。

• 市政协副主席王淑雅等领导会见并宴请了前来我市参加经贸洽谈会的上海台商促进会与韩国代表团。促进会现有会员7 800多家，10多年来帮助各地政府、开发区成功地引进招商项目180多个，引进投资120多亿美元。

• 市委副书记郭平等领导在天宝大厦亲切会见并宴请了前来参加中国·抚顺国际经贸洽谈会的美国国际商会、基金会投资总监杨杰，美国捷行开发集团首席代表于巍和德国西门子公司沈阳公司总裁王晓白等一行5人。期间，宾主进行了亲切友好的交谈。

• 中午，市委副书记郭平、副市长赵家绪在友谊宾馆洽谈室会见美国驻沈阳总领事馆经济领事何若诗及其助理，会见中向客人详细介绍了本市资源情况及发展前景。

• 中国地市报第三届女记者（编辑）好新闻评选在抚顺友谊宾馆拉开帷幕。中国地市报女新闻工作者协会成立于1998年12月，现有会员单位311家，遍布祖国大陆27个省（区）。抚顺日报总编辑李备军担任副会长。

8月27日

“2004中国（抚顺）满族风情旅游节”新闻发布会在市委201室举行。会议由市委宣传部副部长罗璇主持，市委常委、宣传部长马克猛，副市长刘诗等出席了发布会。副市长刘诗、市旅游局局长金雅兰就本市满族风情旅游节活动的内容及抚顺的旅游资源情况向到会的记者们作了新闻发布。新华社、中国地市报、光明日报、中国新闻社、工人日报、香港大公报、香港文汇报、香港商报等省内外36家媒体记者出席了新闻发布会。

• 抚顺市旅游资源产品说明会暨旅游摄影作品展在友谊宾馆隆重举行。副市长刘诗在会上致辞，并携各县区旅游局长和全市主要的旅游景点负责人现场回答了大家所关心的问题。省内外的兄弟城市旅游局局长和来自北京、上海、重庆、河北、山东、四川、广东、云南等省、市、自治区及省内兄弟城市的旅行社总经理百余人应邀出席了说明会。会上，天津、沈阳、大连、鞍山、本溪等城市的一些旅行社总经理与本市部分旅游景点的负责人当场签定了旅游合作协议书。说明会结束后，诸位嘉宾参观了在友谊宾馆大堂展出的“三块石杯”抚顺旅游摄影作品展。这次摄影展是抚顺旅游有史以来规模最大、档次和摄影技术最高的一次展出，共展出26名摄影爱好者的70余幅摄影作品。

• 19时，在抚顺北站广场，2004中国（抚顺）满族风情旅游节正式拉开帷幕。开幕式由市委副书记杨桂荣主持。参加开幕式的有国家旅游局副局长张希钦、国家旅游局质量规范与管理司副司长彭志凯、中国对外交流促进会会长侯恩余、国家文化部计财司副司长李小磊、国家艺术科技研究所所长白国庆，满族知名人士舒乙、启骧、赵展、张克思等。省、市领导有：副省长李佳、省政府副秘书长王金笛及沈阳市、朝阳市的领导。土耳其、日本、韩国、俄罗斯、朝鲜、奥地利、荷兰、菲律宾、马来西亚等国的来宾和驻沈阳的使节，海内外的满族知名人士、海外知名企业和驻北京外商商社的代表，全国文化界、旅游界的领导、知名人士和专家学者，全国和省内各大新闻媒体的记者及省内各大旅行社的经理也参加了开幕式。代市长刘强在开幕式上致辞。副省长李佳、国家旅游局副局长张希钦在开幕式上讲话。开幕式结束后，表演了大型满族歌舞《满情·满韵》。

• 2004中国（抚顺）满族风情旅游节招待酒会在友谊宾馆召开。招待酒会由市委常委、常务副市长魏东平主持，市委、市人大、市政府、市政协有关领导出席了招待酒会。出席的嘉宾有来自土耳其、日本、韩国、俄罗斯、朝鲜、马来西亚等国的友好人士，海内外的满族知名人士，海外知名企业和驻北京外国商社的代表，国家和省内有关领导，知名人士和专家学者，各大新闻媒体的记者，省内外各大旅行社的总经理。代市长刘强代表市委、市政府和全市人民在酒会上致祝酒辞。

• 下午，代市长刘强在友谊宾馆会见了来本市参加满族风情旅游节的日本国驻沈阳总领事馆总领事小河内敏朗、朝鲜民主主义人民共和国驻沈阳总领事馆总领事林永八、俄罗斯联邦驻沈阳总领事馆总领事穆拉夫斯基。

• 下午 17 时，市政协主席陈家洱，市委常委、宣传部部长马克猛在友谊宾馆会议室会见了全国政协委员、中国现代文学馆馆长舒乙等满族知名人士及专家代表一行 20 余人。

• 下午，中国·抚顺市与土耳其·阿拉尼亚市建立友好伙伴城市关系签字仪式在友谊宾馆举行，代市长刘强会见了土耳其阿拉尼亚市代表团，并与阿拉尼亚市市长帕斯格鲁分别在签字仪式上签字。

• 市人大常委会与韩国富川市议会签订了友好交流意向书。市人大常委会主任尹文与韩国富川市议会代表团团长安益淳分别代表双方在意向书上签字。

• 市委副书记郭平、副市长孟凌斌在友谊宾馆会见日本磐城市日中友好协会副会长白土和男、藤田敬子及中岛女士一行 3 人。

• 2004 年首届"抚顺日报杯"满乡特色美食展在市商海大厦隆重开幕。副市长陈松扬致辞。此次满乡特色美食展是 2004 中国（抚顺）满族风情旅游节系列活动的一项重要内容。活动采取政府搭建平台，企业集中展示，市民现场评判的方式，由消费者自己评选出老百姓满意的品牌。开幕式前，市满族茶艺茶道艺术学校的师生们现场进行了满族的茶艺茶道表演。

8 月 28 日

• 为期 3 天的辽宁省创业成果展洽谈会在沈阳落下帷幕。全省 14 个市 50 家企事业用工单位参加了展洽会。省长张文岳为展洽会开幕式剪彩，并对展洽会场内 14 个市的再就业工作分别做出明确指示。展洽会期间，本市推出了开门办店、连锁经营、实用技术创业等 36 个项目，印制再就业优惠政策及创业项目宣传单上万份，展出下岗失业人员创业典型 12 个，本市推出的创业项目与有意创业者达成的意向性协议上千项。独具抚顺地方特色的"特艺"产业创业、农产品创业备受关注，科奥工艺品厂的苏绣工艺品吸引了大批下岗失业人员。

• 在启运山脚下、清朝东北三陵之首的清永陵正红门前，世界文化遗产清永陵揭碑仪式隆重举行。仪式由新宾满族自治县常务副县长杨威主持，县委书记祝健平致贺词。省文化厅副厅长张春雨、副市长刘诗分别讲话。市委副书记、代市长刘强，国家文物局世界遗产司王大民为世界文化遗产清永陵标志碑揭幕。市委常委、市委宣传部部长马克猛，副市长王宁、孟凌斌等市领导以及国家、省文物局，省文化厅领导出席了揭碑仪式。这次应本市邀请，同来庆祝世界文化遗产清永陵揭碑仪式的还有来自全国各地的满族同胞舒乙、启骧等知名人士、专家学者。

• 作为本届满族风情节重头戏之一的满族姓氏与谱牒学术研讨会隆重开幕。北京满学会会长阎崇年先生、台湾故宫博物院研究员冯明珠女士、香港爱新觉罗宗亲会理事长爱新觉罗·州棠先生及日本、挪威等外国的学者共 50 余人，应邀来抚参加为期 3 天的学术研讨会。市委副书记张敏，市委常委、宣传部长马克猛，副市长刘诗出席开幕词。马克猛致开幕式。市委副书记张敏在开幕式上讲话。

• 本市几大机关市级领导班子成员中的党员干部和相当于市级的党员干部走进考场，参加全省统一进行的党员领导干部党内法规知识测试。测试以"两个条例"为主，兼有党章和党风建设责任制的有关内容。省纪委、省委组织部、省委宣传部派员进行监考。这次测试成绩将进入党员领导干部廉政档案。

• 2004 中国（抚顺）满族风情旅游节旅游商品设计大赛暨展销会在新宾满族自治县上夹河根艺市场开幕。大会由市旅游局局长金雅兰主持，孟凌斌副市长发表了讲话。市人大副主任孙德成、市政协副主席钱光浒等领导到会并为大会剪彩。来自省内外的百余家旅行社负责人、满族知名人士、各市旅游局局长及参展商等各界人士千余人参加了大会。

8 月 29 日

• 市领导张敏、李永立、刘诗、杨福田等在市友谊宾馆小会议厅会见了参加第 28 届奥运会并获得冠军的世界乒坛名将王楠。市委副书记张敏代表市委、市政府向取得奥运双打冠军的王楠表示祝贺。

8 月 30 日

• 历时一个月的由市老龄办举办的全市中老年秧歌比赛于本日结束。分别获得金、银、铜奖的 8 个中老年秧歌队在颁奖仪式上进行了精彩的表演。来自全市 7 个县区的 1 600余名中老年人组成的 42 支秧歌队参加了比赛。经过预赛、决赛的层层评选，抚顺浑河情民间艺术团获金奖；新宾满族自治县金色年华腰鼓队、清原满族自治县紫荆花艺术团、抚顺市中老年志愿者艺术团获银奖；新宾满族自治县满族秧歌队、新抚区东公园街道丽翠社区中老年健身队、顺城区将军街道满族秧歌队、抚顺特殊钢公司秧歌队获铜奖。同时还有 10 支秧歌队获优秀表演奖。

• 由中国地市报女记者协会主办、抚顺日报社承办的"中国地市报女记者协会第三届女记者（编辑）好新闻评选"活动圆满结束。本次活动从 3 月份发出通知以来，评委会不断收到来自全国 26 个省（区）选送的作品。参评的地市报社达 158 家，参评作品 858 篇。最后评出获奖作品 604 篇。其中一等奖 135 篇，二等奖 313 篇，三等奖 156 篇。本届评选活动恰逢抚顺市举办 2004 中国（抚顺）满族风情旅游节。受抚顺市委宣传部、抚顺日报社的邀请，来自内蒙古、湖北、广东、安徽、辽宁等地的评委会女总编辑加入了满族风情旅游节的记者团。评委们在评审期间参加了满族风情旅游节的开幕式、世界文化遗产清永陵揭碑盛典等活动。

• 由本市歌舞话剧院创作演出的小品《烛光》在金狮奖第四届全国小品比赛中荣获铜奖，剧中的女主角——市歌舞话剧院的三级演员张丽华在比赛中荣获表演奖。这次金狮奖第四届全国小品比赛分设金、银、铜、优秀四个奖级，评委由全国知名演员赵本山、李延年等担当，本市的小品《烛光》是辽宁省惟一一个获奖作品。

• 在召开人才工作会议、广泛征求各方面意见、反复论证的基础上，本市制定出台了《中共抚顺市委、抚顺市人民政府关于实施人才强市战略的意见》。《意见》既有长远规划，又有具体政策，是指导本市人才工作的纲领性文件。全文共分 7 个部分 28 项内容。

△8 月

• 市委、市政府为认真贯彻落实省、市关于解决突出信访问题、化解社会矛盾纠纷工作的部署和安排，有效化解社会矛盾和纠纷，维护人民群众根本利益，全力维护社会稳定，决定在全市开展"化解矛盾在基层"大调解工作。

• 市委、市政府为认真贯彻落实省、

市关于解决突出信访问题、化解社会矛盾纠纷工作的部署和安排，有效化解社会矛盾和纠纷，维护人民群众根本利益，全力维护社会稳定，决定在全市开展“化解矛盾在基层”大调解工作。

九　月

9月1日

• “抚顺市劳动就业网”正式开通。“抚顺市劳动就业网”以国际互联网络为媒介，以就业管理系统数据为基础，以就业信息为资源，是本市各级劳动就业系统交流和沟通工作情况的重要渠道。同时，也是发布全市求职、就业、劳务输出、职业培训及政策法规等各类信息的综合性政府网站。

• 下午，市政府与中油抚顺石油化工公司在石化宾馆举行了企业办社会职能移交协议签字仪式，将企业所属的5所全日制中小学和石丰公安分局一次性、成建制的交由地方政府管理。这标志着中国石油抚顺石油化工公司在精干主业、分离企业办社会职能方面迈出了实质性步伐。副市长王宁代表市政府签字。

• 从本日开始凡在本市道路上行驶的机动三轮车一律退出市区。对于驶入禁行区内的机动三轮车，公安交通管理机关将严格进行教育劝阻，依法处罚；对于劝阻后第二次进入禁行区的机动三轮车，将依法没收其车辆，给予严肃处理。

9月2日

• 历时10天的辽宁省第六届艺术节在沈阳军人俱乐部落下帷幕，同时举行了“光荣与希望”大型颁奖晚会。本市歌舞话剧院排演的小剧场话剧《带陌生女人回家》再获殊荣，荣获了优秀剧目奖（金奖）等九项大奖，位于金牌榜首。这是辽宁省艺术节开办15年来，本市首次获得省级最高荣誉，填补了本市文化事业上的一项空白。由抚顺市戏曲艺术剧院排演的儿童剧《神奇之旅》荣获了辽宁省第六届艺术节剧目奖。

• 下午，市政府召开全市安全生产紧急会议，其目的是再次敲响安全生产警钟，采取有力措施，坚决把生产事故上升的势头压下去，确保实现省政府下达的全年安全生产控制指标。进入7月下旬以来，本市生产事故出现反弹，死亡事故连续不断，形势非常紧迫。从7月20日至9月2日，在短短的40多天的时间里，本市连续发生死亡事故和群伤事故11起，死亡10人，重伤3人。

9月3日

• 代市长刘强发布第107号抚顺市人民政府令，宣布《抚顺市铁路专用线、专用铁路管理办法》已经2004年7月26日市政府第14次常务会议通过，于本日发布。

• 代市长刘强在友谊宾馆亲切会见了世界妇女企业家联合会主席兼首席执行官弗兰·克露斯一行4人。

• 备受市民关注的海新河与榆林垃圾场环境综合整治工程上午正式开工建设。市人大副主任李永立、市政协副主席钱光浒为该工程开工剪彩。海新河与榆林垃圾场环境综合整治工程是浑河市区段水系治理的一项重点工程，主要包括景观生态环境、城市下水管网建设、工业和生活污水治理、河道堤岸整治、道路建设、河堤外侧土地开发利用、河堤内外美化和园林景观建设等单项工程。

• 由市文化局主办，市文物店承办，市收藏协会、金信园企业协办的“首届抚顺市民间文物收藏展”在金信园典当行举行。此次收藏展历时3天，所展物品都是本市收藏名家精心收藏的具有一定价值的文物。

• 全市新闻出版工作专题会议在市委召开，会议传达了中央领导同志关于新闻出版工作的重要批示和省新闻出版工作会议精神，全面分析了本市新闻出版工作的形势，并就如何坚持正确导向，加强新闻出版工作管理，遏制出版中低俗之风等工作做了具体部署。

• 市纪委派驻第二纪检组召开以倡廉助廉、筑起家庭反腐防线为主题的“家庭助廉”事迹报告会。沈阳市国税局纪检组副组长陈志忠，沈阳市东陵监狱党委书记、监狱长许树文的精彩演讲在与会的500余名经济管理部门的处级以上领导干部和家属中引起强烈反响。

• 市政府决定从今年9月份开始举办“市长接待日”活动。市政府办公厅就此有关事宜下发了通知。

9月4日

• 下午，市委书记周忠轩、代市长刘强在友谊宾馆会见了以韩国STX协会会长姜德寿为首的韩国客商一行61人，双方就下一步的合作、发展进行了磋商。

9月5日

• 经国家文物局批准，由中国博物馆学会主办，抚顺市人民政府承办，抚顺市民政局、抚顺市雷锋纪念馆具体承办，由市委宣传部等16个部门和单位协办的“雷锋杯”全国博物馆讲解大赛，在友谊宾馆拉开帷幕。全国政协委员、原国家文物局局长、中国博物馆学会理事长张文彬，省民政厅副厅长李中田等领导专程来抚出席了开幕式。国家文物局副局长童明康在开幕式上讲话。大赛设立个人单项赛一等奖10名、二等奖20名、三等奖30名和团体赛一等奖5名、二等奖8名、三等奖12名，由中国博物馆学会颁发奖杯、奖牌及荣誉证书。市雷锋纪念馆有两名选手参加了这次大赛。

9月6日

• 省司法厅厅长张家成、副厅长兼省监狱管理局局长陈泰宝等领导赴本市，宣布命名抚顺市南花园监狱为省级现代化文明监狱并记集体二等功，为邵波、吕宝顺各记二等功的决定，并与代市长刘强一道为南花园监狱晋升省级现代化文明监狱授匾。授匾仪式上，市司法局还为在创建现代化文明监狱中作出贡献的南花园监狱教育科等3个单位各记集体三等功一次，为韦庆国等7名同志记个人三等功一次，对吴晓莉、赵凯敏等21名同志各嘉奖一次。

• 纪检监察工作座谈会本日召开。市委副书记、市纪委书记杨桂荣在会上讲话。根据本市实际，市纪委在今年要加大专项治理力度，推动领导干部廉洁自律工作不断深入开展，要坚决刹住五股歪风。市纪委副书记王建国传达了省纪检监察工作座谈会精神；市纪委副书记王新国传达了省纪委、省监察厅关于表彰“振兴老工业基地，争创一流工作成果”活动获奖单位决定；各县区、三家国有大型企业的纪委书记分别汇报了今年以来开展党风廉政建设和反腐败工作的经验。

9月7日

• 为贯彻落实中央纪委三次全会和省纪委四次全会精神，全面推进我市党风廉政建设和反腐败工作，按照市纪委四次全会总体部署，市纪委、监察局决定于国庆节期间在全市范围内开展一次专项举报活动。对署实名举报的有功人员，市纪委、市监察局将按有关规定给予奖励。

• 国家新闻出版总署副署长桂晓风等一行5人，来我省考察“扫黄打非”工作及新闻出版物市场监管情况，本市是重点考察单位。视察期间，桂晓风副署长听取了市新闻出版局局长刘季春的汇报，对本市“扫黄打非”及新闻出版工作表示满意。

• 抚顺市“体育三下乡”暨农民健身周活动，在清原县一中隆重拉开帷幕。国家体育总局局长助理崔大林、辽宁省体育局副局长宋凯、黄淑敏，辽足总经理吕锋，市领导赵家绪、杨福田等参加了开幕式，并观看了由清原、新宾、抚顺县农民编排的健身表演。省、市体育部门为农民送去了部分体育健身器材，受到农民的欢迎。

• 在第二十个教师节即将到来之际，原省人大主任、全国人大常委王怀远，副省长鲁昕，省教育厅厅长张德祥在市领导周忠轩、刘强陪同下，来到李石开发区，为合并后的朝鲜族学校（由李石朝鲜族小学和李石鲜族中学合并）揭牌，并向工作在教育战线上的广大教师表示节日问候。

9月8日

• 市委书记周忠轩在天宝大厦亲切会见了以英国苏格兰省亚历山大·麦克唐纳为首的欧美经贸代表团一行22人。亚历山大·麦克唐纳一行对抚顺表示了强烈的兴趣，他们分成几个小组，深入到抚顺开发区、石化公司等进行了有关项目的实地考察。

• 市委、市政府邀请全市教育战线的模范、优秀教师代表举行了庆祝第二十个教师节座谈会。座谈会由市委副书记张敏主持，市委副书记、市长刘强到会并讲话。

• 代表中油集团公司参加全国中央企业职工技能大赛的中油抚顺工程建设第一分公司维修车间钳工技师郭建勇，凭借扎实的基本功，在来自全国56个部委的98名参赛的选手中，脱颖而出，荣获大会颁发的铜牌奖。同时他还获得国务院、国资委、国家劳动和社会保障部联合授予的全国中央企业技术能手的荣誉称号。

• 历时4天的“雷锋杯”全国博物馆讲解大赛于下午落下帷幕。在抚顺剧院举行的闭幕式暨颁奖晚会上，来自国家、省、市有关部门的领导向获奖选手颁发了奖品和荣誉证书。中国博物馆学会常务副理事长、故宫博物院副院长李文儒致闭幕词。我市参赛选手、雷锋纪念馆讲解员董皎、徐瀛分别获一等奖和三等奖。

• 中国石油抚顺石化分公司在今年5月成功产出中国石油98号高标号清洁汽油的基础上，又成功生产出中石油首批3 500吨新标准0号车用柴油，产品全部投放北京市场。新标准0号车用柴油的成功生产填补了中国石油生产高档柴油的一项空白。

9月11日

• 为期两天的“中油石化杯”抚顺市第三届职工技术运动会电焊工实际操作比赛拉开帷幕。本日上午，在中油第八建设有限公司热采锅炉厂装配工段的车间内，经过层层选拔，来自本市部分企业的18支参赛队的53名工人分别进行了电焊操作和氩弧焊操作的激烈角逐。此次比赛将决出前10名，并分别授予市级技术状元、技术明星和技术标兵的荣誉称号。此次电焊工实际操作比赛是市第三届职工技术运动会的一个重要部分。

9月12日

• 市委书记周忠轩，市委常委、市委秘书长袁方，副市长陈松扬等在友谊宾馆会见了爱沙尼亚客人甲奈克·帕克曼等一行。受抚顺矿业集团的邀请，爱沙尼亚维鲁基埃米亚集团董事长甲佘克·帕克曼先生和维鲁奥里图司特斯公司董事长尼古拉伊·彼卓维茨先生前来与抚顺矿业集团洽谈现有生产装置的环保改造、提升炼油工艺水平等方面的合作项目。

9月13日

• 根据《中华人民共和国矿产资源法》及有关法律法规的规定，为进一步遏制本市非法建立铁矿选厂和私采滥购矿石的行为，依法惩处非法采矿、选矿、买卖矿石等破坏矿产资源的违法犯罪活动，市政府就有关事宜下发紧急通告。

9月14日

• 省政协主席郭廷标率在辽宁的全国政协委员组成的视察团来到本市，在市委副书记、代市长刘强，市政协主席陈家洱，市委副书记张敏，市委常委、秘书长袁方，副市长王宁，市政协副主席徐泽林的陪同下，视察了抚顺特殊钢股份有限公司、中油抚顺石化分公司、抚顺大伙房水库大坝北侧施工现场，听取了市政府及接受视察单位的工作汇报。

9月15日

• 市妇联在刚刚荣获全国小公民道德建设活动实践基地的雷锋纪念馆，举行“争做合格父母、培养合格人才”家庭道德实践活动启动仪式。

• 随着葛莲线公路的竣工，顺城区在本市县区中第一个实现了村村通油路。实现“村村通”之后，顺城区形成了两横四纵的公路交通网，道路运输能力提高了90%以上。

• 抚顺市社会科学院、抚顺市地方史研究会召开纪念平顶山惨案72周年座谈会，来自市社科院、市文化局、市平顶山惨案遗址纪念馆等单位的20多位社会科学工作者和平顶山惨案的幸存者莫德胜、杨宝山参加了座谈会。

• 由市妇联、市体育局主办，抚顺浑河物业管理有限公司承办的“浑河花园杯”全市千户万名妇女健身、健美、健康活动表演赛拉开帷幕。开幕式上，新抚区公园街道老年健身队、新抚区迎宾社区夕阳红艺术团、望花区万众社区健身队、顺城区葛布街道健身队等9支代表队分别表演了新北京秧歌、花棍舞、健美操、老年健身舞等精彩节目。

9月16日

• 由市总工会、市文联共同举办的“前进中的抚顺——振兴抚顺老工业基地大型图片展览”在罕王商场门前举行。此次图片展是2004中国（抚顺）满族风情旅游节十大活动之一，全市共有161个单位参加了这次活动。所展图片是从我市众多摄影艺术家和广大业余爱好者提供的数千幅作品中精选出来的。

9月17日

• 全市结核病防治工作会议召开。近20年来，本市的结核病防治工作取得了显著成绩，特别是近几年以来，本市卫生防疫部门对每例确诊的传染性肺结核病人实施了DOTS策略，2003年传染性肺结核病人的初治治愈率达94.38%，复治治愈率达91.80%，在全省名列前茅。

• 市人大常委会主任尹文、代市长刘强、市委副书记郭平、市政协副主席徐泽林等领导在友谊宾馆亲切会见了以温州市原人大常委会副主任王培德为团长的温州市党政代表团。

• 副市长陈松扬在天宝大厦会见了以韩国金蒲高村商工会会长李正锡为团长的韩国金蒲高村商工会企业家代表团一行23人。会见结束后，各县区招商局就一些项目和外商感兴趣的企业与韩国客商进行了洽谈。

• 本市召开科技项目招投标会，8家农业科研单位争夺四项农业科技项目的研发权，此举标志着本市科技项目研发正式实行招投标制。当天招标的四项科技项目是清原马鹿种源基地建设及配套技术研究、针叶木屑人工栽培食用菌技术研究、农副产品应用冷冻干燥技术的研究、畜禽粪便无害化处理技术研究。经角逐，其中四家科研单位中标。市政府将为其提供60万元的科研费用。

9月18日

• 由日本北海道造林协会组织的以酒井和彦为团长的日中友好——抚顺市绿化友好植树访问团一行15人抵达抚顺，进行为期3天的友好访问。昨日下午，代市长刘强等在建设中的“城内森林”接待了日本客人，并与日本客人共同栽下了象征友谊的红皮云杉。稍后，代市长刘强等在友谊宾馆正式会见了日本北海道造林协会访问团。

9月19日

由辽宁省朝鲜族经济文化交流协会主办，抚顺市文化局、抚顺市民委承办的首届辽宁省朝鲜族民俗节在市实用技术学校拉开帷幕。来自沈阳、大连等省内十个城市的20余个代表队参加了民俗节活动。省人大民侨外委副主任委员张贤焕致开幕词。副市长陈松扬致欢迎词。省民委主任佟钟时到会并讲话。此次活动有传统民俗体育项目、田径和趣味体育竞赛、传统文艺比赛以及传统民族饮食展销等系列活动。

9月21日

• 从今年5月开始，历时3个多月，全市经济普查新抚区试点工作基本结束。从新抚区的普查统计结果来看，基本上反映了本市目前的经济状况，取得了预想的效果。此次经济普查工作分为五个阶段。2004年12月底前为准备阶段，其中8月至12月为清查摸底阶段；2005年1月至5月为填报阶段；2005年2月至8月为数据处理和上报阶段；2005年9月至2005年底为数据评估和发布阶段；2005年9月至2006年上半年为资料开发应用、工作总结和评比表彰阶段。

• 市政协举行纪念人民政协成立55周年座谈会。市政协主席陈家洱，副主席王斌、徐泽林，市政协秘书长汤儒国出席了座谈会。市委副书记张敏到会代表市委向全市各级政协组织和政协委员表示祝贺。

• 2004年辽宁省院校合作项目洽谈会的领导及专家来到抚顺，带来科技项目百余项，不仅为企业提供了大量的项目合作信息，同时也为双方进行深入合作提供了有利的契机。会上共签订合作协议10项。这次省院校合作工程项目洽谈会抚顺分会是省科技厅、财政厅和院校为推进与本市科技合作举办的一次重要活动。中科院、清华大学、北京大学等院校在进行了科技成果发布后，与抚顺部分企业举行了合作项目签约仪式。

9月22日

• 辽宁抚顺上海经济合作项目推介会暨签约仪式如期在上海光大会展中心启动。签约项目16个，总投资额近17亿元，引资额约为15亿元，签约项目涉及化工、食品领域甚至企业转制出售。来自全市4区3县2个开发区以及企业的主要领导和代表参加了签约仪式。

• 下午，我市在上海召开招商引资项目推介会。代市长刘强在会上致辞。王宁副市长在会上介绍了抚顺市情，并就有关招商引资政策进行了说明。

9月23日

• 抚顺特钢集团、大连钢铁集团和北满特钢集团等东北地区三家国有大型特殊钢骨干企业联合组建的东北特钢集团正式挂牌宣告成立。新组建的东特集团总股本364 417.15万元，其中辽宁省国资委101 297万元，占27.8%；黑龙江省国资委52 910.15万元，占14.52%；抚顺特钢公司82 664万元，占22.68%；东方资产管理公司60 736万元，占15.31%；信达资产管理公司10 987万元，占3.02%。这种多元化的股权结构，已经使新集团在产权上突破了传统的国企模式。东北特钢集团下设全资子公司6家，控股子公司11家，参股子公司1家。总部设在大连市，分别在大连、抚顺、齐齐哈尔3市各设一个生产基地。东北地区原有3家国有特殊钢大型骨干企业，即地处辽宁省的大连钢铁集团、抚顺特殊钢集团和地处黑龙江省齐齐哈尔市富拉尔基区的北满特钢集团。3个企业在历史上都曾为国家做出过重大贡献。

• 市卫生科技工作总结表彰大会在抚顺剧院召开。近5年来，本市卫生系统科技工作者共完成科研课题105项，获得1项省级科技进步奖，16项市级科技进步奖，101项新技术应用于临床。副市长刘诗对近5年来的本市卫生科技工作进行了总结回顾，市卫生局对近5年来本市卫生战线上做出突出贡献的医务工作者进行表彰，市第三医院的刘姝娜、市中心医院的孙玲等人的15项科研课题获科技成果奖；市中心医院的马骏等人开展的新技术获新技术奖；市中心医院的黄超等获优秀论著、论文奖；马骏等10人获抚顺市名医称号。此外，市卫生局还对市技术竞赛状元、科技工作突出贡献单位进行了表彰。

• 由市人民政府主办，市房产管理局、辽宁会天展览有限公司承办，抚顺市城乡建设委员会等单位协办的中国•抚顺第三届房屋交易展示会在河东新区建工家园开幕。本届展示会是抚顺地产界的一次盛会，参展单位达100多家，其中房地产开发商有40家，向市民展示100余万平方米的商品房。展会还设立了64个中介经纪人展位，为市民提供100余万平方米的二手房。

• 9月21日至本日，辽宁（上海）商品展销暨经贸洽谈会在上海国际会展中心举行。本市派代表团参加了会议并取得了丰硕成果。各县区及企业共组成参展分团14个，数十户企业参加展洽，参加展销的产品涉及石油、化工、冶金、建材、机械、电子、轻工、医药、食品、工艺品、农副产品11个行业，共计200余种产品。

9月24日

• 市财政局组织抚顺市首届会计知识技术大赛。全市22个行业的2万多名会计人员，经过两个多月的初、预赛，选拔出13个代表队参加了决赛。获得前三名团体奖的是：中油股份公司抚顺分公司炼油代表队、顺城区代表队、中油股份公司抚顺分公司化工代表队。顺城区代表队获精神文明奖。优秀组织单位奖由中油股份公司抚顺分公司化工代表队获得。

• “中油石化杯”抚顺市第三届职工技术运动会财政赛区会计知识技术比赛揭晓。获得个人前十名的优胜选手是：张秀丽（抚顺铝厂）、鹿传坤（中油股份公司抚顺分公司）、（并列）：王晓丽（市传染病院）、刘婵娟（顺城区）、蔡玳丽（中油股份公司抚顺分公司）、王卓（第四中专职业技术学校）、王月（中油股份公司抚顺分公司）、赵吉军（中油股份公司抚顺分公司）、范宇（中油股份公司抚顺分公司）、赵静（市中心医院）。

9月26日

• 上午，“联通杯”2004年抚顺首届全民健身长跑大赛，在雷锋体育场西侧休闲广场举行。来自全市各行业5 000余名男女选手，参加了三个组别的13公里和8公里的长跑较量。本次大赛由市体育局、抚顺日报社联合主办。

9月27日

• 抚顺市清永陵申遗成功表彰大会暨2004中国（抚顺）满族风情旅游节闭幕式在抚顺剧院隆重举行。辽宁省文化厅副厅长张春雨、市委书记周忠轩、市人大常委会主任尹文及市委、市政府、市人大、市政协等有关部门的领导出席了大会。大会由市委常委、市委秘书长袁方主持。副市长刘诗作了抚顺清永陵申报世界文化遗产工作总结报告；市委常委、宣传部长马克猛宣读了市委、市政府《关于表彰在抚顺市清永陵申报世界文化遗产工作中做出贡献的单位和个人的决定》及满族风情旅游节表奖决定，并组织颁奖。市文化局、新宾满族自治县人民政府两个单位被授予“抚顺市清永陵申报世界文化遗产工作突出贡献单位”荣誉称号；市委宣传部等6个单位获“抚顺市清永陵申报世界文化遗产贡献单位”荣誉称号；授予市外事办等13个单位“抚顺市清永陵申报世界文化遗产工作先进集体”荣誉称号；祝健平等3人荣记一等功；刘季春等9人荣记二等功；赵庆斌等15人荣记三等功；杨宝峰等47人荣获“先进个人”称号。大会还对2004中国（抚顺）满族风情旅游节“最佳旅游景点”等各种奖项进行了表奖。

• 根据省领导干部会议要求，市委、市政府召开全市领导干部会议，传达贯彻党的十六届四中全会、中纪委第四次全会和省委领导干部会议精神；并结合本市的实际，对开展学习贯彻活动和后几个月的工作做出安排和部署。会议由市委书记周忠轩主持。

9月29日

• 18时30分，市委、市政府在抚顺剧院举行电影招待会，与全市各界代表共同庆祝建国55周年这一盛大的节日。市委副书记、代市长刘强在电影招待会上致辞。市委、市人大、市政府、市政协的领导，及全市各届人士1 200余人参加了招待会。与会者观看了大型文献纪录影片《走近毛泽东》。

• 市委宣传部、市文化局、顺城区在北站广场举办专场文艺晚会，隆重庆祝中华人民共和国建国55周年和2004广场文化活动闭幕。同时，对在2004年广场文化建设和广场文化活动中表现突出、成绩显著、贡献较大的单位及个人进行了表彰。颁奖结束后，特邀大庆市歌舞团表演了大型文艺晚会《关东歌舞》。

9月30日

• 本市在萨尔浒风景区隆重举行辽宁省关爱教育中心暨抚顺市关爱教育学校综合楼落成典礼。省政法委副书记宋善云，市委副书记张敏，市委常委、政法委书记吴光等省、市领导出席落成典礼并剪彩。该综合楼建筑面积1 500平方米，设施齐备，环境幽雅。省关爱教育中心暨市关爱教育学校综合楼的落成，标志着本市对“法轮功”人员的教育转化工作进入了一个新的阶段，更是教育转化工作向更高的目标迈进的开始。

△9月

• 市游泳馆被评为2004年辽宁省文明窗口，这是本市体育行业首家获此殊荣单位。

• 市纪委、市监察局在省纪委、省监察厅开展的“振兴老工业基地，争创一流工作成果”活动中，有两项工作成果获奖。其中市纪委实施的“认真抓好组织协调，积极推进村会计委托代理制”获最佳成果奖；“大胆创新、精心组织、积极推进纪检监察派驻机构管理体制改革”获改革创新奖。

• 抚顺市顺城区隆重举行玉成中学教学楼落成暨开学典礼，来自国家及省市的有关领导、专家和学者应邀出席了仪式。玉成中学是顺城区继大自然小学之后本市第二所由企业出资兴办的民办公助学校。新落成的玉成中学占地40亩，建筑面积1.3万平方米，学校环境优美、构造合理、功能齐全、设施齐备。

• 根据省、市招办的统计数字，在全省计划招生人数与去年持平、报考人数增加的情况下，本市今年高考成绩好于去年，升入各类本科院校考生的比例均高于全省平均值。今年应届高中毕业生报考总数为9 410人，其中，考入一批次本科院校的考生人数为1 775人，高于全省平均值32.3%；考入二批次本科院校的考生（含提前本科）人数为2 961人，高于全省平均值16.3%；考入三批次本科院校的考生人数为1 239人，高于全省平均值38.7%。全市升入本科以上院校的考生人数，占考生总数的63.5%，高于去年的63.06%。截止到本月，在专科的补录尚未最后结束的情况下，本市升入专科以上院校的考生，已占到考生总数的92%。

十　月

10月1日

• 位于市西部的三宝综合立交桥，于今日正式建成通车。抚顺三宝综合立交桥位于沈抚高速公路三宝屯收费口以东，北接本市的北绕城公路，南通过洗化东街与抚顺南外环相连，东接丹东路，西与沈抚高速公路相连接，是本市的交通咽喉。该工程为双层全互通定向立交结构，包括桥梁匝道8条、路面匝道11条、一座环岛、两座环道桥、6条非机动车道、3座非机动车道桥、7座30米高的高杆灯和1座排水泵站，新建排水管线2 500米，道路建筑面积为85 000平方米，总投资约为1亿元。该工程于2003年9月25日开工兴建，由辽宁省路桥总公司和黑龙江省公路工程监理咨询公司分别担任施工单位和监理单位，工程质量目标为省优。三宝综合立交桥是本市城市建设中的重要工程，也是本市的标志性建筑之一。

10月5日

• 为期3天的中国·抚顺满族姓氏学术研讨会圆满落下帷幕。本次研讨会由辽宁满族经济文化发展协会、抚顺市社会科学界联合会及抚顺市满族联谊会共同发起。来自全国各地近50名专家、学者参加了本次研讨会。3日下午，研讨会开幕式在市友谊宾馆举行。

10月5日

• 见证了抚顺近80年历史的永安老桥的拆除工作正式开始，并计划于本月底全部结束。承担永安老桥拆除任务的施工单位是总部设在吉林省长春市的中铁十三局，他们在总共有8家施工队伍参与的招投标中，以最低的费用、最快的进度一举中标。新桥的设计单位和监理单位已经通过招投标的方式进行了确定，施工单位也将于国庆节后开始面向全国公开招标。由于老桥的拆除本月底就能完成，新桥开工建设的日期也将随之提前，预计11月中旬即可开工建设，明年6月30日前达到通车条件。

10月8日

• 代市长刘强主持召开市政府第16次常务会议。会议原则通过了《全市农业产业化龙头企业建设情况的报告》、《2004年—2010年抚顺市农业产业化经营发展规划纲要》（讨论稿）等。

10月9日

• 市委书记周忠轩主持市委书记办公会，听取重点部门工作汇报，分析主要经济工作运行情况，部署重点工作。

10月10日

• 市政协组织本市各民主党派负责人、部分省市政协委员对本市城乡电网建设情况进行了视察。省市政协委员深入到本市城乡的部分变电所和市供电公司、城东供电分公司进行了认真的考察和调研，并听取了市供电公司总经理杨勇关于城乡电网建设情况的汇报。参加视察的人员在座谈中对城乡电网建设和近年来市供电公司的软环境建设工作给予了充分的肯定。

10月14日

• 日本夕张市友好交流代表团一行10人抵达抚顺进行友好访问。上午9时30分，以夕张市市长后藤健二、议会议长高桥胜夫为团长的友好交流代表团一行来到市人大，拜会了市人大常委会主任尹文，副主任周庆久、崔树森、李永立等。当日下午5时，代市长刘强、副市长陈松扬在友谊宾馆会见了友好交流代表团。日方代表团在下午还参观了本市的几所小学和医院。

• 全市国有企业改革工作会议召开。在会上，副市长王宁代表市政府对全市国企改革工作进行了总结和部署。代市长刘强在会上讲话。

10月15日

• 顺城区人大常委会新华街道工作委员会正式成立，这是本市在街道成立的第一家街道人大工作委员会。人大街道工作委员会是区人大常委会派出机构。顺城区人大常委会将在全区各街道相继成立工作委员会。

• 国家交通部党组成员、纪检组长金道铭和省交通厅厅长郑玉焯一行在代市长刘强等陪同下视察了本市的交通工作。金道铭等一行先后视察了本市的城市快速干道、前甸通道、国道202线和新宾满族自治县的东南公路、永红线、沈通线。在新宾县永陵镇金岗村，金道铭对本市近年来的交通基础设施建设取得的成绩给予了充分肯定。

10月16日

• 全市深化农村税费改革工作会议召开。农业税调整等举措是为了贯彻党中央和国务院关于减轻农民负担的决定。全面取消除烟叶外的农业特产税，农业税的税率也普遍下调3个百分点。本市农业税税率由7%下调到4%，有关人员测算后认为本市农民人均负担将因此减轻40元左右。减免农业税和农业特产税后，本市除了采取转移支付资金的方式对乡镇进行补助外，还将进一步推进乡镇机构、农村教育体制和农村卫生体制改革，通过改革精简机构，优化资源，提高效率，减少支出。同时完善税收征管和乡镇财政体制，规范县乡村之间的分配关系，妥善处理税费尾欠现象。

10月17日

• 市政府紧急召开全市缴纳热费会议，要求前来参加会议的4个区、抚顺县、市直13个委局、资产经营公司、15个中省直单位及相关企业等41家单位，要认清形势，提高认识，明确任务，落实责任，按照统一要求足额缴纳热费，确保按时开栓供热。确保缴费指标在10月25日之前足额到位，力争使今冬供热工作好于往年。

• 2004年成人高校招生考试于10月16日至17日进行。16日上午，省教育厅副厅长何晓纯在副市长毛绍华的陪同下，对本市各考点进行了检查。本年全市有4 700余名来自城乡各行业的考生报名参加全国成人高等学校统一招生考试，市招办在5所中学设置了考点，共设考场148个。为确保考试公平、公正进行，市招办采取考试现场录入考生指纹；每学科考试采用计算机随机编排考生座次；运用现代化的检测工具“手机探测宝”等手段，给考生提供公正的考试环境。

10月18日

• 本日至19日省委常委、省总工会主席王俊莲来抚顺调研。本日上午，王俊莲在市委常委、市总工会主席冯作良等领导的陪同下来到市劳动公园，慰问了正在那里工作的抚顺市誉馨劳模物业公司的30余名老劳模。下午，王俊莲来到抚顺矿业集团西露天矿下属的编织厂、被服厂两个再就业安置基地及检修厂机车车辆队参观。调研中，王俊莲听取了抚顺矿业集团总经理尹亮关于近几年来抚顺矿业集团快速发展的情况汇报，王俊莲对矿业集团工会的做法给予充分肯定。19日，王俊莲在市总工会领导的陪同下来到清原满族自治县南山城镇调研。

10月19日

• 市人大常委会主任尹文，市委常委、常务副市长孟凌斌，副市长赵家绪，市政协副主席董树兴和有关部门负责人，各县区领导于18日现场考察了本市的10多个龙头企业。依据考察情况，本日，召开了全市农业产业化工作会议。目前，本市农业产业化已经形成规模。农业产业化经营水平有很大提高。目前本市有5家省级重点龙头企业，15家市级重点龙头企业。

10月20日

• 本市首批经过培训的19名治丧礼仪执宾在市殡葬管理处正式结业，并挂牌上岗。经过为期一年的培训、考核、选拔，首批结业的19名学员是在全市近百名丧事执宾中选拔出来的。此次治丧礼仪执宾挂牌上岗，是本市殡葬改革工作的一项新举措，在全省尚属首例。

• 中央统战部副部长、中华海外联谊会党组书记陈喜庆和省委统战部常务副部长高鹏一行，在副市长赵家绪，市政协副主席、市委统战部部长王淑雅的陪同下，对本市的统战工作特别是新宾满族自治县的民族和统战工作如何为县域经济发展服务等问题进行调研。陈喜庆一行视察了新宾满族自治县的民族特色产业、特色旅游资源和绿色产品资源等，并参观了雷锋纪念馆和抚顺战犯管理所，并诚恳希望雷锋纪念馆和战犯管理所能派人赴京为中央统战部全体机关干部作专场报告。

• 全国人大教科文卫委员会派出以全国人大教科文卫委员会委员、文化部原副部长高运甲，全国人大教科文卫委员会委员、济南军区原副政委，中将黄学禄为组长的调研组来抚，在省人大教科文卫委员会和省体育局领导的陪同下，就《体育法》贯彻实施情况和在实施过程中还存在的问题进行考察调研，征求本市各有关部门对《体育法》如何改进的意见和建议。调研组一行先后考察了本市的体育传统学校，即抚顺教师进修学院附属小学、雷锋体育休闲广场、浑河健身走廊；听取了市委、市政府的工作汇报；与本市有关部门的负责同志进行了座谈。调研组对本市的体育事业发展给予了高度的评价。

• 根据中央、省委、市委通知要求，市直机关工委、市委宣传部、市委讲师团决定分两期举办“学习十六届四中全会精神”培训班。10月20日，首届培训班开班。首期培训班参加学习的有140多名专兼职党务干部。第二期培训班将于11月上旬开班。

10月21日

• 市人大常委会组织部分市人大常委会委员、市人大代表视察了本市今年城市建设重点项目。视察组先后视察了市道路交通项目、河道治理项目、绿化项目和为群众解决的热点难点问题的项目。在下午举行的座谈会上，市政府副秘书长、市建委主任朱向前，市环保局副局长李广瑞分别汇报了今年城市道路建设完成情况及明年城建工作的思路和市生态与绿化建设情况。

• 市委召开全市社科界学习党的十届四中全会《决定》研讨会。来自本市理论界的部分专家、学者、领导干部以及部分基层工作者，结合各自的学习、工作实际进行深入研讨，畅谈学习体会。

•《抚顺古树》一书出版发行。该书选取抚顺农村的70多株各具特色的古树为介绍对象，图文并茂，中英文对照。该书由市林业局局长孙万昌策划，原市人大常委会主任吕新久、副主任刘全仲、农业与农村委员会主任委员杨沛霖创作完成。

• 首届抚顺市“平安财险杯”健康老人表彰大会召开。经过综合评定，91岁的孙石兰，90岁的万有年，89岁的白永远，88岁的江志敏，87岁的陈学彬，86岁的王金有、张烈、方正，85岁的郑惠先9位健康老人榜上有名。

10月22日

• 辽宁省政府经贸代表团在汉城希尔顿宾馆会见了韩国STX集团公司会长姜德寿，抚顺市代市长刘强参加了会见仪式。韩方参加会见的有STX集团副会长、韩国ENPACO株式会社社长、抚顺鹰霸机械有限公司董事长李明基等。省长张文岳在会见中就中央振兴东北老工业基地的有关政策进行了说明，同时希望STX集团能够将其在辽宁抚顺投资的“抚顺鹰霸机械制造项目”做大做强。

10月23日

• 已进行体制改革的市第五粮油工业储运有限公司（俗称“五粮库”）与个人共同出资，新组建的混合所有制形式的有限公司——抚顺市北方米业加工有限公司正式成立，该公司将运用现代工艺生产“启运”牌大米，把抚顺清原、新宾优质大米推向更广阔的全国市场。市北方米业加工有限公司的资本构成为逯岳个人出资100万元，另100万元的构成是“五粮库”现有员工个人集资40万元，“五粮库”将呆滞的厂房作价60万元。北方米业公司年加工大米的能力为4万吨，可安置35人就业。

• 2004年“辽宁安踏杯”抚顺市乒乓球大奖赛于今日在石油化工大学开赛。来自全市机关、企业、社会、学校的38支代表队、364名运动员参加了4个组别的比赛。参赛者年龄最大的65岁，最小的6岁。本次乒乓球大奖赛由市体育局、市教育局及三联运动城联合举办。

10月25日

• 我国北方第一家税收文化史展馆在市地税局军税共建基地——沈阳军区65014部队营区内落成。展馆由两个展厅组成，分为税收古代史、税收近代史、税收现代史三部分。整个展馆通过大量文字、各种图片，详细讲述了中国税收从原始氏族社会的“九贡”、“井田制”，到封建社会的《田律》、《关市律》、《金布律》，再到新中国成立以来几次税制改革的五千年发展历史。展馆内还有战国刀币、清代双龙印花税票、民国时期的完税证、“文化大革命”时期的供应券及建国初期到现在的税收文件、税服、印章等珍贵文物1 000余件。这个展馆是市地税局组织有关人员历时半年时间筹建而成的。原中央军委副主席、国务委员兼国防部长迟浩田上将为展馆题词“军税共建，振兴国防。”

10月26日

• 省交通厅厅长郑玉焯在市委常委、常务副市长孟凌斌等陪同下视察了抚沈高速公路建设的进展情况，郑玉焯对这条高速公路建设过程中的征地拆迁、施工组织等项工作表示十分满意。

• 为配合全市深入学习赵景顺活动，中共清原满族自治县县委宣传部、县广电局联合录制了一部反映赵景顺“立党为功，执政为民”的纪实性广播剧《情洒小甘河》。此剧以纪实抒情的手法，生动地反映了赵景顺为改变小甘河村的贫穷落后面貌，呕心沥血、死而后已的动人事迹，热情讴歌了赵景顺平凡而伟大的一生。此剧由于洪洲、常华、隋永杰、路红军编剧，乔江导演。此剧已于今日下午3时在清原满族自治县有线电视台首播，抚顺电台也将于近日播出。

• 上午，市十三届人大常委会第十二次会议举行第一次全体会议，会议由市人大常委会主任尹文主持。会议通过了会议议程和日程，会议听取了市人大城乡建设环境保护委员会副主任委员周志刚作关于《抚顺市城市供水管理条例(草案)》修改情况的说明、报告等；被提请任命的市政府组成人员和法院副院长、检察院副检察长同市人大常委会组成人员见面并做供职发言。在本次会议开会前，与会全体人员还听取了《中华人民共和国仲裁法》法制讲座。

10月27日

• 市十三届人大常委会第十二次会议听取并审议了抚顺市人民检察院《关于全市预防职务犯罪工作情况的报告》。根据宪法和有关法律，结合我市的实际，特作出了决定。

• 上午，市十三届人大常委会第十二次会议举行第二次全体会议，会议决定任命关飞为抚顺市人民政府副市长。会议听取了市人大法制委员会主任委员魏宝强作的抚顺市人大法制委员会关于《抚顺市城市供水用水管理条例（草案）》审议结果的报告等。市人大常委会主任尹文为新任命的同志颁发了任命书。

• 抚顺特殊钢股份有限公司等36户企业，收到了国税局退回的1 200多万元的增值税税款，成为本市享受国家振兴东北老工业基地税收优惠政策的首批受益者。本市共有1 055户企业经申请后，被认定为扩大增值税抵扣范围试点企业。

10月29日

• 代市长刘强发布第108号抚顺市人民政府令，公布《抚顺市城市污水处理费征收办法》已经2004年10月8日市政府第16次常务会议通过。

• 10月23日至本日，应马来西亚米斯亚国际集团的邀请，以代市长刘强为团长，副市长陈松扬为副团长，由市计委、市外经局、抚顺经济开发区、顺城区、抚顺铝厂等有关部门和企业参加的抚顺经贸代表团赴马来西亚，参加马来西亚米斯亚国际集团锦鸿汽配制造（抚顺）有限公司与抚顺顺华铝轮毂制造有限公司签署出售购买合同签字仪式暨抚顺市招商项目推介会，并拜访相关企业，进行深入洽谈，拓展抚顺与马来西亚合作的新领域。马来西亚财政部副部长黄燕燕女士、中国驻马来西亚大使王春贵先生、马来西亚中央银行行长等马来西亚政府和工商企业界200余位人士参加了“马来西亚米斯亚国际集团锦鸿汽配制造（抚顺）有限公司与抚顺顺华铝轮毂制造有限公司签署出售购买合同签字仪式暨抚顺市招商项目推介会”。马来西亚最大、最有影响的ASTRO卫星电视台对刘强代市长进行了专访。

• 市公安局召开的保护、服务民营经济动员大会出台了一系列保护和服务民营经济的举措，本市的民营企业，特别是那些为本市经济发展做出重大贡献的民营企业将受到公安机关的重点保护和优质的服务。会上，市公安局副局长宋守贵代表市公安局党组宣布了公安机关对民营企业的6项保护和服务措施。副市长、市公安局局长关飞在会上作了题为《转变思想观念，发挥公安职能，为抚顺民营经济快速发展提供全方位的优质服务》的讲话。会上，还为抚顺市塑胶有限公司等30家对抚顺经济发展有重大贡献的重点民营企业颁发了“民营企业重点保护单位”牌匾。并宣布“抚顺市兴业运输有限公司”等20个民营企业为公安机关的重点联系单位。

10月30日

• 今日14时55分，抚顺矿业集团公司西露天矿平峒工作面发生一起有害气体瞬间突出事故，造成15名工人不幸遇难。事故发生时，在平峒工作面距开切眼70米处有一股不明有害气体瞬间涌现，造成采煤机旁15名工人窒息死亡。当时，有50名工人正在井下作业，另外35人在事故发生后安全上井。事故发生后，抚顺矿业集团公司党政主要领导和西露天矿的领导一起带领矿山救护队积极组织抢救，16时40分抢救结束。接到事故报告后，副省长刘国强，省安全监察局局长王占洲，副局长贾斌、刘洪，煤炭工业管理局局长李风威，省总工会领导魏丰，抚顺市委书记周忠轩、代市长刘强、市总工会主席冯作良以及市公安局、市安全生产管理局等省市领导迅速赶到西露天矿，对事故的调查和善后处理作了重要指示。

△10月

• 全国“百佳”电视工作者评选会议在武汉闭幕。抚顺电视台文艺中心制片人张捷荣获第四届全国“百佳”电视艺术工作者称号。“百佳”是由中宣部批准设立的奖项，主办单位是中国电视艺术家协会，候选人均由各省电视艺术家协会直接推荐，每两年评选一次。参加“百佳”评选的都是电视艺术领域里有突出业绩的著名电视导演、电视剧明星、电视节目主持人、制片人等。

• “十一”黄金周期间本市共接待游客36.5万人次，实现旅游收入1.24亿元，比上年同期增长9.3%。

十一月

11月1日

• 10月29日至本日，由抚顺日报社主办了第二届抚顺国际汽车展，在为期三天的展会期间，逾万市民观看展会，销售各品牌汽车22台，签订购车协议30多份。与首届抚顺国际汽车展相比，抚顺市民的汽车消费能力明显提高，汽车消费市场潜力巨大。

• 10月31日至本日，省委副书记王万宾，省委常委、省总工会主席王俊莲率队来抚调研。10月31日上午，王万宾一行来到清原满族自治县，考察了红透山村文明村建设、清原健康与功能食品产业园、清原职教中心和清原镇椴木沟村扶贫项目及移民小区，听取了该县有关方面负责同志的介绍。下午，王万宾一行走访了清原土口子乡拐抹沟村3户贫困家庭，并送去了慰问金。并专程到清原大孤家镇小甘河村，看望了“模范践行‘三个代表’重要思想的党支部书记”赵景顺的家属，并送去了慰问金。11月1日上午，王万宾一行听取了清原县委书记上官惠廷的工作汇报，对清原县委、县政府扶贫帮困的总体思路和具体做法表示赞同。王俊莲还就清原下一步改造土草房等具体问题提出要求。下午，王万宾、王俊莲等领导在友谊宾馆与市委、市人大、市政府、市政协的领导同志进行了座谈。11月1日下午，省委副书记王万宾，省委常委、省总工会主席王俊莲一行在周忠轩等市领导的陪同下，到望花区窑地社区看望了困难群众，并送去了慰问金。

• 截至今日上午，在抚顺西露天矿毒气事故中不同程度中毒受伤的矿工，除有5人仍在医院观察外，其余30人已经全部出院回家。据辽宁省煤矿安全监察局派出的事故调查专家介绍，经分析，这种有害气体初步认定为瓦斯、氮气和少量二氧化碳组成的混合气体。由于它们在煤层开采过程中突然大量涌出，短时间破坏井内通风系统，瞬间造成井内氧气严重不足，重者造成矿工窒息死亡，轻者造成缺氧受伤。半数以上病人在西露天矿医院做完身体检查后，于事故发生当天出院。由于这些病人受伤较轻，一般情况下不会留下缺氧后遗症。

• 为认真吸取“10·30”事故教训，

市政府召开了全市安全生产紧急会议。副市长王宁在会上通报了近期安全生产形势，动员全市上下，采取有力措施，遏制生产事故，特别是遏制重大事故的发生，为完成本市今年经济建设各项目标，提供安全保障。从现在起，哪个单位由于存在安全管理问题，再发生死亡事故，一把手要亲自向市政府作出检查，并按照《安全生产法》的规定，首先追究有关领导的行政责任。对发生生产事故的企业，要坚决予以停产整顿。

• 中共辽宁省委副书记王万宾，省委常委、省总工会主席王俊莲在市领导周忠轩、郭平、冯作良、袁方的陪同下，来到抚顺矿业集团西露天矿，听取了抚顺矿业集团董事长尹亮关于西露天矿平峒“10·30”事故的产生原因及善后处理情况的汇报。王万宾要求抚顺矿业集团要深刻吸取教训，并认真做好遇难矿工的善后处理工作。省委常委、省总工会主席王俊莲代表省总工会给抚顺西露天矿送去了慰问金。

11月3日

• 11月2日至本日，由省人大常委会副主任董九洲为组长，省人大常委会委员、农业与农村委员会副主任委员杨志新为副组长的全国、省人大代表视察组在本市进行了为期两天的视察。视察组先后到位于新宾满族自治县南杂木镇的抚顺哥俩好集团有限公司，满族自治县永陵镇的工艺品厂、青松药业有限公司，位于抚顺县的达亨木业公司等企业了解民营经济发展情况。视察组在总结视察工作时，对本市的工作给予了充分的肯定。

• 市妇联在东洲区妇女儿童活动基地举行“安康远程教室”启动暨爱心捐助活动仪式。市委副书记、市纪委书记陈雍为本市首家“安康远程教室”揭牌。“安康远程教室”是中国儿童少年基金会和国家经贸委安全生产管理局等机构共同发起的“中国儿童少年安全健康成长计划”大型公益事业。这是一项利用远程教育现代化手段，最大限度地整合国内权威教育资源，让贫困地区和偏远山区的孩子们都有机会学习到国内优秀的教学课程，接受现代化教育的教学方式。以远程演播中心为主体，在教室里配置计算机、电视、科普光盘等电教设备，采用国际先进技术平台，通过亚洲三号卫星传送教学资料。各地区学校的“安康教室”通过计算机将数学课件下载到本地长期保存，一个“安康远程教室”可以覆盖一个地区。

• 为推动全市爱国卫生运动的开展，部分市人大代表对本市创建“国家卫生城市”工作进行了专项检查。2003年11月，随着本市创建“百家环保模范城市”工作目标的确定，创建“国家卫生城市”活动也拉开了序幕。全市的市容环境卫生有了一定程度的改善。参加视察的市人大代表在对本市爱国卫生运动和创建“国家卫生城市”工作给予充分肯定的同时，对新抚区东、西四路和南站广场附近等地区的脏、乱、差问题非常关注，要求有关地区和部门认真加以解决。

11月6日

• 市委书记周忠轩，常务副市长孟凌斌等领导来到部分供热企业，检查今冬的供暖工作。周忠轩一行先后来到抚矿暖气厂、安厦供热公司、天利供暖有限公司、东城供热公司、新东热电供暖有限公司、抚顺发电厂等7家单位。还在抚顺发电厂召开了座谈会，针对各供热单位的不同情况，对如何战胜困难，确保供暖出谋划策。

11月9日

• 全市农村卫生工作会议召开。会议决定，在2004年至2010年间，本市农村将全面建立起适应社会主义市场经济要求和农村经济发展水平的农村卫生服务体系、突发公共卫生事件应急机制和新型农村合作医疗制度，使广大农民人人享有初级卫生保健，主要健康水平达到省内先进。为了实现这一目标，市委、市政府联合下发了《关于进一步深化农村卫生体制改革、加强农村卫生工作的意见》的文件。

• 本市农村药品监督网络、供应网络建设任务已基本完成。全市乡镇网络覆盖率达到100%，村级涉药单位覆盖率达95%，品种覆盖率达95%。根据实际情况，农村药品供应网络建设采用了3种基本运作形式，即乡镇卫生院代购，药品批发企业直配和批发企业在农村设立配送站、配送点。目前，全市已经建立起代购站（点）10个，配送站13个，直配（乡）27个。为鼓励大型的合法药品供应企业进入农村，各县都确定2至4家药品供应的主导企业，同时不排斥其他合法企业进入，通过市场竞争，优胜劣汰，保证农村药品供应。

• 今日是法定消防日。为进一步提高全民消防安全意识，普及消防法律法规，市消防局以“整改火灾隐患，珍爱生命安全”为主题，采取贴近实际、贴近生活、贴近群众的形式，开展了多种互动宣传活动，本市各界4万群众积极参与，收到良好的社会效果。本市30多家单位出动32台消防宣传彩车，在市区进行消防宣传。下午，辽宁石油化工大学的大学生举行了消防知识演讲比赛和百米长卷签名活动。

11月10日

• 副市长陈松扬在市政府接见了日本磐城市羽毛球交流代表团一行9人。这次以磐城市教育长砂子田敦博为团长的交流代表团于11月9日抵达本市，并将在抚进行为期3天的交流访问。会见后，日本磐城市羽毛球交流代表团与本市代表队在辽宁石油化工大学进行了友谊赛。

11月11日

• 下午，市科技成果推介服务中心在市政协举行了项目发布会。市政协专家组向与会人员介绍了一批可供选择、在抚顺有发展前景的最新科技领域的科技成果项目，受到与会者的欢迎。

• 历时数月的“中油石化杯”市第三届职工技术运动会于本日落下帷幕。上午在抚顺剧院召开了表彰会。魏永刚等100名分夺各工种第一名的参赛者被授予抚顺市技术状元荣誉称号；分获各工种第二名至第五名的金明德等268名选手被授予抚顺市技术明星荣誉称号；刘庆发等69名选手被授予抚顺市青年岗位能手标兵荣誉称号；付强等180名选手被授予抚顺市青年岗位能手荣誉称号；张秀丽等96名选手被授予抚顺市巾帼建功标兵称号；另有166名选手获技术标兵称号。抚顺矿业集团有限责任公司、抚顺铝厂等39家单位分别被评为优秀赛区和优秀组织单位。

11月12日

• 上午，市委、市纪委召集全市今年以来调整和提拔的正、副局级领导干部，举行了廉政教育谈话会。市委书记周忠轩，市委副书记、市纪委书记陈雍参加了会议，并作了廉政教育讲话。顺城区区委书记张家春、市卫生局局长邢树瀛在会上代表新任职领导干部讲话。

• 市委书记周忠轩、代市长刘强等领导在友谊宾馆会见了以马来西亚交通部长拿都陈广才为首的马来西亚经贸代表团。双方就刚刚签署的抚顺顺华铝轮毂制造有限公司整体出售项目表示了极大的关切，希望能够通过这一合作扩大两国经贸往来。

• 抚顺鹰霸机械制造有限公司第三期项目竣工，实现了从最初的生产船用发动机零部件，到加工生产船用发动机主要部件的跨越。预计抚顺鹰霸的生产能力将达到11 000吨，明年将实现产值2 000万美元。韩国STX集团会长姜德寿向市政府和施工企业赠送了感谢牌。

11月13日

• 本市举行机关工作人员和国家公务员录用考试，2 377名报考者参加了考试。这次招考工作是在省委组织部、省人事厅统一领导下进行的。本市的录用工作由市委组织部、市人事局负责。考试当天，省委组织部和省人事厅的领导视察了各个考点。这次招考机关工作人员和国家公务员的报名工作是在今年的10月13日至17日进行的，公开招聘的岗位是52个，报考人员中硕士研究生1人，双学士学位3人，本科学历862人，其余为大专毕业生。

11月18日

• 本市颁布了《关于加强任中告诉审计监督和规范审计监督工作程序的实施办法》（简称《实施办法》）。《实施办法》提出在继续做好离任经济责任审计的基础上，推行领导干部任中经济责任审计，并加大告诉审计力度。规定从2005年开始，对任职3年以上的党政部门、企事业单位等相关领导干部要分期分批进行任中经济责任审计。并强调审计监督的重点是有行政审批权和有资金征收、管理、分配、使用及资产处置权的经济管理部门和企事业单位。《实施办法》就任中审计、告诉审计的归口管理、沟通协调的有关程序、规则，以及审计结果报告的报送、备案归档和审计结果运用等相关问题做出详细规定。

• 市政府制定、颁发了《抚顺市突发公共事件总体应急预案》，为本市防灾救灾工作与国际接轨夯实了基础。本市的应对突发公共事件应急预案，设定四级预警级别。四级为蓝色预警，单一灾种，危害范围不超出县（区）以下政府行政区域，造成一般人员伤亡和经济损失或对社会造成一般影响的事件；三级为黄色预警，单一灾种，危害范围不超出本市行政区域，造成较重人员伤亡和经济损失或对社会造成较大影响的事件；二级为橙色预警，发生多灾种复杂灾害，危害范围不超出本市行政区域，造成重大人员伤亡和经济损失或对社会造成严重影响的事件；一级为红色预警，发生多灾种复杂灾害，危害范围超出本市行政区域，造成群死群伤、经济损失特别严重或对社会造成特别严重影响的事件。

• 从本日起，设在市图书馆9楼的市文档服务中心正式向社会开放，公民凭有效证件可免费查阅红头文件。此举标志着市档案馆的社会功能得到进一步完善。目前，该中心已经收集到市级机关2000年1月1日起至今制发的有关政策性、法规性、公益性、服务性非涉密红头文件710余份及国家、省、市颁布的政策性法规汇编、文件汇编等相关资料40册，内容涉及劳动人事、城建、医疗保险、社会保障、工商、物价、环保、招商引资等38个部门和行业。社会法人、普通公民凭有效证件就可到中心免费查阅所需文件，或用信函、电话方式告知文档服务中心，工作人员可代办查阅给予回复。

• 应中央统战部的邀请，下午，由市政协副主席、市委统战部部长王淑雅率领的报告团在中央统战部报告厅就弘扬雷锋精神、发挥统战优势、建设和谐社会、致力祖国统一作了一场专题报告。中央统战部机关全体党员、各民主党派中央和中央各统战团体党组织的主要负责人共400余人参加了报告会。这次报告会得到了中央统战部领导的高度重视。全国政协副主席、中央统战部部长刘延东在公出前专门做了指示。中央统战部陈喜庆副部长接见了报告团的全体成员。中央统战部副部长朱维群受刘延东部长的委托，在报告会前会见了报告团的全体成员，代表中央统战部对报告团表示感谢，并在听取王淑雅等同志的汇报后充分肯定了本市的统战工作。

• 市纪委、监察局的“推进村会计委托代理制”、“改革纪检监察管理体制”在全省纪检监察机关开展的“振兴老工业基地，争创一流工作成果”活动中分别荣获“最佳成果奖”、“改革创新奖”。省纪委常委、监察厅副厅长郑炳乾等领导来抚颁发奖牌、奖金。“村会计委托代理制”是市纪委、监察局为进一步加强农村基层党风廉政建设，巩固和稳定基层政权，增强村干部廉洁自律意识，于2002年开始实行的。

11月19日

• 在本日举行的抚顺市中级人民法院档案管理晋升省特级评审会上，市中级人民法院通过了由辽宁省档案局、辽宁省高级人民法院和抚顺市档案局联合组成的评审组的验收，以高分晋升为省特级档案管理先进单位。

11月20日

• 副省长刘国强率省政府副秘书长张小普、省中小企业厅厅长刘铭、省国资委副主任吴启成及有关领导来本市调研，专门就国企改革、民营经济发展等问题与本市领导交换了意见，并对本市进一步加快国企改革的步伐，积极为企业发展创造条件，尽快形成稳固的发展基础等项工作提出要求。副市长王宁详细介绍了本市工业经济、民营经济及国企改革效果的基本情况，并对本市目前存在的有关国企改制工作的困难和民营经济发展中面临的难题等向省领导进行了汇报。

• 本市组织各县区的县（区）委书记、纪委书记、组织部长和市直各单位党风廉政建设第一责任人，在抚顺分会场收听收看了全国党风廉政建设责任制工作电视电话会议实况。市委、市人大、市政府、市政协、市纪委的主要领导参加了这次会议。会后，陈雍对本市近年来党风廉政建设责任制工作进行了简要的总结。

11月23日

• 代市长刘强在友谊宾馆会见了新加坡国际企业发展局大连办事处主任许俊平先生和新加坡罗德里工程有限公司的代表一行3人，并同客人就双方的相互了解和合作进行了交流。罗德里工程有限公司是为石油、石油化工和医药工业提供工程设计、采购、建造和维修为一体的著名企业，与抚顺电缆制造有限公司合资成立了抚顺罗德里电子有限公司。该公司此次来抚主要是就下一步的合作进行洽谈。

11月24日

• 市委召开人大工作会议。市委副

书记郭平主持会议，并宣读了《中共抚顺市委关于加强人大工作的决定》。市人大常委会主任尹文在会上以《坚持党的领导，发挥职能作用，努力开创人大工作新局面》为题发表讲话。市委副书记、代市长刘强在会上以《主动接受人大监督，积极推进依法行政，努力建设人民满意政府》为题发表讲话。市委书记周忠轩在会上讲话。

• 抚顺发电厂扩建两台300MW供热机组工程项目可行性研究报告，本日通过专家审定，使该项目向具体实施方向迈出了实质性的一步。该项目建成后可提供建筑面积1 000万平方米的集中供热。该项目是中国电力投资集团公司为东北老工业基地振兴实施的重要能源项目，该项目的建成将替代本市中部地区100余台小锅炉。通过审查的供热机组扩建工程将厂址选在抚顺挖掘机厂西侧。该工程项目计划总投资为306 652万元，项目投产后，预计可实现年销售收入78 076万元，税金8 483万元。

11月25日

• 上午9时许，抚顺市工会第十六次代表大会开幕。来自全市各行各业的职工代表、特邀代表等近千人参加了这次盛会。省总工会副主席于宝国和市委、市人大、市政府、市政协、军分区的主要领导出席了大会。这次大会选举产生了市总工会第十六届委员会主席、副主席；通过了关于市总工会第十五届委员会工作报告的决议等。

• 抚顺市2004年药品集中招标采购开标大会召开，众多医疗机构和药品生产及经营企业踊跃参加招投标，无论是招投标的品种规格，还是预计交易额，都比去年明显增加。在市卫生局局长邢树瀛按动标书按钮后，在大屏幕及国际互联网上开始逐一公示投标人的基本情况、服务承诺和投标报价表。这次医疗机构药品集中招标采购开标大会，是通过中介代理机构金药商务网络有限责任公司，利用电子商务手段进行药品集中招标采购工作的。本市县级以上非营利性医疗机构共38家单位参加了本次药品招标采购，前往参加投标的药品生产和经营企业达203家，投标品种规格累计7 000余个，比去年增加一倍，预计年交易额近2亿元。开标后将在有关方面的监督下，由临床专家等组成的专家组，根据国家制定的药品集中采购评分标准和药品生产企业、配送企业的药品质量、价格、配送服务等情况，通过电子商务平台进行评标。

11月27日

• 本市举办首次冬季人才招聘洽谈会。本次招聘洽谈会，共有79家各类用人单位入场招聘，提供专业岗位72个，招聘总需求为1 000余人，近万人入场应聘，应聘者与用人单位签订意向达1 082人次。进场招聘的79家企业中，72家为非公有制企业，非公有制企业已成招聘主体。

11月29日

• 11月27至本日辽宁省残疾人康复服务工作现场培训会在本市召开，会议为期3天。来自全省14个城市的50多名农村残疾人社区康复服务工作者出席会议并接受培训。作为全省五个农村残疾人社区康复服务工作重点县之一的抚顺县残联首先在会上作了经验介绍，与会人员还重点参观了石文镇残疾人康复服务站，听取了相关人员的工作汇报。

11月30日

• 29日下午，共青团抚顺市第十三次代表大会隆重开幕。来自全市城乡244名团代表出席了会议，近千名基层团干部、各界优秀青年代表，应邀列席了会议。市委副书记张敏代表市委、市人大、市政府、市政协讲话，市妇联主席张卓代表群团致辞祝贺。杜鑫代表共青团抚顺市第十二届委员会作了题为《与时俱进，投身振兴，在抚顺老工业基地重铸辉煌的伟大实践中谱写青春华章》的工作报告。

30日共青团抚顺市第十三次代表大会顺利完成各项预定议程，圆满闭幕。大会差额选举产生共青团抚顺市委员会委员37名、候补委员18名。

• 以我国国家级优秀外国专家马内利为首的美国亚洲医疗服务交流中心沈阳办事处的美国专家一行7人抵抚。副市长刘诗及市卫生部门的领导会见了美国专家。双方商定：美国亚洲医疗服务交流中心出资将于2005年对清原满族自治县的乡村医生进行医疗培训。此次来抚，该中心沈阳办事处的专家们到清原满族自治县对有意接受培训的医生进行面试，从中选拔出的100名乡村医生将于明年分两期进行培训。

• 由辽宁省人民政府主办，省经委等部门承办，抚顺市人民政府等15个单位协办的“2004中国辽宁国际镁质材料博览会暨技术交流会”在沈阳举行。市政府派出了以王宁副市长为团长的抚顺参展团参加交流会。市辽东镁达（集团）有限公司、抚顺顺通工业有限公司、抚顺成利镁制品厂、抚顺上进镁制品厂等7家企业参加了此会，并取得了很好的效果。本市各企业共签订合作项目6项，合作金额达1 303.5万元。抚顺辽东镁达公司还与沈阳海泰电子技术研究所签订了共同开发镁盐晶深加工项目的协议。

△11月

• 经省海洋与渔业厅无公害水产品产地认定专家组历时4个多月的检查、考核、评定，抚顺大伙房水库养殖总场荣获《辽宁省无公害水产品产地认定证书》。省直管的大伙房水库，现有养殖水面6 667公顷，年水产品产量2 000吨，年产值2 000万元，在全省水库渔业中居第一位。

• 由中央电视台组织的2004年“振兴辽宁老工业基地”全国易地采访活动，本日评出获奖节目。由市委外宣办参与策划、四川电视台完成制作的电视宣传片《清王朝发祥地——新宾》首批获奖。“振兴辽宁老工业基地”全国易地采访活动由中央电视台和辽宁省委宣传部共同主办，于今年6月16日正式开机。本市参报的选题《抚顺，打造北方石化城》和《清王朝发祥地——新宾》，分别由成都电视台和四川电视台负责采访制作。中央电视台四套（国际频道）的《华夏掠影》栏目于11月24日晚18时30分—45分首播获奖节目《清王朝发祥地——新宾》，次日凌晨2时30分—45分重播。

• 由省、市科协资助，所在地匹配资金而制作的标准型科普画廊进入本市城乡的8个居民区。从今年8月开始，市科协会同县区科协与部分乡村、街道一道筹集建设资金，分别在望花区光明街道、顺城区将军街道亦工社区、抚顺城街道临江社区、河东街道顺福社区、抚顺县石文镇毛公村、抚顺县后安镇、新宾满族自治县新宾镇、清原满族自治县清原镇建立了省科协统一标准、样式的不锈钢结构科普画廊，从而使本市科普画廊总延长米达到了500余米。

十二月

12月1日

• 市人大常委会主任尹文、副主任周庆久等及市人大常委会部分组成人员用一整天时间视察了本市供电系统。先后视察了抚顺县农电局章党营业所、前甸变电所、城东供电分公司、抚顺供电公司客户服务中心、供电公司计量所、南阳变电所、站前电缆网、新抚变电所等多处抚顺供电公司下属办公车间，同供电职工们亲切交谈，并详细了解了生产经营情况。下午，市人大领导听取了抚顺供电公司经理杨勇的工作汇报。

• 市卫生局出台《抚顺市医疗机构设置标准及审批程序》文件，这意味着本市医疗卫生市场全面放开。此文件规定，今后的医疗机构设置要按照一定的标准和程序进行审批，其中，医疗机构必须符合本辖区内区域卫生规划及医疗机构设置规划，经过市、县两级医疗机构专家评审委员会评审，同时向市卫生局备案、登记。此规定将申请设置涉及传染病（含性病）、精神病、急救、血液病、妇幼保健、计划生育等专业诊疗项目的医疗机构暂排除在审批范围之外。

• 今天是第十七个世界艾滋病日。今年世界艾滋病日的主题为“关爱妇女，抗击艾滋”。市红十字会、市疾病预防控制中心及抚顺矿业集团总医院等18家单位的120余名医务工作者，利用宣传板、播放录像、发放宣传单等形式，走上街头进行预防艾滋病宣传。本市从1995年出现了首例艾滋病感染报告以来，至今已有21例报告，其中2例已经死亡。

• 抚顺市公安局从本日起实行五项新的道路交通管理措施。包括：中心城区部分主干道实行按车种限时通行；改革“电子警察”记录违法事宜告知办法；加强机动车强制报废工作和机动车登记管理；机动车驾驶人违法累积记分和处罚同时执行；统一换发新版机动车驾驶证。

• 市政府从本日开始至2005年2月底在全市范围内开展整顿彩票市场秩序、严厉打击“六合彩”赌博专项行动。此次整顿和打击的重点是：进一步规范彩票市场，依法查处和取缔非法发行或变相发行彩票的赌博行为。严厉查处和打击农村和城郊地区的“六合彩”赌博违法犯罪活动，坚决遏制其发展势头。严厉查处和打击娱乐服务场所内利用游戏机、吹球机进行赌博以及赌球等违法犯罪活动。

12月3日

• 以国家开发银行辽宁省分行副行长江伟华为团长的国家开发银行辽宁省分行视察团前来本市考察贷款项目。期间，视察团分别实地考察了三宝屯综合立交桥、浑河南路2.6公里快速干道和新城路道路改造项目，认真听取了常务副市长孟凌斌、市政府副秘书长朱向前对国家开发银行贷款项目情况的汇报，就2005年本市贷款项目的计划安排情况进行了认真研究。

• 全市召开综合整治非法开采矿产资源行为动员大会，部署整治工作，严厉打击非法开采矿产资源行为，以有效保护矿产资源，维护本市矿产资源开采秩序。会议确定这次综合整治将持续到明年的6月末。

• 市委、市政府召开全市政府机构改革工作会议，正式启动新一轮政府机构改革工作。会上，市委常委、组织部长汤毅传达了省委、省政府批复的《抚顺市人民政府机构改革方案》；市委组织部副部长、市人事局局长张瑞宣读了《抚顺市政府机构改革实施意见》和《抚顺市县区人民政府机构改革的意见》；市委副书记郭平在会上讲话。根据省委、省政府的批复方案，市政府工作部门由过去的35个减至34个，另设直属特设机构1个。县区政府的机构设置不得突破省、市规定的机构限额，即清原满族自治县、新宾满族自治县和抚顺县政府机构不超过20个；望花区、东洲区、顺城区政府机构不超过18个；新抚区政府机构不超过17个。这项工作将于今年12月底前基本结束。

12月4日

• 按照上级机关统一部署，全市各单位领导参加了法律知识考试。根据省委组织部、宣传部和省司法厅的通知精神，从2001年开始，每年的12月4日，全省的领导干部都要参加法律知识考试。今年，市级领导、市直各单位处级以上领导干部和各县、区实职科级以上领导干部共计6 200余人参加了以宪法、行政许可法等为主要内容的法律知识考试。

12月5日

• 代市长刘强主持召开市政府第18次常务会议。会议通过了《关于调整城市居民最低生活保障标准的决定》等。

12月6日

• 辽宁省贯彻实施《学生体质健康标准》工作现场经验交流会在本市举行，来自全省14个市教育局的有关领导及105个县区主管体卫工作的同志参加了交流会。会上，营口市、丹东市及本市教育局领导分别交流了贯彻实施《学生体质健康标准》工作的经验。本市已提前一年将新《标准》在中小学全面推行。

12月7日

• 2004年本市各级机关考试录用机关工作人员和国家公务员笔试的阅卷工作现已结束。根据笔试成绩总体情况，市委组织部、市人事局确定今年全市各级机关的合格分数线为每科60分。参加面试资格审查的人员将从笔试成绩合格的考生中，按招考计划3倍的比例，依照笔试成绩从高分到低分的排序确定（招考职位最后一个资格审查名额笔试成绩并列者，均参加资格审查）。

• 在本市的全国、省人大代表重点对本市国有企业改革、转制及劳动和社会保障两个方面情况进行专题视察。人大代表分成两组，分别深入到西露天矿建筑公司、煤联公司、抚顺永茂起重机有限公司、抚顺挖掘机制造有限公司、抚顺炭素有限责任公司等地进行了实地视察，听取了抚顺矿业集团和集体总公司、市劳动和社会保障局、市国企改革办公室等单位和部门所作的关于本市劳动和社会保障及国企改革的情况汇报。

• 省贯彻落实《妇女儿童纲要》检查组来本市检查。省政府副秘书长周立元、省爱委会主任李卫平、省卫生厅副厅长曾晓飞、省妇联副主席宋晓茹及省财政厅、省发改委等部门领导听取了市政府汇报并深入县区检查。市委、市政府高度重视落实《妇女儿童发展纲要》，将此纳入抚顺国民经济发展总体规划，并强化政府行为、强调部门合作，取得了初步成果。

• 全市第十六届“科普之冬”暨第十一届“农村实用技术大普训活动”启动仪式在清原满族自治县夏家堡镇举行，

并同时举办了今年的第一个“农村科普大集”。市委副书记张敏、副市长赵家绪、市政协副主席董树兴及市科协、市委组织部、市委宣传部、市科技局、市农业局等14个有关部门的领导和清原满族自治县主要领导共同参加了启动仪式，并与当地农民群众一起参观了科普展览。

12月8日

• 在市委召开党的基层组织建设工作会议，市委副书记郭平发表讲话。这次会议的目的，是总结交流本市在基层党组织建设工作中取得的成效和经验，研究工作中遇到的新情况、新问题。市委组织部部长汤毅传达了落实省委组织部的几项工作部署。

• 市委副书记郭平会见了智利UNI-ACC大学常务副校长丹尼尔·法克斯先生、秘书长古斯塔沃先生等一行。会见中，抚顺职业技术学院、辽宁石油化工大学与智利UNIACC大学签订了有关教育方面的协议。

12月9日

• 本市2005年文化项目市场推介新闻发布会在市友谊宾馆举行。此次会议的新闻发布人是市文化局局长刘季春。此次推介的100项文化合作项目，涵盖了专业艺术、群众文化、文博事业、文化市场、新闻出版、文化产业六个系列。

• 国家信息化办公室副主任陈大卫一行6人，就本市信息化建设进行专题调研，并专程到抚顺洗涤剂化工厂、市社会保险总公司实地考察。目前本市295户规模以上企业的财务、人事管理基本实现了计算机化，48户大中型企业在生产过程控制、产品设计制造、企业内部管理等方面不同程度实现了计算机网络管理。

12月10日

• 市物价局就市交通局公路运输管理处代表全市出租汽车行业提出的《关于调整出租轿车运价结构的请示》举行了简易价格决策的听证会。市交通局公路运输管理处在广泛听取出租车经营者和社会各界意见的基础上，提出了调整出租轿车运价结构的初步意见，建议对中档出租汽车和低档出租汽车实行统一价格。

• 为满足农村经济市场化进程中对经纪人的需求，抚顺县首期农民青年科技经纪人培训班正式开班。聘请了辽宁行政学院的客座教授，同时也是辽宁省第一位注册经纪人的主讲人陈文成主讲。全县近百人参加了培训。

• 市委召开全市社会治安综合治理委员会全体会议，以贯彻落实市委九届七次全会精神，全力以赴抓好社会治安综合治理工作。市出租房屋清理整顿工作领导小组副组长、市公安局副局长王林泉，市化解矛盾在基层大调解工作领导小组办公室副主任、市司法局副局长张敬抚，市综治委委员、市教育局局长刘永生分别在会上通报了全市开展房屋清理整顿工作、全市大调解工作情况和全市校园周边治安环境工作情况以及下步工作安排。

• 市委书记周忠轩，市委常委、宣传部长马克猛，市委常委、市委秘书长袁方，副市长刘诗等领导到市中心医院调研。市领导先后视察了该院新门诊办公大楼施工现场，参观了重症监护室，看望了部分医护人员。市中心医院院长董爱民向市领导汇报了医院的发展情况。

• 本市送走今年首批入伍新兵，近千名海陆空军新战士登上列车奔赴军营。

12月12日

• 本市第一家进城务工人员工会——顺城区进城务工人员工会成立。顺城区委常委、区工会主席侯育娄等9人在67名进城务工人员代表重托下组成了顺城区进城务工人员工会第一届委员会。

12月13日

• 根据《中华人民共和国矿产资源法》及有关法律法规的规定，为进一步遏制本市非法建立铁矿选厂和私采滥购矿石的行为，依法惩处非法采矿、选矿、买卖矿石等破坏矿产资源的违法犯罪活动，市政府就有关事宜发布紧急通告。

12月15日

• 第七届市长联络员换届工作会议在市政府18楼会议室召开。代市长刘强亲自将市长联络员聘书交给来自全市各界的30位同志。会上，市总工会主席冯作良对第六届市长联络员工作给予充分的肯定，并对新一届市长联络员工作提出了希望和要求。常务副市长孟凌斌宣读了市政府第七届市长联络员名单。

• 市政协召开十届九次主席会议。市政协主席陈家洱主持会议。会议审议通过了《政协抚顺市第十届委员会常务委员会工作报告》（草案），《政协抚顺市第十届委员会常务委员会提案工作报告》（草案），《政协抚顺市委员会提案审查工作实施细则》（试行）和政协抚顺市第十届委员会拟解聘和拟增补委员、常委候选人建议名单（草案）及其他人事事项；讨论了关于表彰优秀提案、优秀信息员、优秀委员活动组的决定，关于开展走访委员活动情况的报告和召开市政协十届三次会议有关事宜。

• 为进一步整顿和规范酒类市场秩序，维护广大消费者和酒类生产者、经营者合法权益，市商业局、市工商行政管理局、市质量技术监督局联合以破除地方保护、打击制售假冒伪劣酒类商品、实行酒类市场准入制度为重点，开展了酒类市场专项整治活动。

12月16日

• 市十三届人大常委会举行第十三次会议。市人大常委会主任尹文主持了第一次全体会议。在第一次全体会议上，通过了会议议程和日程；市人大常委会副秘书长、办公厅主任王德福作了关于召开抚顺市第十三届人民代表大会第三次会议的决定（草案）的说明等；被提请任命的人员同常委会组成人员见面并作了供职发言。在由市人大常委会副主任孙德成主持的第二次全体会议上，通过了关于召开抚顺市第十三届人民代表大会第三次会议的决定等；通过了辽宁省第十届人民代表大会代表的辞呈及补选代表的候选人；通过了人事事项；颁发了任命书。会前，与会人员听取了法制报告。

• 市社会科学院举行建院10周年座谈会。1994年，市政府地方志办公室、市委党史研究室、市社会科学研究所3家合并，与市社科联合署办公，组建了市社会科学院。10年来，市社会科学院坚持“立足抚顺、注重应用”，以地方社会经济发展服务为宗旨，开展科研工作，取得了丰硕成果，现该院已成为我国城市社科院中规模较大、学术水平较高的社会科学研究机构。10年来，该院共完成科研课题274项，编辑出版了各类书籍66部，撰写调研报告100余篇，发表学术论文1 000余篇。承担国家社科课题2项，国际合作项目4项，科研成果获国家、省、市奖励200多项。共举办国际学术研讨会9次，与日本、美国等一些学术团体建立了经常性的学术联系。

• 15～16日，国务院安全生产委员会煤矿安全督查组来本市检查安全生产工作，详细了解本市贯彻落实《国务院办公厅转发国务院安全生产委员会办公室关于加强煤矿安全监督管理进一步做好小煤矿关闭整顿工作意见的紧急通知》的具体情况。12月15日下午，督察组来到抚顺矿业集团公司老虎台矿，现场检查了安全生产工作情况。16日上午，督查组听取了副市长王宁和东洲区区长李刚就安全生产工作情况所作的汇报，督查组还现场考察了抚顺东洲煤业总公司及所属的一矿，详细了解安全生产情况。

12月17日

• 代市长刘强在抚顺友谊宾馆会见了以韩国SK化工集团公司赵昌默部长为代表的韩国客商，对该公司与抚顺经济开发区的合作项目进行了接洽。

• 全市冬季困难群众生活安排工作会议召开。市委、市政府决定：为了安排好城市困难群众冬季和2005年元旦、春节期间的生活，在2005年元旦、春节期间，全市将开展大规模扶贫帮困集中捐助活动。按照省委、省政府的要求，这次集中捐助活动将广泛发动全市机关企事业单位、人民团体、民营企业、驻抚部队和城市居民，筹集扶贫帮困款物800万元，在“两节”期间对全市城乡4万贫困户实施一次大规模的临时救助。

• 本日召开全市粮食流通体制改革座谈会。抚顺市面粉厂、抚顺市第五粮油工业储运公司等18家粮食购销企业及个体工商户，首批获得了市粮食局颁发的《粮食收购许可证》，从此可以正式进入全省粮食购销市场。

12月19日

• 国家青少年体育俱乐部、辽宁省游泳后备人才基地挂牌启动仪式在市游泳馆重新改造装饰的现代化综合训练馆举行。来自国家、省、市的领导和体育界代表及本市各界400多人参加了挂牌启动仪式。市游泳馆作为本市惟一的标准场馆，多年来一直担负着本市游泳运动项目的训练，并出色地完成了培训任务，先后向国家和省以上专业队输送了50多名优秀游泳运动人才。

• 市除雪指挥部在新抚区政府6楼会议室召开防灾救护除雪紧急会议，号召各级政府、企事业单位和社区广大群众积极行动起来，坚决打胜防灾救护除雪攻坚战。12月18日16时至19日15时，23个小时连降大雪，平均降水量为12.7毫米，给本市的交通运输和市民出行造成了极大的困难。

• 国家资源节约专项检查组来到抚顺，通过听取汇报和实地考察，对本市在资源节约和节能降耗中所做的大量工作表示满意。对于国家发改委下发的《关于组织开展资源节约专项检查的通知》，抚顺市委、市政府极为重视，专门成立了专项检查办公室，共检查工业企业29户，非工业用能单位27户，建筑小区9处，动用工作人员35人，历时19天，发出整改通知书43份，提出整改意见170条。

• 代市长刘强、常务副市长孟凌斌召开了有关部门参加的会议，专题研究调整企业退休人员基本养老金问题，部署调整养老金的准备工作。

12月20日

• 在市直机关工委举行的抚顺市市级领导扶贫帮困捐款仪式上，市委书记周忠轩、市人大常委会主任尹文、代市长刘强、市政协主席陈家洱等市领导带头为困难群众捐款，从而拉开了本市元旦、春节前在全市开展扶贫帮困集中捐助活动的序幕。本次活动共筹集扶贫帮困款物800万元，其中资金400万元，物资折款400万元，用于临时救助全市4万户城乡贫困居民。

• 上午，省政协副主席张敏茂率省政协有关部门负责同志来抚，看望在抚省政协委员，并与在抚省政协委员进行座谈，听取了在抚省政协委员对省政协工作的意见和建议，研究如何做好明年政协工作，开创政协工作新局面等问题。

• 市政府举行关于人大代表建议、政协委员提案工作新闻发布会。市十三届人大二次会议和市政协十届二次会议期间，人大代表和政协委员向政府提出的建议、提案共838件，经过政府64个承办部门和单位的努力工作已全部办结。建议、提案解决率69.2%，对建议、提案人的走访率100%；代表委员满意或基本满意率98%。

• 由抚顺晚报与波尔卡琴行联合主办的“盛中国·濑田裕子小提琴钢琴名曲音乐会”在抚顺剧院成功举行。由于天气恶劣、航班推迟，盛中国与濑田裕子乘坐的航班于12月19日晚21时30分才抵达沈阳桃仙机场，抵达抚顺时已是午夜时分，原定昨晚19时在抚顺剧院举行的《盛中国·濑田裕子小提琴钢琴名曲音乐会》不得不推迟到今晚举行。对此，盛中国表示十分遗憾，不过观众们却是十分大度，表示能够理解。抚顺千余名观众在享受小提琴大师精彩奉献的同时，还领略了盛中国先生表现出来的艺术家风范。

12月21日

• 市政协举行了十届九次常委会。会上，市政协副主席王淑雅传达了辽宁省委、抚顺市委政协工作会议精神；市政协副秘书长朱福炀作了市政协常委会工作报告（草案）的说明等，在市政协副主席刘全芳、孙雅忠的主持下，与会人员分成两组讨论了市政协常委会工作报告（草案）等，会议通过了市政协常委会工作报告；通过了市政协常委会提案工作报告；通过了人事事项；通过了市政协十届三次会议有关事项。市政协主席陈家洱作会议总结讲话。

12月22日

• 本日召开全市“行风热线”工作会议。市纪副书记、市纪委书记陈雍对明年进一步加强“行风热线”工作作出具体部署。截至11月底，共有58家184人次“一把手”走进直播间，播出节目170余期，接听电话2 121次，已答复和处理的问题1 919件，正在解决的有202件，问题办结率达90.5%，群众满意率92%。市纠风办共发出点评45期，批评了46家（次）上线单位。

• 市档案馆档案管理通过了省档案局专家组的评审验收，以高分在原有三级标准基础上达到了省一级标准。该馆载体档案108 080卷、图书资料10 800册。

12月23日

• 全市百万市民企盼的永安桥重建工程正式开工，大桥计划明年7月份建成通车。该工程由中铁大桥局集团有限公司以7 296.6万元的投标价格最后中标，工程建设单位为抚顺市建设委员会，设计单位为抚顺市市政工程设计院，监理单位为黑龙江公路工程监理公司。永安桥重建工程的主桥为双跨单斜塔（天鹅造型）双索面斜拉桥，主跨为75米，背跨为55米，南引桥由3个45米的连接梁组成，北引桥由2个45米的连接梁组成，桥面宽38米，机动车道为双向6车道。同时，对南北引道和浑河南路进行改造。永安桥重建工程是本市利用世界银行贷款进行的重要基础设施建设项目，大桥建成后将极大地缓解本市中心区南北向交通的紧张状况，方便市民的出行。

12月24日

• 在全省农村基层组织建设工作暨农村党的建设“三级联创”活动总结表彰大会上，省委决定授予赵景顺、李茂丰同志“为民务实清廉的优秀农村基层干部”荣誉称号，并开展向赵景顺、李茂丰同志学习活动。省委常委、常务副省长许卫国宣读了省委决定。决定对赵景顺、李茂丰同志做出了高度的评价。会上，抚顺县被授予辽宁省农村基层组织先进县荣誉称号，抚顺县上马乡党委等5个乡镇获得了辽宁省“五个好”乡镇党委标兵荣誉称号，抚顺县石文镇毛公村党委等15个村党组织获得了“五个好”村党组织标兵荣誉称号。

• 市委、市政府举行评选享受政府特殊津贴人员新闻发布会，本市27名在全市经济建设和社会发展中做出突出贡献的优秀人才披红戴花，接受了市政府特殊津贴的表彰。他们每人获得了政府特殊津贴一次性奖励5 000元人民币。市委常委、常务副市长孟凌斌在会上宣读了市委、市政府关于表彰2003年享受市政府特殊津贴人员的决定。本市从1990年开始对在科学研究工程技术、农业、文化教育及医疗卫生等各个领域立足本职、爱岗敬业，成为各行业和各学科的技术权威和学科带头人实行政府特殊津贴奖励。到目前为止，全市共有282名专家享受了国家级和市级政府特殊津贴的奖励。

12月25日

• 为建立城市高效管理体系，提高城市机械化除雪和应对突发事件的能力，市政府拨出专款126万元，用于购置除雪装载机和改装除雪撒播车。新购入的4台除雪装载机和改装的4台除雪撒播车，已分别调拨给每区一台，主要担负市除雪指挥部确定的4个城区的19条机械化除雪路段的除雪任务。

12月26日

• 中共辽宁省委书记李克强率领省委常委、常务副省长许卫国，省委常委、省委秘书长曾维及省直有关部门领导来抚调研。李克强一行到抚顺的第一站是望花区机修西北坪棚户区改造工程。在中国石油抚顺石化分公司最大的生产企业——石油二厂，李克强对抚顺市正在积极争取的80万吨乙烯项目表示了极大的兴趣。下午，省领导与抚顺市委、人大、政府、政协领导，各县区党政主要领导，市直有关部门领导及各大企业代表一同召开了座谈会。会上，市委书记周忠轩向省领导详细汇报了当前及今后一个时期的重点工作，并描绘了抚顺的发展方向。

12月27日

• 下午市政府邀请本市市级离退休老同志举行座谈会，征求对代市长刘强即将在市第十三届人民代表大会第三次会议上所作的《政府工作报告》的意见。与会的市级离退休老同志在座谈会上踊跃发表了自己对《政府工作报告》（征求意见稿）充实和修改的意见和建议。

12月28日

• 市委召开百名理论工作者下基层进社区宣讲总结表彰大会。近一年来，由市委组织部、市委宣传部和市委讲师团组织的本市百名理论工作者下基层进社区进行宣讲活动取得了显著成效，涌现出了一批成绩突出的先进集体和个人。抚顺城街道等10个单位被命名为理论宣讲进基层下社区宣讲活动先进集体；何钰铮等8人被命名为优秀理论宣讲员。

• 下午，市政府召开座谈会，征求市人大常委会领导及部分人大代表对《政府工作报告》（征求意见稿）的意见。市人大常委会主任尹文，副主任周庆久、李荣春、张庆华、崔树森、李永立、孙德成，市人大常委会秘书长王新传及市人大常委会有关部门负责同志、各县区人大常委会主任、部分市人大代表应邀出席了座谈会。座谈会上，代市长刘强向与会人员通报了市政府做的主要工作，并介绍了明年市政府工作的主要思路。

12月30日

• 省委组织部受中组部的委托，组成干部人事档案考评组，分别对本市市委组织部、市公安局干部人事档案目标管理工作进行了检查验收，结果均通过了国家一级档案管理工作标准，这也是本市干部人事档案管理工作史上获得的最高荣誉。

△12月

• “国家自然科学基金重大项目现场科学实验工程——虎台矿区深部开采冲击地压基础理论研究及其防治技术”项目，由抚顺矿业集团有限责任公司和中国矿业大学正式签约启动，其中抚顺矿业集团有限责任公司投资200万元，国家自然科学基金重大项目补贴100万元。这个项目是2003年在本市召开的以“资源开采引发环境灾害及其治理”为主题的中国科协第91次青年科学家论坛上，就抚顺矿区煤炭开采引发的地质灾害及其治理展开广泛的交流及研讨后确定的。

• 抚顺奶牛良种繁育中心正式成立。此举标志着本市在规范管理奶牛良种繁育、优化奶牛种群工作上又迈出关键性的一步。抚顺奶牛良种繁育中心的建立，旨在通过奶牛良种繁育工作，将现有的中低产奶牛品种改良成优质高产的奶牛品种，提高奶牛的单产水平和质量，增加饲养效益。

• 本市出租车即将“换装”：车身上下由两种颜色构成。在汽车厂商、经销商和设计专家提供的设计图案中，初步确定了6种双颜色图案。抚顺日报社受市交通局委托，向广大市民和出租汽车经营者及从业人员征求意见，获得选票最多的备选方案将成为出租车的新装颜色。2005年2月21日后，出租汽车经营者购置用于经营出租客运轿车时，必须是符合本市规定级型和确定的双颜色出租汽车，否则，不许经营出租汽车客运。双颜色改造工作将通过招标确定调漆配色和喷漆换色厂家，在条件具备时开始对在用车辆统一改色。可以让车主放心的是，出租车改色，车主将不掏一分钱。

• 本市第三次行政审批事项清理和改革工作历时4个半月，本月结束。经过清理和改革，本市非行政许可类行政审批事项已由700多项减至113项，大大低于全省平均水平。全市保留和不再列入非行政许可类的行政审批事项目录已经列出，并已经市政府常务会议讨论通过。

• 市中医院顺利通过国家统一示范中医院标准检查，各项工作指标均被确认为符合省示范中医院要求，正式进入辽宁省示范中医院行列。

概　　况

自然状况

·地理　地质·

【基本情况】　抚顺位于辽宁省东北部。东与吉林省通化市相接，西与沈阳市毗邻，南与本溪市相连，北与铁岭市接壤。地理坐标为：东经123°39′42″至125°28′58″，北纬41°14′10″至42°28′39″之间的辽宁省东部山区。全地区总面积11 272平方公里，其中城市建成区面积118平方公里；现辖四区（新抚、望花、东洲、顺城）、三县（抚顺、新宾、清原）和两个省级开发区（抚顺经济开发区和胜利开发区）。全市总人口224.9万，其中市区人口141.1万。抚顺作为国家的老工业基地，历史上曾有“煤都”之称。经过建国五十多年的建设，目前抚顺已由单一的煤炭资源型城市发展成为一个以石油、煤炭、冶金、化工、机械等五大行业为主体，以电力、电子、轻工、纺织行业为辅助，门类较为齐全的综合性重工业城市。尤其是矿业，几十年来为后续工业及地方经济的发展提供了强有力的资源保障。

【地形地貌特征】　抚顺位于辽宁省东部山地丘陵西缘的浑河谷地上。地貌单元属于辽东丘陵的一部分。长白山向西南延伸的吉林哈达岭和龙岗山脉的低山、丘陵构成本区的地形骨架。全区东、南、北三面环山，中部是浑河谷地，其地势东高西低。东部钢山主峰海拔1 346.7米，为本省最高峰，号称辽宁“屋脊”，其顶峰“鹰嘴砬子”。海拔1 000米以上的高山还有大窑山、十长岭、罗圈沟、三块石、摩里红和西大岭6座；海拔500米以上的有48座。西部抚顺县大南乡刘尔屯浑河床降至海拔57米。抚顺地区的地貌类型可划分为山地、平原、河流等，其主体为山地地貌。市区位于抚顺西部浑河河谷冲积平原上，平均海拔65～99米，呈东西走向，南北为山地，美丽的浑河由东至西将市区分割成南北两部分，成为本市的一个独特景观。地势从东向西逐渐降低，坡度为千分之一。浑河河谷两岸受自然与人为影响展现为不对称的地质景观，如在西露天矿坑10.87平方公里范围内出现负地形，坑底标高－210米。地形特点体现为堆积形成的冲积平原和坡洪积河谷冲积平原。向西延入辽河平原。

【地质构造特征】　抚顺市大地构造部位处于中朝准地台胶辽台隆、铁岭～靖宇台拱西部，属于四级构造单元河凹陷、摩离红凸起、抚顺凸起及太子河浑江台陷的一部分。出露地层为太古界鞍山群基底变质岩系、中生界白垩系、新生界下第三系和第四系，其中太古代变质岩系被浑河断裂切割。地质构造条件极其复杂，断裂构造极其发育。浑河断裂带呈北东东～北东向横贯市区，由数条平行断裂组成，并被多组晚期北西向断裂切错。这种复杂的地质构造同时也孕育了丰富的煤炭资源。

【煤田地质特征】　抚顺煤田生成于新生代第三纪，位于浑河市区中部段南岸冲积平原之下，沿浑河河谷呈东西向带形向斜构造，倾角南缓北陡，西缓东陡，一般为12度至60度。煤田东西长18公里，南北宽2～2.5公里，水平投影面积40平方公里，煤层可采厚度最厚130米，最薄8米，平均厚度为50米，最大埋藏深度为－1 130米，为世界罕见的单一特厚煤层，是低灰、低磷、低硫的优质气煤，并伴有极为丰富的油母页岩富矿，伴生有煤气（矿井瓦斯）、煤精、琥珀及其多种稀有资源，是特大型综合性矿床。

（施凤云）

·地区气候·

【气候特点】　2004年气候特点：年平均气温偏高；降水偏少，全年降水分布不均，冬季降水特多，春、夏、秋季降水偏少；日照总时数偏少。

年平均气温为7.0℃，比历年高1.2℃，比上年高0.2℃。年降水量为711毫米，比历年少74毫米，比上年少83毫米。年日照总时数为2 328小时，比历年少69小时，比上年多116小时。全市春季终霜日出现在4月27日～5月7日，秋季初霜日出现在10月2日，无霜期为151天。

【四季气候】　后冬：后冬（1～2月）气温特高，平均气温为－9.8℃，比历年高3.0℃，比上年高0.7℃；极端最高气温14.9℃，出现在2月20日（清原），极端最低气温－27.3℃，出现在1月21～22日（抚顺、新宾）。降水量特多为31毫米，占全年降水量的4%，比历年多15毫米，比上年多24毫米；一日最大降水量11.6毫米，出现在2月21日（新宾），最长连续无降水日数25天，出现在2003年12月18日～1月11日（清原、新宾）。日照总时数正常为357小时，比历年少3小时，比上年多21小时。最大冻土深度为107厘米，出现在2月。

春季：春季（3～5月）气温偏高，平均气温为8.0℃，比历年高0.8℃，比上年低0.7℃；极端最高气温29.7℃，出现在5月14日（抚顺），极端最低气温－21.0℃，出现在3月3日（清原）。冻土自西向东于4月21～25日化通。降水量偏少为81毫米，占全年降水量的11%，比历年少45毫米，比上年少27毫米，没有出现明显的旱情；最长连续无降水日数为27天，出现在4月3～29日（抚顺、清原）。日照总时数为694小时，比历年少3小时，比上年多101小时。春季大风出现6天。

夏季：夏季（6～8月）气温偏高，平均气温22.0℃，比历年高0.5℃，比上年高0.6℃；极端最高气温34.4℃，出现在6月11日（新宾），7月份气温全年最高，月平均气温为22.8℃，与历年值相同。降水量偏少为439毫米，占全年降水量的62%，比历年少53毫米，比上年少14毫米；最长连续无降水日数为18天，出现在5月30日～6月16日（抚顺）。日照总时数偏少为584小时，比历年少26小时，比上年少33小时。

秋季：秋季（9～11月）气温偏高，平均气温为8.2℃，比历年高1.6℃，比上年高0.7℃；极端最高气温28.5℃，出现在9月3日（抚顺），极端最低气温-17.7℃，出现在11月30日（新宾）。降水偏少为127毫米，占全年降水量的18%，比历年少13毫米，比上年少92毫米；11月份降水特多，全市平均降水量为50毫米；最长连续无降水日数15天，出现在11月11～25日（抚顺）。日照总时数为551小时，比历年少27小时，比上年多40小时。

冬季：冬季（12月）气温偏低，平均气温为-11.7℃，比历年低0.6℃，比上年低1.5℃；极端最高气温9.8℃，出现在9日（抚顺），极端最低气温-31.8℃，出现在23日（新宾）。降水量特多32毫米，占全年降水量的5%，比历年多21毫米，比上年多26毫米；一日最大降水量为13.4毫米，出现在19日(抚顺)。日照总时数偏少为141小时，比历年少12小时，比上年少15小时。

（李魁敏）

·水资源·

【降水量】 本年内降水时空分布不均，主要分布在汛期6～9月。1～5月全市平均降水量122.3毫米，占全年降水量的16.6%，较同期多年均值少14.4%。6～9月全市发生4次较大的降雨过程，降水量525.0毫米，占全年降水量的71.1%，较同期多年均值少6.0%。10～12月全市平均降水量90.9毫米，占全年降水量的12.3%，较同期多年均值多14.3%。

从行政区域分布看，年降水量只有清原县比多年均值偏多0.9%，其他县区均比多年均值偏少：市区比多年均值偏少13.6%，抚顺县比多年均值偏少12.2%，新宾县比多年均值偏少6.2%。

从流域分布看，年降水量比多年均值偏多的有辉发河流域，降水量796.6毫米，比多年均值多7.3%；清河流域815.8毫米，比多年均值多7.1%；柴河流域832.1毫米，比多年均值多4.0%。年降水量比多年均值偏少的有浑河流域，降水量719.8毫米，比多年均值少7.5%；太子河流域，降水量724.5毫米，比多年均值少10.2%；富尔江流域769.7毫米，比多年均值少2.3%。

【地表水资源】 2004年全市地表水资源量28.41亿立方米，折合年径流深251.9毫米，比多年平均值少6.6%，比上年多16.3%。

【出入境水量】 2004年全市入境水量为1.314亿立方米，比上年增加11.4%。全市出境水量为22.14亿立方米，比上年增加9.5%。按流域分区，浑河出境水量11.27亿立方米，太子河出境水量3.138亿立方米，富尔江出境水量4.009亿立方米，辉发河出境水量0.9647亿立方米，清河出境水量1.620亿立方米，柴河出境水量1.135亿立方米。

【蓄水动态】 根据我市1座大型水库、8座中型水库和46座小（Ⅰ）型水库资料统计，2004年末蓄水总量11.53亿立方米，比上年少1.6%。其中，大伙房水库年末蓄水量与上年持平；中型水库年末蓄水量为0.6863亿立方米，比上年少8.3%；小（Ⅰ）型水库年末蓄水量为0.5057亿立方米，比上年少20.1%。

【地下水资源量】 2004年全市地下水资源量7.281亿立方米，比上年多32.4%，其中山丘区地下水资源量7.131亿立方米，平原区地下水资源量0.1501亿立方米。

【地下水水位动态】 2004年度由于补给量较为充沛，使区域地下水水位普遍抬升，在对43～47个监测点的枯、丰水期（8月份）观测中，地下水水位上升率为50～56%，枯水期上升幅度为0.03～0.53m；丰水期上升幅度在0.01～0.56m。

【水资源总量】 全市水资源总量为28.73亿立方米，人均水资源量1 277立方米，比上年增加17.1%。地表水资源量28.41亿立方米，地下水资源量为7.281亿立方米，地表水与地下水的重复计算量为6.964亿立方米。

【取水许可管理】 到2004年末，全市保有取水许可证698套，审批取水量58 209万立方米，地表水56 000万立方米，地下水2 209万立方米。其中工业取水许可证179套，审批取水许可量1 267万立方米；生活取水许可证45套，审批取水许可量383万立方米；农业取水许可证286套，审批取水许可量9 575万立方米；行政事业取水许可证48套，审批取水许可量110万立方米；经营服务业取水许可证34套，审批取水许可量25万立方米；特业取水许可证9套，审批取水许可量7.5万立方米；水库取水许可证94套，审批取水许可量18 687万立方米；水力发电取水许可证3套，审批取水许可量28 154万立方米。

【供水量】 全市总供水量68 119万立方米，比上年增加5 795万立方米。其中，地表水供水量62 143万立方米，占总供水量的91.2%；地下水供水量5 976万立方米，占总供水量的8.7%。在供水量中，蓄水工程供水量40 173万立方米；提水工程供水量13 872万立方米；引水工程供水量8 098万立方米，分别占供水量的59.0%、20.4%和11.9%。在地下水供水量中，全部是浅层地下水。

【用水量】 全市总用水量68 119万立方米，与供水量持平，比上年增加5 975万立方米。其中农田灌溉用水量35 889万立方米，占总用水量的52.7%；林牧渔用水量1 159万立方米，占总用水量的1.2%；工业用水量16 615万立方米，占总用水量的24.4%；城镇生活用水量10 763万立方米，占总用水量的15.8%；农村生活（人畜饮水）用水量2 590万立方米，占总用水量的3.8%；生态环境用水量1 103万立方米，占总用水量的1.6%。

【耗水量】 全市实际耗水量41 512万立方米，综合耗水率62%。其中农田灌溉耗水量23 459万立方米，耗水率65%；工业耗水量12 888万立方米，耗水率78%；城镇生活耗水量2 291万立方米，耗水率21%；农村生活（人畜饮水）耗水量2 027万立方米，耗水率78%；林牧渔耗水量442万立方米，耗水率38%；生态环境耗水量406万立方米，耗水率37%。

【用水分析】 全市水资源量28.73亿立方米，人均水资源量1 277立方米，万元（GDP）用水量182立方米，万元工业产值用水量42立方米，城市人均用水量134升/人·日，农田灌溉亩均用水量796立方米。

（李炳义）

·矿产资源·

【资源储量】 截止到2004年，抚顺已发现矿产52种，占全省已发现矿种的47.3%，现已开发26种，优势矿产18种。主要矿种有：煤、金、铜、铁、石灰石、泥炭、油母页岩、煤层气等等。初步形成了抚顺矿业集团以煤炭开采为主，抚顺红透山铜矿以铜、锌矿开采为主，新宾县以煤炭开采为主，清原县以金矿、铁矿开采为主，抚顺县以铁矿、菱镁矿开采为主的矿业格局。

1. 煤炭。抚顺是一座因煤而兴的城市，煤炭资源探明储量14.15亿吨，以生产气煤、长焰煤、焦煤为主，煤炭开采历史超过百年，储量逐年减少，截止到2004年底保有储量仅为7.3亿吨。其中，包括胜利矿、龙凤矿等闭坑矿山不能利用储量1.95亿吨、老虎台矿“保城限采”压煤1.6亿吨、东露天矿未开发利用1.16亿吨。目前，占全市煤炭储量97.6%的抚顺矿业集团只有老虎台矿和西露天矿两家矿山生产。其他小煤矿规模小、回采率低，很难有长足发展。

2．铁矿。抚顺辖区内铁矿资源远景储量2.34亿吨，主要分布在清原和抚顺两县，目前已探明储量0.89亿吨，2004年底保有储量0.72亿吨。每年采出铁矿石近150万吨，按0.72亿吨的保有储量计算尚可开采40年左右。

3．铜矿。抚顺铜矿探明储量为2 975万吨，主要矿山企业为抚顺红透山铜矿。该矿始建于1958年。从1984年起，红透山铜矿开始了以自己探矿为主的“二轮找矿”工作，先后两次敲开深部找矿的大门。至2004年，年年有新增储量，20年累计新增地质储量1 300余万吨，相当于又找到一个红透山铜矿，可延长矿山服务年限20年。到2004年底矿石保有量885.2万吨（金属量15.34万吨）。

4．菱镁矿。本市菱镁资源远景储量极为丰富，约为3亿吨，主要分布在抚顺县。已探明储量495.3万吨，2004年底保有储量227万吨。由于剥采比不合理，剥离物堆放无序，所剩可采储量大打折扣。若不加大勘查投入，寻找后备资源，加强管理，菱镁矿业的优势将不复存在。

5．油页岩。抚顺油页岩探明储量43.94亿吨，属大型矿床，2004年底保有储量38.77亿吨。油页岩主要分布在东露天矿和西露天矿，开发前景极好，可用于炼油、发电、制砖等行业，既可减少占地和环境污染，又可创造一定的经济效益。现已建成9万吨原油的炼油装置，预计2005年可生产原油12万吨，处理油页岩375万吨。同时，兴建一座10万千瓦热电机组，每年可发电6亿千瓦时，利用发电厂废弃的灰渣生产水泥，每年可增加水泥生产能力30万吨。利用油页岩及粉煤灰渣生产烧结砖和空心砌块取代传统粘土实心砖，生产含50%以上粉煤灰渣砖6亿块，每年可节约耕地1 000亩。

6．煤层气。截止到2004年底，矿井瓦斯储量48亿立方米。由于煤炭资源面临枯竭，考虑到矿山的稳定发展，瓦斯的开发利用很有必要，瓦斯已成为矿井的另一个主导产品。

7．金矿。抚顺金矿大部分在清原县境内，已探明储量（金属量）32.18吨。由于多年开采储量减少，在全省的优势地位逐渐减弱。2004年底保有储量为9.38吨。本市大部分金矿规模小，没有选厂，有的利用土法选金，对水质造成严重污染，必须从投入和产出及生态环境方面综合考虑金矿的开发。

8．泥炭。在辽宁泥炭资源为本市独有，主要分布在清原、新宾及抚顺县，远景储量超过543万吨，探明储量140.9万吨，2004年底保有储量126万吨。泥炭的开发前景极好。

9．水泥用灰岩。抚顺的石灰岩主要分布在清原县斗虎屯和新宾县马架子一带，其远景储量42亿吨，已探明储量2.15亿吨，2004年底保有储量2.10亿吨，占全省总储量的10.24%。目前，抚顺水泥厂、大伙房水泥厂、千台山水泥厂、抚矿胜利水泥厂四家企业总计生产能力为90万吨，需石灰石矿70万吨，由于新宾县马架子地区交通不便，运输成本高，几家水泥厂所用石灰石基本都从大连、辽阳外购。如果交通问题能够解决，到2005年预计本市可自供60万吨石灰石，基本满足市内水泥厂的生产需要。

【开发利用】 2003年，全市采掘业产值为23.45亿元，占工业总产值的3.5%。2004年全市采掘业产值为26.7亿元，占工业总产值的4.6%。从本市历史、现状看，矿业仍将是本市国民经济和社会发展的基础性产业，矿业经济是国民经济的重要支柱和基础保障，具有不可替代的作用。根据矿产资源开发利用总量与经济、社会发展相适应的要求，结合本市矿产资源总体规划，调控矿产资源开采总量。今后一段时间内鼓励开采油页岩、煤层气、铜、锌、泥炭等矿产；限制开采煤炭、菱镁、铁、水泥用灰岩矿产；砖瓦用粘土逐步实行禁止开采；其他非金属矿产，按市场调控开采总量，逐步达到以需定产，产销平衡。

截止到2004年底，辖区内共有矿山企业307家，其中，甲类矿产127家，乙类矿产180家。按矿种分：34家煤矿企业，从业人员18 900人，年产煤炭682.8万吨，产值175 781.5万元，占全市矿业总产值的65.9%；37家铁矿企业，从业人员2 648人，年产铁矿石223.17万吨，产值43 886.4万元，占矿业总产值的16.4%；3家铜矿企业，从业人员3 659人，年产铜矿石51.3万吨，产值40 526万元，占矿业总产值的15.2%；14家金矿企业，从业人员619人，年产金矿石2.55万吨，产值880.26万元，占矿业总产值的0.33%；9家水泥用灰岩企业，从业人员1 184人，年产矿石量19.55万吨，产值585.9万元，占矿业总产值的0.22%；50家砖瓦用粘土企业，从业人员3 661人，年产矿量41.85万吨，产值3 070.74万元，占矿业总产值的1.15%；其他矿种企业产值2 085.98万元，占矿业总产值的0.8%。按经济类型划分：国有矿山企业26家，集体企业88家，私营企业114家，有限责任公司27家，股份合作企业5家，联营企业1家，其他企业46家。按生产规模划分：大型企业4家，中型企业6家，小型企业204家，小矿93家。

2004年，全市矿山企业比上年增加36家，其中，铁矿增加5家，建筑用白云岩增加15家，建筑用砂增加11家；矿业从业人员32 027人，比上年增加1 146人；生产矿量1 181.6万吨，比上年增加55.9万吨；实现工业总产值266 816.78万元，比上年增长13.8%；矿产品销售收入235 829.39万元，比上年增长4.7%；实现利润总额40 308.25万元，比上年增长33.8%；税金32 479.69万元，比上年增长57.67%。

从主要矿产产量看，煤炭产量682.8万吨，尽管比上年减少24万吨，但由于受价格攀升的影响，销售收入仍比上年增长7.2%，利润增长33.4%；由于矿山数量增加和铁精粉价格居高不下，铁矿产量223.17万吨，比上年增加50.8万吨，工业总产值、销售收入、利润总额分别比上年增长18.4%、19.2%、31.4%；铜矿产量51.3万吨，比上年减少10.2万吨，工业总产值、销售收入、利润总额分别比上年增长39.5%、32.4%、328.7%；金矿产量2.55万吨，比上年增加0.2万吨，工业总产值、销售收入分别比上年增长19.5%、17.6%、利润总额增加36.86万元；砖瓦用粘土产量41.85万吨，比上年增加9.4万吨，工业总产值、销售收入分别比上年增长51.8%、30.1%。

（佟英杰）

·民　族·

【基本情况】 抚顺市是一个多民族聚居地区，根据第五次全国人口普查统计，目前全市共有33个少数民族，少数民族人口62.15万人，占全市人口总数的27.5%，其中满族55.58万人，朝鲜族4.35万人，回族1.45万人，蒙古族0.4万人，锡伯族0.3万人。民族地区国土面积占全市总面积的78%。

辖区内有新宾、清原两个满族自治县，汤图、拉古2个满族乡和5个享受民族乡待遇的新宾满族自治县旺清门镇、清原满族自治县清原镇、顺城区前甸镇、经济开发区李石街道办事处。

抚顺市少数民族人口普查表

（2000 年 11 月第五次人口普查数）

地区	总人口数	少数民族人口数	满族	朝鲜族	回族	蒙古族	锡伯族	壮族	苗族	土家族	藏族	侗族	撒拉族	瑶族	维吾尔族	白族	达斡尔族	布依族	畲族	彝族	赫哲族	土族	俄罗斯族	高山族	鄂伦春族	鄂温克族	佤族	黎族	纳西族	景颇族	傣族	布朗族	塔吉克族	塔塔尔族	仡佬族	外国人入中国籍
抚顺市	2 260 290	621 482	555 761	43 538	14 468	4 020	3 053	140	89	71	56	46	35	33	28	26	26	17	12	10	9	8	6	5	5	4	3	2	2	2	1	1	1	1	1	2
新抚区	303 579	23 608	15 888	2 512	4 004	688	404	32	8	23	6	3	0	7	4	8	2	2	3	4	0	5	1	1	0	0	0	2	0	0	0	0	0	0	1	0
东洲区	345 778	24 990	18 991	2 634	2 583	443	226	25	15	4	16	2	35	0	6	0	1	0	0	0	2	2	1	0	0	2	0	0	0	0	0	1	1	0	0	1
望花区	387 437	42 563	29 145	9 555	2 537	894	320	21	14	22	6	22	0	1	1	4	10	6	2	1	0	0	0	0	0	0	0	0	0	0	0	0	0	1	0	1
顺城区	397 617	49 444	29 881	12 787	4 231	878	1 515	36	18	10	14	13	0	20	13	3	3	6	3	3	0	1	4	0	2	0	0	0	2	0	0	0	1	0	0	0
抚顺县	223 297	43 025	39 732	2 160	223	558	285	6	11	2	13	4	0	4	4	1	10	3	1	1	7	0	0	0	0	0	0	0	0	0	0	0	0	0	0	0
新宾县	28 470	233 491	222 943	9 899	191	210	203	2	22	10	1	2	0	1	0	0	0	0	0	0	0	0	0	0	2	0	3	0	0	2	0	0	0	0	0	0
清原县	317 842	204 361	199 181	3 991	699	349	100	18	1	0	0	0	0	0	0	10	0	0	3	1	0	0	0	4	1	2	0	0	0	0	1	0	0	0	0	0

【民族工作机构】 1986年市民族事务委员会与市政府宗教事务处合属办公，下设办公室、经济贸易科、政法文教科、宗教处。1994年12月抚顺市人民政府以抚政办发［1994］79号文件通知，市民委更名为抚顺市民族宗教事务委员会，正局级建制，列政府序列，内设机构为办公室、民族处、宗教处。人员编制为19人，其中部门领导3人，处室领导5人，一般干部7人，工人1人。2002年4月抚顺市人民政府以抚政人发［2002］16号文件通知，设置抚顺市民族事务委员会，局级建制，挂抚顺市宗教事务局牌子。抚顺市民族事务委员会（抚顺市宗教事务局）是主管全市民族与宗教事务的市政府工作部门。内设机构为办公室、民族处、宗教处。人员编制为16人。在2002年机构改革中，增加了宗教活动场所内改建或新建建筑物的审批权，下放了民族成份鉴定、识别和更正的职能。县、区设民族宗教事务局，管理民族宗教事务。

【少数民族干部】 全市市级少数民族干部5人，占同级领导干部总数的13.9%；市直部门局级少数民族干部65人，处级少数民族干部237人，分别占同级干部总数的13.4%和10.6%。在市第十三届人民代表大会代表中有少数民族代表88人，占27.2%，在市政协第十届委员中有少数民族委员81人，占18.6%。

【民族文化教育】 抚顺市民族地区有383个村，58所中学和330所小学。全市有26个朝鲜族村，朝鲜族学校有高中1所，完中1所，初中4所，小学7所。

【民族社团】 本市有朝鲜族文化馆1所，有7个民族社团——满族联谊会、回族联谊会、锡伯族联谊会、市朝鲜族经济文化交流协会、朝鲜族老人协会、朝鲜族饮食协会、市民族科学家协会。

（伊　鸣）

·人　口·

【基本情况】 截止到2004年底，全市总人口224.9万人，比2003年底减少0.6万人。其中：市辖区总人口数为141.1万人，比上年同期减少0.4万人，占总人口的比重为63%，与上年持平，三县总人口83.8万人，比上年同期减少0.2万人，占总人口的比重为37.3%，与上年基本持平。

1. 按农业、非农业人口划分：农业人口为77.1万人，比上年同期减少0.3万人，占减少人口的50%；非农业人口147.8万人，比上年同期减少0.3万人，占减少人口的50%。

2. 从总户数看：全市总户数（家庭户）为780 560户，比上年同期增加9 527户，平均每个家庭户人口由上年的2.92人下降为2.88人，家庭户规模逐步缩小。

3. 从性别看：在全市总人口中，男性人口为113.5万人，占总人口的50.5%；女性人口为111.4万人，占49.5%，性别比（以女性为1）为1:1.02，仍保持上年同期水平。

【人口规模变动】 人口规模的变动受人口的自然变动（出生、死亡）和人口的机械变动（迁人、迁出）两个因素的影响。

1. 人口的出生和死亡是决定人口自然变动的主要因素，2004年全市共出生人口12 672人，出生率为5.6‰，死亡人口15 150人，死亡率6.7‰，人口自然增长率为-1.1‰。与上年同期相比，出生率上升了0.92个千分点，死亡率上升了0.62个千分点，人口自然增长率上升了0.3个千分点。出生人口的男女性别比为1:1.06（以女性为1）。

2. 人口规模的变动除主要受自然变动影响外，还受人口机械变动的影响。2004年本市迁人人口为18 834人，其中：省内迁人13 802人，省外迁人5 032人；迁出人口为22 332人，其中迁往省内15 629人，迁往省外6 703人，净迁出人口为3 498人（去年为3 225人），净迁出人口继续保持上升趋势。

【非农业人口状况】 从全市总人口来看，非农业人口为147.8万人，比上年同期减少0.3万人，其中：市辖区非农业人口126.4万人，比上年同期减少0.3万人，三县非农业人口为21.4万人，与上年同期持平。

非农业人口增减变动主要受两方面影响，一是由于各种原因增加的非农业人口为2.6万人，其中：（1）出生人口0.7万人，占增加人口数的26.9%；（2）非农业人口迁入0.9万人，占增加人口数的34.6%；（3）农转非人口0.4万人，占增加人口数的15.4%；（4）由港澳台和国外迁入、退出现役和刑满释放、解除劳教及其他原因增加0.6万人，占增加人口数的23.1%。二是由于各种原因减少的非农业人口数为3.2万人，其中：（1）死亡人口1.0万人，占减少人口数的31.3%；（2）非农业人口迁出1.3万人，占减少人口数的40.6%；（3）迁往港澳台和国外、服现役、服刑及劳教及其他原因减少0.9万人，占减少人口数的28.1%，增减因素相抵减少0.6万人。

（崔玉香）

·人民生活·

【城市居民生活】 一、家庭规模继续缩小，就业人口有所增加。

据抽样调查，2004年，本市城市居民家庭人口平均每户2.8人，比上年减少0.09人，下降3.1%，居民家庭继续向小型化发展。随着本市对外开放的扩大，人口流动较为频繁，外出经商、打工、求学等逐年增加，这是家庭向小型化发展的最主要原因。同时，经济发展、居民住房条件的改善也为家庭规模的缩小创造了条件。在本市城市居民家庭中，平均每户就业人口1.46人，就业面达52.1%，比上年同期增加了0.4个百分点。在全面推进市场经济体制过程中，原来存在于一些失业、下岗人员中的“等、靠、要”思想在逐年减少，自主就业者逐渐增多，个体经营者占就业者的比重由上年的2.8%上升到4.1%，其他就业者由上年的24%上升到24.7%。

二、城市人均可支配收入突破7 000元。

2004年，本市城市居民人均可支配收入达到7 008元，比上年同期增加614.7元，增长9.6%，增幅比上年提高1.6个百分点，扣除物价上涨因素，实际增长7.1%，是1997年以来增长最快的一年。

1. 工薪收入增长成为拉动城市居民收入增长的主要动力。工薪收入仍是城市居民家庭收入的主要来源，占家庭总收入的68.8%。2004年，本市城市居民人均工薪收入5 253.88元，比上年增加809.85元，增长18.2%，拉动可支配收入增长12.7个百分点。就业人口的增加和机关、企事业单位工资水平提高是工薪收入持续增加的主要原因。

2. 社会保障收入增加，人情往来收入增大。随着社会保障体系不断完善，政府扩大了最低生活保障的范围，城市基本实现了应保尽保，享受社会保障的家庭有所增加。2004年城市居民人均社会救济收入66.71元，比上年增长1.5%；失业保险金收入75.53元，比上年增长16.4%。在占全部调查户20%的低收入家庭中社会救济收入和失业保险金收入占其家庭收入的比重已达到10%。

2004年，城市居民捐赠收入增加成为居民收入增长的一个重要因素。人均捐赠收入480.47元，比上年增加46.82元，增长10.8%。主要是受2003年“非典”影响，一些适婚青年推迟婚期，致使2004年结婚人数大大高于往年，使捐赠收入有较大幅度的增长。

3. 高收入户增加，低收入户下降。月人均可支配收入在千元以上的居民家庭由上年的8%上升到11.5%；600～1 000元的居民家庭由上年的27.5%上升到31.5%；200～600元的居民家庭由上年的58.5%下降到54%；200元以下的居民家庭由上年的6%下降到3%。

4. 高、低收入户的收入差距缩小。2004年，本市城市居民中，占全部调查户20%的低收入户人均可支配收入为3 188.28元，占全部调查户20%的高收入户人均可支配收入为13 316.15元，高低收入家庭收入比由上年的4.5∶1缩小到4.3∶1。

三、购买力分流，消费倾向下降。

2004年，本市城市居民人均消费支出占家庭总支出的比重由上年的70.2%下降到65.8%，而非消费性支出占家庭总支出的比重由上年的29.8%上升到34.2%，增加4.4个百分点。住房消费增加、社会保障机制的建立、个人所得税调解力度的加大、彩票发行的扩大、教育支出增大等从不同侧面促进了居民非消费性支出的增长，分流了社会购买力。其中，人均购房支出939.44元，比上年增长35.5%；人均交纳个人所得税40.91元，增长11.5%；捐赠支出900.36元，增长46.6%、购买彩票支出13.46元，增长70%；子女在外就学费用578.08元，增长1倍；社会保障支出547.57元，增长18.3%。

四、消费水平提高，居民生活质量改善。

城市居民收入的增加，带动了居民家庭支出的增长。2004年本市城市居民人均消费支出为6 226.73元，比上年同期增长11.6%。

1. 在消费性支出的八大类中，除人均医疗保健支出468.80元，比上年下降2.5%、人均衣着消费支出574.36元，比上年略增0.3%外，其他各类支出都有较大幅度的增长。其中，食品消费支出2 425.24元，增长10.3%；家庭设备及用品支出306.32元，增长33.9%；交通和通信支出596.58元，增长10.7%；教育文化娱乐及服务支出893.06元，增长15.9%；居住类支出703.82元，增长27.6%；杂项商品和服务支出258.54元，增长9.3%。

2. 食品价格上涨对居民生活产生较大影响。2004年，本市城市居民人均食品消费支出2 425.24元，比上年增长10.3%，但受食品价格上涨6.9%的影响，剔除物价上涨因素后，实际仅增长3.2%，在食品支出增加额的226.36元中，有156.54元被物价上涨所抵消，占全部增加额的69.2%。价格上涨较快的一些主要食品，如粮、油、肉、禽、蛋、鱼等的消费量都有较大幅度下降，说明本市部分城市居民家庭对物价的承受能力相对较低。详见下表：

主要食品消费情况

品　种	数量（公斤）	比上年增长（%）	物价上涨幅度（%）
粮　食	83.1	－12.5	26.4
油脂类	10.0	－15.1	11.8
肉　类	25.9	－2.6	13.6
禽　类	6.7	－14.4	15.1
蛋　类	15.8	－12.1	17.5
鱼　类	7.9	－12.2	24.1

虽然受物价上涨影响较大，但是衡量居民生活水平的主要指标恩格尔系数（食品支出占消费支出的比重）仍由上年的39.4%下降到38.9%。表明城市居民生活水平总体上仍有所提高，消费支出更多地向非食品方面转移，居民生活得到改善。

值得注意的是，食品价格上涨对低收入户家庭产生较大影响。占本市全部调查户20%的低收入户，人均消费性支出3 251.20元，是全市平均水平的52.2%，人均消费支出超出可支配收入62.92元，处于严重入不敷出状态。而这部分居民家庭的食品支出占其消费支出的比重较大，恩格尔系数高达47.1%，比全市平均水平高出8.2个百分点。食品价格的上涨，加重了这些低收入户的生活负担，粮、油、肉、禽、蛋、鱼价格的上涨使低收入居民家庭多支出101.51元，占可支配收入的3.2%。

3. 新兴家电逐步进入城市居民家庭。截止到2004年末，每百户城市居民家庭中已拥有洗衣机86.5台、电冰箱83台、彩色电视机115.5台、家用电脑18.5台、空调器6.5台、组合音响23套、影碟机43.5台、微波炉30台、摄像机3.5架。

4. 通信服务支出稳步增长。截止到2004年末，本市城市居民家庭每百户拥有固定电话94部，移动电话达到87部，分别比上年提高0.5%和20%。通信工具普及率提高，使通信支出呈两方面变化，一是用于购买通信工具的支出下降，人均支出23.81元，比上年的48.97元，下降39.1%。二是用于通信服务的支出稳步增长，人均支出335.85元，比上年的314.41元，增长6.8%，通信服务支出已成为居民消费的一项重要内容。

5. “非典”滞后影响较为明显。主要表现在：一是2004年婚娶、子女就学、朋友聚会等在外用餐支出较高。全年人均在外用餐支出349.71元，比上年增长37.3%。二是由于结婚人数较多，加上居民住房条件改善而带动相关支出增加。其中，人均用于购买家庭耐用消费品支出138.58元，比上年增长52.4%；室内装饰品支出26.89元，比上年增长71.6%；住房装潢支出254.47元，比上年增长79.1%；金银珠宝饰品支出比上年增长29.3%。三是参观、游览等外出活动较为频繁。与2003年反差较大的是，2004年市民参观游览、外出旅游等活动较为频繁，参观游览、团体旅游、其他文娱活动等支出和2003年相比都有了较大幅度的提高，分别增长170.8%、82.4%和57.1%。收入的增加和出行条件的改善都为旅游升温创造了条件。在参观、游览支出增大的同时也带动了餐饮、娱乐、交通等支出的增长，飞机、火车、长途汽车、出租汽车费、其他交通费等增幅都在20%以上。

6. 教育支出过高，成为居民家庭的沉重负担。2004年，城市居民人均教育支出663.82元，比上年增长35.7%，占居民家庭消费支出的比重达到10.7%，比上年增加了1.9个百分点，教育支出已成为居民家庭的沉重负担。虽然治理义务教育乱收费措施初见成效，义务教育学杂费人均支出60.53元，比上年同期下降3.8%，但其只占全部教育支出的9.1%。而非义务教育支出却有较大增长。其中，非义务教育学杂费支出206.45元，比上年增长62.3%；在外补课的培训班费支出142.01元，比上年增长31.4%；用于其他教育费用126.14元，比上年增长111.9%。

五、住房面积增加，居住条件改善。

2004年末，我市城市居民人均现住

房建筑面积20.05平方米，比上年增长5.0%，73.5%的居民家庭已自己拥有房屋产权，户均购房总金额达14 488元，现住房按市场估价户均已达到44 797元。

城市居民在住房条件得到改善的同时，住房设施也在不断完善。有62.5%的居民家庭有装修，户均花费6 922元，居民家庭中有厕所浴室的达59.5%，有暖气设施的居民达98%，使用管道煤气、液化石油气等的达99%，独用自来水的达97.5%，饮用矿泉水和纯净水的居民在不断增加，由上年的9%上升到10.5%。

（严红馨）

【农村居民生活】 据对本市农村300户农民抽样调查显示：2004年，我市农民人均纯收入为3 580元，比上年增加272元，增长8.24%。

一、农民收入构成日趋合理，收入来源多样化。

1. 工资性收入略有增加，已成为农民收入的重要来源之一。在农民人均纯收入中，工资性收入为1 145.93元，比上年增加11.14元，增长0.98%，占纯收入比重的32%。

2. 家庭经营收入有所增加。农民人均纯收入来自家庭经营的为2 300.86元，比上年增加171.97元，增长8.08%。其中：第一产业纯收入人均2 132.80元，占家庭经营纯收入的92.70%；二、三产业人均纯收入为168.07元，占家庭经营纯收入的7.30%。可以看出，部分农民已从传统的第一产业中分离出来，转向非农产业，农村二、三产业得到发展，为农民增收拓宽了渠道。

3. 财产性收入为43.99元，比上年同期增加41.05元，增长1 393.30%。

4. 转移性收入为89.30元，比上年同期增加48.25元，增长117.54%。

二、生活消费支出高于上年。

2004年农民人均生活消费支出为2 296.06元，比上年增加251.29元，增长12.32%。

食品消费：农民人均食品消费支出为951.82元，比上年同期增长3.41%，食品支出占生活消费的比重（恩格尔系数）为41.45%。其中，食品消费品支出为892.61元，占食品支出的93.78%；食品消费服务性支出为59.22元，占6.22%。

衣着消费：农民人均衣着消费158.60元，比上年增加3.76元，增长2.43%。衣着消费占总生活消费的6.91%，比上年下降0.66个百分点。

医疗保健消费：农民用于医疗保健的消费为222.02元，比上年增加120.80元，增长119.35%。

文化娱乐用品及服务消费：农民用于文化娱乐用品及服务支出人均为303.44元，比上年增加10.69元，增长3.65%。

交通通讯及其他：农民人均用于交通和通讯消费为183.89元，比上年增加4.46元，增长2.49%。用于其他商品和服务的人均支出为50.57元，比上年增加6.44元，增长14.60%。

居住消费：农民人均居住消费支出为360.08元，比上年增加61.02元，增长20.40%。人均居住面积为21.95平方米，比上年增加0.70平方米，增长3.28%。农民的住房结构，钢筋混凝土结构人均面积1.46平方米，比上年增加0.26平方米，增长21.39%；砖木结构20.04平方米；其他为0.45平方米。在调查的300户中，百分之百有卫生设备；安全饮用水使用率为97.67%。说明我市农民的居住环境有了较大的改善。

家庭设备、用品及服务：农民用于购买家庭设备、用品及服务的支出为65.64元，比上年增加13.22元，增长25.22%。

三、主要耐用消费品的拥有量。2004年，本市农村每百户耐用消费品拥有量为：洗衣机44.67台，电冰箱14.33台，热水器2.33台，彩色电视机99台，摩托车25.67台，电话机82.33部，移动电话25.33部，摄像机1台，照相机4.67台。

（王红岩）

抚顺市2004年国民经济和社会发展情况

【基本情况】 2004年全市完成地区生产总值375亿元，按可比价格计算，比上年增长15%。其中第一产业产值28亿元，增长9.9%；第二产业产值225亿元，增长16.3%；第三产业产值122亿元，增长13.7%。三次产业构成比例由上年的7.7∶58.5∶33.8调整为7.5∶60.0∶32.5。全市人均生产总值16 617元，比上年增加2 705元。

国民经济和社会发展存在的主要问题是：结构调整进展不快，经济增长基础尚不稳固；对外开放总体水平不高；财政收支矛盾突出；就业、再就业形势依然严峻，部分群众生活仍很困难。

2004年全市生产总值完成375亿元。

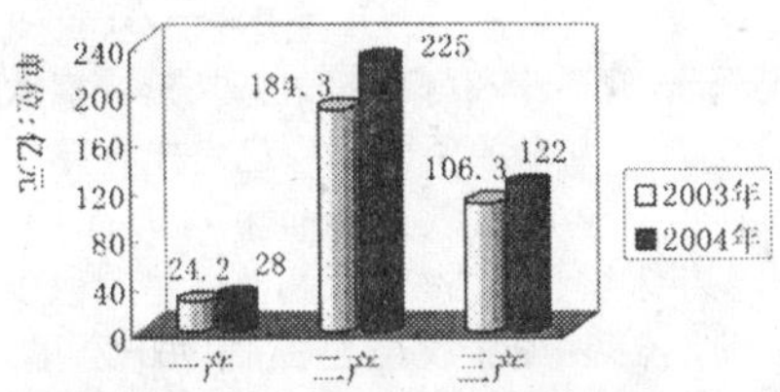

生产总值三次产业比重：

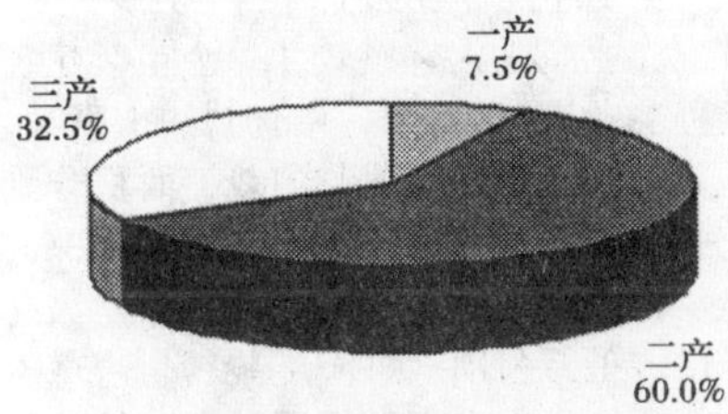

【农业和农村经济】 农业和农村经济进一步发展。全年实现农林牧渔业总产值54亿元，按可比价格计算比上年增长8.7%。其中农业产值22.7亿元，增长11.9%；林业产值4.3亿元，增长2.3%；牧业产值21.8亿元，增长7.4%；渔业产值4.7亿元，增长7.4%；农林牧渔服务业产值0.5亿元，增长7.2%。

粮食生产创历史新高。粮食直补和农村税费改革政策的实施，极大地调动了广大农民的种粮积极性，使全市农作物播种面积较上年有大幅度提高，粮食产量创历史最高水平。全市农作物播种面积10.16万公顷，比上年增加1.28万公顷，增长14.4%。粮食总产量达到51.7万吨，比上年增加8.4万吨，增长19.4%。其中稻谷11.3万吨，增长23.8%；玉米35.7万吨，增长20.1%；油料作物2 571吨，增长45.5%；蔬菜38.4万吨，增长1.8%；园参1 996吨，下降17.1%；水果6.2万吨，增长15%。

林业建设成效显著。全市共完成人工造林1.2万公顷，其中退耕还林9 667公顷，营造经济林920公顷，人工营造刺龙芽1 293公顷。新封山育林4 967公顷，完成林下开发面积8 667公顷。全市有林地73.3万公顷，林木蓄积量5 300万立方米，森林覆盖率达67.6%。本市已连续20年无重大森林火灾。

畜牧业生产平稳发展。年末大牲畜存栏19.1万头；生猪存栏40万头；全年肉类总产量12.1万吨，其中猪牛羊肉产量9.2万吨；奶类产量3.1万吨；禽蛋产量8.5万吨；水产品产量1.1万吨。

农村基础设施建设不断加强。年末农业机械总动力达39.54万千瓦，农村载重汽车765辆，农用拖拉机8 374台。全年投资3.1亿元，开工建设水利重点工程15项，其中投资9 320万元、蓄水4 000万立方米的关山水库已完成收尾工程；年末全市有效灌溉面积4万公顷，比上年末增长4.2%；农村路网建设稳步推进，全年共铺设黑色路面700公里，完成路基改造601公里，全市通油路行政村由上年的54.8%上升到了73%。

农业产业化进展较快。全年新建各类种养业园区88个，中药材、山野菜、地栽香菇、棚栽食用菌的栽植面积分别比上年增长10%、15%、10%和14.3%；全年订单农业已达到4.1万公顷，比上年增加1万公顷；鲁洲淀粉糖、达亨木业等一批龙头企业发挥了较强的带动和辐射作用。

【工　业】 工业生产增长较快。全年规模以上工业实现产值581.9亿元，比上年增长34.2%，实现增加值130.8亿元，增长16.0%。分经济类型看：国有及国有控股工业完成产值489.9亿元，增长34.1%；集体工业完成9.2亿元，增长42.1%；其他经济类型工业完成82.8亿元，增长34.2%。从轻重工业看：轻工业完成产值30.9亿元，增长19.7%；重工业完成551亿元，增长35.1%。从隶属关系看：中央工业完成产值309.8亿元，增长25.9%；省属工业完成68亿元，增长39.8%；市属工业完成133.3亿元，增长53.8%；县、区工业完成70.8亿元，增长35.6%。

规模以上工业完成产值581.9亿元。

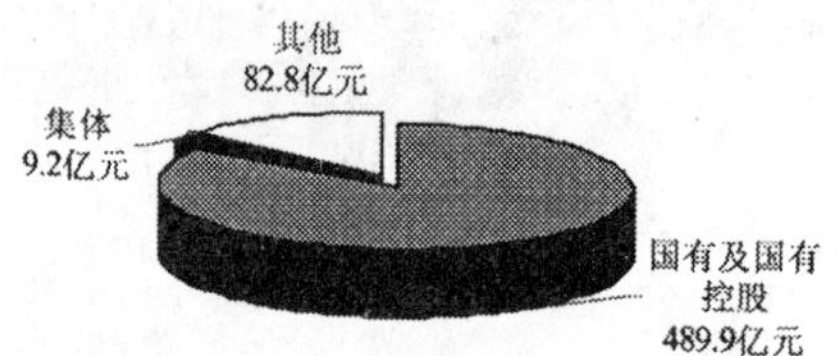

全市主要工业产品产量完成情况良好。其中：原煤完成727.6万吨，增长13.6%；原油加工量900万吨，增长5.8%；发电量86亿千瓦时，增长5.2%；天然气22 126万立方米，下降9.3%；生铁158.7万吨，增长36.4%；钢230.4万吨，增长19.2%；成品钢材162.8万吨，增长21.6%；饮料酒9 076万升，增长11.7%；彩色电视机47万部，下降10.6%。

国企改革快速推进。全年共完成58户国企单位改制，一些改制企业通过增量资金的注入盘活了存量资产，显现出勃勃生机和活力，生产经营形势明显好转。其中小莱河铁矿实现产值比上年增长2.8倍，永茂工程机械有限公司增长55.8%，挖掘机制造有限责任公司增长81.1%，炭素有限责任公司增长56.0%。

【建筑和房地产开发业】 建筑业生产持续增长。全市资质等级以上的建筑企业完成建筑面积206.5万平方米，完成建筑业总产值41.5亿元，比上年增长9.5%。

房地产开发稳步发展。全年商品房施工面积179.1万平方米，其中住宅151.8万平方米。商品房竣工面积76.3万平方米，其中住宅66.2万平方米。商品房销售面积65.9万平方米，其中销售给个人65.4万平方米。商品房销售额11亿元。

【固定资产投资和城市建设】 固定资产投资规模继续扩大。全年全社会固定资产投资完成102.5亿元，比上年增长30.6%。其中基本建设投资完成38.4亿元，增长42.9%，更新改造投资43.5亿元，增长44.8%，房地产开发投资11.4亿元，下降16.5%，城镇集体、农村及其他投资9.2亿元，增长16.0%。城镇固定资产投资94.1亿元，增长32.5%。

投资结构发生新变化。从经济类型看，国有及国有控股单位完成投资62.4亿元，占总投资的比重60.9%，非国有单位投资40.1亿元，占总投资的比重39.1%；从隶属关系看，中央企业完成投资24.1亿元，占总投资的比重23.5%，地方企业投资78.4亿元，占总投资的比重76.5%。

全社会固定资产投资完成102.5亿元。

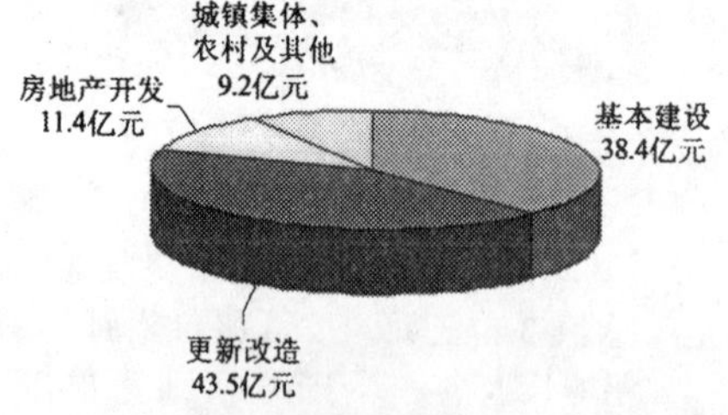

重点建设项目进展顺利。在年初确定的100个重点项目中，已开工的有87项，完成投资额59亿元，比上年增长47.5%，占全市固定资产投资总额的57.6%。中油抚顺石化分公司40万吨/年酮苯装置、特殊钢公司模具钢替代进口、新抚钢公司1.3万立方米制氧机组改造、辽电35万千瓦一号机组、抚顺市金新化工公司44万吨焦炭、鹰霸机械公司船舶发动机三期改造工程等一批重大项目陆续竣工投产；抚顺石化3 000吨/年催化剂、辽电二号机组、特殊钢公司10吨真空感应炉、新抚钢公司180平米烧结机等重大工程项目进展顺利。

城市建设步伐加快。全年共完成城建总投资7.8亿元，比上年增长21%，其中道桥投资4.2亿元，比上年增长91%。全年改扩建道路116条，前甸通道、三宝综合立交桥、浑河大桥至和平桥2.6公里快速路、和平桥南立交、浑河大桥南立交、海新桥至天湖大桥快速路等一批重点项目的建成通车，使部分城市主干道交通状况得到改善。新城路、临江路及将军街改造等一批利民便民工程全部竣工。加大违章建筑、露天集贸市场的退路进厅和户外广告的整治力度，加强了道路挖掘的治理和环境卫生管理。园林绿化工作取得新成果，城区植树122万株，新增绿地面积355公顷，市容市貌得到改善。

【交通运输和邮电通讯业】 交通运输能力不断提高。全市公路总长度3 447公里。全年货运总量4 373万吨，比上年增长6.8%，其中公路货运量1 890万吨，增长10%。全年客运总量2 650万人次，其中公路客运量2 022万人次，增长2%。全市共有公共汽车线路58条，长途客运线路358条；拥有公共汽（电）车1 281辆；出租车4 535辆。

邮电事业快速发展。2004年末，全市固定电话交换机总容量80万门，比上年末增加5万门。全年完成邮电业务总量15.3亿元，比上年增长14.2%。年末城乡电话用户78.7万户，比上年末增加7万户。在城乡电话用户中，住宅电话69.2万户，增加13.2万户。全市移动电话63万户，增加12.5万户。互联网用户34万户，增加1万户。

【国内贸易和市场物价】 消费品市场稳步增长。全市社会消费品零售额157.4亿元，比上年增长12.2%。其中城市消费品零售额136.0亿元，增长13.0%，县及县以下农村消费品零售额21.4亿元，增长10.0%；批发零售贸易业零售额127.1亿元，比上年增长12.3%，餐饮业零售额18.8亿元，增长8.4%，其他行业零售额11.5亿元，增长18.4%。集贸市场继续发展，全市共有各类城乡集市贸易场所230处，其中生产要素市场24处，消费品市场206处。全市有各种连锁店铺360个，比上年增加32个，实现销售额16.9亿元。连锁店铺的迅速发展和购物环境的明显改善，大大提升了全市商业的现代化水平。

社会消费品零售额完成157.4亿元。

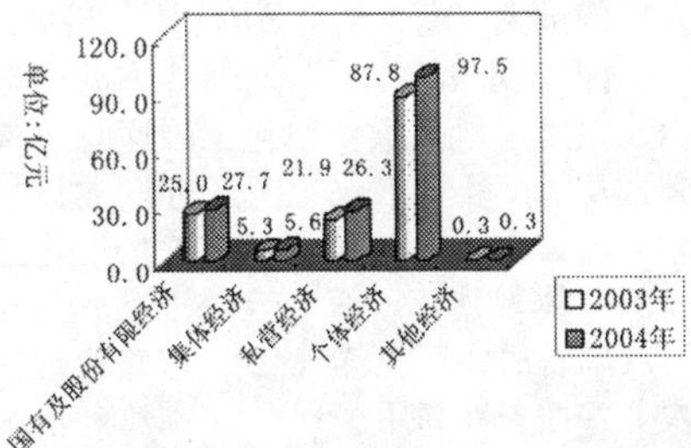

市场物价有所回升。2004年，城市居民消费价格总指数102.3%，其中服务项目价格指数102.4%。在居民消费价格总指数中，食品类价格指数106.9%，烟酒及用品类指数100.4%，衣着类指数102.6%，家庭设备用品及维修服务类指数94.7%，医疗保健和个人用品类指数101.2%，交通和通讯类指数96.4%，娱乐教育文化用品及服务类指数99.1%，居住类指数100.5%；全年工业品出厂价格总指数110.9%；原材料、燃料动力购进价格总指数113.9%。

【对外经济贸易和旅游业】 外贸出口大幅增长。全年出口总额实现4.1亿美元，比上年增长63.6%，创历史最高水平。其中外贸自营企业出口3.3亿美元，增长71.8%，外商投资企业出口8 037万美元，增长36.9%。

新批外商投资项目增加。全年新批外商投资项目66个，比上年增加13个，合同金额10 668万美元，下降20.5%；实际利用外商直接投资3 478万美元，比上年下降43.8%。

对外经济技术合作进一步加强。全年共签订对外经济技术合作合同27个，合同金额3 200万美元；向境外输出劳务人员3 100人，比上年增长29.4%；对外经济合作区扩展到26个国家和地区。

旅游事业成果显著。全市旅游市场以清永陵申报成功和红河峡谷漂流的开通为契机，以整合旅游资源、打造特色旅游为重点，特别是借助沈阳客源市场，把抚顺清前史迹产品与沈阳清文化产品相链接，倾力打造“一宫三陵”品牌，使全市旅游事业发展加快。全年实现旅游总收入13.3亿元，比上年增长41.5%。拥有星级宾馆22家，旅行社38家，A级景区7处，其中4A级景区3处，省级以上森林公园6个。

【财政金融和社会保险业】 财税收入增长较快。全市完成各项税收48.6亿元，比上年增长16%，其中消增两税30.5亿元，增长16%。地方财政一般预算收入实现17.6亿元，同口径增长22.4%，其中市本级实现9.7亿元，增长22.6%；全年地方财政一般预算支出38.9亿元，增长21.9%。

金融业平稳运行。年末全市金融机构存款余额407.9亿元，比年初增加43.4亿元，其中城乡居民储蓄存款余额314.4亿元，增加26.8亿元。金融机构贷款余额230.7亿元，比年初增加15.1亿元。其中短期贷款余额135.8亿元，增加3.2亿元，中长期贷款余额73亿元，增加11.8亿元；全年金融机构现金收入1 212.3亿元，比上年增长33.8%，现金支出1 247.6亿元，增长32.3%。累计净投放货币35.3亿元，下降4.7%。

保险事业不断发展。全市10家保险机构共实现保费收入9.9亿元，比上年增长17%。其中财产险2.2亿元，下降3%；人身险7.7亿元，增长25%。全年支付财产险赔款金额1.2亿元，人身险给付和退保金额0.6亿元。

【科技　教育　文化　卫生　体育】 科技创新能力不断增强。全市各类科研机构共完成科研成果120项，其中达到国际先进水平的8项，国内先进水平的50项。获得国家奖励1项，获省奖励6项，获市奖励26项，科技成果转化率达61%。专利事业取得新进展。全年共申请专利364项，比上年增长25.0%。实现高新技术产值123.8亿元，增长20.9%。

各类教育协调发展。全市共有各类学校987所，在校学生32.5万人，专任教师2.1万人。其中普通高等学校3所，在校学生1.8万人；成人高等学校5所，在校学生3 181人；普通中等专业学校8所，在校学生7 773人；普通中学157所，在校学生12.5万人；职业中学19所，在校学生1.2万人；技工学校7所，在校学生3 844人；小学516所，在校学生13.1万人。高考录取率稳步提高，2004年全市专科以上录取率为92.6%。

文化事业繁荣发展。全市以挖掘城市文化底蕴、提升城市文化品位为发展定位，大力发展专业艺术和群众文化艺术。全年举办文化演出372场，观众达37万余人次，其中话剧《带陌生女人回家》在中国戏剧节上获8项金奖。全市拥有群众艺术馆、文化馆、文化站71个；公共图书馆7个，总藏书量99万册，总流通量为23.8万人次；全市广播人口覆盖率为98.7%，电视人口覆盖率为98.4%。

卫生事业健康发展。2004年末全市拥有卫生机构197个，其中医院68所，卫生院57个，妇幼保健院（所、站）8个，专科疾病防治院7个，疾病疫情控制中心（防疫站）8个；卫生医疗实有床位1万张，其中医院9 628张；拥有卫生技术人员1万人，其中医生4 607人。加强了疾病预防控制体系和医疗救治体系建设，建立了突发公共卫生事件的预警和应急机制，确保了全市没有发生重大传染病疫情及突发公共卫生事件。

体育事业蓬勃发展。竞技体育水平稳步提高，本市运动员在参加全省17项比赛中，共获奖牌152枚，其中金牌46枚。全民健身基础设施建设得到加强，群众体育活动日趋活跃。全年共建成室外公共健身场所33个，新增活动场所面积16万平方米。全市80%的乡镇和90%以上的社区都建立了体育组织，共组织全民健身活动和竞赛30余项。学校体育活动积极开展，全市学生“达标”率为93.12%。

【人口与就业】 人口自然增长率下降。2004年末全市户籍总人口224.9万人，其中市区人口141.1万人。在总人口中，非农业人口147.8万人，农业人口77.1万人。全年出生人口1.3万人，出生率5.63‰，死亡人口1.5万人，死亡率6.73‰，人口自然增长率为－1.1‰。

就业结构发生新变化。全市社会从业人员106.4万人，比上年末增加6.4万人。其中城镇单位从业人员30.2万人，减少591人，在岗职工29.4万人，减少1 521人；城镇私营、个体从业人员28.9万人，增加4.2万人。城镇登记失业率为5.7%。

【人民生活与社会保障】 城乡居民收入继续增加。全市在岗职工工资总额41.2亿元，比上年增长12.9%，在岗职工人均工资13 915元，增长15.7%。城市居民人均可支配收入7 008元，比上年增长9.6%，扣除物价上涨因素，实际增长7.1%。人均消费支出6 227元，增长11.6%。年末每百户城市家庭拥有电脑18.5台、空调6.5台、彩色电视机115.5台、电冰箱83台、洗衣机86.5台、微波炉30台、影碟机43.5台、固定电话94部、移动电话87部。全市农民人均纯收入3 580元，比上年增长8.2%。年末每百户农民家庭拥有彩色电视机99台、洗衣机44.7台、摩托车25.7辆、电冰箱14.3台、固定电话82.3部、移动电话25.3部。

社会保障体系逐步完善。全年完成各项保险扩面10万人，比上年增加2.7万人；累计征缴各项社会保险费9.4亿元，比上年增长3.8%；加强低保工作规范化管理，全市享受城市居民最低生活保障人数16.4万人，发放保障金1.38亿元，基本实现了应保尽保。广开就业渠道，努力促进就业再就业，全年实现就业再就业10.9万人次，比上年增长10.3%。

【环境保护和治理】 环境保护力度加大。全市环保工作以“创建国家环保模范城市”为契机，通过开展西部“蓝天白云”行动，重点治理了新抚钢有限责任公司、特殊钢股份有限公司、抚顺热电厂、辽宁鑫和钢铁公司等工业企业排放的污染，使全市污染物排放量进一步削减，烟尘、粉尘、二氧化硫排放量比上年削减9%、14%和0.6%，COD排放量比上年削减3.4%。环境质量明显改善，全年70%的天数空气质量达到国家空气环境质量二级标准，大伙房水库水质达到Ⅱ类水体标准。在60家清洁生产试点企业中，有11家企业达到国内同行业先进水平。开展了浑河支流综合整治，对海新河和抚西河环境的综合整治工程已正式开工建设。生态保护和建设得到加强，继新宾县和清原县被命名为全国生态示范区后，抚顺县和顺城区，也被列为全国生态示范县建设试点。龙岗山自然保护区、猴石自然保护区、三块石自然保护区、浑河源自然保护区被评为省级自然保护区，新增自然保护区面积600平方公里。

（张 妍）

经济开发区

·抚顺经济开发区·

【基本情况】 2004年，抚顺经济开发区经济与社会各项事业健康发展，在招商引资、盘整工作、园区开发、产业升级、环境优化和体制创新等方面取得了突破性进展。全区国内生产总值实现28亿元，同比增长21.6%；规模工业增加值完成4.37亿元，同比增长31.2%；规模工业产品销售收入完成19.5亿元，同比增长39.7%；各项税收收入完成3.68亿元，同比增长22.8%；地方财政一般预算收入完成1.4亿元，同比增长34.3%；固定资产投资完成9.92亿元，同比增长36.8%；招商引资项目实际到位资金9 153万美元，同比持平，其中实际直接利用外资额1 001万美元，同比增长3.4倍。

【招商引资】 调整招商工作思路，项目质量和规模有较大幅度提高。面对地区间引资竞争日趋激烈、政策优势逐渐淡化、土地资源日益紧缺的局面，推行项目准入制，将项目单位面积投资强度、财政贡献率、销售收入和土地出让价格相挂钩，促进了进区项目质量和规模的提高。全年新建重点项目9个，投资总额7.1亿元，项目单体平均投资额达到8 000万元。实行无干扰服务，帮助企业解决实际问题，增强了企业继续投资的信心，全年有11家企业增资，增资总额达2.02亿元。当年完成续建项目5个，投资总额2.24亿元，建成投产项目18个，净增工业产值4.9亿元。学习和借鉴操作新加坡胜科公司招商工作中的成功经验，提高专业人员素质，苦练内功，强化基础性工作，调整招商部门职能分工，加强对外宣传与联络，取得明显成效。目前确定跟踪推进的重点项目24个，为今后项目大规模开工建设奠定了坚实的基础。

【盘整工作】 按照科学发展观的要求，为充分发挥有限资源的最大作用，积极盘活资产，用活资金，夯实发展基础。一是盘整土地资源。对全区可利用土地进行了盘点和整理，通过重组、收购、出售、嫁接等办法，共盘活土地20多宗，面积达1 600多亩。高湾经济区盘活原肉鸡公司土地近500亩，并新引进4户生产型企业。二是盘活存量资产。全区收回和盘活企业厂房、宿舍、办公楼等建筑物15处，总建筑面积5万余平方米，资产总额5 000多万元。同时，通过盘整促进一批企业转制。东方绿洲食品公司以330万元收购金信鞋业有限公司闲置厂房，并投资1 600万元建设新项目；辽宁万融贸易有限公司投资1 350万元承债式整体收购润升鞋业公司，成立金源橡胶制品有限公司；煤科总院抚顺分院出资410万元收购中科新材料、六角水净水设备项目的闲置土地和厂房，建设生产基地。三是理清债权、债务。全年清欠土地出让金6 726万元。当年偿还陈欠债务近6 000万元，其中：银行贷款750万元，工程款2 271万元，土地补偿金2 978万元。四是加强基础性工作。建立了重大事项的决策论证制度，推进了决策科学化、民主化、制度化。通过建立健全政府采购制度，全年节约资金390多万元。加强了档案管理，全年收编甚至抢救性收编各种档案资料1 475卷，高湾经济区档案管理进入省三级。加强了对全区重点工作的调查研究，一些涉及发展的重大问题得到有效解决。

【园区规划开发】 通过多方共同努力，完成了《抚顺精细化工园区总体规划》及《抚顺精细化工园区近期建设规划》的编制工作，其中《抚顺精细化工园区总体规划》已获市政府批准。完成了《李石居住区控详规划》、《高湾现代农业基地土地利用规划》、《高湾经济区控详规划》、《高湾旅游总体规划》的专家论证，并上报市规划委员会待批。上述规划的完成，解决了多年来地区规划滞后的问题，对于全面整合地区资源，统筹协调地区发展具有重要作用。规划的编制充分考虑了城市向西发展的战略和融入沈阳经济区，与浑南新区发展规划相衔接等问题。为拓展开发空间，配合土地利用规划调整，对基本农田进行了重新划定，完成了3 000亩造地任务，补办征地383亩，预征土地381亩，完成了市土地利用总体规划开发区部分调整的前期准备工作，将精细化工园区近期用地和高湾现代农业加工产业区纳入了市土地利用总体规划修编范围。在充分考虑被征地农民利益的基础上，按照国家新的征地安置补偿精神，针对过去几年土地征用中的实际问题，采用新的安置补偿办法，比较顺利地完成了土地征用工作，平稳妥善解决了历史上征地补偿的矛盾。

【基础设施配套建设】 加大基础设施建设，配套功能得到进一步完善。围绕进区项目需求，努力完善各项基础设施配套功能，提高项目承载能力。全区财政直接投资于基础设施建设资金6 500万元，同比增长84.1%。主要完成了六大工程：供水工程总投资完成1 900多万元，使日供水能力达到5万吨，保证了李石和高湾地区工业和民用需求；煤气工程投资完成240万元，铺设4 200米管线，实现了煤气的从无到有；供热投资完成862万元，铺设管线2 807米，增建30吨炉一台，使供热能力达到每小时110吨，满足了近期项目配套的需求；污排工程投资完成440万元，使区内的污水排放与城市污水排放实现并网；在市供电公司大力支持下，共同投资4 800万元，新建四方台二次变电所和高湾电力改造扩能工程，两项工程竣工后供电能力整体提高一倍；村村通工程等道路工程11项，投资1 190万元，进一步改善了交通环境和城乡面貌。

【农村和社会事业】 本着经济社会协调发展的原则要求，进一步强化了农村和社会事业工作。认真贯彻落实国家粮食补贴政策，向农民发放粮食补贴资金46万元，发放水稻粮种补贴资金13万元。深化农村税费改革，使农民人均负担由改革前的110元减为25元，基本实现了村村减负，户户受益。进一步加强了专业园区和产业化基地建设，大力扶持产业化龙头企业，充分发挥了龙头企业的带动、示范和牵动作用。农村经济逐步繁荣，农业发展后劲增强，农民收入明显提高。同时，各项社会事业健康发展。全年投入资金141万元，用于各项基础建设，改善办学条件，教育资源得到进一步优化，教育布局实现合理调整。积极开展扶贫帮困工作，困难群体脱贫率有所上升。认真做好农工岗前培训和就业工作，全区安排各类就业人员5 826人次。积极在非公有制企业中组建工会，开展职工维权活动，组织群众开展多种多样的文化体育活动。认真贯彻实施《行政许可法》，推进依法行政。适时开展法制教育和司法宣传活动，积极创办法制示范村，使全区人民群众的法制观念和意识有所增强。加强了现代社区建设和管理，新组建社区6个，社会化管理水平得到提升。加强精神文明建设，高湾经济区、李朝小学被评为省级文明单位，有14家单位被评为市级文明单位。

（丁继刚）

·抚顺胜利经济开发区·

【主要指标完成情况】 实现地区生产总值6亿元，比上年增长9%；固定资产投资总额达到1.01亿元，比上年增长7%；实现税收总额7 002万元，实现财政收入2 094万元；出口创汇300万美元；合同利用外资额1 814万美元，实际利用外资额37万美元；安置就业、再就业8 108人次。

【园区建设】 继续加强胜利工业园区基础设施配套建设，2004年在园区投资共计483万元，其中市投119万元，区投364万元。近1平方公里范围内已基本达到“七通一平”，自建、联建标准化厂房13 000多平方米。进一步改善了投资环境。完成了道路、上下水、土地平整等工程，使园区的环境和投资条件得到较大改善。以胜利工业园区为载体，在市政府的指导下签订了合作开发建设“抚顺澳门国际工业园”的合同，拟重点引进港澳和东南亚及欧美等国家和地区的工业项目，建成抚顺市新兴的工业园区。引进了在建项目。园区内已开工土建项目5个，项目总投资3 700多万元。其中包括抚顺兴荣电瓷电气有限公司的工业避雷器项目、亨易金属公司的防盗门项目、日本藤田公司的机加工项目、营口三星彩板项目等。

【招商引资】 2004年，本区充分发挥土地、资源、厂房、设施等方面的比较优势，切实加大了招商引资力度，取得招商引资新成效，引进项目76个，引进资金1.9亿元。一是突出重点，全面实施市场化招商引资战略。采取“走出去，请进来”的方式，先后到沈阳、大连、天津和澳门等地进行实地考察、洽谈，与客商进行广泛接触，表明了开发区招商的姿态。二是加大宣传力度。面向沈阳大市场，先后5次在辽宁日报、辽沈晚报、沈阳晚报等新闻媒体进行广告宣传，并派专人到沈阳走访有意向的投资者，取得了很好效果。三是改进招商引资方式。采取以商招商、以内引外的方式，多渠道、多领域招商引资，充分挖掘项目源，搞好项目包装，抓好项目跟踪和落实。四是落实项目责任制。实行项目包保制和项目负责制，将招商指标完成情况与工资收入、奖金挂钩，实行项目一票否决制。

【再就业工作】 一是加强了再就业基础工作。将下岗、失业人员的家庭状况、劳动技能、就业愿望等全部制作成软件、台账，实行微机化管理，做到了底数清、家庭状况清、就业技能清、适合岗位清。二是完善服务体系。自筹资金改造建设了2 000平方米的再就业培训中心和3 000平方米的再就业服务中心，形成了较完善的再就业服务体系。共开办足疗、编织、家政等各类业前培训班65期，28个专业，培训3 191人次，其中安置再就业2 032人次；发布用工信息160余条，提供政策咨询500余次。三是拓宽了就业、再就业安置渠道。创建了2 000平方米的再就业创业市场，安置了近1 000人就业。通过新办项目和创办微小企业提供较固定的再就业岗位，安置了1 688人。提供了244个公益性岗位，安置下岗、失业人员中的困难群体。大力发展社区服务业，从业人员达到940人。扩大劳务输出，实现劳务输出772人。四是建立了再就业工作的激励机制。年初把再就业的目标任务自上而下层层分解落实到部门、街道、社区，层层签订责任状，把再就业指标完成情况与收入挂钩，有力地推动了再就业工作。

【改善投资环境】 一是加快基础设施改造建设步伐。改造道路7条3 649延长米，改造桥梁一座，增设排水主干线1 432米，工程总投资414.8万元（其中市投273.5万元，区投141.3万元）。动迁住宅70户，企业7家，发生动迁费用233万元。二是优化软环境建设。制定下发了《关于进一步深化软环境建设的通知》等文件，实行重点联系企业包保制、项目审批代办制、软环境建设责任制，落实“无费区”政策，实施“洼地战略”，收到初步效果。

【社会事业】 突出“稳定”中心，全面加强社会事业管理工作，为经济发展提供了良好的大环境。一是落实低保政策，为全区低保人员3 490户、7 867人全额发放低保资金628万元，其中区财政支出181万元。二是树立“群众利益无小事”的思想意识，切实做好社会保障、扶贫帮困、排忧解难工作，为群众办实事、办好事。全年走访慰问1 600人次，下发扶贫捐款20余万元，缓解了特困户的实际困难。

（岳艳锦）

行政区划

【区划调整】 2004年本市行政区划进行了局部调整。根据《国务院关于行政区划管理的规定》（国发［1985］8号），抚顺市人民政府在8月3日对《新抚区关于增设南阳街道办事处、恢复千金街道办事处的请示》（新政字［2003］30号）做出了《关于对新抚区增设南阳街道办事处恢复千金街道办事处的批复》（抚政复字［2004］7号）：1. 同意你区增设南阳街道办事处、恢复千金街道办事处。2. 增设、恢复的街道办事处，人员编制及经费由你区调剂解决，不增加人员编制及经费支出总量。3. 调整后的街道界限勘定工作要科学合理。2004年11月27日，辽宁省人民政府对《关于将抚顺县章党镇部分行政区域划归东洲区的请示》（抚政［2003］29号）做出《辽宁省人民政府关于同意将抚顺县章党镇部分行政区域划归东洲区的批复》（辽政［2004］278号）：同意将抚顺县章党镇原所辖的辽电河东、辽电河西、火电、天湖、抚东一、抚东二、粮库、线桥、水泥厂、水库街等10个社区居委会和章汉、章鲜2个村（区域面积共35平方公里，人口3.75万人）划归东洲区，设立章党街道办事处。区划调整后，抚顺县辖12个乡镇，区域面积2 314.7平方公里；东洲区辖2个乡、11个街道办事处，区域面积226.8平方公里。到2004年底，抚顺市行政区划整体情况见《抚顺市行政区划简表》。

【地名管理】 2004年6月2日，抚顺市人民政府批准了《关于南阳部分街路变更命名的请示》（抚民发［2004］26号），对南阳部分街路变更命名如下：1.原南阳一街名称不变。2.南台电车线路以南，嘉苑小区以北，西起南阳一街，至该路东端为南阳一路。3.南阳一路南，南阳路北，西起南阳一街，至该路东端为南阳二路。4.嘉苑小区东段，北起南阳一路，南至南阳路为南阳四街。5.南阳一街以东，南阳四街以西，北起南阳二路，南至南阳路为南阳三街。2004年6月9日，抚顺市前甸地区新建的立交桥，经过冠名权拍卖，正式命名为“天湖大桥”。2004年6月24日，根据《抚顺市地名管理办法》，经市政府批准，望花区和平路更名为雷锋路，该路全长6 197米、宽12米，是望花区城区中的一条主要交通干道。

（孙振全）

附：

抚顺市行政区划简表

县区	面积（KM^2）	街道（个）	乡镇（个）	居委会（个）	村委会（个）	街道乡镇名称
新抚区	30.3	8		61	2	新抚街道、福民街道、站前街道、永安台街道、东公园街道、榆林街道、千金街道、南阳街道
东洲区	226.8	11	2	105	28	新屯街道、东洲街道、张甸街道、搭连街道、龙凤街道、万新街道、老虎台街道、平山街道、南花园街道、刘山街道、章党街道、千金乡、碾盘乡
望花区	213.8	11	1	86	40	田屯街道、工农街道、建设街道、和平街道、新民街道、光明街道、朴屯街道、演武街道、古城子街道、五老屯街道、李石街道、塔峪镇
顺城区	277.7	6	3	71	33	新华街道、抚顺城街道、将军堡街道、葛布街道、长春街道、河东街道、前甸镇、河北乡、会元乡
抚顺县	2 314.7		12	4	142	章党镇、石文镇、后安镇、哈达镇、峡河乡、救兵乡、海浪乡、马圈子乡、上马乡、兰山乡、拉古满族乡、汤图满族乡
新宾县	4 287.6		15	18	180	新宾镇、永陵镇、木奇镇、南杂木镇、旺清门镇、上夹河镇、大四平镇、平顶山镇、苇子峪镇、北四平乡、红升乡、红庙子乡、响水河子乡、榆树乡、下夹河乡
清原县	3 921.2		14	34	188	清原镇、红透山镇、大孤家镇、南口前镇、湾甸子镇、南山城镇、草市镇、夏家堡镇、英额门镇、土口子乡、枸乃甸乡、大苏河乡、北三家乡、敖家堡乡
合　计	11 272.1	36	47	379	613	

市级机构及法院检察院 军分区主要领导人

【中共抚顺市委员会】

书　记：周银校（2000年11月—2004年3月）
　　　　周忠轩（2004年3月任职）
副书记：王大平（2000年1月—2004年3月）
　　　　刘　强（2004年3月任职）
　　　　杨桂荣（2001年5月—2004年9月）
　　　　张　敏（2002年3月任职）
　　　　郭　平（2003年4月任职）
　　　　陈　雍（2004年9月任职）
常　委：魏东平（2002年1月—2004年9月）
　　　　孟凌斌（2004年9月任职）
　　　　吴　光（1995年4月任职）
　　　　马克猛（1997年11月任职）
　　　　冯作良（2000年11月任职）
　　　　张　祥（1999年3月—2004年9月）
　　　　汤　毅（2003年4月任职）
　　　　袁　方（2003年4月任职）
　　　　徐学东（2004年9月任职）
秘书长：袁　方（2003年4月任职）

【抚顺市人民代表大会常务委员会】

主　任：尹　文（2003年1月任职）
副主任：周庆久（2001年2月任职）
　　　　李荣春（2001年2月任职）
　　　　张庆华（2003年1月任职）
　　　　崔树森（2003年1月任职）
　　　　李永立（2003年1月任职）

王运凡（2003年1月—2004年7月）
孙德成（2004年1月任职）
秘书长：王新传（2004年1月任职）

【抚顺市人民政府】

市　长：王大平（2000年1月—2004年3月）
代市长：刘　强（2004年3月任职）
副市长：魏东平（2002年1月—2004年9月）
孟凌斌（1995年2月任职）
陈松扬（1998年1月任职）
毛绍华（2002年8月任职）
王　宁（2003年5月任职）
刘　诗（2003年5月任职）
赵家绪（2003年12月任职挂职）
关　飞（2004年10月任职）
秘书长：钱程广（2003年4月任职）

【中国人民政治协商会议抚顺市委员会】

主　席：陈家湃（1999年1月任职）
副主席：王　斌（2003年1月任职）
徐泽林（1998年1月任职）
钱光浒（1998年1月任职）
刘全芳（1993年2月任职）
杨福田（2001年1月任职）
董树兴（1998年1月任职）
孙雅忠（1998年1月任职）
王淑雅（2003年1月任职）
秘书长：汤儒国（1996年12月任职）

【中共抚顺市纪律检查委员会】

书　记：杨桂荣（2000年11月—2004年9月）
陈　雍（2004年9月任职）
副书记：祁玉霞（1996年6月任职）
王建国（1999年6月任职）
王新国（1996年10月任职）
常　委：张鲁英（1995年5月任职）
孟昭方（1995年5月任职）
施学良（1999年4月任职）
曹宪阁（1998年12月任职）
崔　巍（2001年5月任职）
秘书长：曹宪阁（1998年12月任职）

【抚顺市中级人民法院】

院　长：李东昌（2004年1月任职）
副院长：侯　俊（2000年3月任职）
黄国振（2000年3月任职）
朱　力（1994年3月任职）
刘　岩（2004年10月任职）
王立重（2004年10月任职）
纪检组长：周庆春（2001年12月任职）

【抚顺市人民检察院】

检察长：隋振林（2004年1月任职）
副检察长：李东辉（2000年3月任职）
尹庆富（2000年3月任职）
于成生（2002年1月任职）
苏立芳（1992年8月任职）
吴兴安（2004年10月任职）
纪检组长：王　刚（1998年4月任职）

【抚顺军分区】

党委第一书记：周银校（2000年12月~2004年6月）
周忠轩（2004年6月任职）
司令员：王万鹏（2000年11月任职）
政治委员：张　祥（1998年12月~2004年8月）
徐学东（2004年8月任职）
副司令员：张　威（2001年2月任职）
副政治委员：周启明（1998年7月任职）
参谋长：李维克（1997年5月任职）
政治部主任：成　江（1998年10月任职）
后勤部部长：张喜林（2000年1月任职）

市直党政机关　大型及重点企业领导人

（统计时间到2004年12月）

【市直党政机关领导人（正职）名单】

单　位	职　务	姓　名
市委办公厅	主　任	解玉平
市委组织部	部长（市委常委）	汤　毅
市委宣传部	部长（市委常委）	马克猛
市委统战部	部长（市政协副主席）	王淑雅
市台办	主　任	姚　锋
市委政法委	书记（市委常委）	吴　光
市委政研室	主　任	张　波
市直工委	副书记	史邦宁
市信访办	主　任	肖林发
市政府办公厅	主　任	关庆福
市公共行政服务中心	主　任	张怀江
市国资委	主　任	王新鹏
	书　记	徐兴中

续　表

单　位	职　务	姓　名
市发展改革委	主　任	阎茂龙
市物价局	局　长	刘卫东
市经委	主　任	孙晓明
市安全生产监督局	局　长	张弘卓
市教育局	局　长	刘永生
	书　记	周继祥
市科技局	局　长	董树兴
	书　记	刘延绪
市信息产业局	局　长	赵淑云
市民委（宗教局）	主　任	朱爱国
市公安局	局　长（副市长）	关　飞
市监察局	局　长	王新国
市民政局	局　长	杜晓航
市司法局	局　长	刘传胜
市财政局	局　长	钱程广
市人事局	局　长	张　瑞
市编委办	主　任	刘长河

续 表

单 位	职 务	姓 名
市劳动和社会保障局	局 长	李伟民
	书 记	粟志远
市规划和国土资源局	局 长	江润黎
市建委	主 任	朱向前
	书 记	杨秉臣
市城管局	局 长	王振东
	书 记	许传江
市综合执法局	局 长	王 飞
市房产局	局 长	史有成
市交通局	局 长	佟泽宾
	书 记	刘茂德
市农委	主 任	叶德明
市水务局	局 长	苗亚钧
市林业局	局 长	孙万昌
市外经局	局 长	王 咏
市商业局	局 长	孙道义
市文化局	局 长	刘季春
市卫生局	局 长	邢树瀛
	书 记	祁佐威
市计生委	主 任	刘玉文
市审计局	局 长	胡 新
市环保局	局 长	李 达
市体育局	局 长	李文智
市统计局	局 长	于景森
市粮食局	书 记	杨志全
市外事办	主 任	魏素洁
市政府金融办	主 任	张春印
市法制办	主 任	王玉福
市人防办	主 任	郭子原

【大型及重点企业党政领导人（正职）名单】

单 位	职 务	姓 名
抚顺特殊钢有限公司	党委书记、总经理	韩玉臣
	董事长	赵明远
抚顺新抚钢有限公司	党委书记	刘 明
	董事长、总经理	刘兴明

续 表

单 位	职 务	姓 名
抚顺挖掘机厂	常委书记、厂长	韦廷玉
抚顺铝厂	党委书记	朱洪宾
	厂 长	王君国
抚顺红透山铜矿	党委书记	于跃起
	矿 长	祁成林
抚顺机械有限公司	董事长、党委书记	刘先锋
抚顺耐火材料厂	党委书记	刘金城
	厂 长	石忠忱
抚顺化工总厂	党委书记、厂长	吕广义
抚顺有机化工总厂	党委书记	侯志学
	厂 长	周东旭
抚顺恒昌炭黑公司	党委书记	高超义
	总经理	崔长存
抚顺起重机总厂	厂 长	郭洪江
抚顺青鹭纺织公司	党委书记、董事长	许秋玲
	总经理	佟金成
抚顺金凤有限公司	党委书记、董事长、总经理	杨枫岭
抚顺三环染织公司	党委书记	李世亮
	董事长、总经理	关连平
抚顺热电厂	党委书记、厂长	王 威
抚顺醇醚化学厂	临时党委书记、厂长	郑家敏
抚顺有机玻璃厂	党委书记	杨素媛
	厂 长	李武东
抚顺腈氯纶化学厂	厂 长	胡连锁
抚顺裕民商城	党委书记	张建华
	总经理	王喜林
抚顺肉联厂	党委书记	张英杰
	厂 长	赵凤安
抚顺财贸七星集团	党委书记	纪祖明
	董事长、总经理	刘云杰
抚顺蔬菜公司	党委书记	王抚和
	经 理	朱景笠
抚顺化轻公司	党委书记	李文浩
	经 理	戴建清

续 表

单　位	职　务	姓　名
抚顺建材公司	党委书记	杨雨茂
	总经理	初宪斌
抚顺面粉总厂	党委书记	郎坤林
	厂　长	马　智
抚顺元雪集团公司	党委书记、董事长	张　旭
	总经理	赵新明
抚顺二粮油公司	党委书记	孙　锋
	总经理	任金祥
抚顺通利达总公司	党委书记	唐冬柏
	总经理	杨　晶
抚顺粮油公司	党委书记	何仲贵
抚顺土产公司	党委书记	王凤兰
	经　理	关　新
抚顺物回总公司	党委书记	张冰华
	总经理	李长杰
抚顺市建一公司	党委书记	丛　光
	经　理	张义山
抚顺市建二公司	党委书记	曾庆祝
	经　理	周大勇
抚顺市建三公司	经　理	孙恒涛
抚顺构件公司	党委书记	庞　全
	经　理	鄂　宏
抚顺大酒店	总经理	杨　力
抚顺市政（集团）公司	党委书记	张礼文
	董事长、总经理	徐金城
抚顺自来水总公司	经　理	李立生

续 表

单　位	职　务	姓　名
抚顺煤气总公司	党委书记	吴立功
	经　理	张佐明
抚顺热力总公司	党委书记	张文超
	经　理	吕兰军
抚顺第一住宅公司	党委书记	张庆波
	经　理	寇英杰
抚顺房产建筑公司	党委书记	王　旭
	经　理	袁希春
抚顺建综开发公司	党总支书记	王明理
	经　理	郭丽华
抚顺房屋开发公司	党总支书记	王吕奎
	经　理	关玉秀
抚顺公汽总公司	党委书记	芮冀戈
	总经理	赵风羚
抚顺一运	党委书记、经理	韩桂芬
抚顺二运	党委书记	王永祥
	经　理	张同德
抚顺交建公司	党委书记	吴林生
	经　理	程　勇
抚顺交通运输公司	党委书记、经理	尹广斌
抚顺农垦总公司	党总支书记	杨天佑
抚顺农机总公司	党总支书记	鞠树利
	经　理	刘寿千
抚顺外经技公司	总经理	关彤晖
抚顺石油机械厂	厂　长	白　玉
抚顺千台春酿酒公司	党委书记、总经理	佟兆瑞

中共抚顺市委

重要会议

【市委常委(扩大)会议】 2004年4月13日，市委召开常委（扩大）会议。会上，市委副书记、代市长刘强传达了张文岳省长来抚视察的讲话精神，市委书记周忠轩作了重要讲话。会议提出，全市各级领导干部一定要认真学习、深刻领会张文岳省长的重要讲话精神，努力实现振兴抚顺老工业基地和各项工作的良好开端；要把握关键环节，明确主攻方向，努力实现重点工作的新突破；要坚持不懈地抓好干部队伍的作风建设，要讲政治、讲正气、讲作风、讲干劲、讲纪律，努力形成干事创业的风气。

【全市领导干部会议】 2004年6月9日，市委、市政府召开全市领导干部大会。市委书记周忠轩，市委副书记、代市长刘强分别作重要讲话。会议指出，全市各级党组织和全体党员干部要认清形势、振奋精神，进一步增强振兴抚顺老工业基地的信心和决心；要牢固树立科学的发展观，按照又快又好的总体要求，努力实现老工业基地振兴的良好开端；要切实加强领导班子建设，为老工业基地振兴提供强有力的组织保证；要进一步转变作风，提倡重实际、重实干、重实效，强力推进各项工作的落实。

【全市民营经济工作会议】 2004年8月5日，市委、市政府召开全市民营经济工作会议。市委副书记郭平主持会议。市委常委、常务副市长魏东平宣读了表彰决定，市委书记周忠轩，市委副书记、代市长刘强分别作重要讲话。会议要求：全市各级领导要进一步提高认识，统一思想，把加快发展民营经济作为富民强市的重点战略来抓。要进一步强化措施，加大力度，努力实现民营经济发展的新突破。要进一步加强领导，强化服务，努力营造民营经济发展的良好环境。会议希望全市民营企业抓住机遇、乘势而上，不断做强做大，为抚顺的调整、改造和振兴做出更大的贡献。

【全市贯彻党的十六届四中全会精神大会】 2004年9月27日，市委召开传达党的十六届四中全会精神领导干部大会。会议传达了党的十六届四中全会、中纪委第四次全会和省委领导干部会议精神，对2004年后几个月的工作做出安排和部署。在抚市级领导、部分市级离退休老同志，市委委员、候补委员，市纪委委员及全市各单位主要负责同志400余人参加会议。市委书记周忠轩在会上作重要讲话。会议就如何深入学习贯彻党的十六届四中全会精神提出三点要求：一、全面认识和深刻理解党的十六届四中全会精神，把思想统一到全会要求上来；二、认真组织学习贯彻，切实把全市干部群众的思想和行动统一到党的十六届四中全会精神上来；三、以学习贯彻十六届四中全会精神为动力，确保全面完成今年各项任务，全面谋划好明年的工作。

【全市国有企业改革工作会议】 2004年10月14日，市委、市政府召开全市国有企业改革工作会议。副市长王宁对全市国有企业改革工作进行总结和部署。市委书记周忠轩，市委副书记、代市长刘强分别作重要讲话。会议指出，大力推进国企改革，抚顺正面临着难得的历史机遇。全市上下特别是各级领导干部，一定要认清形势，统一思想，切实增强打好国企改革攻坚战的紧迫感和责任感。要统筹兼顾，科学谋划，整体推进国企改制工作。要以贯彻党的十六届四中全会精神为动力，全力以赴抓好当前的各项工作，推进抚顺老工业基地振兴发展目标的早日实现。

【市委九届七次全会】 2004年12月8日，中共抚顺市委召开九届七次全体（扩大）会议。市委委员、候补委员，担任过市委副书记以上职务的离退休老同志，市直各部门、各县区党政主要负责同志，部分重点企业党委书记共200余人参加会议。市委书记周忠轩代表市委常委会作了题为《抓住机遇，坚定信心，开拓进取，加快抚顺的振兴和发展》的报告。会议指出，2004年，全市上下团结一心，扎实工作，较好地完成了全年的工作任务，实现了老工业基地振兴的良好开端。2005年是抚顺发展振兴的关键之年，全市各级党组织一定要认清形势，明确重点，抢抓机遇，努力开创振兴老工业基地各项工作的新局面。要以科学发展观为统领，充分发挥比较优势，努力推进资源型城市向资源深加工型城市转变，全面实施工业强市战略。要优化工业结构，大力发展资源深加工产业。要立足攻坚克难，全力推进企业改制进程。要以软环境建设为突破口，打好对外开放招商引资攻坚战。要推动民营经济发展，做大做强县区经济。要加大城市建设力度，努力提升城市整体形象和功能。要进一步加强精神文明建设和民主法制建设，关心群众生活，确保社会大局稳定。要以执政能力为重点，全面加强党的建设。

（吴付生）

重要活动

【创建国家卫生城市活动】 2004年市委、市政府提出把我市建设成为国家卫生城市。具体措施及要求：1. 明确任务，落实责任，各有关部门和单位要根据各自承担的工作项目和工作任务制定具体实施方案；2. 广泛发动，形成合力，充分利用一切行之有效的手段和形式，宣传“创卫”工作；3. 加强培训，把握标准，分层次举办培训班，学习了解“创卫”标准和实现达标的方法及途径；4. 强化督导，推进“创卫”工作顺利进行。

【解决突出信访问题　化解社会矛盾纠纷专项治理活动】 根据省委、省政府的统一部署，市委、市政府决定从2004年6月下旬到9月底，在全市集中开展解决突出信访问题化解社会矛盾纠纷专项治理工作。活动要求：1. 加强领导，明确分工，落实责任；2. 突出重点，依法办事，着力解决实际问题；3. 严格慎重地界定和正确处理无理访案件；4. 加大矛盾纠纷排查和调处工作力度，落实社会治安综合治理各项措施；5. 切实落实错案责任追究制，不断提高依法行政能力；6. 加强政策研究，落实好以人为本，执政为民的要求；7. 建立工作联络制度，加强信息沟通。

【开展立党为公　执政为民教育活动】 2004 年，市委、市政府在市直机关开展了组织干部走访棚户区、贫困户，开展立党为公、执政为民教育活动。重点围绕看、听、议　改、干五个方面来进行：1. 认真组织机关干部走访棚户区、贫困户，了解人民群众的生活现状；2. 广泛倾听社区干部和群众的呼声；3. 组织好讨论活动；4. 根据自身存在的问题，进行认真整改；5. 扎扎实实地做好本职工作。

【大规模培训干部活动】 根据中央和省委的有关要求，2004 年结合本市实际，市委组织开展了大规模的干部培训工作。活动要求：①明确目标责任，突出培训重点，分级分类组织实施；②着眼于振兴抚顺老工业基地需要，坚持一手抓思想政治教育和党性教育，一手抓知识更新和业务培训；③充分发挥党校、行政学院和各种培训资源的作用，不断提高培训质量；④建立健全保障机制，确保大规模培训干部任务顺利完成。

【重点工作绩效督查考核活动】 2004 年，市委、市政府决定在党政机关中进一步强化全市重点工作绩效督查考核工作。主要内容：①督查考核市委、市政府重要工作落实、进展、完成情况，确保市委、市政府确定的目标任务全面完成；②督查考核上级及市委、市政府政策、决策执行落实情况，确保政令畅通，各项政策落到实处、取得成效；③督查考核机关工作作风、工作纪律、执法执纪情况，查实、处理领导干部和工作人员失职、渎职等行为，树立党政机关克己奉公、勤政廉政的新形象；④督查考核市委、市政府主要领导批示事项的办理解决情况，促进群众反映的热点、难点问题解决。

【加强和改进未成年人思想道德建设活动】 为深入贯彻落实《中共中央、国务院关于进一步加强和改进未成年人思想道德建设的若干意见》精神，2004 年我市提出加强和改进未成年人思想道德建设 8 项具体措施，主要包括：①切实搞好中小学思想道德教育；②充分发挥家庭教育在未成年人思想道德建设中的特殊重要作用；③构建学校、家庭、社会相结合的未在年人思想道德建设体系；④共青团、少先队组织要在未成年人思想道德建设中发挥重要作用；⑤广泛深入开展未成年人道德实践活动；⑥加强未成年人活动场所的建设、使用和管理；⑦积极营造有利于未成年人思想道德建设的社会氛围；⑧努力净化未成年人的成长环境。

（程立志）

重要决定　通知

【关于在全市农村实施“三向培养”工程的意见】 年内，市委决定。在全市农村实施以“把致富能手培养成党员、把党员培养成致富能手、把党员致富能手培养成村组干部”为主要内容的“三向培养”工程。2004 年 2 月 13 日，市委下发了《关于在全市农村实施“三向培养”工程的意见》。《意见》的主要内容：①重要意义。②工作目标和基本原则。③“三向培养”对象确定的基本条件和程序。④培养措施。⑤组织保证。

【关于振兴抚顺老工业基地　开展大规模培训干部工作的实施意见】 2004 年 5 月 14 日，市委下发了《关于振兴抚顺老工业基地开展大规模培训干部工作的实施意见》。《意见》的主要内容：①明确目标责任、突出培训重点，分级分类组织实施。②培训重点内容及要求。③充分发挥党校、行政学院和各种培训资源的作用，不断提高培训质量。④建立健全保障机制，确保大规模培训干部任务顺利完成。

【关于深入学习贯彻《中国共产党党内监督条例（试行）》的实施意见】 根据省委贯彻落实《条例》电视电话会议精神，2004 年 5 月 19 日，市委下发了《学习贯彻〈中国共产党党内监督条例（试行）〉的实施意见》。《意见》的主要内容：①深刻认识《条例》颁布的重大意义，增强学习贯彻《条例》的自觉性和紧迫感。②学习贯彻《条例》的阶段安排。③学习贯彻《条例》需要注意把握的几个问题。4. 加强领导，精心组织，切实做好《条例》的学习贯彻工作。

【关于加强和改进未成年人思想道德建设的实施意见】 2004 年 6 月 29 日，市委、市政府下发了《关于加强和改进未成年人思想道德建设的实施意见》。《意见》的主要内容：①深刻认识加强和改进未成年人思想道德建设的重大意义。②进一步明确加强和改进未成年人思想道德建设的指导思想和主要任务。③采取有力措施加强和改进我市未成年人的思想道德建设。④切实加强对未成年人思想道德建设工作的领导。

【关于实施人才强市战略的意见】 为实施人才强市战略，建立人尽其才、才尽其用、充满活力的选人用人机制，为振兴抚顺老工业基地提供人才保证和智力支持，2004 年 8 月 20 日，市委、市政府下发了《关于实施人才强市战略的意见》。《意见》的主要内容：①实施人才强市战略的总体要求和主要任务。②加快干部人事制度改革，建立科学的人才评价和选拔任用机制。③着眼于人才能力建设，加大人才培养工作力度。④建立有效的人才奖励和保障机制，充分调动各类人才的主动性和创造性。⑤加快人才资源市场化配置，促进人才合理流动。

【关于认真学习贯彻党的十六届四中全会精神的通知】 2004 年 10 月 13 日，市委下发了《关于认真学习贯彻党的十六届四中全会精神的通知》。《通知》的主要内容：①充分认识学习贯彻党的十六届四中全会精神的重大意义。②把思想高度统一到党的十六届四中全会精神上来。③全面贯彻落实党的十六届四中全会精神，紧紧围绕振兴抚顺老工业基地加强党的执政能力建设。④以学习贯彻党的十六届四中全会精神为动力，全力做好当前工作，确保实现振兴抚顺老工业基地良好开端。⑤精心组织，周密安排，抓好党的十六届四中全会精神的学习贯彻工作。

【关于加快民营经济发展的意见】 为进一步营造良好的经济发展环境，促进民营经济做大做强，2004 年 10 月 14 日，市委、市政府下发了《关于加快民营经济发展的意见》。《意见》的主要内容：①放宽民营经济准入领域和从业条件。②构建公平竞争平台。③鼓励各类人员到民营企业工作或创办民营企业。④简化审批程序规范行政行为。⑤为民营经济发展拓宽融资渠道。⑥支持和鼓励民营企业做大做强。⑦支持民营企业拓展外向型经济。⑧营造好的发展环境和舆论氛围。⑨积极引导民营经济健康发展。⑩加强对发展民营经济工作的领导。

【关于加强人大工作的决定】 2004 年 11 月 24 日，市委下发了《关于加强人大工作的决定》。《决定》的主要内容：①提高认识，切实加强和改善党对人大工作的领导。②保证和支持人大及其常委会依法行使职权。③积极推进人大代表工作。④全面加强人大其常委会的各项建设。

【关于加强新时期人民政协工作的意见】 2004年11月24日，市委下发了《关于加强新时期人民政协工作的意见》。《意见》的主要内容：①从提高执政能力的战略高度，切实加强和改善党对政协工作的领导。②结合新时期政协工作的特点，积极推进政协履行职能的制度化、规范化和程序化建设。③高度重视和支持政协搞好自身建设，为政协开展工作提供保证。④充分发挥政协组织自身优势，努力开创工作新局面。

（王丽岩）

附：

2004年中共抚顺市委　市委办公厅文件总目

文件号　发文时间	文件标题
抚委发〔2004〕1号 2004年1月15日	关于印发《中共抚顺市委2004年工作要点》的通知
抚委发〔2004〕2号 2004年2月6日	中共抚顺市委　抚顺市人民政府关于贯彻实施《中华人民共和国行政许可法》的通知
抚委发〔2004〕3号 2004年2月6日	中共抚顺市委　抚顺市人民政府关于加快林业发展的若干意见
抚委发〔2004〕4号 2004年2月12日	中共抚顺市委　抚顺市人民政府关于收回抚顺经济开发区规划、土地、矿产资源审批管理权限的通知
抚委发〔2004〕5号 2004年2月13日	中共抚顺市委关于在全市农村实施“三向培养”工程的意见
抚委发〔2004〕6号 2004年4月16日	中共抚顺市委　抚顺市人民政府关于印发《抚顺市外事管理工作若干规定》的通知
抚委发〔2004〕7号 2004年5月14日	中共抚顺市委关于振兴抚顺老工业基地开展大规模培训干部工作的实施意见
抚委发〔2004〕8号 2004年5月15日	关于强化市重点工作绩效督查考核工作的通知
抚委发〔2004〕9号 2004年5月19日	中共抚顺市委关于深入学习贯彻《中国共产党党内监督条例（试行）》的实施意见
抚委发〔2004〕10号 2004年5月19日	中共抚顺市委关于进一步加强民主党派工作的意见
抚委发〔2004〕11号 2004年6月14日	中共抚顺市委批转市人大常委会党组《关于我市软环境建设调查评议情况的报告》的通知
抚委发〔2004〕12号 2004年6月29日	中共抚顺市委　抚顺市人民政府关于加强和改进未成年人思想道德建设的实施意见
抚委发〔2004〕13号 2004年8月20日	中共抚顺市委　抚顺市人民政府关于实施人才强市战略的意见
抚委发〔2004〕14号 2004年8月17日	中共抚顺市委　抚顺市人民政府关于进一步扩大对外开放加强招商引资工作的若干意见
抚委发〔2004〕15号 2004年8月20日	中共抚顺市委关于深入开展用雷锋精神置换“法轮功”歪理邪说全面提高教育转化质量、巩固教育转化成果的意见
抚委发〔2004〕16号 2004年10月13日	中共抚顺市委关于认真学习贯彻党的十六届四中全会精神的通知
抚委发〔2004〕17号 2004年10月12日	中共抚顺市委关于转发《中共辽宁省委关于进一步做好新形势下发展党员工作的实施意见》的通知
抚委发〔2004〕18号 2004年10月14日	中共抚顺市委　抚顺市人民政府关于加快民营经济发展的意见
抚委发〔2004〕19号 2004年10月20日	中共抚顺市委关于进一步繁荣发展哲学社会科学的实施意见
抚委发〔2004〕20号 2004年9月27日	中共抚顺市委　抚顺市人民政府关于表彰在抚顺市清永陵申报世界文化遗产工作中做出贡献的单位和个人的决定

续　表

文件号　发文时间	文　件　标　题
抚委发〔2004〕21号 2004年11月5日	中共抚顺市委　抚顺市人民政府关于进一步深化农村卫生体制改革加强农村卫生工作的意见
抚委发〔2004〕22号 2004年11月24日	中共抚顺市委　抚顺市人民政府关于印发《抚顺市人民政府机构改革方案》的通知
抚委发〔2004〕23号 2004年11月24日	中共抚顺市委关于加强人大工作的决定
抚委发〔2004〕24号 2004年11月24日	中共抚顺市委关于加强新时期人民政协工作的意见
抚委发〔2004〕25号 2004年12月18日	中共抚顺市委关于印发中共抚顺市九届七次全体（扩大）会议上周忠轩同志的报告和刘强同志的总结讲话的通知
抚委办发〔2004〕1号 2004年2月19日	市委办公厅　市政府办公厅关于印发《2004年全市党风廉政建设和反腐败工作要点及党政领导责任分工》的通知
抚委办发〔2004〕2号 2004年2月20日	市委办公厅　市政府办公厅关于印发《抚顺市创建国家卫生城市实施方案》的通知
抚委办发〔2004〕3号 2004年2月28日	中共抚顺市委办公厅关于印发《抚顺市人大机关机构改革方案》和《政协抚顺市委员会机关机构改革方案》的通知
抚委办发〔2004〕4号 2004年3月10日	市委办公厅关于印发《市总工会、团市委、市妇联、市科协、市文联、市侨联机关主要职责、内设机构和人员编制方案》的通知
抚委办发〔2004〕5号 2004年3月25日	市委办公厅　市政府办公厅转发市人事局等部门《关于认真贯彻辽委办发〔2003〕44号文件精神切实解决部分企业军转干部生活困难问题的意见》的通知
抚委办发〔2004〕6号 2004年4月8日	转发中共抚顺市人大常委会党组《关于抚顺市人大常委会2003年度立法计划完成情况和2004年度立法计划的报告》的通知
抚委办发〔2004〕7号 2004年4月21日	中共抚顺市委办公厅印发《抚顺市支持和帮助民主党派开展参政议政专题调研工作实施办法（试行）》的通知
抚委办发〔2004〕8号 2004年4月27日	关于加强市级领导机关门前信访秩序专项整治工作的通知
抚委办发〔2004〕9号 2004年4月27日	市委办公厅　市政府办公厅印发《关于在全市开展遏制凶杀案件高发专项整治的实施方案》的通知
抚委办发〔2004〕10号 2004年4月28日	市委办公厅　市政府办公厅关于印发《市直机关作风建设年活动实施方案》的通知
抚委办发〔2004〕11号 2004年5月12日	转发市妇女儿童工作委员会《关于庆祝2004年“六·一”国际儿童节活动的安排意见》的通知
抚委办发〔2004〕12号 2004年6月1日	市委办公厅　市政府办公厅关于依法处理违法上访人员有关问题的通知
抚委办发〔2004〕13号 2004年6月4日	市委办公厅　市政府办公厅关于向市文档服务中心报送文件资料的通知
抚委办发〔2004〕14号 2004年6月7日	市委办公厅　市政府办公厅关于对部分市级领导干部定点联系的重点民营企业进行调整的通知
抚委办发〔2004〕15号 2004年6月15日	市委办公厅　市政府办公厅关于转发《中共辽宁省委办公厅　辽宁省人民政府办公厅关于进一步加强全省机构编制管理工作的意见》的通知

续　表

文件号　发文时间	文 件 标 题
抚委办发〔2004〕16号 2004年7月2日	市委办公厅　市政府办公厅转发市发展计划委员会《关于推进全市项目建设工作的意见》的通知
抚委办发〔2004〕17号 2004年7月5日	市委办公厅　市政府办公厅关于印发《解决突出信访问题化解社会矛盾纠纷专项治理工作方案》的通知
抚委办发〔2004〕18号 2004年7月13日	关于印发《2004年中国（抚顺）满族风情旅游节活动方案》的通知
抚委办发〔2004〕19号 2004年8月2日	市委办公厅　市政府办公厅转发市直机关工委、市纪委、市委组织部《关于走访棚户区、贫困户开展立党为公、执政为民教育活动方案》的通知
抚委办发〔2004〕20号 2004年8月2日	市委办公厅　市政府办公厅印发《关于在全市开展"化解矛盾在基层"大调解工作的实施方案》的通知
抚委办发〔2004〕21号 2004年8月6日	市委办公厅关于开展经济工作专题调研的通知
抚委办发〔2004〕22号 2004年8月24日	市委办公厅　市政府办公厅关于控制机关企事业单位购置小汽车的通知
抚委办发〔2004〕23号 2004年9月2日	市委办公厅　市政府办公厅关于举行中华人民共和国成立55周年庆祝活动的通知
抚委办发〔2004〕24号 2004年8月31日	市委办公厅　市政府办公厅关于印发《抚顺市乡镇事业单位机构改革实施意见》的通知
抚委办发〔2004〕25号 2004年8月31日	市委办公厅　市政府办公厅关于印发《抚顺市乡镇事业单位机构改革人员定岗分流指导意见》的通知
抚委办发〔2004〕26号 2004年9月3日	市委办公厅　市政府办公厅关于印发《抚顺市劳动模范管理工作办法》的通知
抚委办发〔2004〕27号 2004年9月10日	市委办公厅　市政府办公厅关于印发《抚顺市关于开展集中处理信访突出问题及群体性事件第一阶段工作方案》的通知
抚委办发〔2004〕28号 2004年9月15日	市委办公厅　市政府办公厅关于做好2005年度《抚顺日报》征订发行工作的通知
抚委办发〔2004〕29号 2004年9月22日	中共抚顺市委办公厅转发《中共抚顺市委宣传部关于实施马克思主义理论研究和建设工程的意见》的通知
抚委办发〔2004〕30号 2004年11月23日	市委办公厅　市政府办公厅转发四部门《关于在新一轮政府机构改革中严格执行有关纪律的规定》的通知
抚委办发〔2004〕31号 2004年11月24日	市委办公厅　市政府办公厅关于印发《抚顺市县区人民政府机构改革意见》的通知
抚委办发〔2004〕32号 2004年11月24日	市委办公厅　市政府办公厅关于印发《抚顺市政府机构改革实施意见》的通知
抚委发〔2004〕33号 2004年12月22日	市委办公厅　市政府办公厅印发《关于严格控制和规范各种考核、检查、评比等活动的意见》的通知
抚委发〔2004〕34号 2004年12月30日	市委办公厅　市政府办公厅关于做好2005年元旦、春节期间有关工作的通知

纪检　监察

【领导干部廉洁自律工作】　本年，各级党委和纪检监察机关进一步完善和落实了党风廉政宣传教育工作大格局制度，创新方式方法，突出廉政文化主题，开展了形式多样、丰富多彩的反腐倡廉宣传教育活动。市纪委组织宣教大格局成员单位举办了以反腐倡廉为内容的《清风颂》大型文艺汇演和以"扬正气、求振兴"为主题的书画展。各县区利用社区文化广场举办了以反腐倡廉为题材的形式多样的文艺演出、漫画展等，把党风廉政教育延伸到社区和家庭。以"三廉联动"教育活动为载体，强化领导干部廉政勤政意识。在本市领导干部中继续深入开展了"当廉官、做公仆、正党风"活动，培养树立了以赵景顺为代表的400余名"为民、务实、清廉"的先进典型，举办先进事迹报告会180余场，拍摄示范教育片60余部。在本市领导干部家属和会计人员中开展了“争当廉内助、共树好形象”和“廉管家”活动，构筑反腐倡廉“家庭防线”，加强了财务管理和监督。深入开展了警示教育。组织各县区、各部门、各单位领导干部观看《王怀忠的两面人生》电教片287场；通过电视竞赛、专题报告以及把近年来本市查办的违纪违法人员忏悔材料编成警示教育教材等形式，强化对领导干部预防职务犯罪教育。

各级纪检监察机关认真落实领导干部廉洁自律有关规定，对收送钱物等歪风进行了专项清理和整治工作。本市2 500余名处级以上领导干部签订了《遵守“五不准”规定承诺书》。建立了领导干部配备公务用车备案报告制度，本市共清理纠正超标准小汽车54台。清理出党政领导干部拖欠公款140.1万元、党政机关违反规定用公款为干部职工购买的商业保险48.78万元。

【案件查办】 2004年，本市各级纪检监察机关共受理群众信访举报3 640件(次)；初查核实案件线索801件；累计立案591件，其中大案要案199件；结案561件，结案率94.9%；处分各类违纪违法人员639人，其中县（处）级干部62人。通过查办案件，为国家和集体挽回经济损失483.84万元。

不断加大了查办案件工作的组织协调力度，形成了查办案件的整体合力。强化了信访举报和案件审理工作。创新信访举报工作机制，加强了对信访举报线索的排查和管理，较好地发挥了信访举报在查办案件工作中的主渠道作用。市纪委针对疑难信访案件久拖不决，影响社会稳定的问题，建立了信访举报案件裁决机制。进一步完善了“双处理”工作，制定下发了《领导干部受党纪、政纪处分相关组织处理实施细则》。与市、区法院和检察院建立了党政纪处理与司法处理相衔接的工作机制和工作制度。市纪委切实加强了对基层查办案件工作的督促、检查和指导，注意研究解决办案工作中出现的新情况、新问题，讲究办案策略，提高了执纪办案水平。逐步完善了与县（区）纪委、派驻纪检组上下联动、协同办案的工作机制，促进了查办案件工作的顺利开展。

【软环境建设】 本市各级党委、政府和纪检监察机关紧紧围绕发展振兴这个大局，加大了软环境建设力度。一是以机关作风整顿为突破口，推动本市软环境建设深入开展。市委从“五查五看”入手，在市直机关全面开展了作风整顿工作。出台了《抚顺市政府部门行政首长问责暂行办法》、《抚顺市进一步严肃党政机关工作人员若干纪律的规定》和《抚顺市行政执法人员“六条禁令”》，把部分领导干部、执法执纪人员中存在的为政不廉、违法行政、与民争利和“中梗阻”等问题作为整顿的重点。各级党组织普遍召开了专题民主生活会，针对作风建设方面存在的突出问题，认真制定和落实了整改措施。二是继续深入开展了软环境建设“双评”活动。拓展了“双评”活动范围。将参评部门扩大到58家，并把企业和群众关注的22家执纪执法部门作为评议重点，连同参评的270名重点岗位工作人员在媒体进行了公示。创新了评议机制，实行市、县（区）两级联动，采取“百家企业评行风、千户家庭访行风、万张选票测行风”以及“行风热线”考核、听证考核等形式，对参评部门及重点岗位工作人员进行了全面考核，并将严格兑现奖惩。三是与抚顺电台联合开办了“行风热线”节目。各参评部门领导相继走进直播间，受理群众咨询投诉，介绍政策法规，切实解决群众反映的问题。“行风热线”开播以来，共答复处理群众咨询投诉问题2 312个，办结率95.3%，群众满意率达92%，受到社会的广泛关注和好评。四是建立完善软环境建设长效机制。出台了《关于进一步建设和优化抚顺经济发展软环境工作的实施意见及责任体系》，以政府为主体，从市长、副市长到分管部门主要负责人层层建立健全软环境建设工作目标责任体系，推动了软环境建设的深入开展。五是严肃查处干扰破坏软环境建设以及侵害群众利益方面的案件73件，处分28人，对其中的11起典型案件进行了公开处理，并在媒体曝光。

【纠风工作】 各级纪检监察机关围绕社会群众关注的热点问题，进一步开展了纠风专项治理工作。对教育乱收费进行了综合治理。全面实行了教育收费公示制，查处教育乱收费案件6件，查出并退还违规超标准收费490余万元。狠刹医药购销和医疗服务中的不正之风，加强了监督检查，对29名顶风违纪医护人员进行了严肃处理。进一步规范了收费行为，取消不合理的行政事业性收费42项。全面推行了涉农税收价格和收费公示制，取消了20项涉农收费，减轻农民负担960万元。

【执法和行政效能监察】 各级纪检监察机关围绕大局，履行行政监察职能，加强执法监察和行政效能监察。深入开展了涉农涉地问题专项督查，共排查并办结涉农涉地信访案件44件，补发征地补偿费245万元。清理偿还拖欠农民工工资1 035万元。本市行政效能监察共完成28项立项项目，立案12件，追究行政责任40人。由市纪委牵头，强化了对各县区、各部门、各单位落实市委、市政府部署的任务、目标和重点工作情况的绩效督查考核，推动了本市改革发展稳定各项任务的落实。

【预防和治理腐败】 各级纪检监察机关加强了组织协调和督促检查，反腐败抓源头各项工作稳步推进。一是以落实行政许可法为契机，加大了行政审批项目的清理力度。本市行政许可项目由739项削减为246项，非行政许可类行政审批项目由530项削减为113项。二是认真落实“收支两条线”规定，强化了非税收入管理。对本市171个单位开设的帐户进行了重点核查，查实漏报、瞒报和私设“小金库”帐户190个，涉及金额2 973万元。三是进一步推行完善了重大建设项目派驻纪检监察员工作。本市各级纪检监察机关共向62个工程建设项目分级派驻了纪检监察员，涉及工程投资总额近15.7亿元。通过派员监督，已累计节省工程建设资金近2亿元。四是继续推行了政府采购制度。本市共完成政府采购项目457项，采购总额4 815.6万元，节省资金217.9万元。五是进一步落实了领导干部经济责任审计制度。对14户重点国有企业领导人员和市直15个单位的党政领导干部进行了任期和离任经济责任审计。

【落实党风廉政建设责任制】 各级党委对落实党风廉政建设责任制工作高度重视，进一步加强了组织领导，完善了相应的工作机制和工作制度。普遍采取下发党风廉政建设和反腐败工作要点及组织领导和责任分工文件、与下级部门党风廉政建设第一责任人签订责任状、定期例会研究和听取工作汇报等形式，切实承担起职责范围内的党风廉政建设领导责任。各级纪检监察机关积极主动地协助党委抓好党风廉政建设责任制的落实，加大了监督检查、责任考核和责任追究的力度。本市共查处责任追究案件68件，处分94人。

【党内监督】 按照市委的部署和要求，各级党委和纪检监察机关精心组织，认真抓好学习宣传贯彻《中国共产党党内监督条例》和《中国共产党纪律处分条例》工作。市纪委充分发挥宣教大格局成员单位的作用，通过巡回辅导报告、专题辅导、组织党内法规知识测试和电视大赛等形式，广泛宣传贯彻两个条例。各级纪检监察机关还通过参加专题民主生活会、进行工作指导等形式，切实加强了对两个条例学习贯彻情况的监督检查。各级党委和纪检监察机关认真落实党内监督各项制度，加强了对领导干部的教育、监督和管理。各部门、各单位围绕解决领导干部违反规定收送钱物问题，普遍召开了领导班子指定内容的专题民主生活会，进行自查自纠。各级纪委负责人同下级党政主要负责人谈话254人次，各级党委、纪委领导同新任职领导干部廉政教育谈话300人次，各级纪委领导同领导干部进行信访监督谈话156人次。市纪委组织各县区、市直委办局90个单位的545名党政主要领导进行了述廉评廉。本市有317名领导干部向组织报告了个人重大事项。

（刘永全）

督 查

【基本情况】 2004年，市委督察室深入基层督查调研150余天，撰写各类督查文稿51篇，总文字量约25万字。其中向省委报送《抚顺督查专报》4期，向市委书记报送《书记批示件办理情况反馈报告》18期，向市委领导报送《督查专报》7期，向基层印发《抚顺督查》2期，陪同市委主要领导深入基层调研、现场办公10次并形成《会议纪要》5期，向市委领导报送《主要工作月报》12期。

【市委书记批示件督办】 2004年，市委督查室在开展市委书记批示件督办工作中，共接到市委书记批示件18件，全部督办后向市委书记报送《书记批示件办理情况反馈报告》18期。在督办的全部批示件中，主要反映以下几个方面问题：①关于政策待遇及生活求助方面的批示件最多，共9件，占总数的50%。②关于城建及环保方面的批示件有7件，占总数的38%。③关于领导干部违法违纪方面的批示件有1件，占总数的6%。④关于国有资产流失方面的批示件1件，占总数的6%。

【市委书记办公会议定事项督查】 2004年，市委督查室加强了对市委书记现场办公会议定事项落实情况的督查反馈工作，全年对市委书记办公会议定的29个事项开展督查，形成了《关于就业和再就业税收和收费扶持政策在各城区落实中存在的问题及建议》、《各部门贯彻落实市委常委（扩大）会议初步情况》、《市委书记办公会议议定事项初步落实情况》等《督查专报》7期，向市委领导做了报告。

【全市主要工作督查】 每月对全市经济运行情况、企业改制、对外开放、党建及宣传思想、社会稳定等主要工作落实和进展情况开展书面督查，并以《主要工作月报》为载体于月底前向市委领导报告，全年共按时报送12期。

【政协提案督办】 按时完成由市直党群口负责办理的市政协十届二次会议提案27件，并连续达到按时办结率、委员满意率和走访委员率3个100%。市委办公厅再次被评为“政协提案办理先进单位”。

【督查专报】 2004年，向省委报送反映本市工作落实情况的《抚顺督查专报》4期。先后报送了《抚顺市贯彻落实省委督查工作座谈会情况》；《抚顺市确定十大工作重点分三个阶段贯彻落实省委九届七次全会精神》；《抚顺市贯彻落实中央11号文件精神及软环境建设工作情况》；《省委书记李克强同志来抚顺调研时有关指示的落实情况》。

（才志尧）

组 织

【干部教育培训】 充实和调整了《抚顺市2003年下半年至2004年上半年领导干部党校脱产培训规则》，制定了《关于振兴抚顺老工业基地，开展大规模培训干部工作的实施意见》，全年各级组织部门共举办各类培训班57期，培训干部5 056人，其中市本级培训21期，培训干部1 092人，抽调83名干部参加省级以上党校、院校的培训。在培训内容上，结合老工业基地振兴发展的实际需求，增加新型工业化、电子商务、创新能力、管理知识、基础外语等新的培训内容，创新了培训理念，赋予了干部教育培训工作的新内涵。在培训形式和方法上，普及多媒体授课、完善两段式教学，并根据不同班次的特点，尝试个性化、差异化培训，推行了“菜单式”、“研讨式”等新的教学方式，开辟了“学员论坛”，提倡教、学互动，提升了培训质量和教学吸引力。在资源利用上，本着不求所有、但求所用的原则，与大学联合举办了首届领导干部专业知识培训班，培训局级干部53名，拓宽了干部教育培训工作新领域，有效地整合了培训资源，搭起专业高校为地方经济发展提供智力支持的有效平台，开创了省内领导干部专业知识培训的先河。全市干部教育培训工作得到省委组织部和中组部的充分肯定。

【领导班子建设】 把认真学习十六大精神作为首要的政治任务，坚持并完善了干部脱产进修、党委中心组学习、干部在职自学三位一体的理论学习格局，提高了各级班子全面贯彻党的基本路线的自觉性和坚定性。总结了3个市直部门、3个企业和2个事业单位加强领导班子思想政治建设的经验，其中抚顺铝厂的经验在中组部来辽宁调研时作了经验介绍。研究制定了《抚顺市党政领导班子和党政领导干部考核评价工作暂行办法》，明确了考评内容、考评主体、考评指标、考评评介和考评结果运用等事项。配合《暂行办法》，按照考评内容细化量化、考核方式“一人一机”、考评主体全面客观、考评结果微机统计的考评实施办法，研究开发了科学实用的考评软件。年内，利用该软件对32个班子、209名领导干部进行了考评，得到了广泛的认同。建立了领导班子和领导干部情况数据库，对班子和干部年度考评、日常考评、考察材料及干部基本信息等情况建立了微机管理数据库，录入班子和干部考评信息近万条，为市委有针对性地调班子、用干部提供了真实可靠的依据。全年共调整县区、市直班子48个、县级事业单位班子7个、企业领导班子23个，调整领导干部313人。补充熟悉现代经济、科技、金融、外贸、法律等专业知识的后备干部317人。上派、外派、下派、横向锻炼培养后备干部165人，首次选派10名有发展潜力的优秀年轻后备干部到发达地区进行锻炼。

【干部人事制度改革】 进一步落实和完善干部考察预告、差额考察、干部交流、任用票决、任前公示和任职试用期等制度，积极探索新的途径和办法，制定了《关于将在职党员双重管理工作纳入干部考核工作的意见》，拓宽了干部考核工作的渠道和领域。实施了干部监督部门通过列席讨论干部的常委会和介入重点班子或有反映、有问题的领导班子的日常考核工作，真正体现了事前监督、关口前移。在新抚区试行了街道党政正职拟任人选和推荐人选由党委常委会提名，全委会审议并进行无记名投票表决的方式和方法，共提名拟人人选或推荐人选7人，经过审议和无记名投票表决全部通过。在县区（开发区）党政领导班子和党政正职领导干部年度考核中，试行了征求市委全委会组成人员和其他市级领导班子成员意见的办法，共征求全委会组成人员以及市级领导班子成员53人次。实行领导干部竞争上岗，全市各部门大多在中层领导干部中实行竞争上岗制度，共有430人通过竞聘的方式走上中层领导干部岗位。市农科院实行正县级领导职位聘任合同制，成功地探索出一条县级事业单位改革和领导干部选拔的新路子。

【人才工作】 制定了《关于实施人才强市战略的意见》，明确了人才工作和人才队伍建设的发展规划、目标和重点工作，把人才强市提高到事关抚顺振兴和发展的战略性位置。为加强对人才工作的领导，市委成立了人才工作领导小组及领导小组办公室，加强对全市人才工作的指导和协调。各县区、市直单位、重点骨干企业、科研院所对人才工作非常重视，有59个单位相继成立了人才工作领导小组，并建立了人才工作联络员制度。全市上下基本形成了"一把手"抓"第一资源"、组织（人事）部门牵头抓总，有关部门各司其责、齐抓共管的工作新格局。在建立健全人才工作机制上，制定了《抚顺市人才资源统计试点工作方案》，着手准备开展人才普查工作，还积极与各职能部门协商沟通，初步确定10项有关配套政策，落实重点工作任务43项，还指导基层党委制定和完善相关政策，为人才的成长和发展创造了良好的政策法制环境。表彰奖励享受市政府特殊津贴的科技人才27人，开展了十万职工技能运动会，评选出各类技术状元100名，设立"抚顺市人才资源开发专项基金"，每年列支100万元，用于人才资源的引进、培养和奖励。

【基层组织建设】 制定了《关于在农村中实施"三向培养"工程的意见》，采取政治教育、思想引导、知识培训、政策扶持等多种措施，对从全市10 584名备选对象中挑选出的3 528名市、县区和乡镇三级培养对象认真培养，强力推进农村"三向培养"工作，3 351名培养对象发生了变化，其中人均增收1 000以上的918人，163人加入了党组织，306人被列为入党积极分子。在总结基层社区"党员之家"经验做法的基础上，制定实施了党员义务值班日、在职党员"功劳簿"、楼院党员活动、"流动党员联系卡"、党群联络员、党员救助扶贫基金等六项制度，继续开展了创建标准化社区党员活动室活动，全市有12个标准化活动室，被推荐参加全省标准化活动室评选。《党旗飘飘》党建栏目在中组部党员教育电视片观摩评比中荣获全省惟一的优秀栏目奖，《丹心永照小甘河》等6部专题片在全省全都获奖。在7个乡镇开展了党员电化教育科技致富"123"工程，114个村、220户农民党员踊跃参加，拓展了电教工作参与经济工作的范围。提高了党员双带能力。在选树和推广典型方面，全市有29个基层组织先进典型和个人受到省委表彰。抚顺县被授予辽宁省农村基层组织先进县称号，抚顺县上马乡等5个乡镇获得辽宁省"五个好"乡镇党委标兵荣誉称号，抚顺县石文镇毛公村党委等16个村党组织获得"五个好"村党组织标兵荣誉称号。精心选树了赵景顺这个典型，市委授予模范践行"三个代表"重要思想的村党支部书记并做出向赵景顺同志学习的决定，省委命名赵景顺为"为民务实清廉的优秀农村基层干部"，并把赵景顺的先进事迹确定为全省开展先进性教育的典型教材。

（刘新武）

宣　传

【基本情况】 2004年，抚顺市宣传思想工作在巩固中提高，在开拓中前进，呈现出生机勃勃、全面推进的良好局面。可以概括为：兴起"三个热潮"，组织了"三大战役"，深化了"三大创建"，实现了"三项突破"。

【兴起"三大热潮"】 1. 以"三项工程"为载体，兴起了学习贯彻"三个代表"重要思想的热潮。全面实施了以各级领导干部为重点的"骨干工程"、以基层党组织为重点的"基础工程"和以高校学生为重点的"未来工程"，认真抓了理论学习、理论宣传和理论研究。全年举办各类专题报告会20场，举办理论骨干培训班10余次，培训1 200余人；新闻媒体开设理论专栏或专版，刊发理论文章300多篇；举办大型理论研讨会3次；推出一批理论研究成果；对19名优秀理论工作者和156项优秀社会科学成果进行了表彰。十六届四中全会召开后，迅速组织"百名理论宣讲员"队伍深入到车间、乡镇、社区、学校，为基层群众宣讲280余场，促进了四中全会精神的落实。

2. 以"我靠抚顺发展、抚顺靠我振兴"大讨论为主线，兴起了振兴抚顺的宣传热潮。在社会宣传方面，组织宣讲团下基层宣讲30场，编印、发放《振兴抚顺老工业基地百题问答》宣传资料2 000多册；在新闻宣传方面，指导各新闻媒体围绕振兴抚顺调整版块，相继推出了"国企改革突围"、"融入沈阳经济区"、"树立科学发展观系列谈"、"聚焦抚顺工业转型之路"等专题或专栏。其中《抚顺日报》、《抚顺晚报》推出24期讨论特刊，累计刊发相关稿件1 000余篇；在对外宣传方面，依托市重点网站推出了反映抚顺经济发展和地域特色的专题网页，筹建开通了"抚顺新闻网"；以第十四届全国幼苗杯乒乓球比赛、满族风情旅游节等活动为载体，以中央新闻媒体记者团"重访辽宁、回眸振兴"为契机，全面宣传了抚顺的发展变化。

3. 以宣传赵景顺先进事迹为重点，兴起了宣传先进、学习先进的热潮，着重宣传树立了"王海班组"和赵景顺两个先进典型。其中，对赵景顺先进事迹的报道，亮点多，手段新，反响大。

【组织"三大战役"】 第一个战役是举宣传战线之力申报世界文化遗产。清永陵在第28届世界文化遗产大会上被正式列入世界遗产名录。这项工作受到省委、省政府的表彰。第二个战役是发动各方面力量加强未成年人思想道德建设。建立了一批未成年人道德实践基地，成立了一批家长学校，开展了网吧专项治理工作，组织漫画展、研讨会、主题队会和综合文艺活动，开展了系列社会实践活动，积累了一些新经验。第三个战役是抓住机遇积极申报"两馆一所"为国家级爱国主义教育基地。认真贯彻省、市委主要领导的指示精神，积极抓好抚顺战犯管理所改造战犯陈列馆、抚顺平顶山惨案纪念馆改扩建和申报国家"红色旅游景区"工作。配合中宣部开展了专题调研，组织有关部门召开了规划论证会，积极收集"两馆一所"文史资料。

【深化"三大创建"】 1. 文明城市创建以争创省级文明城市为目标，开展了科技、文体、法律、卫生、道德、服务"六进"社区活动，创建了一批生态型、学习型、文体型、卫生型文明社区，评选出10个省级文明社区、65个市级文明社区；以美化、亮化、绿化为突破口，加大了城市环境卫生综合整治力度；开展了"万朵鲜花送雷锋"活动，全年共推荐出"身边的雷锋"4 000多名，为

782人送去了鲜花，并在就业、生活等方面给予帮助。

2. 文明村镇创建围绕文明景观带创建工程、道德信贷工程和生态富民工程展开，涌现出2个全国文明村和28个省级文明村；命名了9条公路为文明景观带；命名了10个“双绿”示范点和10个生态型文明村；全市有70%以上的农户参与了“十星级文明户”评比活动，有70%的村、8万多户农民享受到优惠贷款，累计发放信贷资金2.1亿元。

3. 文明行业创建注重行业诚信建设，制定了《抚顺市诚信单位评定管理办法》，命名了首批31家诚信单位。

【实现“三个突破”】 1. 精品创作生产实现了新突破。小剧场话剧《带陌生女人回家》等一批话剧、儿童剧、图书、小品、舞蹈、摄影作品分别在全国、省里获奖。倾力打造新年音乐会、广场文化活动等品牌，组织了1 850多场群众性文化活动，开展了全民健身长跑等300多项次群众体育活动，新增全民健身活动场地8万多平方米，受到群众欢迎。

2. 舆情信息和宣传信息工作实现了新突破。舆情信息和宣传信息工作连续四年在全省和全国50个直报点中保持领先位置，有近20篇舆情信息被中央领导和中宣部领导批示。同时，编发的《抚顺社会舆情要报》多次被市主要领导批示，为领导决策提供了有效服务。

3. 事业发展实现了新突破。抚顺报业发展中心以改革促发展，向管理要效益，实现了当年扭亏。广播电视局“一城一网”工程全面启动，全市70%的地区完成有线电视整体升级改造，95%的行政村和85%的自然屯通上光纤，数字电视试传成功。文化资产和体育市场调查、文化项目推介、新华书店图书发行产业化和雷锋体育场资产盘活等工作进展顺利。在市直新闻单位和教育系统继续开展就业援助“双五千”工程，全年超额完成了帮助下岗职工5 000人就业、帮助5 000人进行职业技能培训的目标。开展了“报社架起阳光桥、政府百姓心连心”大型益民活动和“最受尊敬企业”评选活动，产生了良好的社会影响。

（办公室）

精神文明创建活动

【深化学雷锋活动】 1. 打造雷锋品牌，开展“雷锋号”创建活动。目的是引导全市城乡、工矿企业、机关、学校“立足岗位学雷锋，我为抚顺做贡献”。协调相关部门对雷锋大道进行整体包装，将望花和平路更名为雷锋路。

2. 广泛开展“万朵鲜花送雷锋”活动。从年初至9月底，活动分为寻找身边的雷锋、走近雷锋、关爱雷锋三个阶段展开，活动目的是通过这项活动，寻找、发现生活在我们身边的“雷锋”，充分挖掘蕴藏在我们身边的雷锋精神，让每个为家乡建设添砖加瓦的人都得到彰显，并在就业、生活等方面对这些人给予帮助。全市共推荐出4 000多名“身边的雷锋”，为782名“雷锋”送去了鲜花。

3. 树立典型，营造氛围。市文明办、文化局等部门组织本市各界自编自演了一台《学习雷锋好榜样——振兴抚顺老工业基地》大型主题文艺晚会，市文明办举办了《雷锋与我同行——浑河淘金》特别节目等。宣传树立了一批学雷锋先进集体和先进个人，进一步深化了群众性学雷锋活动。

【文明城市创建活动】 4月27日，在抚顺剧院召开了“全市精神文明建设工作会议暨争创省级文明城市动员大会”。会议命名表彰了2002—2003年度市级文明单位标兵11个、文明单位246个、文明窗口45个、文明机关58个、文明街道9个、文明社区34个、文明乡镇13个、文明村45个、文明景观带4条、城乡共建先进单位9个，进行了争创省级文明城市的动员。

【市容环境综合整治】 结合全市“创建卫生城市”、“创建环保模范城市”和“绿叶杯”竞赛活动，从市民反映的突出问题着手，对全市主要道路进行了改造，并广泛发动全市党员、干部、群众，集中开展了以整治商业区、铁路沿线、校园及周边环境、住宅小区及小广告、小招贴为重点的市容环境综合整治战役。

【文明社区创建】 以“共建美好家园”为主题，在全市深入开展了科教、文体、法律、卫生、道德、服务“六进”社区活动，广泛开展了楼道文化、社区文化及绿地认养等活动，进行了家庭美德、社会公德和职业道德教育。全市涌现出10个省级文明社区、65个市级文明社区，新抚区、顺城区被评为省级文明城市创建工作先进区。

【实施“道德信贷”工程】 市文明办与市人民银行联合开展的“以文明做担保，以诚信做抵押”的星级文明户“道德信贷”工程深得人心。2004年，全市累计发放信贷资金达2.1亿元，有8万多农户受益，银行回款率在95%以上，实现了银农“双赢”。

【开展“生态富民”工程】 按照“发挥资源优势，建设生态文明”的思路，深入实施生态富民工程。引导农民充分发挥抚顺东部山区自然资源、环境资源优势，广泛开展生态型文明创建工程。在普遍争创的基础上，与市林业局正式命名了10个生态型文明村。

【创建“文明景观带”工程】 按照“连线成片、整体创建”的思路，“文明景观带”创建工作在五个方面延伸了创建成果。全市有首批14条公路（559公里）沿线两侧25个乡镇、210个村参与创建“文明景观带”，经过考核验收，有9条公路及沿线村镇被命名为文明景观带。以路带村、以村促路，山水田林路村综合治理，畅洁绿美安五位一体的“文明景观带”创建工程，实现了修一条路，带一方文明，富一方经济，乐一方百姓。这一做法得到了中央文明办、国家交通部的充分肯定，并在全国推广。抚顺县被评为省级创建文明村镇工作标兵县，新宾满族自治县、清原满族自治县被评为创建文明村镇工作先进县。

【开展“共铸诚信”活动】 制定了《抚顺市诚信单位评定管理办法》，在生产经营和商贸流通领域深入开展了诚信单位创建活动。经过县区和主管行业申报，相关部门检查、考评，有46家单位被列为候选单位。通过严格审查、报纸公示和明察暗访，确定了抚顺诚信房屋维修有限责任公司等31家单位为抚顺市首批诚信单位。9月17日，市文明委在雷锋纪念馆召开了抚顺市首批诚信单位命名大会，推动了“诚信抚顺”建设的深入开展。

【软环境建设】 狠抓了服务质量和服务水平的提高。围绕抚顺软环境建设工作实际，结合不同行业的特点，分别在出租车行业开展了“温馨的士”达标竞赛和“文明出租车评比”活动；在全市大公交开展了争创“品牌线路”、“雷锋号”活动；在交通、金融系统开展了“优质服务推进月”活动，重点在窗口单位、在各行业建立健全了组织监督、舆论监督、社会监督等监督机制。

【未成年人思想道德建设】 1. 举行了启动未成年人思想道德建设仪式。2004年制定了《抚顺市关于进一步加强和改进未成年人思想道德建设的实施意见》并以抚委发〔2004〕12号文件下发。

6月16日，在雷锋纪念馆举行了全市未成年人思想道德建设启动仪式，并确定了为未成年人办好10件实事（完成7件）。先后在教育系统广泛开展了“三热爱一远离”主题教育活动；在社区初步组建了学校、家庭、社会“三位一体”的教育网络。

2．加强了未成年人教育阵地的建设和管理。2004年，雷锋纪念馆、战犯管理所、平顶山惨案遗址纪念馆三个爱国主义教育基地实行了对未成年人集体免票、个人半票的收费标准。被挪用、租用的未成年人活动场所得到恢复使用，针对网络对青少年的负面影响问题，以市政府办公厅［2004］37号文件下发了《关于不得接纳未成年人进入网吧的通知》和《关于抚顺市网吧零点断网的决定》并聘请了60多名社会监督员，进行了多次暗访，加强了监督检查。

3．开展了未成年人道德实践活动。9月中旬开始，在社区以“关爱未成年人成长”为重点，集中开展了“我为社会做好事”活动、向家长发出《做合格的第一任老师》的倡议、组织中小学生召开系列主题班队会、举办“让未成年人健康成长”综合文艺活动、建立“小公民道德建设示范基地”等。

4．举办了“关爱孩子，关注未来”漫画展。市文明办组织本市知名漫画家创作了百余幅漫画，并从中选出优秀作品，以《关爱孩子，关注未来》为题印制了一组挂图，“挂图”由市文明办免费向全市下发，并在全市各社区、乡村、中小学和幼儿园进行了展出。

（姜云峰　白　姗）

统一战线

【民主党派工作】 本年，市委制定了《中共抚顺市委关于进一步加强民主党派工作的意见》、《市委领导与民主党派市委、市工商联主要领导同志交友制度》、《抚顺市支持和帮助民主党派开展参政议政专题调研工作实施办法》等文件。组织和协调各民主党派与市委、市政府、市纪委召开协商会、通报会、座谈会7次。帮助民主党派确定调研课题16个。组织民主党派、工商联负责人对本市的城建重点项目进行了视察。指导协助党派、工商联落实省、市政协全会上的大会发言和重点提案，向全国、省政协全会提交了关于支持本市改扩建“一所两馆”和建设人权教育基地等重点提案。

【经济统战】 围绕抚顺振兴这一主题，紧扣省委统战部开展的招商引资扩大民营资本投入的“3·15”任务这个重点，以“服务振兴，争做贡献”主题活动为平台，统筹抓好“光彩事业”、“四个一”、“一先两优”、“双文明”等载体活动，组织了赴大连、本溪、沈阳“两坛一会”和南下、进京5个招商团组，邀请接待了澳门东北商贸促进会、欧洲经贸代表团、英国华人社团、朝鲜商贸团等10个外域外商团组来抚考察和进行经贸洽谈活动，特别是统战部出面协调解决了福建莆田商会在本市投资项目遇到的问题，该商会继续在抚投资5 000万元工程及后续项目，超额完成了省里下达的招商引资和增加民营资本投入任务指标。

【统战宣传】 围绕推介宣传抚顺统战资源跑部进京，组织了雷锋生前亲密战友乔安山、原战犯管理所管教干部刘家常为成员的报告团，赴中央统战部以“弘扬雷锋精神、发挥统战优势、建设和谐社会、致力抚顺振兴”为主题做了专场报告，反响强烈。

【基层统战】 本年，基层统战工作有新发展，进一步建立健全了社区统战工作网络，召开了社区统战工作现场会，交流了工作经验；党外干部工作有新提高，制发了《全市统一战线三支干部队伍培训计划》，举办了市政协新委员和县处级党外干部培训班；海外统战工作有新进展，海外联谊会、留学生联合会、黄埔同学会、侨联、台联和台办等单位，发挥统战优势，积极宣传抚顺，开展招商引资，牵线搭桥工作。全年，建立联系或邀请200多名海外人员来抚交流。

（吴　萍）

对　台

【对台经济工作】 1．广开渠道，进一步加大了招商引资力度。6月下旬，以市政府党组成员、市发展计划委员会主任阎茂龙为团长的赴台参访团，在台参观了台塑关系企业总部；台塑关系企业总裁王永庆会见了抚顺参访团；参访团一行参观了台湾统一、台湾大成长城企业股份有限公司等企业，宣传了抚顺投资环境、建设成就，扩大了抚顺在岛内的知名度；台湾一些企业负责人表示就抚台经济互补性项目来抚考察。9月，台办主要领导带队赴上海、苏州等地招商。联系200多位台商参加了抚顺市投资说明会。市政府及各县区、开发区负责人分别介绍投资环境及招商项目。通过洽谈，当即签定了一些项目投资意向书。截至2004年底，全市共有台资企业84家，累计投资总额达8 608．649万美元，其中利用台资4 201．345万美元。

2．改善环境，营造良好的招商氛围。为全面贯彻落实《台湾同胞投资保护法》及其《实施细则》，切实维护台资企业合法权益，积极协调永大碳黑、隆基磁电等多家台资企业，解决其在生产发展中遇到的问题（纠纷），维护了台商的合法权益。

【对台交流】 1．强化台胞台属的接待服务，努力提高服务质量和水平。针对一些单位违规入台，在深入调查、了解掌握其人员和渠道、向省台办报告的同时，及时向全市转发了《关于重申不得擅自赴台有关规定的通知》，进一步规范了抚台交往程序，有效地遏制了违规赴台苗头。一年来，共接待台胞台属来访咨询516人（次）；台属赴台探亲185人（次）、涉台婚姻46对；协调涉台事务公证37人（次）；为台胞台属办实事60多件（次）；妥善处理在抚定居和探亲台胞去世共5人的善后工作；先后数次帮助协调处理涉台婚姻婚后生育指标，子女入学、户籍等问题。

2．抓住有利时机，促进双向交流交往。台湾高雄市书画家黄宪国先生曾于1992、1996年两次来抚，2004年借返乡探亲之际携带多年创作的千余幅书画作品举办书画展，与本市30多位书画界同行进行笔会，并为世界文化遗产清永陵书“祝贺申遗成功”条幅。本市名人的30多篇诗作、书画入岛并发表。台湾儿童作家来北京特邀请本市儿童作家佟希仁等，参加两岸儿童文学研讨会并相机入岛参访。全年办理团组入岛3批（次），21人入岛交流，另有8人参加跨省团组入岛交流。

3．增强政治敏感性，妥善处理各类涉台事务。基本做到了件件有着落、事事有回音，提高了接待水平。

【对台宣传】 1．充分利用岛内媒体及现代化科技手段（华夏经纬网络），积极开展了入岛宣传。为“辽宁神韵”提供的《台湾电子产品制造业访问团参访抚顺》等37篇（次）稿件被采用，其中4篇稿件被华夏经纬网主页选用；11月中旬，按省台办整体安排，市、县台办及相关部门接待了台湾中天电视“脚逛大陆”摄制组。

2. 多形式、多渠道开展了台湾问题教育活动。首先是精心组织图片展。3月12日成功举办了《台湾问题图片展》首展式。首展式上，有抚顺市直机关干部、各民主党派成员、抚顺雷锋团维和官兵、大学生等各界人士400余人出席。展览过程中，先后有各界人士6 000多人观看了展览，在全市形成一次广泛深入的涉台教育。其次，一年来，全市各县、区台办继续通过报告会、座谈会、广播、电视、板报、党校授课、图片展览以及各类联谊活动等形式开展涉台教育。据不完全统计，全市共组织各类涉台教育活动40余场（次），受教育面达2万多人（次）。

【队伍建设】 加强对台工作领导，提高干部整体素质。2004年，抚顺县、新宾满族自治县等单位突出加强了对台工作领导。11月中旬，市台办对各县、区台办主任及市、新宾满族自治县台办机关干部近20人进行对台宣传网络培训。

（高玉洁）

党校教育

【干部培训】 按照省、市委关于“大规模培训干部，大幅度提高干部队伍素质”的要求，积极主动与组织部等干部管理部门联系，增加了常规班次。全年开设了局级干部培训班、中青年干部培训班、乡镇领导干部培训班、行政许可法培训班等，同时，按照形势任务的需要，努力拓展培训渠道，开设了药检干部培训班、统计干部培训班、抚顺县妇女干部培训班等，全年共开设各级各类培训、轮训班33期，培训人数达1 921人次，发挥了主渠道作用。

【教学改革】 调整了教学布局。以“三个代表”为主线，围绕加强党的执政能力建设，突出党性教育和执政能力教育，调整了教学布局，形成了“一个中心、五句话”的新格局。新增加了“执政能力建设”、“和谐社会”、“四观”、“立党为公、执政为民”、“深化经济体制改革”、“当代世界经济发展新趋势”、“当代世界法律体系及其发展趋势”、“加快和完善我国的市场经济法律机制”等30多个专题，适应了各种班次的教学需要。

运用多种教学方法。普及了多媒体教学，全年多媒体课的比例达到了95%。探索了研究性教学，较好地实现了教学理念、教学方式及教学相长的统一过程。同时，尝试了现场式教学，完善了案例教学和推进了两段式教学。多样化的教学方式基本上适应教学需要，促进了教学质量的提高。与此同时，专题研讨和学员论坛作为教学内容的补充得到了很好的利用，调动了教与学两个方面的积极性，实现了教、学共鸣，资源共享。

教学管理。一是实施了教学专题的招投标制。对所有新增专题实行全校招标。经过评议和审查之后，方可进入备课程序。二是坚持试讲制度。全年组织专题课试讲41人次。三是完善了单元教学负责人制度。四是强化听评课制度。五是改进教学评估制度，形成了客观、公正的教学评估新机制。2004年组织教学评估114次，参评学员达1 840人（次）。2004年主体班开设专题课90个，函授班开设182门课，有44名教员任课。针对授课时间集中、同时上课的教员比较多的情况，统一了教学安排，合理调度，保证了教学的顺利进行。

【学员管理】 完善各项管理制度、严格班主任管理，配备政治上过硬、业务上精干的同志担任班主任。认真执行教学安排，组织好各项教学活动。严格考核学员在校学习的情况，严格请销假制度和学员在校期间表现反馈制度。在工作中贯彻以人为本的理念，注重发挥学员的能动性，学员的管理工作走上了科学化、规范化的轨道。

【科研工作】 本着“教学立校、科研兴校”的原则，进一步明确科研“三个服务”的方向，切实加强领导，科研工作上新台阶。完善管理体系。修订了科研管理制度，制定了科研拔尖人才制度，完善了科研成果量化考核标准，建立了微机咨询管理系统。加大科研奖励力度，科研奖励金额同比增长66%。搭建科研平台，营造学术氛围。加强了对外协作，先后与省委党校、省行政学院、市委宣传部、抚顺日报社、市社科院、市政协等部门合作，争取到省级科研课题5项，市级科研课题7项，进行科研攻关，并如期完成项目。同时召开了“抚顺三农问题”、“抚顺民营经济发展”等理论研讨会，收到实效。通过一系列工作，拓展了研究领域，营造了良好研究氛围。经过努力，2004年共取得科研成果185项，其中国家级的12项，省级的102项，市级的47项，完成专著2部，编著4部。全年完成科研工作量同比增长162%，较好地实现了工作目标。

【基层业务指导】 与省委党校和基层党校建立了较好的工作联系，理顺工作关系，发挥桥梁、纽带作用。协助基层进行师资培训。有计划安排基层党校教员来市党校听课，参加教学研讨，帮助基层党校提高师资水平。组织了对县区党校的评估工作。成立由市委副书记郭平任组长，其他领导参加的评估工作领导小组，制定了评估方案。10月下旬，会同市委组织部、市委宣传部、市人事局，对本市7家县区党校进行了评估验收，经过验收，7家党校都达到了评估标准，有力地促进了基层党校的建设。

【函授教育和成人教育】 全年共组织18次集体招生，走访了100多个单位，较好的宣传了党校函授教育，扩大了生源。2004年报考人数为1 379人。在做好招生工作的同时，严把入学关、考试关、毕业关，树立了良好的办学形象，赢得较高的办学声誉。做为党校函授教育的补充，该校的成人教育工作已形成一定规模。分别与东北大学联合办了公司管理本科专业班，与人民大学联合办了研究生预科班。办学规模逐渐扩大，知名度也不在断提高，并被评为“抚顺市高等教育自学考试先进集体”。

【扶贫帮困】 按照市委、市政府的部署，市委党校负责两个贫困村、两个社区、20多户贫困户的帮扶工作。在帮扶工作中，克服资金紧张的困难，协助社区进行文明化建设，帮助解决桌椅、宣传板、办公用品等。组织党员干部同社区贫困户结成帮扶对子，为特困户捐款、捐物。在帮扶贫困村中，投资万余元，帮助抚顺县上马乡西古村建设村部和文化室。

（关　群）

党史工作

【党史征集】 2004年是抚顺实施老工业基地振兴战略的开局之年，党史研究室紧密联系实际，充分发挥党史部门的自身优势，注意征集抚顺地方党史资料，为抚顺老工业基地振兴与发展服务。一是根据抚顺“一五”时期，曾是东北重工业基地、在全国经济建设中具有举足轻重的地位这一特定历史情况，制定了《以史为鉴，再创辉煌》征集提纲，并扩大线索，进行资料征集工作。二是进行社会主义时期和改革开放新时期党史资料征集工作。进一步征集和补充了《抚顺党史资料第十辑》的资料，以反映抚顺社会主义建设和改革开放新时期党的工作。三是征集《辽宁党史人物传》中杨靖宇、喻屏、韩震、吴亮平、王一伦等人物资料。四是向中央电视台、中共吉林省委党史研究室提供"杨靖宇在抚顺"有关资料。五是加强与外省市党史工作的交流，接待中共兖州市委党史研究室主任，并交流新民主主义革命时期党史资料；向北京军区某部提供解放战争时期营盘之战资料；接待营口市雷锋精神促进会秘书长一行到雷锋纪念馆、征集采访雷锋战友乔安山，并进行有关学术交流。此外，按中央和辽宁省委党史研究室《关于进一步征集地方党史成果的通知》的要求，如期上报了抚顺地区自20世纪80年代至21世纪初公开出版的党史资料及党史书籍20多部。

【党史研究】 按照年初的工作部署，狠抓工作目标的落实，一批质量较高、与党的中心工作贴近、具有创新性的研究成果相继问世。

1．出版《丰碑》一书，20万字。这是一部选题精确、内容翔实，集史料、学术和政治价值为一体，图文并茂的历史性专集。全书在对抚顺市的党史资料、教育基地全面进行征集、考查、核准的基础上，以重大的历史事件及重要党史人物为主线，真实地反映了曾为抚顺解放和建设流血牺牲的英烈们的事迹；记录了抚顺境内的纪念馆、烈士塑像、纪念碑、烈士陵园、革命斗争遗址等62处。并附有在抗日战争、解放战争、抗美援朝、社会主义革命和建设中牺牲的2 153名烈士的名单。中共抚顺市委副书记郭平撰写序言。《丰碑》一书发行后，在社会上产生了一定的影响。

2．完成《中国共产党辽宁年鉴》（2004年）中的《中共抚顺市委重要大事》。这项课题是省委党史研究室牵头组织编写的党的工作年鉴的一部分。经过4个月的征集、整理、编撰，抚顺共上报省23个条目，3万字。

3．出版《中国共产党抚顺历史大事记》一书。这部书翔实地记载了1927至2004年跨度77年间的抚顺党组织建立、活动、发展的大事和要事，附录了《抚顺市历届市委书记名录》，并以彩页的形式反映了全市部分部门的历史与现状。本书由中共抚顺市委书记周忠轩作序，80余万字，由中华国际出版社公开出版。是一部大型的反映抚顺党组织活动的、较为实用的资料性工具书。

4．加大党史人物研究的力度。《辽宁党史人物传》的编写工作，自1995年开始部署，抚顺共完成了10名党史人物的编写任务。本年，在认真总结经验、查找不足、统一认识的基础上，又编写了吴亮平、王一伦、喻屏、韩震等人物传记。经过核实、考证、编研，将喻屏、韩震传记上报《辽宁党史人物传》。

5．公开发表或上报的党史研究文章共8篇。其中，参加中央党史研究室组织的《东北老工业基地的历史与发展论坛》研讨会征文活动，上报《关于振兴东北老工业基地与信息产业化进程的思考》一文；参加中央、省委党史研究室组织的《邓小平与中国改革开放》学术研讨会，上报《关于邓小平一国两制的研究》一文，被评为三等奖；此外，王宝铢、刘畅、朱芳撰写的抚顺地方党史人物《沈越》、《雷锋》、《纪儒林》，分别被评为《辽宁党史人物传》第1至10卷二等奖、优秀作品奖。

【党史宣传】 党史研究室在加强"三贴近"的同时，努力实现党史宣传教育的阵地化、社会化。

1．以纪念邓小平诞辰100周年活动为契机，发挥党史部门的优势，进一步加强和推进党史宣传教育工作。党史研究室围绕这一主题，开展了系列活动：召开纪念邓小平诞辰100周年暨视察抚顺46周年讨论会，与会人员深切缅怀邓小平的丰功伟绩，以及对抚顺的亲切关怀，从而增强了振兴抚顺老工业基地、全面建设小康社会的信心和决心；参加中共辽宁省委宣传部等七家单位联合召开邓小平同志生平和思想研讨会，其中，刘畅的《关于邓小平一国两制的研究》一文入选，参加会议，并被评为三等奖；与《抚顺晚报》联合推出纪念邓小平诞辰百周年专版，以一个整版的篇幅刊登了《你曾在这里洒下一片深情——记邓小平1958年视察抚顺》和《难忘的岁月，亲切的关怀——邓小平视察抚顺铝厂追怀》等文章，并配发了照片。

2．开展"纪念杨靖宇诞辰100周年"的系列活动。党史研究室与中央电视台、吉林省委组织部电教中心、吉林通化杨靖宇烈士纪念馆、河南省驻马店市委党史研究室等单位进行党史资料征集、交流、研究工作。接待了中央电视台《民族之魂》摄制组、中共吉林省委组织部电教中心到抚顺拍摄《杨靖宇》历史记录片。受河南省驻马店杨靖宇精神研究会约稿，撰写了《论杨靖宇精神》、《杨靖宇在抚顺》等研究文章。

3．广泛动员社会力量，充分运用各种形式和手段推动党史宣传教育更加生动活泼地开展。6月24日，邀请辽宁省中共党史学会副秘书长张大庸到中共抚顺市委党校、抚顺市社会科学院及抚顺市卫生局等单位，作了两场题为《回顾党的历史、重温"两个务必"》的报告。在党员干部及各方面都引起强烈的反响。9月15日，组织召开"纪念平顶山惨案72周年座谈会"。全市20多名社会科学工作者及平顶山惨案中的幸存者参加了座谈。

【交流与交往】 2004年9月3日，中共中央党史研究室副主任谷安林、中共辽宁省委党史研究室主任陈文清一行到抚顺调研，抚顺市社会科学院副院长王宝铢陪同谷安林副主任到新宾满族自治县检查工作，并参观了雷锋纪念馆。中共抚顺市委书记周忠轩向谷安林副主任介绍了抚顺的情况，谷安林副主任对抚顺党史工作给予肯定。中共抚顺市委副书记郭平，市委常委、市委秘书长袁方，抚顺市社会科学院院长傅波一同参加了汇报。

本年，根据辽党研发（2004）7号文件，中共辽宁省委党史研究室表彰13名从事党史工作20年人员，其中抚顺的刘畅、曹文奇、宋时林受到表彰。抚顺市中共党史学会被评为抚顺市社会科学优秀学术团体。

（刘　畅）

政策调研

【基本情况】 2004年，市委政研室围绕市委中心工作，认真贯彻落实党的十六届三中和四中全会精神，解放思想，拓展职能，充分发挥市委决策的智囊和参谋作用，圆满完成工作任务。全年共进行综合调研8项，完成调研报告17篇，起草市委主要领导讲话和文件5篇，编辑领导专阅件10期。

【调查研究工作】 围绕抚顺老工业基地振兴这个主题开展调查研究，积极为市委和政府决策提供服务。

1．继续抓好融入沈阳经济区发展的调研，初步形成以"五大比较优势"和"一龙头四基地一屏障"为主要内容的《抚顺融入沈阳经济区发展研究报告》，在此基础上召开一次高层论策会，汇编了《抚顺融入沈阳经济区发展策论集》，从而在全市形成融入沈阳经济区发展的宣传舆论氛围。2. 开展抚顺非公有制经济发展调研，组织举办了全市非公有制经济发展论坛会征集15篇高质量的论文汇编成《抚顺市非公有制经济发展论文集》。

3. 抚顺工业产业结构调整调研，提出发展以石油化工及深加工产业链为主干，以冶金及深加工产业、装备制造业、煤矿接续产业、特色农产品加工业为侧枝的“一主四辅”工业产业结构思想，并提出抓好“四园三产业”7个项目建设的具体建议。此报告被市委九届七次全委会议采用，为全会报告及今后抚顺工业发展方向的确定做了必要的准备。此外，还开展了农村公共卫生体制改革与建设的、全市政协工作、抚顺经济发展软环境建设、抚顺招商引资工作和城建工作等方面调研。

【拓展工作职能】 一是承担市委和市政府主要领导交办的专题调研项目。如抚顺石油化工研究院南迁问题、抚顺三家总部在外地企业其生产经营对抚顺地方财政影响问题、体制创新问题、棚户区改造和棚户区居民解困问题的调研等；二是结合调研工作印发了10期领导专阅件，反映调研中发现的倾向性问题和其他重要问题，得到有关领导的肯定；三是积极协调全市调研工作，组织协调市直十多个部门组成9个调研组开展全市经济工作调研，形成9篇调研报告作为市委九届七次全委会会议材料，成为全会决策的重要参考；四是进一步明确和完善了决策咨询机构由市政府办公厅划归市委政研室后的工作职能、工作方式，使市委政研室形成了“调研、咨询、指导”三位一体的调研工作体制和机制。

（王兴昆）

机关党建

【营造理论学习氛围】 市直各机关进一步完善了中心组学习制度，明确了中心组成员要带头学、先学一步。机关总结了市国税局、市广播电视局、市地税局、市委党校、市国土规划局、市投资中心等一批中心组理论学习开展得好，理论成果转化成效显著的经验。普通党员干部的学习，着重围绕如何解放思想，在振兴老工业基地建设中发挥表率作用来开展。

【组织开展“大讨论”】 2004年初，市直机关开展“我靠抚顺发展、抚顺靠我振兴”大讨论活动，进一步统一了机关党员干部的思想，增强了广大党员干部立足本职岗位，积极投身振兴老工业基地的责任感和紧迫感，激发了做好工作的主动性和积极性。市政府办公厅等8家单位在市直机关举办的大讨论成果汇报会上介绍了经验。工委还举办了由基层党支部书记和理论骨干600多人参加的培训班。

【强化理论学习】 机关各级党组织采取了多种有效形式，强化党员干部的理论学习。市民政局把学习十六届四中全会精神同领导班子建设、年度党建目标管理评比结合起来，收到了良好的效果。市审计局把学习贯彻十六届四中全会精神同队伍建设紧密结合，全力打造一支高素质审计干部队伍。各基层单位在学习中强调注重实际效果，重点抓好理论成果的转化，在学习内容上，既有系统的理论文章，又有生动的身边的事例，机关普遍开展了学习赵景顺、牛玉儒等先进人物的典型事迹的活动。通过学习，机关党员干部的公仆意识更加牢固，立党为公、执政为民的信念更加坚定。市国税局千方百计培养、发掘税源，全年税收收入有了大幅度提高；市水务局立足水利设施建设，为本市经济的持续发展做出贡献；市环保局把执法、服务与经济发展有机结合起来，妥善处理好经济发展与人的生存环境之间的矛盾；市公安局从制度建设入手，打造一支素质过硬的干警队伍，为振兴抚顺老工业基地保驾护航。

【党建工作目标管理】 2004年的机关党建目标管理，从五个大的方面划分出达标内容，补充了若干方面的加分因素。从执行情况看，总的是好的。市直各单位党组织对机关党建工作目标的实施给予了高度重视，都能按照工作目标的要求，创造性地做好机关党建的各项工作。经过年底逐个单位的检查，现在已经有了一个基本排序。下一步，将在如何运用党建目标管理的成果上下功夫。

【落实机关工作制度】 以落实机关党的工作各项制度为重点，党的基层组织建设得到进一步加强。市委《关于进一步加强市直机关党建工作的意见》是市直机关党的工作的指导性文件，市直机关各级党组织有重点、分层次、有步骤地认真贯彻落实《意见》精神，收到了良好效果。一是机关党的工作已逐步纳入重要的议事日程，在落实中取得实效。二是机关党务工作者的地位逐步提高，专职党务干部按要求列席有关会议，领导班子在研究工作时倾听党务干部的意见，促进了决策的科学化、规范化。机关工委加强了专兼职党务干部队伍的建设，立足提高整体素质，开阔视野，创新思路，以适应新的形势和工作任务的需要。工委开展了以“看发展谋振兴”为主题的社会实践活动，先后组织专兼职党务干部进社区，参观农业产业基地、民营企业和军营，开展“一日兵”、“一日农”、“一日工”活动，通过这些活动激发了专兼职党务干部的责任心和使命感，更加牢固地树立起立党为公、执政为民的思想。三是基层党组织的战斗堡垒作用得到充分发挥。机关工委开展了落实市直机关《关于加强党支部建设的决定》、《专职党务干部选拔任用工作暂行办法》的检查，对存在的问题及时加以纠正。市直机关80余个党支部参加了在市直机关开展的“红旗支部”创建活动，进一步增强了基层党组织的凝聚力、战斗力和影响力。此外，机关工委还举办了基层党支部书记培训班，对基层党务干部进行了系统培训，为做好基层党支部工作注入了活力。四是党建工作创新小组工作活跃。为调动各单位开展党建工作的创造性，机关成立了6个党建工作创新小组。各小组有活动规划、有保障措施，组内成员单位之间互通信息，交流经验，全年共写出论文近百篇，拓展了基层党的工作的思路，有效促进了各单位党的活动的开展。年终，市直机关评选出3个优秀创新小组。五是与民营企业结对子，开拓党的工作与经济工作共建新路。工委协调市直有关单位，为罕王集团提供政策、法律帮助，为企业发展创造条件。机关党组织还为企业党组织建设提供服务，发挥党员在民营经济发展中的作用。

【发挥工会和共青团作用】 各级工会组织在建设职工之家，扶贫解困、安置下岗职工再就业工作中做出了突出贡献。全年市直机关高质量地完成了安置2 680名下岗职工的任务，在人员紧缺的情况下，克服困难实施“4050”工程，为330余名企业大龄失业人员解除了后顾之忧，把党和政府的温暖传递到下岗职工的心中。各级工会组织立足于活跃机关文娱生活，开展了多种文娱体育活动，振奋机关干部的精神，为机关精神文明的创建做出了贡献。市直机关各级共青团组织紧密围绕振兴老工业基地，加强机关作风建设献计献策，深入开展“青年文明号”的创建活动和“为振兴抚顺老工业基地进一言、献一策”活动。各级团组织把爱心助学工作放在重要位置，为失学儿童提供帮助。机关团的工作不断拓展新的领域，成立了市直机关关工委。为促进青年干部学习新知识，提高工作技能，团工委先后举办两期专业技能培训班，为全面提高青年干部的素质打造了平台。

【开展党员教育活动】 以立党为公、执政为民教育为主题，深入开展党员教育活动。去年8月，工委按照市委主要领导的要求，深入开展了“立党为公、执政为民”教育活动。工委下发了活动方案，要求机关党员干部要带着感情，深入到棚户区、贫困户家中体察民情，按照看、听、议、改、干的要求，认真参加这次活动。这项活动得到市直各单位主要领导的高度重视，市民政局、市司法局、市农业局、市卫生局、市粮食局、团市委、市妇联、市法院、市城投公司等单位在动员会之后迅速行动起来。市城管局在深入棚户区和贫困户活动中，认真听取群众呼声，从解决群众迫切需要解决的问题入手，为龙凤、虎台等街区分别建立了公示板，维修旱厕，安装照明灯，受到了社区群众的欢迎。在这次活动中市直机关86个单位与93个社区结成对子，并对415户特困家庭进行了慰问，送去慰问金及物品总价值近10万元。这次教育活动收到了明显的效果。

【作风整顿】 年初《市直机关作风建设年活动实施方案》下发后，市直各单位迅速行动，市建委、市综合执法局等单位制定了“作风建设考核表”；市技术监督局从贯彻《行政许可法》入手摆问题，集中解决了群众反映较大的办理代码证等问题；抚顺日报社分别在《抚顺日报》和《抚顺晚报》上开设“开门整风通报”专栏；市教育局针对群众反映强烈的有偿家教问题进行了专项治理。随着机关作风整顿的深入，由解决纪律松弛等表面问题，向解决影响软环境建设方面的问题逐步深入，市出入境检验检疫局成立进口成套设备检验检疫领导小组，将百万美元的项目设为局长工程，专人负责，全程服务；市委组织部完善了《组织人事部门行为规范》、《干部任免工作程序》等制度；市工商局制定出10条23项整顿措施。加大了对违反规定的查处力度，全年共查处违纪人员31人；市信访办变上访为下访，加强对重点案件的督查，解决了大量难点、热点、重点问题。

为把机关作风建设工作不断推向深入，机关工委加大了督察力度，组成了明察暗访小组，对各单位工作作风、工作纪律进行了暗访、通报，并在有关媒体上曝光。同时还组织机关专职党务干部进行互检。机关工委开展了每季评选机关重大工作举措的活动，评选出各单位在转变作风、服务基层、招商引资、创新发展等方面的重大举措，在《抚顺日报》头版刊登，调动了各单位工作积极性，激发了服务热情，提高了服务质量。

【党风廉政建设与反腐败】 结合市直机关的实际情况，各级党组织组织党员干部认真学习两个《条例》、学习胡锦涛总书记和吴官正的重要讲话。各单位利用身边事例开展教育，使党员干部进一步树立正确的权力观、地位观、利益观。各单位还普遍开展了警示教育，通过反面典型为机关干部敲响警钟。工委与有关部门共同起草了《抚顺市进一步严肃党政机关工作人员若干纪律规定》，对违反党纪、政纪人员进行了严肃查处。

【精神文明创建活动】 年初，工委下发了争创市级文明机关活动的通知，经过申报筛选，市烟草局、市执法局等29个单位被评为市级文明机关，市交通局、市物价局等10个单位分别被评为省级文明机关、文明单位。市直机关精神文明的创建工作得到了市直各单位主要领导的高度重视，各申报单位制定了争创方案，日常工作有专人负责，并且把文明机关建设同学习型机关建设有机结合。市直各单位把学雷锋活动同勇于奉献、刻苦钻研、开拓创新、振奋精神、振兴老工业基地有机结合起来，形成强大的精神动力。为推动文明机关创建活动的深入开展，市直机关在市人防办召开了文明机关创建活动暨机关作风整顿现场会，市人防办、市总工会、市国土规划局进行了经验交流，在市直机关产生了良好反响。

（侯 旭）

离休干部管理

【思想建设】 市离休干部党工委在全市离休干部党组织学习贯彻“三个代表”重要思想取得丰硕成果的基础上，选择有代表性的离休干部党支部、老党员典型，于本年4月中旬，召开了全市离休干部学习贯彻“三个代表”重要思想经验交流会，将体会文章汇编成《学习“三个代表”重要思想体会续编》，发到各离休干部党支部。党工委利用《抚顺老干部工作》大力宣传离休干部学习“三个代表”重要思想的先进典型、经验、作法，指导基层离休干部党建工作。本年，党中央公布《中国共产党党内监督条例》和《中国共产党纪律处分条例》后，各县区、系统开展了系列学习活动，组织学习报告会，就《两个条例》的产生背景、基本框架及创新点进行辅导。各单位还以知识问答、答题竞赛、观看录像讲座、举办学习班等形式组织学习。市离休干部党工委总结了市人防办离休干部党支部加强党支部建设，创建学习型党支部的典型作法并上报中组部，受到表彰。在各离休干部党组织的努力下，在老党员中形成了自觉学习的风气。

【探索离休干部党建运行机制】 按照省委老干部工作会议及省委省政府《关于进一步做好新时期老干部工作的意见》对离休干部党建工作提出的要求，市离休干部党工委加强了对离休干部党组织建设的指导力度。组织人员对重点系统、单位开展了调查研究，主要调查转制企业、亏损企业离休干部党支部设置情况。针对存在的带有普遍性的问题，党工委领导带队专程赴外地学习考察，研究理顺企业离休干部党组织设置方式。全市各县区、系统党组织把离休干部党建工作纳入日程，根据老党员的特点，采取建立联系网，分组包片，专人负责，定期走访等方式，解决高龄体弱多病老党员与组织联系问题。有的单位与社区联手，建立活动点，党员组织关系留在单位，日常活动在社区，以解决居住分散行动不便老党员过组织生活问题。党建工作形成了良好的发展势头。

【举办支部书记培训班】 2004年，本市举办了第十五期全市老干部党支部书记培训班，在培训班上离休干部听取了全市离休干部党建工作形势和任务的报告，观看了离休干部党建业务培训录像片，交流了学习体会和党建工作经验，参观了本市重点工业发展项目，为了增强培训效果，将离休干部党建工作的有关换届选举、三会一课、党员管理教育等方法拍摄成录像片，这是在培训离休干部党建骨干方式方法上的一个创新和有益尝试。

【发挥老干部余热】 为了使广大老同志了解抚顺振兴老工业基地的新思路、新构想，增强信心，在市领导的支持下，将市政府实施调整改造的宏伟构想以及抚顺老工业基地振兴的重点项目、农业产业化、城乡建设重点项目、争创国家环保模范城市等有关材料，发给全市老干部党支部，听取老同志的意见和建议，让老同志参与振兴抚顺的事业。许多老干部党组织或老党员纷纷以书面形式写出建议，市离休干部党工委及时将建议梳理上报有关部门。

【举办党建成果展】 2004年，市离休干部党工委举办了抚顺离休干部党建成果展览，离休干部党支部和老党员积极向市党工委提供反映本单位党建情况的图片、资料、展品。经过近4个月的筹备7月1日正式展出，全市各单位离休干部老党员5 000余人参观了展览，许多在职领导在留言中盛赞本次展览。这次展览对开展好离休干部党建工作具有十分重要的意义，受到上级有关部门的好评。振奋了老党员的精神，促进了党建工作的发展。

【企事业单位离休干部医疗保障机制启动】 本市企事业单位离休干部医疗保障机制于2004年1月启动和运行。通过一年的运行实践，基本保证了离休干部“因病施治，合理用药，按规定实报实销”，离休干部基本满意。运行中，市委老干部局认真履行对保障机制的监督、检查，发现问题及时研究解决，使医疗保障机制运行起来更加顺畅。同时，市委老干部局还加强了对县区建立离休干部医疗保障机制的指导工作，帮助县区完善建制工作。

【落实离休干部生活待遇】 一是坚持不懈地抓好离休干部“两费”清欠工作。关于解决离休干部“两费”问题，市委、市政府给予高度重视并作出批示：清理拖欠离休干部“两费”，这是全市建立离休干部医疗保障机制的最后一次清欠，要从实际出发认真搞好清欠割底。对市属特困企业给予一定数额的补助，补助以原划类型为基础，要从企业的实际情况出发，补助范围适当调整。按照市委、市政府的批示要求，市委老干部局与市财政先行做好基础性工作，召开清欠工作会议，加强检查，对特别困难的企业予以调整、帮助。经过全市上下共同努力，全年清理拖欠离休干部药费700多万元。至此，清理拖欠离休干部“两费”基本结束。二是解决特困企事业单位离休干部冬季取暖问题。全市特困企事业单位离休干部801户，其中一户一阀626户。由于这部分离休干部所在单位长期拖欠暖气费，供热单位不予改造或供热。市委老干部局与市建委、市供热办多次沟通研究，最终按城镇低保户供热办法解决这部分离休干部取暖问题，并按此办法解决类似问题。三是长期坚持做好离休干部解困救济工作。在资金紧张的情况下，市财政每年拨付30万元用于救济特困离休干部，每年都有近千名离休干部受益。同时救济长期不开资，仍坚持在工作第一线为离休干部服务的基层工作人员。对离休干部住房、其他方面如遇特殊困难，采取特事特办或一事一议的办法给予帮助解决。四是协调解决市属特困企事业单位离休干部生活补贴和护理费80多万元。

【宣传信息工作】 从2004年3月份开始，累计4个月的时间，由市委老干部局领导带队深入企业，就改制企业离休干部的安置管理，市属企业落实离休干部政策情况，进行了全面调查研究。在进一步摸清全市企业基本情况的基础上，市委老干部局局领导带队赴长春、朝阳进行考察。收集了本省各市和南京市、广东省的基本情况和有关作法。在此基础上，经梳理研究，起草了3个专题调查报告，对开展下步工作，具有指导性和可行性。3月份，召开了全市老干部宣传信息工作会议，表彰了6个宣传信息工作先进集体和21名宣传信息工作先进个人。办好《抚顺老干部工作》，刊物质量、版面设计和内容采编都比以往有所提高，发挥了宣传舆论的导向作用。

【关工委工作】 为贯彻落实中共中央国务院颁发的《关于加强和改进未成年人思想道德建设若干意见》，市关工委下发了［2004］4号《关于加强和改进未成年人思想道德建设的实施意见》的文件，明确提出离休干部要在加强和改进未成年人思想道德建设中发挥作用。

1. 离休干部积极参与“春蕾计划”，为贫困生献爱心，资助贫困生57名，金额达1.7万元，受到社会赞誉。

2. 年初，市关工委老领导带领弘扬雷锋精神报告团来到地处海城市的省未成年犯监狱，看望了抚顺籍未成年犯，并给抚顺籍少年犯每人带去一份生活用品。报告团的戴明章为未成年犯作了题为“为了明天”的报告，本市三家新闻媒体进行了报道，收到了较好的效果。

3. 充分发挥“四个报告团”的作用。市关工委组织革命传统、弘扬雷锋精神、科技教育、法制教育4个报告团，在全市青少年中作报告30多场，有3.4万人次青少年受到教育。

4. 2月，离休干部王振海到市武警支队，为450名官兵作了一场“继承革命传统，发挥‘抗大’精神”的报告，勉励官兵继承和发扬艰苦奋斗的革命传统。4月，为在青少年中开展素质教育，进一步推进家庭教育，市关工委协助市妇联等单位成立了家教报告团，并在学校和社区中作家庭教育报告。

【活动室建设】 2004年活动中心各活动室新增桌椅、麻将、乒乓球案、消毒柜，配备了专业医务人员，购置常用医疗设备和常用药，扩大活动面积，为离休干部正常活动创造良好的环境条件。

【老干部文体活动】 离休干部京剧协会、舞蹈协会、乒乓球协会等十几个协会，分别与丹东市、本市各系统、单位的离休干部搞联谊活动，拓宽了活动空间，增进了地区、单位之间的友谊。离休干部书画协会参加了东北三省、邓小平百年书画展，许多作品受到了好评。舞蹈协会表演的舞蹈《庆丰收》获全国舞蹈大赛第一名。另外，在十一前夕，市离休干部活动中心在抚顺剧院举办了离休干部“歌唱祖国”文艺汇演。

【老干部大学】 市老干部大学坚持以教学为中心，不断提升教学质量。以搞好教学为切入点，在专业设置和教学内容安排上加强了科学性和实效性。根据老年人的精神需要，健康需要，兴趣爱好，日常生活和服务社会的需求，开设了书法、国画、家政、英语、历史等123门专门课程，在教学内容的进度和安排上本着由浅入深，适其所需，授其所宜的原则，把水平不同，要求各异的学员分开教学，强化了多层次班的教学管理和弹性学制的教学管理，收到了较好的效果。同时，围绕教学开展各种活动，丰富校园生活。一年来，市老干部大学组织举办写生、参观、联欢、书展、比赛、文艺演出40多次，参加学员1 600人次。较好地处理了理论与实践、课内课外的关系，丰富了学员的精神文化生活。

（王　莉）

抚顺市人民代表大会常务委员会

重要会议

【抚顺市十三届人民代表大会第二次会议】 于2004年1月12日至16日在抚顺剧院召开。会议听取审议了市人民政府工作报告；审议了市人民政府关于抚顺市老工业基地调整改造振兴规划；听取审议了抚顺市2003年国民经济和社会发展计划执行情况与2004年计划草案的报告；审查、批准了抚顺市2004年国民经济和社会发展计划；听取审议了抚顺市2003年财政预算执行情况和2004年财政预算草案的报告，审查、批准了抚顺市2004年市本级财政预算；听取审议了市人大常委会工作报告、市中级人民法院工作报告、市人民检察院工作报告。会议对上述各项报告、计划、财政预算分别作出了相应的决议。会议作出了关于抚顺市老工业基地调整改造振兴规划草案的决议，决定批准抚顺市老工业基地调整改造振兴规划。会议经过无计名投票，选举孙德成为市人大常委会副主任，王新传为市人大常委会秘书长，王学东、王强、何春林、程绍洛为委员；选举李东昌为市中级人民法院院长、隋振林为市人民检察院检察长。会议通过了市人大内司委、财经委、教科文卫委、农业与农村委、法制委、民侨外委部分主任委员、副主任委员、委员名单。

【市十三届人大常委会第八次会议】 于2004年3月26日召开。会议听取了市委副书记郭平作的人事事项的说明，听取了被提请任命市人民政府副市长、代市长刘强的供职发言，审议通过了关于接受王大平辞去市人民政府市长职务的决定，任命刘强为市人民政府副市长，决定其为代理市长。

【市十三届人大常委会第九次会议】 于2004年4月14日召开。会议听取了市人大财经委关于《抚顺市节约能源条例（草案）》修改情况的说明和市人大法制委关于《抚顺市节约能源条例（草案）》审议结果的报告，听取了市人大内司委关于《抚顺市志愿服务条例（草案）》修改情况的说明和市人大法制委关于《抚顺市志愿服务条例（草案）》审议结果的报告，听取了市人大常委会人事工委关于《抚顺市人大常委会关于加强市人民代表大会代表工作的决定（草案）》的说明。会议经过审议，通过了《抚顺市节约能源条例》、《抚顺市志愿服务条例》，通过了两项决定。会议还通过了人事事项。会前，尹文主任结合传达十届全国人大二次会议精神，重点讲了《宪法》修改的有关情况。

【市十三届人大常委会第十次会议】 于2004年6月28日召开。会上，市人大常委会副主任崔树森传达了省委书记、省人大常委会主任闻世震对抚顺市人大常委会党组《关于我市软环境建设调查评议情况的报告》的重要批示和市委常委（扩大）会议精神。会议听取了市政府法制办关于《抚顺市森林资源保护条例》等4件地方性法规修正案（草案）及废止《抚顺市劳动力市场管理条例》等2件地方性法规议案的说明和市人大法制委员会关于市人民政府提请的4件法规修正案（草案）和2件法规废止议案审议结果的报告；市人大农业与农村委员会关于《抚顺市森林资源保护条例修正案（草案）》、《抚顺市畜禽及其产品检疫监督条例修正案（草案）》、《抚顺市河道管理条例修正案（草案）》的审议报告，市人大财政经济委员会关于《抚顺市拍卖管理条例修正案（草案）》和《废止〈抚顺市劳动力市场管理条例〉的议案》的审议报告，市人大教科文卫委员会关于《废止〈抚顺市社会医疗机构管理条例〉的议案》的审议报告；市财政局关于全市农村税费改革情况的报告和市人大农业与农村委员会关于抚顺市人大常委会对《关于全市农村税费改革情况的报告》的审议意见（草案）；市中小企业局关于我市民营经济发展情况的报告和市人大财政经济委员会关于抚顺市人大常委会关于进一步促进民营经济快速发展的决定（草案）；市审计局关于2003年度市本级财政预算执行和其他财政财务收支情况的审计工作报告和市人大财政经济委员会关于抚顺市人大常委会对《关于2003年度市本级财政预算执行和其他财政财务收支情况的审计工作报告》的审议意见（草案）；市财政局关于抚顺市2003年财政决算的报告和市人大财政经济委员会的抚顺市人大常委会关于批准抚顺市2003年本级财政决算的决议（草案）；市政府关于《中华人民共和国职业教育法》贯彻执行情况的报告和市人大教科文卫委员会的抚顺市人大常委会对《关于〈中华人民共和国职业教育法〉贯彻执行情况的报告》的审议意见（草案）；市民族事务委员会关于贯彻落实《民族区域自治法》工作情况的报告和市人大民族侨务外事委员会的抚顺市人大常委会对《关于贯彻落实〈民族区域自治法〉情况的报告》的审议意见（草案）；市人大常委会办公厅对《关于我市软环境建设调查评议情况的报告》的审议意见（草案）。会议经过审议，通过了抚顺市人大常委会关于修改《抚顺市森林资源保护条例》的决定、关于修改《抚顺市畜禽及其产品检疫监督条例》的决定、关于修改《抚顺市河道管理条例》的决定、关于修改《抚顺市拍卖管理条例》的决定、关于废止《抚顺市劳动力市场管理条例》的决定、关于废止《抚顺市社会医疗机构管理条例》的决定、关于批准抚顺市2003年本级财政决算的决议、关于进一步促进民营经济快速发展的决定，抚顺市人大常委会对《关于我市软环境建设调查评议情况的报告》的审议意见、对《关于全市农村税费改革情况的报告》的审议意见、对《关于2003年度市本级财政预算执行和其他财政财务收支情况的审计工作报告》的审议意见、对《关于〈中华人民共和国职业教育法〉贯彻执行情况的报告》的审议意见、对《关于贯彻落实〈民族区域自治法〉情况的报告》的审议意见。会议通过了人事事项。会上，尹文主任就当前和今后工作提出了具体要求：一是要提高认识，进一步增强软环境建设的紧迫感；二是要抓住根本，搞好整改；三是要与“一府两院”密切配合，全力推进我市软环境建设。最后，对人民代表大会制度建立50周年和地方人大常委会设立25周年纪念活动提出了意见。

【市十三届人大常委会第十一次会议】 于2004年8月25日召开。会议听取了市建委关于《抚顺市城市供水用水管理条例（草案）》的说明和市人大城乡建设环境保护委员会关于《抚顺市城市供水用水管理条例（草案）》的审议报告，市公安局关于提请市人大常委会废止《抚顺市道路交通管理处罚条例》议案的说明和市人大内务司法委关于废止《抚顺市道路交通管理处罚条例》的议案的审议报告，市发展计划委员会关于抚顺市2004年上半年国民经济和社会发展计划执行情况的报告，市财政局关于抚顺市2004年上半年财政预算执行情况的报告，市建委关于我市城市供热工作情况报告，市科技局关于贯彻实施《促进科技成果转化法》情况的报告。会议经过审议，通过了关于废止《抚顺市道路交通管理处罚条例》的决定、关于加强城市供热工作的决定、关于接受王运凡辞去市人大常委会副主任职务的决定，通过了对市人大代表刘俊涛依法采取强制措施的确认。会议还通过了人事事项。

【市十三届人大常委会第十二次会议】 于2004年10月26日召开。会议听取了市人大城乡建设环境保护委员会关于《抚顺市城市供水用水管理条例（草案）》修改情况的说明和市人大法制委员会关于《抚顺市城市供水用水管理条例（草案）》审议结果的报告；市广播电视局关于《抚顺市有线电视管理条例修正案（草案）》的说明、市人大教育科学文化卫生委员会关于《抚顺市有线电视管理条例修正案（草案）》的审议报告和市人大法制委员会关于《抚顺市有线电视管理条例修正案（草案）》审议结果的报告；市农业局关于全市农业产业化龙头企业建设情况的报告和市人大农业与农村委员会的抚顺市人大常委会对《关于全市农业产业化龙头企业建设情况的报告》的审议意见（草案）；市人民政府关于我市国有企业产权制度改革情况的报告和市人大财政经济委员会的抚顺市人大常委会对《关于我市国有企业产权制度改革情况的报告》的审议意见（草案）；市民政局关于全市第八届村民委员会换届选举工作情况的报告和市人大内务司法委员会的抚顺市人大常委会对《关于全市第八届村民委员会换届选举工作情况的报告》的审议意见（草案）；市人民检察院关于全市预防职务犯罪工作情况的报告和市人大内务司法委员会的抚顺市人大常委会关于加强预防职务犯罪工作的决定（草案）；市政府关于抚顺市十三届人大二次会议代表建议、批评、意见办理情况的报告。

会议经过审议，通过了《抚顺市城市供水用水管理条例》、抚顺市人大常委会关于修改《抚顺市有线电视管理条例》的决定、抚顺市人大常委会关于加强预防职务犯罪工作的决定、抚顺市人大常委会对《关于全市农业产业化龙头企业建设情况的报告》的审议意见、抚顺市人大常委会对《关于我市国有企业产权制度改革情况的报告》的审议意见、抚顺市人大常委会对《关于全市第八届村民委员会换届选举工作情况的报告》的审议意见。会议还通过了人事任免事项。

【市十三届人大常委会第十三次会议】 于2004年12月16日召开。会议听取了关于召开抚顺市第十三届人民代表大会第三次会议的决定（草案）的说明、关于抚顺市第十三届人民代表大会第三次会议列席人员决定（草案）的说明、关于补选辽宁省第十届人民代表大会代表的说明和市财政局关于我市推行部门预算改革情况的报告。会议经过审议，通过了关于召开抚顺市第十三届人民代表大会第三次会议的决定、关于抚顺市第十三届人民代表大会第三次会议列席人员的决定、抚顺市人大常委会关于推行编制部门预算改革的决定。会议补选尹亮、李若平、孟凌斌、姚启、秦世家、钱程广、郭平为辽宁省第十届人民代表大会代表，通过了王大文、左长祯、傅琦、刘强、张瑞、魏东平辞去辽宁省第十届人民代表大会代表职务。通过徐兴中辞去市十三届人大常委会委员职务的请求。会议还通过了人事事项。

重要决议 决定

【关于任命刘强为市人民政府副市长 代理市长的决定】 2004年3月26日市十三届人大常委会第八次会议决定任命刘强为市人民政府副市长，决定其为代理市长。

【关于接受王大平辞去市人民政府市长职务的决定】 2004年3月26日市十三届人大常委会第八次会议接受王大平辞去市人民政府市长职务，并报市十三届人大三次会议备案。

【关于加强市人民代表大会代表工作的决定】 2004年4月14日市十三届人大常委会第九次会议作出决定：一、把加强人大代表工作作为人大常委会的一项重要任务；二、充分发挥市人大代表在人民代表大会会议期间的作用；三、加强闭会期间的代表工作；四、提高代表素质，建立代表执行职务的监督机制；五、为代表依法履行职务提供有力保障。

【关于进一步促进民营经济快速发展的决定】 2004年6月29日市十三届人大常委会第十次会议作出决定：一、加强领导，促进民营经济快速发展；二、转变职能，为民营经济发展创造良好的环境；三、政府扶持、市场运作，着力解决民营经济发展资金问题；四、加速改制，鼓励民营企业参与国有企业改革；五、政策引导，鼓励机关和事业单位人员从事民营经济。

【关于加强城市供热工作的决定】 2004年8月26日市十三届人大常委会第十一次会议作出决定：一、要把城市供热作为全市的重点工作抓实抓好；二、要积极稳妥地推进供热体制改革；三、要做好困难群体和特困企业的供热保障工作；四、要加大供热基础设施维修改造力度；五、要强化对供热市场的监督管理。

【关于接受王运凡辞职的决定】 2004年8月26日市十三届人大常委会第十一次会议接受王运凡辞去市人大常委会副主任职务的请求，报市十三届人大三次会议备案。

【关于推行编制部门预算改革的决定】 2004年12月16日市十三届人大常委会第十三次会议决定：一、提高认识，加强领导，坚定信心，加快编制部门预算改革；二、统筹兼顾，科学规划，依法编制部门预算；三、精心组织，周密安排，确保完成2005年市本级部门预算编制工作。

附：

2004年市人大决议　决定总目

序号	决议　决定目录
1	《关于任命刘强为市人民政府副市长、代理市长的决定》（2004年3月26日市十三届人大常委会第八次会议通过）
2	《关于接受王大平辞去市人民政府市长职务的决定》（2004年3月26日市十三届人大常委会第八次会议通过）
3	《抚顺市人大常委会关于加强市人民代表大会代表工作的决定》（2004年4月14日市十三届人大常委会第九次会议通过）
4	《抚顺市人大常委会关于接受王大文辞去市人大常委会委员职务的决定》（2004年4月14日市十三届人大常委会第九次会议通过）
5	《抚顺市人大常委会关于进一步促进民营经济快速发展的决定》（2004年6月29日市十三届人大常委会第十次会议通过）
6	《抚顺市人大常委会关于批准抚顺市2003年本级财政决算的决议》（2004年6月29日市十三届人大常委会第十次会议通过）
7	《抚顺市人大常委会关于加强城市供热工作的决定》（2004年8月26日市十三届人大常委会第十一次会议通过）
8	《抚顺市人大常委会关于接受王运凡辞职的决定》（2004年8月26日市十三届人大常委会第十一次会议通过）
9	《抚顺市人大常委会关于加强预防职务犯罪工作的决定》（2004年10月27日市十三届人大常委会第十二次会议通过）
10	《抚顺市人大常委会关于召开抚顺市第十三届人民代表大会第三次会议的决定》（2004年12月16日市十三届人大常委会第十三次会议通过）
11	《抚顺市人大常委会关于抚顺市第十三届人民代表大会第三次会议列席人员的决定》（2004年12月16日市十三届人大常委会第十三次会议通过）
12	《抚顺市人大常委会关于推行编制部门预算改革的决定》（2004年12月16日市十三届人大常委会第十三次会议通过）
13	《抚顺市人大常委会关于接受徐兴中辞去市人大常委会委员职务的决定》（2004年12月16日市十三届人大常委会第十三次会议通过）
14	《抚顺市人大常委会关于接受王大文等同志辞去省人大代表职务的决定》（2004年12月16日市十三届人大常委会第十三次会议通过）

工作监督

【软环境建设监督】 常委会按照省委、市委关于开展软环境建设年的要求，把对软环境建设的监督作为履行自身职责，加速抚顺经济发展的切入点，举全委之力对“一府两院”及垂管部门软环境建设开展了调查评议工作，组成7个调查评议组开展了三个多月的调查，形成了调查评议报告，市委听取并批转了这个报告。省委书记闻世震亲自阅读了报告，并作出了重要批示。市政府组成部门和省垂管部门强化了软环境建设力度，加快了政府职能的转变，行政许可项目由739项削减到246项，非行政许可类审批事项也有了大幅度的减少，提高了办事效率，“三乱”现象得到了有效的遏制，市政府公开处理了6起破坏软环境建设的案件，一些部门也对破坏软环境建设的案件进行了公开的处理，在社会上引起了较好的反响。

【重点难点工作监督】 常委会坚持把改革发展中的难点作为监督工作的重点，先后开展了对国有企业产权制度改革、民营经济发展、农业增产增收等12个问题的检查、视察活动，对于促进抚顺的振兴和发展起到了应有的作用。听取了市政府关于2003年度市本级财政预算执行和其他财政财务收支情况的审计工作报告，作出了审议意见，要求市政府强化预算管理，依法净化财政供给领域，科学编制收支预算，规范税费征管，严格执行“收支两条线”规定，严肃查处私设“小金库”和帐外帐行为，实现应收尽收，应缴尽缴。听取了市政府关于财政预算执行情况审计重点问题整改情况的报告，促使一些重点问题的解决。开展了民营经济发展情况调查，作出了关于进一步促进民营经济快速发展的决定。还围绕“三农”问题开展了一系列检查、视察活动，提出了加强农业产业化龙头企业建设、农村综合开发资金管理和使用、农业技术推广、农村税费改革等方面工作的意见和建议，促进了农村经济的发展。

常委会还通过检查、视察和作出决议、决定等监督手段，促进人民群众关注的热点问题的解决。先后两次对城市重点项目建设情况进行监督检查，针对存在的建设改造资金不能及时到位、部分项目施工进度过慢、项目施工影响群众日常生活等问题，提出了坚持科学编制和严肃执行计划、坚持专款专用、坚持统筹兼顾、坚持建管并重等6项意见建议，对城市建设项目的顺利开展起到了一定的促进作用。城市供热是关系千家万户利益的一件大事。常委会组成调查组，对城市供热情况进行了摸底调查，找出了存在的问题，提出了加强城市供热工作的具体意见，为解决城市冬季供热存在的一些问题奠定了基础。

人大代表工作

【完善规范代表工作】 常委会把代表工作作为人大的基础性工作来抓，在逐步完善、进一步规范、不断开拓创新上下功夫，使代表工作迈上了一个新的台阶。一是作出了关于加强市人民代表大会代表工作的决定，从代表工作任务、发挥代表作用、提高代表素质、建立监督机制和为代表依法履行职务提供保障等方面予以明确，对全市人大代表工作起到了进一步强化和促进作用。二是建立了闭会期间代表活动考核通报制度，对全市人大代表开展活动情况进行考核，并将考核情况进行了通报。三是开展了市人大代表向选举单位和选民述职工作的尝试，有18名市人大代表向选民或区人大常委会作了述职，有6个代表组以向区人大常委会报告工作的形式进行了述职，密切了人大代表与选举单位和选民的联系。

【落实代表建议办理工作】 认真做好代表建议办理工作的协调、督促和检查。为保证代表建议办理工作落到实处，专门听取了市政府办理代表建议情况的汇报，并组织人大代表进行了办理情况视察、检查，对重点部门进行抽查，促进了代表建议办理工作的顺利进行。截止10月末，市政府承办的279件建议已全部办结。为了引导和鼓励人大代表在人代会上能够提出高质量的代表建议，常委会对市十三届人大一次会议和二次会议期间代表建议中的40条建议作为“优秀代表建议”予以表彰。同时还将这些建议汇编成《优秀人大代表建议选编》发给每位人大代表，以促进代表建议提高质量和水平。五是组织开展了“先优”评比活动，共有13个代表组和68名市人大代表获得了先进代表组和优秀人大代表荣誉称号，增强了人大代表履行职务的责任感和光荣感。

人事任免

【市十三届人大常委会第九次会议任免名单】 （2004年4月14日）

任　命：

崔敏为抚顺市中级人民法院民事审判第一庭副庭长、审判员。

王永宏、李铁铭、关左健、吴亮、韩强、孙晓龙、刘军、吴志强、李迪、薛宁、宫颖、兴长奕、苏青、吴志勇、刘晔、张杰明、王芙、张颖为抚顺市中级人民法院审判员。

批准任命：

谢连志为抚顺市东洲区人民检察院检察长。

免　去：

王运凡、张弘、何春林的抚顺市人大常委会副秘书长职务；

郭冕的抚顺市中级人民法院民事审判第一庭副庭长、审判员职务；

唐风庭、杜全春、姜奎德的抚顺市中级人民法院审判员职务。

【市十三届人大常委会第十次会议任免名单】 （2004年6月29日）

决定任命：

王新鹏为抚顺市经济贸易委员会主任；

钱程广为抚顺市财政局局长。

决定免去：

王庭晖的抚顺市经济贸易委员会主任职务；

傅琦的抚顺市财政局局长职务。

免　去：

吴耀明的抚顺市中级人民法院副院长、审判委员会委员职务。

任　命：

金贵涛为抚顺市人民检察院检察员；

闫宝忠为抚顺市河北地区人民检察院检察员；

王宝柱、顾丽荣为抚顺市矿区人民检察院检察员；

田成文为抚顺经济开发区人民检察院检察员。

【市十三届人大常委会第十一次会议任免名单】 （2004年8月26日）

任　命：

张鑫、张佑相、任宪民、蔡建忠为抚顺市中级人民法院审判委员会委员

决定免去：

陈英的抚顺市计划生育委员会主任职务。

免　去：

万新荣的抚顺市中级人民法院审判员职务。

【市十三届人大常委会第十二次会议任免名单】 （2004年10月27日）

免　去：

杨伦的抚顺市人大财政经济委员会副主任委员职务。

决定任命：

关飞为抚顺市人民政府副市长；

张瑞为抚顺市人事局局长；

邢树瀛为抚顺市卫生局局长；

刘玉文为抚顺市计划生育委员会主任。

决定免去：

魏东平的抚顺市人民政府副市长职务；

陈树权的抚顺市人事局局长职务；

刘诗的抚顺市卫生局局长职务。

任　命：

刘岩为抚顺市中级人民法院副院长、审判委员会委员、审判员；

王立重为抚顺市中级人民法院副院长；

吴兴安为抚顺市人民检察院副检察长。

【市十三届人大常委会第十三次会议任免名单】 （2004年12月16日）

任　命：

丁世东、史志魁为抚顺市人大常委会副秘书长。

决定任命：

阎茂龙为抚顺市发展和改革委员会主任；

孙晓明为抚顺市经济委员会主任；

王振东为抚顺市城市管理局局长；

叶德明为抚顺市农村经济委员会主任；

刘玉文为抚顺市人口和计划生育委员会主任；

胡新为抚顺市审计局局长；

王玉福为抚顺市人民政府法制办公室主任。

决定免去：

阎茂龙的抚顺市发展计划委员会主任职务；

王新鹏的抚顺市经济贸易委员会主任职务；

王振东的抚顺市城市建设管理局局长职务；

叶德明的抚顺市农业局局长职务；

刘玉文的抚顺市计划生育委员会主任职务；

刘国强的抚顺市审计局局长职务；

孙晓明的抚顺市小企业发展局（市乡镇企业局）局长职务；

曲利群的抚顺市人民政府法制办公室主任职务；

王飞的抚顺市城市管理综合执法局局长职务。

（赵恒春）

抚顺市人民政府

重要会议 活动

【全市经济工作会议】 2004年1月5日，本市召开全市经济工作会议。会议由市委副书记杨桂荣主持。市长王大平就2004年本市经济发展的预期目标，确定依据及主要措施进行了分析和部署，市委书记周银校在会上作重要讲话。市领导尹文、张敏、郭平、魏东平、李荣春、陈松扬、毛绍华、王宁、刘诗以及市政府各部门、各县区、部分企事业单位的负责人出席了会议。

【全市项目工作暨对外开放工作会议】 2月10日，本市召开全市项目工作暨对外开放工作会议。会议由常务副市长魏东平主持。市委书记周银校、市长王大平分别在会上讲话。市领导陈家洱、杨桂荣、张敏、郭平、袁方、周庆久、孟凌斌以及市政府各部门、各县区、有关企事业单位的负责人参加了会议。

【大规模义务植树活动】 4月11日，本市开展大规模义务植树活动。代市长刘强、常务副市长魏东平、副市长赵家绪到顺城区参加市政府机关干部在顺城区开展的义务植树活动。

【全市软环境建设工作会议】 4月20日，本市召开全市软环境建设工作会议。会议由常务副市长魏东平主持。市委副书记杨桂荣在会上讲了话。市政府各部门及部分企事业单位的负责人参加了会议。

【"安全生产月"活动】 6月1日，市政府决定从6月1日至30日在全市开展"安全生产月"活动。此次活动的主题是"以人为本，安全第一"。安全生产月活动期间，本市将对有关县区、企业的安全生产工作进行一次大检查。

【2004中国(抚顺)满族风情旅游节】 8月27日，2004年中国（抚顺）满族风情旅游节在北站广场举行开幕式。开幕式由市委副书记杨桂荣主持，代市长刘强致辞。副省长李佳、国家旅游局副局长张希钦应邀出席开幕式并分别讲话。国家旅游局质量与规范司副司长彭志凯、中国对外交流促进会会长侯恩余、国家文化部计财司副司长李小磊、国家艺术科技研究所所长白国庆；满族知名人士舒乙、启骧、毓嵣、赵展、张克思；省政府副秘书长王金笛、省旅游局副局长曲壮志、省文化厅副厅长张春雨及沈阳市、朝阳市的领导；土耳其、日本、韩国、俄罗斯、朝鲜、奥地利、荷兰、菲律宾、马来西亚等国来宾和驻沈阳的使节，海内外的满族知名人士、海外知名企业和驻北京外国商社的代表；全国文化界、旅游界的领导、知名人士和专家学者；全国和省内各大新闻媒体的记者及省内各大旅行社的经理参加了开幕式。开幕式结束后，举行了大型满族舞蹈《满情·满韵》的表演。

【全市增收节支工作会议】 9月9日，召开全市增收节支工作会议。会议由常务副市长魏东平主持。代市长刘强在会上讲话。市领导周忠轩、陈家洱、周庆久及市政府各部门和有关单位的负责人参加了会议。

【全市依法行政工作会议】 7月8日，市政府召开全市依法行政工作会议。会议由代市长刘强主持。会上，国务院法制办秘书司副司长吕锡伟为参加会议的同志做了演讲，市委常委、常务副市长魏东平在会上讲话。全市各部门、各单位共500余人参加了会议。

【市政府第十二次常务会议】 6月23日，代市长刘强在市政府21楼会议室，主持召开市政府第十二次常务会议。会议原则通过了《关于我市民营经济发展情况的报告》、《关于贯彻落实<民族区域自治法>工作情况的报告》、《关于〈中华人民共和国职业教育法〉贯彻执行情况的报告》、《关于2003年度市本级财政预算执行和其他财政财务收支情况的审计结果报告》、《关于抚顺市2003年财政决算的报告》、《关于我市农村税费改革情况的报告》和《〈抚顺市森林资源保护条例〉、〈抚顺市畜禽及其产品检疫监督条例〉、〈抚顺市河道管理条例〉、〈抚顺市拍卖管理条例〉地方性法规修正案（草案）》以及《废止〈抚顺市劳动力市场管理条例〉、〈抚顺市医疗机构管理条例〉地方性法规》；通过了《抚顺市人民政府关于废止〈抚顺市城市供热管理办法〉等4件规章的决定》。

【市政府第十三次常务会议】 6月25日，代市长刘强在市政府21楼会议室，主持召开市政府第13次常务会议。会议原则通过了《关于2003年度抚顺市国家公务员记二等功情况报告》、《关于新抚区增设千金、南阳两个街道办事处并调整部分街道管辖范围的报告》、《关于加强危害社会秩序的特困精神病人防治管理办法（试行）》、《关于公布第四批市级文物保护单位保护范围及建设控制地带的请示》。

【市政府第十四次常务会议】 7月26日，代市长刘强在市政府21楼会议室，主持召开市政府第14次常务会议。会议原则通过了《抚顺市民营经济五年发展规划》、《中共抚顺市委、抚顺市人民政府关于加快民营经济发展的实施意见》；通过了《抚顺市乡镇事业单位机构改革实施意见》、《抚顺市乡镇企业事业单位机构改革人员定岗分流指导意见》、《抚顺市铁路专用线、专用铁路管理办法》、《抚顺市政府部门行政首长问责暂行办法》和《抚顺市拟保留的行政许可实施主体和行政许可项目》。会议指出：大力发展民营经济，是发展我市经济的工作重点，也是了当前经济工作的当务之急。目前，我市经济工作中存在一些问题。各级领导要统一思想、提高认识，把大力发展非公有制经济作为当前经济工作的一项重要任务来抓，着力解决制约我市经济发展中的主要矛盾和问题。

【市政府第十五次常务会议】 8月17日，代市长刘强在市政府21楼会议室，主持召开市政府第15次常务会议。会议原则通过了《关于进一步加强城市供热工作的意见》、《抚顺市城市供水用水管理条例（草案）》、《关于抚顺市2004年1—7月份国民经济和社会发展计划执行情况的报告》、《关于抚顺市2004年上半年财政预算执行情况的报告》、《关于提请市人大常委会废止〈抚顺市道路交通管理处罚条例〉的议案（草案）》、《关于贯彻实施〈中华人民共和国促进科技成果转化法〉情况的报告》；通过了《2004年市政府部门及县区政府工作目标管理责任制实施方案》。

【市政府第十六次常务会议】 10月8日，代市长刘强在市政府21楼会议室，主持召开市政府第16次常务会议。会议原则通过了《全市农业产业化龙头企业建设情况的报告》、《2004年—2010年抚顺市农业产业化经营发展规划纲要（讨论稿）》、《关于扶持农业产业化龙头企业发展的若干意见（讨论稿）》、《关于全市第八届村民委员会换届选举工作情况的总结报告》、《全市国企产权制度改革情况报告》、《关于抚顺市第十三届人大二次会议代表建议、批评、意见办理情况的报告》、《抚顺市有线电视管理条例修正案（草案）》；通过了《抚顺市城市污水处理费征收办法（草案）》和《关于调整污水处理费和煤气价格的汇报》。

【市政府第十八次常务会议】 12月5日，代市长刘强在市政府21楼会议室，主持召开市政府第18次常务会议。会议通过了《关于调整城市居民最低生活保障标准的决定》、《关于追认吴化利同志、赵勇同志为革命烈士的意见》、《抚顺市2005年国民经济和社会发展计划安排意见（讨论稿）》、《抚顺市2005年城市建设计划安排意见（讨论稿）》、《抚顺市城市煤气管理办法（草案）》和《抚顺市2004年财政预算预计完成情况和2005年财政预算安排的初步意见（讨论稿）》。

【市政府第十九次常务会议】 12月18日，代市长刘强在市政府21楼会议室，主持召开市政府第19次常务会议。会议原则通过了《政府工作报告》（讨论稿）；通过了《关于抚顺市第三次行政审批事项清理情况的汇报》、《抚顺市拟保留的非行政许可类行政审批事项目录》、《抚顺市拟取消的非行政许可类行政审批事项目录》和《关于停止机关和全额拨款事业单位缴纳养老保险费的通知》。

（许桂香）

重要通知

【关于支持驻军后勤保障社会化的实施意见】 2004年6月3日市政府下发了《关于支持驻军后勤保障社会化的实施意见》。本市确定各县、区要在营房保障、交通运输保障、医疗保障、军队职工分流安置等方面支持后勤保障社会化的需求，要求各级政府要把驻军后勤保障社会化列入重要议事日程，纳入本地区国民经济和社会发展计划，为推进军队后勤保障社会化创造条件，提供服务，在政策、资金上给予必要的支持。对驻军后勤社会化基础设施建设项目，政府有关部门要主动与军队衔接和沟通，将军队急需项目及时报政府审定后，纳入年度投资计划，确保顺利实施。各级工商、物价、城建、质量技术监督等部门要把承担军队后勤社会化保障任务的地方单位纳入监管范围，对其资质、资信、技术能力严格把关，对其经营管理、服务质量加强监督。要认真受理军队相关部门提出的有关咨询、投诉、举报等工作，严肃查处破坏军队后勤保障社会化的各类违法案件。

【印发抚顺市民营经济五年发展规划的通知】 8月19日市政府下发了《印发抚顺市民营经济五年发展规划的通知》。本市确定：抚顺市民营经济发展的总体思路与目标是以党的十六大精神和“三个代表”重要思想为指导， 以加速民营经济发展、提高经济效益为目标，以园区建设为载体，以项目建设为手段，优化经济发展环境，加大招商引资力度。深化企业制度改革，不断完善服务体系，推进体制创新和科技进步，深入开展“打造民营经济航母，争创民营百强企业”活动，促进民营企业上规模、上档次、上水平，全面推进民营经济快速、健康发展。主要产业发展方向和发展重点是在五年规划期内，要以调整现有产业结构和产品结构为重点，大力发展具有地方优势和地方特色的产品和产业，紧紧围绕抚顺重工业城市和原材料基地的城市特性，以园区建设为载体，以项目建设为手段，优化经济发展环境，深化企业制度改革，加大招商引资力度，实现民营经济跨跃式发展。要求全党重视、全社会支持，实现民营经济快速发展；优化软环境建设、发挥政策的导向作用；加大资金投入力度，为加快发展民营经济提供资金扶持；扶优扶强，培育重点骨干企业；提升传统产业，打造一批民营企业名牌产品；深入开展“打造民营经济航母，争创民营百强企业”活动；加强重点项目和工业园区建设，不断培育新的经济增长点；立足资源优势，做大做强民营企业；积极引导民营企业参与国企改革，盘活国有资产。

【印发市级预算单位银行账户管理暂行办法的通知】 9月7日市政府下发了《关于印发抚顺市市级预算单位银行账户管理暂行办法的通知》，本市确定：市级各预算单位银行账户的使用和管理由本部门和单位财务机构负责；市级预算单位负责人对本单位银行账户申请开立及使用的合法性、合规性和安全性负责。市级预算单位银行账户的开立、变更、撤销手续，须由本部门或单位财务机构统一办理。并实行财政审批备案制度。不具备法人资格和独立财务机构的部门和单位一律不准开立银行账户。市级预算单位收取预算内、外非税收入及应纳入专户存储的资金，经市财政局批准，可暂时在银行开设一个收入汇缴专用存款账户，用于预算内、外非税收入及专户存储资金的收缴。该账户的资金只能按规定及时上缴财政专户或国库，不得用于本单位的支出。相关银行不得向开户单位出售银行支款凭证。非税收入实行票款分离和罚缴分离的单位不能开设收入汇缴户。市财政局、中国人民银行抚顺分行、市监察局、市审计局在各自职责范围内，负责对市级预算单位银行账户的开立和管理进行监督和检查。同时，市直各部门应负责对其所属行政事业单位银行账户的开立和管理进行监督和检查。

【关于扶持农业产业化重点龙头企业发展的若干意见】 10月15日市政府下发了《关于扶持农业产业化重点龙头企业发展的若干意见》，本市确定市级以上（含市级）农业产业化经营重点龙头企业可享受下列优惠政策：市、县（区）两级财政实行重点扶持；对全市的扶贫资金、农业综合开发资金、乡镇企业贴息资金及其他支农资金要统筹安排，向农业产业化重点龙头企业倾斜；农业银行、农村信用社等金融机构要进一步提高对农业产业化经营重点龙头企业的贷款比重，特别是对市场前景好、效益佳、有还贷保障的重点龙头企业，要作为信贷投放的主要对象，并纳入年度信贷计划中予以优先发放；市级以上（含市级）的农业产业化重点龙头企业因扩大生产所发生的贷款，市政府将给予企业当年贷款利息50%的补贴（不包括已享受贴息政策的补助资金）；市农业产业化领导小组办公室及市金融办公室对全市农业产业化重点龙头企业所需贷款项目进行调研、考核，对需贷款的企业，向金融部门推荐，帮助解决企业贷款问题；对农业产业化重点龙头企业在科研立项、科研经费拨款、对外招商引资、出国洽谈研修、技术职称评聘和科技奖励等方面给予优先安排；对从事饲养业的重点龙头企业，畜禽及产品在出栏和出售时的产地检疫、重大动物疫病免疫以及规模饲养场的消毒、测毒、抗体监测等作业，畜牧部门提供上门服务，只收工本费；农业产业化重点龙头企业水源工程建设列入市农村水利工程建设项目计划，连接场区的道路享受村村通油路的政策，电力部门对新建农业产业重点龙头企业优先安排送电，保证供电质量；市级以上（含市级）重点龙头企业，在电台、电视台做广告，减收50%的广告费。简化审批手续，进一步放宽人才政策，对新上农业产业化重点龙头企业有功人员给予奖励。各级政府要成立农业产业化领导小组，并给予一定的办公经费，明确职能分工，把工作责任落实到人和部门，实行各级领导与重点龙头企业联系制度。

【关于抚顺市突发公共事件总体应急预案的通知】 10月15日市政府下发了《关于抚顺市突发公共事件总体应急预案的通知》。本市确定：突发公共事件总体应急工作原则是以人为本、以防为主、平战结合、军政结合、分级管理、分工负责。建立市突发事件应急联络员组织网络。在市公安局设立市突发事件应急联动接警、处警中心，依托110报警台和公安局指挥平台，对突发事件统一接、处警。市突发事件应急指挥中心设在市民防指挥中心，负责受理重特大灾情，保障市民防指挥部指挥联合救援行动。市民防指挥部基本指挥所设在市民防指挥中心。根据灾情，由市民防办负责适时开设现场指挥所，逐步建立机动指挥所。各县、区（含抚顺经济开发区、抚顺胜利开发区）民防指挥部，负责本行政区域的突发事件应急工作。在完善各级应急指挥机构的基础上，逐步建立起市、区（县）两级政府，市民防指挥部、分指挥部、区（县）民防指挥部三级管理，市、区（县）、街道（乡镇）、社区（村屯）四级网络的应急指挥体系。

【印发抚顺市综合整治非法开采矿产资源行为实施方案的通知】 12月2日市政府下发了《印发抚顺市综合整治非法开采矿产资源行为实施方案的通知》。本市确定：整治的范围为抚顺市行政区域内非法开采矿产资源的行为。整治的重点地区是非法采矿集中的地区和旅游风景区周边地区，主要为抚顺县救兵乡、东洲区碾盘乡及清原县、新宾县、顺城区等地区。综合整治的重点问题，一是无采矿许可证非法开采矿产资源行为；二是不按矿山开采利用方案要求乱采滥挖行为；三是超越法定矿区范围采矿造成资源破坏的行为；四是强行进入他人矿区非法开采矿产资源行为；五是无证勘查和以采代探行为；六是非法转让矿业权行为；七是非法占用林地采矿破坏森林植被和生态环境的违法行为；八是强买强卖矿产品及乱建选矿厂非法选矿行为；九是因采矿引发的治安案件。

【转发关于加强非公有制企业安全生产监督管理工作意见的通知】 6月28日市政府办公厅下发了《转发市安全生产监督管理局关于加强非公有制企业安全生产监督管理工作意见的通知》。本市确定：进一步理顺非公有制企业安全生产监督管理工作的责任；切实提高对安全生产监督管理工作重要作用的认识；严把安全生产条件关；建立健全安全生产管理机构；加强安全生产宣传教育和技术培训工作；严格执行工伤保险制度；逐步建立企业安全生产风险抵押金制度。

【转发关于进一步加强薄弱学校改造推进城区义务教育均衡发展指导意见的通知】 2月16日市政府办公厅下发了《转发市教育局关于进一步加强薄弱学校改造推进城区义务教育均衡发展指导意见的通知》，本市确定：改善办学条件，加强学校领导班子建设，加强教师队伍建设，进一步规范义务教育办学行为，加大优质教育资源共享力度。强化政府职责，加强宏观调控，定期对薄弱学校改造进行督导检查。

【关于印发抚顺市防治高致病性禽流感应急预案的通知】 2月16日市政府办公厅下发了《关于印发抚顺市防治高致病性禽流感应急预案的通知》。本市确定：任何单位和个人发现禽类发病急、传播迅速、死亡率高等异常情况，应及时向县（区）动物防疫监督机构报告。县（区）动物防疫监督机构在接到报告或获得上述情况后，要立即派员到现场调查核实，怀疑是高致病性禽流感的，要立即报告县（区）、市防治高致病性禽流感指挥部办公室，并由市防治高致病性禽流感指挥部办公室在2小时内将情况报告到省级畜牧兽医行政管理部门。市级畜牧兽医行政管理部门接到可疑疫情报告后，立即派出2名以上禽流感防治专家到现场进行临床诊断，提出初步意见，报省畜牧兽医行政管理部门。由省禽流感诊断专家现场临床诊断，提出初步诊断意见。初诊怀疑为高致病性禽流感疫情的，应及时采集病料送省动物防疫站进行血清学检测。对疑似病例由省指定专人将病料送国务院畜牧兽医行政管理部门指定的试验室或省禽流感专业试验室做病毒分离鉴定，进行最终确诊。发生三级疫情时，市和疫情发生县（区）人民政府应急指挥机构分别启动相应的应急预案。一旦发现疫情，要按照“早、快、严、小”的原则坚决扑杀，彻底消毒，严格隔离，强制免疫，坚决防止疫情扩散。

【关于加强农村公路养护管理工作的通知】 2月17日市政府办公厅下发了《关于加强农村公路养护管理工作的通知》，本市确定：农村公路养护管理实行分级负责的运行机制。农村公路养护按其作业性质分为专业养护与非专业养护。县区政府要设立农村公路养护专项基金帐户，确保农村税费改革后各级农村公路养护费用足额到位，做到逐年积累、滚动使用、专户存储、专款专用。县区政府要按国家交通部《公路养护技术规范》规定，进行农村公路养护质量的检查与评定。

【关于印发抚顺市整顿规范建筑市场秩序工作方案的通知】 5月9日市政府办公厅下发了《关于印发抚顺市整顿规范建筑市场秩序工作方案的通知》，本市确定：工作目标是深入开展专项整治，进一步完善和规范有形建筑市场，建立健全各项监督管理制度，进一步加强建设市场监管执法力度。整顿范围为在我市行政区域内所有投资在50万元以上的新建、在建的各类房屋建筑（建筑装饰装修）和市政基础设施工程（含园林、垃圾处理）项目；各建设（开发）、勘察、设计、施工、监理单位、招标代理机构等市场主体行为；行政管理部门及其工作人员在市场监管中的行为。

【关于印发抚顺市非法采供血液专项整治工作方案的通知】 7月9日市政府办公厅下发了《关于印发抚顺市非法采供血液专项整治工作方案的通知》。本市确定：依法打击非法采供血液行为，坚决杜绝医疗机构非法自行采供血液，确保全市“统一规划设置血站、统一管理采供血和统一管理临床用血”的三统一管理；依法规范采供血机构的采供血行为，杜绝采供血机构违法违规采供血液，严防不合格血液流入临床，确保全市医疗用血安全；认真贯彻《献血法》和《血站管理办法》，严肃查处非法买卖血液的行为和在无偿献血工作中雇用他人冒名顶替献血等违法行为，使我市血液管理工作沿着法制化轨道健康发展，严防经血液传播疾病的传播；进一步贯彻卫生部《临床输血技术规范》，加强对临床输血工作的管理，对不符合临床输血技术规范或违法违规用血的医疗机构，责令停止临床用血及涉及的相关医疗业务，限期整改仍达不到要求的，取消其临床用血资格，保证临床用血安全和人民群众的身体健康；严厉打击非法制造、回收一次性无菌医疗器材的违法行为，严肃查处违规采购、使用、回收、处置一次性无菌医疗器材的行为，加大日常监管力度，阻断发生医源性感染的途径；规范管理医疗机构血液净化、磁化、置换治疗的医疗行为，对达不到安全医疗规定的，坚决予以取缔，保障安全医疗和患者的健康权益。

【关于印发抚顺市食品安全专项整治工作方案的通知】 8月30日市政府办公厅下发了《关于印发抚顺市食品安全专项整治工作方案的通知》，本市确定：食品安全专项整治以粮、肉、蔬菜、水果、奶制品、豆制品、水产品、食品包装为重点品种，以广大农村和城乡结合部为重点区域，重点抓好食品源头污染、食品生产和加工、食品流通、食品消费4个环节，严厉打击各种制售不符合标准和有毒有害食品的违法犯罪行为。

【转发关于加强全市国有资产收益管理工作意见的通知】 9月3日市政府办公厅下发了《转发市财政局关于加强全市国有资产收益管理工作意见的通知》，本市确定：国有资产收益实行收支两条线，统一纳入财政专户管理，任何部门和单位不得截留、减免应上缴的国有资产收益；各部门、各资产经营公司负责组织所属机关、企事业单位国有资产收益的收缴工作，将国有资产收益在5个工作日内上缴市财政部门；各部门和单位国有资产收益的支出，经单位的主管部门和相关职能部门审核，报市政府批准，由市财政部门按预算资金管理办法办理拨付手续；市财政部门负责全市国有资产收益的监督稽查工作，各部门、各资产经营公司负责本部门或企业国有资产收益的监督稽查工作；各部门、各资产经营公司要按月将国有资产收入、支出情况和文字说明报市财政局。

【关于印发抚顺市深化农村税费改革工作方案的通知】 10月14日市政府办公厅下发了《关于印发抚顺市深化农村税费改革工作方案的通知》，本市确定：全面取消烟叶外的农业特产税，三年内全面取消农业税；进一步搞好乡镇机构改革，促使乡镇政府和事业单位职能转变，采取有效措施使富余人员分流出去，确保完成精简任务；推进农村教育体制改革，有效配置教育资源，提高农村教育质量；推进县乡财政体制改革，强化县乡财政预算监督管理，规范财政转移支付，增加对农村的财政投入。

【关于印发抚顺市政府部门行政首长问责暂行办法的通知】 10月14日市政府办公厅下发了《关于印发抚顺市政府部门行政首长问责暂行办法的通知》，本市确定：市政府各部门行政首长应当严格履行法律、法规规定的职责和市政府依法赋予的各项职责，认真完成市政府交办的各项工作，严格依法行政，自觉接受监督，全心全意为人民服务；市政府部门行政首长应予问责的八种情况；市政府部门行政首长所管部门或所管工作范围内应予问责的六种情况。

【转发关于开展服务对象监督投诉公务员工作意见的通知】 10月29日市政府办公厅下发了《转发市人事局关于开展服务对象监督投诉公务员工作意见的通知》，本市确定：服务对象监督投诉公务员的范围是全市各级政府机关公务员及依照公务员制度管理的事业单位工作人员。监督投诉的内容是一般行政相对人和社会监督员通过面谈、电话、信件（包括电子邮件）等形式，投诉公务员在执行公务过程中存在不依法行政，服务态度恶劣，办事效率低下，违规审批等不良行政行为。

【转发关于城镇消防和公共消防设施建设达标工作实施意见的通知】 10月29日市政府办公厅下发了《转发市消防局关于抚顺市城镇消防和公共消防设施建设达标工作实施意见的通知》，本市确定：进一步明确和落实各级领导及相关部门在城镇消防规划和公共消防设施建设工作中的责任，确保完成省政府下达的全省2004年－2005年城市公共消防设施建设指标的要求，通过三年时间，彻底解决公共消防设施欠帐严重、发展缓慢等问题，各县、中心镇在2004年底前完成消防规划编制工作，到2005年底，全市建制镇的消防规划全部编制完成。各部门在市政府的统一领导下，齐抓共管，完成城市公共消防设施建设指标，同时，完成审批消火栓和消防队站欠帐的补建任务。

（李景阳）

附：

2004年抚顺市政府　市政府办公厅文件总目

文号　发文时间	文　件　标　题
抚政发［2004］1号（1月15日）	关于收回胜利经济开发区规划、土地、矿产资源审批管理权限的通知
抚政发［2004］2号（2月5日）	关于表彰2003年度林业工作先进集体和先进工作者的决定
抚政发［2004］3号（2月16日）	关于印发《抚顺市国家公务员医疗补助暂行办法》的通知
抚政发［2004］4号（3月2日）	关于第三届市政府督学兼职督学和特约教育督导员的通知
抚政发［2004］5号（3月2日）	关于对抚顺铝厂等污染物超标排放单位实行限期治理的通知
抚政发［2004］6号（3月17日）	关于印发《抚顺市特大安全事故应急救援预案》的通知
抚政发［2004］7号（2月19日）	关于2003年度政府部门县区政府完成工作目标优胜单位和先进县区的通报
抚政发［2004］8号（4月6日）	关于做好全市第一次经济普查工作的通知
抚政发［2004］9号（4月8日）	关于认真做好2003年冬季退役士兵接收安置工作的通知
抚政发［2004］10号（4月19日）	关于印发《抚顺市高速公路工程征地动迁补偿标准》的通知

续 表

文件号　发文时间	文 件 标 题
抚政发［2004］11号（6月3日）	关于支持驻军后勤保障社会化的实施意见
抚政发［2004］12号（6月22日）	2004年普通高中等院校毕业生就业工作的通知
抚政发［2004］13号（7月15日）	关于进一步做好预备役军官登记统计工作的意见
抚政发［2004］14号（7月16日）	关于印发《抚顺市危害社会秩序特困精神病人管理办法（试行）》的通知
抚政发［2004］15号（8月24日）	关于公布第四批市级文物保护单位保护范围和建设控制地带的通知
抚政发［2004］16号（8月26日）	关于印发《抚顺市民营经济五年发展规划》的通知
抚政发［2004］17号（8月27日）	关于提高抚沈高速公路工程征用耕地补偿标准的通知
抚政发［2004］18号（9月7日）	关于贯彻执行辽宁省政府债务管理执行办法的通知
抚政发［2004］19号（9月7日）	关于印发抚顺市市直部门预算编制等两个管理办法的通知
抚政发［2004］20号（9月7日）	关于印发《抚顺市市级预算单位银行账户管理暂行办法》的通知
抚政发［2004］21号（9月7日）	关于印发《2004年市政府部门及县区政府工作目标管理责任制实施方案》的通知
抚政发［2004］22号（9月16日）	关于废止《抚顺市对外劳务合作管理暂行办法》等文件的通知
抚政发［2004］23号（10月15日）	关于扶持农业产业化龙头企业发展的若干意见
抚政发［2004］24号（10月15日）	关于印发《抚顺市突发公共事件总体应急预案》的通知
抚政发［2004］25号（10月31日）	关于公布市本级实施行政许可主体和行政许可项目的通知
抚政发［2004］26号（11月15日）	抚顺市人民政府抚顺军分区2004年冬季征兵命令
抚政发［2004］27号（12月2日）	关于印发《抚顺市综合整治非法开采矿产资源行为实施方案》的通知
抚政发［2004］28号（12月13日）	关于严厉打击和坚决取缔非法建立铁矿选厂和私采乱购矿石的紧急通告
抚政发［2004］29号（12月23日）	关于公布抚顺市保留的非行政许可类行政审批事项目录的通知
抚政办发［2004］1号（6月28日）	转发市经委关于进一步加强非公有制企业安全生产监督管理工作的意见的通知
抚政办发［2004］2号（1月8日）	关于印发《抚顺市行政审批事项保留和取消项目》的通知
抚政办发［2004］3号（1月7日）	关于做好第八届村民委员会换届选举工作的通知
抚政办发［2004］4号（1月18日）	关于市政府部分领导成员工作分工的通知
抚政办发［2004］5号（4月4日）	印发关于解决建设领域拖欠工程款问题工作方案的通知
抚政办发［2004］6号（2月16日）	转发市教育局关于进一步加强薄弱学校改造推进城区义务教育均衡发展指导意见的通知
抚政办发［2004］7号（2月16日）	关于成立抚顺市防治高致病性禽流感指挥部的通知
抚政办发［2004］8号（2月16日）	印发《抚顺市防治高致病性禽流感应急预案》的通知
抚政办发［2004］9号（2月17日）	关于加强农村公路养护管理工作的通知
抚政办发［2004］10号（2月19日）	关于下达抚顺市2004年创建国家环保模范城市重点工作项目的通知
抚政办发［2004］11号（3月18日）	关于进一步加强野生动物保护管理工作的通知
抚政办发［2004］12号（3月29日）	关于2003年度全市行政执法责任制落实情况的通报
抚政办发［2004］13号（4月4日）	关于印发抚顺市2004年政府采购集中采购目录的通知
抚政办发［2004］14号（4月9日）	转发市教育局关于抚顺市高水平高质量发展城区基础教育推进计划等三个教育发展计划的通知
抚政办发［2004］15号（4月21日）	关于印发人大代表建议政协提案办理工作责任表的通知

续 表

文件号　发文时间	文 件 标 题
抚政发［2004年］16号（4月21日）	关于表彰2002—2003年度建议提案办理工作先进单位和先进个人的通报
抚政办发［2004］17号（4月23日）	关于明确抚顺泰和煤炭开发有限公司管理关系的通知
抚政办发［2004］18号（4月27日）	抚沈高速公路工程抚顺段征地动迁工作实施方案
抚政办发［2004］19号（5月9日）	关于印发《抚顺市整顿规范建筑市场秩序工作方案》的通知
抚政办发［2004］20号（5月19日）	转发《抚顺市清理固定资产投资项目的工作方案》的通知
抚政办发［2004］21号（5月22日）	转发市监察局、财政局、人民银行关于核查党政机关和行政事业单位银行账户意见的通知
抚政办发［2004］22号（5月25日）	关于做好高考中考工作有关事宜的通知
抚政办发［2004］23号（6月3日）	关于印发《抚顺市标准地名标志设置实施方案》的通知
抚政办发［2004］24号（6月15日）	关于参加电视电话会议有关事宜的通知
抚政办发［2004］25号（6月9日）	关于印发《抚顺市2004年度地质灾害防治方案》的通知
抚政办发［2004］26号（6月22日）	关于下达2004年抚顺市力争完成主要经济指标分解任务表的通知
抚政办发［2004］27号（6月25日）	关于调整2004年实际直接利用外资计划的通知
抚政办发［2004］28号（6月25日）	转发市监察局等部门关于对征用农民集体所有土地补偿费管理使用情况开展专项检查工作方案的通知
抚政办发［2004］29号（7月5日）	关于开展2004年度“评选消费者满意的地方产品活动”的实施方案
抚政办发［2004］30号（7月9日）	关于印发《抚顺市非法采供血液专项整治工作实施方案》的通知
抚政办发［2004］31号（7月15日）	关于补报党政机关和行政事业单位银行账户的紧急通知
抚政办发［2004］32号（7月21日）	关于废止《抚顺市建筑设计方案审查办法》等有关文件的通知
抚政办发［2004］33号（7月29日）	转发市文化局关于对全市网吧营业场所网络信息实行定时接通实施意见的通知
抚政办发［2004］34号（7月29日）	关于对全市乡镇农业技术推广机构资产进行核查的通知
抚政办发［2004］35号（8月10日）	关于加速推进鹿业产业化的意见
抚政办发［2004］36号（8月12日）	关于开展抚顺市国民经济和社会发展“十一五”规划编制工作的通知
抚政办发［2004］37号（8月20日）	关于治理未成年人进入网吧上网问题的通知
抚政办发［2004］38号（8月30日）	关于印发《抚顺市使用国家开发银行贷款暂行规定》的通知
抚政办发［2004］39号（9月3日）	关于食品安全监督检查的工作方案
抚政办发［2004］40号（9月6日）	转发市财政局关于加强全市国有资产收益管理工作意见的通知
抚政办发［2004］41号（9月15日）	关于公布市级农业产业化重点龙头企业名单的通知
抚政办发［2004］42号（10月14日）	关于印发《抚顺市深化农村税费改革工作方案》的通知
抚政办发［2004］43号（10月15日）	关于印发《抚顺市政府部门行政首长问责暂行办法》的通知
抚政办发［2004］44号（10月15日）	关于印发《2004年—2010年抚顺市农业产业化经营发展规划纲要》的通知
抚政办发［2004］45号（10月25日）	关于印发《抚顺市突发公共卫生事件应急预案》的通知
抚政办发［2004］47号（10月29日）	转发市人事局关于开展服务对象监督投诉公务员工作意见的通知
抚政办发［2004］48号（11月4日）	关于编制市政府2005年立法计划的通知
抚政办发［2004］49号（11月15日）	关于2004年1～10月省政府考核市政府指标和各县区政府工作目标完成情况的通报
抚政办发［2004］50号（11月16日）	转发市消防局关于抚顺市城镇消防和公共消防设施建设达标工作实施意见的通知

续 表

文件号 发文时间	文 件 标 题
抚政办发［2004］51号（11月25日）	关于开展全市经济普查工作有关事项的通知
抚政办发［2004］52号（12月1日）	关于印发《抚顺市非税物资收缴管理暂行办法》的通知
抚政办发［2004］53号（12月4日）	转发辽宁省人民政府关于印发深入开展全省政府系统软环境建设实施意见的通知
抚政办发［2004］54号（12月6日）	关于严厉打击赌博活动大力整顿彩票市场秩序的通知
抚政办发［2004］55号（12月9日）	关于印发《抚顺市对县级政府教育工作综合督导评估方案》的通知
抚政办发［2004］56号（12月9日）	关于建立全市新闻发布机制的通知
抚政办发［2004］57号（12月11日）	关于调整城市居民最低生活保障标准的通知
抚政办发［2004］58号（12月21日）	关于印发《抚顺市中小学幼儿园及少年儿童安全管理专项整治行动工作方案》的通知

抚顺市保留的市本级实施行政许可主体和行政许可项目

2004年10月31日，根据《中华人民共和国行政许可法》的有关规定，经市政府第14次常务会议审议通过，将保留的市本级实施许可主体42个和行政许可项目246项，公布如下。在抚的中省直单位实施行政许可按照国家和省的有关规定执行。

一、行政机关实施行政许可主体和行政许可项目

（一）市经委

1. 电工进网作业、承装修电力设施许可证核发

2. 发电厂、机组、变电站电网并网运行许可

3. 使用、改造、扩建公用电力设施许可

4. 废旧电力设施器材收购许可

5. 电力设施保护区内作业活动许可

6. 距电力设施300米内爆破作业许可

7. 在权限内铁路线路上设置道口或人行过道，架设电力、通讯线路，埋置电缆、管道设施或穿凿通过铁路路基的地下坑道审批

8. 在权限内威胁铁路安全范围内设立生产或贮存易燃易爆物品的场所和仓库，进行爆破施工、采矿、采石或引火烧荒审批

9. 全长二十公里以下的地方铁路新建、扩建、大中修工程竣工后检查验收

（二）市教育局

10. 实施学历教育、学前教育、自学考试助学及其文化教育的民办学校审批

11. 教师资格认定

12. 利用互联网实施远程学历教育的教育网校审批

（三）市民委（市宗教局）

13. 设立宗教活动场所登记

14. 举办跨县区宗教活动审批

15. 在宗教活动场所内改建或新建建筑物，设立商业、服务业网点或者举办陈列、展览，拍摄电影、电视片等活动审批

16. 举办宗教教职人员、义工培训班审批

17. 清真食品准营证核发

（四）市公安局

18. 典当业、旅馆业、公章刻制业特种行业许可证核发

19. 集会、游行、示威许可

20. 养犬许可

21. 大型群众文化体育活动安全许可

22. 剧毒化学品准购、购买、运输通行许可

23. 爆炸物品购买、使用、运输许可

24. 民用枪支购配证、持枪证审核、审批

25. 外国人往来、居留中国许可

26. 大陆居民往来台湾许可

27. 往来港澳通行许可

28. 互联网上网服务营业场所信息网络安全审核

29. 金融机构营业场所、金库安全防范设施建设方案审批及工程验收

30. 台湾居民往来大陆通行证的签注

31. 前往港澳定居许可

32. 进、出中国国境许可

33. 设立保安服务企业认可

34. 邮政局（所）安全防范设施设计审核及工程验收

35. 边境管理区通行证核发

36. 易制毒化学品购用证明核发

（五）市民政局

37. 社会团体登记

38. 民办非企业单位登记

39. 建设殡仪服务站、骨灰堂的审批

40. 建设公墓审核

（六）市财政局

41. 会计从业资格证书核发

（七）市人事局（市编委办）

42. 事业单位法人登记

43. 人才服务机构举办人才交流会及开展人事代理业务审批

44. 设立人才中介服务机构及其业务范围审批

（八）市劳动和社会保障局

45. 特殊工时制度审批

46. 职业介绍机构资格认定

47. 职业技能资格认定

48. 举办实施以职业技能为主的职业资格、职业技能培训的民办学校审批

（九）市规划和国土资源局

49. 城市规划区内建设项目选址审批

50. 建设用地规划许可

51. 建设工程规划许可

52. 临时用地许可

53. 未利用地开垦许可

54. 集体建设用地许可

55. 国有土地使用权无偿取得许可

56. 国有土地使用权有偿取得许可

57. 矿产资源采矿权许可

58. 矿产资源勘查许可

59. 古生物化石资源勘查、采掘许

可

60．建立相对独立平面坐标系统审批

61．建筑工程竣工规划验收

62．测绘成果质量检查验收

63．基础测绘成果使用、复制、转让、转借审批

64．城市规划编制单位资质认定

65．国家基础测绘成果资料提供、使用审批

66．因工程建设需改装、拆除或者迁移城市公共供水设施审批（会同市建委审批）

67．风景名胜区建设项目选址审批

（十）市建委

68．新建液化石油气瓶装供应站审批

69．新建、改建、扩建热源审批

70．液化石油气运输车辆注册登记

71．建筑工程施工许可

72．建筑业企业资质审批

73．燃气设施改动审批

74．城市新建燃气企业审批

（十一）市城建局

75．挖掘、临时占用城市道路审批（影响交通安全的，应会同公安机关交通管理部门审批）

76．特殊车辆在城市道路上行使审批（包括经过城市桥梁）

77．依附于城市道路建设各种管线、干线等设施审批

78．单位自建的专用道路需要与城市道路连接或在城市道路上开设行车道口和在道路设置公共汽车站点、候车亭、交通岗楼、信号、标志、护栏等审批

79．利用照明设施设置广告审批

80．城市排水许可证核发

81．沿街（路）建筑物立面变更和修饰审批

82．设置景观灯饰、城市户外广告、霓虹灯及桥梁上大型广告、悬挂物设置审批

83．临时占用城市绿化用地、修剪砍伐城市树木审批

84．移动、拆除、封闭环境卫生设施审批

85．设置垃圾、粪便处理场审批

86．建筑业企业资质（市政施工、市政预制件生产企业、园林古建筑工程）审核

87．城市园林绿化企业资质审核

88．从事城市生活垃圾经营性清扫、收集、运输、处理服务审批

89．在风景名胜区内进行科研或教学实习审批

90．风景名胜区文物古迹的开发、修缮审定（会同市文化局审定）

91．城市建筑垃圾处置核准

92．改变绿化规划、绿化用地的使用性质审批

93．城市桥梁上架设各类市政管线审批

（十二）市房产局

94．商品房预售许可

95．房屋拆改审批

96．房地产估价机构资质核准

97．物业管理企业资质审批

98．房地产开发企业资质审批

99．房屋拆迁许可

100．城市房屋拆迁单位资格审批

101．房屋拆迁延长暂停期限审批

（十三）市交通局

102．公路、公路用地、公路建筑控制区内占用、挖掘、跨（穿）越许可

103．在公路、公路用地范围内设置公路标志以外的其他标志审批

104．超限运输车辆确需行驶公路审批

105．铁轮车、履带车和其他可能损害公路路面的机具上公路行驶的审批

106．公路路树采伐审批

107．城市公共汽车、通勤带客车的线路经营权许可

108．出租汽车经营资格证、车辆运营证和驾驶员客运资格证核发

109．危险货物运输驾驶员、装卸管理人员、押运员上岗资格证核发

（十四）市水务局

110．占用河道规划保留区土地审核

111．防洪规划同意书审批

112．水土保持方案审批

113．取水许可

114．在河道管理范围内的建设项目许可

115．水产养殖使用证核发

116．捕捞许可证核发

117．水产种苗生产审批

118．建设水工程审批（含农村集体经济组织修建水库）

119．洪水影响评价报告审批

120．在河道（含水库、渠道）内建设或者扩大排污口许可

121．利用堤顶、戗台做公路审批

122．在堤防上修建涵洞、泵站和埋设穿堤管道、缆线等建筑物及设施竣工验收

123．江河故道、旧堤、原有工程设施填堵、占用或者拆毁许可

124．水土保持设施验收

125．大坝坝顶兼作公路许可

126．在大坝管理和保护范围内修建码头、鱼塘许可

127．大坝竣工验收

128．险坝改变原设计运行方式审批

129．在河道和水库管理范围内进行对河道和水库有不利影响活动审批

130．蓄滞洪区避洪设施建设审批

131．建设项目水资源论证报告书审批

132．占用农业灌溉水源、灌排工程设施审批

133．水利基建项目初步设计文件审批

134．水利工程开工审批

135．采砂许可

136．护堤护岸林采伐审批

137．凿井方案和资质证明核准

（十五）市农业局

138．种子生产、经营许可证核发

139．动物诊疗许可证核发

140．种畜禽生产经营许可证核发

141．兽药经营许可证核发

（十六）市林业局（市森林防火指挥部）

142．木材运输证核发

143．木材经营加工批准

144．林木采伐许可

145．占用征用林地审核

146．非重点保护野生动物狩猎证核发

147．主要林木种子生产许可证核发

148．国家二级保护和省重点保护野生植物采集证核发

149．野外用火审批

（十七）市商业局

150．酒类批发经营许可

151．废金属经营许可

152．生猪定点屠宰审批

（十八）市文化局（市新闻出版局、市文物局）

153．营业性演出活动审批

154．设立营业性文艺表演团体审批

155．设立互联网上网服务营业场所经营单位审批

156．设立娱乐场所经营单位审核

157．设立电影放映单位审批

158．营业性演出内容核准

159．内部资料性出版物审批

160．设立电子出版物发行单位审批

161．出版物发行单位变更名称、业务范围、地址或者兼并、合并、分立审批

162．市级文物保护单位利用，保护工程和在市级文物保护单位保护区内建设工程或作业审批

163．在古建筑内安装电器设备、设置生产用火审批（会同市消防局审批）

164．博物馆处理不够入藏标准、无保存价值的文物或标本审批

（十九）市卫生局

165．食品生产经营企业的新改扩建工程卫生审查

166．新改扩建可能产生职业病危害的建设项目和技术改造、技术引进项目的审核

167．食品生产经营卫生许可

168．公共场所以及新建、改建、扩建的公共场所选址和设计卫生许可

169．执业医师注册

170．医疗机构设置审批

171．母婴保健技术服务执业许可

172．母婴保健技术考核合格证书核准

173．职业病危害严重的建设项目的防护设施设计审查、竣工验收

174．单位自备水源与集中式供水系统连接的批准（会同市建委审批）

175．成立区域性中小学卫生保健机构的批准

176．从事计划生育技术服务的医疗、保健机构审批

177．医疗保健机构、卫生防疫机构对传染病或疑似传染病人尸体解剖查验批准

178．外籍医师在华短期执业许可

179．供水单位卫生许可

180．医疗机构开展医疗气功活动审批和从事医疗气功人员资格认定

181．保健食品广告审查

182、计划生育服务机构执业许可证

183．符合法定生育条件妊娠的妇女要求终止中期以上妊娠批准

（二十）市计生委

184．计划生育技术服务人员执业证书核发

185．计划生育统计调查审批

（二十一）市环保局

186．建设项目环境影响评价审批

187．危险废物经营许可

188．危险废物转移联单报告审批

189．污染治理设施拆除或闲置审批

190．排污许可证核发

191．建设项目环保设施竣工验收

192．危险化学品进口环境管理登记

193．向大气排放转炉气等可燃气体的审批

194．放射性核素排放量分配

195．医疗废物集中处置经营许可

196．夜间施工审批

197．放射性废液、废气、固体废物排放许可

198．放射性同位素及容器的运输核查

（二十二）市体育局

199．举办健身气功活动及设立站点审批

200．开办武术学校、少年儿童体育学校审批

（二十三）市粮食局

201．粮食收购资格许可

（二十四）市人防办

202．结合民用建筑修建防空地下室方案及设计批准

203．人防工程建设、改造、拆除审批

204．缴纳防空地下室易地建设费批准

（二十五）市安全生产监督管理局

205．烟花爆竹定点进货、销售许可

206．危险化学品经营许可证核发

207．新改扩建危险化学品生产、储存企业安全验收批准

208．非矿山新改扩建企业建设项目安全设施设计和竣工审查

209．安全培训机构资格认可

（二十六）市公安局交通巡逻警察支队

210．驾驶员证照核发

211．设立临时停车场审批

212．机动车延缓报废审批

213．机动车运载危险物品审批

二、授权实施行政许可主体和行政许可项目

（二十七）市信息产业局

214．无线电台（站）频率、呼号的指配及频率转让的许可

215．设置、使用无线电台（站）审批

（二十八）市广播电视局

216．乡镇及机关、部队、团体、企事业单位设立有线广播电视站审批

217．设置卫星地面接收设施审批

218．设立、终止本辖区广播电台、电视台及变更台名、台标、节目设置范围或节目套数审核

219．迁建广播电视设施审核

220．广播电视传输覆盖网络验收

221．建立城市社区有线电视系统审批

（二十九）市地震局

222．抗震设防要求审批

（三十）市消防局

223．建筑工程消防设计审核及工程验收

224．具有火灾危险的大型群众性活动举办前及公众聚集场所开业或使用前的消防安全检查。

225．动用、迁移公共消防供水设施许可

（三十一）市保密局

226．计算机定点维修单位审批

（三十二）市档案局

227．非国有档案出卖、转让、赠送批准

（三十三）市市政设施管理处

228．在桥涵设施保护范围内施工作业审批

（三十四）市路灯设施管理处

229．拆除、迁移、利用城市道路照明设施许可

（三十五）市排水工程建设处

230．接设排水管道、挖掘占用排水设施及工程施工影响城市排水设施安全审批

（三十六）市公路运输管理处（市地方海事局）

231．道路客运经营许可

232．道路货物运输经营许可

233．道路危险货物运输经营许可

234．道路运输站（场）经营许可

235．机动车维修经营许可

236．道路客运班线审批

237．内河水上运输许可

238．船员适任证书审核

（三十七）市汽车驾驶员执业教育管理中心

239．机动车驾驶员培训机构审查

240．道路运输驾驶员从业资格审查

（三十八）市农业技术推广中心

241．植物检疫

242．种子种苗产地检疫

（三十九）市动物卫生监督检验所

243．动物防疫合格证核发

（四十）市畜牧技术推广中心

244．出具动物检疫合格证明

（四十一）市农机监理所

245．农用三轮车等农机牌照及驾驶证、操作证的核发

（四十二）市森林病虫害防治检疫站

246．森林植物检疫

三、垂直管理部门实施行政许可主体和行政许可项目

（一）市国家安全局

1．涉及国家安全事项的建设项目审批

（二）市药品监督管理局

2. 科研、教学用毒性药品购买的审批

3. 第一类医疗器械产品生产审批

4. 开办药品零售企业许可

5. 第二类精神药品批发、零售企业的资格认定

6. 医疗毒性药品经营企业定点审批

（三）市质量技术监督局

7. 制造、修理计量器具许可

8. 部门和企业事业单位最高计量标准考核

9. 计量检定机构授权

10. 计量人员考核

11. 特种设备使用登记

12. 特种设备作业人员证书核发

13. 危险化学品生产、储存企业设立许可

14. 压力管道的设计、安装、使用、检验单位和人员资格认定

15. 场（厂）内机动车辆的制造、安装、改造、维修、使用、检验许可

（四）市工商局

16. 兴建集贸市场登记

17. 商品展销会登记

18. 广告经营发布资格登记

19. 企业核准登记

20. 企业名称预先核准

21. 企业集团核准登记

22. 外国（地区）企业在中国境内从事生产经营活动核准

23. 户外广告登记

（五）市地税局

24. 对发票使用和管理的审批

25. 印花税票代售许可

（六）市国税局

26. 对发票使用和管理的审批

27. 增值税防伪税控系统最高开票限额审批

（七）市出入境检验检疫局

28. 出入境检验检疫报检员注册

（八）人民银行抚顺市中心支行

29. 商业银行、信用社代理支库业务审批

30. 商业银行、信用社代理乡镇国库业务审批

31. 对非税收代理行资格认定

32. 银行账户开户许可证核发

33. 贷款卡发放核准

（九）国家外汇管理局抚顺市中心支局

34. 金融机构和企业对外担保审批

35. 境内机构全口径外债和对外或有负债登记核准

36. 保险、证券公司等非银行金融机构外汇业务市场准入、退出审批

37. 出口单位出口收汇核销

38. 银行、农村信用社、兑换机构等结汇、售汇业务市场准入、退出审批

39. 进口单位进口付汇核销

40. 外商直接投资项下外汇登记、付汇核准

41. 资本项目外汇资金汇出境外的购付汇核准

42. 境内机构外债、外债转贷款、对外担保履约核准

43. 出口单位收汇分类核销核准

44. 出口单位领取出口收汇核销单核准

45. 出口单位出口退赔外汇核准

46. 出口单位补办出口收汇核销专用联和出口收汇核销单退税专用联审批

47. 个人购付汇、结汇、解付现钞、携带现钞出境审核

48. 境外投资外汇资金（资产）来源与汇出审核、登记

49. 出口单位出口收汇差额核销、核销备查核准

50. 进口单位进口付汇备案核准

51. 外汇账户（含边贸人民币结算专用账户）的开立、变更、关闭、撤销以及账户允许保留限额核准

52. 机构外汇资金境内划转核准

53. 机构单笔提取超过规定金额外币现钞审批

54. 境内机构非贸易购付汇真实性审核

（十）市气象局

55. 施放气球审批

56. 防雷装置设计审核、竣工验收

57. 升放无人驾驶自由气球、系留气球单位资质认定

（十一）市烟草专卖局

58. 烟草专卖零售许可

（十二）辽宁省大伙房水库管理局

59. 船只下水许可

（十三）市邮政局

60. 集邮交易市场开办审查

抚顺市保留的非行政许可类行政审批事项目录

2004年12月22日，经市政府第19次常务会议审议通过，将市政府决定保留的113项非行政许可类行政审批事项目录公布如下。

一、市发展和改革委员会（1项）

1. 固定资产投资项目的审批、核准、备案

二、市经济委员会（4项）

2. 开行地方铁路客货直通列车、办理军事运输和特殊货物运输审批

3. 企业自备车参加地方铁路运输审批和企业专用线与地方专用铁路接轨审批

4. 企业自轮运转特种设备准入许可和地方铁路运输、运营企业设立、撤销、变更审批

5. 限额以下技术改造项目审核

三、市安全生产监督管理局（5项）

6. 权限内建设项目劳动安全设施设计审查和竣工验收核准

7. 一次死亡5人以下伤亡事故结案核准

8. 非煤矿山企业安全生产资格审核

9. 道口事故处理结案备案

10. 全市铁道口、专用线道口新建、移设、拆除改造项目备案

四、市科学技术局（3项）

11. 抚顺市科学技术计划项目及经费审批

12. 技术合同认定登记、贸易许可、交易奖酬金核准（设立过渡期一年）

13. 市级科技奖励项目审核

五、市公安局（4项）

14. 机动车登记核准

15. 临时入境机动车号牌、行驶证核准

16. 博物馆风险等级、安全技术防范及一级风险设计方案、竣工验收审核

17. 入、退、恢复中国国籍审核

六、市民政局（2项）

18. 儿童收养登记核准

19. 革命伤残人员伤残等级评定审核

七、市财政局（5项）

20. 行政事业单位国有资产处置审批

21. 机关、企事业单位购买小汽车审批

22. 罚没许可证核准

23. 审核发放纳税级次证核准

24. 行政事业性资产的核准以及资产评估报告备案、核准、监管

八、市人事局（4项）

25. 全市国家公务员调任转任审批

26. 干部跨地区、跨部门调动审批

27. 外埠毕业生来抚就业审批

28. 国家公务员和事业单位工作人

员辞职辞退、开除公职和按自动离职备案

九、市劳动和社会保障局（15项）

29．定点医疗机构、定点零售药店资格认定审批

30．失业人员职业培训和职业介绍补贴审批

31．城镇就业、再就业补助费审批

32．企业裁减人员核查的核准

33．参加企业养老保险人员退休，统筹内离退休人员养老金调整及遗属待遇核准

34．职工工伤、工亡认定，因工致残1—4级伤残抚恤待遇核准

35．因工伤残职工配置或维修辅助器具确认核准

36．失业人员认定和失业保险待遇核准

37．工人跨地域调动核准

38．公务员医疗补助和超限额补充医疗保险审核

39．外国人来抚就业审核

40 享受再就业扶持政策企业类型认定和企业安置下岗职工、失业人员免征所得税审核

41．招工录用和解除劳动关系备案

42．企业内部分配方案备案

43．劳动合同鉴证，集体合同备案

十、市规划和国土资源局（4项）

44．城市详细规划设计审批

45．测绘项目登记审批

46．城市规划设计审核

47．矿产资源补偿费减免审核

十一、市城乡建设委员会（7项）

48．新型墙体材料专项基金的使用、清算返退及节能建筑认定核准

49．散装水泥专项基金的使用、清算返退核准

50．工程竣工验收备案核准

51．建设工程档案验收核准

52．工程质量监督手续、工程安全施工措施审查核准

53．建设工程施工、监理合同备案

54．建设工程项目自行招投标备案

十二、市房产管理局（6项）

55．住宅共用部位设施设备维修基金核准

56．公有住房出售办理权属登记资格核准

57．公有住房使用权有偿转让核准

58．经济适用住房建设项目确认审核

59．房屋租赁备案

60．县、区企（事业）单位住房分配货币化方案备案

十三、市交通局（5项）

61．县级（含县级）以下公路建设项目开工审批

62．本地区城市客运线路延伸、改线及公交车站点、班次、发车间、站务设施设置审批

63．客、货运输车辆购置、更新、改造、改装审批（包括城市客运车辆购置及更新）

64．道路运输车辆技术状况等级鉴定及营运客车划类、划型、定级核准

65．公路封闭交通审核

十四、市水务局（3项）

66．水利工程招投标单位资格的审核

67．水利工程有关产品制作单位的资质审核

68．水库和河道洪水调度方案审核

十五、市林业局（1项）

69．森林经营单位采伐量调剂量审批

十六、市对外贸易经济合作局（4项）

70．外派劳务项目代省审批

71．加工贸易业务合同核准

72．中外合资、合作企业合同章程，外资企业合同章程及合同章程变更、股权转让、终止合同、清算审核

73．机电产品进口审查的审核

十七、市商业局（1项）

74．指定公物拍卖企业审核

十八、市文化局（市新闻出版局、市版权局、市文物局）（2项）

75．设立印刷单位审核

76．国内图书展销审核

十九、市卫生局（1项）

77．化妆品生产、经营卫生许可审核

二十、市体育局（2项）

78．二级社会体育指导员、二级裁判员、二级运动员审批

79．临时占用公共体育设施审批

二十一、市统计局（2项）

80．统计调查审批

81统计登记管理核准

二十二、市外事办公室（1项）

82．因公出国审批

二十三、市物价局（7项）

83．房地产收费审批（土地基准地价、享受国家优惠政策住房销售价格、房屋租金、物业服务费）

84．教育收费审批（民办学历教育学费、学校住宿费及服务性收费、各类培训办班收费）

85．交通运输收费审批（机动车和自行车停车场服务费、城市道路路产赔偿收费、城市道路清障服务费、出租车运输价格、县级公交票价）

86．公用事业收费审批（环境卫生、公用设施使用及损坏补偿费收费、有线电视安装使用收费、殡葬服务收费、市级热力及城市供暖价格、县级自来水价格）

87．旅游收费审批（游览参观点门票价格及参观点内交通运载工具价格）

88．水利工程供水价格审批

89．医疗机构制剂价格审批

二十四、市人民防空办公室（5项）

90．人防工程转让、抵押、租赁、口部土地利用及在人防工程安全范围内采石、取土、挖沟、埋设管线和修建地面工程审批

91．人防通信警报设施迁移、报废、拆除及改造许可审批

92．人防工程的扩初方案、施工图设计审查、施工质量监督、竣工验收核准（防护等级五级以上、建筑规模中型的，报省人防办审批）

93．城市区（县）级防空袭方案、实施计划和城市二类重点经济目标应急抢险抢修方案审核

94．会同国有资产管理部门对人防国有资产的调拨、转让、变更、报损、报废、办理报批手续审核

二十五、市政府国有资产监督管理委员会（3项）

95．国有及国有控股企业国有资产、股权变动、重大资产处置以及企业资产损失处理等重大财务事项审批

96．国有及国有控股企业清产核资核准和国有及国有控股企业资产评估报告备案、核准、监管

97．企业《工资总额使用手册》企业经营者晋升工资及国有集体企业工效挂钩核准

二十六、市旅游局（2项）

98．新建旅游区点、旅游资源开发、新建旅游项目、人造景观备案

99．旅行社和分社工商注册备案

二十七、市供销合作社联合社（1项）

100．系统内化肥、农药经营审核

二十八、市国家安全局（1项）

101．设置卫星地面接收设施接收境外电视节目审核

二十九、市邮政局（1项）

102．经营集邮票品业务备案

三十、市药品监督管理局（2项）

103．乡镇卫生院代购药品审批

104．癌症患者申办麻醉药品专用卡审批

三十一、市质量技术监督局（7项）

105．产品标准登记注册核准

106．组织机构代码登记核准

107．食品生产许可证审查的审核

108．各级名牌产品评审审核

109．企业产品标准备案

110．特种设备安装、改造、维修告知备案

111．食品标签备案

三十二、市工商行政管理局（2项）

112．企业动产抵押登记核准

113．企业年度检验核准（含私营企业）

政务督查

【基本情况】 2004年市政府督查办开展了政府主要领导调研所作指示落实情况的督查、政府重点工作督查、领导批示交办事项的查办、省政府转交督办事项落实情况的督促、省政府领导批示信件的调研督查反馈等5个方面76项工作。发出《抚顺市人民政府督查通知》146件，督办电话上千次。按照领导要求，形成督查报告76件，25万字，编发《督查专报》26期，为市政府领导的再决策提供参考。

【市政府领导指示落实情况的督查】 按照领导的要求，市政府督查办重点对刘强市长在财税、商贸流通、城市规划建设、农业、交通、文化和教育等部门调研时所作指示的落实情况，通过下发《督查通知》的形式，对政府相关部门进行了督促检查，形成《督查专报》12期，《抚顺政务督查》1期，促进了市政府领导指示的落实和政令畅通。

【市政府重点工作督查】 围绕市政府确定重点工作，对中油抚顺分公司催化剂项目用地、整顿非法营运机动三轮车、植树和冬季除雪工作，下岗职工再就业、采沉区和地质断裂带上受损住宅楼居民紧急避险搬迁、清理整顿市级预算单位银行账户、供热等工作开展督查，及时反馈重点工作进展情况。

【市领导批示交办事项专项督查】 按照市政府主要领导交办或批示要求，开展了专项查办事项25项。由于市政府督查办能够客观反映突出问题，深入分析存在问题的原因，实事求是地提出解决问题的办法和建议，得到了市领导的满意。督查市长王大平交办一件；副市长魏东平交办的永寿路棚户区安置资金拨付情况，永安桥拆建前期工作进展情况，现行住房补贴政策存在严重不合理现象问题，市本级行政事业单位在职、退休人员医药费等15件；副市长孟凌斌交办的采煤沉陷区内违章建筑问题，拖欠建筑工程款问题，东北振兴办来抚调研后本市所反映问题及工作进展情况等4件；市政府秘书长钱程广交办的202国道施南线大修工程及封路后抚顺县、清原县交警上岗值勤情况等5件。通过对这些事项的专项查办，为领导做出处理决定提供了参考依据。

【省市领导对群众来信批示的调研督查】 2004年，督查办共接到省、市领导对群众来信批示38件。反映问题较为集中的是：拖欠教师工资问题（6件），企业退休、下岗、失业职工在养老、医疗、享受政策等方面的待遇问题（11件），房屋拆迁、动迁问题（4件），占用农田、滥砍伐林木、征地补偿等问题（4件），涉及城市管理、外事工作方面等问题（3件）。其余为个人在工作调转、邻里关系等方面问题。对上述问题的调研督查中，做到在逐一调查核实的基础上，要求承办部门将办理结果与来信的群众见面，保证领导批示落到实处。

【省政府转交事项督查】 通过《省政府督办通知单》、电话通知等形式，共收到省政府交办事项23件。如抚顺第七中学教学楼存在重大安全隐患、张文岳省长来抚顺调研所作指示落实情况、省软环境建设100个问题自检和整改情况、采煤沉陷专项资金使用情况、棚户区改造、社会稳定信访工作、个人债券兑付情况、拖欠公教人员工资和拖欠工程款问题、企业退休职工养老金问题等，这些问题的整改情况和事项的落实结果已如实向省政府进行报告。及时反映了本市各方面工作开展情况、取得的成绩及在政策、资金方面需要上级政府支持的建议。

（周 伟）

市长联络员

【基本情况】 2004年，市长联络员紧紧围绕本市经济发展和社会生活中的难点、热点问题，进行了社会调查，共反映问题、意见和建议20件，在《市长与联络员》4期简报中采用了16件，领导批示7件；市长联络员直接呈报给市领导建议2件；各委办局反馈率100%。市长联络员共有7人次参加市政府常务会议，10余人次参加市有关部门会议。

【联络员换届】 12月15日召开了抚顺市第七届市长联络员换届会议，重新聘任了刘正兴等30名市长联络员，颁发了聘书。市政府有关部门对市长联络员提出的建议认真对待，按规定的时间认真落实反馈或提出整改意见。

【发挥信息员作用】 反映社情民意，解决市民关心的热点、难点问题是市长联络员的一项重要工作。市长联络员高巍、刘铁民提出：新宾景点要加大“软件”投资建设。市政府领导非常重视，立即责成有关部门进行处理，拿出统一宣传、促销及旅游产品开发问题的意见。联络员赵英惠反映新宾县木奇镇东站村用电难问题，得到市领导的高度重视。

【解决具体问题】 市长联络员不仅反映问题，而且积极主动和相关部门协商，参与解决问题。市长联络员张家瑞、刘正兴、肖长喜在调查中了解到，万众联社土地被征用后农民安置还存在一些问题，他们用《要事报告》的形式直接呈报市长，还多次找到市国土规划局等相关部门反映情况，并利用休息时间，查找相关文件，反复和各部门交换意见，在他们的不懈努力下失地农民合法权益得到了保护。

【调研反馈】 市长联络员充分发挥参谋助手作用，为政府提供有价值的建议。市南站、东西一路交通阻塞现象由来已久，特别是每天早、晚交通高峰期阻塞现象更为严重。市长联络员张安民认真调查后向市领导提出：应解决南站、东西一路交通不畅问题，该建议引起市领导的高度重视。市交通局局长、副局长亲自做了批示并责成有关部门提出整改意见。通过采取积极有效的措施，在一定程度上缓解了交通紧张状况。

（王 微）

人民群众来信来访

【基本情况】 2004年本市信访工作在全市各级党政组织和广大信访干部的共同努力下，化解了大量社会矛盾，信访工作全省排名第四位，被省委、省政府评为信访突出问题专项治理先进单位。

2004年全市信访总量为96 703人（件）次，与2003年相比减少2.2%。

【加大信访工作力度】 市委、市政府及各级党政组织，把信访工作摆在了十分重要的位置。各级领导亲自接访办案处理重大信访问题。尤其是市委书记、市长对信访工作高度重视。全市召开7次信访工作会议，市委书记5次到会做重要讲话，对信访工作提出了明确的工作目标和要求，做出了一系列重要决策，为信访工作走出低谷、扭转形势起到了决定性的作用。市长亲自研究解决大案要案，并在财政十分紧张的情况下，亲批资金为信访办解决经费上的困难，主管领导市委、市政府领导把握全局、及时决策，亲抓真抓，市委、人大、政府、政协等包案市领导亲自接访办案，带头处理棘手问题。各县区、各企事业单位的领导，在抓信访工作上也比以往决心大、力度大。

【重点信访案件办理】 市直机关各部门按着“分级负责，归口办理”的信访工作原则，勇于承担责任，不等不靠；主要领导亲自抓，分管领导具体抓，加大了处理问题的力度和思想工作力度。根据省委、省政府的部署，结合实际，全面开展了涉法案件的专项治理、解决突出信访问题化解社会矛盾纠纷专项治理和集中处理信访突出问题及群众性事件活动，并交办了232件信访案件。机关各部门对中央和省交办的案件以及市自排案件进行认真梳理，并本着解决一批、稳定一批、控制一批、处理一批的原则，认真办理重点信访案件。如市交通局多次开会研究涉农问题和修路占地补偿等问题的解决方案，收到了较好的效果。

【越级访的控制劝返】 2004年，本市从上到下都加大了对越级访的控制和劝返力度，基层加大了监控措施，机关各部门加大了工作力度，重点单位加大了解决问题的力度，使大量的越级访控制在基层、解决在当地。市信访办还常年派出驻省委、省政府和万家工作站的工作人员，及时做好去省上访人员的劝返工作和进京劝返分流接待工作，有效地降低了越级访的数量。

【整顿信访秩序】 从2003年底开始，针对本市的具体情况，在市委领导的全力支持下，全面开展了对涉法访和个人访老户的专项治理。专项治理中，在努力解决有理访问题的同时，加大了对信访秩序的依法整顿力度。公安部门还制定了各种应急处置方案，及时对扰乱信访秩序、干扰正常工作秩序和社会秩序的上访行为，进行了有效的处置和解决。公安机关及时捕捉信息，预先制定方案，提前做好警力部署，使大量非正常上访的行为得到了有效处置。

【化解矛盾大调解工作】 本年，根据省委、省政府的总体部署，本市分别开展了“解决信访突出问题化解社会矛盾纠纷专项治理”和“集中处理信访突出问题及群体性事件”工作。为配合好处理信访突出问题，有效调处纠纷，市信访办与市委政法委在全市联合开展了化解矛盾在基层大调解工作，坚持工作重心下移，制定了《化解矛盾在基层大调解工作方案》。根据方案中的任务和职责分工，成立了信访办牵头，有关部门参与，负责因企业改制重组破产、征地拆迁、财务管理、土地承包等社会矛盾引发的群体访、越级访排查的调处。各县区、各部门层层建立了组织网络，农村乡镇、村，城市街道、社区设立了信访信息员、宣传员、调查员。解决问题和思想工作到村、到户、到人，建立健全了排查、调处机制，认真做好各种矛盾的排查和化解工作，及时了解社情民意，到群众家中做工作，变上访为“下访”，做到一有苗头，就地解决，把工作重心从事后处置转到事前预防上来。由于组织严密，措施得力，一大批信访案件得到及时处置，有效地化解了矛盾。

【实行“双向”追究机制】 2004年初，在加大处理无理上访行为的同时，有效地调动各签状单位的积极性和责任意识，强化了信访工作责任制的落实。经反复研究，市信访办公室报请市委常委会通过，制定了《信访工作目标管理千分制考核办法》，将县区、市直重点部门及重点企业进行了合理分组，实行量化考核。参加考核的53家单位，与市委、市政府签订了2004年信访工作目标管理责任状。

（刘志安）

市长公开电话工作

【基本情况】 2004年，市长公开电话办公室共受理市民来话56 946件次，转交有关单位办理17 528件次，转办反馈率为99.96%，转办问题的解决率为89.47%；撰写反映热点难点问题的专题调查材料20篇；上报反映社会敏感问题的《市长参阅件》14件；整理人民建议1 081条；全年向新闻单位投递政府为民办实事的稿件105篇；督办并办结市委、市政府领导批示146件次；现场协调督办重点难点问题116次，解决79个老大难问题；督办新闻媒体曝光问题和市长联络员反映的问题173件；会同新闻媒体及有关单位暗访公示承诺制单位服务质量3次。

【受话调度】 2004年，市长公开电话办共接处群众来话56 946件次。对这些反映，电话办本着“办好一件事，温暖一家人”的工作原则，克服困难，尽最大努力，对具备解决条件的督促有关单位迅速解决，对暂不具备解决条件的给予认真说明。一年来，转交到各工作网络及有关单位办理17 528件次，转办问题的解决率达到了89.47%，比上年同期提高了4.86个百分点；直接协调非工作网络单位办理市民来话1 121件，解决率为95.81%；向群众解答政策、法规等咨询类投诉12 000余件。通过办理和解答市民反映的问题，有效缓解了社会矛盾。

【协调督办】 一年来，市长电话办协调两个以上部门或单位办理投诉157件次；办理市委、市政府领导批示146件次，解决率为98%。督办新闻媒体曝光问题和市长联络员反映的问题173件(其中，新闻曝光问题160件，联络员反映的问题13件)。为加大疑难问题的解决力度，市长电话办坚持深入实际开展调查研究工作，一年来共到基层单位现场办公116人次。由于处理方案和应对措施得当，促使“化纤染织厂附近民用变压器损坏无人修”、“望花中海直住宅楼高层楼无水”等79件老大难问题得到妥善处理。

【社情民意信息反映】 市长电话办紧密围绕全市工作大局，认真筛选和分析来自群众的信息、意见和建议1 081条，刊发人民建议专刊20期103条；在为市领导反映热点难点问题上，以《市民投诉工作》形式刊发专题20期，呈报《市长参阅件》14件，为市政府领导及时了解社情民意和科学决策提供了重要依据。

【强化监督职能】 针对有关部门和单位存在的交了不办、办了不实的问题，市长电话办加强了明查暗访工作力度，通过现场“较真”，加快了问题的解决速度，督促了有关部门转变工作作风。2004年，根据投诉人的反映，到现场明查暗访13次。此外，电话办还会同市卫生局、市物价局和市电视台、电台、抚顺日报社、《抚顺晚报》等单位，两次暗访检查了本市3家甲级医院的部分收费项目；会同市房产局、市公用国有资产经营公司、自来水公司、煤气公司、房产经营公司、抚顺供电公司及市各新闻媒体，以模拟报修的方式暗访了自来水公司、煤气公司、房产经营公司、抚顺供电公司的维修部门，有效督促了有关单位转变作风。

【发挥新闻媒体作用】 2004年，市长电话办跟踪督办新闻媒体曝光问题160件，并于2004年1月1日与《抚顺晚报》联办了“市民热线”专版，所推出的“盯住不放”、“来电实录”、“为民之声”、“市井镜头”等栏目，深受群众喜爱。为进一步加强与新闻媒体的联系，拓宽政府与群众沟通的渠道，塑造政府亲民、爱民、为民的良好形象，2004年9月6日至9月9日，市民投诉中心与抚顺日报社联合开展了“报社架起阳光桥，政府百姓心连心”活动，有29个部门和单位的领导到场亲自受理市民投诉，解答群众提出的问题，听取群众的建议，社会反响很好。

【局长值班制】 市长电话办共安排了抚顺县政府及市交通局、发展改革委、工商局、民政局、建委、环保局、热力公司、房产局、卫生局（以值班时间为序）等10个部门、单位的行政“一把手”值班。接待中，把各部门、单位的市长公开电话工作情况及群众涉及值班单位的投诉内容详实地反映给值班领导，让其全面了解群众的批评、意见和建议，有针对性地改进工作。2004年9月末，市长电话办还开展了“市长电话进社区”活动，有9个单位的领导干部和工作人员27人参加了活动，现场接待投诉89件。

【工作网络管理】 2004年，市长电话办坚持采取平时指导、定期考核的工作方式，全面加强网络管理，有效提高了队伍素质和工作网络的自接自办能力。在指导网络单位工作上，根据各网络单位的实际情况和工作特点，确定相应的月通报形式、工作制度及工作模式。在网络检查工作上，认真贯彻落实抚政发[2002]9号文件精神，坚持执行网络单位目标管理百分考评办法，先后于4月份和9月份两次对各工作网络进行了百分考核，考核结果呈报市五大班子。此外，市长电话办还多次组织召开网络片会，为各工作网络提供了互相学习、互相交流、互相借鉴的机会。这些做法，有效推动了市长公开电话工作沿着规范化、制度化、科学化轨道向前发展。

【理论研讨】 为提高本市市长公开电话办工作水平，加强工作人员做好市长公开电话工作的紧迫感，市长公开电话办于本年7月9日组织召开了“如何做好市民投诉工作”理论研讨会。各网络单位结合本单位实际，认真研讨了市长公开电话工作的指导思想、工作原则、工作方法。本次研讨会征集论文63篇，其中3篇论文获一等奖，6篇论文获二等奖，12篇论文获三等奖。为促进我省市长公开电话工作不断向前发展，8月18日，电话办应省内各市市民投诉中心提议，筹备承办了全省市民投诉工作研讨会。会上，来自省内14个市的市民投诉中心介绍了本市工作情况，交流了工作经验，认真探讨了辽宁省市长公开电话工作的发展方向。由本市牵头，以大会的名义向省政府递交了《关于设立分管市长公开电话工作部门的请示》。为把本市的网络管理工作经验推向全国，在11月于昆明召开的第十一届全国市长公开电话工作网络年会上，向大会交流了题为《网建引入百分制，量化考评见彩虹》的经验材料，受到与会人员好评。

（多成江）

监　察

【行政监察】 监察局紧紧围绕发展振兴这个大局，加大了软环境建设力度。一是以机关作风整顿为突破口，推动全市软环境建设深入开展。出台了《抚顺市政府部门行政首长问责暂行办法》、《抚顺市进一步严肃党政机关工作人员若干纪律的规定》和《抚顺市行政执法人员“六条禁令”》，把部分领导干部、执法执纪人员中存在的为政不廉、违法行政、与民争利和“中梗阻”等问题作为整顿的重点。各级党组织普遍召开了专题民主生活会，针对作风建设方面存在的突出问题，认真制定和落实了整改措施。二是继续深入开展了软环境建设“双评”活动。拓展了“双评”活动范围。将参评部门扩大到58家，并把企业和群众关注的22家执纪执法部门作为评议重点，连同参评的270名重点岗位工作人员在媒体进行了公示。创新了评议机制，实行市、县（区）两级联动，采取“百家企业评行风、千户家庭访行风、万张选票测行风”以及“行风热线”考核、听证考核等形式，对参评部门及重点岗位工作人员进行了全面考核，并严格兑现奖惩。三是与市电台联合开办了“行风热线”节目。各参评部门领导相继走进直播间，受理群众咨询投诉，介绍政策法规，切实解决群众反映的问题。“行风热线”开播以来，共答复处理群众咨询投诉问题2 312个，办结率95.3%，群众满意率达92%。群众热情称赞“行风热线”节目是解决老百姓实际问题的“抚顺焦点访谈”。四是建立完善软环境建设长效机制。出台了《关于进一步建设和优化抚顺经济发展软环境工作的实施意见及责任体系》，以政府为主体，从市长、副市长到分管部门主要负责人层层建立健全软环境建设工作目标责任体系，推动了软环境建设的深入开展。五是严肃查处干扰破坏软环境建设以及侵害群众利益方面的案件73件，处分28人，对其中的11起典型案件进行了公开处理，并在媒体曝光。

【纠风专项治理】 监察局会同有关部门对教育乱收费进行了综合治理。查处教育乱收费案件6件，查出并退还违规超标准收费490余万元，全面实行了教育收费公示制。狠刹了医药购销和医疗服务中的不正之风，加强了监督检查，对29名顶风违纪医护人员进行了严肃处理。进一步规范了收费行为，取消不合理的行政事业性收费42项。全面推行了涉农税收价格和收费公示制，取消了20项涉农收费，减轻农民负担960万元。各级纪检监察机关围绕大局，履行行政监察职能，加强执法监察和行政效能监察。深入开展了涉农涉地问题专项督查，共排查并办结涉农涉地信访案件44件，补发征地补偿费245万元。清理偿还拖欠农民工工资1 035万元。全市行政效能监察共完成28项立项项目，立案12件，追究行政责任40人。由市监察局牵头，强化了对各县区、各部门、各单位落实市委、市政府部署的任务、目标和重点工作情况的绩效督查考核，推动了全市改革发展稳定等各项任务的落实。

【预防和治理腐败】 一是以落实行政许可法为契机，会同有关部门加大了行政审批项目的清理力度。全市行政许可项目由739项削减为246项，非行政许可类行政审批项目由530项削减为113项。二是认真落实“收支两条线”规定，强化了非税收入管理。对全市171个单位开设的帐户进行了重点核查，查实漏报、瞒报和私设“小金库”帐户190个，涉及金额2 973万元。三是进一步推行完善了重大建设项目派驻纪检监察员工作。全市各级纪检监察机关共向62个工程建设项目分级派驻了纪检监察员，涉及工程投资总额近15.7亿元。通过派员监督，已累计节省工程建设资金近2亿元。四是继续推行了政府采购制度。全市共完成政府采购项目457项，采购总额4 815.6万元，节省资金217.9万元。五是进一步落实了领导干部经济责任审计制度。对14户重点国有企业领导人员和市直15个单位的党政领导干部进行了任期和离任经济责任审计。五是为解决村干部以权谋私，村级财务管理混乱等问题，市监察局在全市7个县（区）47个乡镇580个村全部推行了“村会计委托代理制”，“代理制”的推行有效地从源头上遏制了因村级帐目管理混乱产生的各种腐败问题。全市实行“代理制”后年信访量由上年的287件次降至82件次，下降了71.4%。在2004年省纪委、省农委等部门联合召开的全省农村规范和推广“村会计委托代理制”工作电视电话会议上，抚顺市监察局和新宾满族自治县响水河子乡介绍了经验，并获省纪委颁发的优秀成果奖。

（张　健）

外事　侨务

【基本情况】 2004年，全市对外开放及科技、经贸、文化、教育、卫生、农业等多领域的交流与合作取得可喜成果。2004年，本市侨务工作被评为全国侨务工作先进单位，受到国务院侨办的表彰；抚顺市外事（侨务）办公室被辽宁省外事办公室授予全省外事侨务系统先进单位；被市委、市政府授予“满族风情旅游节”和“清永陵申报世界文化遗产”工作先进集体；市外办主任魏素洁被德国格拉德贝克市友城政府授予荣誉勋章。

【对外交往】 2004年，本市接待了来自世界31个国家的外宾及海外侨胞58批、445人次，其中：市级领导会见接待的团组达25批。派出因公出国团组176批、455人次。联络国外重点华侨、华人、知名企业负责人156位。借助对外活动平台，牵线搭桥，对接合资合作项目43项，涉及工业、农业、环保、教育、体育、卫生等12个行业。争取国外捐赠6项，合人民币160万元。

1. 本市同国外友好城市（友好伙伴关系城市）关系密切，交往活跃。日本、德国、芬兰、意大利、韩国等友好城市纷纷派高层人士来本市友好访问和交流，增进友好城市间的关系和往来。4月，德国格拉德贝克市市长史威豪夫率代表团一行8人来抚顺市访问，加深了两市政府间的交流，双方在金融、供暖等方面进行了交流与洽谈。8月，土耳其阿拉尼亚市市长西帕肖格鲁率友好代表团一行3人来本市访问和考察；日本磐城市日中友协副会长白土和男率代表团一行3人来抚顺访问；韩国富川市议会议员安益淳为团长的一行7人来抚顺访问。上述友好城市的外宾来抚期间还参加了本市满族风情节活动及招商项目推介会。10月，日本夕张市市长后藤健二为团长的友好代表团来抚顺访问，两市以促进合作、实现共赢为出发点，双方探讨了夕张市特产“梅龙瓜”等深加工项目及两市开展青少年乒乓球、书法等方面交流事宜。

2. 新开发的地区显示了活力，拓展了本市对外交往新领域。2月和8月，抚顺市与斐济的兰巴莎市和土耳其的阿拉尼亚市签署了结为友好伙伴关系城市协议。两市的市长率代表团分别来抚顺市友好访问，就双方感兴趣的农业、旅游基础设施、广播电视业务等项目交换了意见，加深了城市间相互了解。抚顺市人大与韩国富川市议会通过相互交流，签署了友好议会的协议，双方表示积极努力为两市的友好交流与经贸合作牵线搭桥，做出贡献。2004年抚顺市还开辟了与印度、马来西亚、荷兰、比利时、奥地利、丹麦、西班牙、爱沙尼亚、斐济、意大利等国家的交往渠道，加大了联络工作力度，扩大了抚顺在国际上的影响。

3. 高层领导互访，提升了抚顺对外交流与合作水平。2004年本市市级领导出访团组22批、149人次。全年接待外国市长以上代表团和外国驻华使领馆官员12批、54人次。8月，市委书记周忠轩率友好代表团出访爱沙尼亚、丹麦，推进了抚顺矿业集团与德国克鲁博公司合资合作油母页岩项目的进展，此项目外方投资26%，折合美元1 800万美元。10月，人大主任尹文出访芬兰、西班牙，拓展了在蔬菜、花卉、葡萄酒酿造以及教育等领域的合作。11月，市长刘强率代表团出访了德国、比利时、奥地利，就抚顺市乙烯化工厂生产的原料与欧洲地毯厂的合作项目深入进行了洽谈。5月，市政协主席陈家湃出访了土耳其、印度等国家。

4. 利用外事侨务独特优势，搭建多领域对外交流与合作平台。市外事办公室在外事活动、出国访问、接待工作中，注重捕捉国外经济信息，为本市企事业单位牵线搭桥，对接项目，反馈信息和服务，搭建平台。工业合作成果显著：促成了抚顺矿业集团同德国克鲁博公司合资合作油母页岩项目；欧洲PPC电瓷集团与抚顺华泰电瓷有限公司合作项目；欧洲最大的地毯厂比利时百达集团与本市乙烯化工厂合作项目；市广电局与斐济有限电视台合作项目。农业交流稳步发展：市外事办公室利用国外友好城市渠道，推介本市食用菌向日本、韩国出口；推进了抚顺县的蔬菜、花卉、葡萄酒与国外的合作及深加工项目；引进国外先进的优良种子和栽培技术及农业科技人才的培训等。教育交流成果突出：引介促成抚顺职业技术学院、辽宁石油化工大学与智利艺术、科学及传媒大学签署了合作办学交流协议等。卫生交流有新拓展：市外事办公室在辽宁省外事办公室的协助下，同美亚中心沈阳办事处积极联系，美亚中心沈阳办事处决定2005年为抚顺市清原满族自治县乡村医生100名免费在沈阳培训2－3个月，并捐赠医疗设备，逐步改善和提高乡村医疗水平。市中心医院与日本磐城医院互派医生，开展医学技术方面的交流取得较了好的成果。此外还积极推进了同土耳其、日本在旅游方面的合作，促成市总工会及新闻媒体走出国门同国外的交流合作。

【强化管理　高效服务】 1. 建立规范外事领导体系。本年2月19日召开了全市外事工作领导小组会议，讨论了市委、市政府外事领导小组工作职责和《抚顺市外事管理工作的若干规定》，并以市委、市政府文件形式下发，进而规范了全市外事管理，使县、区外事涉外工作职责、任务更加明确。

2. 协调指导基层对外交往接待工作。满族风情旅游节期间，邀请国外友城、使领馆外宾43个团组共49人，外宾对本市的接待十分满意，回国后，给本市发来感谢信。协调、指导来抚顺进行科研活动的俄罗斯科学院海洋研究所专家的接待工作；美国慈善机构来本市儿童福利院进行考察的接待工作；对美国西点军校回访雷锋纪念馆进行了涉外礼仪、接待方面的指导；为新宾永陵“申遗”工作提供资料翻译、服务人员培训、现场协调等服务工作，提高了全市整体接待水平。

3. 简化办事程序，为因公出国团组和人员提供方便快捷的服务。制定了抚顺市因公出国审批工作有关规定；制定了出国审批“绿色通道”服务公约；对因公出国团组实行“一站式”服务；对急特团组特事特办，实行即来即审。提高办事效率，保证出国团组顺利成行。

4．妥善处理多起涉外事件。参加了全国统一组织的打击非法涉外中介的“春蕾行动”，整顿了涉外中介系统。起草了《关于加强境外抚顺公民和机构安全保护工作的意见》，并上报市政府。

5．加强文教专家工作的管理。配合有条件的单位向省外办争取聘请外国文教专家资格，使本市拥有聘请外国文教专家资格的单位达到15个。

【侨务工作】 1．“华交会”效果显著。2004年7月18日至20日，第二届华商企业科技创新合作交流会在沈阳市举行。这次盛会由国务院侨办、科技部、人事部、商务部、国务院振兴东北办和东北三省共同主办，400多位海外华商、专业人士以及东北三省500位政府官员和企业界人士汇聚沈阳。本市组织30多个基层企事业单位参加了本届“华交会”，将本市20个项目上报省侨办，其中10个项目上报国家侨办，做为海外推介的项目。市侨办在抚顺信息港市政府网站上先后发布了海外专业人士156人、华商204人的个人资料和项目信息400多条，还在抚顺日报头版发布会议消息和两个网站网址及外侨动态150份。在“华交会”期间，本市30个单位代表与海内外华商项目联接，有2个项目正式签约：抚顺北方化工有限公司与印度尼西亚马龙佳集团签定了合资建设牛磺酸生产线的合作意向书；清原城郊林场与美国德洲大学霍玉书博士签定了合作开发参茸胶囊冻干技术协议。还有8个项目达成初步合作意向、20个项目正在洽谈中。

2．“新侨法”宣传。国务院新颁布的《中华人民共和国归侨侨眷权益保护实施办法》，自2004年7月1日起实施。为更好地依法保护归侨侨眷的合法权益提供了更完善、更成熟的法律保障，全市开展了宣传月活动，采取多种形式，广泛宣传贯彻落实《保护法》和《实施办法》。对全市侨务干部和部分归侨侨眷300人进行了“新侨法”知识的考试，下发《保护法》和《实施办法》小册子500份。

3．积极维护侨权、侨益。本年市侨办下放办理回国定居证、开具三侨子女升学加分证明信、办理归侨侨眷身份证3个审核权限，使各县区侨办职能得到进一步加强。1－10月份抚顺市受理回国定居的华侨11人。抚顺市有6名归侨侨眷被评为辽宁省侨界先进个人，1名归侨侨眷被评为全国先进个人。

4．拓展社区侨务工作。2004年抚顺市已有55个社区开展了侨务工作。9月份，经辽宁省侨办推荐，抚顺市开展社区侨务工作经验材料在全国社区侨务工作会议上进行了交流。11月3日省人大来本市执法检查，市侨办汇报了近3年来抚顺市贯彻《保护法》和《实施办法》执行情况及涉侨案件处理情况，省人大检查组对抚顺侨务工作给予了充分肯定。

5．接待了一批海外华侨华人来抚。本年先后接待了印度尼西亚马龙佳集团董事长郑年锦先生、俄罗斯莫斯科华人联合会主席洪烨先生、海外华裔青少年中国寻根之旅夏令营代表团、奥地利新闻记者代表团、西班牙中国商会执行主席王绍基夫妇、日本新华侨华人会东北振兴支援委员会代表团、英国华人社团联合会会长叶煌兴先生等。

（商秀春）

驻外联络

【劳务输出】 驻外联络处2004全年新安置近3 000人，提供就业岗位6 000个。在保持与市内各类劳务输出单位长期协作关系的同时，与众多的街道、社区及矿区建立了联系，服务重心下移，使工作效率明显提高。家政服务继供暖司炉之后，成为抚顺人在京就业的又一品牌。2004年抚顺人外出就业有以下新的特点：小批量、多批次；破除习俗、不分年节、季节；集体组织频繁、个人外出不断；“4050”人员外出踊跃。驻外联络处还对外出就业人员进行全程跟踪服务，切实维护他们的合法权益，帮助他们解决在工作、生活中遇到的各种困难。本年6月9日，在全市再就业工作会议上印发了北京联络处经验材料，受到与会领导的充分肯定。

【对外联络】 加强对外联络工作，积极争取国家对抚顺市政策、项目和资金的支持。北京联络处积极与国家有关部委（如国家发改委、财政部、铁道部、水利部、农业部、劳动和社会保障部、中油股份公司、东北振兴办、环保总局、民政部等部门）的领导进行沟通与协调，会同抚顺市有关领导进行项目对接呈报，争取国家在立项审批和资金方面对抚顺这一老工业基地的支持。如：争取中油股份80万吨乙烯项目在抚顺投资建厂；抚顺南站改造；矿务局油母页岩炼油厂扩产项目等等。同时，随时跟踪项目进展和资金落实情况，并为有关政府部门和企业进京联系项目提供一切可能的帮助。

加强与驻地国内外企事业单位和机构的交往，为抚顺市机关、企事业单位在驻地的招商引资、技术交流、经济协作工作提供有效的平台。紧紧围绕振兴抚顺老工业基地的目标和任务，广泛向国家有关部委、北京市政府有关部门、企事业单位、外国驻华使馆商务处、跨国公司驻华总部、中直企业集团、国有控股集团公司和有实力的民营企业宣传抚顺市的市情、各种优势、软硬环境，重点项目。积极发挥对内协作和招商引资的桥梁纽带作用，促进了驻地单位与抚顺市单位在资金、技术、人才、物资等方面的双向交流与合作。

【协助信访工作】 全力协助抚顺市有关主管部门妥善处理了大量群体、个体进京上访事件，维护了社会稳定。北京联络处从稳定大局出发，努力协助抚顺市有关企业和政府主管部门把问题解决在内部、解决在萌芽状态，防止了事态的扩大，并在人员、车辆等方面全力保证。及时有效劝返了群体进京上访事件多起。

【接待服务】树立服务意识、亲民意识，全面提高接待服务工作质量。联络处确保了市领导在京、沪、深三地公务活动的顺利进行，为抚顺市各级机关、企事业单位、外出务工人员、求学就医人员及老弱病残求助人员提供了一切便利和帮助。多次接待了来京的辽宁省委、省政府领导和有关厅局领导，使他们更加关注抚顺市的工作，在各方面给予更大的政策倾斜。4月12日，市政府副秘书长、北京联络处主任肇英顺代表市政府在京接待了以德国格拉德贝克市市长史威豪夫先生为团长的经济代表团一行9人，使代表团圆满完成在京两天的参观活动。

（秦家俊）

民族工作

【民族经济】 2004年，继续抓好有牵动辐射作用的产业化项目，以项目带扶贫、做强做大产业化龙头企业。红升乡和大孤家镇是省级农业产业化基地乡镇，本年，这两个乡镇农业产业化有长足的发展。红升香菇产业化基地，2004年全乡种植面积达2 500亩，产鲜品香菇8 000吨左右，年创产值2 500万元，增加人均收入1 500元，占全乡人均收入的60%，年创税收80万元，占全乡税收的65%，辐射县内及周边地区发展地栽香菇已达到2万余亩，创产值2.5亿元。清原大孤家镇绿色稻米生产基地，2004年建设千亩连片“双高田”两处，并实行了专业化生产、集约化管理，完成面积1 750亩。沿清河流域9个村建立了11个农田生态保护区。按绿色食品标准生产，对生态环境进行了全面治理，对加工设备进行了全方位的改造。大孤家镇仅绿色食品一项人均增收240元左右。其他进入计划的项目，农民人均收入都有很大的增长，大约有200多贫困户直接间接受益而脱贫。

加强指导，协调相关部门促进民族地区经济发展。2004年，清原和新宾两个满族自治县的国内生产总值分别增长了14.5%和15%；农民人均纯收入分别增长了5.0%和8.0%；两个民族乡和5个享受民族乡待遇的镇（经济区）的经济也都有了较大幅度的增长。同时加强民族自治地区农业基础设施和生态环境建设。本年在农田水利建设方面、农村道路交通建设方面也加大了投入。在加强生态环境建设方面，大力帮助少数民族地区根据本地区实际情况，保护生态环境，开发利用山区资源，加强基础设施建设，调整经济结构，发展特色经济。

加强科技培训，推广先进技术，提高民族地区农民的科技素质。年初，及时将省民委技术服务站推广的农业技术光盘推荐给各基地；同时也狠抓了民族地区科技培训、科技指导、科技服务，帮助他们采取有线电视、录像、板报、科技大集和科普之冬开幕式等方式普及科学技术。红升乡先后邀请国家、省、市、县的专家和技术员讲课。大孤家子镇政府，2004年举行大型技术培训班4次，受训人员达700多人次。逐村培训10次，受训人员达4 000多人，基本达到了每户有一名科技明白人。另外还采取现场会、经验交流会、请专家讲座和外出考察等形式学习推广科学技术。

2004年争取少数民族专项资金270万元，其中少数民族发展资金200万元，地区补助费70万元。扶持了13个项目，其中2个为公益事业项目，11个生产项目创产值8 796万元，利润2 475万元，共带动农户4 655户，增加了乡、村集体和农民收入，促进了本市少数民族经济的发展。

【扶贫工作】 新宾满族自治县红升乡北沟村是市民委帮扶村，市民委扶持帮助建永久性拦河坝、护河堤，打机电井，大大地改善了该村农业生产条件，为村民脱贫致富创造了良好的环境。同时，帮助145户农户发展露地香菇，仅香菇一项就发展了210亩，人均收入由原来的870元达到2 800元。市民委被市政府授予“2004年度抚顺市帮扶贫困村先进单位”称号。

2004年下半年，开展了对农村少数民族贫困人口状况的调查。其中人均收入在1 200元以下的少数民族贫困户数为39 338户，少数民族贫困人口125 438人。人均收入在1 200～1 500元的少数民族贫困户数为12 219户，少数民族贫困人口38 947人。

【民族文化与教育】 7月份，对全市少数民族村、民族学校情况进行了调查统计，少数民族地区有383个村，其中有26个为朝鲜族村。少数民族地区有58所中学、330所小学，其中朝鲜族高中1所、完中1所、初中4所、小学7所。9月，参加了辽宁省第六届少数民族文艺调演，抚顺市获得银奖1项、铜奖3项。9月，在全国第二届少数民族美术作品展上，本市6项作品获奖。

【民族社团】 2004年，市满族联谊会、市朝鲜族经济文化交流协会被市民政局、市社会团体发展促进会授予“抚顺市‘十佳’社会团体”称号。本年市满族联谊会、市锡伯族联谊会、市朝鲜族经济文化交流协会相继换届，选举产生了新的领导班子。

【民族政法】 2004年5月，为纪念《中华人民共和国民族区域自治法》颁布实施二十周年，市民委组织开展了形式多样的纪念活动。会同市电视台录制播出了以学习宣传《民族区域自治法》为主题内容的“浑河淘金” 专题节目。新宾、清原满族自治县及抚顺县代表队参加了《民族区域自治法》知识竞赛。市人大副主任周庆久发表了电视、广播专题讲话，市政府常务副市长魏东平在《抚顺日报》上发表了纪念文章。市民委副主任秋永华在市人大常委会上作了关于民族区域自治法的讲座。各县区也在市内主要街道、社区悬挂了条幅、宣传标语等。两个满族自治县还开展了宣传月活动。

为迎接省、市人大和政协关于贯彻落实《民族区域自治法》联合执法检查，市民委组织市直17个有关部门，按照省、市人大执法检查要求，做好汇报工作，并代市政府草拟了《关于贯彻落实<民族区域自治法>情况的报告》。“报告”总结了二十年来，主要是“九五”期间以来，抚顺市贯彻落实《民族区域自治法》的情况。

结合新颁布的《辽宁省散居少数民族权益保障条例》，继续开展了城市民族工作进社区工作。一年来，各城区民宗局都将城市民族工作进社区作为重点工作来抓，东洲区在全区45个社区开展了民族工作进社区工作，新抚区、望花区、顺城区和胜利开发区也都确定了试点社区，并做了具体工作。

为贯彻省政府155号令，会同市人大代表、政协委员、回联、清真寺两会等有关人士，检查清真食品行业137家，其中饭店105家，肉食店24家，糕点店8家，年底发放牌照31家。

9月，承办了辽宁省首届朝鲜族民俗节。本次民俗节，省内朝鲜族人口较多的沈阳、大连、鞍山等市都组团参加，加上本市朝鲜族各界群众近1万人参加了盛会。这次民俗节上，组织朝鲜族群众开展了丰富多彩、形式多样的传统文艺表演和民俗体育活动，开展了传统民族饮食展销，是一次集文化、体育、传统民族饮食为一体的盛会。民俗节期间，韩国在外同胞财团、美国纽约韩国人会等韩国客商应邀莅临。辽宁省朝鲜族企业家协会还组织了沈阳等一些城市的朝鲜族企业家到抚顺参加民俗节盛会。

（伊　鸣）

宗教事务

【干部培训】 2004年，市民族事务委员会认真贯彻落实全国、全省宗教工作座谈会精神。一是通过以会代训，向机关干部特别是基层宗教工作干部详细传达了全国和全省宗教工作座谈会精神，认真分析本市宗教工作面临的形势和存在的问题，统一思想，明确任务，更好地指导工作。二是将宗教理论和宗教政策作为培训内容纳入党校和行政学院的教学计划。7月5日，在市委党校党外干部培训班上，对民族宗教的有关政策和法律法规进行了专题讲座。三是完善领导机制，健全宗教工作基础管理。根据全国、省宗教工作座谈会和中办［2003］

34号文件精神，进一步完善了宗教工作领导机制和协调机制，明确了市宗教工作领导小组各成员单位职责和任务，强化了相互协作和信息交流的方式和渠道，完成了全市宗教活动场所分布图和宗教基本情况数据库的建立。

【爱国主义与法规教育】 一是为了做到“强身固本”，坚持在宗教界开展爱国主义和社会主义教育。在宗教界人士春节座谈会上，向宗教界人士传达了全国、省宗教工作座谈会精神，介绍了本市宗教工作的形势和任务。二是抓好宗教界人士的培训学习，先后举办了4期培训班，对市及各县（区）基督教、天主教团体领导班子成员、宗教教职人员和基层宗教活动场所的负责人进行了宗教政策、法规和有关外事工作纪律等方面内容的学习培训。三是进一步完善宗教外事接待制度，规定外事纪律，严格执行国务院144号令和《实施细则》，做好接待工作。

【依法管理】 深入贯彻执行《辽宁省宗教事务管理条例》，加大依法管理力度。一是5月18日，配合市公安局，查处了新宾满族自治县基督教会一起非法举办宗教培训班事件，市宗教局以此案为典型，在全市宗教界广泛开展了宗教政策法规的再教育，相继举办了市基督教两会委员学习会、中青年教职人员培训班和朝鲜族基督教活动点负责人培训班。二是6月6日，望花区民宗局与区公安局国保大队联合查处了一起私自租房设立天主教活动场所事件，对其进行了训诫，并对参与地下非法宗教活动的信徒进行了批评教育。三是查处了抚顺县哈达乡从事非法道教活动一案，对主要责任人进行了训戒。四是配合工商局落实市政协委员提案，对高尔山地区无照经营、超范围经营佛教用品进行了清理整顿和规范，维护了宗教界的合法权益。

【组织建设】 2004年春节前夕，市民宗局朱爱国局长亲自带队到各宗教团体进行现场办公，听取各教过去一年工作情况汇报，征求对宗教工作的意见和建议。指导市天主教和伊斯兰教新一届班子，加强思想建设，加强团结，建立健全各项管理制度，推动民主办教。指导市基督教两会完成了河东教会的堂务管理组织选举工作，进一步加强了内部管理。

【落实宗教政策】 本年，努力为宗教团体解决实际问题，落实宗教房产政策遗留问题有一定进展。在市委、市政府领导的重视和关心下，高山路占用天主教土地未落实部分，已同天主教达成协议，待高山路改造时统筹解决。针对迁建修女院的购地补偿问题，9月2日市政府召开了专题会议，决定2004年支付70万元，2005年支付40万元。70万元已于年底前拨付到位，新建修女院于9月8日举行了落成庆典。协助伊斯兰教抓好清真寺改造后续工程建设问题，支持帮助佛教和天主教修女院以寺院和天主教门诊部为依托，开办了慈善养老院。

（王佐红）

人事 编制管理

【高层次人才队伍建设】 开展了省“百千万人才工程”的选拔、推荐工作，全市入选省“百千万人才工程”百层次人选4人、千层次人选5人、万层次人选126人；向省厅推荐27人参加“百千万人才工程”英语培训班；开展了享受特殊津贴专家的推荐选拔工作，有2人享受国务院特殊津贴、27人享受市政府特殊津贴；继续教育工作不断深入，全年开办继续教育培训班113期，培训人员21 291人。

【博士后工作又有新突破】 在为油研、煤研两家博士后科研工作站服务的同时，深入重点民营企业，帮助做好建立“民营企业博士后科研基地”申报工作，抚顺哥俩好集团有限公司被确定为辽宁民营企业博士后科研基地。

【引智工作】 全年共完成引进专家项目10项，聘请国外专家20人次。组织代表参加“2004年辽宁省引进外国专家项目洽谈会暨高新技术展”，签订1项合同、11项合作协议、10项合作意向；首次举办中俄抚顺农村项目咨询洽谈会，拓宽了合作领域；红透山矿实施了引进俄罗斯专家首个项目，取得阶段性成果。派出培训团组38个，培训技术、管理人员85人。

【大中专毕业生安置】 全年共接收高校毕业生档案3 046份，办理就业手续1 340人，就业率为44%，比上年提高4个百分点。其中，引进外地生源本科生287名，硕士研究生7名。

【一村一名大学生计划】 采取村来村去、下派锻炼、农口专业技术人员兼职、应往届毕业生考试录用等多种形式，选派毕业生到村级组织工作，全年完成139名大学生的配备任务。

【拓宽职称工作领域】 为143名民营企业专业技术人员晋升了职称；将农民技术职称中级、初级评委会下放到各县区，全年共评定初级农民职称76名；为不具备正常评审条件的优秀中青年专业技术人员破格晋升专业技术资格，其中高级30名、中级16名。

【人才市场服务】 首次举办冬季人才招聘会，形成了定期集市型人才招聘会和人才招聘专场相结合的市场运行模式，全年组织各类人才招聘洽谈会88次，进场招聘单位1 481家次，人才需求26 302人，交流成功5 274人；举办网上人才招聘会，网上招聘单位212家次，网上和现场办理求职登记共7 637人；管理流动人员档案累计7 851份，启动引进人才户籍管理业务；开通了抚顺人才网站新抚区、顺城区、东洲区三个城区分站，延伸了抚顺人才网的服务触角。

【政府机构改革】 根据省里的统一部署，本年度稳妥地完成了市政府机构改革工作。在深入细致地开展调查研究基础上，拟定了《抚顺市人民政府机构改革方案》、《抚顺市政府机构改革实施意见》等文件。省委、省政府批复《抚顺市人民政府机构改革方案》后，组织实施了政府机构改革工作。改革后，市政府工作部门保留35个，设立直属特设机构1个，议事协调机构的常设办事机构1个，撤销了4个国有资产经营公司。随着政府职能的整合，政府的工作效率有了进一步提高。

【事业单位机构和人事制度改革】 本年度主要开展了四项改革工作。一是在上年度工作基础上，乡镇事业单位机构改革工作全面启动。根据省委、省政府的统一部署，在充分调研的基础上，拟定了《抚顺市乡镇事业单位机构改革实施意见》等相关文件。通过改革，全市49个乡镇所属事业单位由683个减至457个，人员编制总数由12 160名减至8 735名，乡镇事业单位结构进一步优化，资源得到合理配置。二是认真开展了事业单位分类改革的准备工作。对400多个市属事业单位的基本情况进行了全面调查，对市属事业单位机构进行了初步分类，结合实际草拟了《抚顺市事业单位机构改革方案》及各种类型事业单位机构分类改革意见，为全面推进改革奠定了基础。三是精简压缩事业单位人员编制任务圆满完成。根据省里下达给抚顺市压缩2 750名事业单位人员编制的任务，拟定了《抚顺市精简压缩事业单位人员编制方案》，提出了以市为主，市、县、区共同承担的精简压缩人员编制原则，市直事业单位压缩人员编制 1 856 名、三县四区压缩人员编制 894 名。四是事业单位人事制度改革工作稳步进行。拟定了《关于进一步推进我市事业单位聘用合同制工作方案》及相关配套政策；继续开展事业单位分配制度改革工作，对实行工效挂钩的事业单位进行了上年度结算和本年度基数的核定。

【行政审批事项清理和改革】 本年度，按照市委、市政府的部署，抽调力量，对全市现行的行政审批事项进行了认真清理。清理后，市政府决定保留的非行政许可类审批事项由 530 项减至 113 项，精简压缩幅度达 78.7%，保留的非行政许可类行政审批事项数低于全省 296 项的平均水平。同时，会同有关部门完成了市公共行政服务中心的组建工作。

【公务员队伍建设】 一是考试录用国家公务员工作顺利完成。按照省人事厅的统一部署，稳妥组织实施了全市县区以下机关面向社会录用国家公务员和机关工作人员的考试工作，招考计划 49 名，共有 2 346 人报名，笔试、面试工作平稳进行，实现了考试录用工作的公正与公平。二是大胆尝试，公务员考核使用了新方法。试行了公务员量化考核方法，首次实行了考核结果公示制度；为 5 631名公务员和工作人员建立了《国家公务员（工作人员）年度考核结果备案登记卡》。三是积极开展奖励工作。在考核的基础上，完成了 2003 年度职能目标及国家公务员考评奖惩工作，全市评出目标优胜单位 8 个，记二等功人员 31 名、记三等功人员 332 名、嘉奖人员 669 名。四是公务员培训工作按要求开展。举办了 108 名新录用国家公务员和机关工作人员参加的初任培训班、73 人参加的非领导职务任职培训班、70 多人参加的《行政许可法》辅导员培训班。五是创新监督机制。在全市范围内实施了服务对象监督投诉公务员制度，共受理投诉 86 件，办结 3 件。

【职称评审】 本年度注重改进工作方式，使职称工作水平不断提高。重新调整了 30 个评委会，进一步理顺了评委会的工作程序；采取“一站式服务”、“现场办公”等形式，审核近万人的各类职称考试资格；高质量完成了专业技术资格培训及考试工作；建立了从晋升申报职称到评审直到聘任专业技术职务全程公示制度。本年度通过评审、考试、考评结合等形式为 4 302 名专业技术人员晋升了职称。

【人事编制宏观管理调控】 本年度高质量地完成了其他各项人事编制工作任务，在全省人事编制系统工作评比中获创新奖。一是严肃机构编制纪律，有效控制了机构编制增长。认真贯彻落实《中共辽宁省委办公厅、辽宁省人民政府办公厅关于进一步加强全省机构编制管理工作的意见》（辽委办发［2004］19 号），在机构编制工作中坚持集中统一领导、统一管理与分级管理相结合原则和“一支笔”审批制度，有效控制了全市机构编制的膨胀，全市机构编制总量实现了负增长。二是加大宏观调控力度，计划调配工作不断完善。对市直机关、事业单位人员计划的增长实行总量控制，从严控制机关、事业单位人员补充。全年全市共涉及人员调整 653 名，人员调整总数比去年下降 28.3%。三是事业单位年检工作圆满完成。对市直 456 家事业单位进行了年度检查，年检合格率为 96%。加强了对县区事业单位年检工作的督促和指导。为落实省市级事业单位登记管理工作网上进行的要求，组织了网上登记操作培训工作，培训率为 98%。四是全面完成了军转干部的安置工作。面对困难，努力拓宽安置渠道，有 61 名军转干部安置到党政机关和政法部门，7 名安置到事业单位。同时，新接收自主择业军转干部 38 名。积极做好自主择业军转干部的管理及企业军转干部的稳定工作。及时为自主择业军转干部办理了落户、银行工资卡和退役金的审核、统计、发放等手续。按照省、市要求，对“三方面”来访人员开展耐心细致的政策宣传和思想教育工作；与有关部门组成督查组，对企业清理“三拖欠”情况进行了督查，巩固了工作成果。五是完成了工资福利与离退休审批工作。审批市直机关、事业单位工作人员调整工资标准 26 765 人、晋升工资档次 23 063 人、发放年终一次性奖金 22 148 人；开展津贴执行情况调查，为 4 346 人办理了津贴、补贴审批手续；为机关事业单位 67 名职工办理了工伤认定手续；审批市直机关、事业单位离退休人员增加离退休费 14 709 人；为 213 人办理了退休手续。六是扎实推进人事争议仲裁工作。本着以调为主的解决方式，积极受理人事争议案件。全年 50 人次的仲裁申请及咨询，均得到了合理的解决和答复。

【机关事业单位离退休干部管理服务】 以做好老干部稳定工作为重点，以热情服务为宗旨，在资金紧张的情况下，更新活动设施，维修活动场所；开展义诊、健康知识讲座，组织了丰富多彩的文化娱乐活动。截至 2004 年底，抚顺市市直机关、事业单位共有离退休人员 14 428名。

（王义娟）

人口与计划生育

【基本情况】 2004 年，本市共出生人口 11 578 人，比计划少出生人口 2 322 人；人口出生率为 5.06‰，比计划低 0.98 个千分点；人口自然增长率为 －0.08‰，出生人口性别比为 102。

【行政执法检查】 省人大教科文卫委员会视察组在清原满族自治县大苏河乡召开贯彻落实人口与计划生育法律法规座谈会，征求基层干部、群众对人口与计划生育工作的意见和建议。

省人口和计划生育行政执法检查组检查了本市贯彻落实《辽宁省人口与计划生育条例》以及计划生育工作目标管理责任制、法定代表人计划生育工作责任制、计划生育奖励待遇落实等内容。对计划生育行政执法工作和规范管理给予充分肯定。抚顺县、中国石油抚顺石化分公司代表本市分别接受了检查。

【技术服务】 各级计划生育技术服务人员分别为育龄群众进行生殖健康体检，共开展生殖健康体检58 112例（男性 574 例），建立生殖健康档案26 311例，治愈生殖系疾病1 857例。抚顺县计划生育局还为本行政区域内的育龄群众印发了 3.5 万份《计生免费服务卡》，为育龄群众提供了定点服务单位和为其服务的项目及服务热线。清原满族自治县计生局还挂牌成立了“关爱女孩”生殖健康援助中心。

【开展新型生育文化活动】 市委宣传部、市计生委、市计生协会、市妇联联合举办了主题为关爱贫困女孩、关爱贫困母亲、关注生殖健康的“抚顺市第二届新型生育文化节”活动，部分节目在省、市电视台播出。东洲区计生局还与中国石油抚顺石油化工公司腈纶化工厂举办了东洲区第二届生育文化节广场文艺演出。本市还为乡（镇）、街道、村（居）委会配备了光盘、宣传手册、宣传折页等宣传品，在城市楼区建立了公益广告牌。2004 本市新型生育文化示范乡（镇）增加到 28 个、示范社区增加到 142 个、示范企业增加到 8 个。

【基层网络建设】 继续推进计划生

育村（居）民自治工作。本市计划生育村民自治推广面达86%，居民自治推广面达73%。围绕计划生育统计管理改革，建立了育龄妇女信息管理系统，实现了点对点通讯传输信息，举办了县乡两级计划生育统计人员双技能暨信息岗位练兵知识竞赛。

【优质服务】 在抚顺县被评为省级计划生育优质服务先进县的基础上，各县区按照《抚顺市创建计划生育优质服务先进县（区）活动规划（2004－2007）》积极开展创建活动。经评估，清原满族自治县被评为省计划生育优质服务先进县。

【流动人口计划生育管理】 认真落实流动人口计划生育法规规范，结合实际下发了《抚顺市开展流动人口计划生育工作清查活动的通知》。各县区先后召开协调会议，实行综合治理。目前，本市流出人口24 203人，办证率91.66%；流入人口5 096人，验证率90.50%。

【计划生育协会活动】 本年开展救助贫困母亲和关爱女孩活动，为500名贫困母亲办理了人身意外伤害和重大疾病保险，并免费为其进行了体检；为1 602户农村独生子女家庭办理了人身、财产保险；为100名贫困母亲发放了生产引导资金，使68名贫困母亲当年脱贫，并带动近3 000户计划生育家庭走上致富路。先后为50名失学女孩发放助学金1万元；为500名贫困学生办理人身意外伤害保险。清原满族自治县计生局还把该县清原镇腰站小学确定为“关爱女孩行动”试点学校。

（白永宽）

修　志

【完成《抚顺市志·市情要览卷》编写工作】 市政府地方志办公室在完成首届修志工作的基础上，2004年完成了首届和续修志之间的中间成果——《抚顺市志·市情要览卷》200万字的稿件征集、撰写、编辑和初步的总通纂工作。

【续修志工作】 2004年，市地方志办公室完成了近30万字的4卷5册续志篇目设计工作。即《抚顺市志·政治卷》、《抚顺市志·科技、教育、文化、卫生、体育卷》及《抚顺市志·经济卷》（上、下）、《抚顺市志·社会综合卷》篇目的拟定和大量的修改、补充、审定工作，为顺利开展续修市志工作打下了良好的基础。

1.《抚顺市志·政治卷》组稿工作成效明显。2004年全市续修志工作进展顺利，至年底，首卷续修志书《抚顺市志·政治卷》（该书150万字）已经完成了大部分组稿任务，开始进入编辑加工阶段，使本市续修志工作走在了全省各市的前列，受到了省地方志办公室的肯定和表扬。

2.启动《抚顺市志·科技、教育、文化、卫生、体育卷》稿件征集工作。为做好此卷的稿件征集工作，2004年7月9日市政府地方志办公室筹备召开了“续修《抚顺市志·科技、教育、文化、卫生、体育卷》工作会议”，全市有撰写该卷稿件任务的近40个单位的具体负责人参加了会议，本市续修《抚顺市志·科技、教育、文化、卫生、体育卷》工作正式启动，开始进入撰写和组稿阶段。

【指导基层修志】 2004年市地方志办公室对基层修志加强指导，推动了全市修志工作。本年对市人事局、市政府办公厅、抚顺县等7个单位的修志工作进行了具体的指导，并有针对性地举办各类辅导班3次，到抚顺县对该县80余位修志人员做了1次专题辅导，并对基层修志人员个别指导20余次。新宾县、抚顺县、顺城区也已正式启动了续修志工作。《抚顺市人大志》、《辽宁发电厂志》、《抚顺特钢志》已完成了初稿的编纂、修改任务，即将付印出版。

【机关作风建设】 2004年，市政府地方志办公室配合全市作风建设年活动，在本处室加强了工作态度、工作作风建设的力度，使每位工作人员都能树立窗口意识，树立为基层服务思想，每天以饱满的工作热情对待工作。同时，积极做好为基层服务的工作。2004年上半年，共为基层审改修志篇目7份，即：市人事局、市人大、市公安局、抚顺县、清原满族自治县、抚顺特殊钢、抚顺交通银行。审评志稿5部，即：《抚顺人大志》、《抚顺林业志》、《抚顺特钢志》、《抚顺交行志》、《清原县志》（大事记部分），近500万字，受到基层单位的信赖。在2004年全市机关“作风建设年”活动中，市政府地方志办被市委、市政府授予“先进处室”称号。

【2004《抚顺年鉴》出版】 《抚顺年鉴》自1987年至2004年已连续公开出版发行18部，2004《抚顺年鉴》于2004年12月由辽宁民族出版社正式出版发行，该书100万字、170页彩图。2004《抚顺年鉴》在栏目及内容的设计上进行了一定的改进，版面形式改为太16开本精装，收到了良好的效果。

【用志工作】 2004年，市地志办继续加强志书在社会上的应用，发挥志书的“资政、存史、教化”功能作用，使本市出版的各类志书在两个文明建设和改革开放中发挥了特有的作用。《抚顺市志》和《抚顺年鉴》越来越受到社会各界的重视，购买、收藏、查阅志书和年鉴的单位和个人不断增多。

【旧志整理】 2004年，市地方志办公室注重现有旧志的整理出版工作。在完成旧志《兴京县志》整理出版的基础上，对旧志《抚顺县志》进行核校、补写残缺字后，同抚顺县档案局合作，于2004年9月由沈阳出版社出版。

【工作研究】 市地方志办公室注重理论研究。张炯、王玉军、边佐卿在设计完成近30万字的续修抚顺市志篇目中，注意研究市情，尽量反映时代特点和抚顺的地方特色，使篇目成为开展好续志工作的重要基础。张普、关晶在设计完成2004《抚顺年鉴》的框架中，努力依据年度特点进行调整和补充，从而进一步提高了年鉴的实用价值。

2004年市地方志学会积极参加市社科联组织的社会科学评奖活动，申报的成果《抚顺市志·工业卷》获二等奖。市地方志学会在本年度中被市社科联评为“先进社会团体”。

【办好《抚顺方志动态》】 2004年上半年结合本市修志工作，出版了第四期《抚顺方志动态》，对本市的修志情况及国家、省修志会议精神进行了及时的介绍和发布，总结了前段修志工作，提出了下段续修志工作要求。

（关　晶）

档　案

【档案法制建设】 《档案法》宣传活动继续展开。在《档案法》颁布17周年之际，全市有280多个单位举办了不同形式的宣传活动，在省以上报刊上发表文章信息32篇（条）；征订《兰台世界》达400余份。档案执法检查工作稳步进行。本年对全市重大活动、重点工程、城市建设、招商引资、企业转制、劳动就业、社会保障等方面档案工作进行了检查，对24个中省直、市直单位和部门档案工作开展了执法检查。档案法规体系建设进一步完善。先后制发了

《抚顺市档案行政执法检查标准》、《抚顺市民营企业档案管理办法》，出版发行了《档案法规文件选编》，公布了“非国有档案出卖、转让和赠送”的有关规定。

【接待服务】 为市委、市政府的工作大局服务，对本市的3个重点工程建设项目进行了跟踪指导，对农网二期改造工程和农村公路工程、国储库工程建设项目档案管理工作进行了预验收。对破产、转制企业档案管理状况进行了调查研究。全市各级国家综合档案馆共接待查阅者2 120人次，调阅档案资料15 169卷次。

抚顺市文档服务中心正式对外服务后，先后收集了市委、市人大、市政府及市直21个部门制定的现行文件720余份，政府公报、文件汇编等资料15册，一个月内共接待查阅者85人次，提供利用文件216件。辽宁电视台《第一时间》、抚顺电视台《生活时空》、《抚顺日报》等新闻媒体对此进行了报道。

市档案馆为充分发挥存史、资政、育人的功能，举办了“党和国家领导人视察抚顺”，“市委、市政府历届领导和昔日抚顺”，“老工业基地振兴”，“蓬勃发展中的农业”，“城乡新貌”等展览。共征集照片218张，实物33件。新宾县档案馆对清永陵历史遗留的档案资料进行了清理，共建立文书档案、文物档案、照片档案、古建筑与历年维修档案1 600余卷，整理、修复文物、考古字画、拓片1 000余张（件）。

【管理工作】 档案馆基础业务建设成效明显。完成21个单位10 038卷档案的接收任务；征集地方出版物7种41册；征集“爱国拥军好妈妈”胡玉萍获得的部分国家、省、市级以上荣誉称号的证书、奖杯、牌匾18个，照片176张及其他相关档案资料200余件；征集日伪时期生活照片、昭和十二年会员身份证等较珍贵的照片、资料等；完成馆藏153个重要全宗案卷级档案22 988条的著录工作及各门类档案综合统计工作，完成26个全宗312卷、2 774条满30年档案的目录开放工作；整理完成了抚顺满族风情节活动中积累的文书档案72卷，照片档案1 043张，清理核对1980—1999年上三级零散文件29 800份，整理50年代土地建设批复件929卷，整理名人档案和专题档案590卷；完成了791卷文书档案、1 055卷会计档案的鉴定工作，修复破损档案23 923页，复制或托裱5 582页；完成了《抚顺市档案馆指南》、《抚顺档案荟萃》、《记忆中的辽宁》综合概述部分的编写工作，收集整理的《天南地北辽宁人》一书已上报省局，完成《抚顺档案志》出版发行工作。

档案管理定升级和复查工作有序开展。全年共完成10个单位的定升级工作，17个单位复查工作，51个单位的重新认定工作。

【信息化建设和人才培训】 档案信息化建设得到加强。出台了《抚顺市档案信息化建设规划》(草稿)，加强了“抚顺档案信息网”建设，开辟了15个栏目，完成7万余条重要档案案卷级和文件级条目的录入任务，推进了文书立卷改革和电子文件的归档、管理工作。

档案教育培训有计划开展。市档案局制定了《全市2003—2007年档案教育培训规则》、《档案人员岗位资格培训及继续教育实施办法》，举办了档案干部继续教育、档案干部岗位资格等5期培训班，共有329名学员参加了培训。

学会活动形式多样。先后召开了学会五届二次理事会档案工作为振兴抚顺老工业基地服务”研讨会。参评工作成果10项，优秀专业论文52篇，上报省档案局科技进步奖3项。

（吴　艳）

药品监督管理

【执法监督】 本年，市、县药监部门进一步深入开展“药品放心工程”，不断加大医药市场的整治力度，通过日常检查和专项整治，深入挖掘制售假药线索，不断加大打假力度，药品打假工作取得新的突破，全年共出动执法人员6 800多人次，检查药品、医疗器械生产、经营、使用单位3 416家（次），覆盖率100%。查处各类违法案件765件，其中立案处罚131件，简易处罚634件，收缴罚款88万余元，案件结案率97%以上，累计查处假药假医疗器械141种、劣药385种，没收假劣药品货值23.80万元，取缔无证经营药品、医疗器械单位24家，捣毁制售假劣药品、医疗器械窝点7个。

【农村“两网”建设】 农村药品监督网络、供应网络建设成果显著。基本完成了本市农村“两网”建设任务，在全市50个乡镇、627个行政村中有8个乡镇卫生院实行了药品代购，26个乡（镇）实现了药品直配，16个乡（镇）通过建立药品配送站、点实现了药品间接配送，并在供药网络相对稀少的地区建立起14个村级连锁店。市辖8个乡（镇）中2个乡实现了药品代购，6个乡实行药品直配。农村药品供应网络覆盖率达到了100%。全市农村有167名监督员、信息员、协管员构筑起纵横交错、组织严密的监督网络，有力地保障了农民用药的安全有效。

【GMP　GSP认证工作】 积极稳妥作好GMP认证的推进工作。针对市药品生产企业普遍规模小、实力差、认证难度大的实际，药监局工作人员多次深入药品生产企业，同企业人员一起分析问题、研究措施、制定方案，多次开展模拟GMP认证检查，增强企业的实战能力。澎健药业有限公司已顺利通过省GMP认证现场检查，另外4家企业认证准备工作也在顺利进行之中。对市区218家连锁、批发和单体零售药房实施了GSP认证，通过GSP认证的企业店容、店貌有了很大改观，各项质量管理制度落实到位，药品质量管理水平上了一个新台阶。

【贯彻《行政许可法》】 认真贯彻《行政许可法》，不断提升药品监管工作水平。2004年是《行政许可法》实施的第一年，有大量的工作需要做，该局认真做好行政许可清理工作，共清理行政许可项目26项，保留的行政许可项目5项，按依法、便民、精简的原则，进一步健全了行政审批规章制度，建立一个办事窗口，统一对外受理行政许可事项，在行政许可窗口设立许可流程图和公示内容，简化办理程序，缩短了办事时限，提高了工作效率。

（薛晓阳）

民　政

【基本情况】 2004年全市民政工作紧紧围绕振兴抚顺这个中心任务，牢固树立“上为政府分忧，下为群众解愁”的宗旨，以实施社会救助为主线，以基层政权和社区建设、双拥优抚安置、社会福利和社会事务为重点，全力维护社会大局稳定，促进社会协调健康发展，为抚顺老工业基地振兴和发展做出了重要贡献。社会福利社会化、殡葬改革、老龄工作被省民政厅评为先进市；在局属事业单位中，市雷锋纪念馆被授予“全国精神文明建设工作先进单位”、市社会福利院被授予“辽宁省文明建设模范单位”、市养老院被省建设厅省绿化委员会评为“全省绿化先进单位”、市军队离休退休干部河东休养所和南阳休养所被评为“全省军队离休退休管理服务工作社会化达标单位”。

【社会救助】（内容详见本书第322页）

【基层政权和社区建设】 一是顺利完成了全市第八届村委会换届选举工作。截至6月末，全市共选出村委会成员2 044人，其中村主任545人、副主任和委员1 499人，并对新一届村委会成员进行了培训。这次村委会换届选举是在2003年合村和实行农村税费改革新情况下进行的，全市各级党委、政府高度重视，市、县（区）、乡（镇）层层成立了选举工作指导组，形成一级包一级的组织体系，并针对选举中的每个环节开展好宣传和培训工作，加大对选举工作的监督指导力度，确保了这次村委会换届选举工作的顺利完成。同时，按照市政府《关于整顿规范村联社建立村民委员会问题会议纪要》精神，从5月中旬开始，还对全市原有39个联社进行了调整，成立了31个村委会，余下两个联社的调整工作正在进行中。此外，根据《中共中央办公厅，国务院办公厅关于健全和完善村务公开和民主管理制度的意见》（中办发［2004］17号）文件精神，成立了市村务公开民主管理协调小组，并通过召开全市村务公开民主管理工作会议，推动了此项工作的开展。

二是进一步推进了社区建设工作。2004年，全市社区建设工作坚持以基础设施建设为重点，以扩大社区服务为目的，通过稳步推进，社区建设工作又有了新进展。在社区基础设施建设方面，继续采取政府投入、租赁、借用、资源共享等方式进一步改善社区基础设施，全市社区用房面积由去年的2.26万平方米增加到3.4万平方米，有50个社区用房面积达到了100平方米以上，其中超过300平方米的有19个，全市“一站四室”建设率达到了85%。在完善社区服务功能、拓展社区服务方面，已建成社区服务中心39个，形成了辐射全社会的社区服务体系，并推广了顺城区新华、抚顺城街道创建服务公司的经验，创办社区服务网点1.51万个，安排再就业人员4.19万人。同时，市、区和街道还采取政府投入一块、政策减免一块、社区创收一块的办法，较好地解决了社区办公经费问题。

【优抚工作】 一是双拥优抚工作扎实推进。开展了节日期间走访慰问活动，各级民政部门和社会各界为驻抚顺部队、优抚对象赠送慰问品、慰问金总计362万元；通过科技、智力和文化拥军等形式，培训部队官兵500多人，并协调解决了随军家属安置和子女入学入托的问题。认真落实优抚政策，各项抚恤优待资金特别是转移支付中优抚资金都落实到位并及时发放，其中转移支付发放优抚对象优待补助金795.6万元，还为900多名优抚对象发放重大疾病医疗补助110多万元。同时，还承担了部分企业的军队转业干部和企业里建国前以及1953年底前入伍老兵（以下简称“三方面”人员）的信访接待、政策落实等大量工作，接待上访3 000多人次，为困难企业“三方面”人员发放生活补助、拖欠工资和医疗费400多万元。

【退役士兵安置】 全市共接收退役士兵1 493人，其中城镇退役士兵860人、农村退役士兵633人。全市仍采取政府安置和扶持就业相结合的双轨安置办法，并大力提倡和鼓励城镇退役士兵自谋职业，由政府发放一次性安置金。经过市、县（区）共同努力，通过政府安置577人，有356人自谋职业领取了有偿转移金，其中当年283人、往年73人，安置工作顺利完成。

【社会福利】（内容详见本书第322页）

【殡葬改革】 殡葬改革工作实现了新突破。下发了《关于促进移风易俗工作，推动丧葬习俗改革的通知》（抚民发［2004］13号）和《关于破除封建迷信陋习严禁丧事大操大办的规定》（抚纠办发［2004］4号），开展了大规模的殡葬改革宣传活动，积极探索殡葬改革进社区的新路子，殡葬改革工作水平进一步提高。全地区火化率达到96.2%，同比提高了0.2个百分点；全市平坟6 500座、自迁300余座，其中起尸火化10具，平坟还林还田400余亩；殡葬执法力度加大，查处搭灵棚、吹喇叭等丧事扰民事件60余次，没收销毁封建迷信品近2万件，举报查处率100%；通过培训和考核，在全省率先实行了殡仪执宾挂牌上岗，使殡仪服务进一步规范；市殡葬系统各单位将丧户是否满意作为衡量工作的唯一标准，突出人性化服务，实行规范化、科学化的管理，克服了“闰月年不葬”等诸多不利影响，在激烈市场竞争中取得了较好经济效益，实现经营收入1 531万元，其中市殡仪馆收入970万元、市金山息园和龙凤山息园以及高山骨灰林园三家公墓收入561万元。

【民间组织管理】 社会团体（简称社团）和民办非企业单位年检合格率分别达98%和100%；全年共办理社团登记34家、民办非企业单位58家；不断加大培育发展行业协会和农村专业经济协会的工作力度，新注册登记5家行业协会和9家农村专业经济协会；开展了基金会清理整顿工作，注销了5家基金会。

三是婚姻管理工作不断规范。依据新《中华人民共和国婚姻法》和《婚姻登记条例》，进一步加强婚姻登记工作，各县（区）婚姻登记机构全部实行了登记和服务两分开。全年共办理结婚登记14 930对、离婚登记6 650对、补发结婚证1 139个、补发离婚证98个，婚姻登记合格率为100%。

【区划地名】（内容详见本书第79页）

（孙振全）

无线电管理

【承办全国无线电监测技术演练赛第二组竞赛】 2004年全国无线电监测技术演练初赛第二组竞赛于8月22日在新宾满族自治县赫图阿拉城拉开序幕并取得圆满成功。信息产业部无线电管理、信息产业部无线电监测中心、北京市无线电管理局、黑龙江省信息产业厅、辽宁省无线电管理委员会、辽宁省信息产业厅、沈阳军区无线电管理技术站等领导出席了开幕式。中共抚顺市委、市人大、市人民政府有关领导以及辽宁省14个市（县）无线电管理系统工作人员共计230余人应邀出席了开幕式并参加了竞赛观摩。从7月9日确定抚顺新宾县赫图阿拉城满族风情园为竞赛场地至8月23日全国无线电监测技术第二组竞赛胜利闭幕，抚顺市信息产业局领导亲自挂帅，带领无线电管理办公室全体工作人员，频繁奔波于抚顺和新宾之间，周密安排，保证了竞赛活动圆满成功。2004年全国无线电监测技术演练初赛第二组竞赛活动受到了国家无线电管理局、国家无线电监测中心领导的高度重视，对第二赛区组办工作给予了高度评价。

【基础设施建设】顺利完成了固定、移动监测系统的安装工程。先后对新华控制中心和南台监测机房进行维修改造，到华日公司现场验收固定站和移动站设备，改造监测铁塔，配合厂方技术人员安装调试设备。目前，移动监测系统已投入使用，固定监测系统完成了硬件安装。加强了检测实验室的建设。通过加强制度建设和对技术人员的培训，监测站的检测能力和检测水平都有了较大提高，基本能够满足对各种无线电通信设备和电磁环境的检测工作需要。

【特殊监测】 以技术手段为依托，各项工作有序开展。近年来，市无线电管理工作者一直在以高度的政治责任感，承担着防范“法轮功”邪教组织的工作。2004年根据省无线电管理委员会工作部署和市610办公室要求，完成了几个重要时期的无线电监测工作。在各个重要时期市无线电管理办公室开启了无线电监测系统、电视场强监测仪、场强测试仪、广播监听接收机等监测设备，圆满完成了监测任务。根据市政府相关部门的要求，还分别在中、高考期间对无线寻呼信号进行监测，完成了监听监测任务。

在防火和防汛期间市无线电管理办公室主动为林业、水利部门服务，保障防火防汛网络畅通，制定了《防火防汛期无线电管理暂行规定》，要求林业、水利部门一旦发现频率干扰影响通信效果，市无线电管理办公室技术人员都会在第一时间赶到现场，及时解决问题，保证灾情实时上传、领导决策指挥及时下达。为保障防火、防汛两大通信网络的畅通，市无线电管理办公室全年共无偿检测、维修、调试中继台5部，固定电台70部，车载台2部，解决天馈系统故障12起，行车千余公里，对全市人民的生命财产安全起到了重要的保障作用。

（孟娇严）

金融工作

【银　行】 截止到2004年10月末，全市金融机构本外币各项存款余额429.29亿元，比年初增加42.95亿元；各项贷款余额240.59亿元，比年初增加16.51亿元。其中：人民币各项存款余额407.91亿元，比年初增加43.36亿元，增长11.89%。

全市银行业金融机构按“五级分类”口径统计（不含城乡信用社），不良贷款余额75.44亿元，比年初减少16.31亿元，不良贷款率为34.59%，比年初下降5.96个百分点，其中：国有独资商业银行不良贷款余额55.66亿元，比年初下降13.76亿元，不良贷款率为34.71%，比年初减少6个百分点；股份制商业银行不良贷款余额2.32亿元，比年初减少3.88亿元，不良贷款率为8.06%，比年初减少15.59个百分点；城市商业银行不良贷款余额9.91亿元，比年初增加0.89亿元，不良贷款率54.79%，比年初增加6.63个百分点。城乡信用社按“一逾两呆”口径统计不良贷款余额为9.32亿元，比年初减少0.38亿元，不良贷款率为41.51%，比年初下降12.92个百分点。

【保　险】 截止到2004年12月末，全市保费总收入为98 947.34万元，与上年同比增长了18%，增幅高于全省6.5个百分点，在全省排名第四位。其中财险保费收入为21 978.02万元，同比下降796万元；寿险保费总收入为67 696.93万元，与上年同比增长了25%，高于全省15个百分点。2004年，全市的综合赔付率为52%，其中，产险的综合赔付率为55%，寿险的综合赔付率为37.15%。为1 200多家企业、27万多人次提供风险保障，并有太平寿险、新华寿险、生命寿险落户抚顺。

【证　券】 2004年，在本市辖区内共有三家证券公司经营股票交易。其中，东方证券股份有限公司辽宁管理总部设在抚顺，并在抚顺开设了四个营业部；德邦证券有限公司在抚顺开设了二个营业部；三江源证券经纪有限公司在抚顺开设了一个营业部，该营业部是由原抚顺财政证券公司转制而来的。截止到2004年11月末，全市共实现A股、基金交易额88.34亿元；B股美元交易额250万元，港币交易额285万元；实现营业收入28 984万元，利润总额507.44万元；新增客户开户1 826户，客户保证金余额2.98亿元，客户证券市值15.45亿元；共有开户投资者80 324户；实现国债交易304.33万元，开放式基金交易106万元。

【企业上市】 2004年本市完成了年初制定的两户企业进入上市重点后备培养企业的工作任务。一户是抚顺市丰泽水业有限公司，该公司准备在国内主板上市，现正在改制重组中；一户是抚顺市独凤轩食品配料有限公司，独凤轩公司准备在新加坡创业板上市，现正在进行增资扩股、扩大生产规模中。

【农村信用社改革】 根据省政府的统一安排，市政府于2004年11月21日在市政府3楼4号会议室召开了“抚顺市深化农村信用社改革试点工作动员大会”，标志着农村信用社改革试点工作正式开始。为切实搞好农村信用社的改革试点工作，市县（区）都成立了领导小组和工作办公室，并在全市6家农信联社、一家营业部和67家农村信用社，扎扎实实地开展了清产核资、增资扩股、申请专项票据、清收不良贷款等项工作。截止到2004年12月末，全市农村信用社累计增资扩股72 753万元，完成省定任务的283.96%；经人民银行总行和银监会审查，本市的抚顺县联社、望花区联社具备了专项中央银行票据发行条件；累计清收不良贷款794.3万元，完成省定任务的26.48%。

【市重点工程建设债券兑付】 本市经国家有关部门批准从1990年开始发行企业债券，1994年改为市重点工程建设债券。经过多年的不断滚动发行，截止到2003年，本市的债券余额已达到8.48亿元，到期应支付本息9.68亿元。2004年有2.64亿元的债券到期，由于发债企业无力偿还，市政府也没有能力兑付到期债券，经市政府的积极努力，在省政府的大力支持下，国家开发银行辽宁省分行向本市贷款1.3亿元，抚顺财政拿出0.16亿元，如期兑付了7月5日到期的1.46亿元债券；对12月5日到期的1.18亿元债券，由于向国家争取的专项贷款暂未到位，采取延期3个月兑付的办法，化解了到期债券可能发生的兑付风险，结束了靠滚动发行方式处理债券问题的历史。

（齐国林）

城市管理综合执法

【基本情况】 抚顺市城市管理综合行政执法局为市政府职能部门，集中行使本市城市管理领域范围内市容环境卫生、市政设施、城市绿化和部分城市规划、公安占道、工商、环境保护、市房产局委托的房屋拆改等管理方面行政处罚权。2004年，抚顺市城市管理综合行政执法局以打造城市品牌、提升抚顺市城市品位为目标，深入贯彻《抚顺市城市管理相对集中行政处罚权暂行办法》。以市委、市政府在全市开展“双创”活动为契机，紧紧围绕全市重点工程、重大项目建设及广大市民关注的热点难点问题，开展各项专项整治，切实加大城市环境综合整治力度。

【专项整治】 2004年在执法管理工作中，市执法局采取随季节变化和工作需要在不同阶段确定不同整治重点的工作方式，有针对性地开展专项整治行动。一年来，先后共组织大型集中整治活动40余次。分别对台东花园、城东13方块、辉南路市场、梅河路、乾安街等总计340余处8.5万余平方米违章建筑进行了依法强拆，配合市区道路改造全市拆除违章建筑1 000余户。受理各类投诉电话、市转办件3 700余件次，对30余所中小学校周边环境进行了集中整治。清除“牛皮癣”2 000处，查处机动三轮车1 000余辆。对人大代表、政协委员的建议和提案的办结率、走访率、满意率均达100%。积极组织并配合各区执法局开展了整治违章广告、占道经营、退路进厅、露天烧烤、道路遗撒等专项整治工作。通过集中整治，有效地解决了群众关心、政府关注的重大难点和热点问题，全市的市容环境面貌有了很大改观。此外，市综合行政执法局还出色地完成了全市各项重大活动服务等各种急、难、险、重任务。

【队伍建设】 2004年相继开展了“三先两优”评比、“机关作风建设年”、“冬季业务培训”等活动，切实抓好全局党风廉正建设和软环境建设，加强法制建设，抓好业务培训，全面提高执法人员素质。2004年，全局无一例违法、违纪案件发生，较好地完成了全年各项工作任务。收到锦旗11面，表扬信10封，有5人被省市评为各类先进个人，全局先后4次被省监察协会、市委、市政府授予先进单位称号。

（柳 杨）

信息产业管理

【基本情况】 2004年全市信息产业有了较快发展，信息基础设施建设得到明显改善，电子信息产品生产制造业、软件业发展势头良好，信息化建设迈出了较大步伐，运用信息技术改造传统产业初见成效。全市信息产业实现销售收入28亿元，增加值12亿元，分别比上年增长21%和24%。

【电子信息产品制造业】 电子信息产品制造业产品结构发生了变化，彩色电视机、电子元气件、电线电缆产品保持了稳步增长。2004年全市电子产品制造业实现销售收入6.1亿元。彩色电视机产量达到48万台，销售收入38 797万元。煤矿安全监测仪销售收入突破3亿元。本市开发研制具有自主知识产权的异型散热器为国内18个知名品牌配套、电脑咖啡机打入欧美市场、从韩国引进的接线端子和纳米球晶亚镍材料以及金昌普公司生产的铜钨合金高压触头产品，已经成为信息产业中的主导产品。煤矿井下安全监测仪器已出现发展势头。

【软件产业】全市有5家软件开发的企业通过了省软件认证中心认证，累计达到10户。20个软件产品进行了登记。全市从事软件开发人员已达1 320人，软件业总收入7 800万元。安信软件公司开发的矿井GIS瓦斯报警系统、消防救灾救援现场音频视频无线传输系统，天河公司开发的“呼死你”治理城市乱贴广告系统，越洋医疗设备公司开发的腑脏测试系统在全国同行业都具有领先水平。

【通信业】 通讯业已成为全市信息产业的主力军。全市基本形成了以光缆传输为主、数字微波和卫星通信为辅的宽带信息传输网络框架，通信网络综合能力向多样化业务的转变。全市共铺设光缆8 633公里，宽带网的骨干网已通达到市内的机关、工厂、小区和乡镇及行政村。广播电视网光缆传输主干网络改造已完成，基本达到数据与多媒体电视节目同步传输，数字电视节目信号已经开始传输。“村村通”工程已经完成，光缆到达率90%以上。抚顺网通、移动、联通、铁通、中国电信、邮政、广播电视等企业在改革中不断发展壮大。全市固定电话用户已达82万户，普及率31部/百人；移动电话用户63万户，普及率28部/百人；有线电视用户48万户，国际互联网用户34万户。全市通信业业务收入达15.3亿元：其中电信业务收入14亿元，邮政业务收入800万元，广播电视收入5 000万元。

【信息化推进工作】 一是企业信息化取得成效。全市295户规模以上企业的财务核算、人事管理基本实现了计算机化。中油抚顺分公司、红透山铜矿、新抚钢公司、抚顺铝厂等48户大中型企业在生产过程控制、产品设计制造、企业内部管理等方面不同程度地实现了计算机网络管理。全市有11户企业列入省政府开展的百户企业信息化建设示范工程项目，其中6户企业获全省企业信息化示范工程先进单位称号。二是农业信息化建设迈出可喜一步。开展了“全省百万农民上网工程”，全市有152个农民获得省市资助的电脑。在全市推广了抚顺县救兵乡、新宾县响水河子乡东腰堡村、清原中药材种植大户、新宾县南杂木镇数字化乡镇等四个运用信息手段致富的典型经验。三是电子政务有了一定的进展。省、市、县党政专网已于2004年3月开通。新抚区和市直机关人才、环保、水利、林业、农业、教育等方面管理实现了内部办公网络化。全市社保管理率先实现了就业、低保、社会保险三联动，形成了覆盖全市的社保管理网络体系。卫生应急系统及统计、财政、公安、金融、税务等部门实现了国家、省、市、县四级信息网络化传输。全市现有域名网站420余个，其中党政机关43个，工商企业231个。

（于龙涛）

抚 顺 市 政 协

重要会议

【十届二次全委会议】 1月6日至9日，市政协十届二次会议在抚顺剧院召开。会议应出席委员447人，请假16人，缺席7人，实到会424人。会议听取并审议通过了市政协主席陈家洱所作的《政协抚顺市第十届委员会常务委员会工作报告》和王斌副主席所作的《政协抚顺市委员会常务委员会关于十届一次会议以来提案工作情况的报告》；听取并讨论了王大平市长所作的《关于2003年政府工作情况和2004年工作安排意见的说明》、魏东平副市长所作的《抚顺市老工业基地调整改造振兴规划（草案）的说明》、和市发改委主任阎茂龙所作的《关于抚顺市2003年国民经济和社会发展计划执行情况与2004年计划草案的报告》、市财政局长傅琦所作的《关于抚顺市2003年财政预算执行情况和2004年财政预算草案的报告》；讨论了《抚顺市中级人民法院工作报告》和《抚顺市人民检察院工作报告》。会议对这些报告表示赞同。会议期间，就振兴抚顺老工业基地、城市建设与管理、教育与卫生等专题邀请市党政领导及相关部门负责人与委员们进行了面对面的专题协商，就全市经济社会发展中的热点、难点、重点问题进行了大会发言。会议补选李广瑞、肖汉、吴胜华、张建中、邢转顺、郭膺为十届市政协常委。会议期间收到提案537件。市委、市人大、市政府领导和市纪委、抚顺军分区、市中级人民法院、市人民检察院、市公安局的主要领导，原市政协主席、常务副主席应邀出席会议。在抚的省政协委员及市直有关部门负责同志列席会议。辽宁中部城市沈阳、鞍山、本溪、辽阳、铁岭等市政协领导应邀出席会议。

【十届六次常委会议】 3月5日，市政协召开十届六次常委会议。会议审议通过了市政协常委会2004年工作要点、市政协专门委员会组成人员调整名单、《政协抚顺市委员会关于发挥委员主体作用的若干意见》，表彰了市政协十届二次会议上的优秀大会发言。徐泽林副主席受主席会议委托作了题为《弘扬求真务实精神，大兴求真务实之风，奋发有为地做好2004年政协工作》的总结讲话。会前，王斌副主席给常委们作了《关于实施依法治国方略、建设社会主义法治国家》的知识讲座。会议由杨福田副主席主持，陈家洱主席，钱光浒、董树兴、孙雅忠、王淑雅副主席，汤儒国秘书长出席会议。市委副书记张敏、市人大常委会副主任王运凡应邀出席会议。各县区政协主席及部分在抚的省政协委员列席会议。

【十届七次常委会议】 7月9日，市政协召开十届七次常委会议。会议的主要议题是为打造名牌产品、发展支柱产业、振兴老工业基地建言献策。会议听取了市政协经济委主任徐志国代表调研组作"关于打造名牌产品、发展支柱产业的调研报告"的说明以及民革抚顺市委、九三学社抚顺市委、民建抚顺市委、致公党抚顺市委和部分市政协常委和委员、部分县区政协和市政协专委会等有关发言。会议审议通过了《政协抚顺市委员会常务委员会关于打造名牌产品、发展支柱产业的建议案》。陈家洱主席作了题为《加强我市品牌建设，推动产业结构升级和发展壮大》的重要讲话。会议由徐泽林副主席主持。刘全芳、董树兴、孙雅忠、王淑雅副主席出席会议。市委副书记张敏、市人大常委会副主任孙德成、市政府副市长赵家绪应邀出席会议。在抚的省政协委员汤庆华、于宗涛以及各县区政协主席、机关副局以上干部列席会议。

【十届八次常委会议】 9月24日，市政协召开十届八次常委会议。会议的中心议题是为全市教育改革与发展建言献策。在会前深入调研的基础上，13位市政协常委、委员和部分县区政协主席就全市教育资产重组和教育布局调整、加大教育投入和优化投入结构、发展职业教育和技工教育、解决教师队伍结构性矛盾、完善农村合村并校工作、创建地方本科院校等问题作了大会发言。会议由杨福田副主席主持。陈家洱主席作总结讲话，并为与会政协常委作了新修订的《政协章程》学习辅导。市委副书记张敏、市人大常委会副主任周庆久及市政府有关部门负责人到会听取了发言。会上，市政府秘书长钱程广向政协常委通报了市政府办理市政协十届二次会议以来的提案工作情况。

【十届九次常委会议】 12月21日，市政协召开十届九次常委会议。会议传达了中共辽宁省委、中共抚顺市委政协工作会议精神；审议通过了市政协常委会工作报告（草案）和提案工作报告（草案）；增补丁凡、于坤、于景森、马新年、王辉、尹尧鹏、卢军、卢广丰、史镇、朱海焘、仲晓明、刘玉文、刘传胜、祁伟、孙庆华、李立威、杨新虎、吴遵运、佟淑华、张波、张显彦、张洪林、陆驰松、陈树权、周宏伟、赵寰、赵世炎、赵光晨、赵曼宇、徐东风、徐新民、常中青、闫小说、梁宝才、赖晓京、蔡荣华为市政协委员；审议通过了增补市政协常委候选人建议名单（草案）、有关人事事项及市政协十届三次会议有关事项。会议由钱光浒副主席主持。陈家洱主席作总结讲话。市委副书记张敏、市人大常委会副主任张庆华应邀出席会议，各县区政协主席和部分在抚的省政协委员列席会议。

【庆祝人民政协成立55周年座谈会】 9月21日，市政协召开庆祝人民政协成立55周年座谈会。市政协主席陈家洱，市政协副主席王斌、徐泽林、刘全芳、杨福田、董树兴、王淑雅，市政协秘书长汤儒国出席座谈会。市政协老领导张旗、郑顺、郭耀昆、杜贤书、朱淑君、胡玉璋及各民主党派负责人、部分市政协委员参加座谈会。与会老领导及政协委员深情回顾了人民政协走过的55年光辉历程，畅叙结缘政协、投身统一战线的光荣与收获，并就进一步做好新时期人民政协工作提出了积极的意见和建议。市政协主席陈家洱、市委副书记张敏分别作了讲话。

重要工作

【建设学习型政协】 根据新形势新任务对人民政协工作提出的新要求，市政协把加强学习放在各项工作的首位，深入开展创建学习型政协活动。组织委员认真学习邓小平理论和“三个代表”重要思想，学习十六届三中、四中全会精神，学习胡锦涛同志在庆祝人民政协成立55周年大会上的重要讲话和全国政协十届二次会议修订的政协章程；建立和完善了常委会知识讲座、机关集体学习交流日、定期给委员发送学习资料、委员读书交流等制度。一年来，在常委会议上安排了法律、税务、政协章程、行政许可法等4次专题讲座；市政协机关坚持中心组学习和每月第一个周三学习日活动，全年组织集体学习19次，32位机关干部在会上作了中心发言。3月15日，在市委303会议室举办了台海形势报告会，邀请市委常委、市军分区政委张祥作报告，省、市政协委员及市政协机关干部200余人听取报告。11月4日，市政协召开了创建学习型政协读书心得交流会，12位市、县区政协委员和机关干部联系自己工作实际，交流了读书体会。12月下旬，出版了《开卷有益》一书，收录了市政协开展创建学习型政协以来政协委员和机关干部读书心得28篇。全年还举办了10期培训班，培训市、县区政协委员和民主党派成员350名。

【举办委员论坛活动】 11月11日，市政协举办了以“五个统筹”（即统筹城乡发展、统筹区域发展、统筹经济社会发展、统筹人与自然和谐发展、统筹国内发展与对外开放）为议题的委员论坛活动。张立春、李向东、米志芳、陈庆霞、李广瑞、郭卜、金成家、金威昕、吴家兴、杜成安、徐永军等政协委员结合本市工作实际，分别作了“树立正确的统筹发展观，加快县域经济发展”、“统筹域内发展与对外开放”、“构建城市健康体系，促进经济社会协调发展”、“认真贯彻省委‘一主三化’方针，加快发展区域民营经济”、“坚持人与自然和谐发展，促进抚顺可持续发展”、“关于统筹城乡发展的几点思考”、“林业是统筹人与自然和谐发展的关键”、“统筹文化与工业发展，建设主题性森林公园”、“经济与自然和谐发展浅见”、“统筹兼顾，促进人与自然和谐发展”等发言。会议由市政协秘书长汤儒国主持，徐泽林、钱光浒副主席出席论坛。

【开展专题研讨】 为丰富参政议政活动，更好地发挥政协委员的主体作用，市政协选择党政关心、群众关注的部分热点、难点问题，开展了三次专题研讨活动。6月4日，市政协召开了“诚信体系建设”研讨会。郭膺、邢转顺、李淑清等14位政协常委、委员交流了对诚信问题的认识，并就本市诚信体系建设工作提出了积极的建议。市政协常务副主席王斌参加会议并作了《搞好“信用抚顺”建设，为老工业基地振兴营造良好环境》的讲话。市委常委、宣传部长马克猛与会听取委员发言并讲话。在肯定了委员们的研讨成果的同时，就推进“诚信抚顺”建设问题，马克猛提出了“抓教育，树立诚信意识”、“攻重点，整治突出问题”、“立规范，建立诚信机制”、“推典型，营造诚信氛围”的意见。

10月14日，市政协召开再就业问题研讨会。市政协委员张彦、谢建国、于东龙、杜鑫、鞠秀英、邢转顺、高滨德、李淑清、梁建国、张金娥、刘晓光、尹秀英等与会发言。市政府就业和社会保障局负责人到会听取情况。市政协常务副主席王斌出席研讨并讲话。

11月16日，市政协召开“三农”（即农业、农村、农民）问题研讨会。省、市政协委员和本市专家、学者共30余人参加会议。与会人员分别就农业产业化、农村科技队伍建设、发展中药材产业、农村庭院经济发展、增加农民收入、推进龙头企业发展、城乡统筹、以城带乡、农民组织化建设、农村市场化建设等问题发表了意见。市政协主席陈家洱与会听取发言并参与研讨，他阐述了5点思考：一是全面建设小康社会，必须统筹城乡二元结构发展；二是大力调优农村第一产业，发展农村二、三产业，是解决“三农”问题的重要途径；三是建设一批带动力强劲的龙头企业，是解决“三农”问题的关键；四是要加强领导，把农村剩余劳动力转移工作做实、做好；五是全面提高农民自身素质，是解决“三农”问题的基础。市委副书记张敏、市政府副市长赵家绪应邀出席会议并讲话。

【了解和反映社情民意】 了解和反映社情民意是新时期人民政协履行职能的基础性工作。一年来，市政协利用会议、活动、信息员专报等途径，共搜集社情民意信息135条，向市党政领导报送《社情民意》22期。内容涉及公交、路桥建设、城市亮化、房屋拆迁、社区管理、计划生育、市场秩序、城市卫生等等。其中，市委书记、副书记，市长、副市长批示16期，反映的问题都得到了及时答复和妥善解决。

【专家组工作】 4月22日至23日，市政协经济委会同市科技局、市发改委，邀请包括5位院士在内的国内12位知名专家学者来抚，评审市政协专家组和广州慧之海科技发展有限公司联合制订的《中国抚顺精细化工发展战略规划（建议稿）》。市政协根据专家审议通过的这个《战略规划（建议稿）》，以主席会议名义向市委、市政府提出了《关于抚顺市精细化工发展规划的建议案》。《建议案》就本市发展精细化工的指导思想、基本原则、基本框架、重点目标以及发展步骤、主要对策与措施，提出了详尽、具体的意见和建议，得到了市党政领导的高度重视。《建议案》中有关发展精细化工产业链的重要思想，被市政府在申报国家循环经济试点市的报告中予以吸纳，并得到了国家有关部门的充分肯定。《战略规划》所提出的项目还被市政府有关部门和各县区招商引资广泛采用。为使《建议案》能尽快组织实施，充分利用本市东部地区石化产业密集、劳动力资源丰富等优势，延伸石油化工和精细化工产业链，促进抚顺市由资源型城市向资源深加工型城市转变，专家组与东洲区委、区政府，市科技局联合进行半年多时间的调研，提出了《关于建设抚顺东部精细化工区的建议》，该建议得到了市委主要领导的高度评价，认为其为本市发挥比较优势、做好资源深加工、实现经济可持续发展拓宽了思路。

【项目推介】 在市政协主要领导的亲自指导和市科技局的大力支持下，市政协科技成果推介服务中心与上海科技成果转化促进会建立了资源共享的横向联系，与东北大学、大连物理化学研究所等省内近20所高校和科研机构建立了科技协作网络。全年共搜集筛选来自省内外各高等院校和科研机构提供的各种先进、适用项目3000多个，使科技成果推介服务中心存储的项目数量达到7000余项。对这些项目，科技成果推介服务中心通过走出去、引进来等方式，利用新闻发布、深入社会宣传等多种渠道，向域内外民营企业家、个体工商户、大学毕业生、下岗职工、待业青年等社会方方面面群体进行了广泛宣传和推介。据不完全统计，2004年，科技成果推介服务中心共接待社会各界参观洽谈2 000余人次，向社会各个层面推荐项目330多个。其中，施胶剂改叔胺、塑木混料型材、防冻液、中药提取液等项目已由清原满族自治县、望花区、新抚区的民营企业采纳实施；丁苯橡胶等项目已报国家审批。

【创业 就业培训】 一年来，市政协利用科技成果推介服务中心的项目和人才优势，主动与市劳动和社会保障局配合，创建了创业就业培训基地，开展了创业项目入社区、入劳动力市场、入再就业培训机构的“三入”活动。先后接受4个城区就业培训部门邀请，培训下岗职工1 000余人。在全市开办了第一家SYB——即“创办你的企业”培训，为36名下岗失业人员传授了国际劳工组织提供的扶助下岗失业人员创办微型企业的知识和技能。接受政府部门的邀请，多次参加省、市大型就业和再就业洽谈会，并承担会议期间的项目推介工作。筛选出500个创业项目，帮助政府有关部门建立了创业项目库。

【联系 指导县区政协工作】 坚持邀请县区政协主席列席市政协常委会议制度；邀请县区政协参加市政协组织的调查、研讨、论坛等活动；市政协各专门委员会与县区政协有关部门定期召开对口联席会议，互通情况，加强合作；市政协主要领导参加县区政协的一些重要会议和活动。根据新形势新任务的要求，为进一步统一思想、密切联系、增强全市政协组织的合力，于8月10日在清原满族自治县召开了全市县区政协工作座谈会。会上，各县区政协交流了工作经验，陈家洱主席就加强市、县区政协之间的联系与合作，共同做好全市政协工作作了重要讲话，向全市各级政协组织提出了“坚持科学发展观、把促进发展作为政协履行职能的第一要务；把维护人民群众的根本利益作为政协工作的出发点、落脚点；把增进团结、维护稳定作为政协的重要任务”的明确要求。

【交流与合作】 2004年作为我国实施振兴东北老工业基地战略的第一年，全国政协和省政协对抚顺老工业基地的改革与发展十分重视，共计15次来抚调研、视察和帮扶指导工作。这些工作得到了中共抚顺市委、市政府的高度重视和精心安排，市委、市政府主要领导亲自接待和介绍情况，市政协机关全力以赴地做好各项沟通衔接和接待服务工作。5月27日至28日，接待了原全国政协副主席、中国工程院院士钱正英率中国工程院“东北水资源”项目组，到抚顺就城市供水、农业节水、农业现代化示范、城郊农业、水环境污染、资源型城市可持续发展等问题进行调研。7月6日至9日，接待全国政协常委、国务院扶贫开发领导小组副组长胡富国率全国政协煤炭工业改革与发展视察团来抚视察。期间，视察团听取了市政府、抚顺矿业集团、抚顺矿业集团集体局的工作汇报，对棚户区改造情况、采煤沉陷区情况和职工生活困难问题进行了实地考察。4月11日和9月14日，分别接待了省政协主席郭廷标率部分省政协委员和在辽全国政协委员来抚顺调研和视察。

市政协与沈阳、鞍山、本溪、营口、阜新、铁岭等6城市政协密切合作，开展了旨在为“建设沈阳经济区”建言献策的辽宁中部城市群政协论坛活动。6月21日至22日，辽宁中部城市群政协论坛第一次会议在沈阳棋盘山碧月潭宾馆隆重举行。市政协主席陈家洱、副市长赵家绪带队参加会议。会上，陈家洱主席作了《遵从科学、总体规划、重点突破、循序渐进》的发言，赵家绪副市长作了《发挥中心城市作用，推进区域经济快速发展》的发言，市政协副秘书长朱福炀作了《关于启动沈阳经济区建设的几点设想》的发言。这次论坛闭幕后，七城市政协给省委、省政府和七城市市委、市政府提出了关于推进区域经济一体化的工作建议。

一年来，市政协共接待全国各地政协来抚学习考察87批次、600余人；港澳台同胞、海外侨胞、外国友人来抚经贸考察、观光游览、探亲访友15批次、120余人。

专题调研

【名牌产品与支柱产业问题调研】 为提高抚顺经济增长质量和效益，促进老工业基地振兴走出一条依靠名牌产品和支柱产业的新型发展道路，2004年3月，市政协成立了“打造名牌产品、发展支柱产业”专题调研组。在陈家洱主席，徐泽林、刘全芳副主席的带领下，调研组先后到市直部门、县区和50余家企业进行了调查，赴大连、营口等地进行了学习考察。经过3个多月的调查研究，形成了《关于打造名牌产品、发展支柱产业的调研报告》。调研报告建议：到2010年期间，全市巩固培育100个省级以上的名牌产品和著名商标；做强做大石油化工、冶金、机电三大传统支柱产业；大力发展精细化工、电力、塑料深加工、制药、页岩采掘炼油深加工、石蜡制品、建材、食品加工、旅游十大优势产业；扶优扶强哥俩好等50个重点企业。为实现上述目标，调研报告建议加强三项工作：一是以打造名牌产品为载体，大力营造品牌建设的良好社会氛围。二是以名牌产品为龙头，加快进行品牌资产重组和资源整合。三是以名牌产品为支撑，进一步加大产业结构和产品结构的调整力度。

【教育改革与发展问题调研】 为充分发挥教育在振兴老工业基地中的先导性、全局性作用，市政协成立了教育改革与发展问题调研组。从5月中旬始，在杨福田副主席的率领下，调研组深入教育系统对全市各级各类教育（包括高等教育、高中教育、技工教育、教师培训等）状况进行了两个多月的调研，先后走访了三县四区，召开14个座谈会，视察11所中小学，接触市县区教育行政部门领导、校长、教师、学生及家长200余人。搜集了大量第一手资料，形成13篇调研报告。以此为基础，市政协专门召开了十届八次常委会议，就教育问题与市党政领导进行了专题协商。

【人口资源环境可持续发展问题调研】 2004年4月，市政协组成专题调研组，在陈家洱主席、钱光浒副主席的带领下，就全市人口资源环境与可持续发展问题进行了历时半年的调查研究，形成了《关于抚顺市人口资源环境与可持续发展问题的调查报告》以及有关人口、水、土地、林业、矿产、旅游等资源状况和生态环境状况的专题调查报告。报告对全市人口资源环境的基本状况作了总体评价，对存在的主要问题进行了深入分析，并针对人口老龄化、新生儿性别比升高、劳动力人口过剩、水污染和水资源浪费、土地资源不足、矿山地质灾害频发、森林保护工作难、生态环境破坏严重等突出问题，提出了“制定规划、加强调控；理顺体制、强化管理；建立机制、政策鼓励；明确目标、重点整治”等解决问题的思路和相关建议。

【民间资本参与国企改革问题调研】 市政协港澳台侨（外事）委员会与民建抚顺市委组成联合调研组，于2004年7月至8月就民间资本参与国企改革问题进行了专题调研。调研组撰写了《关于民间资本参与我市国有企业改革的调查报告》，就民间资本参与国有企业改革的成效和工作中存在的问题进行了剖析，为推进这项工作的深入开展提出了“加强宣传，提高认识；做好基础工作，实行多种适宜方式吸引民间资本参与；加强与金融机构协调，解决融资难；严格兑现政策，做好服务”等对策建议。

专项视察

【贯彻落实《民族区域自治法》】 4月8日至9日，杨福田副主席带民族宗教界部分委员对本市贯彻落实《民族区域自治法》情况进行视察。委员们深入到新宾、清原两个满族自治县，听取了主管部门的工作汇报，进行了座谈。委员们对本市民族工作取得的成绩给予肯定，对进一步搞好民族自治地区建设提出了三点建议：一是建议尽早制定出台贯彻实施《民族区域自治法》的配套实施细则；二是建议加大对新宾、清原两个满族自治县的转移支付力度；三是建议为民族民间文化保护工作立法。

【视察望花区大气环境污染整治情况】 5月11号，市政协主席陈家洱、副主席钱光浒带领部分市政协委员和望花区政协委员，对望花地区大气环境污染综合整理项目（即“蓝天白云行动”）的实施情况进行了视察。委员们听取了市环保局关于“蓝天白云行动”计划和实施情况的汇报，现场察看了抚顺铝厂、抚顺特钢集团、抚顺新抚钢有限公司重点环保技术改造项目的进展状况，听取了企业负责人的工作汇报，与市环保局及三家企业的负责同志进行了座谈。委员们对进一步搞好“蓝天白云行动”和环境治理工作提出了5点建议：一是全市上下要进一步增强紧迫感，树立并认真落实科学的发展观；二是要建立有效协调的工作机制，确保“蓝天白云行动”按时完成；三是应建立公开、透明的环保监督考核机制和信息披露机制，把环保指标列为领导政绩考核的重要内容，奖罚分明，为市民参与监督创造有利条件；五是坚持管理与治理并重，把污染控制和管理贯穿到生产和经营的全过程。

【“世界环保碑林”提案落实跟踪视察】 5月19日，市政协副主席钱光浒带领市文艺界和建筑规划设计领域的部分委员，到新宾满族自治县就建设“世界环保碑林”提案的落实问题进行跟踪视察。“世界环保碑林”是新宾满族自治县政协委员、北四平乡农民刘春生带领全家人自筹资金，于1990年起在自家门前的山坡上建造的，现存碑刻60多块。碑林问世以来，国内外许多媒体作了报道，中央电视台播放了专题片《青山梦》和《山里人家》；刘春生一家曾两次应邀到中央电视台作直播节目嘉宾；其事迹入选中小学德育教材；联合国副秘书长、环境规划署执行主任伊丽莎白·多德斯韦尔来函向他表示问候；国家环保局局长解振华专程到新宾看望了他，对他的行为给予赞誉。1997年9月，环保碑林被确定为抚顺市环境教育基地。委员实地视察后，对环保碑林的立项、选址、重新规划和建设资金等问题提出了建议：一是建议将“世界环保碑林”作为市级建设工程，抓紧时间尽快立项；二是为更好地发挥碑林的教育作用，建议将碑林迁移至风景秀美、交通便捷、离市区较近的地方；三是建议参照刘春生原来设想进行重新设计、重新包装，并采用市场化运用方式解决资金来源。

【视察北方农科所】 7月23日，在市政协副主席徐泽林、秘书长汤儒国的带领下，市政协经济委组织部分省、市政协委员到抚顺县石文镇对抚顺北方农业科学研究所进行视察，并参观了该所的“辽宁省农作物新品种展示园”。委员们对这家企业的发展和取得的成果给予了高度评价。

【其他专项视察】 8月24日、26日、31日，市政协常务副主席王斌带领部分政协委员对市政府办理重点提案情况进行视察。在市环保局、水务局和交通局负责人陪同下，委员们先后来到西舍场、页岩烧结砖厂、抚矿炼油厂、城东防洪堤、关山水库、天湖大桥和202国道，对近年来有关“矿区生态环境的恢复、发展循环经济、浑河中部段治理、关山水库的建设、市区东出口建设和202国道改扩建”等提案的办理情况进行了实地视察，并听取了3个局承办提案工作汇报。

10月21日、22日、25日，市政协组织部分政协委员对市社会治安综合治理工作进行了视察。委员们赴新宾、清原、抚顺县，听取了三县主管领导的工作汇报，并对抚顺县救兵乡康西村的治安工作进行了实地了解。

11月24日，市政协部分委员在杨福田副主席的带领下视察了市文化设施建设与文化产业发展情况。委员们先后到市群众艺术馆、朝鲜族文化馆、歌舞话剧院、戏曲剧院、博物馆、将军游乐场建设工地、新华书店及网吧一条街了解实际情况，与市文化局等领导进行了座谈。

提案办理

【办理情况】 市政协十届二次会议以来，政协委员、各民主党派、工商联和政协专门委员会共提出提案622件，经审查立案617件。其中，党派团体和政协专门委员会提案45件。这些提案经67个承办单位办理，到2004年底全部办复。办理结果是：提案所提问题得到解决或基本解决的426件，占提案总数的69%；正在着手解决或列入计划逐步解决的32件，占提案总数的5.3%；受条件所限及其他原因近期难以解决，向提案者做出说明解释或留作参考的159件，占提案总数的25.7%。委员签署“满意”或“基本满意”的有464件，占75.2%；签署“同意”或“基本同意”的有84件，占13.6%；对承办单位又提出新的意见的有64件，占10.4%；签署“不满意”的有5件，占0.8%。

【主要内容】 提案内容主要有以下几方面：发挥地区比较优势、做大做强优势产业；加强农业基础地位、促进农民增收；科学规划管理城市、打造绿色生态家园；发展教育、文化、卫生事业；解决社会热点问题、维护社会稳定；搞好精神文明建设、打造诚信抚顺等。

文史征集

【出版发行《抚顺煤矿百年》】 历经3年编纂的《抚顺煤矿百年》于2004年12月由辽宁人民出版社出版发行。该书32万字，12个篇目，并配有近百幅珍贵照片，以丰富翔实的史料，展示了抚顺煤矿一个世纪以来的跋涉历程和抚矿人的风采，回顾了抚顺煤矿的沧桑巨变和取得的巨大成就，总结了煤矿生产经营、科技进步、安全管理等方面的经验和教训。

【史料征集】 此外，市政协与全国政协文史委、北京开福源文化传播中心合作，分别进行了《冠军之路——王楠》、《东北老工业基地史料——煤炭卷》和《中华魂》的征稿工作，开展了《抚顺人在海内外》第二辑的征编准备工作。

（李　杰）

民主党派　工商联

民　革
抚顺市委员会

【参政议政】 2004年，民革抚顺市委全年召开主委办公会8次、市委会4次、参政议政工作会3次、全体党员大会1次。这些会议是以学习实践“三个代表”重要思想为主题，在深入人心上下功夫、在开拓创新上下功夫，力求实效上下功夫。领导班子带头学、民革党员集中学，增强对邓小平理论及“三个代表”重要思想的共识。上半年完成了为纪念辽宁民革成立五十周年活动的筹备工作，撰写文字1万余字，收集资料图片8幅。

在市政协九届二次会议上完成大会发言4件、民革集体提案4件，其中《关于实施品牌战略，振兴抚顺老工业基地的几点建议》被评为优秀集体提案，委员个人提案28件。在区政协会议上委员个人提案29件，大会发言1件。在省政协会议上委员个人提案2件。精心组织市政协十届三次大会发言，成立5个专题调研组，以振兴抚顺老工业基地、环保、投资促进、采煤沉陷治理、公共卫生、红色旅游，人民群众关心的热点、难点问题进行深入实际的调查研究，写出有深度调研报告。

【组织建设】 组织发展突出“高学历、高职称、高素质”，上半年发展党员18人，4位民革党员参加了组织部、统战部举办的非党后备干部培训班。

机关全面加强建设，努力争创学习型机关、先进型机关，机关上下一心，同心同德、遵章守纪。机关加强了制度建设，建立健全了工作制度，实现了工作的规范化、制度化，建立起一系列行之有效的责任制和能协调、稳定、高效、灵敏运转的内部功能和外部功能。

【开展“四个一”活动】 “四个一”活动是一个硬件，民革市委机关就“四个一活动”进行了全面的动员和布置，先后召开主委办公会、市委扩大会，积极进行安排，行动迅速，成立“四个一活动”领导小组，制定方案。由民革市委牵头招商引资独资、合资项目：全氏鞋业有限公司，韩国独资项目，已到位资金50万美元；三元电器有限公司，中日合资项目，已到位资金300万元。拟投资1 200元，天湖啤酒有限公司，中韩合资项目，韩国鲜明商社，已到资金450万元。通顺经济技术有限公司，已向韩国输出劳务94人，可引进资金80万美元。

（**赵金铸**）

民　盟
抚顺市委员会

【参政议政】 在市政协十届二次全会上，民盟30名市政协委员在会议上共提出提案59件，其中集体提案6件。民盟市委《关于浑河中部段及主要支流水污染治理的建议》，在大会上进行了发言。民盟市委《关于辽宁大伙房水库水质污染防治保护的建议》集体提案还提交到了民盟省委，并作为盟省委的集体提案，提交到了省政协九届二次全会。全年，民盟市委已完成了将向市委、市政府提交的《抚顺市发展循环经济促进经济结构调整加快城市转型》和《关于我市铝产品深加工延长产业链的建议》2份专题报告；将向市政协十届三次全会提交的《关于解决我市“三农”问题的建议》5篇集体提案。王旭风《抚顺如何在构建沈阳经济区中找准位置加速发展的建议》等4篇提案被市政协评为优秀个人提案。

民盟市委主要领导一年来，应邀参加中共抚顺市委、市政府、市人大、市政协、市纪委举行的民主协商会、情况通报会、征求意见会等多种内容的座谈会、视察调研等活动共40余次，市委统战部组织的党派负责人联席会议4次，中心组学习会3次。为推动我市老工业基地的振兴提出了很多富有思想性、针对性和可行性的意见和建议。盟员参政意识进一步增强。目前，盟内担任各级人大代表、政协委员的盟员共47人，其中省人大代表1人，区人大代表2人，省政协委员2人（常委1人），市政协委员30人（常委4人），区政协委员12人（常委2人）。盟员还有14人被市政府11个部门聘请为特邀参政员。

【自身建设】 不断加强民盟的思想建设。加强组织建设。组织发展方面。全年共发展新盟员28人，其中女盟员15人，教育、科技界占64%。目前盟员总数539人。基层组织建设方面。成立了市质量技术监督局、机关、开发区3个支部，完成了4个支部换届改选工作，完成了直属一支部的调整和新抚区支部撤销工作。目前基层组织30个。加强后备干部队伍建设。民盟市委非常重视后备干部的工作，建立后备干部档案，实行动态管理，定期考察了解，以保证后备干部队伍的生机和活力，建立起一支素质优良，结构合理，数量充足的后备干部队伍。本年增选了两名同志为民盟第七届委员会委员和向盟省委请示增补一名省第十一届委员会委员。全年召开主委会议5次，市委会议2次，使盟务工作顺利进行。

【开展“四个一”活动】 开展专题调查研究活动。民盟市委围绕市委、市政府的中心工作，精心选择调研题目，在调研上坚持实践第一的原则，组织盟员骨干，深入开展细致的调研工作，全年共完成专题调研课题2个，调研报告5篇。其中有2篇调研报告参加市委政研室抚顺市优秀调研报告评选。

开展社会服务活动。积极开展助学活动。民盟市委组织各基层组织，继续以东洲区茨沟小学和新屯四校为帮扶基地，开展“一帮一”助学活动。自“四个一”活动开展以来，已有17个基层组织，超过总数50%参加了捐资助学活动，累计捐款7 000元。帮扶困难群众。民盟市委机关积极响应市委、市政府的号召，开展好对口帮扶活动。

开展引资引智活动。民盟市委利用民盟的人才智力和联系广泛等方面优势，积极发动盟员，配合3·15活动的开展，使这项活动开展取得一定成绩。全年实际到位资金2 072万元，其中对外招商引资合同项目2个,合同资金1 800万元。推动民营资本增加投入到位资金272万元。

开展爱岗敬业活动。一年来，广大盟员在各自的岗位上继续为全市的经济和社会发展做出贡献，盟员完成国家863项目1项，中石化项目4项，申报国家专利1项。在两年评选一次的辽宁省新世纪百千万人才工程中，百人层次人选308名。盟员刘纪端、关明华入选百人层次之中。此外，全市盟员在不同级别的刊物上发表论文100篇，著作2部，申请国家专利9项，合理化建议被采纳50条，技术革新和技术改造30项，获各种荣誉称号和受表彰的50人次。

（丁　凡）

民　建
抚顺市委员会

【参政议政】　在“两会”期间，本会会员中的各级人大代表和政协委员共提出建议和提案23件，其中集体提案4件，个人提案19件。全国政协委员、市政协副主席、民建主委刘全芳参加全国政协十届二次会议，带去了关于将“世界环保碑林”批准为国家级教育基地的建议等4个提案。民建市委《关于抚顺矿区舍场综合治理的几点建议》、会员市工商局消保处副处长张金娥《关于加强领导干部打击非法传销活动的建议》、民建机关孙兆福《对搞好全市软环境建设的几点建议》、驻会副主委张国宝《关于进一步提高文明村镇建设水平的建议》被评为市级优秀提案。本年市委会领导积极参加市委、市政协召开的各类通报会、联席会、座谈会，这是市委会领导的一项重要任务，是履行参政党职能的重要体现。

【调查研究】　深入社会搞好专题调研。本年本会和部分会员开展了10余项专题调研，形成了《关于我市打造产品品牌的思考及建议》、《关于诚信抚顺建设的几个基本问题》等8份调研报告。如本会与市政协港澳台侨（外事）委员会联合开展的民间资本参与本市国企改革的专题调研，历时2个月，先后到十几个单位和改制企业调查，召开了10余次座谈研讨会，形成了“关于民间资本参与我市国企改革的调查报告”。本会还组织部分会员开展了本市农村经纪人队伍建设情况的专题调研，先后赴清原满族自治县、抚顺县、顺城区等有关部门召开部分专业大户（经纪人）参加的座谈会，深入一些乡镇了解农村经纪人队伍发展情况，形成了《关于我市农村经纪人队伍建设的几点建议》的报告。此外，还有《关于加强食品安全工作的几点建议》等调研报告或建议，报市政府等有关部门，供决策时参考。

【特约参政】　本会全年共有9名会员担任市司法局、城建局、药品监督局等多个部门的特邀监督员。这些监督员认真执行职责，积极反映社会各方面的意见和建议，为政府工作构建平台和桥梁。全年参加会议、视察29次。提出意见建议14件。

【开展各项活动】　年初，根据民建省委的要求，本会结合本市的工作实际制定了2004年开展“三农”、“四个一”活动方案。3月24日，本会组织农业科技人员到顺城区会元乡砖台村开展科技下乡活动，向农民传授果树栽培、奶牛饲养技术，解答农民提出的问题，并给村民送去了300份农业科技资料。6月4日，民建东洲区支部到后腰林场开展科技下乡活动，送去了价值1 000多元的科技图书。

民建会员市消费者协会组织开展了“3·15”消费者权益保护宣传活动和消费者满意的地方产品评选活动，市工商局为其申报“保护消费者合作权益奖”。民建会员市眼病医院院长翟刚带领医疗队，两次赴清原满族自治县，为农民送医下乡。会员吴丽丽是顺达驾校校长，全年安排100余名下岗和待业人员就业。据不完全统计，民建会员中民营企业家会员还为社会提供了400多个就业岗位。在“3·15”活动中，本会完成引进域外资金800万元人民币，民营企业家自投增加资本5 305万元。

【组织建设】　本会在组织发展中严格执行各民主党派中央“两个纪要”及《辽宁省民主党派组织发展工作实施细则》的文件精神，本年共发展会员23人，平均年龄40岁，具有大专以上文化程度20人，占发展总数的87%。为进一步加强基层班子建设，增强各支部全体会员的凝聚力，市委会对全市各基层支部进行普遍调查，根据各支部实际情况，按片、按行业对全市18个基层支部重新规划，调整为15个支部。

【思想建设】　年初，为使广大会员进一步加强对振兴东北老工业基地战略部署的理解，本会组织广大会员开展了“我靠抚顺振兴，抚顺靠我发展”的学习讨论活动，为贯彻民建辽宁省委《关于在省各级组织和会员中开展“辽宁大振兴、民建做出贡献”的学习讨论活动方案》本会以文件形成下发基层支部，并要求将学习讨论情况上报市委会。为支持和引导会员中非公有制经济发展，帮助民营企业家拓宽视野，加强横向联系，6月9日至11日由市政协副主席，民建主委刘全芳、副主委张国宝带队，有本市11名民营企业家会员参加到辽阳、营口学习考察，回抚后召开“抚顺民营经济如何发展壮大”座谈会。9月3日本会举办支部主任、骨干会员、新会员培训班。

（金象贤）

民　进
抚顺市委员会

【参政议政】　2004年，民进抚顺市委集中精力，加大调研深度，主动为振兴抚顺老工业基地建言献策。在市政协十届二次全会上，本会政协委员集中撰写提案45件，其中集体提案3件。民进市委的《关于巩固和提高我市普九达标成果的建议》被评为优秀集体提案。杜成安副主委《应对50岁左右的失业人员再就业予以特殊照顾》的建议被市政协评为优秀提案。全年市委参加市政协及相关部门组织的调研、视察、检查等活动20余次，并写出建议等10余篇。

【自身建设】　会市委按年初计划，开展了“组织建设年”等系列活动。一是深入开展基层组织调研，对会员全面普查，重新登记，进而摸清全市各基层组织及会员的现状。二是加强组织工作的基础建设，编制了《基层组织情况表》等6种基础资料。三是总结宣传先进典型和经验，撰写了《基层组织建设情况调研报告》呈报到会省委，总结了《加强基层组织建设，开创会务工作新局面》的经验材料，在会省委召开的组织建设工作会议上做了书面交流，总结了4个基层组织和6名会员的先进事迹材料，推荐、申报到会省委。四是认真做好组织发展工作，共发展了28名新会员。五是抓好会员培训工作，不断提高会员素质。六是积极组织开展理论研讨活动，共征集论文、征文16篇，从中筛选出9篇推荐、报送到会省委和会中央。七是精心指导基层组织换届工作，现已有实验中学、二中、五中、十六中、文化等五个支部圆满完成换届任务。八是搞好宣传报道工作，及时反映会务动态。九是编写民进市委会工作简报四期，向民进省委报送信息10余条，采稿率100%。

【社会服务】 会市委增强了责任感，积极服务，提高民进市委整体工作水平。一是尽心做好民进省委领导来抚调研的接待工作。3月9日，民进辽宁省委驻会副主委陆迎一一行三人来抚调研。会市委全力做好接待工作。二是尽力做好社会服务工作，继续开办下岗职工免费培训班。2004年民进业校和民进东洲学校共办班127个，在校生2 520人，毕业600人，合计3 120人。民进东洲学校开办了4期下岗职工免费培训班，培训了136人，投资1.7万元；开办了免费初中英语学习班，免收学费6万元；该校捐资助学，为海啸灾区捐款4 100元。三是会市委积极开展"四个一"活动。4月23日，会市委到清原县教育局开展支教活动，送去了电脑、彩电等价值1万多元。11月23日，到新宾满族自治县木奇中学开展"送教下乡"活动。四是会市委参加了民进中央在吉林省四平市召开"城乡少年手拉手"暨"同心工程"座谈会。

（敖玉杰）

农工党抚顺市委员会

【参政议政】 2004年，农工党抚顺市委领导参加中共抚顺市委、市人大、市政府、市纪委、市政协举办的民主协商会、情况通报会共12次，市委统战部组织党派负责人联席会议6次，参加市政协组织的调研活动4次。本年度农工党抚顺市委加大了调研力度，尤其是针对医保扩面这一难点问题，组织部分农工党员及有关方面的专家，深入到基层，走访了企业和低保群体，会同市劳动保障局、社保总公司，就市医保现状及存在问题进行了认真的调查研究，尤其是医保扩面等问题进行深入的调研，反复论证，形成了《关于加快老工业基地社会保障体系建设的几点建议——医保扩面的难点及解决办法的思考》的调研报告，并做为十届三次政协大会的发言材料。在两会召开之前，农工党抚顺市委收集人大代表和政协委员的提案共16件，其中优秀提案2件。

【自身建设】 农工党抚顺市委重视农工党员的队伍建设，先后6次召开市委扩大会议，学习贯彻农工党中央、省委会议精神，传达省领导来抚调研的重要讲话。为了增强党派意识，农工党抚顺市委还以会代训，组织大家学习中共十六届四中全会精神，还向市委会成员传达中共抚顺市委领导与民主党派市委领导交友制度的通知，通过这些学习活动，提高农工党员素质，增强党派意识。

【组织建设】 2004年组织建设工作能从党的建设长远目标出发，一方面重点培养后备干部，一方面积极推荐后备干部，让他们在实践中锻炼成长。在组织发展工作中，在注重"三高"的基础上严格把好组织发展的质量关，全年共发展新党员12人，其中研究生2人，占发展总数的17%；本科生7人，占发展总数的58%；大专学历3人，占发展总数的25%。有行政职务的9人，占发展总数的75%。在基层组织建设上，完成了顺城支部的筹备选举工作，并于6月25日召开了顺城支部成立大会。

【社会服务】 农工党抚顺市委注重发挥农工党员的智力优势，积极做好社会服务工作。先后利用"三八"节在慈济医院，为市妇联女同志进行健康检查。在"3·15"活动中，农工党市委下属慈济医院自投资金200万元，购买了市械械厂医院大楼，为慈济医院扩大规模，争创抚顺市一流民营医院做了一定工作。

（刘素娟）

九三学社抚顺市委员会

【参政议政】 2004年九三学社抚顺市委员会强化特色，为参政议政做好积累。九三学社作为科技界知识分子为主的参政党，首先要突出科技特色，为此社市委制定了一会一课制度，在专委会上、全委会上和全体社员会议上请社内专家结合参政议政课题以"科学求实"的精神，围绕"发展"和"科技创新"做专题报告，有的放矢地研究问题，举办"科技讲座"、"市情报告"等，办好参政议政骨干培训班，开好参政议政工作会议，为参政议政进行有效的积累，不断提高参政议政水平。积极参加民主协商，就重大课题发表意见，社市委十分重视民主协商工作，在会议之前都认真做准备，针对协商的内容做好调研广泛征求各方面的意见，努力增强建议的针对性和可行性，真正体现了与党合作的诚意。开展调查研究，做好提案工作。全年参加调研人次50余人，完成调研报告9篇，转集体提案6件，完成大会发言材料4份，委员个人提案24件。开创对口协商和特约工作新局面，坚持与市科委、技术监督局做好对口协商工作，强化特约参政工作。发挥职能监督作用，做到知情出力，建言献策。

【自身建设】 加强思想建设，注重研究新形势、新特点、新任务，做好各项工作，一是把思想教育与参政议政结合起来，在履行参政党职能中增强政治责任感。举办骨干理论培训班，开展一会一课，定期向参政议政骨干报告市情，使他们知情出力。二是把思想教育与学习社史社章爱国主义和革命传统教育结合起来，把九三学社创始人王卓然家乡顺城区河北乡莲岛湾村的卓然小学做为爱国主义教育基地和社会实践基地。9月3日召开了继承社的优良传统，学习实践三个代表专题学习讨论会。三是思想教育与维护社员的合法权益结合起来，主动关心社员的思想、生活和工作，协助解决实际困难。

【组织建设】 一是树立人才强社的战略思想，重点向高素质、高层次代表人物倾斜，全年发展20名成员，其中高级职称10人，二是进一步加强基层组织建设。本年是基层组织调研年，社市委召开全委扩大会议，下发了基本情况调研题纲，确定了重调对象，进行了综合调研，配合九三省委组织部、九三学社中央组织部，对石油化工大学、特殊钢支社进行了重点调研，写出了九三学社抚顺市委基层组织建设基本情况的研调报告。三是抓好后备干部队伍建设，进一步完善了后备干部档案。

【开展"四个一"活动】 在"四个一"活动中，结合自身特点和优势，发挥群体智慧，开展调查研究、社会服务、引资引智、爱岗敬业工作。4月份组织教育界的专家到卓然小学调研，为他们制定了师资培训计划和改善学习计划，六一儿童节前夕，组织社内眼科、牙科医疗专家，为全校师生进行了体检，为他们送去了学习及体育用品等。为管理好学校图书馆提出了建议，并承担了部分建设任务。在开展引资引智工作中，社市委全面落实"3·15"招商任务，米志芳主委在民交会期间，为政府与澳门团正式成立友好商互来往关系做了大量工作，又亲赴澳门打前站，就中华水务局自来水改造，公汽改造改制、油母页岩、农业产业化等项目洽谈和研究做了大量的准备工作。在开展立足本职、爱岗敬业活动中，开展了辽宁大振兴，为社的工作做出新贡献讨论活动；开展了"我靠抚顺发展，抚顺靠我振兴"学习讨论活动。在社省委开展的两年一度、两优一先评比活动中，20名社员被评为省优秀社务工作者和优秀社员；35名社员被评为市优秀社员和优秀社务工作者。社员中获国家级奖励1人，省部级奖励2人，发表各种论文3篇，向单位提出合理化建议5件。

（李 艳）

致公党抚顺市委员会

【招商引资】 2004年，致公党抚顺市委会紧紧围绕老工业基地的振兴开展招商引资工作。致公党作为“侨”党，具有海外联系广泛的优势，市委会充分发挥这一优势开展招商引资。经过努力共引进境外和域外项目12个，合同引资额3.2亿元，实际到位资金7 000万元人民币。一是网上招商。首先向全市征集项目，通过E-mail向各国所联系的华侨、留学人员发出，同时介绍抚顺招商引资的政策。为调动国外朋友招商引资的积极性，在原有6名招商代理的基础上，又在加拿大聘请了2名招商引资顾问，扩大了招商引资的信息渠道。根据国外反馈的信息，向市区、三县和有关企业寄发项目单寻求合作伙伴，并把抚顺的水泥、林蛙油等产品信息向国外发出，为企业联系贸易伙伴。二是以商招商。全年共接待归国留学人员和华人华侨60多人。每次接待都认真地带他们考察市场，走访企业，选择厂地、厂房，搞好项目对接，并针对提出的问题耐心讲解，吸引他们归国创业。热心为海外学子创办的企业提供服务，为归国创业人员协调解决资金、土地、工商和技术监督等实际问题18件。三是召开项目对接会。为整合资源形成合力，市委会与侨联、外办等单位共同接待英国团组和德国团组。为使项目信息尽快承接，召开两个开发区和企业参加的项目对接会，召开归国人员和外资企业参加的项目对接会。和科技局一道参与“海外学子创业周”活动。由于整合资源，多方配合，形成合力，提高了招商引资的效率。四是走出去招商。市委会根据需要配合开发区和企业走出去招商。先后和嘉德等企业到香港招商；和开发区到广东、深圳招商；和政协到苏州、温州招商；参加致公党省委组团到加拿大招商。有些不适宜在抚顺的项目，将其介绍到铁岭、沈阳等地。

【引人引智】 通过留学生联合会这个组织，发挥其联系面广、涉及领域宽、文化层次高的优势，开展引人引智工作。邀请留学生联合会的海外会员、美国德克萨斯A&M大学建筑学院景观建筑与城市规划系黄常山博士，来本市做公共健康与城市规划报告，受到政府有关人员和职业技术学院及建筑行业的好评。还组织归国人员召开“发挥海外优势、共谋抚顺发展座谈会”；参加澳门回归五周年座谈会；组织归国人员到地税局等单位开展软环境调研活动；安排职业技术学院的大学讲师出国作访问学者。由于留学生联合会的知名度不断扩大，前来报到人员逐年增多。12月28日，在留学生联合会成立三周年之际，召开了抚顺市留学生联合会第二次代表大会，有60多名代表参加了会议。举办了14米长的“一同走向明天”图片展。

【调查研究】 全年围绕老工业基地的振兴，集中主要力量，整合人才资源，树立精品意识，遵循运行规则，开展专题调查研究活动。围绕“科学发展观”先后组织40多人开展调研，完成了《构建循环经济模式促进抚顺振兴发展》等6篇调研报告。完成了《关于统筹国内发展和对外开放的建议》、《关于发挥优势整合资源科学招商的建议》、《培养我市招商队伍的建议》等4篇调研报告和集体提案。围绕“三农”问题，采取多种方式，与工商局、农业局、林业局、外经贸局和统计局沟通，写出了《关于加快农业产业化龙头企业发展步伐的几点建议》等4份提案。坚持不调研不协商，先调研后协商的原则，有些建议在调研的过程中就被市政府采纳，如关于整合资源科学招商和有关“三农”问题等建议，均写入政府工作报告中。与侨办就归国人员创业软环境事宜协商两次；与人事局就《留学人员科技活动项目择优资助经费》申请事宜协商1次；与外办赴铁岭学习考察，专题协商如何进一步贯彻落实归侨、侨眷权益保护法事宜。全年共完成调研报告10份，集体提案4份，均已提交到省政协、致公党省委及市人大、市政协。

2003年完成的8份调研报告2004年已有反馈结果，其中3份调研报告被致公党辽宁省委评为优秀提案，3份被市政协评为优秀提案，1份被评为优秀代表建议，5份市长批示。在市致公党委员中，各级政协委员有提案30件，其中16个建议被市政府采纳。市委会连续两年被致公党辽宁省委评为参政议政先进单位。

【扶贫帮困】 2004年，由致公党省委牵线，美国加州圣峪健华社在新宾县木奇镇捐赠4 000美元建健华图书馆，抚顺市委会配套捐赠书架20个，党员捐赠图书900余册。7月23日，新宾县木奇镇健华图书馆开馆仪式如期举行，现运作良好。市委会还向昆山和青岛输出劳务138人。各支部和全体党员开展扶贫帮困活动28次，捐资助学23次，捐资1.4万元。全体在职党员还参加了年末的扶贫捐款活动和印度洋海啸振灾捐款活动。

【队伍建设】 全年围绕建设学习型参政党开展一系列活动，练好内功提高素质，立足本职多做贡献。连续两年开展优秀基层单位和优秀党员即“双优”评选活动。召开落实归侨侨眷保护法座谈会，召开发挥海外优势共谋抚顺发展座谈会，参加5个统筹论坛等。全年发展新党员20名，其中有归国人员3人，硕士2人。有13人次被评为省级先进，9人次被评为市级先进，1人获市科学进步奖。

（马 英）

抚顺市工商业联合会

【参政议政】 2004年，抚顺市工商业联合会围绕振兴抚顺老工业基地及促进民营经济发展等问题进行调查研究，参政议政，建言献策。在年初政协会议上，共提出提案94件，并作了《维护民营企业合法权益，促进非公有制经济健康快速发展》的大会发言；年中，又写出了《关于加强民营企业党建工作的建议》提案，这两个提案均被市政协评为优秀提案。本会还写出调研报告和有关论文17篇，其中《关于融入沈阳经济区的几点思考》在由市委政策研究室和市社会科学联合会主办的“融入沈阳经济区论策会”上作了专题发言，被评为“优秀论文一等奖”；《民营企业党建工作是发展地方经济的重要保证》被评为“市直机关庆祝建党83周年论文征集一等奖”，并被省直机关工委评为二等奖；另有6篇文章分别被《抚顺日报》、《抚顺社会科学》刊载。

为改善民营经济发展软环境，本会通过派人或组织民营企业家座谈，参加、配合市委、市人大、市政协调查组的调研，并承担了三分之一的文字材料，其中《我市民间资金大量外流应引起重视》

的报告，得到了市委、市人大的高度重视，在市委专门批转的市人大常委会党组《关于我市软环境建设调查评议情况的报告》中引用了报告中提出的情况。

此外，本会还完成市委统战部交办的新时期工商联的性质、地位、任务及加强新时期共产党领导的多党合作和政治协商制度等方面的调研，完成调研题目9个；完成全国工商联下发的55份私营企业情况调查，并4次配合省工商联领导就软环境建设、促进民营经济发展等问题在本市进行了调研，组织会员企业参与市纪委和市监察局举行的行业测评，完成测评卷200份。

【经济服务及对外交流】 成立抚顺市民营企业维权服务中心。为加大对民营企业合法权益的保护力度，本会提出了成立民营企业维权服务中心的建议，得到了市委、市政府主要领导的高度重视并作了批示。在有关部门的大力支持和配合下，经市编委批准，3月，抚顺市民营企业维权服务中心正式在本会挂牌成立。中心成立后，开展了对全市重点民营企业相关情况的调查，处理了带有普遍性、涉及政策性的问题，并先后会同有关部门妥善处理了餐饮行业海鲜计量检测问题；配合钢材市场行业商会成立了市场保安机构，从根本上解决了社会闲杂人员扰乱市场正常经营秩序的不法行为；与省工商联共同反映和协调，在全省取消了出租汽车“节能检测”的不合理收费。于年底首批聘请本市10名知名律师成立了法律工作委员会，为会员开展法律宣传、法律咨询、法律服务等工作。

发挥商会优势，为振兴抚顺老工业基地和促进民营经济发展服务。先后组织会员企业参加全国、省、市举办的各类展洽会、项目推介招商会等经贸活动9次，参加人数达300多人次。尤其5月在沈阳召开的全国民营企业参与东北老工业基地振兴合作交流会期间，本会作为主要发起单位，配合政府做了大量前期筹备、项目搜集报送、会务协调联络等工作，共发放招商项目册400份，请柬60份，并拜会了20多名参会的各省、市工商联负责人和80多名知名民营企业家，从而保证了本市代表团圆满完成任务。本市共签订合资合作协议5项，占大会签约总数的12%，引资额3 600万元。会后，经本会的积极引荐和协调，澳门东北商贸促进会先后两次来本市进行考察，市政府也两次组团对澳门进行了回访，双方签订了利用胜利开发区工业废弃地共建占地2 000亩的澳门·抚顺工业园区的协议。为促进本市参加辽宁省上海、苏州经贸洽谈、项目展洽会，受市政府委托，本会领导于9月初赴上述两地做前期准备工作，取得了较好效果。在本市代表团9月21～27日召开的招商项目推介会上，当地230多名民营企业家参加会议，签订经济合作项目32项，总投资额18．5亿元，引资额17．8亿元。10月，上海龙元集团来抚商谈购买塔机，在大连承建长江以北第一高楼事宜，并准备在东北地区的钢厂购买建筑钢材。本会得知情况后，积极推荐新抚钢厂，热情为双方牵线搭桥，邀请并陪同进行考察。在本会的积极工作下，双方签订了购买新抚钢厂6万吨钢材，价值约1．5亿元的协议。

为加强对外联络工作，本会利用各种契机，主动工作，与全国20多个省、市工商联建立了联系，尤其与澳门东北商贸促进会建立了友好的交流与合作关系，并分别与上海闵行区和辽阳市工商联缔结了友好商会关系。为学习有关行业商会建设方面的先进经验，本会领导分别随辽宁省工商联赴西欧学习考察团到西欧和到江苏省南通市进行了学习考察，并与那里的商会建立了联系。本会还进一步加强了与德国工商总会的联系，并于11月组织两位民营企业家随辽宁省总商会赴新西兰、马来西亚、澳门等地进行了经贸考察。本会还分别接待了参加东北三省第十三次工作交流会的全体人员和省内兄弟市工商联的多次来访。

为提高全市民营企业家的素质，为创建学习型城市做贡献，4月，本会邀请了中国战略与管理研究院首席专家、中国社会心理学会副会长、清华大学公共管理学院主讲教授、博士生导师刘红松教授来本市讲学，为本市的部分国有、民营企业的高层经营和管理人员、市直机关有关部门的领导和干部600多人作了题为“全球化竞争与城市和企业发展战略”报告会。为加强对新增补执委的教育，本会举办了会章、会史新执委培训班，并就“关爱职工，实现双赢”对会员进行了宣传与动员，还组织工商业界别的市人大代表、政协委员到永茂机械有限公司进行了视察参观，学习参与国有企业转制的成功经验。

【召开“3·15”任务部署动员大会】 全市统战系统“3·15”任务部署动员大会后，本会制定了以促进非公有制经济健康发展和非公有制经济人士健康成长为目标，落实“3·15”任务为基本点，团结和带领全市非公有制经济人士为振兴东北老工业基地，全面建设小康社会做贡献的工作指导思想，发挥民间商会的特殊优势，内引外联，积极引导非公有制经济在招商引资和推动民营资本增加投入等工作中发挥重要作用。与此同时，充分调动各县区工商联的积极性和主动性，确保了“3·15任务”如期完成。截止年底，全市工商联执委以上企业已完成民营资本再投入6．6亿元，招商引资协议金额19．96亿元，安置下岗再就业人员9 915人。

【基层组织建设】 加强对县区工商联工作进行指导，先后3次深入各县区工商联进行调研，了解工作情况，研究解决工作中的问题，并召开了县区工商联会长会议，共同探讨做好新时期县区工商联工作的经验和方法，在此基础上，指导协助新宾县工商联完成换届工作；加强行业商会的工作，先后召开两次同业公会、行业商会会长会议，学习江苏省南通市组建行业商会的经验，并征求本市行业商会发展的意见和建议，同时新成立抚顺市工商联旅行行业商会和对外经济劳务商会，并对部分行业商会进行了调整；新建乡镇、街道分会11个，发展新会员787人，并对30户重点会员企业进行了走访；制定了《市工商联非公有制经济副会长的任职条件、产生程序和退出制度》，并对执、常委进行了调整。本会的基层组织建设工作得到了省联的充分肯定，在6月份召开的全省工商联组织工作会议上，本会作了《把握引导、帮助、促进宗旨，努力做好行业商会工作》的发言。

（向　梅）

群众团体

市总工会

【技术创新活动】 围绕全面振兴抚顺老工业基地这个中心，各级工会广泛开展了“树信心、强本领、做贡献、促振兴”主题教育和为振兴老工业基地“献良策、创纪录”活动，教育、引导广大职工坚定信心，共谋发展。在全省工会系统召开的“献良策、创纪录”活动经验交流会上，本市的《抓住机遇，广泛参与，掀起“献良策、创纪录”活动新高潮》和西露天矿工会的《献良策、谋发展，创纪录、增效益，为百年老矿焕发青春献计献力》在大会上做了交流。全年提合理化建议200 445条，采纳97 625条，实施27 800条，创价值8 397万元；创造各级纪录416项，其中，省内或国内同行业纪录17项。申报省级技术创新成果55项，国家级2项，其中，铝厂的《铝电解废弃物回收利用技术》荣获首届全国职工技术创新成果三等奖，是全省惟一获此殊荣的创新成果。全年经济技术活动创造和节约总价值2.65亿元。

【职工素质教育】 围绕培养新型劳动者队伍，全面提高职工的技术素质和创新能力，市总工会举办了“中油石化杯”抚顺市第三届职工技术运动会。本届职工技术运动会得到了各系统、各单位的高度重视，广大职工积极响应踊跃参与，全市共设22个分赛区、100个工种，10.8万名职工参赛。本届职工技术运动会共评出技术状元100名、技术明星268名、技术标兵166名。进一步加强职工职业道德建设，表彰了第六届职工职业道德建设“十佳集体”、“十佳班组”、“十佳标兵”。广泛开展了“争创学习型组织、争做知识型职工”活动。

【开展向王海班学习活动】 全市2万多个班组普遍开展了这项活动，石化分公司将王海班事迹材料汇编成“奉献忠诚”刊物下发到每个班组，铝厂统一制定了“班组考核内容和标准”，原经贸委工会、公用资产经营公司、红透山铜矿和辽宁发电厂的班组建设也抓的有声有色，有力地促进了职工队伍素质和企业管理水平的提高。

【劳模管理】 本年，市总工会下发了《抚顺五一奖状、抚顺五一奖章评选办法（试行）》。本市有1家单位荣获全国五一劳动奖状，3人荣获全国五一劳动奖章；有3家单位荣获辽宁五一奖状，21人荣获辽宁五一奖章。进一步加强劳模管理和服务工作，市总工会代市委、市政府起草了《抚顺市劳动模范管理工作办法》，以“抚委办发〔2004〕26号文件”下发，还明确了破产、改制企业中的劳模享受荣誉津贴的解决意见。全年为242名全国劳模、全国五一劳动奖章获得者、省部级劳模发放慰问金和困难补助金3 808万元，为88名市属困难企业劳模落实了荣誉津贴。

【非公企业建会和再就业】 市总下发了加大力度促进再就业和强力推进非公企业组建工会的意见；成立了8个促进再就业和推进非公企业建会工作指导协调组；出台了促进再就业和推进非公企业建会的奖励政策；实行了一月一调度、一月一通报制度；召开了促进再就业和推进非公企业组建工会工作经验交流会。全年培训下岗失业人员15 211人，安置27 094人；全年非公企业建会908户，发展会员27 248人。

清原县总工会以实施“放飞”工程为重点，加大劳务输出力度，注重后续管理，全年输出劳务人员710人，这一做法受到省总工会的高度评价。东洲区总工会注重发挥下岗失业人员的技术特长，积极探索成建制劳务输出实行劳动事务代理的新方式，成功地向山西平朔集团输出144名下岗技术工人。市总工会与市就业局联合举办了“抚顺市2004年春季劳动力交流洽谈暨再就业援助大会”，与工商局联合举办了“金秋送爽、企业送岗”秋季用工洽谈会，共有15 000余人进场洽谈，提供用工岗位5 853个、1 783人当场签订了用工协议。市总帮扶中心全年培训下岗失业人员2 039人，安置4 125人。经国家劳动和社会保障部批准，投资130万元注册成立了抚顺惠工境外就业交流有限公司，积极稳妥地向境外成建制地开展劳务输出。

【送温暖活动】 “两节”期间，各级工会共组成慰问组1 589个，参加走访慰问的各级领导和工会积极分子10 394人，走访各类人员9.45万人（户），发放慰问金804万元。为让全社会关注困难职工群体，市总工会开展了“民营企业家情系贫困职工”、“人民大会堂情暖贫困户”、“中亚绵绵深情、情系贫困职工”等活动。帮扶中心进一步发挥救急济难、化解矛盾的“窗口”作用，全年接待来访困难职工3 489人次；开通了“12351”职工热线，接听电话910次；救助特困职工814名。各级工会继续开展“爱心助学”活动，共发放助学资金44.46万元，受助学生739人；深入实施了维护女职工权益“特别关爱”行动，与1 376名困难女职工结成帮扶对子，发放救助资金33.3万元。市总工会与市农业银行联合下发了《关于农村教师家属扶贫贷款实施意见的通知》，较好地解决了农村困难教师家庭生活问题。

【依法维权】 积极配合省、市人大对本市贯彻实施《工会法》情况进行了执法检查，与市人大一起对全市28个系统百余家企事业单位贯彻实施《工会法》情况进行了调研。提出了制定《抚顺市职工劳动权益保障条例》的立法建议，已被市人大列入地方立法规划。开展了“五个一”维权活动，共解决400余项劳动关系方面的难点、热点问题。开展了法律志愿者义务咨询活动，为职工提供法律援助11起，提供法律咨询300余人（次）。完善了信访工作制度，接待职工来信来访800余人（次），办结率90%以上。组织全市20个系统、50多家基层工会开展了《劳动法》、《工会法》“一条街”宣传日活动。

为切实增强工会干部的自身能力建设，推动工会领导机关的思想观念、工作方式和工作作风的进一步转变，在全市工会系统开展了“组织起来、切实维权”大调研活动，形成调研报告53篇。

【构建劳动关系协调机制】 大力开展平等协商集体合同建制工作，积极探索签订区域性、行业性集体合同。本市已建立平等协商集体合同制度的企业有815户，占应建制企业总数的95.5%。加强劳动关系三方协商机制和劳动争议调解机制建设，努力构建新型和谐的劳动关系，为全面振兴营造了稳定的环境。

【基层民主管理】 不断健全和完善职代会制度，在企事业单位中开展了职代会升级达标竞赛活动，推进职代会质量的提高。加强了厂务公开民主议事工作，扩大了厂务公开的覆盖面，本市国有、集体及其控股企业100%、机关事业单位95%建立了厂务公开制度，非公企业40%建立了厂务公开制度。市中心医院坚持把重大事项交给职代会和民主议事会决定，实行了三级公开和三级议事，获辽宁省厂务公开民主管理先进单位荣誉称号。按照全总《关于进一步加强国有企业改制过程中工会工作的意见》，加大了工会参与国有企业改制工作的力度，坚持企业改制方案必须经过职代会讨论、职工安置方案必须交职代会讨论通过。积极发挥市长联络员的桥梁和纽带作用，召开了第七届市长联络员换届工作会议。

【劳动保护监督检查】 深入开展"安康杯"竞赛活动，加强了群众性安全生产监督检查工作。通过开展"关爱职工生命和健康特别行动"，共查出安全隐患230余项，明确责任，督促整改，维护了职工生命安全和健康。在新宾县等三县一区，分别以行业或地域划分在全国率先建立起了安全生产工会监督检查站。

【工会达标活动】 为切实增强基层工会活力，在乡镇、街道、社区工会和非公企业开展了工会达标活动，推广了星级小家建设的经验。有8个单位获省模范职工之家称号，15个集体获省模范职工小家称号，22人获省优秀工会工作者称号，1人获省模范工会干部称号，31人获省优秀工会积极分子称号，7人获省优秀工会之友称号。目前，全市乡镇、街道工会达标率达到80%，非公企业工会达标率达到50%。在8个职工人数较多的乡镇、街道配备了专职工会干部。对工会会员优惠服务单位进行了充实和调整，改善了服务质量。

【工会干部培训】 积极探索工会干部培训工作的新路子，在培训组织形式上，把以市总自办班为重点转移到了市总办班与基层工会办班并重；在培训内容和方式上，采用现代化的教学手段，将全国工运理论方面著名专家学者的精彩教学内容引进培训课堂；聘请有丰富工作经验的基层工会领导结合工作实际，有针对性地授课，受到学员的广泛好评。全年共举办工会专兼职干部上岗资格培训班和适应性岗位培训班33期，培训1 676人次。

【召开抚顺市工会第十六次代表大会】 2004年11月25日上午，新世纪我市工会的第一次盛会——抚顺市工会第十六次代表大会隆重开幕。来自全市各行各业的职工代表、特邀代表等近千人参加了这次盛会。省总工会副主席于宝国和市委、市人大、市政府、市政协、抚顺军分区的主要领导出席大会。这次大会选举产生了市总工会第十六届委员会主席、副主席；通过了关于市总工会第十五届委员会工作报告的决议；通过了关于市总工会第十五届委员会财务工作报告的决议；通过了关于市总工会第十五届经审委员会工作报告的决议。

这次大会的主题是：以"三个代表"重要思想为指导，深入贯彻党的十六大和中国工会十四大精神，团结动员全市广大职工，充分发挥工人阶级主力军作用，为振兴抚顺老工业基地做出新贡献，努力开创新形势下工会工作的新局面。

会议由大会秘书长张士华主持。市委副书记张敏对大会的召开表示热烈的祝贺，向出席这次大会的代表和辛勤工作在全市各条战线的广大职工表示亲切的问候。市委常委、市总工会主席冯作良代表抚顺市第十五届委员会向大会作了题为《团结动员广大职工发挥工人阶级主力军作用，为振兴抚顺老工业基地而奋斗》的工作报告。

【机关建设】 本年，市总开展了"五比一争"和"争创学习型、服务型机关，争做知识型、复合型干部"活动，促进了工作效率的提高和工作作风的转变。在市直机关开展的作风建设年活动中，市总被授予先进单位，被省委、省政府继续授予省级文明机关称号。

（王志民）

团市委

【青少年思想政治教育】 全市各级团组织结合各自的工作实际，以团干部、各条战线的优秀青年和大中专学生为重点群体，通过举办培训班、开展知识竞赛和有奖征文活动、组织召开座谈会、报告会、诗歌朗诵会等多种形式，掀起学习"三个代表"重要思想和党的十六届四中全会精神的新高潮。

【形势任务教育】 团市委制定下发了《关于在全市各级团组织中深入开展"我靠抚顺发展，抚顺靠我振兴"主题活动的通知》和《关于在全市各级团组织和广大团员青年中深入开展"青春奉献老基地，创业振兴新抚顺"主题活动的通知》，动员青年发扬创造与奉献的城市精神，争做"老工业基地振兴的新创业者"。四月份，团市委同市委宣传部、市文明办、市总工会、市委组织部联合开展"传承创业精神，加快抚顺振兴"火炬传递仪式，进一步弘扬了前辈们艰苦奋斗、无私奉献的创业精神。

【未成年人思想道德建设】 召开了2004年度抚顺市青少年教育保护工作会议，会议明确了教保委成员单位各自的工作职责。开设了青少年维权电话，参与全市网吧治理和校园周边环境整治活动。开展了"热爱学习、热爱生活、热爱劳动、远离网吧"签字仪式活动，为未成年人的健康成长营造良好的社会氛围。举行了"抚顺市优秀少先队员体验教育训练营"，对1 000余名少先队员进行了体验教育。青少年宫适时推出了为青少年办十件实事活动。

【学雷锋和青年志愿者活动】 团市委以"三五志愿者奉献日"为契机，以组织志愿者无偿献血、为市社会福利院的老复员军人提供医疗咨询、卫生保健、疾病预防等服务和表演文艺节目等形式，开展了系列学雷锋志愿奉献活动，省电视台对本次无偿献血志愿活动进行了宣传报道。《抚顺市志愿服务条例》在省十届人大常委会第十一次会议上获得批准，并于7月1日起正式实施，填补了辽宁省志愿服务活动立法的空白。结合全市"学雷锋、讲文明、树新风"活动，团市委联合市文明办、市民政局等单位共同举办了青年集体婚礼。组织本市大学生青年志愿者服务队深入农村开展了以宣讲"三个代表"重要思想为主要内容的"三下乡"社会实践活动，为农民群众提供了医疗、农技和文化演出等方面的服务。4月10日，在团市委的统一组织下，全市各学校近3万名年满18岁的青年学生参加了十八岁成人宣誓仪式。在全市大学生中开展了新一轮的大学生志愿者招募活动，本市有1名大学生被选入全国志愿服务西部计划，有56名大学生被选入志愿服务辽西北计划。

【青年再就业工作】 2004年初，团市委与基层单位签订了目标责任状，下发了《关于进一步加强我市青年再就业工作的几点意见》。在全市范围内选定了二十七家单位，作为青年就业培训基地和安置基地。团市委、市青联、市青企协与抚顺市大众网络公司联合举办了4期“青春与振兴同行”抚顺市青年人才招聘会，先后有300余家单位、近万名求职者到会应聘，共实现有效用工2 000余人次。团市委于三月份举行了“抚顺青年赴山东魏桥创业集团外出创业送行”仪式，60名青年成建制外出务工，市委副书记张敏、市政府副市长王宁亲自为青年们送行并做了重要讲话。全市各级团组织广泛依托网络优势，形成了多层次、多形式的劳务输出平台，全年向山东、上海、大连、沈阳等地共计劳务输出1 735人，其中向日本等地国外劳务输出20人。团市委形成的《抚顺市农村青年转移致富工作经验材料》作为全国农村青年转移致富工作的经验材料进行了交流。清原县团委为扶持青年创业，与农村信用合作社、县农行设立了2 000万元青年创业贷款，全年发放贷款212万元，扶持了275人在本地创业。

【青年创业建功活动】 在青工战线，深入开展了青年创新创效活动，进一步提高了青工的创新素质和创效能力。继续深化青年岗位能手活动，广泛开展了青工技能比武、导师带徒、能工巧匠技能竞赛等活动。广泛开展合理化建议等“五小”攻关活动，全年共完成“五小”成果100多项，提出合理化建议600多条。以信用建设为核心，提高了青年文明号的服务质量和管理水平并在全市范围内开展市级青年文明号评选工作。

在青农战线，以项目带产和农村青年“五争做”为重点，继续实施“青年农民科技培训工程”，开展了形式多样的培训和送科技下乡活动，利用青年科技(生态)示范基地、农校、农技站、青年科技图书站等场所，采取广播、板报、田间指导、科普大集等形式进行科普宣传。全面启动了“青年星火带头人和农村经纪人五年培养培训活动”。

在城区战线，深入开展青年文明社区创建工作。在城区团组织中全面推行了青少年工作委员会，成立社区青少年学(协)会及青少年兴趣小组，为社区青少年提供文化服务、生活服务、职业技能培训、志愿援助、维权和中介服务。按照《抚顺市青年文明社区创建标准》，深入开展“科普巡礼活动”、“文明新风进家庭活动”、“大家乐青年文化广场活动”、“团旗队旗进社区活动”等，带领少先队员参与青年文明社区创建。

在学校战线，在中小学少先队组织中广泛开展了“争当小实验家”活动，由各学校少先大队组织教师指导广大少先队员进行各种科学实验和社会调查，帮助少先队员提高动手能力和对科学的兴趣。5月份，团市委在清原夏湖风景区举行了“抚顺市优秀少先队员体验教育训练营”，1 000多名优秀少先队员参加了训练。在大中专院校团组织中深化大中专学生志愿者“三下乡”和“六进社区”社会实践活动，提高了大中专学生的实践能力。继续推行大中专学生素质拓展计划认证工作，开展了大中专学生科技创新、争当未来岗位能手和校园文化活动，举办了“挑战杯”大学生科技学术作品竞赛。

【开发青年人力资源】 以纪念五四运动85周年为契机，广泛开展思想文化、创业立功、人才开发等系列活动，召开了青年群英话振兴座谈会，并以市委、市政府名义命名表彰了五四奖章、共青团工作先进集体、模范团干部及支持共青团工作先进个人等奖项，市委书记周忠轩同志到会并讲话。开展了首届“抚顺市十大杰出(优秀)青年企业家”和“抚顺市十大杰出青年创业集体”的评选活动。为了进一步深化“抚顺市青年教师素质工程”，团市委在中学系统的教工中评选表彰了20名“抚顺市优秀团干部”和120名“抚顺市优秀共青团员”；团市委、市少工委、市教育局联合开展了抚顺市少先队工作先进集体和先进个人的评选和表彰工作。积极向上级团组织推荐抚顺市优秀青年人才，抚顺市第六中学校长王永耀被评为第12届“辽宁省十佳优秀青年”，9名少先队辅导员被评为“辽宁省优秀少先队辅导员”，北台小学大队辅导员冯静被评为“辽宁省十佳辅导员”。

【扶贫解困送温暖活动】 春节期间，市青联组织10名委员到新抚区福民街道走访慰问了特困家庭，为特困户购买了米面油等节日生活用品。三·五学雷锋活动日，开展了“青联绿十字服务行动”，组织部分青联委员到光荣院慰问农村老红军、老党员，送去了价值2 000余元的药品。七一期间，开展了帮扶工读学校学生活动，团市委机关全体党员为工读学校的学生送去了价值2 000余元的文化体育用品。在全市少先队组织中开展了“手拉手献爱心，情系困难小伙伴”主题教育活动，共救助特困学生1 600余人。全面启动了“希望工程－让孩子们都上学”2004年抚顺市爱心助学行动，广泛开展了“百名青联委员救助百名优秀特困学生、百名志愿者救助百名贫困学生、百家团委资助百名失学儿童、百个青年文明号救助百名贫困学生”的“希望工程四个一百”活动，向社会公布希望工程爱心助学帐号，在工商银行设立28个希望工程捐款受理网点，通过新闻媒体集中宣传希望工程爱心助学行动，年内共筹集捐款30万元，建设了一所希望小学，救助了868名贫困学生。

【组织建设】 继续深化创建“五四红旗团委”、“标准化团支部建设”活动。不断扩大团组织的覆盖面，加大非公有制经济组织建团力度，相继在新抚区尹歌模特学校、回民艺术幼儿园等非公有制经济组织中建立了团委、团支部。进一步巩固产业建团的成果，推广“组织随人走，团在产业建”的农村团建做法，充分发挥产业团委和产业团支部在促进农村产业结构调整和提高农村青年技能方面的作用。推广新抚区、抚顺县“青年中心”建设做法，建立新型的青年组织。加强团员意识教育，在团员中开展“温誓词、戴团徽、唱团歌、举团旗”主题教育活动；加大团员发展力度，推广了新宾团县委《农村团员发展三年规划》的做法。深化党建带团建工作，推广了清原县团委实施的“三育三带”工程共青团版及“五带一优化”活动。

【召开共青团抚顺市第十三次代表大会】 11月29日下午，共青团抚顺市第十三次代表大会隆重开幕。会上，杜鑫代表共青团抚顺市第十二届委员会作了题为《与时俱进，投身振兴，在抚顺老工业基地重铸辉煌的伟大实践中谱写青春华章》的工作报告。来自全市城乡244名团代表出席了会议。近千名基层团干部、各界优秀青年代表应邀列席了本次会议。市领导周忠轩、尹文、张敏、郭平、陈雍等出席会议，团省委副书记李和忠参加了会议并讲话，市委副书记张敏代表市委、市人大、市政府、市政协讲话。11月30日下午，共青团抚顺市第十三届一次全会在罗台山庄召开，全会选举产生了新一届委员会常委会。杜鑫当选为共青团抚顺市委员会书记，周宏伟、曲强当选为共青团抚顺市委员会副书记。

【理论研究】 从2003年下半年开始，利用一年多的时间，团市委组织机关各部门和各基层团委开展大调研活动，形成了一系列调研报告，编撰成《抚顺青年发展报告》白皮书。《抚顺青年发展报告》是本市第一部较为系统的青年问题研究报告，报告中收集了大量翔实的第一手资料，是我市青年问题研究的一项重要的理论成果。同时，编撰完成了《抚顺青年运动大事记》，真实反映了75年来抚顺一代又一代青年工作者为抚顺青年工作做出的贡献。组织编撰了《火红的青春》共青团工作典型经验集，为全市各级团组织今后的工作提供了有益的借鉴。

【团属事业】 市青少年宫坚持“教育为本”的办宫方向，扩大办学规模。一年来共举办声乐、器乐、故事、棋类、车模等少儿大赛十余次，为繁荣我市青少年文化事业做出了应有的贡献。市少年宫被团中央、教育部授予“全国先进青少年宫”荣誉称号。市青年事业发展中心遵循“发展实业，服务青年”的工作宗旨，相继成立了抚顺市青年就业服务中心、抚顺市青年培训中心、抚顺市和元经贸有限公司及青发家政服务公司。2004年，家政服务公司共为161人求职登记，培训73人，推荐上岗17人。市青年事业发展中心被团中央授予“全国青年创业实践基地”。市青年企业家协会工作得到了加强，组织本市的青年企业家参加了团中央在沈阳举办的“中国青年企业家东北经贸行”活动，与外省市企业签定投资意向2 000万元。市青联围绕抚顺建设实际，积极参与招商引资等经济活动。参与了省青联举办的“四省一市”青年事业精英经济合作交流活动的筹划和准备工作，向省青联推报抚顺地方招商引资项目64项。青联外事工作取得新进展，韩国竝川青年会议所于6月18日正式派团来抚访问，签定“友好合作意向书”，并向本市希望工程捐款5万元。市青联也组织了青年代表团赴韩国竝川进行了友好回访，这是市青联首次与国外青联组织建立正式友好关系。一年来，市青联各活动组举办各类活动近15次，在共谋抚顺建设与发展的同时极大地调动了委员参政、议政的主动性与自觉性。

（刘　铁）

市妇联

【引导妇女创业】 强化岗位建功和科技致富服务，引导城镇妇女创造新业绩。在各行业、民营企业、社区服务网点深化“巾帼文明示范岗”活动基础上，联合开展了“争做知识型、技能型女职工，为振兴老工业基地创造新业绩”活动和“巾帼发明奖”评选活动。各条战线女职工创业建功积极性普遍增强，先后有10个单位、14名个人荣获全国、省“三八”红旗集体（手）、“巾帼建功”先进集体和个人称号，另有16名妇女被评为省“巾帼创业”标兵和荣获“巾帼创业”奖。同时，涌现一批市“巾帼建功”标兵、“巾帼创业”奖和“巾帼文明示范岗”。

着眼于提高农村妇女科技文化素质，以开发农村妇女智力资源为主攻方向，完善了科技培训、科技服务、科技示范三大网络，举办实用技术培训班351期，培训31 880人次，受训妇女普遍掌握了2门以上致富本领；新建高标准、高水平“双学双比”活动示范基地20个；组成妇女科技致富报告团，巡回报告18场；1 000名妇女获得了绿色证书；积极协调涉农部门，为“百村双有”（让100个村中的每户都有一个适合发展的项目，每名妇女都掌握一门相应的技能）参赛户提供农用物资价值20多万元；“百姐妹帮扶带、手拉手奔小康”活动成效显著，103名被帮扶者80%摆脱了贫困；联合开展文明生态村建设，为10个示范村协调建设资金20万元。

【再就业服务】 贴近妇女实际，面向市场需求，开展面食小菜、美容美发、足疗按摩、高级保姆、艺术插花、手工编织等多门类的技能培训，培训下岗女工近7 000人（次）。同时，积极拓展劳务输出渠道，组织专门人员对家政市场进行调查，安排专人编写家政培训系列教材，成立家政联谊会，并开展了评选首届优秀家政服务员活动，向20名下岗妇女赠送了食品配送车，促进了下岗妇女再就业工作。一年来，全市妇联帮助3 000多名下岗妇女实现了再就业。

【思想道德建设】 举办了浑河花园杯“千户家庭、万名妇女健身健美健康行”活动展示大赛，把“三健行”活动推向深入。“绿色家庭、绿色庭院”创建活动在百余个示范点的带动下，也迅速向社区（村）扩展。家庭读书活动、“优秀女政法干警”评选、“争当廉内助、共树好形象”活动、“十佳母亲”评选，分别以灵活的形式引起了社会的反响。

市妇联就加强未成年人思想道德教育发表了致全市家长一封信，成立了家庭教育专家顾问团、家庭教育指导员和优秀家长骨干三支队伍，组织家庭教育报告团进行了巡回专场报告。同时，开展了创建优秀社区家长学校、“争做合格父母、培养合格人才”活动，开通了家庭教育热线，先后为168名家长提供了咨询服务。200多个儿童少年工作先进集体、先进个人受到表彰。深化“小公民道德实践活动”，启动“小手拉大手，道德规范同遵守”活动，700余名学生与家长同签名、共承诺。

【维权工作】 “三八”节之际，开展“3·8”维权周、维权月、法律进社区（村）、进家庭活动，集中宣传妇女法、法律援助条例等法律条规，提高妇女的法律素质和维权能力。“维权储蓄专柜”吸纳储金已达40万元人民币。

加强信访网络建设，1 070个社区（村）全部建立了妇女维权站和投诉站。完善了信访工作机制，实行信访百分考核制度、来信来访登记制度、转办交办制度、统计报表制度、总结归档制度和重大案件通报制度，妇联信访工作逐步走上了正规化、系统化、制度化的轨道。一年来，各级妇联共接待和处理来信来访来电858件。

实施“春蕾助学”行动，全市100名单亲家庭儿童、156名贫困女童得到帮扶。另有6名贫困学生和孤儿分别被送到市拔萃私立学校和无锡光华私立学校免费就读。积极协调争取全国儿童基金会的支持，在我市贫困地区建立了3个“安康教室”。积极争取全国、省妇联的帮助，由日本东洲先生出资20万元建立的我市第二所“春蕾小学”在新宾满族自治县苇子峪镇落成，改善了贫困山区儿童的读书环境。

【政策宣传】 利用男女平等基本国策宣传年的有利时机，市妇联加强协调，整合力量，在抚顺日报开办了宣传男女平等基本国策专版，开展“男女平等基本国策和妇女儿童发展纲要进社区（村）”活动，授予抚顺县哈达镇上年村等9个社区（村）为“抚顺市男女平等基本国策和妇女儿童发展纲要进社区（村）示范基地”。下发《关于将“男女平等基本国策”列入各级领导干部培训内容的通知》，开设“男女平等基本国策”和“妇女儿童发展纲要”专题讲座，收到了较好的效果。

【自身建设】 强化妇联自身建设，工作能力进一步提高。抚顺市妇联先后被省妇联评为先进单位，被市委评为文明机关、市勤政廉洁先进单位，被市委、市政府评为农村工作先进单位、再就业工作先进单位。加强基层组织建设。市妇联下发了《关于在农村村委会换届选举中加强村级妇代会建设的通知》，698个行政村全部建立了妇代会。同时，开展先进妇代会、社区妇联的评选活动。率先在省内探索了执委联系制度，制定并实施了《抚顺市妇联执委职能任务及联系工作规定》，对妇联常委联系执委、执委联系妇女的做法进行了尝试。加强机关事业单位妇委会组建工作，组织建设基本实现网络化。

【召开抚顺市妇女第十二次代表大会】 根据《中华全国妇女联合会章程》的规定，为搞好换届工作，市妇联常委及班子成员深入县区、矿区、石化及一些民营企业调查研究，多次召开座谈会，广泛征求意见和建议，结合我市改革和发展实际，结合新世纪抚顺妇女发展实际，形成了体现求实创新精神的工作报告等一系列会议材料，精心编辑设计了反映妇女工作全貌和妇女典型风采的宣传画册，策划了一台主题鲜明、立意深刻的文艺演出，对妇女工作成就和妇女典型事迹进行系列宣传和报道，并于9月27～28日召开了抚顺市妇女第十二次代表大会，顺利地选出了市妇联新一届领导班子。

（申景芹）

市科协

【农民科技增收工程】 按照2004年农民科技增收工程分解目标，指导各县区开展农民科技增收活动。市科协会同县、区科协一起，围绕建设生态大县的目标，组织、引导农民经营中草药项目，积极普及中药材人工栽培技术，使中药材种植面积发展到20万亩，其中林下栽培12万亩，耕地栽培8万亩，栽培品种有龙胆草、地龙骨、人参等20多种，药材种植户现已达2万多户，中药材总产量达1．1万吨，实现年产值1．3亿元，纯收入0．8亿元，可增加农民人均收入350元。

【“创新杯”竞赛活动】 抚顺市科协开展的“创新杯”竞赛活动逐步深入人心，极大地调动了广大科技人员的积极性。2004年上半年，市科协深入学会、企业科协听取和了解“创新杯”竞赛活动的新情况、新问题，并及时进行沟通、协调，指导全市企业、学会、农村总立项1 500项，预计经济效益可达2．5亿元。

【“讲比”竞赛活动】 “讲理想、比贡献”活动是基层科协的传统工作，也是鼓励科技人员开展技术攻关、解决技术难题、实现“科技兴企”的有效形式。各基层科协在开展“创新杯”竞赛活动的同时，将两者有机地结合起来，涌现出了大量的科技人才。2004年全市企事业科协共完成讲比项目1 500多项；提出合理化建议13 000多条，采纳了5 981条，取得了显著的经济效益。

【“金桥工程”】 “金桥工程”活动是中国科协号召企业科协和各级学会开展的又一传统活动方式。抚顺市科协在年初就进行了广泛深入的动员，号召科技工作者以最大的热情在农村和企业之间架桥，推进科技成果转化，促进经济健康快速的发展。2004年上报省“金桥工程”重点项目30项，经济效益1亿元。

【继续教育】 科技进修学院在进行短期培训的同时，扩大了研究生、本科生、大专生的招生。今年招生工作取得了很大成功，在原有的基础上又增加了新的联合办学单位，招生人数达到了预期目标。加强教学管理，聘请资深的教授、教师上课，建立了教师管理库。目前在校的研究生、本科生、大专生有440人，培训各类技术人员300多人次。

【“厂会协作”工作】 几年来，市科协在抓好“厂会协作”工作上积累了一定的经验。本年共完成协作项目8项，取得了较好的经济效益。7月份，市科协在丹东召开了学会系统科技服务工作经验交流会。会上，抚顺特殊钢股份有限公司、抚顺石油二厂等分会分别就开展“厂会协作”工作做了经验介绍。共有33个团体会员单位及部分企业科协的代表参加了会议。会上还对“厂会协作”项目进展情况进行了阶段性总结，对全面实现预期目标起到了推动作用。“厂会协作”工作被评为全国先进单位。

【第十六届“科普之冬”暨第十一届农村实用技术大普训活动】 在这次活动中，全市农村共举办各类实用技术培训班4 972个，培训农村各类人员19．6万人次，组织科技人员632人到40余个乡镇、600余个村进行技术辅导。放映科普录像、光盘421场，展出科普图片300余幅，举办现场观摩会16次，推广新技术24项，发放科技资料38万份，乡镇举办科普大集19次。市科协还会同市农业局等部门在清原县大孤家镇举办了科普大集，为农民提供了科技信息、科技资料、农业机械、种子等，受到了农民的热烈欢迎。

【科普示范基地建设】 为使科普示范基地建设继续强化和起到辐射作用，市科协会同县区科协在每个县区确定一个规模大、辐射力强、技术含量高的科普示范基地，从而使之与产业化发展对接的更加紧密。现有7个市级科普示范基地在“引进、试验、示范、推广、培训”上发挥了作用。全市各县区共建立了76个高效农业科普示范基地，试验、示范了35个新品种，使周边农民从中看到了致富的希望，学到了技术，掌握了信息。农技协组织在其中发挥了重要的作用。

【创建科普文明社区】 科教进社区活动的开展，得到了广大群众的认可，由于群众的积极参与，使我市创建科普文明社区活动蓬勃开展。通过在城区开展创建科普文明社区活动，实现了社区科普工作群众化、社会化，一些社区建立了科普橱窗、科普画廊，实现了科普社区阵地化。加快了“十科”进社区的步伐，使广大居民更加重视科学、相信科学、热爱科学和依靠科学。建立了12座科普大学分校，为广大居民提供了接受科普教育的新型课堂。

【未成年人思想道德建设】 市科协在加强未成年人思想道德建设方面做了许多工作，先后下发了文件，会同教育部门共同成立了12所科普学校。在青少年中开展科普教育是对国家后继人才的培养，让青少年从小走向大自然，走向实验室，走向科技馆，走向夏令营，激发青少年学科学、爱科学的精神。

【举办第十九届抚顺市青少年科技创新大赛】 在积极参加省科协组织的青少年科技创新大赛的同时，市科协组织了第十九届抚顺市青少年科技创新大赛。此次青少年科技创新大赛共征集四类作品968件，经过认真的评选，确定了110幅科幻画、106件发明与论文、12项科学实践活动为获奖作品，同时从中选出部分优秀作品参加省青少年科技创新大赛，在14个市的激烈角逐中，我市所选送的作品获省一等奖的共50件、二等奖的52件、三等奖的34件。五十中学学生的作品被选送到全国参赛，市科协也荣获了全省“育才杯”青少年科技创新大赛先进单位的称号。

【举办大型科普展览】 充分利用现有的科技场馆，不失时机的进行展教活动，于5月份举办了“海洋珍奇贝壳展”，11月举办了“世界珍奇动物百科展”，参观人数达4万人。使我市的中小学生增加了对自然界的认识和了解，认识到保护动物，热爱家园，绿化祖国，保护生态环境的重要。免费为科技人员和下岗职工举办了三期电脑技能培训班；为基层科协、学会提供会议服务近30多场；为少年儿童免费放映科教电影、爱国主义电影15场。

【兴建社区科普画廊】 在省科协的大力支持下，至10月底已建成12座省统一标准的科普画廊，目前已经投入使用。科普画廊的建设，受到了广大群众的热烈欢迎，每天观看的人群络绎不绝，既宣传了科普知识，也为城区的建设提供了一道亮丽的风景线。市科协为此颁发了科普画廊管理办法，下发了文件。

【举办"科技活动周"】 按照省科技厅、宣传部、省科协的要求，市科协起草了关于开展科技活动周活动的通知，并组织了8项大型活动。在科技周活动期间，各县区纷纷行动起来，走上街头、深入城乡，向广大人民群众宣传"科技以人为本，全面建设小康"。围绕这一主题，全方位开展宣传普及工作。共展出挂图几百幅，印发宣传资料几万份。基层单位也先后举办各种活动20余项，营造了浓厚的全民科技氛围。据不完全统计，在科技周的7天时间里，参加本次科技活动周的农民、市民、学生及科技工作者达110多万人。5月19日我协会邀请省科协党组书记、副主席商向东来抚做了题为"科技进步与人类社会"的学术报告。本市各界科技工作者800余人出席了会议。

【学术交流】 2004年，市科协围绕抚顺市中心工作，针对社会的难点、热点问题，积极组织各行各业的专家和学者，坚持不懈地开展了多层次、多形式的学术交流活动。本年共举办学术交流与研讨会118次，参加人数3 556人，交流论文1 824篇；组织了30多名科技工作者参加省学术年会，并选送交流论文68篇。向省以上有关部门选送科技论文754篇，选出68篇优秀论文上报省科协，其中有41篇获省科协优秀论文奖。

另外，召开了"为发展抚顺农业经济建言献策"研讨会，市委副书记张敏、市政府常务副市长孟凌斌以及各委办局的领导、专家及科技工作者50余人出席了会议。大家通过学术交流、科技论证和决策咨询等方式提出了许多有针对性和可操作性的良言佳策。会上，市委副书记张敏、市政府常务副市长孟凌斌等分别做了重要讲话。会后市科协将论文汇集成册，将有关建议形成书面材料，以送阅件的形式，向市委、市政府的主要领导呈送，供领导决策参考。

【对外交流与合作】 为了加强同日本的友好关系，市科协在人员少，任务重的情况下，派出了一位副主席驻在日本，专门管理研修生的工作，使研修生的工作正常有序的开展。一年中，市科协共接待日本友好访问团2次，市科协组团出访2次；派出赴日一年期的研修生21人。

【办好科技工作者之家】 市科协把建设好"科技工作者之家"工作放在突出位置。积极向省和国家推荐优秀科技工作者。为表彰先进，激发广大科技工作者的创新热情，推动形成尊重知识、尊重人才、尊重创造的良好社会氛围，在科协工作会上，表彰了科协系统先进集体100多个，先进个人500余人。

【老专家科技服务团】 老科协成立了老专家科技服务团，为我市中小企业服务，为广大农村服务。由抚顺县老科协实验成功的金谷2号谷子，今年在全县作为扶贫项目推广种植3千亩，经测产平均亩产1 100斤，最高达1 300斤。同种植普通玉米相比，每亩增加收入650元，3千亩可增加收入195万元。老科协还从有限的经费中，拿出1万多元投入到科普示范基地的建设。

【建立民营企业科协】 完成在非国有企业中建立科协组织的任务。经市科协的反复宣传，并以多种形式组织召开非国有企业领导会议，召开非国有企业科协的座谈会、研讨会及经验交流会，使非国有企业认识到成立科协组织的重要性。起草下发了《非国有企业科协的管理办法》文件。经过深入细致的工作，目前已有8家民营企业成立了科协。

【自身建设】 2004年，市科协工作得到了上级有关部门的充分肯定，分别被评为省"青少年"竞赛活动先进集体，市"少年儿童"工作先进集体，市直机关"文明单位"，全国"科普活动日"先进单位，全国"厂矿协作"先进单位。

（李艳萍）

市社科联

【学术交流】 社科联围绕学习贯彻"三个代表"重要思想和党的十六大、十六届三中、四中全会精神，组织全市广大社科工作者开展理论研究和理论宣传，推动了理论创新和理论武装。年初，做了认真的部署和安排，号召广大社科工作者积极投身到理论学习和理论研究之中。

1. 组织全市广大社科工作者参与开展"我靠抚顺发展，抚顺靠我振兴"大讨论活动。本年，市社科联起草下发了"我靠抚顺发展、抚顺靠我振兴"大讨论活动方案，号召广大社科工作者为抚顺老工业基地振兴进言献策。并组织百篇文章，分别发表在《抚顺日报》、《抚顺晚报》、《抚顺社会科学》、《抚顺工运》、《抚顺税务》、《抚顺法学》、《抚顺财政与会计》等报刊杂志上。

2. 围绕振兴抚顺老工业基地召开了系列研讨会。其一，2月召开了融入沈阳经济区专家论策会。建设沈阳经济区是辽宁省委、省政府关于振兴辽宁经济的重大决策，以沈阳为中心包括鞍山、抚顺、本溪、辽阳和营口等大中城市形成的经济区则是经济发展的客观要求。会上邀请的二十几位专家、学者和政府有关部门领导就抚顺融入沈阳经济区的重要性、必要性，融入沈阳经济区的条件、比较优势，融入沈阳经济区的发展重点选择及工作原则等一系列问题发表认知程度高、针对性强、系统性强的观点和建议。其二，4月14日社科联会同有关部门组织召开了"我靠抚顺发展，抚顺靠我振兴"理论研讨会。其三，会同有关部门筹备了"抚顺经济发展论坛会"，这次"论坛会"确定的主题是：加快民营经济发展，振兴抚顺老工业基地。其四，8月10日社科联会同市委宣传部联合举办了纪念邓小平同志诞辰100周年学术研讨会。其五，8月29日召开了《满族姓氏与谱牒》国际学术研讨会。会前制定了《满族姓氏与谱牒》国际学术研讨会方案。这次研讨会，通过对满族姓氏宗谱的研究探讨，进一步发掘满族文化，充分展示了抚顺作为清王朝启运之地的文化底蕴与风采，树立具有抚顺特色的城市文化品牌形象。先后发出了500余份邀请函，邀请了海内外专家、学者，满族姓氏的企业家、事业家前来参加研讨和寻根问祖。其六，10月21日召开了社科界学习贯彻《中共中央关于加强党的执政能力建设的决定》研讨会。其七，就如何学习贯彻《中共中央关于繁荣发展哲学社会科学的意见》，4月8日举行了市社科界座谈会。

【学会管理】 上半年，对全市学会、协会、研究会进行了调研整顿，掌握了第一手材料，对已经名存实亡的20个学会给予注销认定。目前能够得到主管单位支持，并长年开展活动的学会有51个，对这些学会做到了定期沟通、定期听取汇报、定期检查。督促各学会换届调整。年初，党建学会、工运学会召开了换届大会，调整充实了领导机构，为学会自身发展提供了组织保证。

组织各学会开展了内容丰富、形式灵活多样的科研科普活动。党建学会组织会员，围绕党的执政能力、民主集中制建设、打牢党的基础等理论，进行了理论研究和探讨，并组织会员撰写文章100余篇，其中有10多篇文章在《人民日报》、《辽宁日报》、《组织人事与研究》、《理论与实践》等省级以上报刊杂志上发表。抚顺师专社科联组织开展课题调研，共组织申报了18项科研课题，其中7项被列为辽宁省教育厅高校科研计划。市场经济学学会正在进行或完成科研课题6项。其中《邓小平理论与市场经济》、《关于高职学生就业问题研究》等课题，被列为辽宁省“十五”规划教育科研课题。财政学会承担了省财政厅立项的《构建地方公共财政体制框架研究》的课题，该课题系统地探讨了地方公共财政体系框架构建问题，为全省地方实施公共财政提出了一些建设性的建议。2004年抚顺市税务学会、抚顺市金融学会、抚顺市工运学会被评为全国先进学会。

【科研管理】 1．社科联根据市委、市政府的工作部署，将社会科学课题研究规划列入国民经济和社会发展年度计划，2004年列入年度计划34项，首先同课题承担单位签订议定书，其次进行了跟踪检查。2004年共完成科研课题31项。2．组织专家论证验收了2003年度27项科研课题。3．编辑、出版了2003年度课题集。

【评奖工作】 抚顺市第十九届社科成果评奖工作7月初开始启动，经过成果申报、资格审查、学科评委会初评、学术委员会复评、市评奖委员会终审五个阶段的工作。最后从183项成果中，共评出一等奖1项、二等奖40项、三奖89项；社会科学工作先进单位5个；优秀学术团体19个；优秀社会科学组织工作者16名；优秀社会科学工作者66名。并于2005年1月10日召开了大会。

（迟安臻）

市文联

【舞　蹈】 由舞蹈家协会组织创作的舞蹈《满乡情韵》在辽宁省首届“荷花奖”评选中获奖；舞蹈《庆丰收》、《赶圩路上》、《春韵》在辽宁省第二届“舞协杯”比赛中分别获得一、三等奖；舞蹈《猜调》、《小骑兵》获中央教育电视台主办的少儿舞蹈比赛银奖。

【摄　影】 摄影家协会积极组织会员创作，并选送作品参加上级协会举办的展赛。杨宝柱创作的纪实摄影作品《班组女工》在第二十一届全国摄影展中获得铜奖。摄影家协会与大商集团抚顺百货大楼合作，举办了抚顺市摄影艺术精品展，与抚顺旅游局共同举办了抚顺风光精品摄影展。为贯彻落实市委、市政府提出的“振兴老工业基地”的工作要求，展示近年来改革开放和招商引资给我市带来的巨大变化，营造第五届满族风情节的良好氛围，展示抚顺新时期人物风貌、改革开放以来企事业单位的发展变化和抚顺美丽风光，市文联、市总工会于9月15日—9月25日在新抚区东四路步行街、劳动公园内举办了“前进中的抚顺——振兴老工业基地图片展”。这次展览参展单位共161家，展板150块，占地近400延长米。展览集中地反映了我市著名劳动模范和先进工作者的业绩、各企事业单位近年来的工作成就和经济成果、市民营企业和乡镇企业的成长发展情况，以及抚顺的自然风光、风景名胜和城市建设。摄影家协会组织会员参加了中国著名风光摄影家王达军作品展示及交流活动，并邀请吴常云、李媚等摄影界名家举办艺术讲座等活动。

【曲　艺】 曲协组织创作的少儿相声《送你短信》在全国首届侯保林杯曲艺大赛中获铜奖，《大山里的孩子》等五个作品获创作奖。2004年4月，曲协与抚顺县合作，组织举办了“抚顺县生态杯”故事创作演讲大赛。

【文　学】 在纪念邓小平百年诞辰期间，市文联统一组织了全市文学笔会，创作了以颂扬小平同志丰功伟绩为主题的组诗7首，近400行，在《抚顺日报》整版刊出。在市委发出向赵景顺同志学习的号召后，市文联迅速组织本市作者创作了诗歌作品600余行、散文10篇，在《抚顺日报》刊发，歌颂和弘扬赵景顺的感人事迹。2004年4月，作协与抚顺县合作，组织举办了“抚顺县生态杯”诗歌创作、朗诵大赛。2004年，梁静秋的中篇小说《和你在一起》在《人民文学》2004年第二期发表，另有短篇小说《我和老西》等5篇分别发表于《时尚焦点》等期刊杂志。廖淑艳的小说《谁会掀起红盖头》在《鸭绿江》2004年第十期发表，散文《女人与旗袍》在《鸭绿江》2004年第五期发表。丁彦小说《躁动的季节》在《飞天》2004年第五期发表。季项容的中篇小说《大顶子山上》在《伯乐》杂志发表。

【戏　剧】 由剧协会员参与创作演出的话剧《带陌生女人回家》在第八届中国戏剧节获八项金奖，由剧协组织重新整理的神话故事剧《绿色呼唤》演出百余场。

【美术　书法】 2004年春节期间书协、美协在罕王商场门前义务为广大市民书写春联。2004年4月20日，市文联与市纪委在图书馆联合举办了“扬正气、求振兴”书画展，征稿130多幅，精选100幅。展览汇集了全市专职书画家和业余爱好者、广大干部群众和离退休老同志及纪检监察干部精心创作的作品，先后到新宾县、清原县进行巡回展出，共有各县区及各系统3 000多人次进行参观。2004年7月15日，永陵申遗成功之后，书法家协会、美术家协会的主席团成员赶赴永陵，挥笔泼墨，开展了以庆贺申遗成功为主题的“我为遗产添异彩”笔会活动，将创作的近百幅作品无偿赠送给永陵作为永久馆藏。2004年9月，市文联、市直机关工会举办了市直机关庆祝建国五十五周年书法、美术、摄影展，展出作品200余幅，丰富了机关干部的文化生活。2004年，书协、美协先后开展了组织会员到盘锦参加省书协举办的创作班学习、请省书协知名书法家来抚讲学进行学术交流、与沈阳新天地集团进行书画交流、与日本静岗书道联盟代表共同举办书画笔会、与台湾书法家黄宪国交流书画技艺等活动。

【人才培养】 2004年，市文联及各艺术家协会继续把“扶持人才、培养人才”作为一项重要的工作来抓。市文联的文学刊物《浑河》杂志，把“立足抚顺、培养人才”作为办刊宗旨，着力在培养本地优秀青年作者上下功夫，重点刊登有潜力的青年作者的作品，为我市文学作者的作品提供发表的园地。全年共发表各类文学体裁的作品40余部（篇），其中新人新作近20篇。2004年，市文联选送青年作者尹航到省文学院第三届新锐作家研讨班学习深造，举办了青年作者黄博君诗歌作品朗诵会，为本市青年作者向更高的台阶迈进创造有利的条件。2004年，市文联先后组织了青年作者创作笔会，纪念毛泽东同志在延安文艺座谈会上的讲话发表62周年新宾采风，“三块石”采风创作，我市知名艺术家赴西部采风考察，美术家赴本溪、新宾写生等活动，为艺术家加厚生活底蕴，收集创作素材，积蓄艺术能量奠定了基础。

在2004年全省各市文联评比中，荣获省先进单位称号。

（阎家增）

市侨联

【招商引资】 市侨联把招商引资和促进民营资本扩大投资作为2004年的一项十分重要的工作。制定了工作方案，成立了领导小组，专门召开侨界知名人士、企业家座谈会，积极邀请海内外华侨华人、归侨侨眷企业家来抚顺考察投资。邀请香港控股北京新恒基房地产集团董事长、总裁到抚顺进行项目考察，带领投资商到规划建设用地的现场进行实地考察，并邀请投资商到望花滩考察投资项目；在抚顺矿业集团的配合下，认真接待了朝鲜贸易省一行6人的经贸考察活动，为企业与外商的经贸合作穿针引线。千方百计扩大市侨联企业的投资。市侨联抓住市场上能源紧缺的机遇，积极开展抚顺油母页岩油的经销项目，与舟山海联公司融资1 000余万元进行项目合作，开发利用抚顺生产的油母页岩油，打开俄罗斯进口石油的通道，为经营打下良好的基础，使侨联企业出现了生机，实现销售收入3 000余万元，扣除销售成本，企业盈利几十万元，扭转了连续几年亏损的局面。不仅支付了20余名自收自支职工的工资及各种福利津贴50余万元，解决了侨联海内外联谊、日常办公车马费用20多万元的缺口问题，同时也为国家和地方税收做出贡献。市侨联海外委员董莉在辽宁增加投资几百万元经销日本绿色茶叶和开茶庄。

【海外联谊】 市侨联领导利用参加中国侨联第七次侨代会的时机，广泛结交来自国外的华侨华人和香港澳门台湾同胞朋友，与参加会议的百余名国外嘉宾进行了有益的交流。利用在大连香格里拉参加中央统战部海联论坛会议的时机，与匈牙利郭氏集团总裁郭加迪、香港金信集团主席罗煊枫、香港中华总商会永远名誉会长叶嘉星、恒安集团董事长梁石明、大连香格里拉大饭店总经理凯杜根进行了诚挚的交流与接触。接待并聘请了英国华人社团联合总会秘书长黄荣本为抚顺市侨联海外顾问。

【为归侨侨眷服务】 依靠县区侨联面向基层社区及乡村广大归侨侨眷群众，深入到归侨侨眷中间去，了解他们所思所想所需，反映他们的意见和要求，诚心实意地帮助他们解决实际问题。尤其注意做好曾经为革命建设和改革开放做出过重要贡献的老一代归侨侨眷的工作。特别注意了做好在生产生活方面有困难的归侨侨眷的帮扶工作。深入开展了《中华人民共和国归侨侨眷权益保护法》及其《实施办法》的学习、宣传、贯彻、落实、执行工作。

【参政议政】 发挥侨界人大代表、政协委员作用，积极参与政治协商、民主监督。采取各种方式组织侨界政协委员、人大代表开展视察活动，增强他们参政议政的责任感，尤其要在贯彻执行《侨法》方面发挥维护侨益作用。围绕侨界群众下岗再就业、最低生活保障、医疗保障、冬季取暖保障、生活困难归侨侨眷子女上学、归侨侨眷房产权受侵害及拆迁安置等一系列问题，在政协会上提出意见、建议和提案。在市政协九届二次全会上市侨联主席提出了《关于解决归侨侨眷企业职工医疗保障问题的建议》，引起政协会议的广泛关注，并作为重要提案给予回复和落实。侨界政协委员郭膺的提案被评为优秀提案。由于抚顺市侨联能找准位置，服务大局，发挥侨联海内海外两个平台的独特作用，受到了各级领导的好评，在全国侨联七代会上，被评为“全国侨联工作先进集体”。

（陈建新）

市台联

【对外联谊】 2004年市台联加强了与台湾岛内和海外台胞的联系。主动联络、邀请和接待来抚顺探亲、旅游、考察经商的台胞。5月27日至28日，市台联接待了全国台盟副主委李敏宽一行5人来抚调研。在抚期间，由市政协副主席、统战部部长王淑雅，副部长侯日新陪同参观了顺农化工有限公司等三家台资企业，还观光了新宾永陵和赫图阿拉城。6月23日接待了从台湾来抚探亲的付先生等3人。通过市台联的热情接待使台湾岛内同胞对大陆政治和经济形势有了更进一步了解。本年，市台联为加强保持与台湾岛内和海外台胞的经常联系，先后与台湾岛内和海外通过电话联谊5次。

【为台商服务】 做好台商服务工作是台联工作的重要内容，通过热情、周到、细致的服务，密切了与台商的联系，增进了感情。1. 走访在抚台商3户、7次，关注其经营和生活情况，增进感情，促进了相互了解。2. 为促进抚顺台商企业的更好发展，让台商有直接向市政府反映情况的机会，市台联推荐了经营效益较好的顺农化工公司总经理刘东万为市政协委员，全部考核材料准备齐全，已报送抚顺市委有关部门审批。3. 负责接待了来大陆考察经商的台商付先生等四人，陪同台商参观考察了抚顺电瓷厂及书刊印刷和化工企业。使台商加深了对抚顺经济环境的了解，增强了投资的愿望。

【理论学习】 1. 为深入学习贯彻党的十六届四中全会精神和对台方针政策，市台联先后在3月、7月、12月专门召开理事会及青年台胞骨干会3次，学习座谈对台政策和两岸热点话题。2. 注意加强台胞中政协委员的参政议政能力。7月，市台联组织七名台胞政协委员，提出课题，深入机关开展调研，完成《加强台联工作促进抚顺对外联系》的提案。提高了台胞中的政协委员们参政意识和议政能力，2004年市政协台胞界政协委员共撰写专项调研提案3件，受到市委的重视。

【自身建设】 1. 按照市档案局要求，市台联用3个月时间将市台联从1983年成立至1990年7年其间的全部档案整理成册，分长期、永久共15卷，高标准上交到市档案局。2. 为提高台联机关工作人员和青年台胞的政治思想水平和工作能力，市台联组织了8人次到省台联组织的培训班学习。通过学习，提高了台联机关工作人员和台胞骨干政策水平和工作能力。

（石占威）

市残联

【组织建设】 2004年，市残联按照“抓基层、打基础”的要求，在进一步改善县区残联办公条件的同时，把乡（镇）街道以下残联的组织建设作为重点，在乡（镇）配备了兼职残联理事长，街道配备了专职残联干部，社区全部成立了残疾人协会，做到了组织落实、制度落实和工作任务落实。为充分调动社区残协组织工作积极性，发挥社区残协作用，年初，市残联制发了《关于开展争创优秀社区残协活动的通知》，确定了创优达标的任务和指标，并在全市100个社区开展了残疾人工作创优活动，评出20个残疾人工作优秀社区。为进一步推动协会工作开展，经市残联理事会研究决定，市残联拿出1万元资金资助各协会开展活动。在市残联的支持和帮助下，各协会活动踊跃，分别召开了工作会议，安排了全年工作。在全国第十四个“助残日”，各协会联合举办了“回报社会，展示风采”大型活动。

【召开市残联四届主席团二次会议】 根据中残联关于地方残联“每年最少召开一次主席团会议”的规定，在省残联召开主席团会议之后，市残联经过精心准备，于3月隆重举行了市残联四届主席团二次会议。市政府常务副市长魏东平作重要讲话，市残联理事长马龙田代表四届主席团作工作报告，报告对我市2004年残疾人工作进行了全面部署和安排。

【残疾人就业保障金收缴】 为提高残疾人保障金征收水平，市残联针对部分企业存在的对残疾人就业保障金政策不了解、上交积极性不高的问题，从年初伊始就加大了保障金收缴的宣传力度，加强了年审工作，并会同市地税局将《抚顺市按比例安置残疾人就业文件汇编》、《残疾人就业保障金年审及缴纳须知》和《残疾人就业保障金有关问题解答》下发到有保障金交纳任务的企业。通过市县区残联和地税、财政部门的共同努力，使保障金收缴额大幅提高，全年共收缴残疾人就业保障金412万元，比2003年增长1.5倍，其中市本级收缴282万元、增长87%，县区130.9万元、增长4.4倍。

【残疾人康复训练与服务】 全市社区康复训练与服务工作从点到面，逐步推行。依托社区、街道两级医疗机构建立起的康复指导站和康复服务站，有力地指导了社区残疾人进行康复训练。全年训练肢体残疾人117名，聋儿康复45名，智残儿童60名，脑瘫儿童22名，取得了明显效果。抚顺县石文镇康复工作成效尤为明显，在镇康复指导站的指导下，因陋就简、因人而宜，自制康复器材帮助残疾人进行康复训练，使全镇大多数残疾人通过康复训练恢复了功能，提高了生活自理能力和社会适应能力。他们的做法得到了中省残联的肯定，在《全国残疾人康复训练与服务工作简报》第五期、《辽宁省残疾人工作》第五期分别做了介绍。为将他们的经验在全市推广，7月，市残联在石文镇召开各县区残联理事长，乡镇、街道和部分社区残联干部参加的抚顺市残疾人康复训练与服务现场会议，马龙田理事长对我市深入开展社区康复工作提出了具体要求，抚顺县残联和石文镇政府介绍了他们抓好社区残疾人康复训练与服务工作经验。会议确定，下半年进一步在7个县区确定14个乡镇街道重点开展残疾人康复服务工作，全面推动社区残疾人康复训练与服务工作。

（关振清）

市黄埔军校同学会

【黄埔军校80周年校庆】 2004年6月16日是黄埔军校建校80周年纪念日，市同学会召开了隆重的纪念大会，喜庆黄埔建校80周年。黄埔会员及子女代表共50余人参加了大会。市委副书记张敏到会祝贺并发表了重要讲话。他对黄埔同学会多年来的工作给予较高的评价和充分的肯定，希望广大黄埔会员和子女要继续发扬“爱国革命”的黄埔精神，切实肩负起党和人民赋予的历史使命，为祖国和平统一、抚顺老工业基地振兴再做新贡献。肖汉会长作了题为《发扬爱国、革命、团结的黄埔精神，为促进祖国统一、振兴中华作贡献》的报告，回顾了黄埔军校的光荣历史和广大黄埔师生在中国革命及建设中的贡献。

【对台工作】 实现祖国统一，是海内外中华儿女的共同心愿，是中华民族的根本利益所在，也是黄埔同学会履行职责，努力为之奋斗的主要任务。我会本年共向海外及台湾同学、亲友发信件、贺卡、电话50件（次）。会员张万令不顾90岁高龄，坚持与海外同学和亲友通信，本年收到蒋经国之子章孝严先生的亲笔回信。接待台湾同学1人。5月22日，台湾陆军官校校友会执事、陆军官校20期在台同学会会长、原国民党蒋介石侍卫官赵师董先生及夫人前来大陆参加黄埔军校建校80周年暨20期毕业60周年纪念活动后，专程来到抚顺看望同期同学。抚顺市黄埔军校同学会接待了赵会长，并陪同参观游览了新宾赫图阿拉城、元帅林。赵先生对抚顺同学会的热情接待非常满意。

【组织建设】 在全年的工作中，同学会始终把学习和教育放在首位，利用各种形式组织引导会员认真学习“三个代表”重要思想和党的十六大及十六届四中全会的精神。本年5月24、25日，辽宁省黄埔军校同学会召开了第三次会员代表会议，本市同学会肖汉等5位代表出席大会，肖汉、常克振当选为辽宁省黄埔军校同学会理事，市同学会被评为先进集体，蒋正路、田灵秀、唐仕俊3位会员被评为优秀会员并获得表奖。针对会员年龄高、身体差、行动不便，同学会坚持走访慰问探察制度，全年为4位80岁会员祝寿，走访慰问患病住院会员。此外还帮助会员解决取暖费减免、户口落籍、民政救济等实际困难。

【参政议政】 抚顺市黄埔同学会现有各级政协委员7人，其中市政协常委1人，县区政协委员6人，他们都活跃在各级政协组织中，积极参政议政。全年共撰写提案8件，有4件被评为优秀提案。

（周立新）

军　　事

驻抚部队

·抚顺军分区·

【思想政治建设】 抚顺军分区把学习贯彻“三个代表”重要思想作为思想政治建设的核心，用党的理论创新成果武装头脑，指导实践，推动工作。采取集中授课与个人自学、专家辅导与座谈讨论、参观见学与体会交流相结合的方式，组织全体干部认真学习“三个代表”重要思想，江泽民国防和军队建设思想，及时传达学习十六届四中全会和军委扩大会议精神，深化系统理解，强化军魂意识。军分区有3篇经验做法和4篇理论研讨文章被上级转发。东洲区人武部把政治理论考试成绩纳入干部年度考评之中，每名干部的学习笔记都在3万字以上。新抚区人武部采取周学习、月交流、季讲评的办法，组织展示学习笔记和考勤登记，开展学习体会和研讨成果交流，促进学习落实。

以团以上干部为重点，进行思想道德素质测评，针对精神状态、工作标准、工作秩序和形象建设四个方面的问题，摆表现，议危害，挖根源，定措施，增强践行“三个代表”重要思想的自觉性。紧密结合形势与任务需要，深入开展新军事变革教育、安全保密教育、维护稳定教育和以“四个教育”（革命人生观教育、艰苦奋斗教育、爱国奉献教育、尊干爱兵教育）为主要内容的经常性教育。充分利用重大节假日、大型军事训练活动等时机，采取知识竞赛、文艺演出、报告辅导等形式，广泛开展民兵和预备役人员思想政治教育。顺城区人武部结合民兵训练，开办《顺城民兵简报》，交流信息，推广经验，提高民兵思想政治教育实效。

发挥传统优势，与时俱进开展学雷锋活动。军分区在春季，召开“弘扬雷锋精神，振兴抚顺老工业基地”座谈会，广泛发动，营造氛围，组织驻军和民兵预备役人员3 000多人在抚顺矿区西舍场开展植树造林大会战，植树5万余棵。还在全市民兵中开展“我靠抚顺发展，抚顺靠我振兴”大讨论和“立足岗位谋振兴”活动。先后组建4 000多个“民兵号”生产组织，争当技术革新能手、厉行节约标兵、献计献策状元，完成技术革新800多项，创造经济价值800多万元。3 000多名农村民兵致富带头人带领广大农民积极开展“同走致富路，携手奔小康”活动，成为农村生产发展主力军。军分区组织民兵和预备役人员学雷锋的做法被总政转发，并被省精神文明办评为军民共建先进单位。清原县人武部被省军区评为“振兴老工业基地做贡献先进单位”。

【军事训练】 以新时期军事战略方针为指导，军事斗争准备扎实有效。军分区紧贴作战任务，抓住“龙头”，集中力量，上下结合，军地互动，重点突破，提高打赢能力。适应未来作战需求，合理调整民兵编组布局，提高编组质量。在原民兵高炮团的基础上，编组导弹连，增加高机连、防化连、工兵连等分队数量，组建民兵防空团。将同一单位的人防、交通战备保障分队统一纳入民兵组织。全市民兵应急和专业分队中，军队专业对口人员比率、退伍军人率、经训率有较大提高。抚顺石油化工公司组建武装部，市属重点企业武装部恢复单设，基层武装机构与专武干部队伍建设得到加强。新抚区人武部抓编组注重专业对口，提高科技含量。顺城区人武部狠抓民兵营、连部规范化建设，制度落实，活动经常，遂行应急任务能力强。

针对预定作战任务，抓战备训练落实。指导新宾县人武部制定“特定方向突发情况行动预案”，组织现地勘察预定地域。积极参加省军区战役集训和首长机关指挥所综合演练，组织军分区首长机关和县区人武部有关人员进行专业知识培训，以提高战时综合指挥能力。军分区投入30万元，全面改造教导队教学及生活设施。县区人武部累计投入资金182多万元，完善民兵训练基地设施配套建设，为民兵训练基地化打基础。采取跨区联训、挂勾带训、成建制组训等方法，先后分39期，完成10个专业3 076人的训练任务，参训率达100%，合格率达90%以上，训练人数、内容、质量是近几年落实最好的。抚顺军分区实施基地化、规范化训练的做法得到省军区的充分肯定，还转发了相关经验，抚顺军分区教导队被省军区评为先进教导队。

围绕军事斗争准备，做好相关政治工作和后勤工作。以“心理战、舆论战、法律战”研究为突破口，加大训练中政治工作和战时政治工作研究力度，充实完善军分区对台战时群众工作预案。完成从1999年到2002年一、二类预备役人员登记核实工作。深入开展全民国防教育，组织全市2000多名县处级以上领导干部开展“一日兵”活动，筹划组织以“勿忘国耻，强我国防”为主题的第四个“全民国防教育日”活动，总结宣传一批支持国防教育的先进典型。加强新闻报导工作，先后有20多篇和80多篇稿件分别被中央和省级报刊刊用。依据作战任务修订完善后勤保障计划与方案，开发后勤动员潜力信息系统，扩展系统辅助决策功能，为战时实施后勤动员决策提供详实、准确信息，沈阳军区首长来抚顺军分区检查工作时观看该系统演示，给予较高评价。

【体制编制调整】 军分区把稳定官兵思想做为体制编制调整改革的关键环节，及时组织开展“讲大局、讲奉献”教育，开展谈心交心活动，引导官兵正确对待进退去留，做到思想、组织、行为三个服从，保持干部队伍思想稳定。把落实新编制与理顺工作关系、调整干部结构、保留骨干人才相应地结合起来，以保证编制体制调整改革顺利实施，以确保年度任务的圆满完成。

有针对性地抓好征兵工作改革。根据省军区指示要求，在保证男兵征集任务圆满完成的前提下，重点抓好女兵公开征集改革试点工作。首次把女兵征集政策、数量、标准、程序面向社会公开，加大宣传力度，调动适龄青年入伍积极性。2004年征集的女兵，文化、身体素质较往年大幅提高。为沈阳军区部队征集的新兵由部队接兵改为人武部直接送达部队，是2004年征兵工作改革措施之一。抚顺军分区严格执行上级规定，认真组织，选派素质好的干部送兵，没有出现退兵现象。新抚区人武部在2003年承担心理测试试点基础上，强化有关人员培训，精选场地，严格按标准测验收集各项数据，为心理测试的试点及推广提供可靠的根据。

推进后勤保障和社会化改革，是围绕军事斗争准备工作的一个重要方面。通过协调，经市人民政府制定《抚顺市支持驻军后勤保障社会化改革》的指导性文件，明确了相关政策，理顺了有关部门工作关系，为改革的顺利展开奠定了基础。在医疗保障上，组织职工参加社会医疗保险，解决就医问题；在住房保障上，加快现有住房出售，及时为房改住房办理产权证，对公寓区供暖进行"一户一阀"改造，顺利加入社会供暖网。沈阳军区联勤部在抚顺召开"后勤改革和管理经验成果交流观摩会"，抚顺军分区的经验做法获得与会人员的一致好评；沈阳军区、省军区首长也对军分区后勤改革与信息化管理给予较高评价。在2004年，按上级要求对人武部财务实行资金集中支付，军分区财务管理工作和军事交通运输工作被省军区评为先进，受到通报表彰。

坚持依法从严治军，把教育、管理、建设、防范互为关联地结合进行，突出以人、车、枪、弹为重点，在规范化、制度化上下功夫，在正规有序、令行禁止上见成效。军分区仓库基础设施、制度建设得到完善，抚顺军分区仓库被沈阳军区评为"甲级红旗库"。在2004年，抚顺军分区按时、按要求完成报废武器千余件、弹药35万发运送上交。清原县人武部认真完成正规化建设试点任务，注重软硬件建设一起抓，基础打得好，示范作用强，被省军区评为人武部正规化建设达标单位。抚顺县人武部抓住县机关办公楼改建的机会，加强协调，争取支持，办公条件得到改善，一举改变指挥办公条件落后状况。顺城区、望花区、新抚区人武部多方筹措资金，通过改扩建，高炮库的规模、设施得到改善，有利于管理和训练。新宾县、东洲区人武部靠自力更生，在地方财力不足的情况下，克服困难，改造设施，正规化建设水平有明显提高。2004年，抚顺军分区司令部被辽宁省军区评为达标司令部。

【组织建设】 以贯彻新的《军队党委工作条例》为契机，党委班子核心领导作用得到增强。新的《军队党委工作条例》颁发后，抚顺军分区党委及时组织学习，及时掌握情况，结合抚顺军分区工作实际，认真贯彻落实。沈阳军区和辽宁省军区工作组来抚顺军分区考核班子、参加民主生活会，对军分区党委的核心领导作用给予了充分肯定。

在贯彻落实新的《军队党委工作条例》中，军分区党委以落实民主集中制为重点，加强制度建设，坚持"集体领导，民主集中，个别酝酿，会议决定"的民主集中制的十六字方针。事关军分区建设重要事项互相通气，上会研究，集体把关。军分区党委在抓好自身建设的同时，认真抓好对各县区人武部党委班子建设的指导，按照工作分工，及时参加人武部党委民主生活会，并经常下到担负重大工作任务的基层指导把关。通过贯彻新的《军队党委工作条例》，各县区人武部党委班子都比较整齐，形成团结干事业，都能有所作为的局面。

加强组织建设，以党委班子成员调整为重点。2004年上半年，针对党委成员调整变化较大的实际情况，及时组织学习《军队党委工作条例》、《政治工作条例》、《党风监督条例》、《党纪处分条例》，做好党委工作，加强党委建设。下半年，集中抓十六届四中全会精神的学习，围绕加强能力建设，军分区党委中心组组织专题讨论交流，研究具体措施。根据编制调整后的职能变化、任务需求，采取岗位练兵、送学培训、个人自学、业务部门办班等方式途径，做好各级干部的教育管理。

以廉洁征兵为重点，加强党风廉政建设。针对往年征兵工作中反映突出的热点问题，制定廉洁征兵具体办法，全程实施"禁酒令"。军分区部门以上领导分工包片，军分区纪委、市纪委联合进行检查、通报，通过新闻媒体向社会公布举报电话；征兵工作人员实行挂牌服务，定期到消费娱乐场所进行抽查；各级征兵办在工作结束时对征兵人员做出书面鉴定。各县区人武部认真落实各项措施，确保兵员征集质量，树立兵役机关良好形象。抚顺军分区的做法被沈阳军区征兵办转发。

【民兵参建和"双拥"工作】 2004年，是毛泽东等老一辈无产阶级革命家"向雷锋同志学习"题词发表40周年。抚顺军分区以此为契机，组织全市民兵和预备役人员开展以"学雷锋、讲文明、树新风"为内容的民兵参建和"双拥"共建活动，召开了"学讲树"讲演交流表彰会，对先进个人、先进单位进行了表彰。积极协调地方政府，协助解放军总部、沈阳军区在雷锋生前所在团圆满举行"世纪雷锋"大型文艺演出。协调驻军、全市民兵积极参加"绿化抚顺"植树造林大会战，共植树2万多株，受到市政府的好评。强化主人翁意识，认真做好扶贫帮困工作。春节前后，分区首长带机关走访慰问张瑞媛、胡玉萍老人，帮助会元乡下砖村制定脱贫致富规划，还在夏季组织全市民兵继续开展捐资助学活动。秋季，军分区机关全体官兵为抚顺职业技术学院贫困学生捐款1.28万元，为一批贫困学生解除后顾之忧。

【国防教育】 以爱国主义教育为重点，国防教育工作获得普及和发展。以贯彻落实《国防教育法》为中心，以领导干部、民兵预备役人员和中小学生为重点，多形式、多层次、多渠道地开展全民国防教育活动，国防教育工作得到有力地推动落实。4月初，印发市委副书记张敏和军分区政委张祥关于做好2003年国防教育工作的讲话，表彰了2002年国防教育工作10个模范单位、10佳国防教育领导干部、10位国防教育先进工作者。7月中旬，市国防教育办与市民防办联合举行有2.25万人参加的国防、民防知识电视大赛和国防知识答卷活动，用以提高全市人民的国防知识、国防观念。9月份，组织开展第三个全民国防教育日。市国教办与市委党校联合对900多名局级干部、3 500多名处级干部、730名科级干部进行国防教育法的学习辅导。国教办与市教育局联合组织全市中小学国防教育成果展，承办辽宁省中小学国防教育经验交流现场会，推动国防教育在中小学的普及与发展。

（侯庆金　邢国良　耿照堡）

·雷锋团·

【基本情况】 2004年，雷锋团认真贯彻落实党的十六届四中全会和军委扩大会议精神，紧紧围绕赴利比里亚执行"维和"任务和参加全军"火车—2004"活动，圆满完成了维和、演习、柴河水库驻训、光缆施工、迎外、宣传雷锋等任务，被沈阳军区评为"装备'三化'达标优秀单位"、"新闻报道先进单位"、"基层建设先进团"、"科技工作先进团"。

【圆满完成赴利"维和"任务】 按照联合国的要求，根据国务院和中央军委的指示精神，雷锋团于2003年11月20日组建赴利"维和"工程兵大队。该大队编制一个指挥组和道路、桥梁、建筑、支援四个中队，共275人，配有推土机、挖掘机、装载机、平路机、吊车等大型装备104部。“维和”大队分别于2004年3月17日、4月7日抵达利比里亚首都蒙罗维亚过渡营，5月11日到达任务区绥德鲁市，完成了任务部署。

雷锋团在国外“维和”期间，大队党委按照“严格管理、科学组织、树好形象、确保安全”的工作思路，克服了气候炎热、生活不适、环境恶劣、水土不服、疾病困扰等重重困难和雨季施工中出现的各种不利因素，抢修道路678公里，架设贝雷钢桥3座，木质桥梁涵洞18座，修筑泥泞路段315公里，砍伐消耗木材670余立方米；修建DDRR解武营地50.9万平方米，构筑临时停车场、直升机场3万平方米，为“联利团”在利比里亚顺利实施解武计划和人道主义救援工作提供了保障。同时，维和大队还担负了“联利团”第四战区的各种小型工程保障任务，先后帮助友邻“维和”部队和第四战区平整了营区场地，构筑了综合后勤保障基地和DDRR营地，附近居民的供水、供电，加深了与利比里亚人民的友谊，树立了和平之师、文明之师、威武之师、胜利之师的良好形象，受到了“联利团”最高长官克莱因先生、首席行政长官布特西女士、总司令奥潘德将军、利比里亚政府外交部长尼梅利、大吉达省省长及各界群众的高度评价。“维和”大队受到了“联利团”、利比里亚政府及各界群众的高度评价，所有官兵被联合国授予“和平荣誉勋章”。中国国际广播电台、中央电视台、《参考消息》、《解放军报》、新华网等多家媒体报道了他们的“维和”事迹。

【参加“火力—2004”演习】 雷锋团261名官兵，于5月4日赴大连参加总部、军区统一指挥的由65631部队组织的“火力—2004”演习。在4个多月的时间里，雷锋团官兵出色地完成了各级下达的各项工作任务，受到了总部、军区等各级首长的高度赞扬。

此次演习出动兵力261人，其中干部29人、战士232人；动用机械、车辆38台（部），其中车辆28台、机械10部。在历时136天的演习活动中，全体参演官兵平整场地2 100多平方米，修建石子路面两条，350延长米；垒砌堑交壕538延长米，抹灰1 400平方米，上盖板316块，混凝土灌注420立方米；完成了覆土伪装、种植草坪、砌筑模拟台军工事、构筑野战火炮掩体等项工程任务。为“火力—2004”演习活动取得圆满成功提供了强大的保障。

【学雷锋活动】 一是坚持开展“学雷锋育人”活动。通过选送入学、集中培训、重大任务磨炼和参加全军自学考试等方式，培训首长、机关干部26人，工兵专业技术能手122人。去年，有46人通过了全国、全军自学本专科学历考试，有6人被军区、集团军评为优秀军事人才。二是大力开展“支建帮建”活动。参与抚顺市重点工程和沈南高速公路建设，开展了“扶贫帮困”活动，与抚顺市顺城区建立“扶贫帮困”对子，新增加了20名失学儿童的资助对象。为驻地长春小学送去了大量书籍。三是广泛宣传雷锋精神。与有关单位联合主办了“全国雷锋小学夏令营”暨“雷锋精神与未成年人思想道德建设”研讨会。接待了2万多人次的军内外参观者以及中央电视台青少部来团过党日。团队被抚顺市委、市政府和抚顺军分区评为“拥政爱民模范团队”。有1人被辽宁省授予“雷锋奖章”。四是让雷锋精神走出国门。3月初，团队迎接了法国地面部队副司令索梅尔为首的军事代表团参观访问。“维和”大队在利比里亚创办了雷锋纪念馆，接待了600多人参观。与12所高校和中小学开展了学雷锋联谊活动。妥善处理了氯气泄漏事件，广泛开展助民公益活动。大吉达省向“维和”大队赠送了“中国雷锋永恒”友好牌匾，并授予全体干部荣誉市民称号。

（王 军）

武警支队

【基本情况】 武警抚顺支队重新组建于1983年1月（1987年4月，原抚顺市支队与原第五支队合并，组建新的抚顺市支队），级别为正团级单位，主要担负看押、看守、守卫和城市武装巡逻勤务。机关驻地位于抚顺市新抚区公园街18号。2004年，在总队和地方政府党委的正确领导下，抚顺支队党委求真务实，依据年度总体工作思路，紧密结合支队建设实际，通过全体官兵扎扎实实打基础，认认真真抓落实的共同努力，部队建设取得了一定成效，较好地实现了“两个确保”的目标。在全支队官兵的共同努力下，确保了以执勤和“处突”为中心的各项任务的圆满完成。支队整体建设呈现出逐步规范、稳中有升的良好态势。

【组织建设】 党委班子建设得到了进一步加强。年初，面对支队现状和班子实际，支队党委提出了把这届班子建设成为，能够独立解决问题，勇于继承创新；能够有能力引领部队建设发展，把好关、定准向；能够转变作风，立好形象，扭转风气，求真务实，赢得基层官兵拥护和赞誉；能够靠有作为，争取地方党委政府支持，让总队党委放心满意；能够善于驾驭全局，抓住机遇、迎接挑战、赋有起色、力争上游、加速赶队的班子的目标。按照努力建设学习型、务实型、创新型、廉洁型党委的要求，在加强党委班子的学习、改进党委班子的作风、提高党委班子成员的素质能力、加强党委班子的廉政建设等方面，采取了强有力的措施，强化了以支队党委为龙头的各级班子的核心作用。重教育、抓干部、强化组织工作，充分发挥政治工作的服务保障作用。严格按照先进性的要求，建立完善各级组织。

【思想政治工作】 切实加强预防工作，确保安全底线的绝对安全。首先是紧紧抓住重点时期、重要勤务人员的政审不放松。3月份，支队政治处保卫股同警务股对340名新兵进行了复审复检工作和心理测试。经过认真的审查，没有发现不合格情况，没有政治退兵。同时完成了执勤人员、重点人员上岗前的政审工作。先后圆满完成了“两会”、“501”和“910”警卫勤务用兵的政审工作。其次是紧紧抓住预防教育不放松。结合开展的忠诚卫士教育，在广大官兵中广泛开展讲实话、道真情、树正气活动。

【执勤正规化建设】 加强了执勤正规化建设，提高了保中心能力。首先加强领导，切实把执勤工作的“中心”地位落实到具体行动中。依据《正规化执勤检查验收标准》，进一步加大了执勤工作软件和硬件建设，在“严制度、抓经常”上下功夫。严格了交接制度，加大勤务管理力度，融洽与目标单位的关系，确保执勤目标的绝对安全。强化执勤训练，把提高执勤人员能力作为提高安全系数的可靠保证。加强组织领导，把保证临时勤务圆满完成作为首要任务来对待。全年，支队共出兵6 000余人次，车辆100余台次，完成临时任务6次。

【后勤管理】 求真务实，规范化管理，保障力度明显增强。首先，在基础设施建设上下大力。基层基础设施建设得到了较大的改善。其次，在管理上完善制度常抓常议。支队党委高度重视后勤工作，尤其在重大开支的投向投量上，在围绕保障中心工作把关定向上，常抓常议。全年后勤整体建设水平稳中有升。按照执勤保障有把握，"处突"保障有准备，反恐保障有基础的思想，完善战略制度，加强战备建设，规范战备秩序，提高后勤应急保障能力。根据形势任务的需要，立足最困难、最复杂的情况，组织修订和完善支队后勤保障方案，制定相关的后勤保障计划。并按照规定的数量、质量，及时调整和补充粮秣、经费、给养、器材、药材等战备物资，加强对储备物质的保管。

【新兵授衔仪式】 1月18日上午，为进一步继承和发扬伟大的雷锋精神，引导全体新兵走雷锋的成长道路，永远做党和人民的忠诚卫士，抚顺市支队全体新兵在雷锋公园里的雷锋塑像前隆重地举行2004年度入伍宣誓即新兵授衔仪式。

【市领导到支队现场办公】 3月2日，抚顺市委、市政府在抚顺市支队召开书记现场办公会。市委书记周银校、副市长魏东平，市委袁秘书长、秦副秘书长，计委、财政、土地规划、建委、民政局等单位的领导以及清原、新宾满族自治县县长参加了会议。

【落实支队机关办公楼设计方案】 2004年11月26日，在抚顺市支队党委会议室内，来自市计委、市建委、市建筑设计规划院等单位的二十余位专家与支队领导就机关办公大楼设计方案进行最后敲定，这是抚顺支队落实省委闻书记和总队议警会精神的一项重要举措。

（翁　博）

人民防空

【民防改革】 2004年，按照省政府和省军区关于《辽宁省民防防灾救援建设暂行标准》的要求，全面落实民防改革综合试点工作的各项任务，基本上达到了验收标准。1. 健全完善了民防应急救援组织指挥体系。根据省政府的要求，2004年，研究拟制了《抚顺市突发公共事件总体应急预案》，并以市政府文件印发。该预案进一步明确了民防指挥部人员构成和相关部门的职责任务，从根本上解决了过去防灾应急工作指挥关系不顺、任务职责不清的问题。依据这个预案，提请市政府发文，重新调整了市民防指挥部的组成人员。同时，协调相关部门，组建由分管市长牵头的抗震救灾、地质灾害、抗旱防汛（气象灾害）、森林防火、生产安全事故、化学事故、公共卫生事件、突发社会安全事故、交通事故、建筑事故、农业救灾和防疫等11个分指挥机构，为实施民防应急救援组织指挥工作奠定了基础。同时，在全省率先成立了抚顺市防灾救援专家咨询委员会，并召开了成立大会，制定出台了《抚顺市防灾救援专家咨询委员会工作制度》，就专家委员会的性质、职责、任务以及工作程序等作了明确具体的规定。筹备召开了市民防指挥部第三代全体成员会议，认真听取了市民防办关于全市民防工作情况和市民防指挥所建设情况的汇报，审议通过了抚顺市公共突发事件应急处置各分指挥机构及组成人员名单。

2. 建立健全了防空防灾一体化的预案系统。在完善配套防空作战、破坏性地震、重大核化事故、重大交通事故等"四大预案"的基础上，积极协调有关部门，完成了特大安全事故、突发事件、"小新屯"地区山体滑坡以及突发公共事件总体应急预案的编制，并指导22个一级重点目标单位制定了抢险抢修方案。在此基础上，结合贯彻落实应突预案，协调有关部门和单位，对22项分预案和10项保障计划做了进一步修订和完善。目前，我办掌握的各种防空防灾预案已达16种50余件，并建立了电子文档和文本文档，做到了统一规范，统一管理，形成了以四大预案为主，各单一灾种预案为辅的预案配套体系，为提高民防综合协调能力奠定了基础。

3. 完善了指挥自动化系统建设。按照省办统一制定的标准，安装使用了防空袭专用软件及地震灾害、化学事故、交通事故应急救援辅助决策软件，实现了预案管理自动化。在软件安装过程中，对重要目标进行了信息采集，输入了各种重要信息一万余条。该系统在东北地区人民防空会议上，进行了抚顺市破坏性地震应急救援组织指挥网上演示，受到与会首长和全体代表的一致好评。在处置重大化学事故、交通事故和"小新屯"山体滑坡应急救援行动中，均发挥了较好作用。

4. 加强了民防应急救援专业队伍建设。在充实加强7支民防专业队伍的基础上，根据应对突发事件的实际需要，确定消防、治安、医疗救护、防化、防疫、电力抢险抢修、燃气抢险抢修、自来水抢险抢修、建筑抢险抢修、道路抢险抢修、通信抢险抢修、交通运输保障、通信保障、水上抢险等专业队为防灾应急救援第一响应队伍。为提高各专业队伍的实战能力，积极协调各县区和有关部门，狠抓了民防专业队伍的训练工作，编制下发了训练计划和训练大纲，落实了相关事宜。在普遍搞好基础知识和专业技能培训和训练的同时，采取紧急集结、迅速拉动以及模拟演练等形式，集中训练各种专业队员300余人。同时，组织了县区民防志愿者骨干培训班，集中3天时间，进行了民防志愿者队伍建设与管理、公民防灾常识、防护器材性能与使用、火场逃生技能、事故现场自救互救、队列训练等相关内容的培训，共有75人参加，收到了较好的效果。

5. 加强了值班勤务和出警救援工作。研制开发了自动化接警系统，培训了接警处警人员，保证了应急救援工作顺利进行。特别是在参与东洲区"小新屯"地区山体滑坡救援行动中，出动了指挥车、通信保障车和应急救援车，及时赶赴事故现场。应急救援组和通信保障组启动了超短波集群网，开设了现场应急救援指挥部，迅速组织落实综合协调、系统保障和特种救援任务，为领导指挥群众疏散提供了方便，保证了群众安全撤离。市应急救援中心全年共接警26次，出警19次，解救遇险人员40余人，为社会减少经济损失300余万元。

【工程建设和管理】 1. "结建"工作成效明显。在全市基建工程大幅度减少的情况下，抽调人员，集中力量，采取深入现场逐项落实的办法，严格把好审批关。全年共审批民用建筑29项，其中批建地下室13项，1.1万平方米，应建率达100%；批缴易地建设费16项，收取易地建设费285.4万元，应收率达100%。同时，加大了执法清欠力度，全年共立案89项，其中，申请法院强制执行27项，清回欠款1 345.6万元，补建防空地下室2.1万平方米。全市共收取结建费1 810万元，其中市本级1 631万元，比上年同期增长了18%，创造了历史最好水平。同时，加强了结建工程质量管理，坚持深入施工现场跟踪督察，共验收防空地下室7项，建筑面积1.3万平方米，验收率达100%。收取质监费19万元。

2. 民防指挥所建设步伐加快。市民防指挥所工程（0301工程）是我市城市建设重点工程之一，我办始终把这项工程当作一件大事来抓。于4月下旬完成了主体掘进、被覆、锚喷等施工任务，在组织工程技术人员进行认真细致地质量检查后，顺利通过了省防办对一期工程的验收。3月初，召开了工程指挥部第二次全体会议，议定了二期工程招标、监理单位、政府采购、建设资金等问题。通过公开透明的招标，分标段确定了施工单位。二期施工队伍进入施工现场后，经过近7个月的艰苦奋战，完成了内部砌衬、装修及风、水、电、“三防”、消防等设备设施的安装任务，完成投资926万元，其中土建工程575万元，设施351万元。经检查，整个工程实现了保安全、保质量、保工期、保廉洁的要求。

3. 人防工程维护管理和开发利用成效显著。为促进人防工程的维护管理工作，在全市范围组织开展了工程维护管理评比检查，使工程管理水平有了很大提高，基本做到项项工程有单位管理，有专人负责，工程良好率达到97%以上。全市各级人防部门和工程管理单位还大力加强了人防工程的消防安全管理，坚持做到措施有力，责任到人，工作到位。特别是对事故隐患的整改情况实行跟踪检查，一抓到底，做到隐患不消除、问题不解决绝不放过，有效地保证了消防安全。同时，认真组织开展了消防安全教育和业务培训，举行了灭火器和消防设施操作使用实地演练，有效地提高了消防安全管理水平。此外，在资金紧张的情况下，对站前、解放路的消防设施进行了改造，收到较好效果。经考核评比，全市各单位人防工程消防安全管理工作达标均在95分以上，实现了安全无事故。

【人防工程开发和利用】 在搞好工程维护管理的同时，进一步加大了开发利用力度，全市开发利用人防工程141项，利用面积16.3万平方米，利用率达59%，创产值（营业额）2.5亿元，实现利润2 359万元，上交税金461.99万元，平战结合收入完成1 005万元（其中早期工事使用费6万元，通信创收26.1万元），安置就业人员4 348人。

【通信 警报建设】 1. 完善了通信基础建设。组织协调有关部门修订完善了《抚顺市防空防灾通信保障计划》，明确了通信联络的组织、任务，落实了人员、设备、器材，并定期组织了训练和演练。研究制定了《2004年—2005年抚顺市民防通信建设实施方案》，报省民防办审批后组织实施。同时，制定了市民防指挥所通信基础设施建设实施方案，并深入施工现场指导布线和各种管孔的预留。充分利用社会和民防部门自身的通信设施，完善了以“民防96199”为龙头，与110、119、120、122和军事机关作战值班系统相连接的民防指挥通信系统，保证了重大灾害信息的及时获取和指挥联动。

2. 落实了机线整修改造工作。对全市民防通信系统进行了春、秋两季机线大检查和认真维护保养，全年共维修、更换电缆4处，处理电话线路故障3处，接续电缆近千对，维修电话50余台，并对全市民防通信管道进行了普查，补齐了丢失的井具，铸造了“民防通信”字样。完成了眼病医院电缆迁移、东林路地下管道改造、抚顺城地下管道和线路改造、市委后院地下电缆管线改造、东四路地下商场配线架改造、新玛特后院地下管线的防护、市应急救援值班室控制台安装及布线等任务。全市通信警报线路和设备完好率达到98%以上。

3. 加强了警报网的建设与管理。按照省民防办要求，对全市警报设施逐项进行了登记，通过普查，把相关资料输入计算机，实现了计算机管理。按照规定组织了全市防空警报器的试鸣工作，鸣响率达95%以上。特别是认真组织了以“毋忘国耻，强我国防”为主题的“9·18”警报鸣放活动，全市警报鸣响率达100%。这次活动，不仅检验了全市防空警报的报警能力，也对全市人民进行了一次爱国主义教育。按照“十五”警报建设计划的要求，本着科学选点、合理布局的原则，分别落实了新安装警报器的具体地点和管理单位，安装电声警报器10部。

4. 建设了计算机网络。根据实际工作需要，建设并开通了市办机关办公自动化局域网，配置了29部终端机，使我办机关的各项工作实现了计算机网络化管理。建立和开通了抚顺市民防网站，确定了域名（WWW. FSMF. GOV. CN），为各处、站分制建立了电子邮箱，在互联网上发布各类民防信息60条，扩大了信息交流。同时，还实现了与省防办计算机网络的互通互联。

5. 加强了通信业务培训。在充实和加强警报台业务人员的基础上，对有线、无线通信业务人员进行了培训，有效地提高了业务水平。全年警报台抄报1 018份；指挥台上下沟通联络548次，收发报28份，收发传真文件60份，基本做到了值勤不漏岗，收发报无差错，实现了无线沟通率不低于95%，有线转接率不低于1:15 000，警报台收报差错率不高于1%的指标，无通信违纪和责任事故发生。

【宣传教育】 年初召开了全市民防宣传工作会议，总结了2003年民防宣传工作情况，部署了2004年宣传工作任务，表彰了2003年度在民防宣传工作中做出突出成绩的5个先进单位和10名优秀报道员。同时，整顿了宣传报道员队伍，对各单位宣传报道工作实行定期考核制度，有效地提高了基层宣传报道工作的积极性。全市民防系统共上报信息234条，被国家、省、市采用刊登信息17条；在市以上新闻媒体刊发各种新闻稿件113篇，对宣传民防，促进民防事业的发展起到了推动作用。同时，配合市人大组织了《人民防空法》执法检查活动，并在全市初级中学认真组织开展了民防知识教育，开课率达100%，考试及格率达95%以上，并达到“四有”标准。

为增强全民国防观念和防灾救灾意识，市民防办组织各区民防办在市中心繁华的东四路商业步行街，举办了防空防灾知识宣传“一条街”活动。市委副书记张敏、市政府副市长毛绍华等市党政军领导参加了宣传活动。这次宣传活动，共展出宣传板30块，悬挂横幅标语20幅，彩旗50面，出动宣传车5辆，发放宣传单2万张。宣传内容有民防应急救援、人民防空、“三防”知识、化学灾害防护、地震、防火、气象灾害、安全用电、交通安全、传染病和食物中毒预防等方面知识，吸引了万余名群众驻足观看。在宣传过程中，采用了大屏幕投影、电视录像、录音机等现代化手段进行宣传，多家新闻媒体也到现场采访并播发了消息。

【“准军事化”文明机关建设】 1. 深入开展了创建学习型民防机关活动。市民防办党组织开展了创建学习型机关活动。采取各党支部分别组织学习，办里集中辅导和交流学习成果为主要学习形式。每周的星期五为学习日，坚持雷打不动，机关党委定期检查考核，抽查学习笔记。全年共组织辅导报告2次，学习成果交流1次，参加“两个条例”和《行政许可法》知识测试2次，撰写学习体会文章115篇。在学习中，还组织开展了“我靠抚顺发展，抚顺靠的振兴”大讨论活动，在广泛宣传发动的基础上，认真组织学习了《中共中央、国务院关于实施东北地区等老工业基地振兴战略的若干意见》和温家宝、曾庆红同志视察辽宁及抚顺时的讲话，紧紧围绕振兴抚顺老工业基地的目标、任务及主要措施，结合民防工作实际，开展了“我靠民防发展，民防靠我振兴”大讨论。在讨论中，大家积极为民防发展建言献策，为开拓新局面出主意想办法，有效地调动了广大干部职工的积极性。

2. 积极开展了机关作风整顿活动。按照市委的总体安排，市民防办机关党委认真组织开展了机关作风整顿活动。通过“五查五看”，使干部职工的思想观念、工作作风、工作方式，都有了不同程度的转变，工作效率、服务质量、干部素质也得到明显提高。

3. 大力加强了软环境建设。结合贯彻实施《行政许可法》，狠抓了民防系统软环境建设。在组织干部职工进行培训，普遍提高思想认识的基础上，认真开展了自检自查，就加强办公秩序建设、建立领导干部工作责任制、推行“政务公开”制度、严格执行廉政制度、深化民防体制改革等项工作制订了具体实施方案，并把软环境建设列为“准军事化”建设和目标管理工作的重点考核内容，坚持周检查，月通报，年终评比，取得了阶段性成果。

4. 坚持不懈地抓好党风廉政建设。市民防办在抓党风廉政建设中，始终坚持标本兼治。坚持搞好有针对性的系列教育活动。首先从抓预防入手，加强经常性的思想教育，使广大党员干部保持廉洁自律，同时狠抓各项制度措施的落实，建立健全监控机制，从源头上预防和治理腐败。结合贯彻《行政许可法》，建立了行政审批项目监督机制，成立了审批领导小组，明确了管理职能，严格了审批权限。在工程建设中，坚持了工程项目招投标制度，严格按照《国家招投标法》规定程序，在市纪检部门的监督下进行，有效地防止和杜绝了腐败现象的发生。

5. 积极做好迎接东北地区人民防空会议准备工作，展示了良好形象。按照沈阳军区和省民防办的安排，市民防办在东北地区人民防空会议期间承担了“创建‘准军事化’文明机关经验交流”、“城市防空防灾预案编制和落实情况汇报”以及“破坏性地震应急救援组织指挥网上演示”等三项任务。为把各项准备工作落到实处，在主动向市委、市政府和军分区领导请示汇报，积极协调有关部门的同时，编制了工作计划，分解细化了具体任务，还专门成立了筹备工作领导小组，请市政府副秘书长和军分区参谋长担任组长，负责组织协调演练的有关事宜，同时，请主管副市长作为指挥应急救援行动的总指挥代替市长参加正式演练。在整个准备过程中，调动了各方面力量，落实了具体工作任务，明确了责任单位、责任人和完成时限。由于准备工作做得细致扎实，在东北地区人民防空会议上出色地完成了任务，受到与会首长和全体代表的好评。市直机关工委在市民防办召开了市直机关作风整顿文明单位创建活动现场会，推广了该办的经验。2004年，市民防办被市委、市政府评为机关作风建设先进单位；再次被省委、省政府评为“文明机关”；被沈阳军区再次评为东北地区人防工作先进单位；市民防办离退休干部党支部还被中组部评为全国先进离退休干部党支部。

（高宽山）

法　制

概　述

2004年，全市政法机关以维护社会治安稳定为首要任务，以控制群体事件频发、刑事犯罪高发为工作重点，紧紧围绕振兴抚顺的大局，改革创新，较好地完成了各项工作任务，为全市改革、发展、稳定做出了应有的贡献。

反邪教斗争日益深入，教育转化成果突出。全市开展了“四无五争创”和反邪教警示教育活动，以市关爱教育学校和顺城区等县区办班为主，教育转化“法轮功”人员。总结教育转化实践经验，出版了《用雷锋精神重塑美好人生》一书，筹资建成了1 500平方米的市关爱教育学校综合教学楼。教育转化工作受到中央、省委政法委充分肯定，在全国和全省教育转化工作会议上介绍了经验，省反邪教领导小组做出了向抚顺学习的决定。

打、防、治多措并举，刑事发案总量首次下降。坚持以打促防，公安机关侦破刑事案件7 603起，抓获违法犯罪人员17 106人，全年没发生有影响的重大恶性案件；检察机关批准逮捕刑事犯罪嫌疑人1 978人，提起公诉2 393人；法院审结刑事案件1 971件。公安机关向改革要警力、要战斗力，积极构筑治安防控体系，将交巡、经税侦合一，警力装备向基层倾斜，提高了群众见警率；新宾满族自治县、东洲区等县区积极开展平安县区创建活动，壮大群防群治队伍，夯实了治安稳定的第一道防线；望花、新抚等县区及时表彰见义勇为群体，调动了人民群众同犯罪分子作斗争的积极性，涌现见义勇为群体3个、先进个人58名。解决突出治安问题，积极开展出租房屋、流动人口和校园周边治安整治，特别是凶杀案件专项整治，取得了显著成果，全市凶杀案件和死亡人数分别比上年下降41.85%和40.4%。全市的刑事发案总量多年来首次较上年下降了9.7%。

大调解活动全面展开，维护稳定工作成效显著。针对全市群体访、越级访频发势头，开展了“化解矛盾在基层”大调解活动，排查调处各类矛盾纠纷7 948件，调解成功7 743件，调解成功率达91%，防止民转刑案件114件，预防群体性上访事件224批次、2 290人，维护了全市大局稳定。全市各县区政法委和市直政法机关，积极开展处理解决涉法访问题专项治理，新访案件明显减少。化解矛盾大调解和处理涉法访工作均被省委政法委充分肯定，分别在全省介绍了经验并受到表彰。

强化软环境建设，为企业服务效果明显。全市政法机关积极主动地为抚顺振兴提供法律保护和服务，公安机关破获各类经济诈骗案件85起，为50家民营企业提供了“挂牌保护”；检察机关侦办经济犯罪案件103件，为国家挽回经济损失4 000余万元，并针对重点行业、重点企业和项目，积极开展职务犯罪的预防和查处工作；法院系统办结执行案件4 198件，执行标的金额达11.06亿元；司法行政机关积极组织律师为340家企事业单位担任法律顾问，代理诉讼和非诉讼法律事务2 310件，清欠1.4亿元，避免经济损失1.3亿元，为群众公证办证67 558件，办理法律援助案件132件；有力地促进了全市经济发展，保护了改革顺利进行。

坚持不懈抓队伍建设。全市政法机关坚持用雷锋精神建队育人，深入开展“公正执法树形象”和远学任长霞、近学赵景顺及身边优秀干警等多种形式的主题教育活动，同时积极组织岗位练兵和业务培训，进一步提高了全市政法干警的政治和业务素质；市县区政法委认真履行对政法机关领导班子和领导干部的日常管理监督及干部协管职能，加强了政法机关领导班子建设，促进了执法能力的提高；认真学习贯彻《党内监督条例》和《党员处分条例》，年内全市查处违纪案件61件、处理违纪干警76人，遏制了司法腐败；坚持从优待警，在市财政资金相当困难的条件下，解决了公安分局干警工资和经费保障问题，调动了城区公安干警的积极性。在市人代会上，2004年的检、法两院报告高票通过，政法队伍整体形象明显好转。

（丁帮超）

地方法制建设

·立　法·

【人大立法】 市人大常委会把加强立法工作作为推进民主法制建设，落实依法治国方略的重要任务，全年共完成了《抚顺市节约能源条例》、《抚顺市志愿服务条例》和《抚顺市城市供水用水管理条例》3部地方性法规的制定工作；完成了《抚顺市森林资源保护条例》、《抚顺市河道管理条例》、《抚顺市拍卖管理条例》和《抚顺市有线电视管理条例》4部地方性法规的修订工作；完成了《抚顺市劳动力市场管理条例》、《抚顺市社会医疗机构管理条例》和《抚顺市道路交通管理处罚条例》3部地方性法规的废止工作。同时，指导民族自治县制定立法规划，开展地方立法工作。受全国和省人大的委托，组织人大代表、有关专家学者和“一府两院”的领导对10部法律法规草案开展了征求意见工作。

首次举行了《抚顺市城市供水用水管理条例》立法听证会，推进了立法决策的民主化、科学化。

（赵恒春）

【行政立法】 本年共完成立法项目16件，其中提请市人大常委会审议地方性法规（草案）9部；制定政府规章4件；完成国家、省法律、法规、规章草案征求意见稿15件；向国务院、省人大常委会、省政府、市人大常委会报送政府规章备案4件。为贯彻实施《行政许可法》，对全市现行有效的政府规章和政府文件进行全面清理，共废止政府规章4件、政府文件7件。

2004年本市行政立法工作有以下几个特点：一是围绕贯彻实施《行政许可法》审核立法项目，对与《行政许可法》抵触的地方性法规和政府规章作修正或废止；二是围绕振兴抚顺老工业基地开展立法工作，针对本市地方铁路运输管理中的问题，制定了《抚顺市铁路专用线专用铁路管理办法》，这件规章的制定对规范地方铁路运输管理，振兴抚顺地方经济将发挥良好的作用；三是通过立法推动公用事业领域向市场化方向改革，在国家出台了公用事业领域改革的决定后，针对本市公用事业领域的实际，制定了《抚顺市城市污水处理费征收办法》、《抚顺市城市煤气管理办法》，为促进公用事业领域改革及规范收费管理工作发挥积极的作用。四是贯彻以人为本、立党为公、执政为民的思想，按照《立法法》和《规章制定程序条例》规定，在立法工作中严格立法程序，每一件地方性法规、规章草案都通过召开座谈会、论证会、听证会等多种形式，广泛征求意见，特别是听取管理相对人的意见。

·地方性法规　规章·

【市人大发布的地方性法规】 1.《抚顺市体育市场管理条例》（2003年12月17日市十三届人大常委会第六次会议通过，2004年1月16日省十届人大常委会第七次会议批准）。

2.《抚顺市节约能源条例》（2004年4月14日市十三届人大常委会第九次会议通过，2004年5月29日省十届人大常委会第十一次会议批准）。

3.《抚顺市志愿服务条例》（2004年4月14日市十三届人大常委会第九次会议通过，2004年5月29日省十届人大常委会第十一次会议批准）。

4.《抚顺市人大常委会关于修改〈抚顺市森林资源保护条例〉的决定》（2004年6月29日市十三届人大常委会第十次会议通过，2004年7月9日十届人大常委会第十三次会议批准）。

5.《抚顺市人大常委会关于修改〈抚顺市河道管理条例〉的决定》（2004年6月29日市十三届人大常委会第十次会议通过，2004年7月29日省十届人大常委会第十三次会议批准）。

6.《抚顺市人大常委会关于修改〈抚顺市拍卖管理条例〉的决定》（2004年6月29日市十三届人大常委会第十次会议通过，2004年7月29日省十届人大常委会第十三次会议批准）。

7.《抚顺市人大常委会关于废止〈抚顺市劳动力市场管理条例〉的决定》（2004年6月29日市十三届人大常委会第十次会议通过，2004年7月29日省十届人大常委会第十三次会议批准）。

8.《抚顺市人大常委会关于废止〈抚顺市社会医疗机构管理条例〉的决定》（2004年6月29日市十三届人大常委会第十次会议通过，2004年7月29日省十届人大常委会第十三次会议批准）。

9.《抚顺市人大常委会关于废止〈抚顺市道路交通管理处罚条例〉的决定》（2004年8月26日市十三届人大常委会第十一次会议通过，2004年9月29日省十届人大常委会第十四次会议批准）。

10.《抚顺市城市供水用水管理条例》（2004年10月27日市十三届人大常委会第十二次会议通过，2004年11月26日省十届人大常委会第十五次会议批准）。

11.《抚顺市人大常委会关于修改〈抚顺市有线电视管理条例〉的决定》（2004年10月27日市十三届人大常委会第十二次会议通过，2004年11月26日省十届人大常委会第十五次会议批准）。

（赵恒春）

【市政府制定的政府规章】 1.《抚顺市人民政府关于废止〈抚顺市对外劳务合作管理暂行办法〉等四件规章的决定》（抚顺市人民政府令　第106号）；

2.《抚顺市铁路专用线、专用铁路管理办法》（抚顺市人民政府令　第107号）；

3.《抚顺市城市污水处理费征收办法》（抚顺市人民政府令　第108号）；

4.《抚顺市城市煤气管理办法》（抚顺市人民政府令　第109号）。

【市政府废止的政府规章】 1.《抚顺市对外劳务合作管理暂行办法》（1996年8月15日抚政发［1996］35号文）。

2.《抚顺市城市供热管理办法》（1995年9月15日抚政发[1995]74号文）

3.《抚顺市客运出租汽车和小公共汽车治安管理规定》（1998年4月10日抚顺市人民政府令　第44号）

4.《抚顺市洗浴业管理暂行办法》（1999年3月29日抚政发[1999]15号文）。

（张晓光）

·法律监督·

【人大法律监督】 人大常委会以宪法颁布50周年为契机，采取多种有效措施，在全市广泛开展了宪法的学习宣传活动，增强公民的宪法意识，推动了宪法的贯彻实施。

行政许可法7月1日开始实施前，举办了行政许可法专题辅导，召开了实施行政许可法的座谈会，加大了学习和宣传力度。同时，按照行政许可法要求，对地方性法规进行了全面的清理。常委会和各专门委员会还围绕抚顺振兴和发展的突出问题，先后开展了城市规划法、促进科技成果转化法、大气污染防治法、农村土地承包法、村民委员会选举法等20部法律法规的执法检查，促进了这些法律法规的贯彻落实。常委会把维护司法公正，提高司法效率作为推进民主法制建设的一项重要任务。组织人大代表对人民法院执行工作进行了视察，提出了工作意见和建议。市中级人民法院在全市开展了“执行会战五十天”的活动，共执结各类案件719件，取得了良好效果。认真听取了市人民检察院关于全市预防职务犯罪工作情况的报告，作出了《关于加强预防职务犯罪工作的决定》，要求有关部门抓好日常教育，健全制度，严格管理，强化监督，防患于未然，使本市的预防职务犯罪工作得到了进一步的加强。常委会把人民群众反映强烈、长期得不到公正解决的申诉控制案件作为审查和督办的重点，16件重点申诉控告案件当年结案12件，维护了公民和法人的合法权益。

【行政复议与行政应诉】 1.行政复议。本年有142名公民、9家法人分别向不同的行政机关提出了复议申请，合计151件。涉及到公安、林业、土地、城建、卫生、农业、经贸和劳动方面，申请复议事项分为行政处罚、行政许可、行政强制措施、行政收费、行政不作为，被申请人包括乡镇政府、县级政府、县级政府部门，市级政府部门。经依法区分，对151件申请，受理了139件，不予受理12件。在受理并审理的139件中，申请人撤回申请38件，行政复议机关作出决定维持的48件，撤销的27件，变更的5件，其他处理21件。从市本级政府看，2004年受理行政复议申请38件，其中涉及劳动教养19件，林权争议5件，工伤认定5件，建筑施工许可证4件，治安罚款2件，治安拘留1件，土地争议1件，房产执照1件。在上述38件中，接转下年6件，结案32件，其审理结果是维持16件，撤销5件，作出终止审理决定11件。

2.行政应诉。本年有148名公民、19家法人或者其他组织分别向人民法院提起行政诉讼，合计167件。涉及类别为公安、林业、土地、城建、房产、环保、经贸、人事、劳动和综合执法等。被告包括乡镇政府、县级政府、县级政府部门、市政府和市级政府部门。经人民法院的审理和判决，原告撤诉的50件，占30%；维持的43件，占26%；撤销的28件，占17%；变更的8件，占5%；限期履行职责的4件，占2%；其他方式处理34件，占20%。

（余振波）

检 察

·反腐败检察·

【基本情况】 两级检察院全年共受理初查贪污、贿赂、渎职等职务犯罪案件168件，立案侦查117件，其中经济犯罪案件103件、渎职侵权犯罪案件14件。重特大案件96件。通过办案，为国家、集体挽回经济损失4 000余万元。

【落实服务措施】 两级检察院坚持以科学发展观为指导，认真落实《抚顺市检察机关为振兴老工业基地服务的实施意见》中规定的各项服务措施，正确区分经济纠纷与经济犯罪的界限，对改革中确因缺乏经验而出现的失误，不贸然查处；对可能激化社会矛盾，直接影响企业生存、发展或重大引资项目顺利进行的案件，不贸然查处；对经营状况较好的企业主要负责人或关键岗位人员的举报线索，不贸然查处，防止出现“查办一起案件，垮掉一个企业，下岗一批工人，影响一方发展和稳定”的负面效应。为维护涉案人员和发案单位的合法权益,促进文明执法,积极推行“正名制”，对经查确属被错告的6名当事人及时予以了正名,维护了当事人的合法权益。

【查办大案要案】 两级检察院在全年立案侦查的职务犯罪案件中，犯罪数额5万元以上的案件33件，10万元以上的案件18件，百万元以上的案件2件；立案侦查县（处）级以上领导干部职务犯罪要案23件。大案要案占立案总数的82%，比上年上升14.7个百分点。办案中，坚持“一要坚决，二要慎重，务必搞准”的原则，特别注重在“搞准”上下功夫，提高了成案率、起诉率，降低了撤案率、不起诉率，有效地保证了打击严重职务犯罪的工作力度。

【职务犯罪预防工作】 两级检察院按照省检察院的要求，结合抚顺地区预防工作实际，强化了预防工作规范化管理，突出抓好案件预防，注重开展预防宣传，使预防工作初步形成了“基础建设有样板，社会预防有措施；个案预防有规范，行业预防有网络；警示教育有读本，宣传教育有载体”的预防格局，开创了预防职务犯罪工作的新局面。市检察院经与市纪委、市建委协商，制定了《抚顺市建设市场廉政监督条例》，进一步规范了建筑市场的廉政准入制；经与市纪委、抚顺监狱积极联系，在抚顺监狱建立了“抚顺市预防职务犯罪警示教育基地”。为有效防止“工程上马，干部下马”问题，深入开展了重大工程项目的同步预防。两级检察院为深入开展预防宣传教育，成立了由市检察院主管副检察长任组长的抚顺市预防职务犯罪宣讲团，先后深入有关单位开展预防犯罪讲座50余场，听众达10余万人次；市检察院将本市近年查办的典型职务犯罪案件罪犯的忏悔录以《迟到的悔悟》为题汇编成册，赠送给各级领导干部，并在《抚顺晚报》上连载刊登；市检察院主办了全市职务犯罪预防知识竞赛活动，并在市电视台支持下，制成电视专题片向全市播出。为推动职务犯罪预防走上法治轨道，市检察院就近三年来全市职务犯罪预防工作向市人大常委会作了专题报告。市人大常委会经审议,作出《关于加强职务犯罪预防工作的决定》,有力推动了全市职务犯罪预防工作。

·刑事检察·

【基本情况】 两级检察院依法从重从快打击各种严重刑事犯罪活动。全年共受理公安机关提请批准逮捕案件1 477件1 978人，经审查，批准逮捕1 346件1 787人；受理移送审查起诉案件1 867件2 678人，经审查，起诉1 674件2 393人。

【打击严重刑事犯罪】 两级检察院遵照上级检察院的工作部署，继续突出重点，严厉打击境内外各种敌对势力特别是“法轮功”邪教组织的渗透破坏活动；依法严厉打击严重暴力犯罪、黑恶势力犯罪、盗窃、抢劫等侵财犯罪以及涉毒犯罪；从重从快打击涉及淫秽色情网站犯罪以及经济领域中各种严重犯罪活动。批捕重特大刑事犯罪嫌疑人221人；起诉重特大刑事被告人307人。与其他政法机关积极配合，批捕“法轮功”犯罪案件9件11人，从快起诉7件8人，震慑了邪教犯罪分子的嚣张气焰。

【健全“严打”经常性工作机制】 经主动与公安机关沟通协商，制定了《特派公安刑侦部门检察员制度》、《加强侦查监督与公诉部门衔接配合工作制度》，规范了《人民检察院派员介入公安侦查活动制度》。为保证办案质量、提高执法水平,侦查监督部门统一规范了《审查逮捕案件办案流程和质量标准》;公诉部门试行了不起诉案件公开审查的新举措,规定除特殊情形,不起诉案件的审查处理一律公开进行,主动接受社会各界的监督。

【强化检察环节社会治安综合治理】 两级检察院树立打造平安抚顺的大局观和稳定观，会同公安机关及有关部门，妥善处理了犯罪嫌疑人蔡某等人组织150余人涉嫌聚众冲击国家机关案、引发群众集体上访的李某非法侵占案、李某拒不执行法院判决案等一批重大敏感性案件。本着适用轻缓刑事政策、创建和谐社会的精神，对20余起轻微刑事案件，做出了调解后暂不起诉的处理；结合办案，积极开展了“青少年维权岗”活动和“检察官送法进社区”等活动，收到了较好的法治效果和社会效果。抚顺县检察院等基层院还探索制定了《未成年人犯罪检察工作实施办法》，把党和国家对未成年人犯罪的“教育、感化、挽救”方针落到实处，拓展了检察环节社会治安综合治理工作的新领域。

·诉讼监督·

【侦查监督】 以立案监督为重点，强化侦查监督。为拓宽立案监督案源渠道，两级检察院认真落实上级检察院部署开展的“制售假冒伪劣商品、侵犯知识产权立案监督专项行动”，主动与工商、税务、质监等行政执法部门联系，联合制定了《关于建立行政执法与刑事执法相衔接工作机制的实施办法》，注意深挖群众反映突出的对涉嫌制售假冒伪劣商品、有毒有害食品犯罪有罪不究、有案不立等案件线索。全年要求侦查机关说明不立案理由128件，监督立案100件，通过监督批捕犯罪嫌疑人92人。

【刑事审判监督】 以刑事抗诉为重点，强化审判监督。两级检察院把刑事抗诉作为诉讼监督的重中之重，坚持“以事实为依据，以法律为准绳”，从维护被害人合法权益、维护社会稳定出发，本着“敢抗、善抗、抗准”的原则，对法院确有错误的刑事判决、裁定，依法提出抗诉5件5人，其中，法院采纳检察机关抗诉意见，作出改判4件4人。

【刑罚执行监督】 以专项活动为契机，强化刑罚执行监督。两级检察院针对刑罚执行中的突出问题，部署开展了“监外罪犯刑罚执行监督专项活动”、“减刑、假释、保外就和专项检查活动”，对全市1 660名监外罪犯逐人逐案进行“拉网式”检查，纠正脱管、漏管41人，建议上网追逃6人，纠正不当上报减刑案件5件5人，对不符合保外就医或暂予监外执行条件的罪犯，建议收监执行9人。在纠防超期羁押方面，通过深入细致工作，继续保持了全市无超押案件的工作局面。

【民事行政审判监督】 积极探索新途径，强化民事行政审判监督。两级检察院以抗诉为核心，注意深挖因行政干预或地方保护主义导致裁判不公的案件，审判人员贪赃枉法、徇私舞弊或严重违反法定程序导致裁判不公的案件线索，以促进司法公正为目标，努力为经济振兴营造诚信公正的投资软环境。全年共受理各类民事行政申诉案243件，立案审查公民、法人不服法院民事（经济）、行政判决（裁定）的申诉案224件，提出抗诉77件，建议法院再审32件，法院改判12件；对不符合抗诉条件的300余起申诉案件的当事人做了大量法律宣传工作，有的经依法调处，实现了息诉和解。两级检察院民事行政检察部门还先后深入遍及全市各地的130余家企业开展法制宣传，签订法律服务协议书，积极为企业提供法律咨询服务，有效地维护了各类民事主体正当的民事权益，稳定了经济和社会秩序。

【控告申诉检察监督】 以清理涉法访为重点，强化控告申诉检察监督。两级检察院树立"以人为本"的理念和群众意识，通过建立"大信访"格局，落实首办责任制，实施涉法访案件"倒查"机制，全面推进控告申诉检察监督工作。全年受理群众信访773件，受理举报线索683件，检察长接待来访188人次，疏导、化解了大量社会矛盾。市检察院还制订了《检察机关执法便民二十条措施》，对申诉人居住在偏远地区、行动不便或经济困难的刑事申诉案件，进行实地回访33人次；为生活确有困难，无支付能力的诉讼当事人，提供检察技术援助6人次。市检察院和新抚区检察院分别继续保持了"全国检察机关文明接待先进单位"、"文明接待示范窗口"荣誉称号。

·队伍建设·

【思想政治建设】 市检察院党组为认真贯彻中央"两个条例"，印发了《关于进一步加强党风廉政建设工作的实施意见》、《关于严肃检察纪律的若干规定》，加强了对干警的严格教育、管理和监督，严肃查处了一名违纪干警。通过组织干警学习任长霞等执法为民的先进人物的事迹，引导干警树立正确的执法观和价值观，干警的思想政治建设、职业道德和职业纪律建设得到了进一步加强。

【开展教育及岗位练兵活动】 开展了"强化法律监督，维护公平正义"教育活动。为提高干警的业务素质和执法水平，市检察院结合贯彻上级检察院部署的执法质量和队伍建设"两大考评体系"工作，在市检察系统深入开展教育培训和岗位练兵活动。在活动中，坚持自学与练兵相结合、基础训练与专业技能培训相结合、领导与群众相结合的方法，开展内容充实、形式多样的学习培训和岗位练兵活动。

【接受社会监督】 加强与人大代表经常性的联系，自觉接受人大监督。两级检察院切实把接受人大及其常委会监督摆上检察工作重要日程，进一步健全完善了人大代表联络制度，认真办理人大交办案件15件，召开代表座谈会90余次，印发《人大代表联系专报》近3 000份，市检察院为市人大代表赠阅了《检察日报》；对市人大常委会在全市软环境调查中针对检察机关提出的2条批评意见，市检察院迅速抽调人员进行专项检查和整改；市检察院邀请部分省、市人大代表视察了案件质量评查工作，邀请部分市政协委员视察了监所检察工作；对全市各级人大代表进行了普遍走访。为进一步拓宽接受监督渠道，根据上级检察院统一部署，从各级人大代表、政协委员和社会人士中选任了63名人民监督员。经启动个案监督程序，组织人民监督员评议、表决自侦"三类案件"23件，增强了检察机关的办案透明度。2004年9月，在省委人大工作会议上，市检察院作为省检察机关的代表，就自觉接受人大监督工作作了经验介绍。

（万成忠）

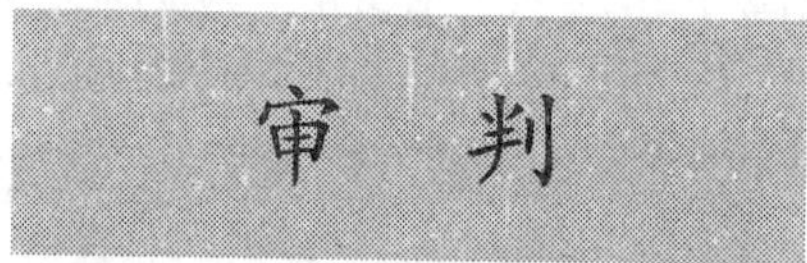

审 判

·综 述·

2004年，全市法院共受理案件21 302件，结案20 896件。其中，市法院受理案件3 402件，结案3 282件，分别比上年上升14.6%和12.2%。审判质量和效率进一步提高，被上级法院发回重审、改判案件11件，比上年下降了42%，违法超审限、超期羁押案件为零。一审服判率进一步提升，刑事、商事案件上诉率分别比上年下降20%和19.6%。诉讼调解力度进一步加大，民商案件调解结案率由2003年的54.1%提升至63%。各项基础建设取得新进展，审判流程管理机制基本形成，局域网工程投入使用，档案管理晋升为省特级先进单位。涉诉访工作取得了阶段性成果，市法院被上级法院推荐为国家信访局信访工作先进单位。队伍建设取得新成绩，全省法院思想政治工作会议介绍了市法院队伍建设的经验。

·刑事审判·

【基本情况】 全市法院共审结各类刑事案件1 971件，其中市法院审结336件，含一审重大案件147件。始终坚持依法从重从快打击杀人、抢劫、强奸等严重暴力犯罪和盗窃等多发性犯罪。已生效判决中，共判处犯罪分子2 030人，其中，处5年以上有期徒刑、无期徒刑直至死刑的357人。

【审结刑事大要案】 院、庭长靠前指挥，抽调精干力量，发扬连续作战精神，审结了辽阳地区刘伟等15人涉及黑社会性质组织犯罪案、周福君等4人抢劫杀人案及受害群众达300余人的吕绍闻非法吸收公众存款犯罪案等危害大、影响大、社会广为关注的大要案。针对本市凶杀案件高发的严峻形势，深入开展了凶杀案件专项整治，市法院组织开展了抚顺地区凶杀案件情况专题调研。在案件处理上，坚决重判严惩杀人、抢劫等严重侵害群众生命、人身安全的刑事案件，坚决打击犯罪分子的嚣张气焰。依法审判了一批社会广为关注的刑事大要案，震慑了犯罪，鼓舞了民心。还与公安、检察机关密切配合，积极开展了打击网络淫秽色情专项斗争。

【审判涉黑犯罪】 审结了辽阳地区刘伟等15人涉及黑社会性质组织犯罪案，圆满完成了上级法院指定管辖案件的审判任务；加大工作力度快审重判。坚持从重从快的原则，在工作中，加大打击力度，加大工作投入力度，打破作息常规，加班加点，加快办案节奏，缩短办案周期，公诉案件在一个月内审结，最迟不超过一个半月。

【参与社会治安综合治理】 深入开展了社会治安综合治理。坚持教育、感化和挽救的方针，对未成年服刑人员进行延伸帮教；开展法制宣传和司法建议活动，扩大了办案的社会效果。

【减刑假释工作】 依法办理减刑、假释案件894件。市法院对假释案件首次实行听审会方式办案。10月21日上午，市法院刑一庭在抚顺市监狱召开了由监狱、检察机关和在押人犯参加的假释案件听证审理会。在这次听审会上共有5名罪犯被依法提请假释。听审会首先由审判长核对罪犯身份并告之享有申请回避权，之后，由刑罚执行机关工作人员宣读了对拟假释罪犯的假释意见书，并提供了罪犯符合假释的有关事实和证据，意见书中详细地列举了关于拟假释罪犯在改造中的表现情况和立功受奖得分情况。宣读完毕审判长询问检察机关和罪犯对证据有无异议，然后请同监区犯人出庭作证，了解罪犯的入监表现情况，检察员发表了检察机关的意见，最后由服刑罪犯陈述个人意见。一个多小时内完成了5名罪犯假释案件的整个听审，每一个与会人员都直观清晰地了解了听审方式的程序和步骤，服刑罪犯在与法官面对面的听审中，直观地上了一堂生动的法制教育课，促使他们更加积极地进行改造。既体现了公开、公平、公正的现代司法理念，也使服刑罪犯明确了假释的条件，了解了审理的过程，对案件的审理结果均表示满意。

·民商　行政审判·

【民商审判】 全市法院共审结各类民商案件12 769件，其中市法院审结1 377件。依法审理了19家国有、集体企业申请破产案件，破掉企业债务15.9亿元，涉及职工26 969人。审理金融纠纷案件99件，标的金额5.1亿元。对房屋拆迁安置、涉农案件等较为突出的群体性纠纷，依法妥善地进行了审理，促进了社会的和谐稳定。

市法院审结涉及民营经济发展的案件29件，标的金额7 900万元。全力协调并征得最高法院的支持，为抚顺挖掘机制造有限责任公司避免了1 000余万元的经济损失。

【行政审判】 全市法院共审结各类行政案件434件，执结非诉行政执行案件630件，标的金额达2 604万元。其中市法院审结行政诉讼案件90件，执结非诉行政执行案件61件，标的金额达2 300万元；审结国家赔偿案件10件，决定赔偿4件。既促进了政府依法行政，又维护了群众的合法权益。

·执行工作·

【基本情况】 全市法院共执结执行案件4 198件，标的金额11.06亿元。其中市法院执结514件，标的金额7.48亿元。

【制裁拒不执行行为】 在市委政法委的支持下，会同有关部门发布了《抚顺市公、检、法三机关关于打击制裁拒不执行人民法院判决、裁定罪的通告》，并进行了广泛宣传。依法将逃避、抗拒执行的被执行人李某，以涉嫌拒执罪移送有关部门，并为市信托投资公司挽回经济损失近3 000万元。

【组织打击拒执罪宣传活动】 5月29日上午，市法院执行局组织两级法院执行干警利用公休时间，统一开展了一次“依法打击拒不执行人民法院判决、裁定犯罪行为”的宣传活动。这次活动主要是采取了集中宣传《通告》内容、现场解答人民群众的法律咨询；利用黑板报或横幅统一书写“依法打击拒不执行人民法院判决、裁定的犯罪行为”的内容，利用音响设备反复播放录制好的法、检、公三家联合通告。两级法院105人参加了宣传活动，活动中共散发《通告》2 000余份，解答人民群众法律咨询620人次，解决法律文书涉及的问题12件。

·审判质量和效率·

【提高审判质量和效率】 市法院被上级法院发回重审、改判案件11件，比上年下降了42%，违法超审限、超期羁押案件为零。一审服判率进一步提升，刑事、商事案件上诉率分别比上年下降20%和19.6%。市法院全年审结二审案件1 100件，其中改判或部分改判70件，维持566件，调解、终结等作其他处理的464件。刑事、行政二审案件改判率分别比上年下降了0.7和2.7个百分点。

【加大诉讼调节力度】 诉讼调解力度进一步加大，一审民商案件调解结案率由2003年的54.1%提升至63%。

·软环境建设·

【解决涉诉上访问题】 市法院组织开展了“解决涉诉上访总体战”，实行了《院领导预约接待来访规定》和两级法院领导包案制度，制定了《关于开辟重点信访案件“绿色通道”的制度》和《关于申诉复查工作的有关规定》。全国“两会”和十六届四中全会期间，上访者劝返率达100%，重返进京的为零；在全省法院系统进京访件数排序中，抚顺法院系统由原来的第3位退至第7位。市法院被上级法院推荐为国家信访局信访工作先进单位。

【调查评议反馈】 在市人大常委会对全市软环境建设情况进行的调查评议中，共收集到对法院系统表扬肯定意见14条（占“一府两院”全部表扬肯定意见的35%），批评意见9条（占“一府两院”全部批评意见的6.4%），建议2条（占“一府两院”全部建议的6.7%）。市法院专门召开了软环境建设绩效讲评会议，认真查摆，举一反三，积极整改，注重实效。认真落实市人大常委会对全市软环境建设情况进行的调查评议反馈要求，要求广大干警既从全市大局出发，站在为老工业基地服务的高度，通过发挥审判职能，保证中央振兴老工业基地的各项政策得到充分有效的贯彻执行，同时，又要切实落实亲民、爱民、便民、利民的各项举措，软环境建设的力度和成果都有了新的提高。

【便民服务】 实施了诉讼指南和诉讼权利义务告知制度，推行了诉讼风险提示制度，建立了值班法官接待来访、处理咨询制度。在主要审判区域新建公共卫生间，在接待大厅设置了饮水机、电风扇、沙发等便民设施，体现了司法人文关怀。对合法权益受到侵犯但经济确有困难的群众依法减、缓、免收诉讼费和执行费。同时，坚持开展“法官为您服务”活动，广泛深入地进行法制宣传和法律咨询，受到了群众的普遍欢迎和好评。全市法院共收到锦旗93面、表扬信165封。

【接受监督】 两级法院积极接受人民代表大会及其常委会的监督，主动向人大报告工作，进一步加强与代表的联络，邀请代表视察法院工作，旁听案件审理，对法院纪律作风情况明查暗访。全年市法院共发出征求意见函662封，走访代表264人次；办结市人大代表建议5件、政协委员提案5件，代表、委员均表示满意。

·队伍建设·

【廉政建设】 印发了《廉政手册》，开展了法官家属“争当廉内助、共树好形象”活动，教育干警远离“五道高压线”。市法院制定实施的《关于审判委员会委员对接触当事人及案外人情况公开说明的规定》，得到了最高法院的充分肯定，并以《每日信息》向全国法院系统进行了转发。严格执行《审判质量差错责任追究办法》，查处了5起审判差错案件。从严查处违法违纪干警，全市法院给予行政警告直至开除公职处分的7人，党内警告处分的1人。

【表彰先进】 树立了以李善香为代表的一大批先进典型，两级法院共有6个集体、13名个人荣获省级以上荣誉称号，15个集体被评为市级先进集体，37人被评为市级先进个人，12个集体荣立三等功，6人荣立二等功，41人荣立三等功。在2004年5月全省法院思想政治工作会议上，市法院介绍了队伍建设的经验。

【基层审判成果】 全年基层法院的

整体工作水平均取得了新的提升，基层法院全年共审结各类案件17 614件，涉案标的金额3.35亿元。受理、审结案件数量分别占全市法院的87.7%和88.1%。其中，刑事、行政二审案件改发率分别比上年下降了0.7和2.7个百分点。人民群众对法院工作的满意率有新的提升，在县区人代会上，基层法院工作报告赞成率平均达到95.4%。

【苇子峪法庭办公楼落成】 10月27日，举行了新宾县法院苇子峪法庭办公楼落成典礼。新宾县法院下设5个法庭，自1998年以来，在省法院、市法院以及新宾县委、县政府等部门的关心支持下，该院先后扩建了镇郊法庭，新建了红升等4个法庭。苇子峪法庭于2004年7月9日破土动工，历时103天，至10月20日全面竣工，占地3.2亩，建筑面积794平方米，楼内设有大、小两个审判庭，立案大厅、会议室，以及供干警办公、休息、就餐等多个工作间和其他附属设施，投入使用后能完全满足法庭审判工作需要，基本达到了最高人民法院关于两庭建设的标准要求。

【岗位练兵和岗位培训】 市法院法警支队组织了50名司法警察进行了应对突发事件实战演练，并在全国法院系统司法警察技能大赛中取得了优异成绩；加强了对基层法官的岗位培训，参加省、市级培训班的达350余人次。同时，积极发挥市法院的指导、协调作用，千方百计帮助基层办实事、解难题。

·典型案例·

【吕绍闻非法吸收公众存款被判刑九年案】 市法院对犯有非法吸收公众存款罪的被告人吕绍闻进行公开宣判，一审判决其有期徒刑九年，并处罚金人民币20万元。

被告人吕绍闻，男，1949年9月29日生人，原系抚顺市利顺达山泉饮品厂厂长。其于2001年7月经工商部门批准，在清原满族自治县北三家乡注册成立了私营企业抚顺市顺利达山泉饮品厂。由于企业缺少资金，被告人吕绍闻便以百分之一百的年息向社会吸收资金。2002年2月至9月通过宣传，以抚顺市顺利达山泉饮品厂的名义与沈阳地区的徐永贵等50余人签订90余份加盟入股合同，以年息百分之百的高额利息非法吸收存款90余笔，总计人民币150余万元。其中50余万元用于支付本金及部分用于生产外，被告人吕绍闻无力支付被害人的100余万元本金。

2003年2月被告人李桂芳向吕绍闻提出在沈阳市苏家屯地区以百分之百的高息回报为其联系投资者，吕按投资额的百分之五付给李桂芳等人好处费。2003年2月至2003年8月通过李桂芳等人的介绍，沈阳市苏家屯地区共有500余人以签订加盟入股合同的方式，向抚顺市顺利达山泉饮品厂投资500余笔，总计人民币1 200余万元。

至案发前被告人吕绍闻非法吸收公众资金人民币1 300余万元，返还被害人本金600余万元。

市法院认为，被告人吕绍闻未经有关部门批准，采用加盟入股的形式变相吸收公众存款，扰乱了金融秩序，金额达1 300余万元，尚有600余万元未返还。数额巨大，情节严重，其行为已构成非法吸收公众存款罪，故作出上述判决。

【本市首例编造虚假恐怖信息罪案】 原抚顺石油化工综合服务公司工人冯国祥、刘汉田，因犯编造虚假恐怖信息罪，分别被新抚区法院判处有期徒刑三年、二年十个月。这在本市尚属首例。

被告人冯国祥，男，45岁，1982年曾因盗窃犯罪被判徒刑；被告人刘汉田，男，54岁，二人均系抚顺石油化工综合服务公司工人。

2004年4月的一天，被告人冯国祥、刘汉田在被告人刘汉田家中预谋编造虚假恐怖信息，被告人刘汉田让被告人冯国祥分别于2004年4月22日、4月26日先后两次向中国石油天然气股份有限公司信访办及总裁办拨打匿名电话，故意编造位于辽宁省抚顺市新抚区华山街附近的“中国石油天然气股份有限公司辽宁销售公司抚顺销售分公司矸子山油库三天之内将发生特大爆炸事件”的虚假恐怖信息。扰乱了中国石油天然气股份有限公司及辽宁省销售公司和抚顺销售分公司、抚顺市委、市政府及公安、消防等部门的正常工作秩序，给公众造成恐慌，严重地扰乱了社会秩序。2004年4月27日2时许，公安机关将刘汉田抓获，同日被告人刘汉田协助公安机关将冯国祥抓获。

法院审理此案后认为，被告人冯国祥曾因盗窃犯罪被判刑一次，仍不悔改，又伙同他人编造恐怖信息，给公众造成恐慌，严重扰乱国有公司、国家机关的正常办公秩序和社会秩序，其行为已构成编造虚假恐怖信息罪，应依法惩处。被告人刘汉田明知编造恐怖信息会扰乱社会秩序，仍然让被告人冯国祥拨打电话编造该恐怖信息，其行为亦构成编造虚假恐怖信息罪，应一并惩处。案发后，被告人刘汉田积极协助公安机关抓捕同案，属立功，可从轻处罚。

【原抚顺矿山液压配件厂厂长刘成良虚开增值税专用发票触犯刑律案】 原抚顺矿山液压配件厂厂长刘成良因犯虚开增值税专用发票罪，被抚顺市新抚区人民法院判处有期徒刑三年，缓刑三年，并处罚金人民币10万元。

被告人刘成良在担任抚顺矿山液压配件厂法人代表期间，与被告人周文旭相识。1999年8月，被告人周文旭通过其亲属洪忠生（另案处理）为被告人刘成良虚开了销售单位为北京市化恒威商贸公司，税额为33 500余元，价税合计231 000余元的2组增值税专用发票，被告人刘成良将该2组增值税专用发票交予本单位会计郑某入账抵扣税款33 500元。2001年1月，被告人周文旭通过洪忠生找到沈阳市北方电动阀门厂厂长纪敬民（另案处理），让纪以其单位名义虚开了3组增值税专用发票税额为47 800余元，价税合计为342 800元，被告人周文旭将该3组增值税专用发票交予刘成良，刘成良让本单位会计郑某入账抵扣税款47 800元。同年3、4月间，被告人周文旭又找到洪忠生，由洪忠生虚开了5组销售单位为沈阳市北方电动阀门厂的增值税专用发票，税额为72 000元，价税合计为495 500元，周文旭亦将该5组发票交予被告人刘成良，刘成良将该5组增值税专用发票交予会计郑某入账抵扣税款72 000元。

新抚区人民法院审理此案后认为，被告人刘成良、周文旭违反国家增值税专用发票管理规定，虚开增值税专用发票，数额较大，其行为均已构成虚开增值税专用发票犯罪，应予惩处。案发后，二被告人家属能积极代替其交纳罚金，可酌予从轻处罚。依照《中华人民共和国刑法》及《最高人民法院关于适用〈全国人民代表大会常务委员会关于惩治虚开、伪造和非法出售增值税专用发票犯罪的决定〉若干问题的解释》的有关规定，对被告人刘成良、周文旭均判处有期徒刑三年，缓刑三年，并分别判处罚金10万元。

（蔡建忠）

公　安

·综　述·

2004年，公安机关以开展命案侦破会战为载体，对各类刑事犯罪继续保持高压打击态势，确保了全市治安大局平稳。进一步加强了情报信息工作，对影响稳定的重大问题做到了超前预警。进一步深化警务改革，交警巡警合一，经侦、税侦合一，切实提高为改革开放和经济建设服务水平。2004年完成了指挥中心的接警处警、通讯调度、屏幕显示、地理信息等九个系统的全面升级改造。GPS卫星定位系统建设一期工程基本完成。完成了公安三、四级网络的铺设工作，在全局范围内实现了540个IP站点联网。刑事犯罪信息实现了全局联网，全市指纹倒查系统全部建成，完成了GSM移动通信技术侦控系统一期工程。大力强化各级领导班子建设和队伍教育管理工作，有力地推动了各项公安工作的开展。

·国内安全·

【打击邪教违法犯罪活动】 2004年，公安机关共打掉“法轮功”团伙9个，端掉窝点6个，在追逃查实工作中，抓捕一批逃犯，查实一批下落不明人员，收缴了一批作案工具及1万余份宣传品。“法轮功”案件破案率为96%。侦破“实际神”案件23起，打击处理一批“实际神”教徒，取缔了死灰复燃的邪教组织“门徒会”和秘密活动的邪教组织“呼喊派”，查处了邪教组织“蒙头教”，端掉了一处“中功”窝点。

【民族宗教保卫工作】 查处了一批宗教领域非法活动案件，有效维护了宗教领域的正常秩序，抵制了境外渗透和异地非法传教活动，完成“善缘寺”等寺院大型释迦牟尼“法会”活动的保卫工作。强化了宗教阵地的基础工作建设。

·治安管理·

【公共娱乐场所和行业管理】 一是实行了派出所对辖区公共娱乐场所和特种行业一级管理，市局和分县局两级治安管理部门在业务上对派出所加强指导和重点监督的治安管理体制，克服了多重管理的弊端，增强了服务职能，促进了场所和行业的有序发展，大、恶、丑案件下降75%，业主满意率上升63%。二是实行了公共娱乐场所和特种行业“安全文明等级评定”，在首批列评的场所中，有59.6%的场所被评为等级场所。三是推进和完善了旅店业信息系统建设，在84.3%的旅店宾馆中安装了计算机登记录入信息系统，及时录入住宿信息。四是启动了印章防伪信息系统，成立了本市惟一的一家防伪印章企业，共制作网络防伪印章1.1万余枚。

【危爆物品管理】 一是完善并落实危爆物品管理规定，出台了《抚顺市公安局民用爆炸物品安全监督工作规范》和《抚顺市公安局剧毒化学品安全管理暂行办法》，狠抓了落实，年内，全市没有发生一起因危爆物品管理工作失误而引发的重特大事故。二是加快了“民爆物品信息管理系统”建设步伐，下发了《关于民用爆炸物品信息管理系统建设工作实施方案》，对全市9个区县级单位和7个销售、137个使用单位及864名爆破保管员进行了登记统计，民用爆炸物品信息管理网初步形成。三是组织开展了“危爆物品安全监管工作达标活动”，对全市230家涉爆单位、215个火工用品仓库和250个涉毒单位落实三级监管工作进行达标检查验收。四是加强了枪支管理和涉枪案件查处。结合“缴枪治爆专项整治行动”，在全市开展了以“整治涉爆涉毒企业、落实安全管理责任；全力收缴散失在社会上的爆炸物品、剧毒化学品、枪支弹药和管制刀具、严厉打击涉爆涉毒涉枪违法犯罪”为主要内容的专项行动，收缴各类枪支83支，收缴了大量子弹、炸药、雷管、导火索、黑火药等。

【社会治安管理】 一是开展“禁赌禁娼打击六合彩违法犯罪专项整治行动”，共打掉卖淫嫖娼、赌博团伙246个，打击处理违法犯罪分子1 490人次，收缴一批淫秽光盘。二是开展市场治安秩序整治。配合工商执法部门共检查各类市场427家次，收缴劣质商品715件计5 310公斤，查处无照业户84家，行政处理54家，行政处罚61人次。三是开展“集中整治幼儿园及周边治安秩序专项行动”。共排查登记幼儿园709家，对无审批手续的102家、没有消防部门验收合格证的461家、儿童娱乐器材存在安全隐患的25家、危房险房的15家、违规利用机动车接送儿童的38家分别移送各相关部门予以限期整改。四是开展了“整治油气田输油管道生产治安秩序专项行动”。清理了3处炼化装置和2个煤场，侦破了一批盗窃原料油和成品油的案件，追缴涉案赃款赃物价值20余万元。组建了专门的油气管道护线队伍。五是开展了旅游景区的治安整治。共检查各类景点95处，整改安全隐患14处，确保了本市旅游场所没有发生任何有影响的治安事故。

【安全警卫】 组织开展了中央及省、部级领导多次到抚顺调研视察的安全保卫工作，以及元宵节、“五一”节焰火灯花晚会、满族风情节、“十一”旅游黄金周、中超联赛、群众文化娱乐广场等大型活动的安全保卫工作，没有发生大的治安案件和治安灾害事故。

·刑事侦察·

【命案侦破会战】 一是以开展命案侦破会战为载体，把“命案必破”作为打造“平安抚顺”的基本底线，命案现案侦破率为94.4%。二是严厉打击各种刑事犯罪，共侦破刑事案件7 603起，抓获网上逃犯812人。侦办各种经济违法犯罪案件98起，捕办20人，追缴赃款赃物285万元。破获涉毒案件155起，缴获各类毒品2 365克（其中海洛因1 806克），没收罂粟种子、壳6 500克。查处毒品犯罪嫌疑人员35名。

【强化刑侦手段】 购置了痕检、模拟画像、测谎等先进刑侦设备，刑事犯罪信息实现了全局联网。全年共录入各类刑事信息9 700余条，全市指纹倒查终端系统全部建成。

·交通管理·

【整治交通秩序】 一是相继开展了“迎两会、保春运”、“整顿治安秩序，整顿交通秩序”等一系列专项治理行动，对乱停乱放、占道经营、违规行驶、乱闯信号、强行超车、随意停车、强行拉客进行了整治，共纠正处罚交通违法行为67万件次，暂扣车辆7 400台次，暂扣驾驶执照3 500余件次，拆除私自安装营运装置车辆350余台次。二是强化了交通事故处理工作，年内处理事故348起，逃逸案件侦破率达90.5%。三是加强交通管理基础建设，在市区主要交通信号控制路口新安装了20余处自动拍照设施，拍照信息实行了计算机网络管理，建立了违法数据统计、分析、查询等多功能信息平台。完成了机动车辆/驾驶员信息资源系统的改造升级，铺设通讯光缆778米，对本市10万辆机动车和20万名驾驶员的近6 000条历史数据进行了检测，对2万余条“问题数据”进行了人工清理。施划道路标线200余公里，安装各类交通标志280余面，新设和维修隔离带、护拦600余米。四是加强了警务保障建设，新购置了桑塔纳巡逻车、依维柯运兵车等警用车辆9台，配备了巡逻装备和防护物品，高标准完成了室内、室外训练场建设，完成了交巡支队院内草坪、喷水池、柏油路面等设施建设，后勤服务质量明显提高。由于加大了交通秩序管理力度，交通事故起数、死伤人数、直接经济损失同比都大幅度下降。

【宣传工作】 开展了《道路交通宣传法》“进农村、进社区、进单位、进学校、进家庭”活动，全面做好《道路交通宣传法》的社会宣传工作，相继开展了“安全才能回家、平安才有幸福”的《道路交通安全法》宣传月活动，组织了普法宣传、法规流动咨询、新闻媒体公益宣传、向中小学家长发送《全市中小学生致家长的一封信》、有奖知识答题活动以及举办了社会各界群体代表，企事业单位、保险、金融系统领导等各个层面的学习座谈等一系列宣传教育活动，共悬挂张贴横幅标语 1 300 条，设立展示板 450 块，发送公开信 5 万份，开辟电视、广播、报纸宣传专栏 11 个，设立咨询站点 8 个。

【软环境建设】 解除机动车在站前地区按单双号通行限制；改革机动车驾驶证审验办法；改革“电子警察”业务收费及公告送达办法；中心城区部分主干道实行了按车种限时通行；限制拖拉机、农用三轮车驶入城市中心区域；加强机动车强制报废和登记管理工作；严格执行机动车驾驶人违法累积记分制度；在全市换发新机动车驾驶证。

·消防管理·

【整治隐患】 以“一个根本、六个着力点、一个竞争机制”总揽消防工作全局，通过专项治理，落实了经常性的安检工作和重大火灾隐患的整改工作。全年火灾经济损失数额明显下降。着眼经济发展的新形势，加强企业、院校治安秩序整治和大型活动安全保卫工作。对市重点单位、重点部位进行消防安全大检查，共发现隐患2 408件，整改 2 175 件，责令停止施工、停止使用、停产停业 32 家。

【城市公共消防设施建设】 一是提前完成了小城镇消防规划年度编制任务，使小城镇公共消防设施建设纳入了规范化、法制化发展轨道，高标准地编制了新宾县新宾镇、永陵镇，清原县南杂木镇、清原镇、草市镇消防规划，并通过了专家评审。二是落实消火栓专项建设，年内新建消火栓 220 个。

【消防宣传】 年内，在巩固消防宣传固定阵地的基础上，创新消防宣传模式，以《警钟 119》等消防宣传专题或专栏为依托，全面推进消防宣传进社区、进企业、进学校、进农村活动。共刊发新闻稿件 231 篇，其中中央级 10 篇、省级 48 篇、市级 173 篇，制作《警钟 119》专题 26 期、《红色 119》5 期。

【消防基础建设】 一是全面改造基层大（中）队联网路由设备，网络连接速度提高，为中队提供光端机和转换器，两次对接处警软件进行升级，为中队制作标准火警受理台，支队全部实现了计算机辅助接警，支队调度指挥中心与市公安局指挥中心联网，研制开发了互联网便民措施服务网页，延伸了消防审批服务范围，安装了总队办公自动化软件。二是按统一模式和标准对营房进行改造翻建，翻建了工农、施家中队的营房，改造了清原、新宾两县营房、扩建了清原车库。三是装备建设得到发展。购置 18 吨重型水罐消防车 6 台和常规消防器材与个人防护装备件。四是消防模拟训练中心建设进展顺利。集消防模拟训练中心、消防指挥中心、消防培训中心、特勤大队于一体的多功能综合性建筑工程现已完成了基础建设，两年内该工程将全部竣工并投入使用。

·户政管理·

【户籍管理】 一是完善制度，规范管理，起草并下发了《关于解决当前户口管理工作中有关问题的要求》，规范和解决了当前一些热点、难点户政管理问题，共办理符合准入条件户口3 434户，办理边境证1 676人次。二是开展了人口信息数据清理工作，经过清理重复人口，清理重、错、漏公民证号和户口核对工作，共发现人口数据重复记录3 765人，全部进行了清理，发现重证号13 180条，纠正 12 980 条，入户核对人口 2 146 986 人、733 080 户，入户率占全市人口的 95.2%，纠正户口主要项目差错9 017项、副项差错47 605项，补录人口 311 人、190 户。三是出租房屋清理整顿。共清理出租房屋6 836处，签订治安协议书3 587 份，登记人口 24 271 人，办理暂住证 4 948本。四是为实战部门和社会提供服务。年内实行 24 小时为侦查破案和社会提供查询服务，共提供各类信息查询 28 000余人次，为社会挽回经济损失 2 300余万元。五是开展监外（院外）执行治理工作。年内在全市范围内开展了对暂予监外执行、缓刑、假释、管制、剥夺政治权利和院外教养人员（以下简称6 种人）监管工作的治理工作，全市共清理 6 种人1 526人，并建立了档案，落实了管理措施，把 6 种人管理纳入派出所等级评定工作。

【制发居民身份证】 年内进一步完善了制证各种制度，健全了制证审核机制，共制发居民身份证47 158个。同时，高质量地完成了征兵政审工作。

【公益岗位安置】 年内，对社区保安队人员结构进行了调整。一是社区保安队自然减员时，一律录用 45 周岁以上男性下岗失业人员补充到社区保安队；二是通过整顿社区保安队纪律作风，对问题严重的社区保安员，解除合同，予以辞退，新补充的社区保安员，一律录用 45 周岁以上男性下岗失业人员；三是采取顶岗方式，由在岗女性社区保安员的够基本条件的男性家属或亲属，在自愿的基础上，顶替女性社区保安员上岗从事社区保安工作。现社区保安员已达到1 800余人，男性社区保安员已达到 69%。

·出入境管理·

【审批 管理】 年内，坚持严格的管理措施，做好出入境审批工作。一是在登记备案上把关严。将特殊管理人员进行了全员登记备案，扩大了登记备案工作的范围。同时，细化和完善了法定不准出境人员登记备案的工作，将网上追逃的对象一并列入登记备案系统，健全了登记备案工作的定期联系制度和责任追究制度。及时补录新的信息、删除撤销的信息。二是受理审批审核严。严格审查出入境人员的资料和相关材料，强化前台受理民警的岗位责任，严格按《出入境审批规范》操作，建立层层负责的严格审核制度。年内在出境证照审批工作中，及时发现和查处了 83 名以换头为典型手段的骗领证照的违法人员。三是管理措施执行严，奖优罚劣，依据岗位责任目标考核体系评估和核验民警的执法情况。

【打击涉外违法犯罪】 一是开展了打击偷渡专项行动，共查获并遣送 44 名非法入境人员。二是打击非法出境机构，净化出入境环境，与工商部门紧密协作，查获从事出国劳务等 9 起非法中介、出国留学案件，查处非法中介活动 20 余起，办理现行案件 63 起，查处 106 人。完成使领馆协查任务 301 次，本市公民出境情况调查 105 人。没收非法所得 31 万余元，为群众挽回经济损失 140 余万元。由于有了良好的出入境工作秩序，年内共受理公民因私出境申请20 087件，审批因私出境护照19 503本，办理港澳台通行证 661 本，办理外国人签证及居留证件1 170件。

·经济文化保卫·

【企事业单位安全保卫】 一是完善了情报信息网络建设，提高了网络覆盖能力。提高了对不安定因素的发现和控制能力，共搜集各类有价值的情报信息697件。二是开展重点企业排查工作，对企事业不稳定因素进行排查，对排查出的重点单位派民警进驻或建立工作联系点，进一步提高预警能力。三是妥善处置群体性突发事件，共参与处置突发事件89件，打击处理上访中违法犯罪人员13名，训诫重点人员55人，堵截控制赴省进京上访人员500余次。四是抓好重点要害的安全检查工作，共查出不安全隐患65处，下整改通知书15份。五是开展了集中整治校园及周边环境工作，重点解决师生反映强烈、影响学校教学生活秩序的突出治安问题和交通秩序混乱等问题，取缔和清理校园及周边地区网吧12个，非法经营摊点25个。六是开展了反窃电窃水工作。共查出违规及窃电的企业、商业、居民用户800余家，治安拘留15人，追缴电费135万元。与自来水公司联合成立反窃水整治办公室，查出违规及窃水的企业、商业、居民用户130余家，追缴水费100余万元。七是开展了整治非法采矿活动。年内共整治非法采矿重点地区4个，整治非法采矿点12处，查处违法采矿人员9人，为国家挽回经济损失90余万元。八是开展了生产责任事故调查工作。年内共查处重大生产责任事故18起，指导分县局查处生产责任事故8起，处理责任事故人7人。配合市安全生产部门开展安全生产大检查，发现生产隐患35起。九是开展了危爆物品的管理工作，对存有剧毒、放射源的20余家单位多次开展检查工作，协助企业销毁了一批剧毒物品。十是开展了高、中考的安全保卫工作。制定了严密的高、中考安全保卫工作方案，完成了对试卷的看护押运，考场外的治安、交通秩序的维护，营造了良好的考试环境。

【金融系统安全防范】 一是多次召开金融系统保卫工作会议，就进一步加强金融系统安全保卫工作进行部署，并与金融单位签订了安全达标和运钞车安全管理责任状，组织警力对金融单位开展不间断的安全防范检查。二是开展了整治金融网点周边环境工作，在对本市600余家金融网点摸底的基础上，把存在安全隐患的64家网点列为重点，清理门前非法占道，设立警示标志，改善了周边治安环境。

【计算机安全管理】 加强网上斗争，建立完善的网上防控体系。在稳定工作中，确保了全市无有害信息大面积传播事件发生，共发现境内外有害信息网站121个，搜集各类深层次、预警性信息542件。在打击网络刑事犯罪工作中，发现境内外淫秽色情信息网站92家，删除不良信息370余条，侦察破案58起，抓获犯罪嫌疑人42人。在对邮件服务单位的管理中，督促建立健全管理组织和规章制度，落实反垃圾电子邮件安全防护措施，堵塞电子邮件安全漏洞。共检查电子邮件服务单位9家，整改不安全隐患21处，建立和完善管理制度和措施33项，督促落实电子邮件安全技术措施8处，关闭电子邮件服务单位1家。在对“网吧”的管理工作中，共检查“网吧”790余家次，发现隐患150处，查获“黑网吧”8家、违规“网吧”205家次，停业整顿31家，限期整改83家，清理“网吧”有害数据1 210条，抓获利用互联网查阅有害信息的违法人员3名。在保证重点行业单位计算机系统安全工作中，一是加强了ISP、ICP网站等单位的检查，从人员、制度、技术等方面入手，建立防范机制。二是做好服务，搞好监管，特别在较大危害病毒来临前夕，向全市50余家重点行业领域的单位发布预警信息，将病毒造成的损失降到最低点。三是消除计算机系统安全隐患，对企事业单位的机房场地进行安全检测，对不符合要求的及时向单位负责人予以告知，要求整改。

·基层基础工作·

【规范派出所等级达标考核评比】 组织人员对全市城乡公安派出所等级达标工作进行考核检查，经检查考核，拟推荐1个公安派出所为一级达标单位、4个派出所为二级达标单位。

【统一派出所外观标识】 根据公安部《关于规范统一全国公安派出所外观标识的通知》精神，对全市75个公安派出所外观标识组织了统一的设计、制作和安装工作，共制作了标识灯箱、派出所竖式标牌各75个，中队竖式标牌20个，路边标识灯箱30个。

【派出所改扩建工作】 完成了东洲分局南花园派出所、新抚分局新抚派出所和望花分局和平派出所的改扩建工作。改扩建后，派出所用房面积成倍扩大，办公环境彻底改善，为全市派出所改扩建树立了样板。

·保安服务·

【队伍建设】 一是完善、健全各项规章制度，颁布出台了涵盖财务管理、各级各类人员职责、保障制度、枪支管理制度、奖惩制度、请销假制度、工作程序、警容风纪管理制度等。根据规章制度，加强了队伍管理，有70余人被清退，200余人次因违规违纪受到处罚，150余人受到奖励。二是开展培训，共招收各类保安人员230余人，均进行了一个月的封闭培训，培训后持证上岗，对在岗的保安人员实行轮训，保证每人年轮训80课时，有700余保安员参加了轮训。三是建立个人及车辆档案。

【拓展保安业务】 推动保安服务业向餐饮、娱乐、民营企业发展，指导各区县组建了保安服务公司。本市保安队伍已发展到4 000余人，提出安全建议40余份，做好事450余件，抓获各类犯罪嫌疑人员121人。

【清理整顿保安市场】 共清理非法保安组织10余家，取缔非法保安人员80余人，收缴非法保安标志及服装50余件，净化了保安市场。

·队伍建设·

【警务改革】 一是从市区两级机关抽调200名警力充实到22个城区派出所，进行为期一年半的顶岗锻炼，现城区派出所警力占分局总警力的71.49%。二是深化交巡改革，在交警、巡警合并的基础上，顺利完成区大队下沉城区四个分局的人员机构划归工作。三是在经侦、税侦合并的基础上，调整了经税、刑侦和预审的机构和人员。四是完成了企业公安体制改革工作。五是成立警令部，下辖原市局办公室、指挥中心、档案处、计通处。

【实施素质强警工程】 按照公安部和省厅的部署，年内全局开展了大练兵活动。成立了练兵活动领导小组和办公室，召开了千人誓师动员大会，制定了练兵实施方案。投资60万元改造建设了民警教育培训基地，年内，已开办6期培训班，培训实战技能教员400多名。开设了电教室，完成了23期1 299人计算机培训，开发了辅助案例、声像资料等训练教材，在网上开办了练兵专刊，组织了摄影图片展，编辑了影视专题片，举行了队伍训练、比武竞赛等汇报表演。建立了督导协调、考核奖惩“五项制度”，实施了“三个一”训练计划，强化了领导干部带头练兵。组织了千人长跑活动、计算机普及应用大赛、案件主办警官资格暨大练兵普及考试、社区户籍民警岗位练兵擂台赛，召开了大练兵考核演示会，建立了21个考评观测点档案，对局属各单位大练兵工作进行了考核验收。

【宣传和典型选树】 共发新闻稿件6 059篇，建立了抚顺公安新闻宣传互联网站，组织新闻发布会5次。召开了2003年度表彰大会，对233个集体、772名民警进行了表彰，评选出15名“全市最佳女民警”。加大了先进典型的选树和宣传工作力度，组建了先进民警事迹报告团，为局机关1 200名民警做了报告，并到各分县局进行了巡回演讲。加强了警察公共关系建设，开展了“爱民助民”和“警察开放日”活动。

·科技强警·

【完成市局指挥中心更新改造】 将“110”与“122”完全合一，“119”远程接入，改造后的指挥中心既是全局信息的交汇点，又是公用信息的发布平台。

【完成视频会议系统建设】 局领导桌面点对点可视会议系统建设，局长在办公室可点对点与分、县局领导召开可视会议

【完善公安信息网络基础设施】 完成了县局派出所四级网建设；完成了城市派出所四级网建设改造工作，改造开通ADSL四级网25个。

【优化配置系统资源】 开展了移动警务平台的建设。稳步实施GPS卫星定位监控系统建设。积极开发办公自动化应用系统功能。开发了派出所案件网上管理系统，为省公安厅开发了维护工作计划管理、可视会议运行管理应用软件，对网络管理人员进行了办公自动化应用的培训。完成了加入全省公安移动通信虚拟网工作。完成应急通信指挥车改造工作。

（庞庆峰　田国杰）

司法行政

·监所工作·

【基本情况】 认真贯彻落实党的监狱、劳教工作方针，始终把确保监所安全稳定作为首要任务，强化安全防范意识，层层明确安全责任，落实各项安全制度，保证了监管场所的安全稳定；不断深化监所的法制化、科学化、社会化工作和劳教办特色工作，认真抓好罪犯、劳教人员“三课”教育，强化罪犯、劳教人员的个别教育改造工作，教育改造质量明显提高，罪犯、劳教人员脱逃率低于省厅规定指标。市南花园监狱被省厅命名为省级现代化文明监狱，并荣记集体二等功。

【省级达标】 市南花园监狱在创建省级现代化文明监狱工作中，努力克服市财政紧张、生产经营难度逐年加大等困难，创造条件，加大投入，强化监管改造设施，改善整体环境，保证服刑人员的正常生活，建设一个具备现代化监管改造手段的军营式、校园式、花园式、工厂式的改造场所。连续3年实现教育改造和生产安全无事故，教育改造质量不断提高。经省司法厅现代化文明监狱、劳教所考评委员会自2001年开始连续3年考核，认定抚顺市南花园监狱达到省级现代化文明监狱的标准，据此省司法厅命名抚顺市南花园监狱为省级现代化文明监狱。市司法局于9月6日举行抚顺市南花园监狱晋升省级现代化文明监狱揭匾仪式。省司法厅厅长张家成，市委副书记、代市长刘强亲自为省级现代化文明监狱揭匾；省司法厅厅长张家成、市委副书记张敏作了重要讲话。

【市劳动教养院更名】 根据国务院《劳动教养试行办法》的规定和辽编办《关于规范全省劳动教养场所名称的通知》精神，经市编委研究同意，市劳动教养院从8月1日起正式更名为抚顺市劳动教养管理所。更名后，机构规格、人员编制和领导职数等均不变。

【教育转化“法轮功”人员】 1999年9月以来，市劳动教养管理所共接收“法轮功”人员1 200余名，转化率达到95%以上。

·律师工作·

【全年办理各类案件2 310件】 全市律师为各级政府、企事业单位、民营经济等担当法律顾问340家，全年共办理各类案件2 310件，帮助企业清回外欠款1.4亿元，为企业避免经济损失1.3亿元，减免代理费800余万元。

【星级律师所　A级律师评选揭晓】 市司法局组织开展的星级律师事务所、A级律师评选活动历时一年，结果于4月22日召开的全市律师队伍建设工作会议上揭晓：正太律师事务所、凯业律师事务所等9家律师事务所入选，其中三星级2家，二星级2家，一星级5家；邱丽君、佟戈等34名律师入选，其中三A级8人，二A级9人，一A级17人。应邀出席会议的市领导为他们颁发了匾牌。评选结果是由市局组织专门人员对参评所和参评律师进行认真考核，并广泛征求市委、市人大、市政府、市政协，以及市、县（区）两级公、检、法、司等50余家相关部门和单位的意见后确定的。

·公证工作·

【全年办理各类公证67 558件】 全市公证机构办理各类公证67 558件，同比增长24%。其中：办理工程项目招投标公证200多件，涉及标的额10多亿元；办理金融抵押贷款合同公证400多件，涉及金额20多亿元；为银行清理欠款出具强制执行公证书45件，涉及金额1 100万元；积极为招商引资当好“红娘”，促成签定合同金额3.8亿元，在为国有企业改制和特困职工、弱势群体提供公证服务中减免公证费127万元，受到了社会各界的好评。

【市公证处被授予“全国公证行业文明公证处”称号】 抚顺市公证处近几年认真贯彻党中央《关于加强社会主义精神文明建设若干重要问题的决议》，深入持久地开展文明创建活动，推动了公证处各项工作的发展和建设，加快了公证处向规范化、规模化、现代化、高层次发展的步伐。市公证处率先完成了对城区公证处的“托管”，经验得到司法部和省司法厅的肯定和推广。市公证处在内控管理、硬件设施建设、提高队伍综合素质、拓宽新证源渠道、树立公证良好形象等方面争创一流，成为东北地区规模较大、实力较强、具有良好信誉的大型公证机构。经辽宁省司法厅和省公证员协会审查、推荐，司法部、中国公证员协会全国文明公证处考察组考核，全国公证行业文明创建活动评审委员会审核、批准，在8月18日司法部、中国公证员协会召开的颁奖仪式上，抚顺市公证处被授予“全国公证行业文明公证处”光荣称号。

·法律援助·

【承办法律援助案件132件】 全市法律援助机构健全，法律援助网络不断扩大，继在工、青、妇、残建立法律援助工作站之后，又在市老龄委建立了抚顺市老年人法律援助工作站，深受老年人的欢迎；积极拓展服务领域，市法律援助中心在市信访办设立了律师接待室，援助律师轮流坐班；参与万家镇接待站

和重大疑难信访案件的处理。全年共接待上访近2 000人次，代书11份，提供法律援助21人。全市法律援助机构为弱势群体承办法律援助案件132件，同比增长20%；解答法律咨询1 560人次。市法律援助中心荣获“全国优秀青少年维权岗”和“辽宁省首届青少年维权岗”称号。

【成立市老年人法律援助工作站】为切实保障老年人的合法权益，充分发挥司法行政部门法律援助机构的作用，认真履行老龄部门维权职能，市司法局和市民政局依据《法律援助条例》、《中华人民共和国老年人权益保障法》，联合成立抚顺市老年人法律援助工作站，并隆重举行揭牌仪式。市老年人法律援助工作站成立后，凡是经济困难请求给付赡养费、抚恤金、救济金的；请求最低生活保障待遇和请求支付劳动报酬的；因劳动争议和家庭纠纷人身权、财产权受到侵犯的老年人经过申请和审批都可获得法律援助。

【参与信访工作】 抚顺市法律援助中心不断拓宽法律援助服务领域，积极参与信访工作取得可喜成果。3年来，接待近万人，提供法律咨询5 000余人，代写法律文书150份，提供法律援助56人；参与信访部门召开的有关信访案件研讨会、论证会、听证会30多次，提出法律建议21份；依法引导、疏导上访人员走司法程序解决问题230余人，通过调解息访100多人，为上访受援人代理案件依法挽回经济损失50余万元，95%受援人合法权益得到维护，受到市委、市政府、市信访办领导的高度评价，同时也受到了上访群众的欢迎。

·人民调解·

【基本情况】 人民调解工作不断深化，“化解矛盾在基层”大调解工作成效显著。全年共排查调处各类矛盾纠纷7 948件，调处成功7 743件，成功率98%。

【开展大调解工作】 2004年市司法局和市综治办牵头，在全市开展了“化解矛盾在基层”大调解工作，起草了《关于在全市开展“化解矛盾在基层”大调解工作的实施方案》，受到了市委政法委的高度重视和支持，以市委、市政府两个办公厅名义印发了《实施方案》，这项工作开展以来，取得了显著的效果；夯实了基础，健全了网络，加强了社区(村)、企事业单位和重点行业场所的人民调解组织建设，发挥基层党组织和调委会、治保会等群众自治组织的作用；整合了资源，形成了合力，对各级党委、政府和各部门、各单位在矛盾纠纷排查调处中的职责和管辖范围进行了细化分解，从而建立起各负其责、协作联动的“五条工作线”，确保排查出来的矛盾纠纷不落地、不扯皮，件件有着落、事事有回音；健全了制度，明确了责任，对因工作不力或隐瞒实情，酿成重大治安问题和群体事件，造成恶性事件的，实行责任追究“一票否决”，建立了人民调解工作的长效机制。这项工作得到了省委政法委的充分肯定，省委常委、政法委书记李峰批示在全省推广。

【3个司法所获省优秀司法所称号】省司法厅授予沈阳市新城子区司法局兴隆台司法所等40个司法所为辽宁省优秀司法所，本市的顺城区前甸镇司法所、清原夏家堡镇司法所、新宾榆树乡司法所名列其中。

·普法 依法治市·

【基本情况】 突出以领导干部学法用法为重点，坚持为领导干部举办法制讲座，组织6 500多名市直机关处以上、县区科级以上干部参加法律知识考试。以学习《宪法》和《行政许可法》为主要内容，为各级政府机关、企事业单位、人民群众辅导43场；举办骨干培训班30期，培训1 000人，增强了公职人员的依法行政水平和人民群众依法维权的能力。依法治理工作重点抓了基层的民主法制建设，城区广泛开展了“法律进社区”工作，农村开展了创建民主法治示范村活动，推进了基层的民主法制建设，新宾县榆树乡罗圈村被评为全国“民主法治示范村”，清原县椴木沟村等18个村被评为全省“民主法制示范村”。

【召开依法治市领导小组会议】 3月25日，本市召开第十八次依法治市领导小组工作会议，市委组织部、宣传部、市司法局等27个领导小组成员单位的负责人出席会议，听取市依法治市领导小组办公室主任仲敬党关于“四五”普法工作情况的汇报，研究本市依法治市工作中存在的问题和下一步工作，市委副书记张敏作重要讲话。

【法律进社区】 市司法局在往年工作的基础上，重点抓了对社区干部培训，提高社区干部工作积极性和业务素质；选派机关干部蹲点，以点带面推动工作；建立严格的考核机制，对法律宣传、律师服务、公证服务、基层法律服务、法律援助等五个方面的工作以百分制方式进行考核并纳入目标责任制，确保法律进社区工作顺利健康开展；拓展法律服务渠道，通过开办法律服务早市、“法律传送袋”和法律进社区电影放映队等形式提供法律服务；建立公示、热线服务，为全市每一个社区制作了公证服务进社区宣传板，发放了“便民卡”，便于相互联系及时提供服务。一系列新措施的实施，基本达到了法制宣传、矛盾纠纷调处、法律咨询服务不出社区，深受社区居民的欢迎，并得到省委政法委的肯定，在《辽宁政法》上推广了抚顺的作法。

【16个村获省级“民主法治示范村”】根据国家和省《关于进一步加强农村基层民主法制建设的意见》和《关于开展“民主法治示范村”创建活动的通知》精神以及2003年全市普法依法治理的工作部署，2003年以来，本市农村以普法教育为基础，以落实“四个民主、两个公开”为载体，以提高农村法治化管理水平和建设小康村为目标，广泛深入地开展创建“民主法治示范村”活动，涌现了一批示范先进单位。经严格选拔推荐和省司法厅、民政局考核验收，抚顺市顺城区会元乡马金村等16个村被授予辽宁省“民主法治示范村”。

·队伍建设·

【从严治警】 积极组织开展教育整顿活动，分别在律师、监所干警和市局机关干部中开展教育整顿活动，增强了广大干警和法律服务人员的政治业务素质，增强了职业道德和执业纪律观念，提升了执法水平和能力。进一步抓好党风廉政建设和从严治警工作，认真组织学习贯彻两个《条例》，各级领导干部带头执行中央、省、市关于加强领导干部廉洁自律的有关规定，率先垂范，一级抓一级，党风廉政建设进一步加强；加大违法违纪案件查处力度，全年共查处违纪案件7件，涉及违纪干警21人。

【软环境建设】 市司法局作为全市软环境建设工作45家参评单位之一，始终坚持全方位、多层面地加强软环境建设，树立司法行政机关和干警队伍的良好形象，提高人民群众的满意度，为振兴抚顺老工业基地提供了高效优质的法律服务和法律保障。在4月20日召开的全市软环境建设工作会议上，通报了2003年全市“双评”(评选为经济建设服务最佳单位和较差单位暨重点岗位最佳工作人员和较差工作人员）结果，市司法局入选最佳单位，受到市委、市政府的表奖。

【到基层挂职锻炼】 全年有8名同志下派到监院；9名同志分别以城区的4个街道挂职法治副主任，到5个社区蹲点；围绕业务工作撰写了15篇调研文章。

（张德顺）

社会治安综合治理

【落实措施】 2004年初，召开了全市社会治安综合治理工作会议，分别与9个县区和40个综治成员单位签定了《抚顺市维护社会稳定和社会治安综合治理责任书》，把加强综治工作、维护社会稳定作为优化投资环境、建设和谐社会的重要内容，纳入各级党委、政府的总体工作规划。各县区、各单位也分别与下属部门和单位签订了责任书，把“保一方平安”的政治责任逐级落实到各级党政组织。全市组成了8个由副市级领导牵头的综治工作督查组，定期或不定期地进行检查，促进了社会治安综合治理各项措施的落实。结合年度综治工作考评，市综治办先后对县区2名工作政绩突出的综治干部向组织部门提出优先提拔使用的建议。清原满族自治县县委、县政府先后对6名主抓综治工作的优秀副乡（镇）长予以提拔和重用。按照“四个纳入”的要求，各级党政组织还将同“法轮功”斗争纳入综治目标责任制，坚持用雷锋精神教育转化“法轮功”人员，受到了中央610办和省委、省政府的充分肯定。

【凶杀案件专项整治】 2004年初，在全省开展的凶杀案件专项整治中，本市有5个县区被列为全省20个重点县区之中，且位居前10名。市委、市政府对此高度重视，市委常委会进行专题研究，下发了《关于在全市开展遏制凶杀案件高发专项整治的实施方案》，在全市范围内对凶杀案件高发问题进行专项整治。公安机关开展了“命案侦破会战”，打击力度、侦破能力明显提高。各级综治部门组织协调政法等有关部门，以打促防，打防结合，加强预防犯罪各项工作，对一批治安重点地区进行了集中整治。1至8月份全市凶杀案件发案率的降幅位居全省首位。5个重点县区中，抚顺县和望花区已暂时退出重点整治县区之列。结合凶杀案件专项整治，全市组织开展了出租房屋清理整顿活动、打击破坏电力设施违法犯罪、校园周边治安环境整治和打击传销活动等专项斗争，及时解决了一批群众反映强烈的治安难点问题。全市共立刑事案件8 759件，同比下降15.7%；破案4 602件，同比上升7.5%。全市没有发生重大影响的刑事案件，避免了严打过后治安大起大落的反弹问题，社会治安出现了明显好转的势头。本市开展凶杀案件专项整治的做法在全省综治工作表彰会议上介绍了经验。

【调解工作】 为从源头上遏制群体访、越级访频发的势头，全市组织开展了“化解矛盾在基层”大调解活动，充分发挥各级党政组织、企事业单位和人民调解组织在维护社会稳定中的作用，运用人民调解、行政调解、司法调解等多种手段，形成化解矛盾、处理纠纷的合力，使预防和减少群体访、越级访的工作重心下移，将矛盾纠纷化解在基层，控制在内部，解决在萌芽之中。按照“属地管理”和“谁主管谁负责”原则，全市从上至下建立了5个由职能部门牵头，按系统分层次的排查调处网络。一是由市司法局牵头、政法等有关部门参与的人民调解网络；二是由市信访办牵头，相关部门参与的解决突出信访问题和群体性事件的专项治理网络，负责对社会引发的群体访、越级访的排查调处；三是由市委政法委牵头、政法各部门参与的涉法访集中治理网络；四是由市直机关工委牵头，各部门党组织参与的教育疏导网络，负责机关内部矛盾纠纷的排查调处，并指导各级党组织运用政治工作优势，配合有关方面参与社会矛盾纠纷的排查调处工作；五是由市综治办牵头，综治委成员单位参与的综治协调跨部门、跨行业的矛盾纠纷和重大群体性事件。1—10月份，全市共排查民间纠纷6 698件，调解成功6 589件；调处治安纠纷608件，调解民事案件4 645件，占民商案件总数的64.2%。大调解工作受到了省委、省政府的充分肯定，在全省政法工作会议上介绍了经验，省委常委、政法委书记李峰批示在全省予以推广。

【安全创建活动】 为进一步加强基层基础建设，最大限度地压缩违法犯罪活动空间，全市认真贯彻落实《关于加强社会治安综合治理基层基础建设，强化治安防范工作的意见》，广泛开展了“创建安全县区、打造平安抚顺”活动。各县区、各部门、各单位通过组织开展多种形式的基层创安活动，进一步加强了基层综治组织建设，强化了治安防范、大调解工作、预防违法犯罪等基础工作，推动了综治工作的深入开展。市综治委、市编办下发了《关于加强乡镇、街道社会治安基层组织建设的意见》；各级综治组织在城市社区组建了1万多人的义务社区治安队，在街面组建了由2 000余名公益性保安组成的治安巡防义务治安队，在特种行业（场所）组建了数百名从业人员参加的治安信息员队伍，构筑起维护社会治安的第一道防线，与公安机关实行交巡合一的动态巡逻体系较好地衔接起来，初步形成了专群结合、打防并举的新型动态防控体系，提高了治安防控能力。通过开展创安活动，铁路护路联防工作得到了加强。1—10月份，铁路沿线治安案件同比下降47.5%；刑事案件同比下降35.2%，安全事故同比下降38.1%；涉铁矛盾纠纷同比下降75%。没有发生有影响的拦车断道事件。全市84个街道（乡镇）、964个社区（村屯）都分别建立了出租房清理整顿办公室和清理整顿服务站，组织社区干部、治安积极分子协助公安等部门开展出租房屋清理整顿、打击传销活动。截止到10月底，全市共清理出租房屋10 201套，签订治安协议书4 572份，登记暂住（寄住）人口32 540人，办暂住证6 002份。

【宣传教育】 市综治办先后在全市范围内组织开展了“预防犯罪，从我做起”法制宣传月活动、“创建安全县区、打造平安抚顺”宣传日活动和见义勇为先进人物走访活动，并在新闻媒体开设专栏、专题，开展了系列综治宣传活动，在全社会营造了良好的舆论氛围。在宣传月活动中，仅东洲区就发放《共同预防犯罪，创建平安城区》倡议书12万份。全市还着重加大了对维护社会治安见义勇为典型的表彰和宣传力度，改革了见义勇为表彰办法，下拨各县区见义勇为资金49.6万元，变市级统一审批、年度集中表彰为市、县区两级审批，县区随时表彰，有效调动了广大群众维护社会治安的积极性。市综治办会同市委宣传部和市新闻工作者协会联合开展了见义勇为新闻奖评选活动。全市先后涌现出出租车司机见义勇为群体2个、武警战士见义勇为群体1个。在开展“四五”普法过程中，加强了对重点人群的法制教育和群众自我防范常识的普及。全市大中专院校、中小学校全部配备了由政法干警担任的法制副校长，顺城区还开展了“德育进社区”工作，向72个社区派驻教师，专门从事青少年法制德育教育。

（李兆禹）

工　业

概　述

2004年是全面贯彻落实党的十六届三中全会精神和中央实施振兴东北老工业基地战略的起步之年，也是全市人民团结一心，顽强拼搏，各项工作取得较大成效的一年。全市工业系统干部职工在市委、市政府的正确领导下，以“两个支持”为契机，以“工业兴市，项目兴市”为目标，着力抓好体制创新和机制创新，坚持深化国企改革，大力推进对外开放，努力提高对外开放水平，积极调整产业结构和产品结构，加速老企业技术改造。总的看，2004年本市在全国经济加快发展的大背景下，以开放促改革，以改革促发展，克服了重重困难，各项工作取得了新突破，工业增速不断提高，新增企业日益发展壮大，骨干企业的拉动力显著增强，构筑了抚顺区域经济发展的新格局，全市工业经济运行的整体质量得到明显提高，各项经济指标实现了历史较高水平，为“十五”计划的顺利实现奠定了坚实基础。振兴的起步之年，抚顺工业成效卓著。

一、加大对全市经济运行的宏观监控，促进生产要素的合理配置，各项指标实现历史较高水平。

1. 工业经济运行实现了持续快速健康发展。围绕市委、市政府的总体战略部署和年度工作目标，工业系统加大了对全市工业经济运行的宏观监控和趋势预测分析，准确把握经济运行走势，积极挖掘新的增长点，不断壮大地区经济总量，及时协调解决工业经济运行中的各种要素矛盾，确保了重点骨干企业的增产增收和生产的正常运行，促进了全市经济的持续快速发展，各项主要经济指标实现了近年来的历史最好水平。年初即实现生产开门红，元月工业生产增速高达41.2%，居全省第二位，创历史新高。全年全市规模以上工业完成现价工业总产值581.9亿元，同比增加148.3亿元，同比增长34.2%；产值增速比上年提高15.4个百分点；增幅居全省第6位（比上年前移5位）。完成工业增加值130亿元，同比增长16%；对地区生产总值增长的贡献率达34.1%；实现工业销售产值570.3亿元，同比增长34.0%。

2. 国有及国有控股企业仍是增长的骨干力量。国有及国有控股工业全年完成总产值489.9亿元，同比增长34.1%，拉动规模以上工业增长28.7个百分点；完成工业增加值104.5亿元，同比增长14.9%。集体工业完成产值9.2亿元，同比增加2.7亿元，增长42.1%；完成增加值2.7亿元，同比增长29.9%。民营工业实现了较快增长，完成工业总产值44.6亿元，同比增加18.7亿元，增幅高达72.2%。外商及港澳台投资工业完成产值38.2亿元，增加2.4亿元，增长6.8%。

3. 价格因素成为拉动经济总量增长的重要因素之一。2004年国内国际产品市场逐渐回暖，本市大部分工业品出厂价格从年初开始持续上升，为本市经济的快速增长提供了良好的外部环境。在本市35个行业大类中，有33个行业的工业品出厂价格指数高于100%，农副食品加工业、黑色金属矿采选业、黑色金属冶炼及压延加工业、化学原料及化学制品制造业、非金属矿采选业、石油加工及炼焦等行业的工业价格高于全市平均水平，增幅均在112%以上。由于价格上涨新增产值57.2亿元，对工业增长的贡献率达38.6%，拉动全市工业增长13.2个百分点。因此，2004年在全市规模以上工业增长中，有三分之一是由产品价格的增长带来的。

4. 新增企业促进了全市经济增长，出口交货值大幅度上扬。2004年全市新增规模企业95户，完成工业增加值24亿元，对全市工业增长的贡献率为16.2%，拉动工业增长5.5个百分点。如新抚钢连轧有限责任公司、东北平高电气有限公司、华强油脂有限公司、胜飞金属加工厂等新增规模企业，成为本市工业经济增长的新亮点。全年全市累计实现出口交货值49.6亿元，绝对额在全省居第五位；同比增长34.8%，增幅居全省第七位。出口主要是由大型企业完成的，其中有近一半是由中油抚顺石化分公司完成的。此外，新抚钢公司、特殊钢公司、抚顺铝厂、炭素有限公司的出口都实现了较快增长。

二、企业改制力度增大，一批改制企业活力显著增强。

1. 国企改制迈出了较大步伐。年初以来，我市通过进一步解放思想，更新观念，调整工作思路、工作方法，围绕重点和难点问题，攻坚破难，不断深化国企改革，并取得重大进展，实现了较大突破。其中顺华铝轮毂整体出售已签约，合同金额2 100万美元，是2004年全市最大的招商引资项目。为收购铝轮毂公司，马来西亚BSA集团在抚顺注册了香港锦鸿汽车配件（抚顺）分公司，注册资金1 200万美元。红透山矿政策性破产国家正式批复，23 000万元国家补贴经费已开始落实。石油机械制造公司和抚顺挖掘机制造有限公司整体出售工作已完成，改制后企业运转良好。

2. 拓宽企业退出渠道，一批企业进入破产程序。2004年本市将政策性破产和依法破产两种形式做为劣势企业退出的主渠道，全力推进破产工作。通过申报政策性破产，解决抚顺胜利煤矿、清原金铜矿、抚顺挖掘机厂、抚顺机械公司、抚顺镁厂等大中型企业的改组问题；通过推进依法破产，进一步优化企业组织结构，加快建立企业优胜劣汰机制，建立起以依法破产为主的劣势企业退出通道，重点解决市橡胶一厂、青鹭纺织有限公司、无线电厂等十二户国有企业和市雕刻厂、抚顺砂轮厂、抚顺制药厂等中小企业和壳企业的退出市场问题。全年有15户国有企业实施依法破产，完成省考核户数的150%，超额完成破产指标。这15户破产企业共计卸掉债务54 297万元。

3. 部分改制企业通过引入民资，焕发了生机与活力，成为本市工业经济的重要增长点。国有企业通过改革、改造和强化企业管理，生产、经营状况发生了积极变化，实现了体制创新，大部分企业逐步走向良性循环。如抚顺挖掘机制造有限责任公司通过浙江私营企业投入增量资金进行技术改造，营销市场逐步扩大，2004年比上年同期增加产值8 192万元，增长81.1%；抚顺莱河矿业集团有限公司重组后，不仅启动了生产，而且生产实现了大幅度增长，产值比上年增长2.8倍；抚顺机械设备制造有限责任公司通过资产重组，产值增长1.5倍；石油机械有限责任公司产值增长67.7%，炭素有限责任公司产值增长56.0%，永茂工程机械有限公司产值增长55.8%。大部分改制企业通过招商引资和资产重组，实现了企业的再生和发展，成为我市经济增长中的重要拉动力量之一。

三、以调整产业结构和产品结构为目标，加速企业技术改造。

为抓住机遇，加速抚顺老工业基地调整改造，近年来本市坚持项目兴市方针，进入“十五”以来连续进行了较大规模的企业技术改造，投资额连年攀升。一大批重大技术改造项目的竣工投产，有效提升了全市的经济总量，提高了企业技术装备水平，降低了生产和资源成本，提高了经济效益，成为拉动全市工业经济实现速度与效益同步高速增长的重要牵动力量。全年完成技术改造投资43.5亿元，比上年增长30.8%。

1. 一批重大技术改造项目进展顺利，6个项目竣工投产。全市实施重大技术改造项目26项，年内有6项竣工投产，即抚顺石化分公司40万吨/年酮苯装置、特钢模具扁钢替代进口改造项目、新抚钢5号高炉改造项目、辽宁美亚制药、鲁洲10万吨淀粉糖、金新44万吨焦炭项目、辽电2台35万千瓦机组项目，到年底陆续竣工投产。这些重大技改项目的竣工和达产达效，成为拉动全市经济强劲增长的重要因素。

2. 充分用好用足国家优惠政策，争取了一批国家计划项目。一是争取一批减免税项目。为最大限度地利用国家有关技术改造的优惠政策，提高企业经济效益和技术改造的积极性，本市先后为新抚钢高速线材打包机项目、华泰电瓷电气公司氧化锌避雷器电阻压片成型机技术改造项目、北方米业加工有限公司技改项目、高科电瓷电气制造有限公司等企业的技改项目，办理了进口设备减免关税手续，全年为企业争取减免税金300多万元。二是争取老工业基地调整改造项目。辽宁华丰化工（集团）有限公司无水哌嗪/乙撑胺工程和抚顺青松药业有限公司中药现代化项目，列入国家批准的2004年东北地区老工业基地调整改造工业专项国债第二批项目计划。项目总投资22 933万元，其中银行贷款16 594万元。大约可得到10 000万元的国债贴息。到2004年末已有5个项目列入国债项目计划。三是申报省技术改造财政贴息重点项目。辽宁抚顺特殊钢股份有限公司建设精品特钢基地配套改造项目、辽宁美亚制药有限公司2个技改项目，列入省技术改造财政贴息重点项目第一批计划；李石开发区抚顺高科电瓷电气制造有限公司技术改造项目，列入省第二批技术改造财政贴息重点项目计划。项目总投资58 073万元，其中银行贷款33 400万元。

四、大力推进企业科技进步，技术创新意识明显增强。

2004年企业在新产品开发、新产品研发投入以及产学研合作等方面都迈出了新的步伐，特别是一批国有改制企业，市场竞争力明显增强。全年开发完成、投产新产品及新工艺技术350项，实现新产品产值22亿元。

1. 大批新产品新技术开发完成。抚顺石化分公司为北京奥运计划开发完成的98号高标号清洁汽油和新标准0号柴油，均为中油集团企业第一家；52#低熔点石蜡和70#微晶蜡填补了国内空白；BOPP高速线树脂专用料试产1.5万吨，销售收入1亿多元。抚顺特殊钢公司被世界著名的航空发动机制造商英国罗尔斯·罗伊斯公司认定为国内唯一的高温合金钢和高档不锈钢供应商，产品的技术和质量得到世界最权威的认可。特殊钢公司开发完成舰船用特大型燃气轮机涡轮用钢，新型汽车齿轮系列钢，汽车曲轴连杆用非调质钢及弹簧钢等100多项新产品。抚顺铝厂在环保改造中采用了碳素预焙、氧化铝超浓相输送、干法净化和计算机生产控制等多项新工艺技术，不仅使环境污染得到有效控制，还收到显著的节能效果，电流效率提高4个百分点，每吨铝电耗下降1 500千瓦时，氧化铝单耗下降30千克/吨。以上三项节约价值近亿元。

2. 申报国家重点计划项目，争取国家资金支持获得突破。抚顺特钢公司的模具钢研发条件建设项目，经省市共同不懈努力，终获国家发改委批复，成为振兴东北老工业基地高技术产业发展专项第一批仅有的7个项目之一。项目总投资8 243万元，其中国家投资800万元。

3. 大中型企业技术创新能力进一步增强。大中型企业为快速提高企业技术创新能力，加快了产学研合作步伐。2004年本市大中型企业与大连理工大学的深层次合作大步推进，两家石化公司与大连理工大学的合作更加广泛深入。改制后的抚顺挖掘机制造公司在研究调整产品技术发展战略方向的同时，探索出新的技术发展模式，在大连理工大学成立“大连理工抚挖技术中心有限公司”，并承担设计了国内空白的350吨履带起重机，仅用两个多月时间就完成了采用大量当代国际先进技术的设计任务。

五、提高利用外资水平，招商引资取得新成果。

2004年，加大了“走出去”招商引资的工作力度。全年共派出企业出访团组5个，参加国内大型招商活动6次。其中在上海及长江三角洲地区的招商活动效果显著，圆满完成了省下达本市的各项任务，我市共签定经济技术合作项目33项，引进域外资金18亿元。此次经济合作项目推介及商品展洽活动，在本市创下了参加人数最多、参展商品最多、邀请客商最多、洽谈签约最多等多项纪录，既扩大了招商领域，又取得了丰硕的引资成果，是本市近年来一次最成功的招商展洽活动。招商引资的重点项目有新抚钢有限公司配套建设13 000立方米制氧机项目，抚顺顺华铝轮毂制造有限公司整体出售项目，抚顺挖掘机有限公司、抚顺煤矿电机厂同英国摩利公司，石油机械有限公司、辽宁发电厂替代改造工程等域境外招商引资项目。

全市国有大中型企业全年累计完成域境外引资合同额5 467万美元，实际到位4 320万美元。其中境外引资合同额1 446万美元，到位额516万美元。累计完成招商引资项目14项，其中新签500万元以上大项目13项，1 000万元以上大项目11项。

六、以科学发展观为指针，资源综合利用工作实现良好开局。

为确保经济可持续发展，近年来国家对推进资源综合利用工作和发展循环经济的重视程度愈来愈高。为此，本市进一步加大了资源综合利用工作力度，努力构建我市循环经济体系，促进资源型城市经济发展模式的根本转变。

抚顺作为国家重要的基础产业城市，发展循环经济具有得天独厚的基础条件和优势，特别是具有产业关联优势，煤、油、电、钢、铝都有各具特色的循环经济产业链条。

2004年本市把争取列入国家循环经济试点城市工作作为一项重点工作予以大力推进，一方面在企业中全面开展资源节约和资源综合利用工作，制定抚顺市发展循环经济战略规划，积极向国家申报资源综合利用项目；另一方面会同省积极开展一系列争取成为国家级循环经济试点城市工作。刘强市长亲自参加了全国循环经济工作会议，全面汇报了本市发展循环经济的基本情况及有利条件，得到国家发改委领导及与会人员的高度评价，为本市争取作为全国试点城市奠定了有利基础。

（陈丽娟）

工业主要行业经济分析

【基本情况】 2004年，全市规模以上工业（下同）完成总产值580.8亿元，同比增长34.7%，产值增速与上年相比提高15.9个百分点；完成工业增加值114.4亿元，同比增长16.0%；实现产品销售收入600.3亿元，同比增长30.1%；实现利润3.9亿元，同比减少0.9亿元。

纵观全年，本市工业生产总体运行平稳，并保持快速增长的态势。年初，全市工业生产开门红，元月工业生产增速达41.2%，与省内其他市相比，居第2位，仅低于本溪，创历史新高。上半年，工业增速逐月放缓，回落到28.4%，在全省14个市排第11位。截止到12月底，工业增长回升到34.7%，在全省14个市排第6位。从全年各月的走势看，工业总产值增长速度元月份由最高点逐月回落，达到谷底后(6月份)出现拐点，7月份开始，规模以上工业增长速度逐渐回升，又呈现出逐月攀升的态势(如图)。

2004年累计工业总产值速度图

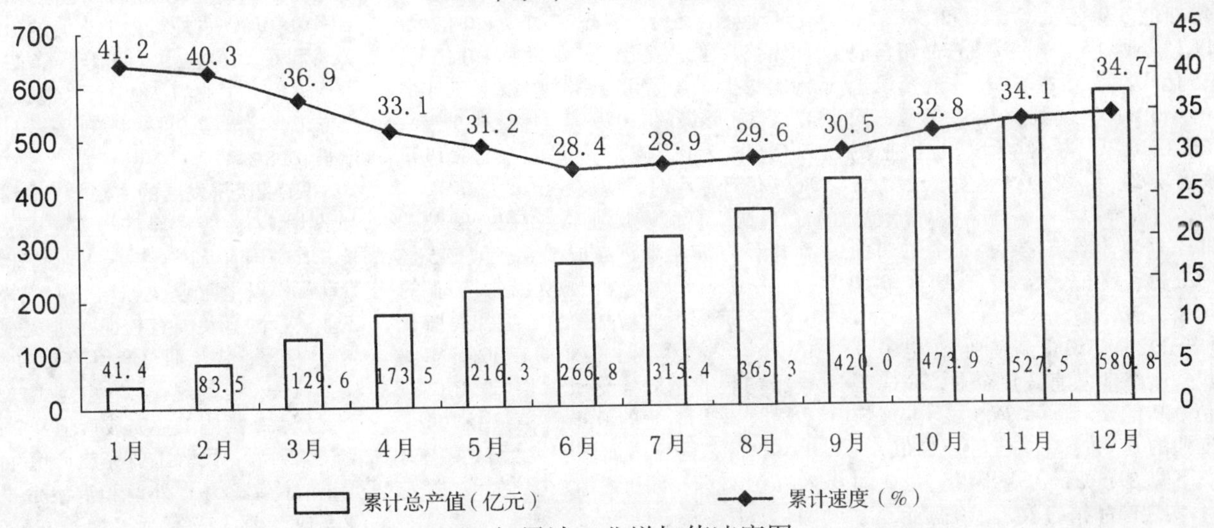

2004年累计工业增加值速度图

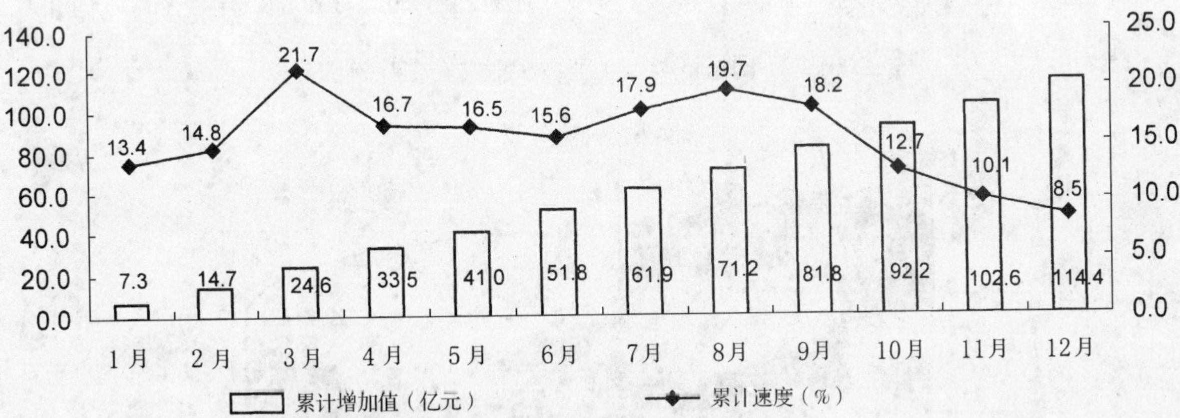

【石油化学工业】 石化工业共有59户企业，完成工业产值310.3亿元，增长27.4%，占规模以上工业的53.4%完成工业增加值50.0亿元，增长33.7%，占规模以上工业的43.7%；实现产品销售收入336.7亿元，增长24.1%，占规模以上工业的56.1%；实现利润1.2亿元，同比下降45.4%，占规模以上工业的30.8%；实现利税15.9亿元，下降1.2%，占规模以上工业的53.9%。原油加工量为900.0万吨，增长5.8%；煤油23.9万吨，增长3.9%；柴油为355.1万吨，增长4.0%；燃料油26.5万吨，增长35.1%；塑料制品3.0万吨，增长12.5%；化学纤维5.9万吨，增长7.2%。

【冶金工业】 冶金工业共有57户企业，完成工业产值151.4亿元，增长71.1%，占规模以上工业的26.1%；完成工业增加值23.9亿元，增长37.4%，占规模以上工业的20.9%；实现产品销售收入145.3亿元，增长68.8%，占规模以上工业的24.2%；实现利润1.6亿元，同比增长23.1%，占规模以上工业的41.0%；实现利税5.2亿元，增长15.6%；占规模以上工业的17.6%。生铁产量158.7万吨，增长36.4%；粗钢231.9万吨，增长19.2%；钢材160.8万吨，增长21.6%；十种有色金属15.5万吨，增长32.3%，其中：铝15.4万吨，增长32.4%。

【装备制造业】 装备制造业共有83户企业，完成工业产值27.1亿元，增长24.3%，占规模以上工业的4.7%；完成工业增加值5.9亿元，增长13.5%，占规模以上工业的5.2%；实现产品销售收入25.5亿元，增长27.5%，占规模以上工业的4.3%；实现利润0.52亿元，同比增长66.6%，占规模以上工业的12.8%；实现利税1.4亿元，增长16.7%，占规模以上工业的4.8%。起重设备1.1万吨，增长75.9%；金属切削机床320台，增长16.4%；改装汽车32辆，增长1倍。

【电子及通信设备制造业】 电子及通信设备制造业共有3户企业，完成工业产值3.9亿元，下降76.5%，占规模以上工业的0.7%；完成工业增加值0.1亿元，下降89.5%，占规模以上工业的0.1%；实现产品销售收入3.9亿元，下降11.4%，占规模以上工业的0.7%；实现利润－0.03亿元，同比持平；实现利税－0.01亿元，同比减少0.05亿元。彩色电视机47万部，下降10.6%。

【建材工业】 建材工业共有33户企业，完成工业产值11.0亿元，增长48.7%，占规模以上工业的1.9%；完成工业增加值2.8亿元，增长40.0%，占规模以上工业的2.5%；实现产品销售收入10.9亿元，增长53.5%，占规模以上工业的1.9%；实现利润0.32亿元，同比增加0.38亿元，扭亏为盈；实现利税0.3亿元，同比持平。水泥产量134.1万吨，增长13.1%；砖12 618.5万块，下降2.7%。

【煤水电气业】 煤水电气业共有43户企业，完成工业产值49.7亿元，增长5.1%，占规模以上工业的8.6%；完成工业增加值24.7亿元，下降21.8%，占规模以上工业的21.6%；实现产品销售收入50.8亿元，下降8.1%，占规模以上工业的8.5%；实现利润－1.0亿元，同比减少1.3亿元；实现利税4.0亿元，同比减少3.8亿元，占规模以上工业的13.4%。原煤701.0万吨，增长率9.3%；洗精煤132.1万吨，下降4.8%；发电量86.7亿千瓦小时，增长5.0%。

【纺织　服装工业】 纺织、服装工业共有17户企业，完成工业产值2.5亿元，增长19.1%，占规模以上工业的0.4%；完成工业增加值0.6亿元，增长16.7%，占规模以上工业的0.6%；实现产品销售收入2.4亿元，增长20.0%，占规模以上工业的0.4%；实现利润－0.04亿元，同比增加0.06亿元；实现利税0.02亿元，同比增加0.08亿元。服装434万件，增长42.8%。

【饮食　医药加工业】 饮食、医药加工业共有34户企业，完成工业产值15.5亿元，增长39.6%，占规模以上工业的2.7%；完成工业增加值3.6亿元，增长12.5%，占规模以上工业的3.2%；实现产品销售收入15.4亿元，增长52.5%，占规模以上工业的2.6%；实现利润0.7亿元，同比增长46.0%，占规模以上工业的17.9%；实现利税1.3亿元，同比增长29.0%，占规模以上工业的4.4%。配混合饲料15.7万吨，增长27.7%；啤酒8.3万吨，增长7.8%；化学原料药351.2吨，下降25.2%。

【轻工业(小轻工)】 轻工业共有38户企业，完成工业产值8.6亿元，增长34.4%，占规模以上工业的1.5%；完成工业增加值2.0亿元，下降33.3%，占规模以上工业的1.8%；实现产品销售收入8.7亿元，增长11.5%，占规模以上工业的1.5%；实现利润0.4亿元，同比下降20.0%，占规模以上工业的10.3%；实现利税0.6亿元，同比下降25.0%，占规模以上工业的2.0%。人造板4.1万立方米，增长7.9%；纸制品1.1万吨，增长97.8%。

【工业经济发展的主要特点】 1. 从经济类型看：各种经济类型工业全面增长，其中国有及国有控股工业高速增长，带动规模以上工业快速增长。规模以上工业中，国有及国有控股工业完成产值487.3亿元，占工业总产值的83.9%，增长34.1%，拉动规模以上工业增长28.5个百分点；集体工业完成产值9.2亿元，增长42.1%；民营工业完成产值44.6亿元，增长72.2%；外商和港澳台投资工业完成产值38.2亿元，增长6.8%。国有及国有控股工业的高速增长，对全市工业增长起到较强的拉动作用。

2004年不同经济类型工业占工业总产值比例图

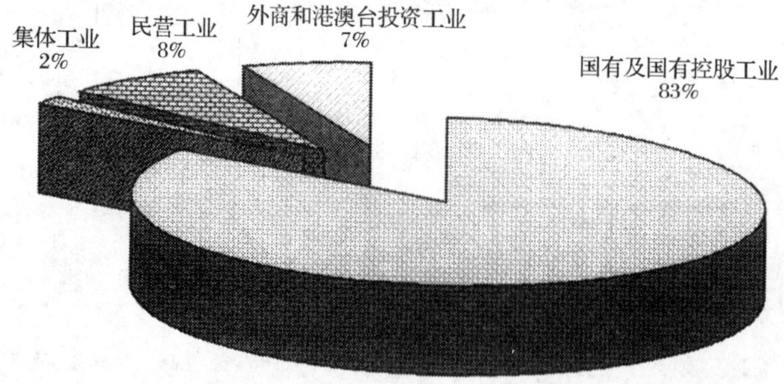

2. 从隶属关系看：市属企业生产好于中央、省属工业。2004年，规模以上工业中，中央工业完成总产值305.6亿元，占52.6%，同比增长23.8%；省属工业完成总产值67.9亿元，占11.7%，同比增长39.7%；市属工业完成总产值

135.9 亿元，占 23.4%，同比增长 53.6%；县区工业完成总产值 71.4 亿元，占 12.3%，同比增长 51.0%。其中：市属工业增速分别高出中央工业和省属工业 29.8 和 13.9 个百分点。

2004 年不同隶属关系工业占工业总产值比例图

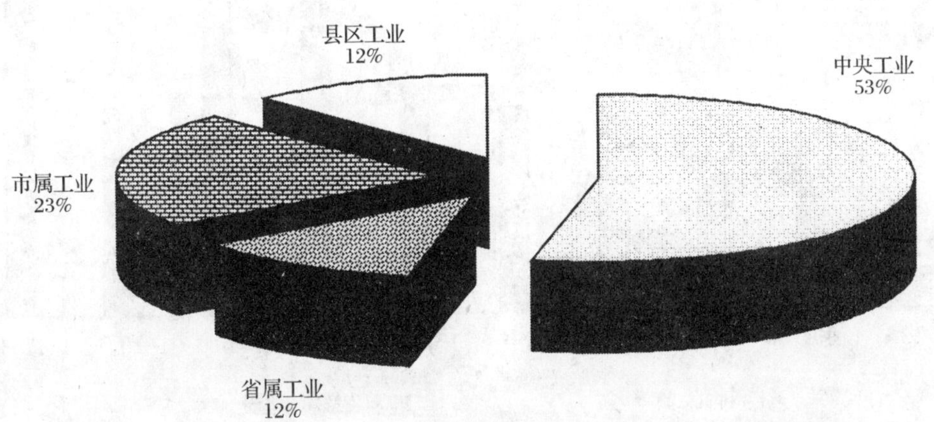

3. 从轻、重工业看：轻工业高速增长，重工业增速稍缓。年初以来，本市轻工业生产增速一直快于重工业生产增速。规模以上工业中，重工业完成总啼值 519.5 亿元，同比增加 113.7 亿元，占规模以上工业的 89.5%，同比增长 28.0%，拉动工业增长 26.4 个百分点；轻工业完成总产值 61.2 亿元，同比增加 35.7 亿元，占规模以上工业的 10.5%，同比增长 1.4 倍，拉动工业增长 8.3 个百分点。

4. 从企业规模看：大型企业仍然是支撑全市工业增长的主力军。2004 年，规模以上工业中，大型工业企业实现产值 413.1 亿元，占规模以上工业的 71.0%，同比增长 32.6%，拉动工业增长 23.5 个百分点；中型工业企业实现产值 77.9 亿元，占规模以上工业的 13.4%，同比增长 22.3%，拉动工业增长 3.3 个百分点；小型工业企业实现产值 89.8 亿元，占规模以中工业的 15.5%，同比增长 60.4%，拉动工业增长 7.8 个百分点。在大型工业企业中，工业产值比同期大幅度增长。其中：抚顺铝厂实现产值 22.4 亿元，占规模以上工业的 3.9%，同比增长 52.4%；抚顺新抚钢有限责仼公司实现产值 40.9 亿元，占规模以上工业的 7.0%，同比增长 57.6%；抚顺特殊钢股份有限公司实现产值 43.0 亿元，占规模以上工业的 7.4%，同比增长 56.1%；中油抚顺石化公司实现产值 26.5 亿元，占规模以上工业的 4.6%，同比增长 35.0%；中油抚顺石化分公司实现产值 258.8 亿元，占规模以上工业的 44.5%，同比增长 26.0%；抚顺矿业集团有限责任公司实现产值 21.5 亿元，占规模以上工业的 3.7%，同比增长 17.5%。

5. 重点骨干企业增势强劲。以中油抚顺石化分公司为龙头的六户大型重点骨干企业生产高速增长，累计完成产值 258.8 亿元，同比增加 53.4 亿元，增长 26.0%，拉动规模工业增长 12.4 个百分点，对工业增长的贡献率达 36.0%。受国际市场油价变动的影响，国内成品油价格上涨，中油抚顺分公司工业总产值创历史新高；抚顺铝厂、抚顺新抚钢有限责任公司因技术改造部分竣工达产，通过不断挖潜，努力调整产品结构，生产形势十分喜人。重点骨干企业的快速和稳定增长是本市规模工业持续增长的重要因素。由于骨干企业产量增加，新增产值 91.1 亿元。

6. 价格指数上扬加速了工业生产速度增长。随着资源配置逐步优化、产业结构的不断调整升级以及国内、国际市场的逐渐回暖，我市工业品出厂价格延续年初以来的上升势头，大部分行业的出厂价格同比呈上升态势。2004 年，市规模以上工业产品出厂价格指数同比增长 10.9%，比全省工业产品出厂价格指数（同比增长 7.0%）高出 3.9 个百分点。市场形势的逐步趋好，为本市规模工业的快速发展提供了良好的外部环境。产品价格上升也成为了工业产值增长的直接原因。在主要产品中铁矿石原矿量、钢材、铝材、汽油、柴油、饲料的价格上升幅度较大。2004 年，由于价格上涨因素新增产值 57.2 亿元，占规模以上工业的 9.8%，拉动全市工业增长 13.2 个百分点，对工业增长的贡献率为 38.6%。可见，我市规模公上工业的增长，有三分之一多是靠产品价格的增长牵动的。

7. 改制企业活力倍增。部分改制企业通过增量资金注入，焕发了生机，成为新的增长点。国有企业通过三改一加强，生产、经营状况发生了积极的变化，大部分企业逐步走向良性循环的发展道路，如抚顺挖掘机制造有限责任公司通过浙江的私营企业投入资金进行技术改造后，营销市场进一步扩大，今年比同期增产近8 192万元，增长 81.1%；抚顺莱河矿业集团有限公司重组后，重新启动生产，产值增长 2.8 倍；抚顺机械设备制造有限责任公司，通过资产重组，引入了增量，盘活了存量，增长 1.5 倍；抚顺石油机械有限责任公司增长 67.7%，抚顺炭素有限责任公司增长 56.0%。相当数量的企业通过重组与改制，焕发出新的生机与活力，是推动我市工业经济增长的新生力量。

8. 工业经济效益稍有回落。2004 听，规模以上工业企业实现利税总额 29.5 亿元，同比减少 2.0 亿元；盈亏相抵后实现利润 3.9 亿元，同比减少 0.9 亿元。从全年各月的盈亏指标总体走势上看，基本上是效益较为稳定，并出现小幅回落，主要经济指标未见改善，而且初显下滑势头，表明我市工业经济盈利能力下降，经济效益走势不佳。

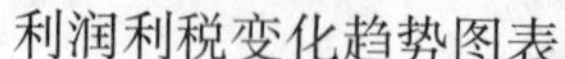

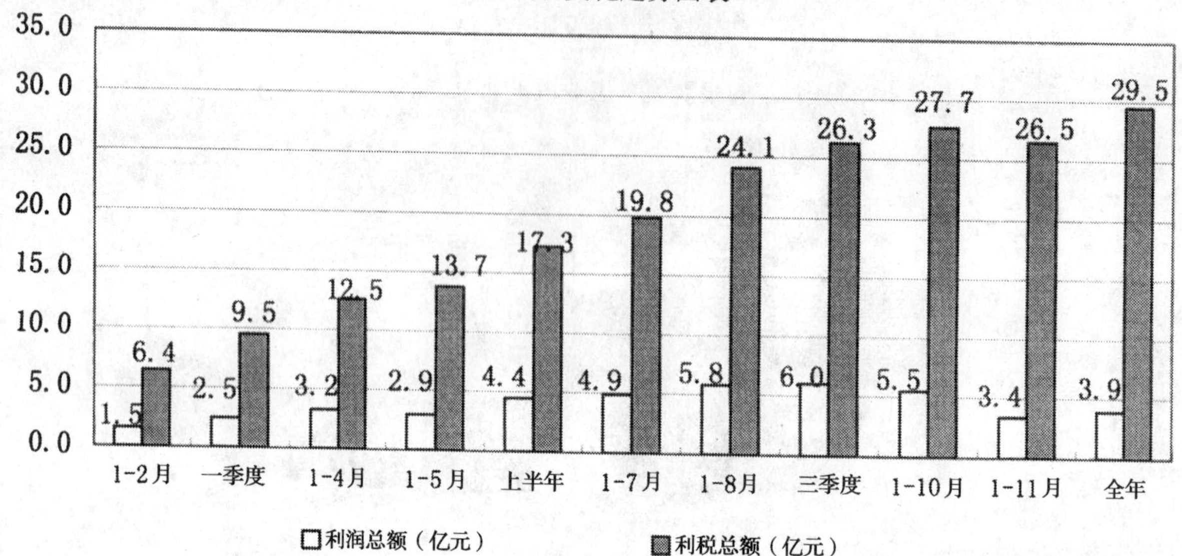

2004年，本市规模以上工业实现产品销售收入600.3亿元，同比增加138.7亿元，增长30.1%。其中石化、冶金、机械行业销售收入均比去年同期有所增长，市场形势趋好。在我市工业的产品销售收入中，工业大户的拉动作用非常明显。

纵观全年的工业经济运行，虽然保持了工业生产高速增长的态势，高于全省平均水平，但与经济效益的回落显然不相协调，有待于在新的一年里加速发展，从而推动我市工业的快速发展和经济效益的全面提高。

【存在的主要问题及原因】 1. 亏损企业增加，亏损总额增加。规模以上工业企业中，亏损企业139户，同比增加33户，增长31.1%；亏损企业亏损总额达到5.7亿元，同比增加1.9亿元，上升50%。在全市工业3.9亿元的利润总额中，主要靠中油抚顺石化分公司盈利2.8亿元支撑，这说明本市仍有相当一部分企业生产经营十分困难。原材料、燃料价格持续上涨，缩小了企业的盈利空间。原材料价格一涨再涨，成品油、煤炭、生铁、废钢、钢材、水泥等原辅材料均在高价位运行。原材料、燃料、动力购进价格指数为113.9%，高于工业品出厂价格指数110.9%的水平。原材料价格上涨，但下游加工企业的产品多数供大于求，市场竞争十分激烈，产品调价幅度有限，企业难以消化原材料涨价因素，利润空间受到挤压。

2. 企业发展不够均衡。全市工业经济总体运行态势颇佳，但在某些企业加速发展的同时，也有一部分中小企业生产出现滑坡现象。工业产值在1亿元以上企业有48户，而产值却占全市的89.8%。也就是说户数占全市工业近九成的中小企业产值仅占全市工业产值的不到一成多，其中三分之一企业生产下降，可见“扶优扶强”的力度还需加大。

3. 结构性矛盾依然突出。结构性问题依然依然突出。虽然全市工业经济保持较好的运行态势，但是也要看到市场有效需求仍不足，结构调整任务依然艰巨。从全市工业经济运行状况看，拉动全市工业增长的主要是石油加工及炼焦业、金属冶炼及压延加工业等，其拉动全市工业增长27.9个百分点（石油加工及炼焦业拉动13.5个百分点，金属冶炼及压延加工业拉动12.1个百分点），而相当产品销售状况仍不容乐观，通过创新发展高科技、高附加值的产品项目并不多。总体看来，技术进步还没有成为全市经济增长和生产率提高的主要动因，结构调整任务依然艰巨。

（刘秋生）

石　化

·中国石油抚顺石化分公司·

【基本情况】 中国石油天然气股份有限公司抚顺石化分公司，是集“油、化、塑、洗”为一体的大型石油化工联合企业，在中国石油石化工业中具有重要的地位和影响。公司总资产为105亿元，资产负债率33.88%。年销售收入近300亿元。公司总占地面积600万平方米，现有3个大型炼油厂、3个大中型化工厂、1个油品集输储运公司和1个电子商务中心。原油一、二次加工能力均达到1 000万吨/年，三次加工能力200万吨/年。有主要生产装置68套，设备73 158台，设备新度系数为48%。具有年产汽、煤、柴油600万吨，蜡72万吨，化工产品88万吨的生产能力。年产乙烯17.5万吨、烷基苯20万吨，脂肪醇5万吨，聚苯乙烯6万吨，丁苯透明高抗冲树脂5 000吨。原油加工量和销售收入2003年列中油炼化企业第一位，2004年列第二位。资产总值、原油加工量、销售收入等重要指标均居国内同行业前列。石蜡单地年产量和贸易量居世界第一，烷基苯生产能力居亚洲第一。生产的150余种石油化工产品，畅销全国，远销世界50多个国家和地区，产品出厂合格率始终保持100%。公司整体通过了质量、健康、安全、环境管理体系（三标一体）认证，现有员工9 907人，平均年龄38岁，大专以上学历3 760人。

公司秉承中国石油“爱国、创业、求实、奉献”的企业精神和“诚信、创新、业绩、和谐、安全”的管理理念，致力于建设“千万吨炼油，百万吨乙烯”世界规模炼化生产基地，“十一五”规划实现“1145”奋斗目标，即1 000万吨炼油，100万吨乙烯，石蜡、润滑油基础油、烷基苯、合成树脂等四大世界级石油化工原料生产基地，销售收入达到500亿元。

公司先后荣获“中央企业先进集体”、“辽宁省文明单位标兵”和“辽宁省花园式工厂”等荣誉称号，石油一厂青年安全宣讲队荣获“全国青年文明号”称号。温家宝总理2004年11月份在考察辽宁期间听取了公司的专题汇报。

【主要经济技术指标】 2004年，完成原油加工量900万吨，同比增加50万吨；销售收入282亿元，增长25.5%，居辽宁省第3位；实现利润9.08亿元，增长123%。炼油现金单位加工费107.8元/吨，化工吨商品现金加工成本786.7元。综合商品率90.3%，加工损失率0.77%，轻油收率73.17%，炼油综合能耗90.94千克标油/吨。

【安全生产与整体优化】 开展以“强三基、反三违、除隐患、保安全”为中心的“安全管理年”活动，全面排查出各类隐患318项，全面制定整改和防范措施。安全生产责任制得到进一步落实，开展了有针对性的安全教育培训和检查，加强了事故应急预案演练。公司整体通过了QHSE管理体系认证。克服原油进厂不均衡和生产装置大面积检修等不利因素，深挖装置潜力，努力提高装置加工负荷，一次加工负荷平均达到120%，日加工量最高达2.82万吨，原油一次加工能力突破1 000万吨，二次加工负荷达到105%，汽煤柴油总量达到568.1万吨，同比增加16.7万吨。化工装置负荷平均110%，化工商品总量74.7万吨，增长1.5%。乙烯日产量保持500吨以上，苯乙烯首次达到满负荷生产，储运大线输油269万吨，同比增加14万吨。厂际互供料390万吨，同比增加18万吨。实现了抚顺石化有史以来加工能力和加工量两方面质的飞跃。按照“三年一大修”的标准，安全、优质完成了重组改制以来规模最大、难度最大、时间最短的14套装置的检修改造。在运水场全面达标。设备完好率、主要设备完好率、泄漏率均位于中油炼化企业前列。

按照“结构、质量、效益”原则推进生产优化，质量升级向纵深发展。优化中压加氢装置，增产分子筛料10万吨，及时开启分子筛脱蜡一套装置，为下游化工装置多提供原料3万吨；推进汽柴油质量升级，生产98#清洁汽油和符合欧Ⅱ标准专供北京的0#车用柴油，填补了中国石油生产高档汽柴油的空白。采取重油催化降烯烃工艺改造，气分、MTBE、烷基化装置脱瓶颈改造，及时启动石油一厂重整装置等措施，克服汽油辛烷值组份不足困难，生产高标号汽油47万吨，同比增产23万吨。开动石油一厂新区二酮苯和白土预精制装置，减少蜡料进催化裂化，增产润滑油基础油，增产石蜡6万吨，石蜡总产量达到40万吨，拉开了油蜡联产战略调整的序幕。通过柴油调和减少质量过剩等手段，增产柴油7万吨，总产量达到355万吨，全年高附加值产品同比增加36万吨，增长15%。优化氢气平衡，提高氢气利用率、降低能耗；东气西输瓦斯4.4万吨，增效3 480万元。

【技术进步与发展规划】 认真开展“技术效益年”活动，投资1.6亿元，完成了“五大平衡”、“三年一大修”等69项技术攻关，创效1.4亿元。全年共完成技术改造41项，完成资本性投资4.5亿元，占当年投资计划的98%。20万吨/年石蜡加氢4个配套系统提前建成并一次投产成功。5吨/小时三氧化硫磺化工程当年建成中交。“40万吨/年酮苯脱蜡项目经理部”荣获中国石油天然气股份有限公司重组改制以来“首届炼化工程优秀项目经理部”称号。股份公司核心技术攻关项目重油悬浮床加氢工业化试验取得重要突破。重油接触裂解制乙烯工业化试验项目进行了第9次工业化试验，为经济评价取得了大量的技术数据。丁苯透明抗冲树脂攻关成效显著，指标超过中试水平。开发高速线BOPPT38FE等6项新产品，增效1 291万元，聚乙烯、聚丙烯专用料比例分别达到35%、66%。

以“千万吨炼油，百万吨乙烯”为核心的“十一五”发展规划基本完成，并得到集团公司、股份公司和省、市的高度重视和鼎力支持。备受瞩目，列为中国石油炼化企业和辽宁省头号工程的100万吨/年乙烯技术改造工程，可研报告通过集团公司审查，环评大纲通过了国家评审。已编制完成800万吨/年常减压装置可研报告，积极组织编制400万吨/年加氢精制与裂化装置和150万吨/年焦化装置可研报告，60万吨/年重整装置改造初步设计和60万吨/年酮苯脱蜡可研报告通过了审查，石油二厂至石油三厂蜡油、石脑油管已基本建成。

【经营与挖潜增效】 加强成本管理和预算控制，突出经济运行和预算指标动态考核。强化了资金安全管理和规范运作，节约费用支出3 970万元。营运资金同比增加7亿元。有效改善资产结构，资产负债率由年初37%下降到31.7%，应收账款清欠完成4 610万元，其他应收款完成3 229万元。深入研究和充分利用东北增值税转型税收优惠政策，完成2 581万元固定资产进项税退税返还，出口产品免抵消费税和增值税3.3亿元。

抢抓市场机遇，积极拓展市场。实施稳健灵活的推价策略，石蜡、芳烃、苯乙烯、石油焦等产品价格创历史最高水平，烷基苯持续21次推价，实行出库买断，走出低谷，成为主要创效产品。针对装置大面积检修，制定减产不减收措施，销售收入连续刷新单月纪录，单月最高收入28.1亿元。累计出口汽油、石蜡、烷基苯71.2万吨，创汇3.1亿美元。产销率和回款率分别达到102%和100%。物资供应有效保证生产建设、检修改造需要，采购总额达到15.3亿元，其中电子商务采购3.07亿元，招标率达到60.2%，通过限价采购和公开招标，比上年节约资金8%。

在各种物资大幅涨价、动力费大幅增加的情况下，实现炼油现金单位加工费107.8元/吨，比预算降低5.2元/吨；化工吨商品现金加工成本786.7元，同比降低143.3元；现金管理费、现金营业费、财务费同比下降2.4亿元；三剂费用比预算下降4 377万元。加强节能措施，投资1 697万元实施9个重点节能项目，全年节水35.5万吨、节电1 500万千瓦时、节汽3.74万吨，创效1 020万元。

【科学管理与队伍建设】 完善了以KPI考核指标为核心的经济考核体系，充分发挥了经济杠杆的激励与约束作用。加强“三基”工作，全面推进了内控体建设，完善各项管理制度，规范员工行为，出台了《基层单位建设实施办法》和《生产车间基层建设评价标准》。深化业务整合，实现工程核算的集中和销售结算业务划转，完成了电子商务中心业务流程重新定位和业务专项管理体制的建立。公司领导班子参加每天生产调度会，及时跟踪掌握日常生产经营情况，并逐个对每个单位的全年预算、大修、零购、技措技改、资本性支出等项目严格把关，科学决策。

全面落实人才强企战略，推进“三支”队伍建设，共组织892个专业培训班，培训3.3万人次。举办了第三期领导干部工商管理培训班。组织开展了公司首次“专业技术人员业务素质大赛”，1 380名专业技术人员和专业技术管理人员参加大赛。组织进行了“第三届练兵比武和技能竞赛”，先后有1.7万人次一线技术工人参加了各种培训、练兵活动，8 000多人次参加了不同层次的竞赛。选派11名加氢、乙烯工种的员工参加“全国行业职业技能竞赛”，两个代表队分获团体第三名和第七名。完成公司610名“星级操作员”评聘工作，对“星级操作员”给予了特殊津贴。全公司3 280名压力容器操作人员通过了培训取证。

2004年经济技术指标统计表

序号	项目名称	实际	单位
1	原油加工量	900	万吨
2	商品总量	892	万吨
3	销售收入	2 821 368	万元
4	税费	128 623	万元
5	利润	91 671	万元
6	管理费用	85 930	万元
7	财务费用	10 073	万元
8	化工现金总成本	786.73	万/吨
9	吨油利润	42.89	元/吨
10	综合商品率	90.3	%
11	综合自用率	8.93	%
12	总损失率	1.28	%
13	汽煤柴油产量	568	万吨
14	石蜡产量	40	万吨
15	乙烯产量	17.5	万吨
16	烷基苯产量	19.5	万吨
17	高抗冲聚苯乙烯	1.04	万吨
18	柴汽比	1.88	
19	掺渣比	31.4	%
20	乙烯收率	35	%
21	南输集输量	278	万吨
22	厂际互供量	390	万吨
23	吨原油综合能耗	90.9	千克标油/吨
24	单位能量因数耗能	11.21	千克标油/吨因数
25	专用料率	49.9	%
26	加工吨原油耗水量	1.37	吨
27	加工吨原油耗电量	69.6	千瓦时/吨
28	加工吨原油耗汽量	0.15	吨/吨
29	技术改造完成投资	4.55	亿元

（赵兴斌）

·中国石油抚顺石油化工公司·

【基本情况】 抚顺石油化工公司于1982年经国家经委批准成立，原隶属于中国石油化工总公司。1998年石油、石化两大集团重组后，划归中国石油天然气集团公司（以下简称中油集团）。1999年底，按照中油集团战略决策，原抚顺石化重组分立为抚顺石油化工公司（未上市企业）和抚顺石化公司（上市企业）。目前，抚顺石油化工公司是中油集团一级企业，下辖8家生产企业、8家专业公司以及工贸（多种经营系统）和北天（10家集体企业）两个企业集团，共18家直属单位。现有全民资产51亿元，集体企业资产7亿元。现有全民职工2.2万人，离退休职工1.2万人；集体职工1.2万人，退休职工0.6万人。抚顺石油化工公司主营业务包括制造加工、生产服务、工程技术服务和生活后勤服务四大板块，主要从事炼化产品延伸加工、精细化工、非油化工产品生产、供水、供汽、供电、工程施工、检维修、通讯及生活后勤服务等业务。有主要生产装置39套，装置及产能为：腈纶5.5万吨/年、丙烯腈8万吨/年、甲乙酮2.5万吨/年、催化剂1 700吨/年、BOPP 2万吨/年、蜡制品2.5万吨/年，等等。是我国目前最大的石油化工贵金属催化剂生产基地。2004年公司获得中央企业先进集体荣誉称号。

【主要经济技术指标】 全年计划生产各类炼化产品29.4万吨，实际完成35.6万吨，销售35.5万吨，同比分别增长36%和39%。实现主营业务收入42.2亿元，较上年增加10亿元，与重组之初（1999年）相比翻两番。实现税费2.5亿元。在消化各类增支减利因素2.4亿元后，实现考核利润323万元，超额完成了中油集团考核指标。多种经营系统在新的管理体制下经济效益显著提升，集体企业集中管理后实现了盈亏平衡的历史性突破。

【安全生产】 抚顺石油化工公司按照中油集团《关于进一步加强安全生产工作的决定》要求，严格落实安全生产责任制，形成了“主要领导负总责、分管领导抓具体、车间班组有专人”的安全责任网络。采取“六个一”、“听证会”等多种形式创新安全管理方式方法，强化安全教育，增强了职工安全意识和技能。全年组织安全大检查6次，查出和整改问题350多项。投资610多万元，整改公司级隐患7项、厂级隐患22项，全年没有发生任何重大事故，被中油集团评为安全生产先进单位。生产方面，以增量增收为重点，强化运行管理，实现了计划控制与市场调节的有机结合。全年各类炼化产品总量较年初计划增加6.2万吨，腈纶、丙烯腈等市场需求较好的产品均超额完成计划。围绕节能降耗、优化工艺、消除瓶颈，全年实施大的技术攻关12项，实施节约增效项目43项。装置平均开工率达到了78%，负荷率达到了96%，均创历史新高。设备完好率、物耗能耗、产品产量和质量等指标均达到了历史最好水平。

【市场开拓】 采用多种方式提高资金使用效率，保证了重点项目建设及生产经营活动的正常进行。加大销售力度，实现了产品销量、收入和利润的同步增长。特别是紧跟市场变化，全年对产品价格做了近百次调整，甲乙酮、腈纶、丙烯腈等产品价格一度领跑市场并实现了全产全销。BOPP、氰化钠等产品的新增用户和市场占有率较上年也有明显提高。进出口业务方面，全年销售收入达到2.9亿元，创汇近1 000万美元，甲乙酮出口取得较大突破。开发公司经营业绩进一步提升，提前半年完成了全年效益目标。

【产业化发展】 2004年，按照“一二四八”的产业发展定位，抚顺石油化工公司后续项目开发和重点工程建设取得了新成果。一是打开国际国内“两扇门”，“走出去”战略得到有效贯彻。与意大利Basell公司合作150吨/年聚丙烯催化剂、与美国Dupont公司合作2万吨/年固体氰化钠等一批外向型合作项目取得重大突破。二是低成本并购醇醚资产工作得到了中油集团正式批复。三是中油集团已原则同意公司近三年总额20亿元的发展规划，如果再加上为大乙烯配套项目的投入，投资总额将达到50亿元，为公司实现“双百亿”目标奠定了坚实基础。

重点工程建设方面，UOP催化剂公用工程已经完成中间交接，预计于2005年3月底建成。燃气和丙烯球罐工程、蜡裂解制α—烯烃工业实验二期工程、腈纶污水处理改扩建工程等项目均按计划进行。

【企业改革与稳定】 在新体制、新机制架构下，组建了北方催化剂厂，通过公开竞聘产生了班子和管理层。重组成立了设备监理中心。中小学和公安系统已全部移交社会。特别是，经过近一年的充分筹备，完成了工贸集团的组建工作。使公司主辅分离工作迈出了一大步，标志着公司2003年经济工作会议确定的重大改革事项基本完成。公司形成了以制造加工、生产服务、工程技术服务、三产多种经营系统和集体企业为内容的“4＋1”板块格局。集体企业全年实现经营总收入9.6亿元，较上年增加2亿元，实现了不亏损的重要转变。

【人才工程】　按照《抚顺石油化工公司2003－2005人才队伍建设规划》，组织部分高级管理人员和中青年骨干到高等院校进行了集中培训，并到海尔集团等企业实地考察学习。强化操作技能型人才培养，召开了重组分立后首届技师、高级技师聘任大会，聘任高级技师、技师150多名，并制定了相应激励政策。开展了全员性“大练兵、大比武”活动、一线技术能手评选活动和班组长培训工作，培训职工上万人次，选拔各工种技术状元和能手400多名，调动了各类人员立足岗位练技能的积极性。累计选送业务骨干112人攻读在职研究生，并新接收应届大中专毕业生150多人，缓解了企业主干专业人才短缺的压力。

（王　乔）

煤　炭

【基本情况】　2004年，是抚顺矿业集团开展“经营管理年”活动的第二年，也是改革不断深入、经营管理不断加强、企业实力不断提升，员工生活不断改善的一年。抚顺矿业集团以发展为主题，以深化改革为动力，以强化管理为手段，深入开展“经营管理年”和“知爱忠兴”教育活动，较圆满地完成了全年各项经济技术指标和各项工作任务。生产建设实现了新的跨越，经济效益大幅度攀升，经营总收入继2003年创出历史最好水平的基础上再创历史最高。尤其是随着财务管理、物供管理的日趋规范和科学，节支降耗取得明显成效，使全公司的经济效益不断攀升，主要经济技术指标均超额完成了年度计划。其中，原煤产量、开拓进尺、原煤全员效率、工业增加值等四项指标实际完成均比上年明显增加；原煤灰分、企业坑木消耗、企业电力消耗三项指标实际完成比上年有一定降低，全公司综合能耗节支达到2 690万元。

【非煤产值比重上升】　抚顺矿业集团按照转产规划的安排，大力推进转产转型重点项目的建设。东露天煤炭开发总厂，对±0、＋10、＋20通路下和南帮滑落体下的煤炭进行扩采和回收，创造了可观经济效益。同时，公司积极进行东露天矿能源综合开发工程的前期准备，整个项目的报批工作已经结束，争取到了国家对东露天矿恢复工程的资本金。

以页岩炼油厂四期改造工程为先导的一批转产转型项目取得明显进展。为了提高页岩炼油厂的生产能力和工艺技术水平，公司投资6 900万元对页岩炼油厂进行四期改造工程。该工程为四部炉建设，新建20台干馏炉，并对原矿、原油等环节加以改造，使炼油能力提高到12万吨/年。从2003年5月10日开工到2004年5月调试结束正式投产，仅用了一年时间，比计划提前了半年。该项工程的建设，为集团公司转产转型、实现经济发展战略，奠定了重要基础。为进一步提升炼油的工艺技术水平和生产能力，集团公司一直在寻求引进国际先进的油母页岩干馏工艺，本年与澳大利亚洛克石油公司进行了合资兴建10万吨油母页岩小颗粒工程的洽谈，形成了合资共识和意向，合资条件已基本具备。还与德国、爱沙尼亚等国油母页岩加工利用企业进行了页岩炼油新工艺设备引进问题的洽谈。同时，在西露天矿兴建坑口页岩炼油厂，其中两部炉的土建主体工程已经完成，一部炉设备安装工程已完成了80%，二部炉设备安装工程已完成了30%，为早日建成投产赢得了宝贵的时间。

煤层气开发利用外销总量突破4 000万立方米大关，比上年增加218万立方米。水泥厂水泥产量达16万多吨，页岩烧结砖产量2 500多万块。

随着转产转型步伐的加快，全公司非煤经济依然保持着强劲的增长势头，页岩炼油厂、煤层气开发利用、水泥和页岩烧结砖生产创造了可观的经济效益。除此之外，3个机厂（机械公司、北龙公司、驰腾公司）继续把经济增长的重点放在新产品开发和增加集团外收入上，全年共开发新产品27项，集团外收入比上年显著增加。运输部、供电部两个地面辅助生产单位经营总收入也都比上年增加。特别是供电部，以集团公司“市改矿”为契机，下大力气狠抓通讯扩容工作，电话装机容量相当于前6年的总和，电话用户和宽带用户分别增加9 553台和269户。十一厂产品产量大幅度增加，利润增长率达到123%。房地产开发公司、中煤公司、林业处、总医院、精神病院等单位的非煤收入，同比都有一定幅度的递增。其中，房地产开发公司开发出的住宅小区先后被国家、省市评为“环境绿色小区”和“中国十佳绿色生态小区”，先后荣获“抚顺市最受尊敬企业”和“辽宁省公众信任的开发商”称号，经营总收入和利润均创历史新高。抚矿总医院引进大型医疗设备，开发新的医疗项目，一些医疗手段填补了本市空白，全年门诊量同比增加3.12万人次，经营收入大幅度增长。

【企业管理】　2004年，抚顺矿业集团积极稳妥地推进产权制度改革。年初，将原生活公司与博大公司合并，减少了管理层次，增强了市场竞争能力。组建了全市乃至全省第一家企业医疗集团，将西露天矿医院、老虎台矿医院、机修厂医院、运输部医院划归集团公司总医院管理，实现了人才、技术、设备、品牌、市场等资源共享。进入下半年，又对北龙公司、机械公司、驰腾公司、中煤公司和水泥公司五家单位进行资产重组，由国有控股公司变更为国有全资子公司，理顺了产权关系和管理体制。根据企业发展的需要，成立了总工程师办公室、债权清理指导委员会、矿山安全设备检测检验中心，设置了集团公司和基层单位法律顾问，提高了企业的管理水平。在用工制度改革上，各生产单位通过多种渠道挖掘劳动潜力。西露天矿通过采取封存设备、合并班组、改变班次、实行兼职等措施，对12个车间111个工种403个岗位逐一进行核对，有93个工种修改了定员标准，节约劳动力853人。老虎台矿通过核岗定员、清理工种与岗位不符的违规现象，并通过考试培训，为363人变更了工种，规范了内部用工管理。为增加内部就业岗位、加强和规范临时用工管理，集团公司下发了《关于清退二次就业人员的通知》和《抚矿集团公司临时用工暂行管理办法》。对符合内退条件且单位不需留用的人员，一律办理内退。全年共清理退休返聘人员79人、临时用工和劳务用工330人。在分配制度改革上，根据基层生产经营单位经济效益状况，适当扩大了对经营者实行年薪制的范围。大力推行工效挂钩办法。西露天矿建立了全员绩效考核机制；供电部对外线电缆及电话查修人员实行计件效益工资；林业处对基层分场分三个档次全面实行工效挂钩，页岩炼油厂打破技能工资等级界限，按照作业岗位劳动要素确定岗位系数和分配关系；天泰公司、怡和公司制定完善了收费人员个人收入同收费额挂钩、销售人员收入按销售额提成、稽查人员收入与稽查效果挂钩等多种方式的分配制度与办法，都收到了显著效果。

随着企业改革的深化和“经营管理年”活动的深入开展，企业管理更加科学、规范，也更加缜密和严格。从上到下均进一步建立和完善了物资管理的规章制度，形成了比较科学的物资采购监督制约机制。集团公司质量监督办公室，全年监督审核采购计划10万多笔，节省采购资金912万元。全公司组织12次招标采购，标的额5 000多万元。积极进行清仓查库，平衡调剂库存，盘活积压物资，全公司物资储备和消耗更加合理。进一步强化财务管理，对基层单位下达了全年资金控制指标，确定了综合平衡、统筹安排、效益为先的货币资金政策，严格按照保生产、保安全投入、保工资、保税息支出的顺序合理调度使用资金。加强生产过程中的成本控制，坚持对成本支出情况定期进行分析，推动成本控制重心向车间、班组延伸。制定下发了《抚顺矿业集团员工差旅费报销管理办法》和《抚顺矿业集团业务招待费暂行规定》，进一步严格了差旅费和招待费的管理。调整和强化了资产管理委员会，组建了资产评估机构，全年现场评估72次，盘活闲置资产3 900万元。加大了清欠工作力度，全公司年末应收账款余额比年初下降了12.6%。

【职业技能鉴定和培训】 2004年，共有48个工种4 102人参加中青年技术等级培训。有17个工种900人参加职业鉴定培训。经技术理论和实际操作考试，合格687人。选择256名有“绝技”或一技之长的老工人与259名青年工人签定名师带高徒合同。选拔15个工种的优秀选手参加市职工技术运动会，10人获得技术状元，22人获得技术明星，72人获得技术标兵称号。

【安全生产】 抚矿集团公司一直高度重视安全生产，把安全工作视为“天”字号任务去抓。2004年，投入1亿多元资金，重点解决安全仪器、装备、隐患等一大批历史遗留欠账，提升了矿井的整体安全水平。坚持不懈地开展安全教育、安全大检查和质量达标活动，严格落实上级有关安全生产的指示精神。制定下发了46个安全管理措施、规定和办法，实行重点生产单位党政一把手安全风险目标工资奖罚制度，加大了他们的安全责任。同时，加大了安全监察的工作力度，坚持全方位的员工安全教育，在夯实安全基础上下了真工夫。尤其是把“一通三防”作为安全生产重中之重，除了加大安全资金投入、提高矿井整体装备水平外，还有针对性地制定了各种严格的防范措施，定期召开专题例会，实行总工程师“一通三防”奖励基金，严格坚持“先抽后采，监测监控，以风定产”的十二字方针，不断深化了“一通三防”的管理，矿井防灾、抗灾能力进一步增强。

在安全工作上，尽管公司上下做了大量艰苦细致的工作、采取了很多扎实有效的措施，但由于煤炭开采的自然条件日趋复杂，呈现瞬息万变的态势，抚顺煤矿的安全生产难度愈来愈大。2004年10月30日西露天矿坑下平峒工作面突发一起有害气体瞬间大量涌出，导致一次窒息死亡15人的重大事故。事故发生后，抚矿集团公司召开了一系列会议，认真分析事故原因，深刻吸取事故教训。通过认真查找差距，标本兼治，在强化思想整治、强化隐患整治、强化现场整治等方面，明确了奋斗方向，形成了新的工作思路和措施。

2004年主要经济技术指标完成情况

种　类	单　位	计　划	实　际	实际与计划增减	比上年同期增减
原煤	万吨	530.00	605.27	+75.27	+36.59
洗精煤	万吨	120.00	128.91	+8.91	-4.58
开拓进尺	米	1 500	1 726	+226	+190
剥离量	万立方米	1 450	1 460	+10	-47
商品煤灰分	%	17.34	16.21	-1.13	-0.7
企业坑木消耗	万立方米	11.50	7.11	-4.39	-4.48
企业火药消耗	千克/万吨	4 961	5 556	+595	+713
企业电力消耗	千瓦时/万吨	85.0	67.22	-17.78	-2.73
原煤全员效率	吨/工	3.510	4.232	0.722	+0.49
原煤单位成本	元/吨		199.90		+30.32
利润	千元		-1 398		-7 407
工业增加值	千元	1 100 000	1 304 183	+204 183	+155 526

（高　伟）

电　力

·辽　电·

【主要指标完成情况】 2004年辽宁发电厂完成发电量19.1亿千瓦时，其中在役机组发电12.52亿千瓦时，退役机组发电6.29亿千瓦时，水力发电2 819万千瓦时。等效可用系数90.92%。供热量完成38.03万吉焦。供电煤耗完成450克/千瓦时，发电煤耗完成405克/千瓦时。厂用电率完成9.83%。发电总成本完成4.36亿元。多种经营总产值完成18 179万元，缴纳税金2 524万元，实现利润233万元。到12月31日，实现连续安全生产549天，全年未发生一起设备事故和生产性轻伤以上事故。

【安全生产】 辽电始终坚持“安全第一，预防为主”的方针，认真贯彻落实集团公司与分公司安全生产工作会议精神，严格执行“四不放过”原则和安全工作说清楚制度，狠反习惯性违章。通过组织全厂干部职工学习《安全生产法》、《安全政策说明》，开展春、秋两季安全大检查和安全月等活动，强化了职工的安全防范意识和安全生产观念，确保了安全工作目标的圆满完成。同时，严格控制检修维护及更新改造工程费用，克服了设备老化、检修维护量大等不利因素的影响，认真执行《检修文件包制度》和检修质量三级验收制度，做到检修迅速、达效。以小指标竞赛为主线，加大监盘、巡视力度，合理进行燃煤混配，保证机组经济运行。全年大修机组4台，小修机组3台。配合替代改造工程，完成了＃1发电机接入＃6/7主变，220kv母联开关移位，启备变接引及投运等工作；更改工程完成了灰浆泵变频改造，厂内铁路道岔集中控制系统改造，四灰场灰坝加高等工作。在环保方面，加强了烟尘监控和废水排放监测，实现100%达标排放。

【经营管理】 围绕科学、合理、规范、高效管理这一主题，加强对大中专毕业生和后备“人才库”人员的动态考核，录用了5名应届大学毕业生；加强职工培训，重点进行35万千瓦机组运行人员的岗位培训；完成全厂1 183人的职业技能鉴定考试和119人的技师资格考评。厂内通过公开招聘的方式，分别为发电运行、燃料运行、电除尘、铁路运输等岗位配备了123名工人，使人力资源得到有效合理的配置。不断强化财务管理职能，按照年度财务决算，全面实行预算管理。对固定资产进行清查盘点，摸清现有库存物资情况；对旧设备修复利用，全年节约油、水、电和原材料84.6万元。充分发挥现有资产的效益，清理未逾龄不能使用固定资产1 357万元，减少折旧费用84万元。清理集体用工，减少劳务费70万元。为进一步加强燃料管理，克服采购资金短缺、电煤价格上涨、铁路运力不足、煤炭供应为卖方市场等诸多困难，及时调整工作思路，主动深入各个矿点寻求煤源。同时加大内部审计和对燃料管理、物资管理、清产核资和工程招投标的效能监察力度，指派3批12名效能监察人员到燃管处，对采样、制样、排空车等环节进行监督，保证燃煤入厂各个环节的公平、公正。全年完成大的审计项目5项，查出违纪金额382万元；审计签证完成各类经济合同及工程预决算111份，取得直接经济效益97万元；效能监察立项44项，避免经济损失1 570万元。

【多种经营】 多经公司广开外部市场，提高了企业的竞争能力和生存能力。新亚公司与沈阳大京九快餐连锁集团合作开发大京九快餐项目，与抚顺康乐福连锁超市集团合作开办阳光超市，成功开辟了餐饮服务市场；中电输煤公司通过协作方式启动生产，加大市场开拓力度，全年完成产值245万元；新都大酒店强化经营管理理念，提高了服务质量，年底营业收入突破220万元。

【技改工程】 技改工程在辽宁省电力公司的领导下，在东方发电公司的积极运作下，全年工程建设进展顺利。圆满完成＃1、2发电机定子就位；＃1主变安装；＃1、2机组水压试验；＃1机受厂用电；＃1炉酸洗；＃1机组吹管、＃1机组试运等项工作，全年基建安装实现零事故目标。至此，终于使该项目在已运作13年后的12月25日（＃1机组）正式投产发电。目前，“四期”工程按国家经贸委项目核准制的具体要求，正在编制项目报告书。 （李　茜）

·辽宁能港·

【安全生产】 2004年，辽宁能港发电有限公司连续安全生产366天，实现安全年目标。年内杜绝人身轻伤及障碍以上事故，未发生火灾、交通等事故。安全生产纪录达到2 192天。以参加全国安全生产月和组织开展春秋两季安全大检查为主线，以落实各级安全岗位责任制为手段，突出抓好安全文明生产考核制度的落实。针对现场实际制订反事故预案，组织开展反事故演习、消防演习和消防知识考试等。对防汛、防寒工作抓早抓实。对交通安全、厂区治安防范等工作实施目标管理，奖惩有度。按省电力公司要求，完成了安全性评价自检工作。

公司年内，获得辽宁省模范职工之家、辽宁省“守合同重信用”企业，抚顺市先进集体，市纳税信誉A级单位等荣誉称号。

【发电生产】 2004年，国民经济持续高速发展拉动电网负荷迅速增长。为保证电力供应，尤其做好迎峰度夏工作，重点针对煤质参差不齐问题，抓了燃料混配上煤工作。要求燃管部人员精细管理、严盯死守，把住上煤关；主动与煤矿、铁路沟通联系以缓解煤炭、运输压力。采取了一系列强化运行管理的措施：要求运行人员做好日常监控调整，尤其是加强锅炉燃烧调整，改变过去减负荷甩焦的方式，保证尖峰负荷；建立减负荷请示制度，遇有减负荷情况必须经公司主管领导批准，使机组出力保持较高负荷；对消缺工作实施奖罚制度，提高消缺速度和质量；加大现场巡检力度和运行人员劳动纪律、文明生产检查力度。全年发电212 256万千瓦时。

【设备治理】 8月5日至9月30日，1号机组进行大修。除常规项目外，进行了锅炉水系统酸洗、中压缸部分隔板加固、润滑油系统治理等工作。配合大修，进行了粉煤灰筛选装置安装、主机组保护系统改造、发变组保护更换等更新改造项目。在3月2日至13日、6月10日至7月29日，2号机组进行了两次小修，解决了高中压缸温差大、给水温度低等问题。针对现行体制和设备周期性因素造成机组设备健康水平下降，困扰发电生产正常进行的实际情况，制订了设备专项整治中长期规划，并开始对影响负荷较大的制粉系统进行治理，进行了磨煤机钢球改型、治理两台炉漏泄等作业，力争在两三年内打一个设备的翻身仗。

【竞价上网】 竞价上网工作统筹部署，有序进行。已经完成了东北区域电力市场的准入和试运行前的各项准备工作，参加了全网模拟运行报价和交易。12月，国家正式批准东北区域电力市场进入试运行阶段，并进行了2005年年度合同电量竞价。 （傅宇鹏）

·抚顺发电·

【安全生产】 截止到2004年底，抚顺发电厂实现安全生产624天，被市政府授予安全生产先进单位的荣誉称号。通过加强生产技术管理、设备维护、加大技术改造等工作，有效地提高了设备检修质量，为实现全年生产目标打下了坚实基础。在机组大小修中，1号机组B级检修后一次启动成功，实现连续安全运行224天。积极推广和应用新技术对设备进行改造，全年共进行技术改造15项，设备的安全性、可靠性、经济性有所提高。高温空气无油点火的863项目，经精心组织，认真实施，取得较好效果，基本具备无油点火功能。

【经营管理】 努力压降成本，提高了资产经营管理水平。贯彻落实集团公司“增收节支年”活动部署，严格预算管理，加强电热费回收，压降欠费余额，有效地控制了各项费用的支出。坚持定期召开经济活动分析会，加强预算过程控制，严格执行资金管理制度，统筹安排企业资金规模与资金投向，有效地控制了财务费用，提高了资金使用效率。坚持效能监察工作与生产经营管理工作同时计划安排、同时组织实施、同时检查考核，重点对燃料采制化管理、清产核资、基建工程招标、机组检修开展了效能监察工作。开展了企业业绩评估工作。按照集团公司发电企业开展业绩评估工作的有关要求，结合企业实际情况，制定下发了《抚顺发电厂业绩评估工作安排（试行）的通知》，对具体工作做了详细安排和积极的推进。配合分公司对厂用电率、煤耗率两项主要经济技术指标进行了专项评估。

【三期扩建工程】 三期扩建工程前期工作，取得了实质性进展。经过多方面积极努力，可行性研究报告通过了中国国际咨询工程公司专家审查，环境影响报告书已由国家环境保护总局原则批复。同时，厂址用地预审批复、电网接入系统、热网建设可行性研究等工作均已取得实质性进展，该项目已经被国家列入东北地区电力发展中长期规划，在国家组织的电力建设项目评优工作中已经顺利过关，目前已经具备申报项目核准报告的条件，是国家确定的2006年计划开工项目。

【企业改革】 根据分公司关于改革工作的指导意见和工作部署，全面开展了深化企业体制改革工作。体制改革总体实施方案经职代会讨论通过，并经分公司正式批复后组织实施。目前，已经完成了3个公司的体制性分离，进入试运行阶段。 （原　洋）

·抚顺供电·

【基本情况】 抚顺供电公司是国家电力公司一流供电企业，隶属辽宁省电力有限公司。公司1 906名合同制职工，担负着220千伏8座变电所13台主变，容量1 740 000千伏安；66千伏35座变电所62台主变，容量1 166 200千伏安；10千伏2 082台配电变压器，容量495 040千伏安；220千伏31条707.0269千米，66千伏91条949.267千米，10千伏173条994.8千米输、配电线路等供电设备的运行维护和向“一市四区三县”的供电任务。年度内连续安全供电实现712天，售电实现70.29亿千瓦时。社会用电量达到89.08亿千瓦时，年增长率15.35%。

【电网建设】 年度内本公司新建220千伏柳林变电所一座，改建、扩建一次变电所6座，新建、改建220千伏输电线路10条，线路总长109千米。建设通信接入系统工程1项。在老旧设备改造上完成了南部4回线组塔架线、改接线工程。完成了云龙1号主变、李一变2号主变的大修工作。去年新建投运的城东变电所、台东变电所、新抚变电所也以优异成绩通过了辽宁省电力有限公司的达标投产验收。本公司现已拥有220千伏一次变电所8座，主变13台，容量1 740 000千伏安；66千伏二次变电所35座，主变62台，容量1 166 200千伏安；10千伏配电变压器2 082台，容量495 040千伏安。220千伏输电线路31条，线路总长707.0269千米；66千伏输电线路91条，线路总长949.267千米；10千伏配电线路173条，线路总长994.8千米。

【辽电三期送出工程】 三期送出工程是辽宁发电厂三期扩建工程1号机组如期并网发电的保证工程，总投资2.8亿元。投资项目包括新建220千伏前甸变电所，新建、扩建、改建220千伏送电线路10条，通信接入系统工程1项，总计工程18项。同时，还要完成66千伏抚顺地区电网配套工程1项。工程完工后将解决抚顺地区220千伏供电网架松散，电源单一，变电所分布点少、不均，各一次变电所之间联络软弱、不能互相支援等问题，形成220千伏双环网供电网架，提高供电能力，改善运行质量。该工程年度内完成了工程建设总量的85%，按计划完成资金使用2.2亿元。

【电力设施保护】 2004年成功破获“2·13”特大盗窃输电塔材等5起破坏电力设施的案件，批捕11人，取保候审5人，实现案件侦破率100%。为加大打击破坏电力设施的力度，成立了群众防线队伍，有效地遏制了外力破坏事故的发生。

【社会用电】 抚顺供电公司全年售电量70.29亿千瓦时，同比增长17.66%，售电量突破上年创造的59.50亿千瓦时，增长速度高于辽宁省电力有限公司平均水平。

【供电市场整顿】 2004年抚顺供电公司在供电市场整顿中普查居民、个体商业、机关企事业、中小个体户、大工业和农村直供户372 238家，发现窃电户793家，发现违章用电户735家，窃电、违章用电户占普查总数的0.41%，追补电量128.59万千瓦时，追补电费72.79万元，追补违约电费395.77万元，追补电费、违约电费共468.56万元。因窃电被公安机关刑事拘留6人，被法院判刑1人。

【双向选择　竞聘上岗】 4月份通过组织考核、民主评议、考试答辩聘用了158名中层干部；7月份通过业务考试、演讲答辩选聘了255名管理人员；8月份通过个人申报、日常考核、集中评议、现场考试重新组合了1 330个生产岗位。

【科技成果】 年度内获辽宁省电力有限公司科技成果7项，其中“城市负荷中心电缆供电网络及其自动控制系统的研究与应用”获科技进步一等奖，有两个项目首次通过省、部级科技成果鉴定，打破了上年获得的辽宁省电力有限公司4项科技成果纪录，并荣获“辽宁省科技工作者之家”称号。

【依法治企】 抚顺供电公司改变了法律事务工作挂靠办公室的管理模式，组建了法律事务部，配备了专业人员，将法律事务工作融入到了公司的常态管理之中，实现了本公司维权由法律补救型到法律预防型的转变。采取一靠课堂、二靠实践的培训办法，落实了日常普法教育，并结合具体案例加强了干部用法的实践培训。加强社会治安综合治理工作，确保优秀职工率在40%以上，好职工率在49%以上，一般职工率在9%以下，后进职工率不突破2%，治安处罚率不突破2‰，犯率不突破0.8‰等硬指标的实现，被市政府评为社会治安综合治理工作先进单位。

【基础管理】 把审计工作重点放在了事中监督上，加大了干部离任审计工作力度。在清产核资中核销资产净损失5 156.55万元。信息化系统将有线电视台、基建工程部、电力发展有限公司联入了MIS网，建立了管理岗位、要害岗位电子邮箱，有效提高了信息资源的内、外服务能力。本年完成内部模拟电力市场利润5 967万元，超基数2 445万元。考核费用年支出13 776万元，完成了辽宁省电力有限公司核定的指标。制定了《抚顺电力发展有限公司财务管理办法》、《抚顺电力发展有限公司资产重组方案》，撤销了节电产品销售中心、硅镁厂等8家多经小企业，并将其归属电力发展有限公司，当年实现总收入2.07亿元，完成资产保值增值率102%。

【安全管理】 在贯彻辽宁电力有限公司1号文件中，全面实施了规范化管理和标准化作业，对生产系统168名管理人员、658名岗位工人进行了《电业安全工作规程》培训和闭卷考试，实现全员持“安全合格证”上岗。举办了以国电公司《安全生产规程》为主要内容的安全监督工程师培训班。2004年计划资金88万元，所列“安全措施”13个项目全部完成。在春、秋检中开展了无违章班组竞赛活动，重大设备缺陷消除率实现100%，一般设备缺陷消除率达到87.1%，保证了防汛、迎峰度夏工作的顺利完成。认真吸取了沈阳供电公司“7·3”人身感电死亡事故教训，深入开展了“查隐患、堵漏洞、保安全”整改活动。在辽电三期送出工程的施工中，团委举办了《青工安全生产漫画展》的巡回展出活动。年度内本公司连续完成4个百日安全供电周期，实现安全供电712天，突破本公司1993年创下的历史最高纪录633天。

【营销管理】 线损率是供电企业的一项重要技术经济指标，是衡量供电企业经济效益和技术管理水平的重要标志。2004年辽宁省电力有限公司下达本公司线损指标3.60%，实际完成3.21%，比上年下降0.38个百分点；平均售电单价完成389.04元/千千瓦时，高于年度计划24.04元/千千瓦时；陈欠电费压降30万元，压降率为6.49%，超额完成辽宁省电力有限公司下达的指标。由于抚顺铝厂的欠费问题，本公司当年形成一定额度的新欠电费，影响到辽宁省电力有限公司的电费回收工作。年度内的两次电价调整得到了有序无误实施，并得到省物价部门充分肯定。落实了高耗能企业优惠电价政策，与抚顺惠友化工有限公司、抚顺炭素责任有限公司、清原恒达工业硅厂等6家企业签定协议优惠电量26 472万千瓦时。强化电力市场管理，全年营业增收510万元。严格落实了"两节"、"两考"和中超联赛抚顺主场赛的供电方案，万无一失地完成了保供电任务。新组建的抄表公司已在新抚、东洲供电分公司正式运营。完成了龙凤地区摘转供客户直归东洲供电分公司供电的工作。对大户局、平山供电分公司及三县农电趸售电量进行了检查整顿。农电系统开展了一、二期农网改造"回头看"检查整改工作，整个改造工程顺利通过了市验收委员会总体预验收。

【供电服务】 走访了抚顺51家重点客户，召开了大客户用电需求恳谈会，客户服务系统95598实行24小时不间断服务。新玛特超市、罕王商场、七百商贸大厦、好又多超市、龙凤营业所等售点网点正式营业；组建了电费网上划拨系统，通过办理交通银行太平洋卡即可拨打电话预存电费，有效解决了居民购电难问题。2004年6月9日，新宾县农电局在全省农电系统率先开通了95440客户服务系统，标志着农电系统为"三农"服务迈上了现代服务领域。截止到2004年，全市农电系统已有章党营业所等9个"国家级示范窗口"单位。

2004年全社会用电量统计表

	2004年累计完成（万千瓦时）	年增长值（万千瓦时）	年增长率（%）
全社会用电量	890 789	118 565	15.35
1．农林牧副渔水	2 786	－359	－11.41
2．工业用电	797 659	110 724	16.12
3．地质勘察	19	－5	－20.83
4．建　筑	2 639	－159	－5.68
5．交通邮电	4 219	775	22.50
6．商业公共饮食	16 495	3 543	27.35
7．其他事业	17 267	2 613	17.83
8．城乡居民生活	49 714	1 433	2.97
乡　村	10 711	－405	－3.64
城　市	39 003	1 838	4.95

（刘文华）

重工国有资产经营

【主要指标完成情况】 2004年工业总产值完成23 500万元，比2003年增长35.4%；工业增加值完成4 500万元，比2003年增长108.8%；工业产销率完成95%，与2003年持平；销售收入完成38 917万元，比2003年增长48.3%；实现利润完成－1 250万元，比2003年减亏62.1%；招商引资完成7 000万元；盘活资产完成500万元；再就业安置完成300人。

【主要特点】 1．经济指标快速增长。年初确定的各项经济指标同比都有增长。有些指标呈现两位数上升，如工业总产值、销售收入、实现利润等；有些指标实现成倍增长，如工业增加值、招商引资、盘活资产等。2．工作任务全面完成。年初安排的各项工作任务，包括企业改制、重点项目、招商引资、盘活资产、扭亏增盈、生产运行、防火安全、职工并轨、劳资退管、再就业和退伍安置、计划生育、信访稳定等项工作均圆满完成年度工作目标。3．改制工作效果明显。年内完成改制企业3户。改制企业购买方累计投入资金73 280万元，其中：投入技改资金63 780万元，投入流动资金9 500万元；安置职工2 703人；偿还职工内欠7 728万元；偿还社保保费2 496万元。4．重点项目初见成效。炭素公司18室环式焙烧炉改造，10月份竣工。莱河矿业公司已完成新建10万吨选矿厂。起重机制造公司生产的高空抢险混合液体车，10月18日在北京国家消防会上展出。该产品填补了国内空白，并申请了国家专利。5．公司大局基本稳定。公司多次召开信访稳定工作会议，认真贯彻市信访工作会议精神，排查不稳定因素，落实领导包案责任制，切实解决部分上访老大难问题。虽然有的企业发生多次频繁上访，但经过反复工作都得到了妥善处理，企业内部职工队伍基本稳定。

【国企改制】 全公司15户企业中已完成改制企业6户，占全公司所属企业的40%。年初，在对所属企业进行调研的基础上，制定出重工公司国企改制的工作方案。在原完成改制的5户企业基础上，重点抓了电缆制造公司、恒昌炭黑公司、广厦建材公司和顺华化工公司等4户企业的改制工作。已经完成改制企业1户，为电缆制造公司。正在实施3户，为恒昌炭黑公司、广厦建材公司、顺华化工公司。继续实施租赁、招商、盘活，实行局部改制企业5户，为化工总厂、有机化工总厂、耐火厂、有机合成厂、亚飞化工有限责任公司。

【招商盘活和重点项目】 一是加快招商盘活步伐，部分企业贡献突出。各企业做了大量卓有成效的工作，使得重工公司在招商盘活方面取得了丰硕成果。2004年累计实现招商引资7 000万元，盘活资产500万元。招商引资和盘活资产超千万元以上的企业有：化工总厂、大伙房水泥公司、小莱河铁矿、起重机总厂、起重机制造有限责任公司、五一厂。二是推进重点项目建设，部分项目达产达效。莱河矿业公司40万吨选矿厂项目，已扩建10万吨投产，30万吨正式进行改扩建。炭素公司、五一厂、大伙房水泥公司的项目建设顺利推进。

【工业经济】 一是经济总量取得明显效果。全公司累计实现工业总产值23 500万元，同比增长35.4%。二是销售收入快速增长。2004年各企业在资金紧张的情况下，注重抓清欠，抓销售回款。由于工作力度加大，措施得力，使得全公司销售收入越上新台阶，累计实现销售收入38 917万元，比同期增长48.3%。

【职工并轨和再就业】 充分利用省、市政府并轨政策，指导和帮助企业解决人员安置问题；采取切实可行措施，积极创造条件，疏通就业渠道，并结合企业改制和上项目，多层次、多方面安置就业人员。全公司年末实现再就业安置300人。

【来信来访】 随着国企改革的积极推进，一些深层次的矛盾十分突出，群体上访时有发生。面对日趋严峻的信访形势，公司与企业两级班子认真做好信访接待工作和处理职工投诉问题。2004年重工公司共发生信访案件325案次，4 138人次。

【存在的主要问题】 主要表现在：一是“壳企业”和困难企业改制难。壳企业无任何资产，只剩人员和债务。二是下岗职工就业难。一部分停产企业下岗职工实现再就业条件十分有限。三是稳定任务比较重。困难企业需要解决的问题十分突出，如工伤（职业病）人员享受待遇问题、“三方面人员”落实待遇问题、企业住区自供暖和一户一阀改造问题、长期上访老户重访问题等。

（李远都）

轻工国有资产经营

【改革转制】 2004年，抚顺市轻工国有资产公司在对所属企事业单位基本情况调查、梳理的基础上，按照实施振兴老工业基地战略的要求，全面进行招商改制，因企施策推进企业发展。一是努力抓好抚顺市千台春酿酒有限公司的壳企业破产工作，妥善解决好离退休职工和剩余人员的安置问题，保证了职工队伍的稳定和正常工作秩序。二是抓好抚顺青鹭纺织有限公司的整体承债出售，破产重组工作。2004年4月1日市中法宣告该企业破产还债，接着清算组进驻企业，完成了大量的基础工作及相关法定程序。但由于该企业隶属关系的划转，在征得抚顺市中级人民法院同意的前提下，于2004年10月29日抚顺青鹭纺织有限公司破产清算组正式移交给东洲区。三是抓好抚顺澳美天高级制衣有限公司的国有股出售或减持工作，委托产权出售机构按照“公开、公平、公正”的原则和法定程序出售，同时进一步按《公司法》规范企业，做好职工安置工作。四是积极制定抚顺金凤有限公司改制方案，推进企业加快进入依法破产程序。根据抚顺市人民政府对国有改制工作的安排，抚顺市轻工国有资产经营公司就企业改制破产工作做了大量的前期准备工作，但最终因海信股份不能变现，使抚顺金凤有限公司破产一事暂未能进行法定程序。五是积极做好政府行政机构改革的准备工作，保证机构 改革的顺利进行。2004年11月24日，依据省委、省政府批准的《抚顺市人民政府机构改革方案》，抚顺市委、市政府决定在这次机构改革中组建抚顺市人民政府国有资产监督管理委员会，同时撤销抚顺市轻工国有资产经营公司，并将其对所属企业和事业单位的管理职能划入市国有资产监督管理委员会。

【招商引资 盘活资产】 为做好招商引资工作，抚顺市轻工国有资产经营公司将所属各企业现可用资产重新进行了整理包装，印制了大量的对外招商引资项目资料，全面介绍了该公司所属企业的概况，各生产线招商内容及方式，广泛开展了与市政府及各县区有关招商部门的项目对接工作。组织企业积极参加省、市政府在外埠举办的招商引资活动，并先后到广东、上海、深圳、浙江、山东等地进行了广泛的招商活动。抚顺澳美天高级制衣有限公司在《辽宁日报》登载了向社会转让国有股权的信息；抚顺第二毛纺织厂在《中国纺织报》发出了留存设备拍卖事宜；为推动企业加速改革与发展，十月份将抚顺丰华有限公司、抚顺青鹭纺织有限公司两户纺织企业下放到东洲区，积极促进把抚顺市纺织行业逐渐向抚顺东部地区集中，沿河堤形成一个有广阔发展空间的抚顺纺织工业园区设想的实现。同时，抚顺丰华有限公司与南韩客商签订了出售意向书（出售价格为910万元人民币），并指导企业制定了破产预案。

【信访工作】 2004年，该公司共接到群众来信30封，接待个人访76人次，接待集体访94批，7 526人次。按照市委、市政府的要求，在企业职工到市有关部门上访的时候主动到位，积极配合市政府有关部门，解决企业职工的上访问题。同时，为做好全公司的稳定工作，切实为职工群众解决实际困难与问题，该公司工会切实履行特困职工“第一责任人”职责，各基层工会，在元旦、春节期间由81人参加组成19个走访组，共走访慰问特困职工341人，发放慰问金救济款38 600元。并大力开展了以促进再就业为内容的“十大帮扶行动”，2004年共培训下岗职工86人，安置下岗职工86人。

（丛　明）

部分企业

【东北特殊钢集团有限责任公司抚顺特殊钢股份有限公司】 东北特殊钢集团有限责任公司（简称东北特钢集团）——中国特殊钢特大型专业生产企业。以生产经营高质量档次、高附加值特殊钢精品为主营业务。东北特钢集团由东北地区原来的三大国有重点特殊钢企业重组而成。其资产包括由大连钢铁集团和抚顺特钢集团组成的辽宁特钢集团的全部资产及北满特钢集团的主要经营性资产，资产总额150亿元。集团年产优质特殊钢222万吨、特殊钢材料188万吨，年营业收入115亿元。集团总部位于大连，分别在辽宁省大连市、抚顺市和黑龙江省齐齐哈尔市设有大型生产基地。集团下辖大连金牛股份有限公司、抚顺特殊钢股份有限公司、北满特殊钢有限责任公司三大公司等18个具有独立法人资格的子公司。集团实行规模化经营、内部专业化分工生产。组建后的东北特钢集团引入现代企业机制和现代经营理念，实行集约化经营和专业化分工生产，优化资源配置，抢占高端产品市场，有效发挥三个老企业一流的现代化工艺装备和传统技术优势，有效提高东北特钢集团整体竞争力，也将提高中国特钢的国际竞争力。东北特钢集团产品品牌历史悠久，享誉中外。除为国防军工、航空航天、电子信息等高科技领域提供重要材料外，还广泛应用于机械制造、石油化工、汽车工业、交通运输、医疗卫生等。产品销售除遍布中国各省区市外，还销往亚、欧、北美等世界各地。

东北特钢集团抚顺特殊钢股份有限公司的主要装备都是从西方发达国家引进的，现拥有60吨竖式电弧炉1台，60吨LF炉和60吨VD炉各2台；四机四流连铸机1台；50吨超高功率电炉1台；10吨、15吨、25吨电炉共5台，30/60吨VOD/VHD炉1套；5吨、3吨、1吨电渣炉共11台，10吨、3/6吨、0.5吨、0.2吨真空感应炉各1台，年总体冶炼能力为85万吨。加工系统拥有24架棒材连轧机1套，方扁钢精轧机1套，3 500吨快锻机1台，2 000吨快锻机1台，1 000吨精锻机1台，3吨、1.5吨蒸汽锤共4台，Φ850、Φ650、Φ420、Φ320、Φ250横列式轧机各1套，年总加工能力65万吨。

2004年，抚顺特殊钢股份有限公司在集团公司领导下，主要生产经营指标创出建厂以来新纪录。2004年，东北特殊钢集团抚顺基地钢产量实际完成88.3万吨，比上年增长17.61%；钢材产量实际完成64.5万吨，比上年增长8.76%；营业收入实际完成41.5亿元，比上年增长52.9%；税收总额完成15 644万元；全员劳动生产率实际完成28.7万元/人，比上年增长19.44%；出口创汇实际完成3 825万美元，比上年增长178.59%。

（邵启威）

【抚顺新抚钢有限责任公司】 2004年，公司生产和建设都取得了新成就。2004年10月份，在全国70家同类型企业排序中，新抚钢吨钢综合能耗由去年的第27位上升到第25位，全员劳动生产率由第38位上升到第26位，经济效益综合指数由第58位上升到第41位。

文明生产和厂区亮化、美化工作持续开展，厂区和作业区环境大有改观。2004年，公司被省委、省政府授予文明工厂称号。

1. 主要生产、经营指标完成情况。2004年产铁1 356 365吨、钢1 400 333吨、商品坯材1 385 449吨，同比分别增长19.7%、20.2%和23.2%；完成工业总产值409 388万元，同比增长57.6%；完成工业增加值92 866万元，同比增长48%；实现销售收入393 295万元，同比增长50.5%；实现利润3 047万元，同比增长26%；出口商品坯材437 878吨，同比增长147.5%，创汇16 500万美元。

2. 坚持创新，不断提升管理水平。围绕全面提高创新能力，公司的改革和管理又迈出新步伐。模拟民营管理在生产事业部全面推行。采购、装备、技术等部门的机构调整顺利完成。制定《关于强化企业员工行为的三十三条规定》，严肃查处了违法违纪人员。创建学习型组织有序推进，开设了中高级管理人员MBA研修班，免费为员工开设了炼钢、自动化等5个专业培训班。

3. 科学决策，努力提高经营质量。公司始终把效益放在首位，针对各种情况及时调整经营策略。在4月份和10月份钢材价格走低时，公司合理定价，较好地化解了市场风险。根据国际市场情况，恰当地选择了出口时机，取得了可观的经济效益。在国内外矿粉价格起浮不定的形势下，实现了低价采购。同时，公司还果断地追加技改投资，为后续发展奠定了基础。

4. 开发品种，全力扩展市场空间。开发高附加值新品种是公司生存发展的关键所在。一年来，公司集中人力物力为开发新品种创造条件，实施攻关。在事业部、生产、技术、国贸等部门共同努力下，品种开发出现了新的亮点，相继开发出了Q195、Q345B翼缘板，小规模角钢、槽钢等品种，尤其是成功开发出日标螺纹钢和线材，畅销日本、韩国市场。

5. 内外结合，多方解决生产难题。围绕提高生产效率，公司重组了炼钢事业部，调整了发运管理，聘请安阳高炉炉长到炼铁现场操作，与本钢炼铁厂建立合作关系，聘请东北大学教授开展烧结原料配比研究和普碳轧制Ⅱ、Ⅲ级螺纹钢攻关，多次组织有关人员外出考察学习，解决了许多生产疑难问题。

6. 持续改造，夯实后续发展基础。一年来，公司克服了许多不利因素，坚定不移推进180m^{2}烧结机、5$^\#$高炉、40吨转炉等“十五”三期改造重点工程建设，“三汽”工程、污水处理二期、喷煤工程等顺利投产。预计全年完成投资4亿元。三期工程投产后，公司将增加100万吨钢规模，同时，随着“三汽”工程等节能项目的不断完善，公司能耗将明显下降，为后续发展奠定了坚实的基础。

（郭　斌）

【抚顺铝厂】 抚顺铝厂始建于1936年，是中国第一家轻、稀有色金属综合性大型冶炼加工企业，是中国铝、镁、硅、钛工业的摇篮，被誉为“有色的鞍钢”。铝和镁是“一五”期间国家156项重点工程中的两项。抚顺铝厂研制和生产的新型金属材料和高纯金属材料广泛应用于航天工业、国防军事工业和科研尖端领域，为我国人造卫星、运载火箭、洲际导弹和“神州五号”飞船的发射成功做出了重要贡献，多次受到党中央、国务院和中央军委的通令嘉奖。毛泽东、邓小平、江泽民、吴邦国、曾庆红等30多位党和国家领导人先后视察过抚顺铝厂。抚顺铝厂占地面积158万平方米，建筑面积120万平方米。职工总数7 624人，其中主体在岗职工4 997人。目前铝年生产能力15万吨，其中铝合金7.5万吨、铝型材1.5万吨、铝板卷1万吨、电工圆铝杆1万吨、海绵钛1 500吨。抚顺铝厂是国家重点联系扶持的512户国有大企业之一，曾先后被评为“全国用户满意企业”、“全国守合同重信用企业”、“全国先进基层党组织”、“全国模范职工之家”。

抚顺铝厂2004年共生产铝16.3万吨，创历史最好水平。实现现价工业总产值22.37亿元，实现销售收入21.54亿元，出口创汇2 729万美元，成为抚顺市第三大出口创汇户。该厂海绵钛的年生产能力为1 500吨，产品质量符合GB/T2524—2002优级品标准，已达到并超过美国ASTM和日本国际JTS优质海绵钛标准，于1979年率先获得国家质量银质奖。2002年11月通过了ISO9001：2000国际质量体系认证。

2003年10月11日，该厂12万吨电解铝和5 000吨海绵钛扩建两个项目列入东北老工业基地第一批国债项目。12万吨电解铝环保改造项目进展情况顺利，新建152台30万安培的大型预焙槽，年产能12万吨。项目总投资11亿元，其中银行贷款7亿元，企业自筹4亿元，力争2005年下半年具备开工条件。5 000吨海绵钛扩建项目进展较快，利用原有的厂房和设备及公用设施，再建氯化系统、精制系统、破碎系统及联合炉；重新启动电解镁生产系统。建设周期二年。项目投资总额2.6亿元，其中申请银行贴息贷款2亿元，企业自筹6 000万元，2004年完成海绵钛主体厂房土建工程和氯化、精制的扩建工程，计划2005年底全部投产，形成5 000吨海绵钛生产能力。

（秦 跃）

【抚顺红透山铜矿】 抚顺红透山铜矿位于辽宁省清原满族自治县红透山镇，共有职工12 078人，是以生产铜精矿、锌精矿、硫精矿、粗铜、硫酸为主要产品的集采、选、冶、机械加工、工程建筑，交通运输、水泥建材等综合生产能力于一体的国家大二型有色金属独立矿山企业。2004年，该矿采取管理创新、制度创新、科技创新、机制创新、深化改革等一系列举措，促进了企业的改革、发展和稳定。

1．科学调整，精心组织，生产经营计划全面完成。主产品粗铜12 501吨、硫酸55 451吨、铜精矿8 832吨、锌精矿9 458吨、硫标量完成179 569吨。工业总产值（现价）完成40 526万元，创历史最高水平；工业销售值（现价）完成39 841万元，创历史最高水平；工业增加值完成1.35亿元；上缴税金2 504万元；实现利润333万元。

2．夯实基础，依法管理，安全生产取得优异成绩。全矿通过认真贯彻落实《安全生产法》、《安全生产许可证条例》，深入开展安全生产规范达标活动，全矿取得了杜绝死亡事故、重大设备事故、重大火灾事故、千人负伤率1.83‰的好成绩。

3．筹措资金，增加投入，技术改造取得长足进步。2004年，全矿用于安全、生产、供电、供水、供暖等基础设施改造累计投资2 619万元，是近九年来投资数额最多的一年。其中铜浮选技术改造，供电、供水、供暖改造，充填系统管路延伸及维修等绝大多数项目是当年投资，当年收到实际效果，并达到了预期的技术改造目标。

4．用好政策，积极准备，分立破产项目取得实质性进展。2004年7月23日，全国企业兼并破产和职工再就业工作领导小组办公室联席审查会，原则通过清原金铜矿进入破产程序。10月28日，全国兼并破产和职工再就业工作领导小组办公室下发了《关于同意清原金铜矿等6户有色企业进入破产程序的通知》。该项目即将进入法律程序。

本年，抚顺红透山铜矿先后被评为“省十佳信誉知名企业”、“省安康杯优胜单位”、“市文明单位”、“市安全生产红旗单位”、“2003年—2004年抚顺最受尊敬企业”、“抚顺市纳税信誉A级单位”、“抚顺市免检企业”、“红旗党委”等荣誉称号。

（姜宏连）

【抚顺煤矿电机厂】 抚顺煤矿电机厂于1960年6月建成投产。目前是我国生产矿用防爆三相异步电动机的最大厂家，也是国内进口防爆电机的维修中心。隶属于辽宁煤炭实业集团公司。全厂占地面积25万平方米，建筑面积10万平方米，主要生产设备297台，在岗职工1 071人，资产总值2.98亿元，负债2亿元，年生产能力60万千瓦。主要产品有矿用隔爆电机、YB系列隔爆电机、建筑机械用耐振电机、电动滚筒用电机、风机电机、Y系列电机、开关磁阻电机等7大类15个系列300多个品种。单机容量为1.5－750KW，电压等级：380V、660V、1140V、3KV、6KV。产品主要销往全国25个省、市、自治区的47个矿务局、48个煤机厂，部分产品远销俄罗斯、印度、越南、土耳其等国家。

2004年，该厂创造性地开展了一系列卓有成效的工作，使企业生产经营步入良性循环轨道，实现了跨跃式发展，产品产值创出了历史最好水平。实现产值1.72亿元，比上年增长13.91%。销售产值完成1.5亿元，同比增长25%。销售收入实现1.5亿元，同比增长36.4%。全年实现利润104万元。产品容量完成52.4万千瓦，同比增长43.17%。新产品开发42种，其中YBS－260－8是建厂以来研制成功电压最高的电机，达到6 000伏。产品质量创历史最好水平，525KW、700KW、750KW电机质量已达到国外同类产品水平。全员劳动生产率创历史最好水平，实现16.36万元/人，比上年增长18.04%。安全生产创历史最好水平，全年无重伤，轻伤指标、千人负伤率，创建厂以来最低点。

企业顺利地通过了ISO9001国际质量体系认证，改造了高低压试验站、真空浸漆罐、干燥室等设备，提高了工艺水平和电机质量。特别是为神华集团、晋城、兖州矿务局研制的YBSD－525/263－4/8和YBSD－700/350－4/8等高压大功率电机，添补了国内空白，替代了进口，深受用户好评。

（谢振全）

【抚顺煤矿安全仪器总厂】 2004年，该企业连续第三年保持经济的快速增长。工业总产值按现价计算，完成9 714.9万元，比上年同期增长11.3%；产品销售收入在消化掉电子产品大幅度降价因素的同时，完成7 773.7万元，比上年同期增长8.6%；销售回款实现7 861.9万元，比上年下降2%；从业人员劳动生产率人均完成13.7万元，比上年增加2万元；利润实现1 047.7万元，比上年实际增加290.5万元，在岗职工人均收入比上年增加1 507元。

经济指标的上升，充分体现了该企业在9个方面的具体工作，一是企业负债均在下降。银行贷款债务大幅度下降，利用国家给予的“打捆减债”，将卸掉工商行本息合计6 908万元的债务；减轻了债务压力；对企业的不良资产进行了认真清理，统计出不良资产达2 276.6万元。二是企业产权制度改革试点工作取得了初步成果。2004年1月8日正式挂牌经营的“抚顺安仪救生装备有限公司”是一个具有混合经济特点的规范化的股份公司，经过一年的运作，工业总产值实现1 500万元，销售收入1 200万元，获利163万元，产销总额为改制前的2倍。成立于2004年2月24日的“抚顺安信软件开发有限责任公司”，是在市信息产业局的支持和帮助下组建的又一家股份制企业，被省批准为软件企业，有6种软件产品通过测试，并批准认定为软件产品，享受到了国家的相关政策。第三，新产品开发取得丰硕成果。2004年新产品开发项目16项，老产品改进项目22项，其中有过滤式自救器矿灯及充电架，风电瓦斯综合保护装置、瓦斯抽放泵站、2小时正压氧气呼吸器、4小时改进型正压氧气呼吸器等6种新产品投入生产，其中自救器矿灯获得国家专利。第四，销售市场不断巩固，技术服务得到加强。紧紧抓住国家更加重视煤矿安全生产的良好机遇，扩大市场，特别是黑龙江省四大矿务局，给予企业很大的支持。第五，重视产品质量，健全完善质量监管体系。年内共处理大小质量事故6起，罚款1.9万元，共处理有关人员26人。第六，人才队伍建设逐步走上正轨。企业把人才队伍分为3个层次管理，重点解决技术断层的问题，两年来共引入大学本科毕业生23名。年内开展了“拜师学艺、名师带徒”活动，结成师徒对子38个，收到了良好效果。第七，技术改造工程不断深入，企业实力逐步增强。年内重点进行厂内房屋的大修工程，共计投资43万元；设备更新改造投资50余万元。第八，增收节支工作成效显著。重点解决了供热系统的跑冒滴漏问题，仅节水一项就节约近20万元。第九，重视领导班子建设，企业文化建设又有新的提高。主要是加强了干部队伍的理财理论学习，提高干部的政治素质。在搞好厂区环境建设的同时，开展各种丰富的文体活动，企业到处呈现出生动活泼的良好局面。

（王兴众）

【抚顺石油机械有限责任公司】 抚顺石油机械有限责任公司的前身是抚顺石油机械厂，这是一家国家大二型企业。在40多年的发展历程中，它曾以石油机械行业无数个“第一”而名扬全国，并成为全市工业战线的一面旗帜。然而，进入上世纪九十年代后期，它也如同众多国有企业一样，在经济体制转轨过程中，长期积淀的大量的结构性、机制性矛盾日益显现，企业包袱沉重，举步维艰，经济效益下滑。2004年初，按照市委、市政府确定的国企改革目标，企业实现转制。改制后的抚顺石油机械有限责任公司积极调整经营战略，稳步推进企业内部的分配制度改革和机制改革，企业逐步“起死回生”，迸发出新的生机。

企业转制，稳定人心是关键。要做到这一点，就必须确保职工群众的合法权益得到保障。改制前，企业在册职工1 873人，离退休人员1 356人，企业内欠和职工安置费用共计9 998万元。改制后，新企业领导从大局出发，在没有经营收入的情况下，自筹资金，在春节前支付了前欠工资，并足额发放了当月的工资。在职工安置这一敏感问题上，企业根据内退、内养职工这一弱势群体的实际情况，突破了政策界限，制订的职工安置方案获得了绝大多数职工的认可。目前，根据职工安置方案要求，企业在安置工作上，已办理两批人员的并轨手续，累计603人，企业解决了离休、已故、工伤、军转等有关人员的医疗费长期拖欠等问题，安置工作进行有序，职工队伍基本稳定。

由于改制前的企业包袱沉重、管理滑坡、资金紧张，企业延期交货问题严重，产品质量也难以保证，很多老用户纷纷掉头。新公司组建后，公司领导走访新老用户，重新恢复市场，着力打造余热锅炉、炼化设备、冶金机械、抽油机、输油臂、石油配件等品牌精品，严格兑现工期承诺，竭诚服务新老用户。经过一番艰苦努力，不仅许多老客户又回来了，还发展了不少新用户。

在分配制度改革上，计时计件，定岗定员，成本利润双向考核，真正将多劳多得的分配原则落到实处。现在公司员工月人均工资达到860元，比上年同期增长61%。在机制改革上实行按岗定员，企业原有机关干部208人，现在减少为60人。

同时，公司重新建立健全了ISO9001：2000质量保证体系；强化质量监督管理，真正实行了质量一票否决。企业还投入200多万元资金，对陈旧老化设备逐渐进行改造，为提高产品质量和生产效率提供了保障。

（康　超）

【辽宁海信电子有限公司】 辽宁海信是隶属于青岛海信电器股份有限责任公司的生产企业，位于抚顺市浑河北岸。公司成立于1997年，是由青岛海信集团有限公司和抚顺金凤电器（集团）公司合资组建，海信集团出资人民币4 084.8万元，占注册资本的57.5%；抚顺金凤电器（集团）有限公司出资人民币3 019.2万元，占注册资金42.5%。注册资本7 104万元，公司占地面积52 520平方米，建筑面积30 526平方米，资产总额6 577万元，负债总额1 831万元，资产负债率25.9%。公司现有职工700多人，公司主营业务为制造、加工彩色电视机，目前拥有2条彩电快速生产线及与之相适应的辅助设备，年生产能力70万台，产品主要供给东北三省并出口俄罗斯和朝鲜等国家和地区。

2004年经营指标完成良好。工业总产值（现价）38 716万元，实现销售收入3.7亿元，实现利税220万元，产品产量470 198台，其中出口机76 416台，订单完成率100%。2004年公司全面导入TPI/TPM指标管理和考核体系，基础管理工作逐步细化，并开展了员工广泛参与的改善提案活动，共收集有效提案1 893件，优秀提案31件。同时，开展了以直通率为突破口的“提质提效”活动，以工艺整顿为重点的“质量整顿”活动，产品直通率达到了96.49%，开箱合格率为99.44%，早期返修率1.64%，各项指标均有所改善和提高，并达到青岛总部下达的指标要求。生产效率有较大提高，单台人工时提效10%，11月产量创造了77 125台记录，并创造了日产3 461台历史最高记录。公司在产量上有新突破的同时严把产品质量关，年内质量体系认证ISO9001：2000复审一次性通过，各项生产指标均达到行业标准，为生产加工出口提供了有力的保障。淡季实行了单线生产，建立了新的生产组织模式。本年获总部授权承担产品出口俄罗斯的经营业务和出口产品的二次开发。利用生产淡季对厂区环境进行了修整粉刷，员工换着新款工作服，公司整体形象和员工的精神面貌焕然一新。实施了高清电视生产、动力配套调整和节水等方面的技术改造，实现了高清电视批量生产，降低了水电能耗。组建了员工集体宿舍，为40多名外地员工解决了住宿问题。参加了职工基本医疗保险和补充医疗保险。

（张　静）

【抚顺挖掘机制造有限责任公司】 抚顺挖掘机制造有限责任公司的前身是抚顺挖掘机制造厂，始建于1904年，至今已有百年历史。是国内液压履带式起重机最早最大最全的生产基地。早在上世纪五十年代初就率先试制成功我国第一台机械式挖掘机，曾被誉为“挖掘机制造业的先驱、工程机械行业之骨干”。近年来，随着市场经济的发展和对企业资源的优化配置，先后采取自行开发和技贸结合等方式，在不断吸取国外先进技术的基础上开发了30～150吨级系列液压履带式起重机、自重为100吨级的JUS三支点柴油锤打桩机和ZLD80地下连续墙爪斗设备、斗容量为4立方米机械式挖掘机等产品。

2003年12月21日，公司被浙江宁波著名民营企业家徐楗元整体收购。公司转制后将产品开发当成一件大事来抓。根据国内市场的需求和起重机系列产品的空白，经过市场调查与预测，着手开发250吨级以上产品，同时在原有产品的改造上下了一番功夫。改进后的QUY80A起重机，在上海宝马展会参加展出时，引起了极大的反响，被认为足可以与国外产品相媲美。

公司2004年共投资2 000余万元，组建成立并封闭了精密加工车间（也可以称为样板车间），统一了物流管理，修建了大门，清理整顿厂区环境、厂房防水、马路修整、车间现场管理、架设路灯、建食堂、供暖等，使公司整体面貌发生变化。新的办公大楼和中心广场充满了现代企业的气息。

改造后的公司占地面积27万平方米，其中建筑面积12万平方米。现有2个科研部门、2个营销部门、9个管理部室、5个生产车间和150余家配套厂、供应商和零件生产基地。员工总数774人，其中工程技术人员86人，营销及售后服务人员76人，管理人员113人。

2004年10月18日企业与国外合资为中外合资企业，其中中方股份占55%。2004年完成工业总产值2.68亿元，是上年的253%；产品产量158台/9 550吨，是上年的198%；实际销售收入2.25亿元，是上年的201%；实现利税2 900万元，上缴税金1 107万元，是上年的139%。

公司的产品销售遍布全国30个省、市、自治区，国内市场占有率达70%以上，部分产品已打入国际市场。为更好地完善销售和服务网络，更好地为客户提供售后服务保证，公司在北京、上海、广州、昆明、西安、济南等地设立了办事处。

公司以强大的工程技术实力和优良的品质管理，在履带式起重机行业享有较高的声誉，通过了ISO9001—2000国际质量体系认证，并取得了起重机械制造许可证及起重机械安装改造维修许可证。特别是转制后一年来，公司与世界著名跨国公司有着密切的合作，引进先进技术，保持与国际技术发展同步，使公司具有较强的优势互补和配套能力。

（孙祖荣）

【抚顺炭素有限责任公司】 2002年，抚顺炭素有限责任公司由国有大二型企业抚顺炭素厂改制组建为民营控股企业。辽宁方大集团公司控股65.5%，抚顺市国资委参股34.5%。厂区占地25万平方米，建筑面积7.6万平方米，员工总数1 269人。改制三年来，公司从一个濒临停产、难以维继的老国有企业，发展成为在中国炭素行业具有重要影响、处于上游水平的企业，实现了超常规、跨越式发展，企业综合实力成倍增长。主导产品年产达3.5万吨，是改制前的4倍；年实现现价产值4亿元，是改制前的4倍；年出口创汇2 300万美元，是改制前的10倍；企业净资产超过1.6亿元，是改制前的5倍；资产负债率由改制前的90%下降为50%；员工年人均收入超过2万元，是改制前的4倍。企业先后荣获国家级“守合同重信用”单位、辽宁省百强私营企业、省绿化先进单位、省著名商标、省名牌产品、抚顺市最受尊敬企业、市先进集体、思想政治工作先进单位、优秀职代会等称号。

2004年抚炭公司实现了跨越式发展，生产规模跃上一个新的台阶，各项指标呈快速增长势头，各项工作取得明显成效，成为抚炭历史发展最快的时期。

完成工业总产值（现价）累计完成23 217万元，完成年计划的127.6%，同比增长56个百分点；石墨电极产量累计完成22 387吨，完成年计划的118.7%，同比增长51.2%；石墨电极销售量累计完成22 956吨，完成年计划的121.7%，同比增长49.5个百分点；销售额累计实现25 294万元，完成年计划的127.6%，同比增长54.2个百分点；石墨电极出口量累计实现16 624吨，完成年计划的129.3%，同比增长63.4个百分点；出口创汇累计实现1 792万美元，同比增长66个百分点；全年实现利润565.7万元，同比增长30%；全年上缴税金502万元，比上年同期增长20%；普通功率电极总产品率65.9%，同比提高4.9个百分点；高功率石墨电极总产品率73.9%，同比提高0.9个百分点；安全生产实现“五个为零”，千人负伤率为1.12‰。

2004年公司根据民营企业的特点，重点抓了以下方面的工作：

一是狠抓市场营销工作。从营销策略、市场定位、产品结构调整、营销队伍建设等多方面入手，下大力气拓展国内外市场，拓宽销售渠道。全年公司产销率达到102%，出口产品比重达到72.4%。二是巩固和提高综合管理水平。不断完善激励机制、制约机制，制定了中层以上干部年薪制考核方案，完善了全员经济责任制方案，突出对成本、质量全面考核和控制。三是深入开展科技兴企年活动。公司确定2004年为“科技兴企年”，确立公司级科技攻关项目7项，分厂级科技攻关项目51项，完成27项，实现经济效益1 214.1万元。四是加强技术改造。与辽宁省第三监狱合作，完成了新建十八室环式焙烧炉、成型分厂滚筒凉料机、1000压机同步剪和冷却排、3500压机油压系统和抽真空、2500压机雷蒙等设备的改造；完成加工工序本体线及丝头自动线、特炭分厂环保型焙烧炉和煤气站及高压进户电缆的改造。五是坚持为社会多做贡献。公司积极参与公益事业，先后为教育基金、扶贫工程、助学工程、拥军优属等捐助资金120余万元，较好地履行了造福一方，奉献社会的企业职能。随着公司的发展，不断创造就业岗位。全年安排待岗职工再就业56人，招收社会各类人员45人，为本市下岗再就业工作做出了贡献。

（安凤玲）

【抚顺华泰电瓷电气制造有限公司】 抚顺华泰电瓷电气制造有限公司自2003年底转制以来，在全面进行企业经营机制和员工思维方式转换的同时，又先后投入1 000多万元资金用于技术改造和新产品开发，不仅使企业的生产经营状况在不到10个月的时间里恢复到原企业鼎盛时期的水平，而且继续保持了原企业在电站电瓷产品开发上的领先优势，为企业今后的进一步发展奠定了坚实的基础。

抚顺华泰电瓷电气制造有限公司转制之前，曾一度是国内最大的电站电瓷生产企业，无论是生产规模还是新产品开发能力均为全国第一，从产品质量到产品档次都保持着国内最高水平。但由于种种原因，该企业的生产经营从上世纪90年代中期开始，出现了大面积滑坡的被动局面，经济效益下降，资金严重短缺。到2003年下半年，企业已经处于半停产状态，到年底仅完成销售收入10 257万元，连企业历史最好水平的一半都不到。

在企业面临生死存亡的关键时刻，本市民营企业家陈德文在市委、市政府及各有关部门的支持下，与北京创世集团联手以控股经营的形式，使抚顺华泰电瓷电气制造有限公司这个老牌国有大型企业实现了从国有到民营的角色转变。在全面接手公司的经营管理之后，陈德文一方面全力做好员工并轨补偿等各方面企业转制的善后工作，一方面投入大量资金启动生产，仅用一个多月的时间就使企业的生产经营逐步走上了正轨。

公司在生产经营工作迅速恢复之后，不断加大企业技术改造和产品开发的投入力度，仅半年多时间就先后投入1 000多万元资金，进行了包括氧化锌避雷器生产线整体搬迁改造、高压瓷生产车间厂房卸荷等大大小小的几十项技术改造，并从国内外购进了电阻片成形压力机、数控瓷套内外修坯机、成套等静压电瓷套管成型设备等一批具有国内外先进水平的高精尖加工设备，大大增强了高档次产品的加工生产能力和新产品的研制开发能力。而由公司科研人员共同开发的220千伏电瓷套管湿法整体成型新技术，也对提高产品的强度和密封性能起到了十分重要的作用，使这一主导产品的整体质量上了一个档次。

与此同时，抚顺华泰电瓷电气制造有限公司还重新恢复了曾一度中断了的新产品开发研制工作，投入大量资金进行新产品的开发和研制，仅两个月时间就完成了550千伏和800千伏两种棒形支柱瓷绝缘子的开发工作，并在国家机械工业联合会和国家电力公司联合主持召开的技术鉴定会上，得到了有关专家对产品性能与质量的一致认可。公司所具有的新产品开发能力也得到了国家发改委的高度重视，先后与之签订了750千伏系统输变电成套设备及电网互联成套设备、750千伏氧化锌避雷器、750千伏电器瓷套等三项新产品研制目标责任书，并要求其在2005年5月底之前全部完成。

随着企业技术改造和新产品开发步伐的不断加快，公司的生产经营蒸蒸日上。2004年，全公司产品生产量及销售量均比上年同期增加50%以上，产品综合瓷检合格率也比上年同期提高20%以上，主要经济指标基本上都已恢复到企业鼎盛时期的正常水平，部分指标还有所超越。

（边吉烁）

【抚顺水泥股份有限公司】 抚顺水泥股份有限公司前身是抚顺水泥厂，始建于1934年，为国家大型建材企业，主导产品浑河牌水泥被广泛应用于国家重点水利、电力、地铁、桥梁、油田、港口、机场及民用建筑等工程，是我国特种水泥生产基地。公司曾连续三年荣获全国500家经济效益最佳企业之一，1999年通过ISO国际质量体系认证，2001年被国家工商行政管理总局命名为国家级“重合同、守信用”单位，2002年荣获国家质量监督检验检疫总局免检产品资格。2003年公司油井水泥通过美国API标准认证。浑河牌水泥被辽宁省政府评为著名商标，在我国东北乃至全国具有很高的声誉和较大的影响。

公司目前年生产能力60万吨，主导产品有水工、油井、建筑等三大系列10个品种。其中#425低热矿渣硅酸盐水泥和#525中热硅酸盐水泥早在1980年就荣获国家质量金奖，G级中抗硫、高抗硫油井水泥、A级中抗硫油井水泥采用美国API标准。同时生产机场跑道、污水处理、环保专用水泥及高等级道路水泥，新研制的#525抗冲耐磨硅酸盐水泥填补了国内空白。公司设备通过一系列技术改造后，企业技术装备水平不断提高，水泥工艺技术达到国内先进水平。2004年主要经济指标超额完成。

多年来公司生产的水泥被广泛应用于陕西安康水库、河北大黑汀水库、吉林丰满水电站、白山电站、山西万家寨水利世纪工程、辽宁观音阁水库、英那河水库、金哨电站、内蒙尼尔基水利枢纽工程、北京十三陵水库、三门峡水库、南京长江大桥、太平湾水库；营口鲅鱼圈港、沈阳桃仙机场、上海地下隧道等国家重点水利建筑工程；油井水泥应用于大庆油田、辽河油田、吉林油田等油田建设；建筑系列的普通硅酸水泥广泛用于全国各地的重点工程，如北京地铁、新北京饭店、沈阳新北站、中兴大厦等工程，产品深受广大用户青睐，产销率始终保持在100%。

（段海燕）

【抚顺大伙房水泥有限责任公司】 抚顺大伙房水泥有限责任公司的前身是1958年建成的章党水泥厂，属地方国有企业，原有职工1 900人，曾先后3次进行技术改造，到1987年时，其生产规模已经由建厂初期的年产14万吨扩大到年产30万吨，截止到1996年累计负债额高达1.5亿元。

为摆脱困境，1996年市政府决定对章党水泥厂进行破产重组，实行股份制改造，由内部职工人人参股。当时提出的口号是“想吃饭就入股”，形成了新一轮的大锅饭，并没有摆脱国企办社会的局面，从体制上看并无大的变化。在分配方式上，实行的是内部岗位工资制，在一定程度上调动了在岗员工的积极性。在用人上坚持择优上岗和减员增效的原则，企业的分配和用工制度也发生了积极作用。但长期以来形成的企业包袱沉重、设备老化、资金短缺、成本居高不下和产品竞争力弱的问题依然十分突出。特别是长期困扰企业发展的产权不明晰、机制不灵活等深层次的矛盾和弊端没有得到根本解决。

2003年12月10日，抚顺市民营企业东立矿业有限公司积极参与国企改制，与市政府达成协议，以支付5 300万元改革成本承担债务整体接收的方式，将大伙房水泥有限公司改制为民营企业——抚顺大伙房水泥有限责任公司。东方矿业有限公司投入生产生活资金3 000多万元，迅速启动了生产，各项工作步入正常化。顺利完成了原企业629名职工全员并轨退出国有，一次性全员安置聘用上岗，原企业内部退养的240名职工仍按原企业退养工资标准发放，顺利实现了国有企业向民营企业的平稳过度。确保了生产的满负荷运转，改变了以往靠卖期货牺牲成本维持生产的局面。到2004年，公司已支付856万元，分别用于偿还原职工股金106.6万元、工资192万元和并轨人员补偿金445万元等。

改制后，公司发挥了资金优势，大宗材料等物资实行现款采购，保证了原材料供应优质低价。2004年1～11月份采购成本同比降低185万元，资金优势的凸现，使公司的社会诚信度明显提高。各项生产经营指标均创历史最好水平，其中生产水泥30.6万吨，比改制前的2003年增加5.5万吨；实现产值6 998万元，同比增加1 488万元；实现销售收入6 929万元，同比增加1 439万元；实现税金355万元，同比增加218万元；实现利润697万元，同比增加675万元。转制后，新体制为企业带来了新的生机和活力，职工所关心的企业生存和发展的问题将得到根本性的解决，不仅造福了本企业，而且拉动了地方经济的快速发展。经过反复论证，公司从生存和发展的战略目标出发，选择了经验丰富的南京水泥设计院作为设计单位，计划投资近2亿元，采用国际最先进的水泥工艺技术，决定在2005年初开工，利用一年的时间，自我改造淘汰落后的生产线，上一条无污染、日产熟料2 500吨、国际一流水平的新型干法水泥生产线，运用微机自动化控制，力争投产后实现年产水泥120万吨，年产值达到3.1亿元，年创利润4 000万元，通过不断扩大销售半径，真正实现大伙房水泥的产量、质量和销售在抚顺水泥行业独占鳌头目标。为实现这一宏伟目标，确保企业新的生产线投产后，水泥生产的重要原料石灰石自给自足，最大限度地降低原材料的成本，东立矿业有限公司已经先期投资了1 000万元，在抚顺、铁岭等周边地区先后建起了6座石灰石矿，2004年有3个矿开始了试生产。随着企业新项目的建设，水泥的生产能力将扩大4倍。

（边吉烁）

【抚顺天湖啤酒有限公司】 2004年抚顺天湖啤酒有限公司进一步深化体制改革，与韩国鲜明商社合资成立辽宁天湖啤酒有限责任公司。公司是以啤酒制造及新产品开发为主的股份制企业，年生产能力10万千升。2004年公司完成工业总产值11 627万元，同比增长31.87%；完成啤酒产销量80 413千升，同比增长8.92%；实现销售收入11 521万元，同比增长17.9%；实现利润4 173万元，同比增长1 167万元，公司各项经济指标均达到历史最好水平。

2004年在“珍惜品牌、热爱天湖”的企业文化核心理念以及“通过几代人来打造百年天湖”的宏伟目标的影响下，公司取得了一系列令人瞩目的经济成果和社会效益。公司投入500多万元用于扩大生产能力的改造，新增的9台发酵罐及相关的制酒系统微机监控装置，使公司总发酵容量达到6 570吨，按年产10万千升生产能力计算可满足20天酒龄，也使得啤酒的内在品质有了明显提高。在提升产品内在质量的同时，公司一次性投入近400万元将全部的杂色箱套淘汰，采用红色塑箱；同时鲜啤酒更换了新商标，并增加了环标，使公司产品在2004年从整体上提高了一个档次。这一年品牌意识在公司得到前所未有的重视，从董事长到每一名员工牢牢树立质量第一的思想，全员参与质量认证工作，公司于6月份顺利通过了ISO9001—2000质量体系认证。

在严把质量关的同时，企业领导人高瞻远瞩，把目光对准公益事业，提高天湖品牌在社会上的美誉度。2004年公司以180万元的竞拍价格获得了抚顺市新建跨浑河大桥的冠名权，天湖大桥成为东北三省首例企业冠名的大桥。此举震惊了业内外人士，是公司有史以来投入最大、社会各界反响最强烈的公益活动。此外，“天湖之韵”广场文化活动、“友谊天湖”啤酒节、“友谊天湖”圣诞之夜等活动极大地丰富了市民的业余文化生活，使得天湖回报社会、造福百姓的品牌形象深入人心。2004年，公司荣获“辽宁省五一奖状”、“辽宁省纳税大户”、“辽宁省最佳诚信企业”、“抚顺最受尊敬企业”荣誉称号，天湖啤酒被市消费者协会评为唯一“抚顺市消费者满意的最佳地方产品”。

（程　岩）

民营经济

【基本情况】 2004年，抚顺市委、市政府采取一系列政策措施，促进民营经济快速、稳定、健康发展，使民营经济继续保持强劲的发展势头。截止到2004年末，完成企业增加值143.4亿元，完成年计划的103.2%，同比增长23.4%；完成工业增加值87.7亿元，完成年计划的109.6%，同比增长23.5%；实缴税金10.5亿元，完成年计划的110.0%，同比增长28.3%；完成出口交货值10.9亿元，完成年计划的121.5%，同比增长40.2%；完成固定资产投资22.3亿元，完成年计划的159.4%，同比增长84.8%；从业人员达到47.1万人，完成年计划的105.3%，比上年增长11.6%。

民营经济为抚顺社会经济发展做出了积极贡献。随着抚顺民营经济总量的增加和企业规模的迅速扩大，对全市国民经济的贡献率明显提高。据不完全统计，近年来抚顺民营企业用于以工补农资金243万元；投资教育、兴办希望小学等近400万元；为抚顺绿化建设捐款300万元；在扶贫帮困送温暖等活动中捐款捐物折合人民币近600万元，全市民营企业建设家乡、回报社会的各类无偿捐助近2 000万元。

【全市民营经济工作会议】 市委、市政府高度重视民营经济，大力推动民营经济快速发展。为实现抚顺民营经济超常规发展目标，2004年8月，抚顺市召开了全市民营经济工作会议，制定出台了《抚顺市委、抚顺市人民政府关于加快民营经济发展的实施意见》和《抚顺市民营经济2003—2007年五年发展规划》。会上对发展民营经济先进县区、先进个人和优秀民营企业家进行了表彰。同时，重新调整了市民营经济工作领导小组，建立了市级领导与21户重点民营企业对口联系制度，并对100户重点民营企业实行挂牌保护。各相关职能部门也纷纷出台措施扶持民营经济发展，市公安局制定出台六条举措，与50户重点民营企业定点联系并实施重点保护。民营经济工作会议以后，在全市范围内开展了“民营经济宣传月”活动，四家新闻单位大张旗鼓地宣传民营经济，在全社会为发展民营经济营造出浓厚的舆论氛围。

【市委　市政府出台关于加快民营经济发展的意见】 为进一步营造良好的经济发展环境，促进民营经济做大做强，结合本市实际，市委、市政府制定出台了《关于加快民营经济发展的实施意见》。《意见》包括了10大类，37条细则。1. 放宽民营经济准入领域和从业条件。2. 构建公平竞争平台。3. 鼓励各类人员到民营企业工作或创办民营企业。4. 简化审批程序规范行政行为。5. 为民营经济发展拓宽融资渠道。6. 支持和鼓励民营企业做大做强。7. 支持民营企业拓展外向型经济。8. 营造良好的发展环境和舆论氛围。9. 积极引导民营经济建康发展。10. 加强对发展民营经济工作的领导。

【扶持重点民营企业】 择优扶强，扶持重点民营企业快速发展。2004年，抚顺市把扶持骨干民营企业发展做为工作重点，紧紧抓住在全市开展“打造民营经济航母”活动的有利契机，努力构筑民营企业的航母船队，带动本市民营经济快速发展。抚顺市确定100户重点民营企业作为扶持重点，各有关部门协调配合，按照择优扶强的原则，在政策、措施、环境、贴息贷款等方面给予重点扶持，帮助企业解决发展中遇到的困难和问题，积极引导和鼓励重点民营企业实现规模扩张，使抚顺一批民营航母企业已经初具规模。以罕王集团、抚顺炭素有限责任公司为代表的冶金业；以哥俩好股份有限公司、抚顺佳化化工有限公司为代表的化工业；以大自然房地产开发有限公司、抚顺顺大房地产开发有限公司为代表的房地产开发业；以达亨木业有限公司、方大木业有限公司为代表的木制品加工制造业；以抚顺机械炼化设备有限公司、抚顺永茂工程机械有限公司为代表的机械加工制造业等都具备了快速发展的规模和能力。

【固定资产投资】 固定资产投资增长强劲，速度和效益同步增长。截止到2004年底，抚顺民营企业完成固定资产投资22.3亿元，完成年计划的159.4%，比上年同期增长84.8%。抚顺民营经济的发展速度、实缴税金、出口创汇、安置就业四项指标在保持上年增幅的基础上，分别增加了2.9个百分点、1.1个百分点、1.4个百分点和0.6个百分点，实现了发展速度、经济效益和社会效益同步增长的工作目标。

【新增营业收入超亿元企业10家】 2004年，继续在全市开展“打造民营经济航母、争创民营百强企业”活动，取得明显成果。到2004年底，新增营业收入超亿元的企业10家，新增营业收入超5 000万元的企业10家，营业收入超过3亿元的企业已达到6家，营业收入超亿元的企业已达到26户。

【招商引资　项目建设】 招商引资和项目建设成绩斐然，新的经济增长点不断涌现。2004年民营企业计划新建和技改项目80项，当年计划投资20亿元，其中投资在1 000万元以上的项目66项，占项目总数的82.5%，新增产值可达60亿元，利税8亿元。截止到2004年末，已完成88项，完成计划的110%，完成投入近15亿元。在抓好项目建设的同时，把加大招商引资工作力度做为推动民营经济发展，增加企业投入的重要措施。根据省市安排，先后6次组织县区和企业组团赴国内外招商，参加经贸洽谈等活动。还利用网上招商、闲置资产招商、感情招商等方式，多渠道开展招商引资活动。通过招商引资新建了一批规模较大的企业和项目，为今后的发展奠定了基础。

【园区建设】 园区建设步伐加快，载体作用日益突出。针对抚顺民营企业布局分散的实际，根据［辽政办发（2003）60号］文件精神，在认真调查研究的基础上，起草了《抚顺市乡镇企业园区建设指导意见》，对园区建设的方向、目标提出了新的要求。通过加快园区建设，使园区和“块状经济”成为增长热点。目前，全市已建立各类工业、商贸、科技园区11个，聚集了370家企业，总资产20亿元，从业人员2.1万人。到2004年末实现产值36亿元，增加值8亿元，实缴税金8 000万元。工业园区新引进12家企业，当年新增产值1.6亿元，税金800万元，安置就业700人。工业园区已成为招商引资的重要载体和投资的主要场所。

【企业改革　盘活资产】 积极参与国有企业改革，盘活存量资产。2004年，抚顺民营企业积极参与国企改革，盘活存量资产，实现民营企业低成本扩张。2004年本市国企改革26户，其中民营企业参与国企改革17户，通过参股、合资、购买等方式盘活国有企业闲置资产9.1亿元，民营资本投入3.3亿元。使5 164名下岗职工实现了再就业。民营企业成功地参与了抚顺挖掘机厂、抚顺电瓷厂、抚顺起重机厂、抚顺石油机械有限责任公司、抚顺章党水泥厂等国有大中型企业的转制，使大量国有资产被有效利用，为国有企业改革的顺利进行和社会稳定创造了有利条件。

【带动效应显著】 民营经济已经成为农业产业化的推动力量，有效地带动了本市农产品的综合利用和向精深加工方向发展。2004年，抚顺新增具有一定规模的农业产业化企业18家，带动农户3 600多户，当年实现营业收入1.2亿元，占全市农村经济总收入新增部分的36.6%。涌现出一批如绿都乳业有限公司、伊俔乳业股份有限公司等具有一定规模的农业产业化企业，为农村经济发展做出了贡献。

（张　勇）

附：

抚顺市纳税超百万元民营企业一览表

单位：万元

企 业 名 称	企业法人	纳税额	所属县区
抚顺罕王集团	杨　敏	5 300	抚顺县
抚顺海德集团	陈德文	1 775	抚顺县
抚顺市顺大建筑工程有限责任公司	刘忠礼	1 170	顺城区
抚顺炭素有限责任公司	方　威	1 122	望花区
抚顺鑫隆硅镁铬有限公司	邢新朋	1 052	抚顺县
抚顺恒安心相印纸制品有限公司	余大论	950	抚顺开发区
辽宁美亚制药有限公司	初祥利	937	抚顺开发区
抚顺市合乐化学有限公司	姜铁军	883	新宾县
抚顺泰和煤炭开发有限公司	赵　斌	709	东洲区
抚顺永茂工程机械有限公司	孙兆林	661	顺城区
抚顺鑫仁实业有限公司	方友兴	620	新抚区
抚顺大自然房地产开发有限公司	胡玉信	600	顺城区
恒安（抚顺）卫生用品有限公司	李壮志	577	顺城区
抚顺惠友化工有限公司	胡　杰	560	望花区
抚顺亲亲食品工业发展有限公司	肖子善	488	抚顺开发区
德州市天宇房地产开发有限公司抚顺分公司	王健宇	401.5	顺城区
抚顺隆基磁电设备有限公司	钟宝申	400	抚顺开发区
清原绿源长久有限公司	杨德权	388.4	清原县
抚顺市大公房地产开发有限公司	杨世川	378.9	顺城区
抚顺金利石化炭素厂	孙海涛	376	东洲区
抚顺市弘升建筑有限公司	李家跃	360	顺城区
抚顺东信化工有限公司	董　新	351	望花区
抚顺市五一厂	李　伟	323	新宾县
抚顺纵横房地产有限责任公司	顾学亚	320	抚顺开发区
抚顺双兴矿业有限公司	邓连权	305	抚顺县
抚顺鲁洲淀粉糖制品有限公司	毛德庆	300	抚顺开发区
抚顺市顺达房地产开发有限公司	孙兆坤	298	顺城区
抚顺汇龙达药业有限公司	刘晓东	291	抚顺开发区
抚顺市建工房地产开发有限公司	干　波	280	顺城区
抚顺市南方食品工业有限公司	吴庆省	280	顺城区
抚顺东洲煤业总公司	张连泽	242	东洲区（集体）
抚顺市红透山金鼎铜业有限责任公司	谭志光	239.2	清源县
辽宁鑫和钢铁有限责任公司	潘国强	235	望花区
辽宁发电厂电力建筑安装公司	丁　锋	229	东洲区（集体）

续 表

企 业 名 称	企业法人	纳税额	所属县区
抚顺世堃建设有限公司	张社良	217	顺城区
抚顺市地产房屋开发有限公司	齐少嫣	215.5	顺城区
抚顺市金丰园餐饮集团有限公司	张　军	210	顺城区
抚顺山源散热器有限公司	李乃鹤	203	抚顺县
抚顺金新化工有限责任公司	王斗天	201	望花区
抚顺绿都乳业有限公司	肖　彬	200	顺城区
抚顺清原矿业有限公司	刘维顺	196.9	清源县
抚顺市华联橡胶厂	于本友	185.7	顺城区
抚顺华第房地产有限责任公司	张　杰	165	新宾县
抚顺市顺大水泥厂	张永佩	160	清源县
抚顺东源开泰化工有限公司	李宏洋	160	东洲区
抚顺佳化化工聚胺脂有限公司	李金彪	157	顺城区
抚顺市天通建筑工程有限公司	赵　军	156.1	顺城区
清原满族自治县永久房地产开发有限公司	李　钢	151.5	清源县
抚顺万帮房地产开发有限公司	锡　颖	151	抚顺县
抚顺市新皇宫餐饮有限公司	梁　艳	148	新抚区
抚顺平天蜡制品有限公司	孙德昌	143	顺城区
清原满族自治县热力总公司	郭彦杰	142.7	清源县
新宾满族自治县亿源房地产开发有限责任公司	郭福增	141	新宾县
清原满族自治县七六八厂	汤广权	140	清源县
抚顺市添泷耐火材料有限公司	郑明星	136	新宾县
抚顺金磊房地产开发有限公司	赵荣金	130	顺城区
辽宁东富消防实业有限公司	矫天柱	129	抚顺开发区
抚顺高周波铸造有限公司	马方太	126.8	顺城区
抚顺正华地产开发公司	丛素贤	126	顺城区
抚顺天缘建筑公司	赵　斌	126	抚顺县
清原县大东沟铁矿	蔡亚斌	125	清源县
抚顺能港电力燃料经贸有限公司	赵铁成	125	东洲区
抚顺市东方建设集团有限公司	曹福臣	116.8	顺城区
抚顺市华东建筑安装工程有限公司	赵俭峡	116	顺城区
抚顺市亿安物资流通集团	刘　畅	110	
抚顺市顺城房地产开发有限公司	林喜山	108.4	顺城区
抚顺兄弟钢铁有限公司	云凤臣	106	新宾县
抚顺市圣水房地产开发有限公司	高桂文	106	顺城区
抚顺青松药业有限公司	林　松	105	新宾县
抚顺大众汽车销售维修有限公司	李忠凡	105	抚顺开发区
抚顺市塑胶有限公司	赵振路	102	新抚区
抚顺金华印刷包装厂	姜荣华	102	抚顺县
抚顺市兴京水泥有限责任公司	张洪龙	101	新宾县

抚顺市供销合作社联合社

近年来市供销社按照“坚持为农服务、深化体制改革、改善经营管理、推进四项改造”的工作方针，加快改革、改造和重组步伐，不断延伸经营领域，有效化解债务包袱，社属企业经营在巩固中有创新，在创新中有提高，全系统各项经济指标达到预期目标，各项重点工作取得了一定成果。2005年1—10月份，全地区商品销售实现6亿元，预计到年底全地区实现商品销售7.4亿元，比去年同期增长7.3%；利润汇总亏损50万元，预计到年底实现全行业汇总盈利12万元，比去年同期增加利润34万元；上缴税金170万元，预计到年底实现上缴税金240万元，比去年同期增长5%。全年完成农副产品收购额7 499万元，比同期增长24.59%；农副产品收购额实现5 000万元，预计到年底实现收购额7 000万元；职工收入、三项保险交纳及偿还职工债务等指标均好于同期，能够完成全年计划指标。加大了企业改革转制的力度，根据企业实际，对部分基层企业实现了破产，市物回公司和市农发中心的27个基层单位已进入破产程序，目前破产工作进展顺利，职工比较稳定。2005年上半年，市社机关体制被市编委确定为依照国家公务员管理，重新确定了编制、机构和领导职数，顺利完成了机构和人员的调整、部门领导干部的竞聘以及工资的理顺，机关制定下发了各项管理制度和办法，按照市人事局要求对机关实行了岗位目标管理。

召开市烟花爆竹行业协会筹备成立大会。

市领导陪同全国联合总社副主任王如珍视察我市新合作经营企业。

共青团抚顺市委员会

2004年11月30日召开共青团抚顺市委员会第十三次代表大会。图为团市委书记杜鑫在大会上讲话。

共青团抚顺市委机关现下设机关党委、组织部、宣传部、办公室、青工部、县区部、学少部、统联部、权益部、研究室、志愿者协会等11个部室，下辖市青少年宫、市青年事业发展中心两个事业单位。共青团的社会职能：(一)团结、教育、引导青年为实现党的社会主义初级阶段的基本路线而奋斗，在建设有中国特色社会主义实践中锻炼成长为有理想、有道德、有文化、有纪律的一代新人，发挥党的助手和后备军作用。(二)参与社会协商对话、民主管理和民主监督，承担政府委托的有关青年工作任务，指导和帮助青联、学联、少先队等青少年组织开展工作，发挥党和政府联系青年群众的桥梁和纽带作用。(三)代表和维护青年的具体利益，全心全意为青年服务，发挥青年利益的社会代表者作用。近年来，在市委和团省委的正确领导下，全市各级团组织全面贯彻“三个代表”重要思想，坚持“实干兴团、实业兴团”的工作思路，团结带领全市团员青年积极投身到全面建设抚顺小康社会的伟大实践中，为抚顺的振兴和发展做出了重要贡献。

抚顺市社会福利有奖募捐委员会办公室

抚顺市募捐办成立于1989年6月，现有职工12人，是具有政府职能的自收自支副县级事业单位。它的主要职能是：发行福利彩票，筹集福利资金，负责全市福利彩票发行管理和服务工作，指导各县区的有奖募捐活动。

主任：宋兵

我市福彩事业已走过17年的历程，经历了“艰苦创业”和“二次创业”两个时期，从发展初期的分文没有，到现在具有一定发展规模和千万元固定资产；从过去单一的彩票发行方式，发展到现在的大奖组、网点式及电脑彩票销售多种方式，体现了福彩事业发展的显著变化。截至2005年6月，抚顺福彩的销售总额已累计达到3.1亿多元，上缴中央和省财政资金达7 500万元，为我市筹集福利资金达3 600万元。全市已建成投注站点200多个，安置下岗职工400多人，福彩在不断发展和壮大，并成为抚顺福利事业的一个亮点。市募捐办在“艰苦创业”阶段(1987—1999年)，累计发行各类福利彩票5 700多万元，筹集福利资金1 000多万元，都已陆续投入到全市城乡福利事业，新建、翻建福利设施10个，资助福利项目80多个。在1998年成功组织发行了1 000万元赈灾福利彩票，使赈灾资金及时发往灾区。

从2000年开始，市募捐办进入了“二次创业”阶段，于2000年6月21日提前完成电脑福利彩票入网准备工作，率先同省中心联网发行“辽宁风采”电脑福利彩票，使福彩事业发生了一个质的飞跃。到2005年6月，在仅仅5年的时间里我市电脑福利彩票的发行销售总额就突破了2.6亿元大关。上缴中央、省财政6 500多万元，为我市代扣、代缴个人所得税近500多万元，为我市筹集福利资金2 600多万元。

抚顺市住房公积金管理中心

FU SHUN SHI ZHU FANG GONG JI JIN GUAN LI ZHONG XIN

主任：冯金媛

营业窗口。

办事大厅。

中心领导班子成员：主任冯金媛(右二)、副主任丛和平(左二)
副主任于晓师(右一)、副主任杨玉利(左一)

抚顺市住房资金管理中心于1993年7月成立，2003年根据国务院、省对住房公积金管理机构进行调整的有关文件要求，更名为住房公积金管理中心，为隶属于市政府的自收自支正局级事业单位，人员编制为50人，内设6个处室，即综合处、计财处、个贷处、稽查处、资产保全处、计算机处；下设6个办事处，即：顺城办事处、新抚办事处、望花办事处、东洲办事处、新宾满族自治县办事处、清原满族自治县办事处。

抚顺市住房公积金管理中心自1993年建立以来，紧紧围绕市委、市政府的中心工作，立足于全市人民的安居目标，在各综合部门的大力配合下，于当年的7月1日开始建立住房公积金制度，同时启动住房债券的发行。在提租发补贴政策出台后，于1996年实施了购房预定金制度，1998年全面开始公有住房出售的工作；期间，为我市的三区改造发放了5亿多元的项目贷款；2000年起，实行了住房货币化制度，住房公积金个人贷款业务全面展开。同年按照省房改办要求，规范了公积金核算软件，并在全市范围内改变了公积金交缴方式，实现了住房资金的独立、完善及科学管理；2005年，为方便广大职工群众查询住房公积金，随时了解住房公积金各项政策，于4月份在全市6个办事处安装了查询机，加大了公积金管理的透明度。

截至2004年末，累计归集150 490万元，累计提取47 839万元，公积金归集余额102 651万元；累计发放个人贷款29 855万元。

抚顺市住房公积金管理中心

FU SHUN SHI ZHU FANG GONG JI JIN GUAN LI ZHONG XIN

抚顺市建设工程招标投标造价管理办公室

抚顺市建设工程招标投标造价管理办公室负责全市建设工程招标投标管理、建设工程造价管理及施工合同备案工作。近几年来，市招投标办党政领导带领全体干部职工，以经济建设为中心，以工程建设项目为动力，以强化招投标管理为手段，全面完成各项工程招投标任务。建设工程项目招投标实行“阳光工程”，公开招投标率达100%。强化工程造价监督管理，严把施工合同审查备案关，掌握市场材料价格信息，公正调解经济纠纷，实事求是地提供工程造价依据，为促进建筑企业发展做出了较大贡献。2004～2005年两年间，累计完成招投标项目239项，建筑面积343.4万平方米，中标价达24.7亿元，共计节省建设资金约3 500万元。2004年度被市委授予抚顺市精神文明先进单位称号。尤其是2005年，省政府1号工程——棚户区改造工程的全面实施，使得我市工程建设投资规模大幅增加，建安工程量创历史最高水平。棚户区改造一、二期建筑总面积167.3万平方米，住宅楼508栋，施工设计、监理、勘察及工程大配套标段共计104个，中标价9亿多元。通过采取公开招标，统一报名、资格预审、招标答疑、现场勘察等措施，使棚户区招投标工作公开、公正、公平进行，取得经济和社会效益双丰收。施工、设计、监理三项工程共节省资金2 300万元，受到了市委、市政府领导高度赞誉。

抚顺市棚户区改造二期工程勘察、设计、监理、招标、评标现场。

工程勘察、设计、监理、招标大会现场。

棚户区改造——古城子居住区Ⅰ标段效果图。

棚户区改造——高山路居住区Ⅲ标段卫校西效果图。

抚顺市棚户区改造二期工程顺城区二标段效果图。

前甸通道全貌。

抚顺市城市道路改造指挥部办公室

市委书记周忠轩（左二）到永安桥建桥工地视察。

2004年，抚顺市的城市道路建设引起了全市各方面的极大关注和积极支持，市建委经过市场化、社会化运作，改变了以往城市建设单靠市财力投资，一个部门单打独斗的局面，初步形成了政府组织、社会参与、竞争建设和全民监督的新格局，使抚顺历史上最大规模的城市道路建设，真正实现了修建一条道路、方便一方百姓、优化一方环境、带动一方文明、拉动一方经济，促进城市综合整治的目标。市建委在组织实施城市道路建设中，坚持“人民城市人民建”的方针，采取“政府引导，市场运作”的原则，引入市场机制，运用社会化、市场化手段，动员社会力量，多方筹资建路；坚持缓解交通、便民出行和拉动经济发展相结合，坚持市区共建、管网道路同步和协调运作相结合；举全市之力，建市民满意之路，提升了抚顺的城市形象，加速了抚顺市的振兴和发展，走出了一条具有抚顺特色的城市道路建设的新路子。

抚顺市劳动就业管理局于1996年10月成立，是隶属于市劳动和社会保障局的副局级事业单位，编制83人。主要负责抚顺地区就业、再就业规划的编制和就业战略的实施；负责本地区劳动力资源状况的统计分析及开发利用；负责政府有关促进就业、再就业政策的落实；具体实施有关就业指导、就业培训、职业介绍、就业岗位开发等一系列就业服务工作。市劳动就业管理局自成立以来，在市委、市政府的正确领导下，坚持以人为本的科学发展观，努力践行“三个代表”重要思想，全面贯彻中央、省、市有关再就业工作方针、政策和部署，紧紧围绕经济发展和社会稳定两个主题开展工作，取得了较好效果。到2004年底，全市下岗失业人员共实现就业、再就业21万多人，占下岗失业人员总量的62.6%，为抚顺老工业基地的振兴和企业进一步深化改革奠定了基础。1998年，我市发展社区就业和开发小流域促进就业的经验，分别在劳动部召开的海口会议、株洲会议上作了介绍；1999年，我市的再就业工作做法和小额贷款办法在中央、国务院召开的全国再就业会议上印发；2000年5月，市劳动就业管理局被国家劳动和社会保障部、中国劳动就业企业协会评为先进集体；2001年我市被省评为再就业先进市；2002年被省评为社保试点和再就业工作先进市，同年7月国务院朱镕基总理来抚顺视察了社区、街道的社会保障和再就业基础工作，听了再就业情况后表示十分满意。由于抚顺劳动就业的基础工作较好，2003年全省街道、社区劳动保障平台建设经验交流现场会在我市召开。从1999年开始，市委、市政府连续五年授予劳动就业管理局实施再就业工作先进集体称号，省委、省政府及省劳动和社会保障厅也曾多次授予我市劳动就业管理局再就业工作先进单位称号。2005年3月，抚顺市劳动就业管理局高质量、高速度地完成了省政府下达的就业情况普查试点任务，受到了省政府的表扬，并在全省推广抚顺的作法。《人民日报》、《经济日报》、《工人日报》、《劳动保障报》、《辽宁日报》、《辽宁经济报》、中央电视台、辽宁电视台以及抚顺的地方报社、电视台等新闻单位也都多次对市劳动就业管理局的工作进行了宣传报道。

抚顺市劳动就业管理局

局长：关可平

局领导班子成员。

2004年9月，抚顺报业集团、抚顺市总工会、抚顺市劳动就业管理局联合举办了“2004金秋媒体援助就业和再就业洽谈会”。图为洽谈会现场。

市党政有关领导参加洽谈会。

抚顺市招生考试委员会办公室

主任：邱吉胜

2004年，市招考办全面完成了各项招生考试工作任务，达到了市政府提出的招生考试工作目标，并取得了多项荣誉，被省招考办评为考风考纪优秀单位，被省、市保密部门评为保密工作先进单位，被市教育局评为学雷锋先进单位。

1.加强对招生考试工作的领导。市政府召开2004年全市招生考试工作会议，总结、部署招生考试工作，表彰高考、中考防非典突出贡献单位23个，优秀考区8个，先进个人225人。市政府与县、区政府签订了2004年招生考试工作责任状。高、中考前，市招考委、市教育局领导亲临各考点检查指导考前准备工作，并成立了高、中考工作现场指挥部，指挥全市的高、中考工作。

2.为考生创造优良的备考和考试环境。市招考办会同市有关部门认真贯彻落实市政府招生考试工作会议精神，大力整治招生考试环境，一是整治考生备考和考试期间的超标噪声；二是做好考点和考生集中食宿地的卫生防疫工作；三是解决考生交通和免费乘车问题；四是加强考点及周边的治安和交通管理；五是保证考点正常供电、供水和通讯畅通；六是整顿考点周边的市场；七是考点积极为考生服务，为考生创造优良的备考和考试环境。

3.强化考务和考风考纪管理工作。市招考办通过采取签订考风考纪责任状，加强试卷安全保密工作，建立中考电子档案，对考生进行考前教育，落实招生考试责任制，建立两个“三不准制度”，搞好考试工作人员考前培训，交流和轮换监考教师，加强考试监察工作，利用现代化科技手段监控考场作弊，建立招生考试监督机制等措施，确保各类招生考试的顺利进行和公正公平。

4.全面完成了各项招生考试工作。①完成了普通高校招生考试工作。报考普通高校的考生10 374人，本科录取6 566人，本科录取率63.2%；专科以上录取9 531人，专科以上录取率91.87%。有9名考生考取了北京大学和清华大学。三校生(中专、职高、技校)报考高职院校的考生1 579人，其中本科录取139人、专科录取1 399人。②完成了普通中等学校招生考试工作。报考普通中等学校的考生19 485人，录取了16 979人，录取率87.1%。其中省重点高中录取7 123人，市重点高中录取2 288人，一般高中录取2 900人，民办高中录取583人，中专录取811人，职专(职高)录取3 274人。③完成了成人高校招生考试工作。报考成人高校的考生4 732人，专科以上录取了3 635人，录取了76.8%。④完成了两次高等教育自学考试工作。报考自考的考生11 650人次，报考了25 939科次，本科毕业595人，专科毕业485人。⑤完成了硕士研究生招生考试工作。报考硕士研究生的考生1 575人，比上年增加274人，报考硕士研究生的人数逐年增加。

抚顺市公安局交通巡逻警察支队

党委书记、支队长：崔华

抚顺市公安局交通巡逻警察支队为正县级建制，现有民警286人，设有纪委、政治处、宣传科、法制科等8个业务科室，警务指导大队、事故处理大队、电子警察大队等6个职能大队，车辆科、车检所等3个窗口服务单位。交巡警支队主要担负维护全市社会稳定处置群体上访事件、道路交通安全管理和社会面治安巡逻防控工作职责。2005年，交巡警支队在市委、市政府和市公安局党组的领导下，不断强化工作职能，积极推进科技强警建设，努力完善服务措施，全面完成了各项交巡工作，为构筑和谐社会做出了积极贡献。

1. 在维护全市社会稳定工作中发挥了突出作用。支队始终将维护稳定工作作为一项政治任务，不断完善和认真落实维护稳定处置群体事件的工作预案，进一步提高了处置工作能力和效率，切实强化了情报信息工作，及时掌握社会动态；对各类群体性上访事件始终坚持严格依法处置，预警率、处置成功率达到100%。2004年，支队出动警力1.7万余人次，处置各类群体性事件339起，涉及人员7万余人次。

2. 在道路交通安全管理工作上实现了突破性发展。针对影响我市道路交通安全和交通秩序的各种突出问题，支队在充分调研论证、广泛听取社会各界意见的基础上，运用先进的交通管理理念，打破常规，有计划、系统地实施了一系列道路交通管理措施，交通管理工作取得了长足发展。年内，支队以解决交通秩序乱点、管理难点、事故黑点问题作为交通管理工作的重点，不间断地组织开展了交通秩序整治行动。先后开展了“集中整治非法机动三轮车行动”、“全市春季交通秩序整治行动”、“整治站前地区交通秩序出击行动”、“集中整治城市小公汽交通违法行为行动”等专项交通整治行动，共查处交通违法8.5万余件次，暂扣车辆6 900余台次，暂扣驾驶证5 150件次，处罚“三超”车辆2 400余件次，依法销毁各种非法车辆670余台。

3. 在社会面治安巡逻防控工作中发挥了主力军作用。支队以固定执勤点为中心，以落实责任区治安防范工作责任为重点，进一步加强全市交巡警系统治安巡逻防范工作的组织、实施工作，街面见警率、巡防覆盖率明显提高。针对不同时期全市社会治安状况，支队采取了重点部位重点巡查、案件多发时段设卡盘查等有针对性的防控措施，组织全市交巡警力全面加强了社会面治安防控工作，共出动警力9 000余人次，检查嫌疑车辆1 700余台次，审查嫌疑人900余人次，抓获现行违法犯罪分子50余人，收缴凶器31件，有力地维护了社会面治安秩序的持续稳定。

4. 在交巡警自身建设及软环境建设工作中成绩突出。支队结合工作实际，从提高服务质量、方便广大群众出发，在办理机动车登记、检验等环节上推出了8条便民、利民措施。年内，支队共办理机动车登记1.5万余台，受理初办驾驶证1万余人，检测机动车5万余台，群众满意率达到100%。认真开展岗位“大练兵”活动。在全省“大练兵”比武竞赛活动中，抚顺交巡警支队取得了交警系统全省第三名的优异成绩。

抚顺市副市长，市公安局党组书记、局长关飞(中)，交巡警支队长崔华(左一)到一线视察交巡工作。

交巡警支队正在进行治安巡逻。

交巡民警正在执勤。

举办“大练兵”辅导班。

抚顺市卫生监督所

所长：秦宝昌

抚顺市卫生监督所是根据国家卫生监督体制改革要求，于2001年5月由原市卫生防疫站、市劳动卫生监督监测所、市健康教育所、市地方病防治所等4个单位合并重组成立，正县级，在职编制80人，现设18个职能科室(大队)。市卫生监督所受市卫生局委托，在全市范围内行使卫生行政监督执法职能，执行国家卫生法律法规，担负着强化政府监督职能，维护全市公共卫生安全，保护人民健康，促进经济社会协调发展的任务。根据国家卫生部规定，市卫生监督所承担17个方面工作职责：负责对食品生产经营流通、餐饮业、宾招业、各类食堂、饮用水、化妆品、消毒产品、传染病防治、公共场所、宣传教育、职业卫生、放射卫生、学校卫生、采供血、医疗市场、突发公共卫生事件等方面的监督检查及承办卫生行政许可。市卫生监督所2004年审办《卫生许可证》780个，监督检查2 514个单位，提出监督意见3 983条，处罚500余件；责令停产47家。市卫生监督所不断加强监督队伍和作风建设，努力解决群众关心的热点、难点问题，在加大执法力度的同时，强化为企事业建设发展服务。2004年以来，市卫生监督所被评为行业作风建设先进单位、行政执法先进单位、抗洪救灾先进单位等，为保障全市人民健康做出了积极贡献。

所领导班子成员(右起)：副所长王旭阳、所长秦宝昌、党委书记唐文义、副所长于志强、所长助理杨衍凯

抚顺市财政证券投资资产经营管理处

处长：徐杰

处领导在研究工作。

抚顺市财政证券投资资产经营管理处，在2004年采取有效措施，大力搞好清欠工作。2003年2月11日，管理处在市财政局召开了财政证券回购债务工作会议。会议确定：发行重点企业债券4 204万元，期限为3年，利率与市重点工程债券相同。根据市政府的会议精神，为确保公司到期债券兑付工作顺利完成，进行了严密的组织，使发行兑付工作从2月17日开始，到5月中旬全部结束。2004年，该处转制以后，由于证券业务已经剥离出去，剩下的只有清欠变现工作。在清欠、变现难度越来越大的情况下，处领导积极为全处职工寻找新的生存空间，及时将本处面临的实际困难向市、局有关领导汇报，争取到了市重点企业债券和市重点工程债券的部分发行兑付权。为适应转制后会计核算变化，做好转制后账务处理。办理了管理处转制后的科目归属和账目调整等工作，行使财务管理与监督职能，纠正财务中存在的问题，为今后的工作打下了良好的基础。

抚顺市采煤沉陷搬迁办公室

FU SHUN SHI CAI MEI CHEN XIAN BAN QIAN BAN GONG SHI

主任：谭俊松

领导班子成员在研讨工作。

2004年，抚顺市采煤沉陷搬迁办公室在市委、市政府的领导下，根据市发改委部署，积极落实国家发改委(2003)1896号《关于抚顺采煤沉陷区治理有关问题的批复》文件精神，采取了新建搬迁、搬迁补偿、加固维修等多种治理方式，对我市采煤沉陷区进行综合治理。这次国家批准综合治理总资金为69 177万元，由国家、省、市、矿业集团和搬迁居民按比例共同分担。标志着抚顺市新一期的采煤沉陷治理工作拉开了帷幕。根据国家批复要求，从2004年开始，市采沉办将陆续在城东新区3个方块新建3个住宅小区，建筑面积56.96万平方米，安置受灾居民8 000多户；分散建设居民住宅1万平方米，安置受灾居民200多户；货币安置城乡居民700多户；维修加固住宅31.5万平方米，解决城乡受灾居民6 000多户；新建学校、医院、幼儿园、武警部队营房和配套设施等建筑面积6.8万平方米；对部分受破坏的学校、医院、道路、上下水管、供电及通信线路进行加固维修。新一期采煤沉陷综合治理工程将用3年左右的时间完成。2004年，市采沉办按工程计划完成了39.7万平方米住宅建设的规划和地质灾害危险性评估工作；完成了城东12方块106.31亩、16方块武警部队择址重建项目的征用土地和地勘工作，实现了三通一平；完成了12方块2.9万平方米8栋楼的基础及三层以下主体砌筑施工工程。对F1断裂带上所涉及的220户居民、1.2万平方米建筑面积的7栋突发险情楼房，委托中国地震局工程力学所进行了科学鉴定，并进行了统一处理。组织了险楼居民临时避险，并使他们尽快得到安置，妥善处理了突发险情。

抚顺市市容环境卫生管理处

处长何萍参加电台“行风热线”直播节目。

该处担负着全市环境卫生工作的管理、检查、指导及环卫行业法律法规制订、环卫作业发展规划及年度计划编制实施，全市生活垃圾、医疗垃圾管理和作业量核定及考核，城市除运雪等项工作。几年来，市环境卫生工作先后经受了创建国家卫生城、国家旅游城和省绿叶杯竞赛等一系列重大检查评比的考验。为了使环境卫生管理早日走上法制化、规范化的轨道，近年来，在认真贯彻国家及省颁布的环境卫生法规、条例的基础上，结合我市环境卫生工作的实际，加大了地方性环境卫生专项立法的步伐，先后制定和修定了《抚顺市禁止车辆泄漏遗撒条例》、《抚顺市市容环境卫生管理条例》等地方性法规，并经省、市人大批准颁布实施。1999年以来，环卫行业在全市事业单位改革中率先进行了管理体制、运行机制和用工、分配制度等一系列改革，对环卫新增作业量进行了市场化运作；完成了垃圾收运系统1 300万元的国债项目的环卫设施设备改造任务；推动了前甸生活垃圾综合处理厂建设，实现我市城市生活垃圾无害化处理率零的突破，一跃达50%以上；在全省率先实施了城市生活垃圾处理费的收费工作；开展了“献爱心、赠文明”捐赠果皮箱等社会公益活动等，推动了抚顺环境卫生事业的发展。1997年以来，该处连续8年被市委、市政府评为文明单位，并先后获得省级环境卫生优胜单位、巾帼建功先进集体等荣誉称号。

处领导在研究工作。

抚顺市城市客运交通管理处

抚顺市城市客运交通管理处成立于1991年，是市交通局所属事业单位，现有编制28人，内设办公室 、财务科、管理科、稽查科等科室。主要职责是贯彻执行国家、省、市关于城市公共汽车客运的法律、法规和政策；依法对城市公共汽车客运市场进行管理和监督；负责城市公共汽车客运基础设施建设与管理；负责城市公共汽车与客运行业结构调整、资源配置和人员培训，指导新技术的推广与应用。目前，该处所管辖的城市公交客运公司共5家，现有营运车辆1 255标台、营运线路61条、营运线路总长890公里，日客流量90多万人次，日运行车次18 812次。

几年来，该处曾被省建设厅评为文明单位，并荣获抚顺市文明单位、交通局文明单位等称号，涌现出省级"巾帼建功立业标兵"，省建设厅文明标兵、市级劳动模范、市级优秀共产党员、市级"新长征突击手"等先进典型人物多名。

处长：于艳冰（中）
书记：张东平（右）
副处长：宋长利（左）

抚顺市煤气总公司

总经理：张佐明

抚顺市煤气总公司为市属国有大型二档企业，主要负责全市居民煤气供应工作。自1983年8月组建以来，现已形成完整的城市煤气供应系统。公司下设4个煤气经营公司(处)和6个辅助单位，现有在岗职工639人，用户18.5万户。2004年，公司圆满完成了内部分配制度改革、《抚顺市城市煤气管理办法》修订、煤气销售价格调整、抚顺华泰电瓷电气有限公司供气项目、抚顺市佳宇燃气表厂组建、"亚行"贷款申报、高湾经济开发区供气方案编制等重点工作，实现了煤气销售6 100万立方米，用户满意率达95%以上。

总公司领导班子成员。

办公楼。

河南五万立方米干式气柜。

咨询服务。

抚顺市城东新区开发局

局长：韩少华

抚顺市城东新区开发局组建于1999年1月，是抚顺市顺城区所属的事业管理单位，现有正式人员编制16人，具有大专以上学历15人，下设一办四科，分别为办公室、工程科、财务科、征地科、收费科。主要负责城东新区基础设施供水、供电、供热、排水、有线电视、通信、煤气七条管线的建设及房地产开发的协调管理。开发局下设两个实体，一是城东房地产开发处，主要负责因城东新区开发征地而动迁的农民住房安置建设；二是隆顺物业管理处，主要负责对管辖小区范围内的物业管理以及对城东新区已建成的基础设施与周围环境、道路绿化的管理。开发建设城东新区，是抚顺市委、市政府贯彻落实国务院批准的(国函字＜83＞224号文件)《抚顺市城市总体规划》的重大战略决策。在市、区两级政府的正确领导下，经过几年的努力，新区开发建设飞速发展，一期开发建设已具规模。新区建设带动了我市房地产业、建材业及第三产业的发展，实现了我市新市中心东移的初步设计。城东新区从1995年至今累计开发面积已达174万平方米，共征用土地1 995亩，安置动迁农民住房6.4万平方米，计708户。基础设施已投资2.47亿元，完成了临江东路、新城东路、裕城路、顺城路、隆城街、盛城街、长城街、安城街的道路及路床工程，完成了道路下敷设的供水、供电、供热、煤气、有线电视、通信、排水七条专业管线工程。计划到2005年底全面完成城东一期基础设施建设工程，完全可以满足一期规划面积开发配套的能力。高中、初中、小学、托幼已配套完毕。公交车801路、804路、808路、13路、105路已进入新区。公益配套设施的尽快完善，拉动和促进了新区的开发速度。环境一流、物业一流的高档次封闭式小区已建成9个，高层建筑争相崛起，人口入住已达4万余人。共引进开发企业24家，其中域外开发商4家，引进域外开发资金8.8亿元。一期开发建设计划在2年之内完成。

局领导班成员：局长韩少华(左三)、书记兼副局长王光平(右一)
副局长艾森(左二)、办公室主任李花(左一)

新城路

大自然小区一角。

位于城东新区的省重点高中——抚顺二中北校。

抚顺矿务局总医院

院长：吉化春

2004年是总医院各项工作显著进步的一年。一年来，本院强化以病人为中心的思想，质量意识、服务意识、管理意识不断增强。通过改善建筑、设备、设施等硬环境吸引患者；通过抓服务、技术、管理等软环境留住患者；扩大了医院影响，患者就诊量不断增加，取得了良好的社会和经济效益。全年门诊量39.09万人次，同比增加3.12万人次；完成住院手术5 012例，同比增加1 250例；出院病人1.92万人次，同比增加5 100人次；床位利用率84.35%，综合治愈率76.62%。抢救矿区工伤患者12次28人，完成市120急救中心急救任务2 160人次，再次实现全年安全无事故。主要工作：1.强化安全质量管理。建立医疗管理工作制度31种339条，成立院质量管理委员会和安全质量检查小组，定期开展工作，发现问题及时解决。2.为患者提供温馨服务。3.引进新设备开展新项目。更新CT、核磁，购入大型生化分析仪、彩超等医疗设备，添置两台救护车和一些急诊急救设备，提高了对工伤及突发性伤亡事件的救治能力。脑血管介入治疗技术填补我市空白。全院共开展新技术33项，与中国医大协作获省政府科技进步三等奖1项。4.实现矿区医疗资产重组。根据医疗市场发展现状，结合抚矿集团实际，公司将原分属不同单位的4家医院划归本院管理，成为本院的4家分院。5.心系市民服务大众。发放农民就诊优惠卡，对三县农民实行八折优惠；进行大型下乡义诊活动2次，捐赠药品价值1万余元；多次开展不同主题的义务咨询活动，受到市民的普遍欢迎。6.继续进行院内环境改造。共投资400余万元对儿科、急诊室、核磁共振室、肠道门诊、机修分院等进行了装修改造。对庭院进行绿化美化，整体环境得到了进一步改善。7.医德医风建设成果显著。建章建制，注重实效。实行一日清单制，设立收费检查小组，维护患者权益。全年共收到患者感谢信93封，锦旗98面。院先后被授予抚顺市最受尊敬企业和诚信单位等荣誉称号。

医院全貌

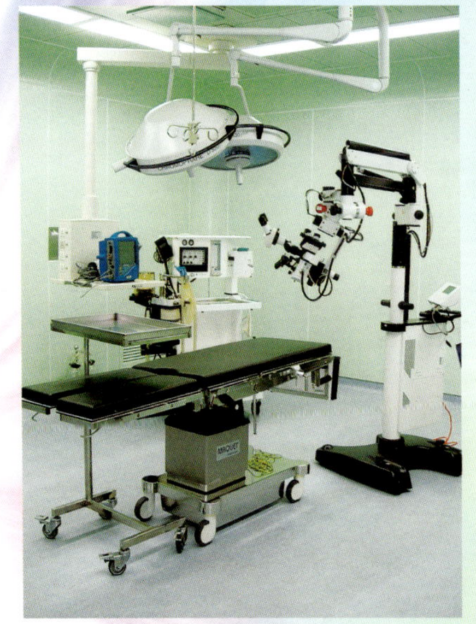
千分级净化手术室。

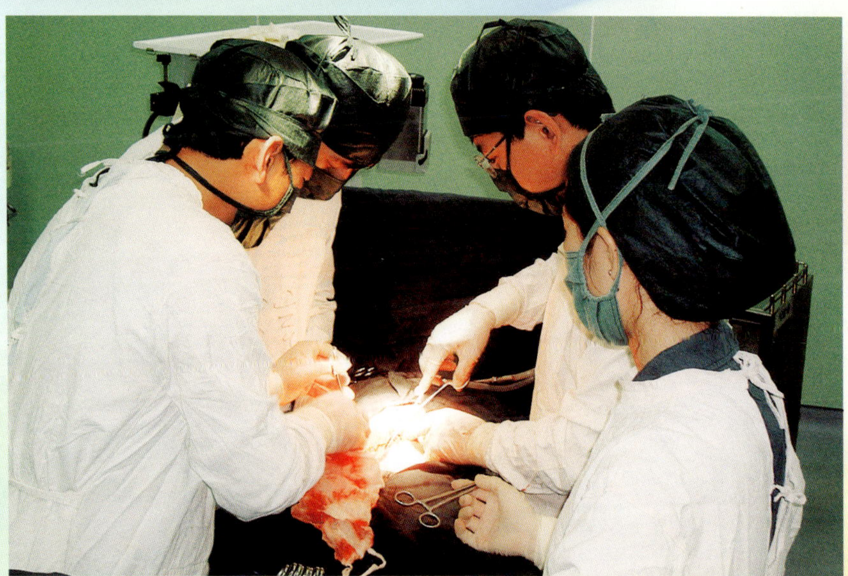
医生正在做手术。

医院外科大楼。

抚顺矿务局总医院

抚顺市中医院

咨询导诊。

热忱周到服务患者。

抚顺市中医院始建于1956年，是辽宁东部地区一所设备先进、科系健全、技术力量雄厚，集医、教、研、预防康复为一体的大型综合性国家三级甲等中医院。目前是辽宁中医学院教学医院和中国医科大学协作医院，也是政府医疗保险、铁路医疗保险，“人保，”“太保”、“平保”指定医院。医院现开放床位530张，共有职工840人，其中高级卫生专业技术人员66人，中级卫生专业技术人员203人。设有20个二级专科、23个特色专病诊室和7个医技科室。医院拥有美国GE螺旋CT、法国ECT、美国柯达CR、意大利多功能数字化X光机、日本全自动生化分析仪、美国纽邦呼吸机、体外碎石机、阿洛卡B超、美国全身彩色多普勒B超、骨科C型臂X光机，骨创伤治疗仪、全套多功能电子显示内窥镜、经颅多普勒等现代化仪器设备近300余台件，设备先进、配套齐全。

医院充分调动中医、西医、中西医结合三支力量的积极性，全面提升医院核心竞争力，为广大病人提供最佳服务，成为“辽宁省树职业道德风范，创最佳形象单位”活动的先进单位，抚顺市百姓放心医院，抚顺市诚信单位，首届抚顺市最受尊敬企业，抚顺市卫生系统行为作风建设先进单位及为抚顺经济建设服务最佳单位。骨科是辽宁省重点专科，外科、肛肠科、皮肤美容科是抚顺市级专科，有很多具有先进水平的项目填补省、市空白。如开展的新技术心脏直视手术、心包剥脱术、大隐静脉埋没结扎术、脑瘤切除术、脑脓肿抽取术、膀胱癌根治术、乳腺医学美容成型术、高位复杂性肛瘘、重度环型混合痔、直肠脱垂注射术、胰、十二指肠切除术、AF、RF脊柱固定术、(空心钉、可折断钉）等治疗骨股颈骨折、DHS治疗髋关节骨折、APLD腰间盘经皮穿针切吸术、单髋及全髋置换术、手显微外科皮瓣、拇甲瓣、断指再植术等处于省内领先水平。夹板、外固定架、秫秸帘外固定、中药湿敷等无创伤方法治疗骨折独具特色，享誉省内外。

发扬祖国传统医学优势运用中医独特方法治疗妇科不孕症、痛经，小儿科呼吸道感染，厌食、腹泻及风湿病、脑血管病、糖尿病、肛肠病、面瘫、皮肤病等疗效显著。医院特色制剂骨科系列麝香活血散、健骨活血散、正骨丹，内科系列舒郁丸、香连丸等，深受广大病人信赖，享誉省内外。

在开展行风建设过程中，采取“透明工作”给患者知情权，“为医生打分”给患者评判权等措施，着实地解决了病人对服务、质量、收费、药品不放心的热点问题，取消窗口科室午休制，实行挂号全院通用，免收60岁以上老人挂号费和检查费，建立院长接待日和院级干部值班制，坚持病人选医生选护士，协助病人科学合理选择药品、选择手术器材、选择治疗方案，还实行了病房陪检制，推行透明输液、透明投药、透明治疗、透明核算等开放式服务。

抚顺市第五医院

院长：尹学富

医院门诊大楼。

抚顺市第五医院是本市直属的一所以防治精神心理疾病为主的大型专科医院，始建于1960年，经过40余年的发展建设，现已成为技术力量雄厚，设备配套齐全，环境幽雅，交通便利的以治疗神经精神疾病为主，心理、癫痫、药物依赖脱瘾治疗及综合科并重的特色医院。医院占地面积2.7万平方米，建筑总面积11 820平方米。坐北朝南的门诊综合楼和南北走向的病房楼，构成了医院建筑主体，院内整洁宽敞，环境宜人，空气清新。楼内有图书室、乒乓球室、台球室、健身房、卡拉OK室、游艺室等，楼外有标准的篮、排球场，健身康复器械和回春亭花园等设施，为患者提供了良好的休闲活动场所。医院开设床位500张，现有职工484人，专业技术人员227人，其中副主任医师以上高级卫生技术人员16人，中级卫生技术人员75人，担负着全市人民精神心理疾病的防治、保健、康复任务，为抚顺市精神残疾鉴定、医疗保险及大额补充医疗保险、离休干部定点医疗单位。抚顺市司法精神医学鉴定小组亦设在本院，负责全市的精神疾病司法鉴定工作。医院设有精神科、心理科、综合科三大科系，分为2个疗区，6个病房，医技科室设有药械科、功能检查科（检验科、放射科、康复科、脑电室、心电室、B超室）。医院医疗专业设备齐全，有国内先进的无抽搐电休克治疗仪、三维立体彩色超声诊断仪、高压电位治疗仪、500MA射线诊断机、彩色及黑白脑电图仪、先进的三维立体数字视频脑电监视仪、计算机多功能个性心理测定仪等。医院在市中心成立了“抚顺市心理卫生中心”，引进了国内最先进的漂浮治疗机、脑波治疗仪、生物反馈治疗仪、心理测查等系统心理疾病的诊断、治疗设备，并选派专业的心理医生坐诊。医院非常重视精神文明及行业作风建设，对病人实行全程人性化、礼仪规范化服务；在收费上实行公开、透明的“阳光工程”。实现了经济效益、社会效益双丰收。

抚顺市社会福利院

六一儿童节组织福利院儿童到沈阳植物园游玩。

新建儿童楼。

院长：朱铁钧

抚顺市社会福利院始建于1982年，隶属于市民政局，是全市唯一一家以收养社会上无依无靠的孤残儿童、弃婴、残疾人、精神病后期患者和老年人、伤残孤寡老复员军人的福利机构，是集社会福利院、儿童福利院、精神病疗养院和光荣院为一体的综合性社会福利事业单位。多年来，该院在市民政局党组的正确领导下，在各级领导和有关部门关怀支持下，坚持以邓小平理论和“三个代表”的重要思想为指导，本着把该院建成一个高度文明、高标准管理、高品位服务的社会福利事业单位和面向社会的行业精神文明窗口单位为目标，以人性化服务为目的，全面加强内部管理和承诺服务，不断树立我院的良好的行业形象。多年来，该院分别荣获省服务管理一级院，省、市民政系统先进单位，市职业道德建设十佳单位，省、市文明单位，省文明单位标兵和省先进党支部等光荣称号。

老有所学。

抚顺市第二医院

2004年医院把发展作为工作第一要务，严抓医疗、护理质量，以新思路、新举措、新作风来塑造医院新形象，创造性地开展医院各项工作。医院从4月1日至6月30日在全院范围内开展“百日四新”活动，即新思路、新举措、新作风、新形象。推出“医患连心卡”，推行了“五个一”、“五个有”、“六制”等，塑造了二院人的新形象。一年来，医院收到表扬信108封，锦旗30面。医院还开展了中青年医师基础理论知识竞赛、病历及处方书写竞赛、护理技能竞赛、护理病志书写展评、急诊急救知识竞赛，有效地提高了医务人员的专业技能。6月份，医院与上海瑞金医院达成定向培养技术人员的协议，选派技术人员进行了腔镜技术的学习并已成功地应用于临床；眼科与北京老年病医院、同仁医院合作，开展了白内障超声乳化加入人工晶体植入术，准分子激光治疗近视眼等。妇产科开展导乐服务、新生儿水疗；病理科在市内首开“快速石蜡切片”诊断先河等等，全力打造了医院品牌效应。医院投资708万元新购置了CR、配套的腔镜设备、全自动生化仪等万元以上设备19台（套）。医院三次召开行业作风整顿大会，向全院医务人员发出“廉洁行医、拒收红包”倡议书，与各科室签定廉洁自律责任状。坚持主要药品和收费标准公开上墙，提供电脑触摸屏方便患者查询，设立收费投诉办公室，切实做到了让患者明明白白消费。7月份正式出台了新的分配制度改革方案，有效地调动了广大职工的积极性和创造性。围绕整体质量管理，制定了综合目标管理千分量化考核细则，修订完善了《院章》，出台了《抚顺市第二医院纠正行业不正之风处罚规定》、《抚顺二院十条禁令》等。

医院还提出了要以树立名医名科来争创名院，亮出了“真情二院、健康花园”的口号。

院长：周航

▼介入放射治疗技术。

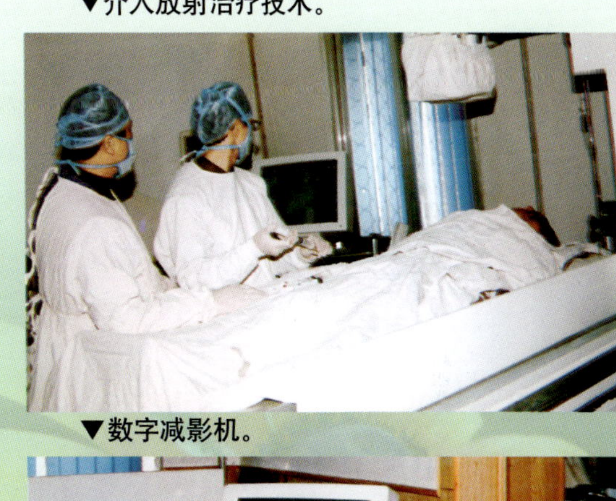

▼数字减影机。

▼双排螺旋CT机。

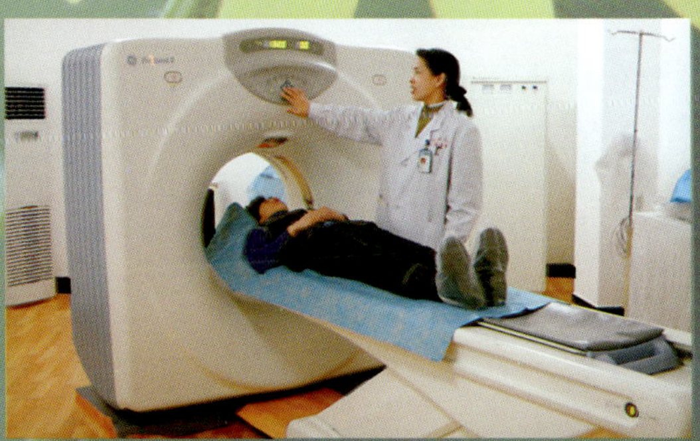

FU SHUN SHI DI ER YI YUAN

住院部大楼。

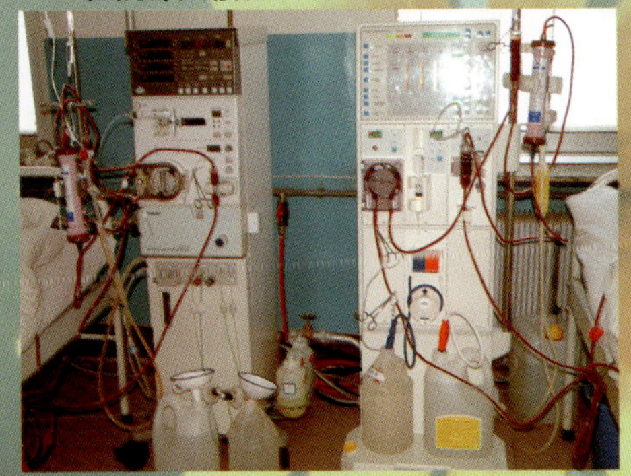

血液透析机。

抚顺经济开发区高湾经济区

抚顺经济开发区高湾经济区位于抚顺西部，沈阳、抚顺、铁岭三市交界处，区位优越，交通便捷，沈抚高速公路、抚顺北外环公路、沈抚公路北线、沈吉铁路均从区内穿过，到抚顺市中心仅10分钟车程，距沈阳市区仅20分钟车程。一区可眺三市，辽东独此一家。全区面积50平方公里，人口近3万。区内风光旖旎、空气清新、青山秀水、林木葱茏、环境幽雅、物产丰富，森林覆盖率达70%。旅游资源丰富，有海底世界公园、宝泉山善缘寺、宝石沟、雁鸣湖森林公园、汉(燕)时期的古长城、汉班固高祖泗水亭碑铭、清帝祭祖古御道等风光。高湾工业区基础雄厚，现有企业千余家，初步形成了集制药、机械加工、建材、石化、电器、肉类加工、乳制品、淀粉制糖、房地产开发等为一体的经济发展格局。近年来，高湾经济区主动接受沈抚两市辐射，充分利用区位、交通、资源优势，全面实施以经济建设为中心，以招商引资为主线，以提升城市化水平为先导，以农业产业结构调整为手段，以特色旅游为新兴产业的强区富民战略，进一步解放思想，开拓创新。经过不懈努力，各项工作已取得可喜成绩。招商引资、开发建设、工商税收、农业人口人均收入、社会事业发展等各项指标均位于抚顺市前列，并继续保持强劲的发展势头，实现了经济的超常规跨越式发展和地区面貌的根本转变，开创了高湾经济区建区以来崭新的工作局面，成为抚顺西部经济发展的新亮点。两年来，高湾经济区先后被评为辽宁省先进党委、抚顺市精神文明建设先进单位、抚顺市“三个代表”学教工作先进单位、抚顺市综合治理先进单位。抚顺经济开发区高湾经济区正在以抚顺市唯一一家省级现代农业示范园区为依托，加紧建设抚顺市现代农产品加工园，从而形成种、养、加、销为一体的产业格局，拉长农产品加工链条，打造农业产业化“舰队”，为抚顺市的全面振兴提供强力产业支撑。

▲落户区内的海底世界公园项目效果图。

▼坐落在区内的汇龙达药业有限公司。

▲坐落在区内的抚顺市农业特产学校。

▲坐落在区内的抚顺市建筑工业学校。

大连韩伟畜牧有限公司落户区内。

经济区一角。

经济区办公楼

中国电信集团公司

辽宁省抚顺市电信分公司

用户至上 用心服务

Customer First Service Foremost

总经理：孙伟

根据国务院关于进一步深化电信体制改革的要求，2002年5月中国电信集团公司以黄河为界南北分拆，北方10省市与中国网通、吉通合并成立新网通集团（各地市称通信公司），南方21省市仍高举中国电信品牌。为适应新的市场环境，保持“中国电信”网络、业务和品牌在北方的延续和协调发展，按照中国电信集团公司的统一部署，在辽宁省设立省级电信运营公司，公司下辖辽宁省行政区域内的十四家市级电信分公司。中国电信集团公司辽宁省抚顺市电信分公司于2002年底开始组建，2003年4月21日正式挂牌运营。根据国家批准的中国电信集团公司的业务经营范围，在抚顺行政区域内开展中国电信全业务经营，主要经营国内、国际各类固定电信网络设施，包括本地无线环路；基于电信网络的语音、数据、图像及多媒体通信与电信增值业务；经营与通讯及信息业务相关的系统集成、技术开发、技术服务、信息咨询、广告、出版、设备生产销售和进出口、设计施工等业务；根据市场发展需要，经营国家批准的其他业务。

作为重新进入抚顺行政区域内的电信运营企业，抚顺市电信分公司享有“中国电信”的品牌和商誉，严格遵循“客户为中心，市场为导向，效益为目标”的工作方针，全面贯彻“用户至上、用心服务”的服务理念和“合作、创新、服务、高效”的经营理念，以崭新的形象、先进的技术、优质的网络，为抚顺广大用户提供多样化、多层次的电信服务，成为抚顺行政区域内一流的电信运营商，为抚顺经济的全面发展做出贡献。

开放式办公大厅。

营业大厅全景。

先进的交换机设备。

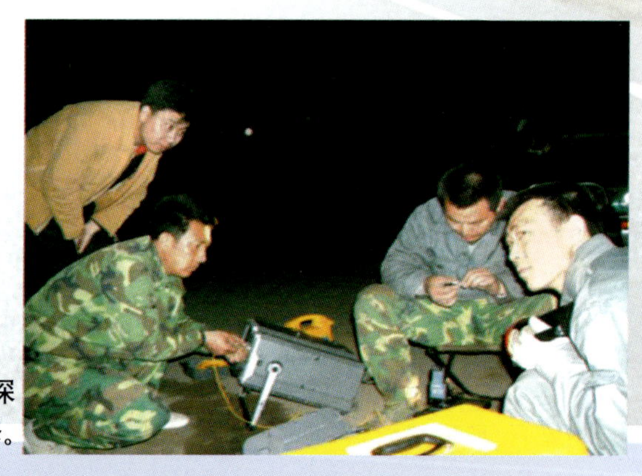

维护人员深夜进行故障抢修。

中国铁通 抚顺分公司

CHINA TIETONG FUSHUN BRANCH

总经理：刘立斌

中国铁通集团有限公司(简称“铁通”)是经国务院、信息产业部核准，国家工商管理局注册的国有大型电信运营企业。成立于2000年12月6日，目前归属于国资委信息产业部直接管理，是自主经营自负盈亏的独立法人实体。铁通公司作为国内新的全国性公众电信运营商，实行公司管理体制，在直辖市、省会城市、自治区首府以及部分大中城市和地区设立分公司。铁通抚顺分公司是铁通公司在抚顺市的分支机构，于2001年8月3日正式注册成立。作为抚顺行政区域内新兴的电信运营企业，铁通公司以上乘的服务、先进的设备、低廉的价格为用户提供本地电话、长途电话、IP电话、智能电话业务，互联网接入服务、互联网信息服务业务、视讯业务、数据业务、传真电报业务、综合信息服务业务以及网络资源出租、代维修业务和承担电信工程施工等服务。新铁通、新形象、新服务，“铁通”将以现代化全新网络为抚顺广大顾客提供细心周到的通信服务。

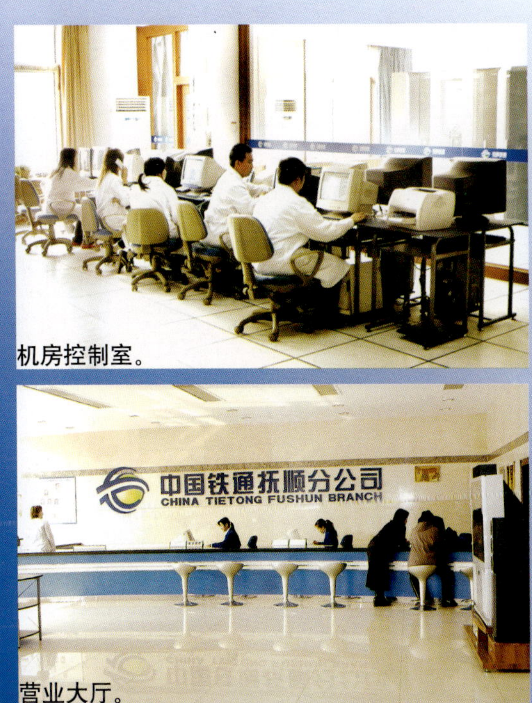

机房控制室。

营业大厅。

办公大楼。

CHINA TIETONG FUSHUN BRANCH

东北特殊钢集团抚顺特殊钢股份有限公司

东北特殊钢集团有限责任公司董事长、党委书记
抚顺特殊钢（集团）有限责任公司董事长 ：赵明远
抚顺特殊钢股份有限责任公司董事长

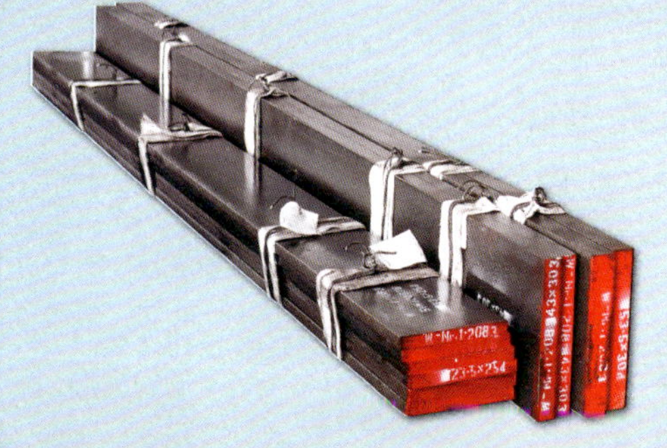

东北特钢集团产品：模具扁钢

东北特钢集团产品：大型模块

▼ WF5—40 方扁钢精轧机

▼ 30/60 吨 VOD/VHD 炉

东北特钢集团产品：环型件

东北特殊钢集团是由东北地区原来的三大国有重点特殊钢生产企业——大连钢铁集团公司、抚顺特殊钢（集团）有限责任公司、齐齐哈尔钢厂通过资产重组方式组建而成的，资产总额150亿元，集团年产优质特殊钢222万吨，特殊钢材料188万吨，年营业收入115亿元。组建后的东北特殊钢集团引入现代企业机制和现代经营理念，实行集约化经营和专业化分工生产。集团公司确定的企业发展目标是建设国际化科技型一流特钢企业。隶属于东北特殊钢集团的抚顺特殊钢股份有限公司（以下简称抚钢股份）始建于1937年，是一个具有60多年历史的国家大型重点特殊钢生产企业，现有职工8 000余人，其中专业技术人员2 000余人。建国后，先后为我国冶炼出第一炉不锈钢、第一炉超高强度钢、第一炉高温合金，为我国第一颗人造地球卫星、第一枚导弹、第一艘潜艇、神舟五号载人飞船和多项国家重点工程、国防工程提供了大批关键的特殊钢新型材料，现可以生产高精度模具钢、高档齿轮钢、轴承钢、高强度钢、高温合金等12大类、1 217个钢种、5 923个品种规格。抚钢股份的主体装备水平位居国内同行业先进水平，现拥有60吨竖井式电弧炉、50吨超高功率电炉各1台，2台60吨LF炉和2台60吨VD炉，四机四流弧形方坯连铸机1台；3台30吨电弧炉，1套30/60吨VOD/VHD炉和LF炉；15吨、5吨、3吨、1吨电渣炉共19台、1台3/6吨真空感应炉、1台12吨真空自耗炉、1台7吨真空自耗炉等特种冶炼设备，年总体冶炼能力为100万吨。

加工系统拥有24架棒材连轧机1套，WF5-40方扁钢精轧机1套，3 500吨快锻机1台，2 000吨快锻机1台，1 000吨精锻机1台，4台电液锤，φ 850、φ 650轧机各1套，年钢材总体加工能力为80万吨。

2004年钢产量实际完成882 574吨，为同期的117.61%，其中连铸坯完成450 955吨；钢材产量实际完成644 945吨，为同期的108.76%；销售收入实际完成407 026万元，为同期的155.26%；工业总产值（现价）实际完成429 084万元，为同期的155.81%；工业增加值实际完成64 949万元，为同期的115.81%；实现利润2 582万元，为同期的124.37%，出口创汇实际完成3 825万美元，为去年同期的278.58%；上缴税金15 644万元，为去年同期的111.27%，其中国税10 895万元，为去年同期的106.29%，地税4 749万元，为上年同期的124.65%；全员劳动生产率287 275元／人，为上年同期的119.44%。

12吨真空自耗炉

3500吨快锻机

四机四流弧形方坯连铸机

抚顺新钢铁有限责任公司

FU SHUN XIN GANG TIE YOU XIAN ZE REN GONG SI

2004年，是抚顺新抚钢有限责任公司排除诸多不利因素，推动各方面工作不断前进的一年。2004年10月份，在全国70家同类型企业排序中，新抚钢公司吨钢综合能耗由去年的第27位上升到第25位，全员劳动生产率由第38位上升到第26位，经济效益综合指数由第58位上升到第41位。文明生产和厂区亮化、美化工作持续开展，厂区和作业区环境大有改观。2004年，公司被省委、省政府授予文明单位称号。主要生产、经营指标完成良好。2004年产铁1 356 365吨、钢1 400 333吨、商品坯材1 385 449吨，同比分别增长19.7%、20.2%和23.2%；完成工业总产值409 388万元，同比增长57.6%；完成工业增加值92 866万元，同比增长48%；实现销售收入393 295万元，同比增长50.5%；实现利润3 047万元，同比增长26%；出口商品坯材437 878吨，同比增长147.5%，创汇16 500万美元。

持续改造，夯实后续发展基础。一年来，公司克服了许多不利因素，坚定不移推进180平方米烧结机、5#高炉、40吨转炉等“十五”三期改造重点工程建设，“三汽”工程、污水处理二期、喷煤工程等顺利投产。全年完成投资4亿元。三期工程投产后，公司将增加100万吨钢规模，同时，随着“三汽”工程等节能项目的不断完善，公司能耗将明显下降，为后续发展奠定了坚实的基础。2005年11月，公司经转制更名为抚顺新钢铁有限责任公司。

FU SHUN XIN GANG TIE YOU XIAN ZE REN GONG SI

厂区

铁路专用线。

公司生产的产品。

抚顺挖掘机制造有限责任公司

董事长：徐楗元

总装车间。

抚顺挖掘机制造有限责任公司是在原抚顺挖掘机制造厂的基础上经改制而组建的，至今已有一百年历史。是国内目前最大的液压履带式起重机生产基地。公司拥有一支技术精湛、经验丰富的研发队伍，不断将目光瞄准国际液压履带式起重机技术发展的前沿，并通过国际间的交流及与国内名牌高校的技术合作，提升产品研发的技术含量，适时推出具有国际领先水平的新产品。

公司积20年制造液压履带式起重机的经验，具有先进的工艺制造和检测手段，拥有一支技术过硬的工人团队，使产品制造的工艺过程得以高质量、高效率地运行。公司在全国重点城市设立了销售分支机构，建立了覆盖全国的营销网络。培养了一批讲究诚信、对用户负责的专业营销人员，通过大型的专业展览会及其它促销方式与用户建立了广泛的联系。公司现有主导产品：QUY35、QUY50A、QUY50C、QUY80A、QUY100A、QUY120、QUY150A、QUY150C、QUY250、QUY350液压履带式起重机系列，目前在国内市场占有率达70%，部分产品已打入国际市场。公司改制以来年销售额以50%的速度增长，在国内工程机械市场的竞争中一直保持领先地位。

总装车间

办公楼

中国石油抚顺化工销售公司

总经理：王会奇

公司员工向用户介绍年度业绩指标。

销售大厅。

中国石油抚顺化工销售公司，是中国石油天然气股份公司化工与销售分公司直属管理的地区性化工销售公司。2002年1月正式成立，主要经营销售中国石油抚顺石化乙烯化工有限公司、洗涤剂化学厂和化工塑料厂的化工塑料产品。年销量55万吨，销售收入35亿元以上。其主要销售产品为烷基苯、磺酸、脂肪醇、低压聚乙烯，聚丙烯合成树脂、高抗冲聚苯乙烯、环氧乙烷、乙二醇、二乙二醇、工业用丁烯-1、丁二烯等近30个品种、100多个牌号。

中油抚顺化工销售公司组织结构简洁、营销人员精干，现设业务和管理部室6个，分别为综合部、管理部、财务部、塑料部、化工部和洗化部。现有员工62名，具有大中专以上学历者占员工总数的96.7%；有初、中、高级技术职称者占员工总数的61%。公司员工平均年龄39.4岁，95%以上员工具有5～10年以上生产技术和营销管理经验。中国石油化工与销售东北分公司在公司设立抚顺调运分部，保证公司产品运输便捷。

公司召开管理工作会议。

销售大厅。

计划人员了解国内外市场信息。

抚顺石油化工公司腈纶化工厂

中国石油抚顺石油化工公司腈纶化工厂是我国第一套采用技贸结合方式，引进美国杜邦公司干法腈纶生产技术建设的大型化工化纤联合生产企业。占地64公顷，固定资产原值19.5亿元，是“七五”、“八五”期间国家重点工程，丙烯腈—腈纶联合装置1990年-1991年相继建成投产，1995年全面达标，1996年通过国家竣工验收，1998年在全国同行业最先通过ISO9001（质量管理体系）认证，2002年通过ISO14001（环境管理体系）认证，2004年在同行业率先通过QHSE（质量、健康、安全、环境）体系认证。自1996年竣工验收以来，联合装置已连续9年达产达标，主要经济技术指标一直在国内同行业保持先进水平。目前，该厂丙烯腈装置通过技术改造，生产能力已由5万吨/年提高到8万吨/年；腈纶装置在消化、吸收、完善杜邦干法腈纶生产技术的基础上进行了技术改造和技术创新，生产规模已由3万吨/年扩大到5.5万吨/年，为目前全国最大的干法腈纶装置。通过加大科技投入，实施技术改造，该厂先后开发出大有光、半消光、高收缩腈纶毛条等三大系列20多个品种，主要技术指标达到或接近美国“奥纶”标准。由于产品质量优良、市场信誉度高，目前该厂生产的“顺邦”牌丙烯腈和腈纶产品畅销全国二十多个省市、600多个厂家。

腈纶化工厂是抚顺石油化工公司最大的生产企业，现有职工1 622人，年产值11亿元左右。几年来，工厂在管理中积极推行企业文化建设，用文化促发展，企业管理水平逐年提高，开展的“腈纶人的画与话”活动作为企业文化的成功案例，在中央企业进行了推广。企业先后荣获辽宁省思想政治工作先进研究会、辽宁省花园式工厂、中油集团公司设备管理先进单位、抚顺市文明单位、抚顺石油化工公司先进党委等荣誉称号，并连年荣获抚顺石油化工公司思想政治工作红旗单位称号。另外，丙烯腈车间被全国总工会授予“模范职工小家”，该车间主控室岗位被共青团中央命名为“全国青年文明号”。

工厂前区。

丙烯腈生产装置。

腈纶生产装置。

毛条生产装置。

花园式工厂一角。

抚顺矿业集团有限责任公司 电力机车工厂

厂长：芦刚

▲机加工工艺流程生产线。

▲电磁线工艺流程生产线。

▲工厂生产的系列产品。

▲工厂能够检修所有引进及国产准轨直流工矿电力机车、电铁客车和蒸汽吊车。

抚顺矿业集团有限责任公司电力机车工厂坐落于抚顺市东部地区，占地面积45万平方米，拥有固定资产原值1.0785亿元；现有职工1 430人，其中高级工程师18人，各类专业技术人员155人。工厂现有各种设备1 000多台套，微电脑已普遍应用于产品的开发设计、检测及生产全过程的控制，计量等级为国家二级。

抚顺电力机车工厂，始建于1914年，迄今已有90多年的历史。经过几代人的努力，工厂现为我国电力机车、矿用隔爆型移动变电站、干式变压器制造行业规模最大，技术力量雄厚，设备配套较完善的国家煤炭工业一级企业；是中国煤炭工业部确定的制造井下防爆特殊型蓄电池机车、窄轨直流架线式电机车、隔爆型移动变电站、干式变压器的国有定点企业，是准轨电力机车、电铁客车、轨道蒸汽吊车、窄轨机电设备制造和检修中心。

近年来，企业实施科技兴厂、产品兴厂战略，大力开发新产品，在窄轨电机车、移动变电站系列化的基础上，又开发出交流变频调速机车和内燃防爆机车等产品。其中，部分产品填补了国内空白。企业对外开拓市场，对内科学管理，已通过了美国贝尔公司ISO9001国际质量管理体系认证，为地方工商检验免检企业。工厂生产的北龙牌窄轨系列电机车曾获得“中国矿山行业最具竞争力的十大名牌产品”称号，同时也入围了产品竞争力调查“十大”阵容企业。

厂容厂貌

抚顺红透山铜矿

矿长：祁成林

抚顺红透山铜矿位于辽宁东部山区，东距清原满族自治县40公里，西距抚顺市65公里，属国有大中型企业，共有职工12 078人。该矿1966年以前隶属于东北有色局，“文革”期间归属抚顺市，1983年末归入中国有色金属工业总公司，2003年6月5日划归抚顺市管理。目前还保有地质矿量900万吨，按目前每年消耗50万吨计算，还可生产18年。目前该矿井深为1 337米，是国内有色金属矿山最深的矿井。该铜矿是以生产铜精矿、锌精矿、硫精矿、粗铜、硫酸为主要产品的，集采、选、冶、机械加工、工程建筑、交通运输、水泥建材等综合生产能力于一体的国家大二型有色金属独立矿山企业。2004年，该矿采取管理创新、制度创新、科技创新、机制创新、深化改革等一系列举措，促进了企业的改革、发展和稳定。

2004年生产经营计划全面完成。主产品产量粗铜完成12 501吨；硫酸完成55 451吨；铜精矿完成8 832吨；锌精矿完成9 458吨；硫标量完成179 569吨。工业总产值(现价)完成40 526万元，创历史最高水平；工业销售值(现价)完成39 841万元，创历史最高水平；工业增加值完成1.35亿元；上缴税金2 504万元；实现利润333万元。

抚顺市经行化纤有限责任公司

工业长丝牵伸卷绕设备。

抚顺市经行化纤有限公司是辽宁省惟一的涤纶工业长丝生产单位。公司从美国引进的一套2000吨/年涤纶工业丝生产设备具有世界先进水平，整套工艺全部采用微机控制。雄厚的技术力量、先进的科学化管理及配置进口的检测仪器，使产品在用户中赢得良好的信誉。公司生产的涤纶工业丝产品规格齐全，主导产品分为白、黑两色，织度范围550～2000DT(5000～2000D)，可按用户的不同要求生产出特殊品质指标及色泽的产品。其产品具有强力高、伸长小、热缩低、刚性好、不易变形、耐温、防腐、防火等特点。广泛应用于工业领域，可作为轮胎帘子午线、输送带、三角带、高压水龙带等橡胶和塑料涂层织物的骨架材料；亦可织成工业缝纫机、汽车安全带过滤布，还可织成安全网、渔网、吊装带等绳索类，是棉、麻、粘胶等材料的理想更新换代产品。公司还具有全套捻线设备，可以生产不同规格的涤纶工业丝线及其他纤维的合股线。

挤压机和纺丝箱体。

涤纶和锦纶工业丝产品。

抚顺市中心血站

抚顺市中心血站始建于1992年1月，是隶属于市卫生局直属的全民卫生事业单位，为抚顺市唯一采供血公益性机构，担负着全市城乡四区三县230万人口的无偿献血服务，血液采集、检验，成分血液制备、储存，输血科学研究及全市城乡40余家医疗用血机构的临床用血供给和临床用血服务等工作。中心血站占地面积3 700平方米，建筑面积4 680平方米，固定资产1 556.8万元。拥有瑞士产“斯达尔”全自动加样机、“费米”全自动酶免处理系统；美国产CS-3000全自动血细胞分离机、“贝克曼”低温血液离心机和德国产K-80低温血液离心机；日本产ABX-60血细胞分析仪；以及百级净化工作间等万元以上仪器设备数十台件。现有在岗员工38人，卫生技术人员占75%以上；高、中级职称22人；大专以上学历36人，占员工总数的94.7%。员工全部经过全国采供血机构人员岗位培训，并取得卫生部监制、省卫生厅颁发的《岗位培训证书》。站内设有业务科、检验科、血源血液管理科等7个科室。抚顺市献血办公室挂靠在市中心血站，其工作职责由血源血液管理科担负，站长兼任市献血办公室主任。2001年1月1日起，该站实现了全面微机管理；2003年11月市中心血站在全市卫生系统率先通过了ISO9001:2000质量管理体系认证；市中心血站年接待无偿献血1.5万～2万人次，年采血量2万～2.8万单位，年供临床用血总量4万～5万单位(含成分血液)。可向临床提供全血及红细胞悬液、浓缩红细胞、洗涤红细胞、冰冻红细胞、单采血小板、冰冻血小板、新鲜冰冻血浆等十余种成分血液品种。建站十余年来，血站以科技为先导，以安全采供血为中心，以社会效益第一为宗旨，严格规范操作，从未发生因献血和输血引发的差错事故。近几年来，血站先后荣获抚顺市先进集体、抚顺市文明单位、抚顺市青年文明号、辽宁省巾帼文明示范岗等荣誉称号；至2004年底，血站实验室已连续8年荣获全国采供血系统免疫学检验室间质评优秀单位。2003年度和2004年度，抚顺市中心血站连续被评为辽宁省先进血站；2004年，抚顺市被评为2001-2003年度全国无偿献血先进城市；2005年3月，抚顺市中心血站被评为辽宁省卫生系统优质服务先进单位。

站长：余福桥

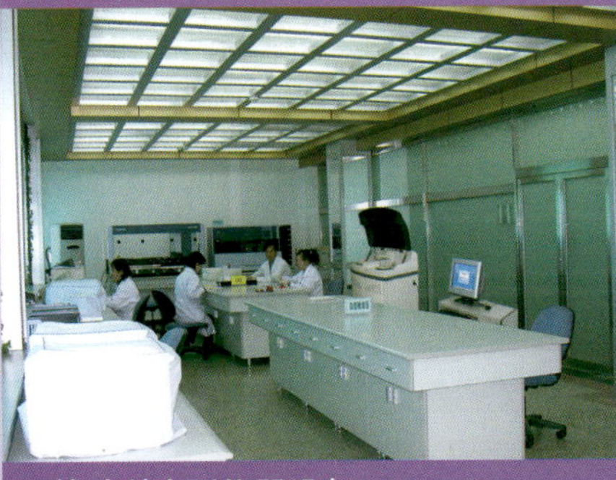

▲GMP标准的实验室。

▲检验科大型仪器设备。

▲工作人员献血。

抚顺市中心血站外景。

中国工商银行 抚顺市分行

INDUSTRIAL AND COMMERCIAL BANK OF CHINA FUSHUN BRANCH

党委书记、行长：汪国栋

2004年是工商银行抚顺市分行改革发展进程中十分重要和不寻常的一年。一年来，全行深入贯彻省行分行行长会议精神，树立和落实科学发展观，紧紧抓住国家振兴老工业基地和工商银行股份制改造历史性机遇，准确把握市行党委确立的“存款立行、营销兴行、质量强行、管理治行”的经营思路，趋利避害，克难攻坚，依法合规经营，奋力开拓创新，经营效益取得由“单盈”到“双盈”的关键性转折，实现考核账面利润818万元，经营利润6 300万元。各项存款稳步增长，较年初增加51 397万元。贷款结构得到优化，质量攻坚稳步推进，经总行工作组核实认定，夯实家底，历史性地解决了影响股改上市的质量难题。各项工作和经营业绩得到省行及社会各界的广泛认可，两个文明建设协调发展。先后获全国精神文明建设先进单位，省文明单位、纠风工作先进集体，抚顺市为经济建设服务最佳单位、抚顺市思想政治工作先进单位、最受尊重企业等荣誉称号。

汪国栋行长陪同省行苏达奇行长与市委书记周忠轩、市长刘强探讨银行和政府间加强合作的有关事宜。

市委书记周忠轩、市长刘强在年终决算期间到市行慰问。

汪国栋行长与各支行行长在年初支行行长会议期间签署2004年度经营目标责任状。

市行领导在研究工作。

抚顺市分行召开案件防范分析会暨"扫雷工程"现场展示会。

汪国栋行长看望进行金融新产品营销宣传的员工。

汪国栋行长深入到基层营业网点调研。

汪国栋行长慰问特困职工。

举行庆新春迎元宵节文艺联欢会。

中国农业银行 抚顺市分行

AGRICULTURAL BANK OF CHINA Fushun Branch

行长：杨凤海

中国农业银行抚顺市分行共有支行级单位9个，所辖营业所（部）、分理处30个，储蓄所27个，员工1 070人。近年来，抚顺农行不断创新经营机制和管理体制，先后推行了城区支行扁平化管理和新的工资分配制度改革，内部动力明显增强，有力促进了业务经营工作的快速发展。到2004年末，人民币各项存款已达52.4亿元，各项贷款30.9亿元；外币存款、外币贷款由零起步，发展到1 853万美元和232万美元。在加速自身发展的同时，抚顺农行加大科技投入和金融产品创新，宽泛的网络、先进的技术和十大类个贷业务、三大类18种理财业务及十余种金融工具极大地满足了市民金融需要。紧扣地方经济发展脉搏，大力支持民营经济，独家承办了下岗失业人员小额担保贷款和国家助学贷款。2004年抚顺农行各类贷款比年初增加5.1亿元，净增额列全市金融机构首位。加强精神文明建设，2004年全行有12个单位、16名个人受到省行和地方政府的表彰。其中，市行被地方有关部门评为2003至2004年度“抚顺最受尊敬企业”；在市纪委组织开展的为经济建设服务“双评”活动中，市行被评为最佳单位。

市农行举办“农行情”抚顺市各界人士迎新春联欢会。

市农行组织员工到雷锋纪念馆参观。

中国银行 抚顺分行

BANK OF CHINA

党委书记、行长：张伟宁

中国银行是中国历史最悠久、世界上最著名的几大银行之一。目前，国内分支机构15 000多家，在海外设有分支机构近600家，分布于全球20多个国家和地区。中国银行更是港币和澳元的发钞行，连续10年进入《财富》杂志评出的“世界500强企业”，先后7年被国际金融权威杂志《欧洲货币》评为“中国最佳银行”，被国际盖洛普机构调查认定为中国知名度最高品牌。

中国银行抚顺分行成立于1982年，建行23年来，不断发挥外汇、外贸的比较竞争优势，重点支持抚顺地区石油石化、冶金、钢铁、煤炭行业，为抚顺地区的经济发展做出了重要贡献。自身已从最初的单一办理外汇业务发展到如今集本外币储蓄、国内外结算、个人金融服务、本外币贷款等全方位业务为一体的股份制商业银行。

近年来，中国银行抚顺分行致力于业务拓展，各项业务得到了较快发展，综合实力不断增强，取得了良好的经营效益和社会效益，一些新兴业务如本外币“一本通”、“七天通知存款”、“外汇宝”、“黄金宝”、“汇划通”，国际结算中的“保理”、“福费延”等业务更是得到广大客户的认可和信赖。

营业大厅。

中国建设银行 China Construction Bank 抚顺市分行

行长：马崇利

市分行组织员工到雷锋纪念馆参观学习。

市分行参加抚顺市第二届房产交易会。

抚顺市分行荣获省“雷锋号”授奖仪式。

在抚顺建行举行的柜面操作技能竞赛中，参赛选手正在进行单指单张点钞比赛。

2004年，是建设银行历史上非常关键的一年，也是抚顺市分行深化改革、继续发展的一年。在这一年中，建设银行完成股份制改造，经营管理体制和发展战略实现向现代化商业银行的转变。抚顺市分行继续深化人事管理机制改革，努力消化历史包袱，进一步拓展市场，经营业绩创历史最好水平。

全行整体经营规模不断扩大。年末，建行抚顺市分行资产余额已达73亿元，较年初增长9.5亿元；存款余额达61.5亿元，较年初增长9.2亿元，其中储蓄存款时点新增4.4亿元，日均增长4.7亿元；企业存款时点新增4.8亿元，日均增长1.9亿元，增幅列抚顺地区首位、省行系统内第三位。

价值创造能力不断增强。2004年实现经济增加值1 758万元，增量EVA3 797万元，税后净利润4 191万元，均列二级分行第一位。在经营中，按产品创造经济增加值的不同和抚顺地区的经济发展实际情况，逐步调整产品结构。一是在防范风险的前提下努力增加收入。2004年纯新发放贷款1.8亿元，实现贷款利息收入10 003万元。二是加大对不同产品的EVA测算，确定了重点发展贴现、控制发展承兑的票据发展策略。累计办理贴现业务近10亿元，实现利息收入1 429万元；承兑汇票余额降至27 123万元，且保证金都在50%以上。三是大力发展中间业务。全年实现中间业务收入1 541.8万元，完成省行计划的157.33%；龙卡发卡40万张，卡存款6亿元，持卡消费额10 590万元，均排在地区第一位和二级分行前列。

资产质量不断提高。为提高全行资产质量，抚顺建行充分利用机遇剥离不良贷款11 571万元；处置抵债资产27笔，金额2 901万元；处置闲置固定资产8笔，净值1 747万元；全力清收不良贷款，盘活1 500多万元。

经营集约度水平明显提高。至2004年末，抚顺建行人均存款达581万元，较年初增长145万元；网均存款10 619万元，较年初增长1 963万元。2004年研究制定了《抚顺市分行机构定编、网点撤并及员工定岗实施方案》，并经职代会讨论通过，全行全年共减员157人，撤并网点18个，超额完成了省行下达的工作目标。

2004年是抚顺市分行各项工作全面丰收的一年，在省行的等级行评定中列A类行第一名，获省行执行目标责任状优胜单位称号，被评为辽宁省“雷锋号”、思想政治工作先进单位。

抚顺建行公园支行荣获“全国三八红旗集体”称号。

抚顺建行积极参与市妇联发起的“春蕾计划”活动，在结对仪式上各支部书记与捐助的孩子们合影。

抚顺建行连续5年举办萨尔浒越野赛。

交通银行 抚顺分行

BANK OF COMMUNICATIONS

交通银行全称交通银行股份有限公司，新中国第一家全国性的国有股份制商业银行。截至2004年末，按总资产排名为中国银行业第5位，列世界银行第89位。交通银行在国内137个城市设有分支机构，同时在香港、纽约、东京、新加坡、汉城设有分支机构，在伦敦和法兰克福设有代表处，并与世界各大银行签订有代理业务协议，业务可通达全球，而且方便快捷，信誉可靠。

交通银行抚顺分行作为本地区成立最早的国有股份制商业银行，既有国家信誉保障和政策支持，又有股份制商业银行的机制灵活性和市场敏锐性。成立以来，一直以金融服务科技含量高、业务品种新、经营机制活、盈利能力强的特点在抚顺市金融业和全市经济建设中发挥着重要作用。

交通银行抚顺分行的主营业务分为3个部分，包括企业银行业务、零售银行业务和资金业务。企业银行业务向企业客户提供各种产品的服务，例如贷款、存款、票据贴现、结算、贸易融资和担保；零售银行业务为零售客户提供各类零售银行产品和服务，如存款、按揭贷款、汽车贷款、借记卡、信用卡、理财及外汇交易业务等；资金业务包括(但不限于)银行间货币市场交易、外汇交易、政府债券及金融债券交易和投资。成立15年来，先后为本地区经济发展，提供230多亿资金支持，为地区经济发展贡献了自己的力量。

2004年，交通银行抚顺分行在总行顺利实施资产重组，成功引进外资等深化股改工作取得突破性成果的大背景下，完成了不良资产的剥离、内部结构的调整、综合业务系统上线、办公自动化启用、风险防范排查和“爱行爱岗、自信自强”主题教育等系列工作，使分行经营管理能力和综合盈利水平显著增强，全年实现利润2 466万元，再次列本地同业前茅。

市领导到分行检查指导工作。

分行领导与员工交流学习体会。

分行团委组织“团日”活动。

演讲比赛。

业务营销宣传。

抚顺市农村信用社

主任：巴恩栋

2004年，抚顺市农村信用社认真贯彻落实各项农村金融政策，积极推进深化改革试点工作，以支持“三农”为己任，立足农村，服务农民；以防范和化解经营风险为重点，加强经营管理，强化内控约束；以提高资产质量和效益为核心，加强资金运营管理，不断寻找新的效益增长点；以深化改革为契机，大力清收不良贷款，广泛开展增资扩股工作。全市农村信用社经营状况明显好转，全面完成了各项经营目标，取得了较好的经营成果，为地方经济发展做出了重要贡献。到2004年末，全市农村信用社有县(区)联社5个，独立法人信用社67个，信用社分社23个，储蓄所34个，正式职工1 126人。各项存款余额298 850万元，比年初增加16 650万元；各项贷款余额205 049万元，比年初增加41 641万元；不良贷款余额81 466万元，比年初下降3 892万元，下降12.5个百分点；全年累计发放贷款139 013万元，同比增加39 964万元；实际减亏2 072万元，减幅为37.9%，同比增加12.7个百分点，有25个信用社实现盈余，同比增加3个，盈余面为37.3%；股金余额达87 573万元，比年初增加72 231万元。

信用社扶持的人参加工专业户。

信用社扶持的金佰纳酒业公司生产的系列葡萄酒。

信用社扶持的抚顺市集装袋厂。　召开抚顺市农村信用社工作会议。　信用社扶持的梅花鹿养殖基地。

中国农业发展银行 抚顺市分行

分行领导在研究工作。(左起：副行长马刚，党委书记、行长朴洪茂，副行长邢阁光)。

分行领导到企业调研。

行长：朴洪茂

2004年，中国农业发展银行抚顺市分行围绕收购资金封闭管理中心工作，加大了基础工作和规范化管理工作力度，完善内控制度建设，以可持续发展为目标，严格执行国家粮油收购政策，切实履行职能，全面完成了年终各项经营目标。截至12月末，各项贷款余额111 674万元，比年初增加4 344万元，各项存款余额12 556万元，比年初增加3 293万元；粮油应收贷款36 626万元，实际收回贷款36 782万元，粮油贷款收回率实现100.43%，各项贷款应收利息6 099万元，实际收息5 128万元，实现收息率84.09%；不良贷款剔除调账因素比年初下降120万元；实现总收入4 941万元，为抚顺地区农村经济的发展做出了积极的贡献。

抚顺市保险行业协会

秘书长(主持工作)：许兴群

协会领导及工作人员。

抚顺市保险行业协会成立于2001年4月，现有会员单位42家，职工5 000人。按照协会章程每二年召开一次会员代表大会进行换届选举的规定，中国人民财产保险股份有限公司抚顺市分公司总经理李跃民、中国人寿保险股份有限公司抚顺分公司总经理王顺成、太平洋财产保险股份有限公司抚顺中心支公司总经理张建中分别被选为抚顺市保险行业协会第一届、第二届和第三届理事会理事长，许兴群被选为一、二、三届秘书长；抚顺人保公司马前生被聘为协会副秘书长。协会主要职能是：自律、维权、协调、宣传、交流。几年来，抚顺市保险行业协会在辽宁保监局、市民政局的正确领导下，在辽宁省保险行业协会的关心和支持下，在全体会员单位的共同努力下，紧紧围绕树立和落实科学发展观，发展是第一要务的指导思想，切实履行保险事业赋予保险协会的职能，积极维护市场秩序，努力创造公平竞争的经营环境，促进了抚顺市保险事业健康有序的发展。2004年，全市保险业务总收入9 894 734万元，同比增长18%，综合赔付率52%，其中财产险保费收入2 197 803万元；寿险保费收入7 696 931万元，同比增长25%。保险深度264，保险密度440元/人。保险业务收入较2001年净增5.6亿，增幅为115.2%。几年来，协会坚持为会员公司办好事、办实事、解难题，以法维护会员的合法权益，努力创造和谐的公平竞争的经营环境，得到了会员公司和上级主管部门的充分肯定。协会先后两年被市民政局授予“示范社团”和“十佳团体”荣誉称号。

中国人民财产保险股份有限公司 抚顺市分公司

公司领导班子成员

总经理：武毅华

经国务院同意，中国人民财产保险股份有限公司于2003年11月成功在香港上市，成为国内第一家在海外上市的金融机构。抚顺市分公司(转制前为抚顺人保公司)自1980年恢复业务以来，累计受理各险赔案120万件，支付赔款13亿元，向地方上缴税金3亿元，居市场主渠道地位。公司先后被国家金融工委、人保总公司及省委、省政府授予全国金融系统群众体育达标单位、全国精神文明先进单位、省级文明机关、省级重合同守信用单位、市职业道德建设十佳单位、抚顺最受尊敬企业等荣誉称号。公司秉承"忠诚服务，笃守信誉"的宗旨，为促进全市经济发展和维护社会稳定做出了突出贡献。

中国人寿保险股份有限公司 抚顺分公司

中国人寿保险有限公司抚顺分公司多年来以支持地方经济建设、保障人民生活为己任，为全市城乡居民承担各种人身保险保障上百亿元，累计为保户支付各种养老金、医疗费、意外伤害金、大学教育金等5亿多元，充分发挥了保险的巨大保障作用。公司连续多年被评为省级文明单位、文明机关、重合同守信用企业。抚顺分公司是中国人寿在抚顺设立的分公司，营业网点遍布全市3县4区，拥有近200名高素质的管理专业人员和1 800人的寿险代理人队伍。公司已成为产品体系日趋健全、服务机制不断完善、经营管理高度集中、资金实力比较雄厚、信息技术全面渗透、企业文化独具特色的大型企业。

公司领导班子成员。

公司开设的全国统一咨询电话95519，为客户提供了查询、咨询、投诉、报案、回访等服务功能；为方便保户看病就医，确定全市各大直属医院为定点医院；与全市各大银行强强连手，开设了银行代理网点100多个；承办了全市职工大额补充医疗保险，在基本医疗保险的基础上增加职工医疗保额至18万元。公司已经具备了专业化的经营组织结构，设备先进的计算机系统，核保、出单、理赔已经全面电脑化，已经形成了为人的一生提供生、老、病、死、残各种风险的保障系统。中国人寿是我国第一家进入全球500强的保险企业，是第一家在中国香港和美国纽约同时上市的国际大公司。

中国太平洋财产保险股份有限公司 抚顺中心支公司

总经理：张建中

太保财险抚顺中心支公司办公大楼。

2004年，太保财险抚顺中心支公司在保险业务经营中，全面提高管理水平和防范风险能力，推动业务有条不紊的发展，全面完成了各项经济指标。全年实现保险业务收入2 600万元，其中：机动车险收入1 817万元，占保费收入的70%；非车险业务收入781万元，占保费收入30%，其中：企财险收入217.3万元，货运险收入342.7万元，家财险收入53.6万元，建工险收入119.5万元，其他50万元。完成利润130万元，完成利润指标100%。

公司坚持以效益为中心的经营指标原则，进一步加快险种结构调整，深化"两核"集中管理体系建设，提升业务管理水平。

在管理方面，一是加大改革力度，调整分配机制。二是加强内控，建立健全各项规章制度。三是创公司服务品牌，突出窗口服务，提高服务质量和水平。

中国太平洋人寿保险股份有限公司 抚顺中心支公司

2004年中国太平洋人寿保险股份有限公司抚顺中心支公司，紧紧依靠上级公司的正确领导，坚持明晰思路、稳定队伍、努力拼搏、稳健发展、内和外顺、再铸辉煌的指导思想，扎实工作，在业务发展、经营管理和风险管控上均取得了一些成绩。全年实现保费收入10 537万元，其中个险营销保费收入4 685万元，团体直销保费收入400万元，银邮代理业务收入5 450万元，赔付支出256万元。抚顺中心支公司机关设办公室、计财部、团险部、银保部、个险部、营业部、收展部、理赔部、客服部9九个部门，以及清原支公司、新宾支公司和两个营销服务部。员工91名，聘请专、兼职代理人500余人。

在业务发展方面。整合个险人力资源，加大对个险支持力度，稳步发展个险业务。全年共开办各类培训班30期，600人参加了培训。调整业务结构，强化效益观念，走稳步发展团险的路子。坚决摒弃无效益业务，寻找新的增长点，团险队伍不断壮大。银邮代理业务坚持维护现有网点，逐步扩大网点数量，提高点均产能的指导思想，银邮代理业务得到稳步发展。加大对续期收费的服务力度。6月份，公司根据续期收费量较大以及产品服务相对滞后的实际，率先在省内组建了收展部，很好地改变了公司续期收费薄弱的状况，提高了公司的诚信形象和效益。

在企业文化方面。公司把坚持"三个一流"的服务宗旨作为提升公司形象的大事来抓，全年共组织专业知识、服务理念学习18次；结合"七一"党的生日组织全体党员开展了党员教育系列活动；组织全员开展了学习《把信送给加西亚》一书活动。以上活动的开展，增强了大家的党性意识、责任意识和忧患意识。两核岗位制定了服务公约，设立了两核服务专员，同时在全员中实行首问制，"一切以客户的良好感受为标准"已经成为共识。为弘扬企业文化精神，9月份成功地举办了公司建司十周年司庆暨表奖功臣大会，极大地激发了员工们热爱保险事业的热情，增强了干好本职工作的信心。

中国平安财产保险股份有限公司 抚顺中心支公司

专业 价值

总经理：秦加坤

平安产险公司隶属于中国平安保险(集团)股份有限公司，中国平安保险(集团)股份有限公司是中国第一家以保险为核心的，融证券、信托、银行、资产管理、企业年金等多元金融业务为一体的紧密、高效、多元的综合金融服务集团，总部设在深圳。公司为香港联合交易所主板上市公司，股份名称"中国平安"，股份代号2318。

中国平安是中国金融保险业中第一家引入外资的企业，拥有完善的治理架构，国际化、专业化的管理团队，公司高层管理团队超过1/2来自海外。公司拥有中国金融企业中真正整合的综合金融服务平台，实现了公司战略、企业文化、品牌传播、IT技术、人力资源、资产管理、计划管理和风险控制筹集中统一，可以为个人客户和企业客户提供系列的个性化产品和服务。中国平安建设了以电话中心和互联网为核心，依托门店服务中心和专业业务员队伍的3A(Anytime、Anywhere、Anyway)服务模式，为客户提供全国通赔、定点医院、门店"一柜通"等差异化的服务。还在业内率先推出了海内外急难救助服务，保单贷款，生命尊严提前给付，客户服务节等许多增值服务。

领导班子成员。

平安财险抚顺中心支公司2004年继续认真贯彻落实平安总公司提出的"品质优先，利润导向，尊纪守法，重在执行"的十六字方针，以销售为重点，以发展为动力，按市场需求合理配置资源，调整险种结构，打造好平安品牌，不断提升管理品质，实现了管理上的更加完善，促进了抚顺中心支公司的健康发展。2004年，公司实现保费收入1 635万元，同比增长42%，意外健康险43.4万元，产销团完成101万元，营业费用率由去年的19%下降到2004年的15%，赔款支出536万元。

专业 价值

中国平安人寿保险股份有限公司 抚顺中心支公司

中国平安保险(集团)股份有限公司(以下简称"中国平安")成立于1988年，总部设于深圳。中国平安控股设立中国平安人寿保险股份有限公司、中国平安财产保险股份有限公司，并控股中国平安保险海外(控股)公司、平安信托投资有限责任公司。平安信托依法控股平安银行有限责任公司、平安证券有限责任公司，使中国平安形成了以保险为核心的，涵盖证券、信托、银行的紧密、高效、多元的综合金融服务集团。2004年6月，中国平安保险(集团)股份有限公司首次公开发行股票在香港联合交易所主板正式挂牌交易，公司股份名称"中国平安"，股份代号2318。抚顺中心支公司成立于1996年8月26日。下设个人寿险、团体保险、银行保险等部门。

总经理：王伟

正稳步迈向国际舞台的中国平安将以完善的治理结构，国际化的管理团队，凝聚人心的企业文化，成熟的风险管理，优良的产品、服务及市场能力，努力把公司建设成为国际领先的综合金融服务集团和金融服务业的百年老店。2005年被评为2004"中国最具生命力企业"第一名。荣膺"中国十大世界级品牌"殊荣，在中国金融企业的整体排名中位居第一。荣获"最受信赖的保险公司"称号。2004年被推选为"中国保险服务市场消费者最满意最喜爱品牌"。荣获1994—2004年度"中国企业文化建设十大杰出贡献单位"荣誉称号。中国国家外国专家局为其颁发了"2003年国家引进国外智力示范单位"荣誉证书。

总经理：张秋艳

泰康人寿保险股份有限公司

抚顺中心支公司

泰康人寿保险股份有限公司，系1996年8月22日经中国人民银行总行批准成立的全国性、中外合资的股份制人寿保险公司，公司总部设在北京。泰康人寿率先在国内保险业采用国际惯例进行信用评级，并在三年内信用评级从AA跃居AAA⁻级，意为“清偿能力非常强，风险最小”。截至2004年底，泰康人寿资产总额为400.96亿元，当年保费收入176.88亿元。连续保持了高速增长，成为业内增长速度最快的公司之一，市场占有率逐年稳步提升。

2002年，泰康人寿保险股份有限公司融合国际最新技术，在保险业内率先推出“泰康家庭保障计划”，实现了“一张保单保全家”，从一对一的个人营销方式转变为对整体家庭的现代销售方式，满足了工薪白领阶层对家庭价值的追求。其后，经过两次全面升级，2005年4月泰康人寿推出《爱家之约2005》，升级后的产品增加了新险种，扩大了缴费期限，增加了灵活性，强化了保障功能，实现了产品形态从保险套餐——保险自助餐——保险超市的升级过程，可以满足不同家庭对保险的需求，受到了工薪白领人群的极大欢迎。

泰康人寿保险股份有限公司已成功搭建起一个全国性经营网络。截至2004年底，已在北京、上海、广州等全国经济发达省市设立了29家分公司，156家中心支公司。同时，泰康人寿的员工队伍迅速壮大，截至2004年底，已拥有内勤人员8 000余人，营销人员16.6万人，为业务快速发展奠定了坚实基础。

2001年12月，泰康人寿抚顺中心支公司乘着世纪雄风，在抚顺正式挂牌营业，成为全国第五家、东北第一家成立的三级机构。公司成立三年来，业绩以每年近100%的高速增长，抚顺泰康秉承泰康人寿一贯的“服务第一、客户至上”的经营理念，不断地提高员工的综合素质和优秀的服务质量，为抚顺百万市民送上了一份份专业的理财服务。

太平人寿保险有限公司 抚顺中心支公司

总经理：李敬军

太平人寿历史悠久，1929年始创于上海，1956年移师海外专营寿险业务，是中国近现代史上实力最强、规模最大、市场份额最多的民族保险企业。

2001年11月，太平人寿全面恢复经营国内人身保险业务，是现今中国保险市场上经营时间最长的中资寿险公司。公司注册资本金23.3亿元人民币，总部设在上海，目前已在全国16个省、直辖市开设22家分公司和两百余家三、四级机构。

公司领导班子成员

太平人寿规范经营，持续创新，连续三年实现跨越式发展，赢得了业界和社会各界的广泛赞誉。2003年10月和2004年10月，国际权威评级机构惠誉国际（Fitch）连续两次为太平人寿做出BBB+评级。

太平人寿沈阳分公司于2003年7月正式开业，凭借“高素质、高品质、高绩效”的“三高”团队，坚持“专业”与“创新”，业务快速、健康发展，完成了辽沈地区销售与服务网络铺设，形成“激励、成长、和谐、共好”的公司氛围，热心社会公益事业，在辽沈地区树立了“全球经验，本土服务”的卓越公司形象，赢得了各界嘉许，品牌深入人心。2005年4月7日，太平人寿沈阳分公司更名为太平人寿辽宁分公司。2005年11月5日，中国保监会主席吴定富一行视察分公司，对公司开业以来在经营与管理两方面所取得的成绩和探索出的道路给予了高度评价，肯定了太平人寿在辽宁省企业年金试点工作当中做出的贡献，并鼓励分公司全体员工共同创造太平人寿品牌的新辉煌。

太平人寿抚顺中心支公司2003年11月份开始筹建，历时5个月，完成了市场调研、队伍搭建、职场配置、制度建立、前期培训等工作，于2004年4月16日正式开业。凭借太平人寿的机制优势、技术优势、产品和服务优势，依靠高素质的精英团队，以“银行保险为龙头，团险为突破，个险为基础”，实现了业务的规范、健康、快速发展，赢得了抚顺各界的高度评价和赞誉，成为抚顺寿险市场的一颗新星。

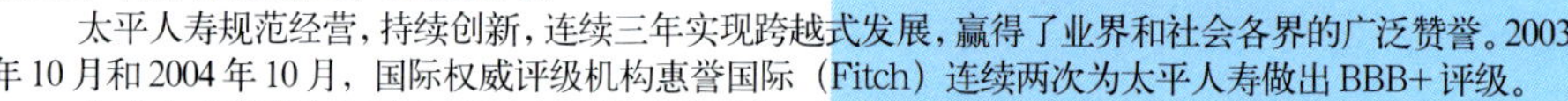

中华联合财产保险公司 抚顺中心支公司

中华联合财产保险公司成立于1986年，是由财政部、农业部、新疆生产建设兵团三家联合投资兴办的，是我国成立的第二家具有独立法人资格的国有独资保险公司。既是目前唯一一家国有保险机构，也是国内唯一一家以“中华”命名的保险公司。保费规模突破100亿元，业务发展速度连续4年居全国各家财险公司之首，分别被中国保护消费者基金会、世界金融实验室评为“全国质量与诚信消费者满意单位”和“中国最值得信赖的财险公司”。业务经营区域遍及全国，并且在境外美国、瑞士等100多个国家和地区聘请了检验、理赔、追偿代理人，形成了完善的业务服务网络。中华联合财产保险公司抚顺中心支公司为市地级公司，业务范围覆盖本市财产保险市场的所有领域。主要经营财产保险、机动车辆保险、货物运输保险、各类责任保险、短期人身保险、涉外保险业务，险种达300多个。同时，还可根据客户的要求，设计各类保险方案，为社会各界提供全方位的保险服务。

总经理：钱春连

民生人寿保险股份有限公司 抚顺营销服务部

总经理：佟永宏

民生人寿保险股份有限公司是经中国保险监督管理委员会批准成立、国家工商行政管理总局注册登记的中国第一家以民营资本为投资主体的全国性专业寿险公司，总部设在北京。经中国保险监督管理委员会批准，民生人寿保险股份有限公司的业务经营范围包括人寿保险、健康保险、意外伤害保险业务，险种包括：个人和团体意外伤害保险、两全保险、定期寿险、终身寿险、年金保险、短期健康保险、长期健康保险及上述保险业务的再保险业务和资金运用业务。民生人寿保险股份有限公司由全国工商联牵头、21家企业发起设立，注册资本金为8.3亿元人民币。经中国保险监督管理委员会批准，吸收新加坡亚洲联合控股有限公司参股，现有股东22家，公司实收资本金为8.73亿元人民币。

民生人寿抚顺营销服务部于2005年3月组建，同年4月29日开始正式挂牌营业。业务经营范围包括人寿保险、健康保险、意外伤害保险业务。险种包括：个人和团体意外伤害保险、两全保险、定期寿险、终身寿险、年金保险、短期健康保险、长期健康保险等险种。

营业部领导。

永安财产保险股份有限公司 抚顺中心支公司

总经理：白云川

永安财产保险股份有限公司于1996年经中国人民银行批准在西安成立，全国设立省级分公司达25家，理赔网点350个，企业保费规模增速全国第一位，业务规模全国第六位。它的股东是国家电力、电子、石油、航空航天、有色金属、银行、信托投资等大型企业和上市公司。经营各种财产保险（机动车、企业财产、家庭财产、货物运输）、责任保险、信用保险、短期健康保险和意外伤害保险等业务，办理上述各项险种的再保险和法定保险业务，办理代理查勘、理赔、追偿业务，并自主开展资金运用等业务。2005年7月4日抚顺永安财产保险公司正式营业，至2005年10月已承办企业财产保险、机动车辆保险、货物运输保险、医疗责任保险、雇主责任保险、银行钞票保险、人身意外伤害保险、家庭财产保险等险种业务1 490笔，保险金额95亿元，保费2 379.8万元。

领导班子成员(左起)：副总经理李欣，总经理白云川，副经理张宇

抚顺永安财产保险公司服务宗旨是“永安保险永远为客户着想”，“永安人”愿为抚顺经济发展做出自己的贡献。

天安保险股份有限公司

TIANAN INSURANCE COMPANY LIMITED OF CHINA

抚顺中心支公司

总经理：吕昊

天安保险股份有限公司成立于1994年10月22日，是国内首家由企业出资组建的股份制商业保险公司，总部设在上海浦东。公司经营各种财产保险、意外伤害保险、健康保险、再保险、法定保险和资金运用等业务。

天安保险公司以“建设中国保险第一品牌”为奋斗目标，在国内保险企业中率先建立现代企业制度，实施与国际惯例相接轨的经营体制，拥有完善的风险管理手段和售后服务体系。2000年6月公司通过ISO9002质量体系认证，同年10月与美国第三大寿险公司恒康人寿合资组建恒康天安保险公司，实现了产、寿险的双向合作。天安的分支机构已达600多个，营销网络遍布全国。和美国、英国、瑞士等60个国家、地区的500多家保险机构保持业务联系，在亚洲、西欧、北美、澳洲等地与50多家保险机构建立了业务检验代理网点，同国际著名再保险公司保持愉快的合作关系。业务规模50亿元，位列财险公司前茅；员工队5万余人，经营保险产品300多个，承保实力卓越，企业文化和品牌形象受人称颂。

天安保险股份有限公司抚顺中心支公司经省保监局核准于2005年8月份正式成立，公司秉承“化险为夷，补天爱人”的企业精神，以“客户至上、服务社会、信誉为本、追求卓越”为宗旨，以“人无我有，人有我优”为目标，以更及时、更全面、更专业、更道德的服务，为客户提供专业化的全程服务和周全完善的风险保障。

辽宁金昌新材料有限公司

辽宁金昌新材料有限公司是由沈阳金昌普新材料股份有限公司电工合金事业部整体转制的股份制高新技术民营企业。2004年10月受抚顺市新抚区政府招商引资，落户位于新抚区的辽宁省专利园区内，公司注册资本1 000万元，员工150余人。公司主要领导是中国科学院金属研究所的科技专家，公司主要持股者为多年形成的管理团队。

公司主导产品：高压开关触头、真空开关触头材料、难熔金属合金制品、耐磨耐蚀耐高温材料及制品。高压开关弧触头应用耐烧蚀技术并采用真空烧结制造，全部通过型式试验，500KVGIS单断口弧触头通过日本三菱公司型式试验，且已批量出口日本三菱公司。公司重视产品的研制与开发，新产品双断口550KVGIS铜钨触头产品现已应用于国家三峡输变电工程，2004年7月被国家科技部评为“国家重点新产品”。公司目前已成为国内高压开关铜钨触头行业的排头兵，市场占有率超过50%。落户抚顺市后，受到市、区两级政府和相关部门的大力支持，预计年销售额将突破4 000万元。

公司发展目标：三年内建成世界范围内、出口产品占较大比重的铜钨、铜铬触头生产基地。

XQC

质量体系认证证书

沈阳金昌普新材料股份有限公司

GB/T19001-2000(idt ISO9001:2000)标准

三耐（耐高温、耐腐蚀、耐磨损）合金材料及精铸制品

（高温合金、叶片、增压器叶片、离心器），

电工合金制品、泡沫镍的生产和服务

高新技术企业认定证书

企业名称：沈阳金昌普新材料股份有限公司

统一编号：0392101A0003

有 效 期：二〇〇三年四月至二〇〇五年四月

辽宁省科学技术厅

二〇〇三 年四月三日

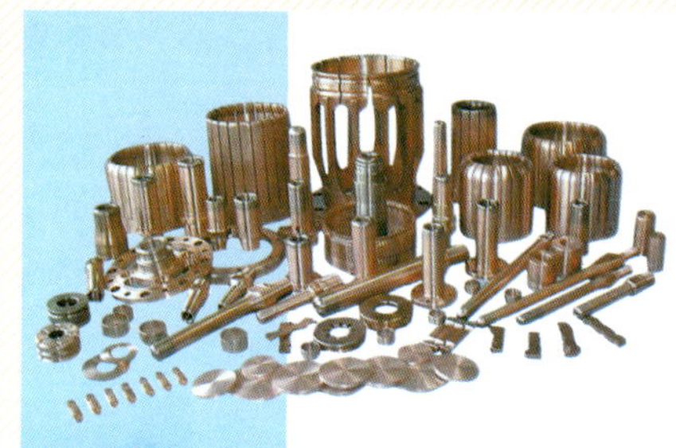

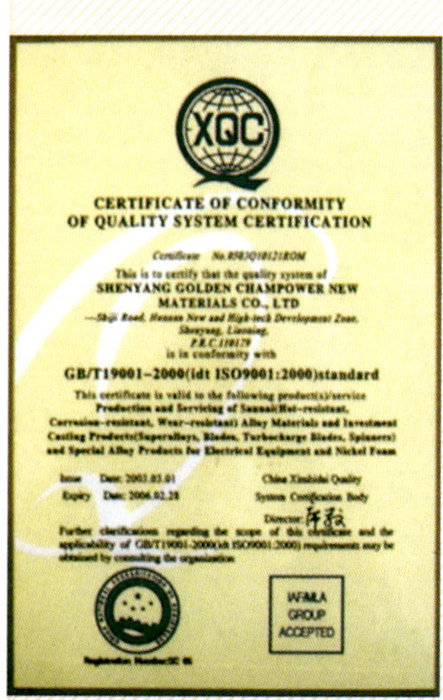

XQC

CERTIFICATE OF CONFORMITY

OF QUALITY SYSTEM CERTIFICATION

This is to certify that the quality system of

SHENYANG GOLDEN CHAMPOWER NEW MATERIALS CO., LTD

is in conformity with

GB/T19001-2000(idt ISO9001:2000)standard

This certificate is valid to the following product(s)/service

Production and Servicing of Sannai(Hot-resistant, Corrosion-resistant, Wear-resistant) Alloy Materials and Investment Casting Products(Superalloys, Blades, Turbocharge Blades, Spinners) and Special Alloy Products for Electrical Equipment and Nickel Foam

Issue Date: 2003.03.01

Expiry Date: 2006.02.28

China Xinshidai Quality System Certification Body

Director:

IAF/MLA GROUP ACCEPTED

农业　林业　水利

农　业

·综　述·

2004年，是抚顺农业和农村经济形势进入新世纪以来最好的一年。全市各县区和涉农部门广大干部群众，认真落实中央2004年1号文件和省委2004年12号文件精神，以建设小康农村为主题，以促进农民增收为目标，以推进特色产业发展为主线，全面加快了抚顺市农业和农村经济等各项事业的发展。全年实现农业总产值54亿元，按可比价格计算比上年增长8.5%；农业增加值28亿元，同比增长9.9%；县乡财政一般预算收入7.94亿元，同比增长22.1%；农民人均收入3 580元，同比增长8.2%；粮豆总产量51.7万吨，创历史最好水平。

一、农业投入力度加大。

2004年，全市各级财政向农业投入资金共计29 858万元，比上年增长19.1%。其中农口各部门争取省以上资金13 600万元，比上年增长20.5%；市本级投入资金8 458万元，比上年增长25.3%；县区投入资金7 800万元，比上年增长7.7%。这些资金的投入，对加强本市农业基础设施建设和生态环境建设、提高农业综合生产能力、推动农业可持续发展发挥了积极作用。

二、农业产业化步伐加快。

坚持用工业的理念谋划农业，把农业产业化作为头等大事来抓，全力推进农产品深加工产业发展。到2004年底，全市规模以上龙头企业达到29户（其中省级龙头企业5户，市级龙头企业15户），完成固定资产投资6.54亿元，实现销售收入15.3亿元。龙头企业以不同方式带动农户13.5万户，比上年增加1.8万户，实现订单种植面积4.1万公顷，比上年增加了1万公顷。农民从农业产业化经营中获得人均收入1 500元，占人均总收入的42%。通过龙头企业带动，全市各类种养基地发展到88个（其中肉牛基地3个、奶牛基地10个、绒山羊基地29个、中药材基地21个、反季生产日光温室基地25个），全年新规划建设特色农产品深加工小区3个。行业协会和专业合作组织有较大发展，全市现有各类农业协会152个，专业合作社25个，村级综合服务站169个。

三、农业科技应用水平得到提高。

按照市场准入要求，加快农产品产地认定工作进度，完成种植业产地认定4.67万公顷、畜产品产地认定6家，制定出台4个特色农产品标准和8个农产品生产规范标准，推广了无公害食品、绿色食品、有机食品的生产技术。投资170万元，加强市级农畜产品检验检测中心建设，使其达到了既能定性、也能定量分析检测的水平和能力。投资248万元，加强无规定疫病区缓冲区的建设，改善10个中心兽医站的办公条件，增加36个乡级兽医站的医疗器械，提高了应对紧急疫情的能力。投入科技三项费用244万元，举办各类农业科技培训和科普大集2 300场，完成地膜覆盖种植2万公顷，种子包衣种植1.6万公顷，抛秧育苗520万盘，推广了无公害食品、绿色食品、有机食品的生产技术。实施“阳光培训”工程，促进了农村剩余劳动力智能型就业，全年共输出劳动力1.2万人。

四、农业生态得到改善。

2004年，全市造林面积核实率、林木蓄积量、森林病虫害防治率、集体林改革四项工作全省均排名第一。全市共植树4 978.3万株，为省定指标的2.5倍；完成人工造林1.18万公顷，为省计划的119.6%；营造经济林920公顷，为市计划的138%；栽种刺龙芽2 200公顷，为市计划的110.7%；新封山育林4 967公顷，为市计划的106.4%；新开发小流域300条，林下新开发面积1万公顷，新增林下规模经营园31个。森林资源保护工作继续得以加强，已连续20年未发生重大森林火灾。红河峡谷漂流等森林旅游业发展迅速，仅清原红河峡谷漂流项目当年就接待游客3.5万人，直接经济收入300万元。此外农村能源建设也取得了长足发展，全年建成“四位一体”沼气大棚1 000户，生物秸秆气化集中供气工程2处，“被动式太阳房”8 000平方米。

五、农业基础设施建设得到加强。

2004年，全市争取国家项目资金支持、城市河流整治建设、农田基本建设等七项工作在全省均排名第一。全年总投资2亿元，完成了一批重点水利工程。其中，关山水库工程基本竣工，当年完成投资1 580万元；与关山水库配套的18公里的800毫米输水管道已经建成，年供水能力可达1 500万立方米；关山湖等景点的旅游设施建设基本完成，明年即可正式接待游客；全市6座水库的除险加固工程已经完成，夫妻岭电站已开工建设；浑河干流3.7公里堤防收尾工程和环城7条支流河10.7公里堤防建设工程全部完成，高阳橡胶坝已全面竣工，万新橡胶坝已开工建设。同时全年还完成小型农田水利建设工程500余项，新增节水灌溉面积306公顷；农村河道标准段治理工程32公里，生物防护工程234公里；农村人畜饮水工程134处，解决饮水困难人口3.4万人。在省农建骨干工程检查评比中全市获得第一名，已连续12年夺得“大禹杯”。此外农村公路网建设也取得了新进展，完成了红河峡谷漂流旅游路路基工程和施南线大修改造路基路面工程；新建农村公路网黑色路面525公里，创历史新高。气象部门新开通了市县间2兆数字电路，新建5个自动气象站，积极开展了人工增雨作业。

六、党的农村各项经济政策得到贯彻落实。

本着公开、公正、公平的原则，全面落实了各项惠农政策。落实“二项补贴”政策，将1 264万元粮食补贴资金全部及时发放到207 239户农民的手中，同时发放水稻、玉米、大豆良种补贴752.6万元和农机补贴40万元，“三项补贴”使全市农业人口平均增收26.5元；落实农村税费改革政策，全市农业税率下降3个百分点，减少农业税1 328万元，人均减负17.2元；落实农村土地承包法，完成了“二轮延包”工作任务，土地经营权证已陆续发放到位，全市土地流转面积达到0.39万公顷，占总承包土地面积的5%；推进百村扶贫工作，在巩固前两年帮扶的44个贫困村的基础上，2004年又有40个村列入省计划，省补助1 600万元，落实项目74个，扶持贫困户6 489户，迁移式扶贫360户，共有23 647人实现脱贫致富。

（胡朝文）

·粮食作物生产·

【生产情况】 2004年，全市粮食生产是历史最好的一年，国家高度重视粮食生产，出台了粮食直补和良种补贴政策，广大农民的种田积极性空前高涨，自然条件又十分有利，使粮食产量创历史最高水平，首次突破10亿大关。产品质量大幅度提升，产业化全面推进，粮食生产呈现全面发展的喜人局面。

1. 主要作物产量情况。据统计：全市粮豆总产达506 227吨。其中：玉米345 868吨，单产7 085公斤/公顷；大豆28 608吨，单产2 241公斤/公顷；水稻113 374吨，单产6 482公斤/公顷；薯类16 381吨，单产5 942公斤/公顷。

2. 种植结构构成情况。据统计：全市农作物播种面积101 620公顷。其中：粮食作物播种面积82 448公顷，其他作物播种面积19 172公顷。在粮食作物中，玉米48 817公顷，大豆28 608公顷，水稻17 491公顷，薯类2 757公顷。

【政策扶持】 2004年，国家出台了《中共中央、国务院关于促进农民增加收入若干政策的意见》，特别是出台的粮食直补和良种补贴政策，受到各级政府的高度重视，做到家喻户晓、人人皆知。同时，及时兑现粮食直补和良种补贴政策，将1 264万元粮食补贴和752.6万元水稻、玉米、大豆良种补贴资金发放到207 239户农民手中。

【气象条件相对有利】 春播前期气温回暖快，终霜结束早，为早备耕、早整地、早播种提供了有利条件，使各项农事活动相应提前。春播期间各地土壤墒情较好播种适时。在上年秋冬雨雪较多、农田底墒较好的基础上，于4月1～2日又出现本年第一场≥10mm的降水，透雨日期较常年提前15天。春季农田土壤墒情普遍好于去年，有利于大田作物适时播种。5月2～3日、12～13日的降水对全市旱田作物播种及出苗十分有利。但是春季出现阶段性低温天气，虽然日平均气温总趋势偏高，但受强冷空气影响，出现低温时段，此时正值旱田播种和出苗期，低温在一定程度上延缓了出苗速度，降低了出苗率，导致缺苗严重和二、三类苗比重较大，生长量不足。5月份降雨日较多，但雨量不大，多以阵雨为主，与常年同比，市区及抚顺县、清原县少70%，新宾县少40%。5月19日新宾县部分乡镇降冰雹，农作物受灾面积为6 089公顷，成灾面积4 396公顷，减产1 000万斤左右。进入6月1至15日，全市连续半个月无降水。气温较常年偏高3～4℃，其中最高气温≥30℃的日数多达10天。土壤失墒严重，全市出现大范围旱象。据调查全市近1.55万公顷旱田作物出现旱情。其中抚顺县8 980公顷、清原县0.16万公顷、新宾县2 266公顷、顺城区2 667公顷。全市有933公顷水田缺水。导致农作物生长量不足，但根系发达。6月16日开始至月末，全市降水偏多，解除了前期旱情。此时正值作物需水高峰，偏多的降水对旺盛生长期的作物非常有利。7月份降水较历年同期多2～3成，偏多的降水使作物生长茂盛，植株高大，同时作物扬花期间，天气晴好，结实率较好。8月上旬阴雨天气较多，影响水稻开花授粉。9月份气温稍高，降水稍少，昼夜温差大，光照充足，终霜结束正常，对作物灌浆、成熟有利。

【各种投入增加】 随着国家粮食直补、良种补贴的足额兑现和粮食价格的不断增长，以及对农资市场的有效控制，广大农民种粮积极性空前高涨，科技生产投入明显增加，地膜覆盖、无纺布育苗、盘育稀插、种子包衣、配方施肥、良种引进、安全控害、规范化栽培等实用技术得到了普遍应用，农民把国家的补贴作为追加投入应用于生产，使前两三年逐渐减少应用的实用技术得到了重新大面积推广，为全年的生产丰收奠定了坚实的基础。据统计，地膜覆盖面积达到2万公顷，其中地膜玉米1.03万公顷，地膜花生3 333公顷。地膜覆盖可以起到增温保墒和提早播种的作用，在抚顺地区应用推广对抵御低温冷害作用十分突出，前两年由于粮食价格下降和政府取消补贴，面积不断减少，本年又得到恢复。特别是东部两县，形成了几百亩连片、上千亩连片壮观景象。水稻无纺布育苗面积达到400公顷，抛秧盘育苗达到520万盘，旱育稀插技术渴望突破2万公顷；种子包衣完成1.6万公顷以上；亩施农家肥达到3.4立方米；大豆规范化栽培面积达到6 667公顷；良种化程度进一步提高，高油大豆、专用玉米、优质水稻的品种引进取得突破性进展，辽豆11号大豆、辽粳371和通引58水稻等品种推广面积大幅度增加。绿色食品粮油种植面积进一步扩大，全市落实面积超过1.33万公顷。三大作物品种科学定向在春耕生产中得到较好落实，种子更新更换2万公顷。三大作物规范化栽培种植形式稳定发展，全市水稻稀植、玉米密植、大豆等距点播面积6万公顷。各种品种对比试验、示范项目也都取得了可喜的进展。

【粮食作物内部结构优化】 2004年是粮食生产得到恢复的一年，粮食播种面积占农作物播种面积的82.3%。结构调整向地区特色、高效、优质方向发展。在粮食作物中，优质品种、专用品种种植面积大幅度增加，绿色食品水稻生产面积达到1.33万公顷、高油大豆达到1万公顷、优质专用玉米面积达到1.33万公顷，分别比去年增加5 333公顷、3 333公顷、6 667公顷。水稻的主要品种是通育系列211、207、307、124、通引58及沈农15、丰优307、辽粳371、秋田小町、富源4号等；高油大豆主要种植品种以辽豆11号为主，搭配辽豆13号；专用玉米主要为鲁洲淀粉糖提供原料，种植品种为铁单12、东单60，饲用青储玉米主要种植辽源1号。在确保粮食综合生产能力的前提下，通过调整品种结构、提高粮食品质等措施提高粮食产品的商品性和市场竞争能力。

【科技下乡活动】 2004年，各级农业科研和推广机构紧紧围绕优质水稻、高油大豆、优质专用玉米三大优势农产品，重点研究和推广“主要农作物优质专用新品种配套栽培技术”、“生物农药”、有机肥和平衡施肥技术”，实现技术集成和配套。加大对绿色食品、无公害粮食生产技术及相关标准及生产技术规范的宣传、推广力度，抓好新品种、新技术、新产品的引进和开发，大力推广优质专用玉米提质降本增效栽培技术、水稻无纺布育苗及稻田综合利用技术、专用大豆规范化栽培技术、优质杂粮规范化及效益化和产业化栽培、粮食作物重大病虫害综合防治、测土配方施肥等技术，扩大粮食安全控害、平衡施肥、耕地保护性耕作等先进适用技术的覆盖面，不断提高粮食生产的科技含量。

（马兴伟）

·蔬菜生产·

【生产情况】 2004年，各级农业主管部门进一步加大蔬菜产业化发展的工作力度，加大菜篮子工程建设的投入，使蔬菜无公害生产，食用菌、山野菜，蔬菜反季生产示范区建设，基地建设等方面都取得明显进步，新品种、新技术得到全面推广，基础设施投资进一步加大、保护地规模生产进一步完善，蔬菜价格上升，菜农种菜积极性不断增强，产业化生产水平明显提高。全市蔬菜播种面积按市统计局年报统计，全市蔬菜播种面积8 966公顷，较2003年统计局年报10 266公顷，减少1 300公顷，总产量37.28万吨，较去年减少0.45万吨。据农情统计，全市2004年蔬菜保护地，播种面积达6 066公顷（占地面积4 066公顷），产量14.07万吨；在保护地生产的科技投入上，充分利用蔬菜大棚、日光温室实施高效益栽培，采取立体、复种、嫁接、错季生产等技术。日光温室栽培1 353公顷，塑料大棚1 326公顷。栽培品种，主要以食用菌、山野菜、马铃薯、云豆、茄子、黄瓜、西红柿、韭菜、叶菜等品种为主。在食用菌生产方面，全年实现食用菌棚室栽培1 569万块，露地栽培680公顷，冷棚栽培1 300棚。全市食用菌产量达4.2万吨，产值1.8亿元。已经形成了新宾县、清原县、抚顺县的食用菌、山野菜生产基地。无公害蔬菜种植面积达1 000公顷，进一步促进了全市蔬菜产业化发展。

【蔬菜销售价格增加】 全年蔬菜销售价格持续看好。1~4月份20种蔬菜价格5.3元/公斤，5~6月份3.7元/公斤，7~9月份1.35元/公斤，10~12月份0.6元/公斤，年平均价格1.06元/公斤，较去年增加0.21元/公斤，蔬菜价格增长20%。

【示范区基地建设】 2004年，全市各级农业主管部门，进一步加大农业园区的建设，进一步加大高湾经济区山野菜工厂化育苗园区、抚顺县拉古乡无公害蔬菜生产基地、新宾县红升乡食用菌批发市场等建设。2003年底经本市推荐，荣获首批辽宁省农业特色产业乡、村有：抚顺县山野菜生产基地、清原县山野菜生产基地、抚顺县食用菌专业化生产基地、清原县食用菌生产基地、抚顺县拉古乡蔬菜基地、抚顺县章党镇张家村黄瓜生产基地认定。2000年以来，多渠道投资400多万元，建成山野菜育苗工厂。建设占地20公顷，拥有49座标准化日光温室。5年来，育山野菜种苗2 940万株，平均年生产能力500万株山野菜种苗，促进了山野菜人工管护面积的逐年增加，全市山野菜工人管护面积达5 666公顷，年山野菜产量约计2.1万吨，为山野菜产业化生产种苗供给提供保障。

【市场建设】 在全国蔬菜产品大流通的环境下，蔬菜产品流通领域的地区性格局被打破。据统计全市蔬菜消费量每年为41万吨左右，市区每年消费量26万吨，本地冬季、春季80%蔬菜品种供应靠外地。过去本市蔬菜批发市场少、规模小，影响蔬菜市场发展，远不能适应蔬菜市场的需求。近年来，全市各级政府，加大蔬菜批发市场和零售交易市场的建设，解决蔬菜流通领域和城镇居民的“菜篮子”重大问题。目前，市区内已建蔬菜批发市场4个，蔬菜成交额23.74万吨。

主要批发市场情况。近年来，全市各级政府，加大蔬菜批发市场和零售交易市场的建设，主要有蔬菜批发市场4个，市矸子山蔬菜批发市场、北后蔬菜水果批发市场、塔峪二道蔬菜批发市场、榆林蔬菜批发市场。其中城市内蔬菜成交量18.34万吨、农村5.4万吨，城市中心内成交额3.8亿元，农村成交额1.1亿元。

【加工企业】 随着蔬菜生产基地和绿色、特色农产品区域专业化生产能力的增强，全市蔬菜加工企业有了较快的发展。2004年底调查，蔬菜加工企业有15家，年加工能力实现670万公斤，平均每个企业蔬菜加工能力44.3万公斤，生产基地面积3 766公顷，带动农户10 398户。其中，抚顺县拉古乡无公害蔬菜生产加工企业三家，联合建立“满乡牌”蔬菜品牌，年生产加工蔬菜能力123万公斤，全乡华新、华兴、慧丰三家企业生产基地面积达1 133公顷，带动农户7 490户。蔬菜加工企业中，食用菌加工企业9家，年加工能力480万公斤，固定资产投资额1 915万元，年出口量385万公斤，主要出口日本、韩国。抚顺县三义牌、新宾县罕王城牌、红升牌，清原县仁和牌，食用菌加工能力均在20万公斤以上，并逐步形成基地化、工厂化生产加工的能力。山野菜加工企业较大的有3家，年加工能力97万公斤，出口45万公斤，年销售收入1 396万元，生产基地2 533公顷，带动农户2 350户。

（周荣玉）

·畜牧　兽医·

【饲养量　产量】 1. 饲养量。全年生猪饲养量106.14万头，其中生猪出栏71.31万头，比去年同期70.5万头增长1.15%；黄牛饲养量42万头，其中出栏18.06万头，比去年同期17.54万头增长2.96%；奶牛存栏7 700头，比去年同期6 461头增长19.17%；羊饲养量72万只，其中出栏30.73万只，比去年同期22.78万只增长34.9%；高产绒山羊存栏34.19万只，比去年同期24.46万只增长39.78%；家禽饲养量1 791万只，比去年同期1 633.65万只增长9.63%。

2. 畜牧业产品产量。全市肉类总产量13.5万吨，比去年同期12.9万吨增长4.65%；鲜奶总产量3.11万吨，比去年同期2.58万吨增长19.2%；鲜蛋产量8.4万吨，比去年同期8.1万吨增长3.7%。

【畜产品收入与结构】 畜产品收入。全市畜牧业产值为21.8亿元，比上年增长9%，占农林牧渔业总产值54亿元的40.3%，增加值实现10.5亿元。农民人均牧业纯收入540元，比去年增长12.5%。

【畜牧业产业结构调整】 1. 建设肉种牛繁育场，解决优良种源不足问题。抚顺种肉牛繁育场扩建项目是国家建设东北优质肉牛优势区域的重点良种工程项目，国家投资300万元，招商引资200万元。建设地点在辽宁省清原县种畜场（清原县英额门镇）。项目8月30日动工，至年底已基本完成建设工作，具备了养牛的条件，正准备购进可繁母本牛。

2. 成立抚顺奶牛良种繁育中心，规范全市奶牛良种繁育工作。

3. 积极推进畜牧生产方式的改变。全市新建各类畜牧业生产小区20多个。绒山羊舍饲工作取得突破性进展，完成省安排的全省绒山羊舍饲示范项目，重点完善新建10个小区，扩建10个小区，并以小区为载体，进行品种改良，标准舍建设，饲草饲料作物种植、加工、利用，配方饲料，科学防疫等舍饲技术，建成一批有效益、形象好、管理规范的绒山羊舍饲示范小区。优势奶源基地建设取得新进展。建设奶牛小区3个、集中挤奶站10个，极大地改善了牛奶的生产条件，特别是在牛奶销售的淡季，解决了农民卖奶难的问题。

【退耕还草及草场保护工程】 市农委近几年加大了退耕还草，草场保护工程的力度，并得到市政府的重视，全年开展人工种草333公顷，建设了两个人工种草示范基地。在全市范围内开展了草原普查工作，摸清了全市现有草地的情况。年初在顺城区召开了牧草种植现场会，推动了全市种草工作的发展。

【良种繁育与推广】 全年各级畜牧技术推广部门利用送科技下乡、举办技术培训班、赶科普大集、深入现场咨询指导、印发技术资料等多种形式，加强对农民畜牧实用新技术培训，提高农民素质。共组织培训班65次，培训人员4 200余人次。共完成推广商品瘦肉型猪综合配套技术49.7万头；高产蛋鸡综合配套技术302万只；良种肉鸡综合配套技术850万只；肥育肉牛综合配套技术9.84万头；提高低产绒山羊配套技术22.18万只，秸秆综合加工利用21 700万公斤，为普及各种饲养新技术提供技术保证，为畜牧业发展奠定了科技基础。

【种畜禽管理】 为认真贯彻国务院发布的《种畜禽管理条例》和农业部《种畜禽管理条例实施细则》，保护畜禽饲养户的利益，杜绝假冒伪劣种畜禽坑农事件的发生，全年共办理《种畜禽生产经营许可证》58个，处理外来出售劣质绒山羊事件2起。通过几年的努力工作，种畜禽管理已步入了法制化管理的轨道。

【国家无规定动物疫病区示范区缓冲区项目建设】 国家无规定疫病区建设项目是国家支持畜牧业发展的重大举措，实施6年来，全市上下高度重视，做了大量的基础工作，成效非常显著。通过无规定疫病区项目建设，使本市的畜产品取得了走向国际市场的“通行证”。继续加强无规定动物疫病区建设，主要任务是防疫体系建设，进一步提高动物疫病的综合防治能力和应急能力。该项目建设国家和省投资198万元，主要用于全市35个乡镇和新宾县、抚顺县、顺城区、东洲区、望花区、市经济开发区及市本级的兽医体系建设。省招标购买的仪器设备已全部到位。

【乡镇标准化畜牧兽医站建设】 2004年建设10个标准化畜牧兽医站，其中新宾县2个、清原县2个、抚顺县2个、顺城区1个、东洲区1个、市经济开发区1个、望花区1个。每个标准化站建设化验室40平方米，诊疗室20平方米，剖检室5平方米，无害化室5平方米，兽药、饲料经营室30平方米，办公室20平方米，计120平方米，并配备必要的设备，主要从事计划免疫、强制免疫；动物及其产品的检疫；疫情监测、调查和动物疫情统计报告；动物疫情的扑灭控制；规模化饲养企业、动物加工企业的日常监督管理；上级动物防疫监督机构交办的其他事项；具备抗体监测、药敏试验和剖检的能力。市财政对每个标准化站扶持5万元。现已基本完成建设任务。

【畜禽防检疫】 采取积极措施，全力以赴抗击高致病性禽流感。去冬今春抗击禽流感期间，市防疫重大动物疫病指挥部制定并启动应急预案。全市共使用购苗资金60.27万元，多方位采购禽流感疫苗273.92万毫升。确保全市没有发生禽流感疫情。集中免疫，随时补针，做好口蹄疫防疫工作。全市猪免疫265 389头，免疫率100%；牛免疫123 771头，免疫率100%；羊免疫488 056只，免疫率100%。共使用疫苗202万毫升。认真执行动物免疫标识制度。全市实施免疫标识自然村980个，养殖场12个，佩带率全部达到了100%。免疫台账、免疫卡、疫苗台账管理进一步完善。全面开展免疫，做好其他动物疫病防治工作。加大了牲畜布病净化工作力度。制定和实施了《抚顺市牧畜布鲁氏杆菌病防治工作实施方案》，监测牛羊10 282头（只），检出阳性186头（只），全部扑杀，进行无害化处理。同时，还开展了牲畜布病流行病学专题调查，对本市今后防治牲畜布病和净化工作提供了重要的依据。全市适时开展了动物疫病监测工作。在抗击高致病性禽流感时期，为及时监控疫情动态，按照3‰比例抽样采血，超常规开展禽流感监测，至10月末禽流感监测就达8 400只份，超过省下达监控计划。同时，进行禽流感流行病学调查800户，无疫情。加强了屠宰检疫工作，确保让老百姓吃上放心肉。全年共检疫各种动物产品30 135.9吨，检出各种病害肉24.5吨，全部按规定程序进行了无害化处理。省界间公路检查站检查消毒过往车辆3 825台，劝回运输禽类车辆12台（次），禽3.4万只；全市使用消毒药184.65吨。

【依法行政】 为了强化依法行政，促进依法治牧，办好培训工作。市、县防检疫站、监督所分别举办了监督员、动物防疫化验员、检疫员、兽药检验员等技术干部的法制、业务培训班，参加培训人员总计达300多人次。组织72人参加全省执业兽医和助理执业兽医培训考试。受理、承办310人执业兽医资格证，并办理执业注册。对470名执业兽医进行年审和考核。受理、承办15户动物诊疗单位办理《动物诊疗许可证》书面材料和现场审核、呈报省动监局和验收的接待工作。开展动物诊疗单位监督检查工作3次。建立执业兽医和兽医监督员800多人的档案和数据库。加大了依法管理力度。市动物卫生监督检验所全年共接到举报电话134起，落实处理113件，每查处一起案件都能做到执法主体合法、违法事实清楚、运用法律法规适度，符合法定程序，全年无一起败诉案件，结案率达100%。

市兽药饲料监察所每季度进行一次兽药质量定期监督检验，严格查处制售假劣兽药违法行为，对假劣兽药，一药一案，严肃查处。抽检产品覆盖全国125家生产企业，完成兽药检验330批次，合格266批次，合格率80.6%。不合格产品64批次，其中索标确认未经审批的假兽药2批次、检验不合格劣兽药33批次，索标产品未提供标准按不合格产品处理的29批次，检验中发现不合格兽药，已立案35起。

（晋 锋）

·多种经营·

【总产值7.38亿元】 2004年，多种经营获得了稳步健康发展，较好地完成了全年的各项经济指标。多种经营8个产业，即果树、中药材、食用菌、山野菜、林蛙、蚕业、鹿业和花卉实现总产值7.38亿元，比上年6.8亿元增长8.5%。

【果 树】 计划新植果树100万株，实际完成105万株，增长5%。其中梨78万株（红南国梨53万株、葡萄15万株，其他果树12万株），计划果品产量7万吨，实际完成7.8万吨，增长11.4%。实现产值1.1亿元，比上年9 399万元增长17%。

【中药材】 计划累计种植中药材2万公顷，实际完成2.2万公顷，增长10%，计划产量2.3万吨，实际完成2.2万吨，实现产值2.1亿元，比上年2亿元增长5%。

【食用菌】 计划栽培陆地香菇667公顷，实际完成680公顷，增长2%；计划棚室栽培食用菌1 200万块，实际完成1 569万块，增长30%，计划产量4.9万吨，实际完成4.2万吨，实现产值1.8亿元，比上年2.8亿元下降35.7%。（市场价格波动，保鲜菇出口量减少导致）

【山野菜】 计划种植面积1 333公顷，实际完成1 533公顷，增长15%。计划产量4万吨，实际完成4.48万吨，增长12%。（包括野生采集产量）实现产值4 070万元，比上年3 996万元增长1.8%。

【林 蛙】 计划累计发展林蛙池2万个，新挖1 100个，实际累计发展林蛙池20 150个，完成商品蛙产量6 900万只，实现产值1.38亿元，比上年1.16亿元增长18%。

【蚕　业】 计划放养柞蚕2 000把，实际完成2 140把，增长7%（其中春蚕270把，秋蚕1 870把）放养桑蚕380张，计划产量900吨，实际完成1 364吨，增长51%。实现产值1 030万元。比上年934万元，增长10.2%。

【鹿　业】 计划鹿饲养量15 000头，实际完成16 141头，计划鹿茸产量6 000公斤，实际完成产量8 900公斤，实现产值4 290万元，比上年3 900万元增长10%。

【花　卉】 栽种面积58.8公顷，鲜切花714万枝，实现产值609万元，比上年813万元降低25%，粮食直补花卉种植面积下降。

（于保海）

·农　垦·

【基本情况】 2004年，抚顺市农垦企业实现国民生产总产值4.9亿元，与上年同期2.6亿元相比，增加2.3亿元，同期增长88.5%，实现社会总产值22亿元，与上年同期11亿元相比增加11亿元，同期增长200%。农垦企业完成主营业务收入3 094万元，与上年同期4 472万元相比减少1 378万元，同期降低30.8%，主营业务成本2 600万元，与上年同期4 093万元相比减少1 493万元，降低36.5%，主营业务税金及附加完成134元，与上年同期完成97万元相比增加37万元，同期增长38.14%。全年农垦企业完成利润总额101万元，与上年实现利润84万元相比，净增加17万元，增长20.24%，全面超额地完成了省扭亏增盈工作领导小组下达的扭亏增盈目标。

【农　业】 2004年，农垦系统农作物播种面积2 176公顷，增长幅度11.4%，粮食作物播种面积1 682公顷，增长幅度6.2%，油料作物播种面积85公顷，同期增长21.42%，蔬菜瓜类280公顷，同期减少7.3%，全年农垦企业（农场）粮食总产量11 744吨，同期增长36.54.%，蔬菜瓜类总产量8 771吨，同期增长幅度67.6%。增长幅度大的原因是由于有些农场将蔬菜瓜果地改种粮食或改种新品种，增产增收所致。

【水果及人参】 2004年，农垦系统实有水果面积811公顷，同期增长227%。由于水果新品种的引进，更增加了农民致富奔小康的强烈愿望，但是必须等到3～5年后才能有好的收成。葡萄种植有新增加，年末实有面积183公顷，同期增长37.6%，葡萄总产量185吨与上年同期71吨相比净增加114吨，同期增长160%。人参年末实有面积29 000平方米，与上年年末实有面积25 000平方米相比增加4 000平方米，人参总产量3 100公斤，与2003年1 700公斤相比净增加1 400公斤，同期增长82.35%，实有人参面积增加，有一个生长期，每个生长5～10年。

【林　业】 2004年，造林面积144公顷，与去年同期192公顷相比减少48公顷同期减少25%，减少原因是全市天然林面积占林地面积的60%以上。近年来，天然林禁伐，人工林限伐所以造林面积有所减少，当年零星植树36.8万株，与上年同期34.56万株相比增加2.24万株，同期增长6.48%；年末实有育苗面积10公顷，与上年同期13公顷相比减少3公顷，同期减少23.1%；幼林抚育作业面积43公顷，与上年同期407公顷相比减少264公顷，同期减少9倍；成林抚育面积10公顷，与上年同期14公顷相比减少4公顷面期减少28.6%；木材蓄积量4 840立方米，与上年同期4 640立方米相比增加200立方米，同期增长4.31%。

【牧　业】 2004年，农垦系统大牲畜存栏3 283头，与上年同期3 225头相比增加58头，同期增长1.8%。

全年肉类总产量3 545吨，与上年同期3 545吨相比增加1吨，同期基本持平。牛奶产量2 016吨，与上年同期2 142吨相比减少126吨，同期减少5.88%，其原因是高湾农场奶牛减少，奶量减少所致。肉产量11吨与上年同期11吨相比基本持平，禽肉产量806吨与上年同期819吨相比减少13吨，同期减少1.6%，鹿茸产量2 962公斤，与上年同期2 850公斤相比增加112公斤，同期增长3.92%，但是，全年鹿茸销售由于受国际鹿茸市场价格的影响，价格偏低，大量鹿茸积压，影响企业效益。

【农垦生产】 本年农垦企业工业产品销售收入10.7亿元，与上年同期6.6亿元净增加4.1亿元，增长幅度62.12%，工业利润总额9 844万元，与上年同期8 571万元相比净增加1 273万元，增长幅度14.85%，其原因是全年统计口径是区域经济，含农垦企业的工业。

【改革　调整】 高湾农场1992年按照抚顺市政府的要求，在农场建立经济区，行使政府职能，实行财政包干，封闭式管理，财政收入大幅度增加，财政支付能力明显增强，地区基础设施建设明显加快。全区域国内生产总值6.14亿元，完成税收6 000万元，财政总收入7 500万元，农工人均收入5 003万元，实现开发建设总量30万平方米，财政总支出达到5 100万元，经济区实现了经济的超常规跨越式发展和地区面貌的根本转变，全年向农场农业产业化调整和小型农田水利建设项目建议上的资金1 800多万元，不但减轻了农场的负担，而且农场与高湾经济区互为补充，共同发展。

【农垦管理】 高湾农场从2000年初开始，对场属企业核算模式进行了调整，制定了相应的奖罚制度，所有企业管理干部，工作人员按照岗位性质实行年薪工资制，平时按一定比例预支，年底视各项经济指标完成情况兑现全部工资。企业年终实现的净利润拿出一定比例作为全体干部职工的奖金，使分场经济所运转模式发生了很大的变化，多劳多得，不劳不得，调动了大多数人的工作积极性，提高了企业的经济效益。

（谢志伟）

·农业机械·

【机械化】 2004年，全市农机总动力为39.54万千瓦，比上年减少1.93万千瓦，减少幅度为4.65%。全市拥有拖拉机总台数为8 374台，总动力为10.01万千瓦，比上年分别增加118台和增加0.34万千瓦，增加幅度为1.43%和增加3.51%。农机具配套比为1:0.749（不含拖车）。农用排灌机械3 814台，动力为3.22万千瓦，比上年减少604台和减少0.09万千瓦，排灌机械减少幅度为2.7%，动力基本上持平。

农副产品加工机械动力4.32万千瓦，比上年减少0.5万千瓦，减少幅度为10.37%。农用运输机械总动力为18.5万千瓦，比上年减少2.04万千瓦，减少幅度9.93%。农田基本建设机械总动力为1.3万千瓦，与上年比增加0.16万千瓦，增加幅度为14%。

本年度，农机装备仍处于结构性调整阶段，主要体现在：一是随着农业产业化进程的加快，促进了农村经济的发展，同时也促进了农村运输业的发展。以农用三轮车为主体的农用运输车辆，无论在性能上，还是在载重量上，都优越于轮式拖拉机，因此本年又有较大的发展。二是本市地处山区、半山区，农村经济与发达地区比相对滞后，所需运输的农用物资有限，农用三轮车完全可以承担农用物资的运输任务，且价格便宜，费用较低，而农用载重汽车吨位大，价格贵、费用高，因此本年农用载重汽车继续呈下降趋势。三是10马力左右的小型手扶拖拉机功能齐全，不仅能带动翻地犁、灭茬机、播种施肥机、打药机、中耕起垅犁、水泵，而且还能带动脱谷机，非常适合一家一户的农业作业，其数量持续增长。农副产品加工机械略呈下降趋势。四是由于随着11月1日《中华人民共和国农业机械化促进法》的正式实施，新宾县根据促进法中有关非法拼装车的相关规定，在本年底全县取缔了“四不象”非法拼装的拖拉机共计1 700余台，而使全市的农机总动力等相关的数据发生变化。上述变化，均属于农机结构性调整。农用排灌机械的增长，主要是由于近几年连续严重干旱，各级财政增加了抗旱设备的资金投入，县区、乡镇以及农户以不同形式购置了大量的抗旱排涝设备。

本年农业机械的经营主体仍是个体农机户。集体、国营企事业的农业机械，占很少比例。全市农业机械总值（原值）为3.02亿元，比上年减少0.07亿元，减少2.12%。其中，全民、集体所有制395万元，占总值的1.3%；个体所有制2.98亿元，占总值的98.7%。拖拉机按台数分解，全民、集体拥有拖拉机29台，占总台数的0.4%；个体农机户拥有拖拉机台，占总台数的99.6%。

【作业总量】 本年全市农机作业总量为93.36万公顷，其中农业作业量56.1万公顷，占总作业量的60.9%，非农业作业量37.26万公顷，占总作业量的39.1%。

农机总收入2.22亿元，纯收入1.36亿元，农民人均农机收入158元。与上年相比基本持平。

【管　理】 全市乡镇农机站总数为50个（含高湾），其中农机管理站42个，农机管理服务站8个。农机管理服务站主要开展代耕、代运、代销农机配件、技术咨询、技术培训、机具维修、农副产品加工等项服务，并组织农机户推广农机新技术和新机具，组织农机户参加抗旱保丰收等工作。

【科　技】 全市继续以扩大水、旱田旋耕整地和机灭茬面积，努力实现经济作物全程机械化为突破口，全面提高农机作业和生产水平，并向食用菌、蔬菜保护地、山野菜生产、苗木生产、中药材生产全程机械化、畜牧业机械化、机械化保护性耕作等领域拓展。

本年新机具、新技术推广工作在上年取得明显进程的基础上，又有了新的进展和突破。一是作政策性投入有所增加，带动农民投入使用明显。全市共投入1 502.7万元，其中省、市、县共投入303.7万元，农户自筹资金1 199万元。新购置拖大、中、小型拉机630多台，增长8.13%。特别本市利用省局和市财政配套的农机购置资金补贴共计40万元，为本市新增拖拉机及农机具117台（套），极大地调动了农民购机、用机的积极性。随着本市机械灭茬面积的不断增加，新增小型灭茬机213台，增长15.8%。二是机播种（含畜力半机械化）又有新进展。全市自筹资金35.3万元，购置各种播种机3 200多台（包括清原县生产的播种施肥镐、手扶拖拉机配套的播种机等），播种机保有量比上年增长近20%。三是水田旋耕整地又有了新进展。全市新增旋耕机22台，旋耕机保有量比上年增长7.3%。水田耙地基本实现了机械化。

【培训与推广】 本年全市共组织各种培训班、现场会120场次，培训人数达4 800人次，发放科普资料14 000余份。抚顺县、顺城区和市农机学校也成功地开展了农机职业技能鉴定培训考试，从而使全市的农机职业技能鉴定工作有了新的发展。共组织农机职业技能鉴定培训班3期，参加培训、考试的学员共有76人。截止到2004年年底，全市共有210人取得了农机职业技能鉴定等级证书。

【监　理】 农机监理工作根据省农机局的统一部署，着重抓了两方面工作。一是认真开展春检、年检工作。经过市、县、乡三级农机监理人员的共同努力，全市检车9 459台，占在册总数11 100台的85%。其中：农用汽车参检669台，占在册总数700台的96%；农用三轮车参检6 549台，占在册总数7 800台的84%；拖拉机参检2 241台，占在册总数2 600台的86%。审验驾驶证7 998人，占在册人数9 504的84%。清理黑车920台，查补无证驾驶人员46人，有力地整顿了农机安全生产秩序，做到了全年农机安全生产无事故。

【修造企业】 原有的农机修造企业有的完成改制，根据市场需求自主进行生产经营；新宾县齿轮制造厂（原新宾县农机修造厂）已经进入破产改制阶段，正在积极运作之中。

（黄文忠）

·农牧业科技·

【粮食直补和良种补贴】 2004年，国家高度重视“三农”工作，全市各级农业主管部门、广大科技干部，认真贯彻落实中央1号文件和省委12号文件提出的各项政策措施，及时兑现粮食直补和良种补贴政策。全年，将1 264万元粮食补贴和752.6万元水稻、玉米、大豆良种补贴，公开、公平、公正、及时地发放到20.72万户农民手中。优质水稻、玉米、高油大豆新品种推广工作得到加强，良种推广面积5万公顷。其中：推广主要新品种有：水稻品种（秋田小丁、秋光、沈农15、通育系列、丰优惠307），玉米品种（铁单12、东单60、沈单16、农大95），大豆品种（辽豆11、开育12、铁丰29—30）等新品种，粮食直补和良种补贴项目的投入，极大地推动了广大农民的科学种田积极性。

【农产品加工业】 2004年是抚顺市农业业产业化提速年。全市规模以上的龙头企业共29户，从事种植业产品加工的企业21户，其中6户省级龙头企业中种植业产品加工企业4户，18户市级龙头企业中加工种植业产品的企业13户，实现销售收入近10亿元，带动农户13.5万户，实现订单种植面积4.1万公顷。一批特色农产品加工企业呈现强劲的发展势头，鲁洲淀粉糖、绿兴米业、元雪米业、丰利粮油、东星葡萄酒、华融葡萄酒公司、正航食品、山民公司、青松药业等一批农产品加工企业的规模不断扩大，牵动能力进一步增强，公司+基地+农户的产业链条初步形成。

【特色　绿色产业化项目】 2004年，各级农业部门大力扶持食用菌、中药材、山野菜等林下替代产业和优质米、高油大豆、专用玉米等高效作物种植项目的投入，省市共投入1 000多万元资金，完善菌种厂、育苗工厂和中药材基地建设，全市完成食用菌露地栽培733公顷、棚室栽培1 570万段，中药材生产面积2万公顷，山野菜工厂化育苗人工栽培1 666公顷。在粮食生产方面，全市优质米基地面积达到1.33万公顷，高油大豆面积达到0.67万公顷，专用玉米面积达到1.67万公顷，绿色食品产品达到17个，生产面积达到2.2万公顷。开展无公害基地认定8个、29个品种、4.67万公顷；建立健全农产品质量检验检测体系，争取省市财政支持，完善了市级两级检验检测中心，增添了检测设备手续；强化农产品质量标准体系建设，组织制定并发布了4个特色农产品标准和8个农业标准规范，实现特色农产品生产有标可依。

【科技推广】 2004年，全年共举办各种培训班和科普大集等1 432场，直接培训农民14.2万人次，发放各种技术资料15万份；重点推广项目：农作物优良品种、平衡施肥、无公害生产、高油大豆规范化栽培、小棚地栽香菇、平地刺嫩芽、病虫害防治等实用生产技术近30项，实现无公害生产2.67万公顷，地膜覆盖2万公顷，种子包衣1.6万公顷，抛秧育苗520万盘，安全控害面积达到2万公顷，引进新品种60余个，品种更新更换4.67万公顷，落实高油大豆0.67万公顷、建设食用菌小区20处，标准化中药材种苗基地10个，山野菜人工栽植1 667公顷。新建秸杆汽化站2处、“四位一体”沼气大棚800户，年可节柴3 200立方米，产优质有机肥料40吨。由于采取以上措施，农业综合生产能力全面提高，粮食产量首次突破10亿斤大关。

【农业科研】 2004年度，全市农、牧、农机系统单位，科技立项18项，自行开展农业科技推广项目45项（农业推广20项、农机推广5项、畜牧10项、多经10项），市科技局年度专项中，市农科院14项、市园艺所3项，市农业中心1项。农民自筹投资约计210万元，农业增效约计1 600万元，科技培训、科普教育投资约计20多万元。年初，农村工作会议上对2003年度农业和农村工作先进单位、先进个人进行表彰，授予10个先进乡、、20个先进村，8个农业产业化先进单位，4个科技园区，6个扶贫先进单位，19名行业状元进行表彰。

2004年三次组织参加农产品交易会、博览会，参加了8月10日至15日“2004首届东北（长春）国际农业博览会”。10月12日至15日“2004中国北京国际农产品交易会”。10月15日至20日“2004辽宁国际农产品交易会”中刘记食品有限公司参加了北京展销。组织参加了“2004辽宁国际农产品交易会”，三县四区农发局及56家农产品加工企业参加交易会，参会展销农产品136种，现场交易金额86万元，参会期间签订项目二项，总签约额3 320万元。在本届交易会上，全市有15种农产品获得省优质农产品奖。

【科技示范区建设】 2004年，在抓好高湾经济区今日现代农业示范基地、抚顺县馨菲现代农业示范基地，两个省级现代化农业示范基地建设的同时，又增加了抚顺县三块石农业示范基地的审报并获得批准，建成省级现代农业示范基地3个、市级现代农业示范基地20个，以食用菌、山野菜为主的温室小区20处，中药材基地15个，露地冷棚香菇小区30处。并扩大无公害食品、绿色食品、有机食品等优质农产品的生产，着力抓好无公害农产品的基地认定、产品认证及绿色食品申报工作，使基地认定达到6.67万公顷，产品认证达到40个，面积3.33万公顷，绿色食品标识达到30个，生产面积达到2.67万公顷。实现农作物安全控害面积2万公顷。新建秸杆汽化站2处、全市“四位一体”沼气大棚累计13 500户，其中本年新建800户。

（周荣玉）

·扶贫开发·

【整村推进开发式扶贫】 首先，按照“五个好”的标准，按照有一个“好班子、好项目、好规划、好措施、好机制”的标准，考核确定整村推进项目村，共确定项目村40个。其次，按照市项目管理办法，把扶贫资金受益权一次量化到人，筹措资金及时启动项目。各村根据资金和贫困状况，把贫困人口至少分为两等，一次把资金受益权量化到人，并进行了公示。确定了资金受益权后，根据项目启动的需求，分由各县组织贷款，市里承担贷款利息，两县先期贷款600余万元，确保项目按农时投产。全年40个村共确定种、养项目牛、羊、鹿、猪、鸡、药、棚、菇、果等9类，重点是养牛，投入421万元；养羊投入305万元；中药材投入412万元；分别为财政资金投入的26%，19%和25.7%。项目共覆盖贫困户8 058户、28 375人，当年参与6 489户、13 257人，预计人均增收573.1元。其三，逐村研究确定运作方式。根据两年来的工作实践，提出全力推进有偿滚动开发模式。借鉴小额信贷的成功经验，实行“五户联保”和山场林照或有价物抵押，按照“有项目、有投入、有预期效益、有偿滚动使用”的“四有”优先使用原则，把资金投放到农户。除4家采取股份制模式，其余全部实行有偿滚动使用。其四，积极落实配套资金。按照省政府要求，共落实配套资金1 607万元，其中：农业635万元（扶贫220万元），水利273万元，林业170万元，产业化建设312万元，农业综合开发217万元。其五，对前两年的项目村普遍进行了一次跟踪调研。对前两年的40个村的项目效益情况逐村做了调研和分析，查找问题，总结经验，形成了各村项目实施效益报告。两年大量的资金投入，使扶贫工作普遍深入人心。经济上，项目村的群众切实得到了实惠，人均增收多的村达700多元，少的村也达200元以上。其六，加强对项目村的检查和督促。市、县扶贫和财政部门深入到村户，对项目实施情况进行检查指导，及时解决项目实施中出现的问题，研究确立项目运行机制，加强资金报账管理，各项目村开发项目取得了预期成效。

【移民扶贫和危房改造】 2004年省下达给本市移民扶贫指标360户，投入资金180万元，市本级配套100万元。同时利用配套资金对项目村的土草房进行改造，新建移民小区6个，完成草房危房改造508户。

【扩大小额信贷规模】 在原有114万元基础上，本年又新投入360万元小额信贷资金。清原县、新宾县各180万元。新宾县已发展基金会员2 500多户，清原县经过半年的准备，现已在3个村，发展基金会员217户，全市总户数达2 717户。投入资金规模474万元，如年周转次数达2.5次以上，支持贫困户生产投入可达千万元以上。进一步加强了扶贫信贷资金的管理，项目库建设逐步规范。投入扶贫贴息贷款2 700万元。其中农户贷款800万元，龙头企业贴息1 900万元，全市共有14家企业、1 200农户得到了信贷支持。

【对口帮扶贫困村】 按照抚委发［2001］18号文件《中共抚顺市委 抚顺市人民政府关于“十五”期间市直机关城市企事业单位对口帮扶贫困村的实施意见》要求，全年继续组织158家单位对口帮扶贫困村，各帮扶单位努力克服自身困难，千方百计协调投入717.1万元，其中协调投入资金188.5万元，捐资54.6万元，扶持种、养业投入13.7万元，农业基础设施投入217.3万元，支援物资3 257.6吨，支援机械设备157台班，折合资金242万元。

（李明普）

·农业综合开发·

【基本情况】 2004年，抚顺市农业综合开发项目涉及抚顺县、清原满族自治县、新宾满族自治县和抚顺经济开发区，按照市委、市政府2004年农业和农村经济工作的总体部署，选择确定了抚顺县社河流域中低产田改造项目、抚顺经济开发区高湾中低产田改造项目、清原满族自治县常河流域中低产田改造项目、清原满族自治县红河流域中低产田改造项目、新宾满族自治县苏子河流域中游中低产田改造项目、苏子河流域下游中低产田改造项目等 6 个土地治理项目，以及新宾满族自治县的绒山羊舍饲养殖项目、中药材提取项目和清原县南山城药材种植项目等 3 个产业化经营项目。本市农业综合开发财政资金规模达到4 388万元，其中争取省以上财政资金3 886万元，与上年同期相比增长 39%。这些资金的到位，既缓解了全市财力的不足，又对全市农业发展、农村稳定和农民增收起到了积极的推动作用。全市共完成土地治理任务4 353公顷。其中：中低产田改造3 753公顷（其中水田低改1 553公顷，旱田低收2 200公顷）；农业生态综合治理 600 公顷。

【区域布局】 立足各县资源比较优势，围绕全市农业的 6 大主导产业和优势农产品产业带进一步明确农业综合开发的主攻目标和规范布局，确立以清原浑河流域中药材、苗木和绿色稻米为重点的高效农作物产区，以新宾苏子河流域绿色稻米、无公害蔬菜、山野菜、中药材和畜牧业为重点的特色农业产区，以抚顺县社河流域山野菜、无公害蔬菜、绿色稻米和食用菌为重点的生态农业产区。

【开发重点】 一是以保障粮食生产安全为目标，进一步加强农业基础设施建设。2004 年，突出抓好以农田水利为重点的农业基础设施建设，增强农业生产抵御自然灾害的能力。同时，大力发展节水灌溉，积极推广旱作农业，努力建设一批节水增效示范工程和旱作农业示范基地。全年农发财政资金用于水利措施1 463.5万元，占财政资金的 68%，重点用于拦蓄水工程、节水灌溉工程及与农业结构调整紧密结合的水源配套工程等的建设。全年新建小一型水库 1 座，方塘 29 座，拦河坝 6 座，机电井 64 眼，灌排渠系工程 21.6 公里，输变电线路配套 8.8 公里，治河 12.8 公里。二是继续抓好水源涵养林、水土保持林和封山育林、植树造林、退耕还林还草等生态工程建设，加大农业生态环境保护力度。抓好以中小流域为载体的山水林田路综合治理，着重支持林下资源的开发利用，为全面实施全市农业可持续发展战略提供充分的保障。全年完成造林1 240公顷。建设北方生态能源模式日光温室 300 座。三是围绕农业结构调整，突出科技项目开发，努力提高农业综合开发的示范效益，千方百计增加农民收入。全年扶持种植绿色农产品1 593公顷，购良种种植中药材等 913 公顷，无公害蔬菜、山野菜种植 66.67 公顷。另外，充分利用省农科院、沈阳农业大学等科研院校的技术力量，与他们合作共同开展农业科技实用项目的培训和示范推广，全年示范推广新技术、新项目 17 项。四是以工业化的理念抓好农业生产。全年在抓好优势农产品种植基地建设的同时，积极做好龙头企业和主导产业的对接，促进农业产业化的发展，尤其是充分结合全市已初具规模的中药材、绒山羊等主导产业，积极支持龙头企业与优势产业的对接。全年争取国家农业综合开发产业化经营项目 3 个，即新宾满族自治县辽宁鑫泰中药饮片有限公司的中药材加工项目、新宾满族自治县绒山羊舍饲养殖基地、清原满族自治县南山城镇中药材种植项目。当年新建绒山羊舍饲养殖小区 10 处，扶持养殖户 160 户，种植龙胆草、地龙骨等特色中药材 133 公顷，新建年加工 410 吨中药材饮片及中药提取生产厂 1 座。五是建立健全各项规章制度，规范工作程序，促进廉政建设。制订了《抚顺市农业综合开发项目建后管护办法》（试行），并已印发给项目县区。逐步建立起农业综合开发项目联席会议集体讨论评审和专家评委会评估的两级评审制，为农业综合开发立项把好第一关。

【主要成效】 土地治理项目建成后，可新增灌溉面积 760 公顷，改善灌溉面积1 120公顷，新增节水灌溉面积 747 公顷，年节约水量 426.9 万立方米，新增旱作农业面积 946 公顷，增加机耕面积 133 公顷，扩大良种种植面积 600 公顷，控制水土流失面积 7.83 平方公里。新增粮食产量1 119万公斤，其中优质粮食 417 万公斤，新增种植业总产值2 967万元，项目区农民收入增加总额1 146万元。

产业化经营项目建成后，可新增总产值3 091万元，新增利税1 049万元（其中净利润 694 万元），新增固定资产1 746万元，带动农户10 450户，受益农户增收总额1 392万元，安排农村劳动力6 520人。

（宋福东）

·农村合作经济·

【基本情况】 2004 年，全市属于合作经济统计范围的 3 县 5 区共有 52 个乡（镇、街道），607 个村，226 713 户，759 675 口人，448 671 个劳动力，各县（区）基本情况如下：

农村合作经济分布情况表

（个）	乡（镇）数（个）	村（社）（户）	农户数（人）	人口数（个）	劳力数
顺城区	3	34	18 449	53 468	36 448
抚顺县	11	135	52 225	165 858	98 860
新宾县	15	180	62 204	222 283	125 440
清原县	14	187	66 243	231 086	135 288
开发区	2	20	9 964	31 098	19 341
东洲区	3	28	10 600	34 396	20 194
望花区	3	21	5 807	18 271	10 473
新抚区	1	2	1 221	3 215	2 627

【收支情况】 1. 收入部分。全市农村合作经济总收入实现1 681 601万元，同比减少19 708万元，下降 1.2%。

2. 总费用部分。农村合作经济总费用为1 417 570万元，同比减少36 379万元，下降 2.5%，总费用占总收入的 84.3%。在总费用构成中，生产费用占 74%，为 1 048 633 万元，同比减少 113 283万元，下降 9.7%；管理费用占 5.8%，为82 219万元，同比增加5 874万元，增长 7.7%。

3. 净收入部分。净收入占总收入比重 15.7%，为 264 031 万元，同比增加 16 671万元，增长 6.7%。可分配净收入总额为301 497万元，比上年增加24 316万元，增长 8.8%。其中，国家税金占 7.5%，为22 687万元，同比增加1 661万元，增长 7.9%；农业税占 0.5%，为

1 633万元，同比减少2 567万元，下降61.1%。农民所得总额为269 264万元，同比增加26 131万元，增长10.7%。其中，农民家庭经营所得占99%，为265 374万元，同比增加24 721万元，增长10.3%。

4．人均所得部分。全市农民人均所得为3 545万元，同比增加279元，增长8.5%。各县区农民人均所得是：顺城区4 882元，抚顺县4 012元，新宾县3 187元，清原县2 844元，开发区5 957元，东洲区3 734元，望花区4 002元，新抚区3 723元。

（张立新）

农村合作经济收入情况表

收入	占总收入的%	2004年（万元）	同比增加（万元）	同比增长（%）
农业收入	10.8	182 248	22 337	14
林业收入	0.7	12 330	1 193	10.7
牧业收入	4.66	274	7 793	13.3
渔业收入	0.2	3 029	794	35.5
工业收入	52.6	884 601	-91 609	-9.4
建筑收入	1.8	30 878	7 943	34.6
运输收入	8.7	146 745	-12 448	-7.8
商饮收入	15	251 116	23 104	10.1
服务收入	3.6	60 434	21 665	55.9
其他收入	2.6	43 946	6 420	17.1

·农业产业化·

【农业产业化提速年】 市政府把2004年确定为“农业产业化提速年”，并制定了《关于扶持重点农业产业化经营项目的实施意见》，确定了市级重点龙头企业标准，制定18项扶持农业产业化经营重点龙头企业的优惠政策和11项加强服务与指导的具体措施。

【粮食生产订单面积达到4.08万公顷】 在粮食生产方面，重点扶持抚顺市陆源工贸有限公司、元雪米业有限公司、宏兴优质米加工厂、鲁洲淀粉糖有限公司，拉动优质粮产业，初步形成了公司+基地+农户的产业链条，提高粮食加工转化水平，全面提升全市粮食产业化发展水平，使订单面积达到4.08万公顷，比去年增加1.05万公顷。

附：

2004年抚顺市农业产业化重点项目

单位：万元

单位	项目数量（个）	计划投资总额	到2003年底累计完成投资额	2004年计划投资额
全市合计	25	141 962	41 810	69 575
抚顺县	8	59 860	26 900	18 900
清原县	7	30 602	1 850	21 035
新宾县	4	11 500	760	10 740
顺城区	3	10 000	2 300	6 900
抚顺经济开发区	3	30 000	10 000	12 000

2004年抚顺县农业产业化重点项目

单位：万元

序号	项目名称	建设性质	建设单位	建设起止年限	建设规格及内容	总投资	到2003年底累计完成	2004年计划		责任单位
								投资	主要建设内容	
	抚顺县合计					59 860	26 900	18 900		抚顺县
1	食用菌生产及菌种繁育	续建	抚顺三义物产有限公司	2001—2005年	建设食用菌生产基地20处，大棚600座	3 600	1 600	1 000	生产基地、菌种繁育基地、生产设施续建	抚顺县
2	果蔬汁加工	续建	抚顺市绿源果汁有限公司	2001—2006年	年生产果蔬原汁8 000吨	18 800	8 800	2 000	原料基地建设，引进新生产技术，扩大生产规模	抚顺县
3	GMP达标认证	续建	抚顺澎健药业有限公司	2002.1—2005.1	制剂车间、提取车间、锅炉改造、基建	6 860	3 600	3 000	中心化验室、制剂车间、前处理车间、口服液车间	抚顺县
4	白鹅屠宰加工厂	续建	抚顺白鹅有限公司	2001—2005年	先进设备、生产车间、原料基地	5 600	3 200	2 000	原料基地建设、生产车间、先进设备	抚顺县
5	绿色蔬菜生产	续建	抚顺华鑫食品有限公司	2002—2005年	建设绿色食品生产基地2万亩，冷藏、办公设施	2 600	1 300	1 000	生产基地建设，冷藏设施	抚顺县

续 表

序号	项目名称	建设性质	建设单位	建设起止年限	建设规格及内容	总投资	到2003年底累计完成	2004年计划		责任单位
								投资	主要建设内容	
6	有机大米	续建		2001—2006年	基地建设、生产加工车间厂房及设备	5 000	1 000	800	基地建设、加工车间、厂房设备	抚顺肥
7	山野菜生产加工	续建	金秋实生态农业科技园区	2003.5—2004.10	山野菜生产基地、科技园建设	2 800	800	1 100	生产基地、厂房设备	抚顺县
8	高档地板	续建	辽宁达亨木业有限公司	2003.5—2004.10	占地166亩	14 600	6 600	8 000	厂房设备	抚顺县

2004年清原满族自治县农业产业化重点项目

单位：万元

序号	项目名称	建设性质	建设单位	建设起止年限	建设规格及内容	总投资	到2003年底累计完成	2004年计划		责任单位
								投资	主要建设内容	
	清原县合计					30 602	1 850	21 035		清原县
1	安格制药厂	新建	安格药业	2003—2004	土建、设备、龙胆草软胶囊2亿粒，心安胶囊334万 瓶银翘解毒片167万粒	15 139	1 500	7 639	设备安装、厂房内装修	清原县
2	益仁堂中药饮片	新建	南山城镇	2003.7	生产中药饮片3 000吨	4 062		4 062	设备安装 购置设备	清原县
3	马鹿繁育及鹿产品加工	扩建	英额门镇	2003．8	鹿茸胶囊200万盒 鹿茸血酒2万公斤	2 304	150	1 300	设备购置、建厂房	清原县
4	“冰哈王”饮料	扩建	工业示范区	2003.10	年产饮料5 000万听	1 063	200		厂房建设、设备购置及安装	清原县
5	金川食品	新建	工业示范区	2004—2005.1	磨菇、小食品800吨	2 034		2 034	厂房建设、设备购置及安装	清原县
6	山野菜食用菌干果加工	新建	工业示范区	2004	年产山野菜食用菌干果4 000吨	1 000		1 000	厂房建设 购置设备	清原县
7	北方药业	新建	北方药业	2004		5 000		5 000	建厂房、购设备	清原县

2004年新宾满族自治县农业产业化重点项目

单位：万元

序号	项目名称	建设性质	建设单位	建设起止年限	建设规格及内容	总投资	到2003年底累计完成	2004年计划		责任单位
								投资	主要建设内容	
	新宾县合计					11 500	760	10 740		新宾县
1	青松药业	新建	青松药业	2003—2004	新建药厂1.2万平方米，年生产能力伤风胶囊1 500万板，丹参片1 500万板，月苋草油800吨	4 500	200	4 300	续建药厂	新宾县
2	鑫泰药业	新建	鑫泰药业	2003—2004	占地面积5 000平方米，建筑面积2 500平方米，年生产能力560吨	1 000	100	900	新建厂房和中药饮片生产线	新宾县
3	中药材市场	扩建	新宾镇	2003—2004	扩建市场	5 000	260	4 740	增加面积扩大规模	新宾县
4	万隆保健品公司	扩建	万生保健品公司	2003—2004	扩大公司经营品种规模，新增人参、鹿茸、蛤蟆油3大类20个品种	1 000	200	800	扩大经营规模，增加新品种	新宾县

2004年顺城区农业产业化重点项目

单位：万元

序号	项目名称	建设性质	建设单位	建设起止年限	建设规格及内容	总投资	到2003年底累计完成	2004年计划 投资	2004年计划 主要建设内容	责任单位
	顺城区合计					10 000	2 300	6 900		顺城区
1	现代化厂房	新建	洪发公司	2004—2005年	建筑面积2万平方米，封闭式现代化作业车间	2 000	100	1 900	工建工程，内装修，设备购置和安装调试	顺城区
2	200吨液态奶加工	新建	抚顺绿都乳业有限公司	2004—2005年	2003年改造原市乳品厂，形成日产液态奶60吨，2004年建筑面积4 000平方米，生产车间6条，国外液态奶加工生产线	5 000	2 000	3 000	厂房锅炉房设备安装	顺城区
3	现代化厂房胶原肉蛋白生产线	新建	抚顺独凤轩食品配料公司	2004—2005年	建筑面积4 000平方米，年生产1 000吨蛋白生产线	3 000	300	2 000	土地、厂房、胶原肉蛋白生产线	顺城区

2004年抚顺经济开发区农业产业化重点项目

单位：万元

序号	项目名称	建设性质	建设单位	建设起止年限	建设规格及内容	总投资	到2003年底累计完成	2004年计划 投资	2004年计划 主要建设内容	责任单位
	抚顺经济开发区合计					30 000	10 000	12 000		抚顺经济开发区
1	鲁洲淀粉糖厂扩建项目	新建	淀粉糖厂	2003—2005	总投资20 000万元，一期工程新建生产高麦芽糖浆厂房及牛产流水线，投资额8 000万元，2004年二期工程建设热电厂，投资4 000万元，2005年三期工程变性淀粉项目，投资8 000万元。	20 000	8 000	4 000	热电厂建设，安装设备及附属设施	抚顺经济开发区
2	山东正航食品	续建		2003—2004	饼干小食品200个品种	6 000	2 000	4 000		抚顺经济开发区
3	今日集团奶牛繁育中心	新建	今日集团	2004—2005	与加拿大魁北克大学奶牛研究中心合作胚胎移植等。美国公司投资800万美元	4 000		4 000		抚顺经济开发区

林　业

·综　述·

2004年，是贯彻国家“关于加快发展林业决定”的第一年。经过林业战线广大干部职工和林农的辛勤努力，全面完成了年初确立的各项任务，特别是在非公有制造林、深化集体林业改革、科学管护、依法治林、拓展林地资源、调整产业结构等方面取得了突破性进展，林业资源得到有效保护和有序开发，生态建设目标正在逐步实现，林业产业结构进行了有效调整，产业体系建设稳步推进。

1．全市共植树4 978.3万株，为省定指标（2 000万株）的2.5倍。其中，义务植树947.7万株，四旁植树932.9万株。共完成人工造林1.19万公顷，为省计划的119.6%，其中，退耕还林工程配套荒山造林0.97万公顷，为省计划的100%。营造经济林920公顷，为市计划的138%，其中大红南果梨造林204公顷，营造刺龙芽2 213公顷，为市计划的110.7%，其中纯林243公顷，混交林1 360公顷，林冠下547公顷；新封山育林面积4 966公顷，为市计划的106.4%，累计造林型封山育林面积3.08万公顷。

2．全市共开展村屯绿化266个，占全市行政村的42.7%，其中重点绿化村20个，市级生态村10个，县级生态村10个。村屯绿化总面积473.4公顷，长度2 128.9公里，植树506.8万株，栽花183.2万株。其中，生态村绿化面积17.3公顷，长度295.5公里，植树57.8万株，栽花53.7万株。

3．全市完成育苗2 662公顷，是省计划的6.7倍。产苗量2.92亿株，其中可供下年造林苗木2.40亿株，比去年减少了3.52亿株，是去年的54.7%。苗木总销量1.2亿株，实现苗木销售产值0.46亿元。

4．全市共发生火情44次，总过火面积11公顷，其中森林火警11次，一般森林火灾2起，受害森林面积7.5公顷，烧林株数13 370株。由于未发生重大火灾，本市实现了连续19年无重大森林火灾的目标。

5．全市共查处各类林业行政案件1 124起，其中，刑事案件78起，林业治安案件100起，林业行政案件946起，打击处理各类违法犯罪人员1 235人，挽回经济损失1 943万元。

6．全市共发生森林病虫害面积2.01

万公顷，发生率为2.69%。共完成防治面积为1.72万公顷，防治率为85.2%，超过省定指标10.2个百分点，其中无公害防治面积为1.57万公顷，防治率为91.7%；生物防治面积为0.91万公顷，防治率为53%。监测覆盖率与种苗产地检疫率均为100%。全年普查美国白蛾2次，调查各类树木498.66万株（次），发现有虫株数749株（次）。

7. 新完成林下开发面积1万公顷（累计林下开发面积3.33万公顷），新增林下开发规模经营园（区）31个。新开发小流域300条，其中新形成样板流域50条（小流域累计开发已达6 500条）。养鹿2万头，比2003年新增4 300头，生产商品蛙6 000万只。

8. 木材加工厂1 000多家，全市木材经营加工单位申报固定资产1.5亿元，年创产值3亿元。

9. 全市完成集体林业改革246个村（累计完成622个村，占应改789个村的78.8%），清原满族自治县、抚顺县已全部完成林改任务。

10. 全市林业完成招商引资3 290万元，林业总产值超过28亿元，提前一年完成“一四二八”工程中的“二八”工程。第一产业产值15.55亿元，比2003年增长50%。其中，茶、桑、果类产值10 864万元，增加10 342万元；林业生产类产值74 816万元，增加9 110万元；以养鹿和林蛙为主的野生动物养殖业产值31 028万元，增加18 746万元；林下中草药类产值16 686万元，增加6 631万元。第二产业产值11.08亿元，比2003年增长38%。其中，木材加工及木制品业产值92 029万元，增加17 431万元；木竹藤工艺品产值4 180万元，增加3 455万元；人造板业产值3 549万元，增加2 218万元；家具制造业产值1 338万元，增加1 004万元；木、竹浆造纸及纸制品产值1 024万元，增加916万元。第三产业产值1.44亿元，比2003年增长42%。其中，森林旅游业产值3 844万元，增加3 800万元；住宿及餐饮服务业产值3 541万元，增加1 500万元。

在2004年的各项工作中，全市的林业建设实现了跨越式发展，有十多项工作在全省都处于先进的行列，有的还受到国家林业局的表彰。一是资源管理工作进入国家先进行列并受到国家林业局的表彰。抚顺市是林业大市也是资源管理的大市，通过全市务林人的努力，多年来这项工作一直受到省厅、国家局的好评，2004年清原县林业局和市林业局副局长赵贵山同志分别被国家林业局授予“资源管理先进县”和“造林绿化先进个人”。二是抚顺市森林病虫害工作多年受到国家和省厅的表彰，至2000年国家局在本市召开现场会后，去年市森防站又被评为国家级先进站。三是抚顺市的种苗产业在面积和产量上都位居全省前列，夏绍忠同志先后两次被评为全国先进个人，种苗站又被评为全国先进站。四是抚顺市集体林业改革处于全省领先地位，到去年年底，全市已完成了622个村的集体林改革工作，占应改村的78.8%，本年底全市全部结束，完成林改面积29.47万公顷，占应改面积的69.3%。五是以山区开发为主要载体的林业产业，生态经济发展迅速。十五初期确定的八大基地建设已初具雏形，全市实现林业总产值28亿元。林业产业的发展，生态经济的建设在全省引起良好反响，有多个兄弟市林业局到本市参观学习，省厅已正式决定在抚顺市抓林业产业发展的试点。六是非公有制林业发展较快，成效明显。目前，私营和个体造林占全市造林95%以上，经营面积近2万公顷，11月上旬，在锦州召开的全省“非公有制林业经济交流会”上全省交流9个经验材料，抚顺市就有三个，全省14个市级林业局只有抚顺市介绍了经验。七是森林二类资源调查工作比省定时限提前8个月在全省率先完成，经省外业验收全市合格率达98%，全部实现了优质工程。八是林权证发放35 215件，发放率达到85%，是少数达标的几个市。九是造林面积核实率全省第一，成活率位居全省前列。十是市林业局计财工作受到市财政局和省厅的表彰，抚顺市及所属的3个项目县均被省厅评为“还贷工作先进县”。项目办的还贷资金办法和办公室的电子政务都在省里做了经验介绍并受到表彰。

·森林资源·

【森林资源总量】 多年来，通过大力开展植树造林、退耕还林、封山育林，抚顺市的森林资源三项指标（森林面积、森林蓄积量、森林覆盖率）位居全省前列，全市现有森林面积73.33万公顷，森林蓄积量5 300万立方米，森林覆盖率67.6%，自“九五”以来，全市共完成荒山造林6.67多万公顷，完成退耕还林3.3万公顷，滚动封山育林20多万公顷，全市有林地面积增加13.33万公顷，森林蓄积量增加400多万立方米，森林覆盖率增加3.1个百分点，目前全市拥有优势树种24个，林下植物1 000余种，其中药用植物600余种，利用价值较高的野生经济植物近300种。

【森林面积划分】 森林面积及森林总蓄积量的划分情况，按照林种结构、地区划分、权属划分、龄组结构分见下表。

2004年末全市森林面积按林种结构划分情况表

单位：万公顷

林种	用材林	防护林	特用林	薪炭林	其它	合计
面积	35.9	31.8	1.2	1.0	2.4	72.13
百分比	49.6	44.0	1.7	1.4	3.3	100

2004年末全市森林面积按地区划分情况表

单位：万公顷

地区	新宾县	清原县	抚顺县	顺城区	东洲区	望花区	开发区	合计
面积	29.8	26.7	13.73	1.2	0.6	0.13	0.14	72.3
百分比	41.2	36.9	19.0	1.7	0.83	0.18	0.19	100

2004年全市森林面积按权属划分情况表

单位：万公顷

权属	国有	乡村	个人	矿有	铁路	农垦	其他	合计
面积	14.8	44.22	8.7	3.5	0.11	0.14	0.83	72.3
百分比	20.5	61.2	12.0	4.84	0.15	0.19	1.14	100

2004年全市森林面积按龄组结构划分表

单位：万公顷

龄组	幼龄林	中龄林	近熟林	成熟林	过熟林	其它	合计
面积	29.0	27.7	8.1	3.2	2	2.3	72.3
百分比	40.1	38.3	11.2	4.4	2.8	3.2	100

【森林总蓄积量】

2004年全市森林总蓄积量按结构划分表

单位：万立方米

树种	用材林	防护林	特用林	薪炭林	其它	合计
蓄积	2 914	2 290	92	3	5	5 304
百分比	54.9	43.2	1.7	0.1	0.1	100

2004年全市森林总蓄积量按地区划分表

单位：万立方米

地区	新宾县	清原县	抚顺县	顺城区	东洲区	望花区	开发	其它	合计
蓄积	2 105	2 128	966	59	30	4.7	9.3	2	5 304
百分比	39.7	40.1	18.2	1.1	0.6	0.1	0.2		100

2004年末全市森林总蓄积量按权属划分情况表

单位：万立方米

权属	国有	乡村	个人	矿有	铁路	其他	合计
蓄积	1 821	2 713	289	409	12	60	5 304
百分比	34.3	51.2	5.4	7.7	0.2	1.2	100

2004年全市森林总蓄积量按龄组结构划分表

单位：万立方米

龄组	幼龄林	中龄林	近熟林	成熟林	过熟林	其它	合计
蓄积	961	2 425	1 059	491	363	5	5 304
百分比	18.1	45.8	20	9.3	6.8		100

·造林绿化·

【植树造林】 全市植树造林工作坚持突出责任、突出重点、突出质量的原则，进一步创新造林机制，强化质量管理，全面提升了造林工作品位。一是造林布局更加合理，造林重点得到加强。坚持以生态公益林为主，巩固了三县商品林发展强势，加强了上游主要河流源头地区生态公益林建设；坚持乔、灌、果结合，封、造、管并举的原则，加大城市近郊及抚顺县西北部生态脆弱地区造林力度，本年该地区共营造以刺槐为主的环城防护林260公顷，以大红南果、K九苹果为主的经济林208公顷，以柴场、天然灌木为主的封山育林0.67万公顷；坚持荒山绿化和村屯绿化并重的原则，优化乡村生态环境，将村屯绿化指标纳入到林业生态责任状当中，共完成10个生态文明村建设，全市共绿化村屯266个。二是造林设计逐渐规范化、科学化。为建立健全作业设计审批制度和运行机制，市林业局下发了《关于造林绿化工作有关问题的通知》，进一步强调了不论是工程造林，还是一般造林都必须以小班为单位，搞好造林作业设计。三北防护林、退耕还林、刺龙芽造林实行单独设计，没有造林作业设计不予检查验收，不计入年度造林面积；三北、退耕还林工程造林设计，环城林带造林设计、生态村建设规划一律报市局审批，有效地杜绝了无计划造林、无设计施工。三是造林政策和机制得到进一步的完善。各级政府和林业部门积极探索新形势下适应林业大发展要求的植树造林政策和运行机制，利用政策引导和市场牵动，调动群众植树造林的积极性。坚持以优化山区产业结构为出发点，以兴林富民为目标，制定和出台造林扶持政策；坚持“谁造谁有”的政策，认真贯彻市林业局《关于加快非公有制林业发展的意见》，广泛吸纳各种民间资金，鼓励各类非公有制经济主体投入到造林事业。全市非公有制造林面积达1.15万公顷，占全市造林总面积的97%，造林户达1.23万户。

【封山育林】 全市封山育林工作坚持“封造结合、以封为主”的原则，把封山育林作为资源培育及资源保护的重中之重来抓。一是封育对象的选择更加实际合理。坚持做到了因地制宜，适封则封，选择立地条件好，目的树种在每亩110株以上，萌蘖能力较强的天然次生林作为封育对象；为保护河流、水库、公路、村屯，将河流两侧、水库周围，公路两侧和村屯附近可视范围内的第一层山脊作为主要封育对象；很难进行人工造林的陡坡、石质山地作为封育对象，采取人工辅助造林（一般为容器育苗造林）的方式，封育成林；二是各项措施的出台收到了明显的效果。为把封山育林工作做好，各县区制定了各种保障措施，确保工作落到实处。抚顺县林业局在封山育林工程中实行了“系列封山工程”；推出了非公有制育林奖励办法，重奖在封山育林工作中突出的单位和个人，有效推进了封山育林工作的进程，抚顺县被省厅评为“2004年绿化工作先进县”。2004年全市新封山育林面积4 966万公顷，为市计划的106.4%，累计造林型封山育林面积3.08万公顷。

【退耕还林】 根据省退耕办的要求，在5月上旬造林工作结束后，市林业局组织三县退耕办开展了退耕还林工程政策调研工作，在调查工作中，坚持把贯彻国务院《退耕还林条例》和《紧急通知》及市政府制止开荒的布告相结合，摸清了基本农田退耕还林问题，政策兑现问题，计划外退耕还林等问题。在2003年超计划退耕还林面积212公顷的基础上，全市占用基本农田退耕还林733公顷，占基本农田的0.9%。

【种苗产业】 为提高种苗产业经济效益，清原县重点引进了新奇特的观叶花绿叶苗木，抚顺县加大了对森森种苗基地和哈达林场苗圃建设。全市的种苗生产实现了多元化生产格局，新技术、新品种得以不断推广和应用，实现了针叶林、阔叶林育苗并举，造林苗木、园林绿化苗木、经济林苗木均衡发展，全市共育苗近2667公顷，是省计划的6.7倍，产苗量2.92亿株（其中可供下年造林苗木2.40亿株），苗木总销量1.2亿株，实现苗木销售产值0.46亿元，抚顺市的种苗工作分别被国家、省评为先进集体。

【环城林带建设】 通过多年的努力，到2004年底，累计完成荒山造林1.52万公顷，保存面积1.06万公顷；完成封山育林2.066万公顷；绿化河流128.4公里，道路223.2公里；千台山、胜利矿后山、老虎台南山、老虎台北山、阿金沟5处森林公园已初具规模。重点绿化了市区迎面荒山、研子山以及抚顺－铁岭的北出口、抚顺－本溪的南出口和通往清原、新宾的东出口两翼荒山。目前环城林带规划区内，林业用地3.68万公顷，占44.7%。在林业用地中有林地2.57万公顷，疏林地933万公顷，灌丛6 000万公顷，未成林造林地3 066公顷，荒山、荒地1 200公顷。形成了既有林与新植林相衔接的环城林带体系。环城林带的建设，使城市环境得到明显改善。设计区内的森林覆盖率由建设初期的15.5%提高到31.6%；为城市增加绿地面积713万公顷，使城市绿化覆盖率净增7.1%；人均占有公共绿地面积净增1.28平方米。经研究测定，环城林带内比林带外夏季月平均气温降低了2.85℃，相对湿度提高4.98%，污染区悬浮微粒降低0.273 mg/m³，总菌类浓度降低85.4%，降低噪声12－18.1 dB（A）。林带涵养水源作用明显，总蓄水量530.45万吨，可降低径流量55.9%，减少泥沙量72%，减少土壤流失量每年可达1.18万吨。

2004年抚顺市植树造林投资情况表

单位：万元

资金来源	项　目	金　额
市本级	刺龙芽造林	60
	经济林	20
	红松果材兼用林	50
省　级	造林补助	168
	植被恢复费	82
国　家	退耕还林配套荒山造林苗木补助	750
	退耕还林补助	840

·森林经营与资源保护·

【森林经营】 2004年，全市的营林生产坚持以森林质量和效益为中心，以全面提高林分质量为重点，以提高林地生产力和单位面积产量为突破口，森林的生态、经济和社会效益普遍提高。通过科学造林和营林，调整树种、林种和林龄结构以及加大人工林的抚育力度，切实解决人工中幼林抚育的欠帐问题，有效恢复和保护了森林生物的多样性，在增强森林涵养水源、保护水土、改善环境和抵御自然灾害能力等方面都有了明显的好转，提高了森林的景观效益。

【森林防火】 在狠抓森林后备资源培育，积极开发利用森林资源的同时，注重在管理和保护现有森林资源工作中坚持管护并举、奖惩并用的原则，对工作方法、队伍建设、频发突发事件处理等关键环节下功夫，资源管理各项工作成绩显著。森林防火工作又上新台阶。抚顺市森林火灾预防和扑救工作始终得到各级政府和林业部门高度重视，市林业局和各县区坚持做到了宣传教育到位、火源管理到位、预防和扑救措施到位、火灾查处工作到位、队伍建设到位，森林防火工作取得了较好的成绩。清原县借助新闻媒体加大防火宣传力度，坚持队伍培训和设施建设，实现了连续22年无重大火灾的目标；新宾县坚持森林防火任务和责任落到人头，森林防火资金和联防工作落到实处，森林防护队伍培训形成制度，实现了连续25年无重大火灾的目标；抚顺县在创新工作方法的同时，进一步完善防火值班制度、巡山制度、责任制度、防火制度和通讯联络制度，森林防火工作取得显著成效；四区坚持“预防为主，防重于灭”的原则，对重点时节进行监控，突发事件进行严惩，做到了联防、群防。目前全市专业森林消防队20支，半专业森林消防队30支，义务森林消防队60支，全市发生一般性森林火灾2起，森林火警11起，实现了连续19年无重大森林火灾的目标。

【森林资源管理】 市林业局坚持从源头堵塞，中间监查，末端清查，对森林资源依法管理取得了显著成效。源头堵塞，一是加强了采伐限额管理和林权证的发放工作，严把森林采伐设计、审批、验收关，全年共发放林权证35 215件，发放率达到85%。二是制定完善各种规章。市政府印发了《抚顺人民政府关于严禁在林地内滥垦乱挖开荒种地的通知》，市林业局下发了《关于开展清理非法使用林地紧急通知》、《关于加快非公有制林业发展的意见》、《抚顺市非公有制林场管理暂行办法》等地方和部门规章，其中关于非公有制林业的两项政策文件的出台走在了全省的前列，各县区政府和林业部门也根据各自的实际制定规章和意见。中间监查，一是全市21个木材检查站的综合执法能力不断增强，对违规违法运输车辆的检查打击力度逐渐加大。新宾县木材检查站共查处违法违规运输木材1 156起，处罚1 158人，收缴罚没款100万元；清原县木材检查站检查处理违法违章运输案件853起，收缴罚没款74.4万元；抚顺县检查处理违法违章运输案件411起，收缴罚没款12万元。二是严格控制市、县两级对《木材运输证》、《森林植物检疫证》的办理工作，共办理《森林植物检疫证》1.2万份，《木材运输证》2万份，木材运输量106.6万立方米。末端清查，开展了"猎鹰行动"、"野保1号行动"、"野保2号行动"，对清原、新宾、抚顺县和东洲、高湾、202线等重点市场进行清理，涉及保护动物案件总价值几十万元。不定期对抚顺县的救兵乡、清原县的湾甸镇、顺城区的河北乡（龚家沟）和新宾县的南杂木镇等809家木材经营、加工和运输单位进行抽查和年检。通过各部门密切配合、协同办案，全市共查处各类林业案件1 124起，其中，刑事案件78起，林业治安案件100起，林业行政案件946起，打击处理各类违法犯罪人员1 235人，挽回经济损失1 943万元。

【森林管护队伍】 抚顺县采取了"五制"、"五结合"管理方法，成立了607人的森林管护队伍；新宾县借助建设全国林业行政综合执法试点县的时机，成立了林业综合执法大队；顺城区严把奖惩关，全年共辞退不称职护林员8人，处罚过失护林员15人，表彰奖励护林员、监管员11人。在坚持对各级管护人员实行动态管理，对不合格人员坚决解聘原则的基础上，成立了三级管护队伍，其中护林员1 858人，监管员345人，协管员750人。

【森林病虫害防治】 在森林病虫害防治方面，市林业局坚持预防常发性害虫，控制突发性害虫的措施，积极推行无公害防治和生物防治，全年共完成防治面积1.7万公倾，防治率85.2%，超过省定指标10.2个百分点。常发性害虫日本松干蚧的发生呈下降趋势，突发性害虫落叶松毛虫得到了有效控制，多年来全市未发生重大森林病虫害。全市森林病虫害防治检疫工作日前被国家林业局授予"全国森林病虫害防治工作先进单位"荣誉称号，森防工作目标管理经省检查验收，各项指标名列第一，荣获一等奖。

【突出事件处置】 由于经济利益的驱使，近年来"四乱"问题比较突出，特别是一些地区非法开矿和小开荒势头很猛，有蔓延之势，市林业局和各县区在处理这些问题时迅速坚决果断，收效明显。一是对突出案件做到了重拳出击。新宾县采取实行"定人员、定案件、定时限"的包案责任制，将何福宏、苏宏财8名重点逃犯全部抓捕归案；抚顺县局领导亲自挂帅、分兵把口、逐个击破，抓捕了刘国株等12名逃犯，查结积案12起；清原县加大对治安案件和行政案件的打击力度，抓捕孙海等犯罪嫌疑人14人。二是对突出事件抓苗打势迅速。抚顺县林业局先后8次召开党委会、局务会，研究打击非法开矿和小开荒问题，县委、县政府针对出现的问题专门立会、制定方案、迅速出击，有效遏制了蔓延的势头；清原县对不法人员进行电视曝光并依法查处，有效解决了夏家堡、英额门镇、南口前镇的小开荒问题，新宾县和四区政府也采取了有效措施，惩罚了违规违纪人员，望花区在局党组的帮助下圆满解决了塔峪毁林开荒问题，刑事处罚4人，行政处罚30人。

【森林资源二类清查工作】 森林资源二类清查工作是耗资大，牵涉精力广的重点工程。为了更好地把森林资源管好，把林业家底摸清，市林业局自加压力，两年工作一年完成。从去年4月初，全市抽调1 500多人奋战在林区，经过8个月的努力，对全市83.6万公顷林业用地和26.5万个林业小班逐一进行普查，12月14日经省林业厅外业检查验收合格率为98%，全部达到了优秀标准，创造了当年实施，当年结束，所用时间最短、成绩最优秀的纪录，望花区是全省第一个完成外业调查，经过省林业厅检查验收成绩达到优秀的区，抚顺县是全省第一个完成外业调查，经过省林业厅检查验收成绩达到优秀的县。

·林业产业·

【林地种植业】 在坚持依托森林资源优势，大力发展以林下参、细辛为主的中药材生产；以青菇、木耳为主的食用菌生产；以刺龙芽、大叶芹为主的山野菜生产；以板栗、红南果梨为主的干鲜果生产的经营思路带动下。全市新建开发经营规模园区31个，其中，林下参17个，林下细辛7个，山地五味子园5个，玉竹园2个，野生榛子垦复866公顷，营造刺龙芽2 213公顷，栽植大红南果梨204公顷，新规划建设野药材山上管护园10余处，中药材种苗基地100公顷，野药家种面积达3 333万公顷，全市林下药种植面积达到2.53万公顷。

【木制品加工业】 在实木地板加工、工艺品加工、集成材加工等龙头产业的牵动下，已逐步形成了龚家沟和救兵的实木地板加工园区、永陵的工艺品加工园区、上夹河木根雕园区、清原湾甸子和新宾县南杂木的集成材加工园区、清原城郊林场的防腐电柱加工园区，年创产值超过10亿元。

几年来，由于市委、市政府以及各县（区）出台了各种优惠鼓励政策，再加上市场制度的进一步规范，到本年底全市的木材加工企业已发展到400多家，图表显示的是投资在80万元以上的企业。

【森林旅游业】 随着新宾永陵被列为世界级文化遗产，清原红河谷漂流正式启动，抚顺县三块石国家森林公园的正式批准，红色旅游、生态旅游又增加了新的看点和亮点。到目前为止，全市现有国家级森林公园4个，国家级自然保护区1处，省级森林公园2处，省级自然保护区4处，这些景点为抚顺带来了很高的社会效益和经济效益，森林旅游业的发展，带动了商饮服务、旅游工艺品加工销售等第三产业的兴起，增强了新的就业机会，促进了地区经济的发展。

【依托森林资源的养殖业】 在林蛙养殖业和"清原马鹿"养鹿业等其他养殖业的带动下，全市现有蛙塘1.5万个，生产商品蛙6 000万只。养鹿（存栏）2万头，2004年新增加4 300头，此外还驯养鹧鸪、狐狸、美国蛙等近5万只(头)，林下猪、林下鸡、林下鹅产业也得到迅速发展。

【小流域开发】 清原县开发小流域50条，当年种植各类中药材0.28万公顷；抚顺县投资近47万元对石文镇大河塔流域、海浪乡佟家流域、上马乡赵家流域进行了综合建设，带动了当地的农村经济。到年底，全市共有可开发的小流域10 996条，已累计开发6 500条，占可开发小流域总数59%，新开发300条，其中新形成的样板流域50条，安排基地设施建设项目65项（供水工程10处35项，办电5项，修路10项70公里，治河5项20公里，标准化蛙塘10项35处)。

·林业改革·

【法规制度建设】 在总结新宾县集体林业改革试点经验的基础上，抚顺市相继出台了《关于深化全市集体林业改革的意见》、《抚顺市活立木有偿转让管理暂行办法》等政府规章和部门规范性文件。

【集体林业改革】 抚顺市的集体林业改革继续坚持尊重群众意愿，实事求是，因地制宜，不搞一刀切的原则；坚持有利于森林资源的培育、保护和开发利用，有利于广大群众造林、营林积极性的提高，有利于农村经济发展和农民家庭收入增加的原则，推行集体森林资源有偿转让制度，进一步完善了农民家庭联户经营，农民承包管护经营，股份合作经营和创办私营林场等改革模式，加快了集体林业改革的步伐。全市已完成了622个村的集体林业改革工作，占应改村（789个村）的78.8%。其中清原县按照尊重群众自愿，公开、公正、公平和兼顾国家、集体、个人三者利益的原则，完成269个村，占应改村的100%；抚顺县按照“留、转、管、放”综合改革模式，完成265个村，占应改村的100%；新宾县完成128个村，占应改村（255个村）的50.2%。全市完成林改面积29.47万公顷，占应改面积42.53万公顷的69.3%，收缴转让资金近1亿元，参加林改户数达到5.97万户，参改人口21.1万人，此项工作已走在了全省的前列。

【国营林场改革】 在全员劳动合同制，精简林场机关和后勤人员，推行岗位、计件、效益工资的三项制度改革；调整产业产品结构；产权制度改革三方面工作的带动下，全市32家国营林场经济出现了新的活力。本年全市32家国营林场经济全部实现了正增长，为4 753名林场职工办理了各种保险，主营业务收入9 528万元，主营业务利润5 817万元，净利润1 126万元，其中，抚顺县净利润432万元，新宾县净利润584万元，清原县净利润100万元，大伙房林场净利润8万元，这是多年来所没有的局面

【非公有制林业】 市林业局从全市实际出发研究界定了私营林场和家庭林场的界限，提出了加强非公有制林场的管理办法和改革方案，不仅规范了非公有制林业的发展行为，而且促进了私营林场的发展，调动了非公有制造林的积极性。全年非公有制造林面积1.15万公顷，占全市造林总面积的97%，目前私营和个体造林占全市造林95%以上，创办私营林场71家，经营面积近2万公顷，活林木蓄积100多万立方米，属全省前列。

2004年全市林业第一产业产值15.55亿元比2003增长50%，第二产业产值11.08亿元比2003年增长38%，第三产业产值1.44亿元比2003年增长42%，全市林业总产值超过28亿元，提前一年实现了林业局党组规划的到2005年林业产业产值实现28亿元的目标，至此，市局党组提出的“一四二八”工程提前一年全部实现。

（刘臣年）

水　利

·综　述·

1. 防汛抗旱工作。2004年汛期，全市降雨总体上比较均衡，全市降雨大部分是阵雨，没有发生大范围灾害性降雨，尤其是主汛期内降水与多年均值相比偏少。除个别地段出现积水，小河局部决口外，全市无因洪水造成人员伤亡的事件发生。全年春季农作物插秧前统计，全市水田缺水面积达1.33万公顷，市政府和水利部门科学地制定全市抗旱节水预案，积极采取临时抗旱措施，新建临时提水点450处，投入抗旱设备2 200台套，维修机电井、方塘、塘坝、水库等120处，维修抗旱设备900多台套等，新增调蓄能力780万立方米，极大的缓解了旱情给春耕生产带来的影响。

2. 重点水利工程建设。全市重点工程关山水库的收尾工作结束，本年完成投资1 580万元，累计完成投资8 048万元；城东詹家河至鲍家河口1.2公里防洪堤工程结束，完成投资1 638万元；抚西河至詹家河3.72公里堤防主体工程的收尾工程结束，累计完成投资8 300万元；新建城市浑河干流大型拦蓄水工程高阳橡胶坝建设投资1 900万元，主体完工；万新橡胶坝开工，完成投资450万元；东洲河、章党河、抚西河、詹家河、古城河、施家河、戈布东河等7条支流河10.7公里的堤防整治建设结束；农村河道治理完成标准段32公里堤防建设，共完成投资1 556万元；夫妻岭电站工程开工建设，总装机容量960万千瓦，年发电量260万千瓦，本年完成投资450万元；全年新增水土流失治理面积1万公顷，完成投资1 288万元；清原大泉眼、甘井沟，新宾六道，抚顺县兰山、草盆等六座水库的除险加固工作结束，完成投资241万元。

3. 城乡河道绿化。一方面浑河支流河绿化取得新进展。全年在堤防整形基础上重点抓了古城河、抚西河、将军河以及城东防洪堤河道的绿化工作，栽植各类树苗共计11.5万株，绿化面积近20万平方米，成活率高达96%；另一方面农村河道绿化270公里，其中清原县120公里、新宾县85公里、抚顺县45公里、郊区20公里，栽植各类树苗数百万株，共计绿化面积达135万平方米，超额完成年初计划。

4. 水资源管理和水政执法。为加强取水许可管理，2004年全市取水许可证重新换发，工业和生活用水年审率达到百分之百；《抚顺市水资源管理信息系统工程可行性研究报告》完成；8月，抚顺市所属县区和市本级取水许可及年审工作全部实行微机自动化管理；市水务部门还编制了《抚顺市2003年水资源公报》。

2004年的水行政执法工作在抚顺市水行政综合执法领导小组的统一领导下，继续加强水政监察和执法管理，积极推行综合执法公示制，重点抓好《行政许可法》的贯彻落实和宣传，努力简化行政审批程序。2004年市水务局被省委省政府评为全省文明单位标兵，在全省市级水利部门是唯一一家。

（张业成）

·抗　旱·

【旱　情】 2004年，抚顺市连续6年遭遇旱灾，由于2003年秋冬降水偏

少，致使全市春季水利工程蓄水明显不足。年初，按照正常降水情况预计，全市3万公顷水田中约有1.5万公顷将因干旱缺水而泡插困难。针对严重的旱情，全市上下不等不靠，紧急行动起来，重点围绕抗旱保春耕，采取切实可行的措施，千方百计的开源节流。据统计，通过采取积极有效的抗旱措施，全市共解决泡插困难的水田1.43万公顷，除2 426万公顷水田改种旱田外，仅有100万公顷因旱情严重没有插上秧，取得了水田抗旱工作的阶段性胜利。

降水情况。自2004年1月到5月，全市平均降雨量106毫米，比多年均值145毫米减少26.9 %。由于降水少，水库蓄水严重不足，据5月份插秧前统计，全市中小水库蓄水总量为1.29亿立方米（不含大伙房水库），是正常库容1.84亿立方米的70.1%。其中清原县水库蓄水量为0.3663亿立方米，新宾县水库蓄水量为0.4118亿立方米，抚顺县水库蓄水量为0.51亿立方米；顺城区水库蓄水量为0.015亿立方米，开发区水库蓄水量为0.01亿立方米，扣除蒸发量、渗透量、死库容，全市可利用的水量约有0.95亿立方米。

【抗旱节水】 针对严重的旱情，全市上下紧急行动起来，从去年秋冬季节开始，就把抗旱保春耕作为农村的中心工作抓住不放。孟凌斌副市长多次提出，上半年全市水利工作要重点围绕抗旱保春耕，大力兴建以库塘井窖为重点的抗旱水源工程的总体要求。市水务局也组成了专门的抗旱指导小组，分赴各县区的重点旱区，有针对性地落实抗旱措施。一是广泛宣传，提高认识，科学地指定全市抗旱节水预案。同时，在科学分析水资源状况的基础上，制定了全市抗旱工作安排意见。二是统一调度，充分发挥原有水利设施的抗旱作用。2004年春，全市范围内的125座水库（含大伙房水库）、1 300多眼机电井、166座塘坝、646座方塘、122座提水站、298处永久性拦河截潜工程等水利设施全部投入抗旱保春耕战役中，充分利用河道径流，层层拦蓄，使有限的水量发挥了最大的抗旱效益。据统计，全市原有的水利工程通过蓄、引、提共利用水量1.2亿立方米，保证了2.13万公倾水田的正常泡插。三是千方百计新建库塘井站等抗旱水源工程。结合农建“大禹杯”竞赛，全市掀起了以库塘井窖为重点的抗旱水源工程建设热潮，全年共完成各类抗旱工程385项，超额完成省下达的计划。其中新建方塘36座，塘坝1座，大口井25眼，小井256眼，完成拦河截潜工程4处，新增调蓄能力584余万立方米，拦截地表水251万立方米，保证了0.53万公顷水田的正常泡插。四是全面采取节水措施和农艺措施。坚持开源节流并重，以节流为重点的原则，广泛推广U型槽渠道防渗技术，充分利用河道径流和回归水，全面采用旱耙地和浅、薄、湿、晒等农艺节水措施，使已经插秧的水田采用农艺措施的比例超过60%，使全市节约农业用水1 200万立方米，解决了0.2万公顷水田的正常泡插。五是广泛发动群众，积极采取临时抗旱措施。广泛动员和组织广大人民群众，通过采取浇灌或建临时提水点等措施，临时解决了0.13万公顷水田的泡插问题。据统计，全年共新打小土井1 000余眼，新建临时提水点300处，投入抗旱设备1 200台套，此外，还维修机电井、方塘、塘坝、水库等160处，维修抗旱设备1 200多台套等。六是压缩水田面积，尽量减少旱灾造成的损失。本着量水种田的原则，对剩余确实不具备灌溉条件的水田适时改种生育期短的旱田或其他耐旱的经济作物，力争减产不减收。当年全市共落实压缩水田面积0.24万公顷。通过采取上述抗旱措施，全市3.4万公顷水田，除0.24万公顷水改旱外，仅有100公顷因旱情严重而无法泡插。

·防　汛·

【雨　情】 2004年，抚顺市汛期降雨量较多年均值偏少，汛期没有灾害性的汛情出现。全年汛期平均降雨量467.2毫米，较多年均值534毫米小66.8毫米。全年汛期较大降水过程有2次，时间分别为7月23日20时~7月24日8时，全市平均降雨量为45.6毫米，最大点雨量130毫米（前安水库）；另一次降水过程为7月29日17时~7月30日5时，全市平均降雨量为39.8毫米，最大点雨量122毫米。

【防汛准备】 1．6月23日，以市政府名义召开了“2004年全市防汛工作会议”，对全年的防汛工作进行全面部署。并同各县区政府签订了防汛工作责任状，确定各县区一把手为负责人的防汛工作行政首长责任制。各县区及有关单位也相继召开防汛工作会议，落实市防会议的各项要求。

2．调整和完善各级防汛组织机构。同时各乡、村也相应建立了防汛领导机构，为搞好全年防汛工作做到了组织落实。此外，抚顺军分区、武警支队也组建抗洪抢险队伍，做到了防汛组织工作的落实。

3．对全市125座中小型水库进行了度汛安全检查，逐库制定了度汛方案和逃险方案，备足抢险物资，组织好抢险队伍，确保安全度汛。同时要求各水库必须严格执行汛限水位规定，任何单位和个人不得擅自抬高水库汛期限制水位。对河道险段和泥石流多发区也相应作了度汛部署。市政府汛前投入15万元对全市中小型水库及河务办管理的橡胶坝和拦河闸的无线报汛系统进行了全面的维修调试及配置；水利部投资新建了防汛抗旱指挥系统，实现了防汛指令和防汛信息网上传递，为指挥决策提供了现代化的通讯支持。

【防汛特点】 2004年是城市防汛职能并入市防办的第一年，城市内涝做为全市的防汛重点，也面临着新问题。对群众反映比较强烈的望花区三宝立交桥积水、千金乡阻水石笼坝、杨柏河清淤等问题局领导和防办同志想群众之所想，急群众之所急，积极与城建局和当地防办联系，商讨对策，多次到现场办公，最终给群众一个比较满意的答复。

【汛末水库蓄水情况】 到2004年汛期结束（9月20日）全市小（一）型以上水库（含大伙房水库）总蓄水量为11.62亿立方米，比2003年同期蓄水量（10.26亿立方米）增加1.36亿立方米。全市水库现蓄水1.22亿立方米（不含大伙房）。其中，大伙房水库蓄水10.4亿立方米，比2003年同期蓄水量（9.24亿立方米）多了1.16亿立方米；抚顺县蓄水0.5481亿立方米，比2003年同期蓄水量（0.2878亿立方米）多0.2603亿立方米；清原县蓄水0.3877亿立方米，比2003年同期蓄水量（0.3992亿立方米）少0.0115亿立方米；新宾县蓄水0.2801亿立方米，比2003年同期蓄水量（0.3324亿立方米）少0.0523亿立方米。

（孙大雨）

·水利重点工程·

【关山水库收尾工程】 2004年，完成投资1 580万元，累计完成投资8 048万元，大坝防浪墙、溢洪道起闭机室、坝上停车场等全部完成，坝下人工湖、库区绿化、进库道路等基本完成，餐饮中心和水库管理办公楼已完成主体工程。2005年春季可形成旅游接待能力。全年“五一”、“十一”两个黄金周就接待游客3 000余人；关山水库供水工程铺设供水管线 18 公里，“五·一”开始向石化工业区供水，全年供水 806 万立方米。

【城市防洪工程】 城东詹家河至鲍家河口 1.2 公里防洪堤工程结束，完成投资1 638万元；抚西河至詹家河 3.72 公里堤防主体工程的收尾工程结束，累计完成投资8 300万元；新建城市浑河干流人型拦蓄水工程高阳橡胶坝建设投资1 900万元，主体完工，使城市水面总量达到 650 多万平方米，人均占有水面超过 5 平方米，位居全省第一。万新橡胶坝开工，完成投资 450 万元；浑河重要支流河治理取得新进展，全市投资1 000多万元先后完成了东洲河、章党河、抚西河、詹家河、古城河、施家河、戈布东河等 7 条支流河 10.7 公里的堤防建设，是抚顺市支流河建设投资最多、成果最好的一年；农村河道治理完成标准段 32 公里堤防建设，共完成投资1 556万元，超额完成了市政府下达的任务，为建设园林型城市作出了贡献。

【农田基本建设】 以省农建“大禹杯”竞赛为契机，继续在全市深入开展了以小型农田水利工程建设为重点的农田基本建设工作。据统计，全年建设小型农田水利工程 380 余项，农村河道标准段治理 32 公里，生物防护 234 公里，完成投资10 976万元，其中县乡财政投人及群众自筹6 350万元，占 58%。农建工程有效地保证了全年春耕插秧和高效经济作物的播种，为夺取农业大丰收，特别是水稻的增产增收发挥了重要作用。为把农民群众最基本的吃水问题解决好，投资 830 万元，其中争取省水利专项资金 230 万元，群众自筹 600 万元，新建农村人畜基本饮水井 62 眼，解决了 62 个村屯饮水困难问题；为加强农村电气化建设，本年夫妻岭电站工程开工建设，总投资为 683 万元，总装机容量 960 万千瓦，年发电量 260 万千瓦，完成投资 450 万元；此外结合农田基本建设，全市继续总结推广新宾县封禁治理，自然修复植被的经验，全年新增水土流失治理面积 1 万公顷，完成投资1 288万元；清原大泉眼、甘井沟，新宾六道，抚顺县兰山、草盆等六座水库的除险加固工作结束，完成投资 241 万元。8 月 11 日，在省农建办组织对辽宁东片 4 个市农建骨干工程半年检查评比中，本市获得第一名。

（张业成）

·河道整治与管理·

【城东防洪堤工程全部完工】 2004年，完成詹家河口至鲍家河口新建 300米堤防，续建 900 米堤防工程，工程造价 315 万元，完成土方量119 388立方米，筑堤64 312立方米，混凝土1 115立方米，钢筋 50 吨；完成詹家河回水堤堤防新建防冲板护坡 260 米，筑堤 450 米，工程造价 75 万元，完成土方量9 391立方米，筑堤18 830立方米，混凝土 498 立方米，钢筋 20 吨。完成盛城街 1.4 公里堤下路新建宽 5 米的混凝土路面1 400米；10 米宽石质台阶 2 座，工程造价 94 万元，完成混凝土1 067立方米，石质边石2 894块，混凝土边石3 492块，步道砖32 200块，植草砖1 440块，建成景观游览路7 000平方米。完成盛城街至詹家河 1.4 公里堤防绿化工程，其中 1.4 公里堤坡草皮防护，42 000平方米滩地绿化，共种植柳树11 000棵，铺种草皮12 600平方米，栽植水腊33 215棵。工程造价为 36 万元。防洪堤 2 标段新建框架混凝土地面6 200平方米，完成工程量混凝土1 240立方米，石质边石 170 块，混凝土边石 710 块。工程造价 49 万元。

【堤防整治绿化】 完成古城河口至铁路桥段左岸堤防整治绿化工程，河道整治长度1 634米，包括疏浚、筑堤、削坡、混凝土路面，完成土方43 650立方米，混凝土 675 立方米，种植各种植物7 566株，铺种草坪7 000平方米，工程造价 80 万元。

完成章党河章党桥至安全桥段堤防整治一期工程，右岸混凝土防冲板 310米，右岸混凝土防冲板 231 米，土堤整治1 345米，共完成土方78 700立方米，混凝土1 600立方米，钢筋 30 吨。

完成戈布东河堤防整治1 600米，包括疏浚，绿化防护，种植柳树1 409棵，工程造价 3 万元。完成抚西河新城桥段至饲料厂堤防整治绿化工程。堤防整治3 600米，包括：疏浚、筑堤、削坡、浆砌石护堤角及绿化防护等，完成工程量为土方15 678立方米，浆砌石2 600立方米，种植各种植物26 230株，工程造价75 万元。11 月完成了浑河下游沈抚交界处高阳橡胶坝的新建工作。完成农村河道整治标准护砌 120 公里，生物防护1 100公里。

【执法宣传】 2004 年，为进一步加强法规学习，系统地学习了《水法》、《防洪法》、《河道管理条例》、《水行政处罚实施办法》、《行政许可法》等法规，并参加了省水利厅举办的行政执法培训，使队伍更加专业化、正规化。完善健全了《水政监察员工作守则》、《水政监察巡察制度》、《河道监察分片责任制度》、《收费公示制度》等规章制度，保证了行政执法及收费的公开、公正和规范化，为实现依法治河提供了可靠保障。加大宣传力度与清理整治并举。以创建旅游文化名城、满族风情节和“世界水日”、“中国水周”等为契机，开展了多种形式的水法规宣传，结合河道专项执法活动，在省、市电视台、抚顺日报等新闻媒体大力宣传水法规及在河道内乱挖、乱倒、乱采、乱种等所造成的危害，在堤防两侧新设置禁止捕鱼宣传牌 20 块，法规宣传牌 30 块。全年在加大宣传力度的同时，分别对抚西河、将军河、戈布东河、戈布西河、新太河等堤坝上夹栅栏、种植农作物等毁堤现象进行清理打击，共清理栅栏 500 多延长米，乱种面积2 000平方米，有效地遏止了毁堤乱种现象的蔓延。共制止乱倒等违章案件 46 起，清理残土 900 立方米

（王学敏）

·水土保持·

【前期工作】 3 月 24 日至 26 日市水保办组织各县（区）有关人员，在全市范围内开展前期工作学习拉练，6 月 1 日至 6 日又组织各县（区）有关人员到辽西的朝阳、阜新、喀左及兴城学习交流，7 月 30 日至 8 月 1 日再一次组织各县（区）有关人员到辽阳参加“全省前期工作”培训学习。依据会议要求，各县（区）经过半年的收集、整理，基本上掌握了本地区的自然、社会、经济及生产建设项目等基本情况，为编制全市水土保持规划创造了基础条件，各县（区）的水土保持规划正在编制中。完成水土保持小流域治理初步设计 26 项。

【编制实施方案】 抚顺地区植被覆盖率占总面积的 70% 左右，但是随着近几年城乡经济建设的不断扩大，全年对全市 300 家左右生产建设部门进行了水土保持方案编制调查，并责令没有编制水土保持方案的生产建设单位编报水土保持方案。5 月 18 日至 19 日水利部水土保持司副司长曾大林就水土保持监督执法情况到抚顺地区调研，特别就水土保持方案编制、实施情况作了重要指示。为加强提高抚顺地区水土保持方案的管理及质量，11 月 9 日对“抚顺市水土保持方案论证评审组”作了合理的调整。全年抚顺地区审批水土保持方案 38 件，检查水土保持方案实施工程 12 处，收缴水土流失补偿费 52.8 万元。

【水土流失治理】 抚顺地区水土流

失面积占总面积的21%左右，为保护生态环境，加速水土流失治理，仍然是目前面临的艰巨任务。几年来，抚顺地区水土流失治理模式以小流域为单元的水土流失综合治理，治理成效不大，综合指标没有明显提高。在过去多年小流域综合治理的经验基础上，突出工程措施“一个重点”，全市三处“大型水库上游”三处“沟壑治理”项目，都突出了工程措施这一重点。仅新宾县上夹河小流域和北四平小流域修建谷坊95座，使大伙房水库上游形成了防洪减砂非常显著的水土保持工程。清原县县城北山坡，由于连年游人毁坏，汛期泥沙大量下泄，自从修建23座谷坊后，大大减少了灾害。特别是抚顺县的治河工程，为保护关山水库开创了新局面，有效地提高了河道防洪功能，对下游水库的安全运行提供了可靠的保障。11月17日至20日市水保办组织三县四区有关水土保持部门，对全市实施的水土保持工程措施进行了拉练检查。

2004年水土流失治理面积10 714.79公顷，其中造水保林1 968.98公顷、生态修复面积5 220.81公顷、小型水十保持工程408座、生物防护工程237.2公里，共动用土石方量81.2万立方米，国补资金290万元，地方群众自筹660万元。

（刘 洲）

·依法治水 依法行政·

【健全执法机构】 2004年，抚顺市水政工作在执法、普法、征费等各项工作都取得了较好的成绩，为水利建设和发展提供了法制保障。本局根据水政监察工作的需要，成立了抚顺市水政监察支队，目前有专职人员6人。清原县、新宾县、抚顺县、顺城区、望花区、东洲区成立了水政监察大队。局直属河务办和节水办成立了水政监察分队。现在全市水政监察员145人，其中专职水政监察员55人，兼职90人。

【执法宣传】 结合法制宣传教育第四个五年规划，市局制定了《抚顺市水务系统2004年普法、依法治理工作计划》，县直水务系统和局直各单位在3月22日“世界水日”“中国水周”开展宣传活动，并制作了宣传标语和条幅，在电台和电视台作了水务有关的法规宣传。各级部门都组织了水务系统职工观看了《人、水、法》宣传片。印发了宣传材料和传单。在行政许可法实施前，邀请市法制办主任为全局职工进行了《行政许可法》的知识讲座。

【清理行政许可项目】 按照《水法》和《行政许可法》要求，修改《抚顺市河道管理条例》，清理整顿抚顺市行政许可项目。上半年，根据《行政许可法》的要求，对《抚顺市河道管理条例》进行了修改，于6月30日经抚顺市第十三届人民代表大会常委会第十次会议通过，省人大常委已批准并实施。清理整顿了抚顺市水务局的行政许可项目，市水务局重新确定行政许可28项，非行政许可的行政审批3项，计31项。使全局的行政许可权得到了市政府的进一步明确，并以抚政发［2004］25号文件下发公布。

【制定下发规范性文件】 建立健全行政执法的各项制度，全面落实行政执法责任制。7月12日，下发抚水人字［2004］77号文件《关于规范水务局行政许可办理工作程序及行政许可事项的通知》，建立《抚顺市水务局系统行政执法责任制实施方案》，同时还制定了《水行政执法公示制度》等7项水行政执法的规范性文件，做到在水行政执法工作中有章可循。

【培训 审验】 搞好水政、渔政监察人员的培训和行政执法人员证件的审验工作。12月份，市水务局在市远航宾馆举办2004年全市水政渔政监察员培训班。全市有90多人参加学习。认真做好水事违法案件的查处工作，查处水事违法案件56件，立案15件，结案15件。

（王之中）

·水产养殖·

【渔业生产】 全市养鱼水面8 990公顷（含大伙房水库6 667公顷），其中：池塘460公顷；水库面积8 530公顷。年度生产水产品11 349吨（其中：林蛙3 786吨），比2003年增加31%；渔业产值46 637万元（其中：林蛙41 600万元），比2003年增加28%；渔业经济增加值23 593万元；渔业精品产量3 786吨；工厂化养鱼1万平方米；无公害产地认定规模6 667万公顷；养殖证发放率90%。上述水产业主要指标全面超额完成年度计划指标。

【水产品养殖】 全年的水产品产量增长较快。水库渔业进行了大水面开发及网箱养鱼，调整了产品结构，提高了名优品种的放养比例，水库渔业由粗放经营向集约化方式转变，大大提高了水产品产量和经济效益，推动了水库渔业向产业化的方向发展，水库渔业将成为全市渔业的龙头产业，池塘养殖全部实现精养化，工厂化养鱼稳定发展。

1．大水面开发及网箱养鱼。2004年，全市开发大水面200公顷，年投放名、特、优鱼种1.2万公斤，用以调整养殖品种结构；合理施有机肥75吨，从而增加了水中生物量，通过开发大水面，新增水产品产量125吨，新增水产品产值100万元；新增网箱养鱼25箱（625平方米），网箱养鱼新增水产品产量125吨，新增水产品产值100万元，开发大水面最终实现了渔业增产、增收的目的，从而带动整个水库渔业经济的发展，这也是全市实现渔业倍增发展计划目标的有效途径之一。

2．池塘养殖。全年池塘养殖增产幅度较大，年新增水产品产量1 100吨，新增水产品产值880万元。原因是扩大了精养面积。全市实现了池塘养殖精养化，池塘亩产量由2003年的480斤/亩上升到900斤/亩，同时，增加了新品种的放养比例，达到了增产、增收的目的。

3．中国林蛙养殖。2004年，对重点的林蛙养殖示范区、户进行了技术指导和服务，大力推广配制蝌蚪全价饵料和林蛙病害防治技术，重点是做好中国林蛙人工养殖技术研究的最后冲刺阶段，这对全市林蛙养殖由原来的自然放养模式逐步转向半精养、精养的轨道上来起着重要的作用。

4．稻田渔业。2004年，全市落实大面积推广稻田养蟹和池塘养蟹100公顷，主要分布在清原县草市镇、土口子乡、北三家乡及新宾县永陵镇、红升乡。2004年共产商品蟹30吨。稻田平均亩产成蟹40斤。共创产值120万元（商品蟹按20元/斤计算），创利税48万元，平均亩创产值940元，亩利润400元，取得了良好经济效益。

【水产养殖管理】 1．水产养殖使用证和水产种苗许可证发放。全市全面推行养殖证制度以来，经过努力较好地完成了养殖证发放工作。截止到11月30日，全市已发放养殖证107个，发证面积1 486.8公顷，发证率占应发面积90%。水产种苗许可证的发放共9家，发放率达100%。

2．水产品质量安全管理工作。全市完成了对大伙房水库6 677公顷的无公害水产品产地认定工作，9月10日省海洋与渔业厅给大伙房水库养殖总场颁发了《辽宁省无公害水产品产地认定证书》。大伙房水库养殖总场无公害水产品认证，经国家农业部农产品质量中心认证，并于12月15日颁发了证书，是全市首家获无公害水产品质量认证的渔业企业。

标志着本市的水产品质量安全管理工作，将逐步走向规范化管理。完成了鲤鱼、鲫鱼、鲶鱼3个无公害食品养殖技术规范和一个企业标准的制定工作。10月14日已在辽宁省质量技术监督局并备案。青鱼、草鱼2个无公害食品养殖技术规范的审定稿已报市质量技术监督局。

【病害与科技服务】 较好地完成了水产养殖病害测报工作，总体看，在渔业生产的季节里没有发生一起发病面积较大的鱼病和蛙病。在渔业生产季节里，组织市、县二级的水产技术人员深入到重点渔业产区的生产第一线帮助养鱼户搞好水产养殖病害的防治工作，做到预防为主，发现病害及时治疗，大大地降低了病害扩散。利用“科技之冬”三下乡活动，把常见的鱼病知识，制作成展板，并印制科普材料发给广大渔民，在“科技之冬”下乡活动中发放科普材料3 000份。

【水产科研】 市水产科学研究所进行的淡水鲨鱼、锦鲤、花鲫、黄颡、七星刀、战船、奶鲨等名优水产品高效养殖技术研究，通过不同条件的试验，掌握了这些鱼类养殖的技术要点，较好地解决了鱼病防治技术，保证了较高的成活率。目前，已通过市科技局组织有关人员对该项目的验收，完成了下达的各项指标。市科技局的领导对项目给予充分的肯定。

（沈　坚）

·水利产权制度改革·

【基本情况】 抚顺市位于辽宁省东部偏北，境内分布着浑河、清河、柴河、辉发河、苏子河、社河、东洲河等河流。全市拥有各类小型水利工程水利工程10 142处。水利工程主要依靠国家投资管理维修，管理权和使用权分离，产权不清，责任不明。随着农村经济的发展和农业产业结构的调整，农村水资源供求矛盾十分突出，针对水利工程效益不突出、维护不到位、管理不及时等情况，全市于1998年按照辽宁省人民政府辽政发［1998］36号文件，批传《省水利厅关于加快全省小型水利工程产权制度改革意见》的通知精神，开始实施小型水利工程体制改革。全市共有3 818处小型水利工程实施了管理体制改革，其中：机电井128眼，大口井295眼，塘坝143座，方塘329座，小井2 080眼，灌溉站106座，拦河引水工程249处，农村自来水工程488处。

【改革措施】 全市从1998年开始至今，已经3次在各县搞水利工程产权管理体制改革。几年来，采取边建设工程，边落实管理体制的办法，在工程交付使用时就与有关单位和个人落实管理责任工作，主要采取农民自办、租赁、承包、拍卖、股份合作等形式，力争不让任何一项工程完工后，处于无人管理的状态。实施改革后极大地调动了农民修建小型水利工程的积极性，如近年来本市兴建的方塘、小井以及水土保持小流域治理等工程，主要采取：一是个体、联户等形式兴建小型农田水利工程。二是招商引资，开发小水电、生态旅游事业。三是个体承包、租赁小型水库，开展有偿服务及综合开发。四是引导农民个体开发荒滩资源，兴建经济林，发展水保经济。

【改革见成效】 通过深化产权制度改革，理顺了管理体制，搞活了运行机制，充分挖掘了水利工程潜力。一方面，拓展了水利投资渠道，调动了民间资本兴修水利。本着“谁投资、谁所有、谁受益”的原则，吸引社会投资办水利。采取拍卖、租卖、承包、股份合作等形式，吸纳民间资金，开展民营水利建设，开辟多元化投资办水利的新路子。另一方面，减轻了政府负担。通过深化小型水利工程产权制度改革，广泛吸纳社会个体、联户、集体投入小型农田水利工程的资金。通过“以奖代补”方式补助投入小型农田水利工程的资金，以最少的投入最大限度地调动起社会各方面力量投入水利工程建设，使各级财政投入真正发挥凝聚性和导向性作用。由于广泛吸纳了社会资金，极大的减轻了财政负担，从而更好的聚集财力投入重点水利工程建设。通过开展小型水利工程产权制度改革，进一步明晰了水利工程的产权，落实了管理的主体。小型农田水利工程的日常管理及维护工作逐渐得到落实，工程的防洪灌溉效益逐步恢复，水资源的利用效率大大提高。

（沈宏伟）

·大伙房水库·

【除险加固工程】 2004年，是辽宁省大伙房管理局除险加固工程进入关键的一年。作为业主单位，本着认真履行业主职能，理顺与设计、监理、施工单位的关系，克服项目多、施工难度大、资金投入较少等困难，在方案确定、设计变更、资金使用分配等方面，严格执行国债项目管理规范和水利工程施工规范，认真审核施工计划，严格验工计价，把握施工进度，加强质量的检查和监督，土建标、金属结构标、设备采购标三个标段施工进展顺利。完成主坝、一副坝及贴坡坝浆砌条石防浪墙施工，完成第一非常溢洪道七孔闸门、启闭机　门机安装，泄槽段挡土墙和1#、2#、3#冲击墩全部封顶，泄槽段底板和引水渠左右挡墙施工基本结束，主溢洪道闸墩混凝土浇筑到130.5米高程，边墙混凝土浇筑到125米高程，输水洞出口液压启闭机安装调试完毕。多次组织水利专家研究主溢洪道施工方案及2004年度汛方案，确定了最优施工方案，既保证了施工进度又保证了水库安全度汛。当年完成投资6 040万元，累计完成投资14 800万元，整个工程进展顺利。

此外，还完成了富尔江尾渠改造及渠首自动化工程、坝前区环境和水库展览馆建设规划，自动化建设初步设计方案已通过专家评审，并着手招标工作。

【安全度汛】 在春灌供水前，认真分析农灌供水形势，根据中长期预报落实供水计划，科学调度，严格计量，累计农业灌供水6.9亿立方米，保证了春季干旱时期下游10万公顷农田灌溉供水，为省农业丰收做出了贡献。进入汛期，及时召开地区防汛会议，认真落实防洪预案，完善加固工程施工期水库度汛方案，对溢洪道、输水洞以及浑河闸工程、富尔江引水工程等水工建筑物的启闭系统、供电系统和水情测报自动化系统进行了全面检查和维护，掌握了防汛主动权。抓住有利时机拦洪蓄水，全年工农业和城市生活供水11.3亿立方米。

【供水　水费收缴】 全年，始终把发展水库经济作为中心工作，明确了“抓住水费，壮大实体，利用水库自身水土资源优势发展新的经营项目”的经济发展思路，狠抓水费征收和综合经营，圆满完成省厅下达的各项经济指标。一是强化供水计量工作，通过对下游河道引用水情况调查，及时掌握河道引水情况。对各工业用水户的计量设施进行了普查和校验，进一步提高计量精度，使供水调度更科学、合理。每月下达水费征收计划，落实到具体用水户，抓大户、抓重点户，千方百计提高水费收取率。采用限制供水乃至停止供水等强制手段，加大对沈阳市自来水公司历史陈欠水费和涨价水费的清欠力度。按照供水局要求，分离供水计量与供水收费业务，供水水政处负责供水计量，计财处负责供水收费，进一步规范供水计量和供水收费工作，为确保计量准确无误、水费及时收缴奠定良好基础。全年水费收入11 560万元，超收1 640万元，水费收入首次突破亿元大关，创历史最好水平。二是加强综合经营管理，加快下属企业改革步伐。对于独立法人的经济实体，鼓励企业按照“自主经营、自我发展、自我约束、自负盈亏”的“四自”方针，适应市场经济发展的需要，制定了相关倾斜政策扶持集体企业，减轻集体职工负担，拓宽集体企业经济发展思路。养殖总场在场领导一班人的带领下务实进取，大力营造自觉与亲情式文化氛围，真抓实干，加强企业管理，实施了品牌战略，提高品牌意识，获得辽宁省首批无公害水产品产地认定证书，以绿色无公害产品的优势占领了东北地区淡水渔业经营市场。全年捕捞鲜鱼200万公斤，实现收入2 606万元，利税312万元，创历史新高。继续保持全国水利系统文明单位、全国先进渔场、省先进集体等荣誉称号，女子成鱼队荣获全国农林水工会“三八红旗集体”荣誉称号。

【环境工程建设】 大力加强环境建设，为发展旅游经济奠定基础。全年累计投资345万元进行了水库周边的河堤环路、新太河文化广场建设，拓宽、改建了上坝公路，建成坝上观礼台、中心岛旅游景区。共铺设沥青路面23 000平方米，步道砖64 000平方米，增设豪华路灯90盏、健身器材14件，植树12 900株。利用加固工程的契机，千方百计争取资金，完成了2 200米的北河堤土堤工程，为将来建成橡胶坝打下了基础。结合展览馆规划，扩建了调度楼广场，扩建了坝上两个停车场，增加溢洪道石料栏杆、湖心岛条石护坡，养殖总场场区实施了集体改造，莲花广场二期工程进展顺利，这些都成为旅游环境建设的基础设施。规划了新太河农贸市场，使其规范、卫生、上档次，与东洲区行政执法局、街道办事处联合，加强广场、小区的整治力度，清理乱建乱放现象，改变了脏乱差的局面。现在水库地区的环境发生了很大的变化，初步实现了绿化、香化、美化、亮化，成为绿都抚顺的重要组成部分，逐渐会成为满族风情游的一大看点。

（周庆东）

附：

2004年抚顺市水利建设项目资金投入情况统计表

序号	项目名称	总计（万元）	国家补助（万元）	省级补助（万元）	市本级（万元）
	全市总计	6 759	2 655	2 284	1 820
1	水利建设基金	440	440		
2	中央水利建设基金	1 710	1 710		
3	拦蓄地表水资金	200		200	
4	中央特大抗旱费	65	65		
5	农村饮水改水资金	180	100	80	
6	大禹杯表奖资金	75		75	
7	小水电站建设资金	290	240	50	
8	水土保持资金	640		640	
9	水土保持资金（国债）	100	100		
10	应急度汛资金	135		135	
11	河道维护费资金（第二批）	460		460	
12	跨市河流治理	130		130	
13	病险水库除险加固	154		154	
14	农水小型公益资金	60		60	
15	水库工程	540		300	240
16	河道治理	451			451
17	小农水工程资金	179			179
18	河维费	370			370
19	土地出让金	350			350
20	市直项目	230			230

2004 年抚顺市水土流失综合治理情况表

项目名称	治理面积（公顷）	分项治理措施（公顷）													土石方量（万 m^3）	新实施生态修复面积（公顷）	落实治理成果管护面积（公顷）	实施小流域数（条）		投资（万元）				群众投劳（万工日）
		基本农田	水保林	经济林	种草	封育治理	其他	淤地坝			坡面水系		塘坝池等小型蓄水保土工程					当年竣工	正在实施	小计	中央	地方	群众	
								数量（座）	规划拦沙量（万 m^3）	规划淤地面积	控制面积	长度（km）	数量（座）	设计蓄水量（万 m^3）										
（1）	（2）	（3）	（4）	（5）	（6）	（7）	（8）	（9）	（10）	（11）	（12）	（13）	（14）	（15）	（16）	（17）	（18）	（19）	（20）	（21）	（22）	（23）	（24）	（25）
抚顺市	10 714.79	16	1 968.98	78.3		5 220.81	3 430.7						408	14.06	81.2	549.6	5 496.6	4	33	720.6	280	238	660	3.5

2004 年抚顺市　县（区）属国营林场资源统计表

市县（区）	抚顺市	林业用地	有林地	清原满族自治县	林业用地	有林地	新宾满族自治县			抚顺县			顺城区		
林场名称	大伙房林场	6 693.9	5 925.6	大苏河林场	7 624.8	7 200.9	城郊林场	1 503.0	1 314.2	哈达林场	4 824.8	4 469.1	会元林场	2 302.9	2 058.5
				大边沟林场	4 593.7	4 138.0	陡岭林场	7 789.8	7 488.0	马圈子林场	3 955.8	3 757.4			
				英额门林场	2 422.9	2 156.1	永陵林场	5 030.1	4 739.4	前甸林场	809.3	727.1			
				甘井子林场	6 924.1	6 364.2	边外林场	4 119.2	3 856.2	三块石林场	3 641.5	3 535.4			
				杨树崴林场	4 192.6	3 797.1	关家林场	3 978.0	3 882.9	温道林场	6 511.7	5 939.4			
				大孤家林场	4 178.9	3 897.4	钢山林场	5 368.3	5 078.3	五龙林场	6 180.7	5 781.2			
				夏家堡林场	3 295.2	3 001.2	大东沟林场	2 199.0	2 010.3						
				北三家林场	3 761.2	3 405.6	赵家林场	6 150.9	5 902.9						
				苍石林场	1 486.3	1 338.5	三道关林场	5 453.1	5 142.4						
				城郊林场	9 305.1	8 577.6	苇子峪林场	2 909.2	2 664.8						
							北旺清林场	3 463.7	3 269.5						
							朝阳林场	3 679.0	3 268.9						
							上夹河林场	2 929.0	2 660.4						
							通沟林场	3 928.5	3 619.5						

2004年抚顺市大型私营林场基本情况表

单位：公顷、立方米

林场名称	法人代表	林场所在地	经营总面积（公顷）	总蓄积量（立方米）
彩源林场	岳钰椋	清原县苍石乡	2 280	217 800
东军林场	杨东军	清原县大苏河	766.67	3 400
兴森林场	李兴贵	清原县土口子乡	1 200	56 000
会志林场	赵会志	新宾县永陵镇	1 860.7	113 324
海湖林场	那海湖	新宾县平顶山镇	912.84	70 929
星都林场	都勇军	新宾县新宾镇	531.9	25 498
宇卉林场	王　勃	新宾县旺清门镇	892.46	41 564
富山林场	王宝符	新宾县平顶山镇	533.08	29 198
金田林场	马金田	新宾县永陵镇	591.59	67 461

备注：由于按照有林地面积达到100公顷或森林蓄积量达到7 500立方米，可以报市林业主管部门批准建立私营林场制度，现在全市共有私营林场77个，图表所列的为森林面积和森林蓄积量较大的私营林场。

2004年抚顺市大型木材加工企业名录

企业名称	企业地址	企业法人代表	经营性质	注册资金（万元）	人数（人）	经营范围
新宾镇里业服务公司	王家村	喻　伟	合资	85	5	锯材、木制品
万兴木业有限公司	边外村	周万生	合资	150	26	加工、制造
罕督进口有限公司	边外村	衣秀丰	合资	190	50	加工、制造
德兴木制品厂	边外村	刘相德	合资	160	30	加工、制造
合兴木制品厂	南杂木镇	王海波	个体	80	65	锯材、木制品
抚顺矿业集团南杂木贮木场物资经销处	南杂木镇	安德全	国有	120	42	锯材、木制品
抚顺腾源木业有限公司	清原镇	李　君	合资	637	80	加工、制造
抚顺兴顺木业有限公司	北三家村	霍纯利	个体	307.1	70	锯材、木制品（酒吧凳、厨柜）
城郊林场防腐厂	城郊林场	高　原	股份	100	50	防腐电柱
林海家俱厂	城郊林场	高　原	集体	100	50	家俱、板方材、地板
立营木业有限公司	清原镇	王立营	个体	168	40	加工、制造
抚顺兴顺木业有限公司	北三家乡北三家村	霍纯利	合资	307.1	5	木制品
马圈子林场	马圈子乡	孟宪勇	国有	106	24	地板、木炭、木片、包装箱、锯材
林产工业公司	搭连街	金玉丹	国有	180	30	加工、制造
市远洋木业包装有限公司	前腰村	高　秀	股份	80	40	加工、制造
顺达地板厂	板城村	董凤祥	个体	80	21	加工、制造
矿业集团怡和工贸分公司	东洲区平山南街	张德启	国营	122	196	木材加工、电杆、防腐枕木
顺发木器厂	李石四方台	李玉坤	个体	100	6	夹心板

国内商贸

概 述

2004年，全市社会消费品零售总额实现157.4亿元，同比增长12.2%，全市商贸流通行业实现增加值40.4亿元，同比增长13.2%，占全市GDP的比重为10.8%；占全市第三产业GDP的比重为33.1%；商业缴纳税金3.5亿元，同比增长6.1%，占全市各项税收总额的比重为7.2%；商业从业人员20.8万人，占全社会劳动者总数的比重为24.5%。

一、增强市场运行的监测调控能力，保持抚顺市场持续稳定。

2004年上半年，抚顺消费品市场经历了几次小波动，商业部门不断探索市场经济条件下政府宏观调控的方式、手段以及调控的力度与时机的把握，基本上做到了情况明、判断准、措施得力。

首先，加大了生活必需品市场运行监测力度。做到常态监测、节日监测和应急监测紧密结合，初步形成了生活必需品的监测网络。特别是2月份大米市场价格出现波动以来，对全市重点粮食批发市场和影响较大的超市粮食价格、交易量、库存、后续货源组织情况进行定时、定点监测。用市价调资金，组织市蔬菜公司、永济路蔬菜批发市场等蔬菜批发企业从山东、海南等地外进黄瓜、茄子、青椒、芸豆、芹菜、蒜苔、韭菜等鲜细菜140万公斤，在节日期间限价出售，平抑菜价。

其次，进一步完善政府应急调控机制。通过政府储备的适时轮换，调节市场供应总量；通过控制批零差率，规范零售市场；通过及时的采购，补充资源，强化政府储备调控能力。

第三，完善和落实粮、油、肉、菜、盐、糖应急投放实施方案，加强市场应急投放能力。加大了大米、面粉等成品粮的储备，完成了粮食、冻猪肉的政府储备计划，此外，防汛物资储备也已全部到位。各项政府储备的落实，为抚顺经济健康运行提供了重要保障。

第四，精心组织市场供应，确保市场繁荣稳定。专门印发文件，要求各大型商场、购物中心及超市积极组织商品货源，扩大商品销售，满足消费者的购物需求，保证市场物丰价稳。积极营造节日市场氛围，中心商业区及大型网点延长营业时间，方便群众购物和消费；严把商品质量，净化节日市场环境；动员企业选择部分适用商品，削价让利或捐赠给下岗职工、贫困户，确保全市人民在节日期间欢乐、祥和、如意。

二、抚顺商业网点规划的编制取得阶段性成果。

按照新一轮全市总体规划的要求和部署，市商业局牵头，与市相关部门和区县配合，组织力量编制了抚顺商业网点规划。初步完成了商业总体规划、物流规划，明确了到2020年抚顺商业、物流业的总体规模和空间布局，并以改造站前中心商业区、望花商业区、顺城商业区、东洲商业区为重点，研究制定了抚顺商业网点发展规划，为抚顺调整产业发展战略，提供行业配套支持。陈松扬副市长于8月12日主持了会议，召集市计委、建委、规划局、各区等十几个部门对本局起草的《抚顺市市区商业网点规划建议》进行了横向沟通和初步论证。此规划委托市规划设计院组织编制出《抚顺市市区商业网点规划》实施细则。

三、强化整顿工作，商业流通秩序进一步改善。

一是净化市场，保障市民安全消费。市定点办稽查大队加大管理力度，出动92 800人次，对市区内及近效全方位监控，查处生猪私屠滥宰点79个（次），查获非定点检疫猪肉副产品10 004公斤，端掉16个私屠乱宰的黑屠宰点，立案81起。放心肉占市场销售总量的98%以上。二是加强对拍卖、典当业的管理。年初召开了拍卖、典当工作会议，并详细布置了全年工作任务。截至12月份，全市拍卖业拍卖场次104场，总成交额达23 701万元，比上年同期增长58%；典当笔数12 997笔；典当额4 825万元，比上年同期增长30%。按省厅要求，组织全市拍卖企业年审，并更换了典当行经营许可证。三是整顿和规范酒类市场秩序。根据《全省酒类市场专项整治活动方案》（辽商联发［2004］108号）文件要求，结合本市酒类市场实际，起草了《关于印发〈抚顺市酒类市场专项整治活动方案〉的通知》（抚商发［2004］17号），并组织相关部门联合检查酒类市场。四是整顿整治放心食品。“五一”黄金周前夕，组织全市19家放心食品生产企业在抚顺日报、抚顺晚报上刊登广告，宣传放心食品，提高放心食品在市民心目中的形象，取得了良好的效果；对新宾满族自治县有人冒用“放心食品”的名义销售酱油。通过了解情况、核实问题，会同新宾满族自治县经贸局对该酱油厂进行了检查，当场销毁全部印有“放心食品”字样的酱油包装袋，并对其提出警告。五是整顿规范旧机动车市场。对全市从事旧机动车交易的市场及评估机构进行了全面清查，基本上摸清了本市旧机动车交易市场和评估机构的基础情况。同时，对本市从事旧机动车鉴定评估业务的机构，包括旧机动车鉴定评估事务所（公司）和开展旧机动车鉴定评估业务的旧机动车交易市场（中心）、二手车经营（置换）公司、咨询公司等，以及在这些机构中从事旧机动车鉴定评估人员的执业资格及其执业行为进行全面整顿。六是管理废金属行业。组织召开了抚顺市再生资源计划执行情况工作会议。20余家产生再生资源的企业主管领导和具体工作人员参加了会议。企业负责人对今年我市再生资源行业的现状作了分析，提出了一些有建设性的意见和建议；按照省政府《废金属管理暂行规定》会同市公安局对辖区内30家再生资源经营网点进行了行业大检查；对新宾、清原及钢材市场申报的新增业户进行了资金、场地的检查审批；组织有关人员到铁岭市商业局学习考察成立再生资源协会有关作法和经验，着手筹建本市再生资源协会；对辽宁省废金属经营许可的年检工作进行了前期准备。七是进一步规范商业流通秩序。印发《关于在商业经营活动中做好诚信服务工作的通知》，从严格依法经营、维护消费者的合法权益、规范企业经营行为、制止采取欺诈等违法手段误导消费者等几个方面，对企业的诚信服务提出明确要求：不出售假冒伪劣商品，不搞虚假宣传，不搞任何欺诈行为，商场、餐饮单位要设立专门机构或委派专人接受和处理消费者投诉，投诉完结率力求达到100%；要建立健全诚信经营制度，实行商品和服务明码标价，执行国家新的"三包"规定；对出售商品，有质量问题和消费者不满意的，要给予退货并令消费者满意；要遵守"诚信、公平、情义、服务"的职业道德准则，从事经营活动；要履行社会经济合同，依法纳税，诚信纳税，守法经营，向消费者提供整洁优美的消费环境，放心的商品和优质的服务，满足消费者的需求；要实行营业员、服务人员挂牌上岗，信守"主动、热情、耐心、周到"的服务标准，坚持文明用语，礼貌待客，自觉遵守社会公德，遵守职业道德，自觉接受社会监督。为将工作落到实处，局领导亲自带队，多次到各有关单位，检查、了解工作进展情况，及时解决工作中出现的问题，与此同时组织全市各有关单位，进一步开展了"商业服务品牌"、"百城万店无假货"、"巾帼建功""青年文明号"等活动，并与"诚信兴商"活动有机结合起来，扩大活动的影响力，吸引众多的企业加入"诚信兴商"活动中来，取得了良好效果。2004年，已经有抚顺汇龙家电广场、抚顺洪发肉制品厂、抚顺金信水业有限公司等13家商贸企业被市精神文明建设委员会命名为诚信单位。

四、美食节达到了良好的效果。

为了开拓全市餐饮市场，打造满族文化品牌，推动本市餐饮业、旅游业的发展，更好地为人民生活服务，市商业局充分发挥了行业协会的桥梁纽带作用，通过市"烹协"开展了参展组织工作，取得了良好的效果。共组织参展企业100户，其中外市15户，参展品种有东北的风味小吃、满族特色食品以及丰富多彩、贴近百姓生活的各种大众美食300余种。每天接待参观群众和消费者1万余人次。经过3天的美食展活动，参展企业共实现营业额37.1万元。根据参展企业的销售情况及专家评委会的评审，共评出抚顺名宴7个，抚顺名菜20个，抚顺名点20个，抚顺风味小吃12个，抚顺最佳厨师18个，抚顺最佳面点师3个，抚顺最佳乳鸽烹饪师1个。这次活动的开展极大地丰富了普通百姓的文化生活。切实为2004中国(抚顺)满族风情旅游节增添了光彩。

五、认真贯彻《行政许可法》，清理规范行政许可事项。

一是建立健全相关配套制度，为顺利实施行政许可法提供保证。为确保行政许可法的全面实施，按照行政许可法规定要求制定了《抚顺市商业局行政执法责任制实施方案》、《抚顺市商业局议事、决策程序》、《抚顺市商业局行政执法责任制实施细则》。在此基础上，又制定了《抚顺市商业局工作规则》，以制度建设，规范商业局依法行政工作的能力和水平。二是认真开展行政许可项目、行政许可规定、行政许可实施主体的清理工作。商业局原有审批事项5项、核准事项1项，审核事项7项。经市政府法制办确认，现为行政许可事项3项：1.生猪定点屠宰许可；2.酒类批发许可；3.废金属经营许可。审核事项1项：公物拍卖企业指定。三是做好公示，确保行政执法公正透明、廉洁高效。督促各相关处室按照行政许可法的规定，做好有关行政许可的事项、依据、条件、程序、期限、收费以及需要提交的全部材料的目录和申请书示范文本等工作，并已在7月1日行政许可法开始实施之前公示。四是根据《行政许可法》要求，对《抚顺市拍卖管理条例》进行了修改。《抚顺市拍卖管理条例》(修正案)已经市政府第12次常委会议讨论通过，省人大批准。五是组织全局行政执法人员参加市法制办组织的《行政许可法》知识培训，并全部参加考试，获得"抚顺市行政许可岗位资格证书。

六、完成了食品安全检验检测工作。

一是在永济路蔬菜批发市场建成蔬菜检验检测实验室。永济路市场是我市最大的蔬菜批发市场，因此，在永济路市场建立蔬菜化肥和农药残留的检验检测实验室，从蔬菜批发的源头上阻止化肥、农药残留超标的蔬菜进入零售市场。实验室引进上海瑞鑫公司的蔬菜残留农药测试仪，同时配备电脑等其他相关设施，经过筹备，实验室的各项设施及检测人员已配备齐全，5月份正式实施蔬菜安全检测工作。二是给市内大型零售商场、超市配备了蔬菜快速检测设备，培训了检测人员。在大商抚顺集团的百货大楼、新玛特购物中心、商业城、望花商贸大厦和将军超市购买鲜菜，可现场进行农药残留的检测。

七、积极引导企业开拓市场。

一是组织企业参加天交会。组织抚顺刘记食品有限责任公司、抚顺东霞调味品公司、抚顺起亮食品有限公司、抚顺洪发肉制品有限公司、抚顺康元豆制品厂、抚顺亲亲食品有限公司等六家企业，参加了第11届天津春季全国商品交易会。共展出产品130种，成交金额3万元，并与天津桂发祥经贸公司、广东中山经贸公司等几家外地经销商达成合作意向655万元。二是积极组织抚顺市市场建设经营有限责任公司所属六家单位和抚顺市果菜批发市场等企业，于10月16日到沈阳参加了由省政府主办，省商业厅和省农村经济委员会、省对外经济贸易合作厅共同承办的"2004首届辽宁国际农产品交易会"。会上，抚顺市永济路蔬菜批发市场与锦州好尔智饮品加工集团就引进果汁项目在本市经营进行了洽谈，并签订意向合同，金额达8万元。三是组织开展了农商对接活动。组织我市5家农产品批发市场、大型超市、副食品商场、粮食企业等农产品经销企业及流通加工企业的经理或采购负责人赴辽西北地区农产品生产基地和加工企业进行观摩、考察、采购，永济路蔬菜批发市场、市肉类联合加工厂、抚顺罕王商场参加了全省农商对接活动。重点考察锦州、阜新两市农业生产基地和农产品加工企业，签订合同金额为10万元。

八、现代商品流通业的特征日趋显著。

现代流通业是现代市场经济的血脉，流通产业状况是衡量一个地区综合实力的基本标志。按照市政府"尽快实现流通的现代化，使流通业成为抚顺经济发展新的重要支柱产业"的战略部署。抚顺地区商贸流通业以改革促调整，在调整中引进名店名家，以其带动和示范作用促进了连锁超市、便民店、专卖店等现代业态形式的迅速崛起，加速了现代流通业的发展。据不完全统计，2004年全市各类连锁店铺数量可达到360个，连锁店铺销售额预计实现16.9亿元，以连锁经营为代表的新型业态的市场份额已达到10.8%。仅今年内全市新增连锁超市店铺32个，其中大商抚顺商业集团盘活3个地区性商场(东州、虎台、北站地下商场)改建成超市。购物环境明显改善，中型商场和专卖点名牌商品比重达50%以上，连锁点铺迅速发展，大大提升了现代化水平。

（徐　杰）

商业贸易资产经营

【工作目标完成情况】 2004年，商业贸易国有资产经营公司加速产权制度改革，努力开发市场，深化对国有资产的经营管理，保证企业稳定，圆满完成了年初确定的工作目标和各项工作任务。企业转制6户，安置再就业1 000多人；社会消费品零售额完成6.5亿元；组织职工并轨1 000人；计划生育率100%；安全生产死亡率为0；省、市领导批示信访案件，投诉中心反馈、处理、结案率，跟踪处理率均为100%；资产保值率100%。随着抚顺市国有资产管理委员会的建立，市商业贸易国有资产经营公司于2004年11月23日撤销。

【产权制度改革】 1. 全面调查为企业转制打好基础。公司对未转制企业进行了全面准确的基础情况调查，按照改制的程序进行了资产清查、审计评估，掌握了企业资产、负债、人员状况和转制成本底数，做到了资产底数清，人员状况清，转制成本清，为企业转制奠定了基础。

2. 全面展开转制工作。根据市政府的统一部署加速了系统企业转制的进度，目前有6个企业完成了清产核资、离任审计、转制成本测算等项工作，即将进入制定方案、讨论论证、职代会通过和上报审批阶段。

3. 分门别类指导转制工作。计划转制的6个单位中肉联厂、盐业公司，转为国有控股公司，裕民商城、七星集团、蔬菜公司、建材公司退出国有序列，公司针对各企业的实际情况对他们进行指导，坚持程序，依法办事，确保国有资产不流失，企业职工队伍稳定和转制后的发展。

4. 追踪企业《转制实施方案》的落实。一是认真贯彻落实《改制企业筹备成立新公司实施方案（建议）》，严格执行企业转制程序，保证了企业转制平稳有序顺利进行。二是进一步帮助改制后的企业完善董事会、监事会、股东代表会，建立科学的法人治理结构。三是对企业改制后的股本募集、经营、技术改造、招商引资等情况进行追踪检查和指导，保证了转制后企业的健康发展。

【招商引资 开发培育市场】 1. 重点工程项目立项。将商海大厦续建改造和木林森拓展训练基地建设两个项目申报为市级重点工程项目，明确了项目责任单位，对项目建设内容、投资计划、建设周期、资金筹措等进行了科学的论证、审验和把关。

2. 项目追踪确保进度。木林森拓展训练基地占地2 000平方米，投资100余万元，引进外地先进科学技术，可堪称抚顺最佳培训场所，于6月竣工，运营良好。商海大厦续建改造工程引进外资2 600万元，自筹资金600万元，续建17层、15 300平方米，目前主体工程已经完成。

3. 招商引资盘活资产。加大招商引资工作力度，利用各种机会，采取多种形式，扩大招商引资影响力，积极向市里推介项目，盘活闲置资产3处。

【国有资产管理】 1. 加强对国有资产的经营管理。在国有控股、参股的企业建立有效制衡的法人治理结构，选派了董事，加强了财务审计监督，提高了国有资产的保值率。

2. 认真贯彻《商业贸易国有资产经营公司国有资产管理办法》。对国有资产的评估，企业经营与管理、监督与考核，资产处置审批等都严格按照《管理办法》进行。杜绝和制止了处置资产暗箱操作情况的发生。

3. 拓展经营提高利益。信托经贸公司积极争取拍卖源，拍卖收入大幅度上升；肉联厂增加猪肉分割业务、开办放心肉类食品连锁店；盐业总公司开发增加食盐小品种，拓展了经营领域，提高了经济效益。

【企业和职工队伍稳定工作】 1. 做好信访工作。全年共处理各类信访案件40件，其中集体访20件203人次，个人访29件41人次，上三级转办及自收信件11件，全部案件都做到了事事有着落，件件有回音。经过工作，较好地处理了一些转制过程中暴露出来的深层次矛盾，避免了一些不稳定因素和过激行为的形成和发生，保证了企业和职工队伍的稳定。市民投诉分中心收到市投诉中心转办案件61件，对重点、难点案件及时阅批，使全部案件在规定的时间内，以最短的时间办结完成。

2. 做好并轨、“三方面人员”及离退休人员管理工作。组织安排并轨1 100人次，按政策发放各项补贴23万余元，为75名离休干部办理了医疗统筹，解决了拖欠他们的40万元医药费问题。

（侯桂珍）

日用工业品

【基本情况】 2004年，在国民经济保持较快增长的大环境下，抚顺日用工业品消费市场保持了持续活跃、稳中见旺的态势，市场消费亮点频现，居民消费需求不断增强，日用工业品零售额同比增长13.7%。2004年，本市日用工业品零售额增长加快，主要原因：一是国民经济总体趋好，给日用工业品消费市场带来了有利的商机。二是城镇居民收入的较快增长有力地支撑了市场的繁荣。2004年，城市居民人均可支配收入达到7 008元，增长9.6%，增幅比上年提高1.6个百分点。农民人均纯收入达到3 580元，增长8.2 %，尤其是农民收入增幅比上年同期提高1.9个百分点。城乡居民收入的增加，是日用工业品市场增长的内在动力。收入的增加为消费水平的提高打下了坚实的基础，对市场的上升起到重要促进作用。三是社会保障收入增加。随着社会保障体系不断完善，政府扩大了最低生活保障的范围，城市基本实现了应保尽保，享受社会保障的家庭有所增加。2004年城市居民人均社会救济收入比上年增长1.5%；失业保险金收入比上年增长16.4%。四是企业促销活动对活跃零售市场的作用明显。企业的促销活动对激发消费气氛、带动市场旺销起到明显效果。各大商场丰富多彩的促销活动，营造了浓厚的消费氛围，各种打折活动刺激了消费者的购买欲望，在一定程度上活跃了消费品市场，促进了销售额的增长。五是价格上扬拉动零售额增长。价格上涨使零售额总体规模扩大和增速上扬，对日用消费品零售额增长起到了一定拉动作用。六是假日经济效应继续显现。七是信贷消费的拓展对消费产生了积极的推动作用。

【家用电器】 2004年，家用电器市场继续升温。在全市消费品市场总体增势强劲的态势下，居民对家电的需求也呈现出稳中见旺的趋势。从总体看，多数家电商品销售量大幅攀升。本年全市批发零售贸易企业家用电器商品销售额实现22.9亿元，同比增长25.8%。限额以上批发零售贸易企业彩色电视机销售量同比增长1.7%，家用电冰箱增长53.5%，家用洗衣机增长65.6%，房间空调器增长3.2倍，微波炉增长73.5%。随着居民生活质量的不断提高，人们对餐饮食品的烹饪烧煮也越来越讲究，从吃饱喝足的单一目标到方便、卫生、营养、快捷、省力等多方位需求的转变，厨房四大类家电用品正日渐走俏。第一类是厨房冰冻类。已从过去单一的冰箱发展到冰柜、袖珍冰柜等。电冰箱也已从单门发展到双门、三门，从有氟有霜发展到无氟无霜，从冰冻熟食品混装到生熟分格封闭式。第二类是厨房家电烧煮烹饪类。如微波炉、电饭煲、电炒锅、电烤箱、电砂锅等。这类家用电器进入家庭的面广、量大，随着煤气价格的不断提高，此类厨房家用电器的销售更加看好。第三类是清洁卫生类。主要有洗碗机、消毒柜、吸排烟机等。第四类是冷热饮水电器类。主要有电水壶、电热水瓶及冷热饮水机等。由于纯净水在城市中的普及，再加上使用方便，这类产品也正在市民家庭中得到普及。

【服装鞋帽】 2004年，服装鞋帽市场发展势头良好。全市消费者对服装鞋帽时尚的追求越来越强烈，款式更趋国际化，种类更趋多样化，消费更趋品牌化、个性化。本年全市批发零售贸易企业服装鞋帽商品销售额实现20.7亿元，同比增长22.5%。限额以上批发零售贸易企业各种服装销售量同比增长63.2%，各种鞋销售量同比增长34.1%。女装市场越来越注重“柔美”、舒适化、休闲化，休闲化的正装已成为女装发展的潮流。西装市场趋向休闲化风格，休闲化西装销量比重比上年翻了一番。休闲理念的融入，使服装的线条越发简洁、流畅，天然纤维的使用不断增加。衬衫市场呈现出一种稳定上升的趋势。从市场运行状况看，衬衫主要有正装衬衫和休闲衬衫两种。休闲衬衫与正装衬衫相比，更能体现穿衣人的个性，更能符合着装人的个性化的发展趋势。童装市场清晰的表明品牌定位。随着儿童消费意识的不断增强，在购买童装的时候，儿童的意见在家庭消费中占据更重的分量。儿童服装逐渐从年龄段和生理定位走向年龄段、生理、心理三者结合定位。羽绒服市场更加注重款式、色彩、功能和用途。羊绒衫市场竞争更加激烈，价格战、促销战接连不断。市场出现了新特点：羊绒衫的实用性和艺术性相结合；职业白领和时尚人群对羊绒制品更加热衷。T恤衫市场销量持续升温。T恤衫在原有正装和休闲装的基础上，又新上市一种介于正装和休闲装之间的T恤衫，在色彩、款式及图案上都有较大的变化，深受广大消费者的青睐。运动鞋市场需求不断增长。随着本市整体的消费水平的提高，人们消费观念的更新，运动鞋从运动场走上了人们生活时尚的舞台。在市场上最受欢迎的鞋类商品主要有：名牌运动鞋、高品质休闲鞋和时装休闲鞋。帽子市场比以往更令人眼花缭乱。改变了传统的观念，追求浪漫潇洒。如时装帽、淑女帽、公主帽、运动帽、老板帽等五花八门。最受欢迎的面料是纯天然的棉、丝织、麻类。

【针纺织品】 2004年，针纺织品市场需求不断上升。本年全市限额以上批发零售贸易企业针纺织品销售额同比增长27.9%。纺织品主要四大类成为支撑市场的支柱。如以人棉布、麻料花布、家装布、弹力布。针织品的市场需求也迅速增长。如高支棉、毛、真丝、麻、牛奶丝内衣、装饰性调整体形内衣、空气层、柔软棉及复合保暖内衣等品种持续引导消费。

【首　饰】 2004年，珠宝首饰消费市场变化明显。本年全市限额以上批发零售贸易企业珠宝首饰销售额同比增长21.2%。珠宝传统意义上的“保值”功能退居次要位置，代之而来的是审美、时尚和享受。最受消费者欢迎的是项链和戒指。在质料方面，消费者较钟情白金、钻石和黄金。消费动机方面，女性倾向即兴消费，男性则主要为取悦他人和送礼。钻饰品依然是珠宝市场的当家产品，珍珠产品具有一定的消费需求。从本市珠宝首饰市场销售情况看，购买珠宝的消费者层次分别为：22岁以下为9.7%，22～28岁为14.1%，29～40岁的消费者是珠宝产品的主要消费群体。

【化妆品】 2004年，化妆品市场品牌化占据主导，专业化妆品层出不穷。本年全市批发零售贸易企业化妆品销售额实现4.8亿元，同比增长10.5%。2004年本市化妆品市场虽然琳琅满目，繁花似锦，但是中底档杂牌化妆品销售走低，中高档品牌化妆品热销。主要五大类化妆品吸引着消费者：一是防晒化妆品十分走俏。2004年的防晒品市场更是热销，往年四、五月份才上架的防晒商品，今年二、三月份就已在各大商场现身。这类商品的特点是在有效抑制黑色素生成的同时，并兼备防水防汗功能，倍受消费者青睐。二是中草药化妆品销售见旺。市场中以中草药成分为卖点的化妆品种类繁多，有治疗型化妆品，有预防型化妆品，治疗作用和美容效果被普通消费者所认识，销势看好。三是生物化妆品独树一帜。生物化妆品有效促进细胞新陈代谢，修复受损、断裂的弹性纤维，对防皱、抗皱、延缓衰老具有很好的作用。这种新型化妆品在被更多的人所了解，成为抚顺化妆品市场销售的主流。四是祛“痘” 化妆品销势不减。五是儿童化妆品市场方兴未艾。市场畅销的化妆品第一品牌是：美宝莲，其次是郑明明、宝璐丝、欧珀莱、羽西、欧莱雅、露华浓、姬芮（Za）等；护肤第一品牌是欧珀莱，其次是郑明明、玉兰油、羽西、自然美、欧莱雅、SK－Ⅱ、资生堂等；香水类的第一品牌是：CD，其次是纪梵希、贝丽丝、清妃等。

【文体用品】 2004年，文体用品市场多元化、多层次消费结构已经形成，并由低中档向中高档发展。本年全市批发零售贸易企业文体用品销售额实现3.9亿元，同比增长85.7%。近年来，本市消费发生新的变化，文化教育及休闲娱乐的消费月支出分别为124元和113元，其比重有显著提升；对运动的重视已成为共同取向，为运动和休闲花钱，已经为一部分人所接受。文体用品消费稳步发展，个人消费比重进一步扩大并成为主流。办公用品从传统迈向现代化，从单一品种向多款式、多层次发展，并使消费结构呈多元化，商品日益高档化。如在学生用品市场上，除了传统的笔、纸等文具之外，电子词典、语言学习机（复读机）掌上电脑等高科技的高端电子产品日益走俏市场。

【家　具】 2004年，家具市场消费观念由功能性的追求转化为时尚、个性化的追求。本市家具增销特点：住宅条件的改善刺激了家具需求；家具消费观念更新增加了销售；儿童家具消费逐渐上升；办公现代化促进办公家具的消费销售上升。本年全市批发零售贸易企业家具销售额实现5.5亿元，同比增长3.8%。2004年抚顺家具市场出现了新的消费趋势，限额以上批发零售贸易企业家具销售额同比增长44.1%，限额以下批发零售贸易企业家具销售额同比下降2.1%。主要原因：第一，限上企业质量有所保证。第二，限上企业经营的家具种类繁多并以外地品牌为主，款式时尚流行。第三，限上企业促销手段多样。实景陈列是各家具城的基本销售方式，陈列中，既有家具也有一些布艺装饰品和工艺品，同时，还有与家具配套的窗帘、床罩，加之柔和的灯光使展厅充满了温馨柔美的氛围。促销中也有的家具城设专人到顾客家中进行免费设计和送货上门，同时还有一些赠礼活动。第四限下企业款式少，质量差，销量下降。

（徐　杰）

副食品

【基本情况】 2004年，抚顺粮、油、肉、菜、盐、糖等主副食品货源充足，市场供求平衡，物价小幅上涨，市场繁荣兴旺。消费水平不断提高，居民生活质量有所改善，恩格尔系数（食品支出占消费支出的比重）由上年的39.4%，下降到38.9%。本年全市主副食品零售额实现61.1亿元，同比增长11.1%。

【蔬菜经销】 2004年，市区蔬菜上市量为2.25亿公斤，比上年同期增长10%，市场成交额同比增长18%。抚顺蔬菜市场供应特点："大路菜"、应季蔬菜上市量较为均衡，蔬菜市场供应自给率达到60%。集贸市场是抚顺蔬菜零售环节的主力军，超市仅处于补充地位，集贸市场蔬菜零售量约占抚顺蔬菜零售总量的98%，超市约占2%。集贸市场从事蔬菜零售经营的主要是蔬菜零售小贩和农民自销，零售小贩从批发市场采购货源，农民自产。从事蔬菜批发经营的市场有3个，最主要的是永济路蔬菜批发市场，2004年，蔬菜批发量达1.5亿公斤，蔬菜交易额为3.5亿元。主要承担抚顺冬季的反季蔬菜批发经营，外进蔬菜全年平均占抚顺市场需求量的75%。抚顺蔬菜市场的交易特点：抚顺蔬菜市场的交易模式固定，交易时段界限明晰，交易对象类别清楚。主要分早市、全天，其特点是：早市的市场交易时间一般在5~8时，以地产蔬菜为主要交易品种。卖家主要是抚顺郊区的蔬菜菜农，买家主要是周边附近居民。市场交易的地点基本设在居民居住聚中的便路边。全天的市场交易时间一般在5~20时，大都是固定的露天马路市场，主要以吃的主副食品为主的综合性集贸市场，卖家主要是零售小贩，消费对象主要是附近常住居民。此类集贸市场是抚顺市区居民主要的购物场所。抚顺蔬菜市场的消费特点："大路菜"和应季蔬菜上市量和价格的稳定，保证了市场供应和城市中低收入市民的正常需求；时令菜、反季节菜价格相对提高；蔬菜新品种的大量增加，成为拉动经济增长，增加农民收入，满足高收入市民追求新鲜、营养、时尚和口味需求的新增长点；小品种蔬菜价格居高不下，如姜、蒜、韭菜、香菜、小辣椒、柿子椒、白萝卜和葱头等品种的价格上升，平均升幅为8.6%，其中姜的升幅达到了500%，蒜和山药的升幅超过了100%，芋头和豌豆的升幅超过了20%；六种蔬菜市场好销，如菌类蔬菜：各种作物秸秆在接入不同食用菌菌种后，生产出各类食用菌，生产过程中不用化肥、农药，被公认为健康食品。薄片蔬菜：将鲜菜制成糊状，加入调料和黏结剂，干燥后经轧制而成，形如名片，风味独特，可作休闲食品。脆片蔬菜：在真空低温条件下将蔬菜油炸脱水而成，不但保持了蔬菜原有色彩和营养，而且具有诱人的风味和酥脆的口感。芽苗蔬菜：采用工厂化方法生产，具有无公害、生长快、质脆嫩、风味佳、易消化的特点。如香椿芽、花生芽、豌豆苗、萝卜苗以及蒜苗等。辛辣蔬菜：该类蔬菜有刺激人的食欲和减肥、抗癌等作用。如圆葱、辣椒、韭菜、大蒜、生姜等。苦味蔬菜：该类蔬菜营养丰富，有健脾补血、强身抗癌、调节生理活动的作用，可治疗营养不良、脾胃不和等症。如冬瓜、莲藕、香椿、蒲公英、南瓜等，南瓜是糖尿病人理想的食物。

蔬菜公司一直承担着保证居民蔬菜、副食供应，调剂市场余缺，平抑市场物价等行政性公司和政府职能的任务，政府补贴终止后，蔬菜公司仍继发挥国营公司主渠道作用，自筹资金储存大白菜1 100万斤，为保"节"堵"淡"，满足市民生活需求起到重要作用。春节期间，公司结合本市冬季蔬菜主要依赖南方菜的特点，加之气候变化无常，影响蔬菜长势，导致市场菜量减少，菜价较去年偏高，公司领导决定到外埠组织鲜细菜200万斤，共15个品种，加工精装礼品菜3 000余件，既缓解市场供需矛盾，又满足了市民需求。

（徐　杰　范杰荣）

【肉食市场】 2004年，肉类食品价格上涨，城镇居民猪肉人均消费量与上年同期相比小幅下降。市区肉类食品消费量为3 226万公斤，消费量比上年同期下降2.6%，价格上涨13.6%。禽类消费量为938万公斤，消费量比上年同期下降14.4%，价格上涨15.1%。抚顺肉类食品市场供应特点：生猪实行定点屠宰，检疫、屠宰由动检站和肉联厂负责。2004年，市肉联厂屠宰生猪32万头，屠宰量同比下降15.8%。收猪和批发交易都由贩猪户自行完成。牛羊肉价格比上年提高，牛肉增幅大于羊肉；牛羊肉消费比上年增加，猪牛羊肉消费水平基本持平。2004年春我国爆发的"禽流感"对城镇居民消费产生了较大影响，禽肉消费普遍下跌，市场销售量同比下降14.4%，价格上涨15.1%。集贸市场是抚顺肉类食品零售环节的主要场所，超市虽然销售比重不大，但经营的是精肉、分割肉和小包装。随着人们生活水平的提高，人们对肉类食品的追求呈现多样化，牛羊肉以其丰富的营养越来越受到人们的青睐，市场需求较大。

【盐业经销】 2004年，抚顺食盐经销特点：食盐是专营商品，实行计划调拨，由盐业公司负责购销调存业务，承担全市零售市场的食盐供应，2004年，盐业公司全年销售食盐8463吨。

【糖酒经销】2004年，抚顺糖酒商品经销特点：糖酒商品是市场化经销，超市、集贸市场各占50%的销量。城市居民糖酒商品消费特点：随着经济发展，居民生活质量逐步提高，消费结构不断改善，城市居民对糖、酒的消费变动较大。糖类食品消费小幅下降。城市居民家庭平均每人全年食糖的消费量由1.2千克，逐渐减少到0.89千克。酒类消费在波动中趋稳。城市居民对酒类的需求量在近些年来呈现快速增长的态势，到2004年城市居民人均酒类消费量为7.9千克，比1995年增长了1.93千克。糖、酒消费在不同收入层次居民中存在一定差异性。收入较高，糖、酒类消费量也较大，尤其是对一些目前比较新潮的产品，如对葡萄酒、啤酒、糖果等。白酒类的消费者主要集中在低收入和中等收入阶层，这一部消费者消费意识较高，但是生活不够科学，受消费水平限制，对白酒需求量较大。抚顺农村居民的糖、酒消费平稳增长。近年来，农村经济加快了发展的步伐，农民收入相对提高，用于消费的支出相对增加，对糖类和酒类的需求也呈现出了上升趋势。农村酒类消费有明显的时期性。农村市场的白酒消费具有集中性的特点，主要集中在中秋节和春节期间。据了解，农村、城镇普通消费者每户每年在此期间的白酒消费量占到全年的75%；啤酒消费季节性较强，集中在夏季。传统酒类和食糖消费占据主导地位。葡萄酒、糖果等发展较快。啤酒和白酒依然是居民消费的主要对象，城市居民家庭平均每人全年购买啤酒的数量占所有酒类的54.7%，白酒所占比重达到23.3%，葡萄酒所占比重达到22%。随着人民生活水平在不断提高，伴随而来的则是人们生活理念的不断变化，一些新的消费习惯正在不断养成。体现在酒类市场，相对于啤酒、白酒市场的趋于饱和，葡萄酒市场前景乐观，近年来市场不断扩大。通过对市内6家大型商场看，2004年城市居民葡萄酒消费量同比增长2倍。从糖类市场来看，糖类市场中食糖还是占据着主导的地位，糖果消费的增长速度明显高于食糖，尤其在农村市场体现的比较明显。在酒类产品消费选择上，城乡之间呈现出不同的特点：白酒在城市消费中，消费者看重品牌。白酒在农村酒类消费中占主要地位，以中低档商品为主。城市葡萄酒消费品牌集中度高，不同品牌消费者在构成上存在一定差异。葡萄酒在农村的消费还很少，增销的速度缓慢。啤酒在城市啤酒消费品牌属地化明显，抚顺啤酒一直好销。农村市场对品牌需求不同。

（徐　杰）

餐饮 服务 批发零售贸易

【基本情况】 2004年，本市个体批发和零售业29 245户，占个体总户数的41.7%，从业人员89 704人，注册资金33 232万元。住宿和餐饮业7 575户，占个体总户数的10.8%，从业人员40 522人，注册资金14 377万元。服务业7 639户，占个体总户数的10.9%，从业人员22 830人，注册资金18 713万元。批发和零售贸易及餐饮业累计户数、从业人员、注册资金与上年同期比分别增长了1.4%、11.45%、5.57%，服务业累计个数、从业人员、注册资金与上年同期比分别增长了16.57%、47.12%、24.07%。

私营批发和零售业2 029户，占私企总户数的46%，从业人员52 676人，注册资金154 455万元。住宿和餐饮业50户，占私企总户数的1.1%，从业人员1 978人，注册资金3 915万元。服务业412户，占私企总户数的9.3%，从业人员6 718人，注册资金21 585万元。批发和零售贸易及餐饮业累计户数、从业人员、注册资金与上年同期比分别增长了17.3%、17.9%、53.1%，服务业累计个数、从业人员、注册资金与上年同期比分别增长了－4.0%、5.4%、－5.4%。

【主要特点】 一是稳定、快速、健康发展是主流。户数、从业人员、注册资金均比上年有所增长，且增长幅度加大。二是从产业结构上看，属“三产”的个体私营批发零售贸易、餐饮业、服务业户数占到全市个体私营总户数的近一半，成为强势产业群体。规模较大的餐饮集团发展迅猛，注册资本在百万元以上的餐饮行业及服务行业不断增加。三是从组织形式上看，相关行业私营有限公司发展迅速，独资、合伙企业在总量中所占比重减少，其中私营企业发展迅速，在形成规模效益的同时，也为城市的发展振兴，完善服务功能、亮化环境做出了重要贡献。

（汤　勋）

粮油购销

【粮食购销】 2004年，本市国有粮食企业主动更新观念、改善服务，采取了广设收购网点、上门服务、预约收购、订单收购、代收代储等多种便民措施，确保了收购工作顺利完成。全地区粮食收购总量达到了31.5万吨，同比增长了34%。其中：水稻3.9万吨；玉米26.6万吨；大豆1万吨。截止到2004年10月末，全地区库存粮食总量为20万吨。其中：国家储备粮4万吨（水稻1万吨、玉米3万吨）；市级储备粮4万吨（小麦0.35万吨、水稻2.05万吨、玉米1.6万吨）；商品周转粮12万吨（水稻2万吨、玉米10万吨），总库存比上年同期增加4万吨。与此同时，借助今年以来粮食市场价格上扬的契机，积极组织和督促国有粮食购销企业，按照市场机制、双方协商定价、顺价销售的原则，做好粮食销售工作。截止到2004年10月末，全地区共销售粮食17.4万吨，同比增长了52.6%，其中：水稻5.3万吨；玉米11.6万吨；大豆0.5万吨，实现了全年粮食购销工作的同步增长。

【企业改革】 2004年以来，粮食局按照粮食购销市场化改革的方向和市国企改革的工作部署，对国有粮食企业改革的总体要求是：“实行政企分开，推进兼并重组，消化历史包袱，分流富余人员，建立健全法人治理结构，使企业真正成为自主经营、自负盈亏的市场主体，提高市场竞争能力，更好地发挥主渠道作用”。在改革中，结合粮食系统的实际，主要采取了以下几种方式：

1．以现有仓储设施为依托，改造和重组国有独资或国有控股的粮食购销企业，作为政府实行粮食宏观调控的主要载体。工作中坚持以“缩短战线、加强重点，减少布点、提高质量”为思路，优选一批粮食购销骨干企业，以其仓储设施为依托，改造成国有独资或国有控股企业，作为政府实行粮食宏观调控的载体，承担中央、省和市三级储备粮、军粮等政府调控用粮经营管理任务。

2．整合、重组、改造粮食加工企业。按照国家五部门下发的《进一步深化国有粮食购销企业改革的指导意见》的要求，对市直粮库的加工企业以整合盘活资产为新的切入点，实施了以下整合、重组和改造。一是通过租赁方式盘活了面粉总厂设备。该厂自1999年起停产以来，每年设备维护费用就需15万元。目前已同中国粮油总公司沈阳东大面粉公司签定了设备租赁协议，现在设备检修已经结束，十月初进入试生产阶段，日处理小麦270吨（合加工面粉200吨）。盘活了面粉总厂近5 000万元的资产，并安置了再就业职工110人，每年可为抚顺纳税120万元。二是通过租赁方式，盘活了油脂厂设备。市油脂厂2000年就已停产，设备闲置，于2003年与锦州华强生物技术有限公司签定了10年的租赁协议，年租金56万元，日加工大豆250吨，安排了再就业职工100余人。2004年，油脂厂增大了资金的投入，截止到九月初，由乙方锦州华强生物技术有限公司总计投入资金1 060万元进行较大规模的设备改造、场地扩建工程。大豆的日加工能力由原来的250吨增加到500吨，职工再就业已增加到150人。三是通过股份制方式，重组了全市米业资产。清原满族自治县粮食局与原第一粮油工业储运公司大米厂合作组建的清原草市股份制米业公司，以清原优质水稻为基地实施了订单农业，走“公司＋基地＋农户”的新路。2004年公司加工大米1万吨，实现利润50万元。第五粮油工业储运公司大米车间已停产六年，最近该公司已同一私营企业签定了合同，实行股份制合资合作经营，目前双方各投资100万元，组建了北方米业加工有限公司。于10月23日投入生产后，可日加工大米100吨，预计每年将盈利80万元，不仅盘活了资产，还可安排再就业职工40人。

3．积极推进粮食非购销企业的产权制度改革。一是资产重组实施股份制改造。将原三个粮油供应公司部分优良资产进行了重新组合，吸收部分社会自然人入股，组建一个以国有控股为主股权多元化的抚顺家乐粮油有限责任公司，公司总资本966万元，自然人股占14.1%，已于2004年7月18日正式工商注册。二是有计划地退出国有序列。第四粮库的土地和资产整体进行上市转让；天丰大厦评估后，目前已经上市拍卖；近两年，市粮食局已将4 000多万的资产，通过竞价拍卖的方式，转让给个体和私营企业，退出了国有序列。三是无震荡地实施破产。即对无产品、无资产、启动无望的企业，如饲料公司、粮油食品贸易公司，在人员并轨后，实施了依法破产，整个破产工作于年底全部结束。粮油运输公司在2003年上市拍卖后，

2004年已确定实施破产，正在着手做破产前的准备工作。

【安全体系建设】 1. 建立粮食安全责任体系。市政府常务会议多次研究部署有关粮食工作。市财政局认真管好粮食专项资金，为地区粮食安全体系建设提供资金方面的支持。一年来，在市储库建设、市级储备粮的储备、风险金的管理等方面都做了大量卓有成效的工作。2. 合理确定地区粮食的储备数量和品种。根据《国务院关于进一步深化粮食流通体制改革的意见》（国发《2001》28号）文件规定，“粮食销区保持6个月销量储备的要求”，结合本市人口实际，经市政府批准，市级储备粮规模确定为5万吨，食油储备为500吨。同时，注重改善储备粮的品种结构，改变以往以储存玉米为主的做法，转为储存符合口粮消费要求的优质水稻为主。3. 加大了粮食流通设施建设力度。市储库扩建工程共投入了资金1 000万元，于2003年6月正式开工，到2003年年底主体工程建设项目完工投入使用后，2004年收尾工程已全面进入尾声；市第二粮油储运公司1.4万平方米的地坪建设项目2004年已通过正式验收；第五粮油工业储运公司完成了日处理潮粮200吨的烘干设备，显著地改善了本市粮食仓储设施落后的局面，进一步提升了粮食流通设施的功能。

【行政执法】 1. 积极贯彻关于稳定和加强粮食行政管理部门机构和人员的有关规定，逐步实施依法行政，切实履行好全社会粮食流通监管的职责，提出了搞好“三个转变”，由过去主要管理国有粮食企业转变为管理全社会粮食经营企业；由过去管理国有粮食企业经营活动转变为管理市场主体的准入和行为规范；由过去主要采取政策性管理转变为依靠法制化管理。从而引导国有粮食企业发挥主渠道作用，实施粮食宏观调控。

2. 建立粮食行政执法主体资格制度。市、县（区）粮食行政管理部门在《条例》赋予的职权范围内行使行政执法权，不得委托非行政机关的组织行使行政执法权。市政府法制办负责向社会公告粮食行政执法主体；为保证粮食行政执法人员必须持证上岗，实施了粮食行政执法人员资格制度，经培训、考试，由市政府法制办代省政府颁发执法资格证书，没有取得执法资格的不得从事粮食行政执法工作。到目前，市粮食局已为3人办理了省行政执法监督证，为20人办理了省行政执法资格证。

3. 根据《中华人民共和国行政许可法》的有关规定，经市政府常务会议审议通过，《粮食收购资格许可》已被正式批准为本市实施行政许可主体和行政许可项目。

【扭亏增盈】 截止到2004年10月底，地区亏损6 850万元，剔除以前年度损益1 563万元和清理库存、企业破产等非正常因素2 039万元，实际亏损3 248万元，比上年同期的4 421万元下降了26.5 %。其中市本级亏损3 199万元，剔除以前年度损益593万元和清理库存、企业破产等非正常因素791万元，实际亏损1 815万元，比上年同期的1 965万元下降了7.6 %。与此同时，招商引资工作完成了4 100万元人民币。

（张平秀）

烟草专卖

【基本情况】 2004年，抚顺市烟草专卖局（分公司）全面加速由传统商业向现代流通的转变，卷烟经营市场进一步得到净化规范，企业经济效益成倍增长，企业整体实力不断提高，全年卷烟销售7.6万箱，实现销售收入6.3亿元，实现毛利1.33亿元，税利总额实现1.09亿元，其中利润实现8 818万元，比2003年增长89%，税金实现2 073万元，比2003年增长18%，经济效益再创历史最好水平。市公司被评为市纳税诚信A级纳税人。市局被评为市级文明机关。

【卷烟销售网络建设】 年内，抚顺烟草在完善“电话访销、电子结算、网上配货、现代流通”的现代营销新体制过程中，着力提升卷烟销售网络的服务质量和工作效率，增强网络的生命力和竞争力。在服务上，以市场为导向组织适销对路的货源，调整合理的产品结构，满足社会各层面消费者的需求，达到卷烟工业、卷烟零售户、消费者满意的“三满意”要求。并不断加强对客户经理、专卖稽查员、电访员、送货员等一线岗位员工管理，及时准确地将最优质的服务提供给零售户和广大消费者，达到批零双赢，与零售户建立起牢固的利益同盟关系，实现网络建设水平的全面提升。抚顺烟草卷烟销售网络现已完成电话普及率100%、电话访销率100%、送货率100%的目标。

【行政执法】 继续推行专卖部门与销售部门每星期一、四定期交流制度，沟通市场情况，及时掌握市场动态，随时调整工作计划，促进卷烟的销售。不断加大市场管理力度，打击非法经营，提高市场控制能力，全年共查扣卷烟1 214件，其中假烟737件，上缴罚没款48万元。公开紧俏卷烟的供货标准，公平、公正的按诚信等级分配货源，做到让零售户满意。加强零售户的诚信等级管理，运用行政手段、经济手段，提高卷烟零售户诚信经营的自律能力，维护了消费者的利益。年内，市局（分公司）通过认真组织、广泛宣传，按照严格标准，两次共评出“卷烟诚信经营户”661户，打造了良好的诚信经营氛围。

【体制改革】 随着由传统商业向现代流通的转变，企业人员素质更需要不断加强与提高。市局（分公司）按照新的业务流程，一是对全地区所有工作岗位重新进行了定岗、定责、定员，明确岗位设置、岗位职责、上岗条件与资格。在此基础上，中层干部实行竞争上岗，一般岗位实行双向选择。为把好选人用人关，稽查员、电访员、市场营销经理、送货员全部面向社会公开招聘，经培训后择优录用。二是奖罚分明、优胜劣汰，坚持开展“优秀四员”评比活动，每季度评比一次，颁发奖金上光荣榜。按照考核量化指标实行末位淘汰，工作完不成任务，在编职工待岗，合同工解聘。三是联销计酬、按劳分配，在分配问题上向一线倾斜，激发了广大干部职工积极进取精神，增强了企业凝聚力。

（丁河顺）

供销合作

【基本情况】 2004年，市供销社积极探索新型经营业态，加强体制机制创新，积极参与农业产业化，各项工作基本达到了预期目标。全地区商品销售实现了69 300万元，比同期增长8.11%；利润指标全地区亏损22.3万元，比同期减亏66万元，减亏75%，按可比口径计算实现盈利241万元；税金实现229万元，比同期增长25.6%；全年完成农副产品收购额7 499万元，比同期增长24.59%；全系统职工人均收入和职工就业也比上年有了较大幅度的增长。

【企业改革】 2004年是市供销社系统的改革转制年，通过清产核资、债务清理、人员分流、身份置换等一系列大量而细致的工作，大部分所属企业完成了转制的前期准备，一批具备条件的企业已实现了转制。棉麻公司破产工作已经结束；日杂公司一分为二，分别成立了凯隆烟花爆竹有限公司和大通日用杂品有限责任公司；供销物资公司通过转制成立了抚顺果品大厦有限责任公司；农资公司已完成了转制筹备工作。县区社按照“强店壮社”要求，继续按经济区域对基层社进行调整，并加快了县直企业改革、改造和重组工作，新宾县社撤消了13个县直企业，转制成立了日用杂品有限公司和新兴农业生产资料有限公司；抚顺县社完成了县日用杂品公司的改制。转制后企业，减轻了包袱，盘活了资产，激活了干劲，虽然时间较短，但已显现出旺盛的生机和活力。

【市场建设】 抚顺市农副产品综合交易市场逐步扩大市场经营规模和经营范围，新增干调、干果批发业户3家；水产品批发市场的改造组建工作已进入筹备当中，场地选址改造工作已经完成。高山路综合物资交易市场充分挖掘市场潜力，进一步扩大了规模，增加铝合金加工、餐饮服务、便民店等经营服务项目，年交易额达160多万元，为市场创收几十万元。物回公司新抚钢材市场和废旧物资交易市场分别投入1.3万元和3万元进行基础设施建设和维护，清理、改建经营摊位180平方米，改建经营门市300平方米，对4 000余平方米经营门市实施了防水维修，共增经营业户6户，两个市场各增办再生资源经营许可证15个，为进场业户合法经营和市场扩大招商创造了条件。

【为农服务】 2004年，市供销社坚持为三农服务的宗旨，积极参与农业产业化，为“三农“服务的能力和水平得到了进一步提高。龙头企业建设有了新的发展。新宾满族自治县进出口公司实现出口创汇额307万美元，比同期增加187万美元；清原满族自治县土产公司实现农副产品销售额1 200万元，比上年增加280万元；清原野果制品公司水果酒系列产品不断开拓市场，全年实现销售额230万元；新宾满族自治县果菜公司完成改、扩、建项目，投资90万元新建380平方米速冻库，在陡岭林场建立了4 000亩的刺嫩芽种植基地，兴办了山野菜专业合作社，发展社员85户，初步形成了“公司+基地+农户”的现代产业模式。专业合作社和村级综合服务站得到巩固和提高。清原县社在大孤家领办了火鸡养殖专业社，吸收养殖专业户38户，发展火鸡养殖5 000只，实现产值120万元，助农增收80万元；抚顺县社在章党石门岭建成了葡萄专业合作社；于年内共新建了11个村级综合服务站，使为农服务的辐射能力和服务层次得到了提升。农副产品收购再创历史最好水平。清原满族自治县土产公司与大连外贸部门签订了榛蘑、黄花松蘑、美味牛肝菌、中药材等购销合同，实现收购额850万元。新宾县社实现收购额700多万元；抚顺县社会同乡、村行政组织，发动供销社下岗职工和农村经纪人深入村屯进行收购，收购13个品种，共计2 908吨，收购额达688.7万元。农产品协会组建工作有了新的进展。新宾县社山野菜加工协会已在民政局注册，组建工作正在运作当中；抚顺县社参与并协助拉古乡政府组建了无公害蔬菜生产协会；清原县社在英额门组建了中药材协会，吸收会员48户，种植龙胆草、细辛、地龙骨等中药材3 800亩，实现产值680万元。

（赵　鹏）

【土产日杂】 市供销社下属的土产日杂公司结合企业自身实际，创办了惠工连锁超市，通过平时与节日相结合，卖场与团购相结合的方法，积极拓展自营空间。公司在2002年和2003年成功创办惠工超市建设店、大街店和古城子店的基础上，又建成了惠工超市凤翔路店，使超市连锁规模达到4家，全年实现自营销售260万元，安置就业50人，不仅满足了居民的日常生活需求，也为公司新型经营业态的发展奠定了基础。

凯隆烟花爆竹有限公司加强了烟花爆竹经营工作，严把进货、储存和销售等几道关口，实行统一进货配送，统一质量价格和标识品牌，全年再创烟花爆竹经营历史新高，实现销售915万元。

（徐世琴）

【物资回收】 2004年，市物资回收总公司商品销售完成11 038.9万元，其中自营商品销售完成2 635.3万元，创办市场交易额完成6 504万元，社办工业产值208万元，收购网点承包经营、资产经营收入折算销售额1 691.4万元。

物资回收总公司不断拓展行业经营，克服市场价格波动的影响，实现了废有色金属销售750吨，废钢联营销售8 000吨。新抚分公司终止了同金升物流有限公司联建金升物流配送中心的合作，收回了经营主权，并同10个成材经营档口签订了租赁合同，市场招商工作初见成效。

（王春晓）

【农资供应】 2004年，市供销社所属市农资公司立足“三农”搞好农资商品供应，公司以提高经济效益为目的，积极扩大连锁经营的网络优势，以总代理、总经销等方式组织购进货源，实现了大连化工集团氯化铵、内蒙富隆化工集团长效氢铵、大连木材股份有限公司木材系列农药的抚顺总代理资格；利用厂家直拨、订单销售的方式，保证三县主要化肥连锁用户的需求，全年销售化肥14 759吨。县（区）供销社充分利用区域优势，贴近农村和农户，大力加强农资商品销售，保证了农民的需求。年内，市供销社系统完成农业生产资料供应8 652万元，其中销售化肥62 656吨、农药281吨、农膜381吨。

（韩艳菊）

个体私营商业企业

【基本情况】 2004年，随着抚顺老工业城市振兴步伐的逐步加快，全市个体私营经济呈现了良好的发展态势。到2004年底，城乡个体工商户达到70 049户，从业人员246 293人，注册资金14.89亿元，年产值23.03亿元，销售额109.76亿元。与上年同期比，登记户数增长5.13%，从业人员增长16.09%，注册资金增长11.99%，产值增长6.64%，销售额增长8.69%。从产业结构看，第一产业1 064户，占1.5%；第二产业23 645户，占33.7%；第三产业44 447户，占63.4%。从行业结构看，农、林、牧、渔业1 064户，占1.5%；制造业4 545户，占6.4%；采矿业205户，占0.2%；建筑业139户，占0.1%；交通运输业18 756户，占26.7%；批发零售贸易业29 245户，占41.7%；住宿和餐饮业7 575户，占10.8%；租赁和商务服务业363户，占0.5%；居民服务和其他服务业6 030户，占8.6%；卫生、社会保障和社会福利业160户，占0.2%；文化体育和娱乐业439户，占0.6%；其他行业881户，占1.2%。

全市共有私营商业企业4 405户，从业人员13.65万人，注册资金38.98亿元，产值31.50亿元，销售额27.45亿元。与上年同期比，登记户数增长19.34%，从业人员增长15.80%，注册资金增长51.77%，产值增长7.95%，销售额增长9.15%。从产业构成看，第一产业57户，占1.2%，第二产业1 712户，占38.8%；第三产业2 636户，占59.8%。按类型，独资企业1 610户，合伙企业 56户，有限责任公司2 739户。全市共有私营企业集团 14 户。

【发展特点】 2004 年，工商部门大力推行“为地区经济发展服务十大举措”，深化“执法服务环境年”活动，开辟绿色通道，降低准入门槛，鼓励投资兴业，实行民营企业家任会长的个体私企协会体制改革，提升了服务发展层次，提供了引领发展的新的组织保障，有力推动了个体私营经济步入跨越式发展的快车道。2004 年，全市个体私营经济总体呈现由粗放型向集约型、由经贸型向制造型、由初加工向深加工拓展，产品科技含量及市场竞争力同步增强，商业、服务业日益齐全配套，实现自我发展的势头强劲。

1. 发展速度和经营规模同步提高，经济实力和发展后劲得到增强。个体工商户均注册资金 2.13 万元，同比增长 6.5%，户均雇工 4 人，同比增长 33.3%，年内新发展12 441户，同比增长 9.95%，占全市个体户数的 17.7%，同比增加了 0.7 个百分点。私营企业户均注册资金 88.51 万元，同比增长了 28.28%，户均雇工 29 人，同比下降了 1%，年内新发展 986 户，同比增长了 22.64%，占全市私营企业总数的 22.3%，同比增长了 0.5 个百分点。其中私营有限责任公司同比增长了 24.5%，发展速度同比提高了 10.3 个百分点。冠省名的私营有限公司达到 61 户，是上年的近 2 倍。

2. 第二产业发展迅猛，促进了第一产业、第三产业的快速发展，优化了产业结构的合理布局。“二产”个体工商户由上年的21 859户增加到23 645户，所占比重由 32.8%提高到 33.7%，私营企业由1 358户增至1 712户，比重由 36.8%提到 38.8%。个体私营经济产业布局整体呈现一、二、三产数量同时增加，但“二产”所占比重明显提升的格局，初步显现了本市以“二产”为主，老工业基地发展振兴工业先行的基本特色。“二产”的迅猛发展，不仅直接增加了对“一产”农副产品的需求，而且进一步拉动了“三产”功能的增强。农村种养业及相应的产品加工业开始向“公司 + 品牌 + 农户”链式生产加工方向发展，城市产品制造业开始向深加工、精加工方向拓展，产品日益追求高科技含量、高附加值、高市场占有率。围绕一、二产业发展及居民的日常消费，第三产业突破八大行业，向新兴各类经销、中介、代理、服务、科技、信息咨询等行业发展势头更加强劲。

3. 依托城市振兴战略，充当经济发展振兴的重要力量。随着本市老工业城市振兴战略的启动实施，个体私营经济也步入了追求跨越式发展的快车道，纷纷投资扩大生产经营规模。年内，开发区鲁州淀粉糖有限公司在一期投资3 500万元的基础上，又追加投资近亿元进行二期改造。恒安卫生用品有限公司投资3 000万元兴建了新项目。罕王集团、炭素厂、顺大房地产、机械制造厂、合乐化学品有限公司等五家私营企业进入全省“百强”私营企业行列，罕王集团当年产值突破十个亿。个体私营经济参与国有资产重组，一批企业经过转制，重现生机，新增就业岗位8 000多个，规模、效益实现双增。罕王集团出资5 600万元买断城东供热公司，成为成功盘活国有企业的又一范例。抚顺炭素有限公司转制后，于2004年实现超速发展，石墨电极年产量由改制前的7 400吨提高到 1.65万吨，同比翻了一番。机械设备制造有限公司、大伙房水泥制造有限公司、抚顺永茂工程机械有限公司等同样在民营资本注入后，扭转了颓势。

4. 山区特色资源开发利用、绿色产品生产加工及发展各类种养殖业，成为农村个体私营经济发展的主流，年内，清原的中草药、山野菜、食用菌、蛋鸡养殖、苗木培育，新宾的人参、香菇、根艺、中药材、绿色稻米基地、大叶芹基地，抚顺县的无公害蔬菜、有机大米、仙食玉米、葡萄、光把梨、大伙房库鱼等特色产品、项目及生产加工业，产量、规模、效益同步提高，相应的农产品深加工、精加工链条正在加速形成，被工商部门纳入“品牌兴农”的重点培植对象。

5. 争创名优品牌，取得历史性的突破。在工商部门的大力协助下，经多年努力，本市私营企业合乐化学品有限公司的“哥俩好”商标于 2 月 25 日被国家工商局在新的《驰名商标认定和保护办法》实施后，首批被认定为中国驰名商标。私营企业率先实现了本市商标知识产权方面的一次重大突破，创出了土生土长的抚顺首件中国驰名商标。企业自身在全国各大媒体投入广告费3 000多万元，品牌产品信誉度、质量信誉度在全国胶粘剂行业位居第一。依靠品牌经营获得巨大成功的合乐化学品有限公司总经理姜铁军，受到全市个体私营界的一致推崇，于当年 5 月当选为全市个体私营企业协会会长。年内个体、私营业户中有 169 家被评为市食品安全示范店(户)，135 家获市“诚信单位”称号，6 家荣获辽宁省“重质量、讲诚信”优胜企业称号。

6. 一些高科技中小企业前景看好。抚顺塑胶有限公司用于铺设电缆的超轻量化桥架产品，受到广大用户的青睐，被中央电视台设备改造和北京奥运村建设工程所采用。抚顺永宁实业有限公司与国内高等院校共同研制的高科技建筑用节能产品储能腊，市场前景广阔。

(王金武 汤 勋)

集贸市场

【基本情况】 2004 年，全市集贸市场呈现了繁荣发展的良好态势，商品购销活跃，上市品种齐全，市场功能改善，市场交易总体规范有序，为城乡人民的日常生活及消费提供了便利。到年底，全市共有集贸市场 232 处，总面积约 96 万平方米。全年实现成交额 35.34 亿元，比上年增长了 12.69%，其中城市实现 24.73 亿元，农村 10.61 亿元；实现成交量 67.05 万吨，比上年增长了 20.07%。其中城市实现 39.52 万吨，农村 27.52 万吨。七大农副产品零售总成交量 66.58 万吨，比上年增长 45.21%，其中粮食类 15 万吨，增长 132.91%；油脂类 2.16 万吨，增长 8.54%；棉烟麻类 0.12 万吨，下降 91.78%；肉禽蛋类 7.74 万吨，增长 12.01%；水产品类 3.66 万吨，增长 26.02%；蔬菜类 28.42 万吨，增长 37.69%；干鲜果品类 9.46 万吨，增长 31.93%。

【主要特点】 1. 粮食、蔬菜、肉蛋禽等消费品成交额、成交量比上年同期有较大增长。主要原因有：一是整体经济运行环境较上年明显好转，城乡居民人均收入普遍有所提高，从而拉动了消费的增长。二是上年“非典”、“禽流感”造成的不利影响得到扭转，居民相应消费顾虑及心理阴影彻底消除。三是整体物价水平比上年有一定程度增长，形成了涨价商品成交额的相应增幅。

2. 农村农副产品产业化进程加快，成为拉动集贸市场发展的重要力量。除传统的优势农产品、畜产品外，清原的中草药、山野菜、食用菌、苗木，新宾的人参、香菇、根艺品、中药材、绿色稻米、大叶芹，抚顺县的无公害蔬菜、有机大米、鲜食玉米、葡萄、光把梨、大伙房库鱼等，不仅成为培育公司、品牌、农户链式农产品深加工产业的重点对象，而且不少成了市场热销产品。相关的生产、加工、销售及配套服务业成为发展市场的新兴力量，并持续壮大。

3．与拆迁改造及新区建设相配套，城区市场规划建设尚需加快进程。厅棚市场、院落市场、街路市场、早市仍然是城区市场的主要组成部分。在城市建设脚步加快的同时，由于老城区空间狭小，厅棚市场和院落市场所占比例较小，街路市场、早市偏多，较大规模的专业市场明显不足。各集贸市场多以综合类消费品经营为主，属零售性质的市场居多，以批发为主的市场较少。城区市场格局有待进一步改善，以满足城市发展及方便居民购物的实际需要。

（纪　彤）

附：

2004年抚顺市综合消费品市场成交情况统计表

序号	商品类别	成交量（吨）		成交额（万元）	
		城　市	农　村	城　市	农　村
1	粮食类	53 532	96 477	10 783	2 904
2	油脂油料类	12 622	9 074	11 368	2 185
3	棉烟麻类	185	1 002	410	923
4	肉食禽蛋类	50 445	26 992	81 682	17 260
5	水产品类	23 926	12 743	26 419	5 362
6	蔬菜类	203 230	81 010	61 717	55 995
7	干鲜果品类	51 259	43 396	23 892	5 075
8	家畜幼禽类		4 599		1 147
9	工业品类			29 724	12 950
10	其他			1 397	2 280

2004年抚顺市日用工业品专业市场成交情况统计表

序号	商品名称	城　市		农　村	
		零售成交额（元）	批发成交额（元）	零售成交额（元）	批发成交额（元）
1	小百货	19 026 367	2 616 700	12 350 000	
2	布匹	14 662 340		7 210 000	
3	服装	56 289 970		5 730 000	
4	鞋帽	29 733 640		6 400 000	
5	家具	18 209 426	2 730 706	400 000	
6	文化用品	3 076 114	1 924 000	4 080 000	
7	家用电器	868 700			
8	金银饰品				
9	卷烟	2 681 819		5 680 000	
10	旧物				
11	日用杂品	3 272 050		3 150 000	
12	小食品	3 225 400	1 813 920	540 000	
13	其他	19 140 120	8 814 573	4 700 000	

对外经济贸易

概　述

2004年，抚顺投资环境进一步得到改善和优化，为对外贸易、经济合作事业的稳步发展创造了良好的运行载体和空间。

对外贸易。全年进出口总额达到56 959.2万美元，同比增长60.3%。其中出口额完成40 944.5万美元，为省调控目标的120.4%，同比增长63.6%；进口额完成16 014.7万美元，同比增长52.3%。

利用外资。全年直接利用外资合同额达到10 668万美元，为省调控目标的71.3%，同比下降17.7%。实际直接利用外资额完成3 478万美元，为省调控目标的53.5%，同比下降43.7%。外商投资企业增资项目29个，利用外资合同额3 273万美元，占总额的30.7%。

经济合作。全年对外经济技术合作合同金额完成3 120万美元，为市调控目标的104%，同比增长12.9%；期末在外劳务人数达到5 420人，同比增长29.2%；新派劳务人数2 903人，完成省调控目标的103.7%。

外商投资企业运行。全年实现销售额30.2亿元人民币，同比增长8.6%；上缴税金2.2亿元，同比持平。

域外招商引资。全市共引进域外项目426个，引进项目实际投资额26.9亿元人民币，为市调控目标的108%。其中，引进实际到位资金1 000万元以上项目36个（市外国内），其中省外国内项目12个。

对外贸易

【基本情况】 2004年，全市对外贸易再创历史最好水平，商品进出口总额增幅高于全省平均水平27.2个百分点。其中进口额增幅高于全省平均水平22.3个百分点；出口额增幅高于全省平均水平28.6个百分点。全年对外贸易运行的主要特点：

1. 从企业类别看，国有企业步伐明显加快，外商投资企业出口稳定攀升，集体、民营企业出口活跃。1－12月，国有企业出口2.9亿美元，同比增长78.1%，贸易额占全市出口总值的70.7%；外商投资企业出口完成0.8亿美元，比上年同期增长36.9%；集体、民营企业出口0.4亿美元，比上年同期增长33.3%。

2. 从贸易方式看，一般贸易进出口增长显著，加工贸易进出口持续低靡。一般贸易进口12 877万美元，同比增长90.67%，占进口贸易总额的80.4%；一般贸易出口33 939万美元，同比增长78.6%，占出口贸易总额的82.9%。加工贸易进口1624万美元，同比下降42.03%，占进口贸易总额的10.3%；加工贸易出口6 879万美元，同比增长14.1%，占出口贸易总额的16.8%。其他贸易方式进口1 512万美元，同比增长57.53%，占进口贸易总额的9.3；其他贸易方式出口127万美元，占出口贸易总额的3%。

3. 从贸易国别（地区）看，与韩国贸易激增，与美国、台湾、日本等主要出口国家（地区）贸易额大幅增长。2004年，本市与各主要贸易伙伴国家（地区）进出口贸易普遍出现较大幅度增长。除美国外，与澳大利亚、韩国、日本等主要贸易伙伴国家进口贸易均出现较快增长，与加拿大进口贸易达2 228万美元，同比增长49倍，主要产品为未列名钢铁废碎料。与各主要国家（地区）出口贸易普通出现快速增长，其中与韩国、台湾、越南及英国出口贸易增幅达一倍以上，对韩国出口增幅尤为突出，出口额达17 423万美元，占全市出口总额的42.6%，主要出口产品为钢坯、未锻轧的合金铝、纺织服装、铁铸件等。本市全年外贸进出口对前5位贸易伙伴国的依赖程度分别为74.6%和77.4%。

4. 从商品构成看，主要产品进出口大幅度增加；进口集中于工业原材料；出口以资源密集型产品为主，普钢出口首次突破一亿美元。2004年，本市进口产品仍以工业原材料和初级产品居主导地位，其中废钢、铁矿砂等三种商品同比增幅均达一倍以上，累计贸易额占本市全年进口贸易的55.5%。主要出口产品贸易额稳步攀升，且仍集中在国有企业和劳动密集型产品，其中普钢出口贸易额高达1.45亿美元，占本市全年出口贸易额的35.3%，同比增加221.1%，贸易国家（地区）依次为韩国、越南、斯里兰卡、台湾和印尼。

骨干商品仍以工业原材料为主，出口保持旺势。2004年，抚顺市出口产品共83个品种，按出口额大小排在前10位的分别是：钢坯14 457万美元，石蜡5 731万美元，铝锭3 019万美元，蜡烛2 013万美元，地板1858万美元，石墨电极1 738万美元，船舶铸件1 192万美元，热轧盘条812万美元，烷基苯651万美元，优质钢621万美元。以上10种主要产品出口额共计32 092万美元，占全市出口总额的78.4%。其中，钢坯是全年外贸出口的增长点，比2003年增加出口11 238万美元。

【进口总额增加】 2004年，抚顺市进口商品主要有金属矿砂及金属废料、未列名钢铁废碎料、未烧结的铁矿砂及其精矿、机械及运输设备等。其中，初级产品进口额10 340万美元，占进口总额的比重为64.6%，比2003年增长82.5%；工业制成品进口5 674.7万美元，占进口总额的35.4%，比2003年增长17%。其中，机电产品进口3 033万美元，占进口总额的18.9%，比2003年增长43.3%。2004年，抚顺国有企业进口10 498万美元，占进口总额的比重为65.6%；外商投资企业进口3 258万美元，占全市进口总额的比重为20.3%；集体及民营企业进口2259万美元，占进口总额的比重为14.1%。

【五家国有大中型企业出口额】 2004年，抚顺新抚钢有限责任公司、抚顺中石油国际事业有限公司、抚顺铝厂、抚顺炭素有限责任公司和市对外经济贸易有限公司五家国有企业出口额均达千万美元以上（分别出口15 746万美元，6 398万美元，3 189万美元，1 499万美元和1 151万美元），共计2 7983万美元，占全市出口总额的68.3%。其中，抚顺新抚钢有限责任公司出口1.57亿美元，占全市出口总额的38.4%；钢坯、铝锭和石墨电极三种产品为2004年本市出口的主要增长点，其增量出口额共12 527万美元，占全市实际出口同比增量15 919万美元的78.7%，为本市完成省出口调控目标做出了突出贡献。

【对重点市场出口额增加】 2004年，本市外贸企业坚持多元化与重点推进相结合的国际市场开拓战略取得成效，出口国别和地区由上年的74个增加为85个，居出口市场前3位的仍然是韩国、美国和日本三大传统出口市场，其出口总额占本市外贸出口总额的比重为65.9%。按出口额大小排在前10位的分别是：韩国17 423万美元、美国6 176万美元、日本3 391万美元、台湾2 582万美元、越南2 187万美元、斯里兰卡1 221万美元、英国1 051万美元、马来西亚897万美元、荷兰765万美元、加拿大524万美元。以上10个国家和地区出口共计36 217万美元，占抚顺出口总额的比重为88.5%。

【外贸主体增多】 2004年9月1日，国家商务部进一步放宽企业进出口经营权资格标准。降低准入门槛后，本市新批自营进出口权企业不断增多，全年累计新批准进出口自营权企业34家。其中，国有企业2家，民营企业32家，使全市拥有进出口经营权的企业达到了117家（不含已撤销的企业）。本市企业特别是私营、民营企业进一步增强了利用国内外两种资源，两个市场，参与国际竞争的意识，这些新批的进出口经营权企业将成为抚顺外贸发展新的增长点。

【出口鼓励政策落实基本到位】 帮助中小企业获得振兴东北老工业基地外贸发展资金和开拓国际市场资金支持。2004年，市外经贸局积极组织外贸企业申报工作，全市共获批12家企业24个项目，得到中小企业开拓国际市场资金67万元；申报了东北老工业基地外贸发展资金获批5家企业5个项目，得到扶持资金107万元，大大调动了本市企业特别是中小企业开拓国际市场发展外贸事业的积极性。

【机电产品出口大幅增长】 全市机电产品出口创汇完成5 354万美元，同比增长48.6%。3家高新技术企业产品出口额为841万美元，分别是：抗生素系列药品（202万美元，出口荷兰、韩国）、紫外线吸光剂（551万美元，出口韩国、台湾）和磁力分选设备（88万美元，出口意大利、荷兰）。

利用外资

【基本情况】 2004年，全市新办外商投资企业66家，合同外资额7 463万美元；有29家外商投资企业增加注册资本，增资额3 273万美元；实际直接利用外资完成3 478万美元。

按外商投资产业划分：直接利用外资新批一产项目3个，直接利用外资合同额229万美元，占总额的比重为2%；新批三产项目11个，直接利用外资合同额2 083万美元，占总额的比重为20%；新批二产项目52个，直接利用外资合同额8 356万美元，占总额的比重为78%。按外商投资类型划分：新批合资项目28个，利用外资合同额2 122万美元，占总额的比重为28.4%；新批合作项目2个，利用外资合同额为15万美元，占总额的0.2%；新批外商独资项目36个，利用外资合同额为5 326万美元，占总额的71.4%。批准投资额500万美元以上项目6个，投资总额3 767万美元。

【销售收入稳步增长】 2004年，全市投产运营企业共159家，实现销售额30.2亿元人民币，同比增长8.6%，占抚顺当年GDP的8%，销售收入保持较好的增长势头。其中，辽宁能港发电、长顺热电、农标普瑞纳、辽宁美亚制药、白猫（辽宁）和顺富铝业等10家外商投资企业全年销售收入超过亿元人民币，共计19亿元，占总额的63%。恒安心相印纸制品等6家外商投资企业销售收入超过5000万元。

【上缴税金与上年持平】 2004年，全市外商投资企业上缴税金2.2亿元，同比持平。其中，农标普瑞纳饲料有限公司、恒安卫生用品有限公司、长顺电力、恒安心相印、亲亲食品、辽宁能港、天湖和传奇等8家企业上缴税金超过500万元。

【利用外资有所下降】 2004年，抚顺市合同外资额完成10 668万美元，同比下降17.7%；实际直接利用外资完成3 478万美元，同比减少43.7%。在实际直接利用外资额中，中外合资经营企业、中外合作经营企业和外商独资企业外资到位额分别达到1 468万美元、9万美元和2 001万美元。其中，现金到位为3 463万美元，占外资到位总额的99.6%；设备等实物到位15万美元，占外资到位总额的0.4%。香港、法国、韩国、美国等投资企业外资实际到位分别为625万美元、502万美元、399万美元和370万美元，占全市外资到位总额的54.5%。台湾、日本、泰国、马尔代夫和新加坡5个国家和地区资金到位额超过100万美元。

2004年利用外资下降的主要原因：1. 项目规模小，500万美元以上的项目仅有6个，占合同外资额的35.3%。2. 项目对接成功率较低，县区、开发区在对外开放招商引资方面还缺乏对区域经济发展的战略性研究和规划。3. 国有企业改制在利用外资上仍未有明显突破，2004年全市国有大中型企业只有抚顺铝厂的铝轮毂出让项目规模较大。受观念影响，民营企业同样缺乏与外商合作的积极性和主动性。4. 受投资环境影响，外商投资企业普遍缺乏进一步投资的愿望，外商投资企业增加投资的比例较小。

经济合作

【基本情况】 2004年，全市新签对外经济技术合作合同27个，合同总金额3 120万美元，同比增长12.9%；境外劳务输出人数2 903人，同比增长13.8%。

【外派劳务】 通过天津海河公司、山东国际、北京中土木、大连海洋、省国合、沈阳国合等省内、省外20个窗口公司（省内9个、省外11个），共派往韩国、日本、新加坡、利比亚、墨西哥等24个国家和地区。抚顺外派劳务工作基本上形成了多渠道、多层次、宽领域的网络格局。抚顺对外经济技术合作的经营主体有“拥有对外劳务合作和工程承包经营权企业”和“具有对外劳务合作服务许可证单位”两种。其中，对外劳务合作和工程承包经营权企业3家，分别是：抚顺外建（集团）股份有限公司、抚顺特殊钢（集团）责任有限公司和中油抚顺石化检修维护有限责任有限公司。

【新签对外工程承包项目】 2004年，抚顺新签对外工程承包项目3项，即中油抚顺石化检修维护有限责任公司继2003年获得对外经营权后，与苏丹客士木炼厂签订的第一个电站检修项目，合同金额为18.98万美元；第二个工程承包项目29.95万美元；同时签订三台电机组修理项目，合同额为10万美元。

【获无偿援助款45 530美元】 市成功获得日本政府小额无偿援助款45 530美

元，用以资助新宾上夹河镇卫生所更新部分医疗设备，这在一定程度上缓解了当地农民缺医少药、就医难的问题。

招商引资

【基本情况】 2004年，全市引进域外项目426个，引进项目实际投资额26.9亿元人民币。其中，引进实际到位资金1 000万元以上项目36个（市外国内），省外国内项目12个。

在对接知名目标公司方面取得显著成效。先后同英荷壳牌；美国通用、美国铝业；日本住友、三菱、东芝、韩国SK化工、浦项制铁、三宝电脑；沃尔玛和家乐福等国际知名企业集团及部分驻华大商社进行了联络和接触。通过多种渠道引荐来抚经贸考察洽谈团组81个，来抚考察洽谈外商375人次，对接洽谈项目128个。

【招商洽谈】 1. 以比较优势招商。在大量调研的基础上，归纳整理出抚顺对外招商合作的“十二大比较优势”，即：区位交通、生态、工业、农业、商贸、市场、科技、旅游、教育卫生、信息产业、原材料资源和劳动力共十二个方面，分析和预测市场投资的需求，选准招商引资的主要方向和突破口。为适应新形势下招商引资工作的需要，市外经贸局率先对工作架构做出较大调整，抽调机关20余名工作人员，针对本市对外经贸合作的重点国家和地区，成立了欧美、日韩、东南亚港澳台和国内4个专业招商组，对市确定的重点招商项目，首先是根据其行业属性、利用互联网等多种渠道和手段寻找世界上同行业前10位的跨国公司，向其推介项目。其次是追溯本市大宗初级产品如石蜡、钢坯、铝锭等出口目的地，进行产品精深加工方面项目的招商，使项目推介和对接工作逐步科学化。

2、借助各种平台招商。2004年，根据实际工作需要，市外经贸局先后与北京、上海、厦门、大连等地的一些商会、协会组织建立了联系，聘请了一批招商代理和代表，并签订了合作协议。尤其是作为东北地区中心城市的沈阳近年来举办了一系列重大经贸活动，市外经贸局紧紧抓住这一难得的机遇，在认真研究沈阳产业发展规划和招商引资动态的基础上，策划并选择了一批能够与沈阳主导产业进行配套对接的招商项目，同时主动拜访省外经贸厅和沈阳市外经贸局，与其建立了招商协作机制，力求借助省和沈阳的信息和市场优势，努力寻找合作机会，招商引资。

3. 以园区为龙头招商引资。在全市项目源严重不足的情况下，市外经贸局根据抚顺的资源优势、产业发展的比较优势、产业链和市场投资需求，策划和包装了若干“概念基地和园区”，尤其是在“铝和蜡”两个优势产业上，围绕做大做强两个产业链进行了项目的研究和策划，并已经与世界上同行业一些较大的公司和企业集团进行了沟通和联络，力争引进一批同类企业，形成产业群，发挥集聚效应，增强竞争力。策划概念园区重点是围绕四个方面：即“抚顺蜡制品产业园区”、“抚顺装备制造业园区”、“汽车零部件加工园区”和“抚顺中心商务和高新技术产业园区”。

【经贸考察】 通过不懈努力，邀请到了一批重要外商和团组来抚进行经贸考察洽谈活动，主要有：新加坡政府及工商企业界的60余位贵宾莅临抚顺参加精细化工园区揭牌仪式及“中胜热电厂项目”签约仪式；在沈阳韩国周期间，韩国企业标准协会组织了以顾问、会长李海义为团长的30余位韩国客商来抚进行了经贸考察，与本市县区和相关企业进行了项目对接；有韩国“信息产业之父”之称的韩国三宝集团董事长李龙兑和省政府高级经济顾问张景焕社长等高层次外商来抚考察。

【重点项目签约】 在做好基础性工作的同时，对全市在谈的一批重点项目进行了跟踪和促进，部分在谈项目取得了实质性进展。其中，马来西亚BSA集团与抚顺铝厂顺华铝轮毂整体收购的洽谈进展顺利，已于2004年10月正式签约；抚顺鹰霸机械四期增资5000万美元项目也与韩国ENPACO（株）进行了实质性洽谈，围绕其增资项目，其在韩国的部分配套企业有转移抚顺投资的意向。

【中国抚顺精细化工园区揭牌】 2004年4月19日，抚顺精细化工园区揭牌暨中胜热电项目成功签约仪式在友谊宾馆隆重举行。中胜热电项目是集中国电力投资集团公司在国内外资本市场实力雄厚、新加坡胜科公司的国际化经营理念及抚顺石化资源和技术人才等方面的优势而合作，具有目前国际领先水准，符合世界流行招商模式，将实现互惠互赢的项目。中国电力投资公司准备在抚顺发电厂投入2台30万千瓦的供热机组、在辽宁发电厂投入2台60万千瓦供热机组、在中国抚顺精细化工园区一期热电项目中投入2台13.5万千瓦的供热机组，总投资额达68亿元。

对外经贸促进活动

【2004中国·抚顺国际经贸洽谈会】 于2004年8月26日—8月28日举办的“中国·抚顺国际经贸洽谈会”，重点推出了“国有企业产权转让、工业用地、资源深加工、民营企业招商、石蜡资源及精细化工产品开发利用”等六个方面的一大批项目，使得此次活动主题更加明确具体，很有吸引力，令大批外商专程来抚。本次洽谈活动邀请了14个国家和地区的180多位工商企业和政界的新老朋友，全市九个县区、开发区及部分国有大中型企业本着友好平等、互利互惠的原则，与外商进行了广泛而积极的接触和洽谈，取得了丰硕成果。全市与中外客商共签订了23项投资合作协议。其中直接利用外资项目8个，投资总额7190万美元，合同利用外资金额4 020万美元；国内投资项目8个，投资总额3.8亿元；对外贸易项目6个，对外贸易额2 800万美元；签订劳务协议和商务合作备忘录8个。

【抚顺经贸代表团赴马来西亚开展经贸活动】 应马来西亚米斯亚国际集团的邀请，2004年10月23—29日，以市长刘强为团长，副市长陈松扬为副团长，由市计委、市外经贸局、抚顺经济开发区、顺城区、抚顺铝厂等有关部门和企业参加的抚顺经贸代表团赴马来西亚进行为期7天的经贸洽谈活动。此次活动的主要目的，一是参加马来西亚米斯亚国际集团锦鸿汽配制造（抚顺）有限公司与抚顺顺华铝轮毂制造有限公司签署出售购买合同签字仪式暨抚顺市招商项目推介会；二是拜访马来西亚其它相关企业，并进行深入洽谈，拓展抚顺与马来西亚的合作领域。

马来西亚财政部副部长黄燕燕女士、中国驻马来西亚大使王春贵先生、马来西亚中央银行行长DATO’DR.CAM SOH先生等马来西亚政府和工商企业界200余位人士参加了“马来西亚米斯亚国际集团锦鸿汽配制造（抚顺）有限公司与抚顺顺华铝轮毂制造有限公司签署出售购买合同签字仪式暨抚顺市招商项目推介会”。会上，副市长陈松扬向马来西亚朋友介绍了抚顺市的城市概况，经济发展方向及鼓励投资的重点领域和项目，刘强市长即席做了主题演讲，马来西亚最大、最有影响的ASTRO卫星电视台对刘强市长进行了专访。

附：

2004年抚顺市拥有进出口经营权企业名单

序号	企业名称	序号	企业名称
1	抚顺市对外经济贸易有限公司	47	抚顺市嘉慧制衣有限责任公司
2	抚顺中石油国际事业有限公司	48	抚顺万达叉车有限责任公司
3	抚顺县进出口贸易有限公司	49	抚顺市众捷机器制造有限公司
4	清原满族自治县进出口有限公司	50	抚顺欣兴特钢板材有限公司
5	新宾满族自治县进出口有限公司	51	抚顺特钢钢管有限公司
6	中油抚顺石化进出口有限公司	52	抚顺泽华化工设备有限公司
7	抚顺对外建设经济合作（集团）股份有限公司	53	抚顺市鑫隆硅镁铬有限公司
8	抚顺开发区经贸公司	54	抚顺市银河服装厂
9	中国有色金属进出口抚铝公司	55	抚顺市海浪防爆电器厂
10	抚顺特殊钢（集团）进出口有限责任公司	56	抚顺市永兴制衣有限公司
11	辽宁对外经贸发展有限公司	57	抚顺市新芳木业有限公司
12	抚顺特殊钢（集团）有限责任公司	58	抚顺特殊钢管材有限公司
13	抚顺新抚钢有限责任公司	59	抚顺市六合助剂制造有限责任公司
14	抚顺石油机械有限责任公司	60	抚顺铁合金厂
15	抚顺炭素有限责任公司	61	抚顺市抚光蜡业有限公司
16	抚顺市运输有限公司	62	抚顺万事达经贸有限责任公司
17	抚顺市永茂工贸发展有限公司	63	抚顺市荣达铝制品有限公司
18	抚顺远东国际贸易有限公司	64	东北制药总厂抚顺分厂
19	抚顺电力发展有限公司	65	抚顺佳化聚氨酯有限公司
20	抚顺铝厂	66	抚顺市立得蜡业有限公司
21	抚顺金源橡胶制品有限公司	67	抚顺市日洋木业制造厂
22	抚顺挖掘机制造有限责任公司	68	抚顺帝旺达塑胶有限公司
23	抚顺成龙石油化工有限公司	69	抚顺市金浦工艺蜡厂
24	抚顺挖掘机进出口有限公司	70	抚顺市顺前造漆厂
25	抚顺煤矿安全仪器总厂	71	抚顺市天美实业有限公司
26	辽宁华丰化工（集团）有限公司	72	抚顺市长兴蜡业有限公司
27	煤炭科学研究总院抚顺分院	73	抚顺特殊钢股份有限公司
28	抚顺市食品总公司	74	抚顺昌泰蜡业有限公司
29	辽东镁达（集团）公司	75	抚顺市海镇电动椅制造有限公司
30	抚顺春光有限责任公司	76	抚顺市鲁洲淀粉制品有限公司
31	辽宁倍达化学有限公司	77	抚顺新星肠衣有限公司
32	抚东机械厂	78	抚顺富森金泽木业有限公司
33	抚顺矿灯制造总厂	79	抚顺东源开泰化工有限公司
34	抚顺市烛业公司	80	抚顺惠抚阻燃纤维有限公司
35	抚顺双三角钢锹有限责任公司	81	清原满族自治县东源木业总厂
36	抚顺市清原炭素厂	82	抚顺市元祥助剂有限公司
37	抚顺金利石化碳素厂	83	抚顺市山源散热器有限公司
38	抚顺市辉达木业有限公司	84	抚顺诚方科技有限公司
39	新宾县罕督进出口有限公司	85	抚顺新大陆贸易有限公司
40	抚顺市辽东特艺有限公司	86	抚顺市恒兴纤棉材料厂
41	抚顺合乐化学有限公司	87	抚顺钛厂
42	抚顺市添泷耐火材料有限公司	88	新宾满族自治县永兴木业有限责任公司
43	抚顺市繁荣木业有限公司	89	抚顺天和发电设备有限公司
44	新宾满族自治县龙兴木业有限公司	90	抚顺电瓷制造有限公司
45	抚顺世隆物资实业有限公司	91	抚顺市独凤轩食品配料有限公司
46	辽宁鑫和钢铁有限责任公司	92	抚顺青石经贸有限公司

续 表

序号	企业名称	序号	企业名称
93	抚顺星阳贸易有限公司	106	辽宁东富消防实业有限公司
94	抚顺兴京制药有限公司	107	抚顺市锟柏木业有限公司
95	托顺龙庆经贸有限公司	108	抚顺莱特新材料科技有限公司
96	抚顺市鸿兴顺经贸有限公司	109	抚顺惠通对外经济贸易有限公司
97	抚顺市同益物资经贸有限公司	110	辽宁海信电子有限公司
98	辽宁德尔沃贸易有限公司	111	新宾满族自治县远东国际贸易有限公司
99	辽宁省绿色食品抚顺有限公司	112	抚顺市华夏网络服务中心
100	抚顺市欧喜龙外贸商行	113	抚顺农星贸易有限公司
101	抚顺中澳贸易发展有限公司	114	抚顺市迪威德劳保用品加工厂
102	抚顺市傲世达轻工制品有限公司	115	清原满族自治县玖和绿色食品有限公司
103	抚顺市英达金属制品厂	116	抚顺金源木业有限公司
104	抚顺市茂元矿山机械制造有限公司	117	中国石油天然气第八建设有限公司
105	抚顺石化经济技术开发实业总公司		

2004年抚顺市出口创汇型外商投资企业名单

序号	企业名称	序号	企业名称
1	辽宁达亨木业有限公司	24	抚顺达克斯美容饰品制造有限公司
2	抚顺小宝宝梦衣有限公司	25	抚顺顺华铝轮毂有限公司
3	抚顺高周波铸造有限公司	26	抚顺顺荣金属制品有限公司
4	抚顺美亚制药有限公司	27	丁允（抚顺）纤维制品有限公司
5	抚顺三义物产有限公司	28	抚顺鹰霸机械有限公司
6	抚顺绿叶有机复合肥有限公司	29	抚顺飞利铝材有限公司
7	抚顺宁发针织有限公司	30	铃诚中华有限公司
8	抚顺万泰实业有限公司	31	抚顺泓旭蜡业有限公司
9	抚顺顺能化工有限公司	32	抚顺万光蜡业有限公司
10	汉阳纤维制品有限公司	33	派西施（抚顺）洗化有限公司
11	抚顺长龙蜡业有限公司	34	抚顺港大食品有限公司
12	抚顺澳美天高级时装有限公司	35	抚顺兴顺木业有限公司
13	抚顺平顺表件有限公司	36	抚顺太成纤维制品有限公司
14	抚顺宏韩织衣有限公司	37	特拉斯皮革箱包有限公司
15	抚顺星阳机械有限公司	38	抚顺丰盛有机复合肥有限公司
16	抚顺爱研环保技术开发有限公司	39	抚顺隆基磁电有限公司
17	抚顺天鸿土特产有限公司	40	抚顺三和织衣有限公司
18	顺通工业有限公司	41	抚顺麒麟蜡业有限公司
19	抚顺东洋通讯电器有限公司	42	抚顺中野食品有限公司
20	抚顺平天蜡制品有限公司	43	抚顺永兴纤维制品有限公司
21	抚顺正信纤维制品有限公司	44	抚顺正阳制衣有限公司
22	抚顺金宇食品有限公司	45	抚顺罗星五金机械有限公司
23	抚顺江东纤维制品有限公司	46	抚顺爱思克塑料制品有限公司

续 表

序号	企业名称	序号	企业名称
47	抚顺晓鸥制衣有限公司	59	抚顺永大像胶有限公司
48	抚顺杨氏烛业有限公司	60	抚顺永茂工程机械有限公司
49	巨湖（抚顺）塑料制品有限公司	61	抚顺宏盛纤维制品有限公司
50	抚顺桑尼蜡制品有限公司	62	抚顺荣信纤维制品有限公司
51	抚顺怀远蜡业有限公司	63	抚顺华联纤维制品有限公司
52	抚顺伊莲达针织有限公司	64	抚顺大博蜡业有限公司
53	抚顺日清食品有限公司	65	抚顺顺辉化工有限公司
54	抚顺仲兴木业有限公司	66	抚顺罗德利电缆有限公司
55	抚顺中天制衣有限公司	67	抚顺新天地化工有限公司
56	抚顺金盛源针织有限公司	68	抚顺森吉农副产品有限公司
57	抚顺通力铸管有限公司	69	汉斯机械密封产品有限公司
58	抚顺佳旭木业有限公司	70	抚顺大东金属有限公司

2004 年抚顺市新批外商投资企业名单

序号	企业名称	合作方式	中 方	外 方
1	抚顺兄弟装饰品有限公司	独资		韩国尔拉伊步商社
2	抚顺紫瑞德药业有限公司	独资		紫瑞德发展（香港）有限公司
3	抚顺未来信息咨询有限公司	独资		韩国 RENTAL　PC 有限公司
4	抚顺兆丰冶金材料有限公司	独资		香港伟华集团
5	抚顺汉斯机械密封制品有限公司	独资		韩国（株）汉斯
6	抚顺庚逸化工制造有限公司	独资		韩国李庚逸先生
7	抚顺东宇纤维制品有限公司	独资		韩国崔东
8	抚顺永茂食品有限公司	独资		香港永茂发展有限公司
9	抚顺金宇美容有限公司	独资		韩国朴哲淳先生
10	抚顺大江山牧业有限公司	独资		韩国金泰焕先生
11	抚顺克林考尔节能制品有限公司	独资		韩国宋在文
12	抚顺光顺燃气设备制造有限公司	独资		韩国光州都市燃气设备株式会社
13	抚顺耐斯建材制造有限公司	独资		韩国耐斯综合建设株式会社
14	抚顺裕降木业有限公司	独资		台湾何裕仁
15	抚顺保佑工艺品有限公司	独资		韩国梁开和先生
16	抚顺青山牧业有限公司	独资		韩国延先钦先生
17	抚顺全氏鞋业有限公司	独资		韩国全松鹤
18	锦鸿汽配制造（抚顺）有限公司	独资		香港锦国际有限公司
19	抚顺万春药材城房地产开发有限公司	独资		法国金万春先生
20	抚顺友谊水处理技术开发有限公司	独资		韩国朴灵宪先生

续 表

序号	企业名称	合作方式	中 方	外 方
21	抚顺防灾企画消防设备制造有限公司	独资		株式会社防灾企画 \ 日防 \ 日本三池崇裕
22	抚顺瑞星服装制品有限公司	独资		韩国部论梯恩西（株）
23	抚顺光远不锈噶钢有限公司	独资		韩国新韩精管会社
24	鲁洲生物科技（辽宁）有限公司	独资		新加坡鲁洲生物科技有限公司
25	抚顺仁龙机械制造有限公司	独资		韩国仁龙株式会社
26	抚顺银成箱包制品有限公司	独资		韩国孙昌根先生
27	抚顺万春实业有限公司	独资		法国金万春先生
28	抚顺裕全日用品有限公司	独资		台湾裕全企业有限公司
29	抚顺正丰机床制造有限公司	独资		韩国云光产业株式会社
30	抚顺德泰鞋业有限公司	独资		韩国朴成豪先生
31	抚顺大亚铝型产业有限公司	独资		韩国大亚铝产业株式会社
32	抚顺酷艾金属制品产业有限公司	独资		韩国 QI 株式会社
33	抚顺关山湖旅游度假有限公司	独资		台湾黄德义先生
34	抚顺启元食品有限公司	独资		韩国启元株式会社
35	抚顺高速石材有限公司	独资		韩国松路门（株）
36	抚顺好拿乐塑料制品有限公司	独资		韩国李庚逸先生
37	抚顺莱克斯家具制造有限公司	合作	朱文	瑞典莱克特斯制床有限公司
38	抚顺华洋纸业有限公司	合作	清原华盛卫生用纸制品厂	美国格雷特普瑞斯安有限公司
39	抚顺荣鑫矿产开发有限公司	合资	抚顺万马冶金有限责任公司	太平洋投资（香港）有限公司
40	抚顺美易达金属制品有限公司	合资	抚顺市亨易金属制品有限责任公司	韩国尹淑熙女士
41	抚顺永佳工艺品有限公司	合资	抚顺市辽东特艺有限公司	加拿大苏洪泽先生
42	抚顺汇生乳品有限公司	合资	沈阳中邦实业有限公司	日本国津川通商株式会社
43	抚顺东升粮油食品有限公司	合资	沈阳市第五粮库	香港旺丰有限公司
44	抚顺华美水处理制剂有限公司	合资	抚顺市顺城区化学试剂厂	美国汤年发先生 \ 郑玉文女士
45	抚顺闵韩木业有限公司	合资	抚顺县旧兵乡马郡村英善木炭厂	韩国闵道一先生
46	抚顺爱心家园房地产开发有限公司	合资	北京名海投资有限公司	时佳控股有限公司
47	抚顺瑞升生物技术有限公司	合资	许明鸣 \ 刘明军	许明宇（美国） \ 林祥（加拿大）
48	抚顺格瑞食品有限公司	合资	抚顺宏源药材种植场	澳大利亚阿科普国际有限公司
49	抚顺滕田金属制品有限公司	合资	抚顺市大洋经贸有限公司	日本滕田金属加工株式会社
50	抚顺德瑞木业有限公司	合资	上海红门商业道具有限公司	美国特埃弗有限公司
51	抚顺通达木业有限公司	合资	抚顺县鑫源林场	韩国万景亚泰克株式会社
52	抚顺圣信塑料制品有限公司	合资	抚顺市新抚景贵废旧塑料加工厂	韩国圣信物产株式会社
53	抚顺挖掘机制造有限责任公司	合资	抚顺挖掘机制造有限责任公司	马绍尔群岛共和国 HAN KING 实业（有）
54	抚顺钟捷食品机械设备制造有限公司	合资	抚顺市众捷机器制造有限公司	韩国钟光产业

续 表

序号	企业名称	合作方式	中 方	外 方
55	抚顺东安妮蜡艺有限公司	合资	抚顺工业助剂厂	澳大利亚戴尔伊沃特先生
56	抚顺三元房地产开发有限公司	合资	抚顺山源电器有限公司 \ 抚顺天缘建筑安装有限公司	日本三义株式会社
57	抚顺协力金属制品有限公司	合资	抚顺协力蜡制品经销处	马来西亚周凯升先生
58	抚顺宏健土特产有限公司	合资	朴宪先生	韩国白宽心女士
59	辽宁天湖啤酒有限公司	合资	抚顺天湖啤酒有限责任公司	韩国株式会社鲜明商社
60	抚顺富士龙餐饮有限公司	合资	于希忠 \ 杨军 \ 温立新 \ 马志坚	加拿大赵丹丹
61	抚顺天圣参茸保健品发展有限公司	合资	新宾满族自治县建州人参药材站	韩国北国株式会社
62	抚顺佳信工艺品有限公司	合资	抚顺凯力工艺品厂	日本李广军先生
63	抚顺大鹏不锈钢制品有限公司	合资	唐凯 \ 王添民	香港恒业投资有限公司
64	抚顺金达莱餐饮娱乐有限公司	合资	抚顺市永顺贸易有限公司	朝鲜平壤狗肉餐厅
65	抚顺华融实业有限公司	合资	抚顺市绿源果汁有限公司	香港华融发展有限公司
66	抚顺蜀正园餐饮有限公司	合资	孟丽翠、刘淑英	香港张志伟先生

2004年抚顺市拥有对外劳务合作和工程承包经营权企业名单

1. 抚顺对外建设经济合作（集团）股份有限公司
2. 抚顺特殊钢（集团）有限责任公司
3. 中油抚顺工程建设有限公司

2004年抚顺市境外企业名单

1. 斐济威尼沃尔奶牛场
2. 斐济抚顺电视有限公司
3. 梦得露中澳（赞比亚）有限公司

（韩庆利　王昕芳）

外汇监管

【基本情况】 2004年是外汇管理体制改革不断深化和完善的一年，在一些工作上取得了一定突破。一是2004年3月份被总局评为2003年度全国“收汇结汇大检查”专项评比先进支局，全国获此荣誉的中心支局仅有7家；二是规范化管理工作被省局肯定。2004年7月15日，国家外汇管理局辽宁省分局在抚顺市召开了资本项目规范管理工作现场会，抚顺市中心支局向全省13个市的科、处长及省局资本处的全体同志作了《坚持四个“注重”，有效规范资本项目外汇管理工作》的经验介绍，与会同志参观了外汇管理处的档案管理现场，对支局的规范管理做法给予了较高的评价。会后，省局以辽汇发（2004）118号文向全省外汇局系统推广了抚顺市中心支局的经验做法；三是行政效能建设工作受到中支纪委和沈阳分行纪委的肯定。中支纪委今年6月份对外汇管理处的行政效能建设工作进行了全面考核，对外汇处加强行政效能建设的做法给予肯定，向全行转发了题为《抓好行政效能建设，切实提高金融服务水平》的行政效能情况报告，此报告被沈阳分行纪委以简报的形式予以肯定；四是抚顺中支建立外汇领域反洗钱岗位责任制的做法被人总行以第107期《送阅信息》的形式肯定；五是信息调研工作取得一定进展。全年共组织全局编写信息调研稿件65期，其中，信息59篇，专题报告6篇。

【创新管理方式】 1. 抓行政效能建设，提高服务水平。为进一步改进工作作风，强化以提高工作质量和工作效率为目标的行政效能建设工作，2004年，外汇管理处在抓好行政效能建设，切实提高金融服务水平上进行了一些尝试。一是成立专门考核机构。挑选责任心强、业务能力强、作风正派、思想过硬的同志组成行政效能考核工作小组，负责考核评定工作。二是开展定期考核。行政效能考核采取每半年考核一次的方法。每年7月底前完成对本年度上半年行政效能的考核工作，1月底前完成对上年度下半年行政效能的考核工作。考核方式采取工作人员自评和部门领导测评相结合的方法。三是实行百分制考核。效能考核的内容具体包括四个部分：第一部分是工作质量及工作效率完成情况，占总分值的50%；第二部分是规范化管理情况，占总分值的15%；第三部分是行风建设情况，占总分值的25%；第四部分是队伍建设情况，占总分值的10%。每个部分最低得分为0分。根据得分情况，将考核结果划分为以下四个等级：优秀（90分以上，含90分）、合格（80－90分，含80分）、基本合格（70－80分，含70分）、不合格（70分以下）。四是开展服务质量评议活动。外汇管理处将行风建设情况列入行政效能考核的主要内容，通过向客户发放行风建设评议表和召集银行、企业召开座谈会的形式开展行风建设评议考核。五是注重对考核结果的运用。效能考核结果将作为评选先进和行员年度考核的参考依据。六是采取一定的责任追究措施。对工作失职的工作人员进行相应的行政效能责任追究。七是外汇管理处行政效能考核坚持五项基本原则。

【规范外汇管理工作】 2004年7月15日，国家外汇管理局辽宁省分局在抚顺市召开了资本项目规范化管理工作现场会，抚顺市中心支局向全省13个市的科处长及省局资本处的全体同志作了《坚持四个“注重”，有效规范资本项目外汇管理工作》的经验介绍，与会同志还参观了外汇管理处的档案管理现场，对支局的规范管理做法给予了较高的评价。会后，省局以辽汇发（2004）118号文向全省外汇局系统推广了抚顺市中心支局的经验做法。

1. 注重内控制度建设，完善制约机制。一是建章建制，规范内部管理。按照2003年省局下发的资本项目内控制度的要求，建立了资本项目岗位责任制、业务操作规程、资本项目分级授权制度和资本项目业务核准三级审核制度等，对资本项目岗位的业务权限、职责范围、工作标准、应具备的资格作了明确的规定。二是实行内部定期检查制度，强化事后监督机制。每月月初由处室领导对上月资本项目业务核准情况进行检查，对照资本项目核准登记台账，对上月资本项目核准件、询证函、外汇登记等档案资料进行查阅，核查手续是否齐全、操作是否合规。三是发挥“印章专管员”的把关作用。为加强制约，防患于未然，设专人管理各类业务印章，实行“章人分离”。四是实行重大事项请示报告制度。

2. 注重非现场监管，探索建立诚信监管体系。一是整合外商投资企业的直接投资和间接投资的全部非现场信息资料，以企业为监管个体，逐家建立企业信用档案；二是根据外资企业资本金到位情况和生产经营情况以及进出口核销等方面的企业信用资料，在办理外商投资企业年检时，对企业的外汇业务风险、外汇信用状况进行分析评价，根据评价结果将辖区内外商投资企业依次划分为“正常”、“预警”、“核查”三个监管级别；三是对不同的监管级别在企业信用档案上作不同标识，采取不同的监管措施，对严重缺乏信用或有违规问题被查处的企业将其列入“核查”级别，定期对企业外汇业务情况进行现场核查；四是定期将评价结果和分类监管的企业名单反馈给各外汇指定银行，作为银行办理各项外汇业务时审查企业风险状况的参考依据。

【创新服务手段】 1. 开展以“绿色行政”为主题的窗口服务活动。在服务创新上做文章，在监管理念和工作思路上不断推陈出新，采取的主要措施有：(1) 设置公告栏，提高办公透明度。公告栏主要内容是公开服务承诺、办公指南、业务分工示意图，设置外汇管理政策之窗，发布最新外汇管理政策信息，方便外来人员办事。同时为企业办事人员布置较为舒适的环境等候业务办理。(2) 实行首问负责制。客户来外汇局办理业务，由被询问的第一人负责接待、介绍、解答有关业务，如不属于本岗位的事务，应将来宾送至有关岗位，待相关人员接洽后方可离开。(3) 推行二次终结和限时服务办公制度。(4) 实施外汇管理回访制度。为真实了解进出口企业收付汇情况，适时研究和调整外汇管理工作思路和重点，防范外汇风险，强化外汇服务，确保辖内外汇秩序平稳有序。2004年已走访了抚顺对外建设股份(集团)有限公司、抚顺市对外经济贸易公司、中国银行抚顺分行等6家外经贸企业和银行，就上年支局在外汇管理中存在的问题和今年的外汇管理工作要点情况向企业征求了意见。这一做法，避免了在制订全年工作要点时与实际情况脱节，为中心支局以求真务实的工作作风做好全年工作打下坚实基础。(5) 为外资企业开展“零距离”年检服务。为更好地贯彻落实全省外汇管理工作会议精神，以开创性的工作实际来推动辽宁老工业基地的振兴，3月15日国家外汇管理局抚顺市中心支局工作人员来到抚顺经济开发区招商局一楼大厅对开发区内的外商投资企业进行“零距离”现场集中年检。为做好此项工作，中心支局采取了以下措施：一是年检之前在开发区网站上公布了外汇年检的方式、程序、年检内容及要求、被检企业应提供的资料清单、现场集中年检的时间、地点及支局年检工作咨询电话；二是对区内外资企业逐户电话通知支局集中年检时间和地点及年检要求；三是在深入开发区现场集中办理年检的同时，支局还向区内外资企业发放了外汇政策宣传资料，现场解答了企业提出的一些外汇政策咨询；四是将现场年检与外汇调研相结合，提升年检层次。在现场年检时，支局还对开发区内的新星机电、隆基磁电等重点外资企业进行了走访和调研，了解了企业的生产经营状况，以及在执行外汇政策方面存在的难点和遇到的困难，为支局做好今年资本项目外汇信息调研工作积累了第一手资料。(6) 制订扶持抚顺市外贸出口，支持老工业基地振兴的9条措施。在进出口核销、利用外资改善抚顺地区投资环境，优先扶持优秀企业出口上开辟了便捷通道。

2. 抓宣传，营造良好的服务氛围。一是在《抚顺晚报》上举办了“振兴杯”外汇知识有奖竞赛活动。二是抚顺市中心支局自2004年3月5日起，开通了“外汇政策直通车”，与外经企业实现“点对点网上零距离”服务。主要是利用支局现有的网络硬件资源对全市外经企业实行网上外汇政策咨询服务。将电子邮件地址向全市外经企业公布，同时，支局指派专人对各企业所提出的外汇政策问题进行网上解答。三是在面向全市社会公众和广大企事业单位的抚顺地区最大规模的网站《抚顺之窗》和拥有全市最大外商投资群体的抚顺经济开发区网站上开辟“外汇之友”政策专栏。

（张 敏）

出入境检验检疫

【基本情况】 截至11月25日，本市共检验检疫出入境商品1 460批/25 063万美元，批次和货值同比分别增长了12.4%和74.4%。其中出境商品1 265批/20 271万美元，批次和货值同比分别增长15.4%和108.6%；入境商品195批/4 791万美元，批次同比下降3.9%，货值同比增长3%。出境不合格商品4批。签发普惠制原产地证1 048份/3 413万美元，批次和金额同比分别增长23.58%和7.26%。签发一般原产地证342份/1 475万美元，批次和金额分别增长22.58%和49.78%。检验出口一般包装590批/34.4万件，危包性能鉴定318批/3.5万件，使用鉴定64批/1.8万件。接待出入境人员健康体检5 745人次，同比增长5.7%。检验检疫收费294.4万元，事业收入213万元。

【检验检疫业务】 1. 动植物疫情检出率实现零的突破。完善了风险预警机制，先后制定、启动了各项预案。并将预防高致病性禽流感作为重中之重，积极与地方相关部门建立协调机制，采取联合行动加强了对辖区内进境肉类加工、储存企业的排查。根据辽宁局部署，在对广东非法进境肉类进行流向核查中，查获一批由广东黄埔运抵抚顺的非法进境美国产冻鸡爪 695 箱/13.9 吨，并从中检出致泻大肠希氏菌。这是本局首次在进境物中检出病原微生物，实现了动植物疫情检出率零的突破。经请示辽宁局，对该批货物实施了销毁和无害化处理。

2. 体检传染病检出率有所增长，预防 SARS 毫不松懈。各类传染病检出率与上年同期相比增长了 1.4%，拒签《国际旅行健康证明书》85 人次。在预防 SARS 工作中，思想上克服麻痹大意心理，物资上做好充足准备，具体工作中坚持"八项制度"、"五个到位"、"五个不漏"、"五个及时"，确保万无一失，有效控制了传染病的传入、传出。

3. 实验室建设得到加强。加强了《国境卫生检疫法》、《医疗事故处理案例及其配套规定》等相关法规的学习，认真剖析自查，先后制定完善了检测结果 2 人复核、质量事故责任追究及样品、生物制品管理、体检档案管理、实验室工作人员安全防护以及工作人员定期体检等规章制度，为实验室工作人员建立了健康档案，并制定了《HIV 初筛实验室职业暴露紧急预案》，有效加强和规范实验室管理，杜绝了各类检测事故的发生，提高了检测结果的准确度。同时保障了实验室人员的工作安全。在质检总局组织的全国性整改检查中，本局作为代表辽宁局受检单位之一，各项工作得到检查组的认可。在质检总局对全系统 HIV 初筛实验室的考核中，取得 90.6 分的好成绩，列辽宁检验检疫系统保健中心前。

4. 加强重点品种的检验检疫和监管，确保国门安全. 一是加强了对动植物及其产品、食品的检验检疫监管，坚持对进境肉类、饲料、包装及进境集装箱检验检疫实行双人上岗，对进境集装箱检疫 100% 扒箱、监督卸货。二是加强了对进口成套设备的检验，成立了专项检验工作领导小组，货值 5 万美元以上的，实行双人上岗，货值 10 万美元以上的，列为局长负责项目，检验方案经主管局长批准后方可实施检验；货值超千万的项目设置专职检验员。同时经常组织有关人员学习相关法规，提高政策水平，确保国门安全。

5. 依法行政有新起色。一方面抓住《行政许可法》于 7 月 1 日正式实施的契机，大力开展培训宣传工作，同时将行政许可法要求公示内容对外公示；另一方面加大了对违法案件的查处力度。全年发现违法案件 4 起，其中抚顺千乐食品有限公司购进经广东进境美国产冻鸡爪伪造检验检疫证单案已移交广东方面处理；对抚顺优孚尔科技有限公司进口自动灭火器未经检验擅自销售使用案，经调查取证，实施了规定数额的罚款。行政执法工作继上年实现行政处罚零的突破后有了较大发展。

6. 工作质量和工作效率稳步提高。一是继续坚持检验检疫证单月检查、全面工作半年及全年检查的工作机制，证单科内差错率控制在 3% 以下。二是采取跟踪摄像方式，集中开展了现场检验检疫业务全程稽查活动。并举办了"优秀证单展示"、"出口商品质量分析展评"及"典型违法案例图片展览"，从根本上促进了检验检疫工作程序的规范和工作质量的提高。三是实现了报检－签证－查询－统计－空白证单领用、核销的微机化管理，提高效率的同时节约了成本。四是在报检员全国统一考试中，本局所辖地区报名参考的 118 人中有 47 人通过考试取得资格证书，合格率居辽宁检验检疫系统前列，为进一步提高报检工作质量和效率打下良好基础。

7. 认证认可工作平稳发展。完成 8 家企业 ISO9000 及 ISO14000 体系注册审核；完成 8 家出口食品企业卫生注册登记复查；完成 1 家危险品包装生产企业许可证考核；完成 280 家注册报检企业年审。另外完成了 1 家企业原产地（原产国）标记的申请，现正在上报审核中；指导 1 家企业建立了 HACCP 管理体系。

【为老工业基地振兴服务】 1. 主动与政府有关部门沟通，对振兴辽宁 52 个重点项目中分布在抚顺地区的项目作深入分析研究，并主动走访重点项目企业及国有大型企业，掌握详细情况，协调解决具体问题。

2. 对东北老工业基地第一批振兴改造国债项目——抚顺铝厂电解铝和金属钛改造及扩建项目计划实施过程中涉及到的检验检疫工作做到早筹划、早安排，全力做好服务保障工作。进行现场办公，解决实际问题，该厂全年出口电解铝 1.5 万多吨。

3. 扩大检验检疫监管模式改革范围，为企业办实事。继 2003 年对抚顺万泰公司实施"型式实验＋监督管理＋定期抽查"检验监管模式取得成效后，今年将检验检疫监管模式的改革范围扩大到轻工、纺织、包装等出口生产企业。制定出轻工、纺织、包装等企业分类管理考核办法，并依此对企业实施考核，确定管理类别。全年完成考核 11 家，拟定一类企业 2 家，二类企业 6 家，不具备实施分类管理条件 3 家。

4. 落实服务宗旨，树立良好形象。"365 天天天受理，24 小时时时服务"是本局确立的服务宗旨。为方便企业联系，营造良好的服务软环境，专门制作了检验检疫联系卡发给进出口企业报检人，将业务部门的主要职能、联系人、联系电话、公休日联系方式等向社会公开，受到企业欢迎。同时修改完善了局通讯管理办法，规定如因通讯不畅对工作造成影响，将视情节扣发移动通讯补贴，从而保障局领导全天候指挥畅通，服务宗旨落实到位。

【促进农产品扩大出口】 1. 选择取得卫生注册的速冻玉米加工企业作检验检疫监管模式改革试点，采取"对原料基地实施备案、生产加工季节实施驻厂监督、出口产品抽查检验检疫"的检验检疫监管模式，免于批批检验检疫，为企业带来实效。全年对出口种植基地实施备案管理鲜香菇 100 万段，速冻玉米 4 000亩，大白菜、甘蓝、萝卜2 000亩。

2. 指定专人负责重点龙头企业抚顺鲁州淀粉糖制品有限公司产品的检验检疫，并本着"适时指导、及时服务"的原则提供指导与服务。首先在新厂建设中，指导其按《出口食品加工企业卫生要求》及《出口食品生产企业卫生注册登记管理规定》改进工艺、规范卫生管理、完善注册申请材料，一次性通过辽宁局考核取得卫生注册证书；其次对出口产品的检验检疫保证随叫随到，急事急办、特事特办。采用"过程监管＋提前预验"方式，使检验周期由一周缩短到一天；第三是产品出现质量问题不是简单地出具不合格证，而是帮助企业查找原因，认真整改。该厂全年出口产品 83 集装箱/1 664吨，是上年的 4 倍。

【内部管理】 1. 在财务管理及固定资产管理方面，加大了各项规章制度的落实力度，合理控制了开支；重点完善了保健中心的财务管理，理顺了事业收入与地方财政部门的缴拨关系；通过清产核资，对全局现有资产、资金、账目及资产闲置情况进行了全面盘点，理清了家底，对遗留问题及陈欠账目问题研究制定了相应解决办法，并正在逐步解决；实现了人手一台微机，并实现了全局微机的系统化、规范化管理。

2. 在人事管理工作方面，采取多种形式进行公务员行为规范及公务人员行为礼仪教育，全方位提高了职工素质；积极落实人事制度改革措施，实施了事业单位法人登记工作。

（王丽梅）

海关业务

【基本情况】 2004年，沈阳海关驻抚顺办事处紧紧围绕海关党组的整体工作思路和振兴老工业基地的发展战略，突出“以人为本、文明高效、团结务实、开拓创新”的工作主题，扎实推进基层建设工作协调发展，各项工作取得了明显成效。综合业务科被评为“辽宁省青年文明号”。截止到12月份，累计征收关税和进口环节税564.9万元；监管进出口货物9 003吨，831标箱；减免货值2 661万美元，减免税额5 947万元；办理备案加工贸易手册232个，备案金额3 721万美元。

【业务基础工作】 一是健全完善各项业务制度。重新修订完善了105余项业务规章制度，做到规章制度的制定无漏洞，业务管理无空白。二是采取多种形式强化业务和法律培训。三是牢固树立风险意识，转变管理思路。围绕实行风险管理，广泛宣传、深入学习相关风险管理知识和技能，使风险管理理念深入人心。实施风险管理以来，本办已查获5起涉嫌走私案件并移交，两家高风险企业转交稽查部门实施了稽查。四是完善执法监督机制，建立每年一次的执法大检查制度，查出并纠正了一些存在的基础性问题。同时也为今后规范执法，执法大检查总结了经验。

【通关工作】 采取优化业务流程，合理调整和配置人力资源，实行内外勤分离作业，提高服务意识和水平等措施，进一步提高通关效率。全年进口无税费报关单平均通关时间为0.51小时，出口平均通关时间0.2小时，通关时间比去年同期大幅度减小。

【监管工作】 加工贸易监管突出了三个重点，一是大力规范企业行为，真正实现以合同为单元向以合同和企业并重的转变；二是建立主要商品的三级耗数据库，覆盖率达90%以上，得到了加工贸易主管部门的充分肯定；三是充分运用风险管理手段科技管理手段强化对加工贸易的监管，建立了电子档案。

减免税监管重点突出了“三严”，即严格审批，严格验厂，严格核查。全年共核查涉及减免税设备企业49家，核查率达100%，查获并移交案件5起；进一步规范了验厂和核查记录，对已经完成核查的企业建立了减免税设备电子档案。

【统计工作】 加强了统计工作的基础建设。业务统计、贸易统计、统计分析、统计数据的质量均有较大提高。统计主体的针对性，专项商品的统计分析能力明显增强。与市委、市政府等几大领导班子，以及地方主要新闻媒体等建立了固定的统计信息沟通渠道，定期为他们提供贸易统计分析报告，发挥参谋作用，体现海关服务职能。

【便民服务】 一是积极开展“税收优惠政策”适用情况调研，了解现有优惠政策与振兴东北老工业基地的要求存在的不足。同时征求企业对海关工作的意见和建议，了解企业所需所想，有的放矢地改进工作；二是成立了抚顺办事处促进抚顺地区老工业基地振兴领导小组和办公室，加强对此项工作的组织领导；三是建立起海关与地方党政和企业的三级联系机制。与市政府及有关部门定期相互通报工作情况和政策信息，及时为出现的新问题提供解决方案；四是建立了对重点进出口企业和重大项目的跟踪服务制度，将海关的服务跟踪延伸到企业现场，对重点企业、重点项目的发展提供全方位、全过程、全天候的服务，对其进出口货物有选择地“直放”，确保不因海关的原因影响重点企业的发展和重点项目的落实。五是召开“促进抚顺老工业基地振兴措施新闻发布会”暨“海关法规巡讲”启动仪式的新闻发布会。在充会调研和广泛征求社会各界意见的基础上，我办出台了促进抚顺老工业基地振兴的十项措施，并面向四区三县进出口企业开展海关法规巡讲，此举得了省内主要媒体高度关照，并进行了充分报道。

【信息和新闻宣传】 年内，本办共撰写并上报信息、简报、思考与建议420余篇，被总关采用350余篇，上报数量和采用数量均比上一年有了大幅增长。同时，着重加强了对外宣传报道工作，在对外宣传工作中，抚顺电视台、抚顺广播电台、抚顺日报、抚顺晚报等多家新闻媒体对本办的相关工作进行了40余条次报道，为有效树立海关形象，密切与地方的联系与沟通起到了积极的促进作用。

【队伍建设】 认真抓好基层党建工作。实行党、团、工联动，推动各项工作的展开。党组织的战斗堡垒作用和党员的先锋模范作用有了明显增强。对党员进行了全面考核，群众评议党员合格率达到100%。二是以科长为重点，强化科室建设。本着“一级抓一级，一级对一级负责”的原则，狠抓了科长“教育、管理、监督”三项职能作用的协调和有效发挥。三是加强思想政治工作，增强实效性。年内，办事处组织全办人员参加了关区乒乓球赛、羽毛球赛、篮球比赛、关区运动会。10·1前夕，党、团支部及工会联合组织了“迎中秋，庆国庆”等系列文体活动。在海关之歌征集活动中，关区上报的3篇作品中包含了本办2篇作品。在文明创建活动中，本办综合业务科被评为“辽宁省青年文明号”。四是加强廉政建设，保持队伍的清正廉洁。以五年回顾教育为主线，将各项活动与五年回顾教育相结合，坚持了“标本兼治，综合治理，重在治本”的指导思想，进一步完善监督制约机制，特别是加大对重点敏感岗位的监督制约。在行风评议活动中本办受到市纪委、工委、纠风办等部门领导的高度赞誉。

（崔发金）

城建 环保

城 建

·综 述·

2004年，抚顺市建设系统广大干部职工，全面落实中央促进发展的一系列政策和措施，紧紧抓住中央支持东北等老工业基地加快发展的难得机遇，开拓进取，不断创新，城乡建设和管理工作取得了较大的发展。

1. 筹资力度显著加大，城市建设步伐加快。2004年是本市有史以来城市建设规模最大的一年。全年共完成城建投资7.8亿元，比上年增长21%；其中道桥投资4.2亿元，比上年增长91%，改、扩建道路116条，桥梁8座，140.9万平方米，比去年增加141%，道路竣工面积比前2年之和增长28.79%；更新“三供”管网14.6公里、排水管网55公里，维修和新设路灯760盏。前甸通道、三宝屯综合立交桥、浑河大桥南立交、海新桥至天湖大桥快速路等一批重点项目的建成通车，使部分城市主干道交通状况得到改善。三宝屯、浑河南、和平桥南三座立交桥和6.2公里快速路的建成，使沈抚高速路、浑河南路快速路、前甸通道、北外环合理连接，从而形成贯通抚顺城区东西的快速干道，有效地实现了抚顺城区交通的快速分流，较好地解决了长期以来困扰抚顺城乡交通网脱节和黑大线穿越城区的瓶颈问题。以新城路、东林路、抚顺城路、延吉南路、锦州路、鞍山路等一大批精品工程为代表的全市109条便民利民工程全部竣工。城市基础设施建设的快速发展，为改善城市环境、提升抚顺形象增添了新的活力。

2. 公用事业改革进一步深化，运行效率和服务质量不断提高。2001年机构改革后，公用事业行业管理划归建委，面对本市公用事业运行中的一系列深层次矛盾和实际困难，市建委本着一切从实际出发的原则，深化改革，开拓创新，着力解决那些影响公用事业运行效率和服务质量的突出矛盾，使公用事业管理出现了可喜成绩。一是供热行业首次进行了特许经营试点，通过招投标方式选择了经营者；对400万平方米住宅实行了供热分户改造，全市改造面积达1 170万平方米，占住宅总面积的48.75%，为实行热费暗补变明补，供热商品化，交费人格化打下了基础；投资8 000余万元，对供热设施进行改造，完成改造任务88%；突出解决24个特困企业职工住宅供热问题，缓解了矛盾，保障了冬季按时开栓供热。2003年—2004年度城市供热实现了按时开栓、平稳运行的目标。2004年—2005年供热开局良好，11月1日实现按时开栓供热，开栓率实现96%，比去年提高1个百分点。二是在供水行业加大了对供水行业监管力度，规范市场秩序，供水企业与200户工商业户签订合同，确保了双方利益，强力推进了供水企业市场化进程；筹资896.5万元（政府补贴400万元）对炭黑厂、露天环卫、二院、怡和公司、天泰公司、蛇窝和夜海沟吃水难及转供水等8项工程进行改造，解决15 706户居民的吃水难问题；对200户工商业户进行了供水单进户改造，解决工商户与居民长期争水的矛盾，为4 000多户居民用水解除了后顾之忧。三是燃气行业。截至9月末，解决煤气拖期开栓户1 347户，预计年末将完成2 500户目标。四是解决城市排水难点问题。采取社会化运作方式，筹资500万元，对榆林明沟进行了改造，从而排除了该沟在汛期对城市和矿区生产的不利影响；对由于老化造成坍塌的站二排水，采取果断措施开工建设新的站二排水，年末完成后将彻底解决站前西部排水。

3. 质量安全管理全面加强，工程建设水平大幅度提高。一是抓工程质量责任主体的管理，按照《辽宁省建设工程质量责任主体和有关机构不良记录管理实施细则》、《辽宁省建设工程质量创优奖励办法》，对勘察设计监理行业进行了资质年检，并通过开展质量年活动，建立社会信誉评价制度，监督规范责任各方质量行为。二是抓样板工程，促进工程质量的提高。万新大桥、黑大立交等工程被评为省优质主体结构工程。南波湾住宅小区被评为全市有史以来第一个省优质主体结构小区。三是抓竣工验收备案。建立健全工程竣工验收备案管理制度，督促建设单位按规定时限办理工程竣工验收备案，全年办理竣工验收备案工程102项，有效地保证了各项竣工工程的配套完善。四是抓建筑材料管理。在全市实行了“原材料试验不合格报告单”呈报制度和“烧结砖产品的备案和轻集料混凝土小型空心砌块质量备案”工作；积极推广应用新材料、新技术，编制了《框架结构填空废渣烧结空心砖及空心砖砌块墙体构造》地方建筑设计通用图集，促进了全市新型墙体材料的应用。全年共建节能住宅面积70万平方米，散装水泥量完成14.5万吨，比去年提高3个百分点。五是注重安全监督。深入开展专项治理，落实安全生产责任制和安全专项检查，对全市155个施工现场进行了不间断的安全生产检查，查出隐患286项，下达整改单62份，使安全事故控制到最低限度，全年发生死亡事故4起，死亡4人，比去年降低50%。

4. 村镇建设投资渠道拓宽增多，城镇化进程明显加快。村镇基建总投资6.3亿元，其中住宅3.5亿元、公建8 000万元、生产建筑7 000万元、市政公共设施1.3亿元，投资渠道明显拓宽增多。一是对全市村镇建设项目投资补贴方式进行了调整工作，推动了村镇建设投资。二是重点镇比重加大，促进了村镇建设。全市新宾镇、清原镇、南杂木镇、红透山镇、永陵镇、章党镇确定为全国重点镇，占全省的10%。三是积极运作省村镇建设投资补贴向本市倾斜。新宾县肇兴南路综合改造项目获得立项，争取到省小城镇建设补贴资金600万元。全年新建住宅面积60万平方米、新增自来水受益人口3万人，自来水普及率65%，新增黑色路面400万平方米。

5. 建筑业生产持续增长，房地产开发稳步发展。全市资质等级以上的建筑业完成建筑面积206.5万平方米，完成建筑业总产值41.5亿元，比上年增长9.5%。全市商品房施工面积179.12万平方米，其中住宅151.8万平方米。商品房竣工面积76.3万平方米，其中住宅66.2万平方米，商品房销售面积65.9万平方米，其中销售给个人65.4万平方米。

6. 加强城市规划工作，满足了城市建设的需要。编制了《抚顺市城市发展战略规划》、《城东二期控详规划》、《高湾经济开发区控详规划》、《望花西部控详规划》、《第三产业发展规划》，完成了站前商业中心规划方案及测算、永寿路地区规划方案及测算，城东15、16方块规划调查方案及抚顺经济开发区精细化园区规划协调及用地调查方案。提出了2005年城市规划实施意见，确定了2005年城市规划建设项目一带、五区、八项工程安排。坚持了"一书两证制度"，强化规划审批管理。全年共核发《建设项目选址意见书》140件，总建筑面积130.3万平方米。

7. 城市管理工作得到加强。市政设施维修养护工作得到加强。三宝屯污水处理厂顺利通过了ISO9001国际质量体系认证，污水处理能力得到进一步提升，进行了路灯自动化控制系统一期工程建设，对劳动公园路灯进行了改造。市容管理的效率和水平明显提高。加大了对露天集贸市场的整治力度，着重开展了露天集贸市场退路进厅（场）工作，对不具备退路进厅条件的市场进行了规范。加强了对全市户外广告的清理整顿，有力地促进了城市环境的改善。环境卫生管理力度进一步加大。深入开展了环境卫生达标竞赛活动，组织开展了以"围剿积存垃圾，为创建美好家园做贡献"为主题的专项整治活动，有力地促进了全市环境卫生面貌的改善。园林绿化工作取得新成果。全年完成植树122万株，新增绿地面积355公顷，新增公共绿地面积48.4公顷。

（孙　萍）

·城市规划·

【编制完成《城东新区21、22方块详细规划》】 城东21、22方块，位于城东新区二期工程规划范围内，东起丰城街，西至安城街，北临电瓷厂，南至新城路，规划总用地27.47公顷。其规划目标是以人为本，注重生态观，通过合理布局，力求创造安全、卫生、便捷、舒适的居住生活环境，更好的体现党中央和国务院对生活在抚顺市采煤沉陷区的广大人民群众的关心和爱护。

【编制完成《抚顺市2005年棚户区改造规划》】 根据省、市领导的指示精神，要求抚顺市用两年时间完成棚户区的规划搬迁改造任务。全市棚户区比较凌乱和分散，大、小共计有55片。2005年规划安排8片，拆除旧户147万平方米，动迁居民44 739户，规划新建住宅261万平方米，安置户数48 441户。上述8片棚户区由相邻大小17片整合而成。主要采取化零为整，就地、就近安排的形式。住宅安置方式包括四种：就地安置、易地安置、货币安置和整体合并。

【编制完成《千金路南改造规划》】 该规划是千金路南棚厦区千金嘉园改造规划。此规划东起一道街，西至十一道街，南起沈抚铁路，北至千金路。规划总建筑面积296 994平方米，其中住宅236 325平方米，公建60 629平方米。

【编制完成《抚顺西出口沿线景观规划》】 西出口不但是抚顺城市的西大门，也是整个市域的西大门，它的环境建设，直接影响抚顺市的对外形象，并对抚顺城市经济的快速发展起着重要的作用。本规划区域位于城市西部的抚顺经济开发区内，范围东起三宝屯立交桥，西至沈抚交界处，南北以道路红线两侧各120米为界，景观线全长5.75公里，规划面积156.28公顷。

【编制完成《抚顺市红色旅游规划》】 本次红色旅游建设规划范围为抚顺市域11 272平方公里。抚顺市红色旅游的主题是突出不忘国耻、缅怀英烈的教育意义。抚顺现有可利用的红色旅游资源30余处，可分为三级。一是国家旅游区（景点），包括雷锋纪念馆、平顶山惨案遗址和抚顺战犯管理所，主要是面对全国开展爱国主义教育；二是省级旅游区（景点），包括革命根据地遗址及战斗遗址；三是市级旅游区（景点），散布在全市的纪念碑、英烈塑像及烈士陵园，是面对市内中小学生开展爱国主义教育的基地。

【编制完成《高湾经济区控制性详细规划》】 高湾经济区位于抚顺市的西北部，直接与沈阳相连，是城市向西的延伸和补充，是抚顺经济开发区的重要组成部分，并作为经济开发区的居住生活配套服务区，整体将融入沈阳经济圈。其功能为商业服务、休闲娱乐和生活居住。本次规划总用地面积532.77公顷，规划到2010年建成后，建筑总容量将达到305万平方米，规划居住人口可控制在6.84万人。

【编制完成《抚顺市高湾现代农业基地土地利用总体规划》】 该基地位于抚顺市西北部，抚顺高湾经济区境内。它西与沈阳东陵区的棋盘山风景旅游渡假区相邻，东与抚顺市试点小城镇方晓工业镇相望，北与铁岭毗邻，南邻沈抚公路北线并与浑河相望，即沈阳、抚顺、铁岭三市交界处，地理位置十分优越。目前该区城辖10个自然村屯，常住总人口为4 100人。园区内地貌类型以低小丘陵为主，沟谷纵横交错，只有高望路两侧有少部分平地。经过土地利用结构调整后，如经过开发复垦、土地整理，可增加耕地252.9公顷；开发未利用中的荒草地和滩涂地，以及退耕还林地，可增加林地面积26.3公顷。除此以外，撤村并屯，由分散型分布变为集中布置，可省建设用地86公顷；另外还增加了交通用地70公顷，水域用地77.1公顷。

【编制完成《抚顺市高湾农业加工产业区控制性详细规划》】 "高湾农业加工产业区"为抚顺农业高新技术产业园四大分区之一，用地410.20公顷。该区紧临沈抚北线公路，东至高望路，西侧为山地，北距大夫屯约600米左右。整个区域地势西高东低，北高南低，并有友爱河自北向南和拟建的抚（顺）南（杂木）高速公路从该区穿过。其规划原则坚持以"科学高效、绿色环保、集约开发"为总则。其规划总体布局将整个产业区分为四个部分：绿色食品生产加工产业区、农业精加工产业区、农业生物高科技区和农业加工区备用地。并且要求所有沿沈抚北路和高望路布置的建筑必须后退道路红线20米，其他道路两侧的建筑必须后退红线5~8米以上。

【《抚顺精细化工园区近期建设规划（2004—2010年）》得到批复】 根据抚顺市人民政府抚政复字［2004］8号文，关于抚顺精细化工园区近期建设规划的批复，由抚顺市规划设计研究院和新科建筑与工程顾问私人有限公司（新加坡）联合编制的抚顺经济开发区《抚顺精细化工园区近期建设规划（2004—2010年）》于2004年12月22日得到抚顺市人民政府批复。该规划范围：北临浑河，南至大南村，西起大瓦村，东到李石河，总面积14.48平方公里。到2010年，该区将建成具有国际影响的精细化工产业品牌基地，独具地区特色的国际先进水平的现代化精细化工工业园。

（徐承国）

·投资工程管理·

【前期咨询】 全年完成市重点工程

项目咨询评估等82项，涉及工程投资额126.8亿元。其中完成项目可行性研究报告编制46项，评估审查19项，项目建议书及方案17项。全年完成各类咨询项目428项，前期咨询工作的特点是大项目多、科技含量高，如抚顺南站商业中心区整体改造项目的可研报告，29片棚户区改造项目建议书，永安桥重建项目的可研评估和初步设计审查，战犯管理所、平顶山遗骨馆扩建红色旅游项目建议书，以及省发改委委托的对全省破产矿区基础设施现状调查及建设方案编制等项目，都达到了较高水平，受到了委托单位的好评。

【投资评审】 全年完成各类投资项目评审216项，评审额达4.6亿元，核减项目投资8 870万元。此外，编制工程量清单5项，编制工程预算、决算、结算8项，工程造价司法鉴定8项，完成的工作量大于上年。特别是在收费政策调整、业务经费严重不足的情况下，本中心以服务大局为己任，主动承担政府投资的基建技改、城市维护等项目的评审工作，以科学严谨的态度为政府把关。采煤沉陷区综合治理项目备受国家和省的重视，是全市项目建设的重中之重。为了保证该项目的顺利实施，调集精兵强将，夜以继日开展工作，按市政府要求的时间进度和质量标准完成了总投资6.9亿元的概算编制任务，为向上级争取资金提供了依据。

【招标代理】 全年完成招标代理82项，124个标段，中标金额1.8亿元（政府采购项目中标金额2 535万元）。其中完成设计招标代理3项，7个标段；施工招标代理55项，85个标段；监理招标代理7项，9个标段；材料设备招标代理17项，23个标段。按有效工作日计算，平均每3天开一个标，完成的工作总量为上年的1.5倍。招标投标业务具有规范程度高、政策性强的特点。本中心坚持诚信服务，规范执业，阳光操作，以实实在在的工作业绩赢信用户、打造品牌、树立形象。在全省率先发起行业自律活动，被省招标协会授予先进会员单位称号，初步确立了在全省招标行业的排头兵地位。

【项目代建】 本年7月，国务院出台了关于投资体制改革的决定，明确了“谁投资、谁决策、谁收益、谁承担风险”的原则，强调要加强政府投资项目管理，改进建设实施方式，对公益性政府投资项目加快推行“代建制”（即由具备相应资格和良好信誉的代建单位代为履行项目法人职能的一种委托建设方式）。根据“决定”精神，本中心在认真学习和深入研究的基础上，适时向市政府及有关主管部门提出了关于政府投资项目加快推行“代建制”的实施意见，并学习借鉴外省市的成功经验，组建了项目管理机构。针对采煤沉陷区综合治理项目实施情况，选择了续安三小区（即21、22方块）先行试点。此项工作得到了市发改委等部门的大力支持，并责成本中心积极推进项目“代建制”工作。

（常贵晨）

·城建投资管理·

【国家开发银行贷款及时到位】 2004年3月，由抚顺市城市投资公司作为借贷法人已与国家开发银行签定了信用合作协议中的所有13个项目的借款合同，总投资305 846万元，其中：资本金（地方配套资金）107 046万元，占35%，贷款198 800万元，占65%。截止12月31日，在市政府主要领导的支持、帮助和指导下，公司积极争取开行资金及时到位，用于全市重大项目的工程建设，共到位资金4.448亿元，用于浑河南路续建、三宝屯综合立交桥、高阳橡胶坝、新城路改造、城东二期工程、望花滩、永安桥新建等7个项目建设。另1.3亿元是2004年7月底为解决市政府兑付重点工程债券资金不足问题，向开行申请到位的紧急短期贷款（不在信用贷款总额之列）。这些资金的及时到位为全市相关重点工程的顺利开工、建设及缓解财政资金不足，提供紧急应急贷款解决兑付风险提供了有利保证，为城市重点工程建设的持续发展和社会稳定起到积极的作用。在积极争取“开行”贷款的同时，还参与了重点工程的建设。与市水务局一起，利用开行贷款进行高阳橡胶坝和万新橡胶坝的工程建设。目前，高阳橡胶坝坝体工程已全部竣工，西侧护坡由于土地批复没有下来而没有建设，万新橡胶坝工程建设资金已经到位，基础工程也已完成，2005年即可竣工使用。公司有关部门为配合国家开行有关贷款的要求，编制了《抚顺市使用国家开发分行贷款暂行规定》和《国家开发银行贷款项目管理细则》，为争取到开发银行贷款资金，打下良好的基础。

【望花区机修西北平棚户区改造一期工程按时完工】 望花机修西北平棚户区改造工程是省委、省政府十分关心的民心工程，也是抚顺市委、市政府落实省委、省政府领导指示精神，努力实现“三个代表”重要思想的具体体现，实施这一棚户区改造项目，对于改善这一地区居民居住环境，加快城市建设步伐，充分体现党和政府“权为民所用，利为民所谋”的重大意义。公司受政府委托，在自身无资金，政府又没有资金投入而且建设工期又短的情况下，竭尽全力去操作这个项目。

1. 基本情况。望花区机修西北平棚户区位于望花区和平路以南，西丰街以西，康平街以东，锦州路以北，占地面积11.86公顷。辖区内住宅均为50年代中期所建，由于面积小，规划缺陷大，潮湿阴暗，所有住房均已达到了房屋的使用年限，且无下水、采暖、煤气，500人共用一所公厕，共有房屋158栋，棚户建筑总面积为35 593平方米。小区共有居民1 166户，3 834人，主要是矿区下岗职工，低保户及下岗职工和老弱病残居多（其中：低保户225户，残疾人162人，60岁以上的人575人），据初步统计该地区人均月收入为170.22元，仅达到城市居民最低生活保障标准。望花区机修西北平棚户区改造项目规划面积总计为141 319平方米，拆迁1 166户（含公建5户），拆迁面积41 580.91平方米（住宅及公建），安置面积53 703.33平方米（住宅及公建），商品房面积87 615.67平方米。

2. 棚户区的拆迁及实行的优惠政策。按着市政府主要领导关于“优惠棚户区百姓”的多次指示精神，对回迁居民实行了政策上的倾斜。一是每一个自建住人偏厦（无房票、无产权证，属违建），在预定置面积的基础上再增加5平方米的建筑面积，按每平米850元收款（预估商品房售价为每平方米1 200元）。此项共增加建筑面积2 150平方米。二是为了使当地居民尽早搬迁、早日回迁，在规定的时间内搬迁的住户，按要求的时间顺序，实行奖励3 000元、2 000元，及1 000元的优惠政策。三是对残疾人、低保户实行回迁扩大面积款按50%收取，完全丧失劳动能力的实行全额减免的优惠政策。

3. 一期工程完成及资金投入情况。3月25日起全部施工单位开始进场施工。年底一期工程全部竣工，预计春节前能够使百姓全部入住新居。一期改造工程总造价5 084万元（如含各项规费及安置补偿为8 000万元左右）。城投公司投入资金3 100万元，其来源渠道为：东城供热公司拍卖所得1 127万元，财政拨付300

万元，占用开行贷款资金1 473万元，欣的房地产公司贷款 200 万元（这还不含西北平大市场建设所占用开行贷款的 480 万元）。其中，1 100万元用于安置补偿；用于工程建设的资金2 000万元，是工程总造价的 39%，工程建设所需资金缺口在3 000万元以上，另欠各项前期费用 483 万元，政府各项规费 938.71 万元（58 816.25m^2×159.6 元），总计资金缺口 4 421.7万元，如政府各项规费减半收取，则总计资金缺口3 952.36万元（上述资金不含一期工程新增门市房及公建部分）。

4. 求真务实，解决困境，力争扭亏为盈。机修西北平棚户区改造工程存在的最大问题就是资金问题，也就是无资金来源渠道问题。根据 2003 年 6 月闻世震书记指示精神，机修西北平棚户区改造工程资金采取“三家抬”的方式解决，即省政府、市政府和矿业集团三家共同解决。但是，本公司于 2003 年 12 月 30 日向省建设厅上报的《关于抚顺市望花区机修西北平棚厦区改造项目资金的请示》，至今没有得到批示，省政府资金问题一直没有得到解决。抚顺矿业集团也无力解决这块资金问题。为缓解资金压力，降低工程造价，增加收入，采取了一系列措施。一是为缓解资金不足的压力，利用多年与相关单位的关系，赊取各种材料用于各施工单位的工程建设，如水泥，8 月份是水泥最为紧缺的时候，用现款还得排队等候，而本公司又无资金可用，为此公司与市章党水泥股份有限公司商谈，一次性签订赊取水泥2 800 吨的合同，为工程的尽早竣工奠定了基础。二是更改原设计方案，在原设计基础上增建东侧门市房，仅此一项增加门市房面积3 500平方米，按售价每平方米 2 000元计算，减掉工程造价每平方米 800元，预计增加销售收入 400 多万元。将原设计的外墙贴砖改为外墙涂料，在不影响原设计整体效果的情况下，节约了资金，降低了工程造价。三是大部分工程建设所需原材料采取甲供材方式。四是大多数工程建设和原材料采购采取招投标方式，重大的支出项目、合同的签订都事先请示市纪检委城投公司驻在组，严格按国家有关规定执行。

【城市公厕建设】 城市公厕作为城市环卫基础设施的一部分，不仅关系到广大市民的切身利益，也关系到全市的整体形象问题。根据市委、市政府主要领导对公厕建设的批示精神，为完成好全市“创建国家卫生城和环保模范城市”的前期准备工作，解决本市城区公厕数量不足和市民如厕难的问题，公司会同市城建局一直在积极运作城市公厕社会招商市场化的工作。根据目前本市城市公厕的数量和位置情况，参考市国土局提供的拟建公厕的选址意见，经公司和市城建局现场考察和调研，并经多次论证，已完成三处拟建公厕（雷锋体育广场西北角、望花区政府广场东北角和市一中东门）的规划报件工作，并已上报市国土局审定。在报件时，公司在充分考虑了公厕面积的基础上，考虑了部分商业用房面积，用以加大招商力度，早日解决公厕建设资金不足问题。城市公厕和商业用房招商仅限于使用权，产权归本公司所有，行业管理归口市城建局环卫处。

（关庆凯）

·重点工程建设·

【保全重点工程国有资产】 抚顺市重点工程国有资产经营公司成立以来，经过诉讼及人民法院判决、执行。已获得价值 4.5 亿元的偿债资产。在此基础上，为了进一步保全重点工程国有资产，8 月份，公司又将市重点工程资金办公室对债务企业持有的 2.4 亿元债权进行保全，从而使大额债权更加趋于安全。

【清收不良债务】 鉴于本市企业正在进行转制的实际情况，为保证政府债权免受损失和企业转制的正常进行，从 4 月份起，公司多次与债务企业商谈解决问题的办法。最后，按照最高法院新的司法解释，成功地把对债务企业的诉讼保全转为执行保全，这样一来，使政府的债权更加保险，同时也保证了债务企业转制工作的正常进行。

【资产经营】 在公司已经获得的实物资产中，大部分主要集中在两家重点工程企业，为使这些资产发挥出应有的效益，公司积极开展了卓有成效的工作。全年，这两个企业的资产通过租赁，合营已全面运作。全年共实现产值21 659万元，同比增长 113.6%，完成销售收入 17 760万元，同比增长 122.9%，实现利税 193 万元。上述两个企业的平稳运行，不仅促进了抚顺地方经济的增长，同时还吸纳 456 人就业，在一定程度上缓解了政府再就业工作的压力。

【中小债权的清收工作】 2004 年，公司在保全大额债权，促进资产变现、开展资产经营工作的同时，还通过回收现金，以物抵债，拍卖债权等方式解决了一些中小债务问题。

（汤海林）

·城市交通重点工程建设·

【浑河南路续建工程】 浑河南路快速干道全线开通。2004 年，市城建局组织建设的浑河大桥至和平桥 2.6 公里快速路工程、和平桥南立交工程、浑河大桥南立交工程、海新桥至前甸大桥快速路工程全部完工并通车，这些重点工程项目，极大地提升了全市道路交通的档次和水平，缩短了本市东西部地区的时距，为全市经济的快速发展奠定了良好的交通基础。

【新建工程】 2004 年，市城建局在资金十分紧张的情况下，利用世界银行贷款进行了新城路及临江路、将军街道路改造工程。经过 3 个月的紧张施工，一条宽度 40 米、双向八车道、全线开设公交港湾站的高标准道路展现在市民面前，成为全市道路改造工程中的样板路。

【三宝综合立交桥工程】 抚顺三宝综合立交桥位于沈抚高速公路三宝收费口以东，北接北绕城公路，南连洗化东街，东接丹东路，是抚顺市主干道与高速公路、绕城公路相联接的交通咽喉。该工程为双层全互通定向立交，包括桥梁匝道 8 条、路面匝道 11 条、一座环岛、两座环道桥、6 条非机动车道、5 座非机动车道桥。该工程于 2003 年 5 月 8 日开始立项，7 月 29 日正式开工建设，工程总投资约为一亿元，其中，开发银行贷款5 000万元，市交通局负责向省交通部门争取投资5 000万元。经过近一年多的紧张施工，三宝屯综合立交工程于 2004 年 10 月 1 日竣工通车。三宝综合立交工程的建成，与浑河南路快速干道、前甸通道遥相呼应，标志着全市城市道路交通骨架基本形成，为全市经济的快速发展创造了良好的城市交通环境。

·市政设施维修与养护·

【道路　桥梁养护】 2004 年城维计划安排资金 150 万元，累计完成工作量 140 万元，完成的主要实物量为：桥梁维护 30 座，路面维修32 730平方米。

【排水养护】 2004 年，城维计划安排资金 100 万元，累计完成工作量 100 万元，完成的主要实物量为：管线扫除 4 879米；检查井清淤2 815座/次；雨水井清淤7 096座/次；更换井具1 900套。

【地下管网设施维护】 针对全市地下管网设施老化，难以适应城市发展需要的问题，全局有计划地对全市重点地段的排水设施进行了更新改造。其中，投资 400 万元，对站二排水管线进行了投资改造，避免了站前地区水涝灾害的发生。

【路灯养护】 2004年，城维计划安排资金100万元，累计完成工作量103万元，完成的主要实物量为：更换灯泡7 795只；更换镇流器1 455个；更换导线6 457米；整体维护3 760盏。在抓好路灯维养工作，确保亮灯率达到规定标准的同时，全局重点实施了路灯自动化控制系统工程和劳动公园路灯改造工程。全市的路灯自动化控制工程总投资220万元。该系统的一期工程已经结束，建设中央控制室一座、45个终端控制节点柜，实现了对全市58条街路的5 313盏路灯进行监控。经整体调试后，于7月22日正式验收投入使用。经测算一期工程安装的节点全年可节约电费53万元。劳动公园路灯改造工程投资50万元，安装庭院灯100套、花灯4套。

·城市供水·

【主要指标完成情况】 2004年抚顺市自来水公司面临售水量下降，供水管网及供水设施老化，水费回收难，资金紧张等不利因素，从强化企业管理入手，采取有效措施，全力实现当年扭亏。全年实现利润31万元，完成售水量11 373万吨，销售收入17 652万元，上缴税金2 308万元，水费回收率94.1%，收回陈欠水费1 514万元，打击窃水、私接、乱改室内外供水管线追回水费150万元，管网压力合格率99%，维修及时率100%，水质综合合格率99.9%，安全、防火、计划生育、综合治理等工作均已达标。全年公司被评为省级文明单位，省、市思想政治工作先进单位，省建设厅文明服务十佳窗口之一，被评为抚顺市最受尊敬的企业，并荣获抚顺市先进集体。

【水质管理】 质量是产品的生命，水质关系到城市百万人民的健康。2004年公司更加重视供水水质的管理、化验、监测工作。千方百计筹措资金更新改造了水质化验监测办公楼，成立了抚顺市城市供水监测站。严格按照国家饮用水标准，认真执行三级检查制度，并制定了《抚顺市自来水公司供水、水质保障措施》和《预防突发性坏水保障供水水质安全工作预案》，下发了《关于防止水质传播疫情管理规定》等文件，确保了全市人民饮用水安全。公司被市质量协会授予先进单位称号。

【供水设施】 公司非常重视供水基础设施建设。通过卓有成效的招商引资，争取建设资金，采取国债资金，完成了供水源头取水塔东公园水厂清水池及厂房改造工程，配合市道改工程，完成DN100mm至DN700mm管线改造维修加固工程15公里。完成高湾、胜利两个经济开发区供水管网铺设；完成和平水厂续建工程DN800mm输水管线铺设17公里，同期改造50年以上老化管网86公里。按照“广覆盖及时覆盖”的原则，拓宽了供水市场。

【供水服务】 全年公司为认真落实诚信服务，保障供水的承诺，成立了客户服务中心，将过去多部门，多层次受理跑、冒、漏，吃水难投诉集中于客户服务中心统一管理。制定了《供水客户服务中心工作标准》、《跟踪督办工作制度》、《客户服务中心文明用语》等项规章制度。共受理市民投诉5 664件，处理5 381件，处解率为95%。义务维修投入资金200多万元，解决了夜海沟、北龙凤、下洼子、戈布新村高台勘社区群众吃水难问题，完成了国化、有机化、耐火厂等5个单位转供水接收工作。在《抚顺日报》开辟了“水之窗”栏目，在《抚顺晚报》设立了“吃水难、找客服”热线专栏，有力地宣传了自来水公司的形象，提高了企业诚信度。

【企业改革】 公司以做精主业、做强辅业为目的，制定措施，深化改革，进行了一系列人事、分配制度以及机构设置等方面的改革。重新制定了公司定岗定员标准，剥离富余人员540人，归入人力资源中心统一管理，每年节省资金150万元；按照“以岗定薪、岗变薪变”的原则，将公司及基层单位聘用的近百名临时工全部辞退，每年节省资金50余万元；制定了干部责任追究制度，强化了责任意识；完成了丰泽供水有限公司国有资本的转换重组。进一步明晰产权，形成了制水、供水、售水相分离的区域化供水格局；对有240名职工的6个辅业单位进行分离，组成供水实业公司，调动了经营者和生产者的积极性，由原来的主业补贴，到2004年实现利润400多万元；修改完善了公司转制方案，完成了转制前资产评估等各项准备工作，为公司转制、招商引资，逐步实现集团化发展奠定了基础。

（邵立夫）

·城市供热·

【分户改造工程】 2004年，是抚顺市热力总公司面对供热管网严重腐蚀、资金短缺等不利因素，较好地完成了各项工作任务。分户改造工程是本年度公司的生产工作重点，按照市政府在3—5年内完成居民“分户改造”的指示精神，结合公司实际情况，年初公司制定了200万平方米“分户改造”计划，成立了“分户改造”工程指挥部，并在工程设计、材料询价和储备、收费组织、工程招投标等方面做了充分的准备工作。由于各项准备工作及时到位，安排缜密、措施得当，如期完成了这项艰巨的生产任务，2004年分户改造量之大堪称热力公司生产史之最，全年共完成213万平方米、480栋住宅楼、38 000余户的分户改造工程，进户率达80%以上，改造庭院管网8万米。213万平方米“分户改造”的工程质量经受住了2004——2005采暖期少有的严寒气候的考验。自2001年起公司在供暖区域内开始实行“分户改造”，从几个采暖期的热费收缴情况和供暖效果看，分户改造后的楼号均较未改造前供暖质量有了大幅度的提高，热费收缴率也在逐年提高，“分户改造”的实施达到了企业经济和社会效益的同步提高的目的。

【设备设施“三修”工程】 为确保腐蚀严重的供热管网在冬季安全运行，公司对辖区内的186条高、低压管线进行了打压查漏。对其中不能再使用的高压管线更新1 362延长米，低压管线更新1 000余延长米，配合市道路改造的更新管线13条；完成109座换热站内机泵、换热器等供热设备的检修和维护工作，完成“分户改造”工程所涉及的换热站内换热器、机泵等设备设施的调整。完成仪器仪表、通讯设施、自控设备、传输系统的检修、维护工作，保证了自控设备、设施在冬季供暖运行期间处于完好状态，为冬季供暖安全平稳运行奠定了基础。在资金紧张的情况下，投资268万元对河北地区的热力站进行自动化控制改造，实现了供热站自动控制，保证了整个供热系统的均匀性，解决了供热系统末端和个别区域的供热质量达不到要求的实际问题，也为实施供热站无人值守奠定了基础。

【热费收缴】 2004年大面积分户改造的实施，带动了热费收缴工作，取得了可喜的成绩，收费创公司历史之最，收费额达1.35亿元（包括陈欠）。多年来，热费收缴难是供暖行业普遍存在的现象，针对这一实际情况，强化了热费收缴工作。建立落实了收费管理责任制，年初总公司与各基层公司签定了承包责任状，将指标量化到收费员；为保证热用户资料的准确性，进行了用户系统性核查及核实认定工作，并加强了各类收费账目的登记及微机录入的审核力度。加强了收费资金管理工作，经营处回笼资金实行财务统一管理，完善发票开具制度。公司在5个基层单位新建了收费大厅，并将有关政策、热费交纳程序制成图板悬挂在大厅内，力求方便用户。针对欠费单位具体情况采取相应措施，加大法律清欠和行政执法的力度。

【供暖服务】 2004年虽然公司工程任务极其繁重，但由于供暖准备工作非常充分，保证了冬季供暖工作的顺利进行，实现了10月31日提前一天开栓供暖。为进一步做好供暖期间的服务工作，供暖伊始，总公司召开了冬运工作动员大会，重申了“用户至上、服务第一”的工作宗旨；总公司将投诉电话、调度运行电话、各基层单位的报修电话在新闻媒体上予以公开，并聘请用户监督员，召开座谈会，主动接受用户的监督。为随时应付供暖运行中不可遇见的各类事故，制定了《突发事件抢修预案》。开展了各项服务竞赛活动，规范服务行为，实行收费员、维修人员实行挂牌服务，并将公司投诉电话在收费大厅予以公开。

（孙　刚）

【新东供暖】 抚顺市新东热电供暖有限公司，是于1998年6月经市国有资产管理局和市公用事业管理局批准，从抚顺市热力总公司剥离并转制为国有控股的有限责任公司。公司以大型机械自动化锅炉为主，半自动手烧炉为辅。组建初期，共有大小锅炉24台。其中，所属的河东热电厂就有29MW热水锅炉4台，35T/H次高压蒸汽锅炉2台，大型供热配套机械设备45台，锅炉辅机238台套，高低压管网60余公里，采用微机自动化控制无人值守供热站38处，下属的锅炉供暖处有18台自动、半自动手烧炉分布市区边远地带，其供暖服务范围横亘东西，纵跨南北，供暖面积138万平方米。2003年，为了真正建立起适应市场经济要求的企业发展新秩序，公司领导班子认真学习国家有关政策和文件，带领全体职工探索企业发展新思路。经职工代表大会讨论通过，决定全体职工收购企业。2003年11月经抚顺市改制领导小组批准，新东热电供暖有限公司改制为民营企业。实现了国有资产和职工国有企业职工身份双退出，并按《公司法》完善了股东会、董事会、监事会和经营管理层，实现了相互制约、相互制衡的管理机制。改制后的新东热电供暖有限公司注重领导班子建设和职工队伍建设，使企业在短时期内迅速发展壮大。2004年配合三修完成分户改造40万平方米，新建、更新高压管线1500余延长米，新增供热面积45万平方米，完成了热源续建工程90T/H热水（64MW）锅炉建设的前期准备工作，现已进入建设施工阶段。经过公司全体职工的努力，企业已初具规模，供热面积由几年前的138万平方米增加到200万平方米，供热站由原来的38个增加到53个，高低压管网由原来的60余公里增加到80余公里。

（吕玉华）

·城市燃气·

【主要经济指标】 2004年，抚顺市煤气总公司拥有17.9万用户，与上年同比增加6 944户。全年实现经营收入4 441万元；煤气销售量完成6 105万立方米，为年计划（6 000万立方米）的101.8%；新发展用户7 754户，为年计划（5 000户）的155.1%；完成煤气拖期开栓2 993户，为年计划（2 000户）的149.7%；利润总额－360万元，与年计划（－440万元）相比减亏80万元。其他指标均达到或超过上级规定的考核标准。

【企业管理】 改革燃气设施管理监察大队管理体制，实行公司与基层双重管理，加大了查处工作力度。全年查处违章违法用气800余户，挽回经济损失55万元；完善了《抄收岗位分配制度改革方案》，调动了抄收员的积极性，煤气销售量与上年同比增加105万立方米；坚持主辅分离、辅业自主经营、自负盈亏。煤气安装工程公司完成产值630万元，实现收支平衡略有盈余；物资供应公司在保证内部材料供应的同时，积极捕捉对外销售商机，实现销售利润81万元。其他辅业均完成或超额完成年初确定的经营指标。

【安全生产管理】 在坚持安全生产制度的同时，健全和完善了《煤气总公司灭火器管理规定》、《煤气总公司事故应急救援预案》。制发了《关于开展春季安全大检查的紧急通知》、《关于加强安全用电管理的通告》、《2004年“安全生产月”活动方案》；全年巡查管线9 405公里、检查住宅楼2 054栋、走访用户27 863户次、打眼探查38 808个、测“四井一道”199 873处、发现并处理隐患230处；推广了新建住宅安装煤气报警设施；投资175万元，对新城路二标段等6个地区煤气管网进行改造等。公司实现安全生产责任事故为零，保持抚顺市安全生产红旗单位称号。

【拓展营销区域】 2月22日，市煤气总公司本着“统一规划、拓展区域”的原则，在与高湾经济开发区洽谈的基础上，编制了高湾经济区南部规划区煤气工程方案。该地区规划住宅面积68万平方米，居住人口3.09万人，居住总户数9 656户，按每户日用气量1.2立方米计算，2010年规划区建成后日用气量为1.15万立方米。规划区煤气工程方案的编制，标志着煤气供应已由市区延伸到周边，拓宽了企业经营区域。

【拓宽经营渠道】 4月23日，市煤气总公司本着“互惠互利、实现双赢”的原则，与抚顺华泰电瓷电气有限公司签订供气协议。该公司将用煤气替代柴油用于生产，既降低成本，又增加产品光洁度。市煤气总公司预计年增加煤气销售量800万立方米、增加收入80万元。6月24日，市煤气总公司本着“借助资金、借助技术、借助管理”的原则，与河南飞宇电气有限公司签订组建抚顺市佳宇燃气表厂协议，双方投资242万元，将采用新技术、新工艺、新材料生产民用燃气表，年生产能力5万台。在满足本市新发展煤气用户的同时，积极对外销售，以提高企业经济效益。

【调整销售价格】 为实现煤气产品价格与价值相对一致，保证城市煤气设施、管网得到及时维修养护，提高供气质量和服务标准，增强企业发展能力，确保城市煤气安全正常供应。8月25日，市物价局主持召开煤气销售价格调整听证会，与会23名代表全票通过煤气销售价格调整方案。10月8日，市政府第16次常务会议讨论通过了煤气销售价格调整方案，并上报辽宁省物价局。12月29日，经辽宁省物价局（辽价函［2004］29号文件）批准，从12月1日起，本市煤气销售价格由每立方米0.65元调整为0.80元。调价后，对经市民政部门批准的低保户暂执行原价格。调价增收资金主要用于煤气管网更新改造，以确保城市煤气安全正常供应。

【修订《管理办法》】 随着市场经济的发展，煤气管理工作出现了一些新情况、新问题，1993年3月制发的《抚顺市城市煤气管理暂行办法》尚需修订和完善。对此，市政府有关部门组织修订了《抚顺市城市煤气管理办法》。12月15日，市政府第18次常务会议讨论通过。《管理办法》依据国家建设部《城市燃气管理办法》，借鉴其他城市管理经验，按照市场经济规律、规范经营管理、加强政府监督的原则，公平、公正地界定煤气经营单位和用户的权责，具有较强的现实性和操作性，为城市煤气事业持续健康发展提供重要保障。

【优质服务】 紧密结合“窗口”行业的实际，严格社会服务承诺、公开办事制、首问负责制、用户投诉等相关制度。制发了《服务守则》，从着装仪表、接听电话、接待用户、抄表收费、维修服务、开栓供气、环境管理7个方面进一步规范了服务行为，形成了“人人是窗口、事事为用户”的良好氛围；在资金短缺的情况下，主动服从大局，保煤气供应。投资60万元，解决了2 993户居民“做饭难”问题；购买517吨液化石油气用于弥补气源不足，经济损失82万元；受理用户投诉264件，未有因服务不到位引发的投诉，办复率100%；组织义务奉献活动30余次，为用户解决实际问题1 200余件，收到用户表扬信17封、锦旗3面、表扬电话32个；在全省组织的“绿叶杯”竞赛活动检查民意测评中，用户满意率达到98%。

(钟成斌)

·公共交通·

【指标完成情况】 抚顺市公汽总公司截止2004年底，职工总数7 570人，运营车辆820台，运营线路45条，担负着全市65%以上市民的公交出行任务，是全市城市客运交通的骨干企业。总公司下设12个部室，5个运营公司，一个汽车修配厂，通恒、永驰两个合资合作运营公司，固定资产1.72亿元。总行程里程3 482万公里，比上年同期增加260万公里；客运总收入10 071万元，较上年增收968万元；客运总成本8 330.4万元，剔除燃油、原材料价格上涨等不可比因素，同比减少支出504.2万元；利润总额－1 193.4万元，同口径同比减亏1 198.8万元；全员劳动生产率19 664.1元/人·年，同比增加2 355.23元/人·年；安全间隔里程118.36万公里，同比延长25.59万公里/次；工业生产事故为零；车辆整洁和车厢服务合格率分别为99.53%和98.48%，分别比计划提高10.59%和9.42%；总公司继续保持省级文明单位称号，2路继续保持省级“雷锋号”荣誉称号，7路被评为市级“雷锋号”荣誉称号；计划生育、档案、治安综合治理、信访工作都完成了与主管局签订的责任目标。

【运营生产】 根据市民需求和线路资源的高效利用，结合本市全面进行道桥改造的实际，合理调整了32条运行线路的线路走向、站点设置、运行时间，线路资源效益得到进一步挖掘和充分显现。对全公司416台次的营运车辆进行了结构调整，缓解了各营运公司车型与线路、消耗与客流不相匹配的矛盾，使运力资源配置更加科学合理。筹资购置新车25台，投入到具有效益潜力的线路。抓住省文明委命名2路为“雷锋号”的契机，结合“服务年”和总公司客运服务专项整治，全面开展创品牌线路和优质服务活动，社会服务投诉明显减少，客运服务水平进一步提高。从企业长远利益出发，先后收回了个人承包的22路、16路两条线路，维护了公司线路资源，规范了运营管理。投入116.31万元，完成了98台车身大修，48台车身高保任务，提高了车辆技术状况。

【安全管理】 全年安全生产态势良好，安全措施进一步加强。各项事故指标控制在主管部门确定的责任目标之内，总公司被评为抚顺市安全生产先进单位。结合国家《道路交通安全法》的颁布实施，安全员队伍素质结构得到优化，业务水平得到提高。采取多种形式，加强安全管理。

【企业改革】 企业产权制度改革，进行了清产核资，资产确认，改制成本测算，外出学习考察，招商引资、投资洽谈等一系列突破性工作，正在筹划多种形式的改制意见，为政府提供决策参考。主辅分离工作依照相关政策和法律程序，已基本完成卫生所、服务处的整体转制和从产权意义和劳动关系上与主业的分离。修配厂对外合资、合作正在积极运作之中。继总公司机构、人事、用工制度改革后，实施了以“绩效挂钩”为主要形式的分配制度改革，进一步促进了企业的增产增效和职工生产积极性的发挥。

【企业管理】 公司物资统一管理、集中采购进一步规范,汽配采购资金比去年同期节约44.1万元。财务收支高度集中的管理体制,成本支出得到有效控制,资金得到有效利用。两项改革措施不断在开源节流中发挥着重要作用。从维护企业利益出发,配合主管部门,严厉打击了盗印假工作证、假月票以及倒卖月票等违法行为,严肃查处了内部各类票款违纪行为。

(李 阳)

·市容市貌管理·

【城市防涝】 2004年，市城建局提前采取应对措施，制定了2004年的防汛工作预案，对排涝设施的养护维修、防汛期间的各项安全工作、抢险设备的准备工作、抢险队伍的准备、主汛期间险工险段（如高尔山截洪沟、厂南明沟、榆林明沟、新屯明沟等）的巡视和抢险及组织责任人完全进行了落实，确保全市安全防汛。

【露天集贸市场治理】 2004年，全局着重加强了对露天集贸市场退路进厅和不具备退路进厅条件的市场的规范化管理工作，全年完成6个市场的退路进厅，规范整治了11个露天集贸市场。

【户外广告清理整治】 为能使全市的户外广告乱贴、乱挂影响城市容貌的现象得到有效治理，全局与执法部门开展了多次户外广告整治活动，有力地促进了城市环境的改善。在户外广告审批方面，严格控制与环境不协调、制作水平不高广告的续期，从源头上控制了户外广告的乱设现象。

【挖掘道路管理】 为使城市道路挖掘和恢复管理工作逐步走上规范化轨道，市城建局向挖掘城市道路的重点单位下达了《2004年道路挖掘计划》，对全市挖掘道路进行了统筹安排。在道路挖掘施工现场管理上，市政监理部门进一步加大对挖掘道路的管理力度，使乱挖城市道路现象得到有效遏止。

·园林与绿化·

【落实绿化考核指标】 全年完成绿化投资6 916万元，植树146万株，新增绿地面积378公顷，新增公共绿地面积56公顷，均超额完成了省政府下达的任务指标。

【园林绿化检查考核】 在绿化资金不能及时到位的情况下，全市各级绿化部门克服困难，创造条件，在全市主干道、公园、游园花坛内栽种花草共计65万株，种草5万平方米，极大地美化了市容景观。全年，还对全市单位庭院绿化进行抽查，有10家单位获得省级绿化先进单位称号，3家单位获省花园式单位称号，抚矿精神病医院、抚矿页岩炼油厂等一批已获得省级荣誉称号的单位，全市单位庭院绿化出现了新的亮点。

【城市公共绿地管理】 加强了城市公共绿地管理。各公共绿化管护单位变冬闲为冬忙，修剪全市主要街路、公园、游园内的乔、灌木3.5万株；在绿化资金不能及时到位的情况下，栽花65万株，种草5万平方米，极大地美化了城市环境。对市区内的死、险树木进行了全面普查，伐除和修剪树木116株，消除了树木断裂伤人的隐患。全年进一步加大了各级绿化作业的考评力度，园林绿化管护水平得到明显提高。

【抗旱及病虫害防治】 2004年5～6月，全市遭遇了近几年少有的旱情，由于各绿化管护单位浇水设备有限，一些树木出现萎蔫枯死现象，对此，全局积极组织各绿化管理单位全力抗旱，并主动同市消防局联系借用水车，使旱情得到有效缓解，保护了城市绿化成果。此外，由于旱情严重，全市城区树木病虫害出现了异常严峻形势，尤其是美国白蛾又重新泛滥。对此，全局及时召开病虫害防治专项工作会议，制定病虫害防治工作预案，全力争取防治资金及时到位，确保防治药品在防治最佳时期分发到各养护单位，使病虫害得到有效控制，未发生大面积美国白蛾灾情。

【山林防火】 2004年，全局在山林防火工作中做到早部署、早检查，适时召开春、秋防火工作会议，对各区防火器具的准备也进行全面检查，并协调资金为各护林防火单位购置风力灭火机等工具。特别是在节假日对重点公园、山林进行了检查，确保城区未发生一起山林火情、火灾。

【制定创建省级园林城市方案】 按照市政府提出创建省级园林城市的要求，本局起草了《抚顺市创建省级园林城市实施方案》，召开各区及市政府机关部门参加的《方案》征求意见会议，此《方案》正在修改完善中。此外，全局还进行了《劳动公园改扩建规划》的制定工作。其中劳动公园改造工程已经开始实施，并取得初步成效。

（杨　革）

·环境卫生·

【达标竞赛活动】 2004年，市城建局在环境卫生资金严重短缺、职工队伍不稳定的困难局面下，充分发挥达标竞赛活动的制约激励作用，共组织开展全市性环境卫生检查23次，有力地促进各区环境卫生作业水平的提高。为深入落实市委、市政府主要领导对环境卫生工作提出的新要求，全局于5月份在全市环卫行业组织开展以“围剿积存垃圾，为创建美好家园做贡献”为主题的环境卫生专项整治活动，共清理出“三不管”地段、城乡结合部和平房区积存垃圾13 600余吨，有力地促进了全市环境卫生面貌的改善。

【垃圾处理】 为保证垃圾处理厂的正常运营，面对垃圾运力不足、运距增加、垃圾质量存在问题等诸多困难，全局积极协调各区，千方百计保证生活垃圾的供应。同时，为保证垃圾处理经费的落实，全局竭尽全力做好生活垃圾处理费的收缴工作，确保了垃圾处理厂的运行。

【改善环卫设施】 环卫设施设备严重不足问题，已成为影响全市环境卫生工作发展的关键。为改变这一不利局面，全局积极组织有关部门对全市环卫设施及设备状况进行了调查，并结合实际完成了《抚顺市2004年度公厕建设规划》、《抚顺市运输车辆购置、配备计划》、《抚顺市2004年垃圾箱、果皮箱备置计划》的制定工作。目前通过财政投入、政府采购，已订购300个果皮箱并在全市各主要街路进行了摆放。

·房地产开发·

【城市居民人均居住面积有所提高】 2004年，全市房地产开发实际施工总面积达到201万平方米，为上年的108%，竣工面积110万平方米，为上年的91.67%。城市人均居住面积达9.5万平方米，比2003年增长0.3平方米。

【房屋拆迁保证适度规模】 2004年，颁发拆迁许可证7件，拆迁户1 377户，拆迁房屋53 279.65平方米。其中，住宅51 836.75平方米，非住宅1 442.9平方米。

【棚户区改造得到国家和省的高度关注】 2004年5月、7月、10月，全国政协、国务院振兴东北办钱正英、胡富国、宋晓梧等领导同志分别带领调研组到抚顺市考察棚户区，探讨研究棚户区问题的解决途径，市委、市政府向各级领导专题汇报了抚顺市棚户区亟待改造的情况。全市棚户区状况得到国务院振兴东北办的高度关注，考察结束后，编发了《抚顺棚户区问题急待解决》的简报，专报温家宝、黄菊、曾培炎等国务院领导同志。国务院振兴东北办将以抚顺为突破口，提出解决东北地区棚户区问题的建议。12月26日，新到任辽宁省委书记李克强同志到抚顺莫地沟棚户区考察后，当即决定对莫地沟棚户区进行改造，并在资金和政策上给予积极支持。

【住宅小区环境得到改善】 全年多方面筹集资金710万元（市财政预算外投入210万元，各区及产权单位投入500万元），对35个住宅小区进行了环境综合整治。完成硬化11万平方米，绿化3万平方米。经过环境综合整治，35个住宅小区环境质量得到了显著提高。

【房地产企业整体素质提高】 2004年，对全市现有119家房地产开发企业、73家物业管理企业、3家评估机构的资质进行了重新清理，通过清理资质，使房地产企业整体素质进一步提高。

·房产管理·

【房屋状况】 截止到2004年底，全市实有房屋建筑面积4 622.98万平方米。其中，住宅2 982.78万平方米（其中，私有住宅2 276.79万平方米，公有住宅705.99万平方米），非住宅1 640.20万平方米，其中，办公楼350.17万平方米，商业营业用房320.37万平方米，工业仓储用房943.22万平方米，其他各类用房26.44万平方米。居住人口14.08万平方米，居住户数508 775户，人均住宅建筑面积20.26平方米，户均住宅套数0.79套。

【房屋交易量及其税费收入再创新高】 2004年，全市商品房、存量房、房改房交易量达到185万平方米，同比增长15.6个百分点，征收税费、房改房土地出让金达到7 000万元，分别为上年的115.6%和121.4%。

【第三届房产交易会取得可喜成果】 2004年，举办了第三届房产交易展示会，为开发商和购房人搭建了加快住房流通的平台。经市政府批准，对房屋交易的有关规费予以减半征收，通过让利于民有效地调动了老百姓潜在的购房需求。展会期间，成交房屋4 819套，成交面积39.36万平方米，成交金额3.997亿元，分别为上届房产交易展示会的140%、172.3%和129%。

【市直管公房得到维修】 年初以来，针对群众多年来反映非常强烈的屋面漏雨问题，筹措200万元资金，对142栋45.2万平方米的楼面进行了防水维修。实施大规模楼面防水维修工程解决了困扰住户多年的楼面漏雨所带来的生活不便与烦恼。全市和产权单位受理住宅小区下水堵塞、外溢投诉208件，办结率达到100%。

【住房制度改革继续深化】 2004年，全市出售公有住房20.8万平方米。累计出售公有住房1 406.8万平方米，出售率占可售公有住房的1 868万平方米的75.31%，同比增长1.49个百分点。全市有6家事业单位获准实施住房分配货币化，发放住房补贴资金，带动个人住房投资900万元，购买住房8 079平方米。

（王惠德）

·勘察设计·

【整顿行业】 认真执行年检制度，遵照执行国家颁布的行业标准，并注重实行动态管理。按国家标准，实现与省厅同步管理，结合本市实际情况，制定以保质量、提资质为重点的年检方式，严格要求，对有些存在技术力量、设备等条件达不到标准的单位坚决不予以年检合格，并根据其实际情况给予处理。原有49家勘察设计单位，除2家自动放弃设计资质（清原森林调查队，抚顺发电厂设计所），被省厅吊销资质外，其余47家单位参加了年检，其中12家由于自身原因被限期整改，其他35家获得合格、基本合格的结论。通过年检进一步整顿了全市的勘察设计行业，保证其健康发展。

【规范市场】 与工商税务部门协调配合，加强合同管理，坚决制止压级压价，不正当竞争，市场外交易和越级设计。共办理工程设计合同登记238项，合同额3 910万元，工程勘察合同登记175项，合同额378万元。

【施工图审查机构管理】 对施工图审查工作进行行业管理，按照建设部134号令《房屋建筑和市政基础设施工程施工图设计文件审查管理办法》规定及省厅有关文件要求，开展了施工图审查机构的认定初审、申报工作，对所报材料认真核对，积极工作，在时间紧，任务重的情况下，按时完成，上报省厅。按照建设部134号令，对施工图审查机构进行认真监督管理，提高工作质量，加强审查力度。

【教育培训】 注重勘察设计从业人员的教育培训，提高从业人员素质。组织建筑工程设计人员抗震技术专项学习；组织全市勘察设计单位进行《工程建设行政法规》、《工程质量管理条例》、《工程建设标准强制性条文》的学习；开展注册执业人员的继续教育。

【企业转制】 积极组织全市勘察设计单位企改工作。报市政府同意，成立以主管市长为组长，相关部门参加的勘察设计单位体制改革领导小组，协调企业改制工作。市建筑设计研究院、市政设计院、市建科院设计分院等单位的改制工作基本完成，按上级要求，其余相关勘察设计单位的转制工作正在进行当中。该项工作的顺利开展，保障了全市整个行业的可持续发展。

·建筑企业生产管理·

【清理拖欠工程款】 根据国务院、省、市政府清理建设领域拖欠工程款和拖欠农民工工资要求，多次组织召开有关单位参加清欠会议，制定清欠措施和方案，市政府设立了清理整治建设领域拖欠工程款领导小组，下设二个办公室，即：清理拖欠工程款办公室，由市建委负责；清理拖欠农民工工资办公室，由市劳动保障局负责。起草下发了《解决建设领域拖欠工程款企业职工农民工工资问题工作方案》（抚政办发〔2004〕5号文件），与有关企业单位签订目标责任书。处内设专人负责清欠工作，及时准确地对偿付工程款进行确认，逐个工程核实拖欠工程款数额，统计上报清欠情况。

【企业改革】 帮助市建一公司同市改革办、市财政局、市国土规划局、中级人民法院、建行、信达公司等有关部门协调解决有关土地出让金返还用于并轨、企业深化改革问题，有望实现市建一公司4 376人的并轨工作，已经完成构件公司近800人的并轨工作，为企业进一步改革奠定了坚实的基础。

【资质管理】 按照省厅《关于开展2004年度全省建筑企业资质年检工作的通知》（辽建发〔2004〕112号）的文件要求，对全市现有的135户总承包、专业承包企业，53户劳务分包企业进行资质年检，顺利完成此项工作，省建设厅复查验收合格。

【行业综合统计】 完成2003年度全市建筑业综合统计年报，全部实现使用计算机软件上报统计报表，能够做到及时、准确地为上级机关和有关领导提供统计数据，指导行业发展。

【项目经理管理】 采取有效措施强化项目经理管理，对项目经理调转严格把关，有效地扼制了非法转包、挂靠等违规行为；对全市现有项目经理进行资质复查，全面提高项目经理素质；对全市26名一级项目经理向建设部申报过渡建造师。

·建筑市场管理·

【严格施工许可证制度】 采取宣传教育与严格执法相结合的办法，确保了建设工程法定建设程序的履行。建立科学的审批程序，以有形建筑市场为载体，建立集中办公和“一条龙”审批方式，并对各审批环节明确分工，强化责任管理，使各环节之间既相互联系，又相互独立，做到层层把关，依法审批。通过这种方式的建立和完善，形成上级为下级把关，下道程序为上道程序把关，从而建立起领导与被领导、程序与程序之间的相互制约机制和监督机制，使问题能够得到早发现，早整改，避免了不良后果的产生。全年共办理新开工项目施工许可证27件，建筑面积25.9万平方米。

【执法工作】 市场处将行政执法工作与施工许可等行政许可工作结合起来抓，取得了良好的效果。在提高执法人员文明执法和严格执法思想意识的基础上，采取处室内部相互配合的办法，将审批工作作为执法的保证前提，即没处罚过的工程决不下发施工许可证，从而保证了执法工作实施到位。全年，市建委根据国家及省关于整顿和规范建设市场秩序工作指导意见的精神，进一步加大了全市建筑市场综合执法工作力度。集中力量、集中时间，对全市建设投资在50万元以上在建的各类房屋建筑及其附属设施的建设和装饰装修工程、市政工程项目的项目法人、勘察、设计、施工、监理和有关中介机构的市场行为进行了全面的整顿规范工作，有效地促进了全市建筑市场秩序的进一步好转。

【首创“提前介入工作方法”】 进一步完善和发展了这一行之有效的工作方法。主动与建设单位联系，对项目前期工作进行跟踪，并帮助协调相关问题，同时利用相互见面的机会，宣传法律法规及政府的相关规定和办事程序，宣传违法违规行为给全市人民、给企业本身及个人所带来的严重后果，用热情的服务促进办件率的提高。由于采取了用服务促执法的有效措施，为市场各方主体创造了一个较好的市场环境，不但受到了市场各方主体的高度评价，还有效的防止了违法违规案件的发生。

（孙　萍）

·工程建设监理·

【净化市场环境】 加大对施工现场监理行为的检查力度，建立监理企业、监理人员不良行为记录档案，对监理业内资料不全，旁站监理记录不及时、监理不到位、监理人员脱岗，施工现场监理人员配备少等问题，及时发现、及时处理，有效地规范了监理企业及监理人员的不规范行为。进一步治理了监理企业压价竞争的不良行为。制定出台了《抚顺市工程监理招投标管理办法》，主要考核监理企业的技术力量和社会信誉。将监理取费缩减到很小的比例。这样大大地促进了各监理企业的管理力度。因此在全年监理的320个单位工程中，工程质量合格率百分之百，无一例质量事故的发生，监理企业的收入也因此而大大增加。

【优化行业结构】 全市有50%的监理企业是依附于科研院所、勘察设计单位建立起来的，这些监理企业普遍存在产权关系不明晰，法人治理结构不健全、分配机制不合理，从而导致监理企业缺乏自主经营、自我积累的能力，缺乏自我发展的动力，这在一定程度上制约了行业的发展。因此，做了大量的工作，鼓励和支持这些企业进行转制。目前已有80%的企业完成了转制工作。转制后的企业，管理水平明显提高，经营理念有了质的变化，经营思路逐步拓宽，先后在沈阳、大连、天津、吉林等市开展了监理业务，有效地开发了外埠监理市场。

【拓展监理范围】 全市的17家监理企业，有14家从事的是房屋建筑工程的监理业务，所监理的工程类别业务面较窄，局限性较强。随着全市城市基础设施建设的力度加大，急需拓展监理企业的业务范围，因此，又有两家监理企业广泛吸纳人才，增设了市政公用工程、机电安装工程、园林绿化工程的资质，既满足了工程建设的需要，又拓展了企业的业务范围，占有了较好的市场份额。抚顺诚信石化工程建设监理有限公司、抚顺金鼎建设监理有限公司、抚顺远东工程建设监理有限公司、抚顺建筑科学研究院工程监理有限公司被评为市优秀监理企业。抚顺诚信石化工程建设监理有限公司被国家建设部评为全国优秀监理企业。

（孙　萍）

·测　绘·

【全市测绘管理工作会议】 4月3日，测绘管理办公室召开全市测绘管理工作会议。县测绘主管部门负责人及各测绘单位主要负责人40余人参加了会议。会议传达了省测绘局金局长在全省测管工作会议上的重要讲话，贯彻全国测绘局长座谈会精神，总结了2003年测绘工作，对2004年工作做了部署。

【学术交流与区域合作】 6月30日鞍山市测绘学会、辽阳测绘学会一行40余人来抚与抚顺市测绘学会共同举办测绘学术交流会，特邀省测绘学会参加学术交流。会议围绕地理信息产业、地球空间信息网络的发展及学会今后的发展等进行广泛深入的交流和研讨。

【专项检查】 年初全省全面开展了房产测绘产品质量大检查工作。依据辽宁省测绘局下发的《关于开展房产测绘质量专项检查》的文件要求，抚顺市规划和国土资源局测绘管理办公室对全市房产测绘工作进行了自查自检工作。7月15日辽宁省测绘局组成检查组，对本市房产测绘进行专项检查。检查工作采取听取情况介绍和查看档案、实地测量相结合的方式，随机抽检了市房产产权管理处、新宾县房产管理所、清原县房产管理所三家单位房产测绘项目，并进行了现场检验。检查工作结束后，检查组对全市的房产测绘市场准入制度和房产测绘技术标准执行等方面给予了充分肯定，通过检查进一步推进了本市房产测绘市场的健康发展。

【测绘成果保密检查】 市规划和国土资源局测绘管理办公室与市保密局紧密配合，并制定出测绘保密检查工作具体实施方案，成立抚顺市测绘成果保密检查领导小组。根据积极防范、突出重点、统筹兼顾的原则，采取统一组织、统一实施、重点检查等方式，8月3日在全市范围内开始重点检查。为了仔细地做好测绘保密检查工作，检查工作由原定的12个单位增加到22个单位，是全市使用国家保密测绘成果36个单位的61%，图量总数的90%。

【《测绘法》宣传】 2004年8月29日是修订的《中华人民共和国测绘法》颁布实行两周年，为促进测绘法的贯彻实施，提高全社会的测绘法律意识，市规划和国土资源局与市司法局联合下发了《开展测绘法宣传日活动的通知》，各县、区测绘行政主管部门、测绘单位测绘法宣传活动做出了周密部署。宣传日当天围绕“推进测绘依法行政，加强测绘统一监督管理”这一主题，全市测绘单位在市政府门前及繁华地段悬挂宣传横幅20余幅，形成了一定的宣传规模，营造了良好的宣传氛围。

【资质复审换证工作】 9月24日抚顺市规划和国土资源局测绘管理办公室召开会议，部署全市测绘资质复审换证工作，对全市乙级以下测绘单位的主管领导和负责此项工作的有关人员进行培训。测绘资质复审换证每5年进行一次。这次复审换证工作是执行国家新标准。通过对全市32家测绘持证单位的实际审查，全市乙、丙、丁级持证单位全部达到了要求，上级省绘局。其中2个单位按照标准具备升级条件，3个单位申请办理测绘资质。

【全市私房地籍测绘】 抚顺市规划和国土资源局测绘管理办公室会同抚顺市土地交易管理中心首次在全市开展私人住宅地籍测绘工作，并委托抚顺市勘察测绘院、辽宁省地质勘查局一〇一队、辽宁省第二测绘院等三家测绘单位完成该项测绘任务，截至2004年底已完成全市城区总面积近50%，填补抚顺市城区私房区内无地籍图的空白，保护了土地使用者的合法权益，防止了国有土地资产的流失。

（张树安　刘诗仲）

·村镇建设·

【村镇建设投资】 2004年，村镇建设投资持续增长，生产设施、公共设施发展较快，改善了农村经济社会发展的基础条件。全年完成的村镇建设投资亿元。其中：住宅建设投资19 500万元，公共建筑投资5 900万元，生产性建设投资5 212.5万元。全年村镇基础设施投资8 266万元，村镇基础设施逐步完善，新建柏油马路49公里，40万平方米，新建地下排水管网6公里，新建桥梁30座，新增自来水受益人口5 900人，自来水普及率52%。住宅建设快速增长，住房质量逐步提高，村镇居民住房条件明显改善。全年新建住宅35.5万平方米，人均居住面积9.7平方米/人。国家建设部、民政部等6部委2月4日以建村［2004］23号《关于公布全国重点镇名单的通知》。辽宁省被列入61个镇，抚顺市列入6个镇，分别是：清原镇、新宾镇、红透山镇、南杂木镇、永陵镇、章党镇，占全省近10%。

【村镇建设项目投资补贴方式调整】 分别召开县、区、乡镇长参加的座谈会，全面讨论了近年来市级村镇建设项目投资补贴工作中遇到的问题及造成的原因，对新的补贴意向进行了深入细致的讨论，使其指导思想、补贴原则、补贴重点、审定程序等更加完善，并得到绝大多数乡镇的认可。为全市调整村镇建设项目投资补贴方式制定规范性文件打下了可靠的基础，并起草了《关于调整本市村镇规划建设补贴资金管理方式的请示》。

【争取补贴资金】 积极运作省村镇建设投资补贴向本市倾斜。年初省政府决定拿出2个亿资金，向全省20个经济贫困、有带动地区经济发展的基础设施建设项目的城镇进行投资补贴，市建委积极主动上下沟通，协调相关部门关系，申报了清原、新宾两个县城的4个项目。后期省里将此举做了重大调整，将投资由扶持贫困地区变为扶持经济富裕地区，投资额由2亿元降为8 000万元。投资县城数由20个改为8个，为此市建委又重新协助各县做申报工作，经努力本市的新宾县城一个道路综合改造项目获得立项，在全省排第一位。

【总体规划编制】 组织安排乡镇新一轮总体规划的编制工作。已有3个乡镇办理了规划委托合同。同时，为全市村镇房屋产权管理开发了一套微机管理软件。村镇房屋发照换照工作是村镇建设管理工作的重要内容。全年为帮助县区解决这个问题，从村镇建设补贴资金中拿出5万元资金，委托营口一家软件发展公司专门为本市村镇系统开展了一套管理软件。

（孙 萍）

附：

2004年抚顺市城乡建设重点项目计划安排明细表

单位：万元

序号	项目名称	建设规模	投资总额	资金来源			
				财力资金	融资	社会化运作	向上争取资金
	总 计		377 480	16 050	60 550	182 490	118 390
一	道路交通骨架项目	合 计	121 800	50	33 550		88 200
1	前甸通道（市交通局）	1. 2.45公里道路； 2. 3座立交桥； 3. 1座跨河桥。	13 000		13 000 收费还贷		
2	城市交通项目 （市建委、市城建局）	续建：1. 和平桥南立交； 2. 浑河大桥南立交； 3. 西2.6公里快速道路； 4. 东海新桥至前甸大桥1.4公里快速路。 新建：1. 新城路东延1.7公里（含新世纪广场）； 2. 临江路东延1.6公里。 改造：1. 新城路全线改造6.9公里； 2. 临江路局部改造1.2公里； 3. 将军街改造720米。	15 600	50	15 550 （其中世行5 300 万元；开行专项6 100万元；开行城东一、二期贷款4 150 万元）		
3	三宝屯立交桥（市城建局）	70 000平方米	10 000		5 000（开行专项贷款）		5 000
4	沈抚立交桥及连接线（市交通局）	拟前期立项，投资约8 200万元	8 200			8 200	
5	沈抚高速路建设（市交通局）	沈阳至抚顺南杂木高速路总投资23亿元，其中2004年投资7.5亿元，用于拆、迁、占1.5亿元，工程建设6亿元	75 000			75 000	
二	构筑三产发展空间，拉动经济，提升城市形象项目	合 计	205 779	9 500	13 989	175 500	6 790
1	站前商业区改造 （国铁改线指挥部）	1. 国铁线路调整； 2. 拆迁及站舍改、扩建； 3. 招商建设三产项目； 4. 商业步行街改造。	35 000		10 000 （开行贷款）	25 000	
2	市民广场（市建委）	占地10公顷，绿化面积70%（含征地）	3 500	1 500	1 500（开行城东一期贷款）	500	
3	鞍山路、锦州路等14条街路（市建委）	26公里，47万平方米	8 489	8 000	489（开行贷款）		

续 表

序号	项目名称	建设规模	投资总额	资金来源			
				财力资金	融资	社会化运作	向上争取资金
4	李石精细化工园区道路工程（新加坡胜科）（市建委）	4条，3.8公里（含下穿沈抚铁路桥）	2 000		2 000（区自筹）		
5	小莱河道路（市交通局）	25.4公里	1 000				1 000
6	旅游环路（市交通局）	51公里旅游环路	2 600				2 600
7	关山水库旅游道路（市交通局）	14.6公里	620				620
8	浑河漂流旅游道路（市交通局）	26.4公里	2 570				2 570
9	房地产开发（市房产局）	200万平方米，其中高质量住宅小区12个，72.8万平方米，投资75 000万元	150 000			150 000	
三	民生、便民、雪中送炭项目	合　计	38 101	6 000	7 511	4 590	20 000
1	供热、燃气、供水管网改造（市建委）	配合城市道路改造	1 000	1 000			
2	解决吃水难及转供水（市建委）	解决吃水难： 1. 青草沟、南万新二期改造4 000户； 2. 古城子、五老、西山、计军屯等5 000户； 3. 张二甸子供水改造1 346户。 解决转供水：1. 炭黑厂转供水696户；2. 东洲环卫公寓394户。	1 090	500		590（其中自来水75万元，企业自筹515万元）	
3	双棉路、南花园西街等187条道路及10座桥梁维修改造项目（市建委）	98公里，92万平方米	14 511	4 000	7 511（开行贷款）	3000（各区自筹）	
4	村村通油路（市交通局）	路基改造400公里，投资1亿元，路面铺设400公里，投资1亿元	20 000				20 000
5	小区综合整治（市房产局）	26个小区硬化18万平方米，绿化10万平方米	1 500	500		1 000	
四	拉动浑河两岸土地升值及环境治理项目	合　计	11 800	500	5 500	2 400	3 400
1	城东防洪堤、詹家橡胶坝及浑河北堤（市水务局）	1. 城东詹家河口至鲍家河口堤防1.2公里； 2. 詹家橡胶坝建设； 3. 浑河北堤和平桥上游3.5公里堤防。	5 200	500	2 500（开行贷款）	1 200（自筹）	1 000
2	高阳橡胶坝及堤防（市水务局）	1. 橡胶坝460米；2. 南堤1 100米；3. 北堤3 500米	3000		3 000（开行贷款）		
3	医疗垃圾焚烧中心（市城建局）	日处理8～10吨医疗垃圾	1 200			1 200	
4	0301人防工程（市人防办）		2 400				2 400

注：①道路交通骨架项目中含城市基础设施项目 3 项，总投资38 600万元；交通项目 2 项，总投资83 200万元。
②沈抚立交桥及连接线项目只考虑做前期立项。
③拉动经济，提升城市形象项目中含城市项目设施项目 4 项，总投资48 989万元；交通项目 4 项，总投资6 790万元；房地产项目 1 项，总投资150 000万元。
④雪中送炭项目中含城市基础设施项目 3 项，总投资16 601万元；交通项目 1 项，总投资20 000万元；房地产项目 1 项，总投资1 500万元。
⑤综合治理项目中含城市基础设施项目 3 项，总投资9 400万元；人防项目 1 项，总投资2 400万元。

环境保护

·综　述·

2004 年，全市环境保护工作以改善环境质量为目的，围绕省政府与市政府签订的环保目标责任状，以创建国家环保模范城市为中心，实施污染物排放总量控制，开展城市大气和浑河城区段支流水污染综合整治，恢复生态破坏，各项环保重点工作进展顺利并取得阶段性成果，主要预期指标基本完成。据监测数据表明，全市环境空气中总悬浮微粒年日均值 0.242 毫克/立方米，二氧化硫 0.035 毫克/立方米，二氧化氮 0.036 毫克/立方米，一氧化碳 2.08 毫克/立方米，全市自然降尘年均值为 32.5 吨/平方公里·月。大伙房水库各项污染指标除控制湖泊水库富营养化的特定项目总磷、总氮外均达到国家二类地表水标准。抚顺市环保局 2004 年被市委、市政府评为文明机关。

·环境污染治理·

【污染物排放总量实现控制目标】 2004 年，全市污染物排放总量进一步削减。主要污染物烟尘排放量为31 904吨，粉尘排放量为12 998吨，SO_2 排放量为62 445吨，COD 排放量为5 901.63吨，各类污染物排放总量较 2004 年相比略有下降。浑河抚顺段水质略有改善。浑河城区段主要污染物 COD、油、挥发酚、氨氮、总磷的浓度分别为 23.41mg/L、0.10mg/L、0.021mg/L、1.22mg/L、0.297mg/L，达到五类水体标准。大伙房水库水质与上年持平。主要污染指标中，pH 值为 7.9，溶解氮、COD、总磷、总氮的浓度分别是 8.34mg/L、3.23mg/L、0.038mg/L、1.91mg/L，基本达到国家二类标准。空气质量达到预期目标。全年共有 257 天空气质量达二级标准，占总天数的 70.2%，实现省政府要求达 70% 的目标。

【城市环境综合整治】 1. 望花地区大气整治行动取得阶段性成果。一是重点工业污染源治理取得显著成效。在 2004 年望花大气整治行动第一阶段，安排 9 家企业实施 14 个治理项目。采取责任到人的办法，认真组织项目实施，并加强监督和调度。截至年底，累计投入资金9 000万元（其中环保补助资金 300 万元），完成了 10 个大气污染治理项目。每年可削减烟尘1 267吨、二氧化硫 307 吨、粉尘4 924吨。二是望花地区锅炉烟尘污染治理取得新进展。望花区环保局采取有力措施，拆锅炉，砍烟筒，实行“拆小并大”，全区改造吨以上锅炉 34 台，改造吨以下锅炉 51 台（其中改烧清洁燃料 35 台，拆除 16 台），6 家单位实现并网，扩大集中供热面积 4 万平方米。

2. 海新河和抚西河环境综合整治工程实现预期目标。市环保监测站克服了极大的困难，在治理海新河和抚西河的工程中做了大量卓有成效的工作。一是统筹规划，科学地制定了 2 条支流的综合整治方案。在对逐条支流进行实地考察的基础上，组织大型专项监测收集资料，普查污染源，根据城市整个规划要求，经过多层次、多方面论证以及征求广大群众意见，编制了 2 条支流的综合整治方案，同时完成了工程项目可行性研究、初步设计及施工设计等。为了确保方案设计更加先进和完善，先后邀请有关专家召开 7 次论证会。二是精心组织 2 条支流治理工程项目实施。海新河环境综合整治工程投入1 199万元，建设 1 座日处理能力为 6 万吨的一级污水处理厂，将处理后的河水引入 6 万平方米的人工湿地进行二级生物处理后排入浑河。该项工程同时对榆林垃圾场进行治理和综合利用，对占地 12 公顷的废弃垃圾物进行全面改造，将 20 万平方米的垃圾堆积、压实、平整后覆盖腐植土进行绿化，建设景观小区。抚西河环境综合整治工程投入 288 万元，完成 2.64 公里的城市污水处理厂进行集中处理，对截流管线外超标排污的 19 家企业实行限期治理，确保达标排放。2 条支流治理工程基本完成，并达到预期效果，治理后的抚西河水质 COD 浓度由上年同期 28.12mg/L 下降到 17.79mg/L，海新河水质 COD 浓度降至 30mg/L 以下。

【编制“创建国家环保模范城市规划”】 为了使创建国家环保模范城活动开好头、起好步，市环保局作为市“创建国家环保模范城市”领导小组办公室，组织各相关部门完成编制基础工作，并做了大量的协调，积极与中国环境规划院合作，高起点、高标准编制了《抚顺市创建国家环境保护模范城市总体规划》。该规划草稿在全市分三个层面近 150 人参与讨论的基础上，已通过国家环保总局评审论证。

【机动车污染防治】 一是强化在用机动车尾气排放年度检测工作，全年共检车 2.3 万台。二是加大路检执法力度，共路检抽查车辆 1.2 万余台，对其中 3 360余台超标冒黑烟及未进行年检车辆分别给予警告教育和行政处罚。三是开展了超标车辆专项整治行动，重点治理冒黑烟家用三轮车和城市小公共汽车，在市区各桥梁路段上设置机动三轮车禁止驶入的标志 12 处，督促淘汰报废小公共汽车 124 台。四是加强了对超标车辆的治理工作，对2 100余台超标车辆提出限期治理的要求，1 800余台经治理复检合格，治理合格率为 85%。

·监督管理与执法·

【控制新污染源】 严格执行《环境影响评价法》，有效控制新污染源的产生。认真执行“环评”和“三同时”制度，对不符合国家产业政策和环保要求的建设项目坚决不批，仅东洲区环保局就否定了 10 项污染严重的项目。市环保局对 2000 年以来的 90 个项目进行清理，对 32 个项目组织进行验收，初步扭转了建设项目环境管理中“重审批，轻验收”的现象。

【清理整顿专项活动】 组织开展“清理整顿不法排污企业，保障群众健康”和“清查放射源，让百姓放心”两个专项行动。全市出动执法人员1 866人次，检查企业 99 家，立案查处 103 家，抚顺正川化工厂、青台子联社耐火厂等一批实施环境违法行为的企业受到查处。本年度顺利完成了放射源监管由卫生部门到环保部门的交接，实现了放射监理工作由单纯废源收贮向监测、审批、监管和收贮等全过程管理的转变，基本摸清了全市放射源的底数。

【排污费征收使用】 贯彻落实《排污费征收使用管理条例》，实现了由浓度收费向总量收费的平稳过度。市、县区环境监理部门克服国家收费体制改革引发的不适应，加大排污费收缴力度，全市排污费征收工作创历史新高，2004 年全市完成收费4 395万元，超过省计划35%，比上年增收 23%。其中市环境监理处征收3 772.4万元、抚顺县 137.8 万元、新宾县 55.7 万元、清原县 51.6 万元、新抚区 38.06 万元、顺城区 94.4 万元、东洲区 121.68 万元、望花区 105.48 万元、抚顺经济开发区 7.34 万元、胜利经济开发区 0.97 万元。

【提案信访】 组织做好办理人大代表和政协委员的建议、提案工作。全年共办理建议、提案 27 件，走访率、结案率、满意率全部达到 100%，解决率达到 80%以上。认真处理环境信访，为群众排忧解难。解决老百姓关心的环境问题是落实以人为本、执政为民的重要体现，全年共办理群众来信来访2 871件，其中，市环境监理处受理1 590件，县区环保部门受理1 281件，解决了一批严重影响群众生活的环境问题。市环境监理处实行昼夜值班制度，全年值班 900 多人次。对重大案件领导亲自抓，对一些疑难案件一抓到底。调解了新钢白灰厂污染纠纷，防止了矛盾进一步激化。取缔使北站地区长期存在异味的兴农肥料科技服务部。查处了辽宁鑫和钢铁公司违法开工建设造成污染问题，解决了一大批群众关心的环境难点热点问题。顺城区环保局坚持把矛盾解决在基层，杜绝了越级群体上访，及时解决了佳化化工有限公司、抚顺色素炭黑厂、美江塑料厂、佳慧制衣等一批企业污染问题。在中、高考期间，全市各级环保部门组织人员昼夜值班，并对考点定人负责整治，对噪声违法行为严肃查处，市、区环保部门共出动执法人员 180 人次，车辆近 60 台次，有效地控制了噪声扰民，为考生营造了一个良好的学习和考试环境。

·基础建设·

【生态保护和建设】 1. 完成畜禽污染状况调查，为实施畜禽养殖污染综合整治奠定了基础。为了摸清抚顺市畜禽养殖及污染状况，生态处牵头代表市环保局与市农业局及各县区环保局联合在全市范围内开展为期 2 个月的畜禽养殖污染现状调查。调查的范围包括全市规模化养殖场、养殖专业村、养殖专业园区和庭院式养殖，重点是大伙房水库周边、城市近郊和水库上游的浑河、苏子河、社河流域。通过基层申报、现场调查和监测，基本掌握了抚顺市畜禽养殖污染排放情况。2. 有机食品基地建设成果进一步扩大，全市有机企业基地面积达到1 006公顷。峡河乡 33 公顷有机水稻转换基地第三年认证工作已经完成，上马乡 733 公顷有机水稻转换基地通过第二年转换认证。顺城区佩佛利山庄 6.67 公顷有机蔬菜、100 公顷有机水稻转换基地认证工作已基本结束。新宾县 80 公顷有机蔬菜、667 公顷有机水稻基地完成了第二年转换认证。

【环境监测】 2004 年，市环保监测站基本完成环境监测标准化建设工作，共投入 300 万元完成了实验室改造和新购置监测仪器设备 7 台。投入 100 万元建成 1:5 空气自动监测系统，现已全部投入使用。目前，全市环境空气例行监测全部实行自动化。饮用水源地和河流地表水各建一个自动监测站，初步实现了水监测的自动化，提高了抚顺市的环境监测技术水平。市环保监测站还被评为 2003 年度“国家水质自动站运行管理先进站”。清原县、新宾县监测站基本达到国家三级站建设标准，至此抚顺市三个县级监测站全部达标。

【环境科技】 环境科研对环境管理的支持能力明显提高。首次实行了科研课题编审评议制度，通过集体审议和公开招标确定课题及其负责人。实行《科研人员出国制度》，第一次公开选拔科技人员组团赴日本进行考察并取得成功。

·队伍建设·

【作风整顿】 开展了“五查五看”，结合实际认真解决 8 个方面的问题。认真办理“行风热线”反映的问题。按照市纪检委的要求，市环保局于 2 月 5 日、5 月 12 日、6 月 22 日和 11 月 29 日先后 4 次上线，共接听电话 57 个，反映问题 60 个。局主要领导亲自上线接听，市和县区环保局上下联动，对群众反映的问题迅速出击，当天落实，并将落实情况及时反馈，受到了上级领导和基层群众的好评。认真接受监督。对市人大反馈给市环保局关于软环境建设的 10 个问题 1 条建议，专题进行研究，以此作为教育干部的重要契机，做到举一反三，认真听取和正确对待批评意见。

【规范行政行为】 重点规范项目审批和专项资金使用两个环节。实行一个窗口对外，由市环境监理处统一执法，暂停机关有关处室和持证人员的执法处罚权。主动停止全系统的统一着装。规范了环评工作，杜绝了环评中的各类不规范问题的发生。规定机关公务员在专家论证、评估评审、项目验收等公务活动中一律不准领取专家费。特殊情况无法拒领的三日内上交局纪检组，否则视为违纪。取消环保补助项目由环境学会先行组织评估收费的环节。规范各项评审论证，明确规定本单位有关人员不能以任何理由领取专家费。

·宣传教育·

【环保宣传活动】 召开了争创国家环保模范城的新闻发布会。开展环保问卷调查，向市民发放调查问卷 5 万份，调查问卷的回收率达 85%。对抚西河和海新河治理、望花地区蓝天白云行动重点工程进度情况随时进行跟踪报道。共组织记者采访 30 余次，累计发表宣传稿件 50 多篇。

【“6·5”世界环境日纪念活动】 在“6·5”世界环境日，组织数百人的自行车环城赛。在抚顺电视台开设《环保与生活》电视专题，共播出 30 多期。制作了一部抚顺环境监测的电视专题片《抚顺监测人》，于 6 月 5 日晚黄金时间在抚顺电视台播出。举办了全省环保图片展在抚顺的巡展活动，先后在抚顺城车站、市委、市政府、望花区政府、南站市中心商业街等地进行巡回展出，有 3 万多人参观了图片展。

【环境教育】 在党校的局级班、处级班、高级知识分子 3 个班级进行了环境宣传教育专题讲座，反映良好。同时还搞了县区政府等有关人员参加的环评学习班。绿色创建活动取得丰硕成果，抚顺市第六中学和清原县实验小学获得省级绿色学校称号，有 4 个社区被评为省级绿色社区，8 个家庭被评为辽宁省绿色家庭。

·环境质量状况·

【空气环境质量状况】 抚顺市环境空气质量较上年基本持平。主要污染物为降尘和总悬浮颗粒物，两项指标年均值超标，受城市道路改造和降水量偏少以及工业燃煤量增加等因素的影响，空气中降尘增加。全年酸性降水频率为 1.7%。全市自然降尘年平均值为32.5吨/平方公里·月，超过省定标准3.1倍。环境空气中总悬浮微粒年日均值为0.242毫克/立方米，超过国家空气质量二级标准，超过0.2倍，全年最大日均值为0.642毫克/立方米，超标1.1倍。点日值超标率为36.7%。二氧化硫年日均值0.035毫克/立方米，达到国家空气质量二级标准，最大日均值为0.219毫克/立方米，超标0.5倍，点日值超标率3.3%。二氧化氮年日均值0.036毫克/立方米，达到国家空气质量二级标准。一氧化碳年日均值2.08毫克/立方米，达到国家空气质量二级标准，最大日均值15.06毫克/立方米，超标2.8倍，点日值超标7.5%。本年度抚顺市采集的112个降水样品中有2个呈酸性，pH最大值为8.03，阳小值为5.01，pH平均值为6.25，范围为5.10～8.03，酸雨频率1.7%。

望花地区是抚顺市环境空气污染较重的区域，总悬浮微粒年日均为0.339毫克/立方米，超过国家环境空气质量二级标准0.7倍；降尘为72.8吨/平方公里·月，超过省定标准8.1倍；氟化物年日均值0.0014毫克/立方米，达到《TJ36—79工业企业设计卫生标准》中居住区大气中有害物质最高日允许浓度的值。

【水环境质量状况】 抚顺市地表水环境中，大伙房水库水质尚好，与去年比较其主要污染物总氮略有增加，其他污染物均有不同程度的下降；浑河（抚顺段）水质基本达到五类；其主要污染物为粪大肠菌群，其次为化学耗氧量、生化需氧量、挥发酚、氨氮、总磷等，总体上与去年持平。浑河（抚顺段）监测数据表明：三个断面（阿及堡、和平桥、七间房）以七间房断面污染最重，戈布桥次之，阿及堡水质最好，全年没有超标样品出现。大伙房水库上游浑河（清原段）、苏子河、社河达到所执行的三类地面水标准。相对而言，社河水质最好，苏子河次之。1. 大伙房水库。2004年在大伙房水库水质监测过程中，pH、溶解氧、石油类、高锰酸盐指数、总磷、总氮六项指标有超标现象。总氮、总磷为大伙房水库的主要污染物。2. 浑河（抚顺段）。其主要污染物（参加评价指标）污染指数由大到小依次排列为：总磷、氨氮、化学耗氧量、挥发酚。各断面综合污染指数出人到小排列为：七间房、戈布桥、阿及堡。在流入浑河的七条支流中，章党河水质略好，其余水质较差，尤其是将军河、东洲河、海新河、李石河污染严重。3. 大伙房水库上游三条河水质。大伙房水库上游三条河中浑河（清原段）水质各项监测指标的年均值达到应执行的三类地面水标准。但在全年监测中挥发酚、氨氮、阴离子表面活性剂等不同程度的存在超标现象。苏子河水质各项监测指标的年均值达到应执行的三类地面水标准。但在全年监测中氨氮、总磷等不同程度的存在超标现象。社河全面达到所执行的三类地面水标准，水质较好。

【噪声环境质量状况】 本年度抚顺市功能区环境噪声昼间平均值为60.6分贝，与去年相比，上升了2.2分贝；夜间平均值为52.6分贝，与去年相比，上升了1.8分贝。其中，昼间年均值0类（疗养区、高级别墅区等）和1类（工业区）地区达到国家城市区域或环境噪声标准，其他各功能区噪声超标。夜间0类地区达标，其他各功能区噪声超标。

对全市50条主要交通干线67个监测点位进行道路交通噪声监测。全市交通噪声平均值为73.9分贝，超标路段占监测道路长度的79.33%。

（党林娜）

交通　邮电

交　通

·公　路·

【高速公路】 集锡国家重点公路通化至阜新支线抚顺（南杂木至沈阳段）高速公路工程于2004年8月正式开工建设，当年完成部分路基桥涵工程，共计完成工程建设投资1.3亿元。在全面开展高速公路沿线土地、房屋、林木、果树、电力、电讯等动迁量的核量调查工作基础上，先后完成了市政府与有关县区和电力、电讯部门以及县区与被征占对象之间的补偿协议签订工作。在组织征地动迁过程中，在全省率先推行了“统一标准，费用包干；一级核算，直拨到户；三级审核，存折发放”的做法，受到了省交通厅领导的充分肯定，并拟在全省高速公路工程征地动迁中推广。

【普通公路】 以农村公路网建设全面推进为标志，公路建设对本市县区经济的发展起到了巨大的拉动作用。全地区公路建设共计完成投资4.1亿元，先后完成了清原满族自治县红河峡谷漂流旅游线路路基改造、国道202线（施家沟至南杂木段）公路大修改造及农村公路网建设等工程。其中仅农村公路网建设工程一项就完成投资3.46亿元，建设黑色路面工程700公里，完成路基改造工程601公里，在全市625个行政村中，村通油路比重达到73%，村通公路比重达到99%。到2004年底，全市公路总里程达到3 440公里。其中黑色路面里程达到1 886公里，公路密度达到每百平方公里31.62公里，全地区的公路通行能力得到不断增强。

【工程质量】 2004年，全地区公路建设工程质量合格率达到100%，优良品率达到51.8%，质量监督覆盖面达到100%。

【重点项目】 由市交通部门作为承贷主体建设的城市东出口前甸通道工程于2004年10月完成主体建设工程。此外，市交通部门还积极向上级行业争取到城建项目三宝屯立交桥工程建设资金5 800万元，并已全部落实到位，为改善城市东西出口面貌做出了积极努力。

【公路养护与管理】 2004年，市公路管理部门坚持以行车安全为公路养护重点，加大了险桥维修改造和公路安全保障工程的实施力度。全年共维修改造病危桥梁45座，安装钢板防撞护栏8万延长米，处治翻浆23.2万平方米，完成黑色路面中修70.8公里。进一步加强了冬季除雪防滑工作，公路整体通行安全和环境得到极大的改善。路政管理水平进一步提高，公路超限运输治理取得突破性进展。全年共清理违章建筑3 327处，处理路产案件27起，结案率100%；完成标线272公里，安装标志309块；收取路产赔偿费81.9万元；处理超限运输车辆307台，其中卸载70台，卸货578吨。

【公路运输】 2004年，合理调整了客运线网布局，重点解决了农村支线客运，全地区行政村通客运班车的比例达到97%。全市完成客运量2 022万人，客运周转量93 427万人公里；完成货运量1 890万吨，货物周转量113 681万吨公里。与2003年同比分别增长1.6%、-13%、9%和72%。在春运期间，全市共投入客运线路班车712辆，开行50 627个班次，运送旅客153.4万人次，完成周转量7 579万人公里，实现客运收入881万元。

【行业管理】 2004年，在市政府的统一领导下，积极配合公安等部门，开展机动三轮车非法营运整治工作，机动三轮车基本退出城区运输市场。人力三轮车除有合法营运手续，并经交通部门年审的426台仍正常营运外，其余全部退出运输市场。基本改变了市区主要道路交通混乱的状况。城市公共通行业管理也得到明显加强，全市124台挂靠公司的个体小公汽全部退出城市客运市场。按照城市客运市场需求，全年更新大、小公交车辆107台，新开辟公交线路1条。一年来，共查处违章经营车辆5 000余台次，依法查扣“黑”车180台，对“黑”车经营者全部从严处罚，从而净化了本市道路客货运输市场。在城市公交客运市场治理中，开展联合整治行动22次，出动稽查车辆1 200余台次，暂扣“违规客运”车辆18台。

【行政执法】 根据省交通厅关于清理整顿交通行政执法队伍电视电话会议有关精神，市交通部门对本系统的执法机构和执法人员进行了认真的清理整顿。同时，按照《中华人民共和国行政许可法》的要求，认真清理了交通系统行政许可审批项目。通过清理共计保留23项，其中18项为行政许可事项、5项为行政审批事项。按照市政府的要求，市交通局完成了与市公共行政服务中心的对接，并选派素质高、业务精的工作人员进入办事大厅，代表市交通局进行行政审批工作。

【安全生产】 2004年，全市交通系统安全生产事故起数和死亡人数与去年相比，分别下降了61%和54%。道路客运安全生产形势明显好转，实现了重特大事故为零。公交客运安全事故与去年相比，下降了74%。水上、火灾、道口和厂务事故为零。

【交通改革】 市公共汽车总公司积极探索线路和公司经营方式的改变，全年客运收入首次突破亿元大关，实现利润同比减亏432万元，创近年来最好水平。市交通建筑工程公司不断深化企业改革，改变经营方式，增加了企业的收入。市第二运输公司求生存、谋发展，一方面确定了公路工程、汽车维修等多种经营思路；另一方面压缩各项管理费用，公司全年营业收入482万元，同比增长69.08%，实现利润8万元。运输有限公司和交通运输有限公司也保持了职工队伍的稳定。

【信息化建设】 从2004年开始，市交通局决定利用两年左右的时间，建设一个服务于抚顺交通系统，集信息收集、汇总、发布、检索与管理于一身的抚顺交通信息平台系统。该系统的开发建设，不仅可以实现全系统的办公自动化，而且通过相关业务应用软件系统的开发应用，还将实现交通规费征收、行政审批、电子稽查、客货运企业和驾驶员培训学校的资质管理、路政管理、路政监控、超限管理、国有资产管理、城市公交管理以及对车辆经营许可证等资格的网络化和信息化管理。通过对信息平台系统网络的铺设和接口预留，为实现交通IC卡智能管理、长途客运和危货运输车辆安装GPS（卫星定位系统）和CIS（行车记录仪）以及抚顺市电子地图系统的应用，打下坚实的基础。

【廉政建设】 按照市委、市政府的要求，市交通局认真开展党风廉政建设和反腐倡廉工作。在工作中，为从源头上预防领导干部职务犯罪，市交通局还与市检院建立了预防职务犯罪联席会议制度，联合召开了全市交通基础设施建设预防职务犯罪工作会议，下发了《关于在全市交通基础设施中开展预防职务犯罪工作暂行办法》。在对重点工程建设项目实行"四制"管理的同时，市、局纪检部门参与了国道202线大修改造工程和三宝屯立交桥引桥路面工程等重点工程的招投标，共计节省工程建设资金300多万元。

（刘建新）

·铁　路·

【大官屯站】 沈阳铁路局大官屯站位于抚顺市新抚区千金路56号，2004年，车站职工现员441人。车站中心线位于苏抚线50公里966米处，是铁路与抚顺矿务局专用铁路接轨的联轨站。车站按业务性质分为客货运站，按技术作业分为区段站，按工作量分为一等站。主要担负抚顺市煤炭、石油、钢铁、化工、水泥等工业产品及原材料运输任务，以及大官屯站区职工通勤、短途旅客乘降等客运任务。

车站设有到达场、调车场、出发场3个车场，属横列式车站。有正线1条，站线23条，专用线2条，牵出线2条，道岔109组，信号机83架。车站使用JD－IA型微机联锁设备，由信号楼集中操纵，设简易驼峰一座，采用微机信息管理系统控制，7条线路铺设减速顶，动态电子轨道衡1台，无线对讲设备103台，灯桥2座，照明塔6座，配属调车机2台，拥有固定资产733.2万元。

2004年，车站先后荣获了路局综合治理先进单位、路局纪检监察先进单位；分局文明单位、安全生产先进单位、保持了"好班子"、抚顺市精神文明单位等光荣称号。军事运输工作还被沈阳军区授予"军交正规化建设先进单位"。

车站自2003年连续实现了安全生产3个百日，截止到年底实现了578天。在分局车务系统安全基础管理长效机制建设和安全生产责任制考核评比中，分别取得了第一名、第二名的优异成绩并荣获分局安全生产先进单位称号。

2004年大官屯站指标完成情况表

项目	计划	完成	%
旅客发送人数（万人）	5.5	5.3	96.3
货物发送吨数（万吨）	685	748	109
日均装车（车）	325	361	111
日均卸车（车）	183	201	109.8
货车净载重（吨）	56.2	56.7	100.8
一次作业停留时间（小时）	23.5	19.4	121
运输收入（万元）	24 990	24 837	99.3

（吴依龙）

【大官屯车辆段】 大官屯车辆段位于抚顺市千金路34号。2004年职工现员817人。管辖区段为苏抚线榆树台站内至清原站内156公里，抚顺站内至将军堡3公里，共计159公里。主要担负苏抚线、沈吉线的货物列车的检查、修理及红外线轴温控测工作；并承担抚顺各厂矿自备车的检修和过轨检查。段内修车库设备货车段修台位10个，站修台位6个，进行段修、辅修、轴检及摘车修理工作。业务性质为货车段。2004年拥有机械动力设备313台。报废设备26台，新增设备2台。投资30万对8台设备进行大修。设备固定资产金额2 024.1万元。

机构设置有技术室、信息中心等13个科室。设修车、前甸站修等7个车间。

2004年大官屯车辆段指标完成情况

项目（货车）	计划	完成	%
段修（辆）	2 909	2 922	100.5
辅修（辆）	1 800	1 651	92
临修（辆）		1 000	
列车检修（辆）		745 989	
检修残车（辆）		19 668	
段修一次验收合格率			98.6
辅修一次验收合格率			98

大官屯车辆段所属多种经营企业有沈阳铁路分局大官屯车辆段修配厂（运销公司），下设4个部，现有职工140人，有独立核算网点3个，固定资产498万元，完成产值680万元，实现利润11万元。所属集体企业有抚顺官铁自备车修理有限公司。有独立核算网点3个，现有职工698人，固定资产567.6万元，完成产值812万元，亏117万元。

2004年制定了段安全基础管理长效机制办法，共8大项，30个办法，其中修改完善23个，新制定7个。制定了落实分局的专项整治工作细化措施共5大项，26小项内容，60条措施及推进计划。截至12月31日实现无一般行车事故4 161天，无险性事故6 743天，无重大事故20 181天。

（朱启龙）

【抚顺工务段】 抚顺工务段位于抚顺市顺城区抚顺城路西段19—3号。截止到2004年底，全段职工班员919人。

段管辖线路总计370.756公里。其中正线224.310公里；站线213.748公里；段管线18.102公里；岔线38.476公里；特殊用途线1.520公里。计有道岔485组，桥梁121座，隧道3座，涵渠179座。道口96处，其中有人看守道口25处，监护道口39处。固定资产总额61300.5万元。主要承担沈吉线10公里至141.3公里；苏抚线下行12公里至54.234公里；苏抚线上行12公里至49.82公里；抚抚联络线0公里至3.282公里；抚将联络线0公里至2.725公里；沈吉乙线50.177公里至57.126公里的线路、桥梁、道口养护维修任务，设备人中修及其更新改造任务。

2004年抚顺工务段指标完成情况

项目	计划	完成	%
线路质量综合评定合格率	100	100	100
道岔质量综合评定合格率	100	100	100
路基状态评定合格率	378	362	95.8
线路设备评定合格率	224.3	165.8	74
轨检车评分综合评定合格率	100	100	100
线路综合维修验收优良率	96	96	100
道岔综合维修验收优良率	267	267	100
桥隧保养质量合格率	124	124	100
桥隧综合维修验收优良率	19.2	19.2	100
桥隧状态评定合格率			48

截至2004年12月31日，实现了无责任行车一般及以上事故3 917天；无责任人身轻伤事故488天；无责任人身重伤及以上事故12 157天；无责任道口交通肇事事故6 552天；无火灾事故8 069天。连续实现第十个生产安全年的奋斗目标。全面实现了年初制定的安全生产各项目标，完成了段与分局签订的安全生产责任制目标。

（张淑贤）

·电　铁·

【经济技术指标完成情况】 2004年，抚顺矿业集团有限责任公司运输部电铁运输完成工业总产值9 118.82万元，货运量1 297.38万吨，货物周转量22 563.74万吨公里，客运量359.58万人次，客车正点率100%。全员劳动生产率31 761.83元/人年，销售收入10 826万元。全年实现利润1 080万元，超计划 80 万元。被评为集团公司模范单位、安全红旗单位和抚顺市安全先进单位。

【安全生产】 重新汇编了安全管理制度，制定了要害部位防范措施和重大危险源应急预案，完善了 82 个工种岗位操作要领。组织综合性检查和各类专业专项检查，全年查处三违2 591人次。在完成新生桥改造、平山站信号大修的同时，自筹安措资金对榆林沉区等线路进行整治，全年共整改 A、B 级隐患 35 件。实行班长横向交流和挂职锻炼，开办重点工种培训班 11 个，集中培训员工 640 人。全年消灭了事故，创年度安全生产最好水平。

【优质服务】 本年，是运输部开展优质服务年活动的第一年。从调整经营策略入手，成立了市场营销部，以“星级服务”为标准，制定了营销人员的行为准则和服务承诺，建立客户档案，健全市场信息网络，对百家用户进行回访，开办了跟踪反馈服务项目，设公开电话，随时接受货主的监督。实行“一站式”服务，用户到营业室一次办理完毕所有的运输手续，市场营销部提供一条龙服务，简化了运输手续，方便了用户。

【经营管理】 运输部按照集团公司的要求，连续第二年开展了经营管理年活动。采取用电网络式管理方式，科学组织运输生产和设备检修，完成 6 台机车的车载电源改造，安装 12 台列机客车电流表，推广了新型经济节电信号机械室单项电源屏和新型电子轨道继电器，降低了电费支出。制定了物资采购、消耗定额、计划采购人员管理的规章制度，成立了质量监督管理部门，专人负责物资采购的市场询价，降低了采购成本，规范了采购行为。坚持成本目标管理，定期经营分析，开展清库查箱活动，扩大了修旧自制的范围，简化了生产系统，充分利用二配材料，减少了物资消耗。

【设备改造】 本年，运输部完成各类生产维修工程 43 项，393.67 万元。完成了公园站改造、南干线接轨、重点线路整修等施工任务。进行了机客车主电机、制动机、压缩机的大修和改造，对敞车全面检斤和整备，更换重点线路的轨枕和电车线等，提高了设备设施的质量。全年，消灭了机客车定检 24 小时责任返厂，机客车完好率平均达到 96.2%；信号、通讯、接触网完好率分别达到 95.8%、95.8%和 90.7%；线路、道岔完好率分别达到 90%。

（高 峰）

邮 电

·邮政 通信·

【基本情况】 2004 年，抚顺市邮政局积极创新工作思路和方式方法，经济运行质量稳步提高。全局累计完成邮政业务收入7 911.5万元，同口径比较增长 7%；完成收支差额 485.2 万元，比去年同期增长 15.5%；全员劳动生产率达到 67 677元/人，同口径比较增长 8.23%。2004 年，市局先后获得了省市“文明单位”、省“用户满意企业”、省市消费者协会“诚信单位”、市“职工职业道德建设十佳单位”、市“最受尊敬企业”等荣誉称号。抚顺邮政投递服务获得省“用户满意服务”荣誉，望花投递班被省质量协会评为“质量信得过班组”，填补了邮电分营以来在质量管理上获得省级奖项的空白。

【邮政局所及设备】 全地区共有邮政局所 89 处，其中：市局 28 处，抚顺县邮政局 22 处，新宾满族自治县邮政局 18 处，清原满族自治县邮政局 21 处。全地区共有邮政汽车 61 辆，邮政生产计算机 164 台，自动取款机（ATM）6 台。

【邮 路】 全地区共有邮路 71 条，单程总长度1 513公里，自办汽车邮路 451 公里，委办汽车邮路1 037公里，其他邮路 25 公里。

【函 件】 本年完成函件 613 万件，同比下降 16.31%。全地区出口国内函件 608.6 万件，同比下降 16.27%，其中：市局出口国内函件 644.1 万件，抚顺县局 27.7 万件，新宾满族自治县邮政局 30.2 万件，清原满族自治县邮政局 25 万件。出口国际函件 4.4 万件，比上年下降 21.5%，其中：市局40 517件，抚顺县局1 194件，新宾满族自治县邮政局1 802件，清原满族自治县邮政局 756 件。

【包 件】 全地区出口国内包件 13.4 万件，其中：市局出口国内包件 8.9 万件，抚顺县局 1.0 万件，新宾满族自治县邮政局 1.6 万件，清原满族自治县邮政局 1.8 万件。出口国际包件9 073件，其中：市局出口国际包件7 344件，抚顺县局 381 件，新宾满族自治县邮政局 575 件，清原满族自治县邮政局 773 件。

【汇 票】 2004 年，抚顺地区邮政部门开发国内汇票总额19 820万元，兑付汇票额17 808万元。其中：市局（含抚顺县邮政局）开发汇票 15.1 万张，汇票金额15 268万元，兑付汇票 9.6 万张，兑付金额11 085万元；新宾满族自治县邮政局开发汇票 1.9 万张，汇票金额2 940万元，兑付汇票 2.6 万张，兑付额3 941万元；清原满族自治县邮政局开发汇票 1.9 万张，汇票金额1 612万元，兑付汇票 2.7 万张，兑付金额2 782万元。

【特快专递】 本年完成国内特快专递 21.9 万件，同比增长 0.36%，其中：市局183 645件，抚顺县邮政局13 634件，新宾满族自治县邮政局11 070件，清原满族自治县邮政局11 155件。全年完成国际特快专递10 540件，同比增长 1.77%。

【报刊发行】 全地区报刊流转额达到1 906.8万元，其中：市局1 635.5万元，抚顺县邮政局 95.4 万元，新宾满族自治县邮政局 80.5 万元，清原满族自治县邮政局 95.4 万元。报纸累计份数达到 1849.7 万份，其中，订阅报纸1 468.1万份，零售邮发报纸 21.1 万份，零售特发报纸 360.5 万份。杂志累计份数达到 132.6 万份，其中，订阅杂志 75.6 万份，零售邮发杂志 7.8 份，零售特发杂志 49.2 万份。

【邮政储蓄】 全地区邮政储蓄网点共有 83 处，其中市局 28 处，抚顺县邮政局 20 处，新宾满族自治县邮政局 19 处，清原满族自治县邮政局 16 处。2004 年，在继续加强和完善支票印鉴分管、提款逐级审批、大额提款确认、资金及时归行等管理的基础上，强化了对邮储资金的动态管理。

2004 年邮政储蓄期末余额达到 20.62 亿元，比上年增加 2.72 亿元。其中：市局邮政储蓄余额 13.83 亿元，净增 2.68 亿元；抚顺县邮政局邮政储蓄余额 2.84 亿元，净增 0.13 亿元；新宾满族自治县邮政局邮政储蓄余额 1.71 亿元，全年下降 0.04 亿元；清原满族自治县邮政局邮储余额 2.23 亿元，全年下降 0.05 亿元。

【集 邮】 全年销售邮票 254.1 万枚，同比下降 18.11%。销售集邮品 4.35 万册，同比增长 12.98%。

【基建投资】 2004 年全局完成技术更新改造及设备购置投资 261 万元，其中：①基建投资 37 万元，完成了西十路、望花公园所的装修改造。②技术更新改造完成 224 万元，完成了邮政储蓄统一版本升级的设备购置与安装调试，购置生产用车 17 辆，完成了 21 个邮政储蓄局所的监控设备购置和安装，完成了 12 个局所、17 个信筒信箱的标准化达标。

（毛立新）

·网　通·

【基本情况】 2004年，中国网通（集团）抚顺分公司按照集团公司“融合、重组、改制、上市”的战略部署，平稳、顺利地实施了资产重组、机构调整、竞聘上岗、实业改制等几项重大改革，实现了成功上市。企业按照资本市场运作要求，综合实力得到明显增强。抚顺分公司被市委、市政府命名为2004年度“先进集体”，荣获2004年度全市软环境建设先进单位，在全市各行业58个参评单位中连续3年荣获第一名。同年，被市经贸委、抚顺日报社评选为38家最受尊敬企业之一，被市委命名为抚顺六家通信运营商中唯一的一家诚信单位。

【经营工作】 2004年，网通抚顺分公司小灵通用户累计达到13万户，宽带用户累计达到3.5万户，固定电话累计达到57万户，来电显示累计达到46万户。同时，加强了世纪星网站的应用内容建设，网上影院、网络电视、网络音乐等内容不断丰富，公司门户网站的知名度不断提高，点击率达到了每天13万次。

【通信建设】 2004年，抚顺网通公司强化了网络对市场经营的支撑作用，对小灵通建设、宽带建设、网络优化、大客户应急工程的投资重点倾斜，实现资金的集中运作和有效投入。全年小灵通、宽带、大客户应急项目投资占投资额的68%，为各项业务的发展提供了充足的能力保证。同时，着力于网络优化和设备、线路资源的利用率，调整交换资源2 480线，整修杆路13.56公里，修复死线、坏线主干1 900对、配线3 650对，满足了市场急需。高度重视小灵通网优工作，加强传输线路的维护保障，加大无线信号的层数及深度覆盖，较好地改善了话务拥塞和掉线率高的问题。

【优质服务】 抚顺网通在集团公司2004年客户满意度测评中，公众客户满意度在北方10省105个城市中排名第16位，比2003年上升72位。商务客户满意度在105个城市中排名第20位，比2003年上升11位。2004年5月，建立了统一的10060客户服务热线，将189、1640、112等特服台进行了整合，使10060对外成为满足客户享受通信服务的重要窗口和主要渠道，对内成为收集客户需求信息、表达客户愿望的信息反馈和调度中心。抚顺网通公司共有营业厅62个，其中市内营业厅6个，三县56个，同时在邮政、交行、工行开展了话费代收业务，农村偏远支局还雇用话费收缴代办员。为了丰富客户办理业务渠道，网通公司还在抚顺世纪星网站上建立了网上营业厅，用户可以在家中申请办理宽带、装机等业务。

（高　枫）

·电　信·

【基本情况】 根据国务院关于进一步深入电信体制改革的要求，2002年5月中国电信集团公司以黄河为界南北分拆，北方十省市与中国网通、吉通合并成新网通集团（各地市称通信公司），南方21省市仍高举中国电信品牌。为适应新的市场环境，保持“中国电信”的网络、业务和品牌在北方的延续和协调发展，按照中国电信集团公司的统一部署，在辽宁省设立省级电信运营公司，公司下辖辽宁省行政区域内的十四家市级电信分公司。中国电信集团公司辽宁省抚顺市电信分公司于2002年底开始组建。2003年4月21日正式挂牌运营。根据国家批准的中国电信集团公司的业务经营范围，在抚顺行政区域内开展中国电信全业务经营，主要经营国内、国际各类固定电信网络设施，包括本地无线环路；基于电信网络的语音、数据、图像及多媒体通信与电信增值业务；经营与通讯及信息业务相关的系统集成，技术开发、技术服务、信息咨询、广告、出版、设备生产销售和进出口、设计施工等业务；根据市场发展需要，经营国家批准的其他业务。

【经营工作】 2004年，抚顺市电信分公司按照中国电信集团公司、北方公司及省分公司的战略要求和工作部署，积极开展各项工作，较全面地完成了各项工作任务，实现了二年快速起步的既定目标。

【通信建设】 2004年，按照集团公司的要求，抚顺市电信分公司全力进行城域网建设，迅速形成完善的城域网络，建设城域网骨干节点机房4个，接入网16个，购置、自建管道共119孔公里，累计完成城域网光缆建设6 427芯公里，光缆交接箱12个。在完成交换三期扩容、OLT三期扩容工作的基础上，建设完成接入网点7个，完成小区接入6个，围楼12处，出局电缆共计4 440对，覆盖居民楼260栋，居民约20 000户。在传输2.5G波道开通基础上，增加CISCO12008核心路由器及华为S8016交换机各一台，将抚顺数据业务至沈阳核心路由器带宽增加至2.5G。在各接入网节点增加DSLAM设备华为MA5100共7台，MA5105共7台，B08及BSL单板共计11块，用户接入能力共计936线，为发展宽带用户提供了充足的网络资源。建设完成了商业银行3.5G中心站，截止年底共有52个站点，下接ONU、小交、VOIP等设备，提供800余线的接入能力。

【优质服务】 完善和强化服务质量管理，努力提升服务水平。推出“个性化、专业化、标准化”三化服务。全年用户投诉处理满意率达100%，电路开通及时率达到100%，传输电路可用率100%，长途交换网和本地交换网运行基本稳定，无重大故障发生。

（张振山）

·移动通信·

【经营服务】 在网移动客户突破40万大关，全年累计净增通话用户数达7.4万户，净增通话用户市场占有率达到75%，用户增长率创历史最高水平。

2004年，抚顺移动通信公司准确把握市场节奏，推出了适宜大众消费的“畅听卡”、“富民卡”、“大众卡”等新品牌，满足了社会需求；采取多种措施开展用心服务、差异化服务、个性化服务和普遍服务，提升服务水平，其中公园营业厅在代表全省的移动集团营业厅抽查中名列全国第2名；全年新建29个合作营业厅，新增代办网点77个，乡镇营业厅的比例已超过半数，使带有中国移动通信标识的营业厅遍布城乡；成立新抚、顺城、东洲、望花4个区域中心，迅速弥补了营销和服务盲区等，极大地提高了客户满意度；耗资50万元建成全球通VIP俱乐部，为大客户提供休闲娱乐场所，以有形载体增加服务客户价值，进一步增强了大客户的归属感；“彩铃”、“语音杂志”、“短信V计划”、“长话长聊”等新业务的推出和大力宣传，使这些新业务深入人心，已经成为通信时尚的代名词。

【网络建设】 2004年，抚顺移动通信公司加强网络规划、调整网络资源配置，网络容量高达50万户。全年新建开通基站37个，保证了网络优化工程55个光纤直放站的开通，进一步增强了城区的深层次覆盖，拓展城市周边地区及农村的覆盖面，全年综合网络指标考核取得了全省第二名的优异成绩。

全年传输网建设圆满完成目标，自有传输接入率始终站在全省前列。完成架空光缆铺设460公里，架设杆路353公里，完成34个营业厅的光纤接入。网络部门紧紧围绕服务市场这个中心，进行95件网优工程，日均增加话务量462个ERL。

【制度管理】 抚顺移动通信公司在管理中积极倡导和建设良好的企业文化，

开展员工读书活动;将优秀企业文化语录上墙;开展演讲、征文活动;建立抚顺移动办公网系统;推出《沟通与学习》电子杂志;组织全员参加拓展培训,达到提升团队凝聚力的目的,为实现企业目标提供了强大的精神动力。公司先后荣获省级"文明行业"、"用户满意服务企业"、"模范职工之家"和市级"最受尊敬企业"、"守合同重信用企业"、"A级纳税企业"等称号,全公司涌现出一大批敬业爱岗、无私奉献的模范标兵和技术业务能手。

(王 虹)

·联 通·

【基本情况】 2004年,中国联通加强了对CDMA网络的投入与建设,以"引领通信未来"为目标,成功推出了"世界风"双模手机这一知名品牌。中国联通抚顺分公司依靠综合业务优势,不断加强网络、服务建设,在稳定发展GSM网络的同时,大力推广CDMS网络,实现了营销模式转型和收入的有效增长。2004年,抚顺联通手机用户突破30万户,市场占有率为46%。公司荣获省级"守合同重信用单位"和省级"文明单位",市"最受尊敬企业"。

【经营管理】 成功举办了"推动抚顺信息化建设发展论坛",将CDMA1X领先技术的行业应用方案推向社会各个领域,包括移动警务新时空业务、移动监控业务、手机证券交易、手机银行、移动医疗急救系统、近海远程覆盖项目等。此外,"集团炫铃"、"EMISS信息平台""综合VPN技术"已为市内各企业广泛应用,有效推动了抚顺各行各业信息化建设。

加强渠道建设,建立了四区三县分公司,并将人事、广告等权力下放到县分公司,使其具有相应的市场自主权。对市内合作营业厅的分布进行合理布局,同时对县区新增分销商进行实地考察,批准新增分销商一百余家。积极加强与手机供应商合作,先后与市内、周边城市的手机供应商签定了合作协议。利用综合业务优势,与县区各行业进行合作,通过移动电话、193长途、数据宽带、无线商话等满足企事业单位不同需求,扩大合作范围。推出"世界风"双模手机,实现全球真正意义上的漫游。

【优质服务】 将服务作为公司"生命线"工程来抓,恪守"用户满意是联通人最大追求"服务理念,成立了服务质量领导小组,设立了服务质量监督部,构建了内部服务管理体系和质量保障体系。实行每周召开一次服务质量专题会议,服务实行闭环管理,咨询、投诉回复率达100%。制定、完善了服务窗口规范,结合公司实际制定了《窗口服务标准考核办法》和《服务质量管理办法》,对窗口人员服务工作和服务质量管理工作提出了较高的要求。出台了《星级营业员、客服代表、客户经理的评比方案》和《"星级评比"活动的补充规定》,提高了员工的工作热情和服务质量。加强行风建设,积极参与"行风热线"活动,对用户提出的意见和建议高度重视,及时反馈,满意率为100%。

加强环境建设,对各自有和合作营业厅进行了整改,并为方便望花区用户成立了望花自有营业厅。为彰显用户尊贵地位,实行了营业员站立式服务,并设立流动引导员,主动为用户解决难题。升级1001客服热线系统为10010(人工台)、10011(自动台)服务系统。增加了服务功能,提高了服务质量。专门成立了大客户俱乐部,为用户提供优雅的休闲环境。

设立商务客户经理和社区客户经理,对用户需求及时回访,并对回访中发现的问题及时向有关部门反馈。相关部门在48小时给予回复,并力求用户最终满意。加强人性化服务,主动为用户免费邮寄话费清单,送温馨祝福、鲜花、蛋糕,提供绿色通道卡等。

【网络建设】 完成C网三期工程和G网七期工程建设,2 000多公里主干传输网遍布县区,实现市区无缝深度覆盖,县区乡乡通。CDMA网络在偏远山区,如红河飘流、三块石等地均能以优质信号自由通信,使县乡旅游事业顺利发展。

【公益活动】 联通公司非常重视对社会公益事业的支持,积极参与市政组织的公益活动:为下岗女工捐赠餐车,提供再就业门路;与新闻媒体联合举办的"金秋再就业大型洽谈会";协助市体育局举办首届"万人健身长跑赛";组织员工队伍支持《质量法》宣传工作;向抚顺县兰山乡金叶希望小学捐助书籍;通过总工会向贫困生捐助资金。为丰富市民文化娱乐生活,举办了"辽宁抚顺生态旅游节"五项大赛,赞助抚顺市"少儿迎春文艺晚会";与抚顺电视台联办"相约十八点"专题节目,组织"万朵鲜花送雷锋"、"百万市民话振兴"、"十大最具影响力新闻"评选等活动。

(王海龙)

·铁 通·

【基本情况】 2004年是中国铁通发展道路实现重大转折的一年,这一年中国铁通由铁道部移交国资委,正式进入了中央企业序列。中国铁通抚顺分公司几年来紧密围绕全年经营目标,积极开拓电信市场,努力提高服务质量,全面完成了各项经营任务,取得了经济效益和社会效益的双丰收。先后被授予为辽宁省精神文明先进单位、抚顺市重合同守信誉企业等荣誉称号。

【市场营销】 在2004年的经营工作中,铁通抚顺分公司认真贯彻"量质并重,效益优先"的指导方针,确定了强化区域经营,以发展固话用户为基础,以发展大客户为重点,以全业务经营为目标的经营思路。在发展大客户工作中,公司以合作双赢、虚拟代理为手段,以广域VPN(WAC)和一站式综合服务为拳头产品,充分发挥铁通一张网的优势,通过灵活组网、综合服务、优质服务为客户提供个性化的服务组合,赢得了众多企事业单位的青睐。一年来,公司通过调整经营布局,制定一系列有针对性和操作性的制度和办法,促使市场经营工作不断朝着有序可控、有章可依的健康方向发展,同时,通过不断克服在激烈的市场竞争中出现的来自各方面的巨大经营压力,排除各种形式的封锁和干扰,取得了较好的经营业绩,人均劳动生产率实现60万元的奋斗目标。

【网络建设】 为用户提供优质、安全、稳定的服务,是衡量电信运营商服务水平、竞争能力及技术实力的重要标准。一年来,抚顺分公司进一步完善了城域网建设,全面完成了标准化机房整治工作;购置、装修并开通了新屯、华丰等7个模块局,扩大了铁通网络的覆盖面;完成了IP城域网扩建改造工程,实现了由ATM网和平面型结构向三层网络结构转换,增强了网络的安全性;进一步提高了网速优势,同时通过丰富网络内容,采取灵活多样的计费方式等手段,为用户提供差异化服务,受到了热烈欢迎;成功地开发了新宾、矿区等铁通的服务网络,实现了抚顺的四区三县的全覆盖。

【客服系统】 抚顺分公司通过完善客服规章制度、流程,做到措施到位,责任到人;通过新标识的更换和"专业品质、卓越服务"专题宣传,展示了新铁通的新形象;通过增加客服力量,保证了用户咨询、投诉、报修的及时处理,得到广大用户的首肯。在"2004客户满意年"活动中,分公司结合辽宁省纠风办和通信管理局开展的"评优帮差"、"行风评议"活动,通过标准化、人性化、亲情化、差异化等特色服务,把铁通公司占领市场竞争力的支撑点从价格的优势转变到特色服务上来,赢得了用户的信赖。

(程 晟)

财政 税务 金融

财 政

·综 述·

2004年,市财政局克服了增值税抵扣扩大等政策性减收因素,加大税收征管和清收清欠力度,基本保证了税收目标的完成。财政部门积极向上争取财力支持,争取专项及转移支付补助12.5亿元,比上年增长26.3%;全力做好非税收入征收工作,大幅超额地完成了非税收入征收目标,全地区一般预算收入增长速度为近年来最好,位居全省第五,比去年前移了八个位次。

在支出方面,2004年在财政累积透支严重、资金调度异常困难的情况下,一方面千方百计筹措并灵活调度资金;另一方面科学调整和优化支出结构,从而保证了国企改革、社会保障和再就业、重点建设支出,保证了农业、教育、科技支出的法定增长。特别是对各部门各单位的预算资金基本上做到了不欠拨、不欠退,而且下半年特别第四季度财政资金的拨付进度明显加快。

在抓好财政收入、保障重点支出需求的同时,强化财政管理,深化财政改革,全面履行财政各项职能,为全市改革、发展、稳定做出积极贡献。

·财政预算执行情况·

【预算收入】 2004年全地区一般预算收入完成17.6亿元,完成年度预算的104.4%,同比增长22.4%。其中,国税收入完成3.1亿元,完成年度预算的91.8%,同比增长19%;地税收入完成11亿元,完成年度预算的104.4%,同比增长15.1%;财政纳入预算管理的非税收入完成3.5亿元,完成年度预算的119.1%,同比增长58%。按可比口径计算,各级次均全面完成年度预算。

【预算支出】 全地区一般预算支出完成38.9亿元,完成年度预算的90.8%,同比增长21.9%。其中,工资社保运转支出29.4亿元,事业发展建设支出8.6亿元,还债支出0.9亿元,分别占支出的75.7%、22%和2.3%。

【收支平衡情况】 全地区财政收支平衡的结果是:全地区财政总收入50.5亿元,其中,一般预算收入17.6亿元,上级补助收入26.5亿元,上年结转5.1亿元,调入资金1.3亿元。全地区财政总支出46.3亿元,其中,一般预算支出38.9亿元,上解支出7.4亿元。需结转下年继续安排使用的专项支出4.2亿元。实现了当年财政收支平衡。财政收入增幅在全省排第五位,一般预算收入总量排全省第五位,分别比上年前移了8位和1位。

·财政改革·

【部门预算改革】 2004年以政府文件形式制发了《抚顺市市直部门预算编制管理办法》,进一步明确了开展部门预算的原则、程序、范围等内容。集中二个月时间全力完成市直257个预算单位的部门预算编制工作。部门预算的实施,结束了长期以来功能预算的历史,改变了大量财政性资金游离于政府预算监管的状况,实现了预算内外资金的"捆绑"使用,解决了预算部门和单位使用财政资金贫富不均的问题,做到了预算和执行全过程的透明和公开,从源头上堵塞了财政资金预算管理上的漏洞,解决了以往"多头要钱"的弊端。

【调整内部机构职能】 2004年下半年,将原来的预算处和国库处进行合并,成立预算国库处,统揽财政收支业务。更好地协调了财政收和支、计划和执行的关系,增加财政的调控能力,提高财政资金运转效率。调整成立了财政预算评审处,负责对重点财政资金的预算编制前评审测算,关口前移,强化对财政资金使用的事前管理。调整成立了财政资金绩效评价处,负责对已使用的重点财政资金的事后绩效验收评估,强化对财政资金使用的事后监管。调整成立了财政物质收缴中心,统一负责对抵费和罚没物质的作价、收缴、拍卖、变现等的系统管理,做到阳光操作和公开、公平、公正。调整了非税收入的管理,将原来由收费局行使的非税支出管理职能,调整到局内各相关业务处室,实现了预算内、外资金支出的归口统管,防止了财力分散和部门预算支解,并解决了编制部门预算"捆绑"使用预算内、外资金中存在的"管理二层皮"问题。

【企业债券兑付】 2004年停止了多年来企业债券滚动发行、以新还旧的传统做法,通过争取开行贷款2.6亿元解决了当年企业债券兑付问题,极大地缓解了财政金融风险。

·财政管理·

【账户清理】 根据市委、市政府的部署,从2004年5月份开始,市财政局会同市纪委、市监察局和市人民银行对市直党政机关、行政事业单位的银行账户进行了集中清理。分3次共清查了市直485个单位的2 209个账户,查出时点存量资金17.8亿元。查出各预算部门和单位在编制部门预算时有意漏报应纳入财政专户存储资金账户500个,时点存款近8亿元。为从源头上管住管好财政资金,在全市增收节支大会上出台了《抚顺市市本级预算单位银行账户管理暂行办法》(抚政发[2004]20号),对市级预算单位银行账户的开立、使用、变更直至撤销进行了全面的规范。按照上述规定,又用近两个月的时间,对市直部门的银行账户进行了全面的清理,共清查账户2 068个,时点资金19.7亿元,按照有关规定撤并682个,并对保留账户逐步实行部门预算和专户存储管理,增强了财政资金的监管力度和调控能力。

【清理财政往来账款】 2004年针对财政支出巨额挂账和大量预算资金死滞的问题,为防止财政风险、推动财政平稳运行,从下半年开始,安排专人全面清理了各种往来账款。到年底,累计清理近2 000万元,减少了预算资金的损失和浪费。

【行政事业单位国有资产清查】 2004年开展了全地区行政事业单位国有资产清查工作,进一步摸清了非经营性国有资产家底,提出了加强非经营性国有资产管理的建设性意见。

【国企减债】 2004年完成了76户国有企业的“打捆减债”工作，向省政府呈报了17亿元规模的减债计划。

【小额担保贷款】 2004年继续开展下岗失业人员小额担保贷款，严格控制贷款风险。全年共办理小额担保贷款近600万元，安置下岗人员400多人。

【落实“三农”政策】 2004年认真落实国家支持“三农”的政策，从粮食风险基金中及时为207 193户种粮农民发放补贴资金1 256万元；为167 738户农民发放良种水稻补贴金450万元，极大地调动了农民种粮和种植良种水稻的积极性。

【筹措城市建设资金】 积极筹措并拨付财政城市建设资金，努力争取国家开发银行和世界银行贷款46 685亿元，保证了城市重点建设项目的顺利实施和按期完工。

·财政监督·

【《会计法》执行情况检查】 2004年对全市157个单位进行了检查。在全省率先开展了对会计师事务所执行《会计法》情况的检查，进一步拓宽了财政监督领域。在检查中，从优化软环境出发，切实减轻被查单位负担，推行综合检查的模式，即把以往按不同内容进行的专项检查变为按单位开展的综合检查，做到预算内外结合、收支结合，努力把各种财政法规的检查内容纳入一次性检查之中。全年收缴入库罚没款及各类财政资金1 002万元，调整混库税款863万元。此外，还注重与审计、税务、监察等部门实现信息共享和成果共用，避免了重复查账，赢得了被查单位的好评。

【举报案件的核查处理】 2004年认真查处乱收费、乱罚款等影响软环境建设和损害公民及单位合法权益的案件。本年共受理并核实举报16件。在《抚顺日报》上定期公布举报电话，对举报属实的及时兑现奖励，扩大了财政监督工作的社会影响。

【分税监察】 2004年共查实各类混库税款2 083.8万元，涉及市本级财力381万元。强化了《纳税入库级次证》窗口审批工作。新发级次证1 320个，其中新增市本级纳税单位80户。基本完成了市本级纳税单位《纳税入库级次证》的年检工作，加强了对34户重点纳税企业的监控工作。印制了《月份企业纳税及基本情况表》，利用《纳税入库级次证》年检机会发给企业，让企业定期上报有关纳税数据，拓宽了财政部门对本级税收的知情渠道。

【办理《纳税入库级次证》】 2004年办理《纳税入库级次证》的时间由过去的5天缩短为不超过3个工作日。对手续基本齐全的招商引资项目，坚持特事快办，做到了上午受理，下午发证。主动与国地税、工商部门协调，共享纳税人提供的材料，避免了纳税人的重复劳动，节省了纳税人的时间。继续坚持无偿为纳税人服务，对新办和年检的1万多个级次证，不仅完全免费，而且对复印资料有困难的单位免费提供复印服务。

【其他检查】 (1) 按省财政厅要求开展了本级预算执行情况检查。对财政局机关有关处室和局属单位履行财政职能情况进行了检查，实现了自查自纠不护短，依法规范促整改的工作目标。(2) 按照《关于开展2003年省以上补助资金使用情况自查的通知》（辽财监函[2004] 86号）的要求，开展了省以上补助资金使用情况检查。(3) 按照国务院和省政府的要求开展了清理统一着装工作，以财政局、监察局的名义联合制发了文件。通过检查为市本级减少财政支出近30万元。(4) 按照省财政厅的要求，开展了对种粮农民直补资金发放情况的专项检查。采取跟踪资金流向、入户随机抽查的办法，实现了财政监督工作与社会热点问题的对接。(5) 按照省财政厅《关于开展2004年会计信息质量监督检查的通知》，对抚顺市公路处等三个单位开展了会计信息质量专项检查。(6) 与纪检监察机关联合开展了清理党政机关和行政事业单位违规购买商业保险的专项检查。通过自检及重点抽查，共查出49个单位用公款为个人办理商业保险，被保险人数为8 907人，投保金额为3 418.38万元。

·政府采购·

【采购资金】 2004年全地区实现政府采购规模12 245万元，比上年8 764万元增长39.72%，节约资金893万元，节支率6.8%。其中市本级采购规模6 908万元，比上年5 651万元增长22.24%，节约资金216万元，节支率3.03%。完成了省财政厅提出的增长20%的目标。

【采购管理】 2004年进一步扩大采购规模。一是严格政府采购程序，加大采购资金的管理。凡是用财政性资金购置政府采购集中目录以内和限额标准以上项目，严格按《政府采购法》程序办理，杜绝任何形式的擅自采购。二是扩大采购目录，提高集中采购范围。按《政府采购法》规定，在省政府制定的集中采购目录的基础上，结合本市实际，扩大集中采购的比例。将过去由部门分散采购的一些项目变成集中采购项目。三是科学确定采购方式，不断提高公开采购的比例。在采购实施过程中，严格履行《政府采购法》规定的采购程序，做到招标、投标、评标过程公开、公正，谈判、询价采购货比三家，并不断提高公开采购的比例，实行纪检、监察部门全过程监督。

【完善评标制度】 一是充实和完善原有的“政府采购专家评审专家库”。根据近几年政府采购项目情况，选择相关专业，通过个人申请及单位推荐进入政府采购的专家数据库。目前已有电子、环保、机械等各类相关专业人才150多人进入了专家库。二是制定了《抚顺市政府采购评审专家管理暂行办法》，用制度约束专家行为。三是对政府采购评审专家进行业务培训，并试行持证上岗。2004年举办了全市政府采购专家培训班，培训了《政府采购法》和招投标管理办法，并由纪检委进行廉政和职业道德教育。

【协议采购】 为优化政府采购的服务环境，减少环节，提高效率，采取了对10万以内的办公用设备通用产品网上协议采购。为此，同中央采购中心多次联系，最终达成在全国范围内公开招标若干品种的办公用品。这种采购方式既方便了采购单位，又减少了采购环节，得到采购单位的广泛好评。

【规范采购行为】 实现了行政事业单位公务用车统一保险。2004年9月份在对全市公务用车情况调查的基础上，出台了统一保险、统一结算的管理办法，使保费额在原基础上下降50%。同时由于实行财政从单位经费中统一抵扣划国库集中支付，避免了公用经费硬性缺口。重新确定了市直机关事业单位机动车辆定点维修单位。经过对本市汽车一级维护企业的走访和调查，通过公开评标、定标，从中确定8户为2004年市直机关公务用车定点维修单位，并在《抚顺日报》予以公示。

【监督检查】 一是制发了《抚顺市集中采购机构监督考核管理办法》，明确界定各机构的职责，确保从业人员在政府采购工作中严格按程序操作，形成相互制约的机制。二是在采购活动中，突出管理监督职能。三是日常监督与重点检查相结合。根据财政厅部署，开展了由财政局、审计局、监察局联合组织的《政府采购法》专项检查，对全市200多户独立法人的行政事业单位2003年政府采购执行情况进行全面检查。共查出市本级违纪采购金额1 974万元，相当于2003年政府采购规模的33.4%。

【《政府采购法》宣传】 在《抚顺日报》做了“纪念政府采购法颁布一周年”宣传专版；召开了全市政府采购工作会议和由政府采购办主办、供应商承办的市直各行政事业单位、各县区政府采购办参加的政府采购工作会议；在《抚顺日报》刊载10期政府采购法知识问答。

·收费资金管理·

【基本情况】 2004年，市本级非税收入完成5 827.68万元，比计划超额完成4 522.78万元，增长9.36%。超收部分实现纯财力900万元，专项检查为财政贡献纯财力2 938万元。

【非税收入情况调查】 2004年，对各执收单位收入项目和收入规模情况重新进行了全面摸底调查，逐项进行核定和落实，为科学合理编制好全年市本级非税收入收入预算打好基础。同时，为确保完成全年工作任务，在调查摸底的基础上，分析了可能遇到的各种困难和问题，研究了相应对策，落实了岗位责任，制定了层层抓落实的目标管理体系，突出了各分管局长和各业务处长抓大户、抓重点户的工作思路。

【票据管理】 2004年进一步强化非税收入票据监督。为此，对票据管理工作进行了认真研究，结合本市实际，组织票据管理部门着重对医疗、社团票据使用情况进行了专项检查，针对检查发现的问题，及时采取了相应管理措施。有效地促进了这部分票据管理的规范。同时，按照省厅票据监管工作会议精神和要求，下发了《关于开展行政事业性收费、罚没票据专项检查的通知》，召开了县、区财政收费部门票据管理工作会议，组织各执收单位对票据使用情况进行了自检。在省财政厅票据监管中心组织开展对全省票据使用情况进行的抽检工作中，本市被抽检的执收单位票据使用情况均没有出现问题，得到了省厅的充分肯定。其他兄弟市还组织人员专程到本市考察学习票据管理工作经验。

【增收节支】 市委、市政府专门召开了增收节支会议。为全面贯彻落实全市增收节支会议精神，切实把增收节支工作落到实处，组织各业务处室召开了专题会议，研究和分析形势，制定了增收节支措施。2004年新增非税收入执收单位11户，实现增收555.7万元。

【专项检查】 2004年，为进一步规范非税收入征缴、使用行为，强化非税收入管理，加大监管力度，采取了两手抓的办法。非税收入专项检查共实现检查收入1 280多万元；工程建设房地产执法监督检查实现追缴偷逃费款1 650多万元。

·住房公积金管理·

【基本情况】 2004年，是住房公积金管理中心机构调整后的第一年。市住房公积金管理中心坚持依法管理、规范运作、优质服务，各项指标均超额完成年度计划，其中住房公积金归集额、住房公积金个人购房贷款等指标创历史新高。

【住房公积金归集和提取】 2004年本市住房公积金持续稳步增长，全市缴交公积金人数12.4万人。全年归集公积金25 155万元，同比增长5%。至2004年底，累计归集住房公积金150 485万元。2004年新增住房公积金缴交户95户，新增缴交人数10 698人，新增住房公积金1 185万元，全年补交以前年度欠缴公积金3 500万元。全年共提取公积金7 732万元，同比增长27%，其中职工离退休等原因提取住房公积金2 510万元，职工调离本市提取住房公积金187万元，职工因购买住房提取公积金5 035万元。至2004年底，累计提取住房公积金47 833万元，住房公积金余额102 652万元。

【住房公积金贷款和回笼】 2004年，市住房公积金管理中心以宣传为突破口，注意简化办事程序，规范住房公积金个人购房贷款的审核、报批、出款、回收的全过程管理，同时启动银行自动扣款业务，极大地方便了群众还款。全年发放住房公积金个人购房贷款10 841万元，同比增长31%。至2004年底，累计向3 319户职工家庭发放住房公积金个人购房贷款30 231万元。住房公积金个人购房贷款回笼2 773万元，累计回笼6 368万元。至2004年底的累计住房公积金个人购房贷款余额23 863万元。

【超额储备存款运作】 2004年，在保证住房公积金提取、贷款等日常业务支出的前提下，市住房公积金管理中心对沉淀在银行的超额储备存款进行了国债投资，同时办理了一年定期存款。至2004年底，国债投资余额10 500万元，一年定期存款15 000万元。

【增值收益】 本年，市住房公积金管理中心取得各项业务收入1 796万元，其中存款利息收入706万元；住房公积金个人购房贷款利息收入789万元；国债利息收入299万元；其他收入（贷款罚息）2万元；支付各项业务支出1 710万元，其中支付缴交人利息1 468万元；支付各项手续费242万元；当年实现增值收益86万元。

（孙亚军）

税 务

·国 税·

【税收收入】 2004年，抚顺市国家税务局基本实现了年初确定的预期目标。全年共入库各项收入（含免抵）324 203万元，同比增长15.7%，增收44 052万元。其中“消增”两税3 04 539万元，同比增长15.99%，增收41 973万元。按照不含免抵调口径统计，全年各项收入为298 731万元，完成省局计划的137.98%，超收82 231万元，同比增长13.5%，增收35 440万元。其中，“消增”两税279 067万元，为省局计划的140.2%，超收79 967万元，同比增长13.6%，增收33 361万元。共组织市本级收入25 010万元，为计划的101.8%，超收444万元，同比增长13.4%，增收2 953万元。其中，市本级增值税22 238万元，为年计划的101.3%，超收286万元，同比增长13.3%，增收2 606万元。无论是收入的绝对额，还是相对增长幅度均为市国税局收入史上最好水平，为抚顺地方提供的财力已超过50%以上。

【税收政策】 市国税局围绕振兴东北等老工业基地战略，在强化税收政策宣传的基础上，认真做好增值税扩大抵扣范围等政策的落实。确认全市六大行业1 004户企业纳入扩大抵扣范围，为其中38户企业退税5 072万元，抵顶陈欠增值税55万元。办理民政、软件、供热和资源综合利用等免退增值税5 678万元。为774户个体业户销售农产品办理免税42万元，为7 938户纳税人落实增值税起征点调整政策不再纳税170万元，为506户纳税人办理再就业优惠政策累计免税37万元。减免内资企业所得税12 782万元、涉外企业所得税5 349万元。累计完成出口退税47 449万元，同比增长43.75%，增加14 438万元。

【征管基础建设】 市国税局认真落实省局党组“求征管基础之真，务强化管理之实”的要求，突出重点，全面推进征管基础建设。一是加强征管基础管理。二是积极开展国地税合作。三是完善纳税服务体系。四是加快征管信息化进程。

【行政执法】 按照上级要求对税务行政许可逐项清理，将50余条税务行政许可内容向社会公示，设立专门岗位受理、审核税务行政许可事项。修订《重大税务案件审理工作办法（试行）》、《案件审理工作考评办法》，对涉税额25万元以上的税务案件展开重点审理，已审结22件，确定查补税额2 334万元。继续加大对汽车市场税收秩序、虚开货运发票和制售假发票行为专项整治，对医药、房地产、民营、涉外等企业开展专项检查。充分利用协查信息系统加强发票管理和监控，加强同公安司法部门联手办案，严肃查处涉税违法犯罪。全年受理举报案件42件，组织查处37件，转出5件，已结案31件。共实施纳税检查2 997户，发现有问题620户，立案处理356件，结案351件；查补各项收入3 636万元，已入库3 200万元。审理涉税案件259件，办理案件移送8户，重点查处两起虚开增值税专用发票案，有1人被司法机关追究刑事责任，案件审理连续11年无复议。

【基层建设】 一是加强基层领导干部队伍建设，调整基层局领导干部队伍结构。二是规范基层组织体系建设。市局将原有42个税务所撤并为31个，将涉外、进出口两个分局转变为市局内设机构，将高湾、石化两个分局分别并入开发区国税局和直属分局，并依照《税收征管法》对14个基层局及所属税务所的名称予以规范。三是在重点突破的基础上，市局印发了《2004年全市国税基层工作目标考核实施方案》，统一基层建设的内容及目标，加强对基层工作的考核。

【制度管理】 市国税局积极以制度创新来规范机关工作，对省局下发的3个文件所包含的12个工作制度、办法进行认真比较、筛选，对本局工作有重要指导意义的《辽宁省国家税务局工作规则》等制度直接转发，严格遵照执行。对有借鉴意义的制度，结合本局实际工作，进行修改完善，陆续出台了包括政务、事务、财经、后勤管理等12个工作制度、办法。同时，坚持制度创新，出台了《全市国税系统基层工作目标考核实施方案》、《机关作风建设考核办法》等规章，并结合推行“督查督办工作系统”，研究对制度落实及主要工作进行督查。

【队伍建设】 市国税局广泛开展创建“学习型机关、创新型集体、进取型干部”活动。市局获得全市预防职务犯罪知识电视大赛第三名，连续两年被评为“双评”活动“最佳单位”。2004年有15个基层局被评为市级文明单位，1个办税服务厅被评为市级文明窗口，7个基层局被评为省级文明单位，望花区国税局被评为全国税务系统文明单位，全系统被评为省级文有行业（连续三届）。

（鲍明奇　王明阳）

·地　税·

【税费收入】 2004年，全系统共组织地方各税收入162 261万元，同比增长16.68%，增收23 194万元，完成年计划的111.71%，超收17 011万元。其中：中央级收入24 831万元，省级收入25 192万元，市本级收入54 624万元，县区级收入57 614万元，四个级次均超额完成年度计划，且增长幅度均在10%以上。全系统共组织征收社会保险费135 975万元，同比增长2.95%，增收3 895万元。其中：市以下考核口径基本养老保险费收入79 968万元，失业保险费收入8 333万元。此外，征收河道维护费1 781万元、残疾人就业保障金428万元、价格调节基金105万元，税费收入总规模达到300 551万元。

【税收监管】 2004年，全系统多次开展税源调查工作，指派专人负责重点企业和重点工程项目的税收管理，及时准确地掌握税源。定期分析税收形势，及时解决制约收入的问题。完善了重点税源监控网络，市本级近80%的税源处于有效监管之中。建立了由税收完成程度、均衡入库程度等多项指标构成的考核体系，对计划完成情况实施严格考核、奖惩分明，有力地推动了税收征管工作。2004年，全市地方税收收入首次超过16亿元，改变了几年来税收收入始终在13亿元左右徘徊的局面。

【党风廉政建设】 2004年，市地税局先后被省政府评为“全省社保试点工作先进集体”，被省档案局评为“辽宁省档案工作优秀集体”，河维费征收工作受到省水利厅和省地税局的通报表扬；被市委、市政府评为“为经济建设服务最佳单位”、“双拥工作模范单位”和全市唯一的“文明行业”，全系统11个基层局、9个税务所进入了市级以上文明单位行列。

【税收征管】 制定了征管质量考核实施办法，按月进行网上考核、通报。按月对税务登记情况以及停业、注销、非正常户情况进行实地检查，共清理漏征漏管户1 025户。结合提高营业税起征点，重新核实调整了个体工商业户的税收定额，全市年应征定额税增加220多万元。贯彻了道路运输业营业税征管办法，强化了代征工作。开展了对出租、自用经营用房应纳地方各税的专项检查，查补房产税、土地使用税720万元。加大了房产税、土地使用税的清欠力度，清理陈欠税款2 000多万元。加大了对“两农”的清欠力度，累计清理入库1 600余万元。扩大了定额刮奖发票的中奖面，在全市18个行业推广使用了通用微机发票，普通发票票种得到简化和规范。

【社会保险费征收】 完善了社会保险费征收管理办法，加强了社会保险费征管基础信息资料的管理。完成了代征办法的调整，代征工作步入规范化轨道。组织开展了全市费源情况详查，摸清了底数，掌握了费基，为完成年度保费计划奠定了基础。实行了保费与税收的统征统管，保费征缴工作得到进一步加强。开展了社会保险费征收改革工作，在试点地区，社会保险费不仅实现了完全由地税机关独立征收和较好地解决了与社保部门在业务工作方面的配合与衔接，而且社保费收入大幅攀升。组织开展了社保费的专项检查工作，共查补保费2 000余万元。

【依法治税】 实行了欠税公告制度，对60户欠税企业在《抚顺日报》曝光。先后向12户欠税额在50万元以上企业的法人代表下发了《阻止出境通知书》。各征收局通过下达限期缴纳通知书、依法查封扣押、拍卖等手段累计清理陈欠税款1 000万元，压缩新欠1 000多万元。成功地对某欠税企业的抵税物资进行了拍卖，拍卖额高达2 831万元，堪称全省地税系统第一拍。先后对货物运输业、房地产开发业、建筑安装业开展了专项检查，查处了一大批涉税违法案件，仅涉税金额在百万元以上的大要案就达9件。全年累计入库查补税款及课征滞纳金、罚款8 116万元，其中入库滞纳金、罚款2 494万元，同比增加888万元，创历史之最。与市纪检监察部门联合对88家重点纳税户进行了个人所得税专项检查，查补入库税款1 200多万元，为个人所得税年收入首超2亿元大关奠定了基础。

（李忠华）

金　融

·综　述·

截止到2004年12月末，抚顺市金融

机构本外币各项存款余额427.52亿元，比上月减少2.64亿元，下降0.61%，比年初增加41.17亿元，增长10.66%，同比多增加11.24亿元。本外币各项贷款余额238.53亿元，比上月增加4.43亿元，增长1.89%，比年初增加14.44亿元，增长6.44%，同比少增8.24亿元。

一、人民币各项存款快速增长，企业存款、储蓄存款双增长。

2004年末，抚顺市人民币各项存款余额407.9亿元，比年初增加43.35亿元，增长11.89%，同比多增12.21亿元，各项存款继续保持年初以来持续上涨走势。其中企业存款余额65.03亿元，比年初增加13.56亿元，增长26.35%，同比多增17.93亿元。储蓄存款余额314.39亿元，比年初增加26.78亿元，增长9.31%，同比少增5.85亿元。

存款的主要特点：一是各项存款同比增长率为历史较高水平。2004年12月末，各项存款余额比年初增长11.89%，高出2003年末增长幅度2.54个百分点。二是企业存款由持续上升转为振荡上扬。2004年1月，企业存款出现季节性回落后，便一路上升。2～10月，月均增2亿元。11月稍有回落，减少1.39亿元，比上月下降1.9%。12月份回落幅度较大，减少3.66亿元，比上月下降5.33%。2004年13.56亿元的增量，与上年同期下降4.36亿元相比，形成强烈反差。三是储蓄存款继续稳增，但增势有所减缓。储蓄存款增量占各项存款增量的61.79%，仍居各项存款增长的主导地位。

二、人民币各项贷款有所增加，中长期贷款增幅较大。

2004年12月末，抚顺市人民币各项贷款余额230.74亿元，比上月增加4.35亿元，增长1.92%，比年初增加15.12亿元，增长7.01%，同比少增7.32亿元。

从信贷结构看：2004年12月末，短期贷款余额135.79亿元，比上月减少0.53亿元，下降0.39%，比年初增加3.24亿元，增长2.45%，增量与同期基本持平。中长期贷款余额72.98亿元，比上月增加2.48亿元，增长3.52%，比年初增加11.79亿元，增长19.26%，同比多增3.25亿元。票据融资余额21.37亿元，比上月增加2.94亿元，增长15.96%，比年初增加0.55亿元，增长2.65%，同比少增13.26亿元。票据融资同比少增，直接导致本年各项贷款增速缓于去年同期。短期贷款与去年同期基本持平，中长期贷款有所增加，使抚顺市信贷结构继续合理调整，同时使金融机构获得稳定的贷款利息收益。

从信贷投向看：继续支持国有大中型企业的基本建设，支持国有大中型企业技术改造力度，增加对农民信贷支持力度，帮助农民增加收入，控制对国务院重点关注行业的信贷投入。一是截止到2004年12月末，基本建设贷款余额27.04亿元，比年初增加4.83亿元，增长27.77%。技术改造贷款余额16.02亿元，比年初增加3.01亿元，增长23.18%，同比多增2亿元。二是截止到2004年12月末，抚顺市私营企业及个体经营贷款余额5.97亿元，比年初增加3.81亿元，增长176.93%。三是截止到2004年12月末，抚顺市个人消费贷款余额19.72亿元，比年初增加3.1亿元，增加额与2003年基本持平，增长18.65%，其中个人短期消费贷款余额1.71亿元，比年初增加0.41亿元，增长31.4%，个人中长期消费贷款余额18.02亿元，比年初增加2.69亿元，增长17.58%。存贷款利率调整后，抚顺市没有因贷款利率提高而出现居民集中提前还贷现象。四是截止到2004年12月末，抚顺市农业贷款余额8.37亿元，比年初增加1.48亿元，同比多增0.2亿元，增长21.51%。农业贷款以农村信用社为主。截止到2004年12月末，农村信用社累计发放农业贷款7.47亿元，同比多发放1.84亿元，受益农户12.93万户，占当地农户总数的58.59%。目前，抚顺地区农村信用社有51家开办了农户小额信用贷款，受益农户5.98万户。有45家农村信用社开办了农户联保贷款，受益农户4.7万户。

三、现金投放与上年基本持平。

截止到2004年12月末，抚顺市现金累计收入1 212.32亿元，同比增加306.23亿元，增长33.8%，累计支出1 247.58亿元，同比增加304.51亿元，增长32.29%，收支相抵累计净投放现金35.26亿元，与2003年同期基本持平，仅少投1.72亿元，下降4.65%。现金收入和支出合计同比大幅度增长，而净投放略有下降，现金流量加大，流速加快。

2004年现金累计收入同比增加的主要特点：一是商品销售收入大幅增加，年累计实现99.31亿元，同比增加26.65亿元，增长36.68%。二是服务业收入、城乡个体经营收入大幅增加。服务业收入年累计11.13亿元，增长48.11%；城乡个体经营收入年累计7.8亿元，增长18.94%。三是其他金融机构收入成倍增加，年累计实现19.32亿元，同比增加11亿元，增长1.33倍。

现金年累计支出同比增加的主要特点：一是工资性支出同比增加投放17.29亿元，增长34.2%。二是行政企事业管理费支出同比增加投放10.66亿元，增长21.26%。三是储蓄净投放增加，全年收支相抵净投放22.67亿元，同比多投放12.96亿元。

四、外币各项存款小幅下降，贷款下降幅度很大。

截止到2004年12月末，抚顺市外币各项存款余额23 703万美元，比上月减少363万美元，下降1.51%，比年初减少2 635万美元，下降10%。各项贷款余额为9 402万美元，比上月增加100万美元，上升1.08%，比年初下降822万美元，下降8.04%。

五、经济效益有所好转。

截止到2004年12月末，抚顺市金融机构同比减亏，抚顺市10家金融机构合计亏损1.28亿元，同比减亏1.99亿元。全市10家金融机构中有2家盈利，盈利面占金融机构的20%，共计实现盈利0.36亿元。8家金融机构共计亏损1.64亿元，同比减亏1.93亿元。

六、金融机构概况。

1. 存款类金融机构。截止到2004年末，抚顺地区共有存款类金融机构561家，其中市级金融机构7家，市行级营业部2家，支行87家，支行营业部1家，分理处83家，储蓄所285家，城市信用社法人社7家，县区联社5家，信用社62家，信用分社22家。

2. 非存款类金融机构。截止到2004年末，抚顺市市级保险公司11家，县区支公司26家，其中县区人民财产保险支公司9家，人寿保险支公司8家，太平洋财产保险支公司7家，太平洋寿险支公司2家。

（刘志军）

·中国人民银行抚顺市中心支行·

【金融监管】 一是为地方政府和商业银行提供政策咨询、调查报告。二是以转发指导性文件、政策宣传等形式，引导金融机构停止对房地产等过热行业的信贷支持。对地方龙头企业的设备升级改造、培育新经济增长点及中小企业和民营企业实行信贷倾斜。三是引导商业银行发展消费信贷业务。截止到2004年底，抚顺市消费贷款余额达230 953万元，其中国家助学贷款3 042万元。四是协调落实下岗失业人员再就业小额担保贷款工作。截止到2004年年底，抚顺市下岗失业人员小额担保贷款余额645万元、236人受益。

【调查研究与信息反馈】 一是每季度召开一次经济金融形势分析会，写出了《邮政储蓄转存款制度改革对新增储蓄资金流向的影响》、《再贷款浮息制度的实施对支农资金的影响》等反馈材料。二是针对中国银行抚顺分行，抚顺市建设银行股份制改革中可疑类贷款剥离问题、抚顺地区农民收入问题、抚顺市转型发展中的金融政策问题等，展开调研。全年完成专项调查分析报告近百篇，编发各类信息100余条。三是对城镇居民储蓄、工业景气监测等问题开展了问卷调查活动。全年共收集有效问卷1 200余份，完成问卷分析报告40余篇。

【发挥货币政策作用】 一是在原有支农再贷款限额基础上申请增加限额，全年共增加1 000万元，累计发放支农贷款5 500万元。二是引导商业银行增加对中小企业的票据融资，调控货币市场交易量和社会信用规模。开展场外融资电子备案管理系统建设，督促并鼓励商业银行有效地进行各种利率风险定价，建立并完善相关制度。三是与银监局、农村信用社建立联系制度。

【建立经济金融信息平台】 一是建立了抚顺市金融统计发布系统，对金融机构统计人员进行培训，重新理顺与整合对工业景气监测、改制监测等机制。对辖内金融机构货币信贷有关报表、分析、报告等信息反馈工作进行制度性规范。三是定期向政府有关部门报送金融统计数据，反映金融动态、与抚顺市银监局建立了金融统计信息监测系统。

【外汇管理】 一是与《抚顺晚报》共同推出《家乡人怎样与外汇打交道》专栏，举办“振兴杯”外汇知识竞赛，开通“外汇政策直通车”，为外资企业“点对点网上零距离”政策咨询服务。在《抚顺之窗》、“抚顺经济开发区网站”开辟《外汇之友》专栏。二是制定扶持出口企业九项措施，被中共抚顺市委以“抚顺市推出强化外汇管理服务，扶持出口企业的新举措”为题上报辽宁省委。《抚顺政务信息》第五期、《东北金融信息》第六期，分别刊载了九项措施。三是在服务窗口设置了公告栏、服务承诺和监督电话、办公指南和业务分工示意图，实行“首问负责制”、“二次终结，限时服务”等措施。对外资企业进行“零距离年检服务”。建立外资企业信用档案。四是建立企业外汇风险、信用等级分析、评价制度。对严重缺乏信誉或有违规问题被列入“核查”企业，定期进行现场核查与通报。定期将评价结果和分类监管企业名单反馈给各家外汇指定银行。

【金融服务】 一是集中科技力量，搞好设备调试和维护，将全市100余家开办支付结算业务的银行机构纳入《银行机构代码编报系统》。二是对全市联行和地区特约联系人员进行业务培训和检查。三是开展了“国家支付系统城市处理中心布局”、“区域性票据交换发展情况”等调研活动，下发了《加强抚顺市同城票据交换管理工作有关事宜的通知》，建立健全票据交换日常考核制度。四是放宽对一般结算账户和专用结算账户的开立条件和使用范围。协助抚顺地区商业银行向人民银行总行、沈阳分行申请开办银行承兑汇票业务。定期开展结算业务现场检查。五是举办银行卡有奖消费联合促销活动，对抚顺地区特约商户及POS机清理整顿检查。六是组织辖区各商业银行开展反洗钱业务学习和培训。七是全年共调运发行基金86次，累计投放现金783 262万元，回笼现金427 631万元，货币净投放352 606万元，组织调运硬币18次。完成了第五套人民币1元券纸币发行任务。全年累计回收损伤券85 741万元。撰写了《如何更好地发挥现场检查在现金管理工作中的作用》、《有效监管账户现金存取控制洗钱行为》等调研文章。制定了《抚顺市反假货币联席会议工作制度》和联络员联系制度，开展了“反假货币宣传周活动”，为3 800人颁发了“反假货币上岗资格证”。八是建立了《国库业务知识轮讲制度》，开展业务讲座20余次。全年拒绝不合理拨款、退库、更正311笔，退回问题税票1 483笔。全年开展各项检查6次，对县、区支库检查面达100%。

【规范化管理】 一是对原有的规章制度进行补充和完善，建立监督制约机制和重大事项报告制度，构筑“自控、互控、监控”三道防线，开设网上《每日读法》专栏，创办《法律事务专刊》，举办“我与法律同行”有奖征文和法律知识测试。二是人民银行沈阳分行在人民银行抚顺市中心支行召开“办公自动化系统应用研讨会”。

【精神文明建设】 2004年，中国人民银行抚顺市中心支行调统处、科技处、清算处分别被授予国家级、总行级和分行级“青年文明号”。货币信贷处被全国妇联命名为“巾帼文明示范岗”和“巾帼建功先进集体”。外汇管理局抚顺市中心支局在全国“收汇结汇大检查”中，被评为“先进支局”。市金融学会在全国大中型城市社会科学工作会议上，被评为“先进学会”。为上级行提供各类信息219条，其中“抚顺中支建立外汇领域反洗钱岗位责任制”被人总行107期《送阅信息》刊登，134条信息被人行沈阳分行网站采用。办公自动化、外汇资本项目规范管理等，分别被人行沈阳分行以现场会形式在系统内推广。

（刘志军）

·中国银行业监督管理委员会抚顺监管分局·

【抚顺监管分局挂牌成立】 2003年12月16日，中国银行业监督管理委员会抚顺监管分局正式挂牌成立，由此翻开了抚顺金融监管史上新的一页，标志着对辖内银行业金融机构的监管进入了一个全新的阶段。2004年1月5日，辽宁银监局副局长张廷玉来到抚顺监管分局，在听取了抚顺银监分局组建进展情况汇报后，同拟任人员进行了任前谈话。在分局职工大会上，张廷玉代表省局党委宣布了抚顺银监分局党政领导班子的任命文件。至此，抚顺银监分局筹备期结束。

【机构设置与主要职能】 抚顺银监分局领导班子成员：党委书记、局长汪涛；党委委员、副局长李延智、佟玉田。抚顺监管分局共设6个职能处室：监管一处、监管二处、监管三处、办公室、统计信息处及人事处；清原监管办、新宾监管办为抚顺银监分局的县域派出机构。

中国银行业监督管理委员会抚顺监管分局是中国银监会的派出机构，依据辽宁银监局的授权，在辽宁银监局的领导下，在辖区内履行以下职能：负责对辖内银行业金融机构业务活动的监督管理；负责对银行业金融机构的现场检查和非现场监管，依法对金融违法违规行为进行查处；审查和批准辖内银行业金融机构高级管理人员任职资格；负责统计、分析、上报辖内银行业金融机构各类数据信息；对辖内的金融风险进行分析、研究，并提出处置意见和建议等。

【确保金融稳定】 2004年，抚顺地区银行业金融运行主要表现为：与年初相比，各项存款微增，企业存款下降，储蓄存款增势良好；各项贷款有所增加，贷款结构继续调整，票据融资降幅明显；

不良贷款余额和占比实现双下降；金融机构盈利能力没有得到根本好转。仍存在银行非经营性亏损增加，盈利能力不强等问题。

【信贷风险管理】 一是积极落实银监会电视电话会议精神，增强贯彻落实国家宏观调控政策的自觉性。二是建立了月度经济金融形势分析和重大风险提示制度以及与当地政府有关部门沟通协调机制，切实加强经济金融监测。三是积极落实银监会及省局工作部署，认真开展了对本辖区“银行业金融机构部分行业贷款情况专项现场检查”和“全面清理在建和拟建项目固定资产贷款”的现场抽查工作，进一步摸清了信贷风险底数，并采取有效措施规避和防范银行信贷风险。四是关注本地区“低水平重复建设项目”，规避了银行信贷风险。

【风险处置】 1. 抚顺市商业银行风险处置情况。一是多次正式行文向市政府汇报抚顺市商业银行的经营状况和存在风险；多次当面向市政府常务副市长、政府副秘书长汇报抚顺市商业银行的风险情况及存在问题。二是约见抚顺市商业银行经营班子，提出了“明确职责，转变理念；自身努力，长远规划；坚定不移，抓好风险化解与防范”等四点要求。三是向市委书记、市人大主任、市长、副市长呈报了《抚顺市商业银行风险处置刻不容缓》的分析材料，得到抚顺市委、市政府高度重视，市委书记周忠轩、市长刘强、副市长魏东平均做了重要批示，为化解抚顺市商业银行高风险奠定了基础。四是积极配合市政府制定《风险化解方案》，并全力配合银监会、辽宁银监局和市政府对抚顺市商业银行的风险处置工作。

2. 其他中小金融机构（城乡信用社）风险处置情况。为搞好城乡信用社的风险处置，分局领导多次到清原、新宾两县城乡信用社开展一线调研，督促其搞好风险防范与化解工作。风险处置工作主要从四个方面开展：一是制定了《抚顺市城市信用社风险防范预案》和《抚顺市农信社防范支付风险预案》，并强化了风险监管责任制度。二是重点加强了对城乡信用社不良贷款抓降、新增贷款质量、非信贷资产业务的监控力度，遏制了城乡信用社不良贷款上升的势头。三是针对其经营情况和风险状况，加强现场检查、调查及非现场检查的力度，实现对城乡信用社的有效监管。四是按照省局解决兴华信用社风险的“指导意见”，积极做好高风险点的风险化解工作。

【农村信用社改革】 一是积极参与，精心准备，全力配合政府做好改革试点工作。为贯彻辽宁省农信社改革试点动员大会精神，抚顺银监分局两次召开农信社改革试点工作会议，就如何制定与实施抚顺市农村信用社改革实施方案进行了认真讨论，并对政府配套政策、清产核资、增资扩股计划等达成了一致意见。二是各相关部门与农村信用社在地方各级政府的领导下，采取诸多有效措施，募集股金工作取得明显成效。截止到2004年12月14日，已吸收股金62 298万元，完成增资扩股计划的123.9 %。

【不良贷款抓降工作】 为搞好辖内不良贷款抓降工作，抚顺银监分局采取了注重监测，抓指标落实；重点防范，抓大额跟踪；注重清收，抓“抓降”实效等措施；通过非现场检查实现对其情况的了解与掌握，通过提高现场检查的质量达到各金融机构的督促与指导，使辖内银行业金融机构到2004年末实现了不良贷款余额和占比“双下降”。但从深层次看，抓降形势不容乐观。一是不良贷款中死滞部分仍较高。二是政策性核销并不能从根本上提高银行化解不良贷款的能力。三是对宏观调控政策落实后，贷款收缩降低了贷款余额对银行不良贷款的稀释作用。为此，辖内银行业金融机构的不良贷款抓降工作依然难度很大，任务十分艰巨。

（王金良）

·中国农业发展银行抚顺市分行·

【基本情况】 2004年，中国农业发展银行抚顺市分行截止到12月末，各项贷款余额111 674万元，比年初增加4 344万元，各项存款余额12 556万元，比年初增加3 293万元；粮油应收贷款36 626万元，实际收回贷款36 782万元，粮油贷款收回率实现100.43%；各项贷款应收利息6 099万元，实际收息5 128万元，实现收息率84.09%；不良贷款剔除调账因素比年初下降120万元；实现总收入4 941万元，为抚顺地区农村经济的发展做出了积极的贡献。

【收购资金的供应与管理】 一是在优先做好储备粮油贷款的投放与管理基础上，坚持“区别对待，分类指导，择优扶持”的信贷政策，适时投放流转贷款，支持符合市场准入条件的粮食企业扩大购销。全年累计投放贷款34 340万元，其中：发放储备粮油贷款8 067万元，支持中央储备粮轮入2 183万公斤，地方储备粮轮入2 094万公斤；发放粮食流转贷款31 291万元，支持企业收购粮食21 027万公斤。二是开展了对国有粮食购销企业“老粮”、“老账”占用贷款的摸底调查工作，并多方协调，促进粮食政策性清理挂账工作的进行，确保银企账账、账表、账实相符。三是对粮棉油产业化龙头企业坚持业务拓展与风险防范并重的原则，给予积极支持。该行首次支持市级龙头企业抚顺市特立饲料有限公司。

【帮助企业搞活经营】 以“强化服务，促进双赢”作为贷款管理目标，积极参与企业经营，帮助企业解决实际困难。在收购期间加强资金调度，严格现金管理，确保资金、现金供应不断档，同时与粮食购销企业共同研究粮食市场信息，测算并指导粮食购销价格，鼓励企业扩大经营。全年共支持企业销售粮食29 791万公斤，实现销售收入37 064万元，回笼货款36 422万元。

【完善制度】 建立贷款审批制度，规范贷款审批权限，并以正式文件下发各基层行，明确了市、县行贷款审批委员会及贷款审批人的职责、贷款审批权限和操作程序。针对2003年清原县支行所辖粮食企业恶意挤占收购资金，严格执行制度，实施了全县停贷制裁，收到了预期效果，严肃了信贷政策。

【财务会计】 进一步规范了会计操作行为，加强固定资产管理和基建管理，积极向省行申请清原县支行租赁营业办公用房的资金，并对清原县支行维修、改造工作进行监督检查。坚持监督与核算并重，以抓好会计检查辅导为重点，规范会计工作行为，提高会计监督水平。精心组织，积极配合，综合业务会计应用系统试点工作取得良好效果，为正式上线运行提供了科学依据和工作经验。

【稽核审计】 对全辖2003年度的财务会计报告、市行营业部和各县支行2003年经营目标责任考核指标进行了专项稽核；对清原县支行2003年度资产负债损益等情况进行了全面稽核，对有关问题及时提出整改意见，并得到有效落实。积极配合市银监分局对内控制度执行情况进行专项检查。稽核监督的职能作用得到进一步发挥。

（王　琳）

·中国工商银行抚顺市分行·

【基本情况】 2004年，中国工商银行抚顺市分行总体经营持续向好，经营效益取得新突破。实现考核账面利润818

万元，经营利润6 300万元，分别完成全年计划的219%和193%，成为全省第4家“双盈行”。累计实现利息收入34 537万元，同比增加2 377万元，收息率较上年提高4.47个百分点。

质量攻坚取得新成效。清收转化处置不良贷款22 559万元，较上年增加2 011万元。其中现金清收16 990万元，核销呆账6 115万元。抵贷资产处置工作取得重大进展，累计处置额11 021万元，处置率46.21%，纠正逃废债行为取得初步成效。

各项存款取得新业绩。储蓄存款余额比年初增加52 158万元；机构存款较年初增加2 792万元；公司存款日均余额较年初增加6 217万元；同业存款较年初增加2 133万元。资金盈余达29亿元，较年初增加可用资金3.2亿元，存贷率71%，较年初下降4个百分点。

信贷调整迈出新步伐。适时调整信贷结构，新增贷款主要投向发电、公路、学校及优秀民营企业，新增个人消费信贷1.8亿元，个人住房贷款7 000万元。营销储备重点项目62亿元，实现信贷退出6 101万元，信贷结构得到进一步优化。

中间业务和新业务取得新进展。把中间业务确立为“第三支柱”业务，中间业务收入较上年增长71%。其中：代发工资、财务顾问两项业务实现了零的突破；速汇金业务创省工行系统两个第一。办理国际结算8 985万美元，银行卡收入665万元，票据融资25.2亿元，实现电子银行交易额332亿元，同比增加82亿元。

【存款工作】 储蓄工作全力抓好旺季揽存，完善了17个网点的综合化服务功能，在中央大街建立首家24小时自助银行，推动了全行服务水平和服务品质的提高。机构存款紧紧围绕对外营销、对内协调、风险控制三大职能，实行双“日均”考核机制、行领导包户责任制、重点联系行制度等措施，实现了重点项目存款稳步增长。同业存款实行新增客户奖励政策，多角度调动全员揽存的积极性，取得了金融同业增量和存量占据绝对优势的最佳效果。该行共有各类同业存放客户17家，是自建行以来同业客户分布最广的时期。公司存款克服各种不利因素，把组织重点客户增加存款，抓住企业转制，狠抓新开户等作为增存切入点，积极营销新客户988户，实现新增存款17 482万元。

【贷款营销】 认真落实国家宏观调控和总省行信贷政策，开展了不同层次的重点营销、分类营销和组合营销，开发了一大批重大优质项目，累计发放公司贷款78 405万元。同时积极营销和储备了一批优质项目，取得抚电三期和辽电四期两个优质项目贷款，贷款额63亿元，为进一步实现信贷结构战略性调整奠定了基础。加强贷款预警监测工作，对发放的贷款由专人定期检查、监控，新发放贷款不良率为零，创历史最好纪录。

【资产质量】 全面推进不良贷款的精细化管理，提高清收处置水平，稳妥高效完成小额不良贷款的核销清户工作。综合运用法律、行政和经济手段，全年累计清收不良贷款22 559万元，其中：以货币资金形式清收不良贷款16 990万元，占全部清收额的75.31%。假按揭贷款清压工作实行项目锁定、余额锁定管理，全年累计清收假按揭贷款608万元。逐户建立了逃废债档案，将债权管理工作的有关政策措施落到实处，有效维护了本行债权。

【收息工作】 一方面广辟增收渠道，采取向优质客户投放优质贷款、全力拓展以车贷为主干的个人消费信贷市场、加大票据贴现业务的工作力度等来增加利息收入；另一方面利用还本免息等政策，采取依法起诉、打击逃废债、资产变现、协议收息、租金返还、清理拖欠、以物抵息、追索保证人等多种有效途径，清收陈欠息。

【中间业务】 重点拓展投资银行、电子银行、银行卡等高技术含量、高附加值中间业务，初步形成了传统优势中间业务和高技术含量、高附加值中间业务优势互补的发展格局。在全省率先实现了第一笔中间业务财务顾问收入50万元，同时与多家企业签订了长年财务顾问协议。代理销售保险取得了历史最好成绩，保函业务工作力度全面加大，由原来的单一付款保函扩展到履约保函、质量保函、投标保函等。

（张永良　胡建红）

·中国农业银行抚顺市分行·

【基本情况】 2004年，中国农业银行抚顺市分行12月末，全行实现人民币存款523 801万元，较年初增加64 404万元。其中储蓄存款增加37 639万元，对公存款增加21 370万元。人民币各项贷款余额309 104万元，较年初增加50 791万元，当年净增额列全市金融机构首位。实现实收息16 069万元，完成计划率、贷款收息率和同比多收额均列全省农行系统第一位。经营利润较上年减亏1 330万元。全行有12个单位、16名个人受到省行和地方政府表彰，市行被有关部门评为2003年至2004年度“抚顺最受尊敬企业”，在市纪委组织开展的为经济建设服务“双评”活动中被评为最佳单位。

【个人业务】 2004年，抚顺农行组织开展文明优质服务竞赛活动，促进了全行整体服务水平的提高和人民币储蓄存款的增长。积极开展个人金融产品营销竞赛，大力营销小额质押贷款、个人住房及汽车等各类消费贷款、个人生产经营贷款、下岗失业人员小额担保贷款等个贷业务，全年累计发放个人贷款47 745万元。积极开办个人理财业务，全年销售国债4 414万元、基金3 200万元，“汇利丰”个人外汇理财产品188万美元。

【公司业务】 2004年，抚顺农行加大对公基本账户营销力度，全年新增基本账户639户。大力拓展低风险贷款，全年累计办理票据贴现贷款677 961万元。积极介入振兴东北老工业基地国债项目，大力拓展优良客户，加大扶贫贴息贷款投放力度，全年投放扶贫贴息贷款2 500万元。

【机构业务】 做好非税代收工作，深化银银、银证、银保、银信合作。坚持做大保险代理业务的指导思想，积极开展保险代理业务竞赛、明星网点竞赛和示范网点建设。做好代收话费业务，全年代收联通话费在同行业和全省农行系统均位居第1位。

【银行卡业务】 加大设备投入，改善用卡环境。加强银行卡透支和单边账的监控和管理，积极清理非正常透支和单边账垫款；拓展银行卡、电话银行和网上银行业务，全年累计发展企业网银注册客户、个人网银注册客户、网银业务交易量在全省农行系统排名列第1位、第4位和第1位。

【信贷管理】 加强信贷制度落实情况的检查和监督；建立新发放贷款责任制；抓好客户信用等级评定和统一授信工作；全面实行贷款五级分类管理；推行贷后管理五项制度，组建在线监测中心，成立贷款审查中心。

【风险资产管理】 层层鉴订不良贷款清收责任状；在全省农行系统率先实行法人客户不良贷款分账经营；开展个人不良贷款专项整治活动，加大内部员工拖欠贷款清收力度，加快万元以下农村小额不良贷款退出步伐；大力清收胜诉未执行案件，加速抵贷资产的处置。

【会计工作】 加强信贷计划管理，合理配置信贷资源；完善财务审批和集中采购制度，严格控制成本；实行基层营业单位坐班主任派驻制，对分理处（营业所）内勤重要岗位和一般岗位工作时间较长人员实行岗位轮换、跨营业单位交流；加强对会计核算的监督检查，开展创建“三铁”单位和规范化管理上等级活动，全面提高会计核算整体水平。

【审计工作】 积极探索适应业务发展和形势需要的审计方式，增强审计工作的针对性、时效性和前瞻性，及时发现和解决业务经营中存在的违规违纪问题。全年共对全辖8个支行26个营业机构的12个审计项目进行了审计，审计涉及金额5亿元。

（关永伟）

·中国银行抚顺分行·

【基本情况】 2004年，中国银行抚顺分行以业务发展、股份制改造、清理不良资产为中心，把发展作为第一要务，确保整体经营继续保持稳定、健康、协调发展。截止到2004年12月末，各项人民币存款余额42亿元，比年初增加9.6亿元，其中：储蓄存款余额32.8亿元，比年初增加6.5亿元，完成全年任务的104%；人民币对公存款余额8.9亿元，比年初增加3.1亿元，完成全年任务的115%；各项外币存款余额1.5亿美元，其中：外币储蓄存款1.4亿美元；外币企业存款余额950万美元。

各项人民币授信余额20亿元，各项外汇授信余额8 844万美元。一年来新增公司类贷款7亿元，新增消费贷款2.4亿元，办理贴现贷款20.3亿元。一年来全行核销划转不良资产14.4亿元，使不良资产比率由年初的37.48%下降到1.62%；现金清收2 220万元，处置不良资产4 780万元。中间业务，国际结算完成结算量2.9亿美元，累计买入票据20亿元，实现收益2 933万元；“外汇宝”交易量达2.7亿美元；国际卡新增发卡705张；各项代理业务实现手续费收入62万元。截止到12月末，实现利润1 723万元。

【贷　款】 2004年，中国银行抚顺分行把辽宁发电厂三期技改项目、抚顺矿业集团油母页岩炼油厂扩建项目、东露天恢复开采项目、抚顺发电厂以及大商抚顺集团等大项目作为新增投放的重点。结合国家调控政策和抚顺市产业政策，在对抚顺地区的钢、油、铝行业等国有企业作为重点客户加大投放力度的同时，注重抚顺地区的民营经济发展，在经过详细的市场调研前提下加大投放力度，全年共新增贷款7个亿，为企业开据银行承兑汇票20.5亿元。

【零售贷款】 抚顺分行的消贷业务以市场为导向，一方面把个人住房贷款业务作为零售贷款业务发展的重点产品，先后与十几家大的开发商继做按揭贷款业务；另一方面把投资经营贷款和汽车贷款作为增长点来抓。截止到12月末，投资经营贷款已达2 411万元，同比上升285%，汽车贷款达2 303万元，同比上升205%。另外，在商业用房贷款、教育助学、家居装修贷款上，也不同程度地取得了发展。全年无不良贷款，新增市场占有率同比增加15个百分点。

【储蓄存款】 在一线网点继续强化“精品所”战略，全年共新装修改造、搬迁网点15个，改善了服务环境。此外，还注重强化职工的业务培训，不断提升服务内涵，不断加大管理力度。与此同时，结合自身情况制定科学的奖励机制，增加营销费用，调动一线员工的能动性和积极性。11月份，抓住利率上调这个契机，进行有针对性的宣传和营销，使全行的储蓄存款1个月内就上升近亿元，从而保证了任务全面完成。全年新增额市场占有率首次居全市同业之首。

【企业存款】 2004年初，抚顺分行把一些大型企业和科技含量较高的企业作为营销的重点。对大商抚顺集团的成功营销不但增强了竞争力，提高了存款、结算业务量和市场份额，而且它还进一步提高了在抚顺地区金融行业的影响力，填补了该行无大型商业企业的空白，现在该公司及下属的五家大型商业网点的基本账户已全部落户该行，日均存款已达2 200万元。到12月末全行的公司日均存款超计划完成任务。

【结算业务】 重点营销新抚钢等一批优质客户，从而使国际结算业务保持了较大的上升势头，前5个月就完成了省行下达的全年任务指标。截止到12月末，业务量达到2.9亿美元，超额完成省行的第二指标。

【票据业务】 在票据业务中，还灵活地运用利率杠杆的调节作用来不断提高收益率，使票据业务收益不断增加。一年来，累计买入票据20亿元。

【外汇宝业务】 2004年，抚顺分行成立了外汇宝交易中心，使外汇宝服务功能得到不断完善，从而抢占了竞争先机，市场占有率在诸多不利的因素下仍居抚顺同业第一位。

【银行卡业务】 银行卡综合收益取得历史性突破，外卡收单量与历史同期相比也有大幅度的增长。9月份，经总省行批准，率先为大商集团抚顺百货大楼有限公司配置了MIS系统，即方便了持卡人用卡消费需求，又简化了客户受理银行卡操作程序，同时也给银行卡收益带来了新的增长点，仅大商抚顺百货大楼有限公司一家2004年银行卡交易手续费收益就达到14余万元。同时，外卡收单业务市场占有率达100%，全年银行卡收益达73万元。此外，银行卡发卡量、直销额、手续费收入和透支收息均超额完成省行第二指标。

【核销划转】 2004年的呆账核销工作时间紧任务重，按要求必须在20天的时间里完成申报核呆的材料，因此工作的强度、难度进一步增大。在不到20天的时间查阅近千份资料和档案，复印上万张单据，发送数千张传真，全年共计核销呆账134笔，金额2.3亿元；损失类核销67笔，金额3.1亿元；完成可疑类划转31笔，金额8.6亿元，顺利完成了核销划转工作，这使全行的不良资产得到进一步降低。

【清产核资】 清产核资工作是上市前准备工作的重要环节。由于历史原因，遗留问题较多，主要体现在房产产权不明晰、账实不符。在历经14个月艰苦、细致的工作后，于2004年5月中旬，首先完成了全行的房改售房工作，从而解决了清产核资中最关键的问题，为顺利完成下一步的清产核资工作奠定了基础，成为全省第一批完成确权的分行。营业用房、交通工具、电子设备、营业器具也达到账实相符的要求。

【内控管理】 2004年，抚顺分行在检查、防范和化解银行风险上做文章。组织财务、内控人员对全辖重要业务岗位进行了检查，出台了新的业务费用管理办法，加强了“7410”科目、本外币库存现金、结算业务授权限额、会计新一代系统的管理。加强授信监控工作，不断完善信贷登记系统。在内部业务控制上，对业务部门的关键控制点进行了专项稽核，对4个支行、7个分理处和24个储蓄网网点进行常规稽查，全年提出内控建议48项，对17人次提出处理意见，从而起到了事中监督、事前预警的作用。通过开展经常化的安全检查，实现了“防范关口前移”，杜绝了各类隐患，实现了全年安全无事故。

【机构管理】 2004年，机构管理得到进一步加强。全年共调整了9家机构，其中将2家储蓄所升格为经营性支行，将7个储蓄所升格为分理处，对15个网点进行了装修改造。

【信息科技】 2004年，科技信息工作得到不断加强。组织研发了抚顺中行BBS网站论坛系统，完成了人事档案管理系统、零售报表系统、电子设备档案系统、选票统计系统等软件的开发利用。尤其是5月份分行信息科技部根据零售业务需求，在最短的时间内研制开发出了零售综合报表系统，并于7月份试运行。零售综合报表系统的开发成功，不仅提高了工作效率，还达到了减人增效目的。分行原有的5个支行的报表人员现只需要分行零售业务部一名人员即可，同时，数据准确率达到了100%。

（田 心）

·中国建设银行抚顺市分行·

【基本情况】 2004年末，中国建设银行抚顺市分行资产余额已达73亿元，较年初增9.5亿元；存款余额达61.5亿元，较年初增长9.2亿元，其中储蓄存款时点新增4.4亿元，日均增4.7亿元；企业存款时点新增4.8亿元，日均增1.9亿元，增幅列地区首位，省行系统内第三位。2004年实现经济增加值1 758万元，增量EVA 3 797万元，税后净利润4 191万元，均列二级分行第一位。在经营中，按产品创造经济增加值的不同和抚顺地区的经济发展实际情况，逐步调整产品结构。一是在防范风险的前提下努力增加收入。2004年纯新发放贷款1.8亿元，实现贷款利息收入10 003万元。二是加大对不同产品的EVA测算，确定了重点发展贴现、控制发展承兑的票据发展策略。累计办理贴现业务近10亿元，实现利息收入1 429万元；承兑汇票余额降至27 123万元，且保证金都在50%以上。三是大力发展中间业务。全年实现中间业务收入1 541.8万元，完成省行计划的157.33%；龙卡发卡40万张，卡存款6亿元，持卡消费额10 590万元，均排在地区第一位和二级分行前列。

2004年末，该行共有资产73亿元，不良资产1.9亿元，不良率为2.65%，较年初下降2.2个百分点。其中按五级分类口径计算，信贷类资产不良额为5 646万元，不良率为2.92%，分别下降7 444万元和4.03个百分点；非信贷类不良资产余额为13 401万元，不良率为2.48%，分别下降583万元和1个百分点。为提高全行资产质量，抚顺行充分利用机遇剥离不良贷款11 571万元；处置抵债资产27笔，金额2 901万元，闲置固定资产8笔，净值1 747万元；全力清收不良贷款，盘活1 500多万元。

【集约经营】 至2004年末，抚顺建行人均存款达581万元，较年初增145万元；网均存款10 619万元，较年初增1 963万元。2004年进行了较大规模的人事机构改革，经多次召开党委会研究制定了2004年《抚顺市分行机构定编、网点撤并及员工定岗实施方案》，并经职代会讨论通过，经过严格的定岗、统一考试、民主测评和双向选择等程序，全行全年共减员157人，撤并网点18个，超额完成了省行下达的工作目标。

【内控管理】 在业务继续快速发展的同时，全行内控体系建设也得到很大发展。一是全面推广风险管理平台。2004年3月29日，任命陈光副行长为抚顺行风险管理代表，标志着风险管理平台进入全面推广阶段。二是加强制度建设。各职能部门认真分析研究了各风险点，对会计、储蓄、信贷、保卫等各个岗位的前后台进行合理划分，针对各种风险部位制定了三十多项制度，明确了岗位责任，规范了操作管理人员的行为。三是加强检查监督。细化了会计、储蓄、信贷各岗位人员违规行为的处罚措施，加强了对各岗位专业知识与处理办法的培训。组织了专职检查督导队伍对各网点进行不定期和不定点的专项检查，使业务检查达到预期的控制目的。

【改 革】 一是调整中层管理人员，对全行的中层管理人员进行了重新任命。二是加大了人事机构改革力度。经过严格的定岗、统一考试、民主测评和双向选择等程序，全行今年共减员157人，撤并网点18个，超额完成了省行下达的工作目标。

【筹 资】 继续加大筹资力度，把存款作为创造EVA的主要产品。存款总量在连续四年大幅增长后，2004年继续保持旺盛增势，一般性存款时点余额614 583万元，比年初新增92 431万元，同比多增44 673万元；日均余额601 090万元，比上年日均新增61 958万元。全口径存款时点余额630 637万元，比年初新增94 746万元，同比多增42 612万元；日均余额613 248万元，比上年日均新增59 252万元，全口径存款日均新增完成省行新增计划54 686万元的108%。一般性存款时点余额及新增额在全省二级分行中均列第三位，全口径存款日均新增额列第二位。人民币一般性存款、企业存款和储蓄存款余额在全市金融系统均列第二位，一般性存款和企业存款新增额列第一位，储蓄存款新增额位于第二位。

【信 贷】 总量继续稳步增长。本外币贷款余额193 212万元，比年初增加4 936万元，剔除剥离可疑类贷款及核销呆账因素，实际增加16 580万元，其中票据贴现比年初增加4 639万元。贷款质量持续改善。次级以下不良贷款合计5 646万元，比年初减少7 444万元；不良率2.92%，比年初下降4.03个百分点。不良贷款回收情况。五级分类口径存量不良贷款累计回收1 774万元。

【管 理】 根据总行出台的可疑类贷款剥离政策，一次性剥离不良贷款11 571万元，卸下了顽固的历史包袱，为持续发展铺平了道路。严格执行总省行授权，防范信贷风险。省行上收公司类信贷业务审批权限。规范非信贷资产管理，做好基础工作。比照信贷类资产，对非信贷类资产在五级分类、归口管理等方面加强管理，并将非信贷不良资产的降低纳入“降低不良资产攻坚战”计划。全面推广风险管理平台。市行专班共组织了七场培训，使全员参培率达到100%；组织场所文件的编写和审核，共编写场所文件1 157份；自觉将“平台”推广工作融入分行日常管理，先后启动了体系通用类程序，规范各项管理工作，防范了风险。加强管理，认真落实，确保信贷管理信息系统及人行登记咨询系统建行接口系统的良好运行。

【中间业务】 2004年共实现中间业务收入937万元，完成省行年末调整计划的96%，提前一个月完成省行年初810万元的收入计划，收入较去年同期增长311万元，创历史新高，中间业务战略地位进一步显现。其中结算业务收入167万元，银行卡业务收入382万元，代理保险业务收入85万元，审价咨询业务收入123万元。

【精神文明建设】 抚顺建行共有省、市级“文明单位”12个；总、省行级“青年文明号”10个，市级“青年文明号”19个；省行级“三优竞赛优胜单位”3个。在省行的等级评定中列A类行第一名，获省行执行目标责任状优胜单位称号，被评为辽宁省“雷锋号”思想政治工作先进单位。积极为社会公益事业做贡献。坚持开展“春蕾助学”活动，与清原县北三家乡的20名贫困学生结成帮扶对子，出资帮助他们完成九年义务教育。

（阚 闯）

·交通银行抚顺分行·

【基本情况】 2004年，截止到年末，全行人民币存款余额达实现37.99亿元，较年初增加4.3亿元，其中储蓄存款余额24.4亿元，较年初增加3.5亿元；人民币贷款余额17.2亿元；外币存款余额2 428万美元，较年初增加191万美元，实现国际结算量10 249万美元，外汇宝交易量1.6亿美元，不良资产按五级分类余额2.1亿元，占比12.27%，全行实现利润2 466万元。

【筹资工作】 2004年，抚顺交行通过加快产品创新，优化整合资源，提高服务水平，筹资工作进展顺利，各项存款业务任务圆满完成。一是明确发展定位，实行指标量化，责任到位，严格奖罚；二是细分任务，职责明确；三是加快产品创新，推进“品牌”战略；四是大力实施“一体化大营销”策略；五是加强分销渠道建设，使营销优势得到巩固和提升。

【信贷业务】 全年累计发放贷25.7亿元，有力地支持了城市公用事业、院校、电业、石化、冶金、建筑等行业的发展。特别是个人贷款和票据贴现业务呈现出快速健康发展态势，全年共办理贴现业务近11亿元，新增个人消费贷款近1.5亿元，增量本地区占比达25.4%，个贷不良率比总行下达控制指标低0.08个百分点。

【中间业务】 2004年是抚顺交行中间业务发展较快的一年。一是打造了具有“三宝”（储蓄宝、圆梦宝、外汇宝）、“三行”（自助银行、电话银行、个人网上银行）、“九通”（全国通、跨行通、港澳通、缴费通、消费通、银证通、银保通、银信通、理财通）功能的太平洋卡，确保了发卡量和卡储余额处于本地同业优势。二是基金代理发行和其他代收代付业务能力得到进一步扩展，私金中间业务收入创历史新高。三是对公业务开通了企业“网上银行”和“报关一点通”业务。

【国际业务】 一是“全行办外汇”的格局基本形成，可办理外汇业务的网点增加到22个。二是开通了“外汇宝”业务，举办了外汇宝交易大赛，促进了本地区外汇理财市场的发展。三是国际结算业务保持快速发展。

【资产质量】 2004年是抚顺交行资产质量实现质量飞跃的一年。一是高标准完成不良资产集中处置工作；二是严格按总行要求标准完成分行自办公司脱钩工作；三是风险资产管理工作得到加强，清收工作取得重大进展，实现分行不良资产余额和占比大幅“双降”。

【电子化建设】 通过加强对电子化渠道的有效整合，突出技术改造，积极拓展对新领域的开发，完成了对零售业务系统和综合业务系统的技术升级，自主开发了内部“办公自动化”系统，为分行信息畅通和业务发展提供了高效的科技平台。

（贺仕林）

·中信实业银行抚顺支行·

【基本情况】 2004年，中信实业银行抚顺支行认真贯彻执行国家金融法规和行业监管规定，优化结构、完善机制、强化管理，各项工作取得了较好的成绩。截止到12月31日，中信实业银行抚顺支行人民币各项存款余额为132 665万元，较上年初增加24 263万元，增长22.38%。其中一般性存款129 236万元，比上年增加27 997万元，增长27.65%。外币存款折合美元余额为488万元，较上年增加188万元，增长62.67%。人民币各项贷款61 204万元，比上年增加17 256万元，存贷比为47.36%。人民币不良贷款余额为零，不良贷款率为零，实现利润1 701万元。全年未出现安全事故。

【本部搬迁】 抚顺支行本部搬迁工作得到总行批复。按银监委有关规定，办理申请筹建等相关手续，并进入装修和施工阶段。支行新址：抚顺市顺城区新华大街10号。

【公司业务】 中信实业银行抚顺支行积极支持地方经济结构调整和城市建设。一年来，累计向冶金，教育、城市基础设施等行业发放贷款110 298万元。与此同时，强化市场营销工作，开展票据业务。全年办理贴现49 855万元，创造利润680万元。到年末，公司业务中的企业存款达到73 200万元，比上年增加19 485万元。

【零售业务】 2004年，中信实业银行抚顺支行通过整合零售业务产品，先后推出了中信家家乐系列个人综合消费信贷业务品种、外汇理财系列产品、人民币理财产品等产品，取得了市场和信誉的双重效果。到年末，储蓄存款本外币折合人民币达到59 771万元，其中人民币储蓄存款56 037万元，比上年增加8 512万元，增长17.91%，个人消费信贷余额为8 681万元，比上年增加2 760万元，增长46.61%。发放贷记卡1 694张，发放借记卡4 112张，卡均余额为5 070元。

【国际业务】 2004年，中信实业银行抚顺支行将国际业务纳入三大主线业务之一，整合业务和产品，改良操作系统，为客户提供准确、及时、方便、快捷的服务，促进了国际业务的增长。全年共办理进出口收付业务5 243万元，增长24.83%。

【中间业务】 发挥代理业务的优势，充分利用总行推出中间业务品种为契机，大力宣传新产品和代理业务产品，借以提升自身形象和知名度。年中，与联通公司合作开办了代收话费业务，与东方证券合作开通了银证转账业务。

（张晓明）

·抚顺市农村信用社·

【基本情况】 到2004年末，全市农村信用社有县（区）联社5个，独立法人信用社67个，信用社分社23个，储蓄所34个，正式职工1 126人。各项存款余额298 850万元，比年初增加16 650万元；各项贷款余额205 049万元，比年初增加41 641万元；不良贷款余额81 466万元，比年初下降3 892万元，下降12.5个百分点；全年累计发放贷款139 013万元，同比增加39 964万元；实际减亏2 072万元，减幅为37.9%，同比增加12.7个百分点，有25个信用社实现盈余，同比增加3个，盈余面为37.3%；股金额达87 573万元，比年初增加72 231万元，资本充足率为－2.88%，比改革前提高35.79个百分点。

【支农服务】 2004年累计发放农业贷款139 013万元，同比增加39 964万元，农业贷款余额达126 011万元，同比增加8 349万元。累计发放农户小额信用社贷款20 396万元，同比增加8 757万元，累计发放农户联保贷款22 570万元，同比增加3 332万元。评定信用户9.7万户，信用村129个，信用乡1个。继续认真做好农户小额信用贷款和农户联保贷款的发放管理工作。全年共为“三项培养”对象和“星级文明户”发放优惠信用贷款近500万元。重点支持了香菇生产、人参加工、药材种植、奶牛养殖及乳品加工等项目，收到明显效果。顺城区碾盘乡石富村在信用社的大力支持下，成为本市最大的大棚肉鸡养殖基地，成为全省农户一体化服务的典范。

【信贷管理】 严把贷款发放关，提高信贷管理水平和贷款风险防范意识。加大清收盘活不良贷款力度，促进不良贷款“双降”。综合运用经济、行政、法律等各种清收措施，对信贷人员实行清收任务与工资挂钩，加大考核工作力度，充分调动员工的积极性，坚持清收、盘活、保全“三位一体”的原则，有效化解了贷款风险。

【财务管理】 严格贯彻执行财会制度，规范会计核算行为。加强资金运营，积极开展中间业务，拓宽收入渠道，增加收入来源。对费用指标进行核定，实行比例管理，限额控制，不得突破。严格执行费用开支标准和审批制度，努力压缩费用支出。层层下达财务指标，加强考核监督，建立劳动报酬与经营效益挂钩的分配机制。

【安全保卫】 以安全的环境促进农村信用社稳定、健康发展。层层签订安全保卫责任状，落实安全保卫责任制。加强职工安全法制教育，提高全员安全防范意识。加强安全设施建设，增强防范能力。新建中心库房7个，购置专用运钞车5台，营业网点防弹玻璃和防盗报警器安装率达100%，城区营业网点全部安装了电视监控系统。

【深化改革】 首先，开展清产核资工作，进一步摸清农村信用社资产、负债及所有者权益真实状况。其次，开展了增资扩股工作，广泛吸收农民、个体工商户、企业及其他经济组织入股，吸收股金72 231万元，年末股金余额达87 573万元。第三，大力清收不良贷款，把清收不良贷款作为深化改革的突破口，多策并举，强力清收。

（刘金柱）

·抚顺市商业银行·

【基本情况】 2004年，抚顺市商业银行截止到年末，各项存款余额为291 859万元，比年初增长23 953万元，增幅8.94%。其中，对公存款余额为122 734万元，占全部存款的42.05%，比上年初增长17 790万元，增幅16.95%；储蓄存款余额为169 125万元，占全部存款的57.95%，比年初增长6 163万元，增幅3.78%，各项贷款余额为179 051万元，比年初减少8 300万元，降幅4.43%，存贷比例为61.3%，比年初下降5.3%。全年清收转化不良贷款1 809万元，实现利息收入6 293万元。

【存　款】 在稳定老客户的同时，开发黄金优质客户，与财政局、新抚钢有限责任公司、辽宁发电厂、抚顺矿业集团、经济开发区等一些机关企事业单位，建立良好的合作伙伴关系，使抚顺市商业银行对公存款呈现持续稳步增长的态势。继续拓展代发工资、代收费等代收代付业务。全年新增代发工资单位78户，小额集体户137户，教育储蓄户221户。截止到2004年末，代发工资单位达2 518个，累计入账金额8.1亿元。代理兑付市重点工程债券两期，累计本金为23 270万元，本利合26 074.42万元，债券转存率达到70%左右。抚顺市商业银行累计发行“绿叶卡”51 723张，卡内余额为8 266万元。截止到2004年末，抚顺市商业银行对公存款余额占全市对公存款的18.87%，列抚顺市各家银行首位。

【信　贷】 2004年，市商业银行坚持“银企双赢”战略，积极寻找优质客户，加大新增贷款投放力度。重点向国有大中型企业、优质民营企业、高新科技企业及事业单位投放贷款，全年新增贷款71 625万元。其中，抚顺矿业集团10 000万元，新抚钢有限责任公司5 000万元，抚顺炭素有限责任公司1 200万元，抚顺裕民商贸有限公司1 900万元，抚顺社会保险事业管理局5 000万元，抚顺科技城投资开发有限公司3 000万元，抚顺铝厂5 000万元。这些贷款的投放，不仅为地方经济发展提供了金融支持，而且增加了优良贷款和利息收入。

【管理工作】 2004年，市商业银行根据银监局的要求，进一步健全和完善了各项规章制度，明确了各项业务的操作规程。抚顺市商业银行积极清理无效资金和无效资产占用，全年出租闲置房屋收入107.36万元。其中，抚顺市商业银行租金收入45.96万元；顺达资产经营公司租金收入61.4万元。变卖资产4处，收入235万元。通过实施奖励政策，全年收回中山证券挂账资金3 800万元、辽阳木鱼石异地存款1 060万元，增加同业存放利息收入39万元。

【稽核与监督】 充分发挥稽核及事后监督的作用。通过常规稽核，现场、非现场稽核和事后监督，对业务差错进行有效的控制。抚顺市商业银行共监督业务量4 522 301笔，业务量较同期增加338 536笔，差错合计411笔，差错率为万分之0.9，比上年增加0.2‰，各种差错均控制在1.2‰以内。

【引入计算机系统】 2003年引入先进的计算机系统集成，通过对大连中联、深圳长亮及北京东华三家公司的了解论证，借鉴外地城市商业银行的改造经验，经过招投标，硬件采用北京东华公司提供的IBM小型机，软件采用深圳长亮公司的综合业务系统。于2004年10月24日新一代计算机综合业务系统正式上线运行，投资600多万元的计算机系统一期改造工程基本完成。

（刘永安）

·财政证券投资资产经营管理·

【清欠证券回购资金】 2004年，抚顺市财政证券投资资产管理处以清欠工作为中心，大力加强内部建设，严格控制费用支出。采取有效措施，大力做好证券回购资金的清欠工作。在清欠工作中，管理处依法对海通证券公司欠款700万元进行清欠。2004年4月上旬，在湖北高院和湖北瑞通律师事务所的大力帮助和协调下，经过2年多的努力，清回资金450万元，使这沉积10年的欠款案终于划上了一个圆满的句号。

【清欠遗留债权】 积极努力，加强对遗留债权的清欠工作。在清理历史遗留债权工作中，一是从基础工作入手，收集整理原始资料，重新建立了欠款户档案。对25个欠款户做到摸底排查，最后确定重点欠款对象6户，并做到包干到户、责任到人。二是依照法律手段，对重点户加大清欠力度。通过重新摸底调查，对有财产可执行的市水产公司、市供销社、市燃料总公司、图兴公司、李石农机、望花区政府依法起诉，恢复二次执行。2004年5月份，顺城区法院对市供销社多年欠该处房款一案进行了审理，并获得胜诉。三是对沉积多年的大连三星房地产欠该处1 000万元的债务重新进行复查，经市领导批示，现由市政法委牵头协同公、检、法一道进行清欠。经过一年来的努力，共清回现金14.1万元，物资4万元（抵账价），合计18.1万元。截至2004年12月20日，办理结案1户，执行中止1户，正在运作4户，待运作7户。

【债券发行　兑付】 2004年3月份到期的市重点企业债券本息为3 288.9万元，由该处负责发新债还旧债；将原财政证券公司同时到期的本息1 265万元债券，在借款到位前以发新还旧方式解决。为了完成好这次发行与兑付工作，在市政府、市财政局等有关领导的关心协调下，克服了兑付地点差、资金接送等不利条件带来的困难，共兑付到期债券42 781 541万元，发行三年期债券3 288.9万元，一年期债券1 265万元，代省厅兑付了特种国债5笔，金额为5万元，圆满安全地完成了发行兑付任务，受到上级有关领导的好评。

（龙发里）

经 济 管 理

计 划

【宏观调控】 2004年,全市基本完成了年初确定的预期目标,并取得了近年来的最高增速。其中:全市生产总值实现375亿元,增长15%;全社会固定资产投资102.5亿元,增长30.6%;城市居民人均可支配收入7 008元,增长9.6%。

为市委、市政府提出参谋决策意见。一是提出了到2010年实现“双千亿”的战略目标,即从2005年起到2010年实现生产总值1 000亿元,固定资产投资累计1 000亿元,并提出了发展思路、措施和建设项目。二是提出了抚顺资源深加工发展规划。发改委从抚顺现在和未来的资源优势出发,提出了实施以培育和发展六大深加工产业、六个专业加工园区、一个从原料协调、供需协调、配套协调直至市场协调的为全地区服务的协调中心、八个集约化的加工群体为主要内容的“6618”工程。并相应提出了建设工业团地的意见和鼓励扩大固定资产投资的政策意见。三是在全市各个领域不断加强统筹作用,相继提出了《抚顺市热电发展规划》、《抚顺市农业产业化发展规划》、《抚顺市农村小城镇经济综合开发示范镇项目建设规划》、《抚顺市职业教育发展规划》、《抚顺市物流业发展实施意见》、《抚顺市服务业发展重点》、《抚顺市中小企业社会化服务体系建设工作方案》等。

【项目工作】 为了保证项目工作的顺利进行,经过优中选优,确立了2004年100个重点项目。并通过新闻媒体向社会公布。为了更大范围地宣传抚顺,专门策划了“抚顺之窗”专门网页,进一步加大招商力度。此外,还进一步加强了项目库的建设,对项目库实行动态管理,坚持“建设一批,开工一批,储备一批”,抓好后续项目的跟进工作,不断完善和补充项目库。在项目建设工作中,“一切围绕项目转”,为项目建设做好服务,2004年100个重点项目开工75项,建成或基本建成35项,完成投资62亿元。取得高技术产业化项目零的突破,申报浩普公司纳米晶球镍高技术产业化示范项目,投资4 700万元,可获国家支持500万元。城市基础设施建设加快,前甸通道、三宝立交桥、城市道路改造等项目已基本完成;沈抚高速公路、采煤沉陷治理、永安桥重建等项目正在顺利施工。这一系列重点项目的建成必将会对全市经济的发展起到巨大的推动作用。

同时,发改委对国债项目进行精心筛选,反复论证,2004年成功申报第二批国债项目2个,总投资2.35亿元。2004年在争取资金方面取得了可喜的成果,争取上级资金3.45亿元,其中国家资金2.54亿元,省级资金0.86亿元。争取资金的范围涉及农业、水务、环境治理、城乡基础设施建设、城乡电网改造、公共卫生、高中扩招及采煤沉陷区综合治理等诸多方面。在招商引资方面,本委积极促进了抚顺经济开发区与新加坡胜科公司的合资合作,已完成了“精细化工园区”总体规划设计任务,并正在进行14.7平方公里近期规划的编制。同时胜科公司与中电投资集团合作的“中胜热电”项目已正式签约,并进入前期筹备和可研编制阶段;胜科公司与抚顺开发合资的“水务公司”项目也正在进入深入的商务洽淡之中;胜科公司在日本的前期招商已开始,一批项目也正在积极洽淡之中。在抚顺“满族风节”举办期间,“中国·抚顺国际经贸洽谈会”上,本委收集、整理了202个招商项目,同时提供了项目可研及相关论证。

【协调服务】 1.采沉区搬迁工作。截止上年底,采沉治理工程资金支出1.5亿元。从形象进度上看,城东一期12方块9万平方米住宅21栋楼全面开工,南侧先期开工部分已经完成地面2层以上,进入11月份已经停止施工;北侧正在进行冬季桩基础施工阶段。武警部队择址重建工作完成了征地、拆迁、规划和设计工作。城东21、22方块住宅小区建设完成了征地、拆迁、地勘,地质灾害危险性评价和规划设计及回填土方的招投标工作。同时,进行了广泛的排查,解决了急难险重居民的紧急避险,确保了沉区居民的生命和财产安全。开展了全面的普查,掌握了充分的第一手材料,为进一步争取资金和搬迁安置打下了坚实的基础。

2.棚户区治理工作。按市委、市政府统一安排,组织市房产局、建委、土地等相关部门,对全市棚户区情况进行实地调查,摸清了全市棚户区现状、分布及居住人员的职业、收入、住房的产权构成等基本情况,委托市投资管理中心编制全市棚户区改造规划。规划根据目前本市的实际情况,对全市29片120万平方米棚户区的改造方式、时间安排、投资规模和资金筹措进行科学详实的论证。现在规划已报省政府并得到好评。

3.重点工程改制和稳定工作。2004年,从稳定大局出发,本委制定了企业目标管理办法和相应发展规划,解决企业在生产中遇到的困难和问题,推动企业正常运转。同时,积极妥善处理企业的历史遗留问题,维护内部稳定。采取措施,进一步保全重点工程国有资产,清收不良债务,积极促进抵债资产早日变现,开展资产经营,努力创造良好的经济效益和社会效益。

4.债务问题处理工作。2004年到期债务复杂而艰巨,全年到期债券本金2.32亿元,按市主要领导尽最大努力争取国家资金支持的指示,本委先后两次积极配合市金融办、债务办,为争取国家资金支持做了重要工作。一是7月份争取国家开发银行对将到期的1.4亿元债券提供兑付资金工作;二是12月份争取国家振兴东北专项贷款工作。

(姜 波)

工 商

【基本情况】 2004年,在振兴东北老工业基地的新形势下,全市工商行政管理系统认真落实上级工作部署,出台并推行“为地区经济发展服务十大举措”，深入开展“执法服务环境年”活动，真心实意为发展振兴服务，争当支持本市经济振兴的先行者。“推行十大举措服务经济发展”及“促进专业村发展”等经验做法被全省系统交流推广。

【首创并实施集中年检】 从2004年3月2日起，市工商局在全国率先实行了集中年检这一企业监管方式创新举措，采取集中地点、集中时间、集中人员、集中监督、集中服务的做法，为企业通过年检提供方便条件，解决原有年检方式分散、繁琐、低效、耗时、不利于廉政监督等弊端。据统计，集中年检期间有4 678户企业一次性通过了年检。对46户存在问题的企业依据“八不罚”原则予以告诫，没有影响通过年检。根据特殊情况为38户企业提供了预约、登门服务，依据企业现场申诉，监督指导基层人员即时更改了16户企业原缓予通过年检的处理意见，帮助理顺手续，一次获得通过。在集中年检现场，共为企业设立商品展示板、宣传条幅300多面，发布信息4 200余条，提供就业岗位2 600多个，达成意向用工协议361个，达成招商及合作意向16个，商品交易成交额达70多万元。

【扶持争创名优品牌工作】 经市局领导及有关人员多次赴京进省宣传推介及商标广告处等协助企业准备申报材料、完善申报条件，本市合乐化学品有限公司“哥俩好”注册商标于2月份通过中国驰名商标认定，成为本市首件驰名商标。以此为契机，各级工商部门加强了扶持优势品牌工作。借“3·15”纪念活动将诚信维权与推进品牌兴市相结合，举办了由全市130多家名优产品生产企业参加的商品展示活动。在活动现场隆重举行庆祝仪式并请市主要领导讲话，对“哥俩好”获全国驰名商标予以大力宣传。开展本市名优商标保护及维权工作。专门成立商标维权工作组，协助企业远赴云南等地打击名优商标侵权，为工业用布厂名牌“氟美斯”获得高额侵权赔偿搜集了充分证据，使价值近200万元的侵权商品得到查处。配合全市“推进名牌战略、发展支柱产业”活动，为创名优品牌造势。并及时召开市商标广告协会第四次会员代表大会，为全市商标广告业的发展营造有利氛围。

【为项目兴市及企业发展服务】 配合市政府招商引资及项目发展战略的实施，将43项市重点项目和参加争创“百强”活动的民营企业列入系统重点跟踪服务对象，实行了局领导分工负责、相关处室、分（县）局全程包扶的联系制度，并与项目建设负责人定期会商，对接服务。市局、分局有关领导到市重点建设项目现场征求项目负责人的意见和建议，实行无偿提供工商法规培训等服务措施12项，受到项目建设单位的高度赞扬。为推动个体私营经济在振兴老工业基地中发挥重要作用，实行一企一策，对全市98户争创“百强”民营企业进行走访调查，为企业组建集团、申办驰（著）名商标、争创“守重”称号等逐户制定具体指导帮扶措施176项，极大地增强了企业的发展信心。初次对辽宁能港、亲亲食品等信誉较好的外资企业试行了免检，并深化上年首创的评选“守重”外资企业活动，认定公示外资“守重”企业25户。全系统认真贯彻落实省局“50条”政策措施，帮助企业理顺手续，办理国企转制登记623户，办理外商投资登记38户，为近千名首次申办个体工商户的下岗失业人员减免工商管理费40余万元，新安置下岗职工6 000多人。落实“八不罚”政策，对企业实施行政告诫制度，免予处罚累计200余万元。

【实行12315局长值周 处长值日制度】 为了充分开发利用12315热线功能，实行了系统12315指挥中心局长值周、处长值日制度。当值市局领导亲自指挥督导热线重点问题的具体处理工作，督办了电信部门强行发送收费短信等疑难投诉案件的查处工作。建立健全“一个中心、分级执法”工作机制。9个工商分局建立了12315申诉举报中心，56个工商所建立了12315受理站，全系统80%以上的工商所与街道、社区建立了维权联络站，全市城乡设立“红盾维权联系点”100多个。12315的受诉质量、辐射领域及作用得到大幅度提升，对违法行为做到快速反应，应急处置。全年共受理咨询、申诉、举报9 050件，是上年的近二倍，根据举报和检查线索查处了一大批制假售假及侵权欺诈案件，为消费者挽回经济损失407万元，藏于偏僻地点的制售冒牌食盐、腌制垃圾酸菜等黑窝点被及时发现并受到依法严办。

【改革协会工作体制】 针对社会对工商部门收取会费反映强烈，严重影响工商形象问题，实行了个体私营企业协会会长原由工商干部兼任改为企业家会员担当的改革措施。在12个区（县）级协会会长全部产生后，隆重召开市个体私营企业协会会员代表大会，选举产生了知名民营企业家姜铁军为会长的新一届市个体私企协会理事会。在全市会员中推广使用定点优惠服务光彩卡，确定了会员持卡享受优惠服务的餐饮、医疗、修理等7个行业。

【监管执法】 为深入贯彻国务院食品安全工作会议精神，于10月份召开食品安全通报会，向社会分布了实行粮食、饮品、奶制品等十类重要食品市场准入制及相关工作情况。以入口食品、重要日用消费品、生产资料、农副产品为重点，加强了流通领域商品质量管理。制定了《抚顺市粮油商品消费安全工程实施方案》及《细则》，建立了禽类产品上市报验制度。在“两节”、“禽流感暴发”、“农耕前夕”、入夏等重点时段，开展打假治劣、“红盾执法周”、校园周边环境、网吧、生产销售机动三轮车等专项治理执法行动，查扣了冒牌食品、饮品、烟酒、化妆品、假劣农药，化肥等大批伪劣商品，关闭活禽销售点45个，取缔“黑网吧”16户，依法责令停产或转产机动三轮车生产企业17户。严厉查处限制竞争、商业贿赂、合同欺诈、传销和变相传销活动。依法查处了某能源公司商业贿赂及供热、铁路等部门强制交易大要案件。与公安、街道、社区、民政等部门综合治理，标本兼治，查处非法传销案件107件，取缔传销窝点145个，驱散非法传销人员3 000多人。会同市有关部门制订并在全市发布了《抚顺市供用水合同》，为公用企业与相对人之间的市场信用关系首次提供了规范的格式合同范本。对全市“守合同重信用”企业依据标准进行了严格清理，提高了信用层次。全系统评选“消费者满意的地方产品”生产企业103家，食品安全示范店（户）169家，“诚信单位”135家，选择20家企业参加全省“重质量、讲诚信”活动，其中6家荣获辽宁省“重质量、讲诚信”优胜企业称号。全面实行邀请人大代表、政协委员、义务监督员及有关司法部门公开审议存有争议案件和参与重点专项治理的监督措施。邀请各界代表及有关部门领导，对476件行政处罚案件进行了评议。全系统邀请社会监督评议代表对10%以上的市场专项治理及执法行动进行了现场监督，工商执法得到了社会的广泛认可。

（王金武）

物 价

【理顺部分公用及服务价格】 认真

开展供热、煤气价格调研，调整城市供热、供气价格。将群众反映强烈的供暖价格提交市政府第十六次常务会议研究审议，按合理比价原则，拟从2005年采暖期降低抚矿暖气厂供暖价格。调整管道煤气销售价格，支持管网改造。从2004年12月1日起由每立方米0.65元，调整到0.8元。调整城市污水处理费征收标准，从2004年11月1日起，居民由每吨0.35元，调整到0.50元；非居民由每吨0.48元，调整到0.70元。规范医疗服务价格。对市、县以上医院的医疗服务价格、价格公示、药品招标采购等情况开展检查。纠正了个别医院价格公示不准确、收费项目不规范的问题，全年减轻用药负担1 000多万元。加强农业用水价格管理。对全市现有125座水库的水利工程、水渠灌溉、供水价格等情况开展调查和重新核定，清理42项不合理加价和收费，降低管理成本。

【规范收费管理】 对119件新定价或提高标准的申请，严格审核。进一步规范了教育收费行为。对市直和县区属中小学全面实施收费“一费制”政策；公办高中择校费坚持“三限”政策；核定了中小学课后看护费等服务性收费标准对民办学历教育收费标准实行审批制度。推行教育收费公示制，在《抚顺日报》公示了教育收费。及时纠正教育收费中存在的问题。清理涉车收费。通过调查摸清了涉车收费项目32项，清理了出租车从业人员治安培训费、交通安全上岗培训费等涉车收费文件10个，进一步减轻了车主负担。开展《收费许可证》年度审验和换发工作，并对超出时效的进行清理，全市范围内换发了新版《收费许可证》223个。取消一批不规范的收费项目，会同财政、监察部门联合下发文件，废止了《关于收取殡葬特业许可证费的批复》、《关于征收室内供暖设施维修费的通知》等41个收费文件，取消了家庭教师管理费、客运线路调节费、施工执照工本费等42项不合理收费，年取消收费额合计1 190万元。经过清理，目前全市保留收费项目552项，年收费额4.3亿元。支持民营经济发展，清理涉及民营企业收费，实施《交通登记卡》制度，向全市3 300家民营企业免费发放了《交费登记卡》。

【价格监测】 建立了全地区价格监测信息网络、监测工作制度和价格监测目录。严格按照省规定的监测范围对188个品种商品价格开展监测，共上报农副产品、生产资料、工业消费品分析材料163篇，被省市采用18篇，并通过《物价之窗》网络及时发布价格信息190条。认真做好农调工作，反映农民需求，被国家发改委授予全国农调先进单位。

【价格认证】 价格认证中心积极为各级公、检、法办案和处理经济纠纷提供价格服务，巩固涉案财物价格认证，继续开展道路交通事故财产损失价格认证，在拓宽旧机动车交易价格认证工作基础上，又开展了火灾损失认证工作。2004年2月，接受市消防局委托，对元雪大厦火灾中造成的物品损失进行了价格认证。本年，市价格认证中心共价格认证2 751件，评估额1.6亿元。收费额65万元。

【价调基金征收】 积极协调各代征部门开展价调基金征收工作，在保持原有代征部门的同时，新开征市地税局、市节能中心两个代征部门。会同市收费局共抽调20多人组成6个清欠小组，面向全市部分企业及有关单位清理了历年欠缴的价调基金。全年共征收价调基金2 736万元，超额完成了征收任务。

【价格监督检查】 价格监督检查查处价格违法所得735.8万元，其中：经济制裁418.9万元，退还用户217.7万元，罚没入库201.2万元。先后开展涉农价格和收费专项检查，共检查303个单位，查处抚顺县后安镇林业站、新宾县殡仪馆等单位，擅自收取已取消的费用和提高收费标准收费；开展涉企收费专项检查。共检查29个系统，52个执收单位，对9个违价单位进行了处理。开展教育收费专项检查。共检查38所学校，查出初中、高中收取补课费、教材回扣费，高中违反“三限”政策等问题。开展医疗服务价格检查。共查出价格违法单位35家。开展电力价格专项检查。深入开展价格诚信活动，对电信、药品零售、加油站等10个重点行业积极开展明码标价工作，明码标价率明显提高，其中20户石油行业，明码标价规范率达100%。

【受理价格投诉】 举报中心共受理市民投诉（咨询）357件，其中：省价格举报中心转来3件，市民投诉中心转来34件，举报中心直接受理（咨询）320件。查出价格违法金额29万元，退还用户26万元，收缴入库3万元。积极参加“行风热线”节目，局长共上线4次，解答听众问题54件。对每件问题都走访到户，认真答复。还办理涉及供暖、物业管理、立交桥收费等人大、政协提案15件，办理满意率达100%。

【价格法制建设】 对原有25项审批事项进行了清理，取消了18项，保留收费审批项目7大项21小项（包括房地产、教育、交通运输、公用事业、旅游等）。制定了《培训办班收费管理补充规定》、《抚顺市收费审批管理实施细则》。

市物价局被省文明委评为省级文明单位，并荣获2004年度全省物价工作创新奖和先进单位奖。

（蔡晓平）

审　计

【基本情况】 2004年，抚顺市、县（区）两级审计机关共审计343个单位，查出违规金额48 846万元，管理不规范金额110 990万元，损失浪费金额4 531万元，应归还原渠道资金7 821万元，应调账处理13 941万元，应自行纠正金额116 026万元，应交财政金额5 145万元，已交财政1 986万元，建议有关部门处理的案件1件，涉及2人；提交的审计报告、审计信息、审计简报被上级审计机关和市委、市政府采用及市领导批示26篇次。市局被省委、省政府授予省级“文明单位”称号。在“双评”活动中被评为“为经济建设服务最佳单位”。

【财政审计】 着重检查了预算执行过程中追减预算收入、追加预算支出、年终资金结转的合法性；预算收入征收过程中税收及非税收入入库的真实性、及时性、预算级次的准确性；预算支出过程中资金拨付的准确性及资金使用的合规性。揭示并处理了超支挂账、无资金结转、专项资金平衡预算、漏征税款、预征税款、混淆税款入库级次和截留非税收入、违规收费、账外存款、少计收入、资产不实、违规列支等严重违纪问题，查出违规金额6.4亿元。提交的预算执行审计报告，得到了市人大的高度重视，市人大常委会通过决议，提出建立审计结果整改监督制度。

【专项资金审计】 认真开展了政府债务资金、职工养老保险和城市低保资金、采煤沉陷资金、城建资金、人防资金、水利资金等重点资金和涉及“三农”问题的专项资金支出及重点项目的审计监督。严肃查处了滞留、挤占挪用、配套不到位及管理混乱等问题，提高了资金管理和使用水平。

【重点建设项目及固定资产投资审计】 对财政资金投入较大的城市垃圾处

理、城东防洪堤等9个项目实施了重点监督。揭示并处理了建设项目未执行招投标制度、无施工合同和监理、虚结工程款、工程超计划、超标准、超规模、擅自扩大项目支出、违规列支预算资金等违纪问题，查出违规金额4 135万元。

【经济责任审计】 按照“积极稳妥、量力而行、提高质量、防范风险”的经济责任审计工作原则，进一步加强了经济责任审计工作。全市共进行了100个单位的经济责任审计，其中国有及国有控股企业21个、党政领导79个，涉及105人，查出违规金额3.2亿元。

【金融机构审计】 开展了对全市农村信用社和市商业银行的资产、负债、损益审计。查出违规违纪金额8亿元，涉及向自办经济实体发放贷款、违规提现、抵债资产自用借用捐赠、账外资金等问题。

【效益审计】 开展了市本级非税收入和部分房地产开发企业应缴税金和非税收入情况的专项审计调查。涉及71个非税收入征缴管理部门、单位和28户房产开发企业，查出违规金额8.19亿元。

（高玉华 张文利）

统 计

【全国第一次经济普查】 一是扎扎实实做好普查各项准备工作。全省统计局长会议之后，全市及时召开了县、区统计局长会议，进行了认真的部署，市及县区都较早地成立了普查领导机构和工作机构。召开了各个层次的普查动员大会，市政府与县区及有关部门签订了普查工作责任状，并把普查工作纳入政府考核当中去，制定抚顺市普查方案和实施细则及工作流程，绘制了普查区域图。二是精心组织普查试点工作。全市对7个县区和两个开发区都进行了经济普查主要工作环节的全方位试点工作。经过全市上下的共同努力，本市被省确定为试点单位，多次受到省普查办的表扬与肯定。三是全力开展了摸底清查工作。截止到2005年2月底，全市共清查各类法人单位13 372户，产业活动单位3 143户，个体工商户85 942户。与第二次全国基本单位普查数据相比，法人单位数基本持平，产业活动单位数增长3.2%，个体工商户增长22.4%。四是认真地开展普查的登记工作。截止到2005年2月底，各县区已回收了95%以上的普查表，对80%以上的普查表进行了审核，完成了50%的普查表录入工作。

【年报工作全省考核第一名】 2004年全市350多种年报和定期报表均做到准确汇总，及时上报。本市年报工作在全省考核评比中荣获第一名的优异成绩。

【优质服务】 市局全年共撰写统计分析报告和统计专报80余篇，有14篇分析报告得到了市党政领导的表扬和批示。其中《振兴初年开局良好 再创辉煌任重道远》上半年综合经济形势分析材料得到了市长刘强的批示和表扬，并责成办公厅将此材料以政府参阅件形式印发到各位副市长、各委办局和各县区参阅，同时该材料还被市委常委扩大会议所采用；利用投入产出调查资料撰写的《全市工业产品调出及物资流入情况的调查报告》得到常务副市长魏东平的高度重视，在批示中要求市经委和中小企业局根据材料中提出的问题，深入分析全市物资结构，选择一批适于本地化的产品，并围绕这些产品推介一批项目，协调好供需双方的关系。副市长王宁也多次在分析报告上给予批示。县（区）统计局紧密围绕本地区的实际情况，加大分析研究力度。7个县区统计局全年共写统计分析40余篇，其中被地方党政领导批示的10余篇。

【统计调研】 本年市统计局编辑了全面反应全市经济和社会发展情况的小册子——《抚顺市情ABC》，受到主要领导的好评。在常规统计之外，市局充分发挥三支调查队的优势，围绕经济社会生活中重点和热点问题，抓好反映政策效应和社情民意的专项调查。开展了农村政策执行情况调查、投资与经济环境调查、物价上涨对低收入户的影响调查、城镇低保调查和学生假期问题调查等16项专项调查，所撰写的调查报告受到市领导的关注，在政府决策中产生积极的影响。2004年市局共撰写各类统计信息450余篇，其中被采用百余篇。有关处室在市委、市政府和省统计局信息评比中被评为先进单位。

【法制建设】 年内对全市近300人进行了统计培训，并颁发了上岗证。市局连续三年被省统计局评为统计法制建设先进单位。

【信息化建设】 在省局支持下，本市完成了广域网络提速延伸。本市局多方筹措资金，给专业处室配备了微机和相应的设备，使全局的数据处理能力有了较大的提高。重点企业联网直报工作得到巩固，全市有106家市直基层单位与市局之间实现了网上直报。各调查队、专业处(室)定期更新网页，为领导和有关部门直询统计数据提供了极大的便利。

（鲍劲秋）

质量技术监督

【质量工作】 以提高质量为目标，大力实施名牌战略。组织企业申报省名牌产品15个，是近3年本市申报省名牌产品数量较多的一年。广泛开展“质量立县、名牌兴企”活动，促进提高区域产品质量。新宾满族自治县、抚顺县、顺城区、抚顺经济开发区相继开展了质量立县活动，加上清原满族自治县本市已有5个县区开展了质量立县活动。组织开展了“质量宣传月”活动，增强全民质量意识，有30多家企业进行了产品展销。对20家大中型企业进行了质量管理综合性大检查，帮助企业查找质量、标准、计量及锅炉、压力容器、特种设备管理中存在的问题，督促企业采取有效措施进行整改，有效地提升了企业质量技术基础工作水平，受到了企业的普遍欢迎。

【“打假”执法】 全市确立了5个打假责任单位，28个打假责任区，49名打假联络员，层层落实责任，确保对重点区域、重点产品的有效监控，使各项打假整治行动、专项检查工作顺利进行，较好地整顿和规范了市场经济秩序。组织安排了对农资、食品、建材等打假整治行动及肉品冷冻、垃圾棉、陈化粮、食品中禁用原料、月饼、五类食品无证查处等专项检查工作；组织实施了定期监督检验628个批次，以食品为主的市级监督抽查69个批次。对定检、市级抽查合格率低的行业加大了整治力度，产品质量明显提高，如酱油质量合格率由原来的10%提高到63%；从源头上对非法生产机动三轮车开展了专项整治。按照市政府《关于市区机动三轮车管理的通告》精神，集中力量开展专项检查与整治，从生产源头上彻底根除了非法生产、加工机动三轮车的行为。全年共出动执法人员1 400余人次，受理投诉、举报100多起，查办案件近300余件，打掉垃圾棉、劣质水发品加工点等假冒伪劣黑窝点20多个，组织销毁了近十万元的垃圾棉、劣质快餐盒等伪劣商品，有效地遏制了制假售假违法行为。

【标准化工作】 对3个国家级农业

标准化示范区进行了重点培育，促进了农业标准化示范区建设。加强农业标准体系建设，组织制定了刺嫩芽、龙须菜等4项农产品标准和龙胆草、黑木耳、鲤鱼等11项农业标准规范。山野菜产品标准，龙胆草、黑木耳标准规范等填补了省内空白。工业企业采标工作中有8种产品通过采标验收，14种产品获得了采用国际标准标志证书，实现了本市获得采标标志证书零的突破，办理采标标志数量居全省前列。完善标准信息服务平台，利用“抚顺地区标准信息反馈系统”，开设了“国家标准抚顺发行中心”、“抚顺标准信息网”、“标准文本资源库和省标准信息网网员”业务，受理企业标准查询40余项。

【计量工作】 全年组织实施“金桥工程”6项，为企业节能降耗近千万余元。开展足斤足两行动，保护消费者合法权益。对定量包装商品净含量进行监督抽查，共抽查27家企业107批次定量包装商品；对110家大中型餐饮单位进行了监督检查，共检查计量器具127台(件)；对116个加油站建立了加油机检定情况定期考核制度，对每个周期检定综合信息情况实行动态管理。

【特种设备安全监察】 加强特种设备安全监察，建立健全了特种设备安全监察责任制，做到谁主管谁负责，责任到人、工作到位，确保了企业安全生产。提前完成压力管道普查验收工作，对131家企业建立了管道技术档案。完善了特种设备动态监管体系，特种设备数据库全面应用，基本实现了监察机构、检验单位、使用单位之间的动态管理。开展专项监察，查隐患，保平安。对“小锅炉”治理和液化气充装站的隐患治理加大了监察力度，全年没有发生一起特种设备重大生产安全事故。

【技术机构建设】 大容量站依托“中国大容量计量网站”实施信息交流，开拓市场，多创收60多万元。市锅检所开展了锻件、试件的理化性能试验、锻件超声波无损检测、电站锅炉检验和锅炉在线运行检测以及水质检测与分析等，实现新的经济增长达100余万元。市质检所加大与外埠工商局、技术监督局合作的力度，检验创收80余万元。市计量测试所开展新项目校准500余台件，检定计量器具10 518台件，达到历史新高。市特种设备监督检验所在省系统内率先成立安全评价中心，既取得经济效益，又取得了社会效益。市锅检所、特检所相继通过国家实验室认可，市属5个技术机构均已取得国家实验室认可证书，在各自领域已进入国内先进行列。市稽查队、市研究所顺利通过ISO9001质量体系认证现场审核。全市系统除县区局，市局机关、稽查队及各技术机构均已通过国家级权力部门的认证认可，这在省内以及全国系统也是走在前列的。2004年9月在北京召开的国际认证联盟论坛会上，市局机关荣获“管理优秀奖”。

【科技工作】 市质检所的《啤酒中高级醇含量检测方法的研究》，列入抚顺市2004年科学技术计划，《蔬菜和农副产品农药残留量检测技术应用研究》科研课题，通过了市科技成果鉴定。市计量测试所的《防作弊智能电子汽车衡系统》的科研成果通过鉴定，获2004年度抚顺市科技进步二等奖。市技术监督研究所、国家大容量第一计量站的《抚顺地区标准化信息反馈系统》和“计量通掌上电脑”科研成果，向国家局申报“科技兴检”奖。国家大容量站作为主要起草单位编写的《立式金属罐容量检定》、《立式金属罐径向偏差测量仪检定》两个检定规程经国家局批准发布实施。

【软环境建设】 全市系统共组成42个帮扶小组，抽调121名人员，定点帮扶123家企业。召开各类帮扶企业协调会28次，培训企业人员1 700余人次，提供咨询服务80余人次，为企业解决问题120余个，减免检定、检验费用10万余元，为企业创收300多万元。构筑软环境建设网络。在抚顺经济开发区设立联络员办公室的基础上，又在新抚、望花、东洲3个区设立了联络员办公室，明确了责任单位和责任人。规范行政执法行为，认真贯彻落实《行政许可法》，认真落实国家局《行政执法与行政监督过错责任追究办法》，“八条禁令”及省局下发的7个责任追究办法。收回了部分事业单位行政执法现场处罚权。

（于志良）

劳动和社会保障

【社会保险】 一、养老保险。

1. 完善养老保险制度。一是制定了《抚顺市养老保险关系接续办法》。提出无缴费能力企业的断保职工经认定可按城镇个体劳动者、自由职业者缴费（缴费比例18%）。二是从2004年4月1日起，建设单位养老保险统筹比例由原工程总造价的5.13%调整为4.7%。三是对我市降低企业养老保险缴费比例进行了测算，提出了降低企业缴纳养老保险费比例的意见，报市政府；四是经市政府19次常务会讨论同意，机关、全额拨款事业单位缴纳养老保险费，从2004年12月31日起截止，以后不再缴费。

2. 养老保险扩面。一是制定了《抚顺市养老保险扩面工作方案》，确定2004年养老保险扩面的重点是私营、民营、外商投资企业、个体工商户及从业人员和自由劳动者。二是通过新闻媒体、发放宣传单等形式进行广泛宣传。深入重点企业，向法人和职工宣传有关政策，帮助企业解决扩面工作中存在的问题。四是印发了本市《关于农垦企业参加企业职工养老保险的通知》，全市有三户农垦企业4 842名农垦职工纳入养老保险统筹范围。

3. 根据省劳动和社会保障厅《关于从2003年7月1日起增加企业离休人员基本养老金的通知》精神，印发了《关于增加企业离休人员基本养老金的通知》，调整范围为市属企业、标准为65元至130元不等。

二、医疗保险。

1. 医疗保险扩面。2004年3月制定下发了《抚顺市医疗保险扩面方案》，扩面重点是中省直未参保单位，其次为民营、私营、外商投资企业、城镇个体工商户及其从业人员和自由劳动者。

2. 定点医院、药店考核。会同相关部门对2004年全市定点医院、药店在管理服务质量、诊疗项目、价格、药品目录等方面进行全面考核。

3. 调整市政府74号令。医疗保险运行四年来，已有部分政策不适应工作需要。2004年在对统筹基金与个人账户划拨、建立调剂金制度、增加个体劳动者参保等方面的政策做了充分调整。

4. 通过新闻媒体和组织全市各县、区劳动保障部门、经办机构、定点医疗机构、定点零售药店及相关单位参与的医疗保险宣传活动日宣传医疗保险政策，解答群众咨询。

三、工伤保险。

一是认真贯彻国家《工伤保险条例》。成立了抚顺劳动能力鉴定委员会，制发了《抚顺市劳动能力鉴定工作制度》、《抚顺市劳动能力鉴定专家工作制度》等文件。目前已经建立19个专业科别的83名劳动能力鉴定专家库。二是《工伤保险条例》将有雇工的个体工商户发生工伤纳入工伤认定受理范围后，全年共受理4例这类工伤认定，为今后处理类似工伤认定积累了经验。三是转发了省劳动和社会保障厅《行业用人单位参加工伤保险有关问题的通知》，将中、省直单位纳入地方工伤保险统筹。四是根据各行业单位历年发生工伤率、费用支付情况对行业工伤费率进行了测算。

【就业　再就业】 到2004年底，全市实现就业、再就业10.9万人次，完成了省下目标的115.2%。其中劳务输出16.6万人（申请补贴0.88万人，享受补贴0.58万人），完成市目标的110.7%；持证下岗失业人员实现就业3.1万人，完成省下目标的109%；安置大龄就业困难对象0.95万人，完成省下达目标100%；培训下岗失业人员2.69万人，完成省下达目标的112%；创业培训0.88万人，完成省下目标的101.3%；扶持创业带头人0.07万人，带动就业0.79万人，分别完成省下目标的150.6%和174.8%。全市当年筹集再就业扶持资金4 030万元，使用3 843万元，所用资金全部到位。当年发放小额贷款597万元，涉及236人。减免税金857.6万元，减免收费51.7万元。全市50个乡镇已有37个建立劳动保障工作站，占74%，比省计划高出24个百分点。全市登记失业率5.7%。

【职业培训】 ①印制了《关于在全市企业中继续推行职业资格证书制度，实行持证上岗的通知》和《关于实施抚顺市企业职工技术等级津贴试行办法的通知》。全年共培训10.8万人。其中民办职业学校培训0.8万人；通过职业技能鉴定取得职业资格证书6 937人。②根据省劳动和社会保障厅《三年三万新技师培训计划》的要求，印发了《抚顺市新技师高技能人才培训工作意见》，制定出本市3年培训计划。2004年实际考评技师734人。③规范民办职业培训机构。2004年3月，对本市民办职业培训机构进行了清理整顿，通过整顿有12所被取消办学资格，新审批民办学校10家。至2004年底，全市民办职业培训机构73家。④提高办学层次，扩大办学规模。2004年抚顺矿务局技校被国家批准为高级技校；抚顺市实用技术学校成功申办国家重点；由抚顺市实用技术学校、抚顺市财经贸易职业技术学校、抚顺市机电职业技术学校3所省部级重点技工学校“三校合一”，组建抚顺市实用技术学校（高级技工学校）工作正在运行。⑤2004年4月，劳动和社会保障局等8个单位联合举办“石油石化杯”抚顺市第三届职业技术运动会，历时180天，承办单位29家，设22个赛区、100个工种、10万人参加预选赛，4 000多人进入决赛，4 320人参加了19个赛区88个工种的理论考试，18个赛区86个工种2 599人参加了市级实际操作考试。

【法制建设及执法】 一是抓好《行政许可法》的学习、宣传、培训，做好规范性文件清理工作。组织市、县（区）劳动保障系统的工作人员参加省劳动保障厅，市法制办等单位组织的《行政许可法》、《行政复议法》、《行政诉讼法》和《行政处罚法》等法律法规的学习、宣传、培训和行政执法资格考试，先后培训230多人次。对全局各单位行政许可证项目和实施主体进行清理，将37项行政审批事项按时清理完毕，并报市法制办。二是做好立法。按照《社会保险费征缴暂行条例》（国务院令第259号）和《辽宁省社会保险费征缴规定》，在征得市人大同意后向市政府法制办申报《关于报请立法项目的请示》，并起草《抚顺市社会保险费征缴条例》（草案）。三是继续开展劳动保障执法大检查。全年共检查各类用人单位1 704户，涉及12.2万人，下达监察指令书338份，补办用工手续2 292人，补签劳动合同1.7万份，清理拖欠工资689万元。检查施工单位55户，建筑工地126户，涉及民工约6 000人，为4 594人追回拖欠工资750万元。

【规划工资】 转发了省劳动和社会保障厅《关于进一步做好企业工资总额同经济效益挂钩工作的通知》，完成了对120户工效挂钩企业2003年终挂钩提取工资总额的清算工作；完成了对118户企业2004年工效挂钩各项经济指标及工资总额基数的核定工作。起草了《关于实行建筑行业农民工工资保障金制度的通知》。

【劳动争议仲裁及信访】 2004年，共立案受理劳动争议案件430件，市本级355件。其中：履行劳动合同的劳动争议案件327件（社会保险及待遇的劳动争议232件，工伤争议42件，劳动报酬的53件）其他案件73件。已结案308件。共接待人民群众来信来访3 984次，涉及职工63 181人，其中集体访737批次，涉及职工59 197人。全面完成了国家、省、市交办的专项治理信访案件。

（曹　阳）

国有资产管理

【成立市国有资产监督管理委员会】 根据《中共辽宁省委办公厅、辽宁省人民政府办公厅关于市、县（市、区）政府机构改革产意见》（辽委办发［2004］16号）精神，依据省委、省政府批准的《抚顺市人民政府机构改革方案》，抚顺市委、市政府决定组建抚顺市人民政府国有资产监督管理委员会（简称国资委），同时设立市国资委党委（抚委办发［2004］32号）。于2004年11月24日正式挂牌。市政府授权市国资委代表国家履行国有资产出资人职责，负责指导市属国有企业的改革工作，集中统一行使市属经营性国有资产的监督管理职能，行使国有企业国有资本的监督管理权和处置权，实行管资产与管人、管事相结合。市国资委党委承担市委赋予的职能，负责所属国有及国有控股企业党的建设、领导班子建设、精神文明建设和思想政治工作、党风廉政建设和群团工作。

1. 市国资委同相关部门机构和职能的调整。撤销设在市财政局的国有资产管理委员会办公室，将其管理市属国有企业的职能划入市国资委；撤销市企业干部管理局，将其承担的部分管理企业干部的职能划入市国资委；撤销市重工、轻工、商业贸易和公用事业4个国有资产经营公司，将其对所属企业和事业单位的管理职能划入国资委。将市经贸委、市建委、市城建局、市房产局和市交通局承担的管理国有企业及企业党建、干部管理、群团工作的职能划入市国资委。将市劳动和社会保障局承担的拟订国有企业经营者收入分配政策、审核市属企业的工资总额和主要负责人工资标准的职能，将市经贸委承担的指导市属国有企业改革等职能划入市国资委。市国资委直接监管的市属国有企业范围，除市发展和改革委及其所属的市重点工程国有资产经营公司所管理的企业以及粮食、供销等国家有特殊政策规定的企业暂由原部门管理外，其余市属国有企业均由市国资委直接管理。对于上述所涉及由其他部门管理的市属国有企业，其国有资产处置权均由市国资委行使。关于市国资委对市属国有企业国有资产的监管办法及具体接管办法等相关事宜，由市国资委具体研究确定。

2. 市国资委与相关部门的职责分工。市国资委与市财政局的职责的分工：市国资委的国有资产管理工作，在财务会计方面执行国家统一的财务会计制度，接受市财政局的监督；国有企业审批核销国有权益时，包括审批处理的资产损失涉及企业损益的，应当事先征求市财政局的意见；市国资委管理的国有资产统计结果报市财政局备案。

3. 市国资委与市委组织部的有关职责分工：按照市委对企业领导干部管理权限的划分原则，市委组织部承担全市企业领导干部队伍建设的宏观管理和对市属重点企业领导人员的管理职能，市国资委承担由原市企业干部管理局及原企业主管部门负责的企业干部管理职能。市属国有企业领导干部管理权限的具体事宜，由市委组织部与市国资委具体研究确定。

4. 国资委人员编制、内设机构及领导职数配置。根据省委、省政府批复抚顺市的《抚顺市人民政府机构改革方案》，抚顺市编委决定，2004年11月30日下发的（抚编办函［2004］1号）文件，核定了国资委人员编制、内设机构、部门领导职数及内设机构领导职数。

【主要工作】抚顺市国资委于2004年11月24日组建后，按照抚顺市委、市政府的要求，以国务院国资委下发的有关法律法规和文件为依据，以履行国有企业资产监管职能为宗旨，以加快国有企业改制为重点，以实现国有企业资产保值增值为目的，积极开展工作，较好地完成了抚顺市委、市政府的工作部署，实现了国资委工作的良好开局。主要抓了以下工作：

1. 建立机构，明确职能，为有效工作提供保证。①建立机构。国资委成立以后，人员编制为90人，其中部门领导8人，处级领导30人，一般干部45人，工人编制7人。内设机构13个，有党委工作部、企业干部管理处、纪律检查委员会（监察处）、工会、办公室、人事处、综合法规处、统计与业绩考核处、产权管理处、企业改革办公室、企业政组处、资产经营管理处及信访办公室。根据国资委职能、内设机构和人员编制方案，按照13个处室职能，组建了处室，安排人员就位，各处室临时指派1名负责人主持工作。②明晰工作职能。为了明确委及各处室职责，尽快开展工作，先后到省国资委、河北省的兄弟市学习考察，建立了部门职能及企业监管程序。完善了委及机关处室的工作职责，使机关各部门按照工作职责进入正常运转，做到各司其职，各负其责，保证了工作有序进行。

2. 调查摸底，强化基础工作，实施对企业监管。①对所监管企业进行摸底调查。责成有关专业人员对所属企业的资产、人员、经营、转制情况进行摸底调查，将企业主要领导的通讯方式进行统计，确定了接管企业名单。依据市政府授权，第一批接收的企业106个，市政府已下发了文件。②对部分国有企业资产负债情况进行了调查。对监管的重点国有企业在资产、债权、债务和司法清欠四个方面进行了全面调查，并根据对企业调查的情况，形成了调查报告。③建立了统计考核评价指标体系。设立了有关企业财务方面的40项统计指标，采集数据800组。通过调查，摸清了企业的基本情况，确定了企业经营考核评价体系。④严格资产损失审批程序，认真处理改制遗留问题。我们对抚顺盐业总公司、抚顺蔬菜公司、抚顺七星集团有限公司资产损失进行了核实及处理。对抚顺铝厂和抚顺红透山铜矿企业潜亏和资产损失核实工作进行了调查。认真做好抚顺裕民商城、抚顺亿安有限公司、抚顺炭素有限公司改制遗留问题的处理工作。⑤对所监管企业加强安全生产管理。2005年2月5日召开了所属企业安全生产紧急会议，下发了《关于切实做好春节期间安全生产工作的通知》，通报了1月份发生在铝厂、抚顺特钢、新抚钢三个企业连续发生的三起死亡事故，参与相关的事故调查处理。⑥认真抓好信访工作。

3. 加快改革步伐，积极抓好企业转制工作。①对列入改制计划的重点企业进行了基本情况调研，摸清家底，建立企业档案，为企业改制提供可靠依据。②召开了由市改革办、指导组、国资委改革办及相关企业参加的论证会，确定了重点企业的改制模式。③组织指导、协调企业兼并破产工作。光明商场等三户企业已进入依法破产程序，石油机械厂等4户企业正在申请进入破产程序，抚顺恒昌炭黑有限公司等3户企业正在做破产前准备。清原金铜矿、抚顺铝厂镁分厂被列入政策性破产企业，破产项目国务院已同意下达。同时，召开了县区企业破产工作会议、政策性破产企业工作会议和破产企业职工退休工作会议。④加大了主辅分离力度。一是完成了全市国有企业待分离单位的摸底调查工作。目前，全市有7户大中型企业的48家辅助部门纳入2005年第一批主辅分离计划，同时报省争取分离资金；二是公汽总公司主辅分离正在进行之中；三是已向铝厂派出主辅分离工作组，对16个拟分离单位开展工作；四是完成了全市675户厂办集体的调研工作，形成《抚顺市厂办集体调查报告》报省，争取国家解决厂办集体问题试点城市。

【党建工作】 为了加强国资委系统党的建设，认真落实市委［2005］3号文件，关于国资委党委主要职责以及对所接管企业党组织要求的通知精神，切实加强了对所监管企业党组织的领导，积极开展了党的基础工作，有利地推进了基层党组织建设。搞好调查，摸清监管企业党组织的底数。党委对拟接管的企业党组织及党员队伍情况进行了调查，了解和掌握了69户企业党组织基本情况。其中设党委企业58户，设总支企业4户，设支部企业4户，未建党组织企业3户。现有党员20 429人，其中，在岗党员12 440人，离（退）休党员3 428人，下岗党员4 561人。建立信息库，完善干部任用机制。按照党委的要求，对监管企业领导班子进行了调查，建立企业领导成员信息库。对铝厂、特钢公司重点企业领导班子进行了充实调整。认真加强宣传思想和精神文明工作。认真贯彻落实全市宣传思想工作会议精神，召开企业有关工作会议。开展学雷锋、做好事、献爱心、送温暖活动。全系统两次捐款共计71万元。认真开展党风廉政建设和纪检监察工作。制定下发了贯彻落实市纪委、监察局《关于"两节"期间领导干部廉洁自律有关问题的通知》的意见。对国资委系统纪检监察干部队伍状况进行了调查摸底，建立了全系统纪检监察工作信息网络。受理了有关企业的上访信件。

【抚顺市国资委监管的106户企业】

1. 抚顺铝厂
2. 中国有色金属进出口抚顺公司
3. 抚顺顺富铝业有限公司
4. 抚顺飞利铝材有限公司
5. 抚顺金铭钛业有限公司
6. 抚顺市成达房地产开发有限公司
7. 抚顺市旺达物业管理中心
8. 抚顺特殊钢股份有限公司(参股)
9. 抚顺特殊钢（集团）有限公司
10. 抚顺实林特殊钢有限公司(参股)
11. 抚顺鹏路特殊钢拔材有限公司（参股）
12. 抚顺欣兴特钢板材有限公司（控股）
13. 抚顺弘基耐火材料有限公司
14. 抚顺力博特钢设备安装有限公司（参股）
15. 抚顺新抚钢有限责任公司
16. 抚顺新抚钢连轧有限公司(参股)
17. 抚顺金新化工有限公司（参股）
18. 抚顺新抚钢线材制造有限公司

(参股)
19. 抚顺莱河矿业有限公司(参股)
20. 抚顺新港气体工业有限公司(控股)
21. 抚顺市工业气体厂
22. 抚顺红透山铜矿
23. 清原满族自治县红透山水泥厂
24. 清原金铜矿
25. 抚顺红透山矿业饮料厂
26. 抚顺红透山化工有限公司(控股)
27. 沈阳铜都商贸有限责任公司(控股)
28. 抚顺水泥股份有限公司(参股)
29. 抚顺市煤气总公司
30. 抚顺市热力总公司
31. 抚顺将军供暖有限公司(参股)
32. 抚顺自来水公司
33. 抚顺有机化工厂
34. 抚顺广厦新型建筑材料有限公司(控股)
35. 抚顺有机合成厂
36. 抚顺化工总厂
37. 抚顺耐火材料厂
38. 抚顺炭素有限责任公司(参股)
39. 抚顺市恒昌炭黑股份有限公司(控股)
40. 抚顺顺华化工企业有限公司(控股)
41. 抚顺三环染织有限公司
42. 抚顺金凤电器有限公司
43. 辽宁海信电子有限公司(参股)
44. 抚顺市裕民商城
45. 抚顺市菜果批发交易市场
46. 抚顺市天隆糖酒公司
47. 抚顺市食品公司
48. 抚顺市肉类联合加工厂
49. 抚顺商海集团
50. 抚顺市蔬菜公司(控股)
51. 抚顺市盐业公司
52. 抚顺市信托经贸总公司
53. 抚顺市七星集团
54. 抚顺市建筑材料总公司
55. 抚顺市化工轻工总公司
56. 抚顺市物资流通集团
57. 抚顺商场(参股)
58. 抚顺惠抚阻燃纤维有限公司(参股)
59. 抚顺市公汽总公司
60. 抚顺市运输公司
61. 抚顺市交通局客运站
62. 抚顺市药业有限公司(参股)
63. 中宇建设(集团)有限公司
64. 中天建设(集团)有限公司(参股)
65. 抚顺市建筑构件公司
66. 抚顺机械制造有限责任公司(控股)
67. 抚顺石油机械厂
68. 抚顺市进出口公司
69. 中国抚顺经贸(集团)有限公司
70. 抚顺市对外经济技术协作公司(参股)
71. 抚顺对外贸易公司
72. 抚顺市外商投资企业服务公司
73. 抚顺市政建设(集团)有限公司
74. 抚顺大酒店
75. 抚顺弱电管网有限公司(控股)
76. 抚顺华能道桥公司(控股)
77. 抚顺欣地房地产开发公司(控股)
78. 抚顺农垦总公司
79. 抚顺第一住宅建筑公司
80. 抚顺市房产建筑工程公司
81. 抚顺市房屋综合开发公司
82. 抚顺市建设综合开发公司
83. 抚顺市融达投资有限公司
84. 抚顺对外建设经济合作(集团)股份有限公司
85. 抚顺市第一粮油储运公司
86. 抚顺市粮谷加工一厂
87. 抚顺元雪粮食有限公司
88. 抚顺市第二粮油储运公司
89. 抚顺市面粉厂
90. 抚顺市第三粮库
91. 抚顺市第四粮油工业储运公司
92. 抚顺市粮谷加工三厂
93. 抚顺市第五粮油工业储运公司
94. 抚顺市宏达粮油经贸中心
95. 抚顺市第六粮库
96. 抚顺市天成粮油物资经销处
97. 抚顺市油脂厂
98. 抚顺市清馨粮油物资经销处
99. 抚顺市粮油供应公司
100. 抚顺市第二粮油供应公司
101. 抚顺市第三粮油供应公司
102. 抚顺市家乐粮油有限公司
103. 抚顺市粮油运输公司
104. 抚顺天丰大厦
105. 抚顺市军粮供应处
106. 抚顺千台春酒厂

(张瑞国)

气 象

【业务现代化建设】 ①4月1日，新宾县气象局开始生态环境监测，增加了酸雨、大气降尘和大气污染物的观测。②全市建设了5个无人值守自动气象站，于6月1日全部投入使用，观测站点由原来10个增加到15个，为各级领导提供更多的气象资料。5月，抚顺市气象台天气预报会商室进行了改造，安装了投影设备，在省—市2M数字电路的基础上，开通了天气预报可视会商系统。④7月，抚顺市气象台建立了联通121气象信息答询系统平台。⑤10月，为提高气象资料和气象信息的传输率，对清原和新宾县气象局分组交换网通信方式进行了升级，开通了市—县2M数字电路。

【气象服务】 上年汛期本市共出现四次大雨以上天气过程，均提前24小时准确作出有大到暴雨预报，及时向市委、市政府和防汛抗旱指挥部汇报，电话或传真通知国土部门、大伙房水库、矿区等重点服务单位。通过电台、电视台等新闻媒体和121气象答询平台向公众发布降雨预报和地质灾害气象等级预报。市气象局与国土资源局签订了《关于联合开展气象地质灾害监测预报服务工作备忘录》，开展了气象地质灾害预报，联合在电台、电视台发布了7次地质灾害气象等级预报。与媒体合作，宣传气象、解答公众关心的气象热点问题，接受电视台《生活时空》、《浑河晨讯》采访多次，收到了良好的服务效果。

为高考提供气象服务。6月4日，市局制作了《高考期间天气预报》，通过报纸、电视台发布。为大伙房水库加固改造工程服务，节约了工程投资。在7月3日“清永陵被正式列入世界遗产名录”举行的万人文化广场欢庆活动中，日期的确定、灯光设备调试的时间都是根据市气象台提供的气象预报来安排的，预报服务非常成功。在“2004中国(抚顺)满族风情旅游节”活动期间，成立了气象服务小组，制订了工作方案。于8月24日开始，市气象台向市委、市政府和满族风情节组委会提供专题天气预报，并做了跟踪预报服务。准确的天气预报为满族风情节开幕式隆重召开提供了气象保障，受到了各级领导和社会各界的好评。

市气象局年内出动两台火箭车，分别在抚顺县南部、清原满族自治县和大伙房水库等地进行4次人工增雨作业，发射增雨火箭16枚，缓解了抚顺地区的春季旱情，增加了水库蓄水，改善了环境。

(李魁敏)

自然科学　社会科学

自然科学

·综　述·

2004年，全市科技工作以增强全民科技意识为基础，以构建技术转化平台为重点，围绕民营经济发展引进技术、人才和项目，在精细化工产业、特色农产品深加工、装备制造业的技术升级和冶金新材料深加工等领域加强了科技的引导和项目的扶持。

科技成果成绩喜人。全年共取得科技成果120项，有26项获得了市级科技奖励，有6项科技成果获得省科技进步奖励，其中获一等奖1项，二等奖4项，三等奖1项。抚顺特殊钢有限责任公司《2＃电炉——连铸生产线洁净钢生产工艺技术攻关项目》有效解决了投产几年来存在的产品质量不稳定、迟迟不能达产达效等问题，被评为辽宁省科技进步一等奖。这是近十年来本市取得的最好成绩。同时，技术交易额完成1.7亿元，也有了较大突破。

科技支持的重点领域进展顺利。主要体现在：①精细化工的资源整合和发展规划已初见端倪。经过半年多的努力，东部精细化工园区已完成了基础数据资料整理，整个园区正在高起点、高标准的规划中。②特色农业的产业化进程在加快。2004年，主要围绕发展健康食品产业引进和培育技术，绿源、鑫泰、鑫源生物、金秋实、独凤轩、誉口香等以健康食品产业开发为主的一批企业正在兴起，有力地推动了本市特色农业深加工产业的发展。一批企业利用抚顺的特色资源如名优新特蔬菜、山野菜、山野果、中草药、鹿产品、林蛙等在绿色食品、功能食品和生物食品方面的开发初见成效，可望不久形成本市的健康食品产业。通过资源整合和技术集成，形成本市完整的农业产业链。③抓好典型，推进装备制造业的技术升级。围绕挖掘机厂、6409厂、石油机械厂、电瓷厂、远东橡胶厂等企业的技术需求，积极引进项目、推进企业与中科院沈阳分院和高校建立联系，合作攻关。提高了产品质量和技术水平，开发新产品，增加了经济效益。

技术成果推介平台建设取得了成效。由市科技局和市政协联合创办的市科技成果推介服务中心，坚持一手抓科技成果转化，搭建科技服务和项目对接平台；一手抓下岗失业人员自主创业，筛选了500多个创业项目，建立技术培训和项目推介基地，发挥了积极作用。直接或间接地与国内40余所院校建立了合作关系，收集科技成果2 400余项。全年为500余人（企业）提供了信息和技术等服务，培训下岗职工1 000余人，其中近百人（企业）表示了要上项目或自主创业的意向，30余名域内外投资者已投资办厂或正在考察论证。另外，推介中心还与印尼马龙佳集团签订了“乙醇胺深加工制牛磺酸”项目的合作协议。

积极组织企业参加辽宁省的重大项目对接活动。主要是：①办好海外学子创业周活动，引进高层次人才为抚顺服务。本次活动共邀请来抚海外学子22名，提出企业技术难题和需求57项，签约项目18项，合同额为2.27亿元，投入资金2.7亿元，项目实施达产后可实现年销售收入9.57亿元。②组织参加“东博会”，其中15家企业与国家“863”领域的专家进行了洽谈，签订了技术转让合同5项，签约金额763万元。③组织参加“专交会”，推动专利工作的开展，本市共有30家企业和单位、60个专利项目参展。其中有10家企业共签订了技术交易协议15项，协议金额7 000万元。签订正式合同4项，合同金额1 000万元，一项专利技术荣获大会金奖。④组织50多个民营企业参加民间资本对接会，已洽谈成功6个项目，新增投资3 800多万元。

科技管理改革进一步深化。遵循有所为、有所不为的原则，市科技计划确定了重点支持精细化工、装备制造、特色农业、冶金新材料等四大领域，同时兼顾其他行业，计划项目较好地切入本市经济社会发展对科技的需求热点。同时在建立和完善新型的科技计划体系、采取发布计划申报指南的方式指导年度科技计划的申报，实行网上申报、引入专家评审机制、加强项目实施管理工作、试行科技项目招投标制和加快科技计划管理信息系统建设等方面，全面加强和改进科技计划管理工作。通过这一系列改革措施，全市一个新的、更加科学合理的科技计划管理体系已基本形成。按这种新的管理模式运作，全市2004年科技计划，安排科技三项费用计划项目70项，比上年减少37.5%，资助项目数量压缩幅度之大，这在全市科技计划管理工作中是一大突破。此外，有21个项目实行了招投标，占项目总数的30%，这不仅优化了科技资源配置，更提高了科技经费的使用效率。

·科技计划工作·

【计划进展与执行】 计划项目情况：2004年本市全口径科技计划项目总计688项。其中国家级计划165项，省级计划40项，市级计划90项，县、区、局级计划27项，单位自行安排366项。按计划类别分：科研149项，攻关154项，农业产业化16项，成果推广32项，新产品196项，中间试验26项，国际合作9项，社会事业57项，软科研43项，科技环境与能力建设6项。

投入产出情况：2004年本市全口径科技投入总计42 065万元。其中：拨款10 827万元，贷款300万元，单位自筹30 938万元；实现产值121 853万元，利税23 428万元，节约560万元，节创汇850万美元，农业增收7 275万元。

市级计划情况：市级计划项目总数90项。其中：攻关25项，农业产业化12项，成果推广8项，新产品12项，国际合作8项，社会发展13项，软科研10项，科技环境与能力建设2项。

科技投入总计13 123万元。其中：拨款1 040万元，贷款300万元，自筹11 783万元；实现产值47 681万元，利税8 189万元，节约420万元，节创汇550万美元，农业增收940万元。

全口径科技计划项目执行情况表

	科研	攻关	农业产业化	成果推广	新产品	中间实验	国际合作	社会事业	软科研	科技环境与能力建设	合计
鉴定	7	8	0	4	7	0	0	0	4	0	30
完成	38	92	2	8	109	19	2	1	8	5	284
按计划进行	104	52	14	20	49	7	7	56	30	0	339
拖期	0	2	0	0	31	0	0	0	1	1	35
合计	149	154	16	32	196	26	9	57	43	6	688

依据表中各项数据，鉴定项目占项目总数的4.4%，完成项目占41.3%，按计划进行项目占49.3%，拖期项目占5%，项目执行的总体情况较好。

【主要成效】 1. 石油化工与精细化工领域。两家石化公司通过技术创新，增强了在产业中的技术优势地位。中国石油天然气股份有限公司抚顺石化分公司承担了中油股份公司8项核心及重大技术攻关项目中的4项——HCC工业化试验、丁苯透明抗冲树脂工业化攻关、重油悬浮床加氢工业化试验和催化轻汽油醚化工业化完善项目，这4项技术不仅关系到抚顺石化分公司未来的生存和发展，也关系到中油集团股份公司炼化业务从技术跟进向自主创新的跨越式发展。这4项技术均取得了重大进展。其中HCC工业化试验已打通了全流程，取得了大量的科技和专有技术成果，实现了100天的长周期运行，工业试验的低碳烯烃收率基本接近实验室的中试水平，工业化试验脱杂质和精制分离后的低碳烯烃可以满足制备聚合级烯烃的要求，为项目鉴定奠定了基础。抚顺石化公司的“FCC汽油加氢改质第一代催化剂及工艺技术”、“蜡裂解制α-烯烃综合利用工业化技术开发”、“杆锥蜡（螺旋蜡）工艺及色差控制技术开发”、“直链烷烃催化剂载体中试放大研究”等项目取得重大突破，为企业的发展提供了强大的技术支撑。通过技术攻关与产品开发，美亚公司、哥俩好集团、佳化公司等一批化工企业在医药中间体、粘合剂、助剂等产品的市场核心竞争力上得到了显著提高。抚顺市佳化聚氨酯有限公司承担的“多种聚醚混合物”，以高活性羟基化合物为起始剂与氧化物聚合而成，产品无氟，不污染大气层，尺寸稳定性好，无收缩，是聚氨酯行业的前沿产品。项目总投资235万元，实现产值3 000万元，利税210万元。抚顺哥俩好集团开发的“纳米胶粘剂系列产品开发”，现已开发成功聚氯乙烯胶粘剂及新型宜胶泥，产品填补了我国北方地区此类产品的空白，不久后将大规模生产。

2. 冶金新材料领域。依靠科技提高了产品的技术含量，使产品质量处于行业先进或领先水平。抚顺特殊钢有限公司的“抚钢2号生产线洁净钢生产工艺技术攻关”项目获2004年度辽宁省科技进步一等奖，“1Cr12Ni2MoVN不锈钢丝材”和“AJI-31Φ发动机用GH708合金”，分别通过了中国航空工业第一集团公司组织的鉴定和装机前评审。技术创新为企业增添了活力，2004年企业新产品合同量41 699吨，新产品完成量31 770吨，新产品完成产值39 278万元。新抚钢有限公司应用实施了小球烧结等新工艺、新技术、新材料15项。通过技术革新，2004年钢材综合合格率和成材率达到99.58%和96.45%，分布比去年同期提高了0.17%和0.19%，增强了企业的市场竞争能力。抚顺铝厂开发了“特种氟化钠”、“高分子比冰晶石”以及“φ510mm铝合金挤压用圆铸锭”等5项新产品，开展了“铝电解生产过程模糊控制技术研究”、“焦粒焙烧电解质湿法启动新技术”等科研项目32项，其中“焦粒焙烧电解质湿法启动新技术”在企业环保综合治理改造工程中投产的200KA大型预焙铝电解槽上全部推广应用，效果显著，各项技术指标在国内同行业中处于领先地位。

3. 装备制造领域。依靠技术创新，提高传统装备制造业制造水平，形成产业优势。抚顺挖掘机厂研制开发了QUY100A、QUY250、QUY350、QUY80A液压履带起重机，填补了液压履带起重机系列的空档，为企业发展提供了有力的技术和产品支撑，其中QUY80A液压履带起重机在2004年11月上海宝马会上参展时，受到了国内外参观者的好评。抚顺永茂工程机械有限公司生产的塔机运用机电一体化技术和FU交流调频调速，使其在起升结构、变幅结构、回转机构实现无级调速，采用数字显示，实现了安全保护自动报警，电器故障自动诊断，减少了维护周期，大大提高作业效率。该产品与其他同类产品相比在相同起升高度时，塔机高度降低了8-10米，高度方向抗干扰能力强，适合多台塔机同现场作业，属国内首创，其技术处于国际领先水平。项目总投资180万元，实现产值4 500万元，利税270万元。

4. 资源深加工领域。通过支持一批龙头企业，提升了资源深加工的能力和技术水平，为本市由资源型城市向资源深加工型城市转移奠定了技术基础。抚顺独凤轩食品有限公司承担的“胶原肉蛋白产业化”项目，利用猪皮下角料（废弃物）为原料，其生产技术在国内处于领先地位，工艺方法为国内首创，并获发明专利。项目计划总拨入1 198万元，完成投资398万元，实现产值1 200万元，利税210万元。抚顺市新星肠衣有限公司承担的“肝素钠精品提取技术”研究，依托中科院南京生物所，以猪肠衣为原料，应用国际先进的离子交换柱技术，可以95%以上吸附回收精品肝素钠，项目总投资150万元，实现产值1 300万元，利税150万元。

5. 农业领域。为农业产业化发展提供技术支持和技术储备并开展系列前瞻性的课题研究工作。①加强了优良品种和先进技术的推广。当年完成水稻、玉米、大豆、蔬菜、食用菌、新品种更新更换达50万亩左右；并加快了甜糯玉米，鲜、青食玉米、大豆，高油大豆、蔬菜、食用菌等新品种的推广工作力度。

完成地膜覆盖30.5万亩；新建日光温室500座（全市蔬菜大棚、日光温室栽培面积达3.6万亩）；水稻抛、摆秧18.6万亩，抛秧盘育苗360万盘；大力推广生物栽培技术，植株、植物覆盖技术，推广药剂灭草免中耕面积110万亩；种子包衣技术30多万亩。

②确定了“山野菜综合开发与利用技术的研究”；“食用菌杂交育种及优质高效栽培模式研究”；“东北地区野生中药材人工驯化栽培及资源圃建立”；“耐贮藏番茄D－－2001杂交育种”；“保护地专用辣椒新品种选育”等主要科技攻关项目，重点组织实施，取得了一系列阶段性成果。“温室栽培大叶芹技术开发”已建日光温室40座（每座350平方米），按照绿色食品标准操作规程进行生产示范。每座棚生产大叶芹纯收入2万元左右。“食用菌杂交育种及优质高效栽培模式研究”引进香菇亲本菌株26个。其中长白山野生香菇菌株12个，野生香菇近缘菌株4个，生产中的优良品种10个。共配制杂交组合746个，最终确定杂交组合（异核体）菌株115个。采集长白山野生香菇菌株12个。配成杂交组合（异核体）菌株115个，其中有26个待扩繁，其余89个组合杂交组合（异核体）菌株。“东北地区野生中药材人工驯化栽培及资源圃建立”项目，北五味子新品种选育及其高产栽培技术、病害防治试验取得阶段性成果，3个北五味子优良品系果实性状优良，来年播种栽植，开展选育工作，有望成为新的北五味子品种；辽细辛、朝鲜淫羊藿、东北硬紫草、桔梗、穿龙薯蓣、玉竹、知母、黄花乌头、白头翁、地榆等引种移栽试验也取得阶段性突破，为下一步野生中药材高产栽培技术及新品种选育研究奠定了坚实的基础。“耐贮藏番茄D－－2001杂交育种”顺利完成研究试验程序。2004年6月28日完成全国区试和生产试验，顺利通过国家认定。在全国推广面积已达40万亩以上。“保护地专用辣椒新品种选育”项目进行了新组合品种比较试验，明年将进行一定面积的保护地区域试验，最终选定保护地辣椒专用新品种。

③开展了农业科技产业化项目。针对抚顺地区农业产业化发展实际，确立了“珍稀名贵树种产业化繁育与开发”、“绿色食品生产基地建设”、“新型生物蛋白饲料开发与应用”等项目，促进了抚顺地区农业产业化发展。“经济林早期丰产技术研究及产业化开发”项目，几年来针对红松经济林早期丰产技术进行了进一步研究，使原本20年结实的红松在7年就开始结实，已建成红松无性系种子园5亩，优良红松采穗圃50亩，并在红松幼林内实行嫁接，嫁接成活率达80%以上。“紫杉树种引进采穗圃建立技术研究及产业化开发”项目，繁育紫杉既能解决抚顺地区紫杉濒危的现状，又能带来较高的经济效益，从吉林引进500株紫杉母树，建成5亩地左右的采穗圃。“经济树种选育营造技术及产业化开发”项目，建设了野生榛子垦复园区，形成了18个作业小区，建设面积已达11 325亩，野生榛子平均亩产已达30公斤以上，从而为农民增收闯出了一条新路。“针叶林下种植人参、细辛技术研究”项目完成落叶松林下栽植细辛幼苗500亩，细辛育苗50亩，播种人参5 000亩。“科技进山增效示范工程建设”项目通过几年的技术攻关取得了一定成果，食用菌生产量达到1 000万箱，林蛙生产基地产商品蛙3 000万只，绿色食品粮油基地巩固在20万亩，黄牛饲养量14万头，中药材基地18万亩，山野菜人工栽培1.9万亩，绿化苗木稳定在2.8万亩。“绿色食品生产基地建设”项目，新宾满族自治县县实验田通过测产，平均单产为570.2公斤，产量水平高于地区平均单产12%，产品质量指标基本接近或达到无公害标准；清原满族自治县县进行清河牌AA级绿色食品大米开发研究，试验500亩，获得成功，产品全部被国家商务部收购；抚顺县开发绿色水稻1万亩，产量5 000吨。山野菜归圃1 000亩，种类28种以上，产量1 500吨。中草药生产基地2 000亩，20余种。绿色鲜食玉米1 000亩。“抚顺县桑蚕基地建设”项目，对现有桑树品种进行多方位调查比较，研究品种抗寒性、速生性、丰产性，找出适合本地区生长的桑树品种，对秋蚕进行引种对比实验，选出适应性强、产量高、适合当地生长的优良品种，对养蚕户进行养蚕技术和养树技术培训，树立典型，以点带面。“清原马鹿种源繁育基地建设及配套技术研究”项目，完成清原马鹿信息网站建设和城郊林场人工授精站的建设，繁育清原马鹿年轻核心群200只，种群规模达到4 000只。与中国农科院特产研究所合作，完成了清原马鹿品种标准、清原马鹿种鹿标准的制订，并通过了农业部特种经济动物质量监督检验测试中心组织专家进行的国家行业标准审定。“畜禽粪便无害化处理”项目正在按计划进行中，已完成投资162万元。设备调试完毕，已试生产出生物有机肥200吨。该项目的实施对保障抚顺地区主要农业产业化项目的可持续发展，解决农业个别产业化项目发展对环境的污染，具有典型指导意义。

·科技成果与技术市场·

【贯彻国家《促进科技成果转化法》】 从全市的实际出发，结合困扰企业发展的瓶颈问题，重点编制《科技成果推广指南》，并内引外联，积极引导企业应用高新技术来改造传统产业。一年来，共完成各类科技成果120项，有70余项科技成果得到不同程度的推广应用，成果转化率平均为61%。完成省、市科技成果推广计划9项，其中列入省、市经费支持的项目都达到了很好的效果。特别是一批具有自有知识产权原创性重大科技成果成功实现转化，创造了巨大的经济和社会效益。

【科技成果管理网络化】 借助于国家科技成果网、科技奖励申报系统及市科技信息网，整合了全市成果管理的各项工作，搭建了科技成果管理平台，有力地促进了企业和事业单位申报科技成果鉴定、申报科技奖励，学习有关科技政策的法制化、体系化、制度化和规范化建设。2004年本市申报省级科技奖励8项，其中6项科技成果获得省科技进步奖励（一等奖1项，二等奖4项，三等奖1项）。市级科技奖励26项，其中一等奖5项，二等奖11项，三等奖10项。

【完善技术市场体系】 本年工作重点是解决近年来困扰本市技术市场、民营经济可持续发展的问题。初步建成了以“科技成果推介服务中心”为科技成果转化市场主体，以60多家技术贸易机构和近1 600人的技术经纪人队伍为主要服务组织的完善的技术市场体系。全市技术市场按照“边规范、边发展”的工作思路，充分发挥了技术的商品属性，重点整合了抚顺市技术要素市场的各种资源，积极调动了技术中介机构的主观能动性，成功搭建了“技术交易服务平台”。2004年，完成技术交易额1.2亿元，在全省排名第四位。

【建立“持证上岗”制度】 认真贯彻《中华人民共和国合同法》的有关规定，对技贸机构的有关人员进行一次业务培训，主要是针对技术合同的内容进行学习，学习结束后由省工商局进行业务知识考核，对考试成绩合格的人员统一颁发了技术经纪人证书。通过一年一次的民营科技型企业统计工作，积极为民营科技型企业的发展出谋划策。通过组织参加省科技厅举办的"辽宁省民间资本与科技项目对接洽谈会"积极帮助企业寻求资本和科技项目。

·工业科技与高新技术·

【与中科院沈阳分院科技合作】 市政府与中科院沈阳分院成立了市院合作领导小组，续签了科技合作协议书。辽宁省林业厅、抚顺市政府、中科院沈阳应用生态研究所三家签署了联合共建"辽宁省林业可持续发展研究与示范基地"协议书；委托中科院大连化学物理研究所协助本市做好抚顺东部精细化工园区的调研和规划制定工作。

创建于2001年4月的高技术园区，经过双方3年的共同努力，项目进展顺利，并于2004年6月被省科技厅认定为省级高新技术产业园区。利用中科院的人才技术优势，积极与沈阳分院进行项目对接。2004年，全市企业共与中科院沈阳分院签订合作协议10项，其中有9项正在实施，有的已经投产。

【与国内院校科技合作】 抚钢与上海交大签约的"大尺寸模块淬火冷却设备及其调质工艺软件"项目，研制成功世界首台大型模块多功能淬火设备（可实现喷淬与浸淬）及配套调质工艺软件。该套设备年处理模块15 500吨，将实现销售收入2亿元以上，其产品质量将达到世界一流水平，可满足国内家电、汽车、塑料等行业对大型预硬化塑料等行业对大型预硬化塑料模块的需求。

辽宁鑫源生物科技发展有限公司与中科院沈阳生态所签约的鑫源天防生优乳剂研究开发项目获得成功该产品是从植物中提取的，100%为有机成份，集多种功效于一体，可促进植物生长，提高作物抗逆性，并有一定的抑菌效果，适用于无公害、绿色、有机食品生产。2004年，还进行了企业技术需求工作，共征集技术难题70项。并通过省校合作工程的实施，解决企业技术难题近20项。到2004年末，全市院校合作项目共投入资金1.8亿元。

【组织参加"东博会"】 "2004年东北亚高新技术及产品博览会"于7月15－18日在沈阳召开。抚顺市组织了100家重点企业130余人参加了会议，有15家企业与国家"863"领域的专家进行了洽谈，签订了技术转让合同5项，其中新材料2项、先进制造与自动化领域2项、资源与环境领域1项。签约金额763万元，项目完成实现销售收入20 900万元。会上，市重点民营企业抚顺博格环保科技有限公司与东北大学签约了"燃煤电厂锅炉烟气微细粒子高效控制用过滤材料"合作项目，其技术水平处于国内领先，该项目针对燃煤电厂锅炉烟气微细粒子的高效控制，达到合格的环保排放标准，市场潜力巨大。项目总投资120万元，投产后按年产量40万平方米计算，可实现产值8 000万元。共征集15家企业与"863"对接洽谈项目13项，在抚顺科技信息网上转发了国家共三批"863"成果项目近400项科技成果，组织了5家民营企业与"863"项目单位签订了5项技术合同。

·知识产权工作·

【召开抚顺市知识产权研讨会】 会上，对本市专利工作存在的问题和面临的形势及今后应采取的措施做了总结分析，提出了今后工作中应采取的对策。副市长赵家绪作了工作报告。各县区（开发区）科技局主管局长，各企业主管专利工作领导共70多人参加了会议。

【提出《抚顺市1985——2004年专利申请量情况分析报告》】 该报告对全市自1985年《专利法》实施以来的专利申请量做了详实的统计与分析，对全市专利工作的申请情况及开展起到了基础性作用。

【开展中小学科技创新活动】 本年，与市教育局联合制定了《关于开展抚顺市中小学科技创新活动的通知》，文件确定，市科技局在科技三项费用中设立专利申请资金定额补贴中小学生发明创造专利申请。全年，中小学生完成专利申请50件，占专利申请总量的14%，极大地鼓励了中小学生的科技创新意识，成为全市专利工作中的新亮点。

·国际合作与交流·

【选派赴日本技术研修生】 年初组成"抚顺市科技项目代表团"赴日本姬路市光荣（GLORY）集团进行了为期9天的考察、签约活动。同时，进行了以派遣和接收赴日本技术研修生为主要内容的科技考察。在双方的共同努力下，抚顺国际科学技术协会与日本姬路市机械电子组合签定了《派遣和接收赴日本技术研修生的正式协议书》。根据协议本市将选拔8名优秀技工于2005年3月赴日本进行为期3年的研修和学习。这为本市实现"请进来"和"走出去"的国家的对外开放政策和工作方针迈出了可喜的一步。

日本兵库县机械与电子协同组合一行8人也应邀来抚进行了考察访问，在面试和选拔赴日的技术研修生的同时，还进行了"树脂成型加工"项目的实质性洽谈。

【组织参加中国海外学子辽宁"创业周"活动】 本届创业周以广纳海外学子精英、振兴东北老工业基地为主题，开展项目对接洽谈、创业成果展示会等一系列活动，创造更多的机会，让更多的海外学子了解辽宁。按照省政府的部署和要求，本市不但积极地参加了"2004中国海外学子辽宁（大连）创业周"的大连主体活动，还成功地组织了"抚顺分项活动"，并取得了丰硕的成果。2004年"创业周"主要围绕信息技术、生物工程与制药、先进制造、新材料等高新技术领域，组织海外学子与企业进行项目对接洽谈和科技产业、金融资本对接；采用海外学子座谈、实地考察等多种形式，进行政策介绍、成果交流、项目洽谈和人才招聘，促成了一些高科技项目的合资合作。组织参会企业几十家，参会人数达100多人，项目实施达产后可实现年销售收入9.57亿元。虽然本届辽宁"创业周"取消了对学子和外宾的单程国际交通费的补贴，但与前几届相比，抚顺的分项活动、邀请到的学子的层次、会前准备工作、会务工作质量、市领导参与程度、项目的数量和水平，及其合同和引进外资额等都明显好于往年。

【智力人才引进】 通过国家科技部和省科技厅，抚顺市朝鲜族第一高级中学办理了"日本青年自愿者协力队员"的聘请手续。2004年底前，来抚开始为期一年以上的与日语教学和交流相关的工作。这项国际无偿援助项目的实施，将为地区的中日文化交流和日语的教学及提高高中在读和高考学生的外语成绩起到积极的促进作用。

【国际科技合作】 为了使科技外事工作落实党和国家确定的"走出去，请进来"对外工作方针，以抚顺国际科学技术合作协会的名誉与日本GLORY集团为主的日本兵库县机械/电子行业组合和西播磨金属加工事业协同组合进行人员交往和项目交流活动。中日双方不但建立了友好关系，还在日本签订了项目合作协议。根据考察的24家会社的技术、产品和市场情况，特别符合本市近10家企业提出的技术难点和引进的需求。

附：

2004 年度抚顺市获辽宁省科技进步奖项目

编号	项目名称	完成单位	奖励等级
1	抚钢 2＃生产线洁净钢生产工艺技术攻关	抚顺特殊钢股份有限公司	一等奖
2	DNW－1 型耐温树脂催化剂研制、生产及工业应用	中国石油抚顺石油化工研究院	二等奖
3	COD（化学耗氧量）总量自动监测系统应用研究	抚顺市环保监测站	二等奖
4	清原马鹿品种选育	清原满族自治县科技开发中心	二等奖
5	老虎台煤矿冲击地压下特厚煤层煤巷锚杆支护实验研究	东北大学 抚顺矿业集团	二等奖
6	高瓦斯易燃特厚煤层综放开采二分层瓦斯与自燃发火防治技术研究	抚顺矿业集团	三等奖

2004 年度抚顺市科技进步奖项目

编号	项目名称	完成单位	奖励等级
1	抚钢 2 号生产线洁净钢生产工艺技术攻关	抚顺特殊钢股份有限公司、东北大学	一等奖
2	煤炭自然发火早期预报与防治技术研究	抚顺矿业集团有限责任公司、煤科总院抚顺分院	一等奖
3	一种由馏分油生产优质低凝柴油的方法	中国石油化工股份有限公司抚顺石油化工研究院	一等奖
4	COD（化学耗氧量）总量自动监测系统应用研究	抚顺市环境保护监测站	一等奖
5	DCY－S 型粮食自动采制样系统	抚顺市沃尔普机电设备有限公司	一等奖
6	FDH 脱氢催化剂研制及工业应用	中国石油化工股份有限公司抚顺石油化工研究院	二等奖
7	无损检测信息管理系统	辽宁石油化工大学、中油抚顺工程建设有限公司	二等奖
8	XQT 型吸附式氢气脱水装置	抚顺职业技术学院	二等奖
9	高性能纤维缠绕橡胶软管的研制	抚顺市远东橡胶有限公司	二等奖
10	多彩微型系列番茄新品种选育与开发	抚顺市北方农业科学研究所	二等奖
11	防作弊智能电子汽车衡系统	抚顺市计量测试所	二等奖
12	矿山城市地质灾害现状与生态恢复重建研究	抚顺市规划和国土资源局、抚顺市环境保护监测站	二等奖
13	高污染河流综合治理技术研究	辽宁石油化工大学	二等奖
14	抚顺市地表水环境功能区划研究	抚顺市环境保护研究所	二等奖
15	华支睾吸虫病实验病理 B 超、CT 检验等临床研究	抚顺市第三医院	二等奖
16	持续正压通气治疗睡眠呼吸暂停低通气综合征合并夜内心绞痛发作	抚顺市中心医院	二等奖
			三等奖（10 项）（略）

（吕　烈）

·科技研究·

【石油化工研究】　中国石油化工股份有限公司抚顺石油化工研究院（以下简称抚顺石油化工研究院），是中国石油化工股份有限公司的直属科研单位。创建于 1953 年，是国内最早建立的石油研究机构。现有职工 630 余人，其中，各类专业技术干部 498 人。有中国工程院院士 1 名、高级研究人员 206 人、中级研究人员 204 人，博士 4 人、硕士 33 人。设有博士后工作站、硕士研究生工作站。

全院占地21万平方米，拥有中小型炼油及化工试验装置近200套，其中具有当今世界先进水平的加氢试验装置50多套、各类大型分析测试仪器200余台。

抚顺石油化工研究院下设14个专业研究室（部）和环境保护研究所、科研中试基地，设有国家石油产品检验实验室、国家石蜡质量监督检验中心，是石油蜡类产品标准化归口单位，中国石化股份有限公司环境监测总站、加氢科技情报站、石蜡科技情报站也设在该院。

抚顺石油化工研究院主要从事加氢裂化催化剂及工艺技术开发、馏分油及蜡类产品加氢精制催化剂及工艺技术开发、渣油加氢处理催化剂及工艺技术开发、半再生固定床催化重整催化剂及工艺技术开发、生物化学工程技术开发、石化企业和油田废水、废气、废渣治理技术开发，以及石油沥青、特种蜡产品生产技术开发。此外，在石油化工、临氢催化基础研究和催化剂表征、临氢催化动力学及其过程模拟软件开发、原油评价、油品分析测试和石油蜡类产品标准化等方面也具有雄厚的技术实力。

截至2004年底，抚顺石油化工研究院已取得科技成果300多项，其中部（省）级以上成果奖256项，国家科技进步奖和发明奖19项。申请国内外专利915件，543件获得授权。

2004年，抚顺石油化工研究院有7项科研成果获省或中国石化集团公司的科技进步奖，有2项成果获抚顺市科技进步奖。其中，“溶剂脱沥青－脱油沥青气化－脱沥青油加氢进催化组合工艺”、“FF－16高活性加氢裂化预处理催化剂的开发和工业应用”及“FH－DS柴油深度加氢脱硫催化剂的研制及工业应用”3个项目获中石化集团公司科技进步一等奖，“DNW－1型耐温树脂催化剂研制、生产及工业应用”和“FC－26高中油型加氢裂化催化剂研制及工业应用”分获辽宁省和中国石化集团公司科技进步二等奖，另有2项成果获中国石化集团公司科技进步三等奖、2项成果分获抚顺市科技进步一等奖和二等奖。有14项科研成果通过了辽宁省或中国石化集团公司组织的技术鉴定，20余项技术成果在企业应用，促进了企业的技术进步。申请国内发明专利109件、实用新型8件；全年获得国内专利授权101件，获国外专利授权5件。

本年7月26日，抚顺石油化工研究院出台了《商业秘密保密协议》，并同时下发了中国石化集团公司制定的《保密及竞业限制承诺书》。全院600多名涉密员工在保密协议和承诺书上签上了自己的名字，立下诚信之约。《商业秘密保密协议》订约对象为履行职务需要、已经或即将知悉院商业秘密的职工，包括在职职工和离退休职工。《协议》对保密的内容和范围、乙方（签约职工）的权利和义务、保密期限、违约责任、争议的解决办法、协议的效力和变更等都作出了明确的规定，对签约双方都具有约束性、教育性和警示性。

本年10月12日，中国石化福建炼化一体化项目技术引进合同签约仪式在厦门举行。该项目是福建炼化与沙特阿美海外公司（AOC）及埃克森美孚中国石油化工有限公司（EMCP&P）合资建设的大型项目，是严格按照国际标准规范对专利及专有技术使用权进行的技术招标活动。抚顺石油化工研究院通过与UOP、CHEVERON等国际知名加氢技术专利商的竞争，一举中得“400万吨/年加氢裂化－蜡油加氢处理联合装置”、“120万吨/年航煤加氢合同装置”、“280万吨/年柴油加氢合同装置”三项标的，迈出了开拓国际技术市场的步伐。

本年11月26日，印尼国家石油公司技术代表及渣油加氢处理技术评估委员会，通过了抚顺石油化工研究院为渣油加氢处理技术出口印尼所进行的10 000小时寿命试验的技术评估，印度尼西亚国家石油公司认可抚顺石油化工研究院为合格的渣油加氢处理技术供应商，并邀请抚顺石油化工研究院参加该公司渣油加氢处理装置的下一次投标。这是抚顺石油化工研究院走出国门参与国际炼油技术市场竞争取得最具突破性的成果。

（王　专　刘建宇　耿　新）

【冶金研究】 2003年1月，抚顺特殊钢股份有限公司与大连钢铁集团公司组建为辽宁特钢集团。2004年9月，辽宁特钢集团与北满特钢集团组建为东北特钢集团。集团重组后，为完善技术创新体系，三地技术中心整合为集团技术中心，在3个基地设分中心。

抚顺基地技术中心，根据集团统一布局进行了调整，两个高温室和钛合金室合并调整为军品高温研究室，新成立了检验、工艺和特种合金研究室，原技术部标准组划归技术中心。

2004年，技术中心技术创新活动取得了可喜的成果。《XXX发动机用关键高温合金的研制》获国家国防科学技术二等奖、《XX机用S/CMV钢的研制》、《XXX发动机用GH742合金锻件研制》分别获国家国防科学技术三等奖；《抚钢2号生产线洁净钢生产工艺技术攻关》分别获辽宁省、抚顺市科技进步一等奖、冶金科学技术进步二等奖；《热作模具钢》、《汽轮机叶片用钢》分别获国家冶金产品实物金杯奖。

抚顺基地技术中心承担国家“863”计划、重点工程配套等国家科研课题44项。通过国家航空集团鉴定1项，装机评审鉴定3项。

技术中心内部加强技术创新机制建设，首先实行了项目经理负责制。成功开发出高温合金精锻工艺、D2系列钢实现以轧待锻等新工艺。成功开发研制出铁铬铝等22个新产品。完成D409等7个品种产品结构调整试制任务。参与制定及修订国家、行业、国家军用标准12项。完成《高温合金电弧炉技术操作规程》编制。W6Mo5Cr4V2、W9Mo3Cr4V标准样品的研制填补国内空白。

2004年技术中心加强了对外合作。2004年12月，由辽宁省经委主办的《东北大学企校合作现场会》在抚钢举行；与北京科技大学等院校新签产学研合作项目6项；与上海交通大学合作项目被列入辽宁省科技重点项目；英国Rolls－Royce公司通过对中国生产航空材料冶金企业进行考察，确定了抚钢作为该公司在中国惟一原材料供应商进行认证。

（韩　涛）

【煤炭研究】 2004年煤炭科学研究总院抚顺分院主要完成了以下工作：

1. 分院露天所承担课题通过评审。2004年1月31日，受抚顺市政府委托，由分院露天所具体承担的《抚顺市区矿山生态环境恢复整治与土地复垦规划》课题通过国家级专家评审。

2. 分院调整产业结构和机构设置。2004年4月中旬，分院对产业结构和机构设置进行重新调整，形成了机关管理、科研检测、经营管理和二级经营单位4个运行体系。

3. 分院召开《车载矿山救灾指挥系统》项目鉴定会。2004年6月28日，分院召开《车载矿山救灾指挥系统》项目鉴定会。经过鉴定委员会认真讨论形成如下意见：ZJC3B车载矿山救灾指挥系统针对矿山事故现场抢险救灾工程之急需，研究开发出集气体连续监测、救灾通讯、工业电视现场监视等多功能于一体的移动车载矿山救灾指挥系统。系统在铁法煤业集团矿山救护大队及晓南煤矿的工业性试验表明，系统运行正常稳定、测试数据准确可靠，实现了对救灾过程的有效、科学的决策指挥。该系统设计合理、技术先进、自动化程度高、功能齐全。该项目研究成果中，已获3项国家专利。提供的技术资料齐全、完整，完成了计划任务书规定的各项研究任务及性能指标要求。经查新检索，该项成果其综合技术指标达到国内领先水平，同意通过鉴定，在矿山救灾领域推广应用。

4．2004年11月，分院又有一批专家进入省市人才工程库。

（翟斌卓）

【环保研究】 2004年抚顺市环境保护研究所出色完成全年工作任务，是建所以来创利润最高、成果最多的一年。

主要课题成果。①完成了《抚顺市绿都建设绿色行动方案》，该文稿在市政府常委会上获一致通过，拉开了抚顺市建设环保模范城的序幕。②与国家环境规划院共同完成了《抚顺市创建环境保护模范城规划》，并于2004年6月16日通过了国家环境保护总局的审查，还被树为样板。③完成了《抚顺市有机食品规划》课题，并且编制了《抚顺有机食品知识讲义》教材。④完成了《抚顺市危险废物产生现状及处理基础方法的研究》及《抚顺市畜禽污染防治规划》与《抚顺市小城镇建设与环境综合整治研究》课题。⑤完成了《抚顺市矿业集团发展循环经济的比较优势》、《抚顺市创建国家循环经济示范城市》、《抚顺GDP能耗预测与分析》等专项报告。⑥完成了国家科技部软科学计划指导性项目《资源性城市（抚顺）发展循环经济推进城市生态建设对策研究》课题，该课题年底脱稿，计划2005年年初正式参评。⑦承接了国家环保总局环境规划院发来的《杭州市、抚顺市区域总量分配技术研究实施方案编制工作通知》国家“十五”科技攻关计划项目，“重大环境问题对策与关键支撑技术研究”课题《流域水污染物总量控制技术与示范研究》已经国家科技部立项，研究所承接完成的“抚顺市水污染物总量分配技术研究”子课题《任务书》和《实施方案》已经通过专家认证。⑧国家环保总局和环境规划院立项的《抚顺生态功能计划研究课题》，于2004年2月12日召开开题论证研讨会，并进行了调研和收集材料工作。

加强清洁生产审核工作。①不定期出刊《清洁生产简讯》6期，及时报道了抚顺市企业、事业单位与国内外的清洁生产最新发展动态，以及最新工作开展成果。②完成了抚顺石化公司下属5家企业的清洁生产审核工作，并已通过市环保局验收评审。年底前完成了罕王集团下属4家企业和抚矿集团十一厂的清洁生产审核工作。③协助市环保局清洁生产中心、欧盟—辽宁清洁生产项目办评审申请转型企业的清洁生产中经费方案，为此研究所王宏伟被选为欧盟清洁生产周转金项目评估员，并获得省局和欧盟清洁生产项目办颁发的清洁生产贡献奖。

保质保量完成环境影响评价任务。环境影响评价是研究所对外服务的窗口，为了做好抚顺经济建设项目的前期报务工作，在环评工作中，研究所环评室积极为环保管理部门提供技术支持，为企业出谋划策，解决环境污染问题，力争以最小的环境代价获取最大的经济效益。2004年市环保研究所共承担环境影响评价报告书36项，环评报告表48项。主要项目有《抚顺莱河有限公司扩建工程环境影响评价报告书》、《抚顺新东热电供暖公司扩建项目环境影响评价报告书》、《抚顺市鑫硫镁铝有限公司低、微碳铝铁改造项目日环境影响报告书》、《抚顺经济开发电磁电气公司环境影响报告书》、《抚顺石化分公司石油二厂MTBE齐整改造工程环境影响报告书》、《清原县下甸子铁矿环境影响报告书》、《清原县红透山盐水铁矿环境影响报告书》等。

加大工业污染源工程的设计及治理。2004年，主要完成了8项设计和治理工作：①抚顺新抚钢厂第一台60吨铝炉除尘器制造、安装工作，并于2004年10月交工验收。②协助市环保局完成了抚顺市区海新河河流整治方案编制和初步设计工作。于2004年10月标中第二阶段的工程项目，并开始施工。在河流整治期间，研究所设计室先后派出2名工程技术人员，为环保局的治理工作做出了较大的贡献。③完成了抚顺第二医院污水处理的方案编制初步设计工作。④配合市环保局西部蓝天白云工程，主要完成了抚顺特殊钢有限公司第二炼钢厂两台10吨炉除尘器的制作安装工作，抚顺市鑫和钢铁公司一台5吨电炉除尘器的制作安装工作。⑤完成了抚顺市秀水山庄生活污水处理成套设备的制作和安装工作，以及该污水处理站的调试工作。⑥完成了抚顺热电厂两台电除尘器部分结构件预制工作。⑦完成了抚顺市城东供暖公司除尘池改造工程。⑧完成了抚顺畜禽养殖污染综合防治实施方案、抚顺市传染病医院污水处理方案、抚顺新抚钢有限公司噪声治理方案的编制工作。

拓宽对外信息交流，办好《辽宁城乡环境科技》杂志。一年来，研究所编辑部共编辑、出版、发行《辽宁城乡环境科技》六期。编辑部与办公室共同完成了1993—2003年技术档案的整理、归档及认定工作，被市档案局认定为省二级档案先进单位。年内还完成了《废弃物处理手册》编辑出版工作。2004年10月11—12日在罗台山庄承办了全省14个市环保站、所长参加的《辽宁城乡环境科技》编辑部工作研讨会议。

（徐　畅）

【石化设备检测监理研究】 2004年3月22日中油抚顺石化设备检测监理研究中心（由原抚顺石油化工公司设备研究所和抚顺石油化工公司石油三厂设备所合并）成立。中油抚顺石化设备检测监理研究中心是一个集检测、检验、监理、技术服务与科研开发等为一体的综合性技术服务与科研单位。有二十多年的发展历史，长期为抚顺石化两大公司、大连西太平洋石油化工有限公司、前甸炼油厂、日本水岛炼厂提供检测、检验、监理等技术服务，技术服务的足迹遍布国内外。同时，承担国家和中油集团科研开发项目。是中国锅炉压力容器检验协会和中国设备监理协会会员单位，中石化设备监造中心沈阳站也设在这里。设备研究中心拥有Ⅰ、Ⅱ、Ⅲ类压力容器检验资格和中低压安全阀校验资格。

设备研究中心拥有容器检验师8人，管道检验师7人、检验员15人，安全阀检验员2人，无损检测Ⅱ、Ⅲ级证16人。取得各种高、中级检验、无损检测个人资格证52本，有国家注册设备监理师多人。设备研究中心现资产总值2 150万元，在8 000余平方米的实验研究大楼中设有水质动态模拟、绝热材料检验、金属材料检验、腐蚀机理分析、机械性能试验及金属材料氢损伤试验等18个实验室。

设备研究中心主要业务涉及特种设备检验、设备强度的应力校验、无损检测、材料检验及失效分析；提供工程设备监理服务及技术咨询；大型机组的状态监测与故障诊断，转动设备转子动平衡校验，催化三旋效率测试；加热炉、锅炉监测及热工测试，工业管道保温评估，蒸汽疏水器运行状态监测，工业冷却塔效率测试，水平衡测试等技术服务；工业水质检测、水处理药剂生产及其性能评价、水处理技术开发和服务。各种炼化设备的化学清洗，工业循环水系统、民用采暖水系统的化学清洗；炼化设备的腐蚀机理、防腐措施研究，金属材料氢损伤试验研究，冷壁反应器内衬里施工技术指导，电化学保护、热浸镀铝、热喷涂金属技术、自熔性合金喷焊等防腐工程。

设备研究中心已有专利技术成果：高效粘弹反应流体搅拌装置（授权号：02200517. X）；物料干燥装置（授权号：ZL03264504. X）；一种含溴杀生剂——溴氯威（授权号：2100332. 7）；一种缓释型杀生剂（授权号：2100331. 9）；加热炉能量平衡分析应用软件（授权号：2003110371）。

（刘吉伟）

【农业研究】 全年抚顺市农业科学研究院在研课题11项，其中省科技厅项目4项，市科委项目3项，院自选项目4项。

1. 科技进山增效示范工程。本院在宽甸、桓仁、清原三个满族自治县开展中药材、红南果梨、中国林蛙高效养殖、食用菌高产栽培、速生丰产林等基地建设，举办各类培训班50次，发放技术资料，现场技术指导，承担起了技术依托单位的作用。

2. 科技扶贫服务队。本院是辽宁省百个科技扶贫服务队中的一个，与新宾满族自治县结成帮扶对子，10名科技人员经常深入到新宾各乡、镇传授农业科技知识，解决生产上的技术难题，受到农民的好评。

3. 红南果梨优质、高效、栽培试验示范，被列为辽宁省科技型中小企业技术创新资金项目。本年度根据可行性报告中所涉及的“计划目标、技术创新性、组织实施方案”等内容，进入全面实施阶段，基本上完成了预期目标，2005年准备项目验收。

4. “抚香一号”高效栽培技术试验示范被列为辽宁省科技型中小企业技术创新资金项目。本院根据“辽宁省科技计划项目申报书”和“可行性研究报告”，深入课题研究，落实示范基点11个，种植示范户17户，通过示范栽培辐射广大菇农，运用新品种栽培可以提高产品产量和质量，进入市场，提高经济效益。

5. 食用菌杂交育种及优质高效模式研究。本年度共引进香菇亲本菌株26个，其中长白山野生香菇菌株12个，野生近缘菌株4个，优良品种10个，共配制杂交组合746个，最终确定异核体菌株115个，其中有26个待扩繁，继续进行试验。

6. 东北地区野生中药材人工驯化栽培及资源圃建立。在上年工作基础上，进一步扩大试验规模，增加新品种，对于归圃的中药材品种均做了一定的栽培试验，观察物候期及生物学特性，调查生长量及驯化栽培反应，逐年总结由野生变家栽的各种栽培经验，为下一步野生中药材高产栽培技术和新品种选育研究奠定了一定的基础。

7. 针叶木屑人工栽培食用菌技术研究试验。本项目研究旨在通过“发酵处理”、“碱化处理”、“除脂药剂”或“蒸馏”等方法，除去或分解松脂成份，排除抑菌因素，使针叶木屑得以利用，开辟一个原料来源的新途径，为食用菌产业创造更大的社会效益，2005年项目验收。

8. 抗寒果树新品种选育及配套高效栽培技术研究试验。利用本院选育的抗寒、优质、红色、耐贮品种“红南果梨”为亲本，通过与其它大果、耐贮、优质、抗病的品种进行有性杂交，从而获得大果、优质、红色、耐贮、抗寒、抗病的梨树新品种。应用于生产，创造社会效益。

9. 高产、优质、多抗水稻新品种选育试验。原始材料观察利用试材35份，杂种代培育选择试验116份，产量鉴定试验38份，品种提纯及原种繁殖，抚105、218、85101、9612、867、清杂42等，产量比较试验11份，全国北方稻区（吉玉粳）组区域试验及生产试验，按计划完成。

10. 高产、优质、多抗玉米新品种选育及配套技术研究。完成原始材料298份，自交系选育200份，杂交种产量鉴定试验356份，杂交种产量比较12份，中熟组预试51份，区域试验12份，生产试验12份，国家东北早熟玉米预备试验90份，区域试验2个组共36份，生产试验10份。试验按方案进行。

11. 大豆新品种选育试验研究，原始材料整理与引进利用试材44份，有性杂交组合配制41份，杂种后代的培育与选择试材70份，系统选育试验试材72份，各种材料按方案进行，选拔出优良新品种，向社会提供优良品种。

2004年取得的科研成果。1. 清原马鹿高效养殖技术，通过国家验收；2. 玉米新品种“抚玉8号”通过辽宁省农作物品种审定委员会审定；3. 水稻新品种“抚218”、“抚9813”、“抚105”通过辽宁省农作物品种审定委员会审定。

（王成珍　于　艳　王力平）

【林业研究】 2004年，市林科所职工队伍素质不断提高，在读专科生、本科生5人。基础性计算机应用由5人增加到15人，社会知识教育也相应得到提高，改善了办公环境，增加部分现代化办公手段，建立林科所网站，全所工作实现微机化管理。人员在科技报刊杂志，发表科技论文、科普文章多篇。

2004年市林业科学研究所共承担6项科研项目，各项课题基本完成了各自的研究内容和试验进度。杂交榛子开发研究重点对根状茎育苗进行试验，育苗成活率和保存率、成苗率都有了明显的提高。药用植物栽培正在初试阶段，刺五加种子育苗关，仍没有突破。本所配合林业局山区资源开发处，对野生榛子垦复工作，进行了部分技术指导，大果榛子苗木繁育，超额完成了年初制定的育苗任务。科研基地在章党乡门进苗圃定植爬地柏1.3万株，成活率85%以上，增加彩叶植物5 000株。河北省三河市基地苗圃，新定植金银忍冬和佛桃花2 000株，圃地苗木存量40 000株，平均胸径4.0公分以上。

市林科所的大果榛子品种，经过多次筛选，选出适合抚顺地区气候条件的高产品种，最高单株结实量近1.5公斤，亩产80～100公斤，果实个大皮薄，口感极佳，科技人员积极推广到市区三县，有利于调整农村产业结构安排农村剩余劳动力的重要社会效益，可使农民群众收到巨大的经济效益。

（赵君娜）

【园艺研究】 园艺所抓好重点科研项目，继续培育本所以辣椒为主的优势育种课题的同时，加大力度推进山野菜产业化进程，推动所内各项事业的发展。辣椒项目研究主要以保护地专用新品种选育为重点，育种目标以大果型、有辣味、果面鲜亮等极具市场竞争力的经济性状的选育为突破点，兼顾两用系的转育工作，为新品种制种打下了基础。通过选育，参加品种比较试验研究结果表明参试品种在产量方面表现突出，与对照品种的差异极显著，经济性状优良，2005年可进行区域试验。两用系转育工作，转育的35A辣椒，不育株已达50%，达到了两用系的标准，但果型不整齐，今年做了大量选形工作。培育技术较为先进，并按计划实施，达到了本年度工作目标。

2000年8月开展的山野菜种苗人工繁育的科研课题，在广泛调研、试验的基础上，于2003年3月开始了刺龙芽和大叶芹种苗人工繁育。到2004年8月，已累计繁育山野菜种苗1 800万株，蒲公英等其他种苗120万株，累计人工上山栽植刺龙芽面积2万亩，温室反季节生产大叶芹300多亩。

本年度新繁育刺龙芽种苗300万株，2005年春季可起苗栽植。还对大叶芹进行了不同播期、不同播种方式的试验，共播种大叶芹50万株，已移栽到各个温室中。2004年春，为新宾、清原两县提供刺龙芽种苗300万株，栽植了4 000亩，占全市刺龙芽苗需求量的20%。

2004年5—10月，先后派技术人员到各示范区进行选地、栽植技术的指导，保证了栽植成活率和茎杆产量，提高了栽培刺龙芽的经济效益。并且为种植专业户提供的56万株大叶芹、蒲公英种苗进行全程技术指导。11月为全市的百千万工程活动派出5名技术人员为农民提供技术咨询服务，发放技术资料2万份。

2004年市国共所与沈阳隆迪种业进行了国内外蔬菜品种引种试验，筛选甜瓜品种9个，具有抗病性强、果型大，含糖量高、网纹美观等特点，筛选番茄品种3个，综合性状表现良好。

作为市属农业科研单位，首要目标和责任是为全市农村发展、农业增收、农民致富提供有力的技术支撑。2004年，本所加强了科研方向的调整，积极参与农业产业化经营，取得了明显的效果。

1. 制定山野菜生产技术规范。2004年9月，由本所负责起草的刺龙芽、大叶芹生产技术规范和产品质量标准已通过专家审定，将于2005年颁布实施。

2. 建设温室园区四位一体沼气池。由省农委农村农源办公室支持的日光温室内沼气池、猪舍、厕所四位一体建设项目在本所温室园区内建筑完成。

3. 建山野菜项目基地。由省农委支持的东部山区替代产业项目实施计划，投入资金100万元，已完成了基础设施建设和生产设施建设部份。园艺所温室园区已初具规模。

（于恩生）

【电子技术研究】 抚顺市电子技术研究所自2002年8月转制为民有民营的股份合作制企业后，严格依照《公司法》的规定进行企业的经营和管理。2004年初，研究所重新选举了公司董事会，组成了新一届领导班子，新抚区区委在年初为研究所派来了党委书记，同时电子所正式翻牌为抚顺市电子技术研究所有限公司。部门设置为党委行政办公室、财务部（科）、LED大屏幕显示器研究室、智能化研究室、电子防雷研究室、电子安全技术防范研究室、科技服务中心。

电子所新一届领导班子，为使电子所尽快摆脱困境，重新振兴与发展，制订了一系列优惠政策，与各研究室签订了2004年度经营承包合同，同时开源节流，开展各种形式的经营活动。在新产品开发研制方面，市电子所研制成功“LED警示灯”、“玻璃钢仿声动物”系列新产品，并于当年向市科委立项，“LED警示灯”新产品获得市科委科技三项费立项，这2项新产品当年就实现小规模生产，面对国际、国内市场销售，带来了一定的经济效益。在电子工程承揽和施工及技术服务方面，完成了清原满族自治县政府视频监控报警系统、会议管理系统及清原县人大表决系统、抚顺市山源散热器有限公司监控报警系统、抚顺市中心医院电子防雷系统、玉成中学大屏幕显示器、望花区人大表决及会议系统改造等等，获得有关单位的好评。在技术培训和掌握新技术发展方面，市电子所对相关技术骨干进行短期培训，参加全国各种类型的技术交流博览会，及时掌握电子技术发展的最新动态。

在2004年度，全年实现电子工程及技术服务等项收入50余万元，实现利税10余万元。

（周立慧）

【煤矿设计】 2004年，抚顺矿业集团设计院在完成集团公司的重点工程设计中，做出了突出的贡献，创全年产值和利润历史最好水平。2004年完成的重点工程设计有：

1. 页岩油厂技术改造工程（即第四部炉）。该工程在2003年提交完大部分施工图的基础上，2004年又完成了干馏变电所、继电保护、全厂防雷工程、156皮带机改造、废渣仓接建等工程。在设计中工程技术人员，采用新工艺、新技术、新材料，严把质量关，对部分非标准设备结构不合理进行技术改造。2004年5月1日投产后，年处理页岩的能力由300万吨增加到400万吨，年产页岩油从9万吨增加到12万吨，为集团公司增加了可观的收入。

2. 西露天坑口油厂新建工程。西露天坑口油厂新建工程自2004年3月份决定建设以来，煤矿设计院就积极投入了进去。首先就厂址的选择提出方案、论证方案，然后做可行性研究和总平面布置，最后做施工图。在时间紧、任务重，工期要求很紧的情况下，大多数设计人员和管理人员放弃了节假日、公休日，加班加点进行工作，完成设计底图2 300余张，发出设计蓝图近30 000张，在非常规的情况下，满足了工程建设进度的需要。该项工程全部采用了计算机集控系统。全厂的主要工艺参数全部实现了计量、显示、存储和打印，全部生产和生活用水系统均采用了玻璃钢管路，节省了工程投资，预计2005年5月该工程可投入使用。

3. 老虎台矿选煤厂矸石再洗跳汰机工程。由于矿井煤质变化，灰分增高，原有跳汰机的处理能力已远远满足不了生产的需要，为此决定在老厂房内再上一台跳汰机。老厂房是日伪时期留下的，空间十分狭窄，要安装一台跳汰机和其他不同规格的附属设备困难很大。设计人员多次深入现场，实测厂房，同技术人员协商，最终确定理想的方案，既满足了工艺要求，又尽量减少拆除梁柱结构。2004年4月投产后，解决了矸石带煤的问题，带来了较好的经济效益。

4. 东露天矿恢复工程。这是一个接续工程。2004年根据集团公司对东露天矿坑开发的总体设想，主要完成了《东露天矿恢复工程劳动安全预评价报告》和《东露天矿田矿产资源开发利用方案》。

5. 页岩油厂小颗粒ATP装置。2004年，设计院参加了与加拿大ATP公司及德国克虏勃公司关于页岩油厂小颗粒ATP装置的技术谈判。这是一项充分利用和开发油母页岩的项目。一年来设计院与洛阳院共同完成了可行性研究报告，并根据专家组意见，双方对各自分担的可研部分进行了修改并上报有关部门。并受集团公司转产办的委托完成了该项目的《劳动安全卫生预评价报告》。

2004年，由于全体员工的共同努力，经济效益有了很大的提高，员工的收入也有了增加。全年完成产值271万元，人均收入由2002年760元/月，增加到现在的1 350元/月。

（李春生）

【石油化工设计】 2004年，中国石油集团工程设计有限公司抚顺分公司各项经济技术指标均创历史最好水平。在工程总承包、外部市场开发上，取得了历史性突破，超额完成公司下达的各项考核指标，主营业务收入较加盟CPE前提高了3倍，各项指标完成情况均创历史最好水平。完成工程投资近18亿元，承接工程设计173项；市场开发取得历史性突破，共计签署合同额11 510.23万元，其中抚顺石化分公司设计合同金额1 477.08万元，抚顺石油化工公司设计合同金额1 083.46万元，工程总承包合同金额8 209.74万元，外埠设计合同金额1 001.4万元，设计回款5 779.25万元（其中包括总承包进度款2 975.06万元）。实现营业收入6 717万元，实现利润416万元。业务收入较上年同期增加了201.75%，是去年同期的3.02倍，净资产收益率2003年为2.34%，2004年为11.13%，较去年同期提高了8.79%；全员劳动生产率2003年为6.81万元/年．人均，2004年为20.73万元/年．人均，是2003年同期的3.04倍。总资产周转率较2003年同期提高0.7；流动资产周转率较去年同期提高了1.61；应收账款周转率较2003年同期提高4.13。职工个人收入显著提高。固定资产投资达到278万元，无形资产投入达到58万元，较加入公司初期固定资产净增加了149万元，无形资产增加了1 119万元，实现了国有资产的保值、增值。

2004年中国石油化工设计抚顺分公司确定了依托抚顺石化两大公司，努力开辟外部市场的经营思路，制定了必须占领抚顺石化两大公司设计市场90%以上的市场份额，外部市场收入必须占设计收入的30%，实现总承包零突破的市场开发战略。市场开发上取得了历史性突破，参加了孟加拉凝析油蒸馏装置工程和伊朗酮苯装置改造工程项目的投标工作。

2004年抚顺分公司干气制乙苯工艺技术和偏三甲苯工艺技术成功地申报国家发明专利。由于拥有了乙苯工艺的专利技术，使抚顺公司在锦州、林源两套乙苯装置招标中取得优势。年内，抚顺分公司对今后三年技术开发项目，重点是石蜡加氢新技术、煤间接液化合成油加氢工艺、催化剂生产装置中NOX净化技术开发、挖掘石油二厂硫酸装置潜力和进一步开发干气制乙苯工艺技术等专有、专利技术的研发和推广进行了规划。

年内加大了对项目经理的培训力度。共有6人参加了项目管理师培训，对项目经理进行了6次新版质量体系文件的培训。在总承包项目管理上，指派分公司一名副总经理具体负责，抽调相关专业的设计人员联合办公。每周印发一期工程总承包快讯，及时反映工程的进展情况和存在的问题，发至施工建设单位、业主和分公司各部室。在较短的时间内完成了与CPE质量管理体系文件的对接工作。进行了全员贯标培训，员工培训率达到了90%以上。完成了质量标准替换工作。

年初，中国石油工程设计抚顺分公司对315个岗位实行了岗位竞聘，提拔任用了6名中层领导人员。同时，根据半年来机构运行情况，8月份完成了专业室整合，由原来的9个专业室整合为6个专业室，34名员工参加了专业技术中层领导人员的岗位竞聘。完成了财务资产部的岗位竞聘工作。全年调整中层领导人员21人。在劳动用工改革上，打破了传统的劳动用工方式，返聘了15名石化离退休老专家，从社会招聘了13名绘图员充实设计一线，完成了11名新招大学生的上岗培训和分配工作。

2004年，抚顺分公司加大了科研投入。按照《中国石油集团工程设计有限责任公司基层建设计划》，2004年上半年同大专院校联办外语培训班、专升本培训班，加强基础知识、专业知识的学习，强化外语、计算机等基础知识培训。并加大了设计软件的投入，对专业室的计算机进行了更换。全年更换计算机138台，购置设计软件10套。

（王洪斌）

【建筑设计】 抚顺市建筑设计研究院有限公司2004年拥有员工102人，其中专业技术人员92人，占90.2%；高级技术职务28人（含教授研究员级高级工程师2人）。国家一级注册职务人员20人，二级注册职务人员12人。

2004年完成设计投资额39 372万元，设计面积43.75万平方米，工程地质钻探5 491米，年产值862万元，全员劳动生产率8.42万元。完成建筑设计97项，勘察24项，其中设计住宅62项、公共建筑23项、工业厂房2项、办公楼4项、学校1项，其他5项。勘察设计产品合格率100%，优级品率8.3%。

本年设计作品主要有抚顺市中心医院门诊办公楼、城东生态园、雷锋学校、银河湾二期工程、河畔幸福城住宅小区，皓元新城住宅小区。

本年公司在科技进步方面作了大量工作。参加了为期16个月的国家科技攻关计划“小城镇住宅建设标准化研究”；参加了中国标准化协会《钢筋混凝土复合柱技术规范》和辽宁省地方标准《建筑地基基础技术规范》编制；独自编制了辽宁省建筑标准设计图集《钢筋混凝土过梁》、《室外装修》、《室内装修》、《室内楼梯构造》和抚顺市建筑设计通用图集《框架结构填充烧结废渣空心砖及空心砌块墙体构造》。投资改善了工程地质勘察检测设备水平。购进先进的中高应力固结仪、电动剪切仪、波束测试仪、电子天秤等仪器设备以及有关计算机软件，为进一步提高勘察设计产品质量提供了保障。新技术推广重点是采用本院节能建筑技术研究成果以及智能化建筑技术，节能住宅设计推广率达100%。结构专业采用现浇空心板、短肢剪力墙、高强混凝土等。新技术、新材料的推广应用，节约了能源、保护了环境、改善了建筑物使用功能、降低了投资，创造了良好的综合效益。年内还通过了ISO9001：2000质量管理体系监督审核，使本院管理水平、产品质量迈上了新台阶。

（郭子文）

·农业科技·

【科技扶贫】 为了贯彻落实省委、省政府科技扶贫工作的要求，促进全省科技扶贫工作的深入开展，2004年抚顺农科院继续安排10名科技人员组成服务队深入到新宾满族自治县各乡、镇，同县政府共同进行扶贫项目。在科技扶贫工作中充分发挥专业特长和技术优势，根据各乡镇自然条件认真研究分析，确立了科技扶贫项目，取得了一定成效。到项目全面完成时，可创造较好的社会、生态和经济效益。

依靠新宾现有自然资源优势，利用山坡耕地，疏林地生产野生山葡萄2 500余亩。大力开发特有资源山野菜、中草药生产，总面积达4千亩，香菇露地栽培1.8万亩，半人工封山养殖中国林蛙3 500余处，养殖林蛙1千万只以上，红南果梨栽培基地5处，现已结果，取得经济效益。

【科技进山增效示范工程】 抚顺农业科技研究院是辽宁省科学技术厅“科技进山增效示范工程”的技术依托单位，本院与项目承担单位宽甸、桓仁、清原三个满族自治县建立了长久的指导、帮助关系，以科技进山增效示范工程为载体，全面推进农业产业结构调整；立足当地自然资源优势，引进先进科学技术，以帮助农民选择发展致富项目为突破口，引导农民发展商品经济，调整种植、养殖生产结构，走产业化发展道路；选定中国林蛙、清原马鹿、食用菌、经济林、果树、山野菜、中草药材等一批项目，建立了多个示范基地，并已形成了较大产业规模；坚持市场导向原则，以资源为依托，以基地建设为基础，实现了产、供、销、养、加工一体化，开发高新科技产业，组织农户成立各种协会，采取整体规划，统一组织，分户经营，连片开发的办法，使产业壮大起来。广大农民以科技致富，在科技进山示范工程的推动下，出现了一大批典型科技示范乡（镇）村和典型示范户。

市农科本院科技扶贫清原北三家乡双河村，修筑道路600延长米，沈吉铁路南北两侧道路畅通，方便了群众，为生产和发展创造了条件；春节期间为双河村捐款，送衣服、大米等；帮助村民寻找科技致富项目，建立了红南果梨种苗繁育苗圃一处。农户在实践中掌握了播种、嫁接，病虫害防治、早期丰产等先进管理技术，收到了较好的效果，建立了中药材——辽细辛种苗繁育基地一处，现已生长三年，长势很好。示范推广应用了本院培育的玉米、水稻、大豆新品种抚玉8号、抚粳4号、抚105、抚218、抚97－16早等，使粮食生产大面积增产15%以上，创造了社会经济效益，全院组织了科技三下乡活动4次，发放各种农业科技资料10万份，出席省农委组织的农业新技术新成果展览会，有利地推动了本院科研成果的转化与应用。

（王成珍　于　艳　王力平）

·科技咨询·

【网站建设和网络平台维护】 对“抚顺之窗”网站进行全部改版，共加班60余人次。改版后的“抚顺之窗”网站，丰富了首页信息内容，扩大了宣传面，新增信息6 830余条，350余万字。其中，打字录入信息6 390余条，文字量达270余万字，整理、摘录信息440余条，80余万字。全年“抚顺之窗”网站访问量达60余万页次。为了使“抚顺之窗”网站真正成为第四媒体，积极利用网络宣传本市的重大工作事项，并不断开拓创新。对市人大和市政协会议进行了网上报道；设计制作了反映抚顺清永陵申报世界文化遗产情况的专题网页；设计制作了向赵景顺同志学习的专题网页；为配合本市招商引资项目的顺利进行，在“抚顺之窗”的“招商引资”栏目共发布招商引资信息100余条；为宣传中心、扩大中心的知名度，完成了《抚顺市信息中心》网页的设计、制作及广告宣传的设计工作。同时，坚持做好中心网络平台的日常维护工作，其中包括：服务器设备更新维护，防火墙系统的维护，网络服务软件系统的维护，网络环境的升级改造。经过多次与网通公司沟通，增加了网络带宽，由过去的2M达到目前10M，改善了中心网站运行的基本环境。坚持做好党政信息网日常维护工作，保证党政信息网网络畅通，随时发现异常，随时解决。

【信息服务】 为更好地做好政府信息化服务工作，市信息中心成立了信息化服务站，负担整个政府网络设备的维护，办公地点设在市政府办公楼11楼1111房间。信息化服务站成立后，作了大量的工作，为市政府领导计算机系统及外部硬件提供维护服务，完成了市政府大楼三层交换机的更换、视频采集工作站、服务器硬盘的修复工作。市政府大楼部分主干网络设备使用的是巨龙公司的设备，有些设备仍存在问题，因此处理好遗留的问题显得十分重要。信息中心先后与巨龙公司沟通60余次，最终圆满解决了设备的收尾问题。

【科技监测预测】 2004年，按时完成了全市经济运行月份、季度以及年度监测预测任务，截至2004年底已编发《抚顺宏观经济监测预测》12期，召开全市季度监测预测会议4次，编发重点问题参考文章4篇。开展了对省中心推荐应用的计量经济学软件包Eviews的使用研究工作。

2004年在热点、重点问题调查方面，完成了全省十四个城市2003年度国民经济指标对比工作，完成了抚顺市重点项目调查的前期论证、调查提纲、调查表设定、调查方案起草等工作。选择全市重点工程项目投资建设情况作为调研题目，为此做了大量的前期准备工作。

【科技培训】 1. 积极开展各类计算机培训。先后组织了公务员计算机培训、职称计算机培训、计算机等级考试培训、高级编程培训等共7个班次的培训，培训达300余人次。通过积极工作，信息中心成为“中油石化杯”抚顺市第三届职工技术运动会抚顺移动公司赛区的考点，负责设计考题、监考、判卷一系列工作，保证了比赛的顺利进行，得到了抚顺移动公司和市总工会的好评。

2. 积极组织欧盟企业管理培训。上半年，根据欧盟项目即将结束的情况，加紧了与欧工办的联系和合作，密切了彼此的合作关系，在有限的时间内争取了较多的培训次数，又为以后的合作和往来奠定了基础。2004年共开展了7期培训，内容涉及营销、员工激励、计算机技能培训等方面，组织了50余家企业、300余人次参加培训，获得了企业的好评，并在企业中创造了一定的知名度。欧工办对抚顺的工作非常满意，得到了中、外合作方认可。

3. 加强宣传工作，完善服务制度，强化学校形象建设。重新设计、制作了学校网站，完善了相关规章制度，为学员的学习提供了各种便利条件；提出了会员制管理，扩大学校的影响和招收学员的范围；进行了走廊的宣传和亮化，改善了学员对学校的第一印象；利用报纸、路牌广告、宣传条幅等形式开展学校宣传工作，并根据季节的不同，有针对性地推出系列招生宣传活动等。这一系列措施扩大了学校的影响，并使学校的形象建设有了一定的提高。

4. 加强认证培训合作。本年中，与劳动局合作，成为抚顺市再就业培训基地，与沈阳常青藤公司签订了开展思科认证培训协议，与沈阳市信息中心签订开展项目注册分析师（CPDA）认证培训协议，与沈阳信诺管理顾问有限公司签订合作开展市场总监、营销经理认证培训协议，与13家企业签订了用人合作意向书，加强了培训的对外合作工作。

【发挥信息协会作用】 信息协会坚持“一个中心（以信息化为中心）、两个重点（牢牢抓住信息资源开发利用和信息服务业发展）、三个服务（努力为政府、企事业单位和会员服务）”的方针。深刻学习和领会中央关于东北老工业基地调整、改造、振兴的战略，积极参与“振兴抚顺老工业基地大讨论活动”，围绕本市经济发展需要，结合信息行业特点，提交了《以全局观点发展电子政务》的建议，发表在《抚顺日报》（2004、4、14）上，并被市委宣传部等主办部门评为优秀稿件，为政府制定信息化相关决策提供了支持。发挥咨询、沟通联系职能，积极组织协会会员参加国内外的信息交流、研讨、考查和多种商务活动，协助市科协组织有关单位参加“辽宁省第二届学术年会征文”活动，并且组织会员单位30多人参加“市科技活动周”关于“人类社会的发展”科技报告会，进一步增强了会员单位的信息化和科技意识。同时结合抚顺对外开放的实际，协助有关部门开展招商引资活动，联系东宜国际（HK）投资有限公司，传递抚顺重大招商引资项目信息。进一步加强协会的组织工作，密切协会同会员的联系。3月份举办了一次小型联络员会议，来自市政府办公厅、市环保局等多家会员单位的相关领导参加。这次会议主要介绍了今后工作的主体思路和工作策略，通报2004年五项主要工作，并且征求各有关会员单位的意见。协会在7月举办了联络员工作会议，对如何加强协会工作进行了深入的探讨，来自政府部门、企事业单位的20名同志参加了会议。

【完成涉密系统资质认证】 3月份完成了涉密系统集成资质认证的年检工作，使中心仍保持抚顺市唯一一家具有涉密系统集成资质认证的单位资格。

【信息咨询】 在信息资源建设基本无投入的情况下，尽可能利用互联网上的免费信息资源来为用户开展信息查询工作。一年来，共计接待查询用户30多人次。先后开展了新闻资料片剪辑及样片刻录等项目推广可行性研究、医用垃圾及工业废弃物处理项目推广可行性调查等社会信息咨询工作。

（张金龙）

·地震监测·

【基本情况】 2004年抚顺市地震局全面建设“三大工作体系”，防震减灾工作整体水平明显提高，城市防震减灾能力大幅提升。市地震局荣获2003年度全国市（地）防震减灾综合评比三等奖，被省政府授予辽宁省防震减灾先进集体荣誉称号。2004年市地震局完成的“抚顺市数字遥测地震台网建设”项目获得抚顺市科技进步二等奖。“抚顺历史地、矿震资料的整理与研究”项目获得辽宁省地震局防震减灾科技成果三等奖。在辽宁省地震观测资料质量评比中，抚顺市地震局的南山城自记水管仪（FSQ）获得第一名、木奇站石英水平摆（SQ）获得第三名、山龙峪模拟水位获得第一名、抚顺台数字伸缩仪获得第三名。在国家局地震观测资料质量评比中，抚顺市地震局的木奇站石英水平摆单项获得第一名、南山城小综合获得第二名、山龙峪井模拟水位获得第二名，首次实现三个测项同时在国家获得前三名。在辽宁省地级市2004年度地震趋势会商评比中，抚顺市地震局再次蝉联全省第一名，实现三连冠。

【防震减灾技术系统建设】 2004年在完成“九五”防震减灾计划项目建设的基础上，积极争取“十五”防震减灾建设项目，得到中国地震局和辽宁省地震局的政策倾斜，投资635万元用于本市地震监测环境、地震监测系统改造和城市活断层探测，体现了国家、省两级地震局对抚顺防震减灾事业的大力支持，市政府也给予了相应的配套支持。目前项目建设工作正在按计划实施。

【观测资料质量和分析预报】 1. 推行全程质量管理，构建高质高效的运行机制。为确保观测资料质量，市地震局坚持了事先指导、过程监督、阶段检查、成果验收的质量保证体系，月检季评，三级管理，力争不合格品不流入下道工序，观测资料质量保持了稳步提高的良好势头。

2. 下大力气抓分析预报，继续推行“会分析的人员多、利用的资料多、使用的分析方法多和多方案竞争”的“三多、一争”活动。通过“三多、一争”活动，提高了观测人员对观测资料质量的关切度，使观测资料质量和分析预报水平的提高相辅相成、相得益彰。

3. 严密监测震情，及时分析数据，密切跟踪异常，全面完成了全年的监测预报工作。

4. 重新改版《震情简报》，丰富刊物内容，使其不单作为震情通报，还成为防震减灾政策、科普宣传和工作情况反映的合法刊物，受到上级和有关领导的表扬。

【城市防震减灾】 1. 抗震设防要求管理工作步入法制化轨道，积极推进防震减灾立法工作。根据抚顺采矿诱发地震动灾害的情况，向市人大提出了本市设立“抗震设防要求管理条例”的立法申请。加大抗震设防要求管理执法力度，抗震设防要求管理已经列入基本建设管理程序，正在步入法制化管理轨道。先后两次依据《地震监测管理条例》执法，化解地震台监测环境受到干扰的矛盾。

2. 积极推动矿产资源开发与环境的协调发展，建议市政府，邀请以东北资源型城市开采诱发工程灾害控制与环境损伤治理为主题的中国科协第91届青年科学家论坛到抚顺，并成功承办了该次会议。中科院院士宋振骐、工程院院士郑颖人、陆钟武及40多位青年科学家出席了会议。

3. 与市民事防护指挥部和民防办建立起了共享联动的应急救援管理机制，应急救援管理正在走向成熟。

【地震科技研究】 依靠科技进步，发展防震减灾事业。制定并有计划地实施科研项目牵动战略。

1. 由市地震局独立承担的国家自然科学基金项目“抚顺市老虎台矿中尺度地震实验场建设及相关问题研究”，2002、2003年连续两度得到资助，作为市级地震部门得到国家自然基金的支持以及同一项目连续两度得到支持，都是自然基金资助项目历史上前所未有的。以此为契机，争取到省、市政府的联合资助，建成了国内第一个以高发矿震矿井为基地的数字中尺度地震实验场，为监测和研究矿震及天然地震发挥了重大作用，产出大量高质量观测数据和一批高档次科研成果，吸引了大批国内外高层次研究力量合作开展地震科研工作，带动本单位观测资料质量和分析预报水平大幅提升。该项目于2004年4月通过自然基金委鉴定验收，获得优秀等次。

2. 完成省地震局责任包干科研项目“抚顺地、矿震史料的整理与分析”、中国地震局监测预报司“三结合”科研项目“抚顺矿震、周边地震与抚顺前兆的相关性研究”，协助完成了科技部“矿山震动灾害监测系统建立和预警系统研究”项目。承担的抚顺市科技计划项目“矿震监测新技术研究与多功能台网建设”和“抚顺市矿震主要影响区震害预测”、辽宁省科学计划项目“矿山震动灾害的防治”的研究工作正在如期开展。

3. 2004年度共发表论文4篇，会议征文1篇，会议特邀报告2篇。论文：《地球物理学进展》——强矿震地球物理过程及短临阶段预测的研究；《东北地震研究》2篇——山龙峪井水位异常与地震关系初探、周边地震的持续活跃对我国大陆内部地震的影响；《地质通报》——矿山地震震源机制特征。会议征文：北京海淀城市防震减灾（国际）论坛——高度关注采矿诱发地震的威胁。特邀报告：中国科协第91次青年科学家论坛——高度关注深部开采的矿震灾害；中国岩石力学与工程学会东北分会2004学术研讨会——基于中尺度地震实验场的矿山地震观测与研究。

（李大成）

·人才市场·

【人才招聘】 2004年市场招聘洽谈日趋活跃，多项指标创历史新高。除举办春、秋两季人才招聘洽谈会外，首次举办冬季人才招聘会，全面启动并开放集市型及系列专场人才招聘洽谈会，形成了定期集市型人才招聘会和人才招聘专场相结合的市场运行模式。全年共组织各类现场人才招聘洽谈会88次；进场招聘单位1 481家/次；人才需求26 302人；交流成功5 274人。积极培育发展网上人才市场，实现有形市场与无形市场的联动互补，举办网上人才招聘会2次；网上招聘单位212家/次；网上和现场办理求职登记7 637人。

【社会化服务】 2004年市人才中心加大人事代理服务业务宣传，全年新增委托人事代理580人，累计存档7 851份。

积极拓展创新人事代理服务领域，一是在市公安局户政部门的支持下设立集体户籍，解决了用人单位引进外地人才落户难的问题；二是为流动到非公有制企业工作的人员补办相关手续解决了后顾之忧；三是制定了为本市民营企业提供人事代理服务的优惠办法，鼓励军转干部、大中专毕业生到民营企业工作；四是开展了学历文凭认证服务业务；五是在抚顺人才网设立“流动人员之家”栏目，将人事代理的政策和相关服务项目、服务信息等在抚顺人才网上发布，为流动人员和服务对象提供了便捷的服务。

【资源开发】 探索人才培训新途径，提升人才资源开发水平。全年除完成九个专业1 991人次的职称考前培训任务外，根据人才培训市场变化和社会需求，积极探索人才培训新途径，主动与相关办学单位沟通，采取来抚讲学、合作办学、委托办学等互利双赢的方式，先后同北京经贸大学、北京中华会计网校、市建一公司培训中心联合举办注册咨询工程师、注册税务师、注册安全工程师考前培训班，完成212人的培训。为270人开展了公务员考前培训；还为市教育系统207名小学教师提供了心理素质测评服务。按照国家和省的统一安排部署，全年总计完成24个系列8 972人次的考试报名工作和考务组织工作。

【信息化建设】 搭建信息网络平台，提供人才公共信息服务。市人才中心先后与东洲区人事局、新抚区人事局、顺城区人事局合作，无偿协助建立并开通了抚顺人才网的三个城区分站。实现联网贯通、信息共享，延伸了抚顺人才网的服务触角，较好地发挥了抚顺人才网的窗口作用和辐射作用，为社会各界搭建了一条便捷、高效的人事人才公共信息服务通道，有力地推动了城区的人才服务工作。加大人才市场、人才服务业务的宣传。借助抚顺电视台《就业援助》栏目制作并刊播4期专题节目；在抚顺晚报、抚顺广播电视报、天通广告等媒体上发布44期信息；在168信息查询台发布信息6 000多条；在抚顺人才网发布各类招聘、求职及综合类信息10 000余条。开通了手机短信群发系统，免费向服务对象发布各类考试信息和招聘会预告信息13次共计5 500余条，这一新型便捷的网络传播渠道受到了服务对象的普遍欢迎。

【软环境建设】 坚持抓软环境建设。一是制定《抚顺市人才中心加强软环境建设的十项措施》，实行对外公开服务承诺制度，全年在对外接待与服务中没有出现投诉问题。二是改进作风深入基层调研。年底前，集中组织8名同志分别深入17家企业、11所大中专院校开展走访调研。了解人才需求，征求企业意见，开发人才资源，沟通联络感情，为更好地开展工作打下了基础。

（张家顺）

社会科学

·综　述·

2004年，社会科学工作紧紧围绕振兴抚顺老工业基地和建设“和谐抚顺”，开展理论研究。坚持理论联系实际，坚持发展创新，为本市经济和社会的全面发展提供了强大的精神动力和有力的思想保证。

1. 推进社会科学普及工作。围绕“三个代表”重要思想、十六届四中全会精神、振兴老工业基地等重点内容，在全市广大党员干部和群众中开展了多种形式的学习和宣传活动。在全市开展了“我靠抚顺发展，抚顺靠我振兴”大讨论活动，并编发了《振兴抚顺老工业基地百题问答》，下发到广大干部群众手中，为他们解疑释惑，收到了良好的效果。为深入学习贯彻十六届四中全会精神，组织部分基层理论骨干参加了全省学习十六届四中全会精神理论骨干培训班，又在全市举办了两期理论骨干培训班，培训理论骨干300余人。依托报纸、电台、电视台和互联网等新闻媒体，通过开设学习实践“三个代表”重要思想、以科学发展观为指导、振兴抚顺老工业基地等专栏专题，深入系统地宣传了十六届四中全会精神、“三个代表”重要思想和中央关于振兴东北老工业基地的一系列重要指示和重大战略部署，为在全市不断兴起学习贯彻“三个代表”重要思想新高潮，全面推进党的建设和加快抚顺老工业基地的振兴，提供了有力的思想保证。加强了对基层理论学习的指导，创办了《理论学习资讯》，将各个时期理论学习的要点及工作要求汇聚其中，下发到各县区、机关和企事业单位，受到了基层单位的普遍好评。在全市组织开展了社会科学普及周活动，开展科普讲座80余场，在市内主要街道开展了“振兴在老工业基地”成就展。建立了由在职理论工作者、离退休干部和科普工作者组成的百名理论工作者队伍，他们先后深入到26个街道、264个社区，累计深入宣讲75场次，直接听众6 000余人次，受到干部群众的普遍欢迎。

2. 深化社会科学研究工作。市委、市政府的中心工作一直是社科研究的重点。2004年，围绕振兴抚顺老工业基地这一主题，召开了“融入沈阳经济区专家论策会”、“抚顺经济发展论坛会”等系列研讨会，邀请省内外的专家学者和有关领导对抚顺今后的发展出谋划策。此外，还举办了“我靠抚顺发展，抚顺靠我振兴”理论研讨会，并组织撰写了近百篇文章在本市的报刊杂志上发表；召开了全市纪念邓小平同志诞辰100周年理论研讨会，同时在全省纪念邓小平同志诞辰100周年理论研讨会上，本市报送的4篇论文，分获2个二等奖、2个优秀奖。为充分发挥科研课题在抚顺经济社会发展中的作用，将34项社会科学科研课题列入了国民经济和社会发展年度计划。完成了第19届社科成果评奖工作，共评出 等奖1项，二等奖40项，三等奖89项。

3. 加强社会科学管理工作。为进一步加强对社会科学工作的管理，使本市的社会科学工作逐步走上规范化管理的轨道，制定下发了《中共抚顺市委关于进一步繁荣发展哲学社会科学的实施意见》和《中共抚顺市委宣传部关于实施马克思主义理论研究和建设工程的意见》，对加强本市马克思理论研究和建设工程，进一步繁荣哲学社会科学，进行了全面安排和部署。组织和引导广大社会科学工作者对重大项目或课题进行攻关，积极为抚顺的经济和社会发展服务。

（王小民）

·学术活动·

【学术交流与科普活动】 2004年党中央、国务院提出振兴东北老工业基地的战略决策，为把社科工作者思想认识和工作思路重点统一到中央精神上来，市社科联组织开展了“我靠抚顺发展，抚顺靠我振兴”大讨论活动，号召全市社科工作者为抚顺老工业基地振兴进言献策。共组织了近百篇文章，分别发表在《抚顺日报》、《抚顺晚报》、《抚顺社会科学》、《抚顺工运》、《抚顺税务》、《抚顺法学》、《抚顺财政与会计》等刊物上。

2004年2月，市社科联组织召开了“融入沈阳经济区专家论策会”。来自本市二十余位专家、学者和政府有关部门领导参加了会议。会议就抚顺融入沈阳经济区重要性、必要性；融入沈阳经济区中的条件、比较优势；融入沈阳经济区的发展重点选择及工作原则等一系列问题发表了观点和建议。

4月，市社科联组织召开了“我靠抚顺发展、抚顺靠我振兴”理论研讨会。来自全市各界的理论工作者和实际工作者，分别从不同角度，就抚顺如何抓住机遇，如何振兴发展以及制约振兴的症结在哪里，展开了广泛的研究和探讨。市委副书记张敏到会并发表重要讲话。4月8日，抚顺市社科联组织召开本市社科界学习《中共中央关于繁荣发展哲学社会科学的意见》座谈会。市委副书记张敏、副市长刘诗认真听取了大家发言，张敏副书记在会上做了重要讲话。

7月，抚顺市社科联、中共抚顺市委政研室、抚顺市小企业局等单位联合举办“抚顺非公有制经济发展论坛”讨论会。会议邀请本市理论界、社科界、民营企业界的部分学者、专家、企业代表，及部分县区的主要领导参加了讨论。研讨会就本市非公有制经济发展的现状、非公有制经济的作用和地位、发展非公有制经济的有利条件和不利因素，及本市发展非公有制经济的对策、措施等一系列问题发表了观点和建议。市委书记周忠轩出席了会议并作重要讲话。

8月，市社科联会同市委宣传部联合举办了纪念邓小平同志诞辰100周年学术研讨会。来自本市各条战线的40多名理论和实际工作者从不同方面对邓小平同志的理论贡献及其对中国革命和建设的历史功绩进行了探讨和回顾。市委常委宣传部部长马克猛主持了这次研讨会，市委副书记张敏出席研讨会并作重要讲话。本月，抚顺市社科联还组织召开了《满族姓氏与谱牒》国际学术研讨会。研讨会通过对满族姓氏宗谱的研究与探讨，进一步发掘满族文化，展示抚顺历史文化底蕴，树立抚顺特色品牌形象，为振兴抚顺经济和社会发展服务。

10月，抚顺市社科联组织召开了学习《中共中央关于加强党的执政能力建设的决定》研讨会市委副书记张敏，市委常委、宣传部长、市社科联主席马克猛，出席了研讨会。市委副书记张敏作了重要讲话。

【学会活动】 2004上半年，市社科联对所属学会、协会、研究会进行了调研整顿。经过深入基层学会走访调研，增进了与基层学会之间的沟通与了解，加强了对基层学会工作的指导，为开展学会活动奠定了基础。

抚顺市税务学会在办刊过程中，坚持“为税收中心工作服务，为经济建设服务，为纳税人服务”的办刊宗旨，努力办好会刊《抚顺税务》。2004年，税务学会共编辑、出版《抚顺税务》6期。发行数量12 000册，刊载论文及调研报告50余篇、信息近百条、图片新闻30多条、政策法规60余条以及各栏目的文章近百篇，大力宣传了本市国税系统的工作动态和各项税收政策法规，为促进本市税收工作开展起到积极作用。

2004年6月，抚顺市图书馆学会组织参加了由省文化厅等部门联合举办的辽教杯“爱我家乡，振兴辽宁”读书知识竞赛活动，全省12个城市的图书馆参加了此次竞赛，抚顺市图书馆代表队获得了“优秀组织奖”。

2004年初，市党建研究会与市委组织部联合开展了以“振兴老工业基地与加强党的建设”为主题的“抚顺党建论坛”活动。这次论坛活动采取有奖征文和组织研讨相结合的办法，围绕振兴老工业基地与加强领导班子思想政治建设等6个专题展开研讨，收到会员撰写论文、调查报告等征文80多篇，在《抚顺党建》杂志开辟了“抚顺党建论坛”专栏，择优刊发了14篇征文。

7月，抚顺市档案学会召开了“档案工作为振兴抚顺老工业基地服务”研讨会，部分学会理事和会员单位代表共30人参加了研讨会。中油股份抚顺石化分公司、矿业集团档案馆、东洲区档案局等单位的8名同志作了中心发言。抚顺市档案学会还在市罗台山检察官培训中心举办了《档案文件整理规则》培训班，共有146人参加学习，为下一步推进机关档案管理现代化，文档一体化管理工作奠定了基础。

抚顺市财会学会不断提高办刊质量，2004年，《抚顺财会》共刊载学术论文及调研报告近80余篇，并专门出版了以“增收节支”为核心内容的专刊。

6月，抚顺市党史学会特邀省党史学会副秘书长张大庸、秘书巩书民到抚顺市委党校、市社会科学院及市卫生局等单位，作了两场题为《回顾党的历史、重温“两个务必”》的专题报告。本年市党史学会编撰完成了《中国共产党抚顺历史大事记》一书。

5月，市职工思想政治工作研究会组织召开了加强社区思想政治工作座谈会，来自全市21个社区的党支部书记参加了会议。通过大家座谈，对我市社区思想政治工作状况有了初步了解。在此基础上通过深入社区调研，挖掘典型，召开了全市社区思想政治工作现场会，总结宣传了新抚区南台社区、白云社区等社区成功经验，为扎实有效地开展好社区思政治工作创造了先决条件。

4月，市思想政治工作研究会组织30余家企业政研干部到毛公村、三家子、山城子、英家等村参观学习，参观了乡镇企业、蔬菜基地以及村容村貌。并在抚顺县石文镇召开了座谈会，大家就如何做好新时期思想政治工作进行了畅谈。

2004年，市思想政治研究会与党员教育处联合组织召开了加强未成年人思想道德建设座谈会，来自本市机关、学校和企事业单位的有关同志参加了会议。年内市思想政治工作研究会还召开“向赵景顺学习，加强农民脱贫致富奔小康过程中的思想政治工作”座谈会。并结合市委的命名表彰决定，在抚顺日报刊发专版，推出“向赵景顺同志学习，践行‘三个代表’”活动，从不同角度做好农村思想政治工作，促进本市农村思想政治工作上一个新台阶。

【学会管理】 2004年，按照市民政局关于社团整顿的要求，市工运学会对学会进行了组织整顿，并作了重新登记。及时调整充实了学会领导力量，建立了每年部署一次学会工作，每年召开一次理事会和理论研讨会（年会），每年表彰学会工作的先进集体、先进个人和优秀论文制度。市工运学会还在产业、县区工会及大型企业工会中发展了一批会员，使团体会员从原来的40余家增至60家。

抚顺市档案学会召开了第五届二次理事会议，调整充实7名理事成员，重新任命了学会秘书长。在新一届领导班子带领下，市档案学会建立和完善了理事会职责范围、学会工作制度和会费管理制度，促进了档案学会工作的开展。

12月，抚顺地方史研究会召开了第六次会员代表大会，会议由市地方史研究会秘书长蒋跃飞主持，大会修改了《抚顺地方史研究会章程》，选举产生了新一届理事会。市社科院院长、研究员傅波当选研究会会长。抚顺清前史研究会在抚顺市政府办公楼11楼社科院会议室召开了第四次会员代表大会。来自个单位领导及清史学者参加了会议。会议对学会机构进行了换届选举。

2004年，抚顺市税务学会、抚顺市金融学会、抚顺市工运学会被评为全国先进学会。

（王　浩）

·学术研究·

【宏观经济研究】　抚顺市经济研究中心在2004年的工作中，积极开展了"如何促进抚顺经济发展"、"如何解决矿区发展中存在的问题"等调查研究工作。并多次参加了全市大型征文活动，为推动全市经济研究工作的发展提供了智力支持。《抚顺经研网》建成开通，课题研究18项，编发《经研内参》10期、完成季度宏观经济形势分析4期，其他理论文章22篇。

1.《抚顺经研网》。6月份开通经研中心局域网，12月22日创建《抚顺经研网》并顺利开通，内设栏目40余个及企业电子名录查询系统。《抚顺经研网》的开通，标志着经研中心为社会服务的功能得到进一步强化，打开了将成果推向社会的窗口，为企业提供了一个信息交流的平台。

2. 课题研究。其一，《关于抚顺经济发展的思考》提出到2010年实现地区生产总值1 000亿元、固定资产投资累计达到1 000亿元的主要依据以及抚顺经济发展的总体思路，其中发展目标和总体思路已被确定为制定"十一五"规划和今后一个时期发展的重要参考依据。其二，《抚顺矿业集团煤炭转型情况调研报告》提出抚顺矿业集团煤炭转型的目标要以市场为导向，充分利用抚顺矿区的资源、资产、技术和人才优势，通过吸引资金和技术，盘活存量资产，选择有市场前景的接续项目，大力发展非煤产业，形成煤炭、油母页岩综合利用、煤层气、机械制造与加工、建材五大支柱产业共同发展的新格局。其三，经研中心除了紧紧围绕全市中心工作开展重大课题研究外，还不断拓宽服务领域，积极着眼于面向社会的科研项目的研究。先后与市交通局、新宾满族自站县、市投资策划中心、市信息中心等单位合作开展了《新宾县满族自站南杂木镇工业园区的规划》、《抚顺市交通建设规划纲要》和《关于对我市旅行社发展情况的调研报告》等项目研究。

3. 《经研内参》。每月不定期向市委、市政府主要领导和市发改委领导报送经济信息、工作动态和研究成果。《经研内参》稿件的重点是关于本市经济发展中的难点、热点问题以及如何解决的建议，着重体现了可操作性。针对难点、热点问题，深入实际调查研究，共完成《关于站前以西地区市场退路进厅的建议》、《切实保护临时工的合法权益》、《老年人免费乘车的规定值得商榷》等19篇文稿。

4. 季度宏观经济形势分析。为此，经研中心每季末根据国际、国内经济形势走势及发展趋势，归纳、整理、汇编形成材料，为市政府及市发改委提供经济参考，以便对抚顺经济的走势及发展方向，有一个全面的清醒的认识，采取积极对策，调整结构。只有提高抚顺经济的综合竞争能力，才能走向市场，迎接挑战。

5. 理论文章。其一，参加抚顺日报社举办的"我靠抚顺发展，抚顺靠我振兴"大讨论活动；其二，参加抚顺日报社和市发改委联合举办的"抚顺新蓝图，请你来勾划"关于"十一五规划"大型征文活动；其三，参加市委宣传部、市社联举办的"纪念邓小平诞辰一百周年"征文活动，其中撰写的《邓小平与贫穷的中国》、《邓小平社会主义市场经济理论与实践》及《邓小平三个有利于思想》分别获得一、二、三等奖，另有三篇征文获得优秀论文奖。抚顺日报还刊登了《认清优势、运用政策、谋求发展》和《"十一五"和今后一个时期经济社会发展环境分析》等16篇文章。

（刘明辉）

【经济科技研究】　2004年，市社会科学院经济研究所紧密联系抚顺地方实际，深入细致地开展调查研究。圆满完成了2004年工作计划。

1. 完成2004年度抚顺市社会科学规划课题三项。①调研撰写完成《关于抚顺煤矿产业转型的研究》课题。提出了抚顺煤矿产业转型的途径和对策，为抚顺煤矿产业转型顺利实施做出了贡献。②调研撰写完成《关于抚顺比较优势的研究》课题。提出了抚顺比较优势的特点并发挥比较优势的建议。③调研撰写完成《抚顺生态经济的研究》。在深入剖析抚顺生态经济优劣势的基础上，提出了抚顺发展生态经济的建议和对策。

2. 完成论文、调研报告20多篇。2004年市社科院经济研究所参与抚顺市委宣传部举办的"我为抚顺经济发展献计献策"活动，撰写的三篇征文均在《抚顺日报》发表。《如何规范"灰色收入"》、《舆论监督和政府效率》等20余篇文章先后在《经济日报》、《抚顺日报》、《抚顺晚报》、《抚顺社会科学》、《领导参阅件》等报刊杂志上发表。《抚顺城市形象探讨》得到刘诗副市长批示："此研究对我市加强城市文化内涵建设很有意义，可请市文化局等部门参阅"。

3. 积极参加学术活动。2004年共参加市委宣传部、市委政研室、市社科联、市政协召开的抚顺经济发展各类专题研讨会、论策会6次；撰写稿件，交流体会，获得优秀论文一、二等及优秀论文奖7人次。①参加市委政研室等单位举办的"融入沈阳经济区论策会"。撰写的《融入沈阳经济区的对策探讨》论文获论文一等奖。②参加市委宣传部等单位举办的"振兴抚顺经济研讨会"。撰写《加速结构调整，发展地区经济》论文获论文二等奖，其他三篇获优秀论文奖。③参加抚顺市政协举办的"抚顺人口资源环境研究"课题论证，在会上提出了相关建议。④参加市委政研室、小企业局等单位举办的"加快民营经济发展"研讨会。撰写的《抚顺民营经济发展难点与对策》被评为一等奖。

4. 撰写、出版《领导参阅件》两期。对抚顺经济发展中存在的一些热点、难点问题，做了深入、细致的调查研究，提出了解决问题的思路和对策，为市领导正确决策提供了参考依据。

5. 加强理论宣传，2004年接受媒体专访4次。即"专家、领导谈抚顺经济振兴"、"抚顺加入沈阳经济区的优劣势及对策"、"如何发展石油化工产业"、"邓小平关于经济特区的讲话对抚顺经济开发区发展的意义"等专题访谈，所发表的谈话先后在抚顺电视台等媒体播出，取得了很好的社会效益。

（王玉哲）

【财政金融研究】　2004年，抚顺市财政科学研究所积极开展调查研究工作，全面完成了各项任务。

1. 完成了省厅科研所制定的协作课题《增加农民收入财税政策研究》。此调研报告在全省科研协作课题评比中荣获二等奖。

2. 开展了《农业税下调税率对我市县区的影响及对策》的调查工作。会同市财政局预算处、税改办进行了广泛深入的调查研究，对因税收政策的调整而给基层政权组织带来的影响进行了分析，提出了具体的解决办法和措施。

3. 完成了《本市推行部门预算改单相关问题探讨》专题调研。针对部门预算改革在本市推行过程中存在的主要问题，结合本市预算资金监管体系的调整，开展了专题调查研究工作，提出了合理配置本市财力资源、进一步推行部门预算改革的建议。

4. 完成了《拓宽监督检查领域，提升会计信息质量》专题调研。联合市财政局监督办进行调研，取得了很好的研究成果，为下一步该项检查工作的顺利进行提供了理论依据。

5. 积极组织财政调研活动。积极组织参加省财会科研百题立项申报工作，上报课题2项，均获得立项并得到专家认可和好评。

6. 积极开展学术交流活动。组织和发动广大财政工作者及财政学会会员召开专题研讨会；组织开展社科成果评奖工作，本系统共上报财经成果20篇；做好省学会专题论文的征集、评选工作，共上报10余篇，均在省级刊物发表，充分发挥了学会的桥梁纽带作用。

7. 办好市财政局机关刊物《抚顺财政与会计》。为适应本市的经济形势，在第五期创办了“增收节支”专刊，集中宣传本市财经政策同时，建立了县区专栏，宣传本市县域经济发展成果。全年共刊载学术论文及调研报告80余篇。

8. 取得多项荣誉。抚顺市财政科学研究所被评为2004年度全省财政科研先进单位；财政学会在全国大中城市优秀学术团体评奖活动中，获得优秀学会称号；在省财政厅2004年优秀调研报告评奖活动中，本市上报的《以核发纳税入库级次证为突破口，全面提高地区财政收入》被评为二等奖，《构建地方公共财政体制框架研究》被评为三等奖；在抚顺市社科成果评奖中，本系统上报的《以核发纳税级次证为突破口全面提高地区财政收入》获得二等奖，《合理调整税负保证财政收入促进经济发展》、《雷锋纪念馆改扩建工程资金运筹与管理的成功实践》等10篇成果荣获三等奖。

（林鸣明）

【社会学研究】 2004年，抚顺市社会学研究所积极开展科研活动，承担辽宁省社会科学重点研究项目1项、完成市社会科学重点研究项目6项、科研项目16项。公开出版书籍3部、撰写并编写《领导参阅件》2期，撰写论文、调查报告47篇，发表在各类报刊上，总文字量50多万字。科研成果获省级一等奖1项、市级一等奖1项、二等奖1项。同时，还取得了一批既有理论价值，又有可操作性的科研成果。

一、开展社会热点、难点问题调查。为了全面了解抚顺市的社会热点、难点问题，有针对性地开展科学研究，2004年社会学研究所开展了14项社会热点、难点调查：下岗职工基本生活状况调查；再就业障碍调查；劳动力输出调查；资源枯竭型城市下岗职工再就业调查；振兴老工业基地与再就业调查；振兴老工业基地与人的全面发展调查；青少年犯罪问题调查；对城市生活垃圾处理情况调查；城市生活垃圾资源化、市场化调查；城市公用事业改革情况调查；抚顺市循环经济发展情况调查；校园外恶性事件调查；劳动保障依法行政调查；技术工人现状调查等。

二、取得多项科研成果。1. 针对老工业基地城市发展难、城市公用事业要与市场经济接轨的现状，从处理城市生活垃圾入手，将循环经济的理念引入到生活垃圾的处理，与市城建局、环卫处合作撰写了《循环经济与城市生活垃圾处理》一书。全书21万字，由辽宁大学出版社出版发行。该书从“发展循环经济”、“抚顺城市概况”、“现代城市与生活垃圾”、“生活垃圾对环境的影响”、“抚顺城市生活垃圾情况”、“城市生活垃圾的收集与开发利用”、“城市生活垃圾处理市化”、“垃圾产业与经济增长”、“城市生活垃圾资源化与处理市场化”、“抚顺城市生活垃圾处理展望”等十个方面，比较系统地阐述了城市生活垃圾处理工作的实践经验及解决问题的有效途径，并提出了一些很有见解的观点和具体建议，为城市生活垃圾处理工作从业者、经济工作者和理论工作者，提供了切实和有益的参考，也为城市生活垃圾处理业务培训工作提供了可借鉴的基础教材。该书发行后，受到了国家、省、市有关部门的好评。

2. 与劳动和社会保障局合作，撰写了《劳动保障依法行政实务》一书。全书共22.7万字，由辽宁大学出版社出版发行。该书的主要内容有：全面推行劳动保障依法行政、劳动保障依法行政主体、劳动保障依法行政行为、劳动保障依法行政依据、劳动保障依法行政程序、劳动保障依法行政许可、劳动保障监察概论、劳动保障行政争议、劳动保障行政文书、劳动保障依法行政监督、劳动保障行政执法责任等。由辽宁省劳动和社会保障厅厅长姜作勇作序。

3. 与市政法委合作撰写《用雷锋精神重塑美好人生——教育转化“法轮功”人员的实践与探索》，撰写其中的3部分，8万字。该书出版后，受到了中央、省市有关部门的好评。

4. 撰写并编发《领导参阅件》2期，内容为（1）抚顺市劳动力输出的对策研究，调查报告从“抚顺市劳动力输出的现状与特点”、“抚顺市劳动力输出采取的主要作法”、“抚顺市劳动力输出存在的问题”、“影响抚顺市劳动力输出的因素分析”、“抚顺市劳动力输出的对策”共五个方面进行论述，对抚顺市制定劳动力输出政策提供了依据。（2）抚顺市青少年犯罪研究，调查报告从“青少年犯罪的现状”、“青少年犯罪的特点”、“青少年犯罪的原因”、“预防青少年犯罪的对策”等方面进行探讨，对解决抚顺市青少年犯罪问题提出了建设性的意见。（3）校园外恶性事件的调查，这对于加强青少年教育提供了依据。

5.《寻找市场竞争的缝隙》是针对抚顺市下岗与失业人员多，且劳动力素质不高，下岗职工就业难而有针对性撰写的引导下岗职工自谋职业、发展弹性就业的文章。文章被《抚顺日报》以每周两期连载，到目前已连载146期，受到了下岗职工的欢迎。

7. 撰写论文、调查报告47篇，发表在各类报刊上。撰写“振兴老工业基地与人的全面发展”、“振兴老工业基地与妇女的全面发展”、“振兴老工业基地与理想人格塑造”、“相信真情”、“振兴老工业基地与再就业的关系”、“城市贫困分析及解困对策”等，全方位地探索了抚顺市的社会问题。

三、参加社会活动十多项，并取得多项荣誉。（1）参加中共抚顺市委组织的“振兴老工业基地大家谈”征文活动，并提供论文“振兴老工业基地与理想人格塑造”，获一等奖；（2）接受电视台关于对振兴老工业基地市民应该怎么做专访，提出市民应全面发展；接受电视台关于对见义勇为事件的专访；（3）参加市反邪教协会成立大会，并被聘为常务理事；（4）与劳动和社会保障局联合成立抚顺市社会科学院社会保障研究所，并开展工作；（5）参加抚顺市生态功能区域规划课题论证会议；（6）参加抚顺市教育转化“法轮功”人员的实践探索论证会；（7）参加抚顺市争创全国环境模范城论证会议，并在会议上发言；（8）参加抚顺市科技界“振兴老工业基地理论研讨会”，并向会议提交论文，获优秀论文2等奖；（9）受辽宁省社科院的委托在抚顺招收社会学研究生；（10）向辽宁省妇联提交了“振兴辽宁老工业基地妇女如何发展”论文；（11）安置下岗职工18人，到群英工贸公司就业。

（曹　阳）

【法学研究】 2004年，是抚顺市法学会转制的重要一年。这一年，市法学会由传统的司法行政机关归口管理转为由市委负责联系、政法委代管的新体制。

在这新旧体制转换时期，市法学会响应省委号召，做好善后工作，顺利实现转制。市法学会严格按照省委的规定，从思想上深刻认识法学会转制的重要性，积极沟通省法学会、市委政法委、市人事部门，为转制做好准备；继续抓好法学理论研究这个主渠道任务不放，积极开展法学理论研究，使法学会在转制的年份里，法学理论研究工作不断档。

1. 继续抓好各法学分会的年度研讨会。根据年初的部署，全市48个法学分会都紧紧围绕学法、普法、司法、执法和《行政许可 法》的实施的实际，都召开了分会理论研讨会，公、检、法、司等司法部门还落实了5个课题的研究工作。取得了很好的效果，充分发挥了法学会在法学研究上的主渠道作用。

2. 推荐论文参加上级法学会的法学理论研讨活动。年度内我们向省委政法委、依法治省办、省文明办、省检察院、省法院、省司法厅联合举办的《辽宁法制论谈》推荐论文7篇，有5篇获奖；向省妇联推荐《妇女维权法律研讨年会》论文48篇，被评为组织奖；向省法学会刑法研究会、婚姻法研究会、证据、逻辑法学研究会推荐论文72篇。2004年，市法学会受到省法学会表扬，被市社科联评为优秀学术单位。

3. 顺利实现转制。法学会体制转制，是一项涉及面广、难度大的任务，在市委的领导下，法学会克服了一个又一个困难，在2004年底，顺利向市委政法委进行了交接，实现了省委、省政府规定的转制，并在2004年底，实现了市法学会召开第五届代表大会的准备工作。值此，法学会完成了在司法行政机关归口管理的使命，顺利实现由市委政法委代管的体制转制。

（董玉宝）

【方志　年鉴研究】　2004年，地方修志办公室在圆满完成2004《抚顺年鉴》和《抚顺市志·工业卷》编辑出版工作的基础上，参加或开展了多项理论研究工作。

1. 加强学术研究。在编辑出版2004《抚顺年鉴》，编纂《抚顺市志·市情要览卷》和拟定、修改、补充、审定续修《抚顺市志·政治卷》、《抚顺市志·科技、教育、文化、卫生、体育卷》及《抚顺市志·经济卷》（上、下）、《抚顺市志·社会综合卷》篇目的过程中，坚持将工作和学术研究相结合，经验和基础理论的实践相统一，边开展工作，边研讨解决问题，注重在史实、特色、体例、风格和科学性、规范性、应用性信息化上狠下功夫，有力地保证了业务工作质量。本年还开展了两届修志的中间性成果——《抚顺市志·市情要览卷》的总通纂工作（该书200万字）。

2. 积极开展学术活动。本年地方志办一名工作人员参加了第十四次全国年鉴学术研讨会，并向大会提交了论文，与全国年鉴工作者进行了广泛的交流。一名工作人员向中国地方志指导小组提交一份《用科学发展观指导续志工作》的论文。

3. 积极参加市社科联组织的社会科学评奖活动，申报的成果《抚顺市志·工业卷》获二等奖。市地方志学会在本年度中被市社科联评为“先进社会团体”。

4. 完成旧志整理工作。2004年市地方志办顺利完成《辽宁旧方志·抚顺卷·抚顺县志》的核校、补写残缺字工作，并由辽宁民族出版社出版发行。

5. 加强基层续修志指导工作。2004年，市修志研究室对市人事局、市政府办公厅、抚顺县等7个单位举办各类辅导班3次，到抚顺县对该县80余位修志人员做了1次专题辅导，并对基层修志人员个别指导20余次。新宾县、抚顺县、顺城区也已正式启动了续修志工作。市人大、辽宁发电厂、抚顺特钢已完成了初稿的编纂、修改任务，即将付印出版。

6. 继续编辑出版《抚顺方志动态》。2004年，修志研究室结合本市的修志工作，出版了第四期《抚顺方志动态》，对本市的修志情况及国家、省修志会议精神进行了及时的介绍和发布，总结了前段修志工作，提出了下段续修志工作要求。第四期《抚顺方志动态》印制200份，上报有关领导部门并下发到各有关单位。

（关　晶）

【党史研究】　2004年，抚顺市社会科学院党史研究室根据中共中央、省委党史研究室主任会议精神，以“三个代表”重要思想为指导，按照年初的工作部署，狠抓工作目标的落实，一批质量较高、与党的中心工作贴近、具有创新性的研究成果相继问世。

1. 出版《丰碑》一书，20万字。这是一部选题精准、内容翔实，集史料、学术和政治价值为一体，图文并茂的历史性专集。全书在对抚顺市的党史资料、教育基地全面进行征集、考查、核准的基础上，以重大历史事件及重要党史人物为主线，真实地反映了曾为抚顺解放和建设流血牺牲的英烈们的事迹；记录了抚顺境内的纪念馆、烈士塑像、纪念碑、烈士陵园、革命斗争遗址等62处。并附有在抗日战争、解放战争、抗美援朝、社会主义革命和建设中牺牲的2 153名烈士的名单。中共抚顺市委副书记郭平撰写序言。

《丰碑》一书发行后，在社会上产生了一定的影响：第一，为省、市提供一批党史教育基地。第二，为全市各单位响应市委、市政府关于“清明”前祭扫烈士墓的通知，提供场所。第三，为中油东北抚顺销售分公司等单位介绍抚顺党史教育基地，他们组织全体党员、干部到杨靖宇将军塑像前进行祭奠活动，看到塑像基座已破损时，主动组织进行修缮。第四，把党史教育基地作为“红色旅游”景点，让抚顺人民在接受革命传统教育，包括中国共产党历史教育的同时，也给旅游经济的发展增添新的内容。如新宾满族自治县的赫图阿拉，清原满族自治县的红河峡谷，抚顺县的“三块石”等旅游热线，使游人在沐浴自然风光的同时又接受了人文景观教育。

2. 完成2004《中国共产党辽宁年鉴》中的“中共抚顺市委重要大事”。这项课题是省委党史研究室牵头组织编写的党的工作年鉴。经过4个月的征集、整理、编撰，抚顺共上报省23个条目，3万字。

3. 出版《中国共产党抚顺历史大事记》一书。这部书记载了1927年至2004年跨度77年间的抚顺党组织建立、活动、发展的大事和要事，增加了《抚顺市历届市委书记名录》，又以彩页的形式反映了全市部分部门的历史与现状。本书由中共抚顺市委书记周忠轩作序，80余万字，由中华国际出版社公开出版，是一部大型的反映抚顺党组织活动的、较为实用的资料性工具书。

4. 加大党史人物研究的力度。党史人物是中国共产党历史的重要组成部分，在党的历史上占有重要地位。《辽宁党史人物传》的编写工作，自1995年开始部署，抚顺共完成了10位的编写任务。可以说，这是抚顺党史研究工作的一个重要成果。本年，又编写了吴亮平、王一伦、喻屏、韩震等人物传。经过核实、考证、编研，上报《辽宁党史人物传》中抚顺人物传：喻屏、韩震。

5. 在各种新闻媒体上发表多项党史研究成果：参加中央党史研究室组织的“东北老工业基地的历史与发展论坛”研讨会征文活动，上报《关于振兴东北老工业基地与信息产业化进程的思考》一文；参加中央、省委党史研究室组织的“邓小平与中国改革开放”学术研讨会，上报《关于邓小平一国两制的研究》一文，被省委宣传部等部门评为三等奖；在《抚顺晚报》上发表《你曾在这里洒下一片深情——记邓小平1958年视察抚顺》；《弘扬西柏坡精神与探讨执政党建设规律的关系》一文被收录在中央党史研究室和中共河北省委党史研究室编辑的《理论研讨会论文集》中；在《抚顺社会科学》上发表《关于毛泽东的思想政治工作》一文。此外，王宝铼、刘畅、朱芳撰写的沈越、雷锋、纪儒林等人物传，分别被评为《辽宁党史人物传》第1至10卷二等奖、优秀作品奖。

（刘　畅）

【党建研究】 2004年，市党建研究会以“振兴老工业基地与加强党的建设”为主题，开展“抚顺党建论坛”活动。年初，党建研究会组织新一届会员、理事，围绕振兴抚顺老工业基地这个中心，有针对性地开展党建研究工作。为了使党建研究会活跃起来，推动全市党建工作上水平，促进抚顺老工业基地加快振兴，党建研究会与市委组织部联合举办了“抚顺党建论坛”活动，专门为会员单位及每位理事下发了通知，并通过《抚顺党建》杂志面向全市印发了开展活动的启示。这次论坛活动采取有奖征文和组织研讨相结合的办法。活动开展以来，各会员单位、理事及部分党组织，坚持以“振兴抚顺老工业基地与加强党的建设”为主题，紧密结合各自实际，围绕振兴老工业基地与加强领导班子思想政治建设、振兴老工业基地与提高党的执政能力、振兴老工业基地与保持党员队伍先进性、振兴老工业基地与选好人用好人、振兴老工业基地与发挥基层党组织的战斗堡垒作用、振兴老工业基地与弘扬求真务实作风等六个专题展开研讨，目前，已撰写论文、调查报告等征文80多篇。为了推动论坛活动的深入开展，从5月份开始，《抚顺党建》杂志开辟了“抚顺党建论坛”专栏，并择优刊发了14篇征文。市党建研究会常务理事、新抚区委副书记蒋英民和望花区委常委、组织部长吴非，特约研究员、抚顺县委副书记陈俊等撰写的征文发表后，都引起了较好反响。这次论坛活动还引起了本市部分党员领导干部的重视，抚顺县委书记姚启、清原县委书记官惠廷、东洲区委书记赵乐韬等亲自撰写征文，带动了各级党组织和党员干部参与论坛的热情。为了把论坛活动引向深入，还于10月下旬，组织了部分理事和党员干部代表，到先进地区开展了考察学习活动，进一步拓宽了思路，开阔了视野。这次考察，对促进“抚顺党建论坛”活动的深入开展，对运用先进地区经验推动本市的党建工作，都具有一定的意义。

联系党建工作中的重点问题，深入开展研究活动。2004年，市党建研究会、各专业研究小组、各会员单位和理事在共同开展好“抚顺党建论坛”活动的同时，还结合全市党建和组织工作的重点任务，扎实开展了课题调研工作。市党建研究会本年重点进行了关于市、县人代会选举工作的调研，关于加强党的执政能力建设的调研，关于领导班子和领导干部评价体系的研究和关于实施“三向培养”工程的调研等重点课题调研。各县区党建研究会也分别进行了城区建立楼院党支部、社区配备副书记，加强非公有制经济党建工作以及农村实施“三向培养”工程、“三育三带”工程等课题的研究。8月，市直机关党建研究会召开了机关党建理论研讨会，就市直机关开展“作风建设年”活动、推动机关党建工作进行了深入研讨，共交流论文17篇，征集论文70多篇。在开展理论研究过程中，各单位注重了调研成果推荐、转化和运用工作，有效地发挥了研究成果为党委决策提供依据和推动党建实践的作用。市党建研究会进行的领导班子和领导干部评价体系的研究，得到了市委领导的肯定和重视。在认真吸收研究成果的基础上，市委组织部制定出台了《抚顺市领导班子和领导干部考核评价工作暂行规定》，初步建立起了以落实科学发展观为内容、主要体现工作实绩和工作能力的考评指标，以扩大民主、落实群众“四权”为取向的考评主体，以正负得分相结合、不同主体赋分相加权的量化考评办法，以表彰优秀的、批评一般的、淘汰较差的为目的，激励约束班子和干部想事、干事、干成事的考评结果运用体系。经过在10多个单位试点，达到了考准考实的效果，在领导干部和群众中反响较好。同时加强了党建研究的宣传工作，一年来全体会员单位及理事，共撰写理论文章520篇，其中40多篇在《人民日报》、《辽宁日报》、《组织人事报》、《辽宁党建》等省以上报刊杂志发表，收到了较好的社会效益。

提高党建研究工作者队伍素质和能力，加强研究会的自身建设。各级党建研究部门把提高素质能力作为重点，坚持理论学习和业务学习一起抓，提高了全市党建研究工作者队伍的理论素养和业务水平；进一步加强了制度建设，在严格遵循《抚顺市党的建设研究会章程》规定的基础上，先后制定完善了会长及理事会会议制度、加强财务管理制度等5项制度，进一步规范了党建研究会的工作；坚持改进工作作风，加强了对县区及市直党建研究会的工作指导，指导市直机关组建了党建研究会，并组织市直机关68个部门成立了6个机关党建工作创新研讨小组。一年来，各小组定期开展党建工作创新研讨，已有16项创新项目运用到工作实践当中。抚顺县、清原满族自治县、顺城区等都召开了党建理论研讨会。

（王玉辉）

【社科情报研究】 2004年，市社会科学院情报研究室加强了社科情报工作的力度。精心组织、认真筛选，优中选优，征订了社科类刊物300余种，报纸100余种，并努力拓展交流刊物来源，使交流刊物总数达到90余种，使报刊总数达到了490余种，扩大了信息资源。同时，继续完善借阅制度，为科研处室提供大批量的借阅资料，主动为科研人员提供报刊目录，方便检索。在地方文献的收集工作中，加大了工作力度，增加图书30余册。

在对市社会科学院科研人员服务的同时，科技情报室继续开展对政府大楼内外各部门以及有关部门信息资料的服务工作，全年累计对外服务400余人次，借阅图书刊物400余册/次，借阅部门涉及市委、市政协、区政府、文博、石化、教育、信息产业、矿山、财政等60多个部门和单位，受到了资料使用单位的好评。在对外借阅服务过程中，应读者的要求，提供了各种专题服务，包括老工业基地改造、党政干部领导考试、棚户区改造、政治思想教育、计划生育研究、私营个体企业发展分析、妇女问题研究等7项，受到了研究人员的欢迎。

2004年，市社会科学院科技情报室承担了院内的部分科研课题，先后参与了《抚顺编年史》、《用雷锋精神重塑美好人生》、《满族佟氏家谱研究》3部书稿的编纂工作。在《抚顺日报》发表了《振兴老工业基地社会科学大有作为》、《申报世界遗产成功之后的思考》等文章。并组织参加了辽宁省辽金契丹女真史研究会成立20年学术研讨会，以及有幸存者参加的纪念平顶山惨案72周年座谈会，与雷厉行广告公司联合举办了纪念“九一八”73周年公益广告活动，参与组织召开并参加中国抚顺满族姓氏谱牒学术研讨会，还参加了《抚顺晚报》纪念毛泽东诞辰110周年专刊组稿工作。

2004年市社会科学院科技情报室撰写了10余篇科研文章，先后发表在《满族研究》、《抚顺社会科学》、《抚顺日报》、《抚顺晚报》、《浑河》、《精彩》等刊物上。

（王平鲁）

·课题规划·

【实施情况】 2004年度，本市社会科学科研课题列入市政府年度计划共34项。其中，编著2项、研究报告32项。按学科分：经济学科15项，社会学学科7项，政法学科5项，文教学科7项。为保证科研课题高质量地如期完成，市社会科学工作领导小组办公室（以下简称社科办），强化科学管理意识，经常深入课题承担单位了解课题进度，随时掌握课题进展情况，并及时进行督促和检查。年中，根据实际情况调整换项6项课题，增加1项《抚顺水务与城市发展》课题。年末，经各承担单位的不懈努力，除2项课题因客观情况未完成、1项申请延项外，其余32项按期完成，完成率94%。期间，对29项研究报告进行了论证。经专家论证，1项课题因题目过大、内容宽泛，没有联系抚顺实际给予撤销，9项课题被专家论证后通过，19项课题需修改后通过。最终28项研究报告按有关规定论证验收合格，并按计划出版专辑，3项编著单独出版发行。

【规划制定】 2004年社科办遵循立足地方、侧重应用及理论联系实际的原则，课题制定工作，仍采取“自上而下”和“自下而上”相结合的申报办法，共收到来自本市部分高等院校、科研机构、党校、党政机关、有关学会等20个单位申报的课题47项，经市社科办聘请社科专家、学者召开筛选审议会议评审，并适当考虑课题本身的应用性、学科的比例性和承担单位的代表性等因素，最终确立34个课题项目。这些课题都涉及本市政治、经济及社会发展中的重点、热点、难点问题。如《抓住机遇，加快抚顺煤矿产业转型的研究》、《解析我市招商引资的主要矛盾以及相关对策》、《关于我市城市建设情况的调查与思考》、《资源枯竭城市下岗职工生活以及再就业分析》、《对涉法涉诉上访现象的初探》等等，体现了社科规划工作的计划性和目的性。

【课题论证】 立项课题完成以后，根据成果内容，邀请市有关专家、学者进行论证。针对成果的学术性以及提出的对策措施和操作性，结合本市的实际情况进行评估论证，好的方面予以肯定，不足方面提出修改意见及补充建议，有效地提高了研究报告的质量，这样使科研成果更加完善，符合实际需要，具有一定的学术水平和应用价值。

【课题应用】 社科科研课题的作用，在于它能够科学回答和解决实践中的问题，能够成为领导决策的参考依据。课题经过论证、修改和验收后汇集成册，提供给市领导和有关部门为领导决策服务，为有关部门制定政策法规，提供理论依据。对于应用价值较大、时间性较强的课题，还以《问题与对策》或《领导参阅件》的形式向市领导和有关部门推荐，使其及时为领导决策服务。如《充分发挥比较优势，在向资源深加工型城市转变中振兴抚顺经济》、《抚顺市劳动力输出的对策研究》、《关于对抚顺市未成年人犯罪情况的调查》等课题，就是由这种形式迅速反映给市领导，为领导及时准确了解情况，做出正确决策提供了依据。

（石玉杰）

·评奖活动·

【评奖情况】 抚顺市第十九届社会科学优秀成果评奖工作，从7月2日开始，经历了组织成果申报、学科评委会初评推荐，市学术评委会复评，市评奖委员会终审四个阶段，最终从申报的176项成果中评出市级社科优秀成果130项。其中一等奖1项，二等奖40项，三等奖89项。优秀科研课题完成奖26项；评出社会科学工作先进单位5个，优秀社会科学学术团体19个，优秀社会科学工作者82名。于2005年1月10日召开表彰大会，对获奖成果及先进集体和个人进行了表彰。

【评奖特点】 抚顺市第十九届社会科学优秀成果评奖工作在促进社会科学繁荣发展基础上，不断更新不断完善。

1. 获奖成果门类齐全，学术质量较高。许多成果面向实际、着力研究本市改革开放和社会发展的重大理论和现实问题，其中涉及经济、哲学、历史、教育、社会学等众多的学科领域。有些成果发表层次较高，影响较大，其中国家、省级社科基金研究课题有5项。如《战略联盟中的知识管理》一文，充分运用现代西方管理理论，在战略联盟领域加以拓展与深化，调查研究扎实，研究手段先进，为采用新兴学科、交叉学科、边缘学科先进理论、方法开展社会科学理论研究提供了新思路。该论文曾引起管理学界广泛争鸣。

2. 研究现实问题的应用性成果比例大，实用性强。在获奖成果中，应用性成果占相当分量。这些成果紧紧围绕本市政治、经济、社会、文化等重大理论和现实问题，针对改革开放和经济建设中出现的新情况，作出了前瞻性的新探索。论文《“生态大县”的思路，坚持“五业并举”实现“双增”》，结合清原县资源特点，提出了以生态大县建设为总纲，依托资源优势，“五业并举”实现“双增”的发展路子。调研报告《抚顺融入沈阳经济区发展战略研究》，通过深入分析抚顺在经济区中的现实地位和比较优势，阐述了抚顺融入沈阳经济区的总体思路、原则、功能定位和发展重点，对发展障碍因素提出了可行性对策和建议。

3. 评奖工作严肃认真，公平公正。本市的社科优秀成果评奖工作在长期实践中，积累了许多宝贵的经验，对评奖方案作过多次修改，使评奖工作更加规范化、科学化、程序化。在评奖工作中，能坚持原则，认真执行评奖方案的各项规定，严格评选标准和评审程序。能够以实事求是、高度负责的态度，做到评奖过程公平、公正，维护评奖工作的严肃性和权威性。

（王　浩）

·抚顺市社会科学院·

【基本情况】 2004年，抚顺市社会科学院在中央《关于进一步繁荣和发展哲学社会科学意见》精神的鼓舞下，坚持“立足抚顺，侧重应用”的科研方针，围绕全市的中心工作开展科研工作，在社会科学研究、课题规划、史志编纂、党史编研、期刊编辑及学术交流等各个方面取得了可喜的成绩，高质量地完成了2004年的各项工作任务和科研任务。

【科研机构调整】 2004年，社科院为了适应国家社会科学研究发展新形势、新任务的要求，逐步改革原有封闭式的科研模式，积极拓展科研领域，探索“开门办院”的新路子，取得了可圈可点的阶段性成果。这一年，在拓展自身科研领域方面，社科院成立了雷锋精神研究所（已被市编委批准为正县团级事业单位）、中日关系研究中心、中韩关系研究中心。此外，还将原有的“经济科技研究室”和“社会学研究室”更名为“经济研究所”和“社会学研究所”，进一步拓宽了两个机构的研究范围。在联合搞科研方面，社科院和市内有关部门联手，积极创办社会性科研机构。先后与市劳动和社会保障局合作开办了抚顺市劳动社会保障研究所，与市工读学校合作开办了抚顺市青少年问题研究所，与辽宁企业领导学研究所合作开办了抚顺市自我创造学研究中心。这些举措，使得社科院在很大程度上借助了社会科研力量，提高了科研工作的广度和宽度，增加了科研经费的来源，从而推进了社科院社会化、多元化的选题立项和经费投入机制的形成，并促进了社科院的研究工作，在为社会现实服务方面更准确、更实际。

【科研成果】 2004年市社科院编撰出版书籍12部700万字。这些专著涉及了经济、社会、文化、历史等各个方面，为全市三个文明建设发挥了不可替代的作用。

2004年，市社科院围绕全市社会经济发展的热点、难点、疑点问题确立了12项研究课题，撰写专题报告12篇，文字量10万字。其中，《资源枯竭型城市下岗职工生活及再就业障碍分析》为省社科基金规划课题；《抚顺市劳动力输出的难点与对策研究》、《振兴老工业基地与再就业的关系》、《振兴老工业基地与人的全面发展》、《振兴老工业基地与理想人格塑造》和《城市贫困人口分析与解困对策》、《抚顺煤矿产业转型问题对策探讨》、《抚顺生态经济的研究》和《关于抚顺比较优势的研究》为市规划课题；《抚顺市上半年经济形势分析与下半年经济发展预测》和《发挥抚顺优势，发展抚顺区域经济》为市长临时交办的课题；按计划完成了《中国共产党辽宁年鉴》(2003年）中的“中共抚顺市委重要大事”部分；超计划完成了《从人口发展战略高度来优化配置我市劳动力资源》和《抚顺市各基层学会、研究会基本情况的调研报告》，并代市委起草了《抚顺市关于繁荣和发展哲学社会科学的实施意见》。

本院科研人员在进行深入基层调查研究的基础上，撰写了大量的学术论文和理论文章50余篇，发表在不同层次的报刊上，其中《如何规范“灰色收入”》和《舆论监督和政府效率》发表在《经济日报》上，《实施结构调整，发展地区经济》一文被《人民日报》新闻信息中心采用。

2004年修志工作成效显著。市社科院、市政府地方志办公室编撰的《抚顺市志·工业卷》（该书180万字），由辽宁民族出版社出版，该书的出版发行标志着本市首届修志工作全面结束。

完成了《抚顺市志·政治卷》组稿工作并正式进入编纂阶段，此项工作走在了全省的前列，得到了省志办领导的高度赞扬。

顺利启动《抚顺市志·科技、教育、文化、卫生、体育卷》的组稿和撰写工作。

两届修志的中间性成果—《抚顺市志·市情要览卷》（该书180万字），已完成总通纂工作。

已整理完成旧志《抚顺县志》并出版发行。

2004年《抚顺年鉴》（100万字）出版发行。

社科院挖掘整理以往的研究成果，在很短的时间内，协助市政府办公厅从《抚顺市志》、《抚顺年鉴》中，整理出了5万余字的我市标志性历史资料，为落实市长“宣传抚顺、研究抚顺、了解抚顺”的指示精神，提供了具有很强说服力的依据。

【学术活动】 2004年加大了学术交流与往来的力度，具体开展了如下学术活动：

1．组织召开了全市理论界学习贯彻《中央关于进一步繁荣和发展哲学社会科学意见》座谈会。

2．与市委宣传部联合召开了全市理论界学习贯彻党的十六届四中全会精神座谈会，与会的领导和学者对加强党的执政能力建设的有关问题进行了座谈讨论。

3．组织召开了“满族姓氏与谱牒学术研讨会”，来自日本、挪威、俄罗斯等国家以及台湾、香港、北京、上海等地的满学研究专家、学者近50人参加了会议。

4．组织召开了“纪念辽宁省辽金契丹女真史研究会成立二十周年学术研讨会”。

5．组织召开了全市理论界“纪念邓小平诞辰百年暨视察抚顺46周年学术研讨会”，并与《抚顺晚报》联合策划纪念邓小平诞辰百周年专版，发表纪念文章。

6．围绕振兴抚顺老工业基地召开了系列研讨会，一是召开了融入沈阳经济专家论策会，二是召开了“我靠抚顺发展、抚顺靠我振兴”理论研讨会；三是会同有关部门筹备“抚顺经济发展论坛会”，主题是加快民营经济发展、振兴抚顺老工业基地；四是组织号召广大基层社会科学工作者，为抚顺老工业基地振兴进言献策，并组织百篇文章，分别发表在《抚顺日报》、《抚顺晚报》、《抚顺社会科学》、《抚顺工运》、《抚顺税务》、《抚顺法学》、《抚顺财政与会计》等刊物上。

7．接待省社科联主席张沈立一行20人到抚顺调研。

8．接待美国、加拿大、荷兰、中国台湾学者一行12人到本院就平顶山惨案问题进行交流。

9．接待大连市社科院孙淑扬院长一行12人到本院交流学术。

10．参加在北京举办的中国美学国际学术研讨会。

11．本院接待了来自日本奇迹继承会会长和4位会员来院访问，并就当年日本侵略中国的有关史实问题，与日本奇迹会会员进行了交流。

12．“七一”前夕，本院特邀请省党史学会副秘书长张大庸到市委党校、市社科院、市卫生局作了两场“党的昨天、今天、明天”的党史专题报告，效果很好。

13．上半年市社科院还接待了中共吉林省委党史研究室、辽宁省委党史研究室来访并进行了有关学术交流，向其提供了杨靖宇的有关资料；接待了中共兖州市委党史研究室主任，并交流了新民主主义革命时期党史资料；接待了营口市雷锋精神促进会秘书长一行，并陪同其征访了雷锋生前战友乔安山，进行了有关学术交流；为北京军区某部提供了解放战争时期营盘之战资料。

14．组织召开了有幸存者参加的纪念平顶山惨案73周年座谈会，与雷厉行广告公司联合举办纪念“九一八”72周年公益广告。

15．发挥期刊、简报的宣传指导作用。本年，《抚顺社会科学》按时、按期出刊、发行6期，刊发稿件150余篇，文字量55万字；出刊《领导参阅件》4期，《方志动态》2期。本院研究人员多次接受电台、电视台就一些社会热点问题的专访。

【科研管理】 1．完善各项科研管理制度，以促进我院的科研管理工作科学化、制度化和规范化。2004年上半年，对社科院原有的规章制度，成果奖励试行办法进行了修改完善。在此基础上又制定了《科研人员量化跟踪考核办法》、《社科院弹性工作制实施细则》、《科研档案管理办法》。另外，还设专人负责全院的大事记记载工作，目前已收集、整理本院大事、要事的文字资料万余字、图片50余张。

2. 作好规划和目标跟踪管理工作，以确保全院各项工作按计划开展。年初，制定了全年社科院工作规划，并将其纳入全院的目标管理体系中。本院按照工作规划，对各职能部门实行月、半年和全年均进行时段计划、总结的科研管理制度。这种管理制度的实行，一方面为领导提供了全院各项工作的准确进度表，使每位院领导能够对全院各室、所的科研工作进展情况了如指掌；另一方面也增加了工作透明度，从而使各室、所之间形成了“争先恐后搞科研”的学术氛围。

3. 加强科研情报工作，使之更好地为科研服务。2004年，社科院通过广泛订阅各种报刊杂志，妥善保留各室所的交流刊物等方式，不断扩大信息来源（目前，本院的报刊、杂志总数已达到400余种）。同时重新完善了借阅制度，以确保科研室、所的资料借阅，方便其资料检索和收集。此外，社科院还建立了地方文献专柜并对外开放资料阅览室，此举，深受市政府各委办局及各界的欢迎。

4. 认真作好后勤保障工作、干部人事管理工作和财务工作，使本院的科研辅助性工作体现出了较好的服务效果。上半年，社科院按程序完成了干部的使用、任免、晋级、调资、调动、退休等项工作；还公开招聘了4名大学生。

5. 加强班子自身建设，提高干部队伍素质，为科研工作的完成提供决策保障。2004年，院党组按市委要求召开3次民主生活会，认真学习贯彻《两个条例》、《加强党的执政能力建设的决议》和《关于向赵景顺同志学习的决定》等文件精神，从而使班子成员在紧跟形势、丰富头脑、学有榜样等方面，开阔了眼界。此外，社科院机关党委、工会、共青团根据市直机关工委的要求，结合本院科研工作的实际，适时开展了一些有意义的活动，这些活动活跃了党的组织生活和群众的文化生活，在提高全院干部队伍素质方面，起到了重要作用。

（张　军）

附：

抚顺市第十九届社会科学优秀成果获奖表

序号	奖　级	成果名称	发表情况	作　者
1	一等奖	抚顺融入沈阳经济区发展战略研究	《抚顺经济社会发展研究》辽新内资［2004］第72号	张　波　王　戈　王兴昆
2	二等奖	抚顺金融年鉴	辽宁大学出版社	顾明宇　刘志军
3	二等奖	劳动和社会保障探索	辽宁大学出版社	李伟民　曹　阳　邢凤玉
4	二等奖	计划生育工作指南	辽宁大学出版社	曹　阳　陈　英
5	二等奖	雷锋精神在第二故乡	辽宁民族出版社	傅　波　曹德全　刘　畅
6	二等奖	杨靖宇	中华国际出版社	刘　畅
7	二等奖	当代满族名人录	辽宁民族出版社	迟安臻
8	二等奖	抚顺市志·工业卷	辽宁民族出版社	傅　波　张　炯　王玉军 张　普　边佐卿　关　晶
9	二等奖	发挥价格杠杆作用，促进经济健康发展	《价格与供求》2003．3	张志国
10	二等奖	“生态大县”的思路坚持“五业并举”实现“双增”	《辽宁日报》2003．1．10	官惠廷
11	二等奖	以核发纳税级次证为突破口全面提高地区财政收入	《抚顺财政与会计》2003．3	孙嘉明　魏青阳　刘　静 王　瑶　武　健
12	二等奖	论外汇管理服务于对外开放与产业结构调整的协调统一	抚顺市社科联、抚顺市金融学会理论研讨会	赵立革　方成岩
13	二等奖	加快信用制度建设强健金融体系	抚顺市社科联、抚顺市金融学会理论研讨会	冯　红
14	二等奖	设立另银行监督管理委员会的利弊分析	抚顺市社科联、抚顺市金融学会理论研讨会	刘　勇
15	二等奖	关于国有商业银行上市模式的探讨	《抚顺经济社会发展研究》辽新内资［2004］第72号	沈　丽
16	二等奖	对人民银行分支机构履行华币政策职能的思考	抚顺市社科联、抚顺市金融学会理论研讨会	张　明

续 表

序号	奖 级	成果名称	发表情况	作 者
17	二等奖	抚顺地区金融部门支持老工业基地调整改造具体措施及建议	抚顺市社科联、抚顺市金融学会理论研讨会	马爱群 屈 魁 季春煜 何 勇 陈 霞 王 雪 冯 岩
18	二等奖	从小规模商业企业增值税政策调整看税负及其对外经营的变化	抚顺市社科联、抚顺市税务学会理论研讨会	康福生
19	二等奖	税收征管手段的研究	《抚顺税务》2003．10	王兆存 袁忠国 谭 谊
20	二等奖	税收征管信息化要素配置及发展目标的实施与构想	抚顺市社科联、抚顺市税务学会理论研讨会	田志建
21	二等奖	浅论生产要素按贡献参与分配的原则	《经济问题》2003．6	徐长林
22	二等奖	抚顺旅游业发展战略与对策研究	《抚顺经济社会发展研究》辽新内资［2004］第72号	王志有 王玉哲 杨 威
23	二等奖	绩效审计之我见	抚顺市社科联、抚顺市审计学会理论研讨会	刘晓滨 关克娇
24	二等奖	略论审计监督与权力制约	抚顺市社科联、抚顺市审计学会理论研讨会	高玉华
25	二等奖	关于领导干部浮躁问题的研究报告	辽宁省组织工作调研成果	汤 毅
26	二等奖	开展建设“党员之家”活动提高社区党建工作水平	《社区党建》2003．8	崔小为
27	二等奖	关于市直卫生单位知识分子人才队伍建设状况的调查报告	抚顺市社科联、抚顺市党建研究会理论研讨会	祁佐威 任伟卓 秦宝昌
28	二等奖	深刻理解十六大报告关于发展的重要思想	《中心组学习》2003．7	于金廷
29	二等奖	论雷锋精神与中华民族精神	《抚顺社会科学》2003．5	杜 颖
30	二等奖	论“三个代表”理论创新的时代精华	辽宁省学习贯彻“三个代表”重要思想理论研讨会	杜 颖
31	二等奖	关于抚顺市农民工情况的调查	《抚顺经济社会发展研究》辽新内资［2004］第72号	曹 阳
32	二等奖	弱势群体的社会支持	《抚顺社会科学》2003．4	曹 阳
33	二等奖	关于正确处理民主与集中关系的思考	辽宁省党建优秀研究成果	刘全仲
34	二等奖	浅谈工商机关如何发挥职能优势支持老工业基地发展振兴	抚顺市社科联、抚顺市工商学会理论研讨会	郭 峰
35	二等奖	谈领导干部如何在机关作风建设中起表率作用	《抚顺市社会科学》2003．4	王宝铼
36	二等奖	战略联盟中的知识管理—关于知识资源交换模型的理性思考	第四届国际知识和系统科学大会专题报告 2003．11	黄 群
37	二等奖	马克思思想发展的基本脉络	《抚顺社会科学》2003．3	何 伟
38	二等奖	中国特色社会主义的思维发展	《北方论丛》2003．3	薛晶玉 陈文国
39	二等奖	罗圈村村民自治调查	《中国司法》2003．5	文凤龙
40	二等奖	学习型社会需要雷锋的“钉子”精神	《抚顺社会科学》2003．4	傅 波
41	二等奖	再认识毛泽东	抚顺市社科联理论研讨会	张 波

三等奖 89 项（略）

教　　育

概　述

2004年，全市有各级各类学校948所，在校生311 922人；2004年招生83 004人，毕业83 088人；全市共有教职工28 304人，其中专任教师20 617人。

1. 以“三个代表”重要思想为指导，全面规划教育事业发展方向。为了全面贯彻党的十六大和全国基础教育工作会议、全国职业教育工作会议、全国农村教育工作会议及全省教育工作会议精神，切实践行“三个代表”重要思想，办人民满意教育，市教育局以建立新机制、摸索新模式、探索新路子为总的原则，通过深入地调查研究和广泛地论证，提出了今后一个时期抚顺市教育事业发展的总体思路，制定并以市政府办公厅名义下发了《抚顺市农村教育跨越式发展计划（2004—2007年）》、《抚顺市高水平高质量发展城区基础教育推进计划（2004—2007年）》和《抚顺市职业教育振兴计划（2004—2007年）》，为今后一个时期教育改革与发展确定了目标，明确了任务，制定了政策措施。

2. 大力整治校园及周边环境。在2003年对30所中小学进行校园环境整治的基础上，会同市城建局、执法局、文化局、公安局、工商局继续开展了校园及周边环境整治工作。全市共拆除违章建筑181处，建筑面积3 900平方米；清除校门前占道商贩、烧烤点、劳务市场110多处。对全市71所中小学进行了实地勘察，并做出校前道路警示标志实施方案。委托市园林设计院对55所中小学进行了校园环境设计，对34所中小学拆除违章建筑后的围墙进行了翻建，共翻建围墙4 686米。通过整治活动使校园面貌明显改善。

3. 进一步落实校园安全责任。积极开展“安全文明校园”创建活动，优化学校育人环境。进一步加强学校安全管理，与各县区教育局、局直属各学校签订了安全工作责任状，层层建立责任制。采取多种形式、通过多种渠道加强师生的安全教育。开展中小学及幼儿园安全工作专项整治，对校园危房、饮食卫生、防火、防汛等安全隐患进行了排查和整改。

4. 积极做好信访投诉工作，维护教育大局稳定。坚持“谁主管、谁负责”的原则，切实落实信访工作责任制，认真排查，积极解决了一些疑难信访案件，如雷锋学校建设问题、十六中住宅楼供水问题等。充分发挥法律顾问的作用，积极引导依法信访、依法接访。积极做好市民投诉的办理工作，认真处理来访和投诉，投诉量比上年下降。

5. 以高考、中考为重点，认真做好各项教育考试工作。高、中考历来是群众关注的热点问题，为确保这两项考试的顺利进行，本市成立了高、中考领导小组，设立了高、中考现场指挥部，建立了从市到县（区）到考点的指挥系统，层层负责、责任到人。明确了“三个确保”的工作目标，即坚持公开、公平、公正，确保不出现违规违纪问题；周密布置、安排，确保考试顺利进行；周到细致服务，确保升学率超过2003年水平。严格了各项政策性加分的审核，坚持公示制度。大力治理考试环境，动员各方面的力量为考生提供良好的考试和备考环境。加强了考试安全保密工作，保密室建设全部达标。严肃考试纪律，加强了考前教育，制定了两个“三不准”规定，严格规范了考试工作程序。同时，对研究生入学考试、成人高考和自学考试等也严格考务管理、严肃考风考纪。在2004年国内、省内频频曝光考试违纪舞弊和工作失误的情况下，本市由于工作细致，纪律严明，各部门、各县区协同作战，各项考试达到了预期目标。2004年，全市报考普通高校的考生10 374人，本科录取6 566人，本科录取率63.2%，比上年提高0.47%；专科录取率达30%以上。完成省高考本科录取平均值122.64%，考入北京大学、清华大学9人，比上年增加2人。

6. 加大治理乱收费力度，切实加强教育行风建设。成立了市纠正教育系统行业不正之风工作领导小组，建立了治理教育乱收费联席会议制度。召开了全市教育系统软环境建设工作会议，同各县区教育局和直属各单位签订了《抚顺市教育系统纠正行业不正之风责任状》，下发了《抚顺市教育系统软环境建设工作实施意见》、《抚顺市教育系统治理乱收费工作实施办法》、《关于进一步加强师德建设工作的实施意见》三个文件。以治理教育乱收费为重点，在中小学全面推行“一费制”收费办法，在《抚顺日报》上公示收费项目和标准；对公办高中招收择校生严格执行“三限”标准，即在招生人数上严格按省规定的择校生比例下达招生计划，在录取上由市、县招考办按计划从高分到低分统一录取，在收费上严格执行省定收费标准；对义务教育阶段公办学校一律不许招收择校生，校内也不得搞各种名目的择班收费。严格规范办学行为，严肃查处乱收费、乱办学。全年查处违纪案件17件，退还不合理收费495.98万元，处分了25人。加强师德建设，修订了《抚顺市教师职业道德规范》，《抚顺市教师职业道德行为违纪处罚规定》、《抚顺市教师行为“五不准”》，制定并下发了《抚顺市师德建设工作督导评估细则》，开展了治理在职教师有偿家教专项行动，处分违纪教师17人。

7. 合理调整教育布局，教育改革有新突破。根据生源变化情况，全市撤并了90所中小学，与2000年相比，中小学减少263所，减少29.85%，教育布局得到进一步优化。高中等职业教育的整合也在进行当中。

8. 招收“宏志班”，教育扶贫有新举措。除了继续落实免费义务教育等措施外，在全市省重点高中首次招收“宏志班”，共招收城市低保户、农村社会救济户子女160人，为他们减免了学费、课本费和住宿费。

高等教育

【基本情况】 全市有普通高校3

所，在校生19 859人，教职工2 596人，专任教师1 341人。2004年毕业3 848人，招生6 168人。在普通高校中，有研究生培养机构2个，在校生628人。2004年毕业143人，招生244人。全市有成人高等学校5所，在校生1 591人，教职工613人，专任教师271人。2004年毕业1 466人，招生939人。

【地方高校申办本科工作】 2003年末，市政府决定抚顺职业技术学院与抚顺师专合并，申办本科层次的以培养高级技术应用型人才为主的市属本科院校。经过与国家教育部、省教育厅沟通，考虑到本市申本工作的实际，教育局确定了“总体目标不变，分步实施”的工作思路，先期挂靠辽宁石油化工大学申报本科专业，首批联办本科专业7个，待时机成熟时合并两校办本科学院，目前工作进展比较顺利。

【整合教育资源】 整合成人高等教育资源，改办高职院校。按省教育厅对成人高校进行“高职化”改造的意见，经市政府和两大企业同意，抚矿工学院、石化职大联合申办辽宁能源职业技术学院，省政府评审后，同意筹建。提升部分重点中专办学层次，试办高职专业。经过努力，抚顺市农业特产学校与沈阳农业大学应用技术学院联合办学取得成功，2004年在农业特产学校首批开办4个五年一贯制高职专业。

【教育教学质量管理】 组织进行了大中专教学质量检测和抽考，开展了中等专业学校评优课活动。评选抚顺市大中专教育教学工作先进集体和先进个人。组织中专学生参加省首届中等职业学校学生技能竞赛。组织中专计算机水平测试。评选市级三好班级、三好学生、优秀学生班干部。

【大中专招生和毕业生就业安置】 本年普通中专和五年一贯制高职共招生3 138人，比2003年有所下降。2004年师专、抚顺大学毕业生就业率达86%以上。与市劳动局、抚顺日报社、就业局联合开展了2004年大中专毕业生就业专场论坛会。对大中专专业建设情况进行了调研，开展了中专专业设置检查工作，进行专业结构调整。做好大、中专安全稳定工作，开展了大中专院校安全检查。处理了轻工职大信访问题。

（郭德全）

【辽宁石油化工大学】 2004年学校石油化工环境科学与工程实验室被评为省重点实验室，使学校省重点实验室达到3个；石油化工技术研发及分析测试研究中心，被辽宁省评为高等学校A类工程技术研究中心；学校中小企业服务中心被辽宁省首批认定；化学工程和石油与天然气工程2个工程硕士领域被评为辽宁省专业学位培养培训基地；油气储运工程专业被评为辽宁省重点学科领域研究生培养基地。同时，学校新增项目管理、软件工程、控制工程3个工程硕士领域和行政管理、土木工程、应用数学3个本科专业。目前学校有2个联合培养博士点、18个硕士点、7个工程硕士领域、3个第二学士学位、38个本科专业、16个高职专业。

教学工作取得新进展。2004届本科毕业率达到97.3%，学位授予率达到94.8%（比上年增长5个百分点），有276人考取了研究生，考研率为12%；本、专科毕业生年度就业率分别达到98.2%和74.9%，名列省内高校前茅。2004年招生5 300人。在校学生17 844人，其中研究生813人、本科生12 133人、高职专科生3 566人、成人本专科生1 332人。

研究生教育健康发展。2004年招收研究生301人（含博士生4人、工程硕士61人），比上年增加18.5%。评聘博士生导师和博士生合作导师各3人，博士生教育已经全面启动。有16名硕士研究生首批进入抚顺石化研究院研究生工作站学习，产学研合作培育人才取得了实质性进展。2004届硕士研究生学位授予率和毕业率均达到94.2%，考博率达到39%，就业率达到100%。

科研工作继续加强。2004年新批科研项目56项，其中国家级3项、省部级16项；获市级以上科技成果奖9项；授权专利8项，出版著作21部，发表论文1 037篇，其中被四大刊源收录43篇。在首次由中国青年报社和中国科学评价研究中心联合研发的《中国高校科技创新竞争力评价报告》中，学校在619所高校中排名第198位。

师资队伍建设水平不断提高。2004年引进人才84人，其中硕士研究生52人；有24人学成回校工作，其中博士和博士后15人。有2人入选省级百人层次、3人入选省级千人层次；新聘任客座教授7人。截止到年底，学校有教职工1 546人，其中专任教师829人，专任教师中具有副教授以上职称的占41%、具有研究生学历的占41%。

国际交流与合作有新起色。学校与英国爱丁堡大学实现“2+2”合作办学，有6名学生赴英留学；与俄罗斯、澳大利亚、美国等多所大学的“2+2”、“1+2+1”、“3+1”等合作办学项目也已陆续启动。

学校投资6亿元、总建筑面积为24万平方米的新校区正在建设中，其中储运、材料、环境等3个实验楼，2个教学楼，招商引资10.4万平方米的学生公寓及学生生活设施，均已竣工交付使用；图书馆，外语文理、信息、计算机和经管楼等建筑已完成主体工程，运动场已完成看台和场地基础等土建工程，环境建设和基础设施配套工程也正按计划进行。

（方志坚）

【抚顺师范高等专科学校】 抚顺师范专科学校自1978年成立以来，为全市及省内各地区输送了3万余名合格人才。多年来，学校大力推进素质教育，形成了“注重基础，强化技能，全面发展，一专多能”的复合型人才的培养模式，培养的人才得到了社会的普遍认可。近年来学校先后获得省文明单位、省安全文明校园、省高校宣传思想工作先进集体，省代理家长先进集体，市先进集体、市宣传思想工作标兵单位、市教育系统先进单位等荣誉称号。

学校现有教职工548人，其中教授4人，副教授124人，中级职称164人，专任教师315人。现有在校生2 891人，职专学生370人，成人在校生776人，总计4 037人。现有处室21个，教学系（部）14个，职专1所。现有校级领导5人，中层干部88人，党员264人。学校设有师范类专业和非师范类专业，其中师范类专业方向10个，高职类专业13个。

2004年学校占地面积15.4万平方米，建筑面积7.4万平方米，其中包括正在施工的学生公寓5 440平方米，第五教学楼9 051平方米，第六教学楼38 890平方米。学校教学设施现代化，各种专业教室、实验室、模拟训练室、实习基地齐全。体育场馆、食堂和学生公寓设施完备。学校在北京、上海、沈阳等城市建立了专业实习基地。毕业学生以专业基本功扎实、适应能力强、综合素质好而受到用人单位欢迎，就业率高。

抚顺师专近年来在全国及省市获得多项教学、科研及其他方面的奖励，其中1项获全国优秀教学成果特等奖，有2项获得辽宁省优质教学科研成果奖，有7项科研课题获辽宁省教科研课题立项，有5项获市科学及社科类科研立项。

（王淑丽）

【抚顺职业技术学院】 抚顺职业技

术学院创办于1983年。1997年被辽宁省教委推荐为全省惟一建设全国示范性职业大学试点单位。2003年被辽宁省政府授予“辽宁省职业教育先进单位”称号。2004年被教育部、国防科工委和国家机械工业联合会等七部委确定为“数控技术应用专业领域技能型紧缺人才培养培训工程”指定院校。

学院占地13万平方米，建筑面积7万多平方米，总资产1.2亿元。现有10个教学系部，开设26个专业，其中计算机应用与维护、电算化会计和人物形象设计等3个专业为辽宁省高职教育改革试点专业。学院设有国家职业技能鉴定站、市职业技能鉴定站。由辽宁省教育厅主办的《辽宁高职学报》中心编辑部也设在该院。

学院在校生总数为6 120人，其中全日制在校生为2 519人。学院在职教职工457人，专职教师210人，其中副高级职称以上的有117人、中级职称的165人。学院与韩国德成职业技术学院、比利时EHB大学等国外教育机构加强了交流合作，向国外派遣教师进修访问、组织学生留学深造。学院毕业生受到社会欢迎，应届毕业生就业率在全省同类院校中名列前茅。

学院圆满地完成了教育厅对学院的高职人才培养水平评估工作。2004年，学院被教育厅、国防科工委和国家机械工业联合会确定为“数控技术应用专业领域技能型紧缺人才培养培训工程”指定院校。学院投入100多万元资金，建设了数控加工仿真实训基地。

2004年，学院申办了楼宇智能、建筑监理和多媒体技术等3个新专业。确定了人物形象设计等4个院级高职试点专业，其中人物形象设计经省教育厅专家遴选，被确定为高职教育教学省级试点专业。至此，学院已有3个高职教育教学试点专业。2004年，学院机电系郑红副教授的“Master Cam”课程被评为省级精品课。学院还同辽宁石油化工大学达成协议，借助辽宁石油化工大学从2005年开始招收化学工程、市场营销两个高职专升本专业，开展本科教育试点。

学院加强了与行业、企业的结合，实现了“订单式”人才培养，先后与辽宁东富消防设备有限公司和高科电瓷电气制造有限公司签署了“订单式”人才培养意向，2004年7月，学院与华泰电瓷电器制造有限公司签署了“订单式”人才培养协议，当年为其培养电瓷制造和高压测试专业学生22人。

学院认真做好招生、毕业生就业工作。全年招收各类学生1 868人。学院毕业生年终就业率为90.06%，高于全国高职毕业生平均就业率20个百分点，位于省内同类院校前茅。其中人物形象设计、机械电子、市场营销和建筑装饰等专业毕业生就业率达100%。

学院还引入社会资金重建学生公寓7 000平方米，扩建学生食堂1 200平方米，并按照社会化模式经营。

学院全年共承担各类课题33项，其中为抚顺发电厂研制的吸附式氢气脱水装置通过省级鉴定，达到国内领先水平，被评为抚顺市科技进步二等奖。学院加大了国际交流合作工作力度，学院与新加坡NOVATION商学院、韩国昌信大学、浦项1大学建立了校际交流合作关系。

（王志斌）

中等教育

【基本情况】　全市有普通中等专业学校8所，在校生9 831人，教职工1 011人，专任教师594人。2004年毕业1 817人，招生3 409人。本年度加强了教育教学质量管理，进行教学质量检测，开展了中等专业学校评优课活动，组织中专学生参加省首届中等职业学校学生技能竞赛。组织中专计算机水平测试。

2004年，中等专业学校毕业生就业率达90%以上。

【骨干示范学校建设】　完成三所中等职业学校申报国家级重点中等职业学校工作，2004年3月市农业特产学校、市建筑工业学校被国家教育部评定为国家级重点中等职业学校。市卫生学校、市体校申报了省级示范中等职业学校评估认定，9月17～24日，省教育厅两个评估组来抚对市卫校、体校进行了评估，结果良好。

【提升部分重点中专办学层次】　抚顺市农业特产学校与沈阳农业大学应用技术学院联合办学取得成功，2004年在农业特产学校开办4个五年一贯制高职专业。

【中等职业学校省级示范专业评估】组织部分专业条件好的中等职业学校开展申报工作，经市教育局初评，推荐抚顺市建筑工业学校的工业与民用建筑、计算机及应用、机械制造与控制专业，抚顺市农业特产学校的种植、养殖专业，财贸学校的电子商务专业参加评估。2004年11月，省厅专家组对抚顺市申报学校进行评估。

基础教育

【基本情况】　全市有普通中学152所，其中初中108所，高中16所，完中7所，九年一贯制学校21所，在校生总计118 717人，教职工10 077人，专任教师7 790人。全市有小学443所，在校生122 765人，教职工10 302人，专任教师8 616人。

【发展农村教育】　全面落实“以县为主”的农村义务教育管理体制。启动了“两类新三片”普及九年义务教育规划，坚持分区规划、分类指导、以点带面、全面推进的原则，对规划实施情况进行了全面督导检查。

制定抚顺市农村九年一贯制寄宿学校建设规划，争取省专项投资600万元，加之市县区自筹，新建7所九年一贯制寄宿制学校。结合乡镇事业单位改革，根据学苗减少的实际情况，全市撤并90所中小学，教育布局得到进一步优化。

【启动新课改】　2004年新学期，组织教育思想大讨论，深化课堂教育改革，把“为了每个学生发展”的新理念落实到课堂教学当中，通过教学质量的监测和评定，积极推进教育质量的提高。全面加强未成年人思想道德教育，“摇篮工程”成效显著。

【控辍保学】　印发了《关于进一步做好初中控辍保学工作的通知》，层层分解目标，落实责任。确定了省、市两级监测点校，开展专项督导。据统计，2003—2004学年度全市农村初中辍学率为2.65%，比上个学年度降低了0.15个百分点，完成省政府下达的不突破3.13%的指标。

【开展质量认定】　从初中阶段义务教育的完成率、高中阶段普及率等指标入手，开展初中质量认定。加强小学的规范性管理，根据小学质量监测的结果，通过召开现场会的方式，树立了办学条件差的东洲区龙凤小学等学校为狠抓教育质量的典型。

坚持“公办不择校，择校找民办，”为满足部分群众择校需求，依据民办教育促进法新批准成立了6所民办中小学。

【开展示范性高中建设】　为加快普及高中教育步伐，努力解决高中“瓶颈”问题。在已有4所省示范性高中的基础上，积极组织新宾县高中、抚顺县高中、十二中、朝一中、六中积极争创省示范性高中。在硬件建设上，通过学校自筹、贷款和政府补贴，新宾县高中、抚顺县高中完成了教学楼的新建、扩建工程；十二中、朝一中、六中进一步整治了校园环境，改善了办学条件。在软件建设上，这些学校进一步加强了教育教学管理，提高了教育质量。制定《抚顺市示范性普通高中评估细则》，并下发创建市示范性高中的通知，以全面提高高中建设水平。对全市25所普通高中进行了全面视导评估，评出优质学校4所，良好校7所，合格学校13所。2004年，继续对高中教学质量进行认定，并公布了认定结果，将学校的教育质量与干部的任用和教师的待遇挂钩，使学校的教学和管理水平不断提高。

【扩张优质教育资源】 实行强校带弱校，建立重点学校与薄弱学校的对口帮扶关系，重点学校坚持常年资助贫困学校，帮助他们更新办公桌椅和教学器具，帮助培训教师、赠送电脑和体育器材，形成资源共享、相互促进、共同提高的良好局面。

【高中教研工作】 为适应高考改革，抓好高中教研工作。在教师中牢固树立科研意识和终身学习意识，加快教育教学科研步伐，增强跟踪前沿知识的能力，整体提升教师的教研能力，着力打造了一支由传统型向现代科研型转变的优质教师队伍，使本市教研工作水平不断提高。

【学前教育】 全市有幼儿园314所，在园儿童25 344人，教职工2 324人，专任教师1 157人。2004年毕业10 625人，招生15 349人。幼儿教育不断发展，培训幼儿园长和教师2 000人次，为学前教育奠定了坚实的基础。在全市评选一类幼儿园110所、示范幼儿园35所，并深入36所幼儿园进行安全大检查工作。指导望花区和清原县迎接省厅学前教育普及县区的检查，并顺利通过，新抚区、顺城区、望花区和清原县被评为省幼儿教育普及县区。同时，涌现出一批先进典型，其中顺城区教育局、市委幼儿园、石油二厂幼儿园、西露天矿幼儿园等单位，被评为省幼儿教育先进集体。

【特殊教育】 全市有特殊教育学校3所，在校生335人，教职工114人，专任教师82人。2004年毕业12人，招生28人。全市有工读学校1所，在校生611人，教职工50人，专任教师21人。2004年毕业150人，招生130人。

【民族教育】 全市有少数民族高中在校生11 862人，教职工830人，专任教师635人。2004年毕业2 997人，招生4 224人。有少数民族初中在校生29 332人，教职工2 701人，专任教师2 204人。2004年毕业9 124人，招生9 574人。有少数民族小学在校生44 828人，教职工4 462人，专任教师3 889人。2004年毕业9 313人，招生6 613人。

【职业教育与成人教育】 全市有职业高中19所，在校生12 869人，教职工1 217人，专任教师745人。2004年毕业3 314人，招生3 747人。创办省级示范中等职业技术学校、示范专业，推进农村职教中心建设。开展了中等职业学校省级示范专业评估工作，组织市建工学校、农业特产学校、一职专、清原职教中心等6所学校的10个专业申报，10个专业都被省教育厅定为省级示范专业。做好2004年招生和毕业生就业安置工作，中职学校毕业生就业率达94.38以上。农村初级职业教育开始了“9+1”模式的劳动力转移试点培训，扩大了城市中等职业学校招收农村初中毕业生的规模。职业技术学校全年免费培训下岗职工4 700人。

【民办教育】 全市有民办中小学和幼儿园238个，其中有高中4所、完中1所、九年一贯制1所、职业高中3所、小学2所、幼儿园227所。此外，还有成人助考学校10所，其他各种培训机构146个。

师资队伍

【实施青年教师素质工程】 在青年教师中开展了“雷锋号”教研组创建活动，青年教师基本功竞赛、青年教师师德标兵评比活动，为青年教师提供了展示才华的舞台，在他们当中掀起了大练基本功的热潮，强化了青年教师的师德意识，实现了练师能、筑师魂的活动。

【教师继续教育】 贯彻实施《抚顺市“十五”期间中小学教师继续教育工程方案》。对2002—2003年期间参加工作的620多名中小学教师进行了教师职业道德、教育改革法规、班主任工作、教材教法研究与实践等方面的培训；开展现代信息技术培训和考核，基本完成了全市教师计算机技术一级水平培训考核任务，计算机技术二级水平培训2 400余人，省考核合格1 700余人；与大连枫叶国际学校合作举办了两期英语教师教学方法培训（ETT)，100名英语教师参加培训；对教师培训实行学分制管理，编制了抚顺教师继续教育学分证书使用程序，对全市1万多名教师颁发了学分证书，并按每名教师培训和考核课程成绩进行登记、审核。启动了全市“十五”期间中小学骨干教师培训工程。举办了中小学校长提高班、职业技术学校校长培训班，培训300余人。

【师德建设】 将修订后的《抚顺市教师职业道德规范》、《抚顺市教师职业道德行为违纪处罚规定》、《抚顺市教师行业“五不准”》印发全市各学校，并将师德建设纳入督导评估范围，规范了师德建设工作。学校为每名干部、教师建立了《师德档案》。学校干部教师都签署了《师德承诺书》。建立师德建设监督热线，自觉接受社会监督。在全市范围深入开展师德教育活动，树立爱岗敬业的良好教师职业道德形象。在全市开展了“千名校长万名教师走进十万学生家庭”活动，以特困生、学困生、单亲生、问题生等学生家庭为走访重点，认真听取学生及家长对学校教育教学、改革和管理等方面的意见、建议和呼声等，及时改进学校各方面的工作。通过这些活动的开展，教师、学生的精神风貌焕然一新，涌现出县区级骨干教师2 800人、市级1 400人、省级160人、国家级16人。教师节期间受到表彰的全国模范教师2名，全国优秀教师3名，全国优秀教育工作者1名，省优秀教师22名，省优秀教育工作者2名。

基本建设

【基本情况】 2004年，新建7所九年一贯制寄宿制学校。基本建设项目共4项，总建筑面积36 290平方米计划投资4 450万元。其中：续建工程2项。实验小学教学楼扩建工程，建筑面积4 690平方米，总投资550万元，于2003年10月开工，2004年8月16日竣工。一中教学楼翻建工程，建筑面积10 480平方米，总投资1 100万元，于2003年7月开工，2004年7月竣工。新建工程2项，七中教学楼翻建工程，建筑面积8 120平方米，计划投资1 000万元。2004年9月中旬开工，2005年7月末竣工。雷锋学校工程于2004年10月8日接管（原由雷锋学校建设指挥部管理），建筑面积13 000平方米，计划投资1 800万元。目前已完成主体工程，2005年6月底竣工。以上工程本着严格履行基本建设程序，严格执行招投标法、政府采购法，严格遵守政府采购程序和工程监理制度。保证了工程进度，工程质量。

【校舍维修】 积极推进城区义务教育薄弱学校改造计划，加强校舍管理，搞好校舍维修。在校舍维修投资不足的情况下，注重加强校舍管理，2004年3月中旬在全市范围内开展了春季校舍安全大检查，2004年7月又开展了一次汛期校舍安全大检查，发现问题即时解决，保证了校舍的安全使用。在春季校舍检查的基础上，确定校舍维修项目，下达维修计划。目前校舍维修工程全部竣工。全年投资340万元，维修改造锅炉46台，暖气维修37 408平方米，维修改造暖气外线1 560平方米，改造下水外线660米，屋面防水13 053平方米，更换塑钢窗2 705平方米。

【农村中小学危房改造】 2004年，省、市、县投资2 155.3万元，消灭D级危房37所，面积28 899平方米；县、乡、村自筹资金改造维修B、C级危房25 224平方米。

体育　卫生

【体育新课标扩大试点】 2004年《学生体质健康标准》开展率达85%以上，超额完成省下达50%的目标；在全市范围内开展了第二套全国中小学生系列广播操暨大课间体育活动检查评比活动。评比示范学校15所，优秀学校43所；经过省专家评估组验收，全市增加了两所全国体育后备人才试点校（一中、十中），加原来的一所（二中），达到三所；调整了体育后备人才试点校和重点高中招收优秀运动员的政策，完成了全市中招体育考试工作；按公开、公正原则完成了高考二级运动员的审核确认工作；组织参加省中学生篮球、排球比赛，承办了全国“幼苗杯”乒乓球比赛等。

【学校卫生安全工作责任制】 为强化学校食品卫生安全，市教育局与各县区教育局、市直学校签订了“食品卫生安全责任状”，并会同卫生部门对各学校进行了饮食卫生安全工作检查；加强中小学生“六病”防治工作，在贫血查治、预防投药等方面有了初步起色；加强健康教育，并建立了市级学生体质健康监测站和监测点校。

【国防教育】 2004年抚顺市成立了学生军训工作领导小组，在市工读学校筹建了抚顺市学生国防教育军训基地（素质教育基地）。全市中小学普遍开展了军训活动。

（郭德全）

招生考试

【基本情况】 2004年全市招生考试工作全面完成了各项任务，达到了市政府提出的招生考试工作目标，市招办被省招考办评为考风考纪优秀单位，被省、市保密部门评为保密工作先进单位，被市教育局评为学雷锋先进单位。

【加强领导】 市政府召开2004年全市招生考试工作会议，总结、部署招生考试工作，表彰高考、中考防非典突出贡献单位23个，优秀考区8个，先进个人225人。市政府与县、区政府签订了2004年招生考试工作责任状。高、中考前，市招考委、市教育局领导亲临各考点检查指导考前准备工作，并成立了高、中考工作现场指挥部，指挥全市的高、中考工作。

【创造优良的备考和考试环境】 市招考办会同市有关部门认真贯彻落实市政府招生考试工作会议精神，大力整治招生考试环境，一是整治考生备考和考试期间的超标噪声；二是做好考点和考生集中食宿地的卫生防疫工作；三是解决考生交通和免费乘车问题；四是加强考点及周边的治安和交通管理；五是保证考点正常供电、供水和通讯畅通；六是整顿考点周边的市场；七是考点积极为考生服务，为考生创造优良的备考和考试环境。

【考务和考风考纪管理】 市招考办通过采取签订考风考纪责任状，加强试卷安全保密工作，建立中考电子档案，对考生进行考前教育，落实招生考试责任制，建立两个“三不准制度”，搞好考试工作人员考前培训，交流和轮换监考教师，加强考试监察工作，监控利用现代化科技手段作弊，建立招生考试监督机制等措施，确保各类招生考试的顺利进行和公正公平。

【普通高校招生】 2004年报考普通高校的考生10 374人，本科录取6 566人，本科录取率63.2%，专科以上录取9 531人，专科以上录取率91.87%。有9名考生考取了北京大学和清华大学。三校生（中专、职高、技校）报考高职院校的考生1 579人，本科录取139人，专科录取1 399人。

【普通中等学校招生】 2004年报考普通中等学校的考生19 485人，录取了16 979人，录取率87.1%，其中省重点高中录取7 123人，市重点高中录取2 288人，一般高中录取2 900人，民办高中录取583人，中专录取811人，职专（职高）录取3 274人。

【成人高校招生】 2004年报考成人高校的考生4 732人，专科以上录取了3 635人，录取率76.8%。

【高等教育自学考试】 2004年报考自考的考生11 650人次，报考了25 939科次，本科毕业595人，专科毕业485人。

【研究生招生考试】 2004年报考硕士研究生的考生1 575人，比上年增加274人，报考硕士研究生的人数逐年增加。

（邱吉胜）

附：

2004年抚顺市大中专学校基本情况统计表

	学校数	毕业生数	招生数	在校学生数	教职工数	专任教师
总　计	18	7 274	10 760	31 909	4 220	2 206
一、普通高等学校	3	3 848	6 168	19 859	2 596	1 341
其中：研究生培养机构	2	143	244	628		
二、成人高等学校	5	1 466	939	1 591	613	271
三、普通中等专业学校	8	1 817	3 409	9 831	1 011	594

辽宁省2004年普通高校招生录取控制分数线

文理类	第一批本科院校录取控制分数线558分 第二批本科院校录取控制分数485分 第三批本科院校录取控制分数线433分 提前专科院校录取控制分数线475分 专科（高职）院校录取控制分数线330分
体育类	体育类院校（专业）本、专科文化课录取控制分数线350分，体育专业分数线60分
艺术类	艺术类院校（专业）本、专科文化课录取控制分数线200分
高等职业学校招收"三校生"	文化基础课资格线本科200分，专科90分，录取按专业综合课和职业技能考核的总成绩从高分到低分由高校审查录取。

抚顺市2004年省重点高中 中师及五年制师范类专业招生建档最低控制分数线

学校 \ 类别 \ 分数线	公费	自费	择校
抚顺一中	665	623	603
抚顺二中	681	653	639
抚顺十中	661	621	605
抚顺十二中	657	619	602
四方高中	634	584	542
抚顺朝一中	507	280	116
抚顺师范高等专科学校	小学教育427分;小学教育(数学双语方向)445分;小学教育(艺术方向)456;小学教育(计算机双语方向)467分;小学教育(英语方向)516分;小学教育(体育方向)393分;学前教育(双语)473分		
辽宁省朝鲜族师范学校	小学教育374分；小学教育（计算机信息技术）318分		
辽宁特殊教育师范学校	特殊教育532分；特殊教育（英语）481分；特殊教育（计算机）347分；特殊教育（艺术）430分；小学教育（特教方向）453分		
沈阳艺术幼儿师范学校	学前教育276分；学前教育（双语）487分；美术教育482分；美术教育（双语）443分；音乐教育359分；音乐教育（双语）548分		

2004年抚顺市获国家 省级表奖的教师及教育工作者名单

序号	姓名	单位及职务	荣誉称号	序号	姓名	单位及职务	荣誉称号
1	尹姝勤	抚顺县高中校长	全国优秀教育工作者	16	尹　丽	市二十五中教师	省优秀教师
2	依秀芝	清原一中教师	全国模范教师	17	席　伟	市二十四中教师	省优秀教师
3	林春茂	抚顺十中教导主任	全国模范教师	18	王建武	市三十四中教师	省优秀教师
4	李铁峰	抚顺一中教师	全国优秀教师	19	王忠志	新宾永陵中学教师	省优秀教师
5	王子敬	新宾榆树中学教师	全国优秀教师	20	徐恒娟	新宾永陵中心小学教师	省优秀教师
6	林　青	清原实验小学	全国优秀教师	21	吕　杰	市二十七中教师	省优秀教师
7	李素燕	抚顺实验中学教师	省优秀教师	22	周洪娣	望花雷锋小学教师	省优秀教师
8	张佩秋	抚顺二中教师	省优秀教师	23	丛春萍	市五十中学教师	省优秀教师
9	朱　玲	抚顺十二中教师	省优秀教师	24	张敬芝	抚顺县小东初中教师	省优秀教师
10	赵彩麟	抚顺四方高中教师	省优秀教师	25	丁　梅	抚顺县后安中心小学	省优秀教师
11	吴大雄	抚顺乙烯高中教师	省优秀教师	26	王　勇	抚顺职院处长	省优秀教师
12	马中华	教师进修学院主任	省优秀教师	27	何凤梅	抚顺师专主任	省优秀教师
13	孙　贺	市一职专组长	省优秀教师	28	董丽群	市卫校	省优秀教师
14	张智敏	市实用技术学校教师	省优秀教师	29	王淑琴	市学院附小校长	省优秀教育工作者
15	王英霞	顺城区教师学校主任	省优秀教师	30	张　松	市育才中学校长	省优秀教育工作者

抚顺市公共汽车总公司

总经理：赵凤羚

抚顺市公共汽车总公司是我市国有大一型城市公共交通企业，始建于1953年8月1日，所经营的城市公共交通是重要的城市基础设施和政府重点扶持的公益事业，担负着全市65%以上市民公交出行任务，在我市城市客运交通中起主导和骨干作用。截至2004年底，职工总数7 570人，营运车辆820台，营运线路45条。总公司下设13个部室，5个运营公司，一个修配厂，通恒、永驰两家合资合作客运公司，固定资产1.72亿元。2004年，总公司在各种矛盾和问题突出，各种困难和压力加重，特别是油价大幅飚升、财政补贴锐减、企业深层次矛盾突出的困境中，坚持以发展为主题，以“两个效益”为中心，以深化改革、强化管理，提高服务水平、确保营运安全为重点，经过全体员工的奋力拼搏，保持了客运生产的连续运行和企业大局稳定，较好地完成了公益性和经营性任务，主要经济指标完成创历史最好水平，全年实现减亏1 198.8万元。总公司连续12年被省委、省政府授予“文明单位”称号，2路继续保持省级“雷锋号”荣誉称号，7路被评为市级“雷锋号”荣誉称号，总公司被评为抚顺市安全生产先进单位。

抚顺市第二中学

校长：关强

书记：季霞

学校领导班子成员。

抚顺二中始建于1923年，1962年被省教育厅确定为省重点中学，1981年被省教育厅确定为省首批办好的重点中学，2003年又被省教育厅确定为首批示范性高中，是全国现代教育技术实验校和电化教学示范校，是抚顺市对外开放窗口学校。学校有一支开拓进取的领导班子，实力雄厚的师资队伍，科学规范的管理制度和设施齐全、省内一流的办学设备条件。抚顺二中一校两址，南校区位于抚顺经济、文化、交通中心的新抚区，傍依于劳动公园东侧；北校区位于抚顺市政治中心的城东新区，坐落于市政府东北角，学校总占地面积320亩，总建筑面积7.98万平方米。学校现有76个教学班，教职工289人，学生4 180人。学校建有有线电视台、计算机校园网、多媒体教学管理系统、电子备课室、多媒体电子教室、计算机网络教室、音像阅览室、音像资料室，教室安装了多媒体投影仪、电动幕、视频展台等。学校现有多媒体电脑600余台，实现了教育手段和教学管理的科学化、现代化。

学校坚持走科学与科研一体化的道路，"九五"以来，学校承担的国家、省立项科研课题已有6项通过验收鉴定，近3年来的学校教职工发表论文142篇，出版著作32部（册），开发教学课件320个，使师资队伍向科研型、专家型方向发展。目前，学校有省功勋教师1人，高级教师92人，中级教师63人，初级教师123人；市骨干教师36人，享受国务院省政府特殊津贴5人，省市劳动模范8人，省优秀教师1人。几年来，二中先后获得省模范学校、省文明学校、省德育先进学校、省学雷锋先进集体、全国"五四"红旗团委、全国中学生实践教育先进单位等荣誉称号。

二中南校区。

二中北校区。

抚顺市第一中学

校长：冯春和

由郭沫若先生题写校名的抚顺一中创建于1953年，是辽宁省首批重点学校，辽宁省示范性高中。五十年来，从这座知识的殿堂、求学的圣地走出了万千莘莘学子，遍布大江南北，海内海外，许许多多毕业生成为祖国建设的栋梁之材。

学校拥有一流的办学环境和条件。辽宁石油化工大学、煤炭科学研究院抚顺分院、雷锋纪念馆等单位与学校相邻。校园占地42 000平方米，教学楼、实验楼、信息楼、体育馆、学生宿舍、食堂、标准400米跑道、足球场、篮球场、排球场、网球场等设施一应俱全。多网合一的校园网、数字化多媒体手段进入每个教室。优良的教学设施为学生成才和发展提供了可靠保障。学校现有48个教学班，2 688名学生，在130名专任教师中，有特级教师3人，高级教师56人，中级职称以上教师占75%，具有研究生学历的教师占34%，30余名国家、省、市级骨干教师分布在各个学科。

五十年来，学校全面贯彻党的教育方针，大力推进素质教育，办学质量稳步提高。进入新世纪，学校先进的教育理念，"严谨务实，争创一流"的学校精神，激励着一中人拼搏进取、辛勤耕耘、深化改革、不断创新。在学苗不是一流的情况下，连续三年创造出一流的教育质量，无论是高考升学率，还是参加全国奥林匹克竞赛，获奖层次之高，获奖人数之多均居抚顺市重点高中之首。学校先后获得省先进集体、省文明学校、省德育先进校、全国中学贯彻《中学体育工作条例》优秀学校、全国体育后备人才试点校、省电教示范学校、市教育系统先进集体、市德育示范校、市思想政治工作先进单位等荣誉称号。

文明单位 Civilized Unit　先进党委　德育先进校

抚顺县高级中学

抚顺县高级中学坐落在抚顺市南郊，是省重点高中、省级示范学校。建校50年来，取得了跨越式发展的辉煌业绩，为国家、社会和高校输送了一批又一批的优秀人才。学校现有38个班级，150名教师，2 300多名学生。学校实行封闭式管理，在校生一律住校。教职工80%以上分别获得国家、省、市、县的表奖，有一批省、市级骨干教师，具有研究生学历的教师38名。跨入21世纪，学校坚持"校以育人为本、师以奉献为荣、生以成才为志"的办学宗旨，走高质量、有特色、创一流的兴校之路，全面贯彻教育方针，全力推进素质教育，现代教育思想蔚为风气，科学化管理日臻完善，师生的精神面貌焕然一新。教育教学质量逐年提升，各项工作都取得了历史性的突破。学校荣获省"文明单位"、省"科研先进单位"、省"先进工会"、省"三八红旗集体"、市政府"先进集体"、市"德育示范校"、市"优秀考点"、市"招飞先进单位"等称号。该校是北大附中远程教育"示范校"、沈阳师范大学教师教育实践基地。学校承担了多项国家、省、市科研课题，启动了"名师优生"工程，高考升学率连续几年居市省重点高中前列，每年都有很多考生考取国家名校。

校长：尹姝勤

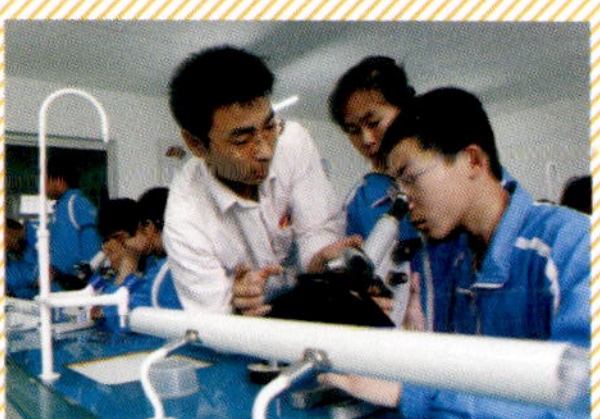

教师在指导学生做实验。

教学楼。

学校绿化带一角。

抚顺市第一中等职业技术专业学校

抚顺市第一中等职业技术专业学校位于抚顺市望花区丹东路东段6号，学校始建于1982年10月。1991年被确定为省级重点职业高中，2000年5月被国家教育部命名为首批国家级重点职业中专。2003年10月学校又通过国家教育部的对全国国家重点学校重新调整和认定。学校占地面积52 552平方米，建筑面积24 509平方米，校园环境优美，有独立的教学楼、艺术楼、综合实习楼、学生食堂。实习酒店及附属幼儿园产教一体，负责接纳、指导学生实习。学校现有学生2357名，53个教学班，开设计算机及应用、烹饪、学前教育（幼师）、服装表演、服装设计与工艺、旅游服务与管理、美容美发与形象设计、汽车修理、财会等专业。全校现有教职工238人，其中专任教师151人，高级教师64人，中级教师53人，研究生学历23人。

该校以市场和需求为导向；以管理和质量为核心；以规模和效益为目标；以特色和品牌求发展；以创新机制和体制为杠杆，进而实现学校在"质量、规模、效益、特色"上的跨越式发展。日前该校已成为抚顺市职业教育骨干窗口，为抚顺的经济发展做出了突出的贡献。

学校近几年来被命名为全国教育工会先进集体；被省委、省政府命名为省级文明单位；被省教委命名为"校容、校貌、校风、校纪先进单位"；被省教委命名为美育教育示范校；被省、市命名为下岗再就业培训先进单位；被省命名为校务公开先进单位；荣获抚顺市先进集体、市思想政治工作先进单位等50余项荣誉。学校共获得全国、省、市优秀论文近400余篇。近几年学校共有60余人获国家、省、市优秀教师、优秀工作者称号。中央电视台对我校办学经验进行过专题报道，省、市电台、电视台、《辽宁日报》等多家媒体也多次报道了学校的办学成果，校领导多次在全国、省、市职教会议上介绍经验。

校长：韩宪本

学校主楼

烹饪实习

微机室

抚顺市朝鲜族第一中学

学校领导班子成员（左起：副校长郑炳烈、校长高龙学、书记权锦顺、副校长卢松万）。

该校始建于1950年，是抚顺市惟一一所朝鲜族高级中学，近年来一直被评为抚顺市“文明单位”。学校有在职教师104人，其中，专任教师70名，大学本科以上学历100%，19名具有研究生学历。具有高级职称31人，占教师总数的44%；中级以上职称52人，占教师总数的72%；市级以上骨干教师21名，市素质教育拔尖人才1名，省级骨干教师10名，另有11名教师在省、市学术团体中担任要职。

学校崇尚自觉努力、主动发展，在多年的教学实践中形成了全新的教育理念。让学生都有发展，让学生都有希望，激励有潜力的学生最大限度地发挥才能、贡献社会，培养学生成为人人学会做人，学做真人。以学为荣，学有特长，全面发展，学以致用的朝一中现代人，是严谨扎实、脚踏实地、实事求是的健康人。

近几年来，我校办学条件不断改善，队伍素质不断增强，管理、教科研、教学成绩不断提高。先后荣获全国教育网络系统示范单位、市文明单位、市教育局先进党总支、抚顺市教育科研先进单位、抚顺市德育先进单位、学雷锋先进集体、市中小学规范化教导处等荣誉称号。高考成绩逐年上升。该校毕业生受到高等学校和用人单位的好评。市教育局高中教学质量认定结果2003年一本线完成率全市第一名；2004年获全市一批本科完成率第三名和本科以上完成率第一名的好成绩，得到市教育局的通报表扬。高中毕业会考成绩及考查科目成绩合格率达100%，各科学习成绩及格率达100%，优秀率达50%以上，毕业率达100%。

抚顺市东洲高中

东洲高中（前身乙烯高中）坐落于优美、恬静的东洲乙烯小区，始建于1989年，现隶属于抚顺市教育局。学校1996年被市教委命名为市级重点高中。建校十六年来，学校以先进的管理及高质量的教育成果，在社会上取得了较好的声誉，先后获得了市教育系统先进单位、法制教育先进单位、卫生工作先进单位等多项荣誉称号。学校现有阶梯教室、多媒体教室、电教室、微机室、室内体育馆等多项现代化的教学设施及能容纳近500人食宿的六层宿舍大楼。拥有一支经验丰富、年富力强的师资队伍，其中特级教师1人，高级教师22人，高级以上职称的教师占教师总数的一半以上。随着教育教学改革的深入，多种形式的科研、教研及教师竞赛活动，在东洲高中蔚然成风、成果喜人，仅去年就有30多人次在市以上教研活动中获奖；学校把学生良好习惯的养成和提高自我管理能力做为教育的重点，把全封闭式的管理与寓教于乐的活动相结合，形成和完善了“整洁安静、勤奋学习、文体活跃、勇于创新”的严谨校风及“勤奋、诚实、求真、创新”的良好学风，几年来学校高考升学率一直在市重点高中中名列前茅。

操场

语音室

校门

教室

校园外景

清原满族自治县高级中学

清原满族自治县高级中学创建于1978年8月，翌年被确定为辽宁省重点高中，至今已走过27年的光辉历程。建校以来，学校不断开拓进取，逐步发展壮大，现已颇具规模。学校现有教学班52个，在校生3128名，教职工175名，其中专任教师143名，高级教师69名，特级教师1名，国家、省、市、县各级骨干教师77名。学校教育设施齐全。如今校园占地面积113390平方米，其中绿化面积16000平方米，硬化面积15500平方米。学校建有三栋教学楼，一栋实验楼，一栋图书馆楼，一栋艺体馆楼，四栋食堂宿舍综合楼；另有三栋社会力量办学兴建的食堂宿舍综合楼，建筑面积8500平方米，还有一栋教工住宅楼，学校总建筑面积达45000平方米。学校教育手段先进。目前学校拥有符合国家标准和规模的实验室、语言室、微机室、电子备课室、电脑阅卷室、电脑印刷室、电教资料室、音像阅览室、校园网络控制中心、卫星电视接收设施、无线广播发射系统、多媒体教室、演播厅、图书馆、电教馆、体育运动场、音乐欣赏大厅、美术创作室等，办学条件优越。

校长：陈旭

学校教育成果丰硕。多年来，学校为国家和社会培养了大批优秀人才。学校多次受到上级表彰，曾获抚顺市师德建设先进单位、德育示范学校、环保示范学校、国防教育先进学校、语言文字规范化先进学校、教育先进集体、先进单位和辽宁省文明单位、中小学党建工作先进单位、教育科研先进单位、电化教学示范学校、《学校体育工作条例》先进学校、实施中小学环境艺术化工程先进学校等多项荣誉称号。2003年11月，学校被辽宁省教育厅命名为“辽宁省示范高中”。

校园一角

学校领导班子成员。

抚顺市第五十中学

校长：袁淑琴

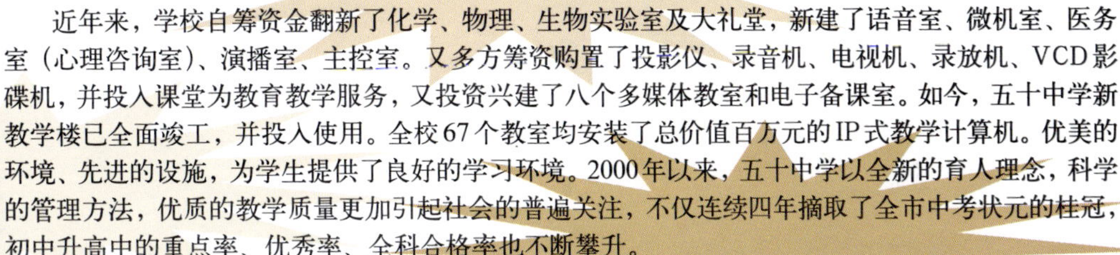

抚顺市第五十中学成立于1984年，坐落在新抚区东七路八号，是全市的窗口学校。地处交通便利的市中心，占地面积14 800平方米，建筑面积27 394平方米。现有67个教学班，3 800多名在校生，225名教职员工，其中高级教师56人，中级教师131人，研究生及本科学历157人；拥有省级骨干教师7人，市素质教育拔尖人才1人，区名师5人，市百花奖教师17人，市级骨干教师35人。是全市规模最大的初级中学。

近年来，学校自筹资金翻新了化学、物理、生物实验室及大礼堂，新建了语音室、微机室、医务室（心理咨询室）、演播室、主控室。又多方筹资购置了投影仪、录音机、电视机、录放机、VCD影碟机，并投入课堂为教育教学服务，又投资兴建了八个多媒体教室和电子备课室。如今，五十中学新教学楼已全面竣工，并投入使用。全校67个教室均安装了总价值百万元的IP式教学计算机。优美的环境、先进的设施，为学生提供了良好的学习环境。2000年以来，五十中学以全新的育人理念，科学的管理方法，优质的教学质量更加引起社会的普遍关注，不仅连续四年摘取了全市中考状元的桂冠，初中升高中的重点率、优秀率、全科合格率也不断攀升。

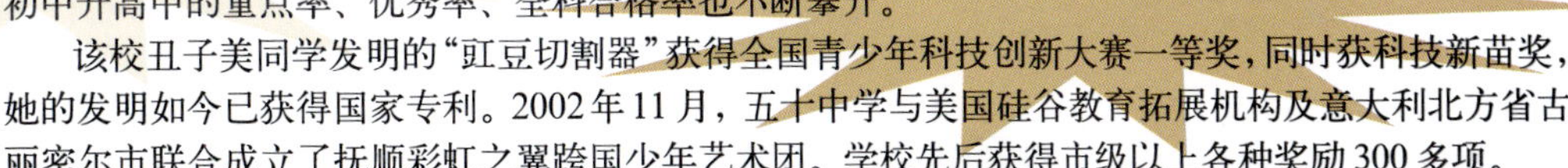

学校领导在研究工作。

该校丑子美同学发明的“豇豆切割器”获得全国青少年科技创新大赛一等奖，同时获科技新苗奖，她的发明如今已获得国家专利。2002年11月，五十中学与美国硅谷教育拓展机构及意大利北方省古丽密尔市联合成立了抚顺彩虹之翼跨国少年艺术团。学校先后获得市级以上各种奖励300多项。

抚顺市第七中学

抚顺市第七高级中学始建于1953年，是一所隶属于抚顺市教育局的公办完全中学，校园占地面积4万多平米，新建的综合教学大楼8 100平方米，内设网络微机教室、多媒体功能报告厅、语音室、电子备课室、音乐教室、校园闭路电视网、图书室阅览室等。

校长：敬涛

学校领导班子成员。

学校师资力量雄厚，具有一批素质优良、教学基本功扎实、爱岗敬业、无私奉献的教师队伍，全校教职工96人，教师68人，教师学历100%达标，其中研究生4人，高级教师21人。在校学生1 200人，24个教学班。

近年来，学校本着科学管理、科研兴校的理念，坚持以法治校，从严管理、加强教科研究、实施科学育人、引进竞争机制，建立了一支高素质的教师队伍，三年来获省优课6节，市优课26节，省优秀论文22篇、市优秀论文38篇，被评为省市先进个人达30余人次。在全国、省、市举行的学科奥赛及书法、绘画、音乐等比赛中获一等奖的有20人，二、三等奖的有32人，学校传统体育项目排球在2003年获全市初、高中男、女四项冠军。学校的教育教学质量不断提高，为上一级学校输送了大批合格的毕业生，走出了一条独特的办学之路。近两年来我校获得抚顺市文明单位、关心下一代先进集体等荣誉称号。

综合教学大楼效果图。

抚顺市第四中学

文明单位 中共抚顺市委员会

抚顺市学校体育卫生工作 先进单位 抚顺市教育局

先进党支部 中共抚顺市教育委员会

行业形象万人评师德建设 先进单位 抚顺市教育委员会

校长：张作华

教学楼

画　室

抚顺市第四中学成立于1953年，是抚顺市教育局直属的一所高级中学。学校位于抚顺市望花区，占地面积13 000平方米。现有23个教学班，1 500名在校生。教职工92人，74名教师100%本科以上学历，研究生学历者8人，曾获省市优秀课骨干教师、优秀班主任等荣誉称号的教师达30余人。特别是在新一届领导班子的带领下，学校遵循“成人成才同步进行”的办学宗旨，发扬“求真、求实、勤奋、创新”的工作作风，育人环境和管理机制不断完善，探索出一条教育改革新路，取得了喜人成绩。

近年来，学校加大了硬件设施的投入，建立了现代化的多媒体教育，闭路监控系统，远程教育教学网，现代化、标准化的微机室、语音室、实验室、演播室、阅览室等设施一应俱全，为师生教与学创造了条件。

为使学生学有特长，学校开展了丰富多彩的校园文化活动。学校的男女篮球队在辽宁省颇有声望，曾勇夺2003年辽宁省中学队季军、2004年辽宁省中学队亚军，并连获市中学篮球赛三连冠，为上一级学校输送了一批体育专业人才。多年来开展的美术专业特长指导班在我市也颇有名气，为爱好美术的学生发挥特长、施展才华提供了平台。

学校荣获的奖杯

语音室

多媒体室

微机室

图书馆

抚顺玉成中学

抚顺玉成中学坐落在环境优美的顺城新区，学校占地30 000余平方米，拥有全省一流的办学条件和先进的教学设施。班班设有投影等现代化多媒体教学设备；设施完备的各种实验室、微机室、图书馆及各专业教室；学校拥有可容纳800人的多功能大厅；可供1 500余人就餐的大、小餐厅；可容纳400人住宿的高档学生宿舍，300米的塑胶跑道和17 000余平方米的操场，各类体育运动场齐全，为学生提供了良好的运动休闲场所。学校拥有全市一流的教师队伍。学校现有专任教师78名，其中省、市拔尖人才，市百花奖，市、区骨干教师60人，占全体教师的77%。学校以一流的教育管理、一流的环境设施、一流的师资队伍、一流的教学质量伴随着一流的教育理念为每一位学生铺就终生发展的成功之路。

校长给师生过生日。

班班都有多媒体教学设备。

抚顺市第五中学

学校领导班子：校长于德利（右一）、党支部书记张传举（中）、副校长侯旭（左一）。

教学楼

抚顺市第五中学位于抚顺市东洲区新屯街，是市教育局直属重点高中，1952年建校。学校现有教职员工131名，其中高级职称21人，中级职称45人，具有研究生学历的教师23人。有27个教学班，学生1 788名。目前已发展成为抚顺市东部规模最大的市级重点高中。

学校办学条件优越，教学设施完备。占地3万平方米，有三座教学楼，三个操场，硬化路面近4 000平方米，绿地近3 000平方米，标准篮球场两个，图书馆藏书近四万余册。现代化教学设施齐全，拥有千兆校园网、多媒体教室、计算机教室，各班均配备了背投彩电，办公室和教室实现联网，每名教师配有一台办公电脑，学校2003年被确定为“辽宁省现代教育实验校”。

在全校师生的共同努力下，近年来学校先后荣获“全国民族团结进步模范单位”、省“九五”科研先进单位、“省级文明单位”、省“现代教育技术实验学校”、市“德育示范学校”、“抚顺市优秀青少年维权岗”等多项先进称号，30多名教师上了省市级公开课，并有20多名教师获得省市级优秀论文成果奖。学校的中高考成绩连创历史新高，2005年的教育教学取得了优异的成绩，全员升学率达100%。

抚顺市新抚区民主小学

民主小学坐落在新抚区东十路，地处市中心繁华地带，是抚顺市的一所窗口学校。现有33个教学班，近1 800多名学生，教职工87人，于1999年被评为中国特色学校。近几年来，学校以促进学生的发展为主题，以“将民主小学办成少年儿童成长的乐园”为办学宗旨，以“培养责任心理意识”为师生前进的动力，以“走科研路，兴教改风”为实施战略，确立“培养学生终身学习的愿望及能力”为学校的龙头课题，带动了学校教育教学工作的进一步发展。关注“人”的发展是学校的永恒主题，不论现在或是将来，学校始终希望学生们能“做文明人、做聪明人、做快乐人”。把教育学生学会做人，培养学生的责任心理意识作为学校德育教育的核心内容。从培养自我责任意识，建立家庭责任意识，具有集体责任意识，形成社会责任意识四个方面，提出16条具体要求，并通过多种渠道加以实施。实现教师的公平竞争，全面提高，为学生的发展提供良好的师资保证。为满足孩子对科学的渴求和探索，学校先后成立了天文观测分院、环境保护分院、动物观察分院、植物培养分院、信息搜集分院等，使学生不但热爱生活，而且善于观察生活，不但会学习、而且爱学习。校内组建了快乐军乐队、艺术家摇篮舞蹈队和小百灵百人合唱团，这支队伍先后荣获省三队表演一等奖；多次获得市区大赛一等奖；合唱团曾代表辽宁参加中南海演出获得三等奖。学校曾于1995年、1998年、2001年、2004年、2005年连续荣获省文明单位称号。还获得了省“九五”期间科研工作先进单位、省民族常识先进集体、省体育卫生先进单位、抚顺市教育系统先进单位、抚顺市素质教育示范校、抚顺市德育示范校等40多项荣誉称号。

校长：屠文生

学校领导班子成员。

抚顺市新抚区北台小学

校长：马云昌

书记：唐玉兰

创建于1957年的北台小学经过几代人的艰苦拼搏，如今已成为一所全省有名的抚顺市窗口学校。凭借“骨干教师优先发展学校”这一崭新的教师培养模式，孕育出一支习惯自律、乐于读书、勤于反思、具备可持续发展潜力的教师队伍。2004年1月，在抚顺市中小学班主任基本功大赛上，由刘霞、周洋、耿春江三名教师组成的北台小学代表队获得团队总分第一名；4月，在抚顺市中小学教师教学基本功大赛上，郑霞老师获得小学语文组第一名；10月，抚顺市教育局开展“十五”中小学骨干教师认定工作，北台小学有28位教师被推荐为抚顺市教学骨干，是全市百余所小学中骨干教师队伍最为强大的一支。

北台小学以“学生主体性活动”为突破口，将科技教育与其他学科教学进行了整合，寻觅出一条提高学生科学素养的有效途径。2004年初，学校组建了车模、航模小组，科技实验小组。5月学校举办了首届学校科技月活动，设置在每楼层宽阔地带的十多个“科技触摸区”使孩子们在动手操作中真正体验到学科学的乐趣。为期两个月的小实验操作培训，又使孩子们近距离走进科学。通过主体性活动，培养了学生们科学探索精神，使学生们掌握了一定的科学探究方法。2004年6月，学校组织部分学生参加了全国首届青少年科普知识大赛，有29名学生受到表彰。8月17日，在人民大会堂，北台小学接受了中国少年科普学院颁发的“全国青少年科普教育基地”牌匾。经过一年来的努力，学校获得抚顺市小公民道德建设示范基地、抚顺市儿童工作先进集体、全国“科技之星”竞赛优胜单位、抚顺市摇篮工程一等奖等多项荣誉。

学校领导班子成员。

校管弦乐队在学校演出。　享受阳光，拥抱生活。　有趣的科学小实验。　“学科学、爱科学”演出。

抚顺市实验小学

校长：吴遵运

抚顺市实验小学坐落在市劳动公园西山脚下，环境优雅，风景秀丽。学校占地面积2.1万平方米，建筑面积1.1万平方米，硬件建设达到了省一流水平。学校有46个教学班，2 600余名学生，120名教职工。其中有中学高级教师16名，小学高级教师70名，占学校教师总数的60%以上。近年来，学校以打造名牌、创办特色学校为目标，全面实施了培训教师的“五个二工程”。2002年至今，先后涌现出特级教师1人，国家、省、市级骨干教师26名，教学质量不断提高。学校先后送课下乡60多节，荣获国家、省、市优秀课50多节。校合唱队、舞蹈队、象棋队等多次在市摇篮工程竞赛中荣获一等奖，各单项竞赛获奖人数达700多人次。几年来，学校先后荣获全国绿色学校、省文明单位、全国红旗大队、省优秀家长学校、省图书示范校、省电化教学示范校、省美育名校、省教科研先进单位、省“双语”示范校等30余项荣誉称号，并被中央教科所确定为重点课题实验基地。

参加中央电视台少儿节目。

校领导在研究工作。

双语教学。

抚顺市顺城区中心小学

顺城区中心小学校，坐落在美丽的浑河北岸、长春桥北侧。学校创建于1990年12月，占地面积9 356平方米，建筑面积4 643平方米，教职工82名，学生1 500余名，28个教学班。

近年来，学校自筹大量资金，投入大量的人力物力，致力于改善校园环境和办学条件，先后建成了180台计算机组成的校园网络，40台电视机组成的闭路电视系统，还有多媒体教室、舞蹈室、音乐室、实验室、美术室、图书室，以及达到“普九”一类标准的体育、音乐、美术、自然教学设施等，校园环境和办学条件达到全市一流水平。

学校探索出一条具有鲜明时代特色的“以评价推进学校管理，靠管理提高办学效益”的有效途径，形成学校管理的规范化、制度化和程序化。先后承担了8项国家、省、市、区教育教学科研课题，已取得4项科研成果，努力探索符合课程改革精神的教学策略和模式，改变教学过程中过于强调接受学习的现状，建立平等、互动、共同发展的新型师生关系，促进学生学习方式的转变，努力使每个学生都能得到充分发展，从而也造就出一支具有先进教育理念和现代课程意识，务实创新的学习型、综合型、研究型的干部、教师队伍。

学校先后获得省级校园艺术化学校、体育卫生工作先进学校、大课间活动先进学校、校务公开学校、少年交警学校、绿色学校，市精神文明单位、德育示范学校、实施素质教育示范学校、“九五”科研工作先进单位，区先进党支部、德育名校等100多项荣誉称号。

校长：王伟

教学楼

抚顺市矿区人民检察院

抚顺市矿区人民检察院是抚顺市人民检察院的派出院，2005年7月18日由抚顺市新抚区南昌路北段搬入抚顺市新抚区永宁街南段。新建办公楼面积达到2 400平方米，实现了每个办公室一台电脑，重新安装了电视监控设备，提前达到了最高人民检察院关于基层人民检察院“两房”建设五年内所要达到的建设标准。市矿区人民检察院把预防职务犯罪工作做为工作重点，特别是在矿区棚户区改造工程中，将莫地沟棚户区改造工程作为预防职务犯罪工作的重中之重，围绕“三保”，建立“三道防腐墙”，制定了《棚户区改造工程专项预防工作实施方案》，对改造工程进行全过程跟踪预防。通过开展“党风廉政建设暨预防职务犯罪教育大会”，以案说法，与矿业集团公司成立预防职务犯罪领导小组，延伸预防工程的深度和广度。通过向开发和建设单位发出预警性检察建议书，与开发公司、建设单位建立“预防职务犯罪联席会议制度”，制定《棚户区改造专项资金使用监督办法》，每月“三检”，明察暗访。在莫地沟4.6万平方米棚户区的改造工程中，10多家单位1 000多名干部职工参加建设，没有发生一起腐败案件，没有一封举报信，没有一个举报电话，保证了工程的工期、质量及动迁居民按时回迁，受到了企业员工和居民的赞扬。矿区检察院刑事检察和反贪污贿赂工作也取得了优异成绩，审查批捕、公诉部门所受理的各类刑事案件审结准确率均达到百分之百，查处贪污贿赂案件6件，为国家挽回经济损失58.9万元。

抚顺市长途客运有限公司

董事长：李伟

总经理：王兆功

抚顺市长途客运有限公司是国家二级资质等级的交通运输企业。主营道路客运、运输站（场）经营及汽车修理。公司资产总额9 025万元，固定资产净值7 371万元。下设4个客运分公司、2个一级客运站、1个一类资质等级的汽车修配厂和交通旅行社等8个基层单位。现有营运客车264台，营运线路97条，日营运里程13 037公里，日发班次463个，年产值1 458万元，2003年上缴税费319万元，是抚顺市道路客运的骨干企业。

公司坚持旅客至上的经营理念，竭诚为广大旅客提供安全快捷、舒适、优质的服务。公司所属的抚沈线金喜鹊快客于2002年3月被市文明办命名为“雷锋号”。公司于2004年7月通过了ISO9001—2000国际标准质量体系认证。一个初具规模的客运企业正以崭新的面貌呈现在市民面前。

抚顺南站长客总站。

公司领导班子成员。

整装待发的抚沈线金喜鹊快客。

抚顺市官铁自备车修理有限公司

董事长兼总经理：葛富

抚顺官铁自备车修理有限公司是我市唯一的以检修企业自备车为主要经营项目的企业。多年来，公司坚持“以安全求生存，以质量求发展”为目标，不断提高全体干部职工的整体素质和质量意识，不断加大资金投入进行厂房设备的更新改造，为提高检修质量奠定了良好的基础。特别是进行ISO9001：2001质量体系认证后，通过标准的实施，使全公司干部职工更加牢固地树立了“以质量取胜”的经营理念，以优质、高效赢得了用户的信任。公司采用全新的管理模式，运用现代的管理方法和科学的管理手段，使企业管理水平得到了不断提升，企业综合实力显著增强，企业市场竞争力不断提高，使企业的生存发展步入了良性循环轨道。

近年来，公司有了长足发展，取得了令人满意的成绩。公司发展的重要因素是领导班子转变观念，团结一致，确立“自主经营、自负盈亏、自我发展、自我约束”的发展之路。公司以安全生产为中心、以素质教育为主线，造就了一批吃苦耐劳、奋发向上的职工队伍。

抚顺市工人养老院

院长：史祥堂

环境优美的庭院。

老年秧歌队。

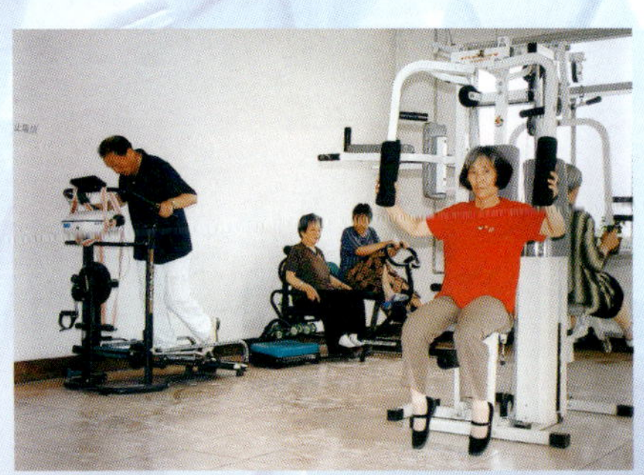

健身活动室。

抚顺市工人养老院是社会福利事业单位，始建于1949年10月1日，是建国后我市建院最早的工人养老院，隶属市总工会领导，现占地面积2.4万平方米，建筑面积近1万平方米，床位330张。地处抚顺市东洲区煤都路中段，比邻新屯公园，这里绿树成荫，鸟语花香，环境幽雅，空气清新，交通便利。院里设有高间、普通间、护理病房等供不同老年人选择，还设置了阅览室、娱乐室、健身房、台球室、乒乓球室、俱乐部、门球场等供老年人娱乐健身的场所。该院是集医疗、保健、健身、娱乐、康复、服务为一体的养老院。在20世纪90年代末被抚顺市政府命名为市先进单位，2003年被中共抚顺市委命名为先进党支部，多次被市直工委和市总工会评为先进单位。

辽宁有色抚顺地质勘查院

Liaoningyousefushundizhikanchayuan

技术之旅。

辽宁有色抚顺地质勘查院，是一支综合性省直地质勘查队伍。在振兴东北老工业基地、建设和谐辽宁的进程中，秉承可持续发展的原则，依托科技领先的优势，以提供战略性矿产资源及服务社会为宗旨，以获得最佳地质效果与经济效益为目标。“十五”期间，先后承担了国家级大型地质勘查项目三项、省本级重点勘查项目五项，完成省内90余项建设用地地质灾害勘查与评估及300多个甲、乙类矿山储量动态监测工作，为振兴地方经济做出了突出的贡献。针对辽东地区地质工作程度高、成矿地质背景独特、找矿难度大的特点与现实，院领导班子带领全院工程技术人员，在充分研究、综合分析抚顺——清原地区成矿地质规律和以太古宙花岗——绿岩带中有色、贵金属成矿区划基础上，确立了“红透山式铜锌矿”的找矿模式及接替资源勘查靶区。经过积极努力，通过老资料中“掘金”、老矿区新认识、老技术与设备更新，获得了三大阶段性勘查成果：一是东北地区最大的铜矿开发与勘查基地——红透山铜矿深部与外围，不惜重金引进勘探浓度大于1 000米的GDP-32 Ⅱ可控源大功率多功能电法仪，为寻找红透山式大深度隐伏矿盲矿体，创造了全国攻深找盲之最；二是经研究与火山浅成岩有关的成矿系列，在新宾下营子地区硐老山空的硫化铁矿区外围发现了中——大型钼、银为主的多金属矿床，创造了全省近年老矿区新发现之最；三是通过抚顺——清原地区太古宙花岗——绿岩带地体中有色、贵金属成矿区带中区域化探索研究及地球化学块体铜、锌、金组合资源供给量研究，确认红透山地区为全省最大的铜、金异常分布区，已列为“十一五”期间全省重点铜矿勘查基地，纳入了《振兴东北老工业基地矿产勘查规划纲要》之中。

透山式铜矿标志之石。

一水一路工程的勘查现场。

攻深找盲新设备。

地质现象一瞥。

专家会审新发现。

新发现的金矿新类型。

勘探之果。

汗洒千米井下。

辽宁有色一〇一勘测工程公司

辽宁有色一O一勘测工程公司隶属于辽宁省有色地质局，位于抚顺市顺城区九台一街八号，具有地基与基础工程专业承包二级、工程地质勘察乙级和国家石质文物保护施工一级资质。主要经营范围：水文地质勘察、工程地质勘察、环境地质勘察、岩土治理、基坑支护、地基处理、降水工程、凿井工程、锚杆工程、文物保护工程、地质灾害评估、土工试验、技术咨询及各种桩基础。

辽宁省有色地质局一0 一队长
辽宁有色一0一勘测工程部经理：赵殿有

公司所获部分奖状

公司始建于1982年，先后承担了交通、电业、建筑、煤炭、石油、化工、文物等部门的相关施工项目，均获得好评。如：铜绿山古铜矿遗址边坡保护定向工程，获冶金部科技进步二等奖；大连宏誉大厦基坑支护工程，被辽宁省建委评为优秀工程二等奖；秦皇岛商城基坑帷幕灌浆工程，获河北省科技进步二等奖和中国有色金属工业总公司优秀工程一等奖；抚顺石油二厂酮苯脱蜡脱油装置勘察获抚顺市优秀工程一等奖；抚顺市政机运处改造工程勘察获抚顺市优秀勘察设计二等奖；桓仁县库区——通天沟引水隧道工程地质勘察工程荣获抚顺市建委优秀工程勘察三等奖。多年来，公司已完成30多项获奖工程，连续多年被抚顺市人民政府授予勘察设计先进单位荣誉称号。

公司严格质量管理。2000年9月通过了国家ISO9001质量体系认证；2003年3月通过了质量、环境、职业健康安全“三整合”体系认证。

抚顺市新地号棚户区工程勘察。

抚顺市顺城区交通局

局长：潘杰

抚顺市顺城区交通局始建于1979年3月，下辖顺城区公路管理段和顺城区公路运输管理所2个事业单位。全局现有职工278人，离退休职工110人。养护县级以上公路10条，102.512公里，其中干线42.288公里，县级公路60.225公里；乡级公路11条，52.97公里。晴雨通车里程达102.512公里，村村通油路达100%。顺城区交通局的主要职责是：1.贯彻执行国家和省、市有关交通工作的方针、政策和法律法规，研究拟定有关的地方性法规、规章，并组织实施和监督检查。2.负责拟定全区公路和城乡公共交通事业的发展规划和年度计划，并组织实施和监督检查。3.负责规划和管理全区道路运输、城乡交通运输及其所属基础设施建设和养护。4.负责全区公路、公共交通行业的管理及重点物资运输管理；负责全区重点交通工程建设管理和质量管理，负责交通行业统计工作。5.负责全区公路及其附属设施的建设与维护管理和路政管理。6.负责管理全区汽车出入境运输、合资合营道路运输，负责管理全区道路运输市场及汽车维修与配件经销市场。7.负责全区公路工程质量监督和公路工程建设市场的管理和执行监督。8.负责全区道路运输和城乡交通营运及维修车辆技术等级的审定。9.负责按规定征稽、上缴、使用和管理交通规费；负责交通建设资金的筹集、使用管理与监督。10.负责道路运输业、汽车驾驶员培训业的行业管理；负责道路运输执法培训教育和交通系统职业技能技术的培训管理工作。11.指导全区交通系统安全生产。12.承办区政府交办的其他事项。

宝金线黑色路面正在建设中。

会上线黑色路面正在建设中。

中国石油
东北销售抚顺分公司

中国石油东北销售抚顺分公司是中国石油天然气股份有限公司东北销售分公司的下属公司，内设5个科室、3个调运部（业务科、人事科、质量安全科、经理办公室；前甸调运部、大官屯调运部、鲅鱼圈调运部）。负责中国石油抚顺石化分公司成品油收购和调拨任务，执行东北销售公司指令，对本地区内各经营单位的成品油销售业务进行管理、指导、协调、监督、检查。

1998年6月份组建以来，分公司始终贯彻中国石油“四个统一”（资源统一配置、调运统一组织、价格统一制定、结算统一管理）的销售方针，本着“一个中心、三个服务、两个确保”（以效益为中心；为油田，为炼厂，为区内、外销售公司服务；确保上游企业正常平稳生产，确保下游企业资源均衡供应）的宗旨，与工作关系单位用“一家人，亲兄弟，共命运，创效益”的理念进行密切合作，创造了优异成绩。1999–2002年4年外运成品油1 804万吨，销售收入245.9亿元，实现利润4.75亿元，上缴税金1.5亿元。随着中国石油改革前进的步伐，分公司的铁路运输和海上运输管理工作也将日臻完善。

抚顺分公司办公大楼。

中国卫星通信集团公司
China Satellite Communications Corporation
抚顺分公司

中国卫星通信集团公司（简称“中国卫通”）是中央管理的六大基础电信运营企业之一，是国内惟一拥有卫星资源、惟一能够提供卫星通信的国家电信运营企业。中国卫通主要经营通信、广播及其他领域的卫星空间段业务；卫星移动通信业务；互联网业务；VSAT通信业务；基于卫星传输技术的语音、数据、多媒体通信业务；地面网络通信业务；3.5G固定无线接入业务；800兆数字集群通信业务；以GPS为主的综合信息业务；与上述卫星通信业务相关的技术服务和进出口等业务。中国卫星通信集团公司抚顺分公司于2003年4月成立。公司设有综合部、市场部、运维部、营账中心、市场直销部等五个部门。主要负责抚顺地区的卫星通信业务的发展，为党政机关、企事业单位和社会各部门及个人提供高科技的卫星通信服务。

移动目标监控业务是指提供对移动目标（包括物体和人）的空间位置、运行状态等信息的采集、报告、分析，以及根据分析结果采取各种控制措施的服务。具有通信、定位导航、指挥调度、电子地图实时更新、告警、求救和增值服务等功能。在移动目标监控业务的实用性方面提高管理效率，提高服务水平，获得信息服务。移动目标监控业务被广泛地应用在：企业用户（运输企业、出租车公司、公交公司、长途客运公司、车辆租赁公司、汽车经销商、汽车生产企业、银行、保险公司等）、行政管理部门（公安部门、金融护卫中心、交通管理部门、渔业管理部门、林业部门等）；个人用户（家庭轿车用户、个体运输车辆等）和其他用户。

总经理：张辉

抚顺石化北天远大公司

FUSHUN PETROCHENICAL BEITIAN YUANDA COMPANY

总经理：崔维杰

抚顺石化北天远大公司，是隶属于中国石油抚顺石化公司的独立法人代表资格的大二型石油化工综合性企业。具有国家化工石油工程施工总承包贰级和房屋建筑工程、市政公用工程施工总承包，化工石油设备管道安装工程、装饰装修工程、结构补强特种专业承包施工资质的企业。1990年取得了国家颁发的BRI级压力容器制造许可证，1993年来连续被建行评定为“AAA”级信誉企业；同年进入全国500家最佳经济效益建筑业企业，1994年进入辽宁省安装40强企业，1997年取得国家起重机械（修理）安全认可证，1998年取得国家锅炉安装（D≤20吨/h、P≤2.5a）含修理改造许可证，1999年取得国家压力管道安装（各种长输管道、各种工业管道、各种公共管道）许可证，2001年、2004年分别通过了ISO9002：1994和ISO9001：2000国际质量体系认证。同时，还分别取得了国家颁发的防酸防静电工作服安全生产许可证、包装产品出入境资格许可证、进出口企业资格证书、化工产品生产许可证等资格。公司按经营专业下设9个分公司，机关设置13个职能部室和4个中心。现有职工3 680人，其中专业技术人员197人，具有高级技术职称12人，中级87人，初级98人。36人取得国家及省级项目经理资格，93人获得工人技师资格。2004年实现销售收入2.3亿元、利税416万元。近年来，在建筑安装施工方面，公司凭借着丰富的建设经验和良好的企业信誉，主要承担了抚顺石化两大公司的化工石油工程建设、改造和检修任务。在稳固抚顺石化建安施工市场的同时，努力开拓外部市场，先后承担了北京、大连、太原、武汉、长春、营口、辽阳、盘锦、洛阳等十余省、市的重点工程项目施工。负责承建的抚顺石油一厂2台5万立方米贮罐，被辽宁省评为优质工程和辽宁省“优质样板工程”；石油一厂北管带迁移工程，被辽宁省评为优质工程；承建的石油一厂1万立贮罐4台，被评为抚顺市优质工程。还先后承担了住宅楼建设20余栋，建筑面积达10万多平方米，有6栋住宅楼被评为辽宁省优质工程；有10栋住宅楼被评为抚顺市优质工程。在工业生产方面，公司现有聚丙烯、调合油等16套生产装置，主要生产聚丙烯、蜡制品、润滑油、氧气、乙炔气、编织袋、纸箱、防盗门、香皂、服装等38种产品。其中3种产品获省、市优质产品称号，艺术蜡、茶蜡等产品远销香港及欧美市场。1997年，公司被国务院命名为“全国助残先进集体”，2000年，被国家劳动和社会保障部授予“优秀质量管理QC一等奖”。公司连续12年被辽宁省命名为思想政治工作优秀企业和“学雷锋”先进集体、建筑业先进企业等。2002年被辽宁省政府授予劳动就业系统“明星企业”称号，2003年获得了辽宁省 “AAA”信用等级证书，辽宁省诚信先进企业称号，2004年被抚顺市政府命名为“守合同，重信誉”先进单位，荣获辽宁省诚信企业和全国诚信先进单位荣誉称号。

公司领导班子成员。

公司承建的500万吨/年减压蒸馏装置。

抚顺石化经济技术开发实业总公司

Fushunshihuajingjijishukaifashiyezhonggongsi

总经理：胡崇明

抚顺特海尔特种蜡制品有限公司。

抚顺石化经济技术开发实业总公司隶属中国石油抚顺石油化工公司，位于抚顺市中心，是抚顺石油化工公司唯一从事多种经营业务的直属法人单位。

该公司始建于1992年，现有职工200人，资产总额为2亿元，年销售收入2亿元以上。公司业务包含工业生产、经济贸易、餐饮服务等项目。主要经营各种石油化工产品，拥有特种蜡、润滑油、矿泉水、橡塑制品等4套生产装置，可生产4大类200余种产品。公司下设特海尔特种蜡制品有限公司、沈阳特力润滑油有限公司、罗台山矿泉水厂、橡塑制品厂、贮运公司、经营中心等10余家法人单位和分支机构。

公司秉承以人为本、质量第一、服务至尚的经营宗旨，坚持诚信、求实、开拓、创新的企业精神，热忱期待与国内外朋友携手合作，共展鸿图。

罗台山矿泉水厂。

橡塑制品厂生产的安全帽。

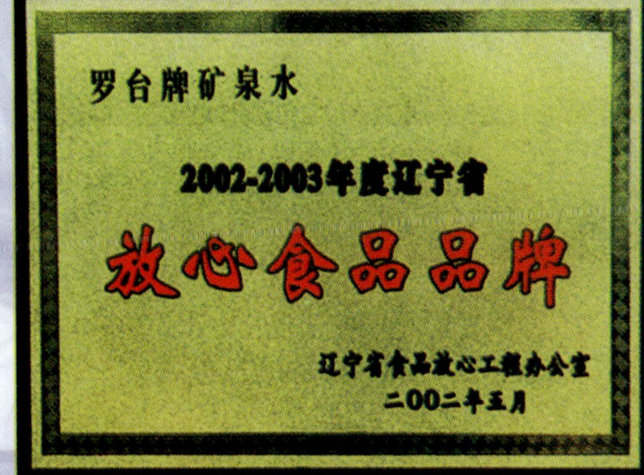

罗台牌矿泉水

2002-2003年度辽宁省

放心食品品牌

辽宁省食品放心工程办公室

二〇〇二年五月

技术先进的注塑机。

抚顺县农电局

局长：朱良才

抚顺县农电局成立于1965年，为国有供电企业，拥有总资产5 331万元，净资产3 906万元。经营着7座66KV变电所，1 200公里的10KV配电线路和2 100公里的0.4KV低压线路，担负着抚顺县全境和顺城区、铁岭县及沈阳东陵区等部分区域的国家机关，企、事业单位和农村村民总计10万多客户的供电任务。自1998年起，经过5年多的艰苦努力，对辖区内的电网进行了大规模的建设与改造，提高了供电能力和供电质量，保证了地区经济发展和小康社会的建设对电力供应的需求。近年来，为更好地支持地方经济发展和满足广大农民生活的需求，不断加大规范化管理工作力度，保证为每一位客户提供"优质、方便、规范、真诚"的服务，引入ISO9001质量管理体系，进一步促进了抚顺县农电局局管理、服务工作的不断改进和提高。积极开展企业文化建设，搞好员工的职业道德素质、技术业务能力的培养。不断提高员工客户至上的服务理念，牢固树立"追求卓越"的企业精神，全力打造农电企业新形象。真正做到了让政府放心，让客户满意。该局连续多年被省、市、县领导机关授予"文明单位"、"先进集体"等称号。

局领导班子规划未来。

庆“七一”文艺汇演。

丰富多彩的文体生活。

办公楼

抚顺县农电局

沈阳铁路局 苏家屯车辆段 大官屯综合车间

车间主任：孙建民

为适应铁路跨越式发展需要，该车间坚持设备更新，不断提高检修的科技含量。图为今年更新后的三千型莹光磁粉轮对探伤机投入使用。

职工正在加修车辆配件。

能容纳10辆车的修车库。

车间外景。

车间党总支书记：卢卫忠

员工们正在研究如何提高清洗质量。

沈阳铁路局大官屯车辆段在2005年8月改制中整体建制，被划归为苏家屯车辆段所属综合车间。该车间担负着铁路货车和苏家屯至抚顺、沈阳至吉林两线货物车辆的检修及红外线轴温探测工作，还承担着抚顺各个厂矿自备车的过轨检修任务。几年来，该车间坚持两个文明一起抓，充分发挥改制前党委的政治核心作用、领导班子整体的合力作用和党员的先锋模范作用，紧紧围绕安全运输和生产经营，审时度势，不断改善落后的生产环境，开发利用新技术、新工艺，极大地提高了劳动生产率和车辆检修质量，使这个有80年历史的老段旧貌变新颜。

该车间自1998年以后进行了较大规模的工艺流程和工装设备改造，先后完成了段修修车库改造、段修8条检修流水线建设，轮轴检修库、洗罐站、段修辅助厂房新建等工程项目，总投资金额2 000多万元。在加强各项基础建设的同时，依靠路局、原分局投资及自筹资金在满足各检修线基础工艺装备要求的基础上，先后购置了数控车轮车床、轴承微控检测、微控超声波探伤机，轴承精洗、注油、均脂机等30多台先进的工装设备。同时，还致力于工装设备的开发研制，自1998年以来，共完成科技成果、技改成果15项。其中红外线探测站研制的HTK-391型下探探头防护除雪装置、CW式防雷接地体和改造型滚滑识别仪，有效地解决了探头箱进雪或遭坠落物撞击、二代机使用中易被雷击、滚滑车识别不稳等具体问题。这些科研成果分别荣获原分局科技进步　、二、三等奖。去年又自行研制了新型钩缓成套拆装机，解决了车钩检修工艺垫取卸这一困扰车辆部门多年的难题。不断强化质量管理体系，加强质量管理，夯实安全基础，于2001年通过ISO9002-1994国际标准质量认证后，又于2003年完成了质量体系从1994版到2000版的转换工作。通过完善管理和加强基础设施建设，车间的管理水平和工艺工装水平得到了较大的提高，检修的机械化程度和检修质量有了质的飞跃，安全生产得到了坚实可靠的保证。

政治工作增强了全段凝聚力，科学的管理和作业条件的改善为提高检修车质量奠定了基础。几年来，段修车一次交验合格率达98%，段修车故障反馈率、列检故障发现率均超过和高于部颁标准。该车间曾荣获原分局先进党委、“好班子”荣誉称号，还被评为路局、抚顺市、辽宁省和原分局文明单位。

苏家屯车辆段大官屯综合车间高级技师、共产党员刘克明30年来坚持技术革新，完成了轮对探伤冲洗转轮器、百吨液压机、台车检修环行电动小车等40余台（套）车辆检修设备的研制和改造，不断提高了车辆检修质量和工作效率，多次荣获段技术革新标兵称号，在保持共产党先进性教育活动中，被评为优秀共产党员。**图为刘克明正在对研制使用的车体整型机进行巡检。**

苏家屯车辆段大官屯综合车间坚持把车辆轮对的探伤、检测作为保安全的重点来抓，几年来培养出一批责任心强、技术过硬的职工队伍，他们严格执行作业标准，今年1—9月共探伤轮对9 506对，检测轴承1 572套，发现故障37件，确保了安全生产。**图为职工正在认真检测轴承密封座。**

苏家屯车辆段大官屯综合车间重视对探伤工队伍的培养，几年来，先后安排6名大、中专和技校毕业从事探伤工作，提升了探伤队伍的整体素质，使探伤质量明显提高，仅今年1—9月就发现轮对卸荷槽裂纹21件，及时清除了行车隐患。**图为探伤工正在对轮对轴身进行探伤检查。**

苏家屯车辆段大官屯综合车间配件加修党支部以党员带群众，常年坚持开展修旧利废活动，通过对配件的修复利用来降低修车成本。今年1—9月份，仅此一项就节约开支12万元。**图为该车间加修中心职工利用报废的制动梁弓型杆打制段产品。**

沈阳铁路局 苏家屯车辆段 大官屯综合车间

大自然
NATURAL
CITY 城市家园
COURTYARD

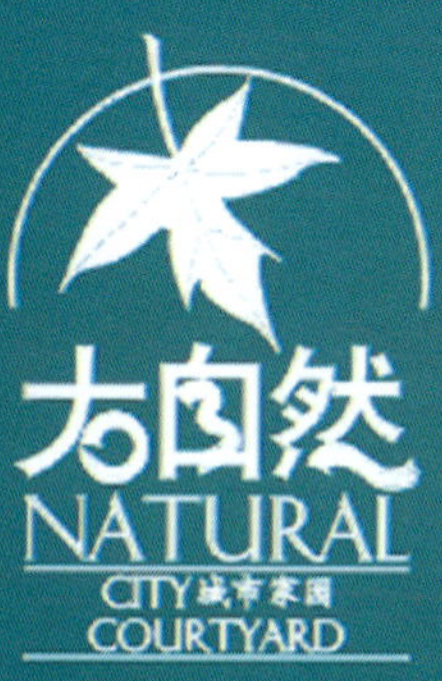

抚顺大自然房

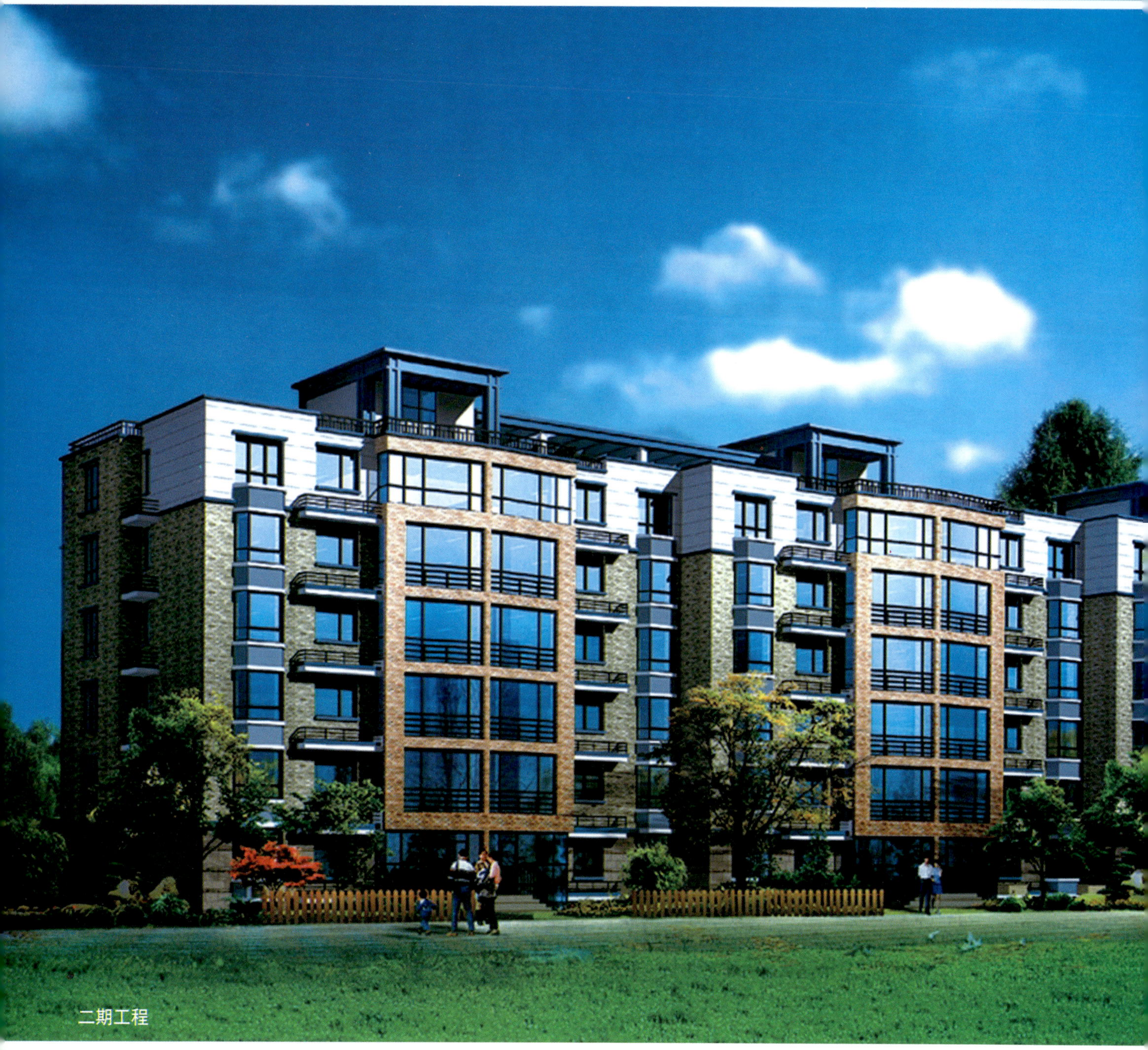

二期工程

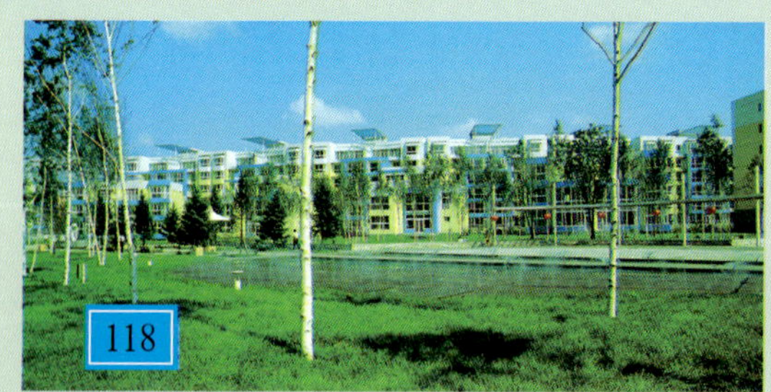

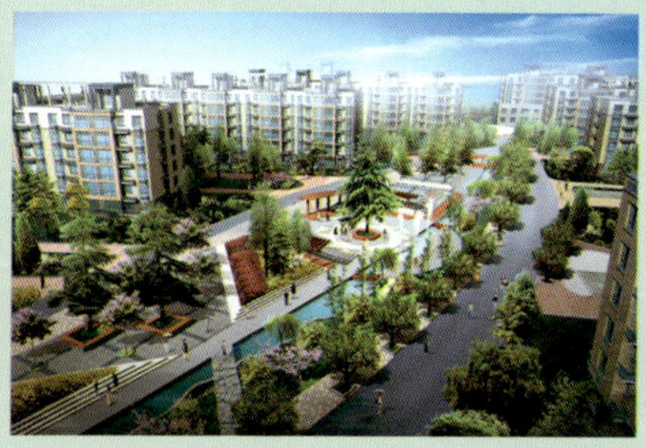

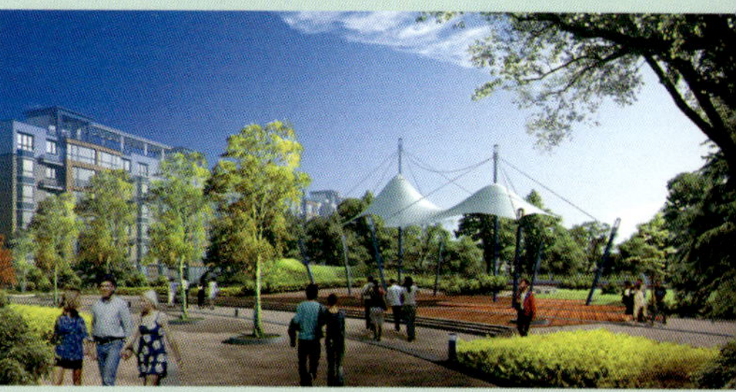

地产开发有限公司

抚顺大自然房地产开发有限公司是由中国大自然房地产开发集团投资建立的。成立于2000年10月，注册资金5 000万元，属二级房地产开发企业。凭借“绿色空间、生态家园”的全新概念和“产业报国、服务社会”的企业宗旨，“大自然”迅速成为抚顺房地产业的领头羊。

“大自然城市家园”即抚顺大自然房地产开发有限公司开发的经典巨作。项目位于抚顺城东新区中心，包括城东新区四方块、六方块、十方块三块地段。总建筑面积约55万平方米。“大自然城市家园”一经建设就备受抚顺各界关注，已开发交付入住的“大自然城市家园一期”，环境优美，配套设施齐全，创造了一个温馨、自然的居住环境。

目前，“大自然城市家园二期”也已全面交付入住，项目位于新城路北侧的十方块，南侧与已开发的六方块隔路相望，西侧邻隆城街，北侧靠裕城路，总占地面积11.38公顷，总建筑面积16.443万平方米，与六方块居住小区统一规划，小区南侧出入口与六方块遥相呼应，中部布置与六方块相似的船形生态植物园，北侧出入口与大自然小学相对，三部分紧密联系成为一个有机整体，80米宽的公园景观绿化带，将户外运动场与居住场所动静分离，国际连锁品牌吉的堡幼儿园将为“大自然”的孩子，开辟一片更广阔的天地。

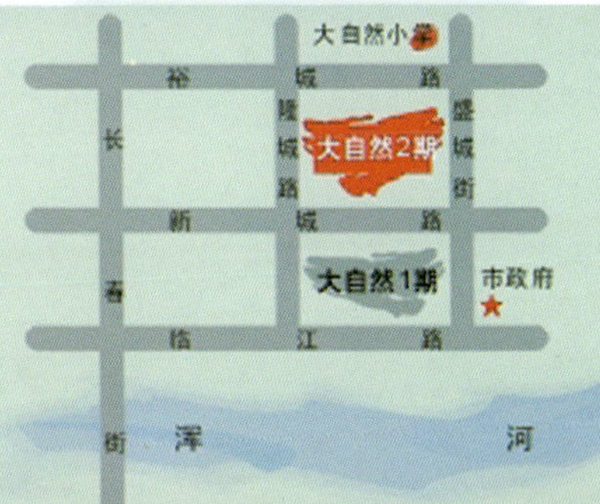

抚顺矿务局总医院 西露天分院

院领导班子成员（左起：工会主席王素春、副院长王德仁、院长孙丽萍、书记侯永贵、副院长杨春青）。

抚顺矿务局西露天矿职工医院于1961年8月正式成立，2004年3月30日正式划归抚顺矿务局总医院领导，更名为抚顺矿务局总医院西露天分院。该院于1993年被国家卫生部批准为二级甲等医院，2005年被确定为医保定点医院。该院是一所集医疗、预防、保健、健康教育为一体，具有社区卫生服务功能的中型综合性医院。该院现有高级医护人员7人，中级医护人员52人，具有大学本科学历12人，开放床位120张，下设内科、外科、妇产科、儿科、口腔科、皮肤科、中医科、耳鼻喉科、传染科、糖尿病专科和千台社区卫生服务站、马架子社区卫生服务站、窑地社区卫生服务站、古泰园社区卫生服务站、旭升社区服务站等15个临床医疗科室，还有检验科、放射科、药械科、超声室、心电室、理疗室、内窥镜室等7个医技科室。医院还聘请了有关妇产科、放射线科等退休专家来院坐诊、会诊和手术等。近几年医院引进了一批大型设备，在原有的美国产GE牌全身扫瞄CT机一台，2004年购进了一台日本东芝SSA——550A多普勒彩色超声诊断仪和二台美国产菲力浦心电机，还拥有日本东芝500毫安X光机，美国产GE牌黑白B超机和心脏氦氖激光治疗仪、心电监护仪、电脑牵引床万能手术床和新引进的牙椅等大、中型医疗设备50余台的基础上，2005年新购进欧林巴斯电子纤维胃镜、电子纤维结肠镜等医疗设备。随着医院的发展和医疗技术水平的不断提高，医院外科已经能独立成功开展肺叶切除术；胃癌、食道癌、甲状腺癌、乳腺癌、直肠癌根治术，前列腺增生、左叶肝癌、直肠前壁癌切除术等；妇产科开展了子宫全切术、剖宫产术及各种妇科肿瘤切除术，内科在心脑血管疾病、糖尿病等治疗方面效果独特。医院近几年加大了内外环境的改造和合理布局，医疗收费按国家、省、市物价部门规定执行，并尽力让利于企业职工及地区广大居民。同时实行计算机网络划价、收费，收据一式两联，收费实行一日清单制，让患者花钱治疗，心里明白放心。医院在2005年对全院进行了内部改造装修，外部环境改造合理布局。特别是安装了中心供氧站，外部做到美化、绿化和硬化，为患者就医创造良好环境。

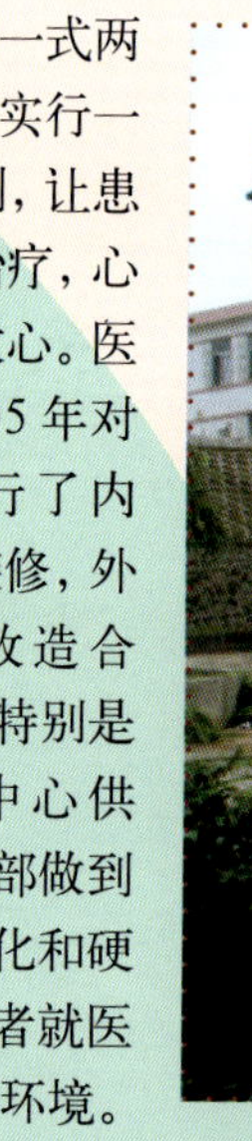

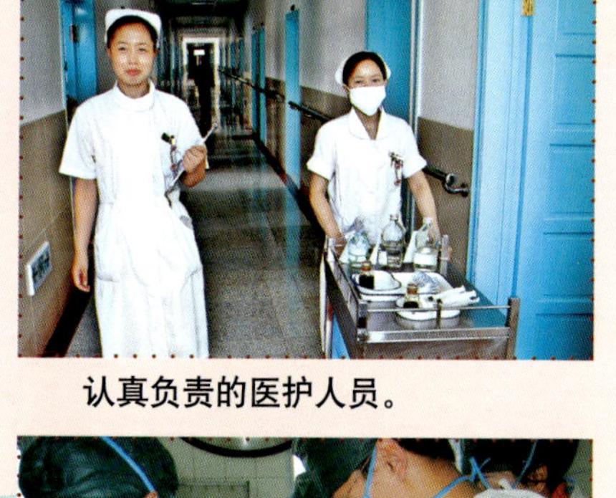

认真负责的医护人员。

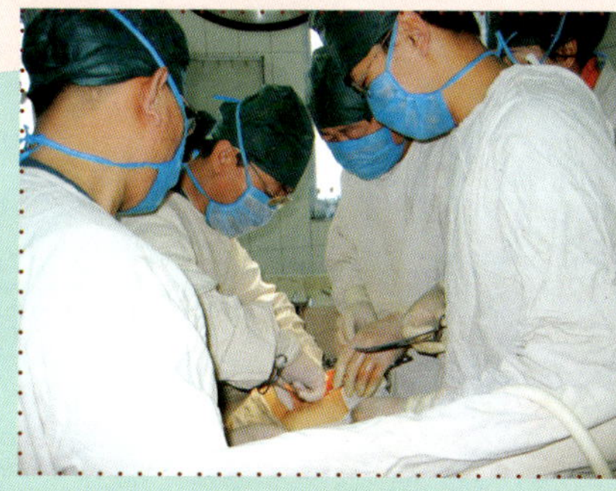

外科手术。

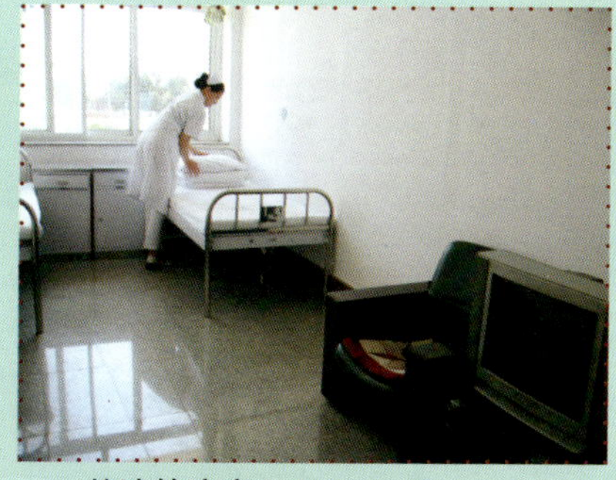

整洁的病房。

医院外景。

抚顺矿务局总医院 老虎台分院

院长：任立家

抚顺矿务局老虎台矿职工医院始建于1956年，于2004年4月加盟抚矿总医院，冠名为抚顺矿务局总医院老虎台分院。医院系“国家二级甲等医院”、“抚顺市城镇基本医疗保险定点医院”、“辽宁省文明医院”、“省爱婴医院”、“花园式单位”，多次获得“抚顺市医疗质量先进单位”、“行风建设先进单位”、“抚顺市诚信单位”、“辽宁省百姓信赖医院”等荣誉称号。医院担负着地区近10万居民和企业矿山职工的医疗、急救、预防、保健工作。医院占地面积17 702平方米，建筑面积13 764.4平方米。编制床位260张，现有职工165人，其中专业技术人员149人，高级职称4人，中级职称52人。

医院设有内科、外科、妇科、儿科、急诊科、眼科、耳鼻喉科、口腔科、中医科、皮肤科、传染科门诊，11个临床科室及放射线科、检验科、药务科3个医技科室。医院还下设3个社区卫生服务站：万南社区卫生服务站、虎东社区卫生服务站、万北社区服务站，实行了双向转诊，方便了患者就医。

医院拥有一批先进的医疗设备。引进了美国GE公司生产的螺旋CT扫描机、500毫安X光摄片机、TX-Ⅲ500毫安X线胃肠透视机、日本东芝SAR-325型B超（双探头）、美国惠普SONOS-200型扇型扫描机、全自动生化分析仪、全自动血流变快测仪、麦迪卡钾钠氯分析仪、BC-2000血液细胞分析仪、LGPBR血凝仪、24小时动态心电图、遥控心脏监护仪、德国全能麻醉机、多功能监护仪、母婴胎儿监护仪、多普勒心音监测仪、力普刀、无痛分娩、无痛人流吸入器、高压氧舱、喉镜、裂隙灯显微镜、牙科综合治疗椅、烤瓷牙设备、血液净化治疗系统、高氧医用治疗仪、激光治疗机、大型多功能脊柱牵引床、微波治疗机、经络导平治疗仪、WLTY-2000型伟力电脑糖尿病治疗仪等先进设备。

医院真正落实以病人为中心的服务理念，更新了暖气管线和现代化的电梯，安设了悬挂式输液架，实行了管道供氧，不断加快了向现代化新型医院迈进的步伐。同时，改善了院内环境，漫步医院内，随处可见草坪、树木。经过美化、亮化的医院大楼更加美丽。

该院以卫生系统开展的“医院管理年”活动和“诚信服务杯”竞赛活动为载体，不断创建和谐的医患关系，坚持“以法治院，科学管理；以德育人，爱岗敬业；以情待患，诚信服务”的办院宗旨，在医务人员中树立“一切为了病人，为了病人一切”的理念，取得了经济效益、社会效益双丰收的优异成绩。医疗质量逐步提高，外科、妇科可开展各类高难度的手术，实现了以病人为中心，呵护健康，让患者满意；以服务为重点，提高效益，让员工满意；以质量为基础，保证安全，让社会满意的整体目标。

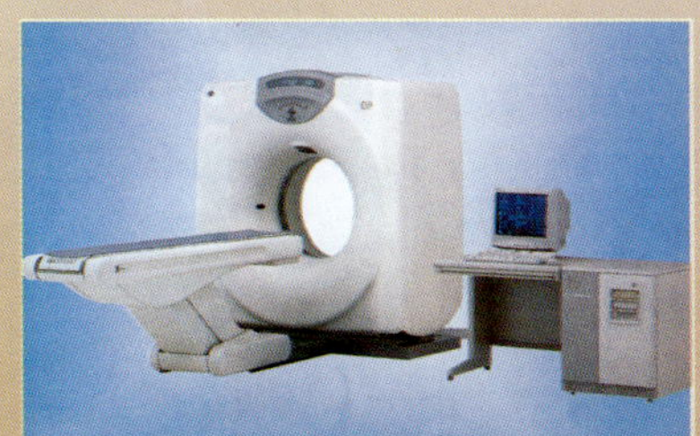

美国GE螺旋CT。

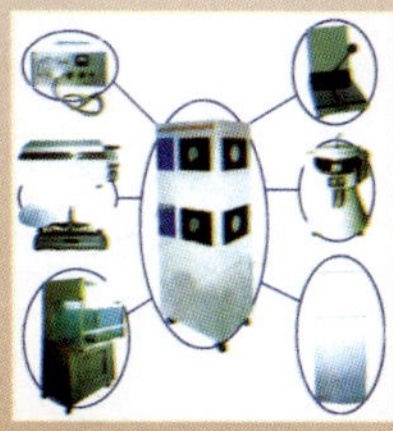

血液净化治疗系统。

FASCO-3010A型血液流变快测仪。

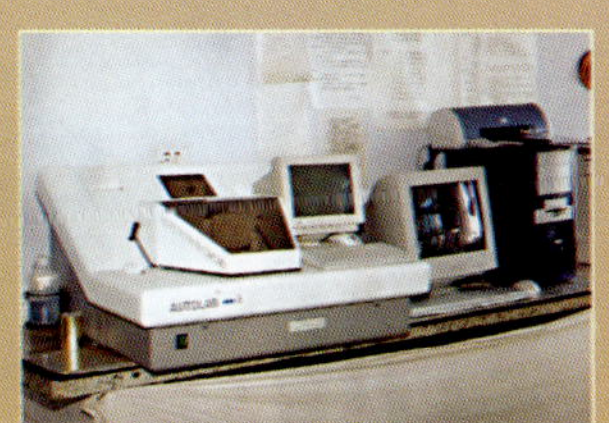

全自动生化分析仪。

德国西门子DRH型全身CT扫描机。

医院大楼。

抚顺市新抚区卫生局

抚顺市新抚区卫生局现有11个直属单位：新抚区卫生监督所、新抚区疾病预防控制中心、新抚区妇幼保健所、新抚区人民医院、新抚区第一医院、新抚区第三医院及五家门诊部。近年来，区卫生局领导班子努力践行“三个代表”重要思想，牢固树立服务意识，与时俱进，敢于创新。积极推进卫生体制改革，完成了卫生监督体制改革和区第一医院、区第三医院国有民营改革，促进了卫生事业的发展；完善公共卫生体系建设，加大疾病控制与卫生监督工作力度，提高公共卫生突发事件应急处理能力；强化社区卫生服务建设，截止到目前，社区卫生服务覆盖率已达95%以上；加强社区卫生服务机构内涵建设，促进“六位一体”功能的实现；积极开展“医院管理年”活动，不断提高医疗服务质量，改善服务态度，集中力量治理整顿医疗市场秩序，为促进全区卫生事业的发展做出了贡献。

局长：时颖

局领导班子成员。(左起：副局长赵寰、书记彭玉祥、局长时颖、第一副局长南亚军)。

清原满族自治县农村信用社联合社

联社领导在研究工作。

清原满族自治县农村信用联社地处辽宁省东部偏远山区，所辖18个独立核算的信用社、1个营业部、13个储蓄所、2个分社，为全县14个乡镇，286个自然村，96 078户城乡居民，35.4万人口提供存款、贷款、结算等项金融服务业务，现有在岗职工230人。多年来，清原联社始终坚持信誉第一、顾客至上的原则，对内练内功强素质，对外重发展树形象，积极筹措农村闲散资金，年平均累计发放支农贷款3亿多元，有效地支持了地区经济发展和农民脱贫致富，成功打造了社农双赢的局面，因此清原满族自治县农村信用联社也先后被中国社会调查事物所认定为社会公认满意单位；被市政府评为重合同守信用企业和为农服务先进单位；被县委、县政府授予民族进步先进集体、软环境建设优胜单位、红旗党委等荣誉称号；连续三年被省、市上级主管部门评为先进单位。

抚顺华源房地产开发有限公司
抚顺华源建筑安装工程有限公司

董事长、总经理：宋占平

抚顺华源建筑安装工程有限公司，建于2001年4月。企业资质房屋建筑工程施工总承包三级；建筑装饰装修工程专业承包三级；钢结构工程专业承包三级；金属门窗工程专业承包三级。企业注册资本金780万元，固定资产590万元。现有技术人员63人，其中，工程系列57人，财会、经济、统计6人。质检类14人，项目经理17人，安全管理人员23人。公司下设6个项目经理部，3个装饰装修工程处。公司重点工程：抚顺市公路管理处综合办公楼，市样板；抚顺市采煤沉陷搬迁办公室城东十三方块1#、14#、19#、20#、25#、30#、41#—45#商住宅楼，框架，砖混七层，46 000平方米；城东新区开发局房地产开发处十五方块25#、19#、8#楼商住宅楼工程；以安全、优质、高速，赢得小区建设中的排头兵地位，连续三年赢得建设单位和住户的好评。抚顺市方源房地产开发公司城东十四方块15#、16#、M#、17#、18#、N#商住楼23 200平方米；抚顺市城东新区七方块A#、B#商住楼18 000平方米，框架七层，一、二层门市，当年开工当年竣工，市样板。抚顺大自然房地产开发公司售楼部，采用多项新型建材，新工艺，具有典型的智能化，宽带网，地温采暖，直径十六米的圆型玻璃幕帘，球型网架天井屋面，造型新颖别致，有很高的鉴赏价值。

公司召开工作会议。

2004年成立了华源房地产开发有限公司，在城东七方块开发36 000平方米商住楼，由华源建安公司施工，当年开工，当年竣工，获市“结构杯”工程称号。户型布局先进、适用、合理、节能、保温强，弱电一步到位，外形新颖、别致，面砖色调传统流畅，深受百姓喜爱。公司经过20多年的发展壮大，特别是近几年的跨跃式的发展，取得了喜人成绩，科技含量较高工程，年年都有新突破。年施工能力10万平方米。2001年荣获省建设厅安全生产优秀施工现场（城东七方块B号楼工程称号）；获市、区安全生产文明施工先进企业称号。2003年荣获省建设厅安全生产先进集体称号；获市安全生产先进单位、市精神文明先进企业称号；再次荣获市政府守合同重信用企业称号。2004年荣获辽宁省建行资信AAA级企业称号，创市“结构杯”城东七方块2#、3#、4#楼三项奖，荣获市安全生产文明施工现场（城东七方块2#、3#、4#楼）称号。

公司承建的大自然房地产开发公司售楼部。

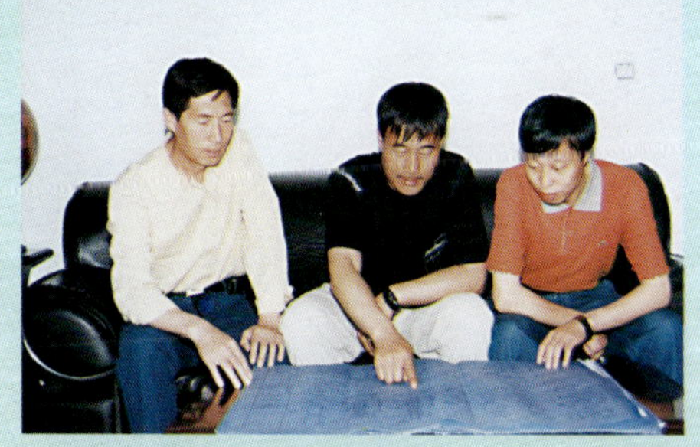

公司领导在研究工作。

抚顺市顺达房地产开发有限公司

总经理：孙兆坤

抚顺市顺达房地产开发有限公司成立于1988年5月，原名抚顺市顺城区城建房屋开发处，是隶属顺城区的全民企业。1999年和2003年两次转制为民营企业。公司成立以来，先后开发了凤翔路、粮栈街116方块、将军15方块、城东14方块四个小区，共建住宅48栋30多万平方米，为5 000多户居民改善了居住条件和居住环境。

公司十分注重小区环境建设，投资40多万元为顺达社区修柏油路500多米，铺步道砖1.3万平方米，建花池13个，植树1 000多株，为顺达社区被评为省先进社区奠定了物质基础。2003年公司投资30多万元美化城东14方块一期工程环境，铺柏油路、建凉亭、安装路灯、铺草坪、栽树、种花等，并为小区安放天女散花、小鹿、仙鹤、蘑菇、珍珠球等雕塑。2004年又投资80多万元为城东14方块二期工程美化环境，修柏油路、铺步道砖、安装路灯和景观灯、建健身场、安装健身器材、铺草坪、栽花、植树、安放腾飞雕塑、修筑假山喷水池等，受到住户的欢迎。

公司不仅取得了很好的社会效益，也取得了很好的经济效益，近几年上缴国家税金2 500多万元，实现利润1 000多万元。公司多次被评为区纳税大户、财税突出贡献单位、市中小企业30强、市先进单位，及省、市、区文明单位。

公司开发的住宅小区。

公司开发的高层小区。

抚顺市广安建筑有限公司

Fushunshiguanganjianzhuyouxiangongsi

董事长：佟海龙

抚顺市广安建筑有限公司成立于1997年3月16日。企业性质为民营，资质等级为房屋建筑工程施工总承包三级、建筑装修装饰工程专业承包三级、机电设备安装工程专业承包三级、地基与基础工程专业承包三级、建筑机械特种设备安装B级、维护保养A级，公司下设抚顺广安新型建材厂，年生产能力为一万余立各型砌块砖。2003年公司通过了国家级GB/T19001-2000idtISO9001:2000标准质量管理体系认证。公司自成立以来，始终坚持“科学管理为根，诚信服务为本”的经营理念，工程优良率达到100%，赢得了广大客户的赞誉。2005年10月，公司中标承建的抚顺市棚户区改造(二期)刘山四标段41#楼工程，从10月20日开始砌筑毛石基础，到11月24日主体封顶仅用了35天时间，再次刷新棚改建设抚顺速度，成为抚顺棚改二期工程主体封顶第一楼。该公司注重科学管理，以人为本，致力于企业员工道德精神和专业技术水平的提高，使员工在愉悦的心态下发挥最大的工作潜能。多年来，广安建筑有限公司取得了良好的企业经营业绩。公司曾被省、市质检部门评定为优质样板工程20余项，被省政府连续6年命名为“重合同守信用单位”和“施工管理先进企业”。

抚顺市天德房地产开发有限公司

董事长、总经理：王家威

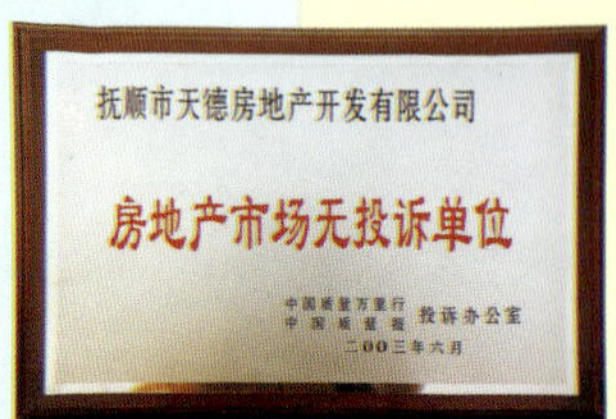

抚顺市天德房地产开发有限公司是经省建设厅批准，于2002年8月23日成立的房地产开发企业。公司坐落在抚顺高湾经济区内，占地11 600平方米，它东与抚顺城接壤，西接省城沈阳，南望浑河绿波，交通便利。2002年，公司建造了天德小区，建筑面积57 000平方米，五栋住宅楼拔地而起。小区内各项服务设施齐全，浴池、健身广场、饭店、商店布局合理，并在小区内安装了电视监控设备。当年入住率达到90%，当年创产值2 080万元，完成利税150万元，对拉动本地区经济做出了一定贡献。2003年3月，公司又开发了天德家园，占地面积2.4万平方米，建筑面积4.3万平方米，投资3 000万元。小区绿化率达到50%，各项设施齐全。当年实现收入3 500万元，上交税金200万元，为振兴高湾地区经济做出了贡献。公司拥有各类技术人才，高级工程师、会计师、经济师和具有初、中级职称人员占全体职工总数的60%。

天德小区。

天德小区。

三期工程总体规划图。

辽宁金磊房地产开发有限公司

总裁：赵荣金

辽宁金磊房地产开发有限公司开发资质为省二级企业，注册资金2 000万元，经营范围为房屋开发及开发的商品房销售，抚顺金磊物业管理有限公司为其全资子公司。公司现有员工36人，大专以上学历占80%，其中具有中级以上职称的专业技术人员一半以上，所有员工都经公司专业培训合格后上岗。金磊地产于2005年通过ISO9001:2000质量管理体系认证，将国际质量管理标准全面导入房地产开发的每一细节。

经抚顺市政府招商引资，辽宁金磊房地产开发有限公司于2002年年末到抚顺市投资开发高档花园小区——格林山庄。格林山庄位于浑河北岸，与著名的雷锋体育场、抚顺市体育广场毗邻而居，占地面积2.65万平方米，建筑面积3.2万平方米。10栋多层建筑顺应山势错落有致，宛若天成。30米宽的山体景观绿化带，3 000多平方米中央亲水广场，雕塑回廊步移景异，真正的公园式居家环境，成为现代都市中一道靓丽的风景线。格林山庄实现了当年开工、当年入住、当年销售超过70%的业绩，取得了良好的经济效益和社会效益，并于2003年9月被辽宁省建设厅、辽宁省房地产协会评为辽宁省明星楼盘，同年金磊地产被评为辽宁省房地产行业信誉单位。

格林山庄于2004年8月全面售罄。金磊地产于2005年在抚顺开发二期项目——格林书香苑。格林书香苑秉承"以人为本"的设计理念，注重生态均好、因地制宜、人文性和时代性。5万平方米的建筑面积上仅设8栋多层、3栋小高层，成就31.8米超大楼间景观干线，高达42%的绿化率，以2 000平方米的中央音乐喷泉为核心辐射四周。格林书香苑以抚顺首席全通透酒店大堂式景观门庭、一卡通门禁系统、终端纯净水系统等诸多智能体系，倾力打造抚顺首席文化名盘，让学府世家、翰墨飘香成就现代都市人的品位生活。

抚顺泰和煤炭开发有限公司

抚顺泰和煤炭开发有限公司是原抚顺龙凤煤矿破产后由破产矿工投资入股组建的股份制民营企业。位于抚顺市东洲区浑河南路东段18—1号。公司主营：煤炭开发、煤炭加工、瓦斯开发、机械修理、铸造加工、机械配件加工、场地出租、房屋租赁等。企业现有员工近600人，有高、中级工程技术人员41人；生产系统完备，技术装备齐全，通风监测系统完善。企业现阶段生产规模为年产原煤30万吨。公司煤炭储量2 080万吨，煤层气资源十分丰富，年输送1 600万～4 000万立方米的管道系统，为市区提供优质煤气。企业占地面积近30万平方米，厂区内供电、供暖、供水能力充足有余，并有两条铁路专运线。具备长期发展及相关项目开发利用的基础条件。

抚顺市养老院

抚顺市养老院始建于1958年2月，属于国家兴办的社会福利性事业单位，主要负责收养市区无儿无女、无依无靠、无生活来源的社会孤寡老人，并面向社会招收自费养老人员。全院担负着"上为党政分忧，下为群众解愁"的光荣使命。

全院总面积48 068平方米，北有四栋欧式老年别墅，一座面积为8 320平方米，分高、中、低档次的老年公寓大楼，内设电视室、图书室、健身室、乒乓球室、台球室、游艺室、书画室、象棋室和多功能室等。南有一座面积为1 500平方米的新式高档次老年公寓楼，一座介护区养员楼，一栋全护区养员住房。全院共分为三个区：自助区、介护区、全护区，有来自全省各地的自费养老人员220人。全院现有职工41人。全院设一室三科。

建院以来，本着供养与康复相结合的办院方针，坚持"养员至上，服务第一"的服务宗旨，坚持社会效益与经济效益一起抓的办院方向，强化管理，提高服务质量，使管理与服务工作都走向了较为规范的轨道。近来年，该院先后被省、市、局评为精神文明先进单位，省社会福利事业单位一级院，省民政系统先进集体，市尊老、爱老、敬老先进单位，市"行业形象万人评"先进单位。

抚顺卓伦机材实业有限公司

Fushun Zhuolun Jicai Shiye Youxian Gongsi

该公司前身为抚顺市铸造厂，成立于20世纪50年代，主要产品为民用及农机铸造产品。从80年代起，抚顺市华樱公司引进日本管件及技术转让开始生产出口柔性球墨铸铁管件产品。1994年，抚顺市华樱公司为扩大生产，收购了抚顺市铸造总厂，成立了抚顺市华一铸造有限公司，后与日本高周波钢业株式会社、高周波铸造株式会社合资成立了抚顺高周波铸造有限公司，这期间除生产管件外，还为日本三菱、尼桑生产汽车刹车自动器等铸件。2005年由日本中方产商株式会社收购了日本高周波钢业株式会社、高周波铸造株式会社的股权，成立了抚顺卓伦机材实业有限公司，扩大国内、国际管件市场，成为管卡系列的专业厂家，重点研发CDU环型快速管接头和向TYCO公司、STAR等公司提供系列管件产品及优质铸件。从80年代开始，管件产品广泛用于煤矿、石油、天然气、化工、建筑、水道、造船、铁路、电讯等行业。公司主要是利用电炉、BMD（德国）、DISA（丹麦）两条自动造型线为中心的铸造设备及高新铸造技术，生产经营以球墨铸铁为主的高质量的铸造产品。公司的中日双方管理人员和工程技术人员，充分利用日方的管理技术和公司先进的设备进行科学管理和合理化生产，使管理水平及产品质量得到不断提高。为满足客户及市场需求，不断设计、开发新产品。目前可生产200多种规格的高新技术铸造产品。公司通过BSI的ISO9001：2000质量体系认证。为客户生产的各种管件、快速管接头等产品获得UL、ULC、FM、LPCB、VDS等认证。产品销往美国、日本、加拿大、西欧、东南亚等国家和地区。在产品质量及供货期限上，受到用户高度赞赏。公司董事长、总经理马方太愿偕同全体员工，用一流的产品质量和真挚热情的心态，竭诚为中外客户提供全方位服务。

抚顺创亿汽贸有限公司

总经理：梁玉敏

办公楼。

展厅。

抚顺创亿汽贸有限公司成立于1990年5月18日，公司坐落在顺城区新城路西段37号，是一家集汽车销售、汽车消费贷款、汽车配件、汽车售后服务、汽车修理、汽车物流运输的综合性公司。公司现有员工126人，其中研究生学历2人，大学本科7人，大专学历26人。公司经营面积2 700平方米，办公面积1 350平方米。主要以经营小轿车、面包车、吉普车、工程车和进口车为主。公司全体员工始终遵循“用户至上，服务第一”的宗旨，在汽车销售、汽车消费贷款、售后服务等领域形成了一整套科学的管理营销体系，赢得了客户的广泛信任，受到消费者的认可，企业取得了良好的经济效益和社会效益。2005年被市政府和市工商局评为“守合同重信誉”和“诚信单位”。

抚顺市北方亚飞汽车销售有限公司

抚顺市北方亚飞汽车销售有限公司系北京亚飞汽车连锁总店有限责任公司在抚顺的连锁店，成立于2003年4月，坐落于顺城区抚西河桥东、临江路东段28号，占地2 200平方米。建筑面积1 640平方米，其中汽车展厅面积730平方米。总投资1 200万元。公司秉承亚飞汽车集团“领先一步的亚飞”的企业理念和“诚信服务”的客户宗旨，主要销售国产、合资及进口等多品牌轿车、越野车、微型车、客车、货车、工程机械，并提供汽车装璜、装饰、美容、棚套、轮胎、快修等售后配套延伸服务。公司于2003年6月7日正式开业。内部管理机构设置有综合、营销、企划、资源、财务信贷、汽车精品和汽车俱乐部等7个部和一个汽车展销大厅。公司汇集了企划、营销、资源调配、信贷服务等众多优秀人才，向购车客户提供最专业最优质的服务。展销大厅常年展销20多个主流品牌轿车，公司二楼设有汽车精品厅，为消费者提供物美价廉、品牌时尚的各种汽车用品、装饰。公司还与多家银行合作，推出“亚飞模式”的汽车消费信贷服务。

该公司为民营企业。许嘉昆现任抚顺市北方亚飞汽车销售有限公司董事长兼总经理、抚顺市北方出租汽车行总经理。他长期从事公司运输和运输经济研究工作，1995年1月，创办抚顺北方出租汽车行，2003年，创办了抚顺市北方亚飞汽车销售有限公司。他还兼任中国道路运输协会专家委员会专家，西安公路交通大学运输经济研究所研究员，中国道路运输协会出租汽车及汽车租赁委员会特邀专家，中国公路运输学会理事，北京路水交通运输研究所首席顾问等职。

公司全家福。

局长：李家义

抚顺市顺城区经贸局

2004年抚顺市顺城区经贸局坚持科学发展观，抓大项目，扶强企业，使全区经济保持了强劲上升态势。全区经济呈现出工业经济全面提速、建筑开发稳步提高、商贸流通业日趋活跃、国企改革快速推进的良好局面。全区企业增加值实现336 500万元，比同期增长18.3%；实缴税金预计完成16 230万元，比同期增长14%；出口交货值实现25 872万元，比同期增长12%；规模以上工业完成工业增加值11 560万元，比同期增长18%。全面完成了年初确定的各项经济工作任务。顺城区将国企改革工作当作头等大事来抓，按照因企制宜、联系实际、注重质量原则，不断推进改革进程，整体改制工作取得了一定成果。顺城区完成改制企业14家，已盘活资产1.2亿元，新增投资8 500万元，增加税收近1 000万元，实现职工并轨3 614人。抚顺机床厂、嘉慧制衣、天地食品厂、城东开发处等一批大型国企的顺利转制是顺城国企改革的亮点所在。加强工业基础地位，确立工业强区的奋斗目标，调整区域经济发展布局规划，初步形成以装备制造、木制品、蜡业、化工为主的“四区四群”发展格局；工艺蜡、胶鞋、毛衫等20个系列、180多个品种产品已出口世界30多个国家和地区。注重扶持大企业、催生大项目，加强重点企业管理，制定了重点企业标准及考核程序，成立了重点企业领导机构。在此基础上，全区重新确定了五十家重点企业进行挂牌管理，由区领导包点负责，使全区重点企业纳入正常管理轨道。加强了项目管理工作。对年初确定的重点项目进行及时跟踪，注意解决项目工作中的实际问题。通过抓好项目工作，一批域外投资重点项目纷纷落地生根，开花结果。该局承担的抚顺永茂建机、众利信包装制品等5项市级重点项目已全部建成，出色完成了市区两级重点项目任务的落实工作。

抚顺市顺城区信用联社

联社扶助的贫困户送来感谢信。

召开第三届社员代表大会。

2004年，辽宁省农村信用社改革正式启动，顺城区信用联社积极做好改革的各项准备工作，明确市场定位，认准服务方向，拓展服务空间，努力适应改革要求，存款较快增长，贷款适度增加，不良贷款实现“双降”，支农资金投入加大，经营状况逐步改善。截至2004年末，顺城联社各项存款68 593万元，比年初增加 6 557万元，同比多增6 557元，完成市办计划的81.96%。低成本资金占11.75%。各项贷款38 259万元，比年初增加9 560万元，存贷比例为55.78%。其中农业贷款31 990万元，比年初增加6 352万元，占新增贷款66.44%，发放小额农户信用贷款4 675户、1 782万元，农户联保贷款2 073户、1525万元。

明确目标、强化经营管理。顺城联社坚持发展与效益两个主题，从市场需要入手，开展存贷款营销；从“三农”需要入手，加大信贷支农力度；从盘活资金入手，提高资产质量；从强化经营管理入手，提高经济效益。制订下发了《一季度工作安排》，确定存款、清收不良贷款、收息、营销4项主要工作，4月初考核后，任务完成好与差信用社的兑现工资相差600多元，拉开了信用社收入差距，使信用社效益与职工收入联系在一起。市办2004年计划下达后，使联社又结合全辖区实际与信用社签订了《经营目标责任考核办法》、《绩效挂钩考核办法》，将指标分成计划与指导性两类下达各社，并细化分解到月。

各项存款增加 9 500万元，低成本资金比率达到17%（指导性）。不良贷款下降1 154万元，占比下降8%（指导性）。组织贴现4 300万元（指导性）。新增存款运用比率60%（指导性）。亏损额净下降724.81万元。营业费用控制在1097.59万元内，其中核定费用214.56万元，计划费用883.03万元。百元贷款收息率为4.5%（指导性）。安全保卫案件发生率为零。

加大支农力度，积极增加贷款总量。顺城区处于近郊、农村的五家信用社全部开办了小额农户信用贷款和农户联保贷款，覆盖顺城区和东洲区的所有乡、村。2004年累计发放贷款19 008万元，其中：农业贷款累放9 509万元（不含农村工商业），占累放的50.03%。累放小额农户信用贷款4 675户、1 782万元，联保贷款2 073户、1 525万元，核定信用户8 458户，评定出11个信用村，全面满足了农村春耕资金的需求。联社积极开展市委、市政府的“星级文明户”和“三向培养”工程。优先为十星级文明户办理贷款，额度由3 000元提高到10 000元。并根据种养户生产规模发放五户联保贷款，最高5万元。同时保质保量地完成了农民种粮补贴的发放工作，共向69个自然村、23 935户，发放直补资金108万元，将党和国家的富民政策落到实处。在支农工作中，一是积极支持绿色农业、品牌农业，不断提高农产品的质量和效益；二是对发展前景好、能够带动农村经济发展的龙头企业给予重点扶持，使其做大、做强；三是着力支持农村富余劳动力转移、农产品深加工，推动农村产业化进程；四是大力支持农村个体私营经济的发展。

营业大厅　营业部　办公楼　会计档案评比大赛

抚顺市工商局顺城分局

局长刘述安（右二）带领工商人员深入企业现场办公。

抚顺市工商局顺城分局现有干部104人，设有12个科室、6个工商所，所辖区域为顺城区的9个乡、镇、街道。顺城分局领导班子带领全局认真实践“三个代表”重要思想，以对“国家负责、为人民服务”为根本宗旨，在深化职能作用发挥，强化市场监管，大力整顿规范市场经济作用的同时，立足职能，积极为区街经济发展提供优秀高效的服务。

通过全局职工的辛勤工作，顺城地区市场经济秩序日渐规范，消费者权益保护网络逐步完善，服务型工商机制日益顺畅。

几年来，顺城分局多次被市工商系统评为先进单位，连续四年被区委、区政府授予文明单位称号。刘述安局长被区委、政府授予“顺城区劳动模范”光荣称号。

抚顺市顺城区发展和改革局

局长：王世效

抚顺市顺城区发展和改革局原为顺城区发展计划局，为主要负责编制全区国民经济发展计划及土地规划管理、物价管理的区政府工作部门。

一、主要职责：1、贯彻执行国家、省、市关于国民经济计划、土地规划、价格改革的各项方针、政策及有关法律、法规条例。2、研究提出全区国民经济发展指导性计划和社会发展计划，掌握经济运行动态，进行企业立项审批。3、负责调查和分析全区支柱性产业的经济发展状况，并提出政策性建议。4、负责全区的地籍规划及土地法规监察。5、负责全区建设项目的审查报批。6、负责全区的机关，企事业单位价格监控及调节。7、负责与市发展计划委员会（市物价局）、市规划和国土资源局的沟通、协调、联系工作。8、承办区政府交办的其他事项。

二、内设机构及编制。区发展计划局设置4个办公室。即：综合计划办公室、土地办公室、物价办公室、办公室。局设行政编制15名，专项编5名、事业编20名，部门领导职数3名。

辽宁中华信会计事务所有限公司

董事长：吴浩

为了顺应社会主义市场经济鉴证服务的需求，构筑辽宁经济鉴证服务行业的新格局，切实把审计、评估、咨询等鉴证服务业务做大、做强、做好。由中天、华信、正大等多家会计师事务所和中信资产评估事务所的精兵强将联手发起，并经辽宁省财政厅批准、辽宁省工商局注册登记的辽宁中华信会计事务所有限公司、辽宁中华信资产评估有限公司相继营运。两公司对外是两个独立执业实体，对内是一套管理机构，注册资本金160万元，现拥有各类资质从业人员85名，其中：具有高级专业技术职称20人，资产评估专家2人，中国注册会计师41人，注册资产评估师17人，注册造价师5人，注册税务师2人，经济涉案鉴证师9人，员工平均文化水平大专以上。该事务所承担除财政部指定的各类常规的审计、评估、会计咨询等业务外，还经国家和省市各级评审，先后被授予：大中型企业会计报表审计资格、中直企业审计资格、国有企业债转股评估资格、中国长城公司资产处置评估资格、司法经济涉案鉴证资格、辽宁省经济仲裁鉴证资格、金融信贷审计资格、税务汇算审计资格、中小型企业会计服务资格及经济纠纷查证等资格。

公司领导在研究工作。

抚顺市抚铝宾馆

总经理：师扬

抚顺市抚铝宾馆始建于1993年7月，位于望花区新民街丹东路东段17–4号，交通十分便利。抚铝宾馆2003年经过重新装修改制，目前是望花地区一流的经国家旅游局评定仅有的一星级涉外宾馆，为集娱乐、会务于一体的餐饮、住宿服务场所，拥有套房、双人、三人标准间，各大、小包房及多功能厅全部进口音响、大型背投，可容纳500人同时就餐和大型会议使用，全天24小时热水，室内全部空调，电话、彩电、整体浴室。宾馆大院可同时停存车辆50多台。全体员工整齐化一、素质优良，将以一流的服务，诚挚的热情，专业化水平敬请各界宾朋惠顾。

大　厅

会议室

客　房

抚顺市
白云穆斯林餐饮有限责任公司

总经理：刘云庆

抚顺白云穆斯林餐饮有限责任公司位于顺城区新城路东段10号。面积400平方米，同时可容纳200人就餐。它所属的白云饭庄是抚顺较大的综合性民族饭庄，建于1989年。15年来公司始终遵循顾客至上、诚实可信的经营原则，在社会上得到广泛认可，曾为辽宁省七运会，市国际经贸洽谈会贵宾指定就餐餐馆。多次接待来自美国，日本、马来西亚，沙特等中东阿拉伯国家的国际友人，被市旅游局授予“最佳旅游定点饭店”称号。2003年，接待了司马义·艾买提等国家领导人。

饭庄为打造民族产业，创造名牌食品，在狠抓食品质量上下功夫。1994年在首届全国清真厨师大赛中荣获银、铜牌各一枚。2002年在辽宁东泽杯烹饪大赛中荣获金牌。2004年在辽宁地方风味食品大赛中金丝饼荣获“辽宁地方名吃”。白云饭庄荣获“辽宁餐饮名店”，“辽宁风味名店”称号。烤全羊被省政府授予“辽宁旅游十大风味食品”称号。白云肉饼被市政府授予“最受百姓欢迎食品”称号。1998年至2005年，白云烤鸭连续在市满族风情节中被评为“最佳食品”，奶卤香鸡被评定为“旅游指定食品”、“百姓最畅销食品”。

白云饭庄是抚顺清真饭店领军单位，经营实行目标化。每年的12月至第二年的2月都要举办“庆圣诞、迎新春合家欢美食大奉献活动”。4月～6月举办“白云饭店获奖美食展活动”。7月～9月举办“清真海鲜美食节”。9月～12月办举“羊汤、爆菜、涮肉、炖菜传统风味大展示”等主题清真风味菜肴的推出活动，与同仁交流，请消费者品尝。

该店先后被市政府授予“卫生先进单位”、“纳税大户”、“抗洪赈灾先进单位”称号，被市妇联授予“巾国英雄岗位”称号，被团市委等6家联合授予“十佳个体工商户”称号，被省、市工商局授予“模范个体户”，“优秀个体户”，“光彩之星”等荣誉称号。

参赛获奖。

白云饭庄外景。

白云饭庄大堂全景。

获奖展示板。

抚顺市
秀林北海宫宾馆餐饮洗浴中心

总经理：蒋秀林

抚顺市秀林北海宫宾馆餐饮洗浴中心坐落于抚顺城东天河家园，地理位置优越，交通便利。自2002年11月18日筹建，于2003年9月17日正式营业。营业面积1 200平方米，以经营洗浴、宾馆客房为主，同时兼营餐饮、娱乐服务。先后引进了国内先进的设施与技术，开设了桑拿浴、芬兰浴、盐浴、冲浪浴、泡泡浴等，并聘请专业人员进行室内装修设计。2004年又投资扩建了部分设施，使其环境和设施更加完备，达到同行业先进水平。客房分为普通型、消费型、豪华型，同时又具有欧式、韩式、日式不同的风格，适合不同层次的消费者。全天24小时提供免费快餐服务，确保每位顾客以低价位的消费享受高质量的服务。

总经理蒋秀林籍贯为福建人，在抚顺生活了30年，他把抚顺当作自己的第二故乡，并致力于抚顺的发展与建设，仅秀林北海宫一项就投入了600万元。自试营业以来，每月上缴税费近万元，并响应政府号召，为政府解忧，积极安置下岗职工和待业人员就业。中心现拥有职员80多人，大中专以上学历占38%。其中，中级管理人员8人，高级管理人员3人，全部为大专以上学历，并具有管理专业资格证书。秀林北海宫本着科学管理、持续经营的理念，力求全面、科学、稳定的发展。

总服务台。

休息大厅。

抚顺县汤图满族乡

书记：董宪军

乡长：杜学书

乡政府办公楼。

汤图满族乡位于辽宁省抚顺县的东部山区，区域面积149平方公里，所辖9个行政村，共2 048户，总人口7 898人，其中农业人口7 086人，满族人口达85%以上。全乡有耕地1.6万亩。全乡林业用地面积18万亩，森林面积12万亩，经济林5万亩，林木蓄积量47万立方米，森林覆盖率为82%。全乡农业基本形成了冷棚香菇、山葡萄、反季山野菜、林下参四大基地；工业初步形成以铁矿为主体的资源开发；三产业中三块石旅游风景区开发将成为汤图满族乡经济发展的新亮点。农业产业结构调整进程加快，"四大基地"建设雏形初俱。围绕"抓住绿色，突出特色，以绿兴乡，以特富民"的发展思路，形成了以汤图村为主的反季山野菜生产基地、以石棚子村为主的山葡萄生产基地，以三块石村腰卜屯为主的冷棚香菇生产基地，以三块石村长垅地屯为主的林下参生产基地。汤图乡是全县的林业乡之一，地下含有丰富的铁矿资源。据初步勘查，铁矿石储量达150万吨，分布在7个行政村，30多个矿点。2003年筹建全乡第一家企业——源丰铁矿。2004年投产，当年增加财政税收100万元。2005年7月铁矿二期工程在百花村正式开工并已投产，可新增加税收70万元，成为新的经济增长点。全乡实现村村通油路率达100%。全乡建蓄水方塘5座，上自来水8个村，河堤工程防护11 000米，生物防护7 000米；新造耕地1 500亩。

生态乡建设效果显著。全乡节柴改灶率达100%，新建四位一体、三位一体生态大棚100座，改厕100座；林业工程进展顺利，完成植树造林2 000亩，补植6 500亩，巩固了12 800亩退耕还林成果，退坡38亩，退矿46亩，出色地完成了护林防火工作。优化了生态环境，在营造乡域经济可持续发展上实现了新突破。

三块石水库。

新建方塘。

抚顺经济开发区 李石经济区 北厚村

抚顺经济开发区李石经济区北厚村现全村共有大小企业291家，其中集体企业14家，拥有集体积累780余万元，固定资产1 070万元；2004年全村集体收入达到65万元，农民人均收入达到6 492万元；北厚村名列全经济区13个村的首位，连续两次被抚顺市评为"市级文明村"，两次被辽宁省命名为"五个好"先进党支部。村党支部切实践行"三个代表"重要思想，以身作则，端正工作作风，是一支有凝聚力的领导班子。

党支部书记：彭盛和

近年来村支部积极探索新时期条件下集体经济发展新途径，不断壮大集体经济积累。先后投资700余万元，在抚顺市西出口兴建了建筑面积7 000余平方米的商贸楼。目前商贸楼已投入商业运作，单此一项每年可为北厚村带来40余万元的收入。还利用北厚村地理位置好等优势，大力推行招商引资，经过几年努力引进了企业20余家，投资2 000余万元。企业的引进不但盘活了村里闲置资产，还为国家创造了大量税收，同时也安置了部分剩余劳动力。集体经济发展推动了公益事业的发展，改善了人民群众生活环境，提高了人民群众的生活质量。几年来，北厚村先后投入30余万元为村里3条主干线铺设了油路；改旱厕100余座，新建垃圾池7座，从根本上扭转了脏、乱、差的生活环境。北厚村的乡统筹、村提留、民兵训练、计划生育服务费，五保户、困难户供养费，教育附加等费用均不向群众摊派，减轻了农民负担。还为部分村民参加了集体长效财产保险；为全村60岁以上的老人提供人均300～600元/年的生活补助；为考上大学的农民家庭发放助学金等，此外村里每年维修水、电、清运垃圾都要投4万多元资金。

北厚村领导欢送新兵入伍。

村委会组织老年活动。

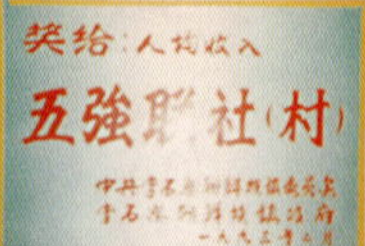

风采录

2004—2005年获市级以上表彰的部分劳动模范、优秀共产党员、先进工作者、行业标兵事迹简介。

（排名顺序不分先后）

李若平 1963年出生，毕业于抚顺石油学院化工机械专业，后攻读东北大学EMBA，研究生学历，高级工程师。中共党员，抚顺市人大代表，辽宁省人大代表。中共抚顺市委常委、中国石油天然气股份有限公司抚顺石化分公司总经理、党委书记。他领导的抚顺石化公司2004年完成原油加工量900万吨，同比增加50万吨；实现销售收入282亿元，同比增加57亿元，增长25.5%；实现利润9.08亿元，同比增加5亿元，增长123%。被列为辽宁省和中国石油股份公司头号工程的“千万吨炼油、百万吨乙烯”项目取得了实质性进展。公司先后荣获中央企业先进集体、辽宁省文明单位标兵和辽宁省花园式工厂等荣誉称号。他主持的 “引进透平改造”项目获辽宁省科技成果一等奖，“2911产品研制”项目获辽宁省科技新产品奖。他本人曾获抚顺市政府授予的安全生产先进个人、辽宁省化工系统先进生产者等荣誉称号，2005年被中共抚顺市委、市政府授予抚顺市特等劳动模范称号。

尹　亮 1952年出生，高级工程师，中共党员，北京师范大学毕业，研究生学历，中国管理科学院院士。现任抚顺矿业集团有限责任公司董事长兼总经理。他长期从事企业管理工作，具有较高的理论水平和丰富的实践经验。2002年1月，他出任抚矿集团公司总经理，通过开展“经营管理年”和“安全质量最佳年”活动，使企业的经济总量连年攀升，安全生产保持稳定，经济效益显著提高。2004年，公司经营总收入同比增加6.7亿元，上缴利税2.94亿元，员工年人均收入同比提高3 694元。近年来，他先后荣获辽宁省勤政廉政工作先进个人、辽宁省劳动模范、辽宁省创业企业家、全国煤炭工业优秀企业家、中国十大杰出管理人物、全国“五一”劳动奖章获得者等荣誉称号。2005年被市委、市政府授予抚顺市特等劳动模范荣誉称号。

赵明远 1952年出生，东北特钢集团公司董事长、党委书记，抚顺特殊钢（集团）有限责任公司董事长，抚顺特殊钢股份有限公司董事长。2002年1月8日，赵明远被辽宁省政府任命为抚顺特殊钢（集团）公司董事长兼总经理后，移植大钢改革的成功经验，经过一年的改革和整顿，扭转了抚钢被动局面。2003年1月16日，成功地实现了两钢联合重组，成立了辽宁特殊钢集团有限责任公司。当年就使企业主要经济技术指标实现大幅度增长，成为全国同行业发展最快的企业。2004年5月18日，辽宁特钢集团又完成了与北满特钢集团的重组，成立东北特钢集团，开启了国内特钢跨省、跨地域联合重组的先河，为振兴东北老工业基地、实现东北工业结构性调整提供了成功的范例。同时，也使已经停产的北满特钢起死回生。东北特钢集团公司当年创下了最佳经营业绩：钢产量180.6万吨，比上年增长42.5%；钢材产量146.4万吨，比上年增长36.7%；营业收入完成97.9亿元，比上年增长73.2%；全员劳动生产率完成30.3万元／人，比上年增长101.7%；出口创汇完成7 907万美元，比上年增长2.4倍。2005年他本人被中共抚顺市委、市政府授予抚顺市特等劳动模范荣誉称号。

董爱民 1953年出生，研究生学历、硕士生导师。《中国医院管理》杂志全国理事会常务理事，辽宁省医学会肿瘤分会委员，抚顺市医学会外科分会委员，抚顺市人大代表、常委。历任抚顺市中心医院普外科副主任、副院长，抚顺市卫生局副局长，现任抚顺市中心医院院长。他秉行与时俱进、敢为人先的管理理念，秉承“人才兴院、科技强院、民主理院、文化育院、诚信立院”的办院方略。如今的市中心医院已成为一所集医疗、科研、教学、预防、保健为一体的大型综合性三级甲等医院，是中国医科大学、大连医科大学、辽宁中医学院教学医院，北京协和医院技术协作医院，日本磐城共立病院友好医院，是抚顺市环境优美、设备先进、技术精湛的医疗急救中心。2001年以来，医院先后两次荣获辽宁省“五一”奖状，连续两届被评为省文明单位标兵及优质服务杯竞赛标兵单位，荣获省诚信单位、行业作风建设先进单位，院务公开先进单位等省级以上荣誉称号30余项。他本人曾荣获全国“五一”劳动奖章，被授予全国劳动模范、辽宁省优秀思想政治工作者、抚顺市劳动模范等荣誉称号。

乔安山 1941年出生，1957年参加工作(鞍钢张岭矿、同雷锋在一起)，1960年参军(3317部队、同雷锋在一起)，1966年转业。1998年8月，来到位于辽宁省抚顺市的国营第七二五库，担任“夏湖国防教育基地”的总辅导员。乔安山常年在夏湖基地向前来军训的学生们作学雷锋报告，同时还应邀在全国各地宣传雷锋精神，并兼任许多职务。1999年以来，担任中国石油天然气集团公司青年工作顾问、中国学雷锋研究会副会长、抚顺雷锋纪念馆名誉馆长，还被北京大学、清华大学等国内20多所学校聘为客座教授。近年来，乔安山为全国各地的机关、学校、部队、企事业单位作学雷锋报告近千场，获得了来自社会各界的多项荣誉。2000年被中共辽宁省委宣传部授予辽宁省学雷锋标兵先进个人称号；2001年被中共辽宁省委宣传部、辽宁省文化厅、辽宁省民政厅、辽宁省教育厅、共青团辽宁省委员会授予爱国主义教育工作优秀报告员称号；2003年被辽宁省精神文明建设指导委员会授予辽宁省学雷锋标兵荣誉称号；2005年被中共抚顺市委、抚顺市政府授予抚顺市特等劳动模范荣誉称号。

马崇利 1955年出生，中共党员，工商管理学硕士，高级经济师，现任中国建设银行抚顺分行党委书记、行长。从2000年初担任分行党委书记、行长以来，他带领全行员工励精图治、锐意改革，使抚顺分行经营实现跨越式发展。4年里，分行存款由35亿元增加到70亿元，经营效益由累亏10多亿元扭转为盈利过亿元，贷款不良率由40%下降到2.5%，2004年在省行系统综合经营指标考评中被评为全省A类行第一名。在他的带领下，分行加强管理，培育先进的企业文化，先后获得辽宁省先进集体、辽宁省“雷锋号”等多项荣誉称号；他本人也被评为抚顺市劳动模范和抚顺市模范思想政治工作者，荣获全国金融“五一”劳动奖章、辽宁省“五一”劳动奖章。2005年他被市委、市政府授予抚顺市特等劳动模范称号，并当选为抚顺市人大常委。

马　骏 1954年出生，市中心医院外科主任兼普外科主任，主任医师。他自1978年从医学院毕业以来即潜心研究医学理论，攻克了一道道医学难关，成为我市普外科领域的知名医师。1996年被市中心医院选送日本研修，很快掌握了腹腔镜在外科的应用技术。在他的带领下，市中心医院普外科成功开展了腔镜手术500余例。手术范围不断拓展，已常规开展胃、肠癌根治术等，多项填补市内空白。2003年在天津移植中心协助下，成功开展了本市第一例、省内市级医院首例肝移植手术。至2005年已开展4例肝移植手术，患者全部出院，恢复良好。他先后获得抚顺市科技带头人、市首届十大名医等荣誉称号，并连续3年被评为抚顺市卫生系统劳动模范、市中心医院特等劳动模范。2005年被市委、市政府授予抚顺市特等劳动模范荣誉称号。

阎茂龙 1957年出生，中共党员，研究生学历。抚顺市政府党组成员，抚顺市发展和改革委员会主任兼党组书记。他率领全委同志，加强市发改委的宏观调控、决策参谋、协调服务职能作用，围绕抚顺老工业基地振兴，做了大量切实有效工作。在抚顺老工业基地振兴过程中，积极争取国家对老工业基地改造资金支持，抚顺铝厂、抚顺电瓷厂、新宾药厂三个项目列入国家支持计划，总投资20多亿元。并先后和日本、韩国、加拿大、欧洲等外商进行多次项目洽谈，取得很大成效。在与新加坡胜科公司合作开发抚顺精细化工园区谈判中，做为谈判的中方首席代表起到了十分重要作用，2003年8月“中国·新加坡抚顺精细化工园区”项目正式签约，成为我国苏州、无锡后第三个国际性合作工业园区，开创了抚顺“以商招商，以外引外”的新方式。他曾先后荣获抚顺市先进个人、抚顺市优秀共产党员等称号。2003年度，荣记辽宁省公务员一等功。

栾德翔 1953年出生，2001年12月任新宾满族自治县县长。他狠抓结构调整和项目建设，推进了“一主三化”进程，使新宾满族自治县在全省县区排名逐年前移，成为发展最快的县区之一。他勤政爱民，勇于创新，在新宾率先实行了工程“七制”，全方位实行了政府采购制度，推行了集体林产权制度改革，使县乡财政实行了电算联网。2005年，全县生产总值实现38.94亿元，同比增长18%；地方财政一般预算收入完成1亿元，同比增长21.1%；各项税收实现2.14亿元，同比增长31.2%；城镇居民人均可支配收入达到7 037元，同比增长12.7%；农民人均纯收入达到3 345元，同比增长4.9%；全社会固定资产投资累计实现30亿元，年均递增20%。2004年，栾德翔被省政府荣记2003年度公务员一等功。

肖林发 1955年出生，大学文化，中共党员，1973年入伍，历任团政治处主任、团政委、旅副政委。1999年转业到地方，先后任抚顺市文明办正处级助理调研员、副主任，市委宣传部宣传处长，市信访办副主任，市政府副秘书长、市信访办主任。几年来，他开展了大量调研工作，探索新时期政治思想工作的方法和途径。撰写的《论群众信访问题在构建“和谐抚顺”过程中的影响与对策》一文在“构建和谐抚顺”专家论策会上宣读，被市委宣传部、讲师团、市社会科学界联合会评为优秀论文一等奖；《新形势下如何做好上访群众思想工作》和《试论艰苦奋斗的精神实质及新形势下如何发扬艰苦奋斗的优良传统》的论文，分别被《辽宁信访》和抚顺市信息工作通讯刊登，并被市社科联评为优秀论文二等奖。几年来他不仅对个人访老户做耐心细致的政治思想工作，还帮助14名有实际困难和问题的个人访老户安排就业岗位，解决其子女入学、看病等问题。2003年，他被市委、市政府评为关心下一代工作先进个人；2004年被市委、市政府评为社会治安综合治理先进工作者，荣获辽宁省精神文明建设指导委员会授予的“雷锋奖章”；2005年被省委组织部、宣传部，省政府国资委、省总工会、省思想政治工作研究会等五部门授予辽宁省优秀思想政治工作者称号，在信访突出问题专项治理工作中被省委、省政府评为先进个人。

王克江 1961年出生，市水务局副局长。他在主抓财务工作中，坚持依法管理资金，使资金管理跃上新台阶。依据国家财经制度和会计法以及资金来源渠道，严格审核管理各项资金，及时下拨和合理使用各项水利建设资金，及时决算，在省水利财务决算中荣获一等奖。他围绕项目抓好前期准备工作，各项计划工作实现与时俱进。完成了关山水库工程项目建议书审查、立项工作；完成了高阳橡胶坝的立项、可研和初设的各项审查和批复等工作，使高阳橡胶坝顺利开工建设。超前完成并上报了2004年水利建设项目计划。完成了从2003年至2010年辽宁省老工业基地调整和改造抚顺市水利建设规划。2003年被抚顺市政府荣记国家公务员三等功，2004年被抚顺市政府荣记公务员二等功。

姜　波 1963年出生，市发展计划委员会综合处处长。他坚决贯彻执行党的路线、方针、政策，始终不移地在政治上同党中央保持一致。热情为基层服务；工作勤勤恳恳，任劳任怨；积极贯彻落实委党组的部署，为完成全委中心工作尽职尽责。他1987年到综合处工作，从担任副科调、副处长到担任处长，始终坚持科学发展观，创新思路，抢抓机遇，与大家一起制定抚顺长远发展规划和方案，完成抚顺老工业基地调整改造规划和抚顺市全面建设小康社会方案。大力加强宏观调控和协调服务，搞好全市经济形势分析与预测，完成起草全年国民经济和社会发展计划工作。完成全市“十五”计划评估工作，并为下一步编制“十一五”计划打下了基础。2004年，被抚顺市政府荣记公务员二等功。

张达儒 1956年出生，大学文化，中共党员。他从1993年起任顺城区交通局局长，在此期间，顺城区的基础设施及公路建设发生了很大变化。他组织实施了许多重大项目工程，如沈环南线、抚清线、沈通线、202线及东南公路等建设，为地方经济发展起到了积极的促进作用。特别是在2003年全区农村公路网建设中，他克服困难，积极争取项目、资金，制止违建两处，带领全局职工完成了路基标准化建设33.7公里的目标。多年来，他勤奋工作，廉洁奉公，改革创新，区交通局及所属单位多次被评为省、市先进单位。他本人也先后荣获抚顺市先进工作者、优秀共产党员等称号。2004年被抚顺市政府荣记国家公务员二等功。

朱绍清 1964年出生，中共党员，研究生学历。她从2002年12月任顺城区卫生局局长兼党委副书记以来，重点进行了“三项”改革。一是改革农村医院经营体制。借助外部资金增强医院的活力和发展后劲，发挥乡镇卫生院综合能力，前甸卫生院实行了国有民营的改革。二是深化分配制度改革。各医院普遍采取了职工收入同技术水平、服务质量、劳动贡献等方面挂钩的激励措施，取得明显成效。三是区中心医院实行托管经营的改革。按照区委、区政府要求，她倾注主要精力抓区中心医院改革工作，使区中心医院率先在全市医院中实现了托管经营改革，彻底解决了该医院职工养老保险问题。多年来她先后多次荣获抚顺市扶残助残先进个人、顺城区劳动模范等称号，2004年被市政府荣记公务员二等功。

李　巍 1967年出生，北台小学副校长、英才小学校长，特级教师，全国优秀教师，省“三八”红旗手，市“十大”杰出青年。多次在全国各地讲学，是省教育厅命名的“拔尖人才”。在全国率先提出取消“三好”评选，并为此而被中央电视台“实话实说”节目专题采访，为积淀北台小学特色的养成文化作出了贡献。长于骨干教师培养，总结出“骨干教师优先发展的学校”教师培养模式，被省教育厅高度认可。尽心营造“书香北台”、实践校园环境艺术化，为建设“和谐北台”付出心血。近两年，探索利用名校办民校，英才小学已在抚顺地区具有较强的影响力，并取得良好的办学效益。2005年被市委、市政府授予抚顺市劳动模范荣誉称号。

韩 放 1963年出生，中共党员，研究生学历，高级工程师，现任抚矿集团公司副总工程师，中国煤炭学会开采专业委员会委员。他在任西露天矿矿长期间，坚持“以油定产”为核心，组织修改了《西露天矿长远发展规划》，为企业长远发展奠定了坚实基础。同时，大刀阔斧地进行改革，提高了企业的经济效益。2004年企业煤炭产量完成277.7万吨，超产20.7万吨；剥离产量完成1 459.8万立方米，超产9.8万立方米；经营管理不断加强，员工生活水平不断提高，员工人均年收入同比增加1 306元，全矿各项工作创出了历史最好水平。多年来，他本人先后荣获集团公司特等劳动模范、抚顺市模范共产党员等荣誉称号，2002年被辽宁省政府授予省“五一”劳动奖章。2005年被团市委、市青年企业家协会、抚顺日报社评为首届抚顺市十大杰出青年企业家。

余大论 1966年出生，福建省晋江市人，现任福建恒安集团抚顺恒安心相印纸制品有限公司总经理。他带领公司全体员工创造性地开展生产经营活动，使企业三年迈出了三大步，利税由2002年的910万元猛增到2004年的2 355万元，实现了企业效益与社会效益双丰收，并通过了ISO9001-2000版的体系认证。公司生产的“心相印”品牌系列纸产品，已荣获“国家免检产品”称号。在生产管理方面，在他的主持下，定期召开生产分析会，通过矩阵图表等科学管理法，从中分析查找出影响生产进度、设备产能成本的主要矛盾点，针对矛盾点，相应地采取纠正措施，使得产品成本逐年下降，产量却以每年平均至少30%的幅度递增。预计2005年纸制品加工产量将达到15 000吨，比2004年产量增加近30%。企业成为经济开发区排名前列的纳税大户，同时也为解决地方就业、带动相关产业经济发展做出了较大贡献，2004年他被市委、市政府评为抚顺市杰出民营企业家。

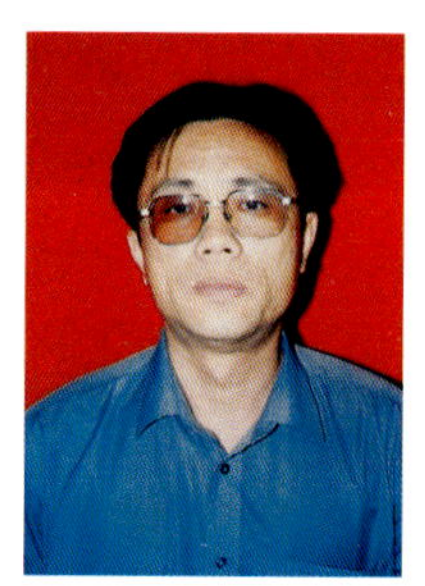

李 伟 1963年出生，抚顺五一化工有限公司法人。抚顺五一化工有限公司是由原国有企业抚顺五一厂经市政府批准于2003年12月转制组建的股份制企业。企业始建于1958年，主导产品有铵锑炸药和工业导火索。转制后李伟通过科学管理，使公司焕发出新的生机和活力：2004年生产炸药9 416吨，工业导火索1 340万米，实现销售收入4 300万元，完成工业总产值4 607万元，上缴税金600万元。同转制前企业最好时期的各项指标相比，增长幅度均在40%以上。企业转制后把稳定工作放在首位，千方百计减轻政府和社会压力：及时为并轨职工一次性支付了300万元补偿金，在岗职工无一人下岗；及时上缴职工养老保险金，保证到龄职工的正常退休；为在职职工、离退休职工办理医疗保险，清欠离退休人员医药费60万元；加大安全生产和安全防范力度，先后投资210万元对相关设施进行全面改造，严格执行安全管理制度和操作规程。几年来，公司未出现任何重大生产事故和人身伤亡事故，并顺利通过了国家安全评价中心的评审，被省国防科工办和安监局评为安全级企业。他积极推进科技进步，先后成功研制了改性铵油炸药、森林灭火弹等产品，新产品深受用户青睐。他本人在2004年被市委、市政府授予抚顺市优秀民营企业家、抚顺市劳动模范等荣誉称号。

王 勇 1962年出生，中共党员，硕士研究生，副教授。现任抚顺职业技术学院教务处处长。多年来，他在学院建立和完善了教学规章制度，加强了专业建设，特别是省级试点专业建设。启动了专业人才培养计划，对教学计划和教学大纲进行了全面的修订和重新规划，使之更加突出职业特色，全面满足社会需求。在外语教学中尝试进行“分层次教学”，使之更加符合学生能力要求；加强和规范实验室和实训基地建设，为学院的高职教学实践打下坚实基础；突出教学创新，先后举办样板课教师大赛等教学活动，极大地调动了教师的积极性。加强了精品课建设，三年来先后有六门课程被评为院级精品课，两门课程被评为省级精品课。他领导的教务处连续3年获得院先进集体等荣誉称号。他本人在2003年被评为抚顺市模范教师，2004年被评为辽宁省优秀教师，2005年被市委、市政府授予抚顺市劳动模范荣誉称号。

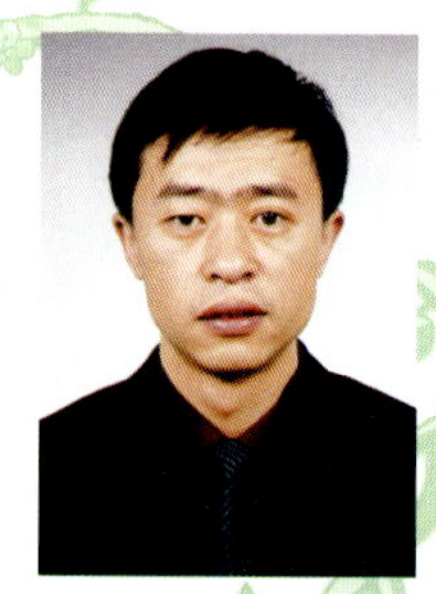

董政伟 1969年出生，现任市劳动和社会保障局副局长、市社保领导小组办公室副主任。2001年本市开始社保试点，他起草了市社保试点方案及其13个配套方案，以及并轨、社会保险、离退休人员移交社区管理等文件40余份；起草了综合或专项材料180余份，编发试点专报40余期，为领导决策提供了准确依据。他组织煤科院抚顺分院500余名离退休人员向社区移交，顺利实现了本市企业离退休人员移交社区管理。他还组织制定了本市社区就业总体规划，提出了发展社区服务业的10种模式，选树了5名社区就业典型，推动了全市社区服务业的快速发展。开展了媒体就业援助活动和“阳光总在风雨后”援助残疾人就业活动，在全社会掀起了就业援助高潮。他组织制定了《再就业服务培训补贴和奖励办法》，积极探索再就业激励机制；开展了“献公益岗位、帮困难群体就业”活动，将6 000个公益性岗位指标分解到60个单位，确保了全市开发9 400个公益性岗位指标的完成。2003年他被市委、市政府评为2002年度再就业工作先进个人，2004年被省政府评为省社保试点和就业工作先进个人。2005年被市委、市政府授予抚顺市劳动模范荣誉称号。

王建安 1952年出生，中共党员，现任辽宁能港发电有限公司副总经理，东洲区第十五届人大代表。他从事电力生产工作30多年，在业务上勤于钻研、精益求精，善于吸收消化和推广使用新理论、新方法，在每个岗位上都作出了骄人的业绩，有着极丰富的工作经验和良好的敬业精神。2004年2月起开始主抓企业发电生产工作。他着眼于企业可持续发展，针对现行体制和设备周期性因素造成机组设备健康水平下降的实际情况，主持制订了《设备专项整治中长期规划》，并着手实施，仅一年时间就完成了多个重大设备改型及多项重大缺陷处理。他提倡建设节约型企业，对厂区内跑、冒、滴、漏和常明灯、常流水等进行经常性专项整治，取得了显著成绩。截至2005年8月31日，企业连续安全生产天数达2 435天。2005年他被市委、市政府授予抚顺市劳动模范荣誉称号。

张云阁 1954年出生，中共党员，大专文化，现任辽宁发电厂商务运行公司副经理。他多次组织参与技术改造、技术攻关工作。他提出的＃8、＃9机组高压加热器改造为随机启动、调峰启动汽缸温度滑至350℃停机、机组自动主汽门门杆漏汽汽源引至轴封加热器内回收改造方案等项目，年创效益42.4万元。他撰写的多篇论文在省电力系统获奖，其中《VK－50型汽轮机低压加热器疏水及轴封回汽系统改造》经实施后，效果显著，每年可降低成本205.7万元。他十分重视规范化、制度化建设，在担任发电分场主任期间，组织编制出《设备管理制度》、《文明生产考核细则》、《汽轮机运行岗位管理和工作标准》等12项制度和办法，形成一整套管理体系，确保了机组的稳定运行。他本人在2004年荣获辽宁省“讲理想、比贡献”先进个人称号，2005年被市委、市政府授予抚顺市劳动模范荣誉称号。

赵　斌 1960年出生，抚顺县城建局副局长，抚顺天缘建筑安装有限公司董事长、总经理，中共党员，抚顺县人大代表、常委，高级工程师。几年来，他积极努力工作，使企业在困境中不断发展壮大，各项经济指标不断增长。2004年实现产值4 800多万元，上缴税金142万元，全员劳动生产率5万元／人，创市“结构杯”优质工程9项，“浑河杯”优质工程一项，辽宁省兵器工业部优质工程两项。几年来企业安全生产无事故，工程质量无事故。企业的社会信誉不断提高，企业先后荣获辽宁省信誉等级AAA企业、辽宁省诚信单位、辽宁省建设厅文明窗口、抚顺市“重合同、守信誉”企业等称号。2000年以来他先后荣获抚顺县劳动模范、抚顺县特等劳动模范、抚顺县安全生产先进个人、抚顺县精神文明先进个人、抚顺市安全生产先进个人、抚顺市建筑业优秀经理等称号，2005年被抚顺市委、市政府授予抚顺市劳动模范荣誉称号。

丛兆春 1953年出生，抚顺市邮政局局长、党委书记。他带领全体职工仅2年时间就实现扭亏1 604.5万元，并且连年盈利，6年创税3 417.33万元。为实现对社会的良好服务，在资金严重匮乏的情况下，市邮政局投资1亿多元先后建成了市局邮政枢纽楼，新宾、清原县邮政楼，44个农村支局办公楼。同时，在邮政经营中大量引进现代信息技术建设，开通了邮政储蓄计算机网（简称“绿卡网”），全面完成了普通汇兑向电子汇兑的过渡。在邮政传统业务基础上，开发出护照专递、税务专递、鲜花礼仪、邮送广告、物流配送、代理保险、代发工资（养老金）、代售火车票等10多种新业务。市邮政局连续6年获得省、市文明单位称号，2004年被省质量协会和省用户委员会评为省用户满意企业，被省、市消费者协会评为消费者诚信单位，获市职工职业道德建设十佳单位、市最受尊敬企业等荣誉称号。他本人于2005年被市委、市政府授予抚顺市劳动模范荣誉称号。

李　惠 1960年出生，1978年参加工作，大学文化，中共党员，一级警督。现任市公安局出入境管理处处长。2001年以来带领全处民警，在我国长江以北地区率先实行了公民因私出境护照按需申领制，完成了出入境管理工作与国际惯例的接轨，同时，实行“承诺服务、延时服务、登门服务、特急服务”等便民利民措施。多年来，出入境管理处先后荣获抚顺市文明单位、抚顺市人民满意单位、抚顺市学雷锋先进集体、抚顺市思想政治工作标兵单位、抚顺市先进党支部、抚顺市模范党支部、抚顺市先进集体、辽宁省“人民满意的示范单位”、辽宁省文明单位、全国公安优秀基层单位等20余项市以上荣誉称号。他本人先后4次被评为抚顺市优秀公务员，3次荣立个人三等功。2005年他被市委、市政府授予抚顺市劳动模范荣誉称号。

刘建宇 1957年出生，1982年于抚顺石油学院毕业后分配到抚顺石油化工研究院，先后从事加氢催化剂研制、工艺研究、设计及科研管理

工作，现任抚顺石油化工研究院科研管理部副主任，教授级高级工程师。他在加氢工艺技术方面，先后主持和参与多项国家科技攻关和中国石化股份有限公司的开发研究课题，获省、部级科技进步二等奖、三等奖各1项。多年来，他工作认真负责，勤勤恳恳，将所学知识与实际工作有机结合起来。他经常深入基层，与课题组技术人员研讨，确定课题方向，并积极组织实施。2005年他被市委、市政府授予抚顺市劳动模范荣誉称号。

迟维民 1953年出生，1975年参加工作，中共党员，研究生学历。现任抚顺市中医院院长。曾先后获得全国十大“华夏医魂”卓越贡献奖、杰出医院院长奖、优秀医院院长奖等荣誉称号。他依据中医院的中医特色，确定了“昂骨科龙头，壮中医主体，展中西医双翼”的特色发展格局。医院骨科被评为辽宁省重点中医骨伤专科，肛肠科、皮肤科被评为市级专科。医院的传统贴伏、薰蒸、推拿、湿敷等“绿色”疗法不仅突出中医特色，并注重中西医结合，临床治疗水平显著提高，形成独特品牌效应。医院独具优势的中医、中西医结合治疗骨伤疾病，夹板、外固定架、秫秸帘外固定、中药湿敷等无创伤“绿色”疗法，享誉省内外。医院先后获得“中华爱国先进集体”（国家级），“中国当代名院”，辽宁省文明单位，辽宁省示范中医院，辽宁省“树职业道德风范、创最佳形象单位”活动先进

单位，辽宁省行风建设标兵单位，省十佳中医院，抚顺首届最受尊敬企业，抚顺市诚信单位等荣誉称号，综合实力跃居辽宁省中医系统第二位。他本人在2005年被市委、市政府授予抚顺市劳动模范荣誉称号。

王淑琴 1954年出生，大学本科学历，中学高级教师职称。1975年起从事教育工作，现任抚顺市教师进修学院附属小学校校长。抚顺市政协委员、顺城区人大代表，辽宁省教育学会理事。

她在教育园地辛勤耕耘了30年，始终坚持“一切为了孩子”的宗旨，追求“求真、务实、创新”的工作作风，在教育教学和学校管理工作上都取得了突出成绩，被省、市政府授予优秀教育工作者、模范教育工作者、“五一”劳动奖章获得者、市十佳女职工等称号。2000年她任抚顺市教师进修学院附属小学校校长以来，使校容校貌发生了巨大变化，新教学楼拔地而起，并对九十年代初建成的教学大楼进行了彻底的装修改造，重新规划，使南北教学楼交相辉映；教育教学工作不断上新台阶，学校先后被国家教育部、体育总局命名为国家级体育传统项目学校、全国重点乒乓球小学，被省委、省政府授予文明单位、省模范学校等荣誉称号。2005年她本人被市委、市政府授予抚顺市劳动模范荣誉称号。

许　利 1963年出生，1999年任市建三公司劳务公司经理，2002年任中通集团第四分公司经理，中共党员。自担任分公司经理以来，始终牢记党的宗旨，把职工的冷暖时刻挂在心上。他热心帮助下岗职工再就业，近年来已安排下岗职工400多人次。他经常深入到各个施工现场，与项目部经理沟通情况，掌握信息，千方百计为下岗职工寻找就业渠道。他还根据不同工种、类别和施工现场的需要，合理妥善地安排再就业。几年来，他带领中通建设集团第四分公司全体职工，奋发图强，艰苦创业，使企业不断进步。他本人多次被集团公司评为劳动模范，被市委、市政府评为抚顺市再就

业明星、劳动模范、优秀共产党员，被省政府评为再就业青年标兵等。2005年，被市委、市政府授予抚顺市劳动模范荣誉称号。

何永光 1956年出生，毕业于抚矿工学院，东北财经大学在职研究生。高级工程师，中共党员。现任抚顺矿业集团页岩炼油厂厂长。自2003年担任厂

长以来，不断优化生产布局，使页岩油生产不断突破设计能力。在他主持工作期间，炼油厂完成多项重大技术改造项目，使制约原油生产能力的供料系统不配套问题得到彻底解决。在促进经济可持续发展方面，利用生产过程当中产生的剩余瓦斯进行发电，并利用发电余热进行厂区供暖，实现了企业按循环经济模式发展。他还积极引进变频调速技术，并在生产中应用，有效降低了电耗。在他带领下，页岩炼油厂跻身于矿业集团转产转型骨干企业。他本人从2002年连续3年被评为集团公司特等劳动模范，2005年被授予抚顺市劳动模范荣誉称号。

佟明星 1954年出生，中共党员，国家大容量第一计量站站长。几年来，他锐意进取、大胆改革和创新，率领全站职工不断强化市场意识，靠质量和信誉求生

存，靠科技和服务求发展，从而取得了良好的经济效益和社会效益。由他组织参加的科研课题分别通过国家质检总局和辽宁省科研成果鉴定，多个项目申请了国家专利。计量检定与测试工作覆盖了全国20多个省市，全站的各项工作在国内享有较高的知名度，受到了上级领导及企业和用户的好评。他本人曾被评为抚顺市“明星职工”，并荣获辽宁省“雷锋奖章”。在“保持共产党员先进性教育”活动中，被抚顺市质量技术监督局树立为先进典型。2005年他被市委、市政府授予抚顺市劳动模范荣誉称号。

张丽莉 1961年出生，现任抚顺市中心医院循环内科病房主任，主任医师、大连医科大学硕士研究生导师，市政协委员。1984年大学毕业后分配到市中心医院内科工作。2001年赴日本学习先进的心脏治疗技术。回国后，在本市开展了这项技术并获得了成功。这项技术不仅填补了本市的空白，也给广大心脏病患者带来了新的希望。从事这项工作不仅需要医生有高超的技术，同时还需要有奉献精神。因为这种操作需要在X光照射下进行，对医生的身体有很大的损害，但她全然不顾这一切，始终把患者的生命放在第一位，只要患者有一丝生存的希望，她就会付出百分之百的努力。她用精湛的医术挽救了无数患者的生命，以高尚的医德赢得

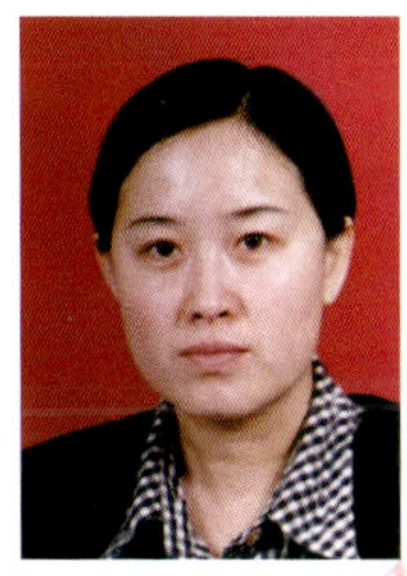

了患者的尊敬，她连续4年被市中心医院评为劳动模范，2004年被省妇联授予辽宁省“三八红旗手”称号，2005年被市委、市政府授予抚顺市劳动模范荣誉称号。

田卢峰 1968年出生，民革党员，抚顺市中心医院重症监护病房主任，睡眠呼吸疾病诊疗中心主任。多年来他刻苦钻研医学知识，经过

不懈的努力，已成为抚顺市睡眠医学及呼吸内科的学科带头人。由他创建的睡眠呼吸疾病诊疗中心在东北三省处于领先地位，其睡眠呼吸疾病与心血管疾病的科研项目已达到国内先进水平。几年来共完成十多篇国家级学术论文，获得省级科技成果1项、市政府科技进步二等奖1项、市卫生局科技进步二等奖1项。他本人曾荣获抚顺市“五四”奖章、辽宁省抗击非典先进个人、全国卫生系统青年岗位技术能手等称号。2005年被市委、市政府授予抚顺市劳动模范荣誉称号。

郭良平 1970年出生，工程师，抚顺石油化工公司石化二厂生产运行部部长。自2002年调入甲乙酮车间后，他努力学习，狠抓管理，使甲乙酮装置顺利建成投产，创下建设周期、开工负荷、开工周期、产品质量四项全国最好记录。生产中，他既是指挥者又是操作员，装置的整个流程、几百台设备、150多个控制点都能熟练掌握。在装置投产后，他带领车间人员克服设计设备缺陷，一次次地战胜了困难，使新建装置在短短7个月的时间里成功生产甲乙酮产品11 739吨，实现销售收入4 000余万元。2004年在装置两次检修换三剂工作中，他带领车间人员攻克生产瓶颈，顺利完成检修任务并实现一次开汽成功，实现甲乙酮生产2.14万吨/年，利润近3 000万元。他先后获共青团中央中石化岗位能手、抚顺市青年岗位能手、抚顺石化公司十大杰出青年、石化二厂

劳动模范等荣誉称号。他的现代化管理成果论文先后荣获抚顺石化公司、抚顺市企协现代化管理成果一、二等奖，在甲乙酮开汽过程中荣立公司特等功，2005年被市委、市政府授予抚顺市劳动模范荣誉称号。

张晓东 1965年出生，中共党员，经济师，研究生学历，现任中国工商银行抚顺市分行望花支行党委书记、行长。他带领员工克难奋进，使工

商银行抚顺市分行望花支行实现了跨越式发展。在其领导下，望花支行2003年经营利润实现4 682万元，占工商银行辽宁省分行经营利润总和的39%；2004年实现经营利润7 404万元，占工商银行辽宁省分行经营利润总和的45%。连续两年位居工商银行辽宁省县、区行经营排行榜前茅。工行望花支行先后被总、省、市行和抚顺市政府授予全国精神文明建设先进单位、金融工作先进单位和服务地方经济先进单位等称号。他本人多次被省、市行评为先进工作者，2005年被市委、市政府授予抚顺市劳动模范荣誉称号。

谭 萍 1954年出生，抚顺裕民商城副总经理、总会计师，研究生学历，高级会计师。抚顺市十一、十二届人大常委，八、九、十届政协委员。2001年11月裕民商城与地板城合并，组建了抚顺裕民商贸有限公司，拟建一座32 000平方米

的营业大楼。她亲自起草制定建设方案，组织论证实施，对工程预决算进行审计，把工程成本降低到最低点。为保证工程按期交付使用，共筹措资金5 000多万元，节省工程建设成本近1 000万元，实现了当年施工当年试营业，创抚顺市超万平方米工程建筑史上工期最短的记录。2005年6月份裕民商城实行整体转制，她起草制定企业转制方案、职工安置方案等，组织实施对企业全部资产进行清产核资、评估测算，保证了企业转制工作的顺利完成。为加强财务收支管理，先后组织制定多项管理制度，仅2000—2004年四年间企业节省各项开资930多万元。为促进企业快速发展，保证企业扩大再生产，先后筹措资金6 300多万元。同时处理积压库存商品，活化资金280多万元，为企业发展奠定了坚实的基础。几年来，她所分管的财务部被评为全国财会先进集体；她本人被评为省民建优秀会员。2005年她被市委、市政府授予抚顺市劳动模范荣誉称号。

马 军 1958年出生，中共党员，大学文化，抚顺监狱刑罚科科长，中国刑事科学技术协会会员，中国感光协会刑事照像专业会员。他以强烈的事业心和高度的责任感，24年如一日在狱侦岗位上刻苦工作，坚持贯彻狱内工作方针，超前防范，建立了完善的情报信息网络。他注重思想工作，每年与罪犯个别谈话教育达400余人次，化解多起矛盾，避免许多恶性案件的发生，为抚顺监狱连续多年的安全稳定做出了突出贡献。他参与、指挥侦破各类狱内案件百余起，破案率100%，参与追捕逃犯10余次，亲手抓获逃犯2人。他多次被评为抚顺市先进工作者、优秀共产党员，荣立个人三等功1次。在全国第二次狱侦工作会议上被授予优秀侦察员光荣称号；被评为全省监狱系统

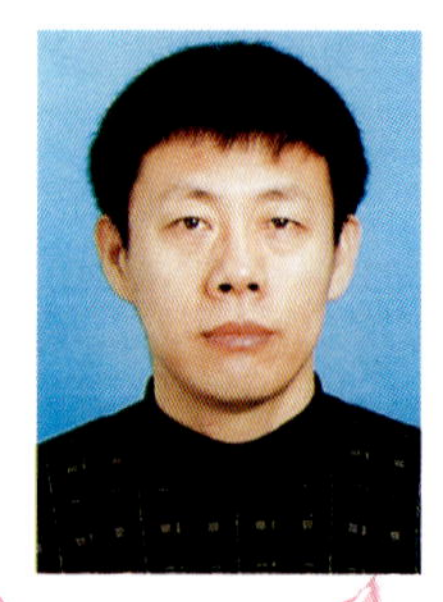

“十佳干警”；2005年被司法部授予文明执法先进个人，他所在的部门荣获集体三等功1次、先进集体4次、先进党支部2次。2005年他被市委、市政府授予抚顺市劳动模范荣誉称号。

张荣刚 1953年出生，大专文化，中共党员，抚顺县海浪乡前楼村党支部书记，市人大代表。几年来，他带领群众在稳定种植、养殖业的基础上，不断调整产

业结构，开发山区资源，发展水果生产，新建果园23个，面积达1 650亩，放养柞蚕120把，使全村年人均收入由过去的1 800元增加到4 300元。为了加快新农村建设步伐，他带领广大群众重新整修了全村街道，实行了统一规划、统筹施工，筹资15万元完成了村内1.5公里路基改造，修村桥一座、涵洞6座；还筹资16万元，铺设了1.5公里黑色油路，修建3 000延长米的护砌边沟。实现全村有线电视入户率100%，电话入户率达95%以上。多年来，他连续多次荣获市县级荣誉称号，2005年被市委、市政府授予抚顺市劳动模范荣誉称号。

周万君 1964年出生，中共党员，大专文化，辽宁发电厂锅炉分场阀门班班长。他在班长的岗位上连年出色地完成生产任务。他组织提出的炉侧转梯加工护板等多项合理化建议实施后，创效益52万元。他带头执行各项安全生产制度，做到作业有监护、管理有监督，创出了良好的安全局面。面对复杂的技术攻关和设备改造工作，他组织班组成员共同探讨解决办法，不分昼夜奋战在生产现场，出色完成各项设备改造任务。他所在的班组先

后被评为厂一流班组、思想政治工作先进班组、先进职工小家，2005年他被市委、市政府授予抚顺市劳动模范荣誉称号。

李家田 1959年出生，中国书法家协会会员，辽宁省书法家协会会员，抚顺市书法家协会副主席，抚顺青年书法家协会常务副主席，抚顺市望花区政协委员，在抚顺热电厂工会工作。他经常深入基层，

并参加由中国文联、中石化主办的全国书画名家走进石油万里采风慰问团，分别到东北、西北、华北石油基层单位走访慰问，创作的多幅书画作品被收藏。近年来，书法作品曾入选第六届全国书法篆刻作品展，首届全国扇面书法作品展，首届中国书坛新人作品展，世界华人书画作品展，1998年韩国世界美术大展，辽宁赴日本书法作品展，2001年中国当代名家书画作品展，2002年辽宁书法进京作品展，2004年“敦煌杯”全国名家作品展，中国书法家论坛《李家田书法作品》网络展。他的书法作品荣获首届辽宁省职工书法作品展优秀奖，“牡丹杯”国际书画大奖赛一等奖，“八公杯”全国城市青年书画大奖赛一等奖，“三溪杯”全国书法大赛一等奖，首届中国青年科技文化博览会书法展二等奖等荣誉。2004年获抚顺市“文艺腾飞”创作一等奖。

文化 新闻 旅游

文 化

·文学艺术·

【舞 蹈】 由舞蹈家协会组织创作的舞蹈《满乡情韵》在辽宁省首届“荷花奖”评选中获奖；舞蹈《庆丰收》、《赶圩路上》、《春韵》在辽宁省第二届“舞协杯”比赛中分别获得一、三等奖；舞蹈《猜调》、《小骑兵》获中央教育电视台主办的少儿舞蹈比赛银奖。

【摄 影】 摄影家协会积极组织会员创作，并选送作品参加上级协会举办的展、赛，杨宝柱创作的纪实摄影作品《班组女工》在第二十一届全国摄影展中获得铜奖。摄影家协会与大商集团抚顺百货大楼合作，举办了抚顺市摄影艺术精品展，与抚顺旅游局共同举办了抚顺风光精品展。市文联、市总工会于9月15—25日在新抚区东四路步行街、劳动公园内举办了“前进中的抚顺——振兴老工业基地图片展”。这次展览参展单位共161家，展板150块，占地近400延长米。摄影家协会组织会员参加了中国著名风光摄影家王达军作品展示及交流活动，邀请吴常云、李媚等摄影界名家举办艺术讲座等活动。

【曲 艺】 曲协组织创作的少儿相声《迷你短信》在全国首届侯宝林杯曲艺大赛中获铜奖，《大山里的孩子》等5个作品获创作奖。2004年4月，曲协与抚顺县合作，组织举办了“抚顺县生态杯”故事创作演讲大赛。

【文 学】 在纪念邓小平百年诞辰期间，市文联统一组织了全市文学笔会，创作了以颂扬邓小平同志丰功伟绩为主题的组诗7首，近400行，《抚顺日报》整版刊出。在市委发出向赵景顺学习的号召后，市文联迅速组织本市作者创作了诗歌作品600余行、散文10篇，在《抚顺日报》刊发，歌颂和弘扬赵景顺的感人事迹。2004年4月，作协与抚顺县合作，组织举办了“抚顺县生态杯”诗歌创作、朗诵大赛。2004年，梁静秋的中篇小说《和你在一起》在《人民文学》2004年第二期发表，另有短篇小说《我和老西》等5篇分别发表于《时尚焦点》等期刊杂志。廖淑艳的小说《谁会掀起红盖头》在《鸭绿江》2004年第十期发表，散文《女人与旗袍》在《鸭绿江》2004年第五期发表。丁彦小说《躁动的季节》在《飞天》2004年第五期发表。季项容的中篇小说《大顶子山上》在《伯乐》杂志发表。

【戏 剧】 由剧协会员参与创作演出的话剧《带陌生女人回家》在第八届中国戏剧节获八项金奖。由剧协组织重新整理的神话故事剧《绿色呼唤》演出百余场。

【美术 书法】 2004年春节期间书协、美协在罕王商场门前义务为广大市民书写春联。2004年4月20日，市文联与市纪委在图书馆联合举办了“扬正气、求振兴”书画展。征稿130多幅，精选100幅。展览汇集了全市专职书画家和业余爱好者、广大干部群众和离退休老同志及纪检监察干部精心创作的作品，并先后到新宾、清原两个满族自治县进行巡回展出，共有各县区及各系统3 000多人次进行参观。2004年7月15日，永陵申遗成功之后，书法家协会、美术家协会的主席团成员赶赴永陵，挥笔泼墨，开展了以庆贺申遗成功为主题的“我为遗产添异彩”笔会活动，将创作的近百幅作品无偿赠送给永陵作为永久馆藏。2004年9月，市文联、市直机关工会举办了市直机关庆祝建国五十五周年书法、美术、摄影展，展出作品200多幅。2004年，书协、美协先后组织会员到盘锦参加省书协举办的创作班学习，请省书协知名书法家来抚讲学进行学术交流，与沈阳新天地集团进行书画交流，与日本静岗书道联盟代表共同举办书画笔会，与台湾书法家黄宪国交流书画技艺等活动。

【人才培养】 2004年，市文联及各艺术家协会继续把“扶持人才、培养人才”作为一项重要的工作来抓。市文联的文学刊物《浑河》杂志，把“立足抚顺、培养人才”作为办刊宗旨，着力在培养本地优秀青年作者上下功夫，重点刊登有潜力的青年作者的作品，为全市的文学作者的作品提供发表的园地，全年共发表各类文学体裁的作品40余部(篇)，其中新人新作近20篇。市文联先后组织了青年作者创作笔会，纪念毛泽东同志在延安文艺座谈会上的讲话发表62周年新宾采风、“三块石”采风创作，本市知名艺术家赴西部采风考察，美术家赴本溪、新宾写生等活动。

(阎家增)

【专业艺术团体】 2004年，市直艺术团体戏曲艺术剧院、歌舞话剧院共创作排演大型剧节目12台，组织排演小型剧节目10余台，演出183场，观众达49.6万余人次，并在国家和省级大赛中取得优异成绩。

【剧目展演】 1月5日至10日，市歌舞话剧院舞蹈队16名男舞蹈演员，应邀参加了辽宁歌剧院获2004年“国家舞台艺术十大精品工程”《苍原》的进京展演。3月3日，为了在振兴东北老工业基地的工作中营造良好的文化氛围，文化局组织艺术团体创作排演了《学习雷锋好榜样·振兴老工业基地》主题文艺晚会，在抚顺剧院上演，各界人士观看了演出。3月10日，歌舞话剧院排演的校园剧《特殊故事》，在远航文化宫举办首演式，而后在顺城区、新抚区演出了78场。

【《劳动者之歌》大型文艺晚会】 4月30日，文化局与总工会在抚顺剧院联合举办了迎五一、促振兴《劳动者之歌》大型文艺晚会，晚会由第一章“昨日的辉煌”、第二章“改革的激流”、第三章“明日的振兴”三个部分构成，从整体立意构思，到策划编排运用了全新的艺术手法，令人耳目一新。

【公益演出】 6月24日至28日，纪念中国共产党建党83周年，配合党风廉政教育工作，文化局又以新的艺术形式推出了一台反腐倡廉专题文艺晚会《清风颂》，晚会中的自创正剧小品《梁大明》、讽刺戏剧小品《木洪森》均得到很高评价。7月3日，庆祝清永陵“申遗”成功庆典文艺演出《欢腾的抚顺》在雷锋体育广场隆重举办，庆典晚会由市政府主办，市文化局承办，荟萃了本市专业艺术团体和群众文化的经典节目，大型现代歌伴舞、大型京剧组合表演唱、大型满族舞蹈等，约有5 000余名观众观看了演出。7月15日，在长沙举办的“金狮奖”全国戏剧小品比赛上，市歌舞话剧院创作排演的小品《烛光》获得剧目演出铜奖，演员张晓华获得表演奖。该剧被中央电视台曲艺杂坛栏目录制播放。

【获奖剧目】 2004年6月18日，歌舞话剧院排演的小剧场话剧《带陌生女人回家》在第八届中国戏剧节·小剧场演出中获得了优秀剧目奖，李宝群（特邀）获得了优秀编剧奖，刘喜廷（特邀）获得优秀导演奖，梁名臣、朱连义获得优秀舞美设计奖，关中奎（特邀）、刘铁虹获得优秀灯光设计奖，演员顾玲玲、彭俊荣获得优秀表演奖，陈时今、刘素云获得表演奖，歌舞话剧院获得优秀组织奖。为此，辽宁省文化厅、市委、市政府于8月12日在远航文化宫为歌舞话剧院召开了庆功大会，给予歌舞话剧院《带陌生女人回家》剧组通报表扬。8月26日，辽宁省第六届艺术家遴选的21台参演剧目在沈阳角逐，市歌舞话剧院的小剧场话剧《带陌生女人回家》和戏曲艺术剧院的儿童剧《神奇之旅》取得优异成绩，小剧场话剧《带陌生女人回家》继在中国戏剧节中获得多项奖后，又在辽宁省第六届艺术节中获得优秀剧目奖、优秀编剧奖、优秀导演奖、优秀舞美设计奖，演员顾玲玲、彭俊荣、陈时今、刘素云获得优秀表演奖，尤媛媛获得表演奖。儿童剧《神奇之旅》（张天宇、梅红岩编剧，梅红岩导演）在辽宁省第六届艺术节中，获得剧目奖、编剧奖、道具设计奖，演员谢剑峰、王怀书获得优秀表演奖，梁殿昌、曲敏杰、鄂成刚获得表演奖，市文化局获得辽宁省第六届艺术节优秀组织奖。8月27日，在2004中国抚顺满族风情旅游节大型开幕式上，歌舞话剧院演出的大型歌舞《满情满韵》，得到了各级领导、国内外来宾和广大观众的好评。

【儿童剧创作】 在演出市场不景气的困境下，戏曲艺术剧院克服重重困难，从市场需求出发，以创排具有抚顺地域特色的优秀儿童剧占领市场，以艺术教育的形式配合中小学生的素质教育，打开了演出工作的新局面，剧院排演的儿童剧不但在本市有着较高的声誉，还赢得沈阳等外市演出市场的青睐，儿童剧《绿的呼唤》（张天宇编剧、梅红岩导演）在本市及沈阳、鞍山和辽阳共演出了186场，受到广大中小学生欢迎。10月22日，市戏剧创作室为培养戏剧创作人才，鼓励艺术创作，召开了青年作者张天宇儿童剧创作研讨会，对张天宇近4年来创作的儿童剧《格格与神井》、《桃花山》、《烽火少年》、《神奇之旅》4部已上演剧目进行了研讨。

【理论研讨】 11月18日，市艺术研究所组织召开了抚顺市广场文化活动研讨会，针对广场文化活动的起源、现状、发展，以及广场文化活动的策划组织、品牌创立、市场运作、发展方向等方面进行了研讨。

（刘明亮）

【抚顺市歌舞话剧院】 2004年，抚顺市歌舞话剧院在时间紧、人员缺、资金少、任务重的情况下，团结拼搏、振奋精神，创作了《带陌生女人回家》小剧场话剧并荣获国家金奖、省艺术节金奖。小品《烛光》获全国铜奖，这是抚顺话剧史上一次零的突破，圆了几代艺术家的一个梦。在2004年5月6日，该院同辽宁歌剧院歌剧《苍原》剧组进京参加“国家精品工程展演”获得国家十大精品工程，本院舞蹈队参加演出。4月29日，承办了抚顺市“五·一”晚会，即《劳动者之歌》晚会。6月18日，《带陌生女人回家》小剧场话剧，进京参加第八届中国戏剧节“都宝”杯演出并获大奖。6月26日，由步游自编自导的小品《烛光》，参加在湖南长沙举办的“金狮奖”第四届全国小品大赛，由224个选出42个，最后12个小品进入总决赛。《烛光》获剧目铜奖；孙吉秀、张晓华参加比赛，张晓华获表演奖，并在央视《曲苑杂谈》中播出 。7月，承办了抚顺市“清风颂”反腐倡廉“七·一”晚会。9月，承办了申报世界文化遗产（即一宫三陵）新宾永陵的《欢腾的抚顺》大型广场晚会，在雷锋体育休闲广场演出。2004年元月，应辽阳电视台邀请，参加辽阳市电视台《春节晚会》的演出，取得了经济效益和社会效益的双丰收，受到辽阳市民广泛的好评。

（宋宏远）

·群众文化·

【基本情况】 全年共举办各类群文活动30余项，业余文艺演出7 000余场，参加国家群文赛事1项，省赛事5项。在参加省赛事中，本市参赛作品获金奖4个、银奖9个、铜奖7个，4个节目在全国“群星奖”评比中获优秀奖。尤其在辽宁省“老基地新风采”系列社会文化活动中，本市申报72个节目、作品参加了系列活动中的声乐、器乐、舞蹈、曲艺、美术、书法、摄影等7个艺术门类的比赛，20个节目、作品获奖，还获得了组织工作奖，获奖总数居全省前列。史宁广、郭秋言、王思棋的独唱获金奖。另外，在辽宁省第六届艺术节，本市参赛的小歌手郭秋言、小故事员白雨鑫获节目金奖、男歌手史宁广获节目银奖，这个成绩是本市参加省艺术节以来群众文化取得的最好成绩。在参加全国第十三届“群星奖”评比中，小故事员白雨鑫表演的由张玉栋、赵兵创作的故事《大山里的孩子》获优秀奖。

【群众文化活动】 1. 广场文化活动。全市的广场文化活动于5月28日全面启动。市群众艺术馆组织了20余台节目在雷锋体育休闲广场进行演出。本年的广场演出在内容上、形式上、演员与观众互动表演上有很大突破，并组织一台优秀的群众文艺骨干参加演出队伍，在望花、顺城市级广场巡演近10余场。全市广场活动演出共4 137场，其中县（区）级以上大型主题广场活动181场，并于9月29日举办了广场闭幕式，评出广场活动优秀组织单位、节目表演奖、广场活动贡献单位奖。

2. 举办“幸福时光”全市中小学文艺调演。全市中小学校校园文化建设，丰富学生的校园文化生活，喜迎“六·一”国际儿童节，会同市委宣传部、市教育局联合举办全市中小学生文艺调演。参加本次活动的有20余所学校，近百个节目。5月20日，在抚顺剧院向全市少年儿童奉献一台绚丽多彩的文艺节目。根据不同艺术种类分别授予“2004年度抚顺市少儿、声乐、舞蹈及其他艺术门类大赛金、银、铜奖”（2004年抚顺市少儿声乐、舞蹈等艺术门类大赛不再另行举办）。

3. 朝鲜族“迎新春”文艺晚会。1月18日，文化局与市民委共同主办，市朝鲜族文化馆承办的“抚顺市朝鲜族迎新春文艺晚会”在抚顺剧院隆重举行，参与活动的演职员200余名，观众1 300余人。本次晚会以精彩的演出和精密的组织得到了省、市有关领导高度赞扬，受到本市朝鲜族朋友的热烈欢迎。

4. “老基地新风采”文艺调演。为振兴老工业基地创造良好的文化环境，丰富和活跃企业文化生活，市委宣传部、市文化局、市总工会在全市企业举办“老基地新风采”文艺调演活动。选调的优秀节目将作为抚顺市广场文化企业专场的演出。

5. 送文化下乡。认真贯彻落实中宣部等部委关于“三下乡”的指示精神，同本市有关部门联合组成“三下乡”服务队，1月和7月份分别赴抚顺县汤图满族自治乡、新宾县兰旗村进行慰问演出，并为农民送去科技资料300份。春节前组织著名书法家徐可大、马建国等赴清原县红透山镇为当地农民写春联。市艺术馆还组织少儿艺术团小演员赴新宾苇子峪乡春雷小学、抚顺县救兵等地演出。

6. 积极参加全省群文赛事。组织参加辽宁省“老基地新风采”系列社会文化活动，辽宁省少年儿童文化艺术活动周，辽宁省“老基地新风采”音乐舞蹈比赛（成人），辽宁省“老基地新风采”戏剧曲艺比赛；在辽宁省第六届少数民族调演等项活动中，本市均获优秀组织奖。此外，活动同时进行辽宁省群星奖评选，凡获得辽宁省“老基地新风采”各奖项节目、作品均获同等级辽宁省群星奖。通过此次活动，本市有4个节目、作品上报文化部参加全国群星奖评比，最终2个节目、作品通过文化部审定，参加9月份于杭州举办的中国第七届艺术节暨全国第十三届群星奖评选，3个节目参加辽宁省第六届艺术节。

7. 参加全省第六届少数民族调演。本市选手在参加省第六届少数民族调演中获得优秀组织奖，节目银奖1个，铜奖3个。

8. 省首届朝鲜族民俗节在本市举行。为活跃朝鲜族群众的文化生活，提高本市民族文化工作影响力，市文化局经过积极争取，辽宁省首届朝鲜族民俗节于9月19日在抚顺举行。全省10个城市21支代表队参加活动。

9. 举办赛事发现文艺新人。3月26日，由市文化局主办，艺术馆承办的2004年度“抚顺市青年歌手大赛”。在百余名参赛选手中选拔出15名选手进入决赛。大赛中涌现出郭刚等综合素质较高的青年声乐人才。5月25日，由中共抚顺市委宣传部、市文化局、市教育局联合主办、市艺术馆承办的“抚顺市中小学生文艺调演暨2004年抚顺市少儿音乐舞蹈大赛”更是以近几年少有的优秀艺术质量获得成功，涌现出郭秋言、王思棋、王婉莹等少儿优秀歌手和一批舞蹈节目。

10. 县区群文活动。顺城区的“天湖之韵”文化广场系列演出活动红红火火，历时4个月，共演出35个专场，参演节目700余个，其中创作节目100余个。参加演员达2 000余人次，观众达40余万人次。新抚区举办了第六届社区文化艺术节，以“畅想新抚、共铸辉煌”为主旋律，其中有家庭卡拉OK大赛，中秋赏月晚会、建国55周年纪念活动，京剧票友演出、社区居民画展、社区趣味运动会等。东洲区在元旦、春节期间组织文艺演出联欢会、游艺活动21场、灯展3处、6处焰火晚会、14支秧歌队表演 。望花区举办“走向振兴”为主题的广场文化活动，采取了区设两个中心会场，各街、镇、社区设分会场，区街、镇、社区三级联动的方式进行，活动历时4个月，共举办规模不等、形式各异的演出近300场，展映露天电影20场。新宾县委县政府主办，县文化局承办庆祝清永陵申遗成功系列文化活动于7月1～3日在新宾城乡同时举行。“庆祝清永陵申遗成功文艺晚会”、“激情擂台”歌咏晚会、“满乡同庆”广场大联欢等节目在全县20个文化广场进行演出。

【社会文化】 市图书馆深入开展“文明优质服务”竞赛活动，全馆形成了良好的风气。以新年、春节、劳动节、儿童节，全国读书月和图书馆宣传周为契机，先后举办了书评报告会2次；专题讨论8场，免费为少年儿童播放影片5场；承办画展2次。市图书馆认真贯彻国务院《关于加强未成年人道德教育条例》精神，“六·一”前到抚顺县、清原县等4所小学捐赠图书1 000册、期刊1 400册，并帮助建立了图书流动站，全市公共图书馆送书下乡、下基层11次，送书2 060册、期刊2 200册、信息资料2 470份。

市电影公司积极参与文化系统文化活动项目推介，与企业联姻，在“罕王古泉”有限公司的资助下，共同举办了“罕王古泉”献爱心、百场电影进社区电影放映活动，“六·一”儿童节放映儿童电影专场。6月9日又到龙凤矿慰问下岗职工。还与“成大方圆”药店联合举办两场电影晚会。9月中旬市委宣传部、市教育局联合举办“活跃学生文化生活，建筑良好成长环境”故事、电影进校园活动，从此进一步加强和改进未成年人思想道德教育工作，启动仪式于9月14日在师范附小举行，还将深入四区三县巡演。全年电影进乡镇、社区、校园放映96场。

【文化广场及设施建设】 1. 基层文化广场建设。在广场文化活动中，首先在全市开展了“抚顺市标准文化广场”评比活动。对达标广场的占地面积、舞台设置、灯光、音响提出了要求。在县（区）的申报下，经市委宣传部和市文化局检查验收，首批评比了“望花区人民广场”、“望花区雷锋纪念馆广场”、“顺城区北站广场”为市级标准文化广场。对市级达标广场将安排专业和群星艺术团，电影专场的演出，同时还组织区与区之间的交流演出。

2. 申报省级文化乡镇、社区、村。全省文化先进乡镇、社区、村的检查评比工作已完成，对县区申报单位进行检查指导验收工作，上报省17个参评乡镇、社区、村。创建省级乡镇文化中心工作。经省委宣传部、省文化厅、省财政厅批准，创建乡镇为抚顺县后安镇和清原县夏家堡。

（田　梅）

·文化市场·

【基本情况】 抚顺市文化市场管理办公室（以下简称“市场办”），2004年被评为辽宁省网吧等互联网上网服务营业场所专项整治工作先进集体。截至2004年底，全市注册文化市场各类经营场所1 343家，其中：歌舞娱乐场所231家、电子游戏经营场所43家、其他娱乐场所51家、网吧440家、音像制品经营场所513家、营业性文艺表演团体50家、营业性演出场所15家，文化市场布局更趋合理。

【“网吧”管理】 1. 积极做好协调工作。一是成立了市互联网上网服务（以下简称“网吧”）专项整治工作协调小组，召开了全市网吧专项整治工作会议，制定了工作方案。二是就“零点切线”工作，两次请秘书长召开协调会议，协调工商、公安制定了《关于对全市网吧营业场所网络信息实行定时接通的实施意见》，并在《抚顺日报》、《抚顺晚报》发了公告，使“零点切线”工作从8月1日得以实行。三是协调市工商、公安部门组织了3次联合执法行动周。四是以周报的形式坚持每周向省协调小组办公室汇报一次抚顺市专项整治情况，另外编发工作简报14期。

2. 以整治未成年人进入和超时营业为工作重点，加大工作力度。第一，对各级图书馆、电子阅览室、网吧营业场所进行了逐一排查。第二，针对网吧营业场所存在的未成年人进入和超时营业等突出问题，市场办认真落实省市专项整治措施。组织稽查队开展了35次零点行动，重点查处国家规定营业时间以外容留未成年人进入的问题。共停业整顿38家，吊销《网络文化许可证》1家。为加强对校园周边的网吧等互联网上网服务营业场所监管，对50余所大中小学校周围地区实行了重点监控，并划分了责任点，建立稽查档案，对24家距中小学不足200米的网吧进行了清理，校园周边文化环境明显改善。第三，做好宣传教育工作。市文化局文化市场主管局长先后到7个县（区），在经营者大会上宣讲条例、宣传当前网吧专项治理的形势、进行案例分析。在会上下发了《致全市中、小学生家长的公开信》，在暑假前夕下发给中、小学生家长。8月26日，省协调小组到本市暗访，正值学生暑假期间，检查49家场所，其中新宾14家，市内35家，只有两家有未成年人进入问题；9月9日，省协调小组来抚顺市检查验收专项整治工作，听取了本市的工作汇报，对本市的工作给予了充分肯定，还总结了9个特点。

【音像市场】 市场办把打击非法、色情及政治性音像制品做为音像市场全年管理工作的重点。

1. 对音像制品启用新版防伪标识的广泛宣传。市场办将《文化部办公厅关于启用新版音像制品防伪标识的通知》印了3 600份，深入全市各音像制品经营场所，一边检查，一边进行宣传，提高了经营者和消费者对音像制品的鉴别能力。

2. 经遴选2家音像制品经营示范单位被省文化厅命名为正版音像制品经营单位。

3. 集中查处违法文化产品《江湖》等。

4. 5月29日上午，在东四路开展了以“尊重知识、拒绝盗版”为主题的宣传一条街活动。宣传周内全市共用彩旗12面，宣传条幅93个，宣传版136块，音响两套，宣传单4 500份，启用新版防伪标识的《通知》149份，宣传画80张，300余家音像制品经营业户参加了活动。收缴违法文化产品《江湖》28套。

【演出市场】 1. 对“二人转”演出场所石油二厂文化宫、石油三厂文化宫、千金大戏院、铁路俱乐部、体育馆等进行了全面巡查，加强对不良演出内容的管理工作，取缔了东洲区刘山半月酒楼、东洲大街红都洗浴等6家非法“二人转”演出。扣查演出设备2台，检查二人转演出场所42家次。

2. 对餐饮娱乐场所的演出活动进行了规范。①明确了演出场所类《许可证》的审批程序；②指定了演出场所类设立条件；③明确了申办场所类《营业演出许可证》应提供的相关文件、资料，并印刷了100份，随时发放给前来咨询申办场所者，同时还印刷了申领审批表；④向市演出公司提供本市演出团体、演出市场明细，区属上报市级备案的歌舞娱乐场所明细。

3. 商场门前的营业性演出工作开始逐步规范。7月2日，召集了市内各大商场演出负责人会议，宣传了国家、省、市有关演出市场的法规、规章，并就商场营业性演出的主题资格，申报程序提出了具体要求。7月至10月底检查各大商场门前的营业性演出54家次。

【娱乐市场】 1. 为加强娱乐市场管理，做到底数清、情况明（县区审批），市场办对娱乐场所重新普查登记，及时了解、掌握娱乐场所经营、管理情况。对317家娱乐场所进行了登记。对新开设的25家娱乐场所进行了登记造册。

2. 市场办组织人员对全市歌舞娱乐场所进行了检查。

3. 指导娱乐行业协会开展工作，分别于4月2日、22日召开了娱乐行业协会会员代表大会、协会理事会，就协会的重大问题进行了分组讨论，大会表决。

【举报受理】 市场办把群众举报当做社会监督的有效途径，认真做好每一件群众投诉的反馈工作。对群众反映的意见、建议及时整理，及时汇报。对举报的案件及时查处，认真反馈。做到3日内必反馈到举报投诉人和相关部门，反馈率达到100%，累计受理群众举报163件。

【行政许可审批】 完成了《网络文化经营许可证》的换发工作。《营业性演出许可证》的年检工作，娱乐场所审核批准件的换发工作。完成了行政许可事项的清理工作以及月、季、年文化市场统计报表工作。

【稽查管理规范化】 本市稽查管理工作走向规范化、制度化。做到了每月稽查情况有稽查月报，实施行动前有稽查工作方案，工作后有稽查情况总结，工作任务、工作责任落实到队、到区域、到户、到人，坚持执行周立会制度、稽查工作日志制度。在查处案件和办理案件中确定了处罚标准，明确了处罚权限，使稽查工作步入正轨，本年内组织了一次《行政处罚法》的讲座。截至10月底，共检查各类文化经营场所4 071家次，其中网吧经营场所3 507家次，娱乐经营场所140家次，音像制品经营场所284家次，电子游戏经营场所64家次，演出经营场所76家次。查处违法案件284起，其中网吧239起、音像40起、电子游戏5起。收缴盗版音像制品4 400余张（盘），取缔无证经营地摊14处。对无《网络文化经营许可证》仍继续违规经营的30家网吧，责令其停业整顿并致函工商机关建议对其依法取缔。

（张　萍）

·图　书·

【基础业务建设】 1. 网站建设工作。将原有的ADSL专线升级为光线专线。原带宽4M，现为10M，同时申请了两个固定IP，重新申请的国际顶级域名使读者可以在互联网上通过各种途径（如：通过查找书名、作者或分类号等）查询到馆藏图书。全年更新网站内容12次，建立了馆藏人大复印资料目录数据库，著录人大复印资料48种。明年可实现对人大复印资料目录检索。4月初，图书馆网站开辟了“抚顺作家书画家作品介绍”栏目。

2. 信息服务工作。先后到抚顺县后安乡馒首村、抚顺县汤图乡，开展送科技信息下乡活动3次。为当地农民提供了以中草药种植为内容的VCD光盘资料，共编辑发放了“绒山羊养殖、山野菜种植”等40余项内容的《农业实用技术》专题资料及汇编1 000册。

3. 学会工作。(1) 为全市各级公共图书馆申报服务成果。经省专家评选，该馆张名礼、杨曙平、高研获2001—2003年度辽宁省公共图书馆优秀服务成果个人三等奖。抚顺县哈达乡文化站站长贾长清、清原县图书馆张金秋等获个人三等奖。(2) 完成了对全市各系统图书馆现状的调研工作。形成了《关于我市县区图书馆，大、中专院校图书馆，工会图书馆现状与发展的调查报告》，了解掌握了本市各系统图书馆的现状，对今后如何发挥市图书馆中心馆作用，指导好基层馆建设奠定了基础。

4. 健全馆内规章制度。在原有各项制度基础上，为适应新的工作发展需要。本年又分别制定了《馆内职工借阅书刊暂行规定》，《劳保、办公用品发放暂行规定》、《图书馆设备物资管理制度》、《食堂管理制度》等。

5. 档案整顿工作。成立了档案工作领导小组。由馆主要领导担任组长，设专人负责管理档案，对过去各部门存留的档案统一下发了归档范围。待各部门按归档范围管理后再移交档案室由专人进行规范整理。目前这项工作正在进行中。

【读者服务】 1. 开展文明优质服务竞赛活动，推行规范化服务。在竞赛中重点强化了职业道德、职业责任、职业技能和职业纪律教育。邀请沈阳师范大学图书馆馆长、研究员李玉梅来馆作了《中国图书馆馆员职业道德准则》专题报告。全馆职工实行挂牌上岗，形成了使用文明用语、热情服务的良好风气。读者来馆人次较之往年有大幅增加，全年接待读者12万余人次。

2. 有计划、有针对性地开展系列读者活动。以重大节日，图书馆宣传周，全民读书月和两个假期为重点，组织开展了12项丰富多彩，健康向上的读者活动。新年春节期间举办了《曹雪芹与红楼梦》书评报告会和《抚顺历史与文化》专题报告会；高考前夕为考生举办了《高考前的心理准备》专题讲座；“六一”前夕，少儿馆举办了《书是我的好朋友》报告会等6次。承办了《抚顺市青少年书法美术大展》、《廉政之声书画展》、《王太学诗词书法展》等大型展览3次。

3. 主动服务读者。利用展柜画廊等形式向读者开展了“抚顺地方文献”、“纪念邓小平诞辰100周年”、“全国法律宣传周”、“纪念毛泽东诞辰110周年”等图书资料展，共展出各种图书百余种。另外，配合“健康日”“环保日”“国庆节”等重大节日，又推出《坚决打好防治高治病性禽流感的全民阻击战》、《建设美好家园》、《盛世中华》等图片展，共展出图片200余幅。

4. 进一步做好延伸服务。5月20日、26日市图书馆、少儿馆先后两次来到抚顺县哈达乡中心小学和清原满族自治县北三家子中心小学，共送去图书1 000册，期刊1 200册。5月31日少儿馆为市公园一校送去图书400册，期刊560册，帮助该校建立图书室。《抚顺日报》以《“六一”献爱心、送书到乡村》为题刊发了消息，抚顺电视台在新闻栏目中也播发了消息。

【管理工作】 1. 明确责任。年初召开全馆消防工作会议，馆长与各部室防火负责人签订了责任状，馆责成有关部门，对整个大楼划出了明确的责任区，每个责任区都安排明确的责任人。

2. 狠抓落实。馆保卫科不定期对全馆安全消防工作进行检查，发现隐患及时整改，特别是重点加强了节假日期间的安全保卫工作。

3. 增加对消防设施及消防人员的投入，保证全年安全无事故。在资金紧张情况下，馆投资1万多元维修更换了灭火器、消火栓等各种消防器材40余件。并派两名消防保卫人员到省消防局学习有关消防知识和消防自动控制系统操作。还多次邀请市消防公司有关人员来馆进行消防自动报警控制系统设施实际操作培训。

（周志利）

·文物考古·

【文物基础工作】 1. 举办国际博物馆日宣传周活动。5月18日是国际博物馆日，按照国家文物局和省文化厅的部署，开展了国际博物馆日宣传周活动。2004年“5. 18”国际博物馆日的主题是：博物馆与无形遗产。出于这样一种理念，市文化局组织全市各类博物馆开展了悬挂标语、横额、展板等宣传活动，同时于5月14日——5月22日在市政府二楼大厅举办了庆祝“5. 18”国际博物馆日展板宣传活动。

2. 做好编制文物保护项目及经费需求“十一五”规划工作。为了争取在下一个五年计划中文物保护事业可持续发展，根据国家文物局和省文化厅的部署和要求，从2004年4月份开始，着手编制抚顺市文物工作第十一个五年计划的规划。有关县区和单位在市里的统一安排下，按照自己的属地范围，组成专门人员对2006—2010年的文物保护工作进行了认真规划。市文化局从总揽抚顺文物保护全局性工作的高度，对“十一五”的文物保护工作进行了总体平衡，并确定了《抚顺市平顶山惨案遗址纪念馆遗骨保护工程》在内的抚顺市的43项详细规划，明确了抚顺市未来5年至10年的文物保护指导思想、总体思路和总体目标，为抚顺市未来几年的文物保护工作打下了坚实的基础。

3. 组织参加全国博物馆“雷锋杯”讲解大赛。为了迎接全国博物馆“雷锋杯”讲解大赛，为全国大赛选拔选手，省文化厅举办全省预赛，市文化局积极组织、认真筹备，最后从雷锋纪念馆、博物馆、永陵、赫图阿拉城等单位中选拔了11名选手参加了5月25日在沈阳举办的全省预赛。在9月份举办的全国大赛上，辽宁和抚顺代表队取得了优异成绩。

4. 做好申报第六批全国重点文物保护单位前期准备工作。根据《中华人民共和国文物保护法》的有关规定，国家文物局决定在2004年进行第六批全国重点文物保护单位的推荐工作，为做好这项工作，省文化厅于3月份召开全省申报工作会议，对此项工作进行专门部署。按照省文化厅确定的名单，本市将有赫图阿拉城、雷锋纪念馆、高尔山、战犯管理所四个省级文物保护单位申报全国重点文物保护单位。经过3个多月的紧张工作，目前，申报的基础材料已经准备就绪，只等国家文物局文件下发制定申报文本。

5. 按照公安部、国家文物局等四部委的文件要求，对全市古建筑开展消防安全检查。本年4月，公安部、国家文物局、国家旅游局、国家宗教事务局联合下发文件，开展全国性的古建筑消防安全专项治理。省四厅局也为此下发文件。文化局积极配合消防局等部门，制定方案、提供名单、认真检查，工作中突出重点、标本兼治。为确保全市古建筑不出现火灾事故，消除火灾隐患，对永陵、赫图阿拉城、市博物馆等单位进行防火安全检查，提出存在的问题并限期整改。在6月初对以上单位进行重检时，情况有了极大改观，尤其是永陵和赫图阿拉城经再次检查没有发现火灾、安全隐患。

6. 划定第四批市级文物保护单位的保护范围和建设控制地带。为切实做好新公布的第四批市级文物保护单位的“四有”工作，会同国土规划局勘查划定了这批市级文物保护单位的保护范围和建设地带，3月份邀请省文物专家组来抚，对划定的保护范围和建设控制地带进行了论证，专家认为划定的范围普遍过小。按专家的意见对地处农村的文物保护单位的保护范围和建设控制地进行了调整扩大，考虑到市区的经济建设和发展，城区的保护范围和建设控制地带没有改变。8月24日，调整后的第四批市级文物保护单位的保护范围和建设控制地带，市政府以抚政发（2004）15号文件的形式正式向全市发文，正式公布了第四批市级文物保护单位的保护范围和建设控制地带。文物处将把全市市级以上文物保护单位的保护范围和建设控制地带在《抚顺日报》上公示，以更好的保护好抚顺境内的文物古迹。

【加强保护本市长城工作】 本市境内的长城列燧，是十分珍贵的历史遗产，为落实国家七部局和省有关部门的通知要求，市文化局下发了《转发文化部等国家七部局关于进一步加强长城保护管理工作的通知》，召开了市公安局、规划和国土资源局、建委、环境保护局、旅游局等部门参加的协调会议，并写出专题报告，确定了保护长城的措施。

【成功申报清永陵为世界文化遗产】 第28届世界遗产大会于6月28日——7月7日在我国苏州召开，清永陵申报世界文化遗产项目在7月1日正式审议通过。历时3年的工作终于划上一个句号。

1. 圆满完成了对世界遗产委员会承诺的将于2003年完成的60.5万元3项安全工程。

2. 为美化环境景观，本年投产5万元栽植苗木5 000棵。对永陵提出了安全、保洁4字工作原则，确保永陵安全整洁。市文化局重新审定了导游词，并报省文化厅审定同意，现已按照标准导游词培训了英语解说员。

3. 成功举办清永陵申报世界文化遗产成功揭碑仪式。邀请中国明清皇家陵寝单位负责人来抚参加满族风情旅游节及永陵揭碑仪式。

4. 举办清永陵申报世界文化遗产成功表彰会。为表彰在清永陵申报世界文化遗产工作中做出突出贡献的单位和个人，市委、市政府决定授予新宾满族自治县人民政府、抚顺市文化局，为“抚顺市清永陵申报世界文化遗产工作突出贡献单位”；授予抚顺市委宣传部等6个单位为“抚顺市清永陵申报世界文化遗产工作贡献单位”；授予抚顺市外事办公室等13个单位为“抚顺市清永陵申报世界文化遗产工作先进集体”；杨宝峰等47人为先进个人。为祝健平等3人荣记一等功；为刘季春等9人荣记二等功；为赵庆斌等15人荣记三等功。

【文物展览】 1. 举办了抚顺市民间文物收藏展。为大力宣传文物保护法，鼓励广大市民积极参与民间收藏和提高文物保护意识，展示抚顺市民间收藏水平，扩大交流，9月3日，由市文化局主办，文物店承办的“首届抚顺市民间文物收藏展”在金信园典当行开幕。历时三天的展览，展出了全市20多位收藏家收藏的珍贵藏品600余件。这是抚顺市首次举办的文物收藏展，在全市引起了较大反响，对提高本市的文物收藏水平，促进收藏文化的进步将起到积极的作用。

2. 举办抚顺市老照片展。博物馆开展了馆藏文物整理工作，并取得较大成绩，共整理老照片3 500余张，装订相册30余本。市博物馆补充完善了以往老照片展，重新展出的抚顺老照片受到企业的热烈欢迎，仅一天观众就达6 000余人。

【平顶山惨案遗址遗骸保护】 2004年6月，经辽宁省文物局同意，根据文化部《文物保护工程管理》办法的规定，与南京博物院签订了《抚顺平顶山惨案遗址遗骸文物修缮工程合同书》；通过公开招标，与辽宁地矿井巷建筑工程公司签订了《抚顺平顶山惨案遗址纪念馆疏水工程施工合同》。文物保护工程主要是对遗骸进行清洗、加固和封护处理。疏水工程主要是将积存在纪念馆遗址下部的地下水通过隧道自行排出馆外，工程主要由隧道和渠道两部分组成。

（关德梅）

·出版 印刷 发行·

【新闻出版】 抚顺市目前共有公开报刊13家。其中报纸7家：《抚顺日报》、《抚顺晚报》、《抚顺广播电视报》、《少年科普报》、《故事报》、《矿工报》、《辽宁石油化工大学报》。期刊6家：《辽宁石油化工大学学报》、《石油化工高等学校学报》、《露天采矿技术》、《煤矿安全》、《辽宁环境科技》。连续性内部资料10家：《抚铝人》、《抚顺烃加工技术》、《抚顺教育》、《抚顺社会科学》、《抚顺公交》、《抚顺石化》、《抚顺税务》、《高等教育研究》、《远航科技》、《抚顺财政与会计》。

2004年抚顺市新闻出版工作在坚持正确的新闻出版导向的前提下，强化监管，及时传达上级文件精神，起草制定了抚顺市报刊监管审读制度，确保抚顺市的报纸、期刊在政治上不出问题。组织召开全市新闻出版工作专题会议，传达贯彻中央领导关于做好新形式下新闻出版工作的重要批示，及省新闻出版工作专题会议精神。

继续开展内部资料治理整顿工作，整顿后，内部资料严格按照出版管理规定编辑、出版。始终把内部书号和境外书号作品作为审读重点，不给错误、庸俗有害的东西提供传播渠道。6月份，由省新闻出版局、省文化厅、省公安厅组成了联合检查组，对出版物市场进行暗访，在抚顺市没有发现政治性非法出版物，受到省里好评。

【印刷业】 抚顺市共有印刷企业157家。其中公开出版物印刷企业3家，其他文字类印刷企业35家，表格类印刷企业106家，装潢类印刷企业11家。复印打字经营业户200～300家。为规范和发展抚顺市的印刷企业，结合年检换证，为符合条件的133家印刷企业换发了《印刷经营许可证》，并签定了《遵纪守法责任状》，整顿压缩了不符合资质条件的印刷企业4家，对30家印刷企业作出限期整改的要求。通过清理整顿，印刷企业的结构、布局得到初步调整，有效控制了印刷企业的规模、数量。3月11日召开了128家印刷企业厂长参加的印刷管理工作会议，传达了国家、省局的会议精神，组织学习了《印刷业管理条例》，制定了全市印刷行业的管理规定。有效推动了本市印刷业的发展和规范。为加强对印刷企业的监管，抚顺市新闻出版处制定了企业重大活动每季度汇报制度、印刷活动承印验证制度等5个制度，并统一印制了印刷企业经营活动台帐等表格，发放到各印刷企业，加强了全市印刷企业管理。

【发　行】 2004年抚顺市共有发行网点380家，其中国营发行网点6家，图书二级批发单位4家，图书集(个)体零售网点310家，电子出版物网点52家，各类图书连锁店(超市)7家，解决待业人员及下岗人员910人。根据国家新闻出版总署的指示精神，新闻出版处从本市发行业发展需要和发行网点的合理布局出发，制定了《2003年至2005年发行网点规划》，在此基础上，本着“规范管理、放开发展”的方针，在坚持守法经营的大前提下，发展发行业户近千家。同时积极支持市、县新华书店加入辽宁发行集团，帮助市新华书店解决经营中遇到的困难。并协助市新华书店将全市高中教材的订阅收回新华书店，为在校学生用到正版教材提供了保证，也使市新华书店增加了经济效益。在“五一”黄金周期间，组织举办了第一届“抚顺之春”精品图书展，这次展销活动，取得了经济和社会效益的双丰收，也是文化局一次开展项目推介活动的尝试。认真贯彻行政许可法，加强行业协会建设。

【版　权】 2004年，抚顺市新闻出版处（版权处）在贯彻实施《著作权法》保护知识产权工作中，取得了较为明显的成效。及时在报社、电台、电视台开辟专栏，广泛宣传知识产权保护的重要意义。在市广播电台开办的“行风热线”节目中，局长和分管领导参与对话，解答群众的疑难问题，调动广大人民群众直接参与贯彻《著作权法》的热情，推动《著作权法》的贯彻实施。为庆祝《中华人民共和国著作权法》实施13周年，4月19日—4月26日在全市范围内开展了“维护知识产权宣传周”活动。活动中，组织工作人员在市区和出版物市场悬挂标语、彩球，并发放宣传单2

万余张。设立咨询站，解答、受理群众有关版权问题的咨询、投诉，全天接待40多人次。5月31日，抚顺市新闻出版处组织了《著作权法》宣传活动，倡导了“万人签名”仪式。为把宣传贯彻《著作权法》工作真正落到实处，市新闻出版处（版权处）还从社会上聘请了815名社会义务监督员，颁发了聘任证书。还举办了3期由经营业户参加的版权知识培训班，参加培训人员400余人。培训结束后组织了版权知识的答题竞赛，并进行了评比表彰。

【“扫黄打非”工作】　2004年，新闻出版处共出动执法检查人员1 500人次，检查各类出版物经营单位1 700家次，印刷复制企业300家次，收缴盗版软件2 000余张，收缴各类非法出版物2 000余册，行政处罚14家。共组织开展了9个专项治理行动，起草、下发各种通知27份。先后被省通报表扬5次，并荣获辽宁省整顿和规范地图市场秩序工作先进集体，辽宁省“扫黄打非”工作先进集体。

9月7日，国家新闻出版总署副署长桂晓风一行5人，来辽宁省考察“扫黄打非”工作及出版物市场的监管情况，期间，对抚顺市的出版物市场进行了视察，这也是国家新闻出版总署领导来辽宁省考察期间惟一的一次对出版物市场的视察，在视察期间桂晓风副署长听取了市文化局（新闻出版局）局长刘季春的工作汇报，对抚顺市“扫黄打非”和新闻出版工作表示满意，对本市新闻出版部门工作给予了较好评价。

在抚顺市“扫黄打非”工作会上，表彰了“扫黄打非”先进集体10个，先进个人12个。举办“扫黄打非”工作成果展，这是自1989年开展的“扫黄打非”活动以来第一次召开全市规模的“扫黄打非”工作会议。市委副书记、市“扫黄打非”工作小组组长张敏、市政府副市长刘诗等领导参加了会议。会议当天，《涤荡浊流》——抚顺市“扫黄打非”成果展正式开展，此次展览为公益性展览，展出了16年来本市“扫黄打非”工作成果。

（季晓辉）

报　刊

·抚顺报业发展中心（抚顺日报社）·

【基本情况】　2004年，抚顺报业发展中心（抚顺日报社）党组带领和团结全社员工认真践行“三个代表”重要思想，面对事业单位转制期深层次矛盾的显现，面对报业市场激烈的竞争，坚定信念，迎难而上，开拓创新，各项工作出现良好的发展势头。新闻宣传紧跟市委、市政府中心工作，围绕振兴抚顺老工业基地的主题，发挥主流媒体的作用，唱响主旋律，推出城市建设和交通整治系列报道，大力进行再就业工作的宣传活动，及时反映社情民意，替百姓排忧解愁。及时报道全市学习贯彻十六届四中全会的动态、党支部书记赵景顺的感人事迹。把四中全会的宣传引向深入，树立政治意识，搞好舆论监督。

《抚顺日报》策划了“三县四区与报社联合办报”活动，《抚顺晚报》开展了“春蕾助学”活动，报社举办了“报社架起阳光桥，政府百姓心连心”大型益民活动，发行部实施大力度策划工程，推出订报“十大送”优惠政策，举办以报纸发行为主题的“手相牵、情相系、度中秋、迎国庆——大型广场文艺焰火晚会”等项活动，拉近了报纸与读者的距离，扩大了报纸的发行量和覆盖面。广告部精心策划了“美食节”、“房交会”、“车展”等多项大型活动，并成功举办了“抚顺最受尊敬企业授匾仪式暨抚顺企业经济论坛峰会”，成立了抚顺企业经济论坛研究会。出版了书籍《赢得尊敬》和杂志《冲击力》产生了较大的社会影响，取得了社会效益和经济效益的双赢。《故事报》为了办成在全国有影响的报纸，在中央电视台“文化新干线”栏目连续两天播出了《故事报》的作法和经验。《少年科普报》达成与团中央少先队事业发展中心联合主办的办报协议，还开展送科普到贫困山区活动和组织中小学生到北京进行科技夏令营。《抚顺广播电视报》在全省电视报中率先改版，推出铜版纸彩色封面，使报纸在琳琅满目的报滩上非常抢眼，举办了首届抚顺动漫博览会。

【全员竞聘上岗】　报社实行全员竞聘上岗。在竞聘中层干部中，只竞聘职级不竞聘岗位，解决了多年来干部交流难的问题，得到上级部门的肯定，在全省新闻界及至东北新闻界产生了一定的影响。全员工资进行了二次分配，按照多劳多得、不劳不得、奖勤罚懒的原则，有效地调动了全体员工的工作积极性。

【经营管理】　逐步走上科学化和制度化轨道。完善经营部门管理制度，实行风险抵押。将广告部一分为三，成立了广告经营管理中心，抚顺日报广告部和抚顺晚报广告部，公开竞聘“两报”广告部主任，广告商务中心、出租车公司、抚顺日报社信息中心实行竞标经营，扩大了报社创收渠道。在9月至12月，全社五家报纸的采播人员开展了“言论、消息、通讯——月赛笔会”活动。还进行“开门整顿作风”活动，在报纸刊登启事，聘请12名社会监督员，召开社会各界座谈会，广泛征求各界意见和建议，同时在内部进行“五查五看”初步理清了职工队伍存在的问题。创办了“报纸点评”内部刊物。

（朱丽明）

·《抚顺日报》·

【深化改革　竞争上岗】　2004年抚顺日报社（报业发展中心）推出竞聘上岗新举措，抚顺日报作为第一大单位，在这次竞聘中10个部门的中层干部得到了调整，干部结构更加趋于合理了。中层干部竞聘结束之后，《抚顺日报》又借助报社改革的东风，本着公开、公正和公平的原则，在内部对照排科和校对科实施竞聘上岗，理顺了科室的职工干部队伍。建立健全了诸如工资二次分配、报纸点评的激励、文字纠错的奖惩等一系列规章制度。提高报纸质量是新闻出版工作的永恒主题，报纸不断创新是市场提出的科学命题。在报社酝酿竞聘上岗的过程中，也是抚顺日报思考改版出新的过程。此前，抚顺日报做了一系列工作，多次召开内部研讨会，几次召开读者座谈会，刊登报头图样供全市读者选择。在做了这些基础工作之后，2004年1月1日，《抚顺日报》以读者精选的醒目报头、八栏改为六栏的美观版式、各版迥异的风格，庄重典雅，大方和谐审美取向，呈现在全市广大读者面前。

【围绕中心　关注热点】　“我靠抚顺发展，抚顺靠我振兴”大讨论，是全年开局之初的重点宣传报道工作。2月4日编委会专门召开了策划会，与会人员一致认为，“两靠”大讨论是又一次思想解放，必须抓住这个难得的历史机遇，为振兴抚顺老工业基地营造积极向上的舆论氛围，提出了新闻宣传的引导方向：“振兴的希望在哪里”、“振兴的优势在哪里”、“振兴的途径在哪里”、“振兴靠的是什么”、“我为振兴做什么”。为此，编委会还特别组织成立了大讨论专题报道组，确定了集中报道的时间，具体规划了开辟的栏目，研究了报道的内容，落实了配发的评论。在为期2个月的“两靠”大讨论中，在一版开设大讨论专栏的基础上，分别以融入沈阳经济区、国企改革、民营经济、软环境建设等专题为切入点，组发了23期专版。与市委宣传部、联通公司共同开设了“‘小灵通杯’为老工业基地建言献策”专栏，组发了30多篇文章。与市委党校联合召开了“振兴老工业基地”专家论策会，组发了3个专版。举办“百万市民话振兴”有奖征文，选发了几十篇文章。此外还开辟了“政策吹风”、“政策解读”等专栏，为群众释疑解惑。由于注重强调宣传的质与量，努力破题创新路，勇攀水平新高峰，市委宣传部在新闻阅评中以《突破传统思维　创新办报模式》为题，对抚报的工作给予了高度评价。国企改革始终是市委、市政府的中心工作之一，就新闻而言它有着挖掘不尽的新闻线索。围绕这一命题，一方面抓了抚顺特钢、大商集团、炭黑厂、小莱河铁矿等国企改制的典型报道，一方面针对目前对国企改革的模糊认识，组织记者深入调查，适时推出《国企改革给我们带来了什么》的大型报道。这篇文章发表之后，在社会上引起了强烈的反响，市政府办公厅将此文印刷了3 000余份，下发至全市副局级以上干部人手一份。同时，抚顺日报社和市政府办公厅联合举办了“深化国企改革座谈会”，抚报以两个专版刊发了座谈会内容，有力地推进了国企改革的步伐。在采访和报道国企改革的过程中，遵循“三贴近”原则，以平民视野——“铁精话题”贴近群众，并开通政府与市民的直通车。

整顿城市环境卫生管理，是当时的代市长刘强到任后抓的一件关涉市容市貌和市民生活的大事。抚报接到任务之后，立即派出记者在全市范围内，就本市的城市管理、道路交通、环境保护和环境卫生等方面存在的问题，文图并重地抓了148组稿件，然后邀集相关部门确诊整改。全市脏乱差现状得到了缓解。

【服务社会　贴近生活】《抚顺日报》倡导崭新的新闻理念，着眼于经济建设大局，彰显报纸的全方位服务功能。4月9日，市劳动就业管理局、抚顺日报社、抚顺广播电视局联合举办了“抚顺市2004年春季劳动力交流洽谈暨再就业援助大会”，前来进行交流洽谈者多达万余人，提供就业岗位3 000多个，部分下岗人员走出了困境，找到了更适合自己的工作岗位。9月9日抚顺日报社策划了“报社架起阳光桥，政府百姓心连心”的大型活动报道组，以头版头题和一个摄影专版，进行了报道。此外，还开辟“百姓英雄”专栏，讴歌群众中的小人物，大英雄。开辟“百姓呼声与反馈”专栏，讴歌群众中的小人物，大英雄。开辟“百姓呼声与反馈”专栏，曝光百姓生活中遇到的难心事、烦心事。开辟“来自北京的报告”专栏，反映抚顺人走进京城创业的事迹。开辟“4050视线传真”专版，介绍抚顺再就业、再培训的信息。其中，还特别就机动三轮车影响市容，阻碍交通，违章肇事这一社会问题，做了连续报道。

【加强建设　创新理念】 2004年，《抚顺日报》加强队伍建设、政治建设和业务建设，以人为本，制度中注入人性化，实施科学管理。在全省开展的“三项教育”活动中，抚报把这个活动当作提高队伍政治素质的大好契机，组织采编人员，大力开展马克思主义新闻观教育，进一步增强队伍的党性原则。把学习马克思主义新闻观与学习“三个代表”重要思想结合起来，统一到“三贴近”的原则上，认识其必然性、必要性和紧迫性。处理好社会效益与经济效益的关系，确保坚持正确的办报宗旨。提出了新的办报理念：“无论报社的体制怎么变，党对报纸的领导不能变；无论报社的经营机制怎么变，坚持社会效益第一不能变；无论办报的思路怎么变，坚持政治家办报的原则不能变；无论报纸的定位怎么变，弘扬主旋的认识不能变；无论报道的视角怎么变，党与人民喉舌的功能不能变。”在此基础上，结合大竞聘，2月17日举办了新聘上岗的中层干部培训班。有关领导和业务部门先后专程赴沈阳等报社学习他们的办报经验。特别邀请沈阳报业集团的老总到日报传经送宝，介绍他们的办报经验。实施党组提出的“开门整风”方案，发布整风启事，请全市广大读者对办报及队伍建设提出批评和建设性意见。举办采编人员3个“月赛”，即“言论月赛”、“消息月赛”、“通讯月赛”。《抚顺日报》的新闻出版工作走上了一个新台阶。

（李长祥）

·其他报刊·

【《抚顺晚报》】 1．改革报纸版面，进一步提高抚顺晚报的吸引力。2004年1月1日，《抚顺晚报》版面由16版增至24版，其中彩印报达到了12块。扩版后，晚报对内容进行了重新定位，增加了新闻比重，尤其是增加本地新闻的比重，时政新闻版由原来的2块增加至3块，同时开辟了“经济生活”、“市民热线”、“读者俱乐部”、“生活与法”版面，使本地新闻比重达到省内外同类报纸的先进水平。正式推出新版《读者俱乐部》，每周三出版，有读者留言、百姓论语、有求必应、读者画像、记者行动等专栏，旨在提高百姓的参与，获取读者的口碑。7月末，《抚顺晚报》推出《今周刊》，逢周六出版，每期四版（国际国内各两版），其中有两个彩版，设置《本周关注》、《神州映像》、《新闻日历》等专栏，对新闻资源进行整合提纯和更同近新闻实质的报道，是报纸中的报纸，新闻中的新闻。与此同时，为方便读者阅读对报纸版面的版次、印张进行了调整，每一个八块版为一个单元（印张），使报纸更易于查阅。

2．加大经济工作宣传力度，推动老工业基地振兴。2004年全面实施振兴东北老工业基地战略的第一年，抚顺晚报把振兴老工业基地的宣传作为自己的工作重心，加大经济工作宣传力度。一是开辟“聚焦抚顺振兴”专栏，集中宣传报道本市经济工作的新动态、新举措、新进展、新成果和新典型。先后发表了《国企改革是抚顺振兴的枢纽工程》、《国企改革攸关抚顺振兴》等数百篇稿件，对振兴老工业基地工作进行了全面系统报道。二是推出了经济论坛式的专版《经济茶座》，每周一期，邀请相关人士，就经济方面的问题各抒己见。先后邀请100多位有识之士对“国有企业产权进入市场给抚顺带来了什么？”等话题进行了深入、广泛的讨论，得到有关部门和读者的好评。三是卓有成效地开展了“百万市民话振兴”征文活动。征文历时3个月，收到来稿800多篇，抚顺晚报刊登了近200篇。

3．延伸媒体功能，参与社会活动。3月初，《抚顺晚报》与新抚区委等单位联合组织开展了“万朵鲜花献给身边的雷锋”活动。当日，晚报记者分赴各个街道，将活动的情况做了详尽的报道，并先后发表了《雷锋，永不忘记的光荣名字》等宣传雷锋精神和学雷锋典型的稿件。4月，《抚顺晚报》与市妇联、市文明办联合发起了“春蕾助学”活动。在强有力的宣传舆论推动下，此次活动在社会上引起了强烈反响，原来预计帮扶70名贫困女童，结果使120多名贫困女童受到了资助，大大超过了帮扶计划。6月，《抚顺晚报》与团市委联合组办了“希望工程——让孩子们都上学”大型公益活动，从版面策划到动态报道均做了详尽的安排，造成了较好的舆论氛围，收到了预期的效果，提高了《抚顺晚报》在读者中的地位。9月，参加了报业中心举办的“报纸架起阳光桥，政府市民心连心”活动和“2004金秋媒体援助就业和再就业洽谈会”活动。

4. 加强重要报道的总体策划，打好新闻宣传的整体战役。一是策划了“东北虎事件”的报道。《抚顺晚报》派出精兵强将对事件进行了全程跟踪报道，并对报道的重点和内容做了详尽的安排，前后发出相关报道20余篇，为读者报道了事件的全过程，引起人们的警醒和反思。二是策划了《精点——中高考全面指南》系列专版。三是组织了机动三轮车整治的宣传报道战役。于6月30日刊发了《我市全面整顿道路交通秩序》的消息，发出了机动三轮车7月1日起要全面退出市区主要街路的信号，8月24日刊出了《9月起抚顺机动三轮车退出城区》，比较稳妥地完成了整治机动三轮车的宣传报道工作。四是策划《世纪伟人邓小平——纪念邓小平同志诞辰100周年特刊》。五是策划了打造抚顺第一景观大道——新城路的宣传报道。之后，又针对新城路上个别小客车乱停、行人乱走等现象，策划了整治新城路软环境建设的报道，派出记者到新城路实地采访，对新城路上违犯交通规则行为进行了曝光，引起了有关部门的注意。

5. 落实“三贴近”原则，突出报纸的服务功能。2004年1月1日起，《抚顺晚报》开办了“市民热线”版，集中报道群众生活中时常发生的诸如暖气不热、水管堵塞、道路不畅等问题，并与有关部门形成互动，及时解决老百姓反映的问题。自从设立“市民热线”版后，热线电话每天都要接上二三十个，有的反映问题，有的表达感谢之情，拉近了媒体和读者的距离。

6. 加大了对国际、国内大事的报道力度，满足读者需求。一年来，抚顺晚报对“俄罗斯人质事件”、“阿拉法特病危”等大新闻、大事件，进行了有组织、有计划的全方位、多角度的报道，尽可能让读者通过抚顺晚报一张报，即可了解事件全貌，有时还在一版作配发照片的醒目导读，受到读者的欢迎。

7. 强化内部管理，制订有关规定，提高编采人员素质。2004年5月，制定了《抚顺晚报记者成品稿标准》等10项制度，从制度上保证晚报编采质量和出版质量的提高。

（高　娟）

【《抚顺矿工报》】 1. 办公现代化。年初，抚顺矿工报社领导班子提出了两个提高的工作目标：即“提高报纸质量、提高经济效益”，其目的是把矿工报社做大做强。2004年，用两个半月时间对报社房屋进行装修改造，初步实现了现代化的办公环境。同时，为编采部门配备电脑，上宽带网，实现了网上办公和无纸化办公，极大的提高了办公效率。与此同时，先后给编采人员配备数码相机、采访笔、电脑，对干部实行了统一着装和挂牌服务，矿工报社的整体环境和员工的精神面貌发生了很大变化。

2. 矿区转产方面的报道。抚顺矿区抓住振兴东北老工业基地有利契机，把党中央的关怀变为深化企业内部改革，推进转产转型的动力，本报对这方面的工作进行了翔实的报道。2004年4月7日，抚矿总医院与四家基层分院组成“医疗共同体”，共享各方资源优势，做大做强医疗产业，这次医疗资产重组是抚矿集团公司的一项重大改革。2004年4月18日，中共抚顺市委书记周忠轩在抚矿集团公司调研时指出——树立科学的发展观，坚持主副业并举的要求，抚矿集团公司的整个发展符合中央、省、市的要求，为抚矿集团公司今后的发展指明了方向。2004年6月3日，原全国政协副主席钱正英到集团公司调研，并指出再接再厉加快企业转产转型步伐，对国家领导人来矿区视察及所做的重要指示进行了报道。同时，本报紧紧围绕集团公司“一矿、一厂、一气”骨干转产项目的开发与建设进行翔实的报道。

3. 对矿区开展“两年”和“四我教育”活动的报道。煤炭企业具有其特殊性，保证安全生产，强化经营管理，是提高经济效益和实现经济发展的关键所在。2004年，集团公司开展了“经营管理年”、“安全质量最佳年”和“知我集团、爱我集团、兴我集团、忠我集团”的四我教育活动，本报围绕上述三项活动，开辟了专栏《经营管理年矿山行》、《安全质量最佳年系列报道》、《四我教育活动系列报道》，为了把“四我”教育引向深入，矿区电视台拍摄了《波涛在后，岸在前》专题片，进行了贴近实际、贴近员工、贴近一线的广泛而深入的报道。

4. 报纸现状。本报是省内煤炭行业惟一一家存留的企业报。由于该报坚持以正确的舆论引导人、科学的理论武装人、高尚的精神塑造人、优秀的作品鼓舞人做办报方针，使本报在省报协行业评比中获得好成绩。在当年全国煤炭系统新闻奖评选中，本报有3篇作品获一等奖；2篇作品获二等奖；3篇作品获三等奖。第十届抚顺新闻奖评选中，本报有1篇作品获一等奖；1篇作品获二等奖；5篇作品获三等奖。

（周庆丰）

【《少年科普报》】 《少年科普报》作为全国第一张少年科普类报纸，以其特殊的专业性、针对性，全方位地服务于广大中、小学生。2004年3月，《少年科普报》全员参与了抚顺日报社第三轮竞聘，并于4月初组建了新的领导班子。根据少年科普报的工作实际，新组建的少年科普报编委会对内部组织机构进行了调整，对本报的发行、广告等部门实行责任领衔制度，统一指挥、分兵把口。先后制定并颁布实施了十余项规章制度。为少年科普报逐步向规范化、市场化运作和发展奠定了基础。

1. 在发行上，借助抚顺日报社举办的几次大型公益性活动，提升了少年科普报的知名度和社会影响力。在二级网上，与鸿运广告公司合作，授权其独家代理省内7个城市的发行销售和广告承揽业务。在三级网上，成功的在江苏省南通市设立了少年科普报工作站，并签订了代理报纸发行、广告承揽协议。在自办发行上，努力开发市场，赢得客户，年终时创下了近3年来发行史上的最好成绩。

2. 在广告方面，少年科普报编委会加大了广告经营工作力度，积极吸引广告客户，使广告业务有了新的起步。与联通抚顺分公司、移动抚顺分公司两家单位合作，在六·一、暑假期间推出了铜版纸封面，既为客户做了宣传，又提升了《少年科普报》在社会的影响力，实现了双赢。

3. 在活动开发上，五·一黄金周与北京101网校抚顺分中心合作，在千金大剧院成功举办了千人“中考咨询讲座”活动，为全市中考学生迎战备考提供了一次学习机会。2004年夏成功举办了第三届“北京之夏－科技夏令营”活动。提升了《少年科普报》的知名度。对编采人员实行了“联系点”制度。先后参与了沈阳市大东区杏坛小学举办的“校园科技节”活动，沈阳铁西新区郎家中心小学组织的“珍爱生命、快乐成长”主题大队会活动和市内各中小学的日常走访活动等。

4. 办报方面，2004年，少年科普报在办报上做了大量细致的工作，重新确立了“大科普”的办报理念和“双爱”

办报宗旨及符合自身报性的编辑方针、组稿思想。并在版式上进行了大胆尝试，对本报的报头、报眉进行了重新设计，对字间距、字号等做了调整，增大了报纸信息量；同时推出了适合中小学生展示综合才艺的新版面、新栏目，办报质量得到稳步提高。

5. 对外联系上，少年科普报编委会组建后，为进一步拓展生存发展渠道，拓宽经营工作思路，多方寻求合作伙伴，进行了一系列有益的工作尝试，取得了一定成效。与团中央中国少先队事业发展中心达成合作意向，就联合主办《少年科普报》进行了多轮磋商。为申请进入“省中小学报刊杂志推荐目录”，少年科普报编委会经过多方联系，终于得到了辽宁省中小学教学用书编审委员会审定的批复。与省内7个城市的市教育局建立了友好联系，为下一个发行期打下了基础。先后与湖南省长沙市、黑龙江省佳木斯市、江苏省南通市、南京市、四川省自贡市、河南省濮阳市等地的发行商取得联系，并在江苏省南通市建立了少年科普报广告、发行工作站。

（王维仁）

【《故事报》】 抚顺《故事报》，创刊于1982年，报名几经更改，先后称《抚顺故事报》、《故事报》、《故事月刊》。是面向全国发行的报纸，国内统一刊号为：CN21—0067。目前《故事报》已由过去的月报、旬报发展为周报（周一刊），由四开四版、四开八版发展为四开十六版。在她走过的20多年历程中，每期都以精彩的内容吸引着几十万甚至上百万的读者阅读，她的读者遍布全国30余个省、直辖市的近200个大中小城市。1994年全国总发行量为388.2万份，名列全国同类报刊前茅，居辽宁省报纸发行第4位。据统计，1986年至2004年《故事报》在全国的发行量为4 000多万份。

《故事报》自创刊之日起一直隶属于抚顺市文化局，于2002年初加入抚顺报业发展中心（抚顺日报社）。2004年3月，为适应报业市场的发展需求，抚顺报业发展中心对故事报社内部进行了人事调整，由宋润峰担任抚顺市故事报社的总编辑（法人）。

新的一届领导班子组建后就“怎样走好市场化的办报道路”等课题，进行了深入的探讨。广泛向身边的同志、朋友，全国各地的读者、作者征求意见和建议。通过读者调查问卷反馈的信息，根据《故事报》的报性，针对读者群特点，重新定位，重新设计了符合市场要求的栏目，如《百姓故事》、《情爱故事》、《村落故事》、《民间故事》、《案例故事》、《纪事故事》、《我的故事》等。在稿件的选择上，以思想性强、可读性强、格调高雅、内容健康向上的原创稿为主，以转摘稿件为辅，为了方便编辑与作者及读者的沟通、拉近编辑与作者、读者之间的距离，建立了网上约稿、公告系统，在故事派对网站建立了“在线编读”网页，大大提高了稿件的质量。改版后的《故事报》已建立了自己的风格，是目前国内同类报纸中惟一的一份彩色报纸。

在注重抓报纸质量的同时，领导班子还特别加强了对职工队伍的建设和报社形象管理。建立健全了一系列的规章制度，明确了每个人的岗位职责，在分配制度方面实行了“二次分配”，充分调动了职工的积极性，并将“团结、正气、敬业、快乐、向上”作为故事报社的报训，使职工做事有章可循；在外在形象塑造上采取了多渠道树形象的做法，在办公楼内建立了形象墙，在许多公共场所张挂广告横额，中央人民广播电台“中国之声文化新干线”栏目连续两天以《故事之乡——〈故事报〉》为题专门介绍了《故事报》。这些做法在重树《故事报》形象上起到了良好作用，收到了显著的效果。在家园建设上，更新了所有的办公电脑，改善了职工的办公条件，让职工有了家的感觉，树立了家园意识，不仅提高了工作效率，还增强了报社职工的凝聚力。

2004年，在巩固原有发行代理商的基础上，利用参加全国几个重要发行会议的机会，开发了一批新的代理商。目前已形成了邮局订阅、邮局零售、个体代理、各报社零售部代理的四个发行渠道销售《故事报》的格局，为报纸发行量的提高搭建了有力的平台。

（李怀斯）

【《抚顺广播电视报》】 2004年，《抚顺广播电视报》走出低谷再度复兴，敢于参与市场竞争，在全市读者中再树形象，迅速成为报业市场上的强者，为市民提供了既有现代传媒理念又有地方特色的“贴近群众，贴近实际，贴近生活”的报纸。2004年，重新整合了抚顺广播电视报社的人员构成，新一届领导集体的锐意改革、大胆创新，以身作则，迅速提升了凝聚力、市场竞争。

为加大报纸在社会上的影响力和竞争力，《抚顺广播电视报》在全省电视报中率先改版，推出铜版纸彩色封面，使报纸在琳琅满目的报摊上非常抢眼。同时，推出了一系的大型策划和活动。5月，《抚顺广播电视报》与外商在东四路开展了“情系欧罗巴”商务活动。7月，在抚顺剧院主办2004年全国高校招生会。8月，在抚顺剧院主办抚顺市首届动漫博览会。9月，参与承办“中国抚顺第三届房屋展示会”，推出了《抚顺房地产羊皮卷》《抚顺楼市图》。《抚顺广播电视报》还与文化局及教育、城建部门联合推出了“高考状元作文大赛”、“高考金榜”、“我记忆中的那条街”、“英语作文大赛”等大型征文活动。

《抚顺广播电视报》紧紧围绕抚顺日报社党组提出的“四个围绕”（报纸围绕读者转、采编围绕质量转、全员围绕报纸转、一切围绕效益转），鼓励编采人员积极深入群众、深入市场，紧跟娱乐热点，开辟大量“卖点”专版和特刊，如“特别策划”、“关注民生”、“今日之星”、“明星花边”、“大特写”、“焦点回放”、“健康专列”等，撰写了大量极有“卖点”的精品稿件。2004年报纸收入147万元，发行40万份。《抚顺广播电视报》机构设有编办室、采编部、广告部、发行部。人员总数21人。

（曹　宇）

【《辽宁石油化工大学学报》《石油化工高等学校学报》】 2004年，学报坚持实事求是、理论与实际相结合的文风和学风。严格遵照办刊宗旨，认真贯彻国家和地方的各项有关出版政策法规，一年来，经省、市新闻出版局和中石化期刊管理部门审读，没发现违规行为。2004年3月，该刊被收录为国家科技部“中国科技论文统计源期刊（中国科技核心期刊）”。6月编辑部被辽宁省科学技术厅授予科技期刊优秀编辑部称号。8月本刊获国家教育部科技司颁发的优秀编辑出版质量奖，1篇论文获教育部科技司颁发的优秀论文二等奖，1人获教育部科技司颁发的全国优秀编辑工作者称号，1人当选为中国高等学校自然科学学报理事，2人被省科技厅授予优秀编辑工作者称号。

本年《石油化工高等学校学报》刊发4期97篇文章，其中基金项目论文48篇，占发表论文总数的50%。《辽宁石油化工大学学报》刊发4期104篇论文，其中基金项目论文13篇，占发表论文总数的13%。2004年科技部中国科技期刊引证报告数据表明，2003年《辽宁石油化工大学学报》、《石油化工高等学校学报》总被引频次（pc）、影响因子（yz）分别为：68，0.127；81，0.241（2002年，52，0.094；61，0.205），两项文献计量指标均比上一年有所提高，在1 576种中国科技核心期刊中按影响因子排名分别为第1 283位，第864位。编排质量方面也有所提高，采用激光照排、进口80g双胶纸印刷，印刷质量居省内前列。收录两刊的权威数据库或文摘刊物有：美国《化学文稿》CA、俄罗斯《文摘杂志》、美国《工程索引》Ei Page One（原抚顺石油学院学报）、中国科技论文统计源期刊（CSCD）、中国学术期刊光盘版（CAJ-CD）中国科学引文数据库、中国学术期刊综合评价数据库（CAJCED）、中国期刊网，《中国期刊全文》数据库（CJFD）、万方数据网，《中国核心期刊（遴选）数据库》、中文科技期刊数据库、中石化集团公司光盘数据库。

两刊把科技创新和知识创新视为学报品牌的灵魂，始终不渝地坚持办刊宗旨，选题策划和组稿要从学报的长远目标出发，做到基础性与前沿性为一体，创新性与实用性相辉映。学报采用标准的、规范的科技语言进行学术交流，编辑苦练内功，掌握高水平的编辑技能，主动联系，改进工作，为检索机构收录提供方便。积极主动地与国内外重要检索机构联系，实事求是地介绍自己，宣传自己，让人家了解自己的刊物，并主动征求意见，改进工作。同时，为了给检索机构人员的收录工作提供方便（也为了给读者的阅读引用提供方便），尽量克服学科综合性因素的不利影响。

（仲崇民）

【《抚顺社会科学》】 从创刊至今已走过了24年的发展历程，是本市创刊最早、具有广泛影响的综合性理论刊物之一。《抚顺社会科学》是由抚顺市社会科学院和抚顺市社会科学界联合会共同主办的双月刊刊物，截至2004年底已出版288期。2004年，《抚顺社会科学》按时、按期出刊发行。全年出刊6期，刊发稿件150余篇，编发文字量约54万字。发行方式为交流、赠阅。

1．《抚顺社会科学》始终坚持以马列主义、毛泽东思想、邓小平理论和“三个代表”重要思想为指导。全面贯彻党的十六届三中全会提出的“坚持以人为本，树立全面、协调、可持续的发展观”和十六届四中全会通过的《中共中央关于加强党的执政能力建设的决定》，组织了一批有针对性的稿件，较好地发挥了刊物传播党的思想、路线、方针、政策的阵地作用。与此同时，也紧密结合市委、市政府工作实际，献计献策，提供强有力的参谋作用。

2．《抚顺社会科学》围绕“振兴东北老工业基地”、“建设北方石化城”等战略重点，开展广泛的学术讨论，开辟了“振兴老工业基地”、“城市建设”、“新视点”、“社会保障”等栏目，编发重点稿件10余篇。在邓小平同志诞辰100周年之际，专辟“纪念邓小平同志诞辰100周年”栏目。为活跃和丰富刊物内容，开辟了“文史之页”、“人力资源”栏目。为增加刊物的可读性，还开辟了“典型与经验”、“随感”等栏目。就一些社会热点、难点问题，与有关专家、学者约稿，刊发了一些有影响、有深度的文章，稿件质量明显提高。《抚顺社会科学》大胆创新，使理论与实际紧密结合。在繁荣地方社会科学事业，推进理论研究和宣传方面取得了良好的社会效益。

3．2004年为了提高刊物封面和内文的印刷质量，改换了印刷厂，印刷质量有大幅提高。刊物的封面设计、版式设计也较往年有很大改观，受到了社会各界的肯定和好评。

4．坚持多年形成的“三审”、“三校”制度，认真把好校对关，把文字差错率控制在国家允许范围内，没有出现重大差错。

5．扩大了刊物的交流、赠阅范围。在市内增加了与各高校、企事业单位的联系，市外主要是增加了与北京、上海等大城市核心期刊的交流。

（芦 颖）

广播 电视

·综 述·

一、新闻宣传工作。

2004年，抚顺市广电局在广播电视宣传工作中，始终坚持以振兴抚顺老工业基地为主线，认真贯彻党的十六届四中全会精神和“三个代表”重要思想，本着团结稳定鼓劲、正面宣传为主的方针和“三贴近”的原则，导向作用明显增强，节目质量普遍有所提高，整体宣传水平上了一个新台阶。

1．突出振兴抚顺老工业基地宣传，加大报道力度，强化新闻舆论的引导作用。本年，按照省、市委关于振兴抚顺老工业基地宣传的总体部署，电台、电视台分别在新闻节目中开辟了“我靠抚顺发展，抚顺靠我振兴”等专栏，集中报道全市各县区、各行业在振兴大业中的新思路、新举措、新进展和新成果以及全市干部群众解放思想，开拓创新，积极投身抚顺老工业基地振兴大业的精神风貌。其中，电台在中央人民广播电台的《新闻报摘》、《民族大家庭》等节目中播出了《抚顺铝厂致力老工业基地振兴》等稿件，电视台在中央电视台西部频道推出的《东北宣传月·抚顺宣传日》中播发了《聚焦抚顺工业转型之路：重组煤业、再造铝业、做大石化》、《抚顺“转身”》、《雷锋精神的摇篮》、《走出大山》等新闻、评论和专题片，较好地反映出抚顺在振兴老工业基地征途中所面临的困难，对可行的出路予以展望，激发起人民群众振兴抚顺老工业基地的热情。在重点强化振兴老工业基地宣传的同时，两台还加强了国企改制、发展民营经济、“三农”工作、未成年人思想道德建设、再就业与社会保障、“创卫”及软环境建设、精神文明建设等方面的新闻宣传力度，并圆满地完成了纪念邓小平诞辰100周年、纪念建国55周年、清永陵申报世界文化遗产、2004抚顺满族风情旅游节等大型宣传报道任务，有力地配合了市委、市政府全年中心工作的开展。

2．发挥媒体优势，强化舆论监督的力度。2004年，遵照市领导的指示，电台、电视台进一步加大了新闻舆论监督的力度。从年初开始，电台与市纪委联合开办了《行风热线》节目，该节目融行政监督、舆论监督、群众监督于一体，以其广泛的参与性和显著的实效性，得到了各级领导和广大市民的充分肯定。电台“新闻广播”还与市质量技术监督局、工商局、卫生监督所联合开办了《质量监督岗》节目，通过对影响百姓生活质量和正常经济秩序的行为进行曝光，有效地发挥了监督舆论作用。8月2日，抚顺电视台又推出以播出本市社会新闻为主的大型早间新闻节目《浑河晨讯》，把舆论监督的镜头对准群众反映强烈的影响百姓日常生活的环境、道路、住宅、就业等具体问题，该节目以其较强的针对性、时效性较好地起到了“群众喉舌，政府镜鉴”的监督作用，因而赢得了广大观众的广泛好评，也得到了市领导的充分肯定。与此同时，电视台记者部还为市委、市政府提供内参片41部，为市领导决策提供第一手材料依据，受到主要领导多次好评。

3. 坚持“三贴近”，不断改进和创新节目形式。从年初开始，结合上年年底所进行的大型受众意见调查，两台认真按照局党组的部署和“三个贴近”的要求，以满足受众需求为出发点，对原有的各类节目进行了较大幅度的调整和改革，并适时推出了一些新节目。经过调整，两台各频道整体节目设置结构趋于合理，节目整体包装上一个台阶，特别是电视台各频道的节目设置与包装比照以前有较大改进，对同一频道的各类节目注意了节目之间的照应与衔接，改变了长期以来各类节目单摆复搁的状况，开始体现出全频道节目的个性化与整体效应。同时，新闻性节目得到了进一步强化，节目质量明显提高。电台“新闻广播”恢复了传统主打栏目《抚顺新闻》，并推出了《行风热线》、《质量监督岗》新节目，交通广播增加了《交广视点》、《春雨论交通》节目及“路况报道”、“社区连线”、“新闻点评”等栏目。“文艺广播”从二季度开始，延长了两小时播出时间，增加了《健康门诊》、《房产新干线》等服务类节目。七月中旬，“新闻广播”又推出以听众参与、现场互动、自娱自乐为特点的大型直播节目《浑河大舞台》，并按照局党组提出的“走进社会、走进生活、走进百姓”的要求，开办了“走进社区大行动”活动，赢得了群众的欢迎。十月份，两台还以联动形式推出了大型系列报道《金秋访农家》受到了三县农民的欢迎。电视台也分别对《浑河风》、《生活时空》、《大周六》三档专题节目进行了整体改版，增加了“社区苦辣甜”、“七彩就业路”、“小灵通热线”、“艺术浏览”等一批服务性、欣赏性的子栏目，并采用市场化运作的形式，推出了大型互动节目《相约十八点》。同时，调整了互动节目《浑河淘金》的录制形式，走出演播厅，其中在抚顺县兰山乡录制的一场节目，较好地体现了参与性和互动性，增加了亲和力和感染力，受到了观众的认可与好评。在2004年辽宁广播电视奖评比中，本市参评的作品及《浑河淘金》、《点击》(由《大周六》改版)分别获奖及被评为“十佳栏目”。

4. 以大力宣传抚顺为着眼点，强化了对外、对上的宣传报道力度。2004年，两台进一步加大对外、对上宣传报道力度，取得了显著成效，扩大了抚顺在国内的影响力。一年来，累计对上、对外发稿200余篇。同时，还通过《飞越城市》节目在辽宁广播新闻协作网和国内的47家城市台介绍了抚顺的各方面情况。电视台在配合中央电视台西部频道《东北宣传月·抚顺宣传日》活动中，所选送的新闻、评论、专题节目，均获得好评，新闻节目《聚集抚顺工业转型之路》还荣获了金奖。

二、事业发展。

根据国家广电总局和省广电局的部署，本年，在事业建设方面，坚持从本市实际出发，以“装备向数字化转变、网络向宽带化转变、服务向多功能化转变”为总目标，本着“总体规划，分步实施，效益优先，滚动发展”的原则，全年运用自有资金和采取部分设备分期付款的方式，事业投入达1 150万元，是近年来投入最多的一年，这不仅改善了两台一些关键部位难以保证安全播出的状况，更重要的是为全市广播电视整体迈上新台阶及为长远发展奠定了良好的基础。

1. 投入780万元，用于光纤改造。按年初计划可完成南站地区、榆林地区、新华地区有线电视光纤到楼头的宽带化改造任务，并可完成十一道街地区的光纤铺设任务，至此全市有线电视的整体升级改造任务将完成总量的70%以上。凡改造完的地区用户电视信号质量明显稳定、提高，其中大部分地区可通过有线电视网络连通“互联网”。

2. 投入180万元，用于建广电宽带。于5月1日正式开通了“广电宽带”服务平台，年底可实现入网集体用户100家，个人用户700家。年收入约达95万元。

3. 投入30万元，用于开发数字电视。于9月初开始试传省数字电视信号(18套视频、10套音频)，由华为公司和海信公司提供机顶盒让部分有线电视用户试看，待省台确定收视费标准后，再与厂家签订合作协议，向全市推开。根据试看情况来看，有一定的市场。

4. 投资50万元，用于改造市内通往三县的光纤线路。同时，由于三县广电局的努力，年底可实现村村通光纤，并可实现85%以上的自然屯通光纤，从而基本结束了三县大部分地区长期以来看不到本市电视节目的历史。10月初，省广电局已在抚顺市召开了“村村通有线电视现场会”。

5. 投资60万元，购置了10台摄像机、两台非线性编辑机，保证了电视台于年初增设的每周播出50分钟的《相约十八点》“互动”节目和于8月份增设的每天播出20分钟的新闻性节目《浑河晨讯》的采编与制作。这两档节目都收到了较好社会反响。投资30万元，购置了1台3 000瓦调频广播发射机和完成了电台音频工作站的二期工程，至此电台已进入准数字化阶段。投资20万元，对电台实验台机房进行了翻建，解除了因“矿震”损坏严重的危险状况，保证了安全播出。

6. 由于技术条件的改善和广播电视节目的不断创新，有线电视的收入和广告收入实现了年初确定的增长8%的目标。抚顺剧院经营收入实现160万元，这是近年来没有的，与上年同比翻一番还多。

三、行业管理与社会管理。

1. 协助市人大完成了《抚顺市有线电视管理条例》的修改、审定工作，使今后的全市有线电视管理工作切实做到有法可依。

2. 重点抓了整合企业有线电视网工作。对企业有线电视网络的整合虽难度较大，但目前已有起色，6月份与抚顺新抚钢厂正式签订接收有线电视站协议，收并了14人和拥有9 000用户的有线电视网。

3. 根据中央七部委的文件精神，与公安、国安、工商等部门合作对全市卫星地面接收设施进行了整治，重点整治个人擅自设地面卫星接收天线。

4. 重点加速农村三县“有线电视村村通光纤”工程，现已在实现95%行政村通光纤的基础上，正在向自然屯扩展。5月下旬实现了中央电视台“少儿频道”在全市城乡落地。

(费　阳)

·广　播·

【基本情况】 1. 加大舆论监督力度。本年，抚顺人民广播电台把“行风热线”节目办成民心节目、品牌节目。由抚顺市纪检委、市纠风办与抚顺电台联合开办的“行风热线”节目，于元月1日起开播。节目刚一亮相，就以“听您实话实说，为您分忧解难”的主旨赢得了听众的认可和喜爱。截止2004年12月末，共有58家单位的领导上线202人次，接听电话2 427件，已答复和处理的问题2312件，正在解决的有115件，问题办结率达95.3%，听众满意率92%，市政府纠风办发出点评49期。

2. 2004年，抚顺电台3个频率的新闻节目、少儿节目和文艺节目都加大了对未成年人思想道德建设的宣传力度。创作生产了两部以未成年人思想道德建设为主题的纪实广播剧《爱的呼唤》和10集系列广播剧《沐浴春光的蓓蕾》，为孩子们献上了精美的精神食粮。

3. 抚顺电台全年实现广告收入比2003年提高了8.5个百分点，经营创收再攀新高。一年来，广告部门与节目部门互相配合，以节目创优带动广告创收，实现了社会效益和经济效益双丰收。

【典型宣传】 电台从8月份开始，由领导亲自带队，经过深入采访，在较短的时间里推出系列录音报道《小甘河的怀念》及相关后续报道，这组报道先后在抚顺电台新闻节目和辽宁电台新闻节目中连续播发。电台与市委宣传部、市委组织部联合召开了赵景顺典型宣传座谈会。配合新闻宣传，电台还编辑制作了弘扬赵景顺精神的专题文艺节目。

【对外宣传】 为扩大城市的对外影响，2004年，电台建立健全对上发稿机制和奖励制度，利用辽宁广播新闻协作网等渠道，密切与辽宁台和中央台的业务联系，特别是在中央电台“新闻与报纸摘要”节目上稿方面实现了零的突破。2004年新闻广播对外发稿总数150篇。其中，中央台播发了《徐等一产业致富之路》（农村节目、连线）《抚顺铝厂致力老工业基地振兴》（新闻报纸摘要）等8篇；中国国际台播发《高寒山区第一个养螃蟹的人》（录音）等4篇；省台播发了系列报道《小甘河的怀念》（3篇）、录音通讯《新年新盼想》（省新闻联播）等134篇，创建台以来外宣工作的最好成绩。

【大型社会活动】 为进一步打造广播电台的良好形象，提升电台的社会影响。新闻广播策划的“走进社区大行动”，以《浑河大舞台》节目为载体，先后组织编播人员深入到17个社区，和社区居民一起同台献艺，活跃了社区群众的业余文化生活。此外，新闻广播的诚信维权“3·15特别行动”，交通广播的“音乐往事”节目听友见面会、“金秋汽车义诊”活动，文艺广播的“万隆之夜”听友见面会、与雷锋团官兵举办的“庆八·一”文艺联欢会等活动，都产生了良好的社会影响。

【技术装备】 2004年，电台更新了交通广播的调频发射机，改造了交通广播和文艺广播的直播间、制作间以及东山实验台，改善了播出效果，增大了覆盖范围；为交通广播和文艺广播装备了音频工作站，使电台三个频率的节目制作、编排和播出基本实现了数字化的目标。

【获奖情况】 11月20日至24日，芳华作为中国播音学会理事和获奖者被邀请参加了在重庆召开的中国广播电视学会播音学研究会2004学术年会暨电视颁奖晚会，她撰写的论文《播音主持“融合”趋势之我见》获中国广播电视优秀播音主持论文二等奖；12月15—17日，芳华、江汉出席辽宁省播音研讨会，向兄弟电台介绍了抚顺电台推广普通话培训工作的经验。

【学习培训】 为提高电台编采（播）人员素质。电台全年共选送12名编采、主持人员分三批赴北京广播学院进修学习；2月25日，电台邀请辽宁电台副台长、中国广播电视学会经济广播研究会会长、辽宁广播电视学会秘书长李涛来台讲座；5月14日，邀请辽宁电台播音专家向莹来抚授课。抚顺电台从6月7日起，分9期下派了36名40岁以下的青年编采人员深入到部分社区、企事业单位体验生活。将社区干部的工作、社区居民的生活以现场报道、录音新闻、舆情信息、记者见闻、述评等各种形式呈现出来。《丽翠社区有个“少年110”》，既反映了下派社区的一个“亮点”，又切合了中共中央提出的“加强和改进未成年人思想道德教育”的要求。《法制纵横》编辑、主持人根据法制节目的特点，围绕“法律进社区”活动制作了一期法制专题《普法也要“三贴近”》。

【新闻广播】 抚顺电台新闻广播采访部改变过去呆板空洞的时政报道形式，强调以听众关注的新闻事实为报道内容，在记者中开展了“转变作风、深入一线、真诚体验、真情再现”的“体验式”的报道活动。全程跟踪记录基层干部群众的工作状态，采写反映普通劳动者风采的“体验式”报道，记者听百姓心声、抓感人细节，真实采录一线普通劳动者平凡的经历和故事，用记者真情讲述、典型音响呈现的报道形式，在《新闻追踪》节目播发，引起较好反响。抚顺电台新闻广播会同市工商局、市技术监督局、市卫生监督所及两家律师事务所，于3月14、15日上午，在新抚步行街商海大厦门前，开展了新闻广播诚信维权“3·15特别行动”，内容涉及小到精盐、洗衣粉，大到劳动保障、土地承包等等，现场共接待听众咨询1 200多人次，律师接待法律咨询126人次，执法人员接待投诉、咨询、维权215人次，现场处理投诉19件。《抚顺新闻》、《质量监督岗》、《行风热线》、《法制纵横》等节目均参与其中。

【交通广播】 抚顺电台交通广播从元月1日起新版节目开始运行，节目更加符合交通广播定位，新开设的“整点播报”栏目，全天9次播出最新、最快的新闻及气象信息。新设置的“交通进行时”小栏目，从8：30到23：30逢半点进行5分钟的播报，全天共13次，内容为路况、气象、寻物启事、失物招领、好司机评选等等，体现出很强的时效性、服务性与贴近性；组建了由60人组成的交通广播路况报道员队伍。开辟交通专题栏目“交广视点”。抚顺电台交通广播7月起着手新版节目的策划，于8月1日正式推出，拓展了交通节目时段；7月30日，《音乐往事》节目在宏宇社区举办了以“让我们一起追忆”为主题的听友见面会，在听众中引起强烈反响；8月31日《希望之路》节目与市就业局联办了为下岗职工再就业服务活动，采取直播间与现场互动相结合的形式，传递就业信息，咨询有关政策，受到听众欢迎。

【文艺广播】 抚顺电台文艺广播1-2月份《流行无限》节目在铭港湾演艺吧，组织了两次现场演出，每次现场观众近300人，增强了主持人与听众的互动；从2月中旬起至3月末，《纪实文学》栏目面向全市征集“雷锋在我们身边”文学作品，共收到诗歌、散文200多篇，选播103篇。参与者有企事业机关干部、武警官兵、大中专学生，还有退休的老工人，收到了良好的社会效果。文艺广播于4月份进行了节目调整。早间从5：30分提前到4：40分，晚间从22点延长到24点。把部分娱乐节目改为服务类节目，强化了对象服务，《一路有你》已经成为司机朋友不可缺少的广播节目。7月下旬，抚顺电台文艺广播的主持人在万隆商城门前举办了“听众见面会”文艺演出，节目精彩，现场气氛热烈；建军节当天，文艺广播全体主持人和“雷锋团”官兵举办了“庆八·一”文艺联欢会，军民同台演出，收到了良好的社会效果；8月中旬，文艺广播创作生产了以未成年人思想道德建设为题材的10集系列广播剧《沐浴春光的蓓蕾》。

（孟　琳）

·电　视·

【新闻宣传突出主线】 一是年初围绕全市开展的“我靠抚顺发展，抚顺靠我振兴”的大讨论活动，先后采录了《万众一心振兴抚顺，再展雄风重铸辉煌》等125条新闻片和《抚顺要振兴我该怎么办》等30多期新闻评论节目。年中，电视台进行了“聚精会神谋发展，实现两个良好开端”的系列报道以及十一前开设的“开局之年看振兴专栏，以大量的事实，从不同的侧面报道了全市各行各业和广大人民群众在市委、市政府领导下投身振兴伟业的生动实践和取得的巨大成就。同时，还加大了对外宣传抚顺的力度，2月份在中央台12频道的东北宣传月中，播出了本台摄制的《聚焦抚顺工业转型之路》、《抚顺“转身”》，《走出大山》等新闻和专题，其中《聚焦抚顺工业转型之路》在评选中荣获了金奖。二是在强化新闻宣传的同时，不断改进宣传方式，提高引导水平。另外在报道方式上，也不断进行一些新的尝试。如在本年的申遗报道中，充分运用电子媒体的优势，让记者在苏州的会议现场通过电话进行同步滚动式的报道，在第一时间将申遗成功的消息发布出去，受到广泛好评。三是进一步强化了舆论监督的力度，认真为人民群众办实事，解难题，推动和促进各项工作。

【坚持以人为本】 按照十六届四中全会精神和市委、市政府的总体要求，将视角更多地聚集百姓，关注民生，切实为人民群众办实事，解难题。8月份，根据市领导的提议，本台在很短的时间内筹备推出了以社会新闻为主题的节目“浑河晨讯”。从8月2日节目开播到现在共播出新闻600多条，接到群众打来的热线电话500多次，与百姓生活息息相关的占98%，而报道的问题有80%都得到妥善解决，节目受到了上至市委、市政府下至普通百姓的充分好评。另外，本台的几档大型专题栏目《浑河风》、《生活时空》、《休闲时光》以及大型互动性栏目《浑河淘金》、《相约十八点》都在“以人为本，关怀人生”的指导思想下，进行了全新改版。

【更新管理体制】 确立节目制片人制度，选拔一批年富力强、素质较高的骨干力量挑起了节目生产的大梁。节目生产部门推行档次化的质量管理，调动了编采制作人员上水平、上质量的积极性。

【试行市场化运作】 2004年几档市场化或部分市场化运作的节目吸纳资金近80万元。社会资金的注入一方面在很大程度上缓解了节目生产投入不足的困难，同时也促使节目生产者更加注重节目的质量和水平。

【组建通联部】 为了加强同基层的联系，本台于2003年底组建了通联部。通联部成立后，坚持把工作重点放在基层，部门领导和编辑深入县区、市直企事业电视台、站走访调研，探讨新时期电视通联工作的思路。调动基层电视台、站的潜能和积极性。并对基层发片制定总体工作目标，使基层稿件的发片数量以每月10%的速度递增。2004年，通联部在《抚顺新闻》和《财经快讯》两档新闻栏目中累计发片1 208多条，月平均发稿100条，这不仅增加了《抚顺新闻》的信息量，也拓宽了观众的视野。

【频道和节目的策划与包装】 2004年电视台成立了策划部，担负起频道包装的任务。一年来围绕本台节目调整工作，对新闻综合频道和共用频道自办节目的时间段进行了重点包装，先后制作了几个片花，宣传本台的新栏目，全年还制作导视类宣传片76部，较好地引导了观众的收视。

【收视率调查】 为切实提高电视节目的宣传质量，本台于2003年10月份，分别在《抚顺日报》、《抚顺广播电视报》上刊登《抚顺电视台观众调查问卷》，与此同时，又参加局里组织的广播电视受众意见调查，座谈会和发放问卷相结合的形式进行广泛的社会调查。2004年3月份又在上年调查问卷的基础上，重新设计问卷，利用《浑河淘金》、《相约十八点》两个节目的现场观众，发放问卷，当场填写当场回收。后又借编采人员下派社区、工矿企业、民营企业的机会，发放一部分问卷，这次共印发问卷5 000张，回收问卷4 165张，回收率达83%。

【广告经营】 2004年实行了以频道为单元的广告经营体制，责权利得到进一步明晰，使广告收入有了明显的增长，完成了全年的创收任务，比上年增长了100多万元。

（杜红群）

·有线电视·

【网络建设改造】 2004年有线电视台把网络建设改造作为全年工作重点，按计划完成了新华街以西、河东、道街三个片区750 Mhz网络改造，敷设光缆111.53 KM，安装光站75台，建设金华园、阳光家苑、临江家园、雍萃花园、大自然、银河湾等小区网络双向系统，完成新城路、临江路、和平路、三宝屯立交桥等四条干线光缆下地工程，用半个月时间完成了东洲到清原、新宾的39 KM光缆割接、迁移任务。一年来，全市光纤网覆盖已达12.7万户。

【网络增值业务】 本年有线台在网络建设改造的同时，着力推进宽带业务发展，完成东公园、站前、新华、河东、水泥厂小区等片区的五类线工程，为这些地区用户提供上网接入服务。新建了河北分前端，对河北部分地区做Cable modem接入。到2004年末，已为4个单位用户、6个网吧、660多户个人用户提供互联网接入服务。同时，ATM专网客户不断增加，新增了烟草公司专网和19户医疗网用户，使网上ATM用户已达82户。“抚顺广电”网站正式开通，压视频节目近300部，自编了网上音频播出程序，压音频节目3 000多首。完成了数字电视前端设备的安装、调试，开始数字电视试播，在网内传送数字电视节目23套、音频广播节目10套。

【优质服务】 本台始终把服务工作作为贯穿全年工作的重点，全年维修有线电视单户故障9 638户，整楼故障490栋，片区故障25次，夜间抢修140次。互联网服务增设专人接待用户来电、来访，对股票卡和互联网用户的安装、维修做到24小时内上门服务。光纤下地，设备升级安排在凌晨进行，把对用户的影响降到最低。图文频道增加经济方面信息量，每天每个播出时段拿出一个板块，免费播出各种用工信息。收费窗口坚持挂牌上岗，礼仪服务。

【稽　查】 本年稽查工作以催缴收视维护费为重点，对个别严重违反《有线电视管理条例》的人员，联合公安机关坚决打击，并充分利用新闻媒介予以曝光。全年共稽查1 257栋楼，清理欠费及违章户16 645户，有力保障了全年收视维护费的收缴。

（闫　鸿）

旅　游

【基本情况】 2004年，全市接待入境旅游者1.5万人次，旅游外汇收入397万美元；接待国内旅游者248万人次，国内旅游收入完成12.3亿元；旅游总收入实现13.3亿元，比上年增长41.5%。各项工作取得了实质性进展和重要突破。

【旅游产品开发】 重点旅游产品建设进展迅速。红河峡谷漂流项目如期完成，实现了“七一”首漂，并正式投入运营；三块石风景区完成了205台——三块石3 100多米康体健身游览路等项目的建设及景区环境改造；关山湖风景区综合服务楼及基础设施、游乐设施建设也取得了阶段性成果。2004年全市共开发旅游项目近 20 个，总投资达7 000万元，有力推动了旅游产品开发建设的进程，为全市旅游增添了新的亮点。

【综合效益】 旅游产品知名度得到大幅提升，综合效益明显提高。调查分析了抚顺市旅游客源市场，采取各种形式、多渠道大力度推介以红河峡谷漂流、世界文化遗产清永陵、赫图阿拉城、三块石风景区为全年宣传促销重点的经典旅游景区和精品旅游线路，取得了明显效果。红河峡谷漂流“七一”首漂以来，日最大接待量达到 3000 人，开业 2 个月接待游人数量达 3 万人，实现门票收入 300 万元。安排直接就业 300 多人，带动周边 3 个村屯兴办旅游农庄，周边农民出售山珍、玉米、水果等收入平均增加千余元，仅紫荆宾馆增加收入就达 100 多万元。永陵、三块石风景区的旅游人数迅速增加，比 2003 年增长近 2 倍，特别是三块石风景区在旅游旺季接待游人出现火爆态势，并产生了较强的辐射效应，腰卜水库及周边旅游农庄的入住率几乎达到 100%。

【拓展市场】 旅游市场得到有效拓展。充分利用省内外新闻媒体开展强势宣传。在中央电视台、旅游卫视、辽宁电视台、抚顺电视台播放宣传抚顺旅游的新闻及宣传片近百次；辽宁电台、抚顺电台播放旅游新闻 50 余条；在《中国旅游报》、《香港商报》等近 20 家报纸刊登宣传报道 300 多篇，照片 80 多幅。先后组织省内外新闻媒体 50 多家 200 多人次来抚采风，宣传报道抚顺旅游。开展了旅游交通指示牌的设置工作，设计并完成了从高速公路抚顺站至新宾永陵主干道的 16 块交通指示牌。猴石森林公园、雷锋纪念馆和三块石风景区的旅游标识也进一步完善。广角度、多渠道的立体宣传促销起到了明显效果，全年接待国内旅游者人数比去年增长 53%。

【促销和专项活动】 策划并组织了旅游促销和专项活动，旅游市场进一步活跃。参加了在大连举办的东亚国际旅游博览会，全市近 30 家旅游经营单位参会，参展规模开创了本市旅游整体宣传促销的空前场面。期间，召开了抚顺旅游产品说明会，省内外 100 多家旅行社、新闻媒体参会。在北京召开了信息发布会和推介会；在上海、山东、广西、云南、河南、四川等地以不同形式推介抚顺旅游产品；参加了省旅游局组织的国际国内旅游交易会，发放旅游宣传品 30 万份，接待咨询 10 万多人次，签订输送游客协议 15 万多人。组织了“抚顺百姓生活游”活动，举办了“抚顺百姓生活游”启动仪式，向市民推出 10 条黄金旅游路线，12 项专题旅游活动，100 多个旅游好去处，全市近百家主要景区（点）、旅行社参与宣传推介。策划设计了四季主题活动，全市各县区、景区（点）相继举办了抚顺生态旅游节、满乡民俗活动周、春游植树播种、踏青赏花及旅游摄影、书法美术大赛等活动，进一步活跃了本市旅游市场，本年市民出游达 120 万人次。

【旅游合作】 联手打造旅游精品、旅游区域联合实现重大突破。积极借助沈阳客源市场，推介本市旅游产品。借助沈阳“一宫两陵”的影响力，倾力打造“一宫三陵”品牌，经过与沈阳多次对接和实地考察，于“五一”前开通沈抚旅游绿色通道，联手组织了“满族同胞寻根游”和“紫气东来观光游”活动。活动开展以来，沈阳来抚游人比 2003 年同期增长近 3 倍，有效地扩大了清前史迹及满族民俗旅游的知名度。加强环沈阳九城市旅游合作，积极开展联合促销活动。先后到大连、烟台、青岛等地及沿途城市开展宣传推介活动，组织本市旅行社与域外旅行社开展对接，扩大旅游合作。已有 70 多家省内及周边城市旅行社经营本市旅游线路，形成了互荐景点、互推线路、互惠互利的旅游合作关系。

【基础工作】 旅游基础工作得到有效加强和提高。完成了全市旅游资源普查工作。本市旅游资源包括地文景观和生态景观等 8 个主类、16 个亚类及 59 个基本类型，可列入市重点资源的共 128 处，在此基础上完成了修订旅游规划的各项准备工作。完成了旅游宣传品“五个一”工程。通过公开招标的方式，完成了《旅游画册》、《抚顺旅游》风光片、《抚顺导游图》的制作，市场化运作印制了《抚顺旅游指南》。新宾县出版了《马背上托起的都城》旅游画册，抚顺县印制了旅游明信片、台历等旅游宣传品。据不完全统计，目前全市旅游画册、旅游服务指南、音像制品等达 500 多种。开展了 A 级景区评定工作，对雷锋纪念馆、夏湖风景区、红河风景区等国家 A 级旅游景区（点）进行了复核；雷锋纪念馆、猴石森林公园成功晋升 4A 级旅游景区；西露天矿被评为全国工业旅游示范点。着力提高旅游行业管理水平。深入开展了旅游市场的规范与整顿工作；组织参加了辽宁省“东佳杯”红色之旅导游员大赛，本市获优秀组织奖，雷锋纪念馆李雅光获省“十佳导游员”称号；雷锋纪念馆、友谊宾馆、石化宾馆客房部、赫图阿拉城景区管理处获 2004 年度“省青年文明号”称号；在全市开展了最佳旅游环境评比活动，抚顺国旅等 6 家旅行社、友谊宾馆等 5 家旅游饭店、清永陵等 4 个旅游景区（点）被评为抚顺市最佳旅游经营单位，有力推动了全市旅游行业服务水平的提高和旅游环境的改善。

【节庆活动】 旅游节庆活动获得丰硕成果。以市场化运作和群众性、广泛性、参与性为原则，以清永陵成功申报世界文化遗产，充分展示满族风情为主题，以抚顺经贸招商洽谈会、全国百家旅行社总经理抚顺行、抚顺百姓生活游和世界文化遗产——清永陵揭碑仪式为载体，精心策划了 2004 中国（抚顺）满族风情旅游节活动方案，并协调相关部门举办了两大展演和十项活动。主办了抚顺市旅游资源产品说明会暨旅游摄影展等五项大型活动，抚顺市旅游摄影大赛暨旅游摄影作品展活动达到了预期的效果，征集到旅游摄影作品 720 幅，展出 80 幅，省内外专家对展出作品给予了高度评价。在抚顺市旅游商品设计大赛暨展销活动中，全市 8 个县区、58 家旅游商品生产企业的 76 类 502 种商品参加评选和展销活动，展销会当日交易额近 20 万元。在这两项活动中，以《萨尔浒牧歌》为代表的 21 幅照片被评为优秀旅游摄影作品，《松蘑石砚》等 19 种作品被评为优秀旅游商品，并在《抚顺日报》、《抚顺晚报》上进行大力宣传推介。节庆活动期间，全国百家旅行社总经理考察了清永陵、红河漂流、三块石等重点旅游项目和 10 条精品旅游路线，与本市 43 家重点景区（点）和旅行社签定输送和互换游客 10 余万人次的协议。有 27 家域外旅行社在旅游节期间组织 32 个旅游团来抚观光旅游。组织了满族同胞寻根游及百姓生活游等活动，取得了显著的经济效益和社会效益。

（张国舟）

卫生 体育

卫 生

·综 述·

2004年，本市卫生行政部门按照市委、市政府和省卫生厅的统一部署，围绕振兴抚顺老工业基地积极开展各项卫生工作，较好地完成了年度卫生工作目标和任务，为保障全市人民健康和经济社会发展做出了积极贡献。

一、坚持预防为主，公共卫生工作取得新成绩。

公共卫生事业得到发展。抢抓公共卫生事业发展的大好机遇，制定了《抚顺市公共卫生建设三年规划》，并按计划加以实施。一是完成了新宾县、抚顺县、清原县疾控中心大楼8 201.54平方米的国债建设项目，已竣工交付使用；完成了市急救中心和市传染病院的一期建设工程；完成了抚顺县传染病区扩建任务和清原县、新宾县传染病区的选址设计等前期准备工作；对市疾病与预防控制中心房屋、实验室进行了改造；全面完成县区卫生监督体制改革，形成了本市二级预防监督体系。二是加强全市疫情直报网络建设，实现了城乡全覆盖，保障了信息的畅通、快速、准确、及时。三是加快城市社区卫生服务体系建设步伐，全市城市社区卫生服务机构已达132所，覆盖面达98%，超额完成省下达的目标。四是加强对精神病的管理，制定并落实《抚顺市危害社会秩序特困精神病人管理办法（试行）》，收治特困精神病人，为社会稳定做出了贡献。五是围绕创建国家卫生城市活动，认真落实《抚顺市创建国家卫生城市实施方案》。开展了环境卫生、除害防病等专项整治，对“四害”孳生地进行了彻底清理，取得了较好效果。着重解决了一些老大难问题，全市整体卫生状况有了改善。预防保健工作成效显著。积极采取综合性防治措施，加强科学、依法、规范的防治工作。开展非典、禽流感防治工作，建立和完善长效防治机制，完善工作预案，组建了防治队伍。加强了霍乱、艾滋病、布病、出血热等重点传染病的防治。全面开展结核病“卫Ⅺ项目”，巩固了地方病的防治成果。计划免疫工作受到卫生部的好评。五苗接种率达到100%。全年共发生乙类传染病14种，发病率控制在省规定指标以下。全年无非典、禽流感疫情发生，保持了本市连续32年无白喉、13年无脊灰、7年无百日咳、4年无霍乱发生的好成绩。妇幼保健工作以贯彻妇女儿童发展纲要为重点，强化孕产妇和儿童两个系统管理，完善监测系统。全市孕产妇死亡率、婴儿死亡率、5岁以下儿童死亡率、出生缺陷发生率同比下降幅度较大。全面完成了“两纲”中规定的妇幼工作17项指标，通过了省“两纲”检查阶段性评估。加强处理突发公共卫生事件的预防体系建设，提高应急处理能力。结合本市实际，制定了《抚顺市突发公共卫生事件应急预案》和抚顺市危险化学品中毒、地震、传染病暴发等突发事件的应急救治18项子预案，根据预案多次组织全市处理突发公共卫生事件的实战拉练演习，开展“120”急救工作大检查，提高了处理突发公共卫生事件的能力。全年妥善处理急性职业中毒等事故17起，“120”完成院前急诊急救17 307人次。

二、坚持标本兼治，卫生行业作风建设取得新成效。

以开展“优质服务杯竞赛”和“双评”活动为载体，以治理乱收费、乱检查、乱用药、收“红包”、收临床促销费、执法不公和服务作风差等问题为重点，集中力量“从人民群众满意的地方做起，从人民群众不满意的地方改起”，标本兼治，促进了卫生行业作风不断好转。加强制度建设，规范服务行为。在开展经常性的职业道德、职业责任、职业纪律、职业规范教育，提高医务人员遵纪守法和廉洁行医自觉性的基础上，制定了《抚顺市卫生系统行业作风建设十不准规定》等相关制度；各医疗卫生单位制定了《患者收费认可制》、《大处方、贵重药品使用签字制》、《卫生执法监督人员八不准》等有关制度。从制度上形成有效的内外监督制约机制，进一步规范了服务行为。专项治理，创建诚信卫生行业。治理乱收费问题。实施了价格公示制、承诺制、“双联处方制”、“一日清单制”，建立了“内部审核制”，收费公开透明。实行了单纯性阑尾炎等12个单病种限额收费，让群众清清楚楚看病、明明白白消费。治理收受红包问题。全市35名医学专家代表全体医务工作者向社会承诺“谢绝‘红包’、拒绝回扣”，20家医院院长联合签名向社会公开服务承诺。对收受“红包”、吃请、收回扣等问题要加大惩治力度。治理药品临床促销问题。在全市54家医院实行药品集中招标采购，年内让利患者539.73万元。各医疗单位制定并严格执行临床用药规范，普遍严把购药诸环节监督关。一些医疗单位在门诊和病房门前悬挂“拒绝药商、器械商进病房”、“谢绝医药代表光临”的横幅。有的医院规定内科用药比例不得超过住院患者总费用的40%，定期公布医生用药情况，发现苗头及时处理。坚持正确导向，促进行风建设。市卫生局在《抚顺晚报》开辟了《卫生行风在线》专栏，“七一”表彰了20名先进人物典型。积极参与《行风热线》节目，认真为群众释疑解惑，解决实际问题，受到咨询人和投诉人的好评；各医疗卫生单位也充分利用广播、电视、报刊等各种宣传工具，大力宣传卫生行风建设的新举措、新成果，推进了行风建设。严格执纪，从严查处。认真查处人民群众反映强烈的拿“回扣”、收“红包”、滥检查、开大处方和开单提成等违纪违规行为。对典型案例从严查处，决不姑息迁就。全年共处理违纪违规847人次，处罚金额12万余元。坚持围绕重点项目转，促进软环境建设。卫生监督执法部门实行了公示制、承诺制，强化服务意识，对全市100个重点建设项目中与卫生监督、监测有关的74个项目进行了新、改、扩建的设计审查和竣工验收，验收率达100%，做到了优质服务。加强信访、市民投诉工作。以解决突出信访问题为重点，多次组织人员进京接访缓解矛盾，配合政府派驻北京及省万家接待站从事专项工作50多天，受理信访、市民投诉1 200余件次，办复率100%，其中受理医疗纠纷60件，完成医疗事故技术鉴定移交36件。受到市信访办和市长公开电话办的好评。通过采取切实措施，卫生系统收受“红包”、乱收费、开单提成、药品回扣、临床促销费等问题得到有效遏制。年内共收到锦旗323面，表扬信1 306封。

三、加强依法行政，卫生行政执法工作取得新进展。

积极贯彻《行政许可法》，完成了行政许可事项和审批事项的清理工作，举办了本市卫生系统卫生行政许可法培训班，对提高依法行政能力起到了积极作用。同时，以整顿市场经济秩序、落实食品卫生安全行动计划、维护公共卫生安全为主线，以食品卫生、传染病防治、学校卫生、职业卫生、医疗市场、饮水卫生等为重点，坚持日常监督与重点监督相结合，不断加大监督执法力度。把人民群众消费的主要食品作为检查重点，组织各级卫生监督部门联合开展执法大行动12次，检查、清理、规范了全市奶粉、黄花菜、散装食品等市场，年内共监督检查2 514个单位，处罚500余家，责令停产停业47家，全市未发生重大集体食物中毒事件。把住了国家、省领导来抚视察以及全市大型活动等的食品卫生质量关。积极推进食品量化分级管理，以学校食堂和餐饮业作为切入点，稳步推进，成效显著。认真贯彻《传染病防治法》、《医疗废物管理条例》，结合预防非典工作，对全市二级以上医院（含社区门诊）的发热门诊、院内交叉感染管理和医疗机构的隔离、消毒、防护、医疗废弃物的处理及托幼机构的消毒等工作开展检查。认真贯彻《职业病防治法》，深入开展了用人单位职业危害申报工作。加强全市放射源管理。完成了全市尘肺病调查。认真贯彻《医疗机构管理条例》，“拉网式”整顿了本市医疗市场，取缔非法医疗机构300余家，罚没暂扣医疗器械药品987件，罚款12.35万元。认真贯彻《献血法》，本市代表辽宁省接受国务院检查组专项整治打击非法采供血工作检查，受到国务院检查组的高度评价。认真贯彻《生活饮用水卫生监督管理办法》，检查了近百家生活饮用水生产、销售及使用单位，进一步加强了对生活饮用水的管理。

四、坚持突出重点，农村卫生工作有了新进步。

认真贯彻中共中央、国务院和省委、省政府《关于进一步加强农村卫生体制改革加强农村卫生工作意见》精神，努力推进农村卫生工作。筹备召开了全市农村卫生工作会议，出台了有关深化农村卫生体制改革、加强农村卫生工作的政策文件，明确了农村卫生工作的目标和任务。调整制定了本市农村区域卫生规划和农村乡镇卫生机构发展建设规划。农村三级医疗预防保健网得到加强，在对农村卫生服务体系重新规划和布局的同时，普遍加强了乡镇卫生院尤其是中心卫生院建设，完善功能，提高技术水平，充分发挥其在本地区的辐射作用，村卫生室网络建设得到了较大发展。认真开展卫生支农和医疗扶贫工作，全市年内共派出医疗队20支、医务人员121名，诊疗病人1390人次，投入药品价值达13万元，帮助乡镇卫生院加强专科建设，促进了乡镇卫生院的发展。认真抓好农村改厕工作，年内本市在24个乡镇的69个村屯进行改厕，完成改厕任务4 003座，在改厕的档次和质量上较往年有较大程度提升，目前全市农村卫生厕所普及率达到58.08%。

五、加强医政管理，医疗护理质量有了新提高。

组织全市100余名专家，就医院管理、医疗质量、护理质量、门急诊质量、服务质量、医院感染控制等方面进行了全面检查；向社会公示了部分医疗机构的医疗费用消费信息，接受社会监督。许多医院在抓好医疗护理质量管理上下功夫，收到了较好效果。进一步强化了技术操作和病历书写质量的管理和监督。严格执行各种技术操作，病志书写规范，加强医院的感染管理，预防和控制了医院感染事故发生。加强中医工作，发挥中医特色优势。以贯彻落实《中华人民共和国中医药条例》为重点，加强基层中医药工作。社区卫生服务机构全部配备了中成药，能够用中西两法防病治病。恢复成立抚顺市中医药学会，促进了抚顺市中医药学术交流。加强中医重点专长科系建设，市中医院跨入“省示范中医院”行列，本市中医药工作迈上一个新台阶。

六、加强科技创新和人才培养，科技兴卫工作有了新收获。

继续实施科技兴卫战略，努力为科技人才发展与创新搭建平台。召开了全市卫生系统科技表彰大会，评选出抚顺市名医10人、科技成果15项、新技术5项、优秀论文论著9部（篇）等；成功地举办了抚顺市第三届职工技术运动会卫生赛区预防监督、急诊急救专业技术比赛。卫生科技工作在不断发展与进步。抓好重点技术项目创新工作，重点开展新技术、新方法、新器械等项目的科技创新。如市中心医院开展肝移植技术、心脏不停跳下冠状动脉搭桥手术、腹主动脉瘤切除人工血管手术，填补了省、市空白。抚矿总医院开展了脑血管介入治疗。市中医院的《保留后方韧带复合体腰椎管扩大术的临床应用》、《生物活性可降解吸收材料治疗骨折与骨缺损的实验》申报辽宁省自然科学研究成果。年内卫生系统在市级科技成果评审中有3个项目获得奖励。加大投入力度。各级医疗卫生机构对人才科技工作给予高度重视，全年仅市直医疗卫生单位在人才培养上就投入240多万元，选派赴国外进修学习6人次，赴北京上海等知名医院学习316人次，提高了卫生科技人员的素质。在医疗设备上投入3 000多万元，引进大型医疗设备60多台件，提升了诊疗技术水平。通过加大科技创新和人才培养力度，本市医疗卫生技术水平得到不断提高。

（唐东宏）

·医政管理·

【医院管理】 贯彻落实《中华人民共和国执业医师法》、《护士管理办法》，严把准入关，在组织参加全国执业医师考试中，2004年全市共报考执业医师914人，终审后组织完成879人参加实践技能考试，其中680人参加全国执业医师综合笔试，合格282名，淘汰率58.53%，并完成执业医师注册和执业地点变更工作。本年完成了首次注册护士192人，再注册3 750人。贯彻落实《医疗机构管理条例》、《执业医师法》、《护士管理办法》等卫生法规，严把准入关，完善全市1 644所医疗机构的电子档案和完整的机构档案，完成了440所各级各类医疗机构的年度校验和许可证换发工作。加大了对医疗美容机构的监管，规范了医疗美容机构的执业行为，组织审核上报完成了对医疗美容机构主诊医师的资格考试和答辨，使本市医疗美容机构达到国家省有关标准，并走向规范化管理轨道。2004年10月19—20日组织全市100余名各专业专家，对医院管理、医疗质量、护理质量、门急诊质量、服务质量、医院感染控制、检验、影像病理质量、医疗废物处理等十几个方面进行了重点检查。2004年6月份对全市五家市直医院的部分单病种医疗费用信息向社会进行了公示，在体现服务第一，兼顾公平，促进发展起到了积极作用。

（吴臣杰）

【贯彻《中华人民共和国献血法》】 加强血液管理，确保血液安全，年内全市采集血液总量18 593单位，100%来自无补贴自愿无偿献血，红细胞分离率95%，成份输血率96%，全年用血总量28 872单位。认真完成国家、省开展的打击非法采供血和单采血浆的专项整治工作，非法采供血液专项整治工作是整顿和规范市场经济秩序的三项任务之一。本市代表辽宁省接受国务院等四部委的检查，本市采供血管理工作得到国家有关部门高度评价，荣获2001—2003年度“全国无偿献血先进城市”称号，年内两次接受省卫生厅等部门检查均受到高度评价，市卫生局被省卫生厅评为“辽宁省血液管理先进单位”。市中心血站通过国际ISO9001质量管理体系认证，保障了临床用血质量，保证了献血者健康和受血者安全。

本市农村自愿无偿献血发展形势良好，实现了卫生部提出的无偿献血工作由城市向农村的延伸。通过血站认真宣传，积极工作，4月份，抚顺县上年村成为我国第一个“无偿献血村”，抚顺日报、抚顺晚报、抚顺广播电台、抚顺电视台新闻及专题栏目相继作了报道，辽宁电视台“第一时间”先后四次播报，《健康报》也以照片新闻报导了“抚顺有个无偿献血村”。结合无偿献血工作，我市捐献造血干细胞报名采样工作走在全省前列，完成5 000多例造血干细胞血样采集入库任务。经过血站耐心细致的宣传动员，9月份，我市市民杨金涛在血站和市红十字会工作人员陪同下专程赴北京，成功的为北京一名白血病患者捐献了造血干细胞，成为抚顺捐献造血干细胞第一人。

2004年，全市无偿献血12 312人次，献血总量3 718 400毫升，其中一次献血400毫升者6 353人，占无偿献血总人次的51.60%，并为临床提供Rh阴性血液4 600毫升，全部来自无补贴自愿无偿捐献者。经全年1 000份献血人员征求意见表和60份用血医院征求意见表统计，社会综合满意率为98%。

（余福桥）

【整顿医疗服务市场】 开展非法行医专项整治及整顿医疗市场秩序专项检查是年内三项专项整治工作之一，根据国家卫生部关于开展严厉打击非法行医专项整治工作的有关通知和整治方案及省卫生厅有关专项整治要求，全年共监督检查547家医疗机构，下达行政处罚278家，取缔非法行医诊所300余家，非法行医人员356人，收缴罚没12万余元，当场封存暂扣药品医疗器械378件，并针对社会影响较恶劣的非法行医违法活动及时在新闻媒体曝光，主要在6个方面取得了专项整治阶段性成果。

【医疗安全管理】 贯彻执行《医疗卫生机构医疗废物管理办法》、《消毒管理办法》及二级以上医疗机构要建立感染科的有关规定和对口腔专科、窥镜科室进行专项检查的要求，组织有关医疗机构感染管理人员参加国家、省、市等有关培训，并对有关机构进行了专项检查，将医院感染管理、医疗废物处理纳入依法管理，促进了感染管理工作。按照国家及省、市有关部署，各级卫生行政主管部门、有关医疗机构切实解决疑难复杂突出的信访问题，做了大量工作。主动积极与各有关上访人员主管部门沟通20余次，全市共接访820余人次，完成省、市交办解决突出重大上访案件50%以上的任务。全年受理医疗事故争议案件60件，完成医疗事故技术鉴定移交36件。

【城市社区卫生服务】 年内全市新设置10所社区卫生服务机构，至此本市城市社区卫生服务机构达131所，覆盖面达98%，超额完成省要求的75%的目标，对原设置的社区卫生服务机构进行内涵建设检查，指导培训从事社区卫生服务的医务人员，规范其执业行为，对新设置的社区卫生服务机构严格准入，使本市社区卫生服务网络建设及执业行为更具规范标准。

【医疗扶贫和卫生下乡】 按照省、市有关部署，年内本市医疗扶贫行动医护人员参与程度更高，覆盖面更大，共组织3次大规模医疗扶贫活动，即春节前集中进行两次、10月份进行1次十大名医下乡义诊活动。年内共派出医疗队20支，医务人员121名，诊疗病人1 390人次，投入药品价值达13万元，减免各种费用2万余元。

【医疗卫生体制改革】 规范医疗市场，医疗机构设置审批工作有了突破性进展。制发了《抚顺市医疗机构设置标准及审批程序》，并于12月1日正式实施，本市医疗市场在形成多元化投资办医、多种经营方式并存的医疗卫生新格局有了突破性进展。探索医疗产权制度改革工作有所进展。5—7月份对全市各级各类医疗机构进行了产权制度改革的方向性调研工作，就部分生存困难的公立医院实行股份、民营、国有民营或独立经营、托管等经营方式进行了理论性探讨，起草完成了调研报告，为今后政府主导的医疗机构产权制度改革工作奠定了一定理论基础。

【中医医政】 以贯彻落实《中华人民共和国中医药条例》为重点，加强基层中医药工作。社区卫生服务机构均配备了中成药，能够用中西两法防病治病。恢复成立抚顺市中医药学会，促进了抚顺市中医药学术交流。加强中医重点专长科系建设，市中医院跨入“省示范中医院”行列，本市中医药工作迈上一个新台阶。

【政府指令性医疗保障工作】 出色完成了1.2万余人的高考体检及2 000余人的征兵体检工作。圆满完成了全国足球联赛、旅游黄金周、国贸经济洽谈会、雷锋杯全国博物演讲大赛、少数民族运动会、体育长跑比赛、满族风情节等大型活动的医疗保障工作，共组派医疗保障车20余台次，派驻保健医40余人次。完成了市级领导干部100余人健康体检工作。

【医政工作各项指标】 医疗机构数155个，诊疗人次数3 576 248人次，出院人数177 427人，病床周转次数24.16次，病床使用率49.68%，出院者平均住院日5.49日。

·公共卫生·

【公共卫生】 积极参与指导市传染病医院改扩建大楼和三县传染病区建设的有关工作。全市“120”急诊急救网络及指挥系统，已开始投入建设之中。强化提高急诊急救及对突发公共卫生事件的救治能力，主要参与指导完成了市急诊急救的技术比武运动会，组织了对全市“120”急诊急救质量检查，及时掌握任何时间发生的3人以上意外伤害事件，并组织指导救治。完成了全省防空防震等意外事件的医疗救治模拟演练的任务。加强对精神病防治工作的管理，制定下发了《抚顺市影响社会秩序特困精神病人的管理办法》和补充规定。

（吴臣杰）

【突发公共卫生事件的预警建设】 认真贯彻突发公共卫生事件与传染病监测应急报告管理办法，制定出台了全市对危险化学品职业伤害、地震等公共事件救治预案及《抚顺市突发事件的应急救治预案》。建立并开通了以抚顺市疾病预防控制中心网站为依托的抚顺市突发公共卫生事件快速反应系统，系统终端设在企业、学校、医院和333个社区，建立和完善突发公共卫生事件报告和预警信息系统，全市42家二级以上医疗单位及农村部分乡镇中心卫生院均能够进行网上直报，实现了预警系统网络化、信息化管理。

（李恩山）

·疾病预防与控制·

【传染病疫情】 全年全部病种传染病发病总数5 720例，年发病率278.78/10万。其中法定传染病发病5 010例，年发病率244.18/10万；其它，性病710例，年发病率34.60/10万。共报告法定传染病17种，无甲类传染病发生，乙类传染病14种，4 903例，年发病率239.79/10万，2004年甲乙类传染病发病总数3 007例，年发病率为135.44/10万，全年发病率与上年同类传染病相比上升77.05%；丙类传染病3种，107例，年发病率5.21/10万。全年共报告传染病死亡病例15例，死亡率为0.73/10万，病死率0.26%，与2003年相比，乙类传染病发病升降情况：发病上升的病种依次为出血热（154.48%）、痢疾（106.74%）、斑疹伤寒（92.98%）、淋病（91.47%）、猩红热（67.86%）、伤寒（57.14%）、肝炎（54.56%）、梅毒（51.04%）、肺结核（32.92%）等9种。发病下降的病种是：麻疹（20.00%）、布病（1.79%）等2种。年内新发传染病是：流脑，乙脑，HIV等3种。传染病发病位次：发病数在前五位的有肺结核、痢疾、肝炎、出血热、淋病，发病数占乙类传染病发病总数的89.09%，肠道传染病发病1 648例，死亡0例，占传染病发病总数的33.62%，发病较上年上升98.55%。呼吸道传染病发病1 499例，死亡0例，占传染病发病总数的30.58%，发病较上年上升32.30%。虫媒及自然疫源性疾病发病617例，死亡12例，占传染病发病总数的12.59%，发病较上年上升69.04%。血源及性传播疾病发病1 138例，死亡3例，占传染病发病总数的23.21%，发病较上年上升55.68%。

【重大传染病防治】 4月末我国再次发生非典疫情后，按《卫生部关于进一步做好非典防治工作的通知》要求，及时部署贯彻落实非典防治相关工作，督导检查各级机构的预检分诊制度执行工作，启动并规范发热门诊，为早期发现非典病例做好准备。加强重点传染病防治，在总结工作经验的基础上，科学分析疫情，进一步完善非典防治预案，建立和完善常态下的防治工作机制。做好非典监测，坚持非典疫情0病例报告，至4月7日停止报告。做好冬季传染病防治工作，按省卫生厅统一部署，对全市医疗卫生单位进行传染病执法检查。

做好防治禽流感工作。针对全国禽流感发生态势，及时掌握疫情形势，培训全市医务人员及防疫人员，成立了防治禽流感卫生应急分队。加强肠道传染病防治工作，6月10日举办了由各医疗单位组成的101人参加的肠道传染病培训班，以不同方式对专业人员进行了多次培训，组建了10个防疫队、7个抢救队，开展了霍乱防治拉练演习。5～10月对浑河水系3个监测点进行了霍乱弧菌监测，共采集36份样品，未发现阳性。开展了甲肝流行因素调查，共采集海产品5类600余份样品进行甲肝病毒粗提纯。血库肝炎监测45人份HBsAg抗－HCV全部阴性。开展了出血热防治工作，健康人群隐性感染调查131份，全部阴性。疟疾血清抗体监测24人份，结果阴性。

【计划免疫】 按省要求开展了AFP、麻疹、新生儿破伤风监测工作，共搜索36次，统计报告AFP病例4例，为1.24/10万，达到省要求1/10万指标；麻疹流调124人，有效控制疫区，无二代病例发生；新生儿破伤风监测坚持每旬到哨点医院查病志及时报告零病例。市卫生局组织开展3个县计免工作拉练互检，共调查12个乡24个村，随机调查60名（12～24个月龄）适龄儿童，建卡建证均100%，“五苗”接种率100%，卡疤率100%，乙肝24小时及时率100%，计免知识知晓率100%。接受全国计划“五苗”接种率免疫审评，历时6天，调查本市顺城区2001～2003年出生儿童，完成基础免疫及加强免疫以及乙肝首针及时接种情况，共查适龄儿童630名，接种率均达100%，取得了好成绩，受到审评专家小组的好评。

【消毒消杀及虫媒监测】 全年共对21家医院、11家生产企业开展消毒效果及产品卫生质量监测，其中医疗单位监测255个样品，合格数225，总合格率88.2%；消毒产品生产企业卫生质量监测36批次，总合格率94.4%；消毒产品生产企业环境卫生学监测122个样品，总合格率94.3%。对以上不合格样品均进行原因追查、复检或技术指导，严防感染事件发生。

【艾滋病防治】 加大艾滋病防治工作力度，采取切实措施，推进艾滋病防治工作深入开展。开展医疗卫生人员全员艾滋病防治知识培训，培训工作由市医学会负责组织实施，纳入医学继续教育，对全市60%的医务人员进行了培训。12月1日，市卫生局组织市红十字会、计生委、教委等13家单位在新抚区东四路开展了艾滋病防治宣传。本市顺城区、望花区、清原满族自治县被省列为艾滋病宣传教育示范区。组建了防治艾滋病高危人群工作队，在市疾病预防与控制中心及全市各县区疾病预防控制机构成立了由专业人员组成的防治艾滋病高危人群工作队。做好防治艾滋病推广安全套项目工作，本市望花区、顺城区被省列为防治艾滋病安全套推广项目县区，该县区按照规定要求制定了工作方案，并认真组织实施。本市完成了执行中国预防与控制艾滋病中长期规划和《中国遏制与防治艾滋病行动计划》中期考评。开展艾滋病免费自愿咨询检测工作，全市接受免费自愿咨询监测6人。全市综合性医院共接生新生儿4 122例，均进行了性病点眼，点眼率100%。

【卫生监测】 进一步强化食品、环境、学校、职业、放射五大卫生监测工作力度，确保监测覆盖率和监测频次达标。2004年，食品卫生监测餐具监测3 495份，饮用水67份，食品加工类样品371份。公共场所、饮用水、学校卫生共监测80个单位。2004年，职业卫生共监测109个单位，其中尘毒作业点2 344点，噪声1 878个点。完成新、改、扩建项目卫生学评价10个；放射卫生：家医用X射线70家，监测60家，工业X射线25家，监测20家，放射性同位素29家，监测24家。2004年，市疾控中心共受理11 012份样品19 463项，及时检验并出具合格检验报告单。从业人员健康体检2004年共进行预防性体检7500人，其中HbsAg和HbeAg阳性24人、浸润型肺结核3人，全部调离。

（李景悦）

【死亡统计】 位次、病种、死亡数、构成分别为：①心脏病死亡人数2 058人，占死亡人口的24.31%；②脑血管病死亡人数1 899人，占死亡人口的22.44%；③恶性肿瘤死亡人数1 850人，占死亡人口的21.86%；④呼吸病死亡人数547人，占死亡人口的6.46%；⑤诊断不明死亡人数450人，占死亡人口的5.32%。

【结核病防治】 本年共发现活动性肺结核病人1 170例，其中传染性肺结核患者535例，涂阳登记率31.5/10万，对确诊的传染性肺结核病人实施了DOTS（全程督导）策略，建立健全了结核病管理和监测系统。

【肿瘤病防治】 利用肿瘤防治宣传周活动开展学术活动，聘请上海医科大学教授来抚讲学，参加人数110人。乳腺普查6166人，查出乳腺癌4人，达到早发现、早治疗的目的。年内肿瘤发病前5位位次、病种、生病数分别为①肺癌，343人；②胃癌，193人；③肝癌，162人；④乳腺癌，129人；⑤结肠癌，82人。

【基础设施建设】 市疾病预防与控制中心通过政府招标对微生物实验室进行整体改造，改造后的微生物实验室达到了国家市本级微生物实验室的要求，确保了微生物检验安全和检验数据的准确性。职业卫生技术服务资质审定，按照省卫生厅和市卫生局目标责任要求，本市疾病预防控制中心在完成省级计量认证的基础上，一季度一次性通过省级职业卫生技术服务资质审定，成为本市唯一一家具有职业卫生技术服务资质的单位。更新检测检验设备，年内投入20余万元购置更新职业卫生检测、放射卫生检测和食品卫生快速检验设备，为处理突发公共卫生事件和重大污染事件提供了可靠的技术保证。进一步强化各级各类人员的专业知识和专业技能培训，制定详细的年度培训计划并具体组织实施，年内举办各类培训30余次，提升了疾控中心的整体业务水平。

·地方病防治·

【防病措施】 针对布病上升势头，由市地方病防治办公室牵头组织农牧等部门专题研究布病防治工作，及时沟通情况，落实防病措施。5月13日，全市县、区共设宣传站5个，市卫生局、商贸委、教委、计生委、残联、技术监督局、工商局、疾病预防与控制中心、盐业公司、区防疫站、县地病所等11个有关部门单位参加，发放宣传单2万余张，宣传板50块，宣传画2 000张，防治手册500本，市、县电视台和广播电台、报社进行跟踪报导，现场咨询300余人，现场还进行真假碘盐鉴别，电视台宣传报导覆盖全市各县区，收到了一定效果，受到群众欢迎。

【布鲁氏菌病防治】 全市新发病人158人，全年布病监测，清原南山城镇头道河村、抚顺县上马哈塘村、新宾县红庙子乡朝阳林场、上夹河乡古楼村4个监测点，流调人数1 600余人，血检615人，诊断病人46人，发病率2.88%。出现两个暴发点，即清原南山城镇头道河村、抚顺县上马乡哈塘村，接到疫情报告后，市农牧、卫生等部门积极配合，采取切实措施控制了疫情蔓延，组织人员以最快的速度赶到疫区，对病人积极治疗，对疫区消毒处理，落实防治措施，及时控制疫情扩散，很快将此次由农民自购家畜未经检疫和免疫而引发的疫情消灭。

【克山病防治】 配合省疾控完成国家级监测点英额门孤山子村、南山城三胜卜村的居民进行临床检查、心电图和B超检查，共检查991人，确诊病人55人，其中，潜克48人，慢克7人。9月26～27日，市疾病与预防控制中心、新宾满族自治县地方病防治所完成市监测点，对新满族自治宾县红庙子乡中心小学5～12岁儿童克山病进行临床、心电图调查，共检查学生275人，检出异常心电图1人。

【大骨节病防治】 对清原满族自治县和新宾满族自治县4所小学大骨节病病情进行监测，临床检查226人，手部X光片检查182人，无新发病人，说明本市大骨节病基本得到控制。

【肺吸虫病防治】 对新宾满族自治响水河乡中心小学学生进行肺吸虫病监测，皮试40人，无新发病人。犬便检查15只，无阳性。响水河流域川蜷螺、喇蛄未检出，说明本市目前肺吸虫病病情处于稳定状态。

【碘缺乏病防治】 根据省地方病监测工作计划，结合本市实际，制定了病情监测工作计划，并全面完成了各项监测工作任务。

【碘盐监测】 盐库监测：全市盐业批发企业监测合格率100%。居民户监测：全市居民户食用碘盐监测2016户合格率85.7%。全市8～10岁儿童肿大率病情调查进行了30所学校，共调查1200人，肿大率7.7%，学生尿碘监测360人，中位数170ug/L，问卷调查300人，合格率91%，碘盐覆率100%。

（李恩山）

·卫生科技·

【召开市卫生科技表彰大会】 评选出本市医疗卫生科技工作突出贡献奖1项，新技术5项，成果奖15项，优秀论文论著9项，技术竞赛状元奖5名，市名医10名，体现了重视科技、重视人才、科技兴医的持续发展战略。

【科技成果】 在市级科技成果评审中，卫生系统共获3项成果奖，市中心医院获二等奖、三等奖各1项，市三院获二等奖1项。

（吴臣杰）

·农村卫生工作·

【召开全市农村卫生工作会议】 11月9日市政府召开了抚顺市农村卫生工作会议，各县区主管卫生工作的县长，卫生局、发改委、财政局、农业局、环保局、教育局、人事局主管局长，有关医疗单位院长，市卫生局有关处室人员计100余人参加了会议。会上下发了《中共抚顺市委抚顺市人民政府关于进一步深化农村卫生体制改革加强农村卫生工作的意见》、《抚顺市农村初级卫生保健实施方案（2002—2010）》、《抚顺市加强农村卫生对口支援工作的意见》、《抚顺市农村卫生人才培养和队伍建设意见》。

【编制《抚顺市农村卫生服务体系发展规划》】 根据《关于编制辽宁省农村卫生服务体系发展规划的通知》文件要求，市卫生局组织召开了县区卫生局长会议，传达了文件精神，各县区认真编制本县区农村卫生服务体系发展规划，在此基础上，经过多次征求意见、反复论证，编制《抚顺市农村卫生服务体系发展规划（2005－2010）》已上报省卫生厅。

（董宁宁）

·卫生监督·

【食品安全专项整治】 以抚政办发（2004）39号下发了《抚顺市人民政府办公厅关于印发抚顺市食品安全专项整治工作方案的通知》，还下发了实施食品安全行动计划工作方案、食品药品放心工程实施方案，结合食品卫生保障行动专项检查工作和日常监督工作，进行食品安全专项整治，进一步推动了食品放心工程，严厉打击了制售假冒伪劣食品的违法犯罪行为。卫生部门结合本市实际有计划分阶段地开展了一系列卫生监督执法活动，先后开展了春节期间食品卫生大检查活动，中秋节、国庆节期间执法检查9次，开展各种专项整顿16次，有效地保障了本市食品卫生安全。集中开展了以保健食品、散装食品、超范围超剂量使用食品添加剂、违法使用非食品原料生产加工食品和重点食品卫生许可为主要内容的食品卫生专项整治工作。专项整治工作取得了成效。治理了食品超范围、超剂量使用食品添加剂的违法行为，提高了食品添加剂使用合格率并达到了省要求标准；杜绝了在食品生产加工过程中使用非食品原料生产加工食品现象；进一步规范了保健食品市场以及保健食品标识和产品说明书，打击了在保健食品中添加违禁药物和保健功效成分含量不符合审核范围的违法行为；深化卫生监督改革，在全市学校食堂和大中型餐饮单位实施了食品卫生监督量化分级管理。为加强食品卫生安全监督管理工作，把专项整治与日常监管和制度建设结合起来，在深入开展食品卫生专项整治工作的同时，积极推行食品卫生监督量化分级管理制度，已在本市21个学校食堂和大中型餐饮、宾招单位实施了食品卫生监督量化分级管理制度，仅学校食堂改造就投入210万元，使本市学校食堂和餐饮单位的食品卫生发生显著变化。

【食品药品放心工程专项检查】 保证元旦、春节期间食品卫生安全，市县区联动开展食品卫生大检查，并结合调味品专项检查工作 并进行，对熟肉制品、酒类、饮料、糕点、速冻食品进行抽样检测，并在新闻媒体公布检测结果，引导广大市民消费。对农贸市场、大型超市、综合商场、批发市场等重点食品经营单位和熟食、糕点等重点食品加工行业进行检查，按照省卫生厅要求，在1月12日至17日，出动350人次，检查食品生产经营单位1 477家，没收销毁过期、假冒、未经检疫的食品5 000多公斤，取缔无证生产经营9家，对个别单位提出整改意见，保障了市场的食品卫生安全。在禽流感流行期间加大食品卫生监督检查力度，实行周报告制度，出动240人次，车辆32台次，检查市场63个，摊位2 066个，没收未经检疫的白条鸡270公斤，罚款5 000元。

【节日期间卫生监督】 下发了“五一”、“十一”假日旅游黄金周卫生监督工作的通知，并在此期间对旅游景点的饭店、旅店及食品摊点进行监督检查，对旺销的九类食品进行抽检，抽检合格率为96.4%。确保了市民及外来游客的食品卫生安全。无食物中毒和食源性疾病发生。

【学校卫生监督】 市卫生局下发了开展学校及周边环境治理工作的通知，检查89家学校，抽检学校饮水89份，合格率88.2%；高考期间，由主管局长带队检查供考生就餐的学校13所，保证了高考期间的食品卫生安全。

【职业卫生　放射卫生】 市卫生局同市安监局、总工会联合下发了有关文件，组织32家用人单位、9家防疫站和职业病防治院共计150余名宣传人员上街巡回宣传《职业病防治法》，发放宣传单11 000份，咨询上千人次。建立职业危害防治工作投诉机制，保障劳动者合法权益，设置了卫生法律法规投诉电话，处理投诉20余件次。审查审批建设项目19个，建设项目监督率达100%。进行健康监护工作专项整治，针对耐火、印刷地板、冶金等行业开展了大规模专项整治，检查了用人单位职业病危害项目申报、职业病危害作业工作健康监护、作业场所防护措施等方面工作，针对存在的问题提出监督意见110余条，并帮助企业进行整改，公布整改情况。全年检查173家用人单位中接触有毒有害作业工人14 141人，进行职业健康体检11 902人，体检率达到84.16%。按照《放射卫生监督条例》要求，对射线装置使用单位进行监督管理，检查了放射装置使用单位的放射装置和工作人员防护情况，全年监督率达100%，为全市放射工作人员571人建立了健康档案和个人剂量档案，健康体检486人，体检率达85%。清理放射源，市卫生局同市环保局、公安局联合开展检查活动，分工明确，各负其责全面检查了涉源单位，将管理档案移交环保局。

【查处劣质奶粉】 根据省市要求，市县区组成联合检查组共6组，出动车辆20台次，人员100余人，进行拉网式检查。共检查食品批发市场、超市、商场、农贸市场和食杂店等经营场所567家，重点对销往农村地区的批发点和农村集贸市场进行检查，查出可疑劣质不合格奶粉4种，并将4种产品进行封存。

【散装食品清理整顿】 召开全市商场负责人参加的散装食品专项整治会议，组织座谈、现场答疑，并组织人员到沈阳参观学习，各大商场按要求进行整改，全市散装食品整顿工作取得预期效果。进行食品卫生量化分级管理，对全市食品行业进行分级，督促企业逐步走向科学化、规范化的轨道。

【食品加工的监督检查】 对所辖区内的加工单位进行监督检查，检查熟食加工单位19个，糕点加工单位101家，饮料加工单位3家，主要检查了添加剂的索证、使用记录，抽检样品27份，未发现使用食品添加剂过量和使用非食品原料情况。

【经常性卫生监督】 监督检查1 746个单位，提出监督意见2 929条，受理案件281件，立案275件，结案213件，责令停产停业46家。

【县区卫生监督机构体制改革】 实行监督监测分开，成立卫生监督所和疾病控制中心，三县、四区均已完成此项工作。

【软环境建设】 落实再就业政策，减免卫生许可证费、监测费、体检费25万元。牢固树立服务意识，转变观念，努力为企业服务。完善内部约束机制，杜绝体检、检验、监测收费不服务的问题。积极推行综合执法，力争避免卫生部门对一个单位多头执法现象。建立监督员轮岗交流制度，调整了监督岗位。进一步建立和规范了卫生许可证审批程序，行政处罚会审制度，建立健全新、改、扩建项目专家组审评制度。

（王晓波）

·妇幼保健·

【制度建设】 根据本市实际，制定了《抚顺市孕产妇死亡监测方案》、《抚顺市5岁以下儿童死亡监测方案》、《抚顺市出生缺陷监测方案》、《抚顺市0－6岁散居儿童管理常规》、《抚顺市婴幼儿听力复查方案及管理程序》。

【新生儿听力筛查】 听力筛查是继新生儿苯丙酮尿症、甲状腺功能低下筛查后的新增项目，县区级以上医疗单位听力筛查覆盖面达100%，筛查率达43.8%。新筛工作稳步发展，在继续抓好新筛工作的同时，扩大农村新筛覆盖面，新筛质量不断提高，全市新筛合格率达99.9%，农村新筛覆盖面由50%提高到65.4%，新筛率为86.6%。

【爱婴医院督导及助产技术执法检查】 对全市县以上助产单位的产科布局、设备、人员以及产科管理、新技术应用等进行了督导，对助产单位、个人的《母婴保健技术服务执业许可证》、《母婴保健技术考核合格证书》进行校验并对助产技术人员过期的证书予以更换。9月份省对本市市中心医院、新宾县医院、新宾县永陵二院助产服务机构进行执法检查，并对今后工作提出了要求。

【创建产科建设示范院】 根据省卫生厅乡镇卫生院产科建设示范院标准，乡镇卫生院积极加强产科建设，改善条件，增加设备，新宾县永陵二院、清原县夏家卜、草市卫生院进行申报，最终新宾县永陵二院被评为乡镇卫生院产科建设示范院。

**【出生缺陷预防和高危贫困孕产妇救

助】 为降低本市出生缺陷发生率，依据《辽宁省产前诊断技术管理办法》，年底在全市启动孕妇产前B超筛查畸形工作，经医疗单位申请，市卫生局审核，抚矿总医院、新宾县医院、清原县中医院被确定为B超筛查定点医院。抚顺县一名高危贫困孕产妇因产后出血患并发症，共拖欠医院医疗费用3万多元，在扶贫医疗款中予以补助核销。

（董宁宁）

·健康教育·

【围绕创建国家卫生城开展健康教育】 制定《抚顺市创建国家卫生城市（健康教育）实施方案》，部署落实“创建”工作，系统学习《国家卫生城市标准》，到市区4个区10个街道社区督导检查，推动创建卫生城活动。成立4个“创建”工作组：负责协调有关部门落实《抚顺市创建国家卫生城市工作目标与责任分工表》中的工作任务的健康教育指标。4月1日—4月30日集中对公共场所、学校健康教育工作进行指导。5月8日—5月31日集中对医院、社区健康教育工作进行指导。对社区、医院、学校、公共场所集中进行督导检查。

【贯彻健康教育工作规范】 认真落实《辽宁省健康教育规范》，深入基层进行健康教育指导328个单位，发监督检查意见书500余份，完成创建国家卫生城工作全年各阶段预定工作目标。加强培训，下基层讲课、举办培训班23次，受教育人数数千人。对从业人员卫生知识培训5 792人次，发放教材5 000余本。发放各种宣传材料万余份，办好抚顺电视台《卫生与百姓》、抚顺晚报《卫生广角》两个栏目，在电视台播出24期、抚顺晚报《卫生广角》发稿42期。《抚顺日报》刊出“非典”、禽流感防治常识1期。开展世界卫生日的宣传工作，出板报7期34版，发放各种宣传材料千余份，宣传光盘50盘。重点抓了全市无烟日、艾滋病日、高血压日、爱牙日等世界卫生日全市性的大型活动。组织市区防疫站开展了预防艾滋病红飘带活动，200余名专业人员到市区商业街开展宣传活动，现场发宣传品26 000余份，宣传板报40余块，健康咨询百余人次。做好“相约健康社区行”和“健康面对面，乡村行活动”工作。以社区作为开展健康教育的基地，抓好以健康教育为重点的知识普及教育，现已完成16次受教育人数千余人的培训讲课任务。开展了以抚顺县为示范县的“健康面对面，乡村行系列科普知识”的普及宣传工作，有效地促进了“三县”农村健康知识的传播。

【卫生整治系列活动】 配合整治学校周边环境活动，集中利用6~7月份两个月时间，开展学生健康教育工作。抓好“青春红丝带”青少年防治艾滋病志愿者面对面宣传教育活动。配合团组织成立青年志愿者防治艾滋病宣传教育总队，深入厂矿、公共场所、学校、社区进行艾滋病防治知识宣传活动。继续抓好亿万农民健康促进“示范村”工作。对创建卫生城市的重点行业单位（街道、社区、社区卫生服务中心或站）、医院和公共场所进行健康教育工作考核。抓好艾滋病防治宣传工作，按照省健康教育所的部署，认真做好艾滋病防治的各种宣传品的发放工作，发放宣传品27种、97 830份。成立了由18位专家组成的抚顺市健康教育讲师团，深入街道社区进行巡回讲课，全年共开展讲座36次，覆盖2 000余人次，取得较好效果。

（李恩山）

·卫生行风建设·

【行风软环境建设“双评”工作】 按照市纪委、市纠风办软环境建设工作的有关要求，市卫生局结合实际重新制定了《抚顺市卫生系统为经济建设服务最佳和较差单位评比活动实施方案》，并将“双评”工作列为各项工作中的重中之重研究部署。一是年初下发了《2004年抚顺市卫生系统纠正行业不正之风工作要点》，5月26日同市监察局联合召开了由全市卫生系统700余人参加的卫生行业作风建设整顿大会暨软环境建设“双评”活动动员会议，副市长兼市卫生局局长刘诗到会讲话，要求全市各级医疗机构用求真务实、真抓实干的精神去抓好软环境建设工作。同市监察局联合下发了《关于进一步加强全市卫生系统行业作风建设的意见》，提出了健全责任制、开展专项治理等六大方面行风工作意见。二是纳入目标管理，签订责任状。将软环境建设“双评”工作纳入全年综合目标考核，规定软环境建设出现问题一票否决，实行责任追究制。三是抽调专人成立了市卫生局行风办公室，成立了软环境建设“双评”活动领导小组，多次研究全局软环境建设、纠风工作，各有关单位切实将软环境建设工作放到重要日程上，较大的基层单位均建立了软环境建设工作机构，抽调专人、专门从事此项工作。

【职业道德教育】 先后开展了创建文明行业、文明单位，雷锋精神进医院，卫生服务质量万里行，争创百姓放心医院，优质服务杯竞赛等活动。将法治和德治教育结合起来，开展经常性的遵纪守法教育、警示教育和职业道德、职业责任、职业纪律、职业规范教育，重点加强了制度和承诺的学习和实践，提高了卫生执法、监督监测和医务人员思想道德素质，全市卫生系统职业道德教育培训率达100%。各城区卫生局结合行业特点，也开展了一系列教育活动。市卫生局树立了20名廉洁行医、乐于奉献、为经济发展服务的个人典型，在“七一”进行了命名表彰，并组织到各基层单位进行巡回报告演讲，起到了示范和导向作用，各基层单位均普遍树立了典型，召开了事迹报告会。

【规范服务行为】 市卫生局制定了《抚顺市卫生系统行业作风建设责任制》、《抚顺市卫生系统行业作风建设十不准规定》、《抚顺市卫生系统为经济建设服务承诺》、《抚顺市卫生系统为经济建设服务最佳和最差单位评比活动实施方案》。与市监察局联合下发了《关于进一步加强全市卫生系统行风建设的意见》，明确规定了各项处罚政策和责任追究。与市人民检查院建立了预防职务犯罪联席会议制度，从源头上抓好预防。各县区卫生局根据软环境建设要求，制定了相关制度。各医疗卫生单位认真落实市卫生局制定的新制度、新举措，在原有制度、规定的基础上结合实际制定了各项制度。上述制度的制定、完善、落实形成了有效的制约机制，规范了服务行为，营造了良好的内部环境。

【专项治理整顿】 一是治理群众反映的热点问题。以治理乱收费、乱检查、乱用药、收受“红包”、收受临床促销、执法不公和服务态度差等问题为重点，于4—7月份在全行业开展专项整顿治理工作。召开了动员大会，印发了《关于进一步开展行业作风整顿的通知》。各有关单位认真进行自查自纠，制定整改措施。年内市卫生局进行专项检查9次，推进专项工作取得了良好成效。二是认真清理市卫生局所承担的11项行政许可事项和行政审批事项，积极有效地为群众提供优质高效的服务。对照《行政许可法》认真清理了行政许可内容，对无法律依据的许可予以取缔。按照市政府第14次常务会议议定和市政府法制办审定的市卫生局行政许可事项17项开展许可活动。8月4日市清理行政审批事项工作会议后，结合实际，本着严格细致的原则，继清理行政许可事项后，对市卫生局承担的行政审批事项逐项进行认真清理。最后清理结果为拟保留审批事项2项，取消审批事项9项。上述许可、审批项目正陆续进入审批大厅。

【建设诚信医院活动】 在全行业树立以人为本、以病人为中心，靠质量与信誉生存的诚信卫生理念，进行全员职业道德教育。各医疗机构、卫生单位普遍向社会公开了服务承诺，市卫生局组织20名医疗卫生机构行政领导、35名医学专家通过新闻媒体公开了廉洁和服务承诺。市卫生局定期进行检查，对市6家大医院的门诊费用、住院费用、单病种费用等在《抚顺日报》进行公示。市中心医院、市中医院、抚矿总医院、市眼病医院被抚顺市政府评为诚信单位。

【舆论宣传】 为使百姓更加了解卫生工作，了解各级医疗卫生单位的先进技术、设备、先进人物及感人事迹，市卫生局加大正面宣传力度，及时、真实、多角度、多层面报道各项卫生工作取得的成绩，在《抚顺卫生网》开设了“卫生行风”专栏，在《抚顺晚报》上开设了《医风视线》专栏，在抚顺电视台开设了《卫生与百姓》专栏，设计制作了《卫生行风》简报，已出刊六期。全年共对外宣传852次，其中国家级35次，省级39次。

【全方位接受监督】 拓宽投拆举报渠道。市卫生局和医疗卫生单位分别设立了举报电话、举报箱，成立了投诉办公室，制定了接待投诉制度，建立了院长接待日，公布了3台举报电话，成立了投诉办公室，配备专用电话、电脑，抽调专人专门负责日常投诉，建立了网络行风投诉信箱。市卫生监督所成立了法制稽查科，并在法制稽查科成立了“抚顺市卫生监督所投诉举报中心”，设专人负责接待投诉举报工作，在《抚顺日报》公示了2部投诉电话。强化社会各界监督。市卫生局和各基层单位都聘请了社会监督员，市卫生局重新聘请30名监督员，召开了两次社会监督员座谈会，两次与市民投诉中心、市物价局、四家新闻单位分别到市中心医院、中医院、二院、三院和抚矿总医院对收费问题进行检查，六次邀请监督员当一日患者对各级医疗卫生单位进行明查暗访；还同与卫生工作、卫生行风建设有指导关系的本市11个相关部门建立了卫生行风联席会制度，主动接受监督。

（唐东宏）

·爱国卫生·

【基本情况】 抚顺市2004年的爱国卫生工作，主要是围绕争创“国家环保模范城市”及“国家卫生城市”工作的总体部署和安排进行的，从3月1日至4月16日，由市爱卫会组织开展了以“建清洁优美家园，创国家卫生城市”为主题的春季爱国卫生“清洁月”活动；5、6月份与市建委联合组织了夏季环境卫生专项整治活动。之后又相继开展了除“四害”灭鼠、灭蟑螂活动及食品卫生和交通整治活动。

【春季爱国卫生清洁月活动】 1. 重点部位和重点线路的卫生面貌普遍整治一新。一是居民住宅区的环境卫生得到了全面整治。由于社区卫生工作逐步强化，春季清洁月对居民区的环境卫生整治活动主要是集中清除“垃圾广告”，清理装修残土和杂物等，整治速度比较快，效果比较好。二是各类露天农贸市场的卫生状况有了很大改善。各区市场办为了强化对集贸市场的卫生管理工作，把卫生工作当作中心任务来抓，规范整顿了所辖区域的所有集贸市场，加强了卫生管理，效果比较明显。三是公路、铁路（含电铁）沿线的垃圾、残土和“白色污染”得到了有效的清理。四是各类施工工地的卫生管理工作普遍得到加强。基本上做到了围档齐全、美观，物料堆放整齐有序，工地内无垃圾积存。五是城市出入口的治脏治乱工作力度大，效果好。六是农村村容镇貌的整治活动坚持了经常化，村容镇貌明显好转。

2. 集中力量解决了一些老大难问题。在本次清洁月活动中，一些基层单位不纠缠责任，不等不靠，主动出击，使一些几年来的老大难问题得到了解决。东洲区机关干部和各街道、社区人员利用周五、周六组织地区单位、学校12 700多人进行环境清理整治活动。共出动汽车、铲车59台，清理城乡结合部2处，清除垃圾、残土1 700多吨，并对甲帮路实行了卫生接段管理。新抚区对榆林城乡结合部地区积存多年的垃圾进行了彻底清理，并在积极进行协调接段管理；顺城区400多名机关干部，对北外环路近10公里路段进行了全面清理；新抚区福民街道组织党员群众200余人，对千金路南侧空地的残土垃圾进行了清理。在本次清洁月活动中，各区还对一些造脏比较严重的集贸市场进行了取缔或搬迁，大大减少了造脏行为。另外，市直机关工委和市爱卫会联合组织全市机关干部4 000多人，连续两次（3月20日和4月17日）走上街头，清理乱贴和乱喷涂的小广告和杂物，使环境卫生面貌有了很大改善。

3. 清除“四害”孳生地和消杀越冬蚊蝇的活动进展顺利。按照全省的统一部署，4月6日为城区熏杀越冬蚊虫日，各区爱卫办发动街道、社区的干部在居民区公共场地的暖气沟、下水道等越冬蚊虫栖息的场所燃放熏杀烟弹。全市一次性投放熏杀烟弹共计4 000枚。我市确定4月5日至9日为全市灭鼠投药周，市爱卫办下发了致广大市民的一封信，并通过电视台录制播放了除“四害”专题片。同时，还组织了全市性的除“四害”专题培训班，使各街道社区的干部们掌握规范的投药方法。全市共计投放鼠药15吨，使本市的“四害”密度真正得到有效控制。

【交通整治活动】 根据全市“创卫”工作要求，市爱卫会从5月上旬起，就与交通局等有关部门研究，制定了《交通集中整治实施方案》。并于6月16日，由市爱卫办会同市交通局、市公安局以及市人大代表、政协委员、新闻记者对全市的交通秩序与卫生整治情况进行了检查。重点对14路和7路终点站、北站长途客运站、南站长途客运站、解放路公交枢纽站以及站前地区中心路段的交通运输秩序和卫生状况进行了检查。我市的交通秩序与卫生状况有了很大的改观。具体表现在主要的公交车停车场和枢纽站内都增设了一定数量的专职卫生保洁人员，而且基本做到了返程车辆及时清扫，车辆停放整齐有序，特别是解放路枢纽站内的秩序与卫生状况有了很大的改善。

【铁路沿线和公路沿线的环境整治月】 根据省委、省政府的部署和要求，为了进一步提高人居环境质量，改善环境卫生面貌，按照省政府《关于开展“爱我城市、清洁家园”市容环境整治月活动的通知》精神，市爱卫会与市建委联合，在5月份综合整治铁路公路沿线的基础上，从6月2日开始，积极迅速地展开了以整治小街小巷、住宅小区、小广告小招贴、铁路沿线、校园及周边环境为重点的市容环境综合整治月活动。先后召开了3次“市容环境整治”工作会议，并会同铁路部门4次专题研究了铁路沿线整治问题，专题立会协调群众投诉电话处理问题。在详细安排部署的基础上，组织了全市性的大型义务劳动1次，以区为单位的不同规模的义务劳动7

次，累计出动11万人次，对住宅小区、铁路沿线、露天市场、城乡结合部、校园周边等部位的环境进行了整治。全市综合整治街巷路128条，改造道路面积31万平方米；改造排水管网2公里，改造恢复街巷路灯168盏，整治住宅小区69个，清理占道经营、露天烧烤4 350处，清理小广告、小招贴22 627处，拆除立柱式违章广告1 350处、1 760块，整治施工现场70个，取缔占道市场30个，整治校园及周边环境95处，清理整治铁路沿线55公里，清理积存垃圾2 509吨，投灭鼠药15吨，整治河堤5.8公里，清理残土8000立方米，绿化河堤15.3万平方米。全市设置绿叶杯竞赛投诉电话5台，整治月中受理群众投诉问题762件，整改699件。通过环境整治月的活动，全市环境卫生质量有了明显提高。

【除“四害” 灭鼠 灭蟑】 1. 灭蚊蝇。组织了全市性的越冬蚊蝇熏杀活动。按照全省的统一部署，确定4月6日为本市熏杀越冬蚊虫日，当日上午九时各区爱卫办发动街道、社区的干部在居民区公共场地的暖气沟、下水道等越冬蚊虫栖息的场所同时燃放了熏杀烟弹，受到了广大居民的欢迎。全市一次性投放熏杀烟弹共计4 000枚。

2. 灭蟑。成功地组织了灭蟑月活动。6月份为全市灭蟑月，大力开展灭蟑月宣传活动，印发宣传单8 000份，不仅规定了全市统一投药的时间，而且把具体的投药方法告诉居民，让市民们掌握科学的灭蟑方法。今年全市共计投放灭蟑药85000袋，取得了较好的效果。

3. 灭鼠。利用三月份爱国卫生清洁月，组织全市性义务劳动，对“四害”孳生地进行彻底清理。同时确定4月5日至9日为全市灭鼠投药周，15吨鼠药全部投放到各街道社区，取得了较好的效果。

【农村改厕】 市爱卫办年初以文件形式将计划任务下达到各县区，各县区已经把改厕任务落实到各乡镇村屯。市爱卫办于8月31日组织了本年有改厕任务的7个县区爱卫办主任对全市农村改厕进展情况又进行了为期两天现场拉练检查。清原大孤家子乡王小堡新建的62座卫生厕所全部进入室内，在我们与改厕户的交谈中了解到这种厕所卫生、方便、实用，深受农民欢迎。新宾县和抚顺县根据本地区实际修建的三位一体大棚式卫生厕所体现了经济实用、卫生环保的特点，是生态农业模式，体现了今后农村改厕的方向。此次拉练会对全年改厕任务的完成起到了促进作用。全市在24个乡镇的50个村屯开展农村改厕工作，完成改厕任务3 891座，其中三格水冲式1 631座。

（王金才）

体 育

·综 述·

2004年，抚顺市体育工作在市委、市政府的正确领导下，按照“抓住机遇、深化改革、求实创新、加快发展”的思路，以备战辽宁省第十届运动会为中心，结合市体育局年初制定的工作目标，切实转变工作作风，加强队伍建设，努力构建群众体育服务体系，稳步实行竞技体育改革；积极发展体育产业。体育战线广大干部职工上下一致，团结一心，顽强拼搏，各项工作都取得了一定成效，得到了上级领导的满意，抚顺百姓的满意，广大体育干部、职工的满意。国家体育总局党组书记李志坚、辽宁省体育局局长孙永言等来本市调研时，对抚顺的体育工作给予了高度评价和赞扬，尤其是对抚顺休育局的业训改革思路给予了充分肯定。2004年本市共参加17项省年度比赛，获得46枚金牌、152枚奖牌、总分1840.5分，分列全省第七名、第六名和第六名。本市选手王楠在第28届雅典奥运会上夺得女子乒乓球双打冠军，宫宝仁在第12届雅典残奥会上夺得1金1银，再次为国家争了光，为抚顺争得了荣誉，作为有输送、培养贡献的抚顺市体育局得到了省委、省政府的通报表扬。

·群众体育·

【全民健身活动】 2004年，抚顺市体育局继续实施“人人健身”战略，重点放在健身场所建设上，同时加强了组织网络建设，广泛深入地开展了全民健身活动。无论是活动开展还是场所和网络建设，都紧紧围绕着“健康、快乐”这一鲜明主题，突出了贴近百姓、服务生活的特点，为进一步提高人民的生活质量和健康素质做出了贡献，也为振兴抚顺老工业基地提供了体能支持。

1. 全民健身场所建设。①认真落实2004年市政府工作报告中提出的体育活动场所建设工作目标。下发了《关于加强全民健身工程管理及申报2004年工程建设项目的通知》，并认真选址、规划、落实配套资金等。高质量完成了10处全民健身场所建设任务。同时还围绕农村体育年，结合体育三下乡活动，在条件较好的乡镇、文明村、社区建设了23处健身场所。全年，在城乡共建成户外健身场所33处，新增全民健身活动场所面积16万平方米。②争取到省财政75万元专项资金，维修了抚顺市青少年篮球训练馆。③建立了全民健身场所建设项目库，为向省局和国家体育总局争取项目资金支持，促进体育事业可持续发展，奠定了基础。④对市民健身中心建设进行了前期策划，并提出了可研报告。

2. 体育社会指导员培训。根据《抚顺市社会体育指导员培训计划》，全年举办社会体育指导员三级培训班7期，一级、二级培训班各1期，共培训一、二、三级社会体育指导员1 361人。

3. 积极组织开展各级各类全民健身活动。按照以活动促活跃的原则，全年市、县、乡开展全民健身活动、竞赛，共300多项次，涉及市、县、区、乡、村、协会、俱乐部等各个层面，参与人员有机关干部、社区居民、企业职工、农民、军人、学生、儿童等数十万人，形成全民健身遍及城乡，深入家庭，人人参与的良好局面，广大群众参加体育活动的自觉性和积极性空前高涨。2004年4月和10月，国家体育总局党组书记李志坚和全国人大执法调研组再次来抚调研。并对本市的体育工作给予了充分肯定，同时还给予本市150万元的健身场所建设扶持资金。在抚顺老工业基地振兴中，体育发挥出了其应有的作用。2004年市体育局被评为全民健身周活动全国先进单位。

【学生体育】 抚顺市体育局在积极配合市教育局搞好青少年各类竞赛活动的同时，继续抓好全市各级各类学校实施《学生体质健康标准》工作，努力提高青少年学生的身体素质。据统计，2004年全市学生“达标”及格率、优秀率分别为95.87%和31.32%。

【农村体育】 本年是全国农村体育年，我市农村体育活动的开展非常活跃。据2004年抚顺市农村开展体育活动情况统计表显示，全市县乡两级举办竞赛200多项次，其中县区级20多项次，参加竞赛活动5万人次。

【老年体育】 老年体育成效显著。抚顺市在广泛发动、认真选拔的基础上，组成了178人的老年人体育代表团，参加辽宁省第四届老年人运动会全部项目的比赛，获团体总分第二名，实现了历史性的突破。

·竞技体育·

【竞技体育改革】 在竞技体育改革方面进行了积极而有益的探索，初步形成了竞技体育体制改革、转换运行机制方案和若干强化管理的办法，并将结合全市事业单位人事制度改革一并推进。

【调整项目　整合资源】 按照发展地区特色项目，巩固提高优势项目，开发低成本便于群众普及项目，引导和鼓励社会各界办竞技体育项目的原则，对运动项目进行初步调整。鼓励支持社会办体育项目，充分利用大专院校师资、场馆优势联合办学、办项目，走学校办运动队的道路，在普及上下功夫，扩大选材范围。制定了相应的激励、约束政策，调动了社会各界办运动项目的积极性，同时对社会竞技体育项目实行了规范管理。目前，速度滑冰和曲棍球两个项目已经成为我市的优势项目。田径、曲棍球、速度滑冰、武术、跆拳道、羽毛球等项目发展势头良好。

【体育学校通过评估】 围绕可持续发展，抓住4年一次国家奥林匹克人才基地重新评估的机会，积极筹借资金支持体育运动学校和水上业余体校向国家体育总局申报国家奥林匹克后备人才学校。为此投入了大量人力、物力编写申报材料、教练员业务档案、运动员技术档案等，先后投入60万元用于两校设施改造、设备购置。经过一年来的不懈努力，两校已通过国家评估。体育中专还顺利通过了全省示范中专的评估。为体育中专长远发展，提供了有力保障。

【体育传统项目学校建设】 全市56所体育传统项目学校已经恢复了业余训练，尤其是5所乒乓球项目传统校，不但长年坚持业余训练，而且颇具规模，在全校实现了普及乒乓球操、人手一拍、人手一球的目标。同时加大了对传统项目学校的投资力度，本年共出资10万元用于购置体育器材。2004年5月，举办了乒乓球传统项目学校的教练员学习班，聘请沈阳体育学院乒乓球专业的教授讲课。全市20所乒乓球传统项目学校都派教练员参加了学习。

·业余训练·

【落实目标责任制】 抚顺市体育局对各个基层训练单位实行目标管理责任制，层层签订金牌目标责任状。特别是与市体育运动学校和市水上运动学校签订了参加辽宁省十运会的目标责任状，把金牌和任务指标落实到人。两个学校的教练员都交纳了一定数额的风险抵押金，完成任务受奖励，未完成任务扣风险抵押金。各运动队如期参加省年度比赛，经严格把关，认真审核，圆满地完成了乒乓球等16个项目的参赛运动员资格审查、注册、报名等工作。

【参赛情况】 各县、区都组织传统项目学校进行体育项目比赛，并参加了市里举办的各项体育比赛。2004年，抚顺速度滑冰项目首次参加省年度比赛就取得了优异成绩，获得全部比赛30枚金牌的17枚。金牌总数和团体总分分别列第一名；抚顺男子曲棍球队在比赛中四战三捷一平，与冠军营口代表队客场打成平局，因净胜球负于营口队而取得第二名。抚顺女子曲棍球队获得第四名；跆拳道项目也取得了一枚金牌、一枚银牌、五枚铜牌的较好成绩；武术项目取得了一枚金牌、两枚铜牌的成绩。

·体育竞赛·

【承办赛事】 抚顺市承办了全国足球超级联赛辽宁足球队全年11个主场的比赛和全国象棋甲级联赛、东三省少儿围棋赛、辽宁省“三块石杯”登山比赛。

【举办赛事】 抚顺市举办了“安踏杯”乒乓球大奖赛。本市有38支代表队，364名运动员、领队、教练员参加。比赛设成人、高中、少年组，分甲、乙、丙、男、女10个组别，一共进行1 500场比赛；举办了“鹏达运动城杯”篮球比赛。本市有38支代表队，431名运动员，89名领队和教练员参加。还举办了抚顺市全民健身长跑大赛。同时，以体育“三下乡”，农民健身周等，围绕“全民奔小康，身体要健康”主题，向社会推出了32项体育竞赛活动。

【裁判员队伍建设】 举办了田径、乒乓球、篮球3个项目的裁判员培训班，有300余人参加培训，经考核、审批等级裁判员225人。提高和壮大裁判员队伍。

·体育协会·

【完善制度】 2004年3月份，抚顺市体育总会下发了《抚顺市单项体育协会财务管理暂行办法》，对协会的经费收入、支出办法及审批权限、责任追究等都做出了明确规定。进一步完善了公章、账户、注册副本由体育总会统一管理的“三统一管理”办法。同时，建立并执行体育总会与各单项体育协会的工作联系和情况通报制度，每季度召开座谈会或互通报工作情况一次。

【活动开展】 2004年，各单项体育协会依靠社会开展活动18项次，并组队参加了省以上比赛18项次，取得了较好成绩。其中，参加北京国际马拉松比赛，获女子10公里第一名、第四名；参加千山国际登山比赛，获青年男子组第一名、第三名，青年女子组第四名；参加“爱丽丝杯”体育舞蹈公开赛，获5个第一名，4个第二名，1个第三名；文龙武术学校参加辽宁省少年散打比赛，获1个冠军，2个第三名。

·体育产业·

【出台管理条例】 抚顺市有体育市场经营业户316家，从业人员1 518人，体育产业经营总值为10 076万元。特别是行政许可法出台以后成功创制了《抚顺市体育市场管理条例》，并于2004年4月1日颁布实施，对于培育、规范体育市场，依法治体提供了法律依据。这也是本市体育工作的一项创新和突破，走在了全省前列，得到了全国人大、省体育局的高度赞扬。以后又起草了《抚顺市体育市场稽查办法》（征求意见稿），提交市政府常务会讨论。

【体育场所经营】 雷锋体育场，年初制定了全年创收180万元的经济目标。经过努力工作，克服困难，年末基本完成了指标。体育场全年总收入186万元，其中产业公司完成102.35万元；展销公司完成13.65万元；综合办完成55万元；物业公司完成15万元。体育场全年总支出185万元，解决了安全隐患，改善了照明设施和消防工程，并取得了省、市消防部门的验收合格证书。还取得了《安全用电意见书》、《房屋结构安全鉴定书》。2004年初，雷锋体育场与辽宁足球俱乐部签定了3年场地出租协议。全年在承接好足球赛事的同时，积极承揽各项经营创收活动，先后接待了抚顺市顺城区运动会、抚顺石化公司运动会和抚顺市中、小学生运动会等6个场次的运动会。为市汽贸公司春天健身俱乐部落户体育场做出贡献。积极开展了青少年校外体育健身活动。

市体育局为盘活原军体校近10万平方米的闲置体育用地，决定将经营用地工作移交给产业处负责。经过论证，已设计出盘活方案，并开始逐步实施。

2004年，抚顺市吸引省资金200万元，建成了抚顺体育彩票发行中心，改善了体彩发行经营条件，树立了良好形象，为扩大体育彩票发行量奠定了基础。

（胡彦波）

社会保障体系

民　政

·社会救助·

【提高“低保”标准】 为了提高城市居民最低生活保障能力，在认真抓好规范化管理的基础上，从2004年10月1日起对全市城市居民最低生活保障（以下简称城市低保）标准进行了调整，调整标准为：市内各区（含抚顺经济开发区、胜利开发区）由156元提高到170元；县政府所在地的镇由130元提高到142元；其他乡镇由91元提高到100元。全年共实现保障人数16.4万人，人均救助额80元，累计发放保障金1.38亿元。同时，还对《抚顺市城市居民最低生活保障实施细则》进行了修改，并草拟了《抚顺市城市特困居民重大疾病实施细则》待市政府审批后实施。

【扶贫帮困】 2004年，全市在节日期间大规模救助城乡困难群众7.3万户，发放救助款物1 465万元，并通过党员干部开展走访慰问活动为1.58万户贫困群众送去慰问品、慰问金237万元；从扶贫帮困基金中发放临时救助金150万元，救助突发性等自然灾害造成的困难群众1 844人；开展了“福彩助学子”活动，发放助学金41.5万元，帮助102名困难家庭子女圆了大学梦；完成农村贫困户建房829户，建成清原县大孤家、大苏河和新宾县旺清门、顺城区河北乡以及抚顺县石文、章党6所区域性中心敬老院，超额完成了省下达的170户建房和2所敬老院建设任务，贫困户建房工作受到了省民政厅的充分肯定。

【救灾　救济】 2004年，全年下拨救灾款415万元，落实农村五保供养和贫困群众转移支付救助金714万元，并扩大了农村居民最低生活保障（以下简称农村低保）6 000人，使全市农村低保人数达到了19 587人，其中人均救助标准40元的占67.4%。2004年生活无着落城市流浪乞讨人员救助工作取得成效。全年救助各类人员1 670人次，其中站内救助560人次、流动救助930人次、对虽不符合救助条件，但偶遇临时性困难人员救助180人次，共支出救助款物35万元，有力地净化了社会环境。

·优抚　安置·

【双拥优抚】 开展了节日期间走访慰问活动，各级民政部门和社会各界为驻抚顺部队、优抚对象赠送慰问品、慰问金总计362万元；通过科技、智力和文化拥军等形式，培训部队官兵500多人，并协调解决了随军家属安置和子女入学入托的问题。认真落实优抚政策，各项抚恤优待资金特别是转移支付中优抚资金都落实到位并及时发放，其中转换支付发放优抚对象优待补助金795.6万元，还为900多名优抚对象发放重大疾病医疗补助110多万元。同时，还承担了部分企业的军队转业干部和企业里建国前以及1953年底前入伍老兵（以下简称“三方面”人员）的信访接待、政策落实等大量工作，接待上访3 000多人次，为困难企业“三方面”人员发放生活补助、拖欠工资和医疗费400多万元。

【退役士兵安置】 2004年，全市共接收退役士兵1 493人，其中城镇退役士兵860人、农村退役士兵633人。全市仍采取政府安置和扶持就业相结合的双轨安置办法，并大力提倡和鼓励城镇退役士兵自谋职业，由政府发放一次性安置金。经过市、县（区）共同努力，通过政府安置577人，有356人自谋职业领取了有偿转移金，其中当年283人、往年73人，安置工作顺利完成。

·社会福利·

【居家养老】 全市社会福利社会化实现历史性创新，构建了以居家养老为基础，以社区福利服务为依托，以养老机构为补充的三级为老服务网络。在全省率先实施了居家养老服务，成立了5家老年服务公司，通过培训建成一支640人的社会化性质服务队伍，为2 000户老人开展了居家养老服务。其中，采取政府购买服务、发放代币券的形式为40户分散供养老人实行居家养老服务，并为失业人员提供了80个公益性岗位。

【民办公助养老】 积极探索民办公助养老新办法，对符合要求的6家民办养老机构予以帮助，资助资金、器材10余万元，通过资助有3家民办养老机构的入住率达到了100%。

【社会福利院】 在抚顺、清原和新宾3个县成立了社会福利院，并经反复论证，面向社会招标，对新宾县社会福利院实行了国有民营；创办了首家老年服务超市，为全市老年人养老服务搭建了平台。

【第三批“星光计划”】 2004年，下拨中央和省、市资金605万元建成第三批“星光计划”项目40个，对首批、二批项目进行了终结审计，并争取先期“星光计划”项目维修专项资金15万元。

【启动“明天计划”】 2004年启动了“明天计划”，有3名适应症儿童已顺利做了手术。

【福利彩票】 2004年，进一步扩大了电脑福利彩票宣传力度，积极营造品牌形象，不断增强服务意识、提高服务质量，全年销售电脑福利彩票6 850万元，创了历史新高。

（孙振全）

·残疾人工作·

【扶贫解困】 积极开展“帮包带扶”扶贫解困送温暖活动，与加大资金投入，不断进行开发式扶贫相结合，为全市城乡残疾人摆脱贫困创造了有利的条件。一是建立起了有效的“帮包带扶”扶贫解困的长效机制。全市城镇符合低保线条件的残疾人全部进入低保，实现了应保尽保。两节期间，开展了广泛的救助活动。全市共走访慰问贫困残疾人家庭5 073户，送慰问金和各种生活品178.4万元，基本保证了残疾人家庭过上祥和的节日。围绕全国法定“助残日”，市残工委成员单位响应市残工委号召，在“助残日”前，31个成员单位，每个单位走访慰问2户残疾人家庭，为残困户家庭送去慰问金1.6万元。二是管好、用好省政府扶贫资金。2004年，清原满族自治县落实省政府30万元扶贫项目资金取得明显效益，市残联为新宾满族自治县争取省政府专项扶贫和市县配套资金40万元，经过严格筛选，选择扶持对象，将资金分配到15个乡镇150户有劳动能力的贫困残疾人家庭。三是加大城区带乡的农村残疾人开发式扶贫力度。2004年，市残联以残疾人就业扶持金形式，首次在城区带乡的东洲和望花两区的3个乡镇投入15万元，扶持了48户有劳动能力的残疾人家庭，因地、因人制宜地进行开发式扶贫。对35户残疾人家庭采取了多种扶持形式，既有养猪、牛养的养殖户，又有果树、蔬菜大棚种植，还有承包土地、机械维修和小餐桌等多种形式。4月份，全部资金以实物形式投放到残疾人家庭，为他们脱贫致富提供了物质条件。经过一年时间的运作，产生了良好的效益。四是提前完成了清原满族自治县50户残困户的危房改造。年底前危房改造工作已全部完成，被救助残疾人现已全部搬入新居。继续投入资金对患重大疾病和遭遇意外灾害的贫困残疾人给予救助，帮助他们战胜病患渡过难关。市残联共投入资金0.9万元，为县区5名残疾人支付了医疗费和困难补助。

【"无白内障障碍市"光明行动】 2004年是完成省政府下达两年内实现无白内障障碍省任务目标的最后一年。市残联动员社会力量，对全市城乡残疾人白内障患者进行全面筛查，筛查出白内障患者1 500余人。全年组派9批医疗队深入边远农村为219名白内障患者实施了无偿手术，成功率达到100%。截止到11月末，全市共做白内障复明手术1 379例，两年累计实施白内障复明手术2 792例，超额完成了省下达的任务，如期完成了"无白内障障碍市"光明行动目标。

【开展"爱耳日""爱眼日""碘缺乏症防治日"活动】 在3月3日全国"爱耳日"期间，市残联认真落实救助贫困聋儿康复训练项目，免费为市特教学校10名聋儿配备了助听器，全年聋儿康复44名，培训家长25名，配助听器20名，为58名低视力患者配备了助视器。在"爱眼日"前，组织眼病专家为特教学校168名学生做了眼科检查。积极开展碘缺乏症防治知识的宣传节活动日活动，为完成全年各项康复任务奠定了良好的基础。

【教育救助】 2004年，全市残联系统对教育的救助总额达到13.3万元，比2004年增加3.73万元，增长39%。一是做好特教学校残疾学生的教育救助工作。二是市残联对清原、新宾两县的特教学校65名特困生从2004年开始每年出资6 000元给予生活补助，保证了他们的学业。三是完成了中残联彩票公益金助学项目工作。四是资助上线残疾考生和特困残疾人家庭子女就读大学。2004年，省内各大专院校录取本市大学专科以上残疾考生16名，贫困残疾人家庭子女36名。市残联出资8.3万元，对他们实行了临时救助，并协调2名考生进入了报考院校和专业，通过全市残联系统开展的广泛救助活动，考生全部入学，录取率达到100%。

【残疾人就业】 就业安置工作实现了以市场为导向，重点抓好残疾人分散就业和个体从业工作思路的转移。具体操作上，进一步落实了残疾人下岗再就业的优惠政策，扩大了残疾人就业扶持费的发放和实物发放的数量，协调落实了扶持残疾人个体从业的措施，对集中安置残疾人就业人数较多的5个企业进行了奖励，为34名残疾人个体从业人员发放了必要的从业工具，还对部分残疾人就业人员发放了就业扶持金。据统计，全年安置残疾人就业740人。其中，集中安置73人，分散安置55人，个体从业612人，自谋职业人数占就业总数的82.7%，残疾人就业和再就业观念发生了很大转变。

【职业技能培训】 依托市残疾人就业培训中心和县区就业培训机构，发挥嘉道理基金会援助教学设备的作用，面向市场，开展有针对性、实用性的职业技能培训，为残疾人就业提供了技能支持。全年市及县区共培训残疾人学员2 283人，其中城镇培训学员450人，农村实用技术培训1 634人，市级培训199人。市残疾人就业培训中心培训效果尤为明显，全年共举办了保健按摩、服装裁剪、家电维修、毛衣编制、手机修理、电脑操作、面点制做等7个专业的10期培训班，利用嘉道理援助项目首次在"盲人节"期间开办了有18名盲人参加，为期10天的电脑培训班；还组织36人分别参加了劳动部门的初、中级面点师与按摩师的职业技能鉴定。

【宣传文化活动】 "助残日"宣传工作。"助残日"前，市残联邀请《抚顺日报》记者到各县区采风，组织采写了扶残助残，残疾人自强典型等一批稿件。"助残日"期间，在《抚顺日报》、《抚顺晚报》上半月内连续发稿13篇。市残联系统全年在市以上新闻单位发稿164篇（条）。其中，《中国残疾人》1篇、照片3幅，省级3篇。

市残联协调市文化、广播电视、教育部、积极参与，市县区都编创了具有时代气息，反映残疾人生活和歌颂祖国的一批歌曲、舞蹈节目，在向上级残联选送的7个优秀节目共获得10个项奖，受到省残联、省文化厅、省教育厅的通报表扬。

【残疾人体育】 在残疾人体育活动中，全市残疾人运动员在国内外各项赛事上也取得2金、2银的优异成绩。肢残运动员宫宝仁在第12届雅典残奥会上夺得1金1银的好成绩，在全国残疾人游泳锦标赛上又夺得1枚金牌；肢残运动员孙树海和姜敏也在全国残疾人锦标赛上取得3枚金牌的优异成绩，市残联受到省政府的通报表扬。由于本市残疾人体育运动的蓬勃发展，市特教学校、体育局第二业余体校分别被省残联、体育局和教育厅授予省残疾人体育工作定点学校。

（关振清）

社会保障

·劳动保障·

【养老保险】 到2004年底，全市地方统筹企业离退休人员已达20.7万人，为保障老年人的基本生活，维护老年人的合法权益，市政府不断完善养老保险制度，改革基金筹集模式，建立多层次养老保险体系，确保了养老金按时、足额、社会化发放。全市参保企业3 146户，参保人员52.4万人，其中新扩面参保1.3万人。征缴企业养老保险基金8.04亿元，同比增长1.06%。拨付企业养老保险基金15.82亿元，拨付机关、事业单位养老保险金1.92亿元。实行了未参保城镇集体企业退休人员发放生活费制度；落实了农垦企业纳入地方养老保险统筹的政策措施；出台了停产企业职工缴纳养老保险暂行规定；制定了养老保险扩面工作方案。共审批退休6 164人，其中正常退休4 922人，因病退休548人。完成退休人员待遇更改及遗属生活费审批520人。

【失业保险】 2004年，在推动企业用工制度改革和建立市场导向就业机制的同时，加快建立和完善失业保险制度，保障职工失业后的基本生活，帮助失业人员实现再就业。2004年，全市失业保险参保企业3 132户，参保54万人，其中新扩面参保0.8万元，领取失业保险金52 710人。征缴失业保险金0.83亿元，拨付失业保险基金1.8亿元。在保障失业人员基本生活的同时，市政府积极探索失业保险对促进再就业的有效办法，加强失业保险服务和就业服务的有机衔接。实现就业、再就业10.9万人次，完成省下达目标的115.2%，全市登记失业率5.7%。

【医疗保险】 抚顺市于2001年全面启动城镇职工医疗保险制度以来，市政府积极建立医疗保险制度，完善多层次医疗保险体系，基本满足了不同参保人员的医疗需求。参加基本医疗保险40.6万人，其中新扩面参保6.48万人。基本医疗保险基金收入1.62亿元，同比增长32.6%。拨付医疗保险基金1.39亿元。组织1 200余名患特殊病、慢性病参保职工进行了体检，800多合格人员办理了享受待遇手续。

【工伤保险】 以职工的工伤预防、工伤补偿和工伤康复相结合为标志的工伤保险制度基本建立，工伤保险基金收支总量平衡，运行平衡。2004年参加工伤保险企业1 848户，参保41万人。工伤保险基金收入0.17亿元，同比增长3.71%。拨付工伤保险基金0.23亿元。受理425名职工工伤认定申请，为712名工伤职工进行了伤残等级鉴定。受理企业申请病退职工2 451人，并为2 373人组织了劳动能力鉴定。对59名工伤职工医疗辅助器具进行了审批。

【生育保险】 抚顺市生育保险政策主要覆盖城镇各类企业及其职工以及外商投资企业中方职工。没有参保的单位，仍由单位承担支付生育费用待遇的责任。2004年全市已有1 306户企业12万名职工参加了生育保险。拨付生育保险基金93万元。

【主要问题】 抚顺市社会保险的总体发展水平，与先进城市相比，还有很大差距。主要表现在：一是社会保险没有实现全覆盖目标，有相当一部分应参保的单位和从业人员没有纳入社会保险范围。二是社会保险基金支付压力巨大。2004年本市企业养老保险基金缺口为5 041万元。三是失业保险仍然面临很大的支付压力。四是一部分效益好的中省直单位尚未参加医疗保险，同时还有相当多的困难企业及其职工不能参保。五是一些企业用人制度不规范，不与职工签订劳动合同，影响了本市社会保险扩面和保费征缴工作，同时也使劳动争议不断增加。

（曹　阳）

·就业　再就业·

【基本情况】 2004年，全市劳动就业工作认真贯彻落实国家、省、市的各项政策和措施，采取一系列有效措施和办法，大力促进下岗失业人员的就业、再就业工作。到2004年底，全市实现就业、再就业109 000人次，完成省下达目标的115.2%（其中劳务输出16 600人）；持证下岗失业人员实现就业31 000人，完成省下达目标的109%；安置大龄就业困难对象9 500人，完成省下达目标的100%；培训下岗失业人员26 873人，完成省下达目标的112%；创业培训810人，完成省下达目标的101.3%；扶持创业带头人678人，带动就业7 870人，分别完成省下达目标的150.6和174.8%。

【劳动保障平台建设】 2004年，按省政府下达本市社区平台要100%建立就业基础工作和50%乡镇要建立劳动保障工作平台的目标，分别对社区和乡镇开展了调研、指导、培训、检查等项工作，使城区就业基础工作较弱的社区进一步得到完善和加强。同时制定了《乡镇劳动保障管理工作办公室职责》，截止到2004年底已有37个乡镇建立了平台，占全市乡镇总数的78.7%。社区在建立已就业人员名册的基础上，做了大量艰苦细致工作，对2004年就业人员全部实现了“实名制”动态管理。

【劳动力市场】 2004年，本市各级劳动力市场基本实现了求职登记、职业指导、职业介绍、失业登记、培训申请等“一站式”就业服务，每天可提供岗位信息2 000余个。市级劳动力市场每周二、四举办定期洽谈会，其每天进场用人单位50多家，求职者1 000余人。市、区劳动力市场与社区已经联网，社区微机能够浏览、下载市县区劳动力市场信息，就近为下岗失业人员提供服务。本市在全省率先建立了劳动就业网站，扩大了就业服务的领域。全市公共职业介绍机构登记就业岗位46 884个，与上年同期相比提高6%；办理求职登记62 104人，比上年同期提高5%。

【就业培训】 2004年，确定了“抓住三产，开发二产，兼顾一产，突出创业”的就业培训工作指导思想。全市共举办各类培训班650期，各种培训专业43个，培训下岗失业人员26 873人，完成省计划的112%。其中，以种植、养殖为主要内容的“一产班”培训2 604人，“二产班”培训915人，“三产班”23 354人。经培训的下岗失业人员有60%实现了就业。

【就业岗位开发】 2004年，本市重点抓了社区服务业就业、创业带动就业、劳务输出就业和利用政策安置困难群体就业四个方面工作，并有新的突破。全市下岗失业人员在社区服务业实现就业达到23 613人次；境内外劳务输出18 150人，申请再就业补贴8 830人，补贴金额为1 318 000元；扶持创业带头人678人，带动7 870人实现就业；公益性岗位和部分企业政策性安置大龄就业困难对象15 660人。

【再就业扶持政策落实】 2004年，本市已领取《再就业优惠证》人员达4万人。累计减免税费1 310.6万元，其中，减免税1 207万元、减免费103.6万元；其中，个体工商户988户，主辅分离辅业改制企业1户，新办服务、商贸型企业13户，均已享受有关扶持政策。

（岳宏群）

·社会保险·

【社会保险基金收缴拨付】 2004年，抚顺市的社会保险基金收缴和拨付工作全面完成了年初省、市下达的各项征缴计划目标。本年度，全市共收缴各项社会保险基金125 088万元，同比增长5.4%；社保部门完成欠费征收23 801万元，其中统筹部分完成18 910万元，占征缴总额的29.5%。超额完成了年初市政府下达的清欠保费1.3亿元，力争实现1.5亿元的全年保费清收任务指标。2004年，全市共拨付各项社会保险基金192 641万元，同比增长10%。特别是，持续确保了全市20.7万名企业离退休人员养老金100%按时、足额社会化发放。

1. 养老社会保险。2004年，抚顺地区共有2 998个企业的52.4万名在职职工参加了养老社会保险，参保覆盖面达98%。本年度全市共收缴企业养老社会保险基金80 705万元，完成年度计划指标的129%，共拨付企业养老社会保险基金139 099万元。

2. 医疗社会保险。2004年度，继续以完善办法、顺畅结算、规范管理、强化监督、扩面提率为重点，进一步强化了对定点医疗机构的监督检查和实时监控；完善了对定点零售药店的考核办法和投诉举报及处罚制度；深化了对药品目录的落实及管理工作，防止了基金流失。全年对违规操作的6家定点药店和2家定点医院依据有关规定，进行了处理。此外，还采取了“延时服务”等措施，开展了个体劳动者参保工作。截止到2004年12月末已为21 156名参加养老保险的个体劳动者办理了参加医保手续，扩大了医疗保险的覆盖面。截至上年末，全市已有1 244个单位及个体劳动者48.1万人参加了医疗保险（含协议参保人员），持卡就医人员达40万人。全市已有定点医院31家，定点药店39家。2004年共征缴医疗保险基金16 180万元。同比增长32.6%；共拨付医疗保险基金13 901万元，同比增长73.7%，全年医疗保险统筹基金运行基本持平，滚存结余4 940万元。

3. 失业社会保险。2004年，全市共有3 132个用人单位的54.7万名在职职工参加了失业社会保险（含行业统筹单位），覆盖面为94.3%。全年共收缴失业社会保险基金8 345万元，完成年计划的90%，比上年减收851万元；全年共拨付失业保险基金18 085万元。此项保险有利地保障了广大失业人员在失业期间的基本生活。围绕并轨工作的不断深化，狠抓了失业保险待遇核发和接续参保工作。截止到2004年末，全市已领取失业保险金的人员达5.3万人，累计支出失业保险基金达18 085万元，切实保证了并轨人员失业期间的基本生活。在做好失业保险金核发工作的同时，着重抓了并轨人员接续参保工作。目前，全市并轨人员的养老保险关系接续率达100%、个人账户建帐率达100%。

4. 工伤社会保险。2004年，全市共有1 848个用人单位的41.1万名在职职工参加了工伤社会保险，全年共收缴工伤社会保险基金1 731万元，比上年增收2.4%，全年共拨付工伤社会保险基金2 313万元。全年共受理工伤事故143起。工伤保险制度的实行，保证了参保伤残职工和工亡职工遗属的基本生活。

5. 女职工生育社会保险。2004年，全市共有1 306个用人单位的31.6万名在职职工参加了女职工生育社会保险，全年共收缴生育保险基金251万元，全年共拨付生育保险基金93万元。

【个人账户基础管理】 一是截至2004年12月末，全市共征收企业职工及个体从业人员养老保险个人账户基金18 008万元，各分局记实个人账户金额为18 008万元，账户做实率达100%。特别是保证了企业托管、并轨人员等特殊群体养老保险个人账户的记清做实。二是认真组织开展了社会保险年检及年度个人缴费基数的采集工作。起草下发了年检工作方案，明确了缴费基数申报核定程序。三是组织开展了离退休、失业、工伤、生育人员的待遇审理工作，保障了参保人员的合法权益。四是进一步强化了以规避风险为重点的基金管理工作。对在工商银行拨付失业、医疗、工伤及机关事业单位养老金采取了电子银行付款结算方式，确保了社会保险基金快捷、高效、安全运行。同时，编制了《抚顺地区2003年社会保险基金收支情况及2004年保险基金收支预测》，为市委、市政府科学决策提供了依据。2003年市社保局基金决算与预算编报、财务分析工作，在全省同行业评比中荣获一等奖。

【社会保障信息网络建设】 2004年市社保局从注重科技含量，强化计算机管理体系建设和确保计算机网络安全运行入手，不断加大社会保险计算机管理体系和社会保障信息网络建设的工作力度。一是进一步完善落实了网管员责任制度，确保了网络顺利安全运行。二是采取有利措施，克服资金十分紧张的困难，投入14.3万元购置安装了两个内存主板和五块硬盘，暂时缓解了网速慢的问题。三是强化了“查询”工作，参保人员可通过社会保险网站和触屏查询等办法随时查到参保缴费等有关信息。四是按照全省统一标准，建立了数据交换库，满足了按月及时向省局上传数据的需求。本市的社会保障计算机支撑体系建设工作在全国劳动和社会保障信息化建设工作会议上做了经验介绍，并受到好评。

【社会化管理服务】 2004年，按照国家、省对离退休人员社会化管理服务工作的总体要求，对该项工作进行了积极的探索实践。目前，市社保局已接收管理全市89个破产、转制单位离休人员2 407名、退休人员18 542名、失业人员46 400名，按照管理职能，实行了直接的社会化管理服务。同时还狠抓了对居住外埠的离退休人员生存状况认定，进一步规范了对破产转制企业的接收管理工作。此外，借助全市社会保障信息网络系统，与街道、社区联合开展了对离退休、失业人员社会化管理与服务工作。本市的离退休人员社会化管理服务工作在全省同行业检查评比活动中，被评为先进单位。

【县区社会保险基金收缴拨付】 2004年，抚顺县共收缴各项社会保险基金2 851万元，同比增长36.2%，共拨付各项社会保险基金3 678万元，同比增长26.4%。清原满族自治县共收缴各项社会保险基金3 704万元，同比增长25.9%，共拨付各项社会保险基金5 485万元，同比增长13.4%。新宾满族自治县共收缴各项社会保险基金3 484万元，同比增长11%，共拨付各项社会保险基金4 798万元，同比增长17.1%。顺城区共收缴各项社会保险基金5 230万元，同比增长15%，共拨付各项社会保险基金1 821万元，同比增长15%。

【软环境及队伍建设】 结合全局工作实际健全完善了“双评”活动的实施方案。各部门、各基层单位，特别是8个参赛单位都按照市局的总体要求补充完善了“双评”活动的具体措施和办法。规范业务流程，统一办事规则。广泛征求基层意见，自觉接受群众监督。各业务分局和窗口处室都主动向所分管的保户发征求意见信，分别对窗口单位及工作人员开展征求意见活动。

认真抓好“行风热线”工作，以实际行动为保户提供优质服务。2004年全年共上线4次，共接听群众电话70余个，对群众来电话提出的问题，认真研究并积极采取措施予以解决。同时将处理结果在第一时间向当事人及市纠风办和广播电台反馈。同时，结合工作实际，从维护劳动者的切身利益出发，采取措施，重点解决了以下几个群众普遍关心的实际问题：一是确保了参保人员当期缴费个人账户的按月记清做实和对历史账户的清理。二是采取“延时服务”的办法及时解决了2万余名个体劳动者参加医疗保险的问题。三是克服资金困难，筹集资金14.3万元，购置安装了两个内存主板和5块硬盘，暂时解决了计算机网速慢的问题，使保户到该局办公不用排队即可办理。四是在抚顺经济开发区筹备设立了社会保险代办点，很快可以解决开发区参保单位到市内办理社会保险业务不便的问题。2004年市社保局被市委、市政府评为“为经济建设服务最佳单位”。

（苑宝义）

商业保险

·人保财险·

【基本情况】 2004年，中国人民财产保险股份有限公司抚顺市分公司累计实现保费收入16 878万元，车险与非车险业务占比为56.59%和43.41%，按香港会计准则口径计算，实现已赚净保费14 670万元，累计赔款支出9 968万元，处理赔案14 623件，简单赔付率为59.06%，结案率为78.81%，计提未决赔款准备金4 051万元，同比增加1 863万元；实现净利润1 616万元，超额完成省公司下达的净利润指标，账面利润率9.58%。公司连续8年和11年被省委、省政府评为省级文明单位及省级重合同守信用单位，被市委、市政府授予"诚信纳税先进单位"及"全市优秀职工之家"的光荣称号，被公众媒体评为"抚顺最受尊敬企业"。

【经营管理】 2004年，公司大力调整业务结构，坚决剔除虚增业务，大力压缩不良业务比重，提出向每一单业务要效益的经营理念，加强应收保费管理。公司年末应收保费仅为73万元，最大限度地减少了保费占比，为公司的持续稳定经营奠定了基础。公司根据多年车险的经营情况，先后四次对车辆法定第三者保险、家庭自用车、非营业用车、营业用车的车损险、不计免赔特约保险的部分条款及费率进行了适当调整，增加了新的附加险种，适当提高了费率水平，使车险经营更加贴近市场，实现车险精细化经营。全年车险收入达到9 552万元，同比增长16.88%，再创历史新高。

【业务经营】 新《道路交通法》实施后，公司认真分析经营风险，陆续出台多项承保规定，并以此为契机，对车险市场进行细化，坚决剔除车险经营中的不良业务。通过采取一系列风险管控举措，有效抑制了车险未了责任的无限膨胀，降低了车险经营风险。本年出险率为41.52%，低于上年13.76个百分点。本年，在车险收入增长16.88%的前提下，未了责任却只比同期增长2.49%。

1. 承保。实现了集中核保、分级审核验险，通过加强对核保人员及展业人员的培训和考核，提高了核保人员及展业人员对各项承保管理规定的执行力度，有效控制应收保费的发生，提高了承保质量，化解了经营风险。

2. 理赔。建立了理赔人员培训、综合考核、竞争上岗机制，加大查勘车辆等硬件设备投入，改良现有操作流程。一是实行查勘定损首接制，在查勘定损的同时收集有关单证，在单证收集齐全的情况下，两个工作日支付赔款。二是实行医疗跟踪改革，变伤者出院后跟踪为出险初、住院中跟踪，现场了解情况。三是理赔流程改制，变大流转为理赔人员柜员制，实行理算、核赔责任制，科学设计业务流程，加强业务的电子化管理，加快了赔案的结案速度。四是实行通赔制，对于3 000元以下的赔款实行"一站式"服务。

3. 分保。充分利用再保险这一风险管理手段，通过差异化的分保核算机制，科学划分危险单位，促进了业务风险管理水平不断加强，分保业务的及时性、准确性得到了很大改善，为公司业务的稳定经营起到了重要的保障作用。

4. 车贷业务。本着从加强基础建设入手，坚持逾期清收同防止发生新的逾期相结合的工作方针，经过全体清收人员的共同努力，与银行、汽车经销商的密切配合，截至本年末，公司仅存有效保单186笔，比年初减少69笔，且尚未发生一笔索赔案件。

（苏菲菲）

·人寿保险·

【基本情况】 中国人寿保险股份有限公司抚顺分公司，下设8个分支公司和24个营销部，营业网点遍布全市3县4区，拥有近200人高素质的管理专业人员和2 000人的寿险代理队伍。业务收入3.3个亿，同比增长35%，占据55%的市场份额，全年累计赔（给）付3 300万元，成为本市最大最强的寿险公司。

中国人寿保险股份有限公司抚顺分公司，多年来以支持地方经济建设、保障人民生活安定为己任，承担着全市100余万保户的养老、意外、医疗等300亿元保额的风险保障，先后为90万人次赔付（给付）医疗费、养老金、教育金、意外伤害金等3.9亿元。开办的险种由20世纪80年代初的几个，已发展到100多个，初步形成了适应各种行业人群，并为人的一生提供生、老、病、死、残各种风险保障体系。公司连续被省、市授予"文明单位"、"文明机关"和"守合同重信用企业"。

【业务经营】 1. 个人代理业务。强化管理干部、讲师、组训、主管、销售精英等队伍建设，确保有效人力的增长，提高持证率；大力发展卡折业务，控制经营风险；发展农村业务，建立农村营销网点40余个；加大培训力度，确保人员质量的提高，促进业务发展；加强各项制度建设，认真贯彻落实《个人代理人管理办法》、《组训人员管理暂行办法》，加强对分职场、代理人的统一管理和经营行为的规范。

2. 团体直销业务。坚持依法合规经营，实现了业务的有效增长。大力发展意外保险、学生平安保险，全市中小学生平安保险业务实现了可持续增长，保险的深度和广度不断提高；积极开发保险新领域、新保源，推动意外险业务的发展；加大团险销售人员培训力度。

3. 银行（邮政）代理业务。银行（邮政）代理业务成为新的增长点；在大力发展分红产品业务的同时，进一步优化业务结构；发展股份制银行、农村信用社、城市商业银行的代理业务，增点扩面工作取得成效，全市现有代理网点100多个；加强对专管员队伍的培训，提高专管员的工作能力。

4. 补充医疗类保险业务。积极抓好管理工作，保持了补充医疗保险业务的稳步健康发展。加强与社保的合作，积极介入医疗管理整个过程，规范业务管理流程；建立健全相关制度，逐步实现专业化管理。

【经营管理】 市公司与各支公司和机关经营部门签定《规范经营责任状》。按照总省公司的要求，开展以"十二条禁令"为主要内容的自查自纠工作。根据总省公司、国家保监会、辽宁监管局《关于开展2004年整顿和规范保险市场秩序工作的通知》精神，开展整规工作，提高规范经营行为的自觉性。

重点抓好业务质量，主要是核保质量和数据信息质量，坚持日清月结对账制度，确保数据真实性和准确性。按照总省公司《关于停止使用旧版业务单证的通知》精神，对旧版业务单证和用纸进行清理，并在短时间内换发各种新业务用纸。实现业务、财务数据的一致和统一。完成各季度理论责任准备金测算及利源分析工作。

完成办公自动化系统和股份公司业务系统的升级工作。设计编写附加佣金和理赔台账管理程序，解决附加佣金计算汇总问题，规范理赔台账。重新布置电脑网络，加强硬件设备和网络设备维护工作。

【客户服务】 注重客服队伍建设。重新修订、完善《客户服务中心管理办法》，新制定《客户服务柜面基本管理要求》、《服务柜面礼仪指南》、《柜面服务人员行为守则》，有效地规范了客户服务工作。加强95519专线建设和管理。全年受理咨询2 601件，一站式服务达到95%以上；回访保单42 313件，其中新单20 936件。加强银行自动转账工作，共转账4 510件。加强保单保全和理赔工作。

建立《案件流转登记簿》，缩短案件流转时间，提高理赔速度。按省公司的部署，开展老业务管理和集团留存业务险种资料整理工作。加强两县客户服务部建设。加强定点医院管理工作。

【教育培训】 一是修订《党委理论学习中心组学习计划》、《2004年员工学习计划》，规范各级班子和员工的政治和业务学习。二是开办各类培训班。团体业务举办各类培训班4期，个人业务举办各类培训班44期，共参加人数达4 520人次。三是从代理人、组训、主管队伍中招聘部分兼职讲师，建立培训网络。

（王顺成　盖鸿雁）

·太平洋财险·

【基本情况】 2004年，太保财险抚顺中心支公司在保险业务经营中，全面提高管理水平和防范风险能力，推动业务有条不紊的发展，全面完成了各项经济指标。全年实现保险业务收入2 600万元，其中：机动车险收入1 817万元，占保费收入的70%；非车险业务收入781万元，占保费收入30%，其中：企财险收入217.3万元，货运险收入342.7万元，家财险收入53.6万元，建工险收入119.5万元，其他50万元。完成利润130万，完成利润指标100%。

【业　务】 为确保业务经营健康稳步发展，公司全体员工着眼全局，面向未来，以积极的心态和实际行动，坚定不移的贯彻落实上级公司的总体布置，坚持做大做强的经营指导思想，坚持稳健经营，以效益为中心的经营指导原则，进一步加快险种结构调整，深化“两核”集中管理体系建设，提升业务管理水平，在业务工作中坚持龙头险种抓续保，抓新项目、大项目，立足本市，发展全省，延伸外埠，放眼全国。提高承保质量，拓宽服务领域，实现了规模险种要效益，效益险种要规模。

【管　理】 一是加大改革力度，调整分配机制。公司在理顺管理机构，明确职责的基础上，重新设定了岗位和部门，并与部门负责人、中层干部签订目标管理责任状，任务指标落实到部门，把责任落实到人头，做到优化组合，确实把各种政策向展业一线、业绩突出的人员倾斜，在工资、绩效分配上采取零工资，同效益挂钩，扩大了分配制度执行的透明度。二是加强内控，建立健全各项规章制度。做到管理从我做起，从源头做起，抓好财务资金管理，严格控制非经营性开支，并加大稽核力度，防范各种风险，在实现稳健经营的同时，严抓制度规章的落实，把理赔、承保服务放在首位，并将风险化解在萌芽状态。三是创公司服务品牌，突出窗口服务，提高服务质量和水平。业务部门、窗口服务部门积极为保户服务，做到跟踪服务、上门服务。在理赔服务工作中，做到24小时全天候服务，热线95500工作人员用声音传递爱心，坚持理赔操作流程，注重理赔时效，不准吃、拿、卡、要，开展诚实守信、回访、问候、提醒、慰问、咨询服务，理赔合理快捷、公平、公开，始终体现太保品牌服务，真正体现三个一流的服务宗旨，塑造太保公司的新形象。

（张建中　任玉成）

·太平洋寿险·

【基本情况】 2004年，中国太平洋人寿保险股份有限公司抚顺中心支公司全年实现保费收入1.0537亿元，其中个险营销保费收入4 684万元，团体直销保费收入400万元，银邮代理业务收入5 450万元，赔付支出256万元。抚顺中支公司机关设办公室、计财部、团险部、银保部、个险部、营业部、收展部、理赔部、客服部9个部门，以及清原支公司、新宾支公司和两个营销服务部。员工91名，聘请专、兼职代理人500余人。

【业务经营】 其一，整合个险人力资源，加大对个险支持力度，稳步发展个险业务。全年共开办各类培训班30期，600人参加了培训。其二，调整业务结构，强化效益观念，走稳步发展团险的路子。坚决摒弃无效益业务，寻找新的增长点，团险队伍不断壮大。其三，银邮代理业务坚持维护现有网点，逐步扩大网点数量，提高点均产能的指导思想，银邮代理业务得到稳步发展。其四，加大对续期收费的服务力度。6月份，公司根据续期收费量较大以及产品服务相对滞后的实际，率先在省内组建了收展部，很好地改变了公司续期收费薄弱的状况，提高了公司的诚信形象和效益。

【经营管理】 1. 开展了各部门、各岗位职能及规章制度的修订完善工作。完善了各类保单、保费收据、重要单证和印章刻制、保管、使用、销毁全过程的操作管理规程。前台柜面人员开展了业务培训、考核、竞聘上岗活动，实行了末位淘汰制。制定了理赔流程管理细则，理赔速度、服务质量都有了较大提高。

2. 在财务管理上，严格按照全面预算管理的要求，健全了与之相适应的费用支出审批、资金管理等制度，全年实现了无一笔银行未达账，当日保费、资金全部及时上划。

3. 在人事管理上，进一步深化了用人用工机制的改革，人力资源配置更趋合理。分配上采取向一线倾斜、向重要岗位倾斜的政策，员工的积极性不断提高。

4. 在行政管理上，一是狠抓了劳动纪律，实行了每日四次打卡制度，工作秩序逐步规范；二是对公司的固定资产进行了全面的盘点和清理，从严控制固定资产的增长；三是重新装修了办公楼，办公条件明显改善；四是统一着装，实行挂牌服务，员工的精神面貌焕然一新；五是落实安全保卫制度，严格落实防火措施，周休、节假日实行值班责任化管理，确保了全年的安全。

（姜　涛）

·平安财险·

【基本情况】 2004年，平安财险抚顺中心支公司以销售为重点，按市场需求合理配置资源，调整险种结构，打造好平安品牌，管理更加完善，促进了抚顺中心支公司的健康发展。2004年，公司实现保费收入1 635万元，同比增长42%，意外健康险43.4万元，产销团完成101万元，营业费用率由去年的19%下降到2004年的15%，赔款支出536万元。

【经营管理】 抚顺中心支公司严格按上级的政策制定要求，从销售管理、人力资源管理、两核及业务流程规范，全面预算管理，日常各项基础落实等方面清理、纠正、改进不合规的做法等问题，全面强化执行力度。公司为确保业务经营健康稳步发展，定期召开总经理办公会、晨会、夕会、业务活动分析会等，研究业务发展状况，分析保险市场的动态，险种结构的优化组合，在业务工作中抓龙头险种，抓续保，抓新项目，提高承保质量，拓宽服务领域，实现了向险种规模要效益，效益险种要规模，超额完成了上级公司下达的保费任务。

【销售管理】 2004年，抚顺支公司始终把销售管理和业务拓展摆在首位，在销售管理、公司业务、应收保费、销售培训、客户回访等方面取得了一定成效。一是销售管理。公司通过全员竞聘进行了优化组合，使销售团队形成了一个有凝聚力、战斗力、高素质的团队，使业务人员的自身素质也得到了很大提高。二是业务拓展。为了充分发扬平安回馈社会，回馈客户的优良传统，在历届服务月的基础上，公司于2004年7月至8月期间举行了“平安文化百家客户夏日行”客户走访活动，受到了社会各界的好评，同时于9月1日至10月30日期间举行了“产险首届客户服务节”活动，期间支公司精心服务、真诚回馈，回馈率达到了88%以上。三是销售培训。支公司积极开展了《销售管理基本法》的学习，初步建立了销售培训体系，推行计划的跟踪落实。

【两核工作】 2004年，车险两核工作重点抓了积极推广新条款费率的改革，制定了各项核保政策，加强对亏损客户的重点管控，加大清理垃圾业务，优化管理流程，加大核赔管控力度，加强两核培训，提高两核人员技能，切实保证以最好的服务质量，塑造平安财险公司的新形象。

（付　刚）

·平安人寿·

【基本情况】 2004年，平安人寿抚顺支公司认真落实总公司“品质优先、利润导向、遵纪守法、重在执行”经营方针，完成保费收入14 903.43万元，完成年计划102%。其中个险首期完成标准保费1 572.1万元，完成年计划92.5%；收展完成标准保费198万元，完成年计划99%；续期完成9 020.71万元，完成年计划104.1%；银行代理完成4 112.62万元，完成年计划158.2%。有效新契约12 756件。保费部任务完成指标、客服部日常作业考核指标、财务部日常业务考核指标在全省12家市级机构排名第一。

【业务经营】 首期保费计划1 700万元，实际完成1 572.1万元，完成年计划92.5%1，月人均标保1 931元，月件均标保1 598元，月人均标准产能3 233元。在万能险的推动方面，抚顺机构截止12月份共完成万能险标保606万，万能险件数870件，件均标保6 865元。

【培训工作】 2004年，共举办新人岗前培训24期，参训人数460人；共举办代理人考试考前辅导班四期，举办两期新人转正培训，参训人员120人；共举办万能险培训6期，参训340人；举办资深员工培训一期，参训人数62人；举办增员精英班一期，参训人数21人；举办人力特训营5期，累计参训人数60人；营销干部管理学院一期，历时半年，参训人数11人，晋升7人。

【企业管理】 抚顺平安人寿内勤所有的管理动作是以周例会、业品会、重大理赔案件合议委员会为主线开展的。以上会议前后线统一例会，统一研讨，统一决策，统一执行。各部门负责人在公司政策制定时是参与者，在公司政策执行时是推动者，同时又是本部门专业骨干。为了让内勤员工真正感悟到自身价值，服务观念由被动变主动。在实际工作中，没有采取制式性的说教，而是采取用客户对服务有异议的典型案例组织员工进行研讨，通过研讨使其认识问题的重要性及其自身价值。

【企业文化】 2004年，公司与市青少年宫、市文联联合组织策划了抚顺市“迎奥运盛典，盼世界和平”大型少儿绘画大赛；与市妇幼保健站联合举办的“女性健康保健知识讲座”；与市妇联联合举办的“十佳母亲评选活动”；在全市中小学发起“我心中的平安校园”少儿征文比赛（取得了全国中学组一等奖）等一系列活动，同时成功的举办了抚顺中心支公司8周年庆典暨万能险上市抚顺启动大会。在宣传平安品牌的同时，为业务队伍提供了很好的主顾开拓机会和拜访理由。

（徐　颖　徐国华）

·泰康人寿·

【基本情况】 2004年，泰康人寿抚顺中心支公司全面完成了各项工作任务，成功实现保费收入跨越亿元，连续3年保持高速的增长，成为业内增长速度最快的公司之一。2004年底，抚顺保险行业协会隆重授予泰康人寿抚顺中心支公司年度“业务增幅，同业第一”的称号。截止到年底，泰康人寿抚顺中心支公司拥有一个营销本部及5个营销服务部，在抚顺、清原、新宾三县及望花、东洲两区设立了营销服务部，成功完成了全市经营网络建设。共实现保费收入1.1亿元，同比增长53%，连续3年成为业内保费增长速度最快的公司之一，其中，个险收入突破1 000万元的大关，银行保险部实现规模保费近9 000万元，在抚顺寿险市场新约标准保费收入排名第一。

【通过ISO9001质量体系认证】 2004年，抚顺中心支公司全面推行ISO9001质量管理流程，对公司现行业务和管理流程进行了全面梳理和相应改进，2004年底，抚顺与辽阳一同作为辽沈泰康系统ISO9001质量管理体系的检查单位，接受ISO9001体系严格的认证检查，并顺利通过。ISO9001质量体系认证工作的顺利通过及在全公司的全面推广，将在加快公司发展，进一步提升公司管理水平方面发挥重要作用。

【资产管理】 2004年，公司坚持“收支持平，略有盈余”的财务目标，通过狠抓预算，提高公司资金运营效率，规范财务制度和考核办法，执行动态人力成本预算约束机制等措施，加强成本控制，实现了降费用和增效益的统一。

（李　煜）

老龄工作

【基本情况】 2004年，市老龄办认真贯彻全国老龄委第六次会议精神，充分发挥综合协调、督促检查和参谋助手作用。一是召开全市老龄工作会议。此次会议明确今年全市老龄工作的目标，推动老龄工作再上新台阶起到了主要作用。二是召开县区老龄办主任工作会议。三是召开全市老龄工作经验交流会。四是召开全市城市社区经验交流会。

【调查研究】 开展调查研究是老龄工作部门的基本职责，市老龄办2004年主要进行三项调研：一是对市政府投资兴建老年活动室，社区使用（挪用）情况的调查。二是对本市老龄事业发展“十五”计划实施情况的调查。三是组织开展“关爱夕阳”——老人问卷调查。三次调研结果为市政府领导研究解决老龄问题提供了详实的基础资料和数据。

【敬老活动】 市老龄办按照全国老龄委主任回良玉提出的“进一步丰富老年人的文化生活，提供科学、文明、健康生活方式”的要求，设计了敬老活动载体。一是评选百名健康老人活动。二是开展“夕阳红”老年旅游活动。三是举办全市中老年秧歌大赛活动。四是召开全市庆祝重阳节大会暨举办全市老年人文艺演出活动。

【老年协会】 2004年初，市老龄办将老龄工作的重点放在社区、基层，从建立和完善老年协会入手，推进基层老龄工作的不断深入开展。一是分别抓城市社区、农村行政村老年协会试点。二是关于印发《老协指导意见》和《实施办法》。目前，全市社区和农村老年协会的组建分别达到80%和50%以上。

【维护老年人合法权益】 市老龄办认真贯彻落实《老年法》和《抚顺市敬老优待服务规定》，采取多种措施维权护老。一是落实《市政府老年人优待服务规定》，办理老年优待证。为全市70岁以上老人办理老年优待证1.2万个，70岁以上外地老人来抚投亲靠友与本市老人同享优待，办证1 000多个。二是组织办理老年人自愿参加意外伤害保险。三是定期持《行政执法证》开展行政执法检查。四是做好来信来访工作和签订《农村家庭赡养协议书》。五是成立抚顺市老年人法律援助工作站。

（刘长艳　宁　刚）

妇女儿童合法权益

【妇女建功创业活动】 2004年，市妇联在行业、民营企业、社区服务网点深入“巾帼文明示范岗”活动基础上，开展了“争做知识型、技能型女职工，为振兴老工业基地创造新业绩”活动和“巾帼发明奖”评选活动。各条战线女职工创业建功积极性普遍增强，先后有10个单位、14名个人荣获全国、省“三八”红旗集体（手）、“巾帼建功”先进集体和个人称号，另有16名妇女被评为省巾帼创业标兵和巾帼创业奖。同时，涌现一批市“巾帼建功”标兵、巾帼创业奖和“巾帼文明示范岗”。

【科技文化素质培训】 市妇联以开发农村妇女智力资源为主攻方向，完善了科技培训、科技服务、科技示范三大网络，举办实用技术培训班351期、培训31 880人次，受训妇女普遍掌握了2门以上致富本领；新建高标准、高水平“双学双比”活动示范基地20个；组成妇女科技致富报告团，巡回报告18场；1 000名妇女获得了绿色证书；积极协调涉农部门，为“百村双有（让100个村中的每户都有一个适合发展的项目，每名妇女都掌握一门相应的技能）”参赛户提供农用物资价值20多万元；“百姐妹帮扶带、手拉手奔小康”活动成效显著，103名被帮扶者80%摆脱了贫困；联合开展文明生态村建设，为10个示范村协调建设资金20万元。

【妇女再就业】 市妇联进一步建立完善了再就业培训体系，贴近妇女实际，面向市场需求，开展面食小菜、美容美发、足疗按摩、高级保姆、艺术插花、手工编织等各门类的技能培训，培训下岗女工近7 000人（次）。同时，积极拓展手工编织、劳务输出等渠道，组织专门人员对家政市场进行调查，安排专人编写家政培训系列教材，成立家政联谊会，并开展了评选首届优秀家政服务员活动，向20名下岗妇女赠送了食品配送车，促进了下岗妇女再就业工作。一年来，全市妇联帮助3 000多名下岗妇女实现了再就业。

【开展多种妇女活动】 市妇联举办了浑河花园杯“千户家庭、万名妇女健身健美健康行”活动展示大赛，把“三健行”活动推向深入。“绿色家庭、绿色庭院”创建活动在百余个示范点的带动下，也迅速向社区（村）扩展。家庭读书活动、“优秀女政法干警”评选、“争当廉内助、共树好形象”活动、“十佳母亲”评选，分别以灵活的形式引起了社会的反响。

【家庭教育】 市妇联就加强未成年人思想道德教育致全市家长一封信，成立了家庭教育专家顾问团、家庭教育指导员和优秀家长骨干三支队伍，组织家庭教育报告团，进行了巡回专场报告。同时，开展了创建优秀社区家长学校、“争做合格父母、培养合格人才”活动，开通了家庭教育热线，先后为168名家长提供了咨询服务。200多个儿童少年工作先进集体、先进个人受到表彰。深化“小公民道德实践活动”，启动“小手拉大手，道德规范同遵守”活动，700余名学生与家长同签名、共承诺。

【维权工作】 2004年，市妇联在“三八”节之际，开展“3·8”维权周、维权月、法律进社区（村）、进家庭活动，集中宣传妇女法、法律援助条例等法律条规，提高妇女的法律素质和维权能力。“维权储蓄专柜”吸纳储金已达40万元人民币。

【信访网络建设】 2004年，抚顺市1 070个社区（村）全部建立了妇女维权站和投诉站。完善了信访工作机制，实行信访百分考核制度、来信来访登记制度，转办交办制度、统计报表制度、总结归档制度和重大案件通报制度，妇联信访工作逐步走上了正规化、系统化、制度化的轨道。一年来，各级妇联共接待和处理来信来访来电858件。

【“春蕾助学”活动】 全市100名单亲家庭儿童、156名贫困女童得到帮扶。另有6名贫困学生和孤儿分别被送到市拔萃私立学校和无锡光华私立学校免费就读。积极协调争取全国儿童基金会的支持，在本市贫困地区建立了3个“安康教室”。并积极争取全国、省妇联的帮助，由日本东洲先生出资20万元建立的本市第二所“春蕾小学”在新宾满族自治县苇子峪镇落成，改变了贫困山区儿童的读书环境。

【男女平等基本国策宣传】 利用“男女平等基本国策”宣传年的有利时机，市妇联加强协调，整合力量，在《抚顺日报》开办了宣传男女平等基本国策专版，开展“男女平等基本国策和妇女儿童发展纲要进社区（村）”活动，授予抚顺县哈达镇上年村等9个社区（村）为“抚顺市男女平等基本国策和妇女儿童发展纲要进社区（村）示范基地”。下发《关于将“男女平等基本国策”列入各级领导干部培训内容的通知》，开设“男女平等基本国策”和“妇女儿童发展纲要”专题讲座，收到了较好的效果。

【完善基层组织】 2004年，市妇联下发《关于在农村村委会换届选举中加强村级妇代会建设的通知》，698个行政村全部建立了妇代会。同时，开展先进妇代会，社区妇联的评选活动。率先在省内探索了执委联系制度，制定并实施了《抚顺市妇联执委职能任务及联系工作规定》，对妇联常委联系执委、执委联系妇女的做法进行了尝试。加强机关事业单位妇委会组建工作，组织建设基本实现网络化。 （申景芹）

县 区

抚顺县

·综 述·

2004年，全县生产总值完成33.7亿元，按可比口径计算，比上年增长14.6%，其中，一产业增加值完成6.2亿元，增长7.8%；二产业增加值完成18.9亿元，增长15.4%；三产业增加值完成8.6亿元，增长8.1%。全口径税收收入完成2.2亿元，比上年净增加10 142万元。其中，国税系统完成10 909万元，地税系统完成10 832万元，分别比去年增长113.4%和60.4%。一般性财政收入完成8 825万元，增长38%。农民人均纯收入4 101元，增长6.5%。

·政 治·

【党建工作】 重点是加强领导班子和领导干部队伍建设。一是用理论武装干部。学习中强调理论联系实际，同学习牛玉儒、赵景顺典型事迹结合起来，并做好读书笔记。年内举办培训班40期，培训人数达3 000人次。多次举办理论研讨会，又请市委党校教授作辅导报告，并组织撰写调查报告和论文60余篇，有效提高了领导干部思想素质和理论政策水平。二是加强领导班子管理。主要是对领导班子和领导干部的考核。建立对干部日常考核、定期考核、书面考核与谈话结合起来的制度。年内先后调整了38个领导班子，其中乡镇领导班子7个，调整交流干部34名，提拔35名，其中党政“一把手”13名。三是加强基层组织建设。开展“创先”达标竞赛活动。12个乡镇，有11个乡镇党委达到了“五个好”标准，82个村党支部达到了“五个好”标准，占全县村党支部的62%。开展了以“学理论、学党建、学科技”为主要内容的“三学”活动。办培训班和电化教育班26期，有1 300多名党员和村干部参加了学习，撰写学习体会800多篇，提出发展农村经济的对策和建议200多条。推行村级干部岗前培训，上岗试用和任期承诺制，实现了村干部管理规范化。

【廉政建设】 从抓制度入手，强化廉政建设管理。县委下发了《全县党风廉政建设和反腐败工作要点，组织领导和责任分工》，按着廉政建设工作安排，层层签订《廉政承诺书》。县委书记同12个乡镇、63个县直部门党政“一把手”签订了责任状。直党政“一把手”同所属单位“一把手”签订责任状，一级抓一级，层层落实。经过督促检查和测评，有67个部门的领导班子满意率达95%，有24个部门的党委（党支部），被评为廉政建设先进党委。典型示范教育。把涌现出的先进典型郝传德等人的先进事迹，通过各种形式进行宣传。警示教育。年内播放警示教育片30多场，召开一次公开处理大会，受教育人达1 700多人次。预警教育。每到重大节日之前，县纪委都发出禁止收送钱物和奢侈浪费的通知，并在县政府二楼大厅设“从政警言”，用电子显示牌滚动播出，做到警钟常鸣。从严治党，加强案件查处。年内共接受群众来信、来访、举报224件（次），初步核实违纪线索60件，立案查处各类违法违纪案件32件，其中大案要案7件，结案32件，党纪处分32人。

【精神文明建设】 一抓文明景观带建设。全年投入2 450万元（含物折价），改造路基103 600延长米，新砌围墙54 300延长米，新修边沟47 000延长米，河堤护砌5 800延长米，新安路灯214盏，建文化广场14个，垃圾箱32个，改厕742户，维修和新建村部131间，植树265万株，栽花135万株。沿文化景观带建起36个农业园区，600眼小井，13个高标准方塘。建成文明景观带11条。其中，青台子至下马和章党收费站至青石岭二条线被评为市级文明景观带。二抓创建文明村镇、文明单位活动。县委、县政府召开了23次现场办公会，2次大型拉练会，组织有关领导到河北遵化，吉林集安等两市学习经验。抚顺县再次被省委、省政府命名为“文明村镇建设标兵县”，评省级文明村8个，市级文明单位标兵1个，文明单位12个，文明机关5个。市级文明乡镇5个，文明村38个。三抓“十星级”文明户创建活动。全县评出星级文明户38 680户。

【民主与法制建设】 一是县人大依法做好第八届村民委员会换届选举工作。人大领导多次深入基层指导监督，听取审议县政府关于全县村委会换届工作报告，依法产生村民代表4 736人，民主选出村委会成员575人，完成了村委会换届工作。二是依法强化对经济工作的监督。关注“三农”问题，对农村税费改革、粮食直补等关系群众切身利益问题，开展调研，提出意见和建议，促进了国家方针政策的落实。三是两次组织人大代表及部分常委，深入村屯调研，做出关于对全县铁矿资源开发进行治理整顿的决议，并促进县政府迅速做出了治理整顿方案，重拳出击，取缔了4个非法铁矿点，保护了自然资源合理开发。四是两次听取县法院关于执法工作情况的报告，突出解决执法的难点问题，执法队伍得到了加强，执法条件得到了改善，全年执结案240件，为当事人挽回经济损失3 000余万元。五是认真办理人民代表的建议、批评和意见，共93件，全部办理完毕，代表签字100%，满意率98%。县政协充分发挥委员的民主监督参政议政作用。年内开展视察活动8次，考察活动9次。撰写调查报告75篇，部分报告报送给县委、县政府，供科学决策参考。通过提案进行民主监督。年收委员提案101件，立案89件，到6月末办理完毕。答复满意率100%。

法制建设。一是继续坚持同“法轮功”邪教作斗争。开展“崇尚科学、反对邪教”的宣传活动。办警示班和科普大集。做好对“法轮功”人员转化工作，对顽固分子给予严厉打击。二是打击各种刑事犯罪活动。全县共立刑事案件325起，破获各类刑事案件264起，破获现案188起，破案率58.6%；发生命案7起，破获命案4起，破案率57%；抓网上逃犯33人，逮捕和教养违法犯罪人员202人，治安拘留439人。三是加强执法队伍建设。

【劳动就业与社会保障】 县委、县政府把劳动就业与社会保障作为现阶段一项政治任务来抓，千方百计挖掘就业门路，拓宽社会保障领域。一是多渠道、多层次安置下岗职工，实施再就业工程。同沈阳、大连、山东等地中介机构和用人单位建立了合作关系，采集用工信息52条，就业岗位2 746人，应用信息10条，就业岗位987人；利用新闻媒体和劳动市场用工信息，派出劳务人员1 490名；无偿为下岗职工求职办理登记451人，达成用工协议216人；为下岗失业人员办理优惠证120人，小额贷款15户，已到位资金183万元，鼓励其开办第三产业；办各类培训班25期（含联合办班），招收学员1 640人，培训后就业1 380人，完成了全年培训计划，安置下岗职工再就业4 425人，超额完成市政府下达的指标任务。二是完善社会保障体系，扩大保险覆盖面。养老保险新扩面参加2 344人，其中农垦企业兰山农场651名职工，办理参保手续，资金全部发到农工手中。完成14户企业1754人的并轨工作。争取省补资金42.7万元。医疗保险、新扩面参保2 093人，其中私营个体参保565个，累计医疗保险9 695人。属县财政支出参保部分，年支出医疗费520万元。

·经 济·

【农 业】 以自然资源、地域的优势和市场需求为导向，搞好农业结构调整。重点在特色农产品和绿色农产品的加工上下工夫，加大产业化的进程。2004年，实现了农业增产增收，粮食总产量达到14.1万吨，比上年增长13.7%，实现农业总产值（不变价）13.5亿元，增长10.2%。农民人均纯收入4 101元，比上年同期的3 849元增加了252元。

1. 继续调整农业内部结构。全县农作物播种面积48.33万亩，其中专用性作物播种面积21万亩。调整比例为55:45。玉米，抓好加工型玉米、贮藏型玉米、鲜食玉米、甜糯玉米，落实专用玉米面积10万亩；大豆，在落实10万亩高油大豆播种面积的基础上，又落实种子基地1万亩；水稻，发展种植优质品种面积5万亩，发展绿色有机米面积5 000亩；经济作物，把品种、品质、布局调优，发展绿色蔬菜、专用葡萄、尖把梨等。压缩了传统种植面积，种植结构调整45%。

2. 加大产业化基地建设。抚顺县委、县政府，通过政策推动，小区（示范园）带动，龙头拉动和服务促动，到2004年，建成七大产业基地。以后安、救兵、汤图为重点的，以香菇为主的食用菌产业基地，食用菌发展285万袋（段），总产量达1 800吨，部分出口到日本；以章党、海浪、汤图、后安为重点的，以加工葡萄为主的水果产业基地，葡萄栽植面积达3万亩，年产葡萄酒5万吨，利税达1.4亿元；以拉古、海浪、石文为重点，以绿菜、荷兰豆等为主的绿色蔬菜业基地，绿色蔬菜种植面积达到1.02万亩；以后安、上马、汤图为重点，以刺龙芽为主的山野菜产业基地，山野菜面积达到9 460亩，产量达32吨；以林下为主开发，建设中医药业基地，现已种植1.06万亩，年产中医药材1 500吨，产值达650万元；以上马、哈达、后安为主的，以生产专用玉米和高油大豆产业基地，专业性播种面积达20万亩；以峡河、救兵、上马为重点的，生产绿色有机米水稻粮食加工业基地，现已具备种植5 000亩的规模。

3. 围绕农业生产大力发展龙头企业。从2001年起至2004年，抚顺县以项目招商引资，经三年的努力，现已发展有规模、上档次龙头企业5家：三义物业有限公司，2001年开始在后安投资160万元建起食用菌生产企业。之后，又在救兵康西投资700万元，建2 000平方米厂房，7 200平方米日光温室，8 000平方米的连体大棚，新上一条200万袋自动化装代、接种、菌体液体化的生产线，现已成为集生产、加工和销售为一体的龙头企业，是全市首家食用菌生产工业化园区，并带动了全县食用菌生产；东华隆食品有限公司，在拉古乡建设绿色蔬菜生产基地，种植无公害荷兰豆600亩，带动了周边200多户，亩产净效益600至1 200元；抚顺白鹅养殖公司，年生产加工能力达120万只，又投资50万元在章党建设一处繁育基地，可向农民提供10万只优质鹅雏，带动了600户从事白鹅饲养；抚顺绿园果汁厂，开发野娃牌金麒麟山楂酒、葡萄酒和胡萝卜汁，年加工3 000吨，又引进上海金佰纳酒业公司的技术，生产系列葡萄酒，年加工葡萄酒8 000吨，带动了1.2万户生产葡萄专业户，发展葡萄达3万亩；华源天然药物有限公司，以马圈子为主，发展药材生产，在林下发展药材达1.2万亩，产量达400吨，产值200万元，种植药材达584户，其中，药材超百亩的生产达60户。

4. 推广农业新技术。开办粮、菜、果等不同类型的培训班150期，培训农民2万多人次；建设示范园区。现已建成葡萄、食用菌、刺龙芽、山野菜、绿色蔬菜、绿色水果栽培等36个示范小区，遍及各乡镇，起到辐射作用；同中科院沈阳应用生态研究所、石家庄食品研究所、沈阳农业大学、大连轻工学院等大专院校和科研单位建立常年联系，聘请专家教授来抚顺县进行技术攻关和指导服务。通过多方面科技活动，农民技术水平不断提高，农产品的档次不断提升。“峡河”牌有机大米打入广州市场；以食用菌生产为主的香菇深受日本的欢迎；刺龙芽、大叶芹也搬上了沈阳大酒楼，确定为指定菜。

5. 大力改变农业生产条件。以解决和扩大水源为中心，搞好农业基本建设。年投入资金4 210万元，完成方塘建设19座，新增灌溉面积0.34万亩；新建防渗渠道2.5公里，新增防渗面积0.32万平方米；新建基本饮水井20眼，解决了近万人饮水难的问题；治理水流域4条，新增治理面积2.81万亩；新建河道标准防护工程7.5公里，进行生物防护44.5公里；实施水库除险加固4座；新开工建设水电站1座。这些工程的建设和完善，提高了农业抵御自然灾害的能力，提供有效水资源，保证了农业生产的需要。

【林 业】 完成植树造林3.2万亩，植树1 032万株。其中退耕还林工程完成2.5万亩，三北防护林工程造林0.6万亩。完成经济造林4 541亩，刺龙芽8 300亩。义务植树210.5万株，四旁植树103.3万株。新封山育林10.21万亩，其中造林型封山2.1万亩，建生态村3个，绿色基地乡3个，“绿化”基地村10个。加强森林保护。采取搞好护林防火宣传，进行严密监控，建立防火责任人等办法护林防火，收效显著。连续21年没发生火灾；森林病虫害防治。投入资金6万元，购置药品、器械，用于病虫害防治，发生森林病虫害面积11.88万亩，有效防治9.62万亩，并防止了美国白蛾的发生和蔓延。查处各种林业案件。年发生和侦破违法案件246起，其中刑事案件18起，林业行政案件204起，治安案件24起，打击违法分子252人。共收缴财物115.1万元。处理违法运输木材案件180起，非法占林地63起，取销营运资格两家，封停采矿点100多处，使森林资源得到了有效保护。

【畜牧业】 2004年，猪饲养量完成

38.7万头，牛饲养量完成9.7万头，羊饲养量完成18.9万头，肉鸡饲养量完成232万只，鹅饲养量完成38万只，分别比上年有了不同程度的提高。肉类总产1.2万吨，蛋产量2.6万吨，比去年同期增长4%和2%。在发展畜牧业方面，一是鹅种畜场扩建鹅舍2栋1 500平方米，新增供雏能力3万只。二是畜牧品种改良，建14个配种点，黄牛冷配5 200头，成功率88%以上；猪品种改良，建配种点247个，以发展“瘦肉型”猪，继续保持全国瘦肉型商品猪基地达标要求；扶持重点养羊户，完成低产绒山羊改良3万只。三是做好防疫工作。采取免疫、检疫、消毒综合强制性措施100%，从省畜牧总站购入猪、牛、羊口蹄疫疫苗和禽流感疫苗，全部下拨到乡镇和重点户，全面接种疫苗，年内未发生疫情。

·工　业·

【工业企业】 规模以上工业企业完成总产值17.6亿元，同比增长83.3%；工业增加值实现4.2亿元，同比增长81.6%。

1. 大力发展民营企业。年内，全县注册民营经济企业发展到9 445户，占全县企业总数的95%，民营经济的总量已占全县经济总量的71%；全县民营经济企业从业人数达53 050人，占全县从业人数的61%；民营企业资产总数达19.6亿元，纳税额突破1.8亿元，占全部税收的82%。民营经济已成为全县经济的主导力量。

2. 加强重点项目建设。全县投资在50万元以上的生产经营类固定资产项目91个，完成固定资产投资4.7亿元。其中以项目招商引资20项，引进资金3 520万美元，实际利用外资额600万美元。为莱特新材料公司、澎健药业公司、君太耐火材料厂等六家私营企业解决贷款1 060万元，满足了项目开发和扩大生产资金的需要。同时，为项目建设企业与金融机构对接沟通，促进合作和项目建设。全县形成矿产资源开发、木制品和机械加工、医药化工和旅游业等五大主导产业。在工业总量扩张的同时，罕王集团累计投资1.1亿元，形成年生产还原铁360万吨能力；达亨木业有限公司累计投资1.4亿元，扩建二期工程，已形成生产300万平方米高档地板能力，出口占一半以上。企业集约化程度不断提高，形成石文、后安、救兵、拉古4个乡镇工业企业密度较高的地区，而后安和石文两镇，本级财政收入突破1 000万元。

3. 深化企业改革。年内，完成了县化肥厂由全民转化为民营企业工作，重新恢复了生产，厂职工重新得到了安置；县煤矿重新引入民营资本，企业恢复了生产；县印刷厂实行了股份改造，增强了企业能力。抚顺县预算内9家企业，进行改革后盘活了资产5 000万元，固定资产净增长64.2%，安置800名职工，1 240名离退休人员纳入社会保障统筹。

4. 狠抓安全生产。抚顺县工业企业生产安全隐患比较大且范围广，像井下开采，地面挖掘，化工等行业。为此，县委、县政府把安全生产做为大事来抓：建立安全生产责任制，层层签订责任状；建立和健全安全检查队伍；实施安全生产许可证的规定。对重要部门、重要岗位从业人员进行培训；排查安全隐患260处，并及时整改。全年未发生较大安全事故。

【建筑业】 全县建筑开发工程70项，施工面积25万平方米，产值达1亿元，入库税金500万元。质量管理：质量监督工程30项，68 636平方米，工程合格率100%；安全管理：安全科常年深入一线，督促检查安全工作，发现隐患及时清除，年伤亡事故为零。

【旅游业】 以三块石国家森林公园为重点，全面开发抚顺县旅游业。年内综合投入项目开发建设资金1 622万元，完成主要工程12项，推出项目“精品”线路3条，把三块石森林公园、关山湖农庄、腰堡度假村、种子园风景区、三块石山庄（205台）、眼望度假村、峰昊山庄共7家景区连接起来。全县初步形成全方位的健康生态之旅、休闲度假之旅、红色教育之旅项目。打造生态旅游、北方温带雨林旅游品牌。投入60多万元，依托生态旅游节、越野车拉力赛、辽宁省首次三块石登山比赛，以及参加满族风情节、“辽宁东亚（大连）国际博览会”，利用光盘、风光年历、旅游地方展品和各名胜景点的宣传画版等，进一步通过各种媒体进行宣传，扩大抚顺县旅游品牌的知名度和吸引力。强化旅游市场管理。在旅游景点的饮食、住宿、娱乐等方面，做到安全、卫生、健康舒适，热情周到服务。全年共接待国内外游客15万人次，实现旅游综合收入900万元。其中三块石国家森林公园接待国内外游客8.2万人，旅游综合收入350万元，门票收入46万元。

·县镇建设·

【村镇建设】 把村镇建设纳入全县精神文明建设的硬件工程。争取专项资金130万元。完成景观带部分行政村建设规划设计，启动基础设施功能齐全的哈达镇的设计及部分施工；修建桥梁169.8延长米，边沟4.7万延长米，四旁绿化163延长米，打井20眼，改水12个村2 160户，使近万人饮上了清洁水；改厕640座；为乡镇文明村及厂区铺油路1.7万平方米；批准农民建房603户，115.036平方米；处理违章建房176户，全县违章建筑得到了有效地遏制。

县政府投资1 016万元，改造机关办公楼和新建2 920平方米的会议楼和档案楼，改善了办公条件。

【公路建设】 年公路建设投资6 991万元，做到早设计、早施工，抓进度和抓质量，采取领导包片，技术员包乡包线，组织全线施工。到年末共铺设油路35项，194.1公里；路改34项，141.3公里；桥梁875.8/40座。先后投资682.54万元，为各乡镇文明村和企业铺设巷道、广场、厂区路17.876万平方米。在公路养护方面，投入1 844万元。整体翻浆33.741平方米，整治各种油路病害612.49平方米，新增标准化里程36.31公里。全县标准化达到316.31公里，县级以上公路新建65公里的夜光轮廓标，埋设里程牌139块，百米桩1 155根；县级公路完好路率达72.26%，略高市下达的指标；公路绿化栽植水腊球5 047堆，各种苗木59.28万株；文明景观带建设9条176.64公里。公路养护达到了绿、洁、畅、美、安的整体要求。

【有线电视及电信建设】 年新铺设章党、拉古、后安、救兵、峡河、汤图、上马等乡镇村光缆77.5公里，广电局至县政府光缆10.3公里。新安装有线电视49个村，5 402户。联网改造4个村，467户，补户1432户。年末共铺主干线12个乡245个村（屯）8个林场，1个街道，1237公里，共35100户，普及率达80%以上。配置和更换了电视台直播设备，加强查修和维修，保证了收视信号质量。

2004年是农村电话设施建设最活跃的一年。三线分离，改移电力杆上皮线643条，补助电力维护223处；完成无套管接头336个；修复主干线电杆737对，更换电缆1.05公里；修复8个交换网点主干电缆627对，更换电缆2.63公里，加高过道54处；配合支局做设备改址2000线，营盘64线、高丽扩64线交换扩容3项，其中石文、李家各扩一个支架，交换容量增加1280门；购买了启动电瓶，解决了小负载大的局面，保证了安全送电和电话畅通。同时，全局的同志提高服务质量，全面对用户负责，年内新放号2464户。

【环境保护建设】 1. 为新办企业热心履行环保手续。县环保部门在为新建企业履行“三同时”时，热心帮助企业上项目搞好环境建设，使项目建设达到环保要求。对过去未办环保手续的企业逐厂帮助完善环保条件，补办环保手续。年内环保审批新建项目9家，原有项目补办手续8家。

2. 搞好环境监测。对40家水污染企业进行监测，监测数据按时上报市监测站；为相关企业完成大气监测TSP300个，二氧化硫75个、二氧化碳125个及降尘量3个项目的监测和数据的分析；完成了地表水、地下水等23个项目的监测项目，取得了有效数据276个，为项目建设提供了科学有效数据；对全县195台1吨以下小锅炉和35台1吨以上的锅炉，进行了烟尘浓度、二氧化硫、氮氧化物、一氧化碳4个因子的监测，共完成大气分析数据近300个。对铁矿、化肥、啤酒、饮品等大型企业进行了工业废水的监测与分析，工业废水数据近100个。建立了排污档案，为全县实施污染监督管理提供了科学依据与基础保障。

3. 依法行政，严格环保管理。对县内5家镁砂企业现有50座窑炉，进行治理，已完成26座，其余24座停止使用。救兵乡5家造纸厂，1家没完成治理任务的建议工商局吊销营业执照。对环保设施闲置、偷排、偷放污染物单位34家，给予严重警告4家，限期整改18家，责令停业6家，经济处罚10家。

·教育　科技　文化　卫生　体育·

【教　育】 一抓“普九”成果巩固，促进办学整体水平提高。在硬件建设上，筹措资金更新学生课桌3 000套，新装设备和更新计算机100台。在美化环境上，救兵中学抓校园建设，植树500株，建花坛10处，购置鲜花1 000余株。章党镇各小学投入3.5万元，用于校园环境艺术建设。在控辍保学工作中，层层建立责任制，完善控辍保学档案，对特困家庭儿童上学给予多方面适当补助。由于工作到位，初中辍学率控制在3%以下。有哈达、后安、石文、上马、马圈子、海浪等6个乡镇，已基本达到“普九”，“巩固水平”评估标准；二抓学生德育教育，提高学生思想道德素质。三抓教学质量，提高学生学习成绩。对部分学校部分学科统一教学质量检查，针对教学中的质量进行研讨，又组织小学校长到上海典型学校学习，进一步强化了基层学校质量意识。四抓示范性高中创建。县石文高中是省级示范性普通高中，自2001年到2004年，先后投入2 000余万元资金，征地21亩，新建校舍12 400多平方米。县二高中，不断加强学校硬件和软件建设，教学质量也有了很大提高。这两所高中，高考进线率都达100%，受到市教育局通报表彰。五抓危房改造，改善办学条件。县投入2 780万元，完成了县高中和1.4万平方米危房的16项工程。投入20万元，改建、新建和维修20个中小学危险厕所。

【科　技】 1. 加快科技园建设。巩固拉古绿色食品基地建设，多次邀请农业专家指导，无偿提供种苗做实验示范，建成40亩新品种示范园，种植农业新品种40余种；扶持毛公生态科技园建设。完善组培实验室和组培基地。与沈阳生态所，落实建设项目。4月中旬为组培室配齐了全套实验设备。加强苗木繁育管理，已种植优质苗木鸾枝、垂柳、垂榆、晚春李、冷香玫瑰等10多个品种。其中母本冷香玫瑰6 000多株，长势良好。扶持北方山野菜研究所，在10座温室大棚，成功的繁殖了山野菜刺龙芽、猴腿、蕨菜等品种，达3 000公斤，取得了较好效益。帮助西沟种子园，同海外学子梅晓丹博士共同开发名贵胡萝卜素项目，已进入实施阶段。

2. 向上争取科技立项。2003年下半年开始，深入基层调研，掌握信息和资料，筛选科技含量大的项目向市科技局申报科技项目11项，省级科技项目3项。其中农业项目7项。重点列在拉古、石文、峡河等乡镇和农业园区产业化项目上。工业项目7项，重点支持莱特企业紫外线吸收剂等新产品和新技术开发项目。农业部分项目取得了初步成果。

3. 加速科技成果向生产力的转化。县科技局近年来，针对海浪乡棚菜萎缩现象，聘请北京农科院和北方农业研究所的专家教授，又聘请番茄大王唐树发做为技术指导，采用新的实用技术，繁育发展番茄，已形成产业化规模。为金佰纳公司引进生产功能型营养葡萄酒工艺和配方，提高了企业产品创新能力。为远东橡胶公司聘请中科院沈阳分院、沈阳计算机研究所，帮助改造一台数控机床，运转正常，达到技术要求，产量提高5倍。打造技术服务平台。年内为民营企业举办5次科技项目展览和交易会，参加企业16家，签定合同和议向性协议8项。其中中科院3项，海外学子3项，民间资本对接2项。

4. 开展科技培训。举办各种类型科技培训班820次，培训4.5万人次，举办科普大集38次，近20万人次参加。组织科技讲师团和农民技术能手讲座58场，培训1万多人次。发放《农村党员、基层干部适用技术和市场经济培训教材》等科技图书等3万册和《农村致富实用技术》等科普资料10万份。

【文　化】 年内文化活动十分活跃，县内举办大型活动有：正月十五元宵节举办全县“交通杯”秧歌大赛；“五四”青年节举办“德力杯”青年歌手大赛等，重大节日共举办了14场大型文艺广场活动。各乡镇也相应举办各种丰富多彩的群众性文化活动，活跃了农村文化生活。县文化馆积极参与全县的群众文化活动。配合计生委、县总工会、民宗局、石文镇、章党镇联合举办各种文娱演出活动。文艺馆的干部深入乡镇到村，办秧歌培训班、美术书法和文字创作班，共40次，培训文娱骨干2 000多人次。图书馆继续开展送书下乡活动，共建立12个流动服务站，流动借阅图书达4 500余册，两次送科技下乡，编印科技信息小报6期，提供信息40余条。县电影公司按文化部制定的《全国中小学影视教育片发行放映工作运作方案》协调并达成协议，电影公司与个体放映单位联合，教育局协调安排，负责在中小学校开展爱国主义教育影片放映工作，年内已放映1 400余场，学生观看达6万人次。

加强文化基础设施建设。建成了哈达镇、石文镇毛公村、上马乡和拉古乡四处高标准、高质量文化活动中心。投入使用后，又争取10万元配套资金在后安镇建设文化活动中心，年底前主体工程基本完成。又从省争取20万的建设资金，为文化中心购置演出设备和必备的办公设施。

规范文化市场经营秩序。全年共查121（户）次，处置违规业主22人（户）次，共查处盗版音像制品近2 000余盘(张)。特别清除2户在学校周边无证经营书刊经营点，净化了文化市场，规范了文化市场经营秩序。

【卫　生】 1. 卫生防疫。传染病防治。加强对重点传染病监测，预防控制和网上直报工作。年内发生传染病13种341例，发病率控制在178/10万，低于国家规定300/10万标准。计划免疫，率先在全市实行儿童计划免疫公示制、列会制。健全县乡村三级计划免疫档案，保证了计划免疫的基础档案科学性、规范性、连续性。地方病防治。碘缺乏病防治，加强公用碘盐监督检查，碘检查合格率97.5%，基本保证了食用碘盐的保质保量供应。

2. 妇幼保健。重点对全县妇、儿保卡及档案进行监督检查，降低孕产妇和婴儿的死亡率。开展中、晚期孕妇B超筛查及化验检查，确保孕产妇和新生儿的身体健康。

3. 医政工作。加强各级各类医疗机构管理。卫生局制定了二级医院、乡镇医院及村卫生室医疗护理质量考核标准。由8名专业人员组成检查监督组，从6月初到7月中旬，对全县医疗机构按标准进行全面检查验收。共检查各类医疗机构243个，其中限期3个月整改11家，限期6个月整改1家。吊销执业许可证1家。加强对村医生管理，完成全县298名村医生资格认定和注册工作，对326名乡村医生和乡镇卫生院门诊医生采取全封闭业务培训，培训结束进行严格考核。全县有7所乡镇医院设立了中医科，90%的村卫生室能用中、西医防病治病。农村中医工作得到了发展，突出了中医特色，其门诊费收入50%以上。

4. 医疗机构检查。查处违法行医22家，药店“坐堂医”5家，村卫生室不规范执医32家，下达行政处罚决定书38份，使医疗市场明显好转。同时做好食品安全大检查8次，净化了食品市场，保证人民食用安全食品。

【体　育】 1. 学校体育。全面推行《学生体质健康标准》，成立了实施新《标准》工作领导小组，共106所中小学全部推行新《标准》，推行面达100%。参加测试学生140 079人，及格率为98.85%，优秀率为33.45%。

2. 群众体育活动。参加抚顺市农民健身周系列比赛，在篮球、乒乓球和中国象棋三项活动中，分别取得团体第二、第三和第一的好成绩。总成绩列为各县、区之首。组织、策划、承办了辽宁省首届“三块石”登山比赛暨群众健身活动。全省11个市1000多名登山爱好者参加。全县举办了乒乓球、篮球、中国象棋比赛和群众性健身操、健身舞等活动达200余次，有效地推动了全县群众体育活动的开展。

附：抚顺县主要领导人名单

县委书记：姚　启
县人大主任：姚　启
县　　长：孙连贵
县政协主席：郝传德
纪检委书记：张志疆

（肇玉玺）

清　原 满族自治县

·综　述·

全县地区生产总值实现29.74亿元，比上年增长14.5%，其中，一产业6.35亿元，可比口径比上年增长12.0%；二产业13.84亿元，增长26.8%；三产业9.55亿元，增长15.1%。固定资产投资完成5.2亿元，增长19.2%。全县财政一般预算收入完成8616万元，可比口径比上年增长16.39%，财政支出达到25324万元，收支基本平衡。农民人均纯收入实现2945元，增长5.2%。城乡居民储蓄存款余额实现18.7亿元，增长10.5%。继续推进产业结构调整，农业和农村经济平稳运行。全县农业总产值实现8.83亿元，比上年增长10%。粮食总产量达到15.83万吨，增长21.1%。按照“产业立县、工业强县”战略，通过实施“三业牵动”，逐渐形成了以医药、食品、矿产建材业为支撑的工业发展格局，工业经济实现了快速增长。全县规模以上工业企业发展到51户，实现产值5.75亿元，实缴税收3 000万元，分别增长11.6%和15.4%。增强了旅游产业拉动作用，第三产业日趋活跃。以开发生态旅游业，发展新兴服务业为增收新亮点，加大旅游资源的开发、管理和宣传力度，被誉为“中国北方第一漂”的红河峡谷漂流项目正式对外营业，围绕“兴商活县”目标，壮大商贸产业的经济比重。全县社会消费品零售总额实现7.8亿元，比上年增长5.3%。

·政　治·

【理论学习和宣传】 1. 通过各种有效的形式促进理论学习的深化。先后邀请省内外知名科技工作者、著名学者、理论专家到本县作专题讲座。县委组织中心组成员到灯塔、营口等经济发达地区考察学习。组织县直、各乡镇及重点民营企业家60余人到中央党校学习。对全县机构改革后新提拔的实职副科级以上领导干部进行综合理论闭卷考试。制定下发《关于建设基层党委中心组学习型组织的实施意见》，制定理论学习规范和达标升级考核办法，使基层党委中心组理论学习日趋规范化、制度化。对全县各乡镇党委、县直各党组、党委（总支）中心组的学习笔记进行两次调阅，对全年的理论学习分基础工作和基本要求两项工作进行考核。

2. 充分运用新闻媒体，紧密配合各个阶段的理论学习要求进行强势宣传。先后以“建设生态大县，人人都要做奉献”、“发展之路”、“振兴之光”为主题进行大讨论，对各基层党委在大讨论过程中制定出的全年工作目标，在《清原县报》和清原电视台集中进行刊发，向社会公开承诺。清原电视台制作、播发了17集大型政论系列报道，开设了访谈栏目，在社会上引起强烈反响。

3. 理论应用在实效上得以落实。在全县各基层党委中开展以“弘扬求真务实精神，大兴求真务实之风”为主题的民主生活会，各党委上交查找到的问题、制定整改措施总结汇报41篇。县委中心组成员率先垂范，每名成员都撰写两篇以上的体会文章。

4. 积极开展社会宣传工作，挖掘、培养、宣传各类典型，为全县经济和社会事业的发展营造良好的舆论氛围。一是为了对红河峡谷漂流项目中所体现的“求真务实、勇于排难、合力攻坚、加快发展”的强势宣传，在《清原县报》整版刊出《红河雄风：红河峡谷漂流项目建设纪实》文章，在清原电视台《清原新闻》中连续播出6集系列报告《红河峡谷漂流建设纪实》。为了更好的对外宣传本县生态大县建设成果，营造良好的发展舆论氛围，先后在《抚顺日报》、《辽宁日报》上做了6个专版。辽宁电视台、抚顺电视台和抚顺电台的多个栏目也播出了清原发展及项目推介的专题片。二是开展向赵景顺学习活动。6月，县委组织两家新闻单位对赵景顺同志先进事迹进行集中采访，精心组稿，在县报和电视台以大篇幅的纪实报道，着力宣传了赵景顺同志12年来为民办事尽心尽力，带领村民走上富裕路，直至积劳成疾，病逝在工作岗位上的先进事迹。7月13日，县委作出《向赵景顺同志学习的决定》，7月21日，县委召开赵景顺同志大型事迹报告会，8月，组建了赵景顺事迹报告团，在市直机关、8个县区作了巡回报告，引起强烈的反响。10月20日，市委召开了“追授赵景顺荣誉称号暨赵景顺事迹报告会”。追授赵景顺同志为“模范践行‘三个代表’重要思想的党支部书记”，并在雷锋纪念馆设立了赵景顺事迹专门展厅。12月15日，省委作出《向赵景顺同志学习的决定》，授予赵景顺同志“为民务实清廉的优秀农村基层干部”荣誉称号，号召全省广大党员干部开展向赵景顺学习活动。

【党建工作】 1. 加强领导班子建设，不断提高各级领导干部的执政能力和实际水平。

2. 强化干部队伍建设，切实转变思想工作作风。加大了干部队伍选拔任用和交流力度。全年共调整领导班子及领导干部4次，共涉及领导班子64个，领导干部121人次，其中提职40人（新提职28人），交流55人次，免职7人，改任虚职14人。选送61名领导干部和企业的同志到中央党校学习，选派干部到广东、浙江、营口、中科院生态所等地挂职，精心组织10余次大规模地外出考察学习和招商活动，不断提高各级领导干部的综合素质。

3. 加强党的基层组织建设，切实巩固党的执政基础。顺利完成了村党支部换届选举工作，改善了村班子结构，提高了村干部素质，使换届后的村党支部成员总数由原来的1 091人减少到722人，两委班子平均年龄比换届前下降4岁。

4. 培养致富能手。继续深入实施“三育三带”工程，制定下发了《“三育三带”工程实施方案》和《“三育三带”工程考核办法》，确定了1 000名“三育”对象。加大了培训力度，有效地提高了“三育”对象带头富、带领富的本领，现已有31名“三育”对象进入村“两委”班子，有349人进入村级后备干部队伍。制定了三年帮扶计划，县财政投入30万元设立了扶持基金，共有571人同“三向培养”对象结对帮扶。

5. 狠抓了新党员的发展，全年共发展党员460人。切实加强了非公有制企业和社区的党建工作，在全县35家民营企业和清原镇内12个社区组建了党支部，配齐配强了党支部书记。

【精神文明建设】 1. 狠抓沿线包装，文明景观带建设有新突破。202线和英湾线通过了市文明办和市交通局的验收，被列入市级文明景观带。在巩固去年创建成果的基础上，本县又申报了金泉线、永尖线、清开线争创市级文明景观带。截止到年末，全县景观带建设县乡两级形成景观效果的景观带7条，总长300余公里，走在全市前列；景观带沿线进行花墙新建和改造的村屯27个，新砌边沟57 595延长米，新建花墙32 698延长米，改造花墙4 070延长米，新铺油路69.49公里，路基改造263.27公里；新建乡镇头样板路3条；新建和完善精品村10个。

2. 抢抓村屯绿化和环境整治，生态文明村建设有新发展。各乡镇认真落实县委要求，利用新春时节抓好春季绿化和环境整治工作，在全县掀起了村屯绿化高潮。全县有120个村屯进行了绿化，栽植乔木26.8万株，花灌木49万株，村屯绿化普及率达到64%。

3. 着力硬件建设，精品村建设有新亮点。抓精品村建设已成为县乡共识和工作投放重点。全县突出硬件建设，对9个省级以上文明村进行了功能完善，提高了文明村建设的总体水平。本县被省委、省政府评为省级文明村镇建设先进县，清原县城被评为省级文明小城镇。全县有省级文明村标兵1个，省级文明村8个，省级文明单位4个，省级文明小城镇1个；市级文明村31个，市级文明单位35个，市级文明乡镇3个，市级文明社区3个。

4. 培育生态文明，城乡居民的整体素质有了新的提高。

5. “双评”活动有新的发展，全县经济发展软环境明显改善。全县57个参评单位通过县报向社会公开承诺事项，纷纷出台简政办法，简化程序，兑现承诺的措施和办法，在全县形成了人人都是软环境，人人创建软环境的良好氛围。

【党风廉政建设】 1. 用制度规范行为，领导干部廉洁自律意识明显增强。一是用制度规范领导干部行为。二是采取多种教育形式，增强领导干部廉洁自律的自觉性。（1）读书思廉教育。县纪委向县级领导干部和乡镇、县直党政主要领导干部赠送《领导干部廉政手册》、《中国共产党党内监督条例（试行）》、《中国共产党纪律处分条例》等廉政教育书目共计400余册，全县领导干部写体会文章就达百余篇，仅在《清原县报》就发表40余篇。请市委讲师团领导来清原辅导“两个条例”。（2）廉政文化教育。除了组织党员干部参观市纪委、市文联主办的廉政教育书画展外，还会同文体局主办了廉政教育书画展。参观人数达1200余人次；认真组织观看市纪委主办的“清风颂”文艺演出。（3）家庭助廉教育。在廉内助评比活动中，授予赵景顺同志妻子吴清杳为“模范廉内助”称号。（4）典型教育。树立了孙凤霞、梁大明、赵景顺等一批勤廉兼优典型。

2. 整合办案资源，加大案件查处力度。继续坚持信访责任区和首信首访责任制，发挥信访主渠道作用。全年受理信访举报288件次，完成上级要结果案件20件，办结率100%。立案58件，处分党员干部60人。其中查处大要案15件，党纪处分36人，政纪处分24人。本级纪委初核35件，转立案22件。为国家和集体挽回经济损失230万元。

【社会保障】 健全社会保障体系，社会大局基本稳定。继续加强社会保障体系建设。纳入社会养老保险18 500人，发放社会保险金5 028万元，失业保险6 800人，医疗保险16 800人；城镇低保达到4 625户9 797人，发放保障金775万元；农村低保达到6 460人，发放保障金233万元。大力发展劳务经济，劳务输出10 057人。努力做好再就业工作，全县就业安置8 549人。发放临时救济款120万元，救助贫困人口12 000人；投资440万元，完成了救助站更新改造和配套建设，改善了五保户集中供养条件；争取开发式扶贫资金800万元，为重点贫困村的脱贫致富提供了资金保证。加大了社会治安整治和严打工作力度，有效地打击了违法犯罪，震慑了邪教组织的非法活动。

·经 济·

【农业和农村经济】 全县农业和农村经济紧紧围绕农业增效、农民增收这一主线，以市场需求为导向，大力推进品种、品质和布局的优化，进行农业结构战略调整，促进了农村经济的全面发展。全年实现农林牧渔业总产值85 824万元，比上年增长6.9%。其中农业产值40 198万元，增长5.1%；林业产值9 376万元，增长0.7%；牧业产值17 718万元，增长17.3%；渔业产值18 012万元，增长5.0%；农林牧渔服务业产值520万元，增长12.8%。粮食产量稳步增长，实现15.8万吨，比上年增长20.1%。林业生产高速发展。全县人民积极营造生态林，为建设和改善清原的自然环境，进行了不懈的努力，全年完成植树造林4 400公顷，与上年持平。迹地更新687公顷，低产林改造157公顷，零星（四旁）植树373万株，育苗面积914公顷。全县森林面积28.0万公顷，林木畜积量2 275万立方米，森林覆盖率为72.2%。畜牧业生产平稳发展。年末大牲畜存栏头数7.0万头，生猪存栏5.2万头，全年肉类总产量2.0万吨，奶类总产量55吨，禽蛋产量6 423吨，水产品产量1 710吨。农业生产条件和农村基础设施建设不断改善。年末农业机械总动力达到10.5万千瓦，农用载重汽车173辆，农用拖拉机3230台。全县共有57座水库，灌溉总面积22.03万亩，全年水利建设总投资2 278万元，完成工程土石方1 100万立方米。解决农村自来水井88眼。农业产业化进程明显加快。林蛙、食用菌、中药材、畜禽、山野菜等产业发展较快。全县食用菌发展量1 100万箱段，生产量11 000吨。黄牛饲养量12.5万头，猪饲养量7.5万头，羊饲养量7.5万头。林蛙产量1 460吨。鹿养殖9 348头，养鹿饲养场733个，实现产值3 191万元。

【工业和建筑业】 全县工业经济保持快速增长，工业总产值实现611 003万元，同比增长20.8%。其中规模以上工业企业51家，实现产值65 282万元，同比增长26.7%；完成工业增加值16 007万元，增长6.6%。从经济类型看：国有及国有控股工业完成产值7 833万元，增长24.3%；集体工业完成产值17 900万元，下降39.0%；其他经济类型工业完成产值40 224万元，增长153.2%；从轻重工业看：轻工业完成产值12 409万元，同比下降32.2%；重工业完成产值53 548万元，同比增长61.1%。工业企业基本完成全年目标。全县规模以上工业实现销售产值66 096万元，比上年增长30.2%，产销率为100.2%。实现产品销售收入63 421万元，比上年增长9.7%。全年建筑业实现产值10 040万元，同比下降7.3%，建筑业实现增加值2 300万元，同比增长8.0%。全县房屋建筑面积7.8万平方米，竣工面积6.2万平方米。

【国内贸易和市场物价】 随着国家扩大内需、刺激消费等一系列政策和措施的陆续出台及居民收入不断增加，消费品市场稳中趋活。全县社会消费品零售额78 085万元，比上年增长5.4%。县城零售额54 299万元，增长9.6%，县以下零售额23 786万元，下降3.1%。分经济类型看：国有经济消费品零售额10 368万元，增长51.4%；集体经济7 168万元，增长3.6%；私营经济3 695万元，下降26.3%；个体经济56 854万元，增长2.8%。市场物价有所回升。抚顺地区居民消费价格总指数为102.3%，其中，食品类106.9%，烟酒及用品类100.4%，衣着类102.6%，家庭设备用品及维修服务类94.7%，医疗保健和个人用品类101.2%，交通和通讯类96.4%，娱乐教育文化用品及服务类99.1%，居住类100.5%。

【对外经济贸易和旅游业】 努力改善投资环境，加大招商引资力度。全年实际利用外资额完成518万美元，比上年增长60.4%。旅游业成果显着，以红河峡谷漂流开通为契机，加快了全县旅游事业的发展。全县共接待游客27.7万人次，同比增长130.8%；旅游收入8 500万元，同比增长248.4%。

【财政金融】 全县财税部门积极组织税收，强化征管力度，效果显著。全年财政总收入完成30 582万元，其中：一般预算收入完成8 616万元，按可比口径比上年增长22.8%。税收收入完成7 287万元，其中增值税完成977万元，非税收入完成1 329万元。地方财政总支出30 349万元。其中：本年支出25 324万元，比上年增长15.4%。金融业运行平稳。年末金融机构存款余额为217 117万元，比年初增长8.2%。其中城乡居民储蓄存款余额177 155万元，人均5 198元，比年初增长3.1%。金融机构各项贷款余额为109 646万元，比年初增长5.9%。全年银行现金收入821 148万元，比上年增加202 584万元，银行现金支出821 148万元，比上年增加179 103万元。收支平衡。

·县乡建设·

【固定资产投资】 固定资产投资有较大幅度增长。全年共完成固定资产投资52 534万元，同比增长20.4%。其中城区38 661万元，农村农户5 913万元，农村非农户7 960万元。在城区投资38 661万元中，基本建设投资完成26 829万元，更新改造投资完成5 580万元，房地产开发投资6 252万元；在农村非农户投资7 960万元中，基本建设投资6 168万元，更新改造投资475万元，其他投资1 317万元。

【城乡建设】 城乡基础设施建设速度加快。完成了休闲健身广场、县城第二热源、浑河路县城工业区段、青云寺广场和道路以及1号橡胶坝、县城供水管网改造等工程建设。

·社会各项事业·

【交通运输】 交通运输生产继续保持良好势头。全县专用线以上公路1 169公里，按国土面积计算，公路密度为29.84公里/百平方公里。全年货运总量为82万吨，客运总量为174万人次。全县共有汽车线路89条；拥有公共汽车109辆（其中个体26辆），出租车324辆。

【邮电通信业】 邮电通讯业快速发展，整体服务水平不断提高。全年完成邮电业务总量5 372万元，比上年增长12.6%，人均邮电业务量157.6元，年末城乡电话用户已达76 916户，互联网用户（宽带网）1 010户；函件完成15.8万件，汇票1.4万张。

【科技 教育 文化 卫生 体育】 科技事业蓬勃发展。全县拥有各类科技机构18个，专业技术人员7 908人，共完成科研成果20项，其中省级2项。教育改革积极推进，素质教育继续深化。本年高中在校学生5 674人（包括职高1 363人），初中在校学生11 930人，小学在校学生20 912人，特殊学校57人，九年义务教育普及率91.2%。全县有1 271人被专科以上院校录取，录取率为96.9%（不包括初中）。群众文化生活丰富多彩。全年共举办大型群众性文化活动30次，文化娱乐场所达30家。卫生事业各项改革不断深化。年末全县拥有卫生机构31个，拥有床位872张，从业人数达1 387人。体育事业稳步发展。全年共组织各种体育赛事80次，向上级输送运动员5人。学校体育活动积极开展，全县中、小学生"达标"率为98%，优秀率为29%。

【人口与人民生活】 全年出生人口2 523人，出生率7.4‰，死亡人口2 389人，死亡率7.0‰。全县总人口34.1万人，其中非农业人口11万人，农业人口23.1万人。城乡居民生活水平继续提高，生活质量明显改善。全县在岗职工工资总额1.8亿元，同比增长12.5%，人均工资10 863元，同比增长5.2%。全县农民人均纯收入2 945元，同比增长5.2%。居民居住条件得到改善。城镇居民人均居住面积为11.5平方米，同比增加1平方米，农村居民人均居住面积为10.6平方米，同比增加0.5平方米。

【环境保护与治理】 环境保护工作继续加强。完成了水质监测项目29项，获得监测数据1 566个；大气监测项目5项，获得数据12个；二氧化硫、二氧化氮、总悬浮颗粒设3个监测点位，获得数据1 296个；污染源监测项目根据污染因子临时确定，点位覆盖全县，获得监测数据1 380个；噪声监测实行网格布点监测，获得数据3 280个，人居环境质量明显改善。

附：清原满族自治县主要领导人名单

县委书记：上官惠廷
县人大主任：王忠莲
县　　长：封福高
县政协主席：张立春
县纪委书记：李　强

（石喜龙）

新宾满族自治县

·综　述·

2004年，全县实现生产总值33亿

元，增长15%。财政一般收入完成8 457万元，增长12%。全县粮食产量达到15.6万吨，增长17%，农业增加值实现6.5亿元，增长10%。固定资产投资完成6.6亿元，增长20%。招商引资完成2.6亿元，增长67.1%。实际利用外资502.5万美元，增长67.1%。城镇居民人均可支配收入和农民人均纯收入分别达到6 568元和3 187元，分别增长10%和8%。居民储蓄存款余额达19亿元，比年初增长9%。城镇居民人均住房使用面积和农民人均住房使用面积分别达到16平方米和21平方米。社会商品零售总额完成8.5亿元，增长14%。清永陵申报世界文化遗产获得圆满成功。

·政 治·

【党建工作】 2004年，新宾县委组织开展了“思想作风建设年”活动，并取得较好效果。共召开座谈会200余次，走访基层2 300余次，发放征求意见表3 000份，并就查出的370多个问题进行了整改。两次对合力不强，缺乏执政能力的班子进行了适当调整。年内通过“公推直选”和“两推一选”的形式，完成了全县180个村党支部的换届选举工作。全县88个非公企业建立了党的组织。全年共发展党员610人，党员总数14 960名。

【精神文明建设】 2004年，本县动员社会各方面力量参与文明村镇、文明行业、文明社区的创建活动，提升了精神文明建设的整体水平。全年共投资2 078.3万元进行文明村及文明景观带建设，全县共有国家级文明村1个、省级文明村6个、市级文明村25个、县级文明村59个。全面落实《公民道德建设实施纲要》，以20字基本道德规范为重点，广泛开展了社会公德、职业道德、家庭美德教育。全县共评选出六星级以上文明户36 448户，其中十星级文明户2 082户。各行各业、各单位积极争创文明单位，全县共有省级文明单位7个、市级文明单位30个、县级文明单位48个。新宾镇被国家文化部授予“中国民间艺术之乡”称号。

【廉政建设】 2004年，党风廉政建设责任制得到进一步落实，制定了《关于全县党风廉政建设和反腐败工作要点及组织分工》，并设计量化了31项目标任务。对县内30项工程的招标、政府货物采购、土地招、拍、挂实行监督，对全县180个行政村297个集体经济组织的账目、资金全部实行了委托代理，有效防止了腐败问题的滋生和蔓延。加大查办案件力度，全县共受理信访举报236次，立案61件，初核169件，立结案63件，处分各类违纪违法人员60人。县本级自办案件37件，乡镇办案20件，属于大要案件9件，挽回经济损失124.17万元。

【民主法制及社会治安】 民主与法制建设不断加强。政府主动向人大报告工作，向政协通报情况。全年办理人大代表建议和政协委员提案362件，办结率100%。社会整体防控能力加强，公、检、法协同作战，打击和惩治犯罪。全县刑事案件发案521起，同比下降10.2%；命案发案6起，侦破6起，命案现案侦破率达到100%。发案率同比下降53.9%。公安机关全年破案456起、抓捕在逃人员71人、捕教343人、治安拘留329人、处理治安案件1 147起、强制戒毒5人。县检察院共受理提请批捕的各类刑事犯罪嫌疑人起诉152人，同比下降14.1%。县法院共收各类案件1 979件（含旧存120件），审结141人，批逮117人，受理移送审查起诉229人。林业治安工作进一步加强，全县共查获各类林业案件177起，打击处理181人。

【社会保障和再就业】 社会保障体系不断完善。全县已有24 052名从业人员和7 632名离退休人员参加了社会养老保险。对4 200名“并轨”人员发放了失业保险金。有10 010人享受城镇低保，有4 030人享受农村低保，有11 753人参加了医疗保险。累计收缴养老保险金2 625万元，支出4 798万元，缺口2 173万元。全民企业参保面已达100%。县政府投资191万元，为305户农村特困户建房2.4万平方米。扶贫开发工作取得成效，年内对新增的20个省重点帮扶贫困村投入资金950万元，完成扶贫开发项目25个，参与户3 185户，受益人口11 886人，人均增加470元。县扶贫办为贫困村协调前期项目贷款399万元，发放小额扶贫信用贷款294万元，辐射12个乡镇，38个村的2 063户贫困户，已有1 328户脱贫。本年对全县15个乡镇180个村的贫困人口进行了专项调查，全县人均收入在1 200元以下的贫困人口为2 611户，贫困人口73 832人。劳动就业局举办各类再就业培训班55期26个专业与工种，培训下岗失业人员2 453人；举办创业培训班10期，培训103人；劳务输出培训班17期12个工程与专业，培训800人；举办农村富余劳动力转移就业培训班60期21个专业与工种，培训10 124人。全年安置就业人员9 658人次。县民政局接收退役士兵296人，其中有90名非农士兵得到安置。

·县乡经济·

【农 业】 2004年，本县被国家列为第二批全国生态农业示范县。共安排实验、示范、推广项目50项，其中实验项目30项，示范项目10项，推广项目10项。全县粮食播种面积50万亩，比去年增加24.1%。其中：水稻5万亩，大豆7.1万亩，玉米27.9万亩。粮食总产量达到150 726吨，增长17.3%。其中：水稻38 745吨，玉米99 778吨，大豆7 180吨，其他杂粮5 023吨。年可提供商品粮88 266吨。农业增加值实现6.5亿元，增长10%。本年，减征农业税3个百分点213万元，农民减负率达55.8%。粮食直补和水稻良种补贴政策得到落实，全年共补贴资金达556.2万元。粮食直补面积384 379亩，补贴资金387.2万元，水稻良种补贴面积112.7亩，补贴资金169万元。本年，多种经营各项产业实现总产值26 220万元，农民获纯收入17 950万元，农民人均增收792元，约占全县农民人均总收入的24.4%。地栽香菇鲜品产量3万吨，实现产值9 000万元；中药材留存量20.5万亩，产量9 800吨，实现产值9 600万元；有标准化蛙池10 500个（其中新增600个），年产商品蛙3 000万只，实现产值6 000万元；果树、山野菜两项实现产值1 620万元。

按照专业化、标准化、园区化的要求，建设实施了新宾镇农业生态示范园区，永陵万亩农业示范园区，木奇千亩葡萄示范园区和上夹河千亩果药间作示范园区四个农业示范园区。落实了秸杆养牛示范区15个，新建肉牛育肥小区8个，肉牛繁育小区2个，黄牛改良配种点28个，标准化绒山羊小区15处，种羊场2处，青贮窖5 800个。

【林 业】 生态环境进一步改善。森林资源二类调查工作从4月23日至11月20日完成了外业调查工作，并通过了省林业厅验收，达到优秀标准。全年共完成造林4 907公顷，人工种草1 666.7公顷，治理水土流失面积2 533公顷，义务植树365万株。全县共完成个人造林6.9万亩，占全县造林总面积的93.7%。造林户达到1 499户。大四平镇皇牧厂村的孙玉凯成为全县的造林状元。国有林场职工自营经济有新的发展，完成以云杉为主的绿化苗2 985亩，山野菜种植9 501亩，以林下参为主的药材基地4 360亩，养鹿450只，木材及林副产品加工厂发展到24家，年产值可达1 500多万元。山区综合开发呈现出较好的势头。至2004年10月末，新开发千亩以上流域50条，新建标准林蛙池塘200个。鹿类养殖新增1 266只。全县林下中药材新增面积1.5万亩，林下其他药材1万亩。全县发展森林食品2.8万亩。全县林产品加工业企业238个。以青松药业、新宾制药厂、鑫泰中药饮牌有限公司为龙头的药材加工企业132个。

【工　业】 2004年，县政府坚持“质量立县，品牌兴企”战略，重点扶持了27家骨干企业。全县共有500万元以上规模企业50家。工业经济发展势头良好，工业总产值实现550 000万元，同比增长10%。其中，500万元以上规模工业完成75 240万元，同比增长14%；销售收入完成490 000万元，同比增长11.5%；工业增加值完成128 000万元，同比增加44%。其中，500万元以上规模企业实现21 557万元，同比增长14%；出口供货值完成7 500万元，同比增长19.5%；入库税金8 700万元，同比增长13%。全县重点项目23项，其中，新产品开发和技术改造项目13项，新增产值3亿元。创利税1 000万元。“哥俩好”集团投资600万元完成了乳胶漆生产线；添龙耐火材料有限公司投资700万元，新上1 000吨压力机3台，1 600吨压力机1台，建成先进生产线及木奇石材、平顶山羊绒加工等重点项目17项。“哥俩好”荣获辽宁名牌和中国驰名商标。3户企业正在申报省著名商标。安全生产工作取得可喜成果，全年无死亡事故发生。投资1 000万元，加强了煤矿质量标准化、救护队和服务中心建设；投资150万元，新建了远程瓦斯监控中心。

【商贸流通】 2004年，在商品流通过程中，加强了木材、香菇、酒类、盐业、药材市场的建设和管理，促进了流通，消费水平不断上升。全县第三产业增加值完成10.8亿元，同比增长14%。社会消费品零售额实现8.5亿元。供销系统商品销售额实现12 250万元，农副产品收购额完成2 121万元，实现外贸出口创汇额341万美元。粮食系统实现商品销售收入11 542万元，同比上升85.83%。全县共收购粮食149 024吨，同比增加49.9%；销售粮食100 699吨，同比增加137.5%。销售军粮65吨。

·县乡建设·

【基础设施建设】 2004年，县委县政府从完善城镇功能入手，加快了基础设施建设步伐。全年完成固定资产投资66 000万元，同比增长20%。完成了县城河南排水、河北排水主干线、中环路改造等11项基础设施建设工程。投资2 731万元，完成了高中校园续建、兴京宾馆南楼续建、县疾病控制中心、公安小区综合市场等8项公益设施建设；引资4 000万元，完成了肇兴南路药材商贸一条街一期工程建设；投资160万元，完成了2号橡胶坝建设投资10 700万元，完成了商品房开发10.7万平方米；投资7 417万元，完成了南杂木、永陵、苇子峪等乡镇的街路改造、城建基础设施、农村自来水、农村住宅建设等工程。电业部门投资1 880万元，兴建了永（陵）马（架子）线66千伏送电线路和上夹河、马架子变电所，完成了新宾镇城网改造和农网改造二期节余资金工程项目。

【交　通】 公路建设又有新发展。投资8 410元，完成了路基改造17条155公里，完成黑色路面42条211公里，新建桥梁25座1 027延长米，解决了36个行政村通油路问题。全县公路总里程达到1 151公里，公路密度为26.7公里/百平方公里。全县干线好路率达92%，综合好路率达78%。运输市场经过整顿，市场秩序有了好转。旅客运输完成客运量420万人，客运周转量11 100万人公里；货运运输完成货运量49万吨，货物周转量1 750万吨公里。

【环　保】 1. 环保工作开展了环境监察治理。出动人员61人/次，检查企业41家，对污染严重的厂家实施了关、停、限期治理、罚款等处罚，处罚了17家。规范了企业的排污行为。完成了对全县180个村的畜禽养殖污染状况调查、矿山企业污染状况调查和全县28家单位危险废物申报登记工作。全年累计接待来信、来访59人/次，处理率100%，结案率96.6%。2. 全县生态建设工作。重点抓了矿山的植被恢复，恢复率70%，建成张家高级生态村、六道中级生态村各1个。苏水家园、县医院、赫图阿拉城三家单位参加市“生态环保杯”竞赛活动，通过了市验收小组的考评。3. 完成了对全县有机食品、绿色食品基地、环境质量监控的前期准备工作。4. 宣传教育工作。利用4·22地球日和6·5环境日，开展了专项活动。编写了《环境保护基本知识100问》小册子，发至全县各乡镇、村、中小学校、企业、县直机关。年末，新宾县的大气环境质量优于国家二级标准，苏子河水质达到国家一类标准，污染控制总量COD、烟尘、二氧化硫、工业粉尘分别下降10、3、5、8个百分点。

【网通　邮政】 网通工程根据城乡电话普及率和近几年投资规模及市场合理分解放号指标，加大服务力度，投资2 113万元，新建“小灵通”基站266个，同时投资42万元，完成了新宾光缆到户工程，敷改光缆4.75公里。设备投资160万元，新宾扩容宽带ADSL5个局点，计1 152线。长途中继扩容900路。到年末，全县电话普及率达23部/百人。邮政工作稳步、协调、持续发展，快递、国际业务呈增长态势。全年完成邮政业务收入678万元。其中，邮政储蓄收入410万元，集邮业务8万元，基本业务收入130万元。完成代理保险额400万元。是年，本局在省局对全省44个市县综合汇审工作中创省第一。

·教育　科技　文化　卫生·

【教育　体育】 教育部门通过教育改革，进一步调整了学校布局，加大了对未成年人思想道德建设的力度和“控辍”工作，“普九”工作进一步加强，教学质量进一步提高。撤并了二中、下营子、富家3所中学、23所小学。全县现有初中20所，小学123所（含聋哑学校）。“控辍”力度进一步加强，小学生辍学率为0，初中生辍学率为3.525%。全县没有因为家庭困难而失学的学生，扶助贫困学生2 067人。职业教育进一步发展，有148名学生获得了“绿色证书”，3 000名青年农民通过“跨世纪青年培训工程”，得到了农村实用技术的培训。本年职校招收新生176人。争取上级基础设施建设投资项目14个，资金1 140万元，建筑总面积达24 019平方米，其中高中续建工程13 900平方米，改造危房2 769平方米，九年一贯制寄宿制学校7 350平方米，高中校舍全面竣工，职教中心扩建工程已经动工。

【科　技】 科技部门围绕本县经济发展战略任务推动科技进步与创新，开展了科学实验、科技示范和科技成果推广工作，先后与天津商开大学、中科院、大连物理化学研究所等多家大专院校建立了技术合作、技术依托关系，开发了一批对地区经济发展有重要影响的项目：北方粳米标准化栽培技术研究实验基地340亩；中药材GAP基地有鑫泰公司——淫羊藿GAP基地、青松药业——五味子GAP基地、兴京制药——移山参

GAP基地；山野菜产业化技术开发有：温室栽培大叶芹技术开发项目，实施地点榆树乡罗圈村已建日光温室40座（每座350平方米）；无污染保鲜技术开发项目，承担单位县果菜公司，在陡岭已建刺嫩芽生产基地3 600亩，投资160万元，新建成山野菜软包装和速冻生产线，基建部分已完成。全县共组织不同类型科技培训班306期，参与407万人次；召开科技现场会42次，有6 000人参与；组织参观学习域内外科技典型经验38次，有52人参加；组织科普大集16场，有6 300人参加；播放科技录像资料201场，有14 000人收看；全年发放科技资料24万份。

【文　化】 本年，完成了清永陵申报世界文化遗产工作。投入资金2 200万元，建立了清永陵安全防范系统，完成了消防安装工程、自来水接引工程，解决了消防用水不足等问题；绿化补植树苗3 420株。完成了苏州会议布展的筹备、展出工作。2004年7月1日在第二十八届世界遗产大会上，清永陵列入了世界文化遗产名录。7月2日至4日，庆祝清永陵申遗成功文艺晚会、"激情擂台"歌咏晚会、"满乡同庆"广场联欢晚会等大型活动在全县20个文化广场举行；《清帝东巡与永陵祭祖展览》正式开展。赫图阿拉城申"国保"工作完成了资料查询、光盘制作、文本撰写等工作，已送交省文化厅待批；县级文物保护工作完成了县级文物保护单位55处标志碑的立碑工作，保护单位建档工作已在进行之中，编制了全县重点文物保护利用"十一·五"规划。本年该县在中心广场及各乡镇组织大型活动43次；全县有乡级以上文化队伍48支，骨干3 200人；县文化馆全年举办各类培训班5期，培育文艺骨干100余人；深入基层辅导23次，辅导文艺骨干500余人。

【广播电视】 2004年，广电局投入光纤联网资金133万元，架设光缆340公里，是历年来光缆架设最长的，基本实现了"村村通光纤"联网。通过光纤联网工程，回收自管网7个，回收用户700户。消灭广播电视盲屯27个，新增用户1 300户。由于本县"村村通"光缆工程在全省名列前茅，省局在本县召开了全省"村村通广播电视工作现场会议"，会上介绍了本县实现全县光纤联网工作的经验。新闻宣传工作围绕县委、县政府的中心工作，编辑节目768组，其中朝语新闻节目192组，编稿864篇，文艺192组。电视台《新宾新闻》节目编辑159组，发稿1 659条，"农村天地"编播44期6个栏目，发稿122条。市以上新闻单位发稿251篇。《新宾新闻》开辟了"新宾要发展，我要做贡献"等11个专栏，同时增加了新闻系列报道，全年发栏目稿件、系列报道80多条，提高了新闻节目质量，新闻专题部被共青团市委命名为"青年文明号"。

【旅　游】 旅游产业坚持科学发展观，以争创全国旅游强县为目标，以市场拓展为重点，以打造清永陵世界文化遗产品牌为突破口，完善了餐饮、购物等要素建设，推进了旅游产业化、市场化、效益化进程。全年旅游综合收入达2.5亿元，同比增长48.5%；相当于全县三产业增加值的23.3%，同比增长5.7%，相当于全县GDP的7.7%，同比增长1.9%。产业优势地位稳固。全年旅游景区累计接待旅游者60万人次，同比增长19%。全年各旅游景区累计门票收入500万元，同比增长66.7%。本年，基本建设累计投入1 696万元。全年新增就业岗位500个，安排就业人员2 000人，同比增长33%，新增星级宾馆2家，新确定旅游定点餐馆12家，新增旅行社2家，新确定娱乐场所2家，新确定定点商店8家。漂流项目异军突起，农家旅游继续升温。赫图阿拉城、清永陵被分别评为省、市文明单位及市最佳旅游经营单位，旅游局被评为市文明机关。

【卫　生】 卫生工作以农村卫生和预防保健工作为重点，以加强医疗质量和行业作风为中心，实施行政许可法等法律法规，加强了卫生行业监督，对全县医院及牙科诊所进行专项检查85次，全年共查处非法行医27起，对19个医疗机构进行了处理，责令停业整顿2家，罚款3万元。加强了对食品生产经营单位巡回监督检查和卫生监测，出动监督员近800多人次，报告监督信息54份，现场笔录、意见书920份，卫生监督覆盖率100%。强化了医疗质量管理，组织各医疗机构的院长到外地参观学习，举办了乡镇卫生院院长、医疗组长、护士长等人员的业务培训班，有84名医师参加了执业医师考试，经省、市审核有82名参加了实践技能考试。对全县310名符合乡村医生从业管理条例规定的乡村医生进行了执业注册，并进行了全员系统化培训。9月份，本县被确定为结核病控制项目社会评价县。计划免疫全年接种35 158人次，接种率98.44%；五苗接种率98%，四苗覆盖率、乙肝接种率、儿童保偿覆盖率都为100%；儿童计划免疫保偿入保率96.4%。地方病防治工作完成了9个乡镇36个村288份居民盐样抽检，合格率95.49%，两个盐库抽检24次432份盐样，合格率100%，对81名碘缺乏病现患投服了碘油胶丸。完成了2所小学226人大骨节病检测，X线检查104人，全部阴性。全县人口增长保持了平稳态势，本年出生人口2 204人，占计划的93.79%，人口出生率为7.16%，比计划降低0.46个千分点，计划生育率为98.7%，比计划提高了1.77个百分点，出生婴儿性别比为106。

附：新宾满族自治县主要领导人名单

县委书记：祝建平

县人大主任：关福斌

县　　长：栾德翔

县政协主席：胡金印

县纪委书记：刘旭东

（单　铃　蔡亚文）

新抚区

·综　述·

2004年，全区国民经济持续稳步增长，GDP完成13.57亿元，同比增长17%。其中，第一产业增加值500万元，同比增长25%；第二产业增加值1.9亿元，同比增长13%；第三产业增加值11.62亿元，同比增长18%。实现固定资产投资2.5亿元，增长47%。完成社会商品零售总额46亿元，同比增长26%。实现地区财政一般预算收入9 190万元，可比口径比上年增长13.5%。完成招商引资额2.4亿元。通过积极争取上三级财政支持、资产运作等多种途径，解决资金近3 000万元。

·政　治·

【党建工作】 以增强广大党员干部立党为公、执政为民的执政意识为重点，通过座谈和专题辅导等多种形式，深入学习十六大、十六届三中、四中全会精神，以区委党校为依托，对区街两级机关干部进行系统培训，全区各级干部的思想政治和业务素质有了新的提高；积极推进干部人事制度改革，拓宽选拔干部的渠道，通过民主推荐，公开竞聘，组织考核，在政府经济部门和各街道一般干部中推行了双向选择竞聘上岗，使一大批优秀中青年干部走上了各级领导岗位，实施人才兴区战略，组建了区人才中心，建立了人才网站，为形成人才辈出的新局面创造了有利条件。全面加强和改进党的基层组织建设，在全区党组织和党员中广泛开展“筑堡垒、展风采”活动，有效发挥了基层党组织在全区振兴发展中的作用；不断强化党风廉政建设，加大对企业转制过程中出现的各类违纪案件的查处力度，有效地保护了公有资产和职工利益。深入开展“双评”活动，进一步优化了经济发展软环境。制发了《关于开展效能建设的实施意见》等有关文件，集中开展效能建设和绩效督查考核，促进了机关工作作风的转变和工作效率的提高。

【精神文明和民主法制建设】 通过广泛开展“新抚要发展，我们怎么办”大讨论活动，促进了全区上下思想的进一步解放。深入开展群众性精神文明创建活动，积极探索公益活动市场化运作新途径，与抚顺晚报等三家单位联合开展了“万朵鲜花献给身边的雷锋”主题活动，有1 026名身边的雷锋喜获鲜花，涌现出白云社区书记梁桂英等一批先进典型，产生了良好的社会效果。不断强化思想政治工作，分别召开了社区思想政治工作现场会和全区思想政治工作经验交流会，促进了新时期思想政治工作的深入开展。注重加强未成年人思想道德建设，学习天津和平区先进经验，制发了实施意见，形成了学校、家庭、社区三位一体的教育网络体系，与海城少管所合作创办了阳光教育基地，收到了明显的效果；进一步推进依法治区工作，充分发挥人大、政协依法监督和民主监督作用，以及工青妇等群团组织的作用。广泛深入开展“四五”普法和法律进社区活动，不断增强全民的法律意识，继续保持了省级精神文明建设先进区荣誉称号。

【社会稳定工作】 保持对“法轮功”及各类刑事犯罪的严打高压态势，全区刑事案件大幅下降。全年开展7次大规模安全生产和消防安全专项整治，杜绝了重大安全生产及火灾事故的发生。高度重视并全力做好信访工作，圆满完成浑河南路危楼居民搬迁任务，千金路南棚厦区改造工程年底部分楼房具备了回迁条件；积极稳妥推进企业转制工作，又有一大批职工得以妥善安置，企业职工上访率明显下降；通过扶持发展手工艺品产业，大力实施社区就业工程，全年安置下岗失业人员17 395人次，为年计划的116%。出台低保对象分类救助办法，实现了动态管理下城镇特困居民应保尽保，全年累计发放扶贫帮困资金164万元，救助贫困居民13 409人次。成立离休干部医疗保障中心，多方筹集资金43.55万元，为全区企事业单位离休干部办理大病补充医疗保险，基本解决了这些离休干部老有所医问题。

【街政建设】 区委、区政府不断加大社区资金投入，强化社区基础工作，狠抓硬件设施建设，全区61个社区全部配齐了微机、打印机、电话等办公设备，社区办公用房总面积由2001年的1 957平方米，增加到3 667平方米；社区办公用房平均面积由原来的32.08平方米，增加到60.1平方米。同时还克服了财政资金严重短缺的困难，筹措资金，创建了500平方米的市民服务中心和300平方米的“扶贫超市”；较好完成了村联社改建村民委员会及村委会换届选举和培训工作，恢复了千金街道办事处，成立了南阳街道办事处。通过首批和二批“星光计划”项目的落实，建立了500平方米老年活动中心1个，老年活动之家19个，老年活动广场9个，85%以上的社区达到“一站四室”建设标准，区街社区服务中心全面启动，社区内食品配送、物业管理、法律咨询等服务项目实行了实体化、社会化、专业化经营模式。

【人大政协建议　提案办理】 高度重视建议办理工作，分别责成相关部门认真办理。切实从组织上强化领导，从措施上强化监督，从办理上强化管理，从督办上强化落实。建立由常务副区长分管，区政府办公室具体负责，各承办部门承办人员具体办理的三级负责制，做到分工明确、领导有力、工作到位、责任到人。坚持办前走访代表了解意图，办中再访代表交代设想，办后回访代表征求意见的“三访”制度，采取多种形式加强与代表联系，主动征求代表意见，赢得了代表的支持和满意。在人大常委会的监督、支持下，经过区政府和各承办部门的共同努力，于2004年6月末全面完成了市、区“两会”期间67件建议、提案办理任务。代表委员所提问题已得到解决或基本解决的58件，因各种原因难以解决做出说明解释的9件，经过承办部门和有关单位的努力办结率达100%，走访率100%，代表、委员满意率100%。

·区域经济·

【工业经济及国企改制】 抢抓中省直企业主辅分离的有利契机，实现了同抚顺电力建筑安装公司、官铁自备车修理有限公司等5户年产值在1 000万元以上工业规模企业的有效对接。坚持走新型工业化道路，抚顺机械石油化工设备有限公司、塑胶集团等规模企业经过合资合作、扩能改造，发挥出较强的规模拉动效应。工业增加值完成1.7亿元，同比增长12. 6%，其中：规模工业增加值完成3018万元，同比增长42%，结束了以往工业经济低谷徘徊的状况。企业转制力度不断加大。年内对饮服公司所属12户企业和进入破产程序的8户企业进行了企业资产清算、资产处置，并对华山造纸厂、机械制造厂等16户具备转制条件的企业实施了产权制度改革。此外，抚顺宾馆接收、清产核资、转制出售工作也取得了较大进展。企业转制率达75.9%，转制企业资产变现率达80%，盘活资产5 000万元。

【民营经济及第三产业】 以培育壮大规模企业，实现民营经济总量快速增长为重点，民营经济生产经营总值完成60.6亿元，经济总量占全区经济总量的93%；民营经济GDP完成11.1亿元，占全区GDP的82%，增幅高于同期近1个百分点；区域内年销售额在1 000万元以上的民营企业已发展到20户，方大集团、塑胶公司、南阳畅通汽车城、新海上皇宫等年销售额在3 000万元以上的具有一定实力和后劲的骨干企业，已成为带动区域经济发展的旗舰。区域内信息咨询、连锁经营、电子商务、中介服务、社区服务等新兴第三产业实现较快发展。新增各类服务网点200个，三产增加值完成11.6亿元，同比增长18%，占全区GDP的86%，增幅高于同期1个百分点。

【招商引资及项目建设】 坚持以规划定位引领招商项目，对33个操作性较强的重点项目进行了包装推介。坚持“走出去”与“引进来”双向并举，开展对外招商和经贸洽谈活动，全年完成招商引资项目34项，其中：投资额在500~1 000万元的项目4个，1 000万元以上的项目7个。此外，一批在谈项目的深入推进，为培育和涵养新的经济增长点夯实了基础。重点项目建设增势强劲，全年新上和结转项目14个，其中列入市重点建设项目6个，完成固定资产投资2.5亿元，同比增长47%。高压开关铜钨电触头、东洋电器、商海大厦扩建、农贸大厅改造、新海上皇宫等一批投资超千万元的项目落户、启动，投资超亿元的千金路南棚厦区改造工程正式动工。

【财税建设】 强化税务部门在税收征管中的主体作用，打破原有税收分级管理模式，扩大了街道收入范围，有效提高了全区财政税收额度。完善全区税源监控系统，大力开展税源核查，为加强税收征管工作提供了翔实依据。树立经营意识，加大对企业、行政事业单位闲置资产的盘活力度，全年区本级完成国有资产变现收入1 169万元。充分调动政府各职能部门的积极作用，争取上三级资金支持1 000万元，在保证公教人员工资发放的同时，兑现国家调资政策，确保了低保、医改、稳定等重点支出。

·社会事业·

【城区建设及城市管理】 大力拓展城市建设融资渠道，全年总投1 952.9万元，实现道改总长11.9公里，优质高效完成了东林路、略阳街等19条街路的建设任务。以创建生态城区为目标，总投480万元，实现新增绿地面积45.13万平方米。切实加强居民住宅小区硬化、绿化工作，实现小区建设面积25.33万平方米，圆满完成南苑小区、三合小区等13个小区建设任务。绿化硬化工程稳步推进。以"爱国卫生清洁月"、"市容环境整治月"活动为有效载体，全年开展大型市容整治行动11次，取缔各类违章行为33 500余件次。深入推进占路市场退路进厅实施进程，实现了东二路、东三路、西富平路占道市场进厅经营。查处环保违法案件431起，环保面源治理、噪声扰民整治以及排污费征缴成效突出，全区环境质量进一步提高，城区面貌不断改善。

【各项社会事业】 坚持均衡发展原则，大力推行专家治校，教育教学质量稳步提高，中考成绩取得历史性突破，重点率达47.49%。启动了50中学改扩建工程，创办了私立睿泽中学，教育资源进一步优化，"双高、普九"达标工作顺利推进，教育强区的优势日益巩固。成功举办第六届社区文化艺术节，以"畅想新抚、共铸辉煌"为代表的3 000场次广场文化活动，切实将群众性精神文明创建工作引向深入。完成区人民医院、第三医院、集体门诊资产评估，进一步加强了公共卫生体系建设，在全市率先完成了疾病控制和卫生监督体制改革。加大医疗市场治理整顿力度，为全市医疗市场放开后医疗卫生工作的有序运行奠定了基础。人口自然增长率为-1.01‰，继续保持低生育水平。扎实开展双拥共建、国防教育工作，圆满完成年度征兵任务。此外，审计、统计、档案、老龄、残联、统战、工商联、民族宗教、妇女儿童等工作都取得了新的成绩，实现了新的发展。

【政府建设】 牢固树立执政为民的思想，坚持把实现群众的愿望，满足群众的需求，维护群众的利益，作为政府一切工作的出发点和落脚点。兼顾社会各阶层利益，建立社会利益协调机制，引导群众以理性合法的形式表达要求，依法合理处理群众反映的问题。创造条件，重点解决好转制企业职工经济补偿和拖欠职工各种债务问题。切实将改善采煤沉陷区生态环境，健全社会弱势群体帮扶救助体系，营造下岗失业人员就业创业氛围以及把千金路南居民搬迁改造作为民心工程来抓。出台了《新抚区政府机关人员定岗工作实施意见》，政府17个职能部门、8个街道办事处、126名一般干部双向选择竞聘上岗工作取得实质性进展和突破性成效。强化公务员培训，深度推进公务员行为规范教育，对360名机关干部进行了培训考试，切实提高了政府公职人员政治素质、工作水平和业务能力。全面推行政府部门行政首长问责制，强化行政效能建设，加大绩效监督考核和奖惩力度，深入开展"双评"活动，进一步优化经济发展软环境，树立高效廉洁、团结务实的政府形象。

附：新抚区主要领导人名单

区委书记：李德明
区人大主任：蔡明光
区　　长：刘　凯
区政协主席：高滨德
区纪委书记：商泽友

新抚区部分区属企业名录

企业名称	法人代表	注册资金	经济性质	经营范围	经营方式	地址
抚顺塑胶公司	赵振路	1 500万	民营	塑料管件	生产	新抚区永济路27号
抚顺石化设备有限公司	李　毅	1 000万	民营	各类容器	制造	新抚区永济路3号
抚顺市永宁实业有限公司	刘　柠	200万	民营	热敏蜡	生产	新抚区榆林路
抚顺市辽东防火材料厂	张士琴	100万	民营	防水材料	生产	新抚区浑河南路
抚顺六合助剂有限公司	周玉华	100万	民营	助剂	生产	新抚区浑河南路14号
抚顺市昌顺电器制造有限公司	范庆国	100万	民营	电器	生产	新抚区浑河南路14号
抚顺市榆林耐火材料厂	吕新春	50万	民营	耐火材料	生产	新抚区青年路
抚顺市石化设备分厂	周晓先	100万	民营	各类容器	制造	新抚区新抚路
抚顺机器制造厂	孙启明	50万	全民	机器	制造	新抚区新抚路2号
抚顺造纸有限公司	张孝信	100万	民营	纸业	生产	新抚区粮栈路2号
抚顺市金属门窗厂	范家祥	100万	民营	门窗	生产	新抚区华山街
海上皇宫	梁　艳	2 500万	私营	餐饮	服务	新抚区西五路2号
海王府	梁　明	1 500万	私营	餐饮	服务	新抚区西七路
大杂院	刘敦余	1 500万	私营	餐饮	服务	新抚区三道街
天成电器有限公司	刘敦余		私营	电器产品	服务	新抚区中央大街1号
皇城肥牛	刘　军	800万	私营	餐饮	服务	新抚区中央大街5号
艺术大酒店	顾兆杰	400万	私营	餐饮	服务	新抚区永济路32号
金色阳光美食广场	溪立维	800万	私营	餐饮	服务	新抚区北台新村
五洲风情大酒店	张　晶	2 200万	私营	餐饮住宿	服务	新抚区西五街
皇朝饭店	赵丽娜	2 000万	私营	餐饮	服务	新抚区十二道街4号
大连海鲜坊	郑玉玲	500万	私营	餐饮	服务	新抚区西二街
高丽金大酒店	秦玉生	800万	私营	餐饮	服务	新抚区南台新村
夜上海大酒店	唐晓霞	560万	私营	餐饮	服务	新抚区北台新村

（王彦丰）

望花区

·综　述·

2004年，望花区紧紧围绕“项目建设年”、“城市建设年”和“就业发展年”三项主体活动，积极探索发展新路子，开拓进取，扎实苦干，使全区经济稳步发展，城区面貌大有改观，就业安置和社会各项事业都取得新的进步。全区经济工作，以“项目建设年”活动为载体，企业重点开发项目陆续建成投产，房地产开发建设实现纳税额超千万，呈现出很好的经济效益，并首次出现产值过亿，纳税额超千万的民营企业。民营经济发展总量已占全区经济总量的85%。在经济体制改革中，企业改制工作取得明显成效，通过依法运作改制程序，依法清核资产，依法保权等措施，使企业改制走出困境，取得了比较好的成功经验。2004年区委、区政府决定在全地区开展“城市建设年”活动。整体活动以大规模的城市道路改造工程为主体，相继带动了大面积绿化工程，街巷硬化工程改造建设和公共游园工程的顺利完成，明显地改善了望花区人民群众居住、出行和休闲娱乐的环境。在绿化、美化、亮化城市工作上和规范各类市场、治理环境污染等方面都取得一定成效。区委、区政府通过“就业发展年”活动的运作，建立起比较完善的区、街和社区三级连网的就业安置、劳务输出管理服务体系。相继在外省市建立再就业联络基地，成立了“抚顺市望花再就业创业园区”，想尽办法拓宽就业渠道。成功推出“光明家政”和“光明月嫂”劳务输出品牌。实现就业安置1.6万人，劳务输出5 000多人。

国民经济持续稳步增长，全区GDP完成13.57亿元，同比增长17%。其中，第一产业增加值500万元，同比增长25%；第二产业增加值1.9亿元，同比增长13%；第三产业增加值11.62亿元，同比增长18%。实现固定资产投资2.5亿元，增长47%。完成社会商品零售总额46亿元，同比增长26%。实现地区财政一般预算收入9 190万元，可比口径比上年增长13.5%。完成招商引资额2.4亿元。通过积极争取上三级财政支持、资产运作等多种途径，解决资金近3 000万元。

·政　治·

【基层组织建设】 本年，区委围绕“振兴望花、党员先行”这一主题，贴近群众，贴近基层，组织开展了各具特色的主题活动。在深化党建示范社区创建活动中，共创建省级“社区党员标准化活动室”8个、市级“社区党员之家”3个，进一步强化了基层党组织建设。加大了非公有制企业党建工作力度，通过分类指导，先后在金新化工公司等4家非公有制企业中建立起党的组织。同时，认真贯彻落实“为企业所需要，为职工所拥护，为党员所欢迎”的企业党建原则，使“我与党同行”、“一个党员一面旗”、“我为党旗增辉”等组织活动顺利展开。精神文明建设继续深化“三位一体”学雷锋活动，相继开展了“十佳创评”活动和“弘扬雷锋精神、建设文明城区”为主题的学雷锋系列活动。

【行政执法】 政府自身建设法治化观念不断增强，政务处理水平显著提高。本年，区政府进一步完善了《政务工作规则》，对政府及所属机关各部门行政行为进行了程序化，制度化的规范。强化了《行政许可法》的实施和落实。年内，对全区副科以上干部和执法部门人员400多人进行了《行政许可法》专项培训。对全区11个有行政执法职能的部门和单位进行了《行政许可法》颁布执行情况检查，取消了11项许可项目。全区实施行政许可审批共452例，无一例违法审批。延续审理行政复议案4件，均合法结案。充分发挥人大代表，政协委员和社会监督员的作用，使执法机关，“窗口”服务行业和社会公益单位的执法水平和服务质量有了新的提高，全区软环境建设得到改善。认真听取区人大代表政协委员和广大群众的意见和建议，积极落实和办理人大代表和政协委员的建议、提案；政府采购全面实施规范操作，强化监督管理机制。以诚信取信于民，完成了向群众承诺的修路、整治市场、解决吃水难、安置就业等十件实事。

【社会治安综合治理】 本年，区委政法委、区公安分局和区治安综合治理办公室齐心合力，积极落实警民联防，警力下沉，警力入社区等有力措施，使地区社会治安得到强化治理，社会治安安全系数明显提升。望花区委区政府在全省平安城区建设工作会议上被省委、省政府授予“社会治安综合治理”先进集体光荣称号。

·经　济·

【招商引资项目建设】 区委、区政府全面推行了“项目建设年”活动，在招商引资和扶持企业规模发展上有了新突破，进一步带动了区域内民营经济发展。全年实现招商引资项目和产品升级项目208个。其中，工业项目136个、三产项目67个、房地产开发建筑项目5个。特别在规模企业产品升级项目发展上卓有显现。如：金新化工二期22万吨焦炭、煤焦油化工、美康化学医药中间体、抚鑫炭素高功率电极、北方耐火材料和沈海牧业种鸡繁育等8个重点项目相继建成投产。而且，金新化工焦炭项目的扩展，使其在全区民营经济中率先实现年产值超亿元，年纳税额超千万元，成为带动全区民营经济发展的龙头企业。新增的房地产开发项目开发面积达34.2万平方米，本年内竣工16.3万平方米，实现税金1 400万元，创望花区历史新高。截止本年底，全区个体私营业户已发展到9 200多户，其中规模民营企业达到19户，民营经济总量已占全区经济总量的85%以上。

【农村经济】 望花区“一镇六社(村)”的农村经济，随着国家相关政策的调整落实，有了明显的发展变化。设施农业水平提高，本年内新打机电井80眼，维修方塘12座，五老拦河闸得到彻底维修，进一步改善了农村灌溉条件。新建大棚85栋，使大棚种植面积增加到1 500亩；改造旧温室100栋，增加反季蔬菜上市量达到30万公斤。果树种植业向基地规模型扩大发展，本年新增果树面积560亩，改造更新果园500多亩。葡萄、大红南果梨已形成基地规模。养殖业发展稳定，本年内全面完成了演武奶牛示范园，塔峪大壮奶牛养殖区的建设，使奶牛养殖和奶产品开始走上规模化。奶牛存栏830头，产鲜奶1 500吨；蛋鸡存栏67万只，年产鲜蛋4 500吨；猪出栏5 500多头，羊存栏3 500多只。其他特种养殖也正在逐步兴起。畜牧业发展已成为农民增加收入的重要产业。在国家政策的鼓励支持下，农民种粮积极性显著提高，年内新增粮食播种面积达1 000多亩，全年产粮达600多万公斤。乡镇私营个体工商业健康发展，小规模纳税企业已达到97个，私营个体户已发展到1188个。农民人均收入已达到4 000元，同比增长了4.2%。

【企业体制改革】 2004年，望花区委、区政府牢牢把握振兴东北老工业基地这一战略时机，在企业改制工作上予以高度重视，加强领导，成立专门工作机构，认真调研区属企业现状，做到了决策上求真务实，实际操作上依法运作，按章办事。按照一厂一策，先难后易，稳中求快的原则，通过企业破产，整体出售，承债转让等多种形式完成了11户（国企3户，集体企业8户）企业的彻底改制（其中：破产5户，整体出售3户，承债式转让3户）。如：区委、区政府对大型企业抚顺晶花产业用布厂的企业转制改革，不仅仅在整体操作上强化了指导，更有效的是在企业资产、债权、职工安置、转制方式、运作程序和联系承购主体、协调确定相关政策上做了大量的细致工作，平稳顺利地促成抚顺东立矿业公司对该企业的整体收购。并且当年转制成功，当年启动生产，当年实现产值1 800万元。该企业经过改制，呈现出良好的发展态势，为全区下一步企业改制实现企业快速发展提供了很好的借鉴。本年企业改制共消化企业债务1.44亿元，协调回购企业债权3 087万元，1 132名改制企业职工得到有效补偿和安置。

·社会保障·

【社保 救助】 本年度，区政府在强化和完善低保申报审批的基础上，又系统规范地完善了科学管理措施，增强了工作透明度，公开、公平、公正管理措施明显增强，已形成低保对象能进能出，救助金额有升有降的动态管理模式。经走访调查和检查，取消了863户、1 993人的低保待遇，上调了938户低保户的保障金，下调了221户低保保障金。本年全区发放低保保障金达2 000多万元，确保了1.4万户、3.3万人的低保保障。新年、春节期间临时救济困难户8 026户，发放救助金113万元，捐赠物资折款118万元，使近2 000人得到救助。本年内，因突发事件造成492户家庭形成困境，区政府发放了20万元临时救济金，大大缓解了因突发事件造成的上学、升学、治病和险房维修等实际困难。在低保保障、困难救济、特困救助以及援助救灾等工作上，区委、区政府努力克服各种困难，及时地将党和政府的温暖送给群众，为建设和谐的社会环境，发挥出积极作用。

【就业安置】 本年“就业发展年”活动的运作，使本区就业安置和劳动输出工作有了新突破，取得了很好的社会效益。区政府采取以劳务输出带动就业，以网络建设强化就业培训，以建立“望花区再就业创业园区”为基地扩大安置等为有效措施手段，推动了全区就业安置工作的发展，进一步完善了区、街和社区三级就业组织机构的网络功能和信息功能，强化了三级就业安置和劳务输出工作的上下协调。积极开展定单培训和实用技能培训，全年举办就业培训班82期，培训人员4 380多人；举办劳动用工洽谈会23次，3万多人次参加洽谈。建立北京、上海、沈阳等外省市再就业基地5个；“光明家政”、“光明月嫂”劳务输出品牌已走向国内大都市。7月1日经市批准成立了“望花区再就业创业园区”，园区以盘活资产，输出劳务，扩大就业，发展经济为宗旨，积极开展工作。仅半年时间就盘活闲置资产8处，安置就业人员3 101人，劳务输出809人，实现良好的开局。本年，全区经过三级就业安置机构的努力，实现就业安置量达1.6万人，完成市指导性计划的108%。其中：劳务输出5 124人、社会微企安置2 174人、社区服务业安置2 346人、“4050”人员安置2 100人，均创望花区就业安置最好成绩。

·城乡建设·

【道路建设】 望花区按照市政府城市建设总体要求，全年共改造建设区内各种道路22条，总长度达2.6万延长米，总面积26.7万平方米。在道路建设施工过程中，为保证工程质量，改善周边环境面貌，先后协调了21家驻区单位参与，重新加固地下管道47条，抢修各类漏点60多处，改造过路管道近千延长米，下卧电力、通讯电缆15条，总长度达35.7公里。经过这次全区大规模的道路改造建设，望花区城市景观和街容环境更为焕然一新，多处被违章搭建包围的老路段得到很好的改建，道路畅通、环境优化，为发展区域经济，改善投资环境和打造“雷锋”品牌起到了积极作用，同时使过去比较闭塞的地域形成了新的经济发展空间。2003年11月，望花区委、区政府向国家、省市有关部门正式申请将“和平路”更名为“雷锋路”，得到国家民政部、省民政厅的同意，本年6月，经市政府批准，“和平路”正式更名为“雷锋路”，并完成了1 380延长米的一期改造工程。望花区农村“村村通油路”工程也于本年底全部铺设完成，三条线路总长19.8公里，提前一年完成任务。

【城区环境治理】 一年来，区政府以建设绿化、美化环境为重点，拆除违章建筑1 177处，新增硬化面积36万平方米，新增绿地面积16.5万平方米，栽植乔灌木植物26.6万株；新建一处4万平方米的苗木基地。同时，为给望花区人民提供更好、更美的休闲健身和文化娱乐的活动区，年内还修建改造了3.5万平方米的古城子河口游园、近6千平方米的贤夏园健身广场和1.2万平方米的海城小世界游园及多处社区内健身娱乐场地。通过房地产整体开发建设，档次较高、整体环境优雅的和平嘉园、嘉和园和光明垣等住宅新区陆续建成，相继带动了周边环境的改善。

【环境保护】 按照国家、省、市关于加强生态环境保护和建设的要求，望花区政府对全区内燃煤锅炉进行依法治理。改造一吨以上的燃煤锅炉34台，监督用户更换或拆除一吨以下燃煤锅炉51台，从根源上大大降低了烟尘危害，空气质量达到国家规定值。住宅小区和机关单位的生态建设也逐步开展起来。本年内，经国家和省市有关部门检查验收，怡景花园社区，油研社区和煤研社区被评为“AAA”级生态住宅小区；辽宁石油化工大学和煤炭研究总院抚顺分院两单位被评为“AAA”级生态单位。新建成的和平嘉园、嘉和园和光明垣等新型住宅小区正以绿色生态面貌和良好的居住环境向“AAA”级生态社区迈进。

·文化 教育 卫生·

【文 化】 区委、区政府坚持以不断发展和繁荣社会先进文化为方向，以满足人民群众日益增长的精神文化生活需要为目的，采取政府牵头，企业承办，群众文化团体参与的市场化运作机制，全面推动群众文化事业的发展。本年，区委、区政府通过文化市场运作机制开展了贯穿全年的“走向振兴”主题广场文化活动，成功举办了不同层次的各种文化娱乐、体育健身活动350场次，多家省市专业团体参加汇演，参与群众达30万人次。大大提高了群众健康向上的文化品味、欣赏能力和群众参与的积极性。

【教 育】 全区中小学教育，通过“教育质量年”活动的开展，教学质量意识明显强化。实现了执教国家级教学观摩课4节，省级教学观摩课3节，省级评优课5节，市级观摩课6节，市评优课36节等优异成绩。青年教师基本功得到大步提升，教学质量明显提高。在教学和教育结构优化上，积极推进了教育布局结构调整和教育资源的整合，先后合并了8所学校。同时在本区已有3所私立学校的基础上，又积极扶持创办了“新星私立中学”，促进了教育资源向优质、高效方向发展。

【卫 生】 本年，区政府在全区卫生医疗、防疫和计划生育工作上，以“三个代表”重要思想为指针，全面推行面向基层，服务基层工作机制，强化了卫生医疗基础建设。按市政府要求，全面完成本区十个街道25个社区卫生服务站、6个社区卫生服务中心的筹建工作，实现了社区卫生服务人口覆盖率百分之百的目标。儿童计划免疫“五苗”接种率达到了99.99%；严格防疫控制措施，有效地控制了16种912例传染病发病率，保证了全年无重大传染病暴发流行。人口计划生育继续保持低水平，人口自然增长率一直控制在1.81‰之内。

附：望花区主要领导人名单

区委书记：张 瑞（2004年11月调出）

孙连贵（2004年11月任职）

区人大主任：王本文

区 长：王洪波

区政协主席：刘元祥

区纪委书记：闫晓光（兼）

（罗永学）

望花区部分区属企业名录

企业名称	地 址	法人代表	注册资金（万元）	经济性质	经营范围	经营方式	备 注
抚顺市双三角钢锹有限责任公司	望花区雷锋路东段3号	王茂胜	470	集体	机制锹镐	生产加工	停产
抚顺市塑料六厂	望花区雷锋路东段5号	刘长江	132	集体	塑料板杠	生产加工	半停产
抚顺市轻工铸造一厂	望花区演武街	任守莲	62	集体	铸管铸件	生产加工	停产
抚顺市汽车配件厂	望花区演武街	朱启金	11	集体	机动车配件	生产加工	停产
抚顺市顺城新型耐火材料厂	望花区演武街	李长菊	52	集体	导型耐火砖	生产加工	个人承包
抚顺市电池厂	望花区五老街45号	李新国	304	集体	电池	生产加工	停产
抚顺市玛钢厂	望花区古城子稹号	李新国	42	集体	机械设备	生产加工	停产
抚顺市高频瓷件厂	望花区岫岩路1号	张永德	48	集体	高频瓷管	生产加工	停产
抚顺高豆制品厂	望花区海城二路	张 杨	24	国有	豆制品	生产加工	停产
抚顺市制桶厂	望花区海城二路6号	孙义柱	51	集体	各类铁桶	生产加工	租赁
抚顺市塑料八厂	望花区雷锋路东段	赵德勋	24	集体	塑料制品	生产加工	破产出售
抚顺市胶管厂	望花区凌源街	任发顺	48	集体	胶管板	生产加工	停产
抚顺市布鞋厂	望花区新民街2路8号	耿英杰	241	集体	各类布鞋	生产加工	破产改制
抚顺市第二印刷厂	望花区雷锋路东段69号	王万银	150	集体	印刷	生产加工	生产
抚顺市望花食品厂	望花区凤城街19号	王建军	63.5	集体	糕点食品	生产加工	停产
抚顺市钢珠厂	望花区凤城街17号	张宝珠	44	集体	钢珠	生产加工	停产
抚顺市轻工服务总厂	望花区凤城街38号	徐 扬	23	集体	服务业	生产维修	停产
抚顺市电器厂	望花区雷锋路65—1号	刘恩龙	180	集体	高低压电柜	生产加工	停产
抚顺市和平电机厂	望花区凤城街13号	康宝友	46	集体	直流电机	生产加工	停产
抚顺市菱镁制品厂	望花区朝阳路西段5号	李 伟	21	集体	苫士板等	生产加工	停产
抚顺市轻工机械配件厂	望花区建设街39—1号	周昌勇	30	集体	机械配件	生产加工	停产
抚顺市通用机械厂	望花区建设中段	张宝珠	36	集体	通用机械	生产加工	停产
抚顺市化工八厂	望花区雷锋路西段69号	张克平	64	集体		生产加工	破产改制
抚顺市服务五厂	望花区丹东路西段	吕华亭	80	集体	服装	生产加工	租赁
抚顺市锻造厂	望花区鞍山路西段	商孝杰	61	集体	衬板珠	生产加工	破产出售
抚顺市绝热板厂	望花区北后三街	张凤玉	32	集体	绝热板制品	生产加工	出售
抚顺市银河服装厂	望花区和平路西段11号	扬庆福	80	集体	服装	生产加工	外贸加工
抚顺特钢金属机电制造公司	望花区鞍山路东段8号	赵长启	820	集体	机电设备	生产加工	生产
抚顺特钢多种经营公司	望花区凤城街41号	闫宝荣	800	集体	供热、餐饮、设备安装等	生产加工	生产
抚顺特钢冶金材料工业公司	望花区鞍山路东段8号	宋泽义	662	集体	炼钢辅材	生产加工	生产
抚钢曙光福利工贸有限公司	望花区鞍山路东段8号	王建新	110	集体	劳保用品、机械维修	生产加工	生产
抚顺市搪瓷厂	望花区鞍山路46号	王海涛	118	国有	压力容器	生产加工	停产
抚顺北极星皮毛有限公司	望花区雷锋路西段11号	贾显仕	50	国有	人造皮毛料	生产加工	停产
抚顺金信客车有限公司	望花区康平街11号	陈太坤	248	国有	客车工程车	生产加工	租赁
抚顺市叉车制造有限公司	望花区雷锋路西段92号	仪玉泉	830	国有	蓄电叉车	生产加工	生产
抚顺合金钢厂	望花区桓仁路7号	王保东	2 712	国有	合金钢制品	生产加工	租赁
抚顺市水泥一分厂	望花区青台子街42号	孙奉安	89	国有	水泥	生产加工	租赁
抚顺市针织二厂	望花区营口路东段	刘克夫	350	国有	针织制品	生产加工	破产转制

望花区部分民营企业名录

企业名称	地　址	法人代表	注册资金（万元）	经济性质	经营范围	经营方式
抚顺市金新化工有限公司	望花区鞍山路西段48号	王斗天	500	民营	冶金焦炭	生产加工
辽宁鑫和钢铁有限责任公司	望花区桓仁路7号	林宗径	518	民营	钢材	生产加工
抚顺市诚成饲料有限公司	望花区演武街道联社	刘德兰	230	民营	饲料	生产加工
抚顺晶花产业用布有限公司	望花区五老街21号	韩东立	200	民营	工业用布	生产加工
大连北方房地产公司抚顺分公司	望花区和平街	林　巍	2 000	民营	房地产	开发经营
抚顺市石化设备机械厂	抚顺市望花区塔峪镇	段　微	100	民营	石化机械配件	生产加工
抚顺市蓝天炭黑厂	抚顺市望花区青台子街	刘传才	100	民营	炭黑制品	生产加工
抚顺市兴达水泥有限公司	望花区青台子街42号	杨学敏	50	民营	水泥	生产加工
抚顺市旭升轴承毛坯加工厂	望花区鞍山路西段11号	张　旭	50	民营	机械轴承	生产加工
抚顺市百兴特钢燃化有限公司	望花区鞍山路东段8号	柏东梅	50	民营	煤焦油	生产加工
抚顺市惠抚阻燃纤维有限公司	望花区鞍山路西段54号	胡　杰	1 000	民营	阻燃纤维	生产加工
抚鑫炭素有限公司	望花区青台子街	方　威	1 200	民营	炭素制品	生产加工
抚顺万众汽车销售维修有限责任公司	望花区北镇街17号	兰恩祥	218	民营	汽车及配件	销售、车辆维修
抚顺博格环保科技有限公司	望花区鞍山路西段46号	李吉增	50	民营	铸造	生产加工
抚顺市和升机械制造有限公司	望花区沈抚公路南线3号	刘书平	200	民营	工业滤布、滤毡	生产加工
抚顺塔峪双龙工贸有限公司	望花区塔峪镇	张德升	500	民营	球团	生产加工
抚顺吉顺石化经贸有限公司	望花区朴屯街	田树琴	600	民营	润滑油	生产加工
抚顺七星电力有限责任公司	望花区演武街29号	孙学俭	1 228	股份	电力	生产
抚顺市望花区雷锋小学塑料厂	望花区雷锋路西段21号	丰宗鑫	201	民营	塑料制品	生产加工
抚顺宏盛炼铁厂	望花区鞍山路西段54号	王素芬	180	民营	铁制品	生产加工
抚顺市洁雅卫生用品有限公司	望花区工农街	李金安	50	民营	保健劳保品	生产加工
抚顺昌盛有机硅厂	望花区鞍山路西段54号	王　文	200	民营	硅制品	生产加工
抚顺翔泰矿石加工厂	望花区塔峪镇	高卫民	50	民营	矿石料	生产加工
抚顺禾営塑胶彩印公司	望花区鞍山路西段	韩　旭	150	民营	塑胶彩印	生产加工
抚顺美康化学有限公司	望花区鞍山路西段54号	初祥利	100	民营	医药中间体	生产加工
抚顺东森化学公司	望花区鞍册路西段54号	肖静华	52	民营	医药中间体	生产加工
抚顺欧力石化有限公司	望花区青台子街	董福贵	100	民营	润滑油	生产加工
抚顺沈海牧业公司	望花区塔峪镇	王　颢	100	民营	畜牧养殖	生产加工
抚顺东科设备制造公司	望花区北镇街	马义军	300	民营	机械配件	生产加工
抚顺金梁起重机制造公司	望花区鞍山路西段	王　登	300	民营	起重设备	生产加工
抚顺铝镁加工厂	望花区鞍山路东段8号	汪　浩	80	民营	铝镁合金	生产加工
抚顺乾正特钢公司	望花区恒仁路	张传连	500	民营	钢制型材	生产加工
抚顺市天宇滤料有限公司	望花区营口路东段7号	陈凤利	100	民营	工业用布	生产加工
抚顺丰实管业有限公司	望花区恒仁路	彭可心	500	民营	钢管	生产加工
抚顺欣兴板材有限公司	望花区鞍山路东段8号	杨清德	600	民营	钢板材	生产加工
抚顺东圣耐火材料有限公司	望花区鞍山路东段8号	鄂成松	530	民营	耐火材料	生产加工
抚顺天池金属包装制口厂	望花区光明街	孙艳丽	100	民营	带钢	生产加工
抚顺双丰化工厂	望花区鞍山路西段	李维石	100	民营	医药中间体	生产加工
抚顺鼎祥运输公司	望花区工农街	王广日	50	民营	运输	营运

东 洲 区

·综 述·

2004年，全区实现生产总值8.13亿元，同比增长17%，其中一产业增长6.2%，二产业增长22%，三产业增长12.6%。财政一般收入完成6 200万元，出口供货值完成5 500万元，域外引资到位额完成4 000万美元，全社会固定资产投资额完成3亿元。

·政 治·

【党建工作】 东洲区区委、区政府以加强领导班子思想政治建设，深化干部制度改革，创新选人、用人机制为重点，全面加强基层党组织建设，提高组织工作整体水平，取得了比较明显的成效。一是加强领导班子建设。全年共调整领导班子24个，调整交流干部88名。二是加大干部培训力度。选调8名区级领导、13名部门正职干部、3名高级知识分子和21名社区干部参加了省、市委党校的教育培训。举办了各级各类培训班20期，培训各类人员1 200余人次。三是加强后备干部培养选拔工作。四是进一步加强基层党组织建设。五是进一步夯实社区党建工作基础。全区45个社区创建了党员标准化活动室，其中省级党员标准化活动室3个，市级9个，区级33个，树立了万新街道馨苑社区、老虎台街道虎北社区等一批先进党支部。六是不断加强和改进农村党建工作。全区建立共富责任区6个，责任小组88个，参加活动的农户330户，党员93人；培养市级"三向培养"对象21名。七是积极探索非公党建工作。全区35家（50人以上）非公有制经济组织中，已建立党组织12家。八是进一步加强党员队伍建设。全年共培训入党积极分子198人，发展党员133名。

【精神文明建设】 全区共获省级文明单位6个，市级文明单位24个，区级文明单位43个，学雷锋先进集体5个，表彰精神文明建设先进工作者37名，学雷锋先进个人12名。一是通过座谈、演讲、征文等形式，广泛深入开展了"东洲要发展，人人做贡献"大讨论活动。二是通过"寻找身边的雷锋"等形式多样、主题鲜明、内容丰富的学雷锋系列活动。三是以创建卫生模范城为载体，大力推进文明城区创建工程。先后组织大型义务劳动6次，清理垃圾3500吨，残土700吨，白色污染100万平方米。四是以提高公民素质为重点，继续推进学习型社区、学习型家庭创建活动。五是深入扎实地开展未成年人思想道德建设。

【廉政建设】 2004年，东洲区认真贯彻落实市纪委四次全会和区委八届四次全会精神，坚持标本兼治、惩防并重、综合治理的工作方针，以维护群众利益为根本出发点和落脚点，不断加大反腐倡廉工作力度，为东洲区的经济发展和社会稳定提供了有力的政治保证。进一步加大本级办案力度，建立健全信访信息网络和信访信息员责任制，不断拓宽信访举报渠道。全年共受理信访举报112件次，立案查处19件，其中大要案11件，给予党政纪处分19人。继续深入开展以优化经济建设软环境为目标的"双评"活动，并延伸至重点岗位工作人员。

·经 济·

【农牧业】 东洲区全面落实党和国家对农业的支持政策，累计发放粮食直补和水稻良种补贴资金438 009元；全区粮食播种面积2 461公顷，粮食总产量17 536吨；蔬菜播种面积215公顷，蔬菜总产量10 750吨，以牛猪、蛋鸡、肉鸡生产为主导的畜牧业生产稳步发展，生猪年饲养量达到5.3万头，蛋鸡饲养量35万只，肉鸡饲养量120万只，投资30万元建成千金乡高家村标准化奶牛饲养小区，全区奶牛饲养量达到1 350头。

【农田水利建设】 全年新打水井200眼，新建碾盘乡丁庄村5亩水面方塘一座；争取日光温室骨架60栋，新建碾盘乡新太河村和千金乡英德村保护地小区2个；完成了章党河两侧500延长米的硬护砌工程。

【工业园区建设】 东洲区以地区石化企业为依托，以精细化工产业为龙头，以地区闲置资源为载体，加速精细化工园区建设步伐，取得丰硕成果。初步完成了园区发展规划，明确了发展定位，进一步完善了园区项目库。年内园区落户企业总量达到60户，全区精细化工增加值达9 000万元，增长50%。稳步推进龙搭经济园区建设，完成资源情况调查，制定了产业调整规划，新办劳动密集型企业70户，安置就业1 300余人。

【民营经济】 以"打造民营经济航母，争创民营百强企业"活动为载体，全面落实发展民营经济的各项措施和政策，严格治理民营经济发展环境，有力地促进和拉动了民营经济的快速增长。截止2004年，全区民营企业增加值完成5.42亿元，上缴税金6 760万元，出口交货值完成3 684万元，从业人员达27 005人。民营经济运行质量不断提高，一批骨干民营企业快速发展壮大。全区销售收入500万元以上的民营企业达到19户，同比增加4户；超千万元企业达到14户，同比增加2户；各项经济指标同比增长的企业有18户，民营经济增加值占全区增加值的68%，已经成为区域经济发展的重要支柱。

【招商引资】 紧紧抓住东北老工业基地振兴的有利契机，充分利用本区的区位、土地、资源、人才、技术优势，围绕精细化工产业定位，集中力量包装推介项目，努力盘活闲置资产，招商引资工作取得丰硕成果。全年共引进各类项目64个，其中1 000万元以上项目6个，500万元以上项目10个；引进域外资金3 954万美元，实际利用外资合同额212万美元；投资1.5亿元的64万吨黑鹰焦炭、投资2亿元的大伙房水泥改造等一批具有牵动作用的大项目已开工建设，投资3 000万元的原钾酸三乙脂、投资1 000万元的公路沥青拌和、投资700万元的C_5深加工等59个项目建成投产。

【第三产业】 以旅游、商贸流通、房地产开发为重点，大力发展第三产业，取得初步成效。完成了萨尔浒景区道路改造和生态园二期工程，花卉园、药香园正式向游人开放；以生态园、三慧寺、努尔哈赤雕像为中心的景观带初具规模，萨尔浒景区及大伙房水库周边地区餐饮、娱乐、休闲、度假活动日趋活跃。大商集团东洲、虎台连锁超市建成营业，占地近2万平方米的荣昌物流中心投入运营。路边经济发展加快，绥化路、沈通线、营杲线、抚清线、抚金线两侧商饮服修网点达280余家。东洲地区14.5万平方米房地产开发已进入施工阶段。全年三产业增加值完成2.82亿元。

·改 革·

【企业产权制度改革】 2004年，东洲区按照市委、市政府的统一部署和要求，结合本区企业实际，因企施策，有层次、有重点地稳步推进企业产权制度改革。化工六厂、青鹭纺织等企业已经成功出让出售，进入破产清算程序；巨阵机械厂、物回公司等集体企业改制工作不断深化，木材公司已与天津环渤海集团达成了项目投资意向；区煤业总公司所属两矿完成股份制改造。

【社会事业改革】 教育改革进一步深化。先后撤并了茨沟小学、塔湾小学、58中学，成功地创办了抚顺市东方德才中、小学，东洲中学和北京师范大学成功地联合创办了北师大基础教育实验学校，全区教育整体水平和形象有了较大提高。稳步推进卫生系统改革，章党医院以整体出售方式成功盘活，探索出区属医疗单位改革的新路子。顺利完成章党影剧院转制工作。

·社会保障·

【再就业工程】 以劳务输出为突破口，以加强再就业基础建设和技能培训为重点，充分发挥劳动力市场的作用，广泛收集发布用工信息，千方百计安排两业人员，全区再就业工作成效显著。全年共安置下岗失业人员18 905人，其中劳务输出4 200人，本地安置14 705人；采集有效用工信息821条，建立协作单位241个；开办各类培训班68期，培训4 249人；全年3次向山西朔煤集团成建制输出400人，两次向北京成建制输送司炉工100人，开创了全市向国有大型企业进行劳务输出的先河。

【扶贫解困】 扶贫帮困工作日趋规范。全年发放救助资金230万元，救助1.3万户，其中大病救助20万元。筹措资金14万元，为农村困难户建房6户，修房28户。

【城市低保】 城市居民最低生活保障工作步入规范化轨道，制发了《东洲区劳动能力鉴定暂行办法》，取消低保待遇1 092户，2 374人。截止2004年底，全区共有低保户20 917户，50 758人，月发低保金423万元，区配套76万元。

【社会福利】 东洲区60岁以上老年人口46 188人，占全区人口的13%。为适应老年人的需求，成立了老年服务公司，开展民办公助居家养老服务，对接居家养老人员41人，培训服务员214人，148人取得合格证书，为24名服务员办理了居家养老公益性岗位。新办民办福利机构2家。

·法　制·

【依法治区】 2004年，东洲区继续组织实施“四五”普法依法治区规划，进一步加大普法宣传力度。全年共组织宣传学习相关法律40余部；举办普法骨干培训班4期，培训256人次，法制讲座2次，培训862人次。推进依法治区进程。贯彻实施《行政许可法》，认真清理行政许可主体、行政许可事项、行政许可依据，全区93名行政许可人员通过了全市行政许可人员资格考试；全区190名各级各类行政执法人员通过了省行政执法资格考试。继续深入开展法律进社区活动，组织法律进社区法制文艺演出20余场；在本区召开了全市法律进社区现场经验交流会，会上交流了区司法局《结合资源枯竭老城区实际、深入开展法律进社区活动》、龙凤街道七公司一社区《开展“法律传送袋”活动，促进社区管理》的经验，广大居民的法律意识明显提高，法制观念进一步增强。

【民主与法制建设】 2004年，区人大常委会召开了8次人大常委会会议，听取和审议“一府两院”工作报告11项；做出决议、决定4项；提出审议意见和建议28条；召开了27次主任会议；组织市、区人大代表开展“三查（察）”活动19项（次）；依法任免了国家机关工作人员24人次；重点对《农村土地承包法》、《食品卫生法》、《检察官法》、《消防法》和《人口与计划生育法》在全区贯彻实施情况进行了监督，做出了《关于加强东洲区人民法院立案工作的决定》，对区11个单位和部门的经济发展软环境建设情况进行了视察。区政协紧紧围绕经济建设中心，认真履行政协职能，共召开全体会议1次、主席会议10次、常委会5次。会议分别就中小学教育教学质量和管理现状、区属卫生系统体制改革、冬季除运雪问题、民营经济发展现状和农业产业结构调整情况等问题进行调研，形成了5篇专题调研报告，促进了东洲区经济和社会各项事业的协调发展。

【办理建议　提案】 全年，共收到市区两级人大代表建议、政协委员提案117件，在这些建议提案中，解决和基本解决67件，占受理总件数的57.2%；列入计划逐步解决的25件，占受理总件数21.4%；暂无法解决或说明解释的25件，占受理总件数21.4%；走访率100%，满意率达95%。

【信访工作】 区信访工作形势比较严峻。越级访总量同比上升了46%。区政府全年受理信访8 893（人）次，其中集体访294（件）次，群众来访41件，访量同比上升了15%。完成省、市交办案件19件，专项治理和省市联席会议交办重点案件14件。

【综合治理】 区“严打”整治斗争取得明显成果。共侦破刑事案件688起，查结治安案件1 976起，打击处理各类违法犯罪嫌疑人1 148人。

【基层政权】 2004年，开展了第八届村委会换届选举和联社转制工作。16个村委会顺利完成换届工作，12个联社成功转制为村委会，全区28个村委会共产生村委会干部98人。

·城区建设·

【基础设施建设】 东洲区多方筹集资金，加快城市基础设施建设。全年投资1 965万元，完成了南环路的规划设计，维修改造东洲、搭连、龙凤、新屯、章党等5个街道道路47条，总长度达30公里，城市道路状况明显改善。新建阜宁路和靖江路近1.8万平方米游园，完成河堤路、詹台线、绥化路等重点绿化工程。全区植树30万株，新增绿地近31万平方米。完成环卫公寓、抚东等10个住宅小区6.5万平方米的硬化建设。六四О九厂、市养老院、天湖啤酒有限公司等单位专用绿化水平达到省级建设标准。

【社区建设】 采取政府行为与社会行为相结合的方法，先后为万南路等12个社区新建和扩建办公用房1 304平方米，全区社区办公用房平均面积由去年的66.4平方米增加到72平方米，东安、双树等17个社区超过100平方米，40%的社区达到80平方米以上。投入资金60余万元，新建4处活动广场和2个活动室。

【城市管理】 以“清洁月”和“创建卫生城”等活动为契机，广泛发动地区群众，集中开展了市容市貌综合整治行动。共出动各种车辆900多台次，重点清除了越冬积存的冰雪、残土和“三不管”垃圾2 194吨，清理垃圾“瀑布”1 500延长米。在居民区环境卫生上，民办清扫队伍经过改革，作业和管理逐步走上正规化轨道，工作效率和质量显著提高，基本消灭了居民区的卫生死角和脏乱差现象。进一步加强市场管理。采取疏导取缔、规划建设等措施，对龙凤、张甸等占道市场进行综合治理，完成了锦山街占道市场“退路进厅”，拆除违章建筑314处，近3 000平方米。继续开展“生态杯”创建活动，对全区一般污染源和重点污染源进行了全面监督检查，建成省级绿色小区1个，市级环保示范单位1个，人居环境进一步改善。

【集体土地管理和村镇建设】 2004年，完成了章党汉鲜联社高速公路征地的统计审核；集中更换千金乡南花园联社村民房产执照640本和土地使用证425本；审批农村建房46户，查处违法占地

7起，制止违法行为5起，调解和处理土地权属纠纷5起，维护了两乡的土地和村镇建设管理秩序。

【区划地名】 2004年，完成了章党街道划归东洲区后的勘界工作，出版了东洲区行政区划图。

·社会事业

【教　育】 以教育形象年活动为载体，全面加强师德建设，改善办学条件，提高教育教学质量，取得了较好效果。进一步落实新一轮普九规划实施方案，对“两类新三片”达标的省级监测点校进行了指导评估，全年投入120万元对龙凤小学等25所学校进行了维修改造，学校办学条件得到较大改善；对全区1 500名专任教师进行了教材教法考试。全年共评出国家、省、市、区优秀课173节，市级双语教学先进单位7个，市级优秀论文38篇，市家长学校示范校2所，市优秀家长学校10所。

【科技兴区】 坚持实施科技兴区战略，组织企业开发新项目、新产品15个，其中双环戊二烯、原甲酸三乙酯、解耦燃煤炉三个新产品项目被列入市科技计划，获科技三项费35万元。海洋装卸输油臂项目一次试车成功，DM橡胶促进剂、镁碳砖树脂、刹车片树脂等新产品研制成功并投料生产。进一步加强科普宣传工作。举办了“中国第四届科技活动周”活动，发放倡导健康文明生活方式等方面的科普资料3 000余份；举办各类科普培训班18次，培训1 200余人。在两乡继续开展了“农民科技增收工程”、“农业技术百、千、万工程”和“农村技术大普训”活动，免费发放各种科技资料、教材5 200份，引进新品种30个，奶牛饲养园区、邓家孵化场等10个项目入选《辽宁省农民科技增收工程实用技术推介名录》。

【文化　体育】 举办了东洲区文化工作回顾图片展、庆祝建国55周年美术、书法、摄影作品展等大型文化活动，深入社区为群众无偿放映露天电影6场(次)，4套价值近20万元的大型健身器落户社区，中国煤矿足球训练基地落户本区，群众业余文体生活日益活跃。加强文化市场管理，取缔无证经营黑网吧1处，办班培训网吧从业人员98人，收缴盗版光盘5 000余张。

【卫　生】 2004年，东洲区进一步加强公共卫生防控体系建设，新建社区卫生服务站1个，社区卫生覆盖面达到98.2%。认真贯彻落实《传染病防治法》，计划免疫五苗接种率均达到99%。进一步加大医疗市场清理整顿力度，下达行政告知157份，行政处罚78家，罚款5.7万元。

【人　口】 2004年，东洲区出生人口1 187人，出生率3.5%，自然增长率-2.12%，计划生育率99.92%，出生人口性别比100∶101，连续9年实现人口负增长。

附：东洲区主要领导人名单

区委书记：赵乐韬
区人大主任：刘玉民
区　　长：李　刚
区政协主席：刘远征
区纪委书记：李　栋

东洲区部分区属企业名录

序号	企业名称	地址	法人代表	经济性质	注册资金(万元)	经营范围	经营方式
1	抚顺泰和洗煤有限公司	河堤路	湛大军	民营	1 300	精煤	批发、零售
2	抚顺三星化工集团	青年路	王力涛	国有	518	医药中间体	制造
3	抚顺泰和煤炭开发有限公司	河堤路	赵　斌	民营	465	原煤	批发、零售
4	抚顺市化工五厂	关口	杨恩学	集体	455	过氧化异丙苯	制造
5	抚顺东源开泰化工有限公司	城乡路	李宏洋	民营	380	环已烷	制造
6	抚顺市木材总公司纤维板厂	青年路	侯超印	国有	341	纤维板	批发、零售、加工
7	抚顺市金属器具厂	章党	顾崇山	集体	304	不锈钢器具	制造、加工
8	抚顺矿区三公司	龙凤	尹春山	集体	236	原煤	生产、经营
9	抚顺双庆化工有限责任公司	塔湾	纪福林	集体	230	丙烯酰胺	制造、加工
10	抚顺矿区七公司	煤都路	尹春山	集体	186	原煤	生产、经营
11	抚顺矿区十公司	搭连街	邵泽军	集体	170	原煤	生产、经营
12	抚顺市木材总公司露天分公司	青年路	侯超印	国有	163	木材、人造板	批发、零售、加工
13	抚顺市食品二厂	东洲街	郑　惠	国有	139.9	月饼、汤圆	制造、零售
14	抚顺市化工一厂	青年路	魏秉阳	国有	136	氨甲基硫脲	制造
15	抚顺市金属制品厂	新屯街	王淑珍	集体	118	防盗门	制造、加工
16	抚顺矿区龙凤劳服	龙凤	曹春山	集体	108	煤炭加工	批发
17	抚顺市轻工化工厂	龙凤	陈淑华	集体	108	工艺美术制品	制造
18	抚顺市电镀总厂	煤都路	刘庭国	集体	104	电镀板	制造

续表

序号	企业名称	地址	法人代表	经济性质	注册资金（万元）	经营范围	经营方式
19	抚顺市电力配件厂	搭连街	王礼华	集体	96	机械配件	制造、加工
20	抚顺市化工三厂	新屯莫地	李国胜	集体	81	化工产品	制造
21	抚顺市家具三厂	搭连街	牟　力	集体	80	木器制品	制造
22	抚顺市照明电器公司	万新街	于景顺	集体	79	白炽灯泡	制造
23	抚顺市东洲区绒线厂	龙凤街	王秀敏	集体	65	毛巾	加工
24	抚顺市第一印刷厂	搭连街	张士春	集体	64	印刷制品	印刷
25	抚顺市东洲区工业总公司	榆林	侯玉才	国有	60	挖掘机配件	制造
26	抚顺市巨阵机械厂	东洲街	张维国	集体	59	工程机械配件	制造、加工
27	抚顺市工具四厂	虎台街	徐长荣	集体	55	机械配件	制造、加工
28	抚顺市制钉厂	搭连街	王兴华	集体	55	工业用钉	制造
29	抚顺市石油化工厂	搭连街	邵长利	集体	54	白油	制造
30	抚顺市塑料二厂	关口	何润华	集体	53	塑料管材	制造
31	抚顺市东洲区物资供应公司	新屯街	王　旭	国有	45	建材	批发
32	抚顺市泰峰防盗门厂	北龙凤	景秀娥	集体	37	防盗门	制造
33	抚顺市塑料四厂	龙凤	刘　富	国有	30	塑料容器	加工
34	抚顺市第九塑料厂	龙凤	孟祥禄	集体	30	塑料制品	制造
35	抚顺市电子器材厂	平山	郭英华	集体	30	变压器	加工
36	抚顺市真空设备厂	新屯	王礼华	集体	29	工程机械配件	制造、加工
37	抚顺市珍珠岩厂	东洲街	王允德	集体	24	保温砖	制造
38	抚顺市东洲区物资回收公司	新屯	郑继新	集体	20	物资回收	批发、零售
39	抚顺市东洲区布袋厂	新屯	李　伟	集体	20	面袋	加工
40	抚顺市电器钟表刻印厂	虎台街	耿孟冬	集体	18	修理、刻印	加工
41	抚顺市铸管厂	章党	纪永平	集体	17	铸铁管	制造
42	抚顺市搭连塑料厂	搭连街	武　伟	集体	14.9	塑料条、管	制造
43	抚顺市调味品三厂	新屯	王淑清	集体	10	酱菜、酱油	加工
44	抚顺市保温材料厂	搭连街	马丽霞	集体	9.6	保温砖	制造

（张玉宁　于常清）

顺 城 区

·综　述·

2004年，全区生产总值实现362 500万元，比上年增长17.7%。其中一、二、三产业增加值分别实现22 900万元、161 800万元和174 800万元，分别增长9.7%、16.6%、20.1%；地方财政收入实现13 579万元，增长23.7%；社会商品零售额（集体以上）实现22 000万元，增长19.2%；固定资产投资额完成50 000万元，增长31.6%；实际利用外资完成689万美元，增长18.8%；外贸出口供货值完成26 000万元，增长12.6%；农村人均纯收入实现4 882元，增长5%，城市居民可支配收入实现7 000元。

·政　治·

【司法监督】 人大常委会全年共开展26项“三查（察）”活动，召开8次常委会会议，审议“一府两院”19项工作报告，任免41名国家机关工作人员。4月份，常委会组织人大代表对《村委会组织法》贯彻实施情况进行视察，对换届选举工作进行全方位指导，对选民资格依法确认。督促行政村完成建章立制，促进村民自治向纵深发展。6月份，常委会组织人大代表视察了全区“四五”普法情况和教育改革实施情况。10月份，常委会在全方位、多层次听取各方面意见和建议的基础上，坚持实事求是和公开、公平、公正的原则，评议了区法院刑事审判工作、区检察院侦查监督工作和质监顺城分局的全面工作。在辖区6个街道建立人大街道工委，首开抚顺市区级人大常委会在街道设立工作机构的先河。区检察院通过学历培训、岗位练兵、理论研讨、经验交流等方式调动干警学习积极性，促进干警业务素质的提高。开展了对刑事检察工作审诉一体化、“侦捕诉衔接”、“起诉退查协办”等改革探索，降低了诉讼成本，提高了工作效率。建立了“人民监督员”、“错案责任追究”等项制度，强化监督机制，增加工作透明度。继续保持严打态势，全力维护社会稳定。全年共受理提请批准逮捕案件221件321人。

【司法审判】 区法院牢固树立司法为民宗旨，充分发挥保护与打击的双重职能。全年受理各类案件3 010件，审(执)结2 983件，综合结案率为99.1%。刑事审判继续保持“严打”态势，严厉惩处各类犯罪。全年受理刑事一审案件252件全部审结。严厉惩处暴力、涉枪、涉毒、法轮功邪教、重大侵犯财产等犯罪。民事审判注重裁判的准确率和调解率。全力化解社会矛盾，妥善处理婚姻家庭、权属、侵权类纠纷案件，依法保持弱势群体的合法权益。全年受理民事一审案件1 072件，审结1 064件，结案率为99.25%；调解或经调解撤诉结案747件，调解率为70.2%；受理合同纠纷案件848件，审结832件，结案标的额为1.6亿元。积极开展司法救助工作，全年减免诉讼费66万元。受理行政一审案件18件全部审结。受理各类审判监督案件48件全部审结，再审改判的11件。受理诉讼执行案件765件，执结762件，执结率为99.6%，执结标的额为6 975万元。

【党建工作】 积极拓宽干部培训新渠道，与抚顺职业技术学院联合开办了领导干部培训班，选调35名副科级以上领导干部进行4个月的脱产培训。注重干部实践锻炼，从街道选派10名干部到社区任职。全年共举办各类培训班48期，培训干部5 000多人次。选送2名干部参加省、市培训。全年共调整领导班子49个，调整领导干部97人，其中提拔使用45人，交流34人。加强后备干部队伍建设，经推荐、考试，重新确定了180名后备干部。全年共发展党员199名。

基层组织建设。社区党建工作稳步推进，开展社区党员“亮身份、树形象”、“两带一争”等载体活动，制定楼院党支部工作公示板、宣传栏1 500多块，建立党员志愿者服务队伍1 400余支。14个社区标准党员活动室达到省级标准。调整社区书记4人，配备社区副书记12人。选派74名教师充实社区工作。加强农村基层组织建设。顺利完成第八届村民委员会换届选举工作，全区33个村依法选举产生村民委员会成员137人。涌现出一批勤政为民的好班子，会元乡马金村党支部被省委命名为“五个好”村党组织标兵。注重“三项”培养工作，精心选拔50名市级“三项培养”对象，进行重点培养。加强农村党员活动阵地建设，为4个村配备了电教设备。非公有制企业党建工作进一步发展，抚顺嘉慧制衣在全区成立了第一家非公有制企业党委，抚顺绿都乳业公司等12家企业组建了党支部。

【精神文明建设】 文明村镇建设得到深化。以道路建设为依托，全力打造生态环保型、旅游度假型、特色农业型等各具特色的文明村镇，对农村街巷路及农户院落、围墙等进行建设改造，极大地改善了村容村貌。创建区级以上文明村13个、省级3个，区级以上文明乡镇3个、省级2个。文明社区建设得到加强。社区办公条件明显提高，全区社区办公用房面积由2003年的5 607平方米增加到13 415平方米，增长139%，有38个社区办公用房面积超过100平方米。创建区级以上文明社区20个、省级3个，区级以上文明街道6个、省级3个。2004年顺城区荣获省级创建文明城市工作先进区称号。

【社会稳定】 全年接待登记信访案件420件，立案81件，结案69件，结案率85%，一部分重点难点问题及多年积案得到有效解决。受理市民投诉2 184件，办复率100%，解决率85%。全年安置“两业”人员20 000人次，培训下岗失业人员5 457人次，完成社会保险接续、扩面28 776人，为229名离休干部办理了大病保险。

·经　济·

【农　业】 全年完成农业增加值25 900万元，完成农业总产值36 700万元，分别增长9.7%、8.6%。无公害蔬菜栽种面积5 000多亩，年产无公害蔬菜3 200吨。苗木花卉种植面积4 387亩，全年上市各类苗木花卉210万株。牧草种植5 000亩，年产牧草18 600吨。果树种植面积10 940亩，年产各类果品5 400多吨。经济作物发展到5 000亩。新建4个高标准奶牛集中饲养小区，全区奶牛发展到3 200头。养殖水面发展到2 200亩。全年出栏肉牛6 300头、生猪12万头、肉鸡350万只。完成植树造林2 983亩，四旁植树24万株，新增封山育林4 184亩，使全区封山育林面积达到39 184亩。完成台山水库除险加固工程。对会元河、施家河、方晓河部分河道进行治理。新打大井5眼，小井160眼，建方塘4座。修复扩建方塘2座，维修灌渠2公里，新增灌溉面积800亩。

【工　业】 全年实现工业总产值666 400万元，增长16.2%；完成工业增加值161 800万元，增长16.6%；国有及销售收入超500万元非国有工业增加值完成11 560万元，产销率达97%。全年完成科技开发项目30项，盘活死滞资产近亿元。永茂建机、机床制造、众利信包装制品、嘉慧制衣等重点企业进行技术改造和扩大再生产，发展后劲十足。精细化工、冶金铸造、装备制造、新型建材、木制品加工、蜡业、服装加工、食品加工八大主导行业群体优势明显增强。

【第三产业】 全年第三产业增加值完成174 800万元，增长20.1%。全区投资500万元以上餐饮企业达40家，安置就业1 500人，实现销售收入19 000万元、税金1 000万元。凤凰楼酒店、东海龙宫等一批营业面积超千平、环境优雅、设施齐备的大中型特色餐饮企业呈现较强的发展势头。出现了连锁超市、汽车贸易等一批新业态。全年辖区内房地产开发面积75万平方米、销售45万平方米。其中区直开发企业开发面积31.2万平方米，实现增加值9 220万元。建安系统承揽工程71项，完成施工面积50万平方米，实现增加值8 880万元。格林山庄、银河湾、阳光家园等楼盘相继配户。

【重点项目】 全区年初确定重点建设项目78个，到年底实际完成项目40个，占计划的51.3%；在建项目20个，占计划的25.6%。在已完成和在建的60个项目中，共完成投资额91 628万元，实现产值64 135万元，税金2 630万元，安置就业3 089人。其中投资千万元以上项目完成42项，占项目总数的53.8%，有力拉动了其他产业和相关行业的发展。市级重点项目中，除甲邦生态园建设属跨年度项目外，永茂建机、众利信包装、佳慧制衣、曙光机械、机床制造等项目共完成投资12 740万元，实现产值26 600万元，税金1 120万元，安置就业930人。

【招商引资】 共完成招商项目280个，引资额66 000万元。其中：域外项目78项，引资额45 719万元；境外项目14项，引资额689万美元。全年18次组织经贸代表团赴韩国、日本等国家以及山东、福建、香港、台湾等地区开展经贸洽谈，接待来访团组52个。全区出口企业发展到40多家，20多个系列，百余种产品远销30多个国家和地区。新办“三资”企业12家。完成出口供货值26 000万元，出口创汇2 500万美元。

·改　革·

【国有企业改革】 抓住中央“两个支持”的重大历史机遇，以安置职工、发展企业、振兴地区经济为目标，对全区国有、集体企业进行全面改革。全年共完成企业破产、改制12户，盘活资产9 500万元。

【教育改革】 对前甸镇教育布局进行调整，撤并中学一所、小学五所。继大自然小学后，本年又建成了民办公助玉成中学，形成了全区公办、民办公助学校互为促进，共同发展的多渠道办学模式。

【医疗体制改革】 积极探索和尝试区中心医院实行“托管”模式。撤销区防疫站，成立顺城区疾病防控中心和卫生监督管理所，使疾病防控和卫生监督管理职能得到更有效落实和发挥。

【行政审批许可制度改革】 贯彻《行政许可法》，围绕行政许可主体、依据、项目开展清理，依法确认并规范了行政许可项目121项。公共行政服务中心全年共办结各类行政审批许可服务事项17 050项，受理各类政策及业务咨询2 105人次。

【农村改革】 合村并屯。全区48个行政村、10个联社经调整、撤并，变为33个行政村，减掉行政村（联社）25个，减少村干部61人、工资58万元。落实中央转移支付政策，全区村级干部工资全部转到由省、市、区财政转移支付开资，减少农民支出152万元。取消特产税，降低农业税税率，对种粮户进行补贴，为农民人均减负87元。通过以上改革共为农民人均减负128元。

·社会保障·

【发放保障金2 400万元】 城镇最低生活保障工作不断完善。对已进入低保的人员进行重新审查，对新申请的人员进行了入户调查，取消低保户617户，1 376人，减少保障金79 930元；新增低保户565户，1 182人，增发保障金98 298元，全年对9 892户，22 931人累计发放保障金2 400万元。

【扶贫帮困】 副科级干部包户扶贫活动共为636户困难户送现金62 150元、粮食14 790斤、油110斤，帮助227人实现了再就业。临时救助筹物折合现金120万元，救助城乡低保、五保户、优抚户、下岗职工8 000多户。补贴16.5万元，为“三老”和贫困户建房11户、720平方米。筹集资金16万元，资助110名贫困学生圆了大学梦。救助重病、就学、特困、突发性困难户128户275人，发放救助金额69 200元。安置退役士兵14人，发放安置费28万元，为220名退役士兵发放生活补助12.3万元。

·城乡建设·

【新区建设】 共投资1 800多万元，完成隆城街至盛城街道路建设和盛城街及长城街亮化、老虎沟1 150米排洪管线、城东供热40吨锅炉及配套设施安装扩建工程，城东新区基础设施逐渐完善。

【硬化绿化】 以主要街路、广场和游园为重点。对抚西河两岸、新华大街、临江路等街路和长春园、霜叶园、北站广场进行改造和完善；对亦工、挖建、锁阳等小区进行“两化”巩固和提高。全区累计绿化硬化投入618万元，某种树木50余万株、栽植草坪3.8万平方米、花卉29万株，新增绿化面积5.9万平方米，硬化面积15万平方米。全面完成了过境公路防护林绿化补植任务。

【环境治理】 先后拆除了长春抚挖、河东顺新、新华蓝天等社区内6万平方米乱搭乱建房屋。整治了城东、河东、辉南路市场，取缔了亦工社区内自发形成市场。清理违建占道2 422处、灯箱广告6 155个，取缔乱挂广告条幅3 280块，整治校园周边环境17处。以“清洁月”活动及“绿叶杯”竞赛为契机，积极开展创建卫生城和环保模范城活动。仅“清洁月”期间就出动车辆500台次，清理残土垃圾2 600余吨。大力开展除“四害”工作，最大限度地避免疫病传播。燃煤小锅炉得到有效治理，基本形成城东无烟区，城东大气质量明显改善。

【路网建设】 城市方面，全年投入资金11 000万元，完成道路改扩建18条、19公里、59万平方米。临江路、新城路、抚顺城路、抚西河桥等路桥工程建成通车，缓解了河北地区交通压力，方便了市民出行。农村方面，村村通油路工程全面完成，共新铺村级油路21条、全长61.8公里，提前3年完成省政府下达的村村通油路计划。完成沈南高速公路、沈环北线顺城段及前甸通道三条重点公路建设征地、动迁和路改任务。

·社会事业·

【科　技】 重点抓科技立项，突出成果推广，加快技术引进，抓好科技示范。全年实施科技项目63项，完成科技项目投入经费6 400万元，创产值1.4亿元，实现利税3 655万元。全年举办果树、花卉、畜牧、中草药种植等各类培训班等60期，请专家讲课20场，培训农民7 200多人次，评定农民技术职称达到210人。编写技术资料10余种，印发7 500多份，提供致富信息350多条。引进农业新品种、新技术成果60项；引进工业新产品、新技术成果20项；示范农业项目15项，工业项目12项；创建科技示范企业10家，科技示范户100个；成果推广18项，工业13项。

【教　育】 全面推进素质教育。加强校园环境治理，优化教育教学环境。筹措资金为长春学校新建1 200平方米的4层教学楼，对新村朝小等6所学校的基础设施进行了维修改造，认真实施基层单位领导干部考察和任前制度，推行公开选拔、竞聘上岗制度。规范教职工管理，完成了264名毕业生的教师资格认定工作。加强教师队伍培训。举办骨干教师培训班2次，培训800人；举办英语知识班1次，培训50人；举办校长提高培训班6期，培训1 200人。

【文　化】 举办顺城区2003年度两个文明建设总结表彰会大型文艺演出、顺城区第五届秧歌大赛、区直干部庆元旦文艺晚会等丰富多彩、形式多样的文体活动。开展了送故事、送电影、送科技图书下乡、下社区活动。以广场文化为主线，坚持“三贴近、三结合、三围绕”，成功举办各类文化演出280场。其中北站广场“天湖之韵”演出活动历时4个月，邀请省市专业文艺团体共演出35场，演出档次、质量明显提高。加强文化市场管理力度。全年集中检查50余次，取缔“网吧”4家、音像社10家、图书社5家，收缴盗版光碟1万余盘、盗版书刊200余册，处罚违法经营户16家。全年新办各类文化经营业户30户，安置就业300余人。组织从业人员培训3

次，培训人数占从业人数的90%以上，提高了从业人员守法经营的自觉性。聘请120名文化市场义务监督员，加强文化市场监管工作。

【体　育】 积极开展体育活动及全民健身活动。成功举办区第六届全民田径运动会，共有61个单位、1 095名运动员参加比赛。完成了全区中小学生体育达标测试，达标率100%。组员参加了抚顺市首届“智星杯”围棋邀请赛，优秀运动员苗子选拔赛，农民篮球、乒乓球、象棋邀请赛，取得较好成绩。举办了社区居民健身田径比赛、趣味运动会、棋类比赛，推动了全民健身活动发展。争取上级资金和设备支持，在会元乡、前甸镇、河东街道、长春街道等地安装健身器材46件，丰富活跃了城乡人民文体生活。

【卫　生】 规范医疗行为，提高医疗质量。严把医务人员准入关，对医师资格、执业地点、范围、类别实行严格审查，对符合标准的63人办理了外聘手续，对不符合标准的30人进行辞退。开展专项治理，严打非法行医。取缔院内承包科室7个，辞退聘用医务人员15人，为87名执业医师变更了执业地点，取缔了15所非法医疗机构。加强食品卫生监督工作，全年共监督检查2 177户次，下达现场检查笔录626份，卫生监督意见书387份，行政处罚事先告知书322份，保证了人民的身体健康。

农村卫生工作。对农村卫生室进行全面监督检查，对存在的病历书写不规范、消毒记录不全等方面进行了严格监督，并限制整改。组织63名乡村医生认真学习了《乡村医生从业管理条例》，提高了乡村医生队伍素质和业务水平。

社区卫生工作。组织人员对社区卫生服务机构的基本设施、人员到位及“六位一体”功能进行指导、监督和检查，对50余名医务人员进行微机培训，并进行了考试，提高了社区卫生服务的水平。

【广播　电视】 投入2万元对电台偏频发射机、调音台、电话稳合器等设施进行技术更新、设备改造，提高了电台节目播出质量。采取多渠道融资、筹款40多万元，架设延伸光缆3 000多米，新开通有线电视光接点10处，对河北乡、千金乡部分地区进行有线电视老网络标准化改造，使农村有线信号传输由300兆提高到500兆，改善2 000多户有限电视收视效果。加快城东新区有线电视地下管网井建设，将有线电视规划作为无形资产投入，铺设具有产权的地下管网0.31公里，建设具有终身使用权光（电）缆井5个，开通住宅楼有线电视5栋，发展有线用户480多户。全区有线电视用户总量达到1.12万户。

附：顺城区主要领导人名单

区委书记：张家春
区人大主任：林凤臣
区　　长：邢恩先
区政协主席：陈庆霞
区纪委书记：冷之泉

（杨宝峰）

社会生活

就业政策

【下岗职工和失业人员从事社区服务业的有关政策】 为加快社区服务业的发展，拓宽就业渠道，鼓励下岗职工、失业人员再就业，市政府制定政策如下：

1. 社区居民服务业的界定与范围。社区居民服务业是指在社区内为社区居民提供服务和方便的行业、活动。范围包括：家庭服务、看护托教服务、便民服务、小区专项服务、初级保健服务、文化服务、法律咨询服务及其他服务。

2. 从事社区居民服务业的优惠政策。凡安置下岗职工、失业人员达到全部从业人员60%以上的社区服务创业实体，或下岗职工、失业人员本人在社区内从事社区居民服务的，经劳动部门认定，并核发《社区就业服务证书》，享受下列优惠政策：(1) 对于新办的社区服务创业实体和从事社区服务的下岗职工、失业人员，持《证书》到当地工商所备案。经营半年后，由工商部门办理注册手续。(2) 在办理工商登记时，工商部门免收除工本费以外的各种费用，从经营之日起3年内免收工商管理费。(3) 卫生防疫部门对从事食品、公共场所等行业的有关项目，符合基本条件的，发放许可证，2年内减半收取许可证年审费和体检费。(4) 经税务部门审批，从事经营服务的营业收入，3年内免征营业税、所得税、个人所得税、城市维护建设税、教育费附加税。办理税务登记时免收除工本费以外的各种行政事业性收费。(5) 对安置“四残”下岗职工就业的社区服务创业实体或其本人从事社区服务的，符合民政部门规定条件的，经民政部门审批，可同时享受民政部门相应的扶持政策。(6) 城建、国土规划、文化、房产、公安、技术监督等部门在执行“市委、市政府关于下岗职工再就业政策的暂行规定”和“补充规定”的基础上，3年内免收各种行政事业性收费。(7) 金融部门对效益好、有偿还能力的社区服务创业实体，应给予小额贷款。市发展微型企业小额贷款也可用于发展社区服务业。(8) 劳动部门及各再就业培训基地，要免费为从事社区服务业的下岗职工、失业人员提供职业技能培训。对需要进行职业技术鉴定的，减半收取鉴定费。(9) 对已进入再就业服务中心并签订协议的国有企业下岗职工，本人自愿解除劳动关系，从事社区服务，可将其应享受的基本生活费剩余部分一次性发给本人，作为开办资金；也可拨付给安置其就业的社区服务实体，作为安置补助。(10) 对安置下岗职工在1年以上，重新建立劳动关系，并按规定参加保险的社区服务创业实体，经劳动部门审核，视安置的情况，给予适当的奖励。

【国有企业下岗职工再就业政策补充规定】 为切实做好国有企业下岗职工再就业工作，1998年，市委、市政府联合下发了《关于国有企业下岗职工再就业政策的暂行规定》（抚委发［1998］8号），为进一步加大再就业工作力度，为国有企业下岗职工再就业提供更加宽松的环境和优惠政策，市委、市政府做如下补充规定：

1. 税收、收费政策。(1) 下岗职工从事社区服务业，从开业之日起3年内免征营业税、个人所得税以及工商管理费、市容管理费、占道费等收费。(2) 下岗职工从事商饮服务、修理修配业的，土地部门3年内免收城市私房占地费和城市临时占地费。(3) 下岗职工新办的书刊销售、文化商品经营及出售自制的文化商品，从开业之日起，税务部门3年内免征文化事业建设费。(4) 企业组织本市劳动力到境外务工或在境外承揽工程项目、开办企业，其所用全部劳动力中下岗职工达到50%以上的，经市外经委、市劳动局、市地方税务部门审核，3年内免征企业境外收入的所得税。(5) 本市用人单位招用省外劳动力的，同级劳动部门按每人每月100元收取劳动力管理费；本市用人单位招用省内市外劳动力的，同级劳动部门按每人每月50元收取劳动力管理费。

2. 资金扶持政策。(1) 下岗职工从事社区服务和物业管理及创办微型企业的，国有商业银行、非银行金融机构要按信贷政策，经市劳动部门认定，给予贷款扶持。(2) 企业开办的再就业服务机构所需经费由企业自身解决。政府有关部门所属的再就业服务机构所需经费由同级财政安排解决。(3) 下岗职工从事荒山、荒地、荒滩、小流域开发以及农、林、牧、渔业生产，市、县区财政部门可用支农资金安排与之配套的公益性基本设施建设和农村社会服务体系建设，为下岗职工从事各项农业生产创造条件。

3. 财政政策。(1) 市、县区财政要建立国有企业下岗职工基本生活保险金收入预算制度，落实应由财政、企业、社会所承担的资金。市、县区财政承担的下岗职工基本生活保障资金主要从预算内财力、当年个人所得税增量部分、行政事业性收费、国有资产变现收入以及经营收益等方面筹集。由社会统筹的基本生活保障资金主要由失业保险统筹基金、劳动力管理费、社会赞助等方面筹集。除上述资金来源外，县区政府可根据实际情况自行确定保障资金的来源。基本生活保障资金实行社会保障基金财政专户管理制度。(2) 市、县区财政要按上级财政部门核定的行政事业收费年度计划，将进入财政专户的资金按比例逐月划转至社会保障基金财政专户。(3) 按财政、企业、社会共同承担下岗职工基本生活保障资金的原则，对财政已按规定逐级拨付资金，企业有支付能力但未按规定将资金缴入社会保障基金财政专户，从而影响再就业中心为下岗职工发放基本生活费和代交社会保险费用的，停发企业法人代表和管理人员的工资，企业不能参加评选先进和兑现各种奖金。对挪用财政再就业专项基金的要依法处理。(4) 全面完成安置下岗职工年度计划目标的企业，其再就业服务中心按规定所发生的费用，可在企业管理费中全额列支；没有完成计划目标的，要在企业管理费用中同比例核减经费额度，其差额部分在职工福利费用中列支。职工福利费没有结余的，按其差额核减再就业服务中心的年度经费。(5) 鼓励街道办事处、居民委员会积极安置下岗职工。经市劳动部门审核，对一年内无未就业下岗职工的居委会，奖给居委会干部每人500元；连续两年无未就业下岗职工的居委会，奖给居委会干部每人1 000元；连续三年无未就业下岗职工的居委会，奖给居委会干部每人1 500元。对实现无未就业下岗职工的街道，其领导班子成员亦按上述标准给予奖励。(6) 经市劳动部门认定，对成建制组织下岗职工去外埠、境外务工并稳定一年以上的单位领导者，可从再就业资金中给予一次性奖励。(7) 再就业培训基地和办学单位按同级政府核定的下岗职工转岗转业技能培训计划免费培训下岗职工的，经劳动部门审核，财政部门给予一定的培训补助费。(8) 对未就业的劳动力实行就业预备制度。城镇不能升入各类学校的初、高中毕业生，实行1至3年的职业技能培训。对自愿承担就业预备培训的办学单位，经有关部门审核，视培训的质量、数量和社会效益，给予适当的经费支持。(9) 各新闻媒体要无偿为非盈利性再就业中介机构、再就业培训基地开设专业时段、专栏、专版等，为传播再就业方面的供求信息提供服务。

4. 其他政策。(1) 市、县区政府建立再就业专项奖励资金。每年从再就业经费中，提取一定比例用于奖励提供就业信息、职业介绍、转岗转业培训、安置下岗职工和失业职工做出突出成绩的单位和个人。(2) 下岗职工到境外或外埠务工，所在企业不得向劳务输出企业或职工本人收取任何费用。务工期间应保留其劳动关系，并以职工本人外出务工前的实际工资总额为基数，为其缴纳社会保险费用，由职工本人一次性交付企业，由企业代为缴纳，2年后全部由本人承担。在保留劳动关系期间，其社会保险费由企业代收代缴。(3) 进入再就业服务中心的下岗职工，半年内与原企业解除劳动关系，并离开再就业服务中心的，可一次性发给本人两年的托管费用；半年到一年与原企业解除劳动关系，并离开再就业服务中心的，可一次性发给本人一年的托管费用。(4) 鼓励下岗职工到非国有企业就业，接收下岗职工的企业要为其交纳社会保险费，缴费年限可连续计算。失业或退休时享受失业保险、养老保险等待遇。

【外来劳动力在本市就业的规定】 为加强对外来劳动力的管理，促进外来劳动力跨地区有序流动，市劳动部门对外来劳动力在本市就业作如下规定：

1. 对外来劳动力实行总量控制。对部分行业和工种限制外来劳动力进入。(1) 本市允许使用外来劳动力的行业及工种有：林业、森林采伐、采掘业、矿山采掘工、井下掘进工、纺织业、挡车工、水利业、地质勘探业。(2) 本市限制使用外来劳动力的行业有：机械电子工业、化学工业、冶金工业、建筑业及公用事业、商饮服务业。单位招用外来劳动力要遵循“先城镇后农村，先本市后外地”、“既要有效控制，又要保证用工需要，有利于促进再就业”的原则，在公开招收本市下岗职工和失业人员之后，本地劳动力确实无法满足需求时，报经批准后，方可招农村和市外劳动力。

2. 严格执行申报审批制度。市行政区域内的国家机关、企事业单位、社会团体和私营、个体工商户招（聘）用外来劳动力必须向劳动就业管理机构申报审批。市属及市属以上企事业单位、三资企业及职工人数在50人（含50人）以上的私营企业由市劳动就业管理局审核批准；县属企事业单位及50人以下的私营企业、个体工商户，由县劳动就业管理局审核批准，报市劳动就业管理局备案。区属企事业单位由区劳动就业管理局审核，经市劳动就业管理局批准后办理手续。外埠成建制进入本地区从事建筑、安装、运输、装饰等其他集体经商、务工的企业，仍由市劳动就业管理局审核批准。未经批准，用人单位一律不得私自招（聘）用外来劳动力。

3. 严格实行凭卡办证、持证就业。用人单位经批准后招用的外来人员必须持有其户口所在地劳动部门签发的《外来人员就业登记卡》，凭卡办理《辽宁省外来人员就业证》。对于实行就业准入的职业，还要凭《职业资格证书》办理就业手续。《外来人员就业证》按用人单位招用外来劳动力管理审批权限，分别到市、县劳动就业管理局办理。

本市劳动力离抚外出就业，由市劳动就业管理局统一办理《外来人员就业登记卡》。零散外出的就业人员由本人持身份证、失业证或下岗证及其他有效证件办理；成建制输出人员应由输出单位持有关证件统一办理。本市农村劳动力跨县或进入市区务工经商，由户口所在地劳动就业管理局办理《外出人员就业登记卡》。

就　医

【抚顺市中心医院】 2004年，医院经济收入首次突破1.48亿元大关，居抚顺市医疗卫生单位之首，跃居辽宁省市级中心医院的前几位。完成全年计划134%，比去年同期增长8.1%。收支节余达1 637万元，净资产总额增加5 000万元。

1. 加大科研投入，推动技术创新。一是医院加大了对新技术的投入和开发，在设备上投入资金1 200多万元，购入先进仪器，增添了腹腔镜、宫腔镜、间盘镜、胆道镜、鼻腔内窥镜、胸腔镜、放大型胃镜及治疗型十二指肠镜等全方位、高档次的腔窥镜系统，为中心医院成立腔窥镜治疗中心奠定了基础。本年还购入了化学发光免疫分析仪、免疫浊度分析仪等百余台设备；建立了现代化的层流洁净手术室，配备了进口无影灯及全新的手术床。二是医院制定了《抚顺市中心医院三年科技发展规划》，下发了《抚顺市中心医院对科技成果和有突出贡献科技人员奖励的暂行办法》，极大地调动了医务人员的科技创新的积极性。在创新技术上，开展肝移植3例、心脏不停跳下冠状动脉搭桥手术13例，腹主动脉瘤切除人工血管转流术、无名动脉支架、重度脊柱侧弯矫正术等填补了省、市空白。同时，重点扶持微创技术和介入治疗技术，开展腹腔镜技术263例，介入治疗技术671例，全年新技术、新业务23项，申报市科研立项6项。三是召开了新世纪科技大会，医院拿出20万元表彰了2001－2003年度优质技术、优秀科研成果和为医院发展作出突出贡献的科技工作者21名。在抚顺市卫生科技工作表彰大会上，市中心医院荣获了市科技工作突出贡献单位奖。全市评出十大名医，本院就有5名专家榜上有名。在表彰的科技成果奖和新技术奖、优秀论著、论文奖以及抚顺市技术竞赛状元奖等奖项中，本院获奖人员达58%以上。

2. 实施人才战略，完善教学工作。本年制定了《抚顺市中心医院人才培养五年发展规划》，一次性投入120万元开办了第一期研究生班。在通过率达50%的优异成绩基础上，在2004年又投入100万元举办了第二期研究生班。对7名硕士研究生导师进行了首次培训，提高了研究生的带教能力，使本院在职硕、博研究生达到80名。全年共选派了20人到国内、国外专项学习，有7名护士到大连医科大学脱产参加护理本科学习。完成医院继续教育讲座13次，实施了年轻医师12小时住院负责制。接收大连医科大学等医学院校实习学生86名，圆满完成了临床教学工作，成为大连医科大学优秀教学基地。

3. 不断加大对医院环境建设的投入，创造优雅、整洁、舒适的就医环境。2003年开工建设的病房大楼，于2004年6月份投入使用。投入1 330多万元，对儿科、外科楼进行装修和消防改造以及新住院大楼内部设施配套工作。其中将原干诊楼1－2楼改造成儿科门诊和病房。

本年，市中心医院荣获辽宁省“五一奖状”、省“文明标兵单位”、省厅“优质服务杯竞赛标兵单位”、省“厂务公开先进单位”，市“诚信单位”、“抚顺市最受尊敬企业”等称号，干部病房被推荐为全国巾帼示范先进科室。

（李雪梅）

【抚顺矿务局总医院】 2004年抚顺矿务局总医院全年门诊量39.09万人次，同比增加3.12万人次；完成住院手术5 012例，同比增加1 250例；出院病人1.92万人次，同比增加5 100人次；床位利用率84.35%，综合治愈率76.62%。抢救矿区工伤患者12次28人，完成市120急救中心急救任务2 160人次，再次实现全年安全无事故。

强化了安全质量管理。建立医疗管理工作制度31种339条，成立院质量管理委员会和安全质量检查小组，定期开展工作，发现问题及时解决。为患者提供温馨服务。增加导诊人员，完善导诊设施；对病房进行人文化环境布置，陪同检查，代交住院费；为住院患者过生日，为候诊患者播放电视，为采血患者准备免费早餐。

引进新设备、开展新项目。更新了CT、核磁仪器，购入大型生化分析仪、彩超等医疗设备，添置两台救护车和一些急诊急救设备，提高了对工伤及突发性伤亡事件的救治能力。介入治疗技术有新进展：先后开展了肝癌、肺癌、外周血管、子宫肌瘤的介入治疗，脑血管介入治疗技术填补本市空白。新方法保守治疗宫外孕，腹腔镜下胆囊切除术、子宫切除术等也都取得了较好的效果。全院共开展新技术33项，与中国医大协作获省政府科技进步三等奖1项。

实现矿区医疗资产重组。根据医疗市场发展现状，结合抚矿集团实际，公司将原分属不同单位的四家医院划归本院管理，成为本院的四家分院。此举扩大了医院影响，增加了医院的医疗覆盖面，使本院能更方便地服务于社区居民。

心系市民服务大众。发放农民就诊优惠卡，对三县农民实行八折优惠；进行大型下乡义诊活动两次，捐赠药品价值1万余元；多次开展不同主题的义务咨询活动，受到市民的普遍欢迎。

2004年共投资400余万元对儿科、急诊室、核磁共振室、肠道门诊、机修分院等进行了装修改造。实行一日清单制，设立收费检查小组，维护患者权益。全年共收到患者感谢信93封、锦旗98面。院先后被市授予最受尊重企业和诚信单位等荣誉称号。

（郭大志）

【抚顺市中医院】 2004年，抚顺市中医院经济收入首次突破了6 478万元，与上年同期相比增长808.04万元，经济收入增长14.75%；扭亏99万元，盈余195万元。资产总值9 432.42万元，与去年同期相比增加1 961.26万元；设备投入642万元，与上年同期相比增加408万元；基建维修投入569万元，与去年同期相比增加482万元。

医院先后获得中国当代名院、辽宁省示范中医院、辽宁省文明单位、省卫生系统优质服务先进单位、省职业道德先进单位、省优质服务标兵单位、省医疗保险优秀定点单位，省卫生系统院务公开先进单位，抚顺市最受尊敬企业，抚顺市诚信单位等荣誉称号。

全年度各项医疗指标均达到标准。其中出入院诊断符合率100%，手术前后诊断符合率100%，危重病人病房抢救成功率90.2%。年门诊量：238 500人，住院人数：10 032人次，床位使用率79.1%，平均住院日数8.7，无菌手术1 820人，甲级病历率：98%，三日确诊率：99.99%，治愈好转率97%，病房中医药治疗率91%，医疗事故为零。

年内，成功再植一例前臂旋转撕脱离断伤病人，填补了院内空白。还成功救治一例国内罕见的熊咬伤病人，救治过程曾在中央电视台生活栏目中播出，引起了社会的关注。

重视科研工作，完善继续教育学分制管理。开展院内基础知识、管理知识学习讲座。选送了在医疗技术上有造就的3人读博、读硕；选送28名优秀人才到国内医疗技术水平最高学府、医院进修深造。2004年5月份举办了全院医生、护士参加的“三基三严”大赛，并评选出了技术状元、技术明星。在全市卫生系统技术大赛中，再一次赢得状元称号。

年内科研立项19项。其中市级两项《自体骨髓干细胞移植治疗股骨头无菌坏死的临床研究》、《计算机辅助股骨近端骨腔结构三维重建及个体化人工全髋假体应用基础研究》；省级自然科学研究成果两项：《保留后方韧带复合体腰椎管扩大术的临床应用》、《生物活性可降解吸收材料治疗骨折及骨缺损的实验》。

2004年12月29日，召开了中医院新世纪第一次科技年会，表彰了近年来在开展新技术、新项目和科研工作中做出突出贡献的医务人员。

整体医疗水平有很大提高。年内新开展了冠心病定位诊断、B超引导下肝肾囊肿穿刺、完成了医院第一例B超监视下取出一巨大错构瘤术、胸腹腔置管术治疗各种原因引起的胸腹水和气胸、中心静脉导管、腰腹腔流置潴开展肿瘤化疗，取得了良好的效果。

开展的颈后路单开门椎板减压椎管扩大成形术和颈后路双开门颈椎管扩大成形术、中晚期食道癌食道内支架介入治疗，鼻内窥镜下鼻腔鼻窦手术、支撑喉镜下声带肿物摘除术、喉全切除术、颈淋巴结廓清术等取得良好的治疗效果，填补院内空白。

10月12日成功主办抚顺市中医药学会第一次会员代表大会。

本年医院成立了6个中心，即：针灸按摩中心、糖尿病中心、肛肠中心、软伤康复中心、肿瘤中心、碎石中心。中医院被确定为辽宁省示范中医院。

医院自筹资金542万元对老门诊儿科病房进行改造，同时对内科楼病房进行了重新调整和全新改造，还对门诊大厅进行了全面改造，安装了配套齐全设备先进的供氧中心系统。安装了187台空调。先后购买了CR影像系统、动态心电、血细胞分析仪、螺旋CT管球、遥测监护仪、供氧机66万元等大型先进设备，购入设备总值达655万元。

（王 军）

【抚顺市第二医院】 1. 抚顺市第二医院于2004年3月16日组建了新一届领导班子。在人才培养上进行了专题研究，形成梯队建设。提高了外出参加学术会议、发表论文报销费用。医院投资708万购置了CR、配套的腔镜设备、全自动生化仪等万元以上设备19台（套）。

2. 本年7月份，院领导为职工讲授了“现代医院管理”课程，组织人员专门就海尔企业的管理进行系统的学习和研讨，并先期将海尔集团的管理模式引入护理管理工作中。7月份正式出台了新的分配制度改革方案，制定了综合目标管理千分量化考核细则，修订完善了《院章》，出台了《抚顺市第二医院纠正行业不正之风处罚规定》、《抚顺二院十条禁令》等。

3. 医院开展了中青年医师基础理论知识竞赛、病历及处方书写竞赛、护理技能竞赛、护理病志书写展评、急诊急救知识竞赛、病历展览等活动，有效地提高了医务人员的专业技能。医院还选送人员参加“市第三届职工技术运动会”，本院内科医师朱连秀、陈晓明分别取得卫生系统第9名和第11名。坚持“科技兴院”方针。12月18日医院邀请了世界内镜外科联盟理事、亚洲内镜与腹腔镜外科医师医学会常务理事——上海瑞金医院副院长郑民华等腔镜技术专家来院进行了腹腔镜手术演示和讲学。

4. 内引外联，发挥区域优势，扩大知名度。6月份，医院与上海瑞金医院达成定向培养技术人员的协议，选派技术人员进行了腔镜技术的学习并已成功地应用于临床；眼科与北京老年病医院、同仁医院合作开展了白内障超声乳化加入人工晶体植入术；准分子激光治疗近视眼等。有效利用新闻媒体来宣传医院，参加抚顺广播电台《走进直播间》节目，在广播电视报开辟《卫生宣教》专栏。院内设置4块大型固定宣传版，一年来医院在各种新闻媒体发稿70余篇。

（郑桂香）

【抚顺市第三医院】 该院始建于1957年，其前身是中国人民解放军东北军区后方卫生部第11后方医院。现为市级综合性三级医院，是辽宁省人民医院医疗集团成员之一，是抚顺东部地区急救中心，抚顺市交通肇事定点医院，抚顺社会医疗保险定点医院，抚顺市老年病研究所，中国医科大学老年病防治研究中心辽宁省抚顺市脑血管分中心，抚顺市肝吸虫病防治中心，锦州医学院教学基地、研究生培训基地。

医院占地面积76 000平方米，建筑面积22 433平方米，开设病床400张，现有在职职工549人。其中：副高级以上专业技术人员32人，中级以上专业技术人员154人，医疗科系齐全，设有17个临床科室，8个医技科室。医院医疗设备先进，拥有最新科技诊疗设备54件，总值1 157万元。其中，西门子全身螺旋CT机、日本彩色多普勒超声仪、日本产阿洛卡B超机、日本大型全自动生化分析仪、美国全自动免疫分析仪、数字化胃肠X光机等一大批诊疗设备。

2004年，医院共诊治病人95 945人次，手术1 836例，抢救1 603人，与上年同期相比都有所增长。由于医院倡导新的医学理念，以人为本，提高了医院整体医疗服务水平，医院全年无医疗事故发生。并成功救治了妊娠合并脂肪肝及多脏器衰竭患者，这一疾病的临床死亡率高达85%。同时医院在护理工作上确定了“无缝隙、零距离、亲情式服务”，充分体现了人性化服务理念。2004年全院经济收入达3 256万元，比上年增加收入200万元。

由于医院的重视和投入，2004年全院共发表国家级论文29篇，市级科研成果二等奖一项，在抚顺市2001—2004年卫生科技表彰大会上，第三医院获得6项大奖。其中市十大名医1人，科技成果奖2项，优秀论著3项，在全市医疗单位中排名第二位。2004年医院被省委、省政府命名为“行业作风标兵单位”。

（任忠明）

【抚顺市第四医院】 2004年市第四医院强化医院科室管理促进医院发展，充分发挥肿瘤、结核两大专长科系特色，做大做强放疗科、乳腺科、结核科等重点科系，带动全院发展。为规范医院各项收费，出台了《医院收费管理办法》成立了收费管理科，成立了医疗市场开发办，向管理要效益，制定一系列规章制度，提高管理档次。为提高医疗水平，与省肿瘤医院、省胸科医院达成合作意向，邀请省专家来院出诊，院派医生到省肿瘤医院进修学习，聘请市内专家兼职，年内引进大学毕业生5人、护士5人，购置了心电图机、监护仪、血球仪、处置车、呼吸机等设备。开展了“哨兵淋巴结活检在早期乳腺癌治疗中地位及临床应用”项目的研究，填补了本市空白。

2004年在全院职工的共同努力下，12月全院总收入达2 033万元（不含国补），比上年同期增加609万元，增长42.77%。其中药品收入976万元，占总收入的48%；财政补助收入173万元，比上年同期减少44万元；总支出1 991万元，比上年同期增加354万元，增长21.62%；收支节余215万元，比上年同期增加211万元，资产负债率40%，比上年同期下降6.26%。

（张 伟）

【抚顺市第五医院】 抚顺市第五医院是本市直属的一所以防治精神心理疾病为主的大型专科医院。始建于1960年的市第五医院，经过40余年的发展建设，现已成为技术力量雄厚，设备配套齐全、环境幽雅、交通便利的以治疗神经精神疾病为主，心理、癫痫、药物依赖脱瘾治疗及综合科并重的特色医院。医院占地面积2.7万平方米，建筑总面积11 820平方米。坐北朝南的门诊综合楼和南北走向的病号楼，构成了医院建筑主体。楼内有图书室、乒乓球室、台球室、健身房、卡拉OK室、游艺室等，楼外有标准的篮、排球场，健身康复器械和回春亭花园等设施为患者提供了良好的休闲活动场所。

医院开设床位500张，现有职工484人，专业技术人员227人，其中副主任医师以上高级卫生技术人员16人，中级卫生技术人员75人，担负着全市人民精神心理疾病的防治、保健、康复任务，为抚顺市精神残疾鉴定、医疗保险及大额补充医疗保险、离休干部定点医疗单位。抚顺市司法精神医学鉴定小组亦设在本院，负责全市的精神疾病司法鉴定工作。医院设有精神科、心理科、综合科三大科系，分为2个疗区、6个病房，医技科室设有药械科、功能检查科（检验科、放射科、康复科、脑电室、心电室、B超室）。医院医疗专业设备齐全，有国内先进的无抽搐电休克治疗仪，三维立体彩色超声诊断仪、高压电位治疗仪、500MA射线诊断机、彩色及黑白脑电地形图仪、先进的三维立体数字视频脑电监视仪、计算机多功能个性心理测定仪等。医院在市中心成立了“抚顺市心理卫生中心”，引进了国内最先进的漂浮治疗机、脑波治疗仪、生物反馈治疗仪、心理测查等系统心理疾病的诊断、治疗设备，并选派专业的心理医生坐诊。医院非常重视精神文明及行业作风建设，对病人实行全程人性化、礼仪规范化服务；在收费上实行公开、透明的“阳光工程”。实现了经济效益、社会效益双丰收。

（回 颖）

【抚顺市眼病医院】 抚顺市眼病医院暨抚顺市眼病研究所、辽宁省防盲治盲中心，创建于1981年，是东北三省成立最早的一所眼病专科医院；是集医疗、预防、科研、教学为一体，政府举办、非营利性眼病专科医院；是抚顺市社会医疗保险定点医院；同时还是“视觉第一中国行动”白内障复明定点医院及锦州医学院教学医院。

医院现有建筑面积5 200平方米，开设床位220张。现有职工190人，正高级职称4人、副高级职称10人、中级职称47人、初级职称70人；行政技术人员正高1人、副高3人。医院科系设置齐全，临床分二级科系管理，设有眼外伤科、眼底病科、眼外病科、眼肌科、青光眼科、白内障科、视光学科等7个科系；

门诊及医技科室设有专家诊室、普通诊室、视光诊室、美容诊室、手术室、供应室、检验科、仪检科、药剂科等11个科室。其中眼底病科、白内障科是抚顺市重点专长科系。

2004年4月率先通过GB/T19001—2000国际质量管理体系认证，步入了科学、系统、规范的质量管理轨道。同时积极引进外智，加强临床科研建设工作，全年开展新业务、新技术会议讲座、手术示范30余次。积极开展卫生“三下乡”工作，全年共派出五支精干医疗队深入县区医院、社区和边远山区为贫障患者施行白内障人工晶体植入术共101例，折合人民币35余万元。到社区、学校、农村扶贫义诊16次，诊治患者近3 000人次，捐赠药品及卫生物资折合人民币6 000多元。帮扶贫困户5户，扶助失学儿童3名，深受社会各界好评。

全年共引进大型设备28台（件），新购置了TRC－50FX眼底照像机配置眼科数字图像处理系统、电脑验光机、角膜曲率仪、OPM－2100眼科A/B超声诊断仪、XD711酶标分析仪、DEM Ⅲ型自动酶标洗板机、空气洁净器以及电动手术床、手术椅等设备，为精确临床诊断、提高治疗效果和开展科研攻关提供了设备保障和技术支持，总价值合人民币776 000元。

全年门诊总量62 280人次，同比增长4.1%；入院2 680人次，同比增长13.3%；出院2 375人次，同比增长2%；手术数量1 865人，同比增长24.7%；治愈率96.35%，同比增加0.66%；三日确诊率100%；医疗事故发生率1；平均住院天数14.58天，同比增加1.2天。

全年医院取得多项荣誉：中国新时代质量认证中心审核该院质量管理体系符合GB/T19001—2000体系标准并授予认证书；团中央授予“全国五四红旗团总支”；省卫生厅授予“行业作风建设先进单位”、“2002—2003年度省级文明单位”。

（曲卫华）

【抚顺市传染病医院】 抚顺市传染病医院是本市唯一一家集治疗、教学、科研于一体的传染病专科医院，是各型病毒性肝炎等36种法定传染病的隔离治疗中心，是本市SARS诊治定点医院。2004年，抚顺市传染病医院全年总收入1 420万元，比2003年增长7.2%。其中，医疗收入增加68万元，药品收入增加93.3万元，资产总额增加72.7万元，负债减少117万元，资产负债率45%，比2003年同期下降10%。

门诊就诊总人数为33 215人次，比2003年增加6 276人次；入院病人1 464人次，比2003年增加374人次；病床使用率48%，比2003年上升12%；患者平均住院23天，比2003年缩短2天。入院诊断符合率为99%，三日确诊率为98%，院内感染率比2003年下降0.4%，危重病人抢救成功率比2003年提高13%。

2004年，医院制定了科技兴院三年目标，投入10万元的人才培养基金，先后选派12名业务骨干到北京302医院、中国医科大学第一附属医院、大连传染病医院等地进修学习。制定了《市传染病医院关于加强人才培养提高人才待遇的几项规定》，为专业技术人员创造了发展空间。全年在国家、省、市刊物发表论文13篇。2003年市科委立项的《母婴阻断成功小儿核心抗体消失时限的观察》项目，于2004年5月按期结束；《顽固性腹水的超滤浓缩术》、《经皮导入中药治疗中晚期肝病的研究》两项新技术填补了省内空白。成功开展腹水回输42例，比2003年增长22例；血液透析25例，比2003年增加14例。

为了加大对公共卫生事业的投入，2004年由国债资金投入1 210万元，建设SARS病房，年底立体框架已完工。自筹资金68万元购置了B超、电动离心机、电脑、打印机、服务器等医疗、办公设备。

（李春秀）

育 才

【辽宁石油化工大学】（内容见本书第292页）

【抚顺师范高等专科学校】（内容见本书第292页）

【抚顺职业技术学院】（内容见本书第292页）

【抚顺市卫生学校】 学校位于高尔山东麓，浑河北岸，是本市培养中高级卫生技术人才的医学教育基地，承担着为本市230万人口和1万多名医务人员的学历教育、在职教育、学历提高、专业培训及再就业培训的医学教育任务。学校占地面积41 000平方米，建设面积23 100平方米，拥有教学楼、实验楼、综合楼、办公楼、宿舍楼、食堂楼各一座，还有大型室内游泳馆和多功能操场。本校图书馆藏书61 000册，电子阅览室3个，报刊、杂志百余种，学校实习基地6处，实验室19个，计算机200台，多媒体教室4个，本校基础教学、实验实习均能满足各类层次医学学历教育及专业培训的需要，校园网络覆盖广泛。

本校隶属本市卫生局领导，县级事业单位，2004年末教职工总数172人，专职教师65人，其中高级讲师24人，讲师32人，研究生10人，双师型教师28人。

从2002年推广多媒体教学到2004年底为止，本校已申报两项教研成果：《创建多种形式的快乐课堂教学模式研究》、《建立健全教师考核评估体系，建立高素质教师队伍》。实验教学是医学教育的重要手段，本校2004年投入20余万元改扩建了口腔实验室，实验课开出率达95%，学校相继投资1 000余万元，征地11 230平方米，绿化了校园，修建了天使园，更新了教学设备，于2004年11月份晋升为省级示范校。

（孟 丽）

【抚顺市第一中等职业技术专业学校】 抚顺市第一中等职业技术专业学校位于抚顺市望花区丹东路东段6号，学校始建于1982年10月。1991年被确定为省级重点职业高中，2000年5月被国家教育部命名为首批国家级重点职业中专。2003年10月学校又通过了国家教育部的对全国国家重点学校重新调整和认定。学校占地面积52 552平方米，建筑面积24 509平方米，校园环境优美，有独立的教学楼、艺术楼、综合实习楼、学生食堂。实习酒店及附属幼儿园产教一体，负责接纳、指导学生实习。学校现有学生2 357名，53个教学班，开设计算机及应用、烹饪、学前教育（幼师）、服装表演、服装设计与工艺、旅游服务与管理、美容美发与形象设计、汽车修理、财会等专业。全校现有教职工238人，其中现任领导班子成员6人，中层干部23人。专任教师151人，高级教师64人，中级教师53人，研究生23人。

学校近几年来被命名为全国教育工会先进集体，被省委、省政府命名为省级文明单位，被省教委命名为“校容、校貌、校风、校纪先进单位”，被省教委命名为美育教育示范校，被省、市命名为下岗再就业培训先进单位，被省命名为校务公开先进单位；抚顺市先进集体、市思想政治工作先进单位等五十余项荣誉。学校共获评得全国、省、市优秀论文近400余篇。近几年学校共有60余人获国家、省、市优秀教师、优秀工作者。中央电视台对学校办学经验进行过专题报道，省市电台、电视台、《辽宁日报》等多家媒体也多次报道了学校的办学成果，校领导多次在全国、省、市职教会议上介绍经验。

（赵喜微）

【抚顺市第一中学】 2004年，抚顺一中被评为抚顺市教育系统先进集体、市文明学校、市模范职工之家、辽宁省先进团委、市保密工作先进集体。1人获辽宁省重点高中协作校青年教师教学基本功大赛一等奖。

学校重视教师队伍建设，加强对青年教师的培养，全面提升教职工的综合素质，促进学校教育教学质量的稳步提高。2004年，学校高考600分以上的人数与入学时对比增加300%以上，被一本以上院校录取的人数净增100人。

2003年7月破土兴建的1万多平米的1号教学楼及多网合一的数字化校园网、语音室，于2004年8月投入使用，校园总体改造基本完成，实现了教育资源的优质化，为争创“社会满意、家长放心、学生向往、不断创新和现代化、有特色的一流学校”奠定了基础。

2004年9月成功举办了抚顺市第一中学50周年校庆，会集了四面八方的校友及各级领导、兄弟单位、友好学校的领导，他们对50年来学校的发展变化和取得的辉煌成就给予了高度的评价。

（王雅芹）

【抚顺市第二中学】 抚顺二中始建于1923年，1962年被省教育厅确定为重点中学，1981年被省教育厅确定为省首批办好的重点中学，2003年又被省教育厅确定为首批示范性高中。是全国现代教育技术实验校和省电化教学示范校；是省体委确定的抚顺惟一的一所试办高水平体育运动队试点校，是抚顺市对外开放的窗口学校。

抚顺二中一校两址，南校区位于抚顺经济、文化、交通中心的新抚区，依傍于劳动公园东侧；北校区位于抚顺市政治中心的城东新区，坐落于市政府东北角，学校占地总面积320亩，总建筑面积7.98万平方米。学校现有72个教学班，教职工达300余人，学生超过4 000人。

学校建有有线电视台、计算机校园网、多媒体教学管理系统、电子备课室、多媒体电子教室、计算机网络教室、音像阅览室、音像资料室，教室安装了多媒体投影仪、电动屏幕、视频展台等。学校现有多媒体电脑300余台，实现了教育手段和教学管理的科学化、现代化。

2002年以来，本校教职工承担国家、省、市教育科研项目25项，获得“省科研工作先进集体”，“全国课题研究先进单位”，“全国现代教育技术实验校评估突出贡献奖”等一批科研荣誉称号。通过加强科研，学校培养了一批名师，使师资队伍向科研型、专家型方向发展。目前，学校有省市学科带头人45人，省功勋教师1人，省特级教师1人，高级教师84人，享受国务院省政府特殊津贴3人，省市优秀教师4人。

学校非常重视校园文化建设，设有教育电视台、广播站，“校园文学社”、“演讲团”、“英语角”、“青年志愿服务社”等一大批社团组织，经常开展丰富多彩，健康向上的校园文化活动。2004年二中的考生囊括本市高考的前14名，而且这些考生的成绩都在660分以上，进入600分以上高分段人数达202人，进入一本控制线总人数509人。考上清华、北大8人，考上中国排名前30所大学123人，这是自1977年恢复高考以来取得的最好成绩。

几年来，二中先后获得省模范学校、省文明学校、省德育先进学校、省学雷锋先进集体、全国“五四”红旗团委创建单位等荣誉称号。

（依长洪）

【抚顺市第十中学】 2004年学校在教学管理上进行了一系列改革。实行教师录用评聘分开制，教师年度考核制、奖惩制，班主任量化考核制和学生奖学金制。2004年学校投资430万元建立了校园网，为教师每人配备了方正品牌电脑一部，教室配有电视机、投影仪、监控设备等多媒体教学系统。实现了与北大附中的教育联网，师生可直接进入北大附中教育网，观看北大附中教师上课，接受北大附中教师辅导。

本年，抚顺十中有12节课被评为市级优秀课，3节课被评为省级优秀课，14篇论文被评为省市级优秀论文。1人获得全国优秀教师称号。学校被省教育厅评定为省级示范校，同时被评为国家体育后备人才试点学校。获得2002—2003届市级文明单位标兵、省德育工作示范校、省校园艺术化先进学校、省教科研先进单位、市学雷锋先进集体、市校务公开民主议事先进单位、市“五四”红旗团委等多项荣誉。2004年，学校共有781名学生升入本科以上院校。

（周立明）

【抚顺市第十二中学】 抚顺市第十二中学是辽宁省重点高中，建于20世纪50年代。经过近半个世纪的建设和发展，十二中现已成为拥有50个教学班、3 000多名学生、230多名教职工、在社会上有着良好声望的重点中学。

校园占地面积1.8万平方米，现有全国骨干教师1人，市级骨干教师15人，高级教师44人，“红烛杯”先进个人6名，“百花奖”获得者10人，研究生毕业和正在研究生班进修的有40多人。

学校始终坚持“全面育人，办有特色”的指导思想和“强化素质教育、促进全面发展”的办学方针，不断加大教育改革力度。

近几年，学校先后获得省科研先进单位、省校务公开先进单位，市文明单位、行风建设先进单位、学雷锋先进单位、高考辅导先进集体、“花园式”学校、电化教学先进学校、“关心下一代”先进集体等荣誉称号。

【抚顺县高级中学】 学校坐落在抚顺市南郊的石文镇，是一座有50年历史的学校。2004年抚顺县高中顺利地跨入省示范性普通高中的行列。50年来，抚顺县高级中学为国家、社会和高校输送了大批优秀人才。

抚顺县高级中学是一座全封闭的寄宿式学校，现有38个教学班，在校学生2 400多人。现有教职工142名，其中高级教师47名，获国家、省、市、县表奖的教师达80%以上。自2000年以来，加大教育科研力度，以科研促教学，促进学校教育教学质量的全面提高。2002、2003、2004年的高考升学率分别为92.56%、97.3%、97.83%。

学校有设施齐备的教学楼两栋，标准化宿舍楼三栋，实验楼、食堂楼一栋，家属住宅楼两栋。学校有微机室、多媒体教室、多功能厅、语音室、体训室、画室、广播室、图书馆藏书5万余册。有封闭式硬化操场、冬季冰场、校园网、北大附中远程教育网等教育、教学和生活设施。学校分为南北两区，北为教学区，南为生活区。软硬件设施齐备，操场宽阔，甬道连通。

近年来学校被评为“省文明单位”、省“科研先进单位”、“省先进工会”；市“德育师范校”、“优秀考点”、“县政府明星学校”等。

（崔秀丽）

【清原满族自治县高级中学】 学校创建于1978年8月，翌年被确定为辽宁省重点高中，至今已走过27年的光辉历程。建校以来，学校不断开拓进取，逐步发展壮大，现已颇具规模。学校现有教学班52个，在校生3 128名，教职工175名，其中专任教师143名，高级教师69名，特级教师1名，国家、省、市、县各级骨干教师77名。学校教育设施齐全。如今校园占地面积113 390平方米，其中绿化面积16 000平方米，硬化面积15 600平方米。学校建有三栋教学楼，一栋实验楼，一栋图书馆楼，一栋艺体馆楼，四栋食堂宿舍综合楼；另有三栋社会力量办学兴建的食堂宿舍综合楼，建筑面积8 500平方米，还有一栋教工住宅楼，学校总建筑面积达45 000平方米。学校教育手段先进。目前学校拥有符合国家标准和规模的实验室、语言室、微机室、电子备课室、电脑阅卷室、电脑印刷室、电教资料室、音像阅览室、校园网络控制中心、卫星电视接收设施、无线广播发射系统、多媒体教室、演播厅、图书馆、电教馆、体育运动场、音乐欣赏大厅、美术创作室等，办学条件优越。

学校教育成果丰硕。多年来，学校为国家和社会培养了大批优秀人才。学校多次受到上级表彰，曾获抚顺市师德建设先进单位，德育示范学校、环保示范学校、国防教育先进学校、语言文字规范化先进学校、教育先进集体、先进单位和辽宁省文明单位、中小学党建工作先进单位、教育科研先进单位、电化教学示范学校，《学校体育工作条例》先进学校，实施中小学环境化工程先进学校等多项荣誉称号。2003年11月，学校被辽宁省教育厅命名为“辽宁省示范高中”。

【新宾满族自治县高级中学】 2004年学校有34个教学班，1 873名学生，144名在岗教师，其中高级教师38名，中级教师55名，市级骨干教师13名，县级骨干教师27名，有36名教师研究生班结业。2004年学校搬进了崭新、漂亮、宽敞、现代化的新校园；顺利通过了省级示范性高中的验收检查。

学校大力加强教师观念的更新，加大培训力度，学校成为辽宁省基础教育教研培训中心的“校本教研基地、教育科研基地”。请各科的省教研员来校听课，具体指导培训，请省教育专家做专题报告；学校邀请省实验中学和市内的名师到校做示范教学。同时本校张丕弘老师在珠海全国语文教学观摩课上获得一等奖。

学校以学生的发展为本，学校从加拿大聘请来两名外籍教师为学生上课，深受学生欢迎。学校有广播站、文学社、棋艺社、舞蹈队、时政社等多种兴趣活动小组，学校有体育特长生训练队和美术特长生培训班。学校编写并开设了《满族传统体育》、《清前简史》、《新宾旅游地理》校本课程。积极开展研究性学习，培养学生实践能力和创新精神。体育队在市学生田径运动会获团体第三名，在县运动队上获团体第一名；在市以上各级语文、英语、物理、美术竞赛和征文等活动中学生获奖20余次。学校还建立了五个德育基地：爱国主义教育基地（烈士纪念碑、万人坑）；国防知识教育基地（县武装部）；法制教育基地（县检查院）；学雷锋基地（养老院）；科学技术实践基地（县农发局）。

学校新校园占地近60 000平方米，建有教学楼、实验图书馆综合楼、宿舍楼、食堂楼等，总建筑面积22 628平方米。学校新建电化教室、语音教室、微机教室，还建有多网合一的校园网，每个教室都是多媒体教室，每个教师都能在办公室上网和电子备课，教师备课用电脑有台式36台、笔记本电脑46台。

（王会邦）

【抚顺市第五十中学】 2004年五十中学在全面实施素质教育中又有了长足的发展，特别是学校的基础建设，7月1日，在原市教委的红砖楼的旧址上，新教学大楼破土动工。大楼采用框架结构类型，地下一层，地上七层，建筑总面积为10 393.726平方米，其中可供使用的教室达42个，建有大型的多功能阶梯教室，面积达550平方米，工程总投资1 000万人民币，预计在2005年8月20日竣工。2004年，五十中学的办学规模继续扩大，教学班达60个，分4个地点上课，给教育教学管理带来了很大困难，新楼建成后能彻底解决这个矛盾，同时为学校的进一步发展奠定了基础。

2004年学校开展了“加强和改进未成年人思想道德建设”系列教育活动。11月11日，召开了“校园无脏话，争做文明学生主题教育会”。11月17日，学校组织进行了“理想、信念”专题报告会。12月30日、31日两天的校园艺术节成果汇报演出盛况空前，节目各具特色，来自美国、南非、加拿大的外教也加盟了演出，抚顺电视台综合频道和共用频道进行了滚动播出。

科研和教学成果突出。由科研室编辑完成《教育教学案例集》、《学生创新火花集》、《实验教师论文集》、《过程性材料汇编》四本书。学生王振宁获全国奥数竞赛满分120分的优异成绩。3名学生被新加坡维多利亚学院录取，享受4年全额奖学金。陈琪、王天明、李子忻获第十九届全国创新大赛创新大奖。学校三个年级全部实行学籍电子化，2004年年中考重点率为57.744%。在继续教育上成效明显，学校在辽宁省信息技术一级考试中98%的教师一次性通过。学校代表抚顺市接受了辽宁省“依法治校”工作大检查，得到了省领导的高度评价。

2004年，学校获抚顺市儿童少年工作先进单位、学生田径运动会体育道德风尚奖、抚顺市中小学规范化教务处、青年教师基本功竞赛优秀组织奖、抚顺市国防教育先进单位；辽宁省教育科研先进单位、辽宁省中小学生器乐比赛三等奖、辽宁省红十字示范校、辽宁省省级家长学校实验校，10月被国家创造学会命名为“全国创造教育先进单位”。

（孟繁勇）

【抚顺市实验小学】 抚顺市实验小学坐落在市劳动公园西山脚下，环境优雅，风景秀丽，学校占地面积2.1万平方米，建筑面积1.1万平方米，拥有省内先进的校园现代化教育网络系统，有全省一流的多功能厅、多媒体教室、阅览室及各种专业教室，有700多平方米器材齐全的风雨操场，硬件建设达到省一流水平。学校有48个教学班，2 700余名学生，120名教职工。其中有中学高级教师16名，小学高级教师66名，占学校教师总数的60%以上。

本年，学校先后送课下乡60多节，荣获国家、省、市优秀课20余节。有30余名学生参加全国小学生英语竞赛的决赛，有12人获一、二等奖，学生参加全国希望杯数学竞赛，有340人获奖，其中6人获金奖，5人获银奖，铜奖100人，在全市遥遥领先，学校合唱队、舞蹈队、象棋队等多次在市摇篮工程竞赛中荣获一等奖。学校坚持科研兴校的办学思想，计划开办12项实验，其中4项实验正在进行中。通过实验的开展，形成了以学生发展为主的创新教育体系。学校又推出“十五”期间市骨干教师16名。学校通过聘请3名外籍教师，派出3名教师到英国进行英语短期培训，大幅度提高了外语教学质量。

学校先后荣获了全国绿色学校、省文明单位、省红十字示范校，省双语教学实验先进学校，抚顺市小公民道德建设示范基地等十余项荣誉称号。

（宋金英）

【抚顺市新抚区北台小学 】 2004年，学校各项工作坚持以实施课程改革和提升教学质量为重点，不断深化教育教学改革，在努力实现教学高质量、师资高水平、管理高效率上取得了一定成绩。

5月21日，学校承办了新抚区教育局和教师进修学校联合举办的“新课程课堂教学”研讨会，会上王贞、成红老师分别做了语数学科观摩研讨课，把新抚区在实施新课程过程中对课堂教学的再认识进行了展示，受到区教育局和研训部门领导的好评。6月15日，酝酿了两个学期的抚顺市作文教学经验交流会终于在北台小学拉开帷幕。会上，学校6位语文教师向来自抚顺市10个县区的200余位教师展示了北台小学作文教学的新思想、新举措。郑威等老师所上的作文课，凭借着别具一格的教学创意、扎实深厚的文学功底、娴熟沉稳的课堂教学技能、扣人心弦环节设计受到与会老师的称赞。赵敏老师在大会上作了《用学生的眼光批改学生的作文》经验交流。北台小学作文中心组成员编写的《新思维—创意作文》一书在大会上交流。

骨干教师优先发展是北台小学教师队伍管理的重要策略。进入"十五"中期后，北台小学已形成了自己的骨干梯队。2004年10月末，抚顺市教育局开展"十五"骨干教师认定活动，北台小学有28位教师被认定为市级学科骨干，有10位教师被认定为区级教学骨干。北台小学传统项目——教师读书交流活动，开展得异彩纷呈。周三教研活动前十分钟，老师们分别利用多媒体设备，以图文并茂的形式进行读书交流活动，种类多，内容新，再加上富有感染力的介绍，极大调动了其他老师的读书热情。

2004年，学校先后获得抚顺市少儿工作先进集体、全国科技之星竞赛优胜单位；辽宁省创新大赛一等奖，抚顺市十五科研先进集体、抚顺市爱心助学优秀组织单位等多个荣誉称号。

（郑　霞）

【抚顺市教师进修学院附属小学校】 抚顺市教师进修学院附属小学校，地处顺城区，是市教育局直属实验学校、省首批重点小学。学校占地面积13 600平方米，建筑面积9 000平方米。现有教职工112人，其中大学本科学历74人，占教师总数的73%，国家级骨干教师1人，省级骨干教师6人，市级骨干教师29人。在校学生2 000余名。学校曾荣获省模范学校、国家体育传统项目学校、全国重点乒乓球学校等荣誉称号。

2004年，成功地主办了"第十四届全国基层小学'中国移动通信幼苗杯'乒乓球赛"。附小乒乓球队共捧回五个冠军、两个亚军奖杯，并获精神文明代表队称号。召开了国家级课题"变革学习环境与学习方式"现场会，接待了国家、省、市领导及各界人士的调研，得到了广泛的赞誉与肯定。《抚顺晚报》发表附小专版"树魂立根、教书育人"抚顺市学院附小打造名牌学校纪实。在全国小学生语文读写能力大赛中，有148名学生获奖，学校获优秀组织奖；全国百万少年寄语2008北京奥运活动获"优秀组织单位"；在市第二届"智慧杯"校园科普活动桥梁模型比赛中有86名学生获奖，荣获小学组团体第一名和优秀组织奖、市中小学大课间体育活动优秀学校、全国红领巾手拉手助残先进集体、省巾帼文明示范岗、省红十字示范校、省"小公民道德建设"实践示范基地、省爱心助学优秀组织单位，市教育系统教师篮球比赛第一名、市先进职工之家、四年组获得市"青年文明号"班组等和荣誉。在"抚顺市"安踏杯"乒乓球大奖赛"中，学校乒乓球操表演以及观众队伍为赛会增添了一道亮丽的风景。

学校注重学生德、智、体全面发展。特招聘3名体育专业的本科生担任体育教师，他们的朝气与才智给学校体育工作注入了新的活力，"少年拳"、"障碍跑"等教学内容深受学生的喜爱，课堂效率与质量显著提高；专设了乒乓球课，增进了全校学生对乒乓球运动的热爱，提高了乒乓球水平；学校还根据学生的身心特点，开展大课间活动，精心指导学生做好韵律操和创编的乒乓球操，学校语文、数学、英语、科学等学科构建了基本教学模式。53%的教师有科研课题和研究专题。

（吴秀珍）

【抚顺市特殊教育学校】 抚顺市特殊教育学校位于抚顺市顺城区将军街辉南路41号，五层教学楼，学校占地面积7 240平方米，建筑面积5 480平方米，是一所集盲、聋、培智三类教育为一体的学校。学校现有教职工77人，18个教学班，169名学生，其中盲生20人、聋生103人、弱智生46人。

学校设有音乐教室、舞蹈教室、美术教室、微机教室、实验室、聋生听力检测室、教师电子备课室、耳膜制作室、语训室、按摩室、家政室、标本室、缝纫室、美容美发室、烹饪实习室、图书阅览室、健身房等17个专用教室。

本年完成了辽宁省特殊教育学校艺术定点学校的申报验收工作，于2004年6月份被省残疾人联合会命名为"辽宁省特殊艺术定点学校"。同时盲生李追亮的笛子独奏，聋生舞蹈《狩猎》在辽宁省文化厅、辽宁省广播电视局、辽宁省教育厅、辽宁省残疾人联合会联合举办的辽宁省残疾人文艺汇演中获三等奖。

校园周边环境得到了治理，学校育人环境得到了进一步改善。2004年学校门前的辉南路农贸市场在10月份进行了部分拆迁，同时学校将原有的门市房拆除，安装了食堂的煤气管线；修建了透视围墙，安装了电动伸缩门，粉刷了教学楼内墙，更换了教学楼南北的大门。

学校历时3年的在培智学生中开展的《培养学生创新精神与实践能力模式研究》实验课题圆满地完成了实验任务，被辽宁省教育厅、省教育科学规划领导小组评为辽宁省"十五"首批教育优秀成果三等奖。

（杨在峰）

购　物

【大商抚顺集团】 2004年是大商抚顺集团高起点开局、跨越式发展的一年。这一年，大商抚顺集团实现年销售额11.23亿元，同比增长15.34%。这一年，大商抚顺集团又新开东洲超市、虎台超市和北站超市三家店，店铺总数已达8家。各店积极围绕消费者购物需求，积极调整、加强管理、提升档次，为全市人民呈现了一个网点分布合理、经营业态多样、购物环境舒适、商品品种丰富、服务质量优良的大型零售企业集团。大商抚顺集团荣获省总工会授予的辽宁五一劳动奖状。

1. 紧密围绕市场需求，加快店铺升级步伐。2004年，抚顺百货大楼在不停业的情况下，进行了大规模装修改造，改造后新增面积3 300平方米。扩大了服装、家电、化妆品、珠宝商场的经营面积，缩小了食品、餐饮卖区的面积，新增了运动休闲、家居用品两个商场。新引进阿迪达斯、耐克、匡威、丽莱、海云妮、应大、圣若兰、都彭、富哥、报喜鸟等独家经营品牌96个，此次对一楼的调整，实现了现场加工商场与化妆品商场的成功对接，破解了全国业界的一道难题。形成上档次、聚人气、增效益的三赢局面。抚顺新玛特特一楼进行了扩建，扩大面积300平方米。四楼商场重新调整为美容、健身、运动、娱乐经营项目，受到了消费者的欢迎。抚顺商业城对五楼进行了改造，扩大了穿着类商品的经营，突出时尚、休闲、流行的特点。抚顺商贸大厦通过扩大超市商场、做强现场加工食品经营、扩大儿童和娱乐等经营项目，更加迎合当地消费需求。

2．强化企业内部管理，提升经营管理水平。2004年大商抚顺集团的重点是向细化管理要效益。通过全面引入ISO9001：2000国际质量管理体系，各店管理更加制度化、规范化。在建立、认证和推广工作中，各店高级管理人员高度重视，带头学习质量文件并带头执行质量制度并在人力、物力、财力上给予大力支持；确定了专业部门、专业人员卫生质量管理工作的指导培训及检查监督工作，保证了运行质量；进行了全员发动、广泛宣传开展质量管理体系认证工作的目的和意义。此外，通过一边强炼内功、细化管理、挖掘潜力、节支增收，一边抢抓各种机遇提高效益。

3．开展丰富多彩的促销活动，让利广大消费者。2004年，大商抚顺集团策划了“庆新年、折上送大礼”、“过大年、送大礼”、“圣诞佳音、狂欢无限”三次大型促销活动，各店联动、统一标识、统一宣传，形成声势。2004年，各店根据自身特点，使促销活动连续不断，促销活动期间，丰富的商品品种、合理的商品价位吸引了大批的消费者。目前，大商抚顺集团会员已具规模，会员总数已达14万人，形成了一大批忠实的消费群体。

4．加强干部员工队伍建设，打造核心竞争力。根据大商抚顺集团发展的需要，一是加快干部的培养选拔。建立优秀员工档案库，并跟踪考核，将优秀员工选拔到管理岗位进行跟踪锻炼培养。2004年有32人从经营一线走上管理干部岗位。二是严格执行《大商集团35条规定》、《大商集团干部禁忌制度》，制定了《干部细节处罚规定》，加强干部管理和教育。截止到2004年底，大商抚顺集团已涌现出服务品牌28人，市级劳动模范8人，大商集团级劳动模范48人，优秀卖手81人。

5．深化诚信主题活动，提高消费者购物满意率。2004年，大商抚顺集团进一步深化了“诚信从我做起”主题系列活动。(1) 建立了诚信经营和服务制度，设立了共产党员、劳动模范和先进工作者模范岗233个。员工上岗需佩戴诚信服务标志牌。凡被顾客表扬的员工均可被命名为“诚信员工”，并给予奖励；(2) 开展“三好商场”月评比竞赛活动；(3) 开展“星级员工”评选活动；(4) 建立了诚信服务机构，认真处理顾客投诉，使顾客满意率达100%。

6．加快店铺网点建设，方便广大市民购物。为进一步加强店网建设，从店铺在分布区域和数量上取得新突破，方便市区东部地区消费者购物，年初研究并制定了周密的开店计划，对新建店全面实行招投标管理，对现场的施工队伍加强管理和监督，在最短的时间内完成最大的工作量，确保了东洲超市、虎台超市和北站超市的如期开业。2004年9月30日开业的东洲超市，标志着大商抚顺集团首次进驻市区东部，全面覆盖抚顺市四大城区，东洲超市经营面积4 300平方米，共三层，一层为联营区，二、三层为超市。10月31日开业的虎台超市经营面积1 600平方米，共二层。12月31日开业的北站超市是地下人防设施改的商场，面积8 000多平方米。

【抚顺百货大楼】 2004年，大商集团抚顺百货大楼实现销售额6.34亿元，同比增长11.19%，年利润指标实现了自2001年起，连续4年进入中国商业同行业30强，一直雄居辽宁第3位，单位平方米创效在全国同类商场中名列前茅。2004年实现利润总额超过6万平方米的沈阳商业城实现利润的一倍多，相当于6万平方米面积的沈阳联营实现利润的5倍，主要经济指标超过外资在中国境内的同类商业企业。

1．不断创新经营，瞄准国内一流现代百货店。为给全市人民提供一座国内一流的百货店，抚顺百货大楼在不影响正常营业的情况下，克服种种困难，分步骤、有计划、重效果地实施装修改造工作，并加大商品品牌调整力度。新接五层增加了3 300平方米经营面积，接层后，一是将四楼娱乐、童装经营项目平移到五层，并新增特色餐饮项目，受到了消费者的欢迎与认可；二是将大、小家电商场由三楼调至四楼，扩大营业面积，做大做强，并新增运动家居商场；三是扩大针织、男装、女装、鞋帽等商场经营面积。商品陈列上将平面调整变成立体调整，提高了顾客感知度，突出商品视觉陈列效果，商品道具全面升级，展示商品的方式更加灵活多样，卖场整体通道顺畅、动线清晰、品牌突出、陈列丰富，激发并突出重点盈利品经营活力。

2．丰富促销活动，让顾客得到实惠。2004年，抚顺百货大楼进一步提高了营销工作艺术，加大促销活动力度、密度和广度，营销工作的开展起到了较好的扩销增效作用。2004年，用营销“买赠”方式以穿品为主推出24项大型促销活动，其中，推出的“装修改造、商品甩卖”、“庆新年、折上送大礼”、“过大年、送大礼”、“圣诞佳音、狂欢无限”大型促销活动，优惠力度大，受欢迎程度高，促销效果好。

【抚顺商业城】 2004年，是抚顺商业城加盟大商集团的第二年，两年来，大商集团抚顺商业城通过全面输入大商集团的经营方式和管理模式，运用世界上先进的零售技术，企业的经营管理水平得到迅速提升。作为抚顺首座时尚精品购物商城，抚顺商业城的经营定位是：现代流行百货店，时尚、青春、活力、享受新生活。抚顺商业城作为适应现代消费需求的主题商厦，在满足生活需求的同时，定位在引导消费、引领时尚、领导潮流，是社会潮流的载体，城市生活的橱窗。

2004年，抚顺商业城在经营工作中，继续调整经营布局，调整品牌，增加体育、休闲品牌，创立仕女、靴鞋名品馆，少女、名媛、淑女馆，绅士、休闲、家居生活馆。突出体现了现代流行百货店的经营特色。为加强员工队伍建设，强化人事管理制度，认真执行ISO9001：2000质量体系认证标准。

2004年抚顺商业城确定了“以效益为核心、从细节做起、严抓管理、高效务实”的工作思路，为了更好地满足市场需求，抚顺商业城重新调整布局，将三楼的针织商场移至四楼，引进梦妮莎、B2、黎姿等18个全市独家经营品牌。对鞋帽商场重点抓好商品的更新换代，淘汰了销售不佳的品牌，引进了他她、木林森、金利来及等10个品牌。家电移至五楼，扩大经营面积1 000平方米，改造原仓库1 000平方米，用于经营美容院、美食广场。调整后，抚顺商业城的卖场环境焕然一新，店容店貌有了较大改观。

2004年，以买赠、打折等为主促销活动，把实惠送给了广大消费者。2004年，抚顺商业城针对目标顾客群推出了连续不断的促销活动，通过采取走厂矿、到郊区，通过文艺演出走台宣传、季节性，赠送打折、限时买送活动等，增加了销售和人气。

【抚顺新玛特】 大商集团抚顺新玛特有限公司，位于抚顺市浑河北岸、顺城区临江路中段8号与新华桥坡路的交汇处，经营面积2万平方米。经营定位是：面向工薪阶层，方便、快捷、便宜，创新生活每一天。商场一楼为餐饮和精品联营区；二楼和三楼是以经营生鲜、食品和非食品类商品为主的现代化大型超市；四楼是娱乐城。抚顺新玛特是一座集购物、餐饮、休闲娱乐为一体的具有综合服务功能和新理念、特色化经营方式的大型购物中心。“新玛特”为英文“NEW—MART”的音译，意为现代化购物中心、时尚大卖场，为世界零售业发展的新兴业态模式。抚顺新玛特是抚顺市首座主题购物休闲中心，它的开业填补了抚顺市零售业的一项空白。自2002年9月30日开业以来，抚顺新玛特以其世界级的 SHOPPING—MALL 业态形式、轻松活泼、舒适优美的购物环境和低价位的商品赢得了众多消费者的喜爱。

作为国内一流现代化大卖场，其建筑造型别具一格，碟式的穹顶，波浪式的飘棚，点挂式真空悬浮玻璃幕，大气典雅，让人感受到了大海的气息，是抚顺市标志性建筑物之一。2004 年初，开展了“大干 60 天”劳动竞赛活动，卖场内商品齐全、货物丰满、促销氛围热烈，取得了全年销售的开门红。

抚顺新玛特将培训形式由集中传授式培训变为模拟实际工作现场培训，现场演示指导培训使员工在实践中不断提高服务水平和服务技能，好人好事层出不穷，2004 年共收到表扬信 30 余封。4月份举办了“寻宝”技能大赛，各商场选拔优秀员工参加竞赛，共有 120 名员工参赛。通过寓教于乐的比赛，进一步提高了广大员工对销售区域的熟悉程度和商品摆放的陈列技巧。为提高全员防火安全意识，在 4 月至 9 月期间，组织了两次大型消防疏散演练，全店共1 040名员工参加，通过消防演练提高了员工的面对突发事件的应变能力和实战灭火能力。为活跃员工生活，增强企业的凝聚力和向心力，7 月至 8 月间，利用门前广场舞台自编自导多台文艺晚会，并联合可口可乐、百事可乐、天湖啤酒和尹歌模特学校、木子模特学校等多家企业和文艺团体在新玛特门前举办文艺汇演，为周边社区居民送去了一台台精彩的文艺演出，活跃了门前文化广场氛围。

2004 年 9 月 30 日，是抚顺新玛特店庆两周年，为回报抚顺广大消费者两年来对抚顺新玛特的厚爱，抚顺新玛特举办了大型的店庆活动。

2004 年 10 月份，抚顺新玛特组织专人着手编写 ISO9001：2000 企业管理手册，并于同年 12 月份通过大商 ISO9001：2000 国际质量管理审核组的审核，使新玛特的各项工作体系得到进一步健全，管理水平得到全面提高，使企业管理达到与世界先进管理体制相接轨，使企业运作更加规范，增强了企业的市场竞争加。

【抚顺商贸大厦】 大商集团抚顺商贸大厦，坐落于望花区商业中心，前身系抚顺七百商店，2002 年 6 月 19 日，正式加盟大商集团，经过全新的装修改造后于 2002 年 12 月 7 日开始对外试营业，现有经营面积 2.4 万平方米，经营品种达 2 万余种。目前，抚顺商贸大厦已成为一座集购物、休闲、健身、餐饮于一体的现代化综合性的商厦。商厦设超市、食品、百货、女装、男装、针织、鞋帽、家电、娱乐等 9 个商场。其社区化经营特色得到了望花地区消费者的普遍认可，抚顺商贸大厦已成为市区西部地区消费者最喜爱、最满意的店。

2004 年是抚顺商贸大厦加盟大商集团的第二年，是开拓创新、加速发展的一年。主要经营指标均创造了历史最好水平。2004 年抚顺商贸大厦结合本店实际，通过扩大超市商场，做强现场加工食品经营，新增加百货、黄金珠宝、化妆品、儿童、娱乐的经营及服务项目，引进运动休闲知名品牌，更加迎合当地消费需求。根据望花地区消费特点，调整穿品类价位结构，全年共引进新品牌 104 个，淘汰了 71 个品牌，经营品种已达4 929个，知名品牌 334 个，调整后商品的档次与区域消费需求相适应。2004年，抚顺商贸大厦结合本店和本地区实际，开展了多种形式的促销活动，做到月月有主题、周周有活动，全年促销活动20 余次，达到了拉动人气、带动客流、增加销售的目的。

2004 年，抚顺商贸大厦对全员进行了文明服务、文明用语、商品知识、服务技能等方面培训，累计 506 次，认真执行集团七项服务承诺，热情接待顾客的投诉，对顾客退换商品耐心、热情，公正处理。全年共接待顾客投诉 37 起，顾客满意率 100%。同时聘请了 5 名义务监督员，受到广大消费者的好评。开展“诚信从我做起”主题活动，设立了“诚信服务示范岗”24 个，“党员示范岗”4个。开展“党员示范岗”和共产党员挂牌服务活动，参加了望花区委组织的“扶贫母亲献爱心”和“党员活动日”等活动共 23 次，还开展了美术、书法、摄影展、文化体育等方面的活动，有 15 名员工分别被大商集团授予“劳动模范”、“优秀职工”、“优秀卖手”等荣誉称号，先后有 28 名员工被评为星级员工。

（杨　益）

【抚顺罕王商场】 抚顺罕王商场隶属于抚顺罕王实业集团有限公司，坐落于抚顺市最繁华的商业街中，营业面积达 3 万多平方米，经营品种 8 万余种。是一家集购物、休闲、餐饮、娱乐于一体的大型商场。

在诚信为先的理念引导下，罕王商场创造了一个又一个“第一”：在抚顺市商业领域率先通过 ISO9001 质量管理体系认证；抚顺市第一个引进导购员概念的商场；第一个推出“完全彻底为顾客服务”理论。2002 年获得市质量技术监督局颁发的“用户满意企业”牌匾。同年 9月推出 VIP 贵宾卡服务，使罕王商场的服务又迈上了一个新台阶。2003 年罕王商场销售额突破 3 亿元，上缴税金达 480万元，并荣获 2003 年度抚顺市卫生模范先进单位。2003 年倾力投资千万元，从购物环境、品牌阵容、服务细节、办公环境等进行全方位、立体化装修改造，改造后的商场无论是购物环境还是商品服务内涵均已达到抚顺商界一流水平。

2004 年，罕王商场销售保持着稳定的发展态势，并荣获抚顺爱国卫生运动委员会授予的“2003 年度卫生模范单位”荣誉称号和抚顺市委、市政府授予“文明单位”荣誉称号。2004 年春夏之际，罕王商场再一次进行大规模调整，增设的“都市快车”快餐店和布波客咖啡厅也相继隆重开业。美容、美甲、美体健身、休闲娱乐等服务功能不断齐备。

罕王商场利用现有的管理经验、人才优势，扩大商业规模。首先，罕王商业向辽宁的中心商业城市沈阳进军，利用国家开发大东北的有利时机，2004 年7 月与沈阳市供销社签署了转制盘活位于沈阳市中街商业区的沈阳北方贸易大厦资产的协议，在此基础上组建沈阳罕王商场有限公司，并投入3 000多万元进行装修改造，预计 2005 年第三季度投入运营。罕王商场从此在沈阳有了立足发展的平台，扩大了罕王商业的影响。罕王商业在抚顺已获得抚顺中心商圈 16～19 方块的开发权，届时将新增商业经营面积 6 万平方米，形成抚顺单体商业面积最大，集购物、休闲、餐饮、娱乐为一体的抚顺商业广场。

（王　宇）

【抚顺市裕民商城】 抚顺市裕民商城位于抚顺市新抚区裕民路 18 号，是抚顺市 15 家重点企业之一。现有职工 783人，离退休人员 578 人。2004 年职工人均年收入13 550元，人均增加收入1 233元。商城建筑面积 3.1 万平方米，主要经营百货家电、针纺服装、洗涤化妆、文体用品、工艺美术、土产日杂、糖酒食品和家具等 4 万多个品种，日平均客流量4万多人次。商城为抚顺市惟一的一家集批发、零售、仓储和运输为一体的日用工业品大型购物中心。

近年来，裕民商城领导班子从企业长远发展的高度大胆决策，在企业整体转制尚未成熟的情况下，以地板城为载体，实行部分转制，组建了抚顺裕民商贸有限公司，总注册资本1 000万元，全部为职工股。同时，自筹资金5 600万元，于2002年6月成功建成一座建筑面积3.2万平方米的裕民装饰城。自营业以来，大大提升了抚顺市商贸流通专业化、特色化水平，该工程被市政府定为2002年重点建设项目和向市民承诺办好的9件实事之一。装饰城以经营国内外精品家具和装饰材料为主打商品，经营品种达3万多个，成为抚顺市经营规模最大、环境最好、档次最高、品种最全的精品装饰材料城。

裕民商城与裕民装饰城共同形成了建筑面积为6.3万平方米的裕民区域龙头企业，为社会安置再就业人员近万人，被抚顺市政府授予"抚顺市再就业基地"，为抚顺市社会稳定做出了突出业绩。抚顺市裕民商城、裕民装饰城的崛起，有效地带动了抚顺市裕民路商业区域餐饮、服务、运输等微型企业的兴起，拉动了裕民路地区经济的发展，为抚顺市的经济发展做出了贡献。2004年商品交易额实现8.4亿多元，创利税近1 000万元，取得了良好的经济效益和社会效益。2003年，裕民商贸有限公司以"打捆减债"方式，用850万元成功收购裕民商城承担的老百货公司9 000余万元历史债务，为下一步裕民商城企业转制奠定了基础。

2003年以来，商城先后被授予省"文明单位"、"思想政治工作先进单位"、"守合同重信用企业"、"装饰材料诚信市场"、"消防安全先进单位"；市"商业名牌企业"、"诚信单位"、"用户满意企业"、"质量管理先进单位"、"最受尊敬企业"等荣誉称号。

（姜光成）

【抚顺商海大厦】 2004年商海大厦二期工程建设全面完成，实现了商海集团十年的宿愿。计划经营休闲健身、婚纱摄影、美容、旋转餐厅、歌舞厅、网吧、写字间等现代化的项目。二期工程的全面竣工标志着商海大厦已步入跨越式发展阶段。

2004年商海大厦对各商场经营格局进行了适当的调整改造。地下美食城通过新的招商实现了新的发展。一档综合商场扩大了金银饰品和品牌商品的经营，提高了地效面积的使用率和保底毛利额的上升；夹层鞋业商场为提高市场占有率，对208平方米卖场、108平方米卖场、佳享厅进行了重新装修改造，使经营格局更具合理化；二楼百货商场重新调整经营格局，从大厦整体利益出发，虽然让出了一部分品种，增加了企业经济效益；三楼服装商场将C区低矮厅和地架经营区进行了改造，整个楼层平稳地从整体出租改为自行管理；四楼精品服饰商场，将熨烫间由原来多家经营调整为一户经营；在五楼春天休闲商场，将办公室改建为经营场地，扩大经营面积增加企业收入；六楼家电家居商场根据商品类别将扶梯周围原档口式设计改为竖行式玻璃展架。将原来隔断式床上用品厅改为低矮式展柜，把整个商场划为五大商品类别工营区域，并引入了新品类新品牌。八大商场通过调整、装修改造后，提高了经营场地的利用率，增加企业收入32万元。与此同时，大厦四周外围的门脸也重新进行了改造装饰。

2004年在考察调研市场的基础上，商海大厦先后引进了品牌箱包、福琪珠宝、龙之缘珠宝、大生福珠宝、米奇服饰、真维丝休闲服饰、婚纱摄影等10余个较高档次的品牌，并增加了13个新的经营项目，同时还建立了招商档案。

利用在装修改造期间暂时的闲置场地组织各商场开展换季商品让利及购物赠"物"等活动。并配合抚顺满族风情节举办了"满族特色美食展"活动，从省内外引进了15家参展商，设展位40余处，参展品种达上千余种。

商海集团所托管的交电公司、五金机械公司多年来一直处于艰难爬坡的低谷之中。为推进两个老企业改制进程，2004年集团积极向上级国资部门和金融公司反映企业真实情况，积极争取相应的政策，并对两个老企业的历史资料进行了重新整理，输入了微机，保证历史资料的完整性。理顺了两个老公司转制的思路，对这两个老企业的经营网点、资产、人员、商品库存、债务等情况进行了摸底、清理、核算，同时对陈欠和未来费用进行了预测，为2005年完成两个老企业的转制和资产重组建立了依据，奠定了基础。

（鞠洪喜）

宾馆 酒店

【抚顺友谊宾馆】 抚顺友谊宾馆始建于1955年，1957年开始营业。宾馆由一个市政府招待所发展到今天，成为拥有固定资产1.65亿元的四星级旅游涉外宾馆。宾馆座落在市中心美丽的琥珀山上，隶属于抚顺市政府办公厅，占地面积37 500平方米，建筑面积29 000平方米。环境幽雅，景色绮丽，是一座花园式宾馆。距省会沈阳仅55公里，距桃仙机场仅65公里，交通极为便利。整个宾馆共拥有高雅舒适的标准房、套房、豪华套房、豪华贵宾房172间，大、中、小会议室、洽谈室10个，风格各异、规模不同的大餐厅、西餐厅、日韩餐厅及17间豪华宴会包房可提供辽、粤、川、鲁菜及西式佳肴美馔，可供800人同时就餐。附设有乒乓球、台球、保龄球、游泳馆、棋牌室、阅览室、洗浴中心、美容美发、娱乐城、酒吧、茶园、商场、商务中心、希伯伦西餐、咖啡厅、五福轩等各种娱乐服务项目。是集吃、住、行、娱、购、商务于一体的服务功能齐全、高档次、豪华型的综合性接待场所。

宾馆于2001年被省旅游局批准为四星级涉外旅游饭店。现作为全省接待系统唯一一家四星级旅游涉外宾馆，三年来，先后荣获中国质量认证中心颁发的ISO9000、ISO14000国际质量管理体系、国际环境管理体系认证证书，年3月宾馆在全省同行业中率先加入世界金钥匙酒店联盟，现已有3把金钥匙，成为省内拥有金钥匙最多的酒店。

宾馆历史上成功地接待过毛泽东、邓小平等老一辈无产阶级革命家和西哈努克等国际友人。近几年又先后接待过江泽民、朱镕基、温家宝等党和国家领导人。2004年全年接待总人数达到27万人次；实现营业收入3 146万元，比上年增长了5%；利润429万元，比同期减少23万元；上缴税金144万元，比同期增长了9%。各方面工作都取得了较好的成绩，经营工作总的呈现了持续发展的良好态势。并且实行了跨行业合作，借企业联合之手打造经营品牌，实行优势互补、强强联合。

友谊宾馆还特别注重了友谊品牌的硬件建设。上年先后投资60多万元，先后扩建了停车场、更新了庭院路面、改造了茶园和A座客房VIP服务系统。加强招商引资工作，同韩国鲜明商社合作投资150万元改造了陈旧的大堂吧。同时，还加强企业文化建设，深入地开展了用心服务等评比活动，激发员工爱岗敬业的主动性。

为了创建良好的员工队伍，建立三

级培训网络框架，促进全员整体服务水平的提高。通过严格考试，首批确定了7名培训师，开展了有针对性的部门培训。客房部每周五组织员工分析服务案例；餐厅部利用大堂吧装修期间组织轮训操作技巧。全馆员工培训考试合格率达到了100%。

宾馆连续3年获得辽宁省“十佳”星级饭店称号，并蝉联省精神文明单位标兵。2004年被媒体评为“抚顺最受尊敬企业”，并获得了“抚顺市质量管理奖”，还顺利通过市生态环保杯“AAA”级生态式宾馆的现场验收。

（孙红梅）

【抚顺宾馆】 抚顺宾馆始建于1958年，现为二星级旅游涉外宾馆。它位于抚顺市中心繁华地带，交通便利，通讯快捷，是集餐饮、住宿、娱乐为一体的综合性宾馆，宾馆总建筑面积1.5万平方米，拥有套房、标准房200余间，会议室、洽谈室4间，大小宴会厅10余间，有近千平大厅，综合服务项目有桑拿浴、商场、酒吧、商务中心、广告、浆洗、订票等服务业务。抚顺宾馆被市政府评为2004年度市文明单位。

1．以人事机构改革为先导，理顺优化内部机制新领导班子，积极有效地开展工作，组织馆内中层干部到省内外同行业单位考察，学习借鉴这些单位的先进经验。根据馆情制定了《人事机构制度改革方案》、《管理人员考核办法》等方案，在干部制度改革方面，根据编委核定的编制设置及人事指数，实施了“三定”工作，即定岗、定编、定职责，使机构岗位设置合理，职责明确，为干部竞聘奠定了良好的基础，同时强化对中层干部的管理，制定各项管理制度，实行年终末位淘汰制。

2．提高服务水平和改善硬件环境，提高宾客认同程度。为提高宾馆整体对客服务的质量，增强宾馆的认可程度，宾馆强化了员工的管理和培训，开展了“学雷锋、抓服务、促规范”活动，从客户服务和餐厅摆台两个服务岗位，开展规范操作技能竞赛活动，对前厅、总台、楼层、餐厅四点一线限时服务，做到“服务反映十四快”的一条龙服务。培训部门采取单项培训、重点培训等形式强化培训，目的是强化管理，统一操作，规范服务。

3．营造企业文化氛围，努力增强团队精神。宾馆在加强内部管理，提高服务质量的同时，把关注员工队伍的思想状况摆到党委、行政的日程上来，着力进行研究。馆领导班子把搞好企业文化建设作为提高经济效益的先决条件，大力倡导“在高压管理手段中配套高温教育”的有效作法，从强化党组织的战斗堡垒作用和党员的先锋模范作用入手，发挥典型引路的示范作用。同时，馆领导还注重员工的文化生活，成立了足球队、羽毛球队、篮球队，添置了娱乐设施等，组织了各项比赛活动，这些大大小小的活动把员工的精神生活和业余时间充实起来，以健康有益的思想文化充实员工头脑，从而增强员工的凝聚力和向心力，工作积极性大为提高。

（刘荟苓）

【抚顺煤都宾馆】 煤都宾馆位于抚顺市新抚区迎宾街一号。它像一颗璀璨的明珠镶嵌在市中心繁华商业区的东南隅，占地2万平方米。该宾馆古老的日式风格主楼和现代新潮的客房大楼、洗浴城相映生辉，楼的四周一年三季绿草如茵，四季松柏常青，静若世外桃园，堪称都市里的庄园别墅。这座被国家旅游局命名的三星级宾馆，还荣获国家、省、市花园式宾馆的殊荣，是辽宁省优秀星级宾馆、抚顺市文明保护单位。

近几年来，煤都宾馆历经了国内最高接待规格和最高礼仪标准的严格考验，曾于1997年成功地接待了来抚视察工作的国务院总理朱镕基，此外还成功地接待过国家、省、市领导和国际友人。

煤都宾馆始建于日伪时期，原名为“抚顺炭矿俱乐部”，抚顺煤都宾馆被抚顺市列入文物保护之列。

新中国成立后，宾馆回到中国人民手中，为抚顺矿务局的经济发展发挥了优良的服务功能。宾馆先后更名为“抚顺炭矿第一迎宾馆”、“抚顺矿务局第二招待所”、“抚顺矿务局宾馆”，1997年正式命名为“抚顺煤都宾馆”。为更好地服务社会、扩大宾馆的经营规模，1990年，抚顺矿务局投资，在原有日式主楼南侧扩建起3 000余平方米的客房楼；1999年，宾馆又聘请香港装饰队伍，将客房楼（新楼）一层装修改造成日式欧式相结合、宽敞明亮、古朴典雅的洗浴城。多年来，宾馆不断美化绿化院内环境，将一个集中日、欧风格为一体的花园式宾馆展现在世人面前。2001年煤都宾馆被国家旅游局命名为“三星级”宾馆。

现代的煤都宾馆已形成“一馆三城”的格局，即：宾馆（客房），明克尔鲜啤城，韩国萨拉伯尔烧烤城，洗浴城。集住宿、餐饮、娱乐、洗浴、会议接待、宴会服务于一体，是国家商贸委、国家旅游局指定的涉外宾馆。煤都宾馆客房部设有客房48间，其中标准间42间，套房6间，还设有大、中、小4间多功能会议室，可容纳300人开会，也可承办各种大型宴会、婚礼、祝寿等活动。餐饮部分设有高级宴会厅12间，还有装饰别致宽敞明亮的大餐厅。餐厅经营以潮洲菜、辽菜、粤菜、川菜和韩国萨拉伯尔烧烤菜系为主。在本餐厅内设有投资400万德国马克建成的德国先进的啤酒生产线，以澳大利亚麦芽为原料，可直接生产出口感纯正、酒沫细腻、清淡爽口的德国鲜啤酒，宾客可在这里直接饮用德国明克尔鲜啤酒，在抚顺独此一家。

（王英超）

【抚顺大酒店】 抚顺大酒店位于新抚区东一路2号。抚顺大酒店是20世纪80年代本市为适应对外开放，搞活经济需要投资兴建的几家大型国有宾馆酒店之一。1985年兴建，1987年正式营业。主楼18层，地面以上16层高66米，地下两层7.8米，建筑面积22 000平方米，职工1 000余人，经营客房、餐饮、商场、舞厅、资源开发等项目，隶属抚顺市商业贸易委员会领导。

建成后的抚顺大酒店功能齐全，设备先进豪华。客房部设有高、中档客房300余间，大小会议室8间，配有空调、程控电话、彩色闭路电视。餐饮部设有大、中、小包房和300多个餐位的宴会大厅，烹制辽、川、粤、鲁不同风味的菜肴。舞厅、夜总会和卡拉OK歌舞厅为宾客提供优雅休闲的娱乐场所。此外还设有商务中心、售票室、旅游等服务项目，为宾客提供全方位的服务，先进的自动消防和安全监控系统为宾客提供了安全的保证，每年接待中外宾客20万人次。

1989年至1996年期间，是抚顺大酒店最为辉煌的时期，酒店以经济建设为中心，不断进行体制和经营方式创新，先后引进西安饺子宴、广东早茶，创新“抚顺大宴”，受到市领导及有关部门的赞赏，为繁荣本市餐饮市场，丰富百姓生活做出了贡献。餐饮服务推出的“三词、一报、五介绍”，客户服务推出的规范化、标准化、程序化的“三化服务”，在本市服务行业得到推广。酒店多次接待过国家、省级大型会议，连续7年接待市政协会议，为本市餐饮业增添了光彩，树立了形象。酒店先后获辽宁省文明单位，抚顺市精神文明单位、新抚区综合治理先进单位等荣誉称号。1992年被国家内贸部评为全国酒店业五十强之一，1997年被国家内贸部评为全国商业饭店业大二型企业，1998年荣膺国家二星级涉外旅游饭店。

2002年10月抚顺大酒店资产重组，归属于抚顺市城市投资建设有限公司，成为其子公司。为迅速提升市场竞争能力，酒店对环境设施进行了全面改造，同时加快了企业转制步伐。

（侯纯杰）

【抚顺石化宾馆】 抚顺石化宾馆坐落于抚顺风景秀丽的浑河北岸，交通便利、四通八达。抚顺石化宾馆隶属于抚顺石油化工公司，由现任宾馆总经理单喜慈个人承包经营，是独立核算的三星级大型涉外旅游宾馆，建筑面积为16 000平方米，拥有固定资产3 500万元。宾馆拥有各种客房154套，床位312张，大、中、小型会议厅11间，风格各异的餐厅12间，麻将室6间，并设有台球室、健身房及歌舞厅、美容美发、洗浴、商场、商务中心等设施，同时为客人提供车票、机票的代理业务。现有员工278名，是一座集住宿、餐饮、娱乐、健身、购物为一体的综合性服务宾馆。独特的设计及完美的现代化设施使人起居舒适，站在客房即可欣赏到宜人的浑河美景，卫星电视还可以接收到各种国外的电视节目，休闲之余还有健身中心等运动设施供顾客享用。

抚顺石化宾馆自1994年6月正式运营以来，多次进行了消防改进，安装了中央空调系统，1999年对大、小餐厅进行了重新装修，2000年2月对客房和宴客厅进行了大规模的改造，使硬件水平显著提高，2000年12月经辽宁省旅游局审验批准，荣晋三星级旅游涉外饭店。同月通过ISO9002质量管理体系认证，2003年又通过ISO9001质量管理体系认证。

【抚顺远航宾馆】 抚顺远航宾馆坐落在浑河北岸，与抚顺雷锋体育场隔路相望，外型酷似一艘扬帆远航的银色大船。总建筑面积10 000平方米，主体高36米，共9层。宾馆于1988年6月14日正式营业，2002年进行全面改造扩建，安装了中央空调系统、计算机网络系统、闭路电视接收系统，于2002年11月20日竣工并重新开业。抚顺远航宾馆隶属于抚顺石油化工公司，由现任宾馆总经理单喜慈个人承包经营。是一家集住宿、餐饮、洗浴、娱乐等各种功能为一体的三星级旅游涉外宾馆，有整洁、舒适的各种标准房、套房86间，150多张床位，大小会议室6个，同时具有各式小餐厅10余个，及供200多人同时就餐的大厅一处，可同时接待300人的会议及食宿。

（单喜慈）

风景名胜

【雷锋纪念馆】 抚顺雷锋纪念馆建于1964年，1969年、1992年、2002年先后进行了3次改扩建。40年来，雷锋纪念馆充分发挥自身优势，大力弘扬社会主义主旋律，在加强社会主义精神文明建设、道德建设等方面做出了重要贡献。建馆以来已接待国内外观众4 600多万人次，曾先后在全国50多个城市举办了《雷锋精神永恒》大型展览，在全国具有重要影响。党中央、国务院和辽宁省委、省政府历来对雷锋纪念馆十分重视。党和国家三代领导人毛泽东、邓小平、江泽民等都为雷锋同志亲笔题词，江泽民曾亲临抚顺视察雷锋纪念馆，并为雷锋纪念馆亲笔题写馆名。

2002年中共抚顺市委、抚顺市政府做出了对雷锋纪念馆进行适度改扩建的决定，并报请省委、省政府批准，被列为省重点工程项目，中共中央办公厅以秘文发〔2002〕112号行文批复。时任中共中央政治局常委、国务院副总理李岚清亲临抚顺雷锋纪念馆视察，对改扩建工程给予充分肯定并作了重要指示。

改扩建工程于2003年3月5日竣工，并正式对外重新开馆。此次共陈列照片239张（原111张）；实物114件（原68件），文献165件（原52件）。馆内陈展面积扩大为2 283平方米，展线长420米。在馆内设立了序厅、多功能厅、报告厅、影视厅、主展厅和副展厅、监控室等。这次陈展着重设计、制作了11处亮点。融入了现代陈列理念，采用了高科技手段，并与雷锋文化特征相结合，营造了浓郁的人文气息，突出了雷锋精神，展现了全新创意；墓区及纪念碑改造工程主要包括毛泽东为雷锋题词纪念碑和雷锋墓。雷锋墓区主要工程有石材翻新、墓标更换、塑像翻新和周边路面硬铺盖；“雷锋之路”建设工程，由红色花岗岩雕刻成为22颗五角星、黑色大理石雕刻成的22块日记碑和“永恒”组雕组成；园区绿化工程主要是在充分利用原有园区植物的基础上，引进了一些适合北方气候的树种，栽植了花草。园区绿化面积45 000平方米，种植花草17 400株，种植草坪31 580平方米，引进栽植了29 670棵大规格的树木，其中部分树木由社会捐赠。

雷锋纪念馆，以雷锋塑像、墓区、纪念馆为主体，综合配套，是全国爱国主义教育示范基地、全国青少年教育活动基地、全国学雷锋研究中心和全国“AAAA”级旅游景区。整个规划设计立足于高起点、高品位，是全国有特色的一流展馆。雷锋纪念馆拉动了抚顺经济发展，带动了城市建设，推动文化、教育、旅游事业发展和精神文明建设。

【雷锋体育场】 抚顺市雷锋体育场，是抚顺市建国以来投资兴建规模最大的公共体育设施。建于1994年，1996年8月建成并正式投入使用，占地面积10公顷，主体建筑面积3.6万平方米，可容纳观众3.5万人，是一座具有现代化设备、综合性功能的体育场。

雷锋体育场设有功能性技术用房和商业用房260多间，其中商业用房面积1万平方米，可满足赛会、经商、展览等不同需要。场外还设有田径、足球训练场、网球场及大型停车场等附属设施。雷锋体育场的国际标准的塑胶跑道和足球场地，以及大型彩色显示屏、180盏荷兰飞利浦生产的投光灯、一流的音响系统、先进的电子计时计分系统等设施，可满足承办国内外大型文体活动的需要。

几年来，雷锋体育场先后成功地承办了辽宁省第七届运动会、1998年全国青年田径选拔赛、全国跳伞冠军赛、国际车辆模型公开赛、1999至2001年度全国足球甲A联赛辽宁省队主场赛事、抚顺满族风情节系列活动——大型文艺演出等国内外重大比赛及文艺演出。曾多次受到国家、省、市有关部门的表彰及社会各界的一致好评。2002年，雷锋体育场为进一步深入贯彻落实《全民健身计划纲要》，为推动青少年体育活动的开展，雷锋体育场将运动场地及设施在早晨对市民开放，并创建了雷锋体育场青少年体育俱乐部，使市民有了更好的运动、锻炼场所，使本市青少年有了属于自己的综合性体育俱乐部。

【抚顺战犯管理所旧址陈列馆】 抚顺战犯管理所自1987年9月28日对国内开放后，至今已有数十万人参观。抚顺战犯理所位于浑河北岸宁远街西侧，原是1936年日本帝国主义修建的一座监狱，占地4万平方米，建筑面积为4 700多平方米。这座监狱开始时关押着日本犯人，后来主要用于监禁、迫害中国反满抗日爱国志士，战犯管理所当时称为“抚顺典狱”。1945年“八一五”日本投降后，抚顺监狱先后两次被我方接收。

1950年之前将原东北司法部直属的这个监狱一分为二，一部分监舍划归现抚顺监狱，一部分监舍划归为战犯管理所。

抚顺战犯管理所先后关押了多批犯人。一批是日本战犯，近千名；另一批战犯是以伪满洲国皇帝爱新觉罗·溥仪、国务院总理大臣张景惠为首的伪满战争罪犯。中国人民要把凶恶的日本侵华战犯由“鬼”改造成人，把伪皇帝改造成为平民，是何等严峻而艰难的事情。根据党的政策，管理所尊重战犯的人格，尽力为战犯提供良好的学习和改造环境，保证必要的生活条件。通过学习、劳动和文化活动，战犯们的思想受到深刻的触动，他们的反动思想有了根本性的转变。1956年6、7、8月，最高人民检察院先后3次对在押的900余名日本战犯宣布免于起诉，当即释放。与此同时，最高人民法院特别军事法庭经过审判，对包括关押在太原的共45名职务较高的日本战犯分别判处8至20年有期徒刑，这45人中，除一人病死外，其余44人到1964年3月6日止，也都刑满释放或提前释放，回归日本国。

溥仪是在押战犯中的显赫人物。中央领导对溥仪等人的教育改造情况十分关心，指示不但要在生活上特殊照顾，而且还允许他们同家属通信，允许探访。1959年12月4日，最高人民法院宣布特赦33名国内战犯，溥仪是其中之一。

【平顶山惨案遗址纪念馆】 平顶山惨案遗址纪念馆位于抚顺市区南部约4公里处的平顶山脚下。这里是当年侵华日军制造震惊中外的平顶山惨案屠杀现场。1932年9月15日深夜，辽东民众一支抗日自卫军，途经平顶山村，袭击了杨柏堡采炭所等地，处死了采炭所所长渡边宽一，毁坏了侵略者的采矿机械。日本侵略者为了报复中国人民并镇压反抗，于第二天清晨，派出日本宪宾队分遣队长小川一郎和日本守备队中队长川上精一率领190多人的杀人凶手，开始了血染平顶山村的罪恶行动。这天上午，日本宪宾队和守备队全副武装包围了平顶山村，他们先是以照像等为借口哄骗群众，进而以刺刀相逼迫，将平顶山村400多户、3 000多无辜居民全部驱赶到了平顶山南端的一块草坪上。在手无寸铁的平民百姓面前，他们架起了机关枪和步枪，进行了疯狂的屠杀。转瞬之间，老百姓的喊叫声惊天动地，继而尸横满地，血染草丛。与此同时，他们还杀人灭口，纵火烧毁了平顶山村800多间民房，制造了骇人听闻的平顶山大惨案。

为纪念殉难同胞，铭记这段惨痛历史，1951年4月15日，抚顺市第七次各界人民代表大会决议，在惨案旧址的平顶山上立碑纪念。1970年，市政府决定进一步发掘遗址。1971年7月，重建纪念碑，并在遗址现场兴建遗骨馆。平顶山惨案遗址纪念馆，总占地面积11.5万平方米，主要建筑有殉难同胞纪念碑和殉难同胞遗骨馆。

纪念碑建在遗骨馆旁。登上137级石阶，就可看到一座高大的纪念碑矗立在开阔的平顶山上。碑身用白色花岗岩修成，镶嵌着黑色的大理石碑文。碑高19.32米，象征惨案发生在1932年。

遗骨馆于1970年开始动工，1972年9月16日正式建成，1973年3月5日对外开放。遗骨馆展出面积1 070平方米，展室内即惨案现场的部分发掘面。在长约80米、宽5米的遗骨池内，按原状陈列800多具死难同胞的遗骸及侵略者焚尸用的汽油桶等。遗骨池内的遗骨，是对日本侵略者血的控诉。在遗骨馆内的陈列展柜中，还展出了日本侵略者屠杀时留下的子弹头、子弹壳及殉难同胞的遗物，此外，还录制了幸存者的控诉录音。

遗骨馆是日本侵华的铁证，是一部用鲜血写成的历史教科书，也是进行爱国主义教育的好教材。遗骨馆对外开放后参观者络绎不绝，国内外旅游者已达400多万人次。

【萨尔浒风景区】 萨尔浒风景区位于抚顺市区东15公里，有一座群山环抱的巨大人造湖泊，面积为268平方公里，这就是以大伙房水库为主体的萨尔浒风景区。萨尔浒风景区是由兴建大伙房水库而建成的。1954年开始动工修建水库，1958年建成。库区水面面积为92平方公里，东西纵深60余华里，南北跨度30华里左右，有大小湖湾20多处，最大容水量为21亿立方米。萨尔浒风景区融自然景观和人文景观为一体，山水相映，峰峦起伏，溪谷纵横，文物古迹甚多。整个风景区分为坝前、王杲山、德古湾、莲花岛、萨尔浒、元帅林、铁背山、营盘三岛8个景区。

坝前游览区，是八大风景区之首。游览区以雄伟的水库大坝和浩瀚的水面为主景，是旅游的起点和集散的中心。由水库码头乘游艇，可南至小青岛，东达元帅林。在水库大坝东南山岸上，建有样式新颖的湖边宾馆和罗台山庄疗养院等。

杲山游览区，又名小青岛游览区，此区在大坝南侧。王杲山，又称小青岛，相传为明末建州女真首领王杲的城池。景区山巅百花斗艳，千红万紫；山上林木茂密，一片葱绿。为方便游人参观，先后又在山上修建了色彩新颖的“邀月亭”、“烟雨亭”、“五龙捧月亭”等。

【元帅林国家森林公园】 元帅林在抚顺城东30公里处，坐落在高丽营子小山岗上。1928年6月4日，在震惊中外的“皇姑屯事件”中，东北军阀张作霖被炸身亡。少帅张学良及其家属派出风水先生，走遍辽沈名山大川，千方百计为他寻找墓地。经过一番勘查，最后选中了大伙房水库旁的高丽营子村南的小山岗。1929年5月开始兴建元帅林，预算经费1 400万元，全部工程计划3年完工，到1931年秋天已初具规模。然而，日本发动了“九一八”事变。东北沦陷之后，在敌人铁蹄下元帅林园只能荒废。整个林园由方城、圆城、墓室三部分组成，面积为12.54万平方米。

方城即是外城，南低北高，四角建有炮楼。来到元帅林游览，可见筑有120磴青石台阶，台阶左右立有高约30米的方锥形华表及清代石雕狮子一对，蹲立两旁。石阶顶端平台上，四尊明代雕刻的文臣武将石像，刻工精细，形态逼真。再往前走，就是圆城的正门楼，新修复的门楼彩绘一新。门楼与圆城是一个整体，显得林园规整而得体。元帅林的墓室是半球形的。走进墓室先要经过一个6、7米长的通道。墓室内，顶部彩绘日月星辰。元帅林的石刻也很有特色，据说这批石刻是从北京西郊石景山区五里坨的隆恩寺等地运来的，有气势雄壮的石狮，栩栩如生的石骆驼、石羊、石虎等。

近几年来，抚顺市政府多次拨款修建元帅林，并在附近修建了招待所。还在全国征集了几百幅书法作品刻成石碑展出，为元帅林增添了新的色彩和吸引力。1992年，国家批准兴建具有综合功能的元帅林国家森林公园，公园开发了元帅林、铁背山、日月山、萨尔浒4个风景游览区，总面积为6 900多公顷。

【清永陵】 清永陵是爱新觉罗·努尔哈赤祖陵，是著名的清初关外三陵之首，是清肇祖原皇帝，兴祖直皇帝、直皇后，景祖翼皇帝、翼皇后，显祖宣皇帝、宣皇后，以及武功郡王礼敦和恪恭贝勒塔察篇古等人的墓地陵园。

清永陵位于新宾满族自治县永陵镇，苏子河北岸，启运山（原名桥山）南麓，东距县城23公里，西距永陵镇中心约2

公里，东南距后金都城赫图阿拉（今老城）约5公里，西南距夏园行宫约3公里。清永陵背依启运山，前临苏子河，隔河与照山呼兰哈达相望。四周群山拱卫，众水朝宗，山环水抱，风光壮美，照山形如虎踞，陵山势若龙盘。康熙皇帝东巡瞻拜永陵后，曾赋诗赞道"霭霭兴王地，风云莫可攀"。

永陵始建于1598年，1636年始称兴京陵，系清太祖努尔哈赤任明建州左卫都督佥事并龙虎将军时，为曾祖父福满及六世祖猛特穆营建的墓地。1651年封陵山为启运山，1659年更兴京陵为永陵，至今已有400余年的历史。

永陵是我国现存规模较小，但体系完整的封建帝王陵寝建筑群。它既有满族独特的建筑风格，又吸收了汉族传统文化特点。它虽不及清入关后帝王陵寝的规模宏伟，但其布局、结构、工艺上都展示了劳动人民的聪明才智，是我国珍贵的文化遗产。因其位居于"兆基帝业钦龙兴"之地，故极为清王室所重视。为保护这象征皇权的威严之地，清王室不仅对永陵屡加更修，还一再扩占陵外土地，界碑所至方圆达数十里。当年陵后有逶迤数十里的红、白、青三层标桩，陵前有红漆木栅1 792架，并在陵园前、后、左、右建有堆房八座，由八旗兵丁长年驻守。现存的永陵古建筑群，占地11 000多平方米，由下马碑、前院、方城、宝城、省牲所、冰窖、果楼等部分组成。永陵作为龙兴之地，因此，清代祭陵活动非常频繁。每年大祭6次，小祭24次，终年香火不断。康熙、乾隆、嘉庆、道光四帝前后共9次亲自来此祭祖巡幸。永陵是东北著名的帝王陵寝建筑群，1963年被列为辽宁省重点文物保护单位，1988年又被列入国务院重点文物保护单位，2001年，新宾满族自治县政府将永陵列入申报世界文化遗产计划。2004年7月1日，在苏州召开的第二十八届世界遗产大会上，清永陵与沈阳的"一宫二陵"作为明清皇家陵寝扩展项目辽宁的盛京三陵被列入《世界遗产名录》。

【赫图阿拉城】 赫图阿拉位于新宾满族自治县永陵镇东4公里的苏子河南岸的台地上。东偎皇寺河，西领嘉浛河，南依羊鼻子山，北围苏子河，三面环水，一面靠山。东有白岔山回环，西有烟灶山拱扩，南有鸡鸣山做屏障，北有龙岗山做依托，群山拱卫，众水萦回。山川钟灵毓秀，古城地灵人杰。就是这样一个咫尺之地，诞生了一位满族英雄清太祖努尔哈赤，崛起一个满族民族，肇基了一代王朝。

赫图阿拉是满语，汉译为"横岗"，即平坦的山岗。赫图阿拉城依山而筑，为一城一廓式，内城建于万历三十一年（公元1603年），外城建于万历三十三年（公元1605年）。内城周2.5公里，设4门；外城周5公里，设9门，城内地势南高北低，四周是土石杂筑的城垣。内城居努尔哈赤眷属及亲戚，外城驻八旗军队。内外城共居人家2万余户约10万人。城内八旗衙门散居八处，旗民公署分列东西，庙宇、神堂广置城南，汗宫大衙高筑城北，高层大宅栉比鳞次，"千军万马饮不干"的甘凉清泉（汗王井）坐落城中。

赫图阿拉系努尔哈赤祖居之地。早在明正统三年（公元1438年），建州卫首领李满住率建州卫迁此，明正统五年（公元1440年），努尔哈赤六世叔祖凡察、五世祖董山（建州卫首领）率建州卫30余户，自阿木河辗转迁徙来到赫图阿拉城后，这里便成为建州女真人的栖息之地。明嘉靖三十八年（公元1559年），清太祖努尔哈赤于此地出生，当其长大成家后析家北砬背。明万历十一年（1583年）古勒山之战，努尔哈赤因父、祖罹难含恨起兵，在佛阿拉建立了女真国。明万历三十三年（公元1605年），努尔哈赤迁回赫图阿拉城，万历四十四年（1616年），努尔哈赤在此建立了后金政权，改元"天命"，上尊号为"覆育列国英明皇帝"。自此，赫图阿拉作为后金政权的第一都城，曾一度显现出它的辉煌，努尔哈赤及其八旗贝勒在这里制定了一系列适国情、顺民意的方针政策，使后金迅速发展壮大，为其一统天下奠定了坚实的基础。

清皇室视赫图阿拉为龙兴肇基之地，曾多次拜谒此城，留下了许多赞美诗篇。后金天聪八年（公元1643年），赫图阿拉被尊为"天眷兴京"，清顺治五年（公元1648年）被尊为"创业之地"。清顺治初年设兴京城守尉、防御等官数员；康熙二十六年（公元1687年）设兴宋城守尉衙门，置兵472名；乾隆二十八年（公元1763年）设兴京理事通判衙门；光绪三年（公元1877年）升兴京理事通判衙门为兴京抚民同知衙门，同时将兴京城守尉衙门改为兴京协领衙门。

1963年，赫图阿拉城被列为辽宁省重点文物保护单位。随着旅游业的飞速发展，城内居民已全部迁出，古建筑已迅速恢复和修缮，供游人参观游览。由北门进入赫图阿拉城，依次可看到：汗宫大衙门（尊号台）、荷花池、八旗衙门、关帝庙、仙和苑、清代开国史暨清代皇帝特展室、驸马府、塔克世故居等景观，文庙等建筑已复建。为吸引八方游客，兴建起中华满族风情园，园中有地藏寺、显佑宫、满族文化研究院及集休闲度假于一身的度假村、水库、园林小品及满族文化历史长廊。

【罗台山庄】 从抚顺市内驱车沿河堤路东行15公里，便到达了闻名遐尔的疗养旅游圣地——罗台山庄。山庄坐落在萨尔游风景区内，兴建于1982年8月7日，1984年7月15日竣工。整个山庄占地31万平方米，有六座造型各异而又浑然一体的欧洲梦厦式建筑。这些建筑色彩斑斓，分别为棕红色、乳白色、石青色、孔雀蓝色，给人一种自然天成之感。罗台山庄是一座大型疗养院，有5个疗养区和1个体疗大厅。全院拥有标准客房204间，床位480张。这里不仅住宿舒适方便，客人们还可品尝到大伙房水库的独特美味鱼肴。多年来，山庄共接待全国各地的疗养和旅游者20多万人次。此外，还接待美国、日本等十几个国家的外宾。罗台山庄融自然景观与人文景观为一体，格外引人入胜，是度假、休闲的好去处。

【浑河源森林公园】 浑河，自东向西，横贯抚顺全境。她有着悠久的历史，在上古时代称为"辽水"，东汉时称"小辽水"，唐时又称"贵端水"。浑河这个名字最早见于《辽史》。在《辽史·地理志》中记载："浑河在东梁（即太河）、范河之间"，因"水势湍急，沙土混流故名浑河"。据《清原县志》载，"浑河源流有二：南源出于湾甸子滚马岭，北源出于英额门桦树哨。南北二流于县城西10华里处马前寨村北会合后始为浑河"。

在清原湾甸子乡滚马岭山上，原来曾有一石砌水庙，为分水岭标志。"文化大革命"期间，这座小庙被毁。后在岭中修建了一个石碑，石碑高1.5米、宽0.65米，碑上镌刻着"浑河之源"4个大字。水从河源而下，流经清原、新宾、抚顺、沈阳、台安等市县，先后纳入英额河、苏子河、社河、章党河、白塔河等较大支流，在台安三岔河归入辽河，又经营口注入渤海。浑河全长415公里，流域面积11 481平方公里，是辽宁省内著名的常流河。

【高尔山公园】 高尔山海拔150余米，东西长几十里。唐朝灭亡之后，契丹人在高尔山南麓修建贵德州城，明朝在高尔山下修筑明代抚顺城，清朝又修建了清代抚顺城，从中可见高尔山的显要战略地位。高尔山塔建于公元1088年，即辽大安四年。塔为砖筑实心，八角九级密檐式，高14.1米，台基呈圆型，塔座呈八角型，每边宽为2.2米，高尔山塔由下而上逐级缩小。从远处望去，挺拔而庄重，坚实而稳固，虽久经风雨摧打仍岿然不动，充分显示了我国古代能工巧匠的神奇技能。在高尔山塔下，有庙一座，名为抚顺高尔山观音阁。相传观音阁是1603年即明崇祯三年修建的，有正殿两间，钟楼一座，西客堂一所，还有禅房三间。

1981年，抚顺市人民政府决定修建高尔山公园，为河北十几万居民创建游览娱乐的场所。高尔山公园占地150公顷，是一个以自然山林、文物古迹为主体的市属综合性公园。几年来，已修建了1 147延长米的登山道，85延长米金碧辉煌的“土门叠翠”长廊，还修建了“锁阳楼”、“双峰亭”等。另外高尔山公园还开辟了五大景区。

【劳动公园】 占地28公顷的劳动公园位于市区永安台的山上山下。大约在1924年开始修建劳动公园（原东公园）。但由于国民党队盘踞抚顺时进行大肆掠夺和破坏，公园山上的树木几乎被砍光，修筑了碉堡和战壕，公园的湖水被残土碎石填平，修建了200多间破乱的简易住房。到解放前，劳动公园仅有一个小小的湖，有几座小木桥，观展的动物仅有狼、熊、猴几种，使风景优美的公园，变成了破乱不堪的荒草场。

新中国成立后，劳动公园回到了人民的手中。市委、市政府十分重视公园建设，早在1950年春季，就发动全市机关、学校进行义务劳动，拆除、平毁了公园山上的碉堡和战壕。1952年在劳动公园组织清湖大会战，为建设公园湖，发展游船打下了基础。同时把公园内的200户居民全都迁出，并植树种花，购进动物，使30多公顷的劳动公园初具规模。

从1959年起，修建了劳动公园大湖湖坡、围墙、喷水池、瀑布、登山道，又在湖心岛修建虹桥、翠芳桥、前进桥、绿漪桥，修建了听涛轩、荷香亭、园中园和游船码头，铺修了环湖沥青路面、步道砖。

近年来，劳动公园先后修建了鱼卉宫，增设了儿童喜爱的大型电动马、电动飞机、单轨铁路、碰碰车、电动米老鼠等40多种中小型玩具的儿童游艺区，还有海豹馆、旱冰场等。如今的劳动公园，融自然风光与人文景观为一体，有雄狮、猛虎、花豹等数十个品种，几百只动物；为了活跃全市人民的文化生活，各种娱乐活动长年不断，游船泛舟湖上，众多景点建筑新颖，引人入胜。

【浑河公园】 浑河公园分布在浑河南北两岸，共由八大景观组成，浑河贯穿其间，形成一个狭长的带状公园。公园南岸从新桥至戈布，共有3个景区，早于1978年之前建成；北岸从抚西河口到将军河口，共有5个景区。两岸公园总占地面积20余公顷。

玄菟园是浑河南岸的一景。她借玄菟郡遗址的陡峭山势，开阔水面和对面景物，采用混合式布局，用植物造景，融自然景观与人文景观为一体，用“玄菟览翠”作园子景目。

芳林园位于玄菟园以西，以大面积草坪为主，采用规则式布局，绿美并用，格外引人入胜。

衔碧园则位于新老戈布桥两端，由南园和北园组成。整个园林有如意大利式园林布局，粗看是大面积草坪，细看皆是几何图形小品，布局规则。

浑河北岸的园景以绿色为基调，生动活泼，富于变化，具有整体感和时代感。园林讲究季节变化，北岸各园展现了抚顺春夏秋冬的不同景观。

位于浑河北岸堤防上的柳杏园，则是春天的象征。她由游览和绿化带两部分组成，占地10余公顷，是景观最长的园林。游览路用青石板、白石板铺设路面，质朴自然，与环境融为一体。路的两旁栽种山杏和山桃树，配以丁香、黄刺玫等灌木，形成林荫路，簇拥着万紫千红的花坛，为公园增添了诱人的景观。

新华桥北端，一组雕塑小品“天女散花”和两个外形呈月季花瓣状的水池吸引着游人，这便是展现夏季景观，以月季花的别名胜春花命名的胜春园。

绿芳园则是儿童公园，全园设4个出入口，主要是供儿童交通游乐的专类园，在此可开发孩子们的聪明才智和培养他们遵守交通规则的良好习惯。

霜叶园建在浑河北岸将军河口东侧，主要展现秋季景观，用“霜叶飘丹”作景目，描绘了秋天景色。

松杉园则建在绿芳园的西侧，栽种油松、冷杉、松柏等树木，展现冬季景观。

【三块石国家森林公园】 三块石国家森林公园坐落于长白山老龙岗余脉南麓，位于辽宁省东南52公里处的后安镇境内，距省会城市沈阳97公里。园内占地面积100平方公里，园内有山峰112座，主峰海拔1 131米，因高山之巅有三块巨石相依相拥，高达20余米，昂然剑立，直入云端而得名。景区集雄、险、奇、峻、雅、幽、清于一体，动植物资源十分丰富，森林覆盖率高达92%，素有“天然物种基因库”、“北方温带雨林”和“中国地方名山”之美誉。主要景点以巍巍的三块石，峻峭的仙人台，飞鸣的白龙潭瀑布，圣洁的天女木兰，神奇的鸽子洞、比丘洞，美妙的海狮嬉水、神龟出潭等蔚为壮观；这里还是抚顺地区在抗日和解放战争时期的革命根据地。三块石国家森林公园是领略自然的天堂、原始生态的家园，红色之旅、休闲度假的好去处。

三块石地域山高林茂，幅员辽阔，有回旋余地。据《兴京县志》载：三块石山“高耸云霄，位列群山之首，林木森严，岩石累叠，可潜千军”。抗日战争时期，抚顺人民的抗日斗争此伏彼起，三块石则是抗日斗争的焦点阵地。为了打击日本侵略者，三块石附近的村庄如佟庄子、郑家堡子、前安、后安、马圈子等成了同日本侵略者浴血奋战的战场。当地群众纷纷参加抗联队伍，要与队伍一起打击日本鬼子。他们在三块石的深山老林里修建秘密营地，有的是地窖、帐篷，有的是房子，主要用于住人和储藏粮食、药品，以便同敌人展开长期的斗争，创造了可歌可泣的英雄业绩。为了搞好根据地建设，沈抚县委决定建立三块石特别区工作委员会。区委会以三块石为依托，积极开展武装斗争，牵制敌人。一方面建立健全村政权，调查了解生活困难情况，发现问题立即解决，帮助群众坚壁粮食，保护好伤病员和武器弹药；一方面建立情报站，组成情报网，侦察情况，了解监视敌人，并抓住敌人薄弱环节，进行斗争。经过多次曲折的战斗，粉碎了敌人的阴谋，最后终于取得了胜利。

如今的三块石，不仅是革命的圣地，也是人们旅游观光，进行革命传统教育和爱国主义教育的佳景胜地。

【猴石国家森林公园】 猴石森林公园位于新宾满族自治县西南部木奇镇下营子大房子村，距县城75公里。1992年建园并向游人开放，为省级森林公园。

猴石森林公园是赫图阿拉城游览区西部风景区的重要组成部分。它是以天然次生林和奇峰异石联袂构成的自然景观，蕴藏着浓郁的山野气息，是大自然赋予新宾的一座天然乐园。其地貌属长白山系龙岗余脉的延伸部分。公园东西走向，山谷狭长，西高东低。总面积3.6万亩，园区面积2.9万亩，景区狭长4.5公里，平均海拔520米，最高峰海拔962米。遥望猴石山，在东面山峰有一处酷似“金猴拜月”的岩石矗立峰巅，惟妙惟肖，公园因此得名。

猴石森林公园由山门旅游服务区、山峰山景区、驻云峰景区、佛顶峰景区及原始林景区组成。景区内怪石嶙峋、形态各异，可谓千岩竞秀，万石争奇。园内辟有石猴迎春、林海行舟、骆驼回首、黑龙突泉、卧石听泉、驻云险峰、云雾双灵、启运之石、天成弥勒大佛、镇山神龟及我国目前最长的夹扁石等40余处景观。这些景观是燕山期花岗岩经长期的风化剥蚀，特别是在第四纪冰河期寒冻风化的作用下，发育形成了起伏连绵、挺拔峻峭的冰川地貌景观。园内有丰富的动植物资源，生长着水曲柳、花曲柳、紫椴、蒙古栎、黄菠罗、核桃楸等30多种省级野生保护植物；还生长着天女木兰、锦带花、达子香、紫丁香、山玫瑰、山樱桃等木本花卉和野猪、赤狐、狍子、狗獾、白背啄木鸟、灰喜鹊等170多种野生动物；还有中国林蛙、青蛙、史氏蟾等两栖动物和蝮蛇、蜥蜴等爬行动物及各种鱼类资源。密林深处散落着40余处仿欧式木制小屋。还有歌舞餐厅、野餐区、憩林区及水上乐园。宾馆、酒店、购物中心等配套服务设施一应俱全。

【红河峡谷风景区】 位于清原满族自治县境内的红河风景区，是近年新开发的以漂流为主的著名旅游胜地。这里既能为游人提供惊险刺激的峡谷漂流，还能欣赏红河风景区山峦叠嶂，古树参天，峭壁耸立，谷峡幽深的原始生态环境，游览到别具特色的狐仙岛、狐仙洞、黑熊望月、兽山奔海、月牙岛、棒槌砬子、浪窝听月、阳关三叠、世外桃源等景观。

红河峡谷长15公里，临近202国道，距清原县城15公里，交通十分方便。这里水量充足，上游有蓄水水库调节漂流水量，河道宽20～50米，平均水深1米左右，水质清澈见底，急缓段各20个，急段有惊无险，缓段悠闲自在，漂流段全长12.1公里，全程漂流近3小时，漂流期可达4个月。两岸山势雄伟，怪石嶙峋，湖光山色，飞瀑高悬，千回百转，一派原始风貌。

【夏湖风景区】 夏湖风景区位于清原满族自治县斗虎屯，生态资源十分丰富，山峦叠嶂，上、中、下湖令人心旷神怡。有圣人读书、龙须瀑布、赤松迎客等景观10余处，还可以进行实弹射击演习。这里是抚顺市青少年国防教育基地，由雷锋生前战友乔安山担任辅导员，武警战士作教官。这里不但有队列训练、武警内务、枪械知识及实弹考核、野营拉练等军训项目，还有迷彩弹游戏战、射箭跑马、滑雪、漂流等娱乐项目。

【烟筒山】 烟筒山，满语为“呼兰哈达”。“呼兰”意为烟筒，“哈达”是山峰之意，合起来即为烟筒山。

烟筒山形似烟筒。它位于新宾永陵乡二道河子村，海拔814.6米。这座山气势宏伟，树木葱茏。山顶，怪石嶙峋，其最高处的北面东侧，有巨石一块，形如笔头，锋芒向上，峭壁峥嵘，耸入云表。这块巨石高20多米，直径5米余，稳坐于三块巨岩自然叠成为“灶门”之上，这就是人们谓之的“烟筒”。

烟筒山，一年四季风光秀美。烟筒山与清王朝的发祥也很有渊源，清王朝的肇兴之地——佛阿拉城就在此山脚下。历史上，随着清朝皇帝的东巡祭祖，文武官员的不断舞文弄墨，使烟筒山名气大振。

【钢　山】 钢山位于新宾满族自治县响水河子乡东南5公里处，北邻清原，南依桓仁，西靠新宾，素有“辽宁屋脊”之称。钢山制高点为大秃顶子上的鹰嘴砬子，海拔1 347米，为辽宁省最高峰。钢山属奇特的高山气候，每年6月中旬，峰底春花谢尽，峰顶却是一片花海，紫红色的丁香花如少女般妩媚多姿，胜似池中芙蓉的天女木兰敞开它洁白如玉的心扉，把馨香献给人们，满树金色球果和苍郁龙钟的云杉红绿相携，高低有致，美不胜收。峰顶的“水滴石穿”、“蹄印”与近处的清凉水泉、白砬子景观、老虎口瀑布及原始林遗迹不胜枚举。鸟语花香，松涛林海，构成一幅幅动静和谐的自然画面。隆冬季节，整座山峰银装素裹，白雪绿松，分外妖娆。大秃顶子景观之美，美在山，更在林，皑皑白雪、涛涛林海、蓝蓝天空让你有被大自然陶醉之情感，攀上峰顶更有举手可摘日月、扬臂可挽白云之感。

钢山是响水河的发源地，由于山高水凉，生长着一种极为名贵的细鳞鱼，曾经是清代的贡品。钢山一带也是野生动物出没的地方，这里不仅有狍子、野猪，而且有豺狼虎豹等。近年来，当地政府贯彻了野生动物保护法，使一度濒临灭绝的野生动物又繁衍起来。钢山之矿物产品非常丰富，有旗杆顶一带的水晶，上围子的黑色橄榄石（即黑色大理石），腰堡一带的赤铁矿等等。

钢山不仅物产丰富，景观奇美，是人们旅游的好去处，更由于它是辽宁与吉林两省的界山，其地势险要，历来是兵家必争之地。抗日战争时期，辽宁民众自卫军李春润将军、东北人民革命军第一军军长杨靖宇都曾以此为依托，建立过抗日游击根据地。著名的东北人民革命军第一师师长韩浩就在此与日伪军浴血奋战，并于1936年将其殷红的鲜血撒在这里。至今山中还有抗日联军密营地遗址，解放战争时期，中共辽东三地委在政委王一伦、专员李涛、司令员王震祥的领导下，也曾在此活动过。在保卫临江的战斗中，东北民主联军第十师师长杜光华等在这里歼灭过许多国民党军队。钢山不仅是一座风景山，更是一座英雄山。

【铁背山】 铁背山是长白山的支脉，位于大伙房水库的上游，是浑河与苏子河汇流的地方，海拔283米。山上景观奇特，晃荡石可为其中一景。在铁背山的山巅之中，有一块高达2.3米的白色石头。石头腰间粗大，上下有尖，如被大风吹过就会摇晃，被人一推也晃荡，但多少人也推不倒，故起名为晃荡石。后来在修建元帅林时，有人怕此石破坏陵园风水，就让人用水泥将石头固定住，从此晃荡石就失去了晃荡的神密色彩。

四方洞，是山上又一奇观。此洞在铁背山的半山腰中，距晃荡石约20米。洞口为方型，高约5、6米。洞中冬暖夏凉。站在洞口，常有凉气从洞中吹来。洞口宽阔，洞里狭窄。今尚无人进入洞中深处，因而也无法测出洞的深度。

悬空台，也是铁背山的一景。此台在山的南坡。台上平整，可容纳数十人。台的上方有石炭遮掩，台的下方面临深渊。

铁背山上，最惹人注目的是有一古城，名曰界藩城。界藩城东西长200米，南北宽50米，城高两丈，有南北二门。据说此城最早是建州女真人兴建的。当时，建州女真人在山上休养生息，并筑起界藩城。后来努尔哈赤发现此处山脉相连，峭壁剑立，地势险要，易守难攻，他便于1587年占领了界藩寨，然后调动民夫修筑城墙。就在这时，发生了著名的萨尔浒大战，全歼明朝杜松军，取得了胜利。努尔哈赤认为界藩城在两水间，极险阻，利于建立阵地，以图大业，便把都城从赫图阿拉迁到界藩城，并居住一年零四个月。如今，这里仍有古城遗址，可供游人游览。

【抚顺旅游线路推介】 1. 专项特色两日游。两条线：(1) 夏湖军旅生活度假区特色游。(2) 红河峡谷漂流特色游。

2. 回归大自然、森林生态两日游。四条线：(1) 浑河源森林生态游。(2) 猴石森林生态游。(3) 红河峡谷森林生态游。(4) 夏湖军旅生活旅游度假区森林生态游。

3. 现代工业探秘一日游。一条线：西露天矿——抚顺特钢公司——洗化厂。

4. 满乡农庄两日游。一条线：新宾满族自治县腰站村满乡农庄。

5. 军事体育健康趣味两日游。一条线：夏湖军旅生活旅游度假区。

6. 寻清前古迹、览满乡民俗风情一日、两日游。两条线：(1) 赫图阿拉——永陵——猴石森林公园——神树沟两日游。(2) 萨尔浒风景区——元帅林(界藩城)。

7. 休闲度假两日游。三条线：(1) 碧云度假山庄。(2) 上寺休闲度假山庄。(3) 三块石休闲山庄。

8. 观抚顺风光一日游，即高尔山公园——劳动公园——西露天矿一日游。

9. 走近雷锋一日游，即雷锋纪念馆——雷锋生前所在团。

10. 爱国主义教育路线一日游，即雷锋纪念馆——战犯管理所——雷锋生前所在团——平顶山惨案遗骨馆。

【抚顺五条特色旅游线路】 1. 展示清王朝兴起的旅游线路"满族风情游"。赫图阿拉——永陵——觉尔察城——费阿拉城。

这条线路，是在挖掘清前史的基础上推出的新的文化品牌，它展示了清王朝300多年的历史。同时也充分展示了韵味独特、朴实的满族风情，艺术地再现了清王朝历代皇帝谒陵祭祖和努尔哈赤登基称汗的庆典仪式的恢宏场面。

2. 进入神秘大自然的"原始山林游"。夏湖——湾甸子——钢山——红河——猴石——神树——三块石。

这条线路是以"回归原始森林"的文化品牌而创立的自然景观旅游线路。它以所蕴藏的原始山林资源为载体，回归自然为依托，将鬼斧神工的树、石及千姿百态、万紫千红的自然景观展现在人们面前，使人们体验到大自然的魅力。

3. 以抚顺历史景观为主线的"寻根探源游"。高尔山——锁阳城——元帅林——赫图阿拉——三块石——博物馆。

这条线路主要是树立"探索抚顺史迹"的文化品牌，展示抚顺文物古迹，考察抚顺历史渊源，带着神圣的历史使命感，追溯抚顺发展的历程、前进的历程，引发人们看抚顺、爱家乡的热情。

4. 以爱国主义教育为主线的"人格比较道德"游。雷锋纪念馆——平顶山惨案遗址——战犯管理所——夏湖风景区——雷锋生前所在团。

这条线路以人格塑造为中心环节，进行不同历史和社会背景下，为公和为私两种人格的解剖、对比，通过展现的雷锋精神、对日寇的仇恨、战犯的改造、军旅生活的锻炼及雷锋精神在现代社会的发扬光大，形成形象的教育效果。通过这条线路的旅游，在接受灵魂洗礼的的过程中，展开"人格比较道德"的教育。

5. 以抚顺综合型重工业优势为主线的工业奥秘探索游。抚顺洗化厂——特殊钢厂——西露天矿——海信集团——石油二厂——六四〇九厂等。

这条线路充分利用本市重工业的优势，树"热爱科学"的文化品牌，向青少年进行知识、科技现场形象教育，补充课内理论的不足。同时也为抚顺人了解抚顺、抚顺人熟悉抚顺、抚顺人把握抚顺创造了一个良好的环境。

（边吉烁）

附：

抚顺市区　县邮政编码表

地区	编码	地区	编码	地区	编码
望花地区	113001	新宾县地区	113200	清原县地区	113300
抚顺县地区	113100	大官屯地区	113015	河南地区	113008
河北地区	113006	胜利地区	113009	章党地区	113007
塔湾地区	113004	新屯地区	113003		

（注：以上邮政编码按投递区划分）

抚顺市中客营运线路表

路别	起止终点	路线长度（公里）	配车台数（台）	车辆报废期限（8年）	备　注
15	长春街—耐火厂	18.5	80	2009	
21	北站—茨沟	17.6	45	2010	
22	北站—刘山	12.8	15	2010	
30	刘山—新屯	12.5	9	2005	
42	刘山—刘山	22.7	10	2005	
45	南站—四方台	17.5	43	2005	
47	南站—辽电	22	10	2005	
48	南站—阿金沟	16.8	5	2005	
49	西三街—老虎台矿前	8.5	18	2005	
合计	9条	148.9	235		

抚顺市公共汽车总公司大公交营运线路表

单位		线路	起止站名	开通时间(年代)	无人售票线开通时间(年代)	更新车辆时间(年代)	线路长度(公里)		首末时间		营运车辆(台)	线路配车(台)		行车间隔(分)		运行时间(分)		经过主要街路
							长	区间	首车	末车		高峰	平峰	高峰	平峰	长	区间	
第一公司	一车队	1	十二中—十二中	1960	1997 7.1	1999 10.1	12.4	10.8	里5:30 外5:20	里外环 0:00	34	34	32	2.5～3	3	38	34	十二中、新城路、新抚路(千金路)、西一路、东一路、新华大街(宁远街)、十二中
		5	市城建局—市城建局	2002	2002 9.19		6		城建局 6:00	城建局 18:30	7	7	6	4	5～6	20		市城建局、临江路、永安桥、东一路、南站、西一路、武功街、将军桥、梅河路、市城建局
	二车队	2	后葛—榆林	1953	1997 7.1	1999 10.1	9	西三街 4.6	后5:25 榆5:30	榆、后 21:00	34	34	21	2	3.5	30	20	后葛、十一道街、千金路(新抚路)、西一路、东一路、礼泉路(凤翔路)、榆林
	三车队	7	北站—西三街	1953	1998 11.1	1998 11.1	5.25		北站 5:15	北站 0:00	26	26	21	1.5	2～2.5	19	—	北站、新华大街、劳动公园、东一路、中央大街、西十路、西三街、西七路
		8	北站—榆林	1964	1998 11.1	1998 11.1	4		6:00～7:50	16:10～19:00	2	2	—	15	—	12	—	北站、新华大街、劳动公园、礼泉路(凤翔路)、榆林
	四车队	13	城东新区—西三街	2001	2001 4.26		7.9		6:00	19:30	14	14	12	4	5	25		城东新区、裕城路、长春街、临江路、新华桥、劳动公园、东一路、中央大街、西七路、西三街、西一路
		14	长春街—后葛	1973	1996 8.1	2001 12.31	8	前戈7	后5:40 长5:30	后、长 20:30	28	28	20	2	3～3.5	25	21	长春街、新城路(全段)、葛布路、后葛
	十二车队	12	新村商店—北站	2002	2002 1.1		7.4		新6:00 北6:00	新、北 19:00	11	11	9	5	7	25		新村商店、前葛、雷锋体育场、新城路、新华大街、北站
		17	葛布北沟—中央大街	1980	1998 5.1	1999 11.1	7.4	新村商店6.5	葛布北沟5:40	葛布北沟19:30	20	20	15	3	4.5	27	15	葛布北沟、葛布北街、十一道街、千金路(新抚路)、西三街、中央大街、西一路
	十四车队	19	将军北沟—中央大街	1990	1996 6.1		4.7	将军商场3.05	将军北沟6:00	将军北沟19:30	19	19	16	2.5	2～6	20	15	将军北沟、靖宇街、十二中、将军街、武功街、西三街、西七路、中央大街、西一路
	十五车队	9	前大西路—南站	1971	1998 1.1	2000 7.29	8.3		前6:00 南6:30	前18:30 南19:00	20	20	16	2.5	4	28	—	前大西路、高山路、宁远街、永安桥、东一路、自由路、民主路、南站
		26	南站—四家子	1987	1999 12.1	1999 12.1	15.7		南站 6:30	南站 15:00	1	1	1	—	—	45	—	南站、东一路、新华桥、新华大街、新城路、长春街、施家沟、黄旗、四家子
		33	北关—北关	1998	1998 11.1	1998 11.1	5.05		北关 6:00	北关 19:00	11	11	9	5	6～7	44	—	北关、贵德街、宁远街、永安桥、浑河南路、粮栈路、武功街、西三街、西七路、中央大街、西一路
	小计	13					100.60				227	227	178					

续 表

单位		线路	起止站名	开通时间（年代）	无人售票线开通时间（年代）	更新车辆时间（年代）	线路长度（公里）		首末时间		营运车辆（台）	线路配车（台）		行车间隔（分）		运行时间（分）		经过主要街路
							长	区间	首车	末车		高峰	平峰	高峰	平峰	长	区间	
第二公司	五车队	3	市工商行—华丰厂	2000 12.8	2000 12.8		5.6		华 6:00 市 6:30	华、市 18:30	7	7	7	6～7	10	20		北站、新华大街、东一路、中央大街、南阳路、南昌路、平山街、华丰厂
		4	汽贸中心—西三街	1965	1996 5.1		5.7		汽 5:30 西 5:58	汽 20:30 西 20:55	12	12	10	4～5	6	24		汽贸中心、东林路、略阳、公园五路、永安路、东七路、西七路、西三街、西一路、中央大街
		6	南站—刘山	1953	1997 10.1		9	—	南 5:30 刘 5:47	南 19:30 刘 19:58	25	长 20 区 5	长 17 区 4	长 3 区 7	长 3～4 区 8～10	28	10	南站、中央大街、南阳路、南昌路、栗子沟、盘南路、刘山
		31	南站—千金乡	1996	1997 9.1		10	—	南 7:30 千 7:30	南 17:10 千 17:40	1	1	1	60	60	30	—	南站、中央大街、南阳路、南昌路、栗子沟、千金乡
	六车队	10	南站—化纤厂	1969	1999 12.1	2000 7.19	18.6		南 5:30 化 5:45	南 19:30 化 20:15	23	23	19	4～5	6～7	40	—	南站、东一路、礼泉路（凤翔路）、浑河南路、汉中街、青年路、塔湾、东洲区政府、化纤厂
	七车队	11	南站—新太河	1956	1999 12.1	2000 7.28	17.5	13.5	南 5:30 新 5:55	南 19:35 新 20:20	20	20	18	5～6	7～8	40		南站、东一路、礼泉路（凤翔路）、浑河南路、绥化路、东洲、新太河
	十三车队	20	南站—辽电	1985	1999 10.1	1999 10.1	22	章 20.7 前 14 甲 14.5	南 6:30 辽 6:00	南、辽 18:00	20	20	16	5～6	7～8	57	章辽 50 前 35	南站、东一路、新华桥、新华大街、新城路、黑大线、前延路、前甸、章党、辽电
		29	南站—东洲—辽电	1992	1998 7.15	1999 11.1	22	—	南 6:30 辽 6:00	南、辽 18:00	10	10	8	12～14	14	50	—	南站、东一路、礼泉路（凤翔路）、浑河南路、绥化路、东洲、前延路、章党、辽电
	十七车队	18	南站—龙凤	1971	1998 3.1	1999 10.1	13.5	新 9.5 万 7.5	南、龙 6:00	南、龙 19:00	40	40	24	4～5	5～6	40	新 30 万 25	南站、东三街、东七路、南阳路、南昌路、煤都路、海新街、龙凤
		32	枢纽站—新屯	2000 8.30	2000 8.30		9.8	—	新 6:00 枢 6:30	新 17:45 枢 18:30	6	6	5	12	20	30	—	枢纽站、西一路、东一路、永宁街、南昌路、煤都路、老虎台、万新、新屯
		23	龙凤—西五街	2002	2002 8.1		13.2		龙 6:00 西 6:30	龙 18:10 西 19:00	4	4	3	20	30	40		龙凤、煤都路、南昌路、南阳路、中央大街、西七路、西五街
		24	老虎台—阿金沟	2002	2002 12.18	2002 12.18	14.1		老 6:00 阿 6:00	老 19:30 阿 19:30	17	17	14	5	6～8	40		老虎台、煤都路、新屯、龙凤、搭连、绥化路、东洲、东洲大街、阿金路、阿金沟
	十八车队	28	南站—阿金沟	1990	1998 7.15	2000 10.10	16.5	14.5	6:00	19:00	37	37	24	5	6～7	40	30	南站、东一路、礼泉路（凤翔路）、浑河南路、绥化路、东洲、东洲大街、阿金路、阿金沟
		34	枢纽站—抚顺县医院	1998	1998 8.3	2000 11.16	7.2		枢 6:00 县 6:00	县 18:30 枢 19:00	10	10	7	8	10～12	30		枢纽站、西三街、西七路、中央大街、富平路、迎宾大街、永宁街、新华大街、北站、抚顺县医院
		36	北站—东洲区政府	2000 10.18	2000 10.18		17	—	6:30	18:00	13	13	8	6	12	40	—	北站、新华大街、新城路、长春桥、浑河南路、绥化路、东洲、东洲大街、搭连街、东洲区政府
	小计	15					201.70				245	245	185					

续 表

公司	线路	起止站名	开通时间	无人售票线开通时间	更新车辆时间	线路长度(公里)	首末时间		营运车辆(台)	线路配车(台)		行车间隔(分)		运行时间(分)	经过主要街、路名称
							首车	末车		高峰	平峰	高峰	平峰		
三公司	35路	演武—新华	2002	2002 9.29		16.5	6:00	18:00	13	13	9	10	15	40	演武、演武街、海城、永济路、新抚路(千金路)、东西一路、新华、临江路、永安桥
	37路	南沟—国营农场	2000	2000 1.18		14	6:00	18:30	20	20	16	4	8	37	南沟、古城子路、海城街、和平路、和平桥、国营农场
	38路	北站—南沟	2000	2000 7.16		15.3	6:00	18:30	14	14	8	12	15	50	北站、新城路、十二中、浑河南路、十二道街、新生桥、五老屯
	39路	枢纽站—青台子监狱	2001	2001 8.20		18.3	6:00	18:00	10	10	9	15	20	50	西一路、新抚路、千金路、永济路、和平路、鞍山路、青台子路
	16路	枢纽站—李石	1997	1998 10.1	1998 10.1	20	枢5:30 李6:10	枢18:15 李19:10	17	17	14	8	12~13	55	枢纽站、新抚路、永济路、海城街、鞍山路、彰武路、李石
	25路	枢纽站—大瓦	1987	1998 10.1	1998 10.1	25.1	枢6:40 大8:00	枢15:50 大17:00	1	1	1	—	—	70	枢纽站、新抚路、永济路、海城街、鞍山路、彰武路、李石、大瓦
小计	6条					109.2			75	75	57				
总公司合计	34条					411.5			547	547	420				
通恒公司	801	长春街—西三街	1995	1996 7.1	1998.1	8.3	长6:00	长19:00	15	15	13	3~4	4~5	24	长春街、新城路、新华桥、东一路、中央大街、西十路、西三街
	802	南站—南沟	1965	1998 3.1	1998 3.1	12.5	5:30	19:30	24	24	23	3~4	4~5	35	南站、西一路、新抚路、华山路、古城子路、盘山街、南沟
	802	南沟—机修厂	1985	1998 3.1	1998 3.1	9.3	早6:00~7:40 晚15:30~17:30		2	2	2	30	—	27	南站、盘山街、五老桥、古城子路、新生桥、鞍山路、机修厂
	803	西三街—耐火厂	1958	1996 10.1	1998 3.1	12.5	5:30	0:30	35	35	26	2~3	3~4	34	西三街、新抚路、永济路、海城街、和平路、耐火厂
	804	将军三街—将军三街	1999	1999 10.1	1999 10.1	20	6:00	19:00	24	24	22	4~5	6~7	52	长春街、临江路、浑河南路、凤翔路、长春街
小计	5条					62.6			100	100	86				
永驰公司	806	枢纽站—新钢—刘尔	1965	1999 1.1	1999 1.1	21.5	南5:30 新6:00	南19:30 新19:30	21	21	17	4	5~6	52	枢纽站、新抚路、永济路、丹东路、新钢、李石、刘尔
	807	北站—耐火厂	1982	1999 1.1	1999 1.1	15.8	5:30	19:30	34	34	24	3	5~6	45	北站、宁远街、新城路、浑河南路、海城街、和平路、耐火厂
	808	市政府—市政府	1999	1999 12.18	1999 12.18	14.6	6:00	19:30	28	28	26	4	5~6	48	市政府、新城路、武功街、东西一路、礼泉路、临江路、市政府
	809	枢纽站—国营农场	1961	1999 2.13	1999 2.13	14.4	南6:00 农5:40	19:30	13	13	12	6~7	8~9	39	枢纽站、新抚路、十一道街、戈布街、沈吉北线、国营农场
	810	枢纽站—友爱	1981	1999 2.13	1999 2.13	24.5	6:50	14:50	1	1	—	—	—	60	枢纽站、新抚路、戈布街、沈吉北线、国营农场、友爱
小计	5条					90.8			97	97	79				
总计	44条					564.9			744	744	585				

地方文献

抓住机遇　坚定信心　开拓进取　加快抚顺的振兴和发展

在中共抚顺市委九届七次全体（扩大）会议上的报告（摘要）

（2004年12月8日）

中共抚顺市委书记　周忠轩

这次全会的主要任务是，以党的十六届四中全会和中央经济工作会议精神为指导，全面总结今年的工作，分析面临的形势，部署明年的任务，进一步调动全市党员、干部和人民群众的积极性和创造性，坚定信心，开拓进取，为全面开创我市各项工作的新局面奠定坚实的基础。

一、一年来工作的简要回顾。

即将过去的2004年，是中央实施振兴东北老工业基础战略的起步之年，也是全市人民团结一心，顽强拼博，各项工作取得较大成效的一年。

1. 内生动力、外借助力，齐心协力共谋振兴的氛围日益浓厚。一年来，抚顺老工业基地发展振兴的各项工作得到了党中央、国务院和省委、省政府的高度重视，抚顺老工业基地长期积累的一些困难和问题，引起了国家和省有关部门的极大关注，特别是钱正英、胡富国、宋晓梧等领导同志先后三次来抚调研后，向中央领导反映了抚顺的特殊困难和巨大的发展潜力，温家宝总理亲自作了批示。面对压力和挑战，市委从认清市情、理清思路、统一思想、凝聚人心入手，带领全市上下真抓实干，把思想和行动统一到加快调整改造和振兴上来。广大干部以良好的精神状态迎难而上，影响并带领广大人民群众扎实工作，开拓进取，各项工作都有了新的起色。

2. 经济发展呈现出稳步增长的态势。预计到年底，全市地区生产总值可实现370亿元，增长15%；全社会固定资产投资总额实现100亿元，增长27.6%；社会消费品零售总额实现157亿元，增长12%；实际直接利用外资4 000万美元，外贸出口完成3.6亿美元；全地区财政一般预算收入完成17.1亿元，增长15.3%；全地区财政一般预算支出完成37.2亿元，增长16.6%；城市居民人均可支配收入7 000元，增长9.5%；农民人均纯收入3 580元，增长8.2%。

3. 精神文明和民主法制建设取得了新的进展。一是广泛深入地开展了“我靠抚顺发展，抚顺靠我振兴”大讨论活动及系列宣传战役，为抚顺的调整改造和振兴营造了良好的社会氛围。二是进一步深化了群众性学雷锋活动，选树并着力宣传了一批自力更生、艰苦创业的新时期学雷锋典型。三是以争创省级文明城市为目标，加大了文明村镇、文明社区、文明行业的创建力度，全市共涌现出省以上文明村和文明社区40个，并有31家单位被评为“诚信单位”。四是积极推进各项社会事业的发展，教育、文化、卫生、体育、旅游等各条战线的工作都取得了较大成绩。特别是清永陵的申遗成功，2004中国（抚顺）满旅风情旅游节的成功举办，不仅对内增强了凝聚力，而且进一步提高了抚顺在全国乃至世界的知名度。五是依法治市工作稳步推进，各级人大的法律监督、工作监督进一步完善，人民政协的政治协商、民主监督、参政议政水平有了较大提高，全市统战工作有了新的起色，工会、共青团、妇联等群团组织的作用得到了较好地发挥。

4. 党的建设进一步加强。一是加大领导班子和干部队伍建设的力度。坚持用科学的发展观和正确的政绩观选拔、考核和评价干部，推进了干部管理工作的制度化、规范化、程序化和科学化；出台了人才工作的具体政策措施，形成了良好的人才工作氛围。二是强化了作风建设。围绕优化经济发展软环境，提高执政为民意识，在全市党政机关开展了大规模的纪律作风整顿活动，对机关工作人员在政治纪律、机关作风、工作效率、依法行政、廉洁自律等方面提出明确要求，同时严肃查处了一批顶风违纪的单位和个人。三是加强了党的基层组织建设。通过在农村实施“三向培养”工程，在国有及非公企业开展“共产党员工程”，在社区创建“党员之家”等活动，有效地发挥了基层党组织在全市振兴发展中的作用。注重典型引路，在全市开展了向模范践行“三个代表”重要思想的党支部书记赵景顺同志学习活动，使广大党员干部受到了深刻的教育。

5. 保持了全市政治和社会大局的基本稳定。一是从关心群众生活、解决难点热点问题入手，解决了千金路动迁工程进展缓慢、到期债券兑付等问题；进一步落实信访工作“领导包案制”和“双向责任追究制”，强化了对重点信访案件的督查、督办工作，全市大规模集体访、涉法访和进京去省访得到初步控制。二是切实加大了就业再就业、社会保障扶贫帮困工作的力度，全年可安置下岗失业人员10余万人（次）。全市养老金、失业保险金和低保金得到按时足额发放。三是切实加大了“严打”和社会治安综合治理力度，有效地遏制了刑事、治安案件的高发势头，全市治安形势开始好转。

在肯定成绩的同时，也要看到当前存在的一些突出问题。特别是极少数领导干部肩负重任，处于改革发展的前沿，但面对困难和机遇却缺乏事业心和责任感，信心不足；作风飘浮，浅尝辄止，官僚主义、形式主义严重；个别人热衷于拉关系、吃吃喝喝，甚至以权谋私，损害人民利益。软环境建设虽经整治，但仍不适应发展的要求，在个别部门和单位，还存在着吃拿卡要、生冷硬顶、办事效率低下、部门利益至上等问题。

二、认清形势，明确重点，抢抓机遇，努力开创振兴老工业基地各项工作的新局面。

2005年，是抚顺发展振兴的关键之年。抚顺虽然存在着老工业基地和资源型城市所面临的困难，但更具有后发优势和巨大的发展潜力。明年，党中央、国务院支持东北老工业基地振兴的一系列政策措施将陆续到位，这是继建国初期和改革开放之后，抚顺面临的又一次千载难逢的重大历史性机遇，为我市加快发展创造了十分有利的外部条件。作为全国著名的重化工业城市，我们不仅具备实力雄厚、门类齐全的产业基础优势和产品优势，传统产业经过调整改造增添了新的活力，而且经过坚持不懈地深化国有企业改革和各项配套改革，我们已初步具备了进一步发展的体制条件，这些无疑是加快我市发展振兴的基础和优势。抚顺有较为明显的区位优势和资源优势。便利的交通、丰富的能源、原材料和较强的工业加工能力，与辽宁中部城市群具有很强的互补性，我们可以充分利用沈阳中心城市的放大效应和辐射效应。特别是全市人民有着加快发展的强烈愿望，这是实现振兴抚顺的最强大的动力。当前，抚顺最核心的任务就是发展，一切工作都要围绕发展来进行，要咬定目标不放松，切实增强工作的责任感和紧迫感，进一步深化对市情的再认识，在积极争取并充分利用好国家政策支持的同时，要把我们的优势和能力充分发挥出来，把广大干部群众的积极性充分调动起来，把全市人民求发展、盼振兴的愿望转化为促进振兴的强大动力，推动抚顺经济和社会事业更快更好地发展。

根据中央和省委部署以及我市的实际，2005年全市工作总的要求是：以邓小平理论和“三个代表”重要思想为指导，深入学习贯彻党的十六大和十六届三中、四中全会精神，强化党的执政能力建设，紧紧抓住振兴东北老工业基地的历史性机遇，以科学的发展观为统领，解放思想，求真务实，充分发挥比较优势，努力推进资源型城市向资源深加工型城市转变，全面实施“工业强市”战略，壮大支柱产业，做强骨干企业，强县壮区，大力发展民营经济和中小企业集群，强力推进改革开放步伐，努力维护社会稳定，开创抚顺各项工作的新局面。

明年全市工作的主要目标是：地区生产总值实现430亿元，增长16%；全社会固定资产投资完成150亿元，增长50%；实际直接利用外资1亿美元，力争实现1.3亿美元；全地区财政一般预算收入完成20亿元，增长16.8%；当年财力支出完成26.7亿元，增长8.6%；社会消费品零售总额173亿元，增长10%；城市居民人均可支配收入7 800元，增长11.4%；农民人均纯收入3 900元，增长8.9%。为完成上述目标，要重点做好7项工作：

1. 优化工业结构，大力发展资源深加工产业。抚顺的发展首先取决于工业的发展，在推进“资源型城市向资源深加工型城市转变”的进程中，要突出强调“工业强市”的思想，重点抓好大企业、大项目、中小企业群。石化、冶金、煤炭、机械、电力等行业的大型骨干企业，是抚顺经济发展的重要支撑力量，也是我们发展下游产品的重要前提，要继续为其创造良好的发展环境，支持其用高新技术改造传统产业，不断提升核心竞争力和对地方工业的牵动力。明年将是全面推进大项目建设的一年，要突出抓好80万吨乙烯项目，形成“千万吨炼油、百万吨乙烯”的生产规模，并通过配套项目建设，使抚顺保持重要石油化工生产基地的优势地位；抓好冶金企业的扩能改造，加快12万吨电解铝等项目的实施进度，提升钢铝产业在全国冶金行业的比较优势；整合提升机械加工行业，围绕工程机械、电瓷电器、压力容器、矿山机械等传统机械加工产品的扩能改造，重塑装备制造业的地位和优势；抓好电力工业发展，加快辽电和抚电重点项目的实施进程，巩固抚顺电力工业在全省的优势地位。

在积极推动大企业发展和大项目建设的同时，要突出发挥好抚顺的资源优势，抓好产业链的延伸，逐步培育和造就以民营经济为主体，以资源深加工产业为主导的中小企业群，使之成为改变抚顺工业结构和促进经济增长的生力军。要重点围绕石化工业产品资源优势，大力发展精细化工、日用化学品、蜡制品和塑料制品等深加工领域；围绕冶金工业的钢铝资源优势，大力发展钢铝制品和装备制造业及配套产业；围绕油母页岩资源优势，大力发展综合利用产业，形成炼油、发电到建材行业的延伸，推进矿区转型和劳动密集型产业发展；围绕东部山区资源优势，大力发展高附加值的绿色农副产品，形成种植、养殖、加工和流通“一条龙”的深加工体系。同时，要围绕加快资源深加工产业发展，研究制定激发投资热情、降低投资成本和改善投资环境的政策措施，推动抚顺资源深加工产业蓬勃发展。

2. 立足攻坚克难，全力推进企业改制进程。改革是发展的第一推动力，各级党委、政府必须站在全局的高度来抓改革。一是抽调精兵强将，组成强有力的工作队伍，一个企业一个企业地推进改革。二是准确把握国家相关政策，充分借鉴各地成功经验，分类指导，“一企一策”地破解改制中的难题。三是正确处理好改革发展稳定的关系，采取各种措施，让广大群众理解改革，支持改革，参与改革。特别要注重保护群众的利益。四是要规范运作，使信息充分披露，为所有投资者创造公平合理的竞争平台，同时坚决防止国有资产流失。五是注重质量，精心选择战略投资者，确保企业改制后能够焕发出新的生机，成为新的经济增长点。

3. 以软环境建设为突破口，打好对外开放招商引资攻坚战。加快抚顺产业结构调整，壮大经济总量，增强城市活力，建设惠及230万人民的小康社会，必须坚定不移地走对外开放之路，使外来投资成为抚顺当前和今后一个时期经济发展的重要增长点。首先，要从抓环境建设入手，努力营造招商引资的洼地效应。必须把优化经济环境摆在更加突出的位置，作为一项“永不竣工”的工程来抓，努力创造规范透明的法制环境、廉洁高效的行政环境、公平竞争的市场环境、优惠的政策环境和亲商富商的人文环境。特别是对投资规模大、产业关联度强的外资项目，要“一站式”审批，全程跟踪式服务。市公共行政服务中心明年初必须启动，要把全市所有可集中的审批环节全部纳入中心管理，提高办事效率，实行阳光操作。同时，要进一步加大监督查处力度，严肃查处吃拿卡要、推诿扯皮、粗暴执法等破坏软环境建设的行为，用铁的手腕来维护抚顺的形象。其次，要以提高成功率为目标，扎扎实实做招商引资的基础性工作。一是从我市的整体布局和发展资源深加工产业的实际出发，策划包装一批符合产业政策和科学发展观要求的优势项目，提高项目对外来资本的吸引力。二是提高针对性和实效性。今后凡是对外公布的招商项目，都必须经过科学的论证，使项目的实施条件四脚落地；凡是参加或者策划、筹办经贸活动，或者领导干部出国考察都要带着任务走、带着项目去，确保招商引资取得实实在在的效果。三是要将项目推介和“引商”作为对外工作的头等大事来抓，充分整合全市各种涉外资源，形成整体合力。第三，要抓住关键环节，突出招商引资的主体作用。要支持大型骨干企业真正走上对外开放主战场，引导企业充分利用外资改造传统产业、发展高新技术，提高在国内外市场的竞争力。要围绕抚顺的产业和资源优势，推进中小企业在对外开放中做强做大。县区和开发区要自加压力，确定上台阶目标，把招商引资作为发展区域经济的重点来抓。同时，要出台更加管用的激励政策，并将对外开放的工作业绩作为考核干部现代化素质和使用的重要依据。

4. 推动民营经济发展，做大做强县区经济。一是进一步下放管理权限，理顺市、县（区）财政体制，为县区发展民营经济创造更加宽松的环境。一些经济管理权限要逐步下放到县区，使县区拥有更多的自主空间。在此基础上，要强化对民营经济的扶持和指导，引导民营企业依托优势资源，开展精深加工，按照市场经济规律建立完善的现代企业制度，不断提升经营管理水平和科技创新能力，做大企业规模；要着力破解制约民营经济发展的“瓶颈”问题，切实发挥园区建设对民营经济的促进作用，解决好民营企业融资难问题；要引导他们诚信经营，依法纳税，为社会多做贡献。二是强化农业基础地位，突出解决好“三农”问题。围绕绿色农业、生态农业和特色农业建设，加大对能牵动农民致富的农副产品加工业的政策扶持，尽快形成一批产业关联度高、带动能力强的龙头企业。加快发展多种类型的中介组织，推进农业经营体制创新，全面提升农业产业化水平。要进一步落实好国家相关政策，坚持纠正各种侵害农民利益的行为，切实减轻农民负担，实现农业增效、农民增收。三是大力发展第三产业，提高现代服务业水平。要放宽市场准入，优化市场环境，发展商贸、餐饮、交通运输和公用事业等传统服务业，积极推进社区服务、教育培训、金融保险等新兴服务业。要充分发挥抚顺人文资源和生态资源的优势，进一步拓宽旅游市场，扩大抚顺的影响力。

5. 加大城市建设力度，努力提升城市的整体形象和功能。要按照“政府引导、社会参与、市场运作”的思路，深化经营城市的理念，拓宽投资融资渠道，最大限度地发挥城市资源效益，走出一条自我积累、滚动开发的城市建设新途径。首先，要增强规划的前瞻性和科学性。在重要城市规划的决策中，要广泛听取专家和公众的意见，始终着眼于老工业基地振兴、着眼于城市经济转型和长远发展、着眼于人民生产生活环境的改善和提高，不给后人留下遗憾。其次，要树立精品意识，高起点、高标准、高质量、高速度地建设城市，达到“建成一个工程，增添一个亮点，服务一方百姓”的目的。要以城市道路建设为突破口，开展文明社区建设，用3年左右的时间，基本改变城市社区的环境，提升城市的人气和形象。要重点抓好棚户区改造、采沉区搬迁这些民心工程，明年要确保完成采沉区搬迁任务，要积极做好棚户区改造工作，采取市场化运作、政府补贴等措施，积极为老百姓解难。第三，要以政府机构改革为契机，加快城市管理体制改革，理顺城市管理机制，逐步实现管理手段的现代化，推动城市管理上一个新的台阶。

6. 坚持“三个文明”一起抓，进一步加强社会主义精神文明建设和民主法制建设。一是发挥正确的舆论导向作用，进一步凝聚人心，鼓舞斗志，形成推进改革和发展的强大精神动力。二是以创建文明城市为主线，大力推进群众性精神文明创建活动。三是把教育放在优先发展的地位，统筹城乡教育，统筹基础教育和职业教育，巩固九年制义务教育成果，整合教育资源，强化全市职业教育的调整和改造，培养更多适应老工业基地调整改造需要的高素质专门人才。四是结合推进“两馆一所”申报国家级爱国主义教育基地和“红色旅游景区”申报工作，把爱国主义、集体主义、社会主义思想生动具体地融入青少年思想道德建设之中，增强未成年人思想道德教育工作的实效性。五是深化文化体制改革，不断提高文化产业的整体实力和市场竞争力。

7. 关心群众生活，确保社会大局和谐稳定。一是千方百计抓好就业和再就业工作。要针对我市产业工人密集、就业压力大的现状，加快就业基地建设，扩大劳务输出，搞好再就业培训，并结合棚户区改造和城市建设，规划发展好社区服务业和劳动密集型企业；动员社会方方面面，层层分解目标，切实把困难群体的就业问题落到实处。二是认真做好社会保障工作。要继续抓好社会保险扩面和保费征缴工作，采取依法征缴和行政促缴相结合等办法筹措资金，实现“两个确保”和“三条保障线”正常运转。要做好扶贫帮困、社会福利等社会保障体系的衔接工作，解决好城乡群众居住、就医、上学及取暖等方面的实际困难。三是从切实解决问题入手，认真抓好信访工作。各级领导干部必须站在群众利益无小事的高度，扎扎实实为群众排忧解难，尤其是对农村贫困群众、企业下岗职工、棚户区和采沉区贫困人群等社会弱势群体，要给予特殊的关心和帮助。要按照谁主管谁负责的要求，最大限度减少越级访，坚决把矛盾解决在基层，化解在萌芽状态。要规范信访秩序，坚持依法治访，积极预防和妥善处置好群体性事件。四是坚持“打防结合、预防为主”的方针，全面加强社会治安防控体系建设，依法严厉打击黑恶势力犯罪，遏止各种刑事犯罪的发案势头。要整合社会力量，开展创造安全文明社区活动，鼓励见义勇为行为，营造良好的治安环境，增强人民群众的安全感。

三、以执政能力建设为重点，全面加强党的建设。

1. 以开展保持党员先进性教育为契机，切实加强党的思想建设。要按照中央和省委的部署，结合我市各级领导班子和党员队伍思想建设的实际，着力解决好理想信念、政治立场、宗旨观念等根本性问题。要把开展党员先进性教育与向牛玉儒、赵景顺同志学习有机结合起来，主动对照典型查找不足，积极改进工作。要不断深化“三个代表”重要思想的学习，把理论学习与研究解决改革发展稳定中的重大问题结合起来，与研究解决党的建设中面临的突出问题结合起来，把建设学习型政党的要求落实到具体实践中。

2. 以领导班子建设为核心，进一步加强党的组织建设。一是选好配强各级领导班子。要坚持正确的用人导向，注重在老工业基地振兴的实践中识别和选拔干部，真正把那些埋头苦干、不事张扬，作风扎实、不怕困难，事业心强、敢于负责，业绩突出、为政清廉的干部选拔到各级领导岗位上来。要选准配强党政“一把手”，并保持班子任期内的相对稳定。要加大领导干部交流力度，进一步优化结构。要坚持民主集中制原则，正确开展批评与自我批评，提高团结共事的能力和科学决策的水平。二是深化干部人事制度改革。要健全干部民主推荐、考察评价和任用决策机制，重点研究制定以工作能力和业绩为主要内容的不同层次、不同岗位的干部能力评价考核指标体系。要抓好人才队伍建设，推进人才资源整体开发、协调发展。三是加强基层党组织建设，增强党组织的创造力、凝聚力和战斗力。要结合新形势新任务的要求，有针对性地强化机关、企事业单位、学校的党组织建设；积极做好非公有制企业党建工作；继续在农村党组织中实施“三向培养”工程，提升农村广大党员和基层干部队伍整体素质；积极开展社区党建工作，提高“党员之家”建设水平。

3. 以求真务实的根本要求，大力加强党的作风建设。各级领导干部在任何时候、做任何事情，都必须从人民群众的根本利益出发，经得起历史的检验。当前，抚顺面临的发展机遇十分难得，但改革发展的压力仍然相当艰巨，没有任何捷径可走，只有靠我们各级领导干部百折不挠地埋头苦干，扎扎实实地勤奋工作，才能把我市老工业基地的振兴落到实处。要坚持重实绩，求实效，不图虚名，不务虚功，不提脱离实际的高指标，不喊哗众取宠的空口号，不搞急功近利、劳民伤财的假政绩。要减少事务性、应酬性活动，拿出更多的精力去研究解决工作中的突出问题，真心实意帮助基层和群众解决实际问题。要淡泊名利，尽职尽责，像牛玉儒、赵景顺同志那样，讲奉献不讲索取，讲党性不谋私利，用好人民赋予的权力，多干老百姓得实惠的好事、实事。要严明纪律，扭转一些机关作风散慢、办事拖拉、效率低下、态度冷淡等问题。市绩效督查考核领导小组要围绕纪律整顿工作进行明查暗访，特别要注意抓正反两方面的典型，树立良好的作风。

4. 以落实党风廉政建设责任制为重点，加强党风廉政建设和反腐败斗争。一是进一步强化反腐倡廉教育。要进行正确的权力观、地位观、利益观教育，深化“当廉官、做公仆、正党风”和“读书思廉”、“家庭助廉”等教育活动，提高教育的针对性和实效性。二是加大违纪违法案件的查处力度。重点查处领导干部滥用权力、谋取私利问题，特别是利用审批权、招投标权、人事权、法权等严重违纪违法、侵害群众利益的案件。要认真对待举报线索，既注意从中发现案件，又要支持和保护党员干部大胆创新、敢于负责、放手工作。三是切实纠正群众反映强烈的不正之风。要加强对领导干部违反规定收送钱物，“跑官要官”，放纵配偶、子女和身边工作人员经商办企业，借婚丧嫁娶之机收钱敛财等歪风的专项治理工作，切实落实“收支两条线”规定，加大清理“小金库”力度，堵住用公款送钱送物的渠道。要进一步解决在农村土地征用、城镇房屋拆迁、企业改制和破产中侵害群众切身利益等方面的问题，深入治理教育乱收费，纠正医药购销和医疗服务中的不正之风，抓好治理公路“三乱”等项工作。四是认真贯彻落实《党内监督条例》，建立和完善权力监督机制。要把规范党员领导干部特别是党政“一把手”的权力行为作为监督重点，加快推行行政审批制度、财政管理体制、投资体制和干部人事制度改革，从决策和执行等各个环节加强对权力的监督，防止权力失控、决策失误和行为失范，努力从源头上预防和治理腐败。五是严格落实党风廉政建设责任制。各级党政领导干部特别是党政“一把手”既要以身作则，严格自律，又要敢说敢管，对职责范围内的党风廉政建设工作全面负起责任，抓好班子、带好队伍。要进一步建立健全廉政谈话、述职述廉、领导干部报告个人重大事项等方面的制度措施，并切实抓好责任追究制度的落实。在此基础上，要进一步探索建立健全与社会主义市场经济体制相适应的教育、制度、监督并重的惩治和预防腐败体系，形成反腐倡廉的长效机制。

政府工作报告

在抚顺市第十三届人民代表大会第二次会议上的报告（摘要）

（2004年1月13日）

抚顺市市长　王大平

一、2003年工作回顾。

全年完成国内生产总值314.5亿元，比上年增长12.6%，其中第一产业增长9.1%；第二产业增长12.4%；第三产业增长13.8%。完成固定资产投资78.4亿元，增长20.1%；重点项目开工74项，完成投资40亿元，比上年增加8亿元，其中超亿元的项目9个，比上年增加3个。全社会消费品零售总额实现140.3亿元，比上年增长12.2%。实际利用外资完成6 776万美元，比上年增长16.5%。全地区财政一般预算收入14.9亿元，同口径增长8.6%；一般预算支出32.8亿元，增长6.8%。城市居民人均可支配收入6 393元，农民人均纯收入3 308元，分别增长8.4%和6.3%。市十三届人大一次会议确定的各项目标圆满完成。

国企产权制度改革成效显著，工业生产增速和效益明显提高。2003年是国企产权改革力度最大、成效最显著的一年。全年共完成国企改制79户，占总数的54.5%，小莱河铁矿、起重机厂、商海大厦、亿安集团等一批改制企业焕发勃勃生机；正在推进的挖掘机厂、石油机械有限公司、电瓷厂等老企业的招商改制态势良好。工业企业技改力度加大，全年完成技改投资30.1亿元，其中中油抚顺石化分公司40万吨酮苯脱蜡、抚顺石化公司煤代油、特殊钢公司模具钢替代进口、新抚钢公司全连轧改造和抚顺铝厂环保改造第二阶段工程等技改项目相继竣工投产，BOPP双向拉伸膜等一批新产品投入生产。规模以上工业完成产值431.3亿元，增长12.1%；实现增加值105.4亿元，增长12.5%；实现销售收入440亿元，增长15.8%。矿区战略转型积极推进，转型方案通过国家发改委专家论证，总投资7 930万元、年产27.7万吨的水泥厂扩建工程基本完成，合资建设的年产22万吨煤泥深加工项目竣工投产，3万吨生产能力的页岩炼油厂扩建工程开工建设。

招商引资取得重大突破，外贸出口实现大幅增长。成功地与新加坡胜科集团正式签约建设新加坡·抚顺精细化工园区，该园区是新加坡在中国继无锡和苏州工业园区之后的第三个工业园区，也是第一个专业化工业园区。胜科集团负责的园区规划、招商和投资建设项目取得重大进展，供水、污水处理、热电等投资达4.6亿美元的基础建设项目已经达成协议，面向世界500强公司的招商势头喜人。经济开发区招驻企业的规模与档次显著提高，抚顺石化公司与美国UPO公司合作投资4 000万美元的催化剂等项目已经开工建设。一些利用外资大项目进入我市，韩国鹰霸公司三期增资项目、辽宁能港项目分别到位资金1 000万美元和2 421万美元。完成外贸出口2.4亿美元，同比增长44.5%；向境外新派劳务2 550人，比上年增长14%。

农业产业化迅速推进，农村基础建设取得新成果。围绕主导产业新建和扩建了一批农业产业化龙头企业，龙头企业累计投资4.2亿元，其中投资千万元以上的企业12户，安格药业、鲁洲淀粉糖、三义公司等龙头企业发挥了很好的带动作用，促进了农业结构的调整优化。多方筹资，新建山野菜、食用菌、畜牧、中草药等各类现代农业园区 105 个，发挥了较强的示范、带动和辐射作用。累计投入 1.3 亿元完成了一批重点水利工程和中小蓄水工程，连续十届稳获省“大禹”杯奖，续建的关山水库完成主体工程并开工建设供水工程，今年一季度可实现向东部石化工业区供水；投资 2.5 亿元改造路基 810 公里、建设黑色路面 571 公里，通油路的村达到 54.8%，成为全省村通工程的先进典型；抚沈（南杂木至沈阳）高速公路工程建设的前期准备已经就绪。造林植树7 185万株、比上年增加 206 万株，新增林下开发面积 10 万多亩。农村税费改革成效显著，农民人均减负 68 元，降幅达 60%。

民营经济增势迅猛，第三产业快速发展。民营企业累计投入 12.4 亿元，完成技改 98 项，同比分别增长 100% 和 63%。积极参与国企产权改革，共盘活国有闲置资产 23.6 亿元。营业收入超亿元的民营企业已达 16 户，比上年增加 8 户。初步统计，全年民营经济完成增加值 115 亿元、上缴税金 8.1 亿元，分别比上年增长 16.2% 和 16.5%；从业人员 39 万人，比上年增长 6%。强县壮区取得积极进展，县区新上项目的规模和档次有较大幅度提高，经济实力和发展后劲有所增强。商贸流通业呈现良好发展势头，规模和档次进一步提升。房地产开发竣工面积 120 万平方米，商品房交易面积 48 万平方米，分别比上年增长 26.3% 和 44%。确立了高文化赋值绿色生态游的旅游发展定位，打造抚顺生态旅游经济圈进展顺利，总投资5 100万元的红河峡谷漂流项目已经完成水库和道路工程量的 70%，预计全年旅游业共接待 163.5 万人次，实现收入 9.4 亿元，分别比上年增长 16.4% 和 22%。

重点城建项目进展顺利，城市形象得到有效改观。完成城建投资 6.6 亿元，比上年增长 36%；完善城建投融资体系，与国家开发银行辽宁省分行签订了 26 亿元的《信用合作协议》，用于抚顺未来五年重大基础设施建设。重点城建项目进展顺利。完成绿化投资 1.2 亿元，植树2 274万株，创历史新高，其中，采煤沉陷区规划建设的 8.18 平方公里城内森林，已经完成 0.6 平方公里起步区建设，栽植树木近 10 万株；完成了西露天矿西舍场 10 平方公里的绿色全覆盖。前甸通道建设进展良好，共完成投资 1.3 亿元，占总投资的 64.4%。高标准改造了绥化路、南昌路、盘山街、青台子街、新华大街等主要街路和西部 2.6 公里快速干道，城东防洪堤建设、世行道路交通和弱电管网改造完成预期计划，投资 5 亿多元改造了城乡电网，无公害垃圾处理厂基本竣工。雷锋纪念馆改扩建工程得到中共中央政治局常委、国家副主席曾庆红等领导同志的高度评价。加强了对重点街路和学校周边环境、重点企业和小锅炉的综合整治，城市面貌和环境质量有较大提升。

就业再就业工作取得新成绩，社会保障体系逐步完善。累计实现就业再就业 9.8 万人次，其中公益性岗位安置“4050”人员9 400人，组织劳务输出 1.6 万人次，社区安置 2.7 万人次。加大资金筹措力度，完成 3.2 万人并轨；偿还并轨人员债务 4.6 亿元，占总数的 85%。社会保障体系建设进一步加强，积极推进社会保险扩面，加强保费收缴，累计征缴各项社会保险费 10.3 亿元，比上年增长 13.2%；拨付 15.9 万元，比上年增长 16.8%，其中财政投入 6.5 亿元，增长 15.1%，保证了养老金和失业保险金的按时、足额社会化发放。巩固低保应保尽保成果，享受最低保障的人数达到 16.4 万人，比上年增加 0.8 万人；支付扶贫帮困基金 500 万元，用于困难群众的应急救助。

各项社会事业加快发展，社会大局基本稳定。建立产学研工作体系，组建精细化工研发中心，加快科技成果转化，实现高新技术产品产值 102 亿元，申请专利 270 项，分别比上年增长 19% 和 17.9%。全面推进素质教育，规范中小学办学，改革职业教育和社会办学，二中新校建设竣工并投入使用；加大“寒窗基金”救助力度，资助 395 名寒门学子圆了大学梦。大力引进人才，共引进本科生 300 多人，聘请国外专家 22 人次；启动市场周三定期人才招聘会，交流各类人才3 648人。专业艺术活动丰富多彩，群众文化活动日趋活跃，永陵申报世界文化遗产工作取得阶段性成果。建成以浑河为轴 10 公里长的健身走廊和四区三县的 10 条健身路径，配置健身器材 400 余件，采取市场运作的方式成功承办了甲 A 联赛辽足主场赛事。广播电视编播质量进一步提高，有线电视通光纤的行政村达到 85%，位居全省第一。人口自然增长率控制在 0.92‰以内。加强社会治安综合治理，深入开展“治安防范年”活动，严厉打击各种刑事犯罪。

建设“人民满意政府”逐步深化，民主法制建设进一步加强。修订《抚顺市政府工作规则》，完善决策程序，严格过错责任追究，倡导深入实际调查研究，提高了决策的民主化和科学化水平。深入开展为经济建设服务评优评差活动，政府部门的大局观念和服务意识进一步增强，经济发展软环境得到改善。市民投诉中心的作用得到进一步发挥，共接处市民来话 6.1 万次，同比增长 28.3%；问题解决率达 84%，同比提高 21 个百分点，使群众反映的困难和问题尽可能解决在第一时间。冬季开栓供暖由往年的 11 月 5 日提前到 11 月 1 日，全市开栓率达 98%，比上年提高 4 个百分点，市民满意程度有较大提高。严格执行人大决议和决定，自觉接受人大的依法监督、政协的民主监督和人民群众的社会监督，分别办理人大代表建议和政协提案 335 件、614 件，代表、委员满意率达 98%。认真开展“四五”普法，加强政府法制建设和行政机关效能监察，增强了全民的法律意识特别是政府依法行政的能力。

在发展中还存在不少困难和问题，政府工作尚待改进和提高。一是就业压力很大。截至去年末，全市共有未实现就业人员 12.3 万，占下岗、失业人员总数的 37.4%。二是城市居民人均可支配收入增幅较低，农业产业化程度不高、商品率低，农民收入增长缓慢，部分群众生活比较困难。三是财政收支矛盾突出。财政收入增长缓慢，但社会保障、公教人员工资、采沉区搬迁配套、偿还债务等刚性支出却有增无减。四是政府工作还不适应形势需要。

二、2004 年政府工作。

2004 年政府工作的指导思想是：以“三个代表”重要思想为指导，全面贯彻党的十六大和十六届三中全会精神，按照新思路、新体制、新机制和新方式的要求，以“建设经济强市、争创文化名城”为目标，以改革开放为动力，以富裕人民为根本出发点，促进经济大发展，加快结构调整，加速绿都抚顺、北方石化城建设进程，优化发展环境，健全社保体系，强化就业工作，保持社会稳定，加强民主法制和精神文明建设，推动经济快速协调发展和社会全面进步，实现抚顺老工业基地振兴的良好开端。

2004 年的主要预期目标是：国内生产总值实现 360 亿元，增长 14.5%；固定资产投资完成 100 亿元，增长 27.6%；城市居民人均可支配收入达到6 800元，增长 6.4%；农民人均纯收入达到3 580元，增长 8.2%；全地区财政一般预算收入安排 17.0 亿元，增长 14%；全地区财政一般预算支出安排 26.6 亿元，比上年初预算增长 8.2%；社会消费品零售总额达到 157

亿元，增长12%；直接利用外资合同额达到1.5亿美元，增长13.6%；实际直接利用外资额达到6 500万美元（新口径），增长25%。

为完成上述目标，政府将重点抓好以下10个方面的工作：

1. 以石化城建设和传统产业提升为重点，加快老工业基地振兴。工业是抚顺振兴的主要载体。要通过深化国企改革、壮大石化产业、提升传统产业、培育名牌产品，实现工业经济的跨越式发展。2004年全市实现工业增加值200亿元，增长16.5%。加速推进国企产权制度改革。大力推行股份制改造，加快推进工业、农业、商贸、公用等各个领域国企改制，促进国有产权有序流转。加速建设北方石化城。按照产业定位，大力发展石化产品精深加工，延长精细化工产业链，构筑地区产业新优势。改造提升传统产业。加大用高新技术和先进适用技术改造传统产业力度，巩固壮大老企业优势。积极争取上级支持。认真研究、密切关注、全面把握国家支持老工业基地的政策，根据国家支持的重点和方向，超前做好项目准备并加大争取力度。

2. 继续实施强县壮区战略，大力发展民营经济和第三产业。做大县区经济总量。县区是全市经济极具活力和潜力的部分，具备加快发展的优势和空间，有条件、有能力迅速做大做强。进一步完善和落实强县壮区的政策措施，建立健全激励机制，调动县区加快发展的积极性和主动性。放手发展民营经济。深入开展“打造民营经济航母，争创民营百强企业”活动，在资金、政策、人才、服务等方面对具有牵动作用的骨干民营企业实行倾斜，重点扶持罕王集团、合乐化学有限公司、美亚制药有限公司等民营企业的扩能改造，全年营业收入超5 000万元和超亿元的民营企业分别增加10户。大力发展第三产业。一是高水平规划建设城市商业区。二是加快发展旅游业。三是加大房地产开发力度。四是加快信息产业发展步伐。

3. 创新理念和模式，实现对外开放的新突破。引导和激励企业充分发挥招商引资主体的作用。营造良好的投资环境。努力扩大外贸出口。

4. 大力推进农业产业化，努力提高农民收入水平。坚持用发展工业的理念谋划农业，依据市场变化组织生产，做大做强绿色农业、特色农业和产业化龙头企业，优化农业结构，全年实现第一产业增加值26亿元，增长8%。

大力发展农业产业化龙头企业。加强农村基础设施和生态工程建设。加大小城镇建设力度。继续深化农村改革。

5. 统筹规划建设，加快打造绿色现代都市。高水准修编城市规划。按照着眼发展、放大规划的原则，对城市总体规划抓紧修编并报请国家批准。开放设计市场，立足高标准、少花钱、快速度，做好站前中心商业区、抚顺经济开发区、高湾经济区、城东新区二期开发等具体规划的编制，并严格贯彻执行。加速建设现代化城乡基础设施体系。全年计划安排城建重点项目23项，总投资37.8亿元，比上年增长112.7%。大规模绿化城市。全年新增绿化面积378公顷、植树成活率达到95%以上。明显改善城市生态环境。开展创建国家环保模范城绿色行动，围绕大气和水环境、生态恢复、城市基础设施、环境管理等方面，加强环保整治。投入8.4亿元，建设34个重点项目，大力整治西部地区的烟尘排放，确保望花地区粉尘排放量减少63.6%，烟尘排放量减少30%，西部要重现蓝天白云。开展浑河城市段主要支流的环境整治，使其达到国家四类水体标准，完成“创模”的阶段性任务。高效能管理城市。必须坚持城市建设与城市管理并举，实行“人民城市人民管”，集中解决群众反映强烈的脏乱差问题，以整洁优美的环境创建全国卫生城市。

多渠道筹措城建资金。以高水平规划拉动城市升值，增加土地出让收益，出让收益全部用于城市改造建设和偿还债务，财政不再沉淀。推进城建投资体制市场化改革，大力吸引外资和民资，实现城市建设投资主体的多元化。

6. 千方百计促进就业再就业，加强社会保障体系建设。全力抓好就业再就业。一是抓好项目建设拉动就业。二是推进国企改革增加就业。三是发展商贸服务业扩大就业。四是发展社区服务业吸纳就业。五是支持创业增加就业。六是输出劳务实现埠外境外就业。七是落实政策促进就业。全年实现就业再就业8万人次。加强社会保障体系建设。以扩大覆盖面和提高收缴率为重点，加强养老和失业保险费的征缴，按照市以下考核口径，分别完成征缴基本养老保险费和失业保险费7.4亿元和8 500万元，确保养老金和失业保险金100%按时足额社会化发放。

7. 加强财税金融工作，实现资金使用效益的最大化。增强财税金融促进经济发展的作用。努力增加政府财力。优化财政支出结构。加强政府债务债权管理。

8. 大力弘扬抚顺特色文化，全面发展各项社会事业。加强抚顺特色文化载体建设。塑造和弘扬雷锋品牌。抓好永陵申报世界文化遗产的后期工作，组织策划好申报成功后的宣传活动，做大做强清王朝发祥地文化品牌。全面普查工业文化遗产。建设服务市民的广场。打造具有现代都市水准的霓虹灯夜景。积极开展城市文化品牌及文明村镇创建活动。全面发展各项社会事业。努力为抚顺发展提供人才智力支持。全年完成20个引智项目、30人次外国专家的引进任务。

9. 关心群众生命，维护社会稳定。全力维护社会秩序。严厉打击各种刑事犯罪。继续保持严打高压态势，确保在侦破大案要案、抓捕命案逃犯和整治群众反映强烈的治安问题等方面取得明显突破，坚持打击法轮功等邪教组织违法犯罪活动。加强和改进信访工作。加强安全生产监督管理，认真实行安全责任追究，防止重特大事故的发生。

建设一批“解民难工程”。解决一批与群众关系密切的老大难问题。

10. 提高工作效率和效益，继续建设人民满意政府。坚持为民宗旨。继续毫不动摇地坚持以经济建设为中心，集中精力抓发展，一切围着项目转。要深入到困难多、问题多、矛盾多的地方，倾听群众呼声，体察群众疾苦，使政府各项工作得民心、顺民意，最大限度地把民心和力量凝聚和调动起来，形成加快振兴老工业基地的强大合力。

提高决策能力和水平。坚持工作思路和工作方式市场化，提高运用市场手段驾驭全局、分析事务、解决问题的能力。认真执行《抚顺市政府工作规则》，严守决策程序，做到没有调研论证的不决策，没有广泛会商的不决策，没有两个以上方案比较的不决策。

发扬务实作风。要坚持深入基层了解情况，要坚持工作作风“军事化”，决定的事项必须迅速落实，确定的目标必保完成。优化经济发展环境。要从投资者反映最强烈的问题入手，从影响软环境建设的重点问题抓起，营造亲商重商氛围，多做富商安商之举，建立软环境建设的长效机制。加快政府职能转变，切实把政府经济管理职能转变到主要为市场主体服务和创造良好的发展环境上来。

加强民主法制建设。积极推进依法行政，加大立法工作力度，努力提高地方性法规草案和政府规章的质量。

政府工作报告

在抚顺市第十三届人民代表大会第三次会议上的报告（摘要）

（2005年1月17日）

抚顺市代市长　刘　强

一、2004年工作回顾。

过去的一年，面对改革发展稳定的繁重任务，我们在市委的领导下，在市人大和市政协的监督支持下，紧紧依靠全市人民，团结一心，务实苦干，保持了经济社会的持续协调发展和社会大局的稳定，基本完成了市十三届人大二次会议确定的主要目标任务，实现了抚顺老工业基地振兴的良好开局。初步核算，全年完成地区生产总值375亿元，比上年增长15%，其中第一产业增长9.9%；第二产业增长16.3%；第三产业增长13.7%。完成固定资产投资102.5亿元，增长30.6%。全社会消费品零售总额157.4亿元，增长12.2%。实际直接利用外资3478万美元，下降43.8%。全地区财政一般预算收入17.6亿元，同比增长22.4%；一般预算支出38.9亿元，同比增长21.9%。城市居民人均可支配收入7008元，农民人均纯收入3580元，分别增长9.6%和8.2%。

国企改革稳步推进，工业经济增速加快。国企改制基本完成年度计划，一批转制企业成为新的经济增长点。工业对经济的支撑作用进一步增强，共计完成增加值207亿元，同比增长16.7%，对全市经济增长的贡献率达60.5%，其中规模以上工业增加值130.8亿元，增长16%，对经济增长的贡献率达34.1%。技改力度加大，共完成技改投资43.5亿元，增长44.8%，中油抚顺石化分公司40万吨/年酮苯装置、特殊钢公司模具钢替代进口、新抚钢公司1.3万立方米制氧机组改造、辽电35万千瓦一号机组等一批重大项目陆续竣工投产，抚顺石化公司3000吨/年催化剂、辽电二号机组等一批重要项目进展顺利。

农业产业化建设提速，农村经济全面发展。绿色农业、特色农业稳步发展，新建各类种养业园区88个，中药材、山野菜、地栽香菇、棚栽食用菌的栽植面积分别增长10%、15%、10%和14.3%；订单农业61.5万亩，增加15万亩；鲁洲淀粉糖、达亨木业等一批龙头企业完成固定资产投资6.5亿元，实现销售收入15.3亿元，9.3万农户从中受益，人均收入1500元。全面落实粮食直补和税费改革政策，提高了农民种粮积极性，全市农作物播种面积152.4万亩，增长14.4%；粮食总产量51.7万吨，增长19.4%，均创历史新高。林业建设成效显著，封山育林7.5万亩，植树造林17.8万亩，新增林下开发面积13万亩；集体林改革稳步推进，非公有制林业发展迅速。共计投资3.1亿元，开工建设水利重点工程15项。抚沈高速公路已开工建设，公路交通工程当年投资7.36亿元，其中农村公路网建设完成投资3.5亿元，铺设黑色路面700公里，完成路基改造601公里，新增通油路村101个，通油路村已达73%。

外贸出口持续增长，招商引资势头趋好。完成外贸出口4.1亿美元，同比增长63.6%，其中外贸自营企业出口达3.3亿美元，同比增长71.8%；三资企业出口8037万美元，增长36.9%。面对年初以来招商引资特别是实际直接利用境外资金落后的局面，进一步明确了县区和企业的招商主体责任，狠抓招商基础工作，大力优化引资软环境，筹备召开了2004年中国抚顺国际经贸洽谈会，吸引了104个团组、382人次的外商来抚考察，在谈项目迅速增多，一些项目取得实质性进展。马来西亚BSA集团整体收购抚顺铝厂顺华铝轮毂项目正式签约，资金陆续到位；韩国鹰霸公司持续增资，带动了韩国部分配套企业来抚投资的热情。

城市建设步伐加快，市容市貌大有改观。积极运筹政府财力，完成城建道桥投资4.2亿元，同比增长91%。改扩建道路116条、桥梁8座，面积140万平方米，同比增长141%；更新“三供”管网14.6公里、排水管网55公里，维修和新建路灯760座。前甸通道、三宝综合立交桥、浑河大桥至和平桥2.6公里快速路、和平桥南立交、浑河大桥南立交、海新桥至天湖大桥快速路等一批重点工程建成通车，城市东西出口及部分城市主干道交通状况得到有效改善，新城路、临江路及将军街改造等一批利民便民工程全部竣工，居民小区的硬化和绿化水平有所提高。詹家河至鲍家河口1.2公里、抚西河至詹家河3.7公里的城市防洪工程分别竣工和完成主体工程收尾，东洲河等7条重要支流完成堤防建设10.7公里，浑河干流大型拦蓄水工程高阳橡胶坝主体完工，城市水面总量达到650万平方米，增长30%，关山湖水库已正式向东部石化工业区供水。城区植树122万株，成活率达95%，新增绿地面积355公顷，采沉区生态恢复初见成效。加大违章建筑和露天集贸市场的整治力度，加强道路挖掘和环境卫生管理，取缔市区机动三轮车，市容市貌得到改善。

民营经济迅速壮大，第三产业稳步发展。民营企业完成工业增加值82亿元，同比增长17.6%；完成固定资产投资16亿元，同比增长33.3%；实缴税金9.8亿元，同比增长19.2%；新增从业人员2.8万人，同比增长6.6%。民营企业做强做大的步伐加快，营业收入超亿元企业已达26户。罕王集团跻身全国民营企业500强行列，“哥俩好”成为全国驰名商标，辽宁方大集团实业有限公司等一批民营企业注入资本3.3亿元参与17户国企改制，盘活闲置资产10亿元。民营资本投入技改资金15亿元，新建和改造项目88个，新增产值60亿元、利税8亿元。新型商业业态发展较快，新增连锁店32个，其中大商抚顺集团盘活了东洲等三个地区性商场。房地产开发施工面积179.1万平方米、竣工面积76.3万平方米；红河峡谷漂流等一批重点旅游项目建成使用并产生良好效益，成功举办了2004中国（抚顺）满族风情旅游节，全年实现旅游收入13.3亿元，增长41.5%。信息产业发展迅速，宽带主干网已经通达城乡，电话拥有量达130万部，全年实现增加值12亿元，增长21%。

社会保障体系逐步完善，就业再就业工作取得新进展。加大社会保险扩面和征缴力度，完成各项保险扩面10万人，同比增加2.7万人，其中养老保险扩面1.3万人、同比增加4000人；收缴各项保险费15.4亿元，同比增长8.24%。经过多方筹集资金，确保了各项社会保险待遇的及时支付，特别是持续实现了离退休人员养老金100%按时足额社会化发放。加强低保工作规范化管理，全市享受城市居民最低生活保障人数16.4万，占非农人口的11.04%，发放保障金1.38亿元，基本实现了应保尽保。深入开展扶贫帮困活动，对7.3万户城乡贫困家庭实施临时救助。广开就业渠道，加强劳动力市场建设和下岗失业人员培训，认真落实扶持政策，努力促进就业再就业，全年实现就业再就业10.9万人次。

社会事业全面进步，社会大局基本稳定。大力实施西部蓝天白云计划和浑河上游及支流的综合整治，全市空气质量和浑河水质明显改善，烟尘、粉尘、二氧化硫排放量同比削减9%、14%和0.6%，COD排放量同比削减3.4%。科技创新能力不断增强，完成专利申请364件，增长25%；实现高新技术产品产值123.8亿元，增长20.9%；取得科技成果120项，其中获省级奖励6项，技术成果推介平台建设取得成效，与高等院校、科研单位特别是中科院沈阳分院的合作取得新进展。教育资源得到整合，撤并中小学79所，改造农村中小学D级危房26所，基础教育质量提高，专科以上录取率达92.6%，职业教育得到整合和提升，示范校、示范专业建设成效显著，教育乱收费得到有效治理。清永陵成功申报世界文化遗产，举办了系列大型文化公益演出，创作了一批艺术精品，其中话剧《带陌生女人回家》获得国家和省多项金奖，群众文化活动丰富多彩。公共卫生建设得到加强，一些专长科系水平有较大提高，疾病预防控制体系、医疗救治体系以及市县乡疫情直报网络进一步完善，群众体育蓬勃发展，竞技体育喜获丰收。完成南站、新华、榆林地区有线电视的宽带改造，实现了村村通光纤。继续保持低生育水平的人口发展态势，较好地实现了人口控制目标。积极开展引智工作，引进专家项目10项，聘请国外专家20人，为用人单位配备各类人才5300人。严格实行信访工作领导包案制和双向责任追究制，加大对信访问题特别是历史积案的解决力度，大规模集体访得到初步控制，进京、去省访登记案次同比分别下降33%和34%。努力解决群众关心的热点难点问题，市长公开电话受理5.7万件次市民求助、咨询和建议，转办解决率提高5个百分点。加大严打和社会治安综合治理力度，深入开展凶杀案件专项治理，全市命案发案率下降37.2%，集中整治重点治安地区，形成了打防控一体化的治安防范体系，刑事案件发案率同比下降9.7%，全市治安形势开始好转，社会大局基本稳定。

民主法制建设进一步加强，经济发展软环境得到改善。认真执行人大及其常委会的各项决议，主动听取和广泛征求政协的意见和建议，自觉接受监督，279件人大代表建议、559件政协提案全部办复。以贯彻落实行政许可法为契机，清理地方性法规和政府规章246件；提请市人大常委会审议通过地方性法规9部，制定政府规章2件，废止政府规章4件；行政许可项目由739项削减为246项，非行政许可类行政审批事项由530项减至113项；按照精简高效原则，对政府部分机构进行了改革和职能调整。开办了“行风热线”直播节目，深入开展“双评”活动，加大绩效督查考核力度，严格责任奖惩，政府的工作作风、服务意识和工作效率进一步提高。

在肯定成绩的同时我们也清醒地看到，抚顺作为老工业基地和资源型城市，既有加快发展的良好基础，也面临一些突出的矛盾和问题：一是机制性和结构性矛盾依然突出。部分国有、集体企业包袱沉、负担重、转制难，机制陈旧，发展的内在动力不足；对外开放总体水平不高，致使吸引外资落在全省后列；民营经济总量偏小，中小企业发展不快，就业压力巨大。二是贫困人群比例偏大。低保人群16.4万人，占城镇人口比例在全省排第3位；尚有15万人生活在条件十分简陋的棚户区。造成贫困的主要原因是下岗失业人员众多，就业岗位不足。由于贫困引发的社会矛盾增多，社会稳定压力增大。三是财政收支矛盾异常尖锐。还债高峰已经迫近，刚性支出大幅增加，财政增长速度不快，入不敷出的矛盾十分突出。四是机关作风还有较大差距。一些政府部门及其工作人员的责任感和大局观念不强，工作满足于发号召、做部署，抓落实不力；政府职能转变滞缓，推诿扯皮和“三乱”问题时有发生，服务的意识、水平和效率不高，经济发展的软环境还不宽松。这些问题已经引起我们的高度重视，正在并将继续采取有效措施认真加以解决。

二、2005年主要工作。

今年政府工作的总体要求是：以邓小平理论和“三个代表”重要思想为指导，全面贯彻党的十六大、十六届三中、四中全会和中央经济工作会议精神，按照市委九届七次全会的部署，紧紧抓住国家振兴东北的历史性机遇，以科学发展观为统领，解放思想，求真务实，深化改革，扩大开放，努力推进资源型城市向资源深加工型城市转变；壮大支柱产业，做强骨干企业，强县壮区，大力发展民营经济和中小企业，实现一二三产业的协调发展；千方百计促进就业，全面发展各项社会事业，维护社会稳定，建设和谐抚顺，加速抚顺振兴步伐。

今年全市经济社会发展的主要预期目标是：地区生产总值增长16%；全社会固定资产投资完成150亿元，增长46.4%；实际直接利用外资1亿美元，增长1.9倍；全地区财政一般预算收入20.4亿元，增长15.9%；当年财力支出30亿元，增长17.1%；社会消费品零售总额增长10%；城市居民人均可支配收入增长11.3%；农民人均纯收入增长8.9%

做好2005年工作，我们将重点把握以下原则：一是坚持解放思想。要将解放思想作为政府工作的第一道工序，以“三个有利于”作为衡量一切工作的标准，牢牢把握发展这个第一要务，大胆实践，勇于创新，善于突破，促进抚顺经济的新跨越。二是坚持科学的发展观。提高经济增长的质量和效益，把社会事业发展和环境保护、生态建设放在更加突出的位置，确保经济社会全面、协调、可持续发展。三是坚持结构调整和体制创新双轮驱动。以深化改革、扩大开放、大力发展民营经济为重点，在体制创新中推进结构调整，优化所有制结构和产业结构，增强经济发展的动力；强化政府宏观统筹，整合各类资源，提高工作效率，切实改善投资环境。四是坚持真抓实干。倡导务实创新、少说多做，强化目标管理，建立责任体系，加强监督考核，努力建设让人民满意的政府。

根据上述目标和要求，今年要突出抓好以下九项工作：

1. 坚持工业强市，大力发展资源精深加工产业。深化国企产权改革。要以资产盘活、企业发展、促进就业、维护稳定为目标，加快国企改制步伐；坚持国企改制与招商引资相结合，吸引境外、域外和民营资本参与改革；用好国家政策，因企制宜地确定改制形式，严格执行资产评估、改制方案报批、职代会通过等程序，切实维护职工利益，防止包括无形资产在内的国有资产流失，保持职工稳定；坚持引导、宣传、教育和组织手段相结合，推动国企的领导和职工、有关部门积极参与和支持改革，营造良好的社会氛围。具备转制条件的企业年内全部实现转制。

做大做强优势基础产业。加大支持和服务力度，鼓励国有骨干企业迅速做大做强。

加快资源精深加工步伐。以实现资源价值最大化和促进就业为目标，大力发展精深加工和劳动密集型企业，重点延长四条产业链，培育更多的名牌产品。加快矿区战略转型。着眼煤矿资源的综合开发利用，在充分考虑环境生态的前提下，积极推进东露天矿恢复，加快20万吨油母页岩炼油厂等转产项目的实施进程。

2. 努力提高对外开放水平，务求招商引资取得突破。强力推进招商引资。坚持域内、域外、境外“三资”并重，立足更大范围、更广领域、更高层次，实现招商引资的新突破。

扩大出口和加强对外合作。突出县区、开发区和企业的招商主体作用。

3. 加大扶持引导力度，促进民营经济加快发展。激励全民创业。要把发展民营企业作为调整经济结构、增强地区活力、创造就业岗位的战略举措，毫不动摇、理直气壮地支持和促进其迅速发展。要发挥典型带动作用，鼓励和引导各类人员创业致富，充分利用原材料和人力资源丰富的优势，鼓励发展以家庭为单位的加工业。支持鼓励有潜力的民营企业做强做大。放宽市场准入，鼓励民营资本进入基础设施、公用事业等法律法规未禁入的行业和领域，鼓励民营企业参与老工业基地改造和资源精深加工，鼓励民营企业以多种形式参与国有企业产权制度改革。为民营经济发展提供优质高效服务。努力降低创业和发展成本，最大限度地减少收费；组织企业建立价格联动机制，使本地产品就地销售的价格最低。全年民营经济增加值增长19%、税金增长20%以上。

4. 大力发展县域经济，努力增加农民收入。做大做强县区经济。进一步理顺市、县（区）财政体制，下放管理权限，调动县区加快发展的积极性。立足本地实际，选择具有地区特色和优势的资源或产业进行深度开发，逐步形成并做大具有市场优势的特色产业和支柱产业。加强城乡融合，推进城市与农村之间的产业重组和转移，搞好专业分工和配套协作，增强地区经济活力。

大力发展农业产业化。坚持生态建设和农民致富相统一，优化农业和农村经济结构，提高农业的市场竞争力和综合效益。加强农业基础和生态建设。大力兴建抗旱蓄水工程，加强河道防护和水土保持，全年完成水利工程投资3.9亿元，继续争创全省农建大禹杯。以抚沈高速公路建设为重点，加大交通基础设施建设力度，计划投资12亿元，规划实施抚沈高速公路四大出口建设，拓宽改造抚顺通往本溪、铁岭、桓仁的三大出口公路，完成抚顺旅游环线和农村公路网建设219公里，争取国、省干线维修改造236公里。继续强化天然林保护、封山育林和退耕还林工程，保持东部山区的良好生态环境，完成植树造林7万亩、新增封山育林10万亩和林下开发面积13万亩，基本完成集体林改革任务。加快小城镇建设步伐，增强对区域经济和安置就业的带动力和辐射力，完成救兵乡、夏家堡等9个乡镇总体规划的修编工作。深化农村各项改革。稳定土地承包关系，引导和鼓励农民按照依法、自愿、有偿的原则，以转包等多种形式实现农用土地有序流转。

5. 切实加强城市规划、建设、管理和经营，提升城市的功能和形象。高起点规划。高标准建设。大力实施“雪中送炭”的民心工程，改造城市道路和街区巷路120条、110万平方米，绿化硬化居民住宅小区60个、105万平方米，完成57万平方米采沉区居民安置住宅建设。选择启动重点城建项目。完成永安桥翻建、新城路和临江路与前甸通道的延伸连接、浑河南路和前甸通道的绿化工程实施，开工建设戈布橡胶坝下游6.6公里防洪工程、万新橡胶坝，启动南站中心商业区改造、城东二期建设等项目，改造完善城市西出口。高效能管理。高水平经营城市。保护和改善生态环境。加快发展第三产业。坚持政府引导、市场运作、社会投资相结合，提升第三产业发展水平。

6. 改善群众生活，确保社会稳定。千方百计扩大就业。要把就业再就业作为政府工作的首选目标，通过发展劳动密集型企业、做大现有企业等途径，努力增加就业岗位。全年实现就业再就业7万人次。

完善社会保障体系。依法加大社会保险的扩面、征缴和清欠力度，特别是要从工商注册的源头抓起，确保各类企业的所有员工100%参加养老保险，实现企业离退休人员养老金和失业人员失业金按时足额发放，确保就业人群的未来有保障。关心贫困人群生活。确保社会大局稳定。

7. 认真做好财税金融工作，努力增强宏观调控能力。努力增加财政收入。整合统筹财力，集中财力办大事，增强政府的宏观调控能力。调整优化财政支出结构。进一步发挥金融支持地方经济发展的作用。

8. 发挥科技人才作用，促进社会事业协调发展。实施人才强市战略。加大人才培养力度，尤其是加快企业家队伍建设和技术工人的培养，造就一支规模、结构、素质与发展相适应的人才队伍。推进科技与经济的紧密结合。积极发展各项社会事业。进一步加强精神文明建设。

9. 建设人民满意政府，创造良好发展环境。坚持执政为民。以牛玉儒、赵景顺为榜样，时刻牢记“群众利益无小事”，常怀为民之心，思为民之策，兴为民之举，集中精力抓发展，实心实意解民忧，千方百计富百姓，让群众因政府的努力得到更多实惠。优化发展环境。抚顺发展关键在环境，环境建设主要在政府。切实转变职能。要加强全市经济社会发展、城市战略规划、综合财力三大统筹，进一步明确和规范政府的职责行为。严格依法行政。主动接受市人大及其常委会的法律监督和政协的民主监督，认真办理人大代表建议和政协提案。积极听取各民主党派、工商联、无党派人士以及专家学者的意见，充分发挥工会、共青团、妇联等人民团体的桥梁和纽带作用。全面实施《行政许可法》，认真贯彻《全面推进依法行政实施纲要》，切实执行《抚顺市政府部门行政首长问责暂行办法》，强化对政府部门运用权力、履行职责的监督，不断提高行政执法水平。

统 计 资 料

国民经济和社会发展主要指标

	单位	2004年	2003年	2004年为2003年%
年末总人口	**人**	**2 248 800**	**2 254 776**	**99.7**
农业人口	〃	770 941	773 288	99.7
非农业人口	〃	1 477 859	1 481 488	99.7
男性人口	〃	1 134 459	1 138 635	99.6
女性人口	〃	1 114 341	1 116 141	99.8
单位从业人员数	〃	**302 018**	**302 609**	**99.8**
#在岗职工人数	〃	294 300	295 821	99.5
地区生产总值（现价）	**万元**	**3 750 016**	**3 148 388**	**115.0**
第一产业	〃	266 000	242 388	109.5
第二产业	〃	2 263 546	1 843 000	116.4
第三产业	〃	1 220 470	1 063 000	113.7
年末实有耕地面积	**公顷**	**126 864**	**126 903**	**100.0**
乡村从业人员	人	474 598	450 118	105.4
农林牧渔业总产值	万元	545 946	490 267	114.4
主要农产品产量				
粮　　食	吨	517 227	433 389	119.3
蔬　　菜	万吨	38.4	37.8	101.8
水　　果	吨	62 194	54 071	115.0
肉　　类	〃	121 011	122 378	98.9
规模以上工业总产值（现价）	万元	5 807 528	4 312 819	134.7
主要工业产品产量				
原　　煤	万吨	701.0	641.1	109.3
原油加工量	〃	900.0	850.4	105.8
成品钢材	〃	160.8	132.6	121.3
生　　铁	〃	158.7	113.3	140.1
水　　泥	〃	134.1	118.6	113.1
发电量	亿千瓦时	86.7	82.6	105.0
彩色电视机	万部	47.0	52.6	89.4
全社会固定资产投资	万元	1 039 109	784 636	132.4
#基本建设	〃	384 525	268 892	143.0
更新改造	〃	435 123	300 531	144.8

续 表

	单位	2004 年	2003 年	2004 年 为 2003 年%
房地产开发	万元	128 287	136 749	93.8
施工房屋面积	万平方米	345.91	358.62	96.5
竣工房屋面积	〃	190.78	174.57	109.3
公路货运量	万吨	1 890	1 726	109.5
公路客运量	万人	2 022	1 989	101.7
邮政电信业务总量	亿元	15.3	13.4	114.2
函　　件	万件	613	732	83.7
本地电话年末用户	万户	78	72	108.3
社会消费品零售总额	亿元	157.4	140.3	112.2
实际利用外资额	万美元	3 948	7 351	53.7
居民消费品价格指数	%	102.3	102.6	—
各项税收	万元	486 464	419 218	116.0
地方财政一般预算收入	万元	176 110	148 832	122.4
地方财政一般预算支出	〃	394 278	319 132	123.5
金融机构各项存款余额	〃	4 078 993	3 645 477	111.9
金融机构各项贷款余额	〃	2 307 437	2 156 217	107.0
全市教师数	人	20 429	20 612	99.1
全市在校学生数	万人	29.0	30.1	96.4
医院、卫生院数	个	167	197	84.8
医　　生	人	4 131	4 607	89.7
医院、卫生院床位数	张	10 362	10 466	99.0
自来水供应量	万立方米	15 160	15 552	97.5
年末供水管道长度	公里	1 559	1 519	102.6
年末实有道路面积	万平方米	914	842	108.6
公共绿地面积	公顷	967	858	112.7
人均公共绿地面积	平方米	6.85	6.06	113.0
在岗职工工资总额	万元	411 974	365 012	112.9
在岗职工平均工资	元	13 915	12 025	115.7
城市居民人均使用房屋面积	平方米	14.78	14.01	105.5
农村居民人均住房面积	〃	21.95	21.26	103.2
城市居民人均可支配收入	元	7 008	6 393	109.6
农村居民人均纯收入	〃	3 580	3 308	108.2
城乡居民储蓄存款余额	万元	3 143 864	2 876 013	109.3

注：①2003 年金融机构各项存、贷款余额和城乡居民储蓄存款余额为 2004 年年初数。

②城市居民人均房屋使用面积为城调队调查数。

国民经济和社会发展主要结构指标

单位:%

	2004 年	2003 年
人口结构		
农业人口	34.3	34.3
非农业人口	65.7	65.7
生产总值产业结构		
第一产业	7.1	7.7
第二产业	60.4	58.5
第三产业	32.5	33.8
固定资产投资总额按用途分		
基本建设	37.0	34.3
更新改造	41.9	38.3
房地产开发	12.3	17.4
其　他	9.1	10.0
农林牧渔业总产值结构（现价）		
农　业	39.2	40.9
林　业	9.0	8.5
牧　业	40.1	40.6
渔　业	10.7	9.0
农林牧渔服务业	1.0	1.0
规模以上工业总产值结构		
轻工业	10.5	5.9
重工业	89.5	94.1
中　央	53.2	57.2
省　属	11.7	11.3
市　属	22.9	20.5
县　区	12.2	11.0
社会消费品行业结构		
批发零售贸易业	80.7	80.7
餐饮业	11.9	12.4
其　他	7.4	6.9
税收收入结构		
国税收入	66.6	66.9
地税收入	33.4	33.1
城市居民消费结构		
#食品类	38.9	39.4
衣着类	9.2	10.3
居　住	11.3	9.9

地区生产总值

单位：万元

	2004 年	2003 年	2004 年为 2003 年%
地区生产总值	3 750 016	3 148 388	115.0
第一产业	266 000	242 388	109.5
第二产业	2 263 546	1 843 000	116.4
工　业	2 079 546	1 680 000	116.8
建筑业	184 000	163 000	112.7

续 表

	2004 年	2003 年	2004 年 为 2003 年%
第三产业	1 220 470	1 063 000	113.7
交通运输仓储和邮电通信业	226 500	195 000	116.0
批发零售贸易餐饮业	397 800	354 500	110.8
金融保险业	83 600	80 300	100.8
房地产业	109 160	90 500	113.9
其他服务业	403 410	342 700	118.7
#社会服务业	129 500	109 000	115.9

注：地区生产总值绝对数是现价，速度为 2000 年可比价。

按支出法计算的地区生产总值

单位：万元

	2004 年	2003 年	2004 年 为 2003 年%
地区生产总值	3 750 016	3 148 388	115.0
一、最终消费	1 739 964	1 573 810	108.1
居民消费	1 321 866	1 175 641	110.1
农村居民	193 919	190 877	100.4
城镇居民	1 127 947	984 764	112.0
政府消费	418 098	398 169	102.2
二、资本形成总额	1 694 764	1 333 900	121.3
固定资本形成总额	1 449 446	1 148 200	120.5
存货增加	245 318	185 700	126.1
三、货物和服务净流出	315 288	240 678	125.8
出　口	339 844	207 716	151.5
进　口	132 916	87 275	141.2

最 终 消 费

单位：万元

	2004 年	2003 年
最终消费	1 739 964	1 573 810
一、居民消费	1 321 866	1 175 641
1. 农村居民	193 919	190 877
自给性消费	32 796	35 269
商品性消费	90 172	83 941
文化生活服务消费	49 931	35 052
房租水电煤气消费	4 383	6 745
自有住房服务消费	11 871	25 538
金融媒介服务和保险服务消费	4 766	4 332
2. 城镇居民	1 127 947	984 764
商品性消费	637 783	608 952
文化生活服务消费	236 147	163 045
房租水电煤气消费	50 536	51 070
自有住房服务消费	47 292	35 082
实物收入消费	56 103	39 260
公费医疗消费	16 472	13 054
对集体福利的消费	4 032	4 201
金融媒介服务和保险服务消费	79 582	70 100
二、政府消费	418 098	398 169

注：本表按当年价格计算。

户数与人口

	单位	2004年	2003年	2004年为2003年%
总户数	户	780 560	771 033	101.2
抚顺市区	〃	508 775	502 014	101.3
新抚区	〃	101 961	99 875	102.1
东洲区	〃	135 908	135 353	100.4
望花区	〃	132 102	130 693	101.1
顺城区	〃	138 804	136 093	102.0
抚顺县	〃	60 656	60 148	100.8
新宾县	〃	94 717	93 164	101.7
清原县	〃	116 412	115 707	100.6
总人口	人	2 248 800	2 254 776	99.7
抚顺市区	〃	1 410 844	1 415 138	99.7
新抚区	〃	293 633	296 758	98.9
东洲区	〃	347 489	351 621	98.8
望花区	〃	371 479	374 108	99.3
顺城区	〃	398 243	392 651	101.4
抚顺县	〃	190 461	191 392	99.5
新宾县	〃	306 712	306 648	100.0
清原县	〃	340 783	341 598	99.8
总人口中				
农业人口	人	770 941	773 288	99.7
非农业人口	〃	1 477 859	1 481 488	99.7
男性	〃	1 134 459	1 138 635	99.6
女性	〃	1 114 341	1 116 141	99.8

在岗职工人数

单位：万元

	2004年	2003年	2004年为2003年%
总计	294 300	295 821	99.5
1. 按企事业机关分			
企业	213 355	215 177	99.2
事业	58 550	58 978	99.3
机关	22 395	21 666	103.4
2. 按经济类型分			
国有经济	154 211	156 014	98.8
集体经济	34 623	42 988	80.5
其他经济	105 466	96 819	108.9
3. 按国民经济行业分			
农林牧渔业	8 059	7 493	107.6
采掘业	36 896	36 812	100.2
制造业	93 834	93 807	100.0
电力燃气及水的生产和供应业	17 105	17 826	96.0

续 表

	2004 年	2003 年	2004 年为 2003 年%
建 筑 业	26 869	28 000	96.0
交通运输、仓储和邮政业	11 116	11 095	100.2
信息传输、计算机服务和软件业	1 596	1 781	89.6
批发与零售业	9 267	9 798	94.6
住宿和餐饮业	1 698	1 907	89.0
金融业	7 414	7 783	95.3
房地产业	2 060	2 139	96.3
租赁和商务服务业	2 462	2 496	98.6
科学研究技术服务和地质勘查业	4 108	4 318	95.1
水利、环境和公共设施管理业	6 776	6 322	107.2
居民服务和其他服务业	2 233	2 127	105.0
教 育	25 989	25 976	100.1
卫生、社会保障和社会福利业	10 087	10 009	100.8
文化、体育和娱乐业	2 482	2 503	99.2
公共管理和社会组织	24 249	23 629	102.6
总计中：国有及国有控股	232 514	233 613	99.5

规模以上工业总产值

单位：万元（现价）

	2004 年	2003 年	2004 年为 2003 年%
总 计	5 807 528	4 312 819	134.7
一、按登记注册类型分组			
内资企业	5 422 870	4 005 416	135.4
国有企业	719 950	576 915	124.8
集体企业	90 164	104 176	86.6
股份合作企业	10 995	700	15.8 倍
有限责任公司	1 213 591	752 637	161.3
股份有限公司	3 063 760	2 378 417	128.8
私营企业	324 410	192 571	168.5
港、澳、台投资企业	127 242	118 246	107.6
外商投资企业	257 416	189 157	136.1
二、按轻重工业分组			
轻工业	612 088	255 454	2.4 倍
重工业	5 195 440	4 057 365	128.1
三、按企业规模分组			
大型企业	4 130 656	3 116 104	132.6
中型企业	779 175	636 614	122.4
小型企业	897 697	560 100	160.3
四、按行业分组			
采掘业			
煤炭采选业	233 790	193 988	120.5
黑色金属矿采选业	590 333	41 197	143.3
有色金属矿采选业	48 183	39 774	121.1
非金属矿采选业	2 295	2 274	100.9

续 表

	2004 年	2003 年	2004 年 为 2003 年%
制造业			
农副食品加工业	102 346	47 140	2.2 倍
食品制造业	15 083	24 146	62.5
饮料制造业	13 234	11 372	116.4
纺织业	19 595	15 528	126.2
纺织服装、鞋、帽制造业	4 940	4 564	108.2
木材加工及木、竹、藤、棕、草制品业	58 407	40 192	145.3
家具制造业	1 848	1 435	128.8
造纸及纸制品业	24 366	19 613	124.2
印刷业和记录媒介的复制	983	2 831	34.7
石油加工、炼焦及核燃料加工	2 659 338	2 290 235	116.1
化学原料及化学制品制造业	152 033	141 530	107.4
医药制造业	23 909	27 907	85.7
化学纤维制造业	270 609	3 359	80.6 倍
橡胶制造业	6 183	5 949	103.9
塑料制品业	14 874	13 084	113.7
非金属矿物制品业	107 841	74 105	145.5
黑色金属冶炼及压延加工业	1 138 075	615 488	184.9
有色金属冶炼及压延加工业	268 787	189 379	141.9
金属制品业	12 392	7 190	172.4
通用设备制造业	91 003	60 171	151.2
专用设备制造业	41 516	34 684	119.7
交通运输设备制造业	24 310	22 655	107.3
电气机械及器材制造业	54 187	33 114	163.6
通信设备、计算机及其他电子设备制造业	38 989	51 384	75.9
仪器仪表及文化、办公用机械制造业	8 907	8 644	103.0
工艺品及其他制造业	46 978	11 716	4.0 倍
电力、燃气及水的生产和供应业			
电力、热力的生产和供应业	241 133	259 011	93.1
燃气生产和供应业	4 441	1 599	2.8 倍
水的生产和供应业	17 919	17 562	102.0
在总计中：国有及国有控股企业	4 873 101	3 644 719	133.7

固定资产投资完成情况

单位：万元

	2004 年	2003 年	2004 年 为 2003 年%
全社会固定资产投资	1 039 109	784 636	132.4
1. 基本建设	384 525	268 892	143.0
内资企业	369 283	243 596	151.6
国有经济	214 259	157 129	136.3
集体经济	4 944	4 367	113.2
股份合作经济	2 580	3 070	84.0
股份制有限公司	22 136	10 353	2.1 倍
有限责任公司	57 480	49 517	116.1

续 表

	2004 年	2003 年	2004 年 为 2003 年%
私营企业	65 584	16 810	3.9 倍
其他内资	2 300	2 350	97.9
外商投资	2 624	6 980	37.6
港澳台投资	1 350	15 604	8.7
个体经营	11 268	2 712	4.2 倍
2. 更新改造	435 123	300 531	144.8
内资企业	406 300	289 833	140.2
国有经济	131 129	130 985	100.1
集体经济	400	690	58.0
股份合作	2 152	325	6.6 倍
联营经济	—	259	—
股份制有限公司	168 955	71 802	2.4 倍
有限责任公司	98 244	71 787	136.9
私　营	5 420	—	—
外商投资	15 593	6 773	2.3 倍
港澳台投资	13 010	2 125	6.1 倍
个体经营	220	2 712	8.1
3. 其他投资	6 672	3 476	191.9
内资企业	6 472	3 126	2.1 倍
国有经济	3 972	3 126	127.1
私　营	1 500	—	—
有限责任公司	1 000	—	—
外商投资	200	350	57.1
4. 房地产开发	128 287	136 749	93.8
内资企业	127 287	132 749	95.9
国有经济	9 003	16 153	55.7
集体经济	4 512	960	4.7 倍
有限责任公司	36 076	—	—
私营个体经济	66 693	68 591	97.2
股份制有限公司	11 003	47 045	23.4
外商投资	1 000	4 000	25.0
5. 农村非农户投资	62 261	45 595	136.6
国有经济	19 117	7 549	2.5 倍
集体经济	9 039	4 831	187.1
股份合作	—	669	—
联营经济	580	3 723	15.6
有限责任公司	3 527	12 347	28.6
股份有限公司	843	760	110.9
私　营	25 053	12 194	2.1 倍
港台合资	2 696	—	—
外商投资	495	—	—
其他经济	911	3 522	25.9
6. 农村个体	21 000	28 205	74.5
私营个体经济	21 000	28 205	74.5
7. 城镇工矿区私人建房	1 241	1 188	104.5
私营个体经济	1 241	1 188	104.5

社会消费品零售总额

单位：万元

	2004年	2003年	2004年为2003年%
社会消费品零售总额	1 574 120.8	1 402 843.9	112.2
一、按地区分			
市	1 360 290.8	1 208 602.9	112.6
县	104 963.0	95 192.0	110.3
县以下	108 867.0	99 049.0	109.9
二、按经济类型分			
国有企业	96 889.7	112 571.4	86.1
集体企业	55 751.1	52 986.6	105.2
股份合作企业	11 324.0	6 994.5	161.9
联营企业	—	36.0	—
有限责任公司	36 212.3	33 083.0	109.5
股份有限公司	132 881.3	97 952.9	135.7
私营企业	262 893.6	218 650.2	120.2
港澳台投资企业	77.6	167.0	46.5
外商投资企业	914.6	1 067.3	85.7
其他企业	1 618.3	1 793.0	90.3
个体户	975 558.3	877 542.0	111.2
三、按行业分			
批发零售贸易业	1 270 718.7	1 131 941.2	112.3
#限额以上	238 345.9	206 879.3	115.2
餐饮业	188 131.9	173 526.1	108.4
其　他	115 270.2	97 376.6	118.4
社会消费品零售总额	1 574 120.8	1 402 843.9	112.2
补充资料			
制造业零售	23 143.7	22 426.6	103.2
农业生产者零售	66 228.0	72 370.3	91.5

居民消费价格指数

（以上年为100）

单位：万元

	2004年	2003年
居民消费价格总指数	102.3	102.6
非食品价格指数	99.7	99.6
服务项目价格指数	102.4	104.8
消费品价格指数	102.3	102.0
一、食　品	106.9	108.0
#粮　食	126.4	98.2
蛋	117.5	98.2
菜	90.9	144.8
二、烟酒及用品	100.4	99.4
三、衣　着	102.6	97.5
#服　装	102.0	94.9
四、家庭设备用品及维修服务	94.7	90.4
五、医疗保健和个人用品	101.2	105.7
六、交通和通讯	96.4	96.6
七、娱乐教育文化用品及服务	99.1	99.9
八、居　　住	100.5	102.0

财政一般预算收入

单位：万元

	2004年	2003年	2004年为2003年%
财政一般预算收入合计	176 110	148 832	122.4
#增值税	27 306	24 061	113.5
营业税	32 559	28 403	114.6
企业所得税	5 988	5 571	107.5
个人所得税	7 572	6 351	119.2
资源税	2 917	2 400	121.5
固定资产投资方向调节税	508	644	78.9
城市维护建设税	23 779	19 127	124.3
房产税	3 953	4 543	87.0
印花税	1 644	1 550	106.1
城镇土地使用税	11 042	9 243	119.5
土地增值税	395	283	139.6
车船使用和牌照税	311	307	101.3
农业税	2 046	1 517	134.9
农业特产税	1 030	2 293	44.9
耕地占用税	590	351	168.1
契税	9 210	7 430	124.0

城市住户基本情况

	单 位	2004年	2003年	2004年为2003年%
平均每户家庭人口	人	2.80	2.89	96.9
平均每户就业人口	〃	1.46	1.42	102.8
平均每一就业者负担人数	〃	1.92	2.04	94.1
平均每人可支配收入	元	7 008	6 393	109.6
平均每人消费性支出	〃	6 227	5 579	111.6
1. 食　品	〃	2 425	2 199	110.3
#粮　食	〃	233	203	114.8
2. 衣　着	〃	574	573	100.2
3. 家庭设备用品及服务	〃	306	229	133.6
4. 医疗保健	〃	469	481	97.5
5. 交通与通信	〃	597	539	110.8
6. 教育文化娱乐服务	〃	893	770	116.0
7. 居　住	〃	704	552	127.5
8. 杂项商品及服务	〃	259	236	109.7

农村住户基本情况

	单 位	2004年	2003年	2004年为2003年%
调查户数	户	300	300	100.0
调查户常住人口	人	1 009	1 019	99.0
平均每户常住人口	〃	3.36	3.40	98.8
平均每户整半劳力	〃	2.57	2.58	99.6
平均每户劳力负担人口	〃	1.31	1.32	99.2
平均每户年内新建房屋面积	平方米	1.04	2.86	36.4
平均每人住房面积	〃	21.95	21.26	103.2
平均每人住房价值	元	6 563	6 420	102.2
平均每人纯收入	〃	3 580	3 308	108.2
平均每人年内现金收入（不含储蓄借贷）	〃	2 483	3 604	68.9

FUSHUNSHENGHUAFANGDICHANKAIFAYOUXIANGONGSI

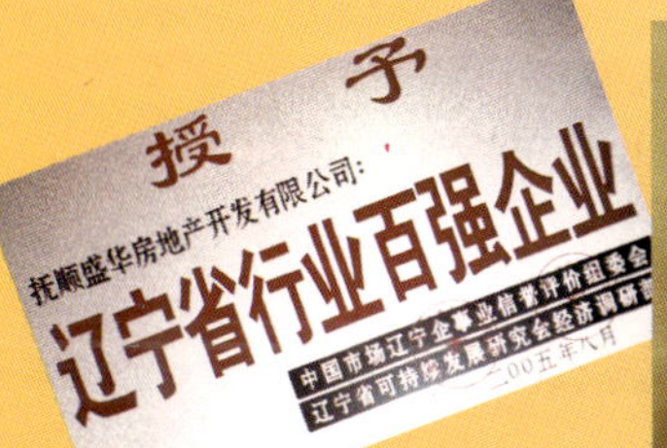

抚顺盛华房地产开发有限公司

辽宁省诚信企业重点建设单位

辽宁省企业联合会
辽宁省中小企业联合会
二〇〇五年十月

抚顺盛华房地产开发有限公司

辽宁电视台
特邀行业优秀单位

二〇〇五年三月

抚顺盛华房地产开发有限公司成立于2001年，公司成立至今，在抚顺市政府及矿业集团、集体企业管理局的大力支持帮助下，不断在市场竞争中求发展，寻找开发渠道，总结积累经验，使公司由单一经营房地产开发项目向多种经营方向发展。目前公司已形成开发、经营、供热、供暖、小区服务、物业管理一系列生产规模。公司拥有注册资金800万元，资产总额4 200万元，固定资产201万元。累计开发量22万余平方米，分布在市站前、东西四路、南台、将军十方块、望花建设小区等地段。公司现有职工110人，专业技术人员33人，其中高级专业技术职称7人、中高级专业技术人员26人。在同行业开发领域里占有一定的地位。公司多次被辽宁省政府及中国社会经济调查所经济调查部授予“中国社会信誉企业”，辽宁省企业联合会授予的“辽宁省诚信企业重点建设单位”，辽宁省可持续发展研究会经济调研部授予的“辽宁省行业百强企业”。多次被市政府、矿业集团等单位授予“重合同守信用企业”、“安全生产先进单位”、“精神文明建设先进单位”、“思想政治工作”等荣誉称号。公司几年来为抚顺城市及矿区居民改善住宅条件做出了贡献。

抚顺盛华房地产开发有限公司

FUSHUNSHENGHUAFANGDICHANKAIFAYOUXIANGONGSI

董事长、总经理：庞庆石

倾力打造精品楼盘

为繁荣抚顺经济做贡献

图片为该公司开发的部分楼盘及供热、供暖系统。

抚顺盛华房地产开发有限公司

FUSHUNSHENGHUAFANGDICHANKAIFAYOUXIANGONGSI

抚顺供电公司

总经理杨勇在抚顺电台“行风热线”直播节目现场。

抚顺供电公司是国有大一型供电企业，是国家电网公司一流供电企业，国家电网公司双文明单位，辽宁省文明行业。现有职工1 896人，企业总资产22亿元，地区年用电量89亿千瓦时。历经69年的发展，抚顺供电公司已经成为一个对外有竞争力和影响力、对内有凝聚力和向心力、员工有战斗力和创造力的现代企业。

2004年以来，随着振兴东北老工业基地步伐不断向前迈进，抚顺供电公司承担起了历史赋予的重任，在公司经营者带领下，审时度势、科学决策，坚定地提出了“机关围着基层转，生产围着营销转，公司围着客户转”的经营理念，坚持以发展为第一要务，干群协力，党政一心，谱写了抚顺供电公司发展史上的新篇章。2004年售电量首次突破70亿千瓦时大关，为历史之最；连续实现了两个安全年目标，截至2005年7月26日连续实现安全生产920天，创历史最高记录；2004年实现了辽电三期送出工程北线工程全线贯通，具有国际技术水平、国内领先的220KV柳林一次变电所胜利投运；在抚顺市政府作为一号工程的棚户区改造工程中，抚顺供电公司从服务于市政府的大局出发，克服困难，及时完成了棚户区改造供电任务，实现了优质服务、行风建设工作地方占排头目标；以“珍惜岗位、珍惜生命、珍惜家庭、珍惜企业荣誉”为主要内容的“四个珍惜”教育深入人心，紧密围绕着生产经营开展的 “共产党员工程”、“党员责任区”活动取得成效；为企业发展提供了强大的精神动力和思想保证。